STEFAN MUCKEL (Hrsg.)

Der Islam im öffentlichen Recht des säkularen Verfassungsstaates

Schriften zum Öffentlichen Recht

Band 1096

Der Islam im öffentlichen Recht des säkularen Verfassungsstaates

Herausgegeben von

Stefan Muckel

Duncker & Humblot · Berlin

Gedruckt mit Unterstützung der Deutschen Forschungsgemeinschaft

Bibliografische Information der Deutschen Nationalbibliothek

Die Deutsche Nationalbibliothek verzeichnet diese Publikation in der Deutschen Nationalbibliografie; detaillierte bibliografische Daten sind im Internet über http://dnb.d-nb.de abrufbar.

Fremddatenübernahme und Druck:
Berliner Buchdruckerei Union GmbH, Berlin
Printed in Germany

ISSN 0582-0200
ISBN 978-3-428-12674-3

Gedruckt auf alterungsbeständigem (säurefreiem) Papier
entsprechend ISO 9706 ♾

Internet: http://www.duncker-humblot.de

Vorwort

Der Band ist aus einem von der Deutschen Forschungsgemeinschaft finanzierten Projekt hervorgegangen. Dank der großzügigen Förderung durch die DFG konnten in ausreichender Zahl wissenschaftliche Hilfskräfte und Mitarbeiter gewonnen werden, um die Fragen, die der Islam für die einzelnen Bereiche des öffentlichen Rechts aufwirft, vertieft darstellen zu lassen. Die einzelnen Autoren verantworten ihre Beiträge jeweils selbst. Für ihre engagierte Mitarbeit sei ihnen auch an dieser Stelle gedankt.

Dank gebührt vor allem auch der Deutschen Forschungsgemeinschaft, die nicht nur die Mitarbeiterstellen finanziert, sondern auch die Drucklegung des Bandes großzügig gefördert hat. Herrn Professor Dr. Norbert Simon und Herrn Dr. Florian Simon danke ich für die freundliche Aufnahme des Werkes in das Programm des Verlages Duncker & Humblot.

Köln, 15. September 2007 *Stefan Muckel*

Inhaltsverzeichnis

5. Kapitel

Aufenthalts- und Asylrecht 301

(Von Katie Baldschun)

Abkürzungsverzeichnis

a. A.	anderer Ansicht
a. a. O.	am angegebenen Ort
AAV	Arbeitsaufenthalteverordnung
ABl.	Amtsblatt
Abs.	Absatz
a.F.	alte Fassung
AFG	Arbeitsförderungsgesetz
AG	Amtsgericht
AK-GG	Alternativkommentar zum Grundgesetz
AKP	Adalet ve Kalkyınma Partisi – (türk.) Partei für Gerechtigkeit und Entwicklung
ALG	Arbeitslosengeld
a.M.	am Main / anderer Meinung
AmtsG	Amtsgericht
ANAP	Anavatan Partisi – (türk.) Mutterlandspartei
Anm.	Anmerkung
AöR	Archiv des öffentlichen Rechts
Appl. no.	Application Number
ARB	Assoziationsratsbeschluss
ArbuR	Arbeit und Recht (Zeitschrift)
ArgV	Arbeitsgenehmigungsverordnung
Art.	Artikel
ASAV	Verordnung über Ausnahmeregelungen für die Erteilung einer Arbeitserlaubnis an neueinreisende ausländische Arbeitnehmer
AsylbLG	Asylbewerberleistungsgesetz
AsylVfG	Asylverfahrensgesetz
AuAS	Ausländer- und asylrechtlicher Rechtsprechungsdienst
AufenthG	Aufenthaltsgesetz
AufenthG / EWG	Gesetz über Einreise und Aufenthalt von Staatsangehörigen der Mitgliedstaaten der Europäischen Wirtschaftsgemeinschaft
AufenthVO	Aufenthalteverordnung
Aufl.	Auflage
AuslG	Ausländergesetz
Az	Aktenzeichen
BAnz.	Bundesanzeiger
BauNVO	Baunutzungsverordnung

BauO	Bauordnung
BayVBl.	Bayerische Verwaltungsblätter
BayVGH	Bayerischer Verwaltungsgerichtshof
Bd.	Band
BeschV	Verordnung über die Zulassung von neueinreisenden Ausländern zur Ausübung einer Beschäftigung – Beschäftigungsverordnung
BeschVerfV	Verordnung über das Verfahren und die Zulassung von im Inland lebenden Ausländern zur Ausübung einer Beschäftigung – Beschäftigungsverfahrensverordnung
BGB	Bürgerliches Gesetzbuch
BGBl.	Bundesgesetzblatt
BGHZ	Entscheidungen des Bundesgerichtshofs in Zivilsachen
BImSchG	Bundes-Immissionsschutzgesetz
BK	Bonner Kommentar
BK-GG	Kommentar zum Bonner Grundgesetz
BKR	Zeitschrift für Bank- und Kapitalmarktrecht
Bl.	Blatt
BSG	Bundessozialgericht
BSHG	Bundessozialhilfegesetz
BT	Bundestag
BT-Drucks.	Bundestags-Drucksache
BUrlG	Bundesurlaubsgesetz
BVerfG	Bundesverfassungsgericht / Bundesverfassungsgerichts
BVerfGE	Entscheidungen des Bundesverfassungsgerichts (amtliche Sammlung)
BVerfGG	Bundesverfassungsgerichtsgesetz
BVerfSchG	Bundesverfassungsschutzgesetz
BVerwG	Bundesverwaltungsgericht / Bundesverwaltungsgerichts
BVerwGE	Entscheidungen des Bundesverwaltungsgerichts
bzw.	beziehungsweise
ca.	circa
CHP	Cumhuriyet Halk Partisi – (türk.) Republikanische Volkspartei
dass.	dasselbe
ders.	derselbe
d. h.	das heißt
DIB	Diyanet Işleri Baskanlığı – (türk.) Präsidium für Religionsangelegenheiten
dies.	dieselbe / dieselben
Diss.	Dissertation
DITIB	Diyanet Işleri Türk-Islam Birlığı – (türk.) Türkisch-Islamische Union der Anstalt für Religion
DM	Deutsche Mark
DÖV	Die Öffentliche Verwaltung
DP	Demokrat Parti – (türk.) Demokratische Partei
DVBl.	Deutsches Verwaltungsblatt

DYP	Doğru Yol Partisi – (türk.) Partei des Rechten Weges
€	Euro
ebd.	ebenda
ECOSOC	Economic and Social Council
EG	Europäische Gemeinschaften / Vertrag zur Gründung der Europäischen Gemeinschaft (in der Fassung von Nizza)
EGBGB	Einführungsgesetz zum Bürgerlichen Gesetzbuch
EGMR	Europäischer Gerichtshof für Menschenrechte
EGV	Vertrag zur Gründung der Europäischen Gemeinschaft
EMRK	Europäische Konvention zum Schutz der Menschenrechte und Grundfreiheiten
etc.	et cetera (und so weiter)
EU	Europäische Union
EuGH	Europäischer Gerichtshof
EuGH Slg	Sammlung der Rechtsprechung des Europäischen Gerichtshofs
EU-GRCh	Charta der Grundrechte der Europäischen Union
EuGRZ	Europäische Grundrechte Zeitschrift
EuR	Europarecht
EUV	Vertrag über die Europäische Union (in der Fassung von Nizza)
EuVerfV	Vertrag über eine Verfassung für Europa
EuZW	Zeitschrift für europäisches Wirtschaftsrecht
e.V.	eingetragener Verein
EWR	Europäischer Wirtschaftsraum
EZaR	Entscheidungssammlung zum Ausländer- und Asylrecht
f.	folgende / für
FAZ / F.A.Z.	Frankfurter Allgemeine Zeitung
FEVS	Fürsorgerechtliche Entscheidungen der Verwaltungs- und Sozialgerichte
ff.	fortfolgende
Fn.	Fußnote(n)
FP	Fazilet Partisi – (türk.) Tugendpartei
FreizügG / EU	Gesetz über die allgemeine Freizügigkeit von Unionsbürgern
FS	Festschrift
geb.	geboren
gegr.	gegründet
gest.	gestorben
GFK	Abkommen über die Rechtsstellung der Flüchtlinge – Genfer Flüchtlingskonvention
GG	Grundgesetz
ggf. / ggfs.	gegebenenfalls
GMBl.	Gemeinsames Ministerialblatt
GRC	Charta der Grundrechte der Europäischen Union
GVBl.	Gesetz- und Verordnungsblatt
Hdb.	Handbuch

HdbStKirchR	Handbuch des Staatskirchenrechts der Bundesrepublik Deutschland
h. M.	herrschende Meinung
Hrsg.	Herausgeber
hrsg. / hrsgg.	herausgegeben
HS	Halbsatz
HStR	Handbuch des Staatsrechts der Bundesrepublik Deutschland, hrsgg. von Josef Isensee und Paul Kirchhof, Heidelberg, 1987 ff.
IGMG	Islamische Gemeinschaft Milli Görüs
InfAuslR	Informationsbrief Ausländerrecht
IPBPR	Internationaler Pakt über bürgerliche und politische Rechte
IPR	Internationales Privatrecht
Iprax	Praxis des Internationalen Privat- und Verfahrensrechts
IRH	Islamische Religionsgemeinschaft Hessen
i. S. d.	im Sinne des
IT-ArGV	Verordnung über die Arbeitsgenehmigung für hoch qualifizierte ausländische Fachkräfte der Informations- und Kommunikationstechnologie
IT-AV	Verordnung über Aufenthaltserlaubnisse für hoch qualifizierte ausländische Fachkräfte der Informations- und Kommunikationstechnologie
i.Ü.	im Übrigen
i.V.m.	in Verbindung mit
JA	Juristische Arbeitsblätter
Jura / JURA	Juristische Ausbildung
JuS	Juristische Schulung
JZ	Juristenzeitung
KAGG	Gesetz über Kapitalanlagegesellschaften
KirchE	Entscheidungen in Kirchensachen
KJ	Kritische Justiz
krit.	kritisch
KritV	Kritische Vierteljahresschrift für Gesetzgebung und Rechtswissenschaften
KStA	Kölner Stadt-Anzeiger
KSZE	Konferenz für Sicherheit und Zusammenarbeit in Europa, seit 1995: Organisation für Sicherheit und Zusammenarbeit in Europa (OSZE)
KuR	Kirche und Recht. Zeitschrift für die kirchliche und staatliche Praxis
KWG	Kreditwesengesetz
li. Sp.	linke Spalte
lit.	litera (Buchstabe)
LSG	Landessozialgericht
LVA	Landesversicherungsanstalt
LVerf	Landesverfassung
MHP	Milliyetci Hareket Partisi – (türk.) Partei der Nationalen Bewegung
m. N.	mit Nachweisen
MNP	Millî Nizam Partisi – (türk.) Partei der Nationalen Ordnung

Mrd.	Milliarde(n)
MSP	Millî Selamet Partisi – (türk.) Nationale Heilspartei
MTI	Mouvement de la Tendence Islamique – (tunes.) Bewegung Islamischer Tendenz
m. w. N.	mit weiteren Nachweisen
Nachw.	Nachweisen
n.Chr.	nach Christi
NdsVBl.	Niedersächsische Verwaltungsblätter
n.F.	neue Fassung
NJW	Neue Juristische Wochenschrift
No.	Number
NordÖR	Zeitschrift für Öffentliches Recht in Norddeutschland
Nr.	Nummer
NRW	Nordrhein-Westfalen
NuR	Natur und Recht
NVwZ	Neue Zeitschrift für Verwaltungsrecht
NVwZ-RR	NVwZ-Rechtsprechungsreport
NWVBl.	Nordrhein-Westfälische Verwaltungsblätter
NZS	Neue Zeitschrift für Sozialrecht
o.	oben
o.ä.	oder ähnliches
öarr	Österreichisches Archiv für Recht und Religion
OLG	Oberlandesgericht
OVG	Oberverwaltungsgericht
pl-	Plural
RabelsZ	Rabels Zeitschrift für ausländisches und internationales Privatrecht
RdJB	Recht der Jugend und des Bildungswesens
red.	redaktionell
re. Sp.	rechte Spalte
RGBl.	Reichsgesetzblatt
RJD	Report of Judgements and Decisions of the European Court of Human Rights
RKEG	Gesetz über die religiöse Kindererziehung
Rn.	Randnummer(n)
RP	Refah Partisi – (türk.) Wohlfahrtspartei
Rs.	Rechtssache
Rspr.	Rechtsprechung
RVO	Reichsversicherungsordnung
S.	Seite(n), Siehe
s.	siehe
s. a.	siehe auch
SächsVBl.	Sächsische Verwaltungsblätter

scil.	scilicet (nämlich)
SchulG	Schulgesetz
SchweizBGer	Schweizer Bundesgericht
sg.	Singular
SGb	Die Sozialgerichtsbarkeit
SGB	Sozialgesetzbuch
SGB I	Sozialgesetzbuch Erstes Buch – Allgemeiner Teil –
SGB II	Sozialgesetzbuch Zweites Buch – Grundsicherung für Arbeitssuchende
SGB III	Sozialgesetzbuch Drittes Buch – Arbeitsförderung –
SGB V	Sozialgesetzbuch Fünftes Buch – Gesetzliche Krankenversicherung –
SGB VI	Sozialgesetzbuch Sechstes Buch – Gesetzliche Rentenversicherung –
SGB X	Sozialgesetzbuch Zehntes Buch – Sozialverwaltungsverfahren und Sozialdatenschutz –
SGB XII	Sozialgesetzbuch Zwölftes Buch – Sozialhilfe –
Slg.	Sammlung von Entscheidungen, Gesetzen etc.
sog.	sogenannt
SozR	Sozialrecht, Rechtsprechung und Schrifttum, bearbeitet von den Richtern des Bundessozialgerichts
SP	Saadet Partisi – (türk.) Glückseligkeitspartei
StAG	Staatsangehörigkeitsgesetz
StAZ	Das Standesamt
St. Rspr.	Ständige Rechtsprechung
StGB	Strafgesetzbuch
TierSchG	Tierschutzgesetz
u.	und
u. a.	und andere
UGTT	Union Générale des Travailleurs Tunisiens – (tunes.) Union der Tunesischen Arbeiterschaft
UN-Doc.	United Nations-Document
Urt.	Urteil
u.U.	unter Umständen
v.	von / vom
VBlBW	Verwaltungsblätter für Baden-Württemberg
VG	Verwaltungsgericht
VGH	Verwaltungsgerichtshof
vgl.	vergleiche
VIKZ	Verband der islamischen Kulturzentren
Vorb.	Vorbemerkung(en)
VRÜ	Verfassung und Recht in Übersee
VVDStRL	Veröffentlichungen der Vereinigung der Deutschen Staatsrechtslehrer
weit.	weiteren
WRV	Weimarer Reichsverfassung
ZaöRV	Zeitschrift für ausländisches öffentliches Recht und Völkerrecht

ZAR	Zeitschrift für Ausländerrecht
z. B.	zum Beispiel
ZBR	Zeitschrift für Beamtenrecht
ZevKR	Zeitschrift für evangelisches Kirchenrecht
ZfTS	Zeitschrift für Türkeistudien
zit.	zitiert
ZP	Zusatzprotokoll
ZRP	Zeitschrift für Rechtspolitik
z. T.	zum Teil
ZuwG	Zuwanderungsgesetz

Einführung

Von *Diana Zacharias*

Berührungspunkte zwischen dem kontinentaleuropäischen und dem islamischen Rechtskreis gibt es nicht erst seit der Kolonialisierung des Orients, die Franzosen, Briten und andere europäische Nationen im 17. und 18. Jahrhundert unternommen haben. Bereits der Frankenkönig und später zum Kaiser des römischen Reiches gekrönte *Karl der Große* unterhielt diplomatische Beziehungen zu dem Abbasidenkalifen *Harun al-Rashid*[1], der in Deutschland vor allem bekannt ist durch die zwischen dem 10. und 12. Jahrhundert in Bagdad zusammengestellte Sammlung von Märchen aus „Tausendundeiner Nacht". In den folgenden Jahrhunderten kam es zwischen Orient und Okzident zu einem regen Austausch kultureller, naturwissenschaftlicher, mathematischer und rechtlicher Errungenschaften. Dieser Austausch hat die Entwicklung in Europa nicht unerheblich befruchtet.

Einige der arabischen Einflüsse auf die europäische Entwicklung lassen sich noch heute nachweisen. Zu denken ist nur an das Zahlensystem: Man spricht nach wie vor von „arabischen Zahlen" und zweistellige Zahlen werden in Deutschland von links nach rechts gelesen. Über orientalische Kaufleute kamen nicht nur Gewürze und mineralische Rohstoffe aus fernen Ländern nach Europa. Die Kaufleute brachten auch kunsthandwerkliche, feinmechanische, durch chemische Prozesse gewonnene und sonstige mit hoher Fertigkeit oder großem Sachverstand hergestellte Waren mit. Das betrifft etwa Papier, Kompass und Schießpulver[2]. Diese Waren wurden in Europa schnell kopiert und weiterentwickelt. Der Handel mit dem Orient ließ auch die europäischen Sprachen nicht unberührt[3]. So enthält die deutsche Sprache zahlreiche Wörter, die arabischen oder persischen Ursprungs sind[4]. Sie betreffen nicht nur wichtige Handelsgüter des Mittelalters, wie Textilien

---

1 Vgl. dazu *Rosenfelder*, „Post vom Kalifen", F.A.Z. Nr. 156 v. 9. 7. 2003, S. 31; *M. S. Abdullah*, Geschichte des Islams in Deutschland, S. 13; umfassend *Buckler*, Harunu'l-Rashid and Charles the Great, 1931 [Stand der Ausarbeitung: Juli 2005].

2 Vgl. *Rohr*, Kompass, Papier und Schießpulver. Zum Technologietransfer zwischen Orient und Okzident und seinen Auswirkungen auf die abendländische Geschichte des Spätmittelalters, abgerufen unter http: //www.sbg.ac.at/ger/samson/rvws2002 – 03 / rohr2002.pdf am 15. 7. 2003. Zu den Handelsrouten und Einflussgebieten der frühen muslimischen Kaufleute instruktiv bereits *v. Kremer*, Culturgeschichte des Orients unter den Chalifen, Bd. 2, S. 274 ff.

3 Vgl. *Lokotsch*, Etymologisches Wörterbuch der europäischen Wörter orientalischen Ursprungs, S. IX ff.

(Atlas, Chiffon, Gaze, Taft, Satin, Matratze), Spezereien und Gewürze (Amber, Balsam, Ingwer, Kandis, Muskat, Narde, Safran, Kümmel, Zucker, Sirup), Pflanzen und Früchte (Jasmin, Limone, Orange, Tulpe), sondern auch den Vorgang des Handeltreibens selbst (Tara, Magazin). Es verwundert deshalb nicht, dass das deutsche Handelsrecht Begrifflichkeiten kennt, die aus dem Arabischen stammen[5]: Im Wertpapierrecht gibt es beispielsweise den Begriff „Aval" (Wechselbürgschaft), der zurückgeht auf das arabische Wort „hawāla" (Wechsel)[6]. Das Wort „Scheck" hat seine Wurzel in dem arabischen „šakk" bzw. dem persischen „ček"[7], was übersetzt „Urkunde" bedeutet[8]. Im Achten Titel (Art. 63 ff.) des Entwurfs eines Allgemeinen deutschen Handelsgesetzbuches aus dem Jahr 1858 fanden sich Regelungen über den „Sensal"[9]; dahinter verbirgt sich das persisch-arabische Wort „simsār" (Handelsmakler)[10]. Es wurden allerdings nicht nur Begrifflichkeiten übernommen, sondern auch ganze Rechtsinstitute. So lässt sich etwa das Institut der Kommanditgesellschaft über das hochmittelalterliche Oberitalien bis hin zur islamrechtlichen *mudāraba* („stille Gesellschaft") zurückverfolgen[11]. Es war aber nicht nur der Handel, der die Grenzen der unterschiedlichen Kulturen und Religionen zu überwinden vermochte. Das belegen anschaulich die aus dem Arabischen in das Deutsche übernommenen Wörter „Almanach", „Algebra", „Alchimie", „Elixier", „Alkohol", „Ziffer" und „Chiffre" sowie „Talisman", „Horde", „Havarie" und „Dolmetscher". Ausgetauscht wurden zwischen Orient und Okzident nicht nur Waren, sondern auch wissenschaftliche Erkenntnisse, vor allem in den Bereichen Chemie, Medizin und Pharmazie[12], sowie Erfahrungen und Erlebnisberichte, die das Alltagsleben und das Reisen betrafen[13].

Leider verlief die Begegnung zwischen Christen und Muslimen nicht immer friedlich[14]. Viele Male wurde auf beiden Seiten gerade die Religion dazu instrumentalisiert, kriegerische Auseinandersetzungen in Gang zu setzen, zu fördern

---

4 Siehe dazu etwa *Littmann,* Morgenländische Wörter im Deutschen, 2. Aufl., 1924; *Panagl,* Wortschätze des Ostens, Begleitblatt, abgerufen unter http: //www.sbg.ac.at/ger/samson/rvws2002 – 03/panagl2002.doc am 15. 7. 2003.

5 Zum Folgenden *Rohe,* RabelsZ 64 (2000), 256, 259 f.

6 Vgl. *Wichard,* Zwischen Markt und Moschee, S. 178.

7 Vgl. *Duri,* Arabische Wirtschaftsgeschichte, S. 89 m. Fn. 77 (S. 195).

8 Vgl. *Bergsträßer,* in: Schacht (Hrsg.), G. Bergsträßer's Grundzüge des islamischen Rechts, S. 113.

9 Siehe Protokolle der Kommission zur Berathung eines allgemeinen deutschen Handelsgesetzbuches, hrsgg. von *Lutz,* Beilagenband, 1858, S. 153.

10 Vgl. *Duri* (o. Fn. 7), S. 88; *Rohe,* RabelsZ 64 (2000), 256, 259, auch zum Folgenden.

11 Vgl. dazu *Bergsträßer* (o. Fn. 8), S. 75 f.

12 Vgl. dazu etwa die Beiträge von *Meyerhof* und *de Vaux,* in: Arnold / Guillaume (Hrsg.), The Legacy of Islam, S. 311 ff. bzw. 376 ff.

13 Vgl. *v. Kremer* (o. Fn. 2), S. 397 ff. Siehe zu den nichtislamischen Einflüssen auf die arabische Entwicklung etwa *Cahen,* Der Islam, Bd. 1, S. 120 ff.

14 Siehe dazu etwa *Marré,* in: Muckel (Hrsg.), FS Rüfner, S. 553 ff.

oder zu rechtfertigen. Die Religion wurde so zu einem trennenden Element zwischen den Völkern und nicht selten als Deckmantel missbraucht für imperialistische Bestrebungen der Herrschenden. So rief etwa Papst *Urban II.*, der als Bischof von Rom nach dem heutigen christlichen Verständnis keinesfalls die Rolle eines Kriegstreibers hätte übernehmen dürfen, auf der Synode von Clermont vom 27. November 1095 dazu auf, die heiligen Stätten Palästinas aus der Hand der Muslime zu befreien[15]. Er fügte hinzu, dass jedem, der an diesem von Gott gewollten Befreiungskrieg teilnehme, die Sünden vergeben seien. Der Aufruf *Urbans II.* führte zu den Kreuzzügen und damit zu einem Blutvergießen bislang nicht gekannten Ausmaßes unter dem Signum des Kreuzes[16]. Vieles von dem, was damals geschah, weist Parallelen auf zu den Anschlägen militanter Muslime in unserer Zeit, die vorgeben, einen heiligen Krieg zu führen.

Die Kreuzfahrer konnten Palästina nicht auf Dauer christianisieren; als letzte Festung fiel Akko im Jahr 1291 an die Muslime zurück. Das Unrecht, das mit den Kreuzzügen einherging, bewirkte eine tiefe Kluft zwischen den beiden Weltreligionen. Diese Kluft verstärkte sich weiter, als türkische Streitkräfte zwischen dem 15. und dem 17. Jahrhundert weite Teile Südosteuropas (einschließlich der ungarischen Hauptstadt und des Banat) eroberten, wiederholt Feldzüge sogar gegen das Haus Habsburg führten und die Stadt Wien zweimal belagerten (1529 und 1683). Im Zuge der Eroberungen zerstörten die Invasoren unzählige christliche Gotteshäuser. Damals wurde – wie bereits Hunderte Jahre zuvor – der Islam als Bedrohung verstanden für die christlich geprägte Kultur des Abendlandes[17]. Viele der diffusen Ängste, die heute noch auf beiden Seiten voreinander bestehen, wurzeln in den geschilderten historischen Ereignissen[18].

Gleichwohl gab es auch immer wieder Bemühungen, rechtliche Voraussetzungen für eine friedliche Koexistenz zu schaffen. So erkannte beispielsweise die islamische Rechtspraxis bereits früh eine Schutzverpflichtung der Muslime gegenüber den in ihrem Herrschaftsgebiet ansässigen Nichtmuslimen an, wobei dieser Schutzverpflichtung ein (allerdings mit hohen Tributzahlungen zu erkaufender) Anspruch der Nichtmuslime auf Schutz entsprach[19]. *Friedrich II. von Hohenstaufen* gewährte nach seinem siegreichen Kreuzzug 1229 in einem Friedensvertrag mit dem ägyptischen Sultan *Malik al-Kamil* den Muslimen freien Zugang zu den heiligen Stätten in Jerusalem[20]. Drei Jahre später billigte er in den Konstitutionen

---

15 Vgl. dazu *A. C. Krey,* The First Crusade. The Accounts of Eyewitnesses and Participants, S. 23 ff.; *Munro,* Urban and the Crusaders. Translations and Reprints from the Original Sources of European History, Bd. 1, S. 5 ff.; *Bongars,* in: Thatcher / McNeal (Hrsg.), A Source Book for Medieval History, S. 513 ff.

16 Vgl. dazu etwa *Barker,* in: Arnold / Guillaume (o. Fn. 12), S. 40 ff.

17 Vgl. dazu etwa *Braune,* Der islamische Orient zwischen Vergangenheit und Zukunft, S. 15 ff.

18 Vgl. etwa *Spuler-Stegemann,* Muslime in Deutschland, 1. Aufl., 1998, S. 290.

19 Vgl. *Nagel,* Das islamische Recht, S. 97 ff.; *Noth,* in: Ende / Steinbach (Hrsg.), Der Islam in der Gegenwart, S. 684, 688.

von Melfi, einer für das Königreich Sizilien bestimmten umfassenden Kodifikation des Staats-, Verwaltungs- und Zivilrechts, nicht nur den Juden, sondern auch den Muslimen generellen Rechtsschutz zu. Bis dahin waren Juden und Muslime als Ankläger vor Gericht nicht zugelassen gewesen. Der Kaiser bestimmte jedoch: „Wir wünschen nicht, dass sie unschuldig verfolgt werden, nur weil sie Juden oder Sarazenen sind.“[21] Im 17. Jahrhundert forderte der englische Philosoph *John Locke,* dass „weder Heide noch Mohammedaner noch Jude wegen seiner Religion von den bürgerlichen Rechten des Gemeinwesens ausgeschlossen“ wird[22]. Zu einer rechtlichen Gleichstellung der Religionen war es allerdings damals noch ein langer Weg, der heute in vielen Staaten der Erde – sei es zu Lasten der Christen, Juden oder Muslime – immer noch nicht zu Ende geführt ist.

In Deutschland gibt es Muslime spätestens seit dem Ende des 17. Jahrhunderts[23]. Damals hatten die Verbündeten der Habsburger in den Türkenkriegen Tausende türkischer Kriegsgefangener gemacht, darunter zahlreiche Kinder. Diese wurden zum Teil an die Fürstenhöfe und auf die adeligen Güter gebracht und dort erzogen. Einige der Kriegsgefangenen ließen sich taufen, um sich Erleichterungen zu verschaffen; ihre Nachkommen gingen in der deutschen Bevölkerung auf. Viele andere behielten dagegen ihren muslimischen Glauben bei. Davon legen heute noch ihre Grabsteine Zeugnis ab.

Im Jahr 1739 stellte Herzog *Ernst Johann Biron von Kurland* dem Preußenkönig *Friedrich Wilhelm I.* zwanzig türkische Grenadiere für sein Potsdamer Regiment „Lange Kerls“ zur Verfügung[24]. *Friedrich Wilhelm I.* ließ für sie in der Nähe der Garnisonskirche einen Saal als Gebetsstätte herrichten. In den beiden Schlesischen Kriegen (1740–1742 bzw. 1744–1745) schlossen sich versprengte Einheiten muslimischer Soldaten, vor allem Tataren, Bosniaken und Albaner, den preußischen Heeren an. Dort dienten schließlich etwa eintausend muslimische Reiter, die zu einem großen Teil für Preußen gefallen sind[25]. Die Muslime wurden in der Bevölkerung so freundlich aufgenommen, dass sich der erste Kalifatsgesandte in Berlin *Resmet Ahmed Effendi* 1777 dazu veranlasst sah, seinem Sultan *Abdul Hamid I.* mitzuteilen: „Die Bevölkerung Berlins erkennt den Propheten Mohammed an und scheut sich nicht zu bekennen, dass sie bereit wäre, den Islam anzunehmen.“[26]

---

20 Vgl. *Horst,* Der Sultan von Lucera. Friedrich II. und der Islam, S. 65; *Heinisch,* Kaiser Friedrich II. in Briefen und Berichten seiner Zeit, S. 170 ff.

21 Vgl. *Horst* (o. Fn. 20), S. 132 f. In Auszügen sind die Konstitutionen abgedruckt bei *Heinisch* (o. Fn. 20), S. 225 ff.

22 *Locke,* Ein Brief über Toleranz, S. 107.

23 Vgl. zum Folgenden etwa *Abdullah* (o. Fn. 1), S. 18 ff.; *Lemmen,* Muslime in Deutschland, S. 17 f.; *Spies,* in: Gräf (Hrsg.), FS Caskel, S. 316 ff.

24 Vgl. *Lemmen* (o. Fn. 23), S. 18; *Abdullah* (o. Fn. 1), S. 13.

25 Vgl. *Abdullah* (o. Fn. 1), S. 15 f.

26 Zit. nach *Abdullah* (o. Fn. 1), S. 16.

Als im Jahr 1798 der dritte türkische Gesandte und Botschafter am Berliner Hofe *Ali Aziz Effendi* starb, übereignete König *Friedrich Wilhelm III.* dem osmanischen Kalifat ein Gelände, das als Gräberfeld dienen sollte[27]. So entstand der erste muslimische Friedhof auf deutschem Boden. In den folgenden Jahren wurden an einigen Orten Gebäude mit Minaretten gebaut, die zwar als islamische Gebetshäuser erscheinen, jedoch nicht als Sakralbauten konzipiert worden waren. Zu denken ist nur an die „Rote Moschee" im Schlosspark zu Schwetzingen oder an das für die Wasserversorgung im Park Sanssouci erbaute Dampfmaschinenhaus in Potsdam. Orient und Islam übten auf die Deutschen die Faszination einer fremden, geheimnisvollen Welt aus[28]. Diese Faszination war es wohl, die dazu führte, dass sich nicht nur Gelehrte mit dem Islam auseinander setzten. Auch eine – allerdings nur geringe – Anzahl von Personen des öffentlichen Lebens konvertierte in dieser Zeit zum Islam[29].

Im Verlauf des Ersten Weltkrieges gelangten etwa 15.000 alliierte Kriegsgefangene muslimischen Glaubens nach Deutschland. Sie wurden von den anderen Gefangenen getrennt und in besonderen Lagern interniert, und zwar Araber und Afrikaner aus der französischen Armee und Inder aus der britischen Armee im sog. Halbmondlager im südlich von Berlin gelegenen Wünsdorf sowie Muslime aus der russischen Armee im sog. Weinberglager im benachbarten Zossen[30]. Dort wurden sie von mehreren Imamen und Mullahs betreut. Auch konnten sie fünf islamische Zeitungen beziehen, die in den Lagern selbst bzw. in der Reichsdruckerei hergestellt wurden. Die bevorzugte Behandlung der Muslime erfolgte vor dem Hintergrund, dass der osmanische Sultan, dessen Land zu Gunsten der Mittelmächte (Deutschland und Österreich-Ungarn) in den Krieg eingetreten war, am 11. November 1914 alle Muslime zu einem bewaffneten Kampf gegen Frankreich, Großbritannien und Russland aufgerufen hatte. Die Muslime sollten durch Propaganda und Umerziehung dazu bewogen werden, auf osmanischer Seite am Krieg teilzunehmen. Auf Wunsch des Şeyhülislam, des obersten islamischen Mufti in Istanbul[31], wurde für die Gefangenen sogar im Wünsdorfer Lager eine Moschee errichtet, die am 13. Juli 1915 mit einer Predigt des tunesischen Imams *Muhammad al-Khidr Hussain* eröffnet wurde. Das Gebetshaus, ein einfacher Holzbau mit Kuppel und Minarett, wurde von den Berliner Muslimen über den Krieg hinaus genutzt, bis es Ende der zwanziger Jahre wegen Baufälligkeit abgerissen werden musste.

Nach dem Ersten Weltkrieg verblieben einige der vormaligen Kriegsgefangenen in Deutschland. Das Zentrum islamischen Lebens bildete dabei die Hauptstadt Ber-

---

27 *Lemmen* (o. Fn. 23), S. 19; *Abdullah* (o. Fn. 1), S. 17.

28 Vgl. dazu etwa *Braune* (o. Fn. 17), S. 21 ff.

29 Vgl. dazu *Abdullah* (o. Fn. 1), S. 21 ff.

30 Siehe dazu *Abdullah* (o. Fn. 1), S. 23 ff.; *Lemmen* (o. Fn. 23), S. 19 f.; *Spuler-Stegemann* (o. Fn. 18), S. 35.

31 Vgl. zu diesem Amt bereits *Bergsträßer,* (o. Fn. 8), S. 20.

lin. Dort lebten zwischen den beiden Weltkriegen etwa 1.800 Muslime, überwiegend Studenten und Exilanten aus verschiedenen islamischen Ländern sowie eine kleine, aber nicht unbedeutende Zahl deutscher Muslime[32]. Es kam zu den ersten Gründungen islamischer Organisationen. Dazu zählt die *Islamische Gemeinde zu Berlin e. V.*, deren satzungsmäßige Aufgabe u. a. darin bestehen sollte, die religiösen Pflichten und Vorschriften der Muslime zu fördern, öffentliche Gottesdienste und Religionsunterricht zu etablieren und eine neue Moschee zu bauen[33]. Am 4. November 1927 wurde das *Islam-Institut zu Berlin* gegründet, eine fromme Stiftung („waqf") nach islamischem Recht, die „ein geistiges Zentrum für den Kulturaustausch zwischen Deutschland und der islamischen Welt werden und beide Seiten durch seine Mittlertätigkeit befruchten" sollte[34]. Eine weitere wichtige Rolle bei der Entfaltung islamischer Aktivitäten spielte die *Moslemische Gemeinschaft* in Berlin, ein Zusammenschluss von Anhängern der Lahore-Richtung der Ahmadiyya. Sie gab die vierteljährlich in deutscher Sprache erscheinende Zeitschrift „Moslemische Revue" heraus, in der theologische und politische Fragen aus der islamischen Welt in anspruchsvoller Weise behandelt wurden. Im Jahr 1939 veröffentlichte die *Moslemische Gemeinschaft* zudem die erste arabisch-deutsche Koranausgabe; der arabische Text war von einem führenden Mitglied, *Maulana Sadr-du-Din,* übersetzt und mit einem ausführlichen Kommentar versehen worden, der sich speziell an einen christlichen deutschen Leserkreis richtete[35]. Die *Moslemische Gemeinschaft* baute in Wilmersdorf eine Moschee, die allen Muslimen offen stand. Aus der Gemeinschaft ging die *Deutsch-Muslimische Gesellschaft* hervor, die am 30. Mai 1930 in das Vereinsregister eingetragen wurde und ihre Aufgabe darin sah, „das Verständnis für den Islam durch Aufklärungsarbeiten, Vorträge und intensives Gemeinschaftsleben [...] zu fördern"[36]. Schließlich wurde am 31. Oktober 1932 der Verein *Islamischer Weltkongreß, Zweigstelle Berlin* gegründet. Maßgeblich an der Gründung beteiligt waren Mitglieder der *Deutsch-Muslimischen Gesellschaft* und der *Islamischen Gemeinde*[37]. Der Verein sollte gemäß seiner Satzung die Einigkeit zwischen den Muslimen stärken, ihre Zusammenarbeit und Hilfsbereitschaft fördern, islamische Interessen wahren, Heiligtümer und Kultstätten schützen sowie über die islamische Kultur aufklären[38]. In

---

32 *Lemmen* (o. Fn. 23), S. 20.

33 Siehe § 7 der Statuten der Islamischen Gemeinde zu Berlin e. V. v. 4. 11. 1922.

34 So der Mitbegründer und erste Vorsitzende des Instituts *Hadsch Mohammed Abdul Nafi Tschelebi* bei der Eröffnungsansprache 1927, zit. nach: M. S. Abdullah (Hrsg.), 70 Jahre Zentralinstitut Islam-Archiv Deutschland, S. 53. Später beanspruchten gleich zwei eingetragene Vereine für sich, die Stiftung fortzuführen; dies waren der Verein *Islam Institut (Ma'ahad-ul-Islam) zu Berlin e. V.* (gegr. 1939) und der Verein *Islamisches Zentral-Institut zu Berlin e. V.* (gegr. 1941); vgl. *Lemmen* (o. Fn. 23), S. 22 ff., auch zum Folgenden.

35 Dazu *Abdullah* (o. Fn. 1), S. 29 f.; *M. D. Ahmed,* in: Voigt (Hrsg.), XIX. Orientalistentag, S. 319, 329 m. Anm. 78.

36 Siehe § 3 der Satzung der Deutsch-Muslimischen Gesellschaft e. V. v. 22. 3. 1930.

37 Siehe *Lemmen* (o. Fn. 23), S. 27.

38 Siehe § 3 der Satzung des Islamischen Weltkongresses, Zweigstelle Berlin e. V. v. 31. 10. 1932.

den Kriegsjahren kam die Tätigkeit der meisten muslimischen Verbände jedoch zum Erliegen. Grund hierfür waren nicht zuletzt tiefgreifende Meinungsverschiedenheiten der Mitglieder über die Haltung gegenüber den politischen Umwälzungen in den Heimatländern[39].

Während des Zweiten Weltkrieges kamen wiederum viele Tausend Muslime nach Deutschland. Allein unter der knappen Million russischer Kriegsgefangener waren etwa 150.000 bis 200.000 Muslime aus Turkestan und dem Kaukasus, von der Krim und aus dem Wolgagebiet[40]. Die meisten von ihnen fanden sich bereit, auf der Seite der deutschen Truppen für die Befreiung ihrer vom zaristischen Russland annektierten und später von der Sowjetunion wie selbstverständlich übernommenen Heimatgebiete zu kämpfen. Sie wurden daher in den so genannten Ostlegionen zusammengeschlossen und der deutschen Wehrmacht eingegliedert bzw. in SS-Verbänden rekrutiert[41]. Darüber hinaus gelangten in den letzten Kriegstagen und auch noch nach Kriegsende zahlreiche Flüchtlinge nationaler muslimischer Minderheiten aus der Sowjetunion und anderen Staaten des späteren kommunistischen Blocks vornehmlich in den Süden Deutschlands[42]. Um diese Menschen im religiösen und sozialen Bereich zu betreuen und ihre Interessen nach außen hin zu vertreten, wurde am 29. März 1951 eine muslimische Flüchtlingsorganisation mit dem Namen „Geistliche Verwaltung der Muslimflüchtlinge in der Bundesrepublik Deutschland (Musulman Mültecilerin Dini İdaresi)“ gegründet[43]. Die Bemühungen der Organisation, die muslimischen Flüchtlinge in Deutschland zu integrieren, wurden jedoch von Muslimen im Ausland zum Teil heftig kritisiert und als „Verrat am Islam“ bezeichnet[44]. Die Integration in einen nichtislamischen, säkularen Staat erschien für viele Muslime undenkbar.

In den fünfziger und sechziger Jahren entstanden weitere bedeutende muslimische Verbände. Diese wiesen zum Teil die Angehörigen bestimmter Nationalitäten als Zielgruppen aus. Zu erwähnen ist beispielsweise die am 22. September 1962 gegründete *Islamisch-Iranische Gemeinde in Hamburg e. V.,* die später in „Islamisches Zentrum Hamburg e. V. (IZH)“ umbenannt wurde[45]. Sie ist Trägerin der Imam Ali Moschee in Hamburg. Moschee und Trägerverein stehen in enger Verbindung zu schiitischen Autoritäten im Iran, was sich insbesondere daran zeigt, dass der jeweilige Vorsitzende des *Islamischen Zentrums,* der von Amts wegen zugleich Imam der Moschee ist, gemäß der Satzung durch ein religiöses Oberhaupt

---

39 Vgl. *Lemmen* (o. Fn. 23), S. 20 ff., 28.

40 *Spuler-Stegemann* (o. Fn. 18), S. 36.

41 *Abdullah* (o. Fn. 1), S. 34.

42 Dazu *Abdullah* (o. Fn. 1), S. 36 ff.

43 Vgl. *Abdullah* (o. Fn. 1), S. 39; *Lemmen* (o. Fn. 23), S. 31 f.

44 Siehe *Abdullah* (o. Fn. 1), S. 41.

45 Vgl. Protokoll der Gründungsversammlung und Satzung der Islamisch-Iranischen Gemeinde in Hamburg e. V. v. 22. 9. 1962, *AmtsG Hamburg,* VR 6558, Bl. 3; Auszug aus dem Protokoll der außerordentlichen Hauptversammlung v. 8. 2. 1966, ebd., Bl. 27.

der Schiiten berufen bzw. bestätigt werden muss[46]. In der Vergangenheit waren deshalb mehrfach prominente Repräsentanten des schiitischen Islam oder der heutigen Islamischen Republik Iran Vorsitzende des *Islamischen Zentrums Hamburg,* wie etwa der frühere Staatspräsident *Seyed Mohammad Khatami* (1978 – 1980). Das birgt die Gefahr in sich, dass die Moschee instrumentalisiert wird für die politischen Bestrebungen eines ausländischen Staates[47], eine Gefahr, die auch bei anderen muslimischen Gemeinschaften im Inland gesehen wird[48].

Andere Vereinsgründungen aus damaliger Zeit sind zum Beispiel die *Deutsche Muslim-Liga e. V.* vom 30. Januar 1954, die sich nach ihrem Selbstverständnis vor allem für die Belange deutscher Muslime einsetzt, und die *Ahmadiyya Bewegung in der Bundesrepublik Deutschland e. V.* vom 9. August 1955, die sich seit 1988 „Ahmadiyya-Muslim-JAMAAT in der Bundesrepublik Deutschland e. V." nennt und deren Mitgliedschaft faktisch auf Ahmadis beschränkt ist[49]. Darüber hinaus kam es zur Gründung der ersten lokalen Moschee(bau)vereine; sie ermöglichten es, in einigen größeren Städten, wie München und Aachen, Gebetsstätten zu errichten[50]. Dennoch blieb der Islam zunächst eine Randerscheinung im gesellschaftlichen Leben Deutschlands[51]; noch zu Beginn der sechziger Jahre lag der Anteil der Muslime an der Bevölkerung bei weniger als 0,5 Promille[52].

Das sollte sich in den folgenden Jahrzehnten ändern. Der Zweite Weltkrieg hatte die männliche Bevölkerung stark dezimiert. Infolge des wirtschaftlichen Aufschwungs kam es daher zu einem Arbeitskräftemangel in der deutschen Wirtschaft. Um diesem Mangel abzuhelfen, schloss die Bundesrepublik in den fünfziger und vor allem sechziger Jahren Anwerbeabkommen nicht nur mit Italien, Spanien, Portugal und Griechenland, sondern auch mit Staaten, die eine überwiegend muslimische Bevölkerung aufweisen, wie der Türkei (1961)[53], Marokko (1963)[54] und Tunesien (1965)[55], sowie dem damaligen Jugoslawien (1968)[56], in dem eine große

---

46 Vgl. Protokoll der Gründungsversammlung (o. Fn. 45), Bl. 5; Auszug aus dem Protokoll der außerordentlichen Mitgliederversammlung v. 13. 12. 1990, ebd., Bl. 129.

47 *Lemmen* (o. Fn. 23), S. 29.

48 Vgl. *Sekretariat der Deutschen Bischofskonferenz* (Hrsg.), Christen und Muslime in Deutschland, S. 124 f.

49 Vgl. dazu sowie zu anderen frühen Vereinsgründungen der Muslime *Lemmen* (o. Fn. 23), S. 28 ff., 30 f.; *Abdullah* (o. Fn. 1), S. 95 ff.

50 Vgl. *Lemmen* (o. Fn. 23), S. 32 f.

51 *Lemmen* (o. Fn. 23), S. 34.

52 Siehe Statistisches Jahrbuch für die Bundesrepublik Deutschland 1965, S. 45. Danach lebten in der Bundesrepublik am 6. 6. 1961 mit Ausnahme von Christen und Juden 28,9 Tausend Angehörige von Volks- und Weltreligionen (Muslime, Buddhisten, Hindus u. a.) bei einer Gesamtwohnbevölkerung von 56.174,8 Tausend.

53 Siehe GMBl. 1962, 10 u. GMBl. 1964, 507.

54 Siehe BAnz. 1965 Nr. 63.

55 Siehe BAnz. 1966 Nr. 57. Zu den Anwerbeabkommen insgesamt auch *B. Braun,* Niederlassungsrecht der Bundesrepublik Deutschland, S. 62 f.

Gruppe bosnischer und albanischer Muslime lebte. Auf der Grundlage der Anwerbeabkommen reisten hunderttausende, überwiegend männliche Muslime als so genannte Gastarbeiter nach Deutschland ein[57]. Ihr Aufenthalt war zunächst nicht auf Dauer angelegt; sie sollten nach einigen wenigen Jahren in ihre Heimatländer zurückkehren.

Angesichts der Weltwirtschaftskrise zu Beginn der siebziger Jahre sah sich die Bundesregierung dann gezwungen, am 23. November 1973 einen Anwerbestopp zu verfügen[58]. Dieser hatte zwar primär zur Folge, dass keine weiteren ausländischen Arbeitskräfte angeworben werden durften. Er führte aber auch dazu, dass viele Unternehmen an ihren bewährten ausländischen Arbeitnehmern festhielten, weil keine Möglichkeit mehr bestand, neue billige Arbeitskräfte aus dem Ausland zu beschaffen. Deshalb blieb ein nicht geringer Teil der muslimischen Arbeitsmigranten in Deutschland. Den ehemaligen Gastarbeitern wurde ermöglicht, ihre Frauen und Kinder nachziehen zu lassen. Der Familiennachzug bedeutete eine Migrationswelle beträchtlichen Ausmaßes, so dass bereits 1980 in Deutschland nach Schätzungen unter Berücksichtigung der Hauptherkunftsländer mehr als 1,7 Millionen Muslime lebten[59]. Während 1972 noch 89% der damaligen Migranten Männer gewesen waren, stieg der Anteil der Frauen innerhalb von zwanzig Jahren auf 45%[60]. Dabei herrschte unter der ersten Generation muslimischer Einwanderer lange Zeit die Einstellung vor, dass der Aufenthalt in der Bundesrepublik allein den Zweck habe, die finanziellen Mittel zu erwirtschaften, um sich in der fernen Heimat eine Zukunftsexistenz aufzubauen[61]. Auch in religiöser Hinsicht erschien der Aufenthalt in einem überwiegend von Christen bewohnten Land alles andere als günstig. Es fehlte nicht nur an der in den Heimatländern gewöhnten religiösen Infrastruktur, insbesondere an würdigen Gebetsstätten. Der einzelne Muslim war nunmehr Teil einer religiösen Minderheit, die von ihrer christlich geprägten Umwelt mit Befremden und Argwohn wahrgenommen wurde. Erschwerend kam hinzu, dass er Gast war in einem Land, dessen Sitten und Gebräuche ihm selbst fremd waren, und dass er nicht über einen langfristig gesicherten Aufenthaltsstatus verfügte. Deshalb bemühten sich die Muslime weitgehend, ein unauffälliges religiöses Leben zu führen. Die Religionsausübung wurde auf den privaten Bereich beschränkt; für das gemeinschaftliche Gebet wurden häufig abbruchreife Scheunen, leere Fabrikhallen und Hinterhöfe genutzt[62]. Das Leben in der deutschen Diaspora wurde als vorübergehende Unterbrechung eines religiös angemessenen Lebens in

56 Siehe BGBl. II 1968, S. 1107.

57 Siehe dazu etwa *Şen/Goldberg,* Türken in Deutschland, S. 9 ff.

58 Vgl. *Şen/Goldberg* (o. Fn. 57), S. 20.

59 *Lemmen* (o. Fn. 23), S. 35 f. m. Nachw.

60 *Spuler-Stegemann* (o. Fn. 18), S. 37.

61 *Spuler-Stegemann* (o. Fn. 18), S. 37.

62 Siehe *Abdullah* (o. Fn. 1), S. 78; zum Islam als „Hinterhof-Religion" auch *Albrecht,* in: Marré/Stüting (Hrsg.), Essener Gespräche 20 (1986), S. 82, 88.

einem islamischen Land betrachtet. Es sah so aus, als ließe sich islamisches Leben in Deutschland nur defizitär verwirklichen[63].

In den Folgejahren wurde die Zahl der Muslime verstärkt durch die in Deutschland geborenen Nachkommen der Arbeitsmigranten, aber auch durch Asylsuchende und Bürgerkriegsflüchtlinge aus den Kriegs- und Krisengebieten des Balkan sowie des Nahen und Fernen Ostens[64]. Hinzu kamen Studenten, die – nicht selten im Zusammenhang mit Entwicklungshilfeprojekten – in Deutschland ein naturwissenschaftliches oder technisches Studium aufnehmen konnten[65].

Mittlerweile leben in der Bundesrepublik nach amtlichen Schätzungen zwischen 2,7 und 3,2 Millionen Muslime[66]. Das entspricht einem Bevölkerungsanteil von etwa 3,5 bis 4%. Deutschstämmig sind davon lediglich zwischen 50.000 und 100.000[67]. Von den Muslimen ausländischer Herkunft besitzen bereits etwa 370.000 bis 450.000 die deutsche Staatsangehörigkeit[68]. Angesichts der Änderung des Einbürgerungsrechts zum 1. 7. 1999 (BGBl. I S. 1062) und der Reform des Staatsangehörigkeitsrechts zum 1. 1. 2000 (BGBl. I 1999, S. 1618) ist allerdings davon auszugehen, dass diese Zahl in Zukunft weiter zunehmen wird. Der überwiegende Teil derjenigen Muslime, die weder eingebürgert sind noch die deutsche Staatsangehörigkeit durch Abstammung erworben haben, verfügt über eine unbefristete Aufenthaltserlaubnis oder sogar eine Aufenthaltsberechtigung und damit ebenfalls über ein dauerhaftes Bleiberecht in der Bundesrepublik. Der Gedanke an eine baldige Rückkehr in den Herkunftsstaat oder das Land der Vorfahren spielt heute im Leben der meisten Muslime keine dominierende Rolle mehr. Deutschland wird für immer mehr Muslime, zumal für die hier geborenen, zur Heimat; die Beziehungen zu den ausländischen Herkunftsstaaten schwinden[69].

Damit einher gehen Veränderungen in dem Selbstverständnis der Muslime. Die Muslime treten zunehmend selbstbewusst in der Öffentlichkeit auf. Sie sind nicht länger bereit, sich bei der Gestaltung ihres religiösen Lebens zurückzuhalten und ihre Religion nur in den Hinterhöfen auszuüben; sie möchten den Mitgliedern der in Deutschland alteingesessenen Religionen in nichts nachstehen. Sie bauen nicht mehr darauf, dass sie später etwaige religiöse Versäumnisse in ihren Herkunftsstaa-

---

63 Vgl. *Lemmen,* in: Hildemann / Hartmann (Hrsg.), Religion – Kirche – Islam, S. 191, 192.

64 Vgl. dazu *Bundesregierung,* BT-Drucks. 14/4530 v. 8. 11. 2000, S. 5 ff.

65 Vgl. *Lemmen* (o. Fn. 23), S. 35; *Abdullah / Gieringer,* Die Präsenz des Islam in der Bundesrepublik Deutschland, Bd. 2, S. 30.

66 *Bundesregierung* (o. Fn. 64), S. 5.

67 Vgl. einerseits *Abdullah,* Was will der Islam in Deutschland? S. 18; *Hillgruber,* JZ 1999, 538, 539; andererseits *Leggewie,* Alhambra – Der Islam im Westen, S. 52, 126. Nach *Hillgruber,* JZ 1999, 538, 539 soll es sich dabei überwiegend um Personen handeln, die im Erwachsenenalter infolge einer Eheschließung mit einem muslimischen Partner zum Islam konvertiert sind. Gesicherte Daten gibt es aber nicht.

68 Siehe *Bundesregierung* (o. Fn. 64), S. 6 f.

69 Vgl. *Şen / Goldberg* (o. Fn. 57), S. 69 f.

ten nachholen können. Sie sind vielmehr darauf angewiesen, in Deutschland ein Leben zu führen, das den Vorgaben des Islam und der Würde ihres Gottes entspricht. Demgemäß sind in den letzten Jahren in vielen, selbst kleineren Orten imposante Gebetsstätten entstanden. Es gibt mittlerweile bereits 70 große Kuppelbau-Moscheen mit Minarett, 32 weitere stehen vor der Fertigstellung[70]. Zu nennen sind etwa die Mannheimer Moschee mit 2.500 Gebetsplätzen, die Zentrum-Moschee in Frankfurt am Main mit 3.000 Gebetsplätzen und die „Moschee des Märtyrertums" am Columbiadamm in Berlin mit 5.000 Gebetsplätzen[71]. Hinzu kommen 2.204 sonstige Gebetshäuser[72]. Der Islam etabliert und positioniert sich in der Bundesrepublik als zweitgrößte Religion unmittelbar hinter dem Christentum und er gewinnt stetig weiter an Bedeutung. Das lässt sich selbst im Straßenbild der Innenstädte nachweisen.

Die Präsenz des Islam bedeutet eine Herausforderung für die deutsche Rechtsordnung, deren christliche Wurzeln und Implementierungen sich nicht verleugnen lassen[73]. Zwar ist das Grundgesetz offen für alle Religionen und damit auch für den Islam. Es gewährleistet religiöse Freiheitsrechte für den Anhänger jeder Religion und Weltanschauung und verbietet, jemanden wegen seines Glaubens ungerechtfertigt zu benachteiligen oder zu bevorzugen. Es enthält jedoch auch Regelungen, zumal in den inkorporierten Vorschriften der Weimarer Verfassung, die eng auf die staatskirchenrechtliche Situation zu Beginn des 20. Jahrhunderts zugeschnitten sind und insofern nicht so recht zu passen scheinen, wenn es darum geht, muslimische Vereinigungen in das religionsverfassungsrechtliche System einzuordnen. Das betrifft insbesondere den Begriff der Religionsgemeinschaft[74] und die Anforderungen, die eine Religionsgemeinschaft erfüllen muss, um den Status einer Körperschaft öffentlichen Rechts erwerben zu können (vgl. Art. 140 GG i. V. m. Art. 137 Abs. 5 WRV)[75].

Auf der Ebene des einfachen Rechts gibt es zahlreiche Bestimmungen, die unmittelbar an das Religionsverfassungsrecht anknüpfen, so dass sich die Schwierigkeiten, die bei der Anwendung der verfassungsrechtlichen Vorschriften auftreten,

---

70 Pastoralblatt für die Diözesen Aachen, Berlin, Essen, Hamburg, Hildesheim, Köln, Osnabrück 2001, 192.

71 *Bundesregierung* (o. Fn. 64), S. 13.

72 Pastoralblatt (o. Fn. 70), 192.

73 Vgl. *Uhle,* Staat – Kirche – Kultur, S. 65 ff.; zu der engen Verbindung, die über Jahrhunderte zwischen den christlichen Großkirchen und dem Staat bestanden hat, etwa *Jeand'Heur/Korioth,* Grundzüge des Staatskirchenrechts, Rn. 5 ff.

74 Dazu aus jüngerer Zeit etwa *Poscher,* Der Staat 39 (2000), 49 ff.; *Pieroth/Görisch,* JuS 2002, 937 ff.; *Muckel,* in: Rees (Hrsg.), Recht in Kirche und Staat, S. 715 ff.

75 Vgl. zu den Anforderungen, die muslimische Gemeinschaften erfüllen müssen, um den Status einer Körperschaft des öffentlichen Rechts erwerben zu können, etwa *Muckel,* DÖV 1995, 311 ff.; *dens.,* in: Ebert/Hanstein (Hrsg.), Beiträge zum Islamischen Recht, Bd. 2, 2003, S. 11, 12 ff.; *Albrecht,* KuR 1995, 25 ff. (= 210, 1 ff.); *Lindner,* ZevKR 48 (2003), 178 ff.; *Marré* (o. Fn. 14), S. 553, 570 ff.

dort fortsetzen. Darüber hinaus stellt sich bei (vermeintlichen) Kollisionen zwischen dem islamischen und dem deutschen öffentlichen Recht nicht selten die Frage, ob das Verhalten eines Muslim überhaupt religiös begründet ist oder ob es sich dabei nicht vielmehr um die Pflege von Brauchtum, die Befolgung einer Familientradition oder einen Ausdruck kultureller Verbundenheit mit der Heimat handelt. Das gilt etwa im Zusammenhang mit dem Tragen eines Kopftuchs[76], dem Schächten von Tieren[77], gewissen Bestattungsriten[78] sowie der Weigerung, am koedukativen Sportunterricht und an Klassenfahrten teilzunehmen[79]. Die Beantwortung der Frage entscheidet darüber, ob ein Verhalten in den Schutzbereich eines der religiösen Freiheitsrechte fällt. Ist dies nicht der Fall, kann sich der Betreffende für sein Verhalten häufig allein auf die in Art. 2 Abs. 1 GG gewährleistete allgemeine Handlungsfreiheit berufen mit der Folge, dass sich eine Beschränkung aus jeder formell und materiell verfassungsmäßigen Rechtsnorm ergeben kann. Um zu belegen, dass ihr Verhalten in den Geboten der Religion begründet ist, verweisen Muslime in Verfahren vor deutschen Gerichten und Verwaltungsbehörden immer wieder auf Gutachten islamischer Rechtsgelehrter[80]. Dabei ergibt sich jedoch die Schwierigkeit, dass die Gelehrten mit Blick auf religiöse Fragestellungen nur ihre persönliche Ansicht wiedergeben können. Es herrscht gerade in Bereichen, die sich in Deutschland als besonders konfliktträchtig darstellen, keine Einigkeit unter den Muslimen. Zudem gibt es – zumindest was den in Deutschland vorherrschenden sunnitischen Islam anbelangt – keine zentrale Instanz, die eine Klärung herbeiführen und verbindlich über die Glaubenslehre entscheiden könnte. Deshalb wird von den Muslimen verlangt, dass sie ihre religiöse Motivation selbstständig plausibel dartun[81]. Die Gutachten islamischer Gelehrter können zwar herangezogen werden; in diesem Fall muss sich jedoch der Muslim, der sich auf sie beruft, ihren Inhalt zu eigen machen.

Konflikte zwischen Glaubensäußerungen der Muslime und deutschem Recht betreffen zunehmend das öffentliche Recht, bei dessen Anwendung Grundrechte der Betroffenen – anders als etwa im Zivil- und Arbeitsrecht – unmittelbar zum

---

76 Vgl. BVerfGE 108, 282, 303 ff.; *Motzki,* Religion – Staat – Gesellschaft 2004, 175 ff.; *Oebbecke,* in: Muckel (o. Fn. 14), S. 593, 599 ff.; *Mager,* Religion – Staat – Gesellschaft 2004, 275, 290 f.; *Stender,* Pastoralblatt 2005, 141, 143 ff.; ferner *Muckel,* in: de Wall / Germann (Hrsg.), FS C. Link, S. 331, 334 f.; *Mückl,* Der Staat 40 (2001), 96, 117 ff.; *Janz / Rademacher,* JuS 2001, 440 ff.; *Zacharias,* KuR 2002, 115, 118 f. (= 110, 171, 174 f.); zu außerreligiösen Motiven für das Tragen eines Schleiers auch *Şen / Goldberg* (o. Fn. 57), S. 79 f.

77 Vgl. dazu statt vieler *Heinig / Morlok,* JZ 2003, 777, 781 f.; *Arndt / Droege,* ZevKR 48 (2003), 188, 193; *Traulsen,* ZevKR 48 (2003), 198, 201.

78 Siehe dazu und zu den Kollisionen mit dem Bestattungsrecht der Länder *Hertlein,* NVwZ 2001, 890 f.; *Zacharias,* ZevKR 48 (2003), 149 ff.

79 Zu letzterem *OVG NRW,* NJW 2003, 1751 m. Anm. *Rixen,* NJW 2003, 1712 ff.

80 Vgl. nur BVerwGE 94, 82, 87 f.; krit. dazu *Muckel,* Religiöse Freiheit und staatliche Letztentscheidung, S. 84, 174 Fn. 340.

81 Vgl. insoweit *Muckel* (o. Fn. 80), S. 171 ff., 174; *dens.,* in: Friauf / Höfling (Hrsg.), Berliner Kommentar zum GG, Art. 4 Rn. 29.

Tragen kommen. Das gilt nicht allein für das Staatskirchenrecht, sondern auch für das Besondere Verwaltungsrecht (Schul- und Hochschulrecht, öffentliches Dienstrecht, Friedhofs- und Bestattungsrecht, öffentliches Baurecht, Ausländerrecht, Wirtschaftsverwaltungsrecht, Umweltrecht), das Sozialversicherungsrecht und das Recht der Sozialhilfe. Rechtsprechung und Verwaltung lösen solche Konflikte häufig einseitig entweder in vollem Umfang zu Lasten der betroffenen Muslime oder zu Lasten derjenigen Rechtswerte, um deretwillen eine Ermächtigung zum Grundrechtseingriff besteht. Dabei lässt sich aus dem verfassungsrechtlichen Verhältnismäßigkeitsprinzip und damit letztlich aus dem Rechtsstaatsprinzip das Erfordernis ableiten, Konflikte zwischen Rechten oder Rechtsgütern nach Möglichkeit im Wege eines schonenden Ausgleich zu lösen mit dem Ziel, praktische Konkordanz herzustellen[82]. Dies bedeutet einen Kompromiss, ein wechselseitiges Nachgeben[83]. Auf der anderen Seite hat sich bei den Muslimen in der deutschen Diaspora eine Vielzahl von Ansätzen für ein konfliktfreies Leben ausgeprägt. Im Einzelnen weichen die Vorstellungen der Muslime in Deutschland in nicht wenigen Punkten von den Vorgaben orientalischer Instanzen ab (z. B. im Hinblick auf Entfaltungsmöglichkeiten für Frauen, gewisse Bestattungsriten und das Schächten von Opfertieren). Das zeigt, dass viele Muslime einem Kompromiss durchaus zugänglich sind.

Im Folgenden sollen daher zunächst die rechtstheoretischen und verfassungsrechtlichen Grundlagen für die auftretenden Konflikte herausgearbeitet werden. Darauf aufbauend soll der Versuch unternommen werden, eine übergreifende Konzeption zu entwickeln, die zu den Einzelproblemen theoretisch und praktisch tragfähige Lösungen ermöglicht, welche im Ergebnis sowohl dem normativen Anspruch des deutschen öffentlichen Rechts als auch den religiösen Besonderheiten des Islam Rechnung trägt. Dabei wird es auch erforderlich sein, die Unterschiede zwischen dem staatlich gesetzten säkularen sowie supranationalem und dem islamischen Recht und Rechtsverständnis deutlich zu machen. Überdies soll die Gesamtsituation des Islam im deutschen öffentlichen Recht aufgezeigt werden.

Die Ergebnisse der Untersuchung sollen nicht nur eine Weiterentwicklung der (Grund-) Rechtsdogmatik im Hinblick auf Probleme um religiöse Vorschriften vorzeichnen. Sie sollen auch Behörden und Gerichten, die mit rechtlichen Problemen im Zusammenhang mit dem Islam befasst sind, Hilfestellungen für eine sachangemessene Entscheidungsfindung bieten. Damit soll dem in der Rechtspraxis und -wissenschaft verbreiteten Dezisionismus, der keine einheitliche Leitlinie erkennen lässt, entgegengewirkt werden. Für die Muslime und muslimischen Organisationen kann auf diese Weise ein Beitrag zu mehr Rechtssicherheit geleistet werden.

Die Lösung der öffentlich-rechtlichen Probleme hat darüber hinaus erhebliche gesellschaftspolitische Bedeutung. Nur auf der Grundlage eines tragfähigen Ge-

---

82 Vgl. *Hesse,* Grundzüge des Verfassungsrechts der Bundesrepublik Deutschland, Rn. 72; siehe auch *Muckel* (o. Fn. 80), S. 10, 63 f., 242, 272 f.

83 Vgl. *Muckel,* in: Isensee / Rees / Rüfner (Hrsg.), FS Listl, S. 239, 255 f.

samtkonzepts und mit Hilfe praktikabler und für alle Beteiligten akzeptabler Lösungsvorschläge für Einzelprobleme kann die Integration des in ihrer Herkunft fremden Anteils der muslimischen Bevölkerung vorangebracht und der weiteren Ausdehnung der bereits etablierten „islamischen Parallelgesellschaft“ (*W. Heitmeyer*) in Deutschland entgegengewirkt werden. Die Integration fördert den sozialen Frieden, die Akzeptanz und damit letztlich auch die Stabilität der staatlichen Ordnung[84].

84 Siehe *Zacharias* (o. Fn. 76), 115, 133.

1. Kapitel

Islamisches Recht und Rechtsverständnis

Von *Diana Zacharias*

Kommt es zu einem Konflikt zwischen einem Verhalten, für das der Schutz eines der religiösen Freiheitsrechte aus Art. 4 Abs. 1 und 2 GG in Anspruch genommen wird, und dem staatlichen Recht, verweisen die Muslime regelmäßig auf Bestimmungen des islamischen Rechts[1]. Es stellt sich dann für den nichtmuslimischen Rechtsanwender die Frage nach der Verpflichtungskraft islamischer Vorgaben. Diese Frage bedeutet keine Geringschätzung des heiligen Buchs der Muslime, des Koran, und der *sunna.* Vielmehr erscheint ihre Beantwortung aus zwei Gründen notwendig: Zum einen ist zu beobachten, dass die *sharī'ah,* das klassische, religiös begründete islamische Recht[2], in der heutigen Zeit selbst in muslimischen Staaten nicht vollständig zur Anwendung gelangt; es werden lediglich einzelne Sachfragen, etwa solche aus dem Familienrecht, dem Erbrecht oder dem Strafrecht, in Anlehnung an Koran und *sunna* entschieden[3]. Danach gibt es Vorschriften der *sharī'ah,* denen generell keine rechtliche Verbindlichkeit (mehr) beigemessen wird. So sollen sich bestimmte Vorschriften nur auf das mittelalterliche Gemeinwesen Mekkas oder Medinas beziehen; sie werden also orts- und zeitgebunden interpretiert[4]. Darüber hinaus gelten viele Vorschriften als abrogiert. Das bedeutet, dass sie entweder ausdrücklich (durch entsprechende Anordnung *Mohammeds*) oder konkludent außer Kraft gesetzt sind, weil und insofern sie im

---

1 Zur Bedeutung der Wörter „Muslim" und „Islam" siehe etwa *Deutsch,* Der Islam, S. 75 f. Verf. dankt Prof. Dr. *Omaia Elwan* für weiterführende Hinweise und *Imen Galalla* für Hilfestellungen bei der Übersetzung aus der arabischen Sprache. [Stand der Ausarbeitung: Dezember 2005].

2 Siehe zu der Begriffsbestimmung etwa *M. S. Mahmassani,* in: Jahel / Dana / Guinchard u. a. (Hrsg.), Mélanges André Decocq, S. 437 Fn. 2: „C'est le nom donné en langue arabe au corps global des règles de conduite et de droit conformément aux préceptes de l'Islam." Interessanterweise indiziert diese Definition, dass es Teile der *sharī'ah* gibt, die nicht als Recht zu qualifizieren sind.

3 Vgl. *Schirrmacher,* Der Islam, Bd. 1, S. 276; siehe auch *Radtke,* in: Ende / Steinbach (Hrsg.), Der Islam in der Gegenwart, S. 54, 65, der darauf hinweist, dass die *sharī'ah* „zu keiner Zeit absolute Anwendung gefunden hat".

4 Vgl. *Hallaq,* A History of Islamic Legal Theories, S. 5 f.; *A. Hasan,* The Early Development of Islamic Jurisprudence, S. 48; *Ruthven,* Der Islam, S. 106; *N. Anderson,* Law Reform in the Muslim World, S. 178; ferner unten nach Fn. 395.

Widerspruch stehen zu später erlassenen oder als höherrangig eingestuften Bestimmungen[5]. Zum anderen lassen viele Vorschriften Ausnahmen zu und ermöglichen damit, dass Muslime der besonderen Situation in der Diaspora Rechnung tragen können durch einen Kompromiss zwischen einem im Grundsatz bestehenden religiösen Gebot und kollidierendem staatlichen Recht[6]. Vor diesem Hintergrund sollen im Folgenden die Grundlagen des islamischen Rechts und Rechtsverständnisses näher beleuchtet werden.

A. Geschichte des islamischen Rechts

Die Frage nach den Ursprüngen des islamischen Rechts und der Entwicklung der islamischen Rechtskunde bis zu den Anfängen der klassischen Rechtsschulen wird in Orientalistik und Islamwissenschaft nicht einheitlich beantwortet. Sie ist vor allem seit der zweiten Hälfte des 19. Jahrhunderts Gegenstand intensiver Auseinandersetzung, was damit zusammenhängt, dass damals verstärkt eine Sichtung der in Europa verstreuten orientalischen Handschriften einsetzte sowie ihre Auflistung und Beschreibung in Katalogen[7]. Außerdem wurden zahlreiche Werke editiert und gedruckt. Auf diese Weise wurden Quellen für die Forschung zugänglich gemacht. Dies wiederum führte dazu, dass die wissenschaftliche Erkenntnis über das islamische Recht zunahm. Mythen und Legenden konnten entzaubert, ihr Tatsachengehalt bloßgelegt werden.

I. Über die Anfänge islamischen Rechts und islamischer Jurisprudenz

1. Frühe Deutungsversuche europäischer Islamwissenschaftler im 19. Jahrhundert

Den ersten bedeutenden Versuch, auf der Grundlage der ihm zur Verfügung stehenden Quellen den Ursprung des islamischen Rechts zu beleuchten, unternahm *Eduard Sachau* in einem 1870 erschienenen Beitrag mit dem Titel „Zur ältesten Geschichte des muhammedanischen Rechts"[8]. *Sachau* ging davon aus, dass das

---

5 Umfassend zur Technik der Abrogation (*naskh*) etwa *A. Hasan*, Islamic Studies 4 (1965), 181 ff. (auch abgedruckt in: *ders.* [o. Fn. 4], S. 60 ff.); *Hallaq* (o. Fn. 4), S. 68 ff.; *Powers*, Studies in Qur'an and *Hadīth*, S. 143 ff.; siehe auch unten nach Fn. 473.

6 Vgl. dazu unten nach Fn. 400.

7 *Motzki*, Die Anfänge der islamischen Jurisprudenz, S. 8.

8 In: Sitzungsberichte der Kaiserlichen Akademie der Wissenschaften in Wien, Phil.-historische Klasse, Bd. 65, S. 699 ff. Hierzu und zum Folgenden auch *Motzki* (o. Fn. 7), S. 8 ff.; vgl. *Snouck Hurgronje*, „Nieuwe bijdragen tot de kennis van den Islām" (1882), in: ders., Verspreide Geschriften, Bd. 2, S. 1, 33 m. Fn. 3 u. 46 m. Fn. 2, wonach *Sachau* mit seinem Bei-

islamische Recht auf zwei Grundlagen zurückzuführen ist: auf den Koran und die *sunna* des Propheten. Dabei verstand er dies nicht bloß in dem Sinne, dass Koran und *sunna* theoretische Rechtsquellen sind, sondern auch, dass beide den historischen Ausgangspunkt für die Entwicklung des islamischen Rechts bilden und dass auf ihnen alle weiteren Quellen islamischen Rechts aufbauen: Am Anfang, nach dem Tod *Mohammeds,* hätten sich seine früheren Weggefährten des Koran und der *sunna* (in Gestalt von Traditionen über Aussagen und aktive oder passive Verhaltensweisen *Mohammeds*) als einer Hinterlassenschaft des Propheten bedient, um bei Streitfällen zu einem Urteil zu gelangen. Diese Situation habe nahezu das ganze erste Jahrhundert muslimischer Zeitrechnung (gerechnet ab 622, dem Jahr der so genannten *hiǧra,* d. h. der Übersiedlung *Mohammeds* und seiner Gefolgschaft von Mekka nach Medina[9]) bestimmt, bis die Generation der Weggefährten *Mohammeds* ausgestorben gewesen sei. Die darauffolgende Generation der Nachfolger habe in Rechtsfällen, die durch Koran und *sunna* nicht geregelt waren, zurückgegriffen auf „Ansichten und Verordnungen der Genossen, die von diesen einhellig getheilt und bei ähnlichen Anlässen verordnet waren (*iǧmā*ᶜ *aṣ–ṣahāba*)“[10]. Dies ist für *Sachau* die dritte islamische Rechtsquelle. Zur gleichen Zeit, also seit dem zweiten Jahrhundert, habe „die Jurisprudenz als eine selbständige Wissenschaft“ damit begonnen, sich „durch die systematische Behandlung der Confrontation der Thatsachen mit den Bestimmungen des Korans und der Sunna“ zu etablieren[11]. Das zeige sich zum einen in dem Aufkommen des Konzepts des *ra'y,* das nach *Sachau* ursprünglich dasselbe meint, was später mit dem Terminus *qiyās* (Deduktion, Analogieschluss) bezeichnet und als vierte Rechtsquelle angesehen wird[12], und zum anderen in der Differenzierung zwischen *aṣḥāb al-hadīṯ* (Traditionsgelehrte) und *aṣḥāb ar-ra'y* (Juristen)[13]. Diese Entwicklung habe schließlich dazu geführt, dass um die Mitte des zweiten Jahrhunderts vollständige Rechtssysteme erarbeitet wurden, die den Ausgangspunkt der späteren Rechtsschulen bildeten[14].

Die Ausführungen *Sachaus* entsprechen im Wesentlichen der klassischen sunnitischen Lehre von den *uṣūl al-fiqh,* d. h. den Grundlagen des (islamischen) Rechts, die vertreten wird seit *Muhammad ben Idrīs al-Shāfi*ᶜ*ī*[15], der in der zweiten Hälfte

---

trag aus europäischer Sicht den ersten bedeutsamen Schritt unternommen hat, um die Ursprünge der *fiqh*-Wissenschaft zu erforschen.

9 Vgl. etwa *Busse,* in: Ende / Steinbach (o. Fn. 3), S. 19, 23; *Motzki* (o. Fn. 7), S. VI (Hinweis).

10 *Sachau,* in: Sitzungsberichte (o. Fn. 8), S. 699, 701.

11 *Sachau* (o. Fn. 10), S. 699, 707 f.

12 *Sachau* (o. Fn. 10), S. 699, 708 f. u. 715 f.

13 *Sachau* (o. Fn. 10), S. 699, 708 u. 711 ff.

14 Vgl. *Sachau* (o. Fn. 10), S. 699, 716 ff.

15 *Al-Shāfi*ᶜ*ī* heißt im Arabischen eigentlich korrekt „Aš-Šāfiᶜī“; im Folgenden wird jedoch die im amerikanischen und westeuropäischen Schrifttum gebräuchliche Transliterierung des Namens wiedergegeben, so wie auch an anderen Stellen bei den arabischen Namen nicht

des zweiten Jahrhunderts muslimischer Zeitrechnung gelehrt hat und als Begründer der schafiitischen Rechtsschule gilt[16]. Die Reihenfolge der Rechtsquellen dient dabei als historisches Gerippe für die Rechtsentwicklung bis zur Mitte des zweiten Jahrhunderts: Im ersten Jahrhundert gab es nur Koran und *sunna.* „[D]as Recht [war] noch nicht selbständig entwickelt und zu einem System ausgebildet", und die Jurisprudenz bestand „lediglich in angewandter Koran- und Sunna-Kenntnis"[17]. Im dritten Jahrzehnt des zweiten Jahrhunderts habe man dann damit begonnen, die Traditionen zu sammeln, aufzuzeichnen und zu systematisieren; kurze Zeit später seien die ersten Lehrbücher des islamischen Rechts entstanden. Erst von da an könne man von einem islamischen Rechtssystem im heutigen Sinne sprechen[18].

Ähnlich argumentierte *Alfred von Kremer* in seinem 1875 veröffentlichten Werk „Culturgeschichte des Orients unter den Chalifen"[19]. Auch er ging von einer historischen Reihung der Rechtsquellen aus: Beim Tod *Mohammeds* seien die grundlegenden Quellen des islamischen Rechts, Koran und *sunna,* vorhanden gewesen. Die ersten vier Kalifen, die zu den engsten Vertrauten des Propheten zählten, seien damit ausgekommen. Im Übrigen gestalteten sie ihre richterliche Praxis auf eine Weise, dass die getroffenen Entscheidungen sich mit den Vorstellungen des Propheten deckten. Die *ṣaḥāba,* d. h. die Prophetengefährten im Allgemeinen, hätten jedoch anders gehandelt. Sie hätten nach Bedarf den vorhandenen Überlieferungen *Mohammeds* neue hinzugefügt, ebenso die nachfolgende Generation der *tābiᶜūn,* so dass die solchermaßen verfälschte *sunna* rasch einen enormen Umfang angenommen habe[20]. Der Prozess des Ordnens, des Sichtens und der systematischen

---

immer auf eine strenge Lautschriftwiedergabe abgestellt wurde, was teilweise in Anlehnung an die benutzten nichtarabischen Quellen geschieht, teilweise aber auch mit dem sehr begrenzten WORD-Zeichensatz zusammenhängt.

16 Vgl. *Motzki* (o. Fn. 7), S. 9; *Schacht,* The Origins of Muhammadan Jurisprudence, S. 42 f.; umfassend dazu etwa *Hamidullah,* in: Annales de la Faculté de Droit d'Istanbul 1959, 72 ff.; *Makdisi,* Studia Islamica 59 (1984), 5, 6 ff.; *Muranyi,* in: Gätje (Hrsg.), Grundriß der Arabischen Philologie, Bd. 2, S. 299, 300 ff. Ein Unterschied zu der Lehre von den *uṣūl al-fiqh* besteht jedoch im Hinblick auf die Konsensbildung: Der *consensus* als dritte Rechtsquelle wird nicht beschränkt auf die Generation der unmittelbaren Nachfolger; vgl. nur *Goldziher,* Vorlesungen über den Islam, S. 53; *Snouck Hurgronje* (o. Fn. 8), S. 1, 39 ff.; *dens.,* „Le droit musulman" (1896), ebd., S. 283, 296 ff.; *dens.,* „E. Sachau, Muhammedanisches Recht nach schafiitischer Lehre" (1898), ebd., S. 367, 376, der gerade mit Bezug auf *Sachau*s Darstellung folgende Klarstellung gibt: „Es hat freilich vor Jahrhunderten Gelehrte gegeben, welche geneigt waren, den unfehlbaren Consensus auf die Genossen des Propheten zu beschränken, wie es ja andere gab, die überhaupt vom Consensus theoretisch nichts wissen wollten. Diese Meinungsverschiedenheit ist aber längst aufgehoben, und abgesehen von einigen Ultra-Hanbaliten bzw. Wahhâbiten, die bis zum heutigen Tag den Consensus der Späteren nicht ohne Vorbehalt anerkennen, sind alle muhammedanischen Rechtslehrer darüber einig, daß das ganze Gesetz in letzter Instanz auf dem Consensus der ‚Ulamâ beruhe'."

17 *Sachau* (o. Fn. 10), S. 699, 707.

18 Vgl. *Sachau* (o. Fn. 10), S. 699, 721, 723 u. passim.

19 Siehe *v. Kremer,* Culturgeschichte des Orients unter den Chalifen, Bd. 1, S. 470 ff.

20 *v. Kremer* (o. Fn. 19), S. 470 ff.

Zusammenstellung habe allerdings – und insofern grenzt sich *v. Kremer* von *Sachau* ab – „nicht erst um die Mitte, sondern schon zu Anfang des 2. Jahrhunderts nach Muhammad und vielleicht schon früher“ begonnen[21]. Bereits unter den ersten Kalifen habe sich eine Schule der Tradition und des Rechts gebildet[22]. Ihre Begründer seien *ᶜAbdallāh ben Masᶜūd* und *ᶜAbdallāh ben ᶜAbbās* gewesen. Deren Arbeit hätten die sieben Rechtsgelehrten von Medina fortgesetzt. Sie „sichteten und ordneten das überreiche Material, sie gaben einem grossen Theil der Traditionen die stylistische Schulform, sie sammelten dazu die Entscheidungen der ersten Chalifen, benützten sie als Rechtsquelle und riefen die Koranexegese ins Leben“[23]. Auf diesen Vorarbeiten konnte *Mālik ben Anas* aufbauen, als er seine große Rechtssammlung, den „Muwatta'“, verfasste. „Sein *corpus juris* ist daher der Inbegriff der im ersten Jahrhundert [...] in Medina selbst zur allgemeinen Geltung gekommenen Rechtsanschauungen.“[24]

Neben der im Wesentlichen auf der Tradition beruhenden medinensischen Schule sei – so *v. Kremer* – zur gleichen Zeit im Irak „die Schule der spekulativen Juristen (*ashâb alra'j*)“ entstanden, die „ausgiebigen Gebrauch von der deductiven Methode (*kiyâs*)“ machten, „mittels welcher sie in Fällen, für die in Koran, *Sonna* und *'Atâr* ein Präcedenz fehlte, die Entscheidung fällten“[25]. Die frühen Vertreter dieser Schule waren *Ibn Abī Lailā* und *Abū Hanīfa*. Demnach habe sich der *qiyās* als Rechtsquelle parallel zu der Sammlung der Prophetenüberlieferungen und lediglich in einem Teil des muslimischen Einflussgebietes entwickelt.

v. Kremer betrachtet die *sunna* sehr kritisch, indem er sie zu einem großen Teil auf Fälschungen, reine Erfindungen der Gefährten *Mohammeds* sowie der Nachfolgergeneration zurückführt. Mit dieser Ansicht, die sich an der frühen innerislamischen Kritik, vor allem aus den Reihen der Muᶜtazila, orientiert, bereitete *v. Kremer* das Terrain für die Forschungen späterer Islamwissenschaftler, vor allem für diejenigen *Ignaz Goldzihers*[26]. Nach *v. Kremer* beteiligten sich die sieben Rechtsgelehrten zwar nicht an der Erfindung von *aḥādīṯ*, d. h. von tradierten Aussprüchen und sonstigen Verhaltensweisen des Propheten, aber sie wurden durch einen ständigen Fluss von Fälschungen mit Lösungen für fast alle Rechtsprobleme versorgt[27]. Es habe dabei für die Gelehrten praktisch keine Möglichkeit bestanden, aus der Masse der Fälschungen die authentischen Überlieferungen herauszufiltern. Die Methode der muslimischen Quellenkritik, die versuchte, durch Bewertung der Güte von Überliefererketten falsche von echten Traditionen zu scheiden, sei als eine „sehr unbeholfene, stumpfe Waffe“ gegen die Fälschung von *aḥādīṯ* anzuse-

---

21 *v. Kremer* (o. Fn. 19), S. 476.

22 *v. Kremer* (o. Fn. 19), S. 483.

23 *v. Kremer* (o. Fn. 19), S. 484 f.

24 *v. Kremer* (o. Fn. 19), S. 488.

25 *v. Kremer* (o. Fn. 19), S. 490.

26 Dazu unten nach Fn. 35.

27 *v. Kremer* (o. Fn. 19), S. 487.

hen. Infolgedessen sei zu bezweifeln, ob die biografischen Nachrichten über die Unzahl von Überlieferern wirklich verlässlich sind. Überdies müsse berücksichtigt werden, dass die religiöse Orthodoxie zur Annahme solcher Traditionen tendierte, „die mit den herrschenden religiösen Ansichten übereinstimmten“[28]. Auf diese Weise sei bisweilen zum Bestandteil der *sunna* und damit zu Recht geworden, was in das religiöse Gesamtkonzept zu passen schien. Einiges davon habe seinen Ursprung in vorislamischem, insbesondere Römischem Recht gehabt; es sei im Nachhinein in den Mund des Propheten gelegt und somit für sakrosankt erklärt worden[29].

2. Die Untersuchungen von Christiaan Snouck Hurgronje, Alois Sprenger und David Samuel Margoliouth zu Beginn des 20. Jahrhunderts

Die von *Sachau* und *v. Kremer* geleistete Pionierarbeit zu den Ursprüngen des islamischen Rechts blieb in ihren Grundzügen jahrzehntelang unangefochten[30]. Namhafte Islamwissenschaftler des ausgehenden 19. sowie des beginnenden 20. Jahrhunderts bauten auf ihr auf, führten sie fort und untermauerten sie mit Forschungen zu neu erschlossenen Werken aus der Frühzeit der islamischen Jurisprudenz[31]. Dabei wurde stets das Muster, die Ursprünge des islamischen Rechts aus den Rechtsquellen zu entwickeln, beibehalten. Zu nennen sind vor allem die Werke von *Christiaan Snouck Hurgronje*[32], *Alois Sprenger*[33] und *David Samuel Margoliouth.* Letzterer setzte in seinen 1913 gehaltenen und später unter dem Titel „The Early Development of Mohammedanism“ veröffentlichten Vorlesungen an der Londoner Universität den Aufbau eines Systems der Jurisprudenz etwa mit dem Beginn des zweiten Jahrhunderts muslimischer Zeitrechnung an. Der Aufbau sei ermöglicht worden durch die klassifikatorischen Vorarbeiten der medinensischen Juristen des ersten Jahrhunderts und habe gegipfelt in den großen Pandekten, die von den Gelehrten des zweiten Jahrhunderts zusammengestellt worden seien[34]. Die Erzeugung rechtsrelevanter Prophetentraditionen habe überwiegend, wenn nicht sogar ausschließlich im ersten Jahrhundert stattgefunden[35].

---

28 *v. Kremer* (o. Fn. 19), S. 482.

29 Vgl. *v. Kremer* (o. Fn. 19), S. 532 ff. Zur Forschungsgeschichte um die vorislamischen Einflüsse auf das islamische Recht etwa *Crone,* Roman, Provincial and Islamic Law, S. 1 ff.

30 *Motzki* (o. Fn. 7), S. 14.

31 Einen instruktiven Überblick über den Ende des 19. Jahrhunderts erreichten Diskussionsstand gibt etwa *MacDonald,* The Development of Muslim Theology, Jurisprudence and Constitutional Theory, S. 65 ff.

32 Vgl. etwa *Snouck Hurgronje* (o. Fn. 8), S. 1, 33 ff.; *dens.,* ebd., S. 283 ff.

33 Siehe nur *Sprenger,* Zeitschrift für vergleichende Rechtswissenschaft 10 (1892), 1 ff.

34 *Margoliouth,* The Early Development of Mohammedanism, Lecture III, S. 91 f.

35 *Margoliouth* (o. Fn. 34), S. 98.

3. Die Forschungsarbeiten Ignaz Goldzihers

Einen grundlegend anderen Ansatz für die Erforschung des islamischen Rechts wählte *Ignaz Goldziher*, der damit die Islamwissenschaft des 20. Jahrhunderts nachhaltig beeinflusst hat. *Goldziher* wandte sich nicht nur gegen die Annahme, dass sich die islamische Jurisprudenz aus der Anwendung der beiden Rechtsquellen Koran und *sunna* entwickelt hat, sondern bezweifelte bereits eine wesentliche Voraussetzung dieser Annahme, nämlich dass die *sunna* des Propheten und der Gefährten von frühester Zeit an vorhanden war und für die islamische Jurisprudenz reichlich Material lieferte[36]. Schon in seiner Arbeit zur Ẓāhirīyā, einer um die Mitte des dritten Jahrhunderts muslimischer Zeitrichtung entstandenen Rechtsschule[37], betonte er die Bedeutung des *ra'y*, d. h. der *opinio prudentium*, der Entscheidung nach individueller Einsicht, im ersten Jahrhundert[38]. *Goldziher* ging davon aus, dass sich der *ra'y* als Methode der Entscheidungsfindung „in der muhammedanischen Jurisprudenz als unabweisbares Postulat der Vorkommnisse des praktischen Rechtslebens in der Ausübung des richterlichen Amtes“[39] neben „dem Studium der überlieferten Quellen“ entwickelt habe[40]: „Der theoretische Kanonist konnte recht bequem die Gültigkeit des Ra'j als berechtigter Rechtsquelle zurückweisen: er studirte das geschriebene und überlieferte Wort, mit den wechselvollen Ereignissen des täglichen Lebens hatte er nichts zu schaffen. Ein ausübender Richter aber in 'Irâk oder einer andern, dem Scepter des arabischen Islâm unterworfenen Provinz reichte in der Ausübung seines Amtes mit den hiǵâzenischen Quellen nicht aus, welche über alle in den verschiedenen Ländern alltäglich auftauchenden Fragen, die nicht in den Gesichtskreis jener Quellen fielen, unmöglich gehörigen Bescheid ertheilen konnten. Die Thatsache, welche Al-Śahrastânî mit den Worten kennzeichnet, ‚dass die geschriebenen Texte begrenzt, die Vorfälle des täglichen Lebens aber unbegrenzt sind, das Grenzenlose aber von dem Begrenzten nicht umschlossen sein kann‘, gab also den Anstoss zur Einführung speculativer Elemente in die Deduction des Rechtes.“[41]

Aus dem unbestimmten und unmethodisch gehandhabten *ra'y* der *ṣaḥāba*-Generation sei in der Folgezeit, d. h. in der ersten Hälfte des zweiten Jahrhunderts, die „logische Form der Analogie, Kijâs“, entstanden: „Sagte man früher: Dort, wo kein geschriebenes oder überliefertes positives Gesetz vorfindlich ist, mag der vor ein im Gesetz nicht vorgesehenes Verhältniss gestellte Richter seine eigene Einsicht anrufen, so sagte man von nun an: Dieses Walten der eigenen Ansicht hat sich im Rahmen der Analogie zu bewegen, welche der freien Willkür der subjectiven

---

36 Vgl. zum Folgenden *Motzki* (o. Fn. 7), S. 15 ff.

37 Vgl. dazu unten bei Fn. 292.

38 Vgl. *Goldziher*, Die Zâhiriten, S. 3 ff.

39 *Goldziher* (o. Fn. 38), S. 5.

40 Vgl. *Goldziher* (o. Fn. 38), S. 3.

41 *Goldziher* (o. Fn. 38), S. 5 f.

Einsicht die Richtung vorzeichnet, in welcher sie zur Geltung kommen darf."[42] Schon in diesem frühen Werk *Goldzihers* findet sich die Hypothese, dass eine wesentliche Ursache für die Traditionsfälschung das Bestreben sei, den *ra'y* als Erkenntnisquelle – zumindest nach außen hin – möglichst zu vermeiden und nur im äußersten Notfall darauf zurückzugreifen. Viele der fingierten Traditionssätze seien nichts anderes als in *hadīṯ*-Form gehüllter *ra'y*[43]. Das würde indes bedeuten, dass ein Teil der *sunna* erst eine Folge der *ra'y*-gestützten Jurisprudenz und damit sekundär ist.

Goldziher baute seine Ansätze in späteren Veröffentlichungen weiter aus. So spricht er etwa in seinen „Muhammedanische[n] Studien" von „kärglichen Bausteinen" und „dürftigen Vorarbeiten" des ersten Jahrhunderts für die Entwicklung der Jurisprudenz[44]. Auch vertritt er dort die Auffassung, dass es erst mit der Religionspolitik der Abbasiden zu einer „freieren Entfaltung des Studiums der Traditionen des Propheten" kam und dass von da an im großen Stil nach einer prophetischen Dokumentation für *halāl wa harām* (Erlaubtes und Verbotenes), d. h. einer rechtlichen Grundlage für das religiöse und gesellschaftliche Leben, geforscht wurde[45].

Am deutlichsten formulierte *Goldziher* seine These, dass das islamische Recht größtenteils aus *ra'y* entstanden ist, während Koran und *sunna* nur eine untergeordnete Rolle gespielt haben, in seinem Artikel „Fikh" in der Enzyklopädie des Islam: „In der ältesten Periode der islāmischen Entwicklung waren die mit der Rechtspflege und der Leitung des religiösen Lebens betrauten Autoritäten, bei der Dürftigkeit des im Kur'ān enthaltenen legislatorischen Stoffes und der Spärlichkeit der nachweisbaren alten Präzedenzfälle, in den meisten auftauchenden Fragen auf die Entfaltung ihres eigenen *Ra'y* angewiesen. Dies hielt jeder für selbstverständlich, wenn man auch natürlich erfreut war, in der Entscheidung möglichst sich auf ^c^*Ilm* [d. h. den Koran und seine Auslegung sowie die sichere Kenntnis der vom Propheten und den Genossen stammenden Gesetzesbestimmungen[46]] stützen zu können. [...] Er [*scil.:* der *ra'y*] wird als gleichberechtigter Faktor in der Arbeit der Gesetzentscheidung betrachtet und trägt den Beruf in sich, in naher Zukunft als

---

42 *Goldziher* (o. Fn. 38), S. 11.

43 Siehe *Goldziher* (o. Fn. 38), S. 6 f.; *dens.* (o. Fn. 16), S. 36 ff. Vgl. auch *dens.*, in: Houtsma / Wensinck / Heffening / Arnold / Lévi-Provençal (Hrsg.), Enzyklopaedie des Islam, Bd. 2, S. 106, 109 re. Sp.: „Um alle auftauchenden Fälle auf Grund von Hadīth-Sprüchen regeln zu können, musste man andererseits der kritischen Strenge Zügel anlegen und mit schwachen, schlecht bezeugten, unterbrochenen, vereinzelten Überlieferungen vorlieb nehmen. Um mindestens der Form zu genügen, hat man die ehrlich als Ra'y einbekannte Meinung in Hadīṯh-Form gekleidet und, mit einem pomphaften Isnād [d. h. einer ununterbrochenen Kette von Gewährsleuten als Trägern der Überlieferung] ausgerüstet, bis auf den Propheten zurückgeleitet."

44 *Goldziher*, Muhammedanische Studien, Bd. 2, S. 73.

45 *Goldziher* (o. Fn. 44), S. 72.

46 Siehe *Goldziher*, in: Enzyklopaedie des Islam (o. Fn. 43), S. 106 li. Sp.

die nachweisbare Entscheidung alter Autoritäten, für die spätere Zeit selbst als Element des ^{c}*Ilm* zu gelten."[47] Nach *Goldziher* waren die später als grundlegend betrachteten Quellen (*uṣūl*) des islamischen Rechts im ersten Jahrhundert noch wenig ausgereift; erst allmählich wuchs die *sunna,* fortlaufend gespeist durch *ra'y,* auf ein ansehnliches Maß an. Der Stand der Jurisprudenz sei in diesen Anfängen ebenfalls noch äußerst dürftig gewesen. Für *Goldziher* beginnt die Entwicklung der islamischen Jurisprudenz im zweiten Jahrhundert und kommt richtig erst seit dessen zweitem Viertel in Gang: „[V]om Anfang des II. Jahrhunderts an" habe es Gelehrte gegeben, die „in Medīna, in Syrien und im ^{c}Irāk die ersten Versuche machten, ein abgerundetes System des muhammedanischen Gesetzes auszuarbeiten"[48]. Diese Versuche führten allerdings noch nicht zu einer umfassenden Kompilation oder gar Kodifikation des islamischen Rechts. Es erfolgte vielmehr nur eine erste grobe Sichtung und Zusammenstellung des verstreuten *sunna*-Materials. „Die sporadischen Versuche, die während der omaiyadischen Epoche auf dem Gebiete der Gesetzeskunde hervortraten, führten noch nicht zu systematisch zusammenfassender Bearbeitung des Gesetzesmaterials. Diese Bestrebung trat, begünstigt, ja sogar gefordert von der ihren religiösen Charakter hervorkehrenden Tendenz der Regierung, erst mit dem Emporkommen des ^{c}abbāsidischen Khalifates hervor."[49]

Methodisch ging *Goldziher* nicht viel anders vor als *Sachau, v. Kremer* oder *Snouck Hurgronje.* Seine Forschungen unterschieden sich jedoch insoweit von denen seiner Zeitgenossen, als er nicht die *uṣūl*-Doktrinen, die sich seit dem dritten Jahrhundert durchgesetzt haben, zum Ausgangspunkt seiner Überlegungen machte. Stattdessen konzentrierte er sich auf den Konflikt zwischen den *ahl al-hadīṯ* (Traditionsgelehrten) und den *ahl ar-ra'y* (spekulativen Rechtsgelehrten), der in der zweiten Hälfte des zweiten Jahrhunderts seinen Höhepunkt erreicht hatte, und zog daraus hypothetisch Rückschlüsse auf das erste und frühe zweite Jahrhundert[50]. Während *Sachau* und *v. Kremer* ihre historisierten *uṣūl*-Theorien vor allem durch Angaben aus biografischen und bibliografischen Quellen stützten, stand *Goldziher* solchen Angaben, soweit sie die Propheten- und *ṣahāba*-Zeit betreffen, äußerst kritisch gegenüber. Er hielt nicht wenige, wenn nicht sogar die meisten Darstellungen, die belegen, dass das islamische Recht bereits im ersten Jahrhundert und zur Zeit der Umayyaden in seiner Entwicklung nicht unwesentlich vorangeschritten ist, für apokryph, für Rückprojektionen aus späterer Zeit[51]. Das führte aus heutiger

---

47 *Goldziher* (o. Fn. 46), S. 106 re. Sp.

48 *Goldziher* (o. Fn. 46), S. 106, 108 li. Sp.

49 *Goldziher* (o. Fn. 46), S. 107 f.; vgl. auch *dens.* (o. Fn. 16), S. 45 ff. Zu den Bemühungen während der Umayyadenzeit, das islamische Recht zu ordnen, vertieft und mit zahlreichen Beispielen *Goldziher,* Zeitschrift für vergleichende Rechtswissenschaft 8 (1889), 406 ff.

50 Vgl. *Goldziher* (o. Fn. 38), S. 3 ff.; *dens.,* Zeitschrift für vergleichende Rechtswissenschaft 8 (1889), 406, 416 ff.

51 Siehe etwa *Goldziher* (o. Fn. 38), S. 8 ff.; *dens.,* Zeitschrift für vergleichende Rechtswissenschaft 8 (1889), 406, 418 ff.; *dens.* (o. Fn. 46), S. 106, 108 li. Sp.

Sicht dazu, dass die Forschungen *Goldzihers* auf der Grundlage unvollständiger Daten erfolgten. *Goldziher* ließ für seine Betrachtungen wichtiges Quellenmaterial außer Betracht, weil er es nicht als authentisch anerkannte. Er beklagte sodann den „Mangel an unparteiischen Quellen für die Geschichte der ältesten Entwicklung des muhammedanischen Rechtes" und die „tendentiöse Färbung der – zum grossen Theile ad hoc erdichteten – Daten, auf welchen eine solche auferbaut werden könnte"[52]. Vollständig verzichtet hat *Goldziher* allerdings auf solches Quellenmaterial auch nicht. Er akzeptierte Berichte über Rechtsgelehrte der *tābiᶜūn*-Generation und deren Meinungen, wie *Muǧāhid, Saᶜīd ben al-Masayyab, ᶜAtā' ben Abī Rabāh, Hammād ibn Abī Suleymān* und *Ibn Šihāb az-Zuhrī,* die im letzten Viertel des ersten und im ersten Viertel des zweiten Jahrhunderts wirkten[53], und über die frühen Systematiker des zweiten Jahrhunderts wie *Abū Hanīfa, Al-Auzāᶜī, At-Taurī* und *Mālik*[54], sofern sie ihm nicht allzu anekdotenhaft, polemisch oder anachronistisch vorkamen[55]. Die Ablehnung bestimmten Quellenmaterials mutet gleichwohl recht willkürlich an. Der Leser kann sich des Eindrucks nicht erwehren, dass *Goldziher* von vornherein nur solche Informationen anerkannt hat, die sich inhaltlich mit seinen Entwicklungstheorien vereinbaren ließen[56]. Alles, was seine vorgefertigte Meinung in Zweifel ziehen konnte, erschien ihm als der Versuch einer Geschichtsfälschung durch spätere Generationen. Aufgrund dieser Sichtweise gelangte *Goldziher* auch zu der Fehlbewertung einiger früher Werke aus der Abbasidenepoche, die er entgegen der Meinung der muslimischen Literaturhistoriker nicht als *hadīṯ*-Sammlungen qualifizierte, sondern als *fiqh*-Bücher, „erste Versuche nach den Gesetzkapiteln angeordneter Codices, nicht ohne Verwendung des dahingehörigen überlieferten Sunnamaterials"[57]. Tatsächlich lassen sich diese Werke aber keinem der beiden Typen eindeutig zuordnen; sie enthalten sowohl übermittelte Aussprüche des Propheten und seiner Gefährten als auch davon losgelöste Rechtssätze[58]. *Goldziher* ging es bei seiner Zuordnung darum, seine Ausgangsthese zu stützen, dass bei der Entwicklung der Rechtsliteratur „das blosse *Fikh*" am Anfang und die unter rechtlichen Gesichtspunkten geordneten *hadīṯ*-Sammlungen am Ende stehen[59]. Waren die *ahādīṯ* nämlich ursprünglich *ra'y,* dann musste das *fiqh,* das *Goldziher* definiert als „die infolge der Abwesenheit oder der Unkunde solchen traditionellen Stoffes bei auftauchenden Gesetzesfragen einsetzende selbständige Geistestätigkeit, die auf eigene Meinung begründete Rechtsentscheidung"[60], zwangsläufig vorher da gewesen sein. Obgleich sein Vorgehen in

---

52 *Goldziher* (o. Fn. 38), S. 12; siehe auch *dens.,* Muhammedanische Studien, Bd. 1, S. 84 f. u. 86.

53 Vgl. *Goldziher* (o. Fn. 38), S. 13; *dens.* (o. Fn. 44), S. 19 f., 38 ff. u. 206.

54 Vgl. *Goldziher* (o. Fn. 38), S. 13 ff.; *dens.* (o. Fn. 44), S. 32, 67, 80 u. 82.

55 *Motzki* (o. Fn. 7), S. 17.

56 Vgl. *Motzki* (o. Fn. 7), S. 18.

57 *Goldziher* (o. Fn. 44), S. 212.

58 Vgl. *Motzki* (o. Fn. 7), S. 20.

59 Vgl. *Goldziher* (o. Fn. 44), S. 219, 232.

wissenschaftlicher Hinsicht angreifbar war, prägte *Goldziher* in nicht geringem Ausmaß die nachfolgenden Forschungen.

4. Zwei Beiträge von Gotthelf Bergsträßer

In den zwanziger Jahren des 20. Jahrhunderts steuerte *Gotthelf Bergsträßer* zwei grundverschiedene Beiträge zur Diskussion um die Ursprünge des islamischen Rechts bei. In seinen kurzen und von ihm selbst als „vorläufig" bezeichneten Betrachtungen über „Anfänge und Charakter des juristischen Denkens im Islam"[61] wählte er einen methodischen Weg, den andere vor ihm nur in Ansätzen beschritten hatten[62]: Er stützte sich für seine Forschungen nicht mehr, wie etwa *Sachau* und *v. Kremer,* im Wesentlichen auf biografische und bibliografische Angaben, sondern untersuchte unmittelbar die frühesten erhaltenen Werke zum *fiqh,* wie etwa den um die Mitte des zweiten Jahrhunderts muslimischer Zeitrechnung verfassten „Muwatta'" des *Mālik ben Anas* (gest. 179 bzw. 795), den *Goldziher* – allerdings auf der Grundlage einer allzu einseitigen Betrachtung – qualifiziert hatte als „ein *Corpus juris,* kein *Corpus traditionum*"[63]. *Bergsträßer* war es so möglich, sich einen Überblick zu verschaffen über den Entwicklungsstand, den das islamische Recht zu der damaligen Zeit bereits erreicht hatte, und konnte daraus Rückschlüsse ziehen auf die vorherige Rechtsentwicklung. Dabei ließ er sich von der Grundannahme leiten, dass der „Muwatta'" „die wichtigste Quelle für die altmedinische und damit zugleich die urislamische Rechtsgeschichte" sei neben „Berichte[n] über alt-medinische Entscheidungen und Lehren" in anderen Quellen, z. B. im „Ihtilāf" des *Abu Jafar Muhammad ibn Jarir at-Tabarī*[64]. Ein Hauptziel des juristischen Denkens, das im „Muwatta'" zutage trete, sei „die Durchdringung des Rechtslebens mit gewissen religiös-ethischen Gedanken, seine Anpassung an gewisse religiös-ethische Normen"[65]. Daraus schlussfolgerte *Bergsträßer:* „Der Prozeß der religiös-ethischen Durchdringung des Rechtslebens [...] setzt als ältere Entwicklungsstufe einmal einen zu durchdringenden Stoff, andererseits religiös-ethische Gesichtspunkte voraus. Soweit also solche Gesichtspunkte nicht im Koran, sondern in Traditionen vorliegen, ergibt sich, daß diese bereits von den ältesten Juristen, die sich mit ihrer Ausprägung auf den Rechtsstoff beschäftigt haben, als verbindlich anerkannt worden sind. Und was andererseits den religiös noch indifferenten Rechtsstoff anbelangt, so kann er nichts anderes sein als das Gewohnheitsrecht von Medina. Bei *Mālik* erscheint es teils als *sunna* ‚Rechts-

---

60 *Goldziher* (o. Fn. 46), S. 106 li. Sp.

61 *Bergsträßer,* Der Islam 14 (1925), 76 ff. (gekürzte und stellenweise weitergeführte Fassung eines Vortrages aus dem Herbst 1922).

62 Vgl. etwa *Goldziher* (o. Fn. 44), S. 213 ff.

63 Siehe *Goldziher* (o. Fn. 44), S. 213 u. pass.

64 *Bergsträßer,* Der Islam 14 (1925), 76, 77 f.

65 *Bergsträßer,* Der Islam 14 (1925), 76, 78.

gewohnheit' [...], teils verbirgt es sich unter dem von ihm mit solcher Sorgfalt konstatierten medinischen *igmāᶜ*: in großem Umfang bedeutet dieser nämlich nichts anderes, als daß gegen ein Rechtsinstitut usw. des Gewohnheitsrechts religiöse Bedenken von keiner Seite erhoben worden waren."[66] Das bedeutete, dass das islamische Recht – anders als dies *Goldziher* angenommen hatte – schon deutlich vor *Māliks* Zeit ein nicht unbeachtliches Ausmaß angenommen haben musste. Demgemäß fuhr *Bergsträßer* fort: „Wir gewinnen also an Stelle der Auffassung, die Tätigkeit der älteren Juristen habe darin bestanden, das dürftige von Mohammed geschaffene Gerüst des islamischen Rechts zur Befriedigung der vielgestaltigeren Bedürfnisse der Zeit nach seinem Tod z. T. unter Anleihen an fremde Rechte auszubauen, ein ziemlich anderes Bild: als Grundlage das keineswegs primitive, sondern ziemlich hohen Verkehrsansprüchen genügende, in sich schon viele Elemente nicht-arabischen Ursprunges, besonders aus dem römischen Provinzialrecht, enthaltende Gewohnheitsrecht von Medina, und als Hauptinhalt der ältesten Rechtsgeschichte die Umgestaltung dieses Rechts nach einer Reihe von islamischen religiös-ethischen Prinzipien."[67] Daneben sei das vorhandene Recht hauptsächlich in der Praxis der Rechtsprechung, aber auch durch theoretische Kasuistik weitergebildet worden[68].

Die Thesen *Bergsträßers* sind deshalb so bemerkenswert, weil sie im Wesentlichen bereits den heutigen Stand der islamwissenschaftlichen Forschung vorzeichnen. Gleichwohl knüpften andere Islamwissenschaftler zunächst nicht an die inhaltlichen Forschungsergebnisse *Bergsträßers* an. Auch *Bergsträßer* selbst baute seine Ansätze in späteren Veröffentlichungen nicht weiter aus. Ganz im Gegenteil vermittelte er in seinen „Grundzügen des Islamischen Rechts" einen eher konservativen Überblick über die geschichtliche Entwicklung, der ohne Quellenangaben vieles von dem reproduziert, was schon im 19. Jahrhundert vertreten worden war[69].

5. Joseph Schachts „Origins of Muhammadan Jurisprudence"

Es sollte ein Vierteljahrhundert dauern, bis ein weiterer Versuch unternommen wurde, „das Geheimnis der Entstehung und der Ursprünge des *fiqh*"[70] zu lüften[71]:

---

66 *Bergsträßer,* Der Islam 14 (1925), 76, 79.

67 *Bergsträßer,* Der Islam 14 (1925), 76, 79 f.

68 Vgl. *Bergsträßer,* Der Islam 14 (1925), 76, 80.

69 Siehe *Bergsträßer,* in: Schacht (Hrsg.), G. Bergsträßer's Grundzüge des Islamischen Rechts, S. 8 ff., insbes. S. 13 f. Das 1. Kapitel „Überblick über die islamische Rechtsgeschichte" wurde gemäß dem Vorwort – S. VII – bereits um das Jahr 1925 erstellt.

70 So der übersetzte Titel eines 1947 erschienen Aufsatzes von *Bousquet,* Revue Algérienne, Tunisienne et Marocaine de Législation et de Jurisprudence 63 (1947), 66 ff., der – insbes. S. 80 f. – zu dem Schluss kommt, dass die Entstehung der islamischen Jurisprudenz ein Mysterium bleibt.

Im Jahr 1950 veröffentlichte *Joseph Schacht,* ein Schüler *Bergsträßers,* sein Buch „The Origins of Muhammadan Jurisprudence“, das sich unter nichtmuslimischen Islamwissenschaftlern zu einem Standardwerk entwickelt hat und noch heute weite Beachtung findet[72]. *Schacht* verfolgt darin den methodischen Ansatz seines Lehrers, den dieser in seinem Beitrag „Anfänge und Charakter des juristischen Denkens im Islam“ gewählt hatte, weiter; er knüpft jedoch nicht an die inhaltlichen Forschungsergebnisse *Bergsträßers* an. Auch nimmt er nicht den „Muwatta'“ des *Mālik* als Ausgangspunkt, sondern die etwas später, gegen Ende des zweiten bzw. zu Beginn des dritten Jahrhunderts verfassten Traktate und die „Risāla“ des *Al-Shāfiᶜī* (gest. 204 bzw. 820), in denen sich dieser kritisch mit Theorie und Praxis der Jurisprudenz seiner Zeit auseinandersetzt und den islamischen *fiqh* auf methodisch gesicherte Grundlagen zu stellen versucht[73]. Aus den Hinweisen, die dieses Quellenmaterial über die in der zweiten Hälfte des zweiten Jahrhunderts bestehenden „antiken Rechtsschulen“, d. h. die im Hiǧāz (Mekka und Medina), im Irak (Kufa und Basra) und in Syrien verbreiteten Richtungen der Rechtsgelehrsamkeit[74], liefert, und aus einigen Werken, die aus dieser Epoche selbst stammen und erhalten geblieben sind, rekonstruiert *Schacht* „[d]ie Entwicklung der Rechtstheorie“[75]. Dabei geht *Schacht* zunächst der Frage nach, auf welche Rechtsquellen sich die „antiken Rechtsschulen“ in welchem Maße gestützt haben, und stellt dem – gleichsam als Gegenposition – die Anmerkungen *Al-Shāfiᶜīs* gegenüber. Die dadurch gewonnenen Entwicklungslinien für die zweite Hälfte des zweiten Jahrhunderts verlängert er sodann teils spekulativ, zum Teil aber auch auf der Grundlage von Indizien, die er Quellen aus der ersten Hälfte des zweiten Jahrhunderts, wie der „Risāla fī ṣ-ṣahāba“ des *Ibn al-Muqaffaᶜ*[76] (gest. um 140 bzw. 757), oder aus noch älteren Texten, wie dem Traktat des *Hasan al-Baṣrī*[77] (gest. 110 bzw. 727), seltener aus späteren historischen und biografischen Werken entnimmt, rückwärts in die Vergangenheit[78]. Ein wichtiges Ergebnis, das *Schacht* im Rahmen dieser Untersuchung erzielt, betrifft die juristische Relevanz der verschiedenen Arten von

---

71 In der Zwischenzeit wurde das Thema in der wissenschaftlichen Auseinandersetzung zwar wiederholt gestreift, aber es wurden dabei keine wesentlichen neuen Aspekte zutage gefördert; vgl. etwa *Nallino,* Nuovo Digesto Italiano 4 (1938), 1109 ff.; *R. Hartmann,* Die Religion des Islam, S. 51 f.

72 Vgl. nur *Rancillac,* Mélanges de l'Institut Dominicain d'Etudes Orientales 13 (1977), 147 ff.; *Forte,* Studies in Islamic Law, S. 50 ff.; *dens.,* Loyola of the Los Angeles International and Comparative Law Annual 1 (1978), 1, 15; *Lech,* Geschichte des islamischen Kultus, Bd. 1, S. 4; *G. H. A. Juynboll,* Muslim Tradition, S. 3; *Powers* (o. Fn. 5), S. 1 f., 6; sowie die Nachw. unten in Fn. 105 f.; siehe auch *Motzki* (o. Fn. 7), S. 30 ff., 46 ff.

73 In ähnliche Richtung gingen damals auch die Forschungen von *Brunschvig,* al-Andalus 15 (1950), 377 ff.

74 Vgl. *Schacht,* The Origins of Muhammadan Jurisprudence, S. 21 ff.

75 So bereits die Überschrift des ersten Teils von *Schachts* Werk (o. Fn. 74), S. 1.

76 Vgl. *Schacht* (o. Fn. 74), S. 58 f., 95, 102 f.

77 Siehe etwa *Schacht* (o. Fn. 74), S. 74, 141.

78 Vgl. *Motzki* (o. Fn. 7), S. 22 f.

Traditionen und damit die Konzeption der *sunna.* Bei den Anhängern der „antiken Rechtsschulen“ spielten die Propheten-*aḥādīṯ* noch nicht die herausragende Rolle, die *Al-Shāfiʿī* ihnen beimaß[79]. Die Propheten-*aḥādīṯ* standen vielmehr gleichrangig neben den Traditionen von Gefährten und Nachfolgern[80]. Daher kam es vor, dass die alten Gelehrten „Prophetentraditionen zugunsten systematischer Schlüsse aus allgemeinen Regeln oder zugunsten von Gefährtentraditionen vernachlässigten“[81]: Sie „verwerfen Prophetentraditionen, weil die fragliche Tradition im Widerspruch zum Koran steht [...]; oder weil die Regel, die sie zum Ausdruck bringt, nicht im Koran oder in parallelen Traditionen des Propheten erwähnt ist, und auch von den vier Kalifen, die die göttlichen Befehle nach den Anordnungen des Propheten ausführten, nichts Vergleichbares berichtet wird [...]; oder weil ‚jeder sie aufgegeben hat‘ [...]; oder weil es eine anderslautende herrschende Meinung gibt und die Prophetentraditionen, die dieser Meinung widersprechen, hinweginterpretiert oder als aufgehoben betrachtet werden können [...]; oder einfach aus systematischen Gründen, weil die [Schul-]Doktrin inkonsistent wäre, wenn die fragliche Tradition anerkannt würde.“[82] Es lässt sich sogar belegen, dass die alten Schulen den Prophetentraditionen mehr oder weniger ablehnend gegenüberstanden[83]; doch konnten sie sich letztlich nicht erfolgreich gegen die ansteigende Flut von Propheten-*aḥādīṯ* zur Wehr setzen[84].

Aus diesen Ergebnissen leitet *Schacht* dann allerdings eine Reihe weiterer Schlüsse ab, die methodisch problematisch sind. So glaubt *Schacht* etwa, dass der Verbreitungsgrad der verschiedenen Kategorien von Traditionen Auskunft darüber gibt, in welcher zeitlichen Abfolge die einzelnen Traditionen entstanden sind. *Schachts* rein zahlenmäßiger Vergleich von Traditionen des Propheten, der Prophetengefährten und der Nachfolger der Prophetengefährten hatte ergeben, dass es zur Zeit der „antiken Rechtsschulen“ deutlich weniger Propheten-*aḥādīṯ* gab als *aḥādīṯ* der Gefährten und der Nachfolger, wobei die Zahl der Nachfolgertraditionen sogar noch höher ausfiel als diejenige der Gefährtentraditionen[85]. Daraus schlussfolgert *Schacht,* dass sich die Bezugnahme auf die Nachfolger als Rechtsautoritäten früher etabliert hat als diejenige auf die Gefährten des Propheten; der Rückbezug auf den Propheten selbst sei das jüngste Verfahren, denn die geringere Quantität der Belegtexte sei ein Indiz für ein geringeres Alter entweder ihres Gebrauchs oder aber der Texte selbst[86]. Eine Stütze für seine Einschätzung sieht *Schacht* in der Abwehrhaltung der alten Schulen gegenüber den Prophetentraditionen. Diese sei eine „natür-

---

79 Vgl. *Schacht* (o. Fn. 74), S. 20.

80 Siehe *Schacht* (o. Fn. 74), S. 29.

81 *Schacht* (o. Fn. 74), S. 21 (Übersetzung durch Verf.).

82 *Schacht* (o. Fn. 74), S. 30 (Übersetzung durch Verf.).

83 Vgl. *Schacht* (o. Fn. 74), S. 44 ff.

84 *Schacht* (o. Fn. 74), S. 57.

85 Vgl. *Schacht* (o. Fn. 74), S. 22.

86 Siehe *Schacht* (o. Fn. 74), S. 29 f.

liche Reaktion der frühen Rechtsspezialisten gegen die Einführung eines neuen Elements". Daraus ergibt sich für *Schacht,* dass „die Prophetentraditionen nicht, zusammen mit dem Koran, die ursprüngliche Grundlage des islamischen Rechts bilden, sondern dass sie eine Neuerung darstellen, die zu einer Zeit auftrat, als einige seiner Fundamente schon existierten"[87]. Dass diese Annahme auf recht tönernen Füßen steht, sei nur mit einigen wenigen Hinweisen dargetan[88]: Zunächst einmal gibt es wohl keinen gesicherten Erfahrungssatz, dass von zwei Ereignissen dasjenige das ältere ist, das literarisch häufiger verwertet wurde. Es könnte auch genau umgekehrt so gewesen sein, dass die Traditionen neueren Datums oft zitiert wurden, um sie neben den alten Traditionen zu etablieren. Die Abwehrhaltung der alten Schulen richtete sich, wie *Schacht* selbst an anderer Stelle seines Buches konzediert, „nicht gegen die Prophetentraditionen als solche, sondern nur dagegen, dass sie aufgrund ihres Wachstums in jüngster Zeit dazu tendierten, die ‚lebende Tradition' der Schulen zu zerstören"[89]. Die Schulen beobachteten also mit Sorge die nahezu explosionsartige Zunahme von Prophetentraditionen in der zweiten Hälfte des zweiten Jahrhunderts, zumal sie sich außerstande sahen, bei den neu aufgetauchten ‚Traditionen' die echten von den frei erfundenen zu unterscheiden. Diese Sorge ist nur dann verständlich, wenn die frühen Gelehrten grundsätzlich die übergeordnete Autorität der Prophetentraditionen anerkannten; anderenfalls hätten neue Prophetentraditionen wohl kaum eine etablierte Schuldoktrin gefährden können. Schließlich lässt sich die Annahme, dass Prophetentraditionen in den Anfangstagen der islamischen Jurisprudenz keine Bedeutung hatten, nur schwerlich damit begründen, dass die Propheten-*aḥādīṯ* im zweiten und dritten Jahrhundert ein erhebliches Wachstum zu verzeichnen hatten und erst im Laufe der Zeit ihre Vorrangstellung im Verhältnis zu anderen Rechtsquellen behaupten konnten.

Schachts Zwischenergebnis lautet, dass „die ‚lebende Tradition' der alten Rechtsschulen, die sich größtenteils auf individuelle Einsicht [*ra'y*] gründete, zuerst da war, dass sie in einem zweiten Stadium unter die Ägide von Gefährten gestellt wurde, dass Traditionen vom Propheten selbst, die zur Mitte des zweiten Jahrhunderts von Traditionalisten in Umlauf gesetzt wurden, die ‚lebende Tradition' gestört und beeinflusst haben"[90]. Danach trafen die Prophetentraditionen auf ein zwar bloß rudimentär entwickeltes, aber eben doch schon bestehendes System islamischen Rechts. *Schacht* versucht sodann, diese These durch eine Untersuchung des Wachstums der Traditionen zu präzisieren. Dabei lässt er sich von der Annahme leiten, dass die Rechtstraditionen als Argumente Verwendung fanden, sobald sie in Umlauf kamen; im Umkehrschluss waren Traditionen unbekannt, d. h. nicht existent, solange sie keinen literarischen oder durch den *isnād* datierbaren Niederschlag fanden[91]. *Schacht* stellt auf der Grundlage der ihm zur Verfügung

---

87 *Schacht* (o. Fn. 74), S. 40 (Übersetzung durch Verf.).

88 Siehe auch *Motzki* (o. Fn. 7), S. 23 f.

89 *Schacht* (o. Fn. 74), S. 60 (Übersetzung durch Verf.).

90 *Schacht* (o. Fn. 74), S. 138 (Übersetzung durch Verf.).

91 *Schacht* (o. Fn. 74), S. 140 f.

stehenden Quellen fest, dass sowohl Propheten-, als auch Gefährten und Nachfolgerüberlieferung zwischen den Jahren 150 und 250 muslimischer Zeitrechnung einen Wachstumsprozess zu verzeichnen hatten, der im Fall der Propheten-*aḥādīṯ* in den fünfzig Jahren zwischen *Al-Shāfiᶜī* und den klassischen Sammlungen besonders stark war, was *Schacht* dem gemeinsamen Einfluss *Al-Shāfiᶜīs* und der von ihm so genannten Traditionalisten zuschreibt[92]. Da er davon ausgeht, dass es einen vergleichbaren Wachstumsprozess in der vorliterarischen Periode gegeben hat[93], kommt er zu dem Schluss, dass die rechtsrelevanten Propheten- und Gefährtentraditionen generell als fiktiv und auch die Überlieferungen der Nachfolger zum größten Teil nicht als authentisch anzusehen sind[94]. Angesichts des Wachstums sei es nämlich ausgeschlossen, dass bereits in den Anfängen des islamischen Rechts in relevantem Ausmaß Traditionen vorhanden waren.

Im zweiten Teil seiner Arbeit wendet sich *Schacht* gegen die Aussagekraft der *asānīd,* d. h. der Tradentenketten, die als Herkunftsnachweis für eine Tradition dienen und mit denen die Rechtstraditionen regelmäßig versehen sind. Er hält die *asānīd* für höchst willkürliche Gebilde[95], die „oft sehr sorglos zusammengesetzt wurden. Irgendein beliebiger typischer Vertreter der Gruppe, dessen Lehre auf eine altehrwürdige Autorität rückprojiziert werden sollte, konnte nach dem Zufallsprinzip ausgewählt werden und in den *isnād* eingesetzt werden. Deshalb finden wir eine Anzahl alternativer Namen in im Übrigen identischen *isnāds,* wo andere Gesichtspunkte die Möglichkeit ausschließen, dass eine alte genuine Tradition durch mehrere Personen überliefert wurde."[96] Die reguläre Praxis des Gebrauchs von *asānīd* sei keinesfalls älter als der Beginn des zweiten Jahrhunderts[97]. Damals seien die Überliefererketten – so *Schacht* – allerdings noch rudimentär gewesen, unvollständig oder nur mit einigen wenigen Gliedern; sie seien im Laufe der Zeit allmählich verbessert worden und hätten ihre vollendete und lückenlose Form erst in den klassischen Sammlungen aus der zweiten Hälfte des dritten Jahrhunderts erhalten[98]. Dieses Rückwärtswachsen der *asānīd* sei ein Prozess, der mit der Rückwärtsprojektion von Lehren auf ältere und damit höhere Autoritäten zusammenhänge. Deshalb gelte die allgemeine Regel: „[D]ie vollkommensten und vollständigsten *isnāds* sind die spätesten."[99] Daraus folge, dass alle lückenlosen Überliefererketten, die bis auf den Propheten und seine Gefährten zurückgehen, entweder ganz oder zumindest teilweise gefälscht seien – ein Argument, das zu *Schachts* Auffassung passt, dass die Traditionen inhaltlich ebenfalls weitgehend frei erfun-

---

92 Siehe *Schacht* (o. Fn. 74), S. 140, 150.

93 Vgl. *Schacht* (o. Fn. 74), S. 149.

94 Siehe *Schacht* (o. Fn. 74), S. 149 ff., 176.

95 Siehe dazu *Schacht* (o. Fn. 74), S. 163 ff.

96 *Schacht* (o. Fn. 74), S. 163 (Übersetzung durch Verf.).

97 Vgl. *Schacht* (o. Fn. 74), S. 37.

98 *Schacht* (o. Fn. 74), S. 163.

99 *Schacht* (o. Fn. 74), S. 165.

den sind. Gleichwohl benutzt *Schacht* dann aber die *asānīd,* um festzustellen, wann eine bestimmte Tradition in Umlauf kam. Er verweist darauf, dass zahlreiche Traditionen, die mit mehreren unterschiedlichen *asānīd* erhalten sind, häufig einen oder mehrere gemeinsame Tradenten haben. Diese ‚common links' markieren nach *Schachts* Einschätzung den Zeitpunkt, ab dem eine Tradition frühestens in Umlauf gebracht wurde, sei es durch den ‚common link'-Überlieferer selbst oder durch anonyme Personen, die seinen Namen benutzten[100]. Da die frühen ‚common links' überwiegend der ersten Hälfte des zweiten Jahrhunderts angehörten, folgert *Schacht,* dass der Ursprung des größten Teils der Rechtstraditionen, die zu Beginn der literarischen Periode, d. h. um die Mitte des zweiten Jahrhunderts, vorhanden waren, in jenem Zeitraum anzusiedeln ist[101]. Ob ein solches Vorgehen eine sichere Datierungsmethode ist, muss jedoch bezweifelt werden, da viele der ‚common links' als Sammler und Kompilatoren von Werken, die auch Traditionsmaterial enthielten, bekannt sind; es kann also durchaus sein, dass sie ihre Informationen tatsächlich von den Gewährsleuten erhalten haben, die in den *asānīd* als Tradenten vor ihnen genannt sind.

Nach alledem kommt *Schacht* zu dem Ergebnis, dass die Anfänge der islamischen Jurisprudenz im Wesentlichen in der ausklingenden Umayyadenperiode, d. h. den ersten drei Jahrzehnten des zweiten Jahrhunderts, liegen. Ausgangspunkt waren nicht der Koran und die *sunna* des Propheten, sondern die Rechtspraxis dieser Zeit, die nicht als spezifisch islamisch gelten kann und die von „religiösen Spezialisten" islamisiert wurde: „[O]bwohl einige elementare Rechtsregeln, die im Koran niedergelegt sind, mehr oder weniger befolgt wurden, kann die Rechtspraxis während der frühen Umayyadenperiode noch nicht als mohammedanisches Recht bezeichnet werden. Mohammedanisches Recht entstand erst durch die Anwendung mohammedanischer Rechtsprechung auf das Rohmaterial, das die Praxis lieferte. Es wird aufzuzeigen sein, dass auf dem Koran basierende Rechtsnormen, die über die elementarsten Regeln hinausgehen, in einer zweiten Phase [der Entwicklung] nahezu unverändert in das mohammedanische Recht eingeführt worden sind."[102] Der Koran war demnach, wie *Schacht* im Anschluss noch näher erläutert, nicht generell die erste und vorrangige Grundlage der frühen Rechtstheorie, sondern wurde vielfach erst sekundär als ein Beleg herangezogen für die Richtigkeit einer sich bereits aus anderen Quellen ergebenden Rechtsregel[103]. „Für sich genommen kann der Koran [...] kaum als die erste und herausragendste Grundlage der frühen Rechtstheorie bezeichnet werden. [...] Mohammedanisches Recht leitete seine Herkunft nicht direkt vom Koran ab, sondern entwickelte sich, wie wir gesehen haben, aus der volkstümlichen und administrativen [Rechts-]Praxis unter den Umayyaden, und diese Praxis wich häufig von den Zielen und sogar von dem aus-

100 Vgl. *Schacht* (o. Fn. 74), S. 171 ff.

101 Siehe *Schacht* (o. Fn. 74), S. 163, 176.

102 *Schacht* (o. Fn. 74), S. 191 (Übersetzung durch Verf.); siehe auch *dens.,* ebd., S. 224.

103 Vgl. *Schacht* (o. Fn. 74), S. 224 ff.

drücklichen Wortlaut des Korans ab. Es stimmt zwar, dass eine Anzahl von Rechtsregeln, insbesondere aus den Bereichen Familienrecht und Erbrecht, und nicht zu vergessen Kultus und rituelle Handlungen, von Anfang an ihre Grundlage im Koran hatte. Aber [... w]ir bemerken, dass alles, was über die allerflüchtigste Aufmerksamkeit hinausgeht, die den koranischen Normen und den daraus abgeleiteten elementarsten Schlüssen geschenkt wird, nahezu unveränderlich zu einer zweiten Stufe in der Entwicklung der Doktrin gehört."[104] Diese Vorstellung von den Ursprüngen und der Entwicklung des islamischen Rechts ist der muslimischen Sicht, die in ihren Grundzügen auch von der älteren islamwissenschaftlichen Forschung übernommen worden war, diametral entgegengesetzt. *Schacht* hatte damit einen schillernden Gegenentwurf zu dem erstellt, was – abgesehen von den Werken *Goldzihers* – bislang zu den Anfängen des islamischen Rechts veröffentlicht worden war.

6. Reaktionen auf Schachts Forschungsergebnisse bei europäischen Islamwissenschaftlern

Die unmittelbare Reaktion der Islamwissenschaft auf *Schachts* „The Origins of Muhammadan Jurisprudence" war überwiegend positiv bis enthusiastisch. So heißt es etwa in der Buchrezension eines bekannten Orientforschers: „Dieses durchweg systematische und außerordentlich originelle Buch hat unser Wissen um die frühe Entwicklung eines der bedeutendsten Zweige der Geschichte des islamischen Denkens in beträchtlichem Ausmaß vorangebracht und hat eine methodische Grundlage gelegt für [alle weiteren] Forschungen dieser Art."[105] Ein anderer Rezensent formulierte sein Lob ähnlich: „Das, was hervorgebracht wurde, ist keine theoretische Rekonstruktion; im Gegenteil, die Reihung der Ereignisse stimmt so mit der generellen Entwicklung der frühen islamischen Gesellschaft überein und wird so adäquat dokumentiert, dass es [*scil.: Schachts* Buch] die Grundlage bilden wird für jede zukünftige Untersuchung der islamischen Zivilisation und des islamischen Rechts, zumindest im Westen."[106] Kritische Stimmen gab es nur ganz vereinzelt[107]; *Schachts* Theorien über die Ursprünge des islamischen Rechts erschienen

---

104 *Schacht* (o. Fn. 74), S. 224, 227 (Übersetzung durch Verf.).

105 *H. Ritter,* Oriens 4 (1951), 308, 312 (Übersetzung durch Verf.).

106 *Gibb,* Journal of Comparative Legislation and International Law 1951, 114; siehe auch die Buchbesprechungen von *Jeffery,* The Middle East Journal 5 (1951), 392 ff.; *Robson,* The Muslim World 42 (1952), 61 ff.; *Ryckmans,* Muséon 65 (1952), 314 f.; *Watt,* Journal of the Royal Asiatic Society 1952, 91; ferner *Paret,* in: F. Meier (Hrsg.), Westöstliche Abhandlungen Rudolf Tschudi zum 70. Geburtstag, S. 147 ff.

107 Vgl. etwa die Rezensionen von *Guillaume,* Bulletin of the School of Oriental and African Studies 16 (1954), 176 f.; *Fück,* Bibliotheca Orientalis 10 (1953), 196 ff. Beide wiesen darauf hin, dass sich einige der Schlussfolgerungen *Schachts* nicht vereinbaren lassen mit Belegen in *Ibn Isḥāqs* „Mġāzī", die älter ist als die von *Schacht* benutzten Quellen. Demgemäß merkte etwa *Fück* – S. 199 – an, *Schachts* Theorie „beruht auf der unzulässigen

unwiderlegbar[108]. In der Tat musste jede Kritik, die nicht nur gegen das methodische Vorgehen, sondern auch gegen den Inhalt der Forschungsergebnisse *Schachts* angehen wollte, entweder eingestehen, dass aufgrund der Quellenlage keine gesicherten Aussagen über die Entwicklung des Rechts und der Jurisprudenz im ersten Jahrhundert muslimischer Zeitrechnung möglich sind, oder auf *aḥādīṯ* zurückgreifen und sich damit selbst dem Vorwurf unkritischer Quellennutzung aussetzen.

Gleichwohl wurde schnell klar, dass sich die islamwissenschaftliche Forschung zu den Anfängen des islamischen Rechts nicht einer ihrer wesentlichen Erkenntnisquellen begeben durfte, indem sie sämtliche Traditionen als frei erfunden einstuft. Dementsprechend leitete *Erwin Gräf* 1959 seine Kölner Habilitationsschrift über die Entwicklung der islamischen Jurisprudenz, dargestellt am Beispiel des Jagens und Erlegens von Wild, mit den Worten ein: „Nachdem die bahnbrechenden Arbeiten von Goldziher, Snouck-Hurgronje und J. Schacht die naive Gläubigkeit gegenüber den Angaben der islamischen Tradition endgültig zerstört und damit den Weg für eine echt historische Betrachtung freigemacht haben, droht nunmehr die Gefahr, die sich bereits bei den Meistern dieses Forschungsgebietes abzeichnet, daß die Quellenkritik sich zu einer irreführenden Skepsis gegenüber den Quellen und einem allzu großen Vertrauen auf das eigene exegetische Urteil auswächst. Bei einseitiger Fortführung dieser Methode würden unsere Quellen mehr und mehr in ein schließlich unkontrollierbares Spannungsfeld vielfacher Tendenzen aufgelöst."[109] Deshalb sei es erforderlich, die kritische Haltung gegenüber den *aḥādīṯ* zurückzunehmen. *Gräf* glaubt nicht, dass sich die Echtheit oder Unechtheit aller Bestandteile eines *ḥadīṯ* – von Ausnahmen einmal abgesehen – mit Sicherheit nachweisen lässt. Die Einschätzung, bestimmte oder gar alle Traditionen seien gefälscht, beruhe auf reiner Spekulation. Von der literarischen Form her gesehen, seien alle *aḥādīṯ* jung, von den Bedürfnissen des *fiqh* her redigiert; dies besage aber nichts über das Alter ihres Inhalts. Der Inhalt eines *ḥadīṯ* könne durchaus auf einer wahren Begebenheit des ersten Jahrhunderts beruhen und insofern Auskunft geben über den damaligen Stand der Rechtsentwicklung. Wenn man sich nicht damit zufrieden geben wolle, dass das erste Jahrhundert oder gar die ersten anderthalb Jahrhunderte mangels zuverlässiger Quellen unerforschbar bleiben, dann müsse sich die islamwissenschaftlichen Forschung zumindest von der folgenden Annahme leiten lassen: „Im Hadīth spiegelt sich die Entwicklung der islamischen Jurisprudenz der 150 Jahre zwischen Koran und ersten Fikh-Werken."[110] *Gräf* geht

---

Verallgemeinerung von Einzelbeobachtungen und scheitert [...] an ihrer Unvereinbarkeit mit den Quellen".

108 Siehe nur *Coulson,* A History of Islamic Law, S. 4: „[...] Schacht [...] has formulated a thesis of the origins of Sharīᶜa law which is irrefutable in its broad essentials and which proves that the classical theory of Sharīᶜa law was the outcome of a complex historical process spanning a period of some three centuries [...]." Ferner *Gibb,* Journal of Comparative Legislation and International Law 1951, 114.

109 *Gräf,* Jagdbeute und Schlachttier im islamischen Recht, S. 1 f.

überdies – anders als *Schacht* – davon aus, dass der Vorgang der Entstehung von *aḥādīṯ* spätestens zur Zeit der Schulgründer abgeschlossen war. Das ergibt sich für ihn aus der Geschicklichkeit, mit der die damaligen Gelehrten das bestehende Recht anwandten und auslegten: „Um diese Zeit [*scil.*: die Zeit der Schulgründungen] waren die Interpretationskünste und die logischen Beweismittel so weit gediehen, daß es sich nicht mehr lohnte, neue Hadīthe zu bilden, da man passende Traditionen beliebig strecken, unbequeme aber entweder für unecht erklären oder weginterpretieren konnte. Während man bisher auf die Aufspürung neuer Profetenworte Mühe verwendete, steigerte man jetzt die Deutungsmöglichkeiten der abgeschlossenen Masse der Profetenüberlieferungen. Der Hadīth-Beweis wurde mehr und mehr zu einer Farce."[111]

Andere Wissenschaftler bemühten sich ebenfalls darum, die sich aus *Schachts* Theorie ergebende Diskontinuität der islamischen Rechtsentwicklung zwischen dem Wirken *Mohammeds* und den erst über ein Jahrhundert später entstehenden frühen Rechtsschulen zu beseitigen, indem sie in ihren Veröffentlichungen betonten, dass die Rückprojektion von *aḥādīṯ* nicht in jedem Fall eine Tatsachengrundlage ausschließe. Viele Traditionen hätten einen historischen Kern, der später durch Zusätze erweitert worden sei[112]. So geht beispielsweise *Noel J. Coulson,* Professor für Orientalisches Recht an der Universität London, Mitte der sechziger Jahre in seinem Buch „A History of Islamic Law" davon aus, dass die Substanz vieler Traditionen, die dem Propheten oder den ersten Kalifen zugeschrieben werden, ungeachtet ihres fiktiven *isnād* und eventueller späterer Umformung im Kern authentisch ist und durch ursprünglich mündliche Überlieferung bis zur Aufnahme in den Traditionsbestand der frühen Rechtsschulen bewahrt wurde: „Unter praktischen Gesichtspunkten und wenn man die historischen Begleitumstände in Betracht zieht, ist die Vorstellung von einem solchen Vakuum [im ersten Jahrhundert] nur schwer zu akzeptieren. Damit will ich nicht sagen, dass die Überlieferungskette bzw. der *isnād* dieser oder jener Tradition authentisch ist, denn das ist, wie bereits hinreichend bewiesen wurde, in der großen Mehrzahl der Fälle nicht so; aber man darf annehmen, dass die Substanz vieler Traditionen, insbesondere solcher, die von ganz alltäglichen Rechtsproblemen im Zusammenhang mit der Anwendung des Koran handeln, sehr wohl zumindest eine Annäherung an eine Entscheidung des Propheten darstellt, die anfänglich durch allgemeine mündliche Überlieferung bewahrt worden ist."[113] Wird diese Prämisse zugrunde gelegt, ist es nach Auffassung *Coulsons* „ein vernünftiges Prinzip historischer Nachforschung, dass eine angebliche Bestimmung des Propheten vorläufig als eine solche akzeptiert wird, solange kein Grund dafür angeführt werden kann, warum sie als frei erfunden angesehen werden sollte."[114] Dieses Prinzip ermöglicht *Coulson,* die

---

110 So *Gräf* (o. Fn. 109), S. 338.

111 *Gräf* (o. Fn. 109), S. 338.

112 Siehe etwa *Vesey-Fitzgerald,* in: Khadduri / Liebesny (Hrsg.), Law in the Middle East, Bd. 1, S. 85, 93.

113 *Coulson* (o. Fn. 108), S. 65 (Übersetzung durch Verf.).

Rechtssituation zu Lebzeiten *Mohammeds* nicht nur durch den Koran, sondern auch durch – wie er vermutet – echte Prophetentraditionen zu beschreiben und die sich anschließende Epoche der so genannten rechtgeleiteten Kalifen[115] und der Umayyadenkalifen anhand von Rechtsentscheidungen, die von diesen selbst oder von ihren Gouverneuren und *qāḍīs* stammen, zu rekonstruieren[116]. Damit findet *Coulson* Anschluss an die ältere Forschung[117].

7. Reaktionen auf Schachts Forschungsergebnisse bei muslimischen Gelehrten

Anders als bei den nichtmuslimischen Islamwissenschaftlern stießen die Thesen *Schachts* über die Ursprünge der islamischen Jurisprudenz und vor allem über das Traditionswesen bei den muslimischen Gelehrten auf breite Ablehnung[118]. Gleichwohl nahmen nur wenige die Herausforderung an, nach Ansatzpunkten zu suchen, um *Schachts* Annahmen zu widerlegen. Den Anfang machte *Fuat Sezgin,* Leiter des Instituts für die Geschichte der Arabisch-Islamischen Wissenschaften an der Frankfurter Goethe-Universität, 1956 in seinem Buch „Buhârî'nin kaynakları hakkında araştırmarlar" (frei übersetzt: „Über die Herkunft des Quellenmaterials in der *hadīṯ*-Sammlung des *Al-Buhârî*")[119] und später in der Einführung zum Kapitel „Hadīṯ" seiner „Geschichte des arabischen Schrifttums"[120]. *Sezgin* legte dort dar, dass der Prozess der schriftlichen Fixierung von Traditionen bereits zu Lebzeiten *Mohammeds* eingesetzt und schon zu Anfang des zweiten Jahrhunderts zu Sammlungen und bald darauf zu geordneten Kompilationen geführt habe. Die klassischen *hadīṯ*-Sammlungen des dritten Jahrhunderts setzten diesen Prozess fort; sie bildeten insofern nicht, wie *Goldziher* angenommen hatte[121], den Anfang der *hadīṯ*-Literatur. Die frühe schriftliche Fixierung gewährleistete ein hohes Maß an Authentizität; sie habe das bei einer mündlichen Überlieferung über mehrere Generationen unvermeidbare Verfälschungsrisiko minimiert. Um seine Auffassung zu belegen, greift *Sezgin* im Wesentlichen auf biografisches Quellenmaterial zurück,

---

114 *Coulson* (o. Fn. 108), S. 65 (Übersetzung durch Verf.).

115 Vgl. dazu unten bei und nach Fn. 304.

116 Vgl. *Coulson* (o. Fn. 108), S. 21 ff.

117 Siehe dazu auch die kritische Buchbesprechung von *Schacht,* Middle Eastern Studies 1 (1965), 388 ff., der *Coulsons* Abweichungen von seiner – *Schachts* – Theorie als „incorrect", „fanciful", „oldfashioned", „quite out of date" und „positively wrong" abqualifiziert; zudem habe *Coulson* ihn in vielen Punkten missverstanden. Hiergegen wiederum *Coulson,* Middle Eastern Studies 3 (1967), 195 ff.; *ders.,* in: Beeston / Johnstone / Serjeant / Smith (Hrsg.), Arabic Literature to the End of the Umayyad Period, S. 317 ff.

118 Vgl. dazu *Forte,* Loyola of Los Angeles International and Comparative Law Annual 1 (1978), 1, 26 ff.

119 *Sezgin,* Buhârî'nin kaynakları hakkında araştırmarlar, pass., insbes. S. 3 ff.

120 *Sezgin,* Geschichte des arabischen Schrifttums, Bd. 1, S. 53 ff.

121 Vgl. oben bei Fn. 59.

das er Werken über *hadīṯ*-Überlieferer aus dem 3. bis 9. Jahrhundert entnimmt. Er gelangt damit zu dem Ergebnis, „daß die Isnade keinesfalls auf mündliche Überlieferungen hinweisen, sondern daß sie Autoren und autorisierte Überlieferer von Büchern nennen“[122]. Demzufolge seien die *asānīd* nicht erst im zweiten Jahrhundert aufgekommen, sondern bereits deutlich früher; auch seien die Überlieferernamen nicht frei erfunden[123].

Die Thesen *Sezgins* erhielten Unterstützung durch die Arbeiten anderer Forscher, die in methodischer Hinsicht ähnlich vorgingen wie *Sezgin* und überwiegend denselben Typ von Quellen benutzten[124]. Sie bereicherten das von *Sezgin* ausgebreitete Material durch viele weitere Belege. Damit ließ sich *Schachts* Theorie von der späten Entstehung der Propheten-*aḥādīṯ* oder – anders gewendet – von der Nichtnachweisbarkeit echter Prophetentraditionen oder solcher, die schon aus dem ersten Jahrhundert stammen, allerdings nicht wirklich entkräften. Angesichts des angeblich ungeheuren Ausmaßes der Fälschung, die im zweiten und dritten Jahrhundert betrieben wurde und die von den muslimischen Gelehrten durchaus zugegeben, wenn auch eher marginalisiert oder bagatellisiert wird[125], besteht kein Grund dafür, den Nachrichten über die frühen Überlieferer mehr Vertrauen zu schenken als den Traditionen von ihnen, zumal sich *Schachts* Kritiker größtenteils auf Quellen stützten, die zweihundert und mehr Jahre nach der Zeit entstanden sind, über die sie berichten[126]. Selbst soweit sie Quellen benutzten, die Autoren zugeschrieben werden, die bereits zu Beginn des zweiten Jahrhunderts gestorben waren, waren die Kritiker nicht in der Lage, *Schachts* Ausführungen mehr gegenüberzustellen als eine Antithese. Denn bei dem verwendeten Quellenmaterial handelte es sich insoweit um Texte oder Textfragmente, die unverändert aus nicht mehr auffindbaren frühen *hadīṯ*-Sammlungen in spätere Sammlungen übernommen worden sein sollen[127]. Wer konnte jedoch garantieren, dass die Texte tatsächlich aus Sammlungen des ersten Jahrhunderts und von denjenigen stammen, die als ihre Autoren benannt zu werden pflegen? Es konnte sich genauso gut um Fälschungen oder um kleinere Sammlungen von fingierten Traditionen aus dem zweiten oder

---

122 *Sezgin* (o. Fn. 120), S. 79.

123 Siehe *Sezgin* (o. Fn. 120), S. 83. Krit. gegenüber den Forschungsergebnissen *Sezgins* etwa *Schoeler,* Der Islam 62 (1985), 201 ff.; *Werkmeister,* Quellenuntersuchungen zum Kitāb al[c]-Iqd al-farīd des Andalusiers Ibn [c]Abdrabbih, S. 12 f.

124 Vgl. nur *Siddīqī,* Hadīth Literature, 1961; *Hamidullah,* Sahīfat Hammām b. Munabbih, 5. Aufl., 1961 (die Edition enthält eine Einführung in englischer Sprache mit dem Titel „Compilations and preservation of the holy Prophet's traditions“); *As-Sibā[c]ī,* As-sunna wa-makānatuhā fī t-tašrī[c] al-islāmī, 1961; *[c]Aǧǧāǧ as-Hatīb,* As-sunna qabla t-tadwīn, 1963; *Abbott,* Studies in Arabic Literary Papyri, Bd. 2, 1967; *Azami,* Studies in Early *Hadīth* Literature, 1. Aufl., 1968.

125 Vgl. etwa *Rahman,* Islamic Methodology in History, S. 33 ff., der sich – S. 47 ff. – insbesondere gegen solche Propheten-*aḥādīṯ* wendet, die Vorhersagen für zukünftige Generationen beinhalten, z. B. im Hinblick auf den Umgang mit *hadīṯ*.

126 Vgl. *Motzki* (o. Fn. 7), S. 38 f.

127 Vgl. *Motzki* (o. Fn. 7), S. 39.

dritten Jahrhundert handeln, etwa solche des *Ma^c^mar ben Rāšid* (gest. 153 bzw. 770) oder des *^c^Abdarrazzāq aṣ–Ṣan^c^ānī* (gest. 211 bzw. 827). Besonders abwegig wäre die letztere Annahme nicht, existieren doch zum Beispiel von einigen der Texte verschiedene Versionen, die unterschiedlichen Verfassern bzw. Kompilatoren zugeschrieben werden, aber deren Herkunftsnachweise (*riwāyāt*), die in ihrer Form den *asānīd* gleichen, *^c^Abdarrazzāq* als ‚common link' aufweisen[128]. Die Vorbehalte der *Schacht*-Anhänger gegen die Beweiskraft der genannten Arbeiten bringt denn auch eine Rezension zu *Nabia Abbotts* Buch „Studies in Arabic Literary Papyri"[129] wie folgt auf den Punkt: „Während sie [*Abbott*] die dunklen Jahrhunderte des Islam ausleuchtet, gibt sie sich nicht damit zufrieden, nur ein kleines Licht zu spenden, sondern sie verkündet auf fast jeder Seite, dass es von Anfang an schriftliche Aufzeichnungen gegeben habe. [. . .] Aber das ist sicherlich *za^c^m* [eine Behauptung], nicht *burhān* [ein Beweis]! Solange, wie diese Aufzeichnungen nicht vorgelegt werden können, wird sich an der gegenwärtigen Situation nicht viel ändern. Wir hatten niemals einen Mangel an Behauptungen, dass solche [Zeugnisse] (mündlich oder schriftlich) existieren."[130]

Anders als *Sezgin*, der versucht hatte, die grundlegenden Annahmen und Prämissen zu erschüttern, auf denen *Schacht* seine Forschungsergebnisse aufgebaut hat, setzten sich andere muslimische Gelehrte direkt mit *Schachts* Ergebnissen, den von ihm benutzten Quellen und Methoden auseinander. So versuchte beispielsweise *Fazlur Rahman*, Direktor des Zentralinstituts für Islamische Forschung in Karachi, auf interpretatorischem Wege einen Kompromiss zu finden zwischen der alten *uṣūl*-Doktrin und den Thesen *Goldzihers* und *Schachts*. Wie einige westliche Islamwissenschaftler[131] differenzierte auch er zwischen unhistorischer Form (*hadīṯ*) und authentischem Gehalt (*sunna*)[132]. Der *hadīṯ* habe sich aus der Propheten-*sunna* entwickelt; er sei jedoch nicht ein Phänomen gewesen, das erst in späteren Generationen aufgetreten sei. Vielmehr müsse es von Anfang an *ahādīṯ* gegeben haben, denn bereits während *Mohammeds* Lebenszeit sei es selbstverständlich für Muslime gewesen, über den Propheten, der als Vorbild betrachtet wurde, zu sprechen, nicht zuletzt in der Öffentlichkeit[133]. Dieses natürliche Phänomen zu verwerfen bedeute „eine Irrationalität großen Ausmaßes, eine Versündigung gegenüber der Geschichte"[134]. Vor diesem Hintergrund sieht *Rahman* das Verhältnis zwischen *hadīṯ* und *sunna* wie folgt: „[O]bwohl der *Hadīth* letztlich seine Grundlage in dem prophetischen Vorbild findet, repräsentiert er doch in erster Linie, wie die frühen Generationen nach diesem Vorbild gehandelt haben. Tatsächlich ist der

128 Vgl. *Motzki* (o. Fn. 7), S. 39 m. Nachw.

129 *Abbott* (o. Fn. 124).

130 *Wansbrough,* Bulletin of the School of Oriental and African Studies 31 (1968), 613, 615 (Übersetzung durch Verf.).

131 Vgl. oben nach Fn. 109.

132 Vgl. dazu *Rahman* (o. Fn. 125), S. 27 ff.

133 *Rahman* (o. Fn. 125), S. 7, 31.

134 *Rahman* (o. Fn. 125), S. 32 (Übersetzung durch Verf.).

Hadīṯ die Summe aller Aphorismen, die durch die Muslime selbst formuliert und bekannt gemacht worden sind, zwar nur scheinbar über den Propheten, aber doch nicht ganz ohne eine historische Berührung mit dem Propheten. Sein außerordentlich veranschaulichender Charakter zeigt, dass er nicht historisch ist. Er ist vielmehr ein von der frühen Gemeinde angefertigter riesiger und monumentaler Kommentar über den Propheten. Deshalb verkörpert er, obwohl er sich auf den Propheten gründet, zugleich die Weisheit der Muslime in klassischer Zeit."[135]

Ahmad Hasan, ein Schüler *Rahmans,* wies in seiner Dissertation mit dem Thema „The Early Development of Islamic Jurisprudence" nach, dass *Schachts* Theorien auf der Grundlage des benutzten Quellenmaterials nicht zwingend sind; die Quellen lassen vielmehr in gleicher Weise Schlussfolgerungen zu, die mit der traditionellen Vorstellung, welche mit der Doktrin von den *uṣūl al-fiqh* verknüpft ist, vereinbar sind. Dabei sind *Hasans* Rückschlüsse vom zweiten und dritten auf das erste Jahrhundert allerdings nicht minder spekulativ wie diejenigen *Schachts.* Der wesentliche Unterschied zwischen beiden Ansätzen besteht darin, dass *Schacht* die Prophetentradition als eine Erscheinung einstuft, die erst im Verlauf des zweiten Jahrhunderts aufgetreten ist, während *Hasan* davon ausgeht, dass schon im ersten Jahrhundert sowohl die Konzeption der *sunna* des Propheten als auch eine, wenngleich nur begrenzte Menge von Propheten-*aḥādīṯ* vorhanden waren[136]: Während der Lebenszeit *Mohammeds* bedeutete *sunna* die Übereinstimmung der Handlungen der Gefährten mit denen des Propheten. Die Gefährten richteten ihr Leben so nach dem Koran aus, wie ihnen dies der Prophet durch sein Verhalten veranschaulichte. Nach dem Tod *Mohammeds* setzten sie ihren vorbildlichen Wandel fort. Sie betätigten sich nicht nur als Übermittler der *sunna* des Propheten, sondern sorgten auch für ihre authentische Interpretation und Weiterentwicklung. Sie erweiterten den Anwendungsbereich der *sunna,* so dass diese neue Inhalte aufnehmen konnte. Da sie Repräsentanten des Lebens und Wirkens des Propheten waren, wurden ihr Verhalten und ihre Meinung von den nachfolgenden Generationen als vorbildlich angesehen. Den Gefährten war bewusst, dass ihr Wandel mit der *sunna* in Verbindung gebracht wurde, und sie bemühten sich angesichts dessen darum, so zu handeln, wie es den Vorstellungen des Propheten entsprochen hätte. Das galt auch für die Zeit der so genannten vier rechtgeleiteten Kalifen (*rāšidūn*). Die rechtgeleiteten Kalifen unternahmen Bemühungen, um die Tradition aufrecht zu erhalten und Einflüssen, die mit dem Weg *Mohammeds* nicht im Einklang waren, entgegenzuwirken. Zudem verhinderten sie, dass störende außergewöhnliche Ereignisse zum Bestandteil der *sunna* wurden. Die Situation veränderte sich jedoch mit der Herrschaft der Umayyaden. Die Umayyadenkalifen bekundeten wenig Interesse daran, die reine, vorbildliche Herrschaftspraxis zu bewahren. Das Rechtssystem verkam zu einer privaten Angelegenheit, wodurch die Rechtsgelehrten (*muftīs*) die Möglichkeit erhielten, eine eigene rechtsschöpferische Tätigkeit zu entfalten. Die Richter und sonstigen juristischen Autoritäten, die von den umayyadischen Herr-

---

135 *Rahman* (o. Fn. 125), S. 76 (Übersetzung durch Verf.).

136 Vgl. *Hasan* (o. Fn. 4), S. 88 ff., 109.

schern ernannt wurden, arbeiteten mehr oder weniger unter der Kontrolle des Kalifats. Infolgedessen war die Objektivität ihrer Entscheidungen nicht mehr gewährleistet. Weil die Obrigkeit nicht mehr führend im Glauben voranging, verschlechterte sich der moralische Zustand der islamischen Gemeinde zusehends; Häresie und Sekten traten in Erscheinung. Zu dieser Zeit wandten fromme Muslime ihre Aufmerksamkeit verstärkt dem *hadīṯ* zu: „Das Vertrauen in die Praxis wurde allmählich geschwächt und schließlich wurde *Hadīth* als der einzige Kanal betrachtet für die ehrwürdige *Sunnah.* Unter diesen Umständen befahl *ᶜUmar b. ᶜAbd al-ᶜAzīz,* wie berichtet wird, dem *Abū Bakr b. ᶜAmr b. Hazm, Hadīth* oder *Sunnah* von dem Propheten sowie *Hadīth* von *ᶜUmar,* dem zweiten Kalifen, zu sammeln. Im Laufe der Zeit wurde die Praxis der Muslime nicht mehr *ipso facto* als *Sunnah* des Propheten angesehen, es sei denn, sie wurde durch einen echten *Hadīth* bestätigt. Vor diesem Hintergrund ist es nicht schwer zu verstehen, dass der *isnād* (Kette der Überlieferer) in einem *Hadīth* in dem Stadium, in dem das Vertrauen in die Praxis verloren gegangen und die Gemeinde moralisch verdorben war, an Bedeutung gewonnen hat."[137] So erklärt sich für *Hasan,* warum die *ahādīṯ* zum Ende der Umayyadenherrschaft in einem vorher nicht gekannten Ausmaß in Erscheinung traten und warum damals verstärkt nach dem *isnād* einer Tradition gefragt wurde. *Hasan* distanziert sich an verschiedenen Stellen seines Buches explizit von *Schacht*[138], doch unternimmt er kaum den Versuch, ihm Fehler nachzuweisen. Er beschränkt sich vielmehr darauf, – mehr postulierend als beweisend – seine eigene Interpretation der Geschichte des islamischen Rechts vorzustellen.

Die direkte Auseinandersetzung mit *Schacht* und auch mit *Goldziher* als dessen Wegbereiter suchte dagegen *Mohammad Mustafa Azami*[139]. Bereits in seiner 1967 bei der Philosophischen Fakultät der Universität Cambridge eingereichten und ein Jahr später erstmals veröffentlichten Doktorarbeit mit dem Titel „Studies in Early *Hadīth* Literature" nahm *Azami* ausführlich und teilweise recht polemisch Stellung zu *Schachts* These über die Unechtheit des *hadīṯ*-Materials und der *asānīd* sowie zu den Methoden, mit denen dieser zu seinen Erkenntnissen gelangt war. *Azami* griff einzelne Aussagen von *Schacht* heraus und verglich sie mit dem Quellenmaterial, auf das sie sich stützten. Dabei versuchte er nachzuweisen, dass *Schachts* Interpretationen falsch oder einseitig sind oder in unzulässiger Weise singuläre Erscheinungen verallgemeinern, während sie andere, bedeutsame Aspekte völlig außer Acht lassen, die sich bei sorgfältiger Recherche aufgedrängt hätten und bei wissenschaftlich korrekter Aufbereitung der Materialien nicht hätten vernachlässigt werden dürfen[140]. Der – nach *Azami* – „ach so gelehrte Professor *Schacht*"[141]

---

137 *Hasan* (o. Fn. 4), S. 94 (Übersetzung durch Verf.); zum vorher Ausgeführten siehe ebd., S. 91 ff.

138 Vgl. etwa *Hasan* (o. Fn. 4), S. V f., XV f., 28 ff. (Fußnoten), 45 ff., 89 ff., 135 f., 145 f., 159 f.

139 Die Namensform variiert; in der 2. Aufl. seines Werkes „Studies in Early *Hadīth* Literature" schreibt sich der Autor *„Azmi"*.

140 Siehe nur *Azami* (o. Fn. 139), Studies in Early *Hadīth* Literature, 2. Aufl., 1978, S. 18 f., 238 ff.

habe etliche Texte missverstanden[142], Textpassagen aus dem Zusammenhang gerissen, unvollständig oder sogar falsch zitiert[143]. Auf diese Weise sorge *Schacht* mit seiner Arbeit selbst für die Falschwiedergaben und Fälschungen, die er anderen vorwerfe[144]. Auch herrsche bei ihm ein „Chaos in der Terminologie"[145]. *Schachts* Thesen sowie sein gesamtes Werk lassen deshalb, wie den Ausführungen *Azamis* zu entnehmen ist, nur eine Bewertung zu: „inakzeptabel"[146], „grundlegend falsch"[147], „unwissenschaftlich in wesentlichen Punkten"[148]. *Azami* hält es für unzulässig, die Authentizität von Tradentenketten auf der Grundlage früher Bücher zum *fiqh* zu beurteilen[149]. Es habe damals einige Lehrer und Studierende des Rechts gegeben, die einen *hadīṯ* mit vollem *isnād* erzählten, während andere die Liste der Überlieferer verkürzt, d. h. als *Mursal isnād*, wiedergaben, weil es ihnen in einem bestimmten Kontext mehr auf den Inhalt der Tradition als auf deren exakten Herkunftsnachweis ankam[150]. Das ändere aber nichts daran, dass die *ahādīṯ* einschließlich ihres jeweiligen *isnād* vertrauenswürdig seien. Das *isnād*-System habe bereits zu Lebzeiten *Mohammeds* eingesetzt; es sei von den Gefährten benutzt worden, um die Traditionen des Propheten zu übermitteln[151]. Alsbald habe es wirksame Mechanismen gegeben, um Fälschungen entgegenzutreten. Zunächst einmal hätten die Gelehrten wechselseitig nachgefragt und nachgeprüft, ob die Erklärungen, die dem jeweils anderen zugeschrieben wurden, tatsächlich von ihm stammten und inhaltlich der Wahrheit entsprachen[152]. Darüber hinaus hätten sie darüber gewacht, dass ihre Studenten die Aussagen, die im Rahmen der Vorlesungen gemacht wurden, korrekt festhielten; sie kontrollierten regelmäßig die Mitschriften der Studenten, um Ungenauigkeiten und Fehler auszumerzen. Selbst die Studenten hätten untereinander ihre Unterlagen ausgetauscht und verglichen, damit sie die von ihren Lehrern übermittelten Traditionen später nicht falsch weitergeben[153]. Die Traditionalisten hätten demnach die größte Sorgfalt aufgewandt, um Fehler und Abweichungen aufzuspüren, und dies mit aller Aufrichtigkeit[154]. Aus diesem Grunde sei zu beobachten, dass im zweiten Jahrhundert einige *ahādīṯ* von den Gelehrten nicht oder lediglich mit einem modifizierten, nicht bis auf den Pro-

---

141 So *Azami* (o. Fn. 140), S. 240 (Übersetzung durch Verf.).

142 Vgl. *Azami* (o. Fn. 140), S. 240.

143 Vgl. *Azami* (o. Fn. 140), S. 239, 257.

144 Vgl. *Azami* (o. Fn. 140), S. 259.

145 *Azami* (o. Fn. 140), S. 254 (Übersetzung durch Verf.).

146 *Azami* (o. Fn. 140), S. 262 (Übersetzung durch Verf.).

147 *Azami* (o. Fn. 140), S. 251 (Übersetzung durch Verf.).

148 *Azami* (o. Fn. 140), S. 240 (Übersetzung durch Verf.).

149 Vgl. *Azami* (o. Fn. 140), S. 240, 247.

150 Vgl. etwa *Azami* (o. Fn. 140), S. 239 f., 260.

151 *Azami* (o. Fn. 140), S. 246.

152 Vgl. *Azami* (o. Fn. 140), S. 231, 245 f.

153 Vgl. *Azami* (o. Fn. 140), S. 244, 248.

154 *Azami* (o. Fn. 140), S. 247.

pheten zurückführenden *isnād* akzeptiert wurden[155]. Noch ein paar weitere Aspekte sprächen für die Authentizität der *asānīd.* Zum einen sei es nicht so, dass in den Tradentenketten immer nur besonders prominente Persönlichkeiten der islamischen Geschichte genannt werden; im Gegenteil fänden sich dort nicht selten eher unbedeutende, schwache Persönlichkeiten. Wäre ein solcher *isnād* frei erfunden, hätte es nahegelegen, ihn möglichst prominent zu besetzen[156]. Zum anderen falle auf, dass den Gründern der antiken Schulen einige Aussagen und Verhaltensweisen zugeschrieben werden, die von den Anhängern der jeweiligen Schule nicht gebilligt werden. Handele es sich bei einer derartigen Zuschreibung um eine Erfindung der Anhänger der Schule, so dränge sich die Frage auf, warum diese ihrem Schulgründer nicht stattdessen eine positive Doktrin in den Mund gelegt haben oder: „[W]arum haben sie nicht geschwiegen und die [betreffenden] Traditionen ausgelöscht, statt das Ansehen ihrer Gründer zu mindern und ihren Ruf zu schädigen, indem sie sogar so weit gingen [zu verbreiten], dass sich diese Gelehrten über bestimmte Traditionen vom Propheten hinwegsetzten?“[157]

Knapp zwei Jahrzehnte nach seiner Dissertation veröffentlichte *Azami* unter dem Titel „On Schacht's Origins of Muhammadan Jurisprudence“ eine erneute, diesmal noch mehr ins Detail gehende Abrechnung mit der *Schacht*'schen Untersuchung, die er wegen ihres Einflusses auf die westliche Islamwissenschaft und die islamische Rechtstheorie ironisch „die Bibel der Orientalisten“ nennt[158]. Die Vorwürfe waren dabei im Wesentlichen die selben, die *Azami* bereits 1967 erhoben hatte: „*Schacht* hat offensichtlich einige der besonders relevanten Quellen nicht zu Rate gezogen; oft missversteht er die Texte, die er zitiert; die Beispiele, die er verwendet, widersprechen häufig den Kerngedanken, die er darzulegen versucht; gelegentlich zitiert er, ohne den Zusammenhang einer Aussage zu berücksichtigen; und was am wichtigsten ist, er wendet für seine Forschung unwissenschaftliche Methoden an, indem er Schlüsse zieht, die unhaltbar sind, wenn der Aussagegehalt des Textes als ganzem in Betracht gezogen wird.“[159] Diese Kritik wiegt auf den ersten Blick schwer. Bei einer Gegenüberstellung der Vorwürfe mit den Begründungen, die *Azami* dazu liefert, erweist sie sich jedoch als stark übertrieben und bedenklich verallgemeinernd[160]. Zwar gelingt es *Azami, Schacht* an einigen Stellen offensichtliche Fehlinterpretationen nachzuweisen. *Azami* stellt überdies die Schwachstellen in *Schachts* methodischem Vorgehen bloß. Er zeigt, dass die *conclusio e silentio,* die *Schacht* verwendet, um den Entstehungszeitpunkt einer Tradition zu bestimmen, wenig verlässlich ist und dass sich *Schachts* Datierungen durch Quellen, die ihm entgangen oder die neu aufgetaucht sind, leicht erschüttern las-

155 Vgl. *Azami* (o. Fn. 140), S. 244

156 Vgl. *Azami* (o. Fn. 140), S. 242.

157 *Azami* (o. Fn. 140), S. 257 (Übersetzung durch Verf.).

158 *Azami,* On Schacht's Origins of Muhammadan Jurisprudence, S. 1 Anm. 3.

159 *Azami* (o. Fn. 158), S. 3 (Übersetzung durch Verf.).

160 Siehe zum Folgenden auch *Motzki* (o. Fn. 7), S. 41 ff.

sen[161]. *Azamis* Vorbehalte gegen *Schachts* Einschätzung bestimmter *isnād*-Typen und gegen dessen Interpretationen der ‚common links' sind zu einem großen Teil begründet, auch wenn er gelegentlich Beweismaterial anführt, dessen Echtheit im islamwissenschaftlichen Schrifttum umstritten ist, die er aber schlicht unterstellt, und er die Argumentation *Schachts* mitunter polemisch verzerrt. Mit Recht wirft er zudem die Frage auf, ob das in der *fiqh*-Literatur enthaltene *hadīṯ*-Material, das *Schacht* für seine *isnād*-Thesen zugrunde gelegt hat, die Generalisierungen *Schachts* überhaupt zulässt[162]. Gleichwohl vermag *Azami* nicht, *Schachts* Grundannahmen zu widerlegen. *Azami* liefert insoweit oft nur eine andere Interpretation, die er als die richtige postuliert. Sein eigenes Vorgehen bietet dabei kaum weniger Ansatzpunkte für Kritik als dasjenige *Schachts*. So interpretiert *Azami* selbst einige Texte falsch; bei anderen Texten gibt er deren Wortlaut nicht korrekt wieder[163]. Er schiebt *Schacht* Schlüsse unter, die dieser nicht oder so nicht gefolgert hat, und versucht dann, diese angeblichen Thesen *Schachts* auf der Grundlage von Textmaterial, dessen Echtheit von vielen nichtmuslimischen Gelehrten bezweifelt wird, zu widerlegen[164]. *Azamis* eigenes Bild von der Entstehung und Entwicklung des *hadīṯ* beruht vollständig auf Quellen des 3. bis 8. Jahrhunderts, ohne dass er auch nur in einem Nebensatz darauf eingeht, inwieweit die in ihnen enthaltenen Informationen über das erste und zweite Jahrhundert zuverlässig sind und ob aus der späteren Praxis auf die Überlieferungstechnik früherer Jahrhunderte geschlossen werden kann. Seine Darstellung der Entwicklung des *isnād* stützt sich hauptsächlich auf Vermutungen. *Azami* unterstellt die klassischen Vorstellungen von der Entstehung des islamischen Rechts als wahr, weil nur sie sich mit dem Idealbild, das der Koran vorzeichne, vereinbaren ließen. Das Konzept des islamischen Rechts sei nämlich schon durch den Koran gegeben: „Recht kann als integraler Bestandteil des Islam angesehen werden. Es gab keinen Verhaltensaspekt, der nicht schon durch das geoffenbarte Gesetz abgedeckt werden sollte. [... D]as Konzept des islamischen Rechts (*Sharīʿa*) wurde erstellt während der Lebenszeit des Propheten, und zwar mit der Offenbarung des Koran, und es war nicht das Produkt einer späteren Zeitperiode."[165] „Es war von Allah so vorgesehen, dass das ganze Leben, die Entscheidungen, Urteilssprüche und Befehle Seines Propheten Gesetzeskraft haben. Die Autorität des Propheten beruht nicht darauf, dass ihn die Gemeinde akzeptiert, noch [ist sie eine Erfindung der] Rechtsanwender oder Gelehrten, sondern sie beruht auf dem Willen von Allah selbst."[166] Vor diesem Hintergrund sei es völlig klar, dass *Mohammed* in bewusster Abkehr von dem, was in vorislamischer Zeit gegolten hatte, ein neues Rechtssystem geschaffen habe, auf dem dann die

---

161 Vgl. *Azami* (o. Fn. 158), S. 118 ff.; siehe in diesem Zusammenhang auch *Ansari*, Hamdard Islamicus 7 (1984), 51 ff.

162 Vgl. *Azami* (o. Fn. 158), S. 3, 154 ff.

163 Vgl. etwa *Azami* (o. Fn. 158), S. 44; dazu *Motzki* (o. Fn. 7), S. 44 m. Fn. 246.

164 Vgl. *Motzki* (o. Fn. 7), S. 44 f.

165 *Azami* (o. Fn. 158), S. 13 (Übersetzung durch Verf.).

166 *Azami* (o. Fn. 158), S. 15 (Übersetzung durch Verf.).

nachfolgenden Generationen aufbauen konnten. Das spiegele sich auch in den juristischen Aktivitäten des ersten Jahrhunderts wider[167], was nicht zuletzt darauf zurückzuführen sei, dass der Prophet selbst das Rechtswesen in die Hand genommen und geordnet habe: „Wenn der Prophet keine Vorkehrungen getroffen hätte bezüglich der Rechtsprechung nach den neuen Regeln, hätte er das Gesetz, das er selbst eingeführt hat, gebrochen. Deshalb finden wir ihn dabei vor, wie er Richter zu verschiedenen Städten und Provinzen sendet und ihnen sowie den örtlichen Gouverneuren die Verwaltung des Rechtswesens anvertraut."[168] Islamisches Recht habe es also von Anfang der muslimischen Geschichte an gegeben[169]. Eine solche Argumentation, die von einem religiösen Standpunkt aus erfolgt und sich mehr der Theorie als den (belegbaren) historischen Tatsachen verschrieben hat, fand bei den nichtmuslimischen Islamwissenschaftlern verständlicherweise wenig Anklang.

8. Neue Forschungen

Ab den siebziger und achtziger Jahren des 20. Jahrhunderts wurde verstärkt neues Quellenmaterial erschlossen, um Licht zu bringen in das Dunkel der frühen Geschichte islamischen Rechts und islamischer Jurisprudenz. Zu diesem Quellenmaterial zählten vor allem *muṣannaf*-Werke. Dabei handelt es sich um Sammlungen von *aḥādīṯ* aus dem zweiten Jahrhundert muslimischer Zeitrechnung, die nach Kapiteln unter sachlichen Gesichtspunkten geordnet sind. Die *muṣannaf*-Werke unterscheiden sich von den klassischen *ḥadīṯ*-Sammlungen des dritten Jahrhunderts vor allem dadurch, dass sie sich nicht auf *aḥādīṯ* vom Propheten und seiner Gefährten beschränken, sondern auch Überlieferungen von Aussagen und Verhaltensweisen aller vorangegangenen Generationen einschließlich der unmittelbaren Lehrer der Kompilatoren enthalten[170]. Daher ist auf ihrer Grundlage nicht nur eine in welche Zeit auch immer zu datierende Momentaufnahme des bislang erreichten Entwicklungsstandes möglich. Sie lassen es vielmehr, ihre Zuverlässigkeit und Authentizität vorausgesetzt, zu, die Entwicklung des islamischen Rechts über mehrere Generationen nachzuvollziehen.

Vor diesem Hintergrund wählte beispielsweise der Orientalist *Harald Motzki* in seiner 1991 veröffentlichten Hamburger Habilitationsschrift über „Die Anfänge der islamischen Jurisprudenz" den breit angelegten und in der zweiten Hälfte des zweiten Jahrhunderts muslimischer Zeitrechnung verfassten „Muṣannaf" des *ᶜAbdarrazzāq ben Hammām aṣ-Ṣanᶜānī* als Ausgangspunkt seiner Forschungen[171] und es gelang ihm damit, *Schacht* zumindest teilweise zu widerlegen. *Motzki* zeigte

---

167 Vgl. *Azami* (o. Fn. 158), S. 18.

168 *Azami* (o. Fn. 158), S. 20 f. (Übersetzung durch Verf.).

169 Vgl. *Azami* (o. Fn. 158), S. 19 ff.

170 Vgl. *Motzki* (o. Fn. 7), S. 50.

171 Vgl. dazu auch *Motzki,* Journal of Near Eastern Studies 50 (1991), 1, 2 ff.

auf, dass es bereits kurze Zeit nach dem Tod des Propheten prominente Gelehrte des islamischen Rechts gab, wie etwa *ᶜAṭā' ben Abī Rabāh, ᶜAmr ben Dīnār* und *Ibn Ǧuraiǧ,* die mit ihren Vorlesungen und Diskussionszirkeln Studenten von weit her anzogen. Dabei wurden auf hohem Niveau konkrete und abstrakte Rechtsprobleme erörtert, unterschiedliche Auffassungen, die vertreten wurden oder theoretisch vertreten werden konnten, vorgestellt und gegeneinander abgewogen. Deshalb trifft es nach Einschätzung *Motzkis* nicht zu, dass während des größten Teils des ersten Jahrhunderts kein islamisches Recht im technischen Sinne existiert hat und dass die Grundlage dessen, was später islamisches Recht wurde, von den Amtsträgern zur Zeit der Umayyadendynastie gelegt wurde: „Die Entscheidungen von Richtern und Gouverneuren oder Kalifen der Umayyadenzeit spielten [...] bei der Meinungsbildung der frühen *fuqahā'* [*scil.:* Rechtskundigen] eine ganz marginale Rolle. [... A]ber [... man] wird [...] die Beeinflussung in umgekehrter Richtung nicht unterschätzen dürfen. Die Anfänge eines im eigentlichen Sinn islamischen Rechts und der theoretischen Beschäftigung damit sind von *Schacht* um gut ein halbes bis dreiviertel Jahrhundert zu spät angesetzt. Regionale Schulen der Rechts- und Religionsgelehrsamkeit zeichnen sich schon in den letzten drei Dekaden des 1. Jahrhunderts ab, wenn auch ihre Differenzen wohl erst Anfang des 2. Jahrhunderts als ‚schulbedingt' bewußt wurden."[172] Falsch sei darüber hinaus *Schachts* gegen die klassische *uṣūl*-Theorie gerichtete Annahme, dass der Koran und die Propheten-*sunna* für die frühe Entwicklung des islamischen Rechts keine oder allenfalls eine sekundäre Rolle gespielt haben. Es sei festzustellen, „daß schon im ersten Jahrhundert bewußt auf den Koran und auf Entscheidungen des Propheten als Rechtsquellen zurückgegriffen wurde, wenn auch nicht in dem Umfang späterer Zeit."[173] Auch schließe die durchaus anzutreffende Rückprojektion angeblicher Traditionen auf den Propheten nicht aus, dass es authentische Traditionen aus den Anfangstagen des Islam gebe: „Es lassen sich sehr wohl echte Propheten- und Gefährtenüberlieferungen nachweisen. Die ganze Theorie einer ursprünglich anonymen ‚living tradition', die im Nachhinein fiktiv zunächst auf die Nachfolger, dann auf die *ṣaḥāba* und zuletzt auf den Propheten zurückprojiziert wurde, ist ein Konstrukt, das in dieser Form nicht haltbar ist. Sicher hat es reichlich Rückprojektionen von Meinungen auf den Propheten und die *ṣaḥāba* gegeben, aber dies ist ein relativ spät einsetzendes Phänomen, nicht die Art ihrer Entstehung überhaupt."[174] Die Entwicklung von einer überwiegend durch *ra'y* artikulierten zu einer traditionsgestützten Jurisprudenz, der schon Ende des ersten Jahrhunderts innerhalb der Schulen eingesetzt habe, sei auch als Folge des Sammelns, nicht ausschließlich oder überwiegend als eine solche des Fälschens von Überlieferungen zu begreifen. Das zeige sich, worauf schon *Azami* hingewiesen hatte, vor allem daran, dass die einzelnen Gelehrten durchaus zu einem Problem widersprüchliche

---

[172] *Motzki* (o. Fn. 7), S. 263.

[173] *Motzki* (o. Fn. 7), S. 262; vgl. auch *dens.,* Journal of Near Eastern Studies 50 (1991), 1, 12 f. u. 21; ähnlich *Dutton,* The Origins of Islamic Law, S. 61 ff., 178.

[174] *Motzki* (o. Fn. 7), S. 263.

Propheten-*aḥādīṯ* oder Meinungen von Gefährten überlieferten, die ihrer Schultradition entgegengesetzt waren[175]. Das Wachstum des Traditionsbestandes inner- und außerhalb der Schulen gehe nicht zwangsläufig auf das Konto von gegen die alten Schulen eingestellten Fälschern und innerschulischen Gegenfälschern. Obwohl schon für das erste Jahrhundert Fälle belegbar seien, in denen Meinungen bewusst unrichtig zugeschrieben wurden, dürften typische ‚common links', wie *ᶜAmr ben Dīnār, Ibn Ǧuraiǧ* und *Ibn ᶜUyaina,* nicht generell als Fälscher oder Verbreiter von zeitgenössischen Fälschungen betrachtet werden. *Motzki* wirft *Schacht* vor, dass seine Sichtweise zu einseitig sei und dass er zu stark verallgemeinere. Allerdings bleiben auch *Motzkis* Belege für die Authentizität einzelner Traditionen und Überliefererketten zweifelhaft; mit der Frage, ob das Belegmaterial hinreichend zuverlässig ist, steht und fällt aber die Überzeugungskraft einer jeglichen Untersuchung zu den Ursprüngen des islamischen Rechts.

Nach allem ist daher vorläufig das Fazit zu ziehen, dass sich nach wie vor nicht mit Sicherheit sagen lässt, wie sich das islamische Recht in der Zeit vor den Schulgründungen entwickelt hat. Es bestehen Bedenken sowohl gegen die klassische Lehre von den – in strikter Abfolge hintereinander entstandenen – *uṣūl al-fiqh* als auch gegen *Schachts* Antithese. Möglicherweise liegt, wie *Motzki* annimmt, die Wahrheit tatsächlich irgendwo in der Mitte[176]. Nicht zu bestreiten ist, dass *ra'y,* die Entscheidung nach individueller Einsicht, die erste, dogmatisch noch nicht durchdrungene Zeit in der Entwicklung des islamischen Rechts wesentlich geprägt hat. Ob und inwiefern allerdings der *ra'y* bereits durch Koran und *sunna* gezügelt wurde, bleibt im Ungewissen.

II. Die Entstehung der Rechtsschulen

Über die Geschichte der klassischen islamischen Rechtsschulen (*maḏāhib;* sg. *maḏhab*) besteht dagegen weitgehend Klarheit, weil sie umfangreich literarisch begleitet wurde und ein nicht geringer Teil der Literatur bis in die heutige Zeit erhalten geblieben ist. Das hängt nicht zuletzt mit der Art und Weise zusammen, wie in den Rechtsschulen das islamische Recht vermittelt wurde: Die Lehrer pflegten ihre Schriften gewöhnlich den um sie gescharten Studenten zu diktieren. Um sich Gewissheit darüber zu verschaffen, dass der Stoff richtig aufgenommen und verstanden wurde, ließen die Lehrer sich sodann von den Studenten die Diktatmitschrift vortragen oder sie sahen sie selbst durch, so dass Ungenauigkeiten festgestellt und ggf. erforderliche Berichtigungen vorgenommen werden konnten[177]. War dieser Vorgang zur Zufriedenheit des Lehrers beendet, erteilte er dem Studenten eine Lizenz (*iǧāza*), die zumeist in die Mitschrift eingetragen wurde. Sie gab

175 *Motzki* (o. Fn. 7), S. 263 f.

176 Vgl. *Motzki* (o. Fn. 7), S. 262.

177 Vgl. dazu *Azami* (o. Fn. 140), S. 244, 248; ferner bereits oben im Text nach Fn. 152.

dem Studenten das Recht, das betreffende Werk auf gleiche Weise weiterzugeben. Da umherreisende Gelehrte bestrebt waren, möglichst viele Lizenzen zu haben, um über ein breites Lehrangebot zu verfügen, wurden die Werke geschätzter Autoren rasch und in sehr zuverlässigen Fassungen in der ganzen islamischen Welt verbreitet[178]. Infolgedessen gibt es heute noch eine große Anzahl von alten Handschriften, die Vorlesungen der Schulgründer und ihrer besonders prominenten Schüler zum Gegenstand haben.

1. Die sunnitischen Rechtsschulen

Die Schulgründungen im Bereich des sunnitischen Islam knüpften an die Diskussionszirkel an, die sich, wie *Motzki* dargelegt hat[179], um die Jahrhundertwende vom ersten zum zweiten Jahrhundert muslimischer Zeitrechnung oder etwas später in bestimmten religiösen Zentren, wie Medina, Kufa und Basra, etabliert hatten. Es handelte sich um Schulen, die nicht (mehr) – um bei einem Begriff *Schachts* zu bleiben – die „living tradition" einer Stadt fortsetzten, sondern die Doktrin bestimmter herausragender Lehrmeister und ihrer Schüler: „In der frühen Abbasidenperiode wandelten sich die alten Rechtsschulen, die ihre getrennte Existenz hauptsächlich den geografischen Verhältnissen verdankten, selbst um in den späteren Schultypus, der auf der Loyalität gegenüber einem einzelnen Lehrmeister gründete."[180] Es sei vor allem die intensive literarische Tätigkeit der Lehrer und ihrer Schüler gewesen, die, zusammen mit anderen Faktoren, dazu geführt habe, „dass sich der Großteil der alten Schule von Kufa umwandelte in die Schule der Hanafiten, die alte Schule von Medina in die Schule der Malikiten; und die alten Schulen von Basra und Mekka, gingen, jede für sich, in ihnen auf. Eine andere Gruppe von Kufiern und wahrscheinlich von Irakern generell bildete die Schule des *Sufyān Thawrī* (gest. 161 muslimischer bzw. 778 unserer Zeitrechnung), die einige Jahrhunderte lang über Anhänger verfügte. Selbst die alte Schule der Syrer formte sich um in die Schule des *Awzā'ī,* die ein wenig kürzer Bestand hatte."[181] Es fand also eine Personalisierung der Rechtslehre statt; insofern wird mit Recht von „personal ausgerichteten Schulen" gesprochen[182].

a) Die hanafitische Rechtsschule

Die älteste der heute noch bestehenden Rechtsschulen ist diejenige der Hanafiten. Sie verdankt ihren Namen dem im Jahr 150 muslimischer bzw. 767 unserer

---

178 Vgl. *Nagel,* Das islamische Recht, S. 149.

179 Vgl. dazu oben nach Fn. 171.

180 *Schacht,* An Introduction to Islamic Law, S. 57 (Übersetzung durch Verf.).

181 *Schacht* (o. Fn. 180), S. 57 f. (Übersetzung durch Verf.).

182 So etwa *Schacht* (o. Fn. 180), S. 58 (Übersetzung durch Verf.); ausführlich zur Personalisierung der Schulen *Melchert,* The Formation of the Sunni Schools of Law, S. 32 ff.

Zeitrechnung verstorbenen irakischen Rechtsgelehrten *An-Nu^c^man ibn Thabit Abū Hanīfa,* dessen Rechtsauffassungen vor allem durch seine beiden Schüler *Abū Yūsuf* (gest. 182 bzw. 798) und *Ahmad ben Hasan aš-Šaibānī* (gest. 189 bzw. 804) bekannt gemacht worden sind[183]. *Abū Hanīfa* selbst war ein Schüler des *Hammād ibn Abī Suleymān* (gest. 120 bzw. 738), der zu seiner Zeit als der größte Rechtsgelehrte im Irak galt. Von *Abī Suleymān* wird berichtet, er „war sehr schwach in der Kenntnis der Tradition, war aber [...] ‚afkah', d. h. in der Rechtsgelehrsamkeit der bedeutendste seiner Zeitgenossen."[184] Es verwundert daher nicht, dass *Abū Hanīfa* in seinen Vorlesungen ebenfalls keinen gesteigerten Wert auf *ahādīṯ* gelegt hat. Die Bezugnahme auf Berichte über den Propheten hatte für ihn nur eine untergeordnete Bedeutung, was wohl auch daran lag, dass er nur über ein geringes Repertoire an Traditionen verfügte[185]. Hinzu kommt, dass er nicht jeden *hadīṯ,* der ihm von anderen übermittelt wurde, ohne weiteres anerkannte. Nach Ansicht *Abū Hanīfas* und seiner Nachfolger verbürgt ein *hadīṯ* nur dann eine echte prophetische *sunna,* wenn er auf zahllosen Wegen tradiert wurde. Hatte lediglich ein einziger Gefährte berichtet, der Prophet habe eine bestimmte schariatische Bewertung verkündet, dann konnte diese jedoch als von der Allgemeinheit überliefert angesehen werden, wenn der betreffende Gefährte einen Fall unter Zugrundelegung der dem Propheten zugeschriebenen Aussage entschieden hat, ohne damit auf den Widerspruch der übrigen Prophetengenossen zu stoßen[186].

Ein besonderes Charakteristikum der hanafitischen Lehre ist die Verwendung von Analogieschlüssen. Nicht ganz zu Unrecht wird *Abū Hanīfa* daher im älteren islamwissenschaftlichen Schrifttum mit dem Titel „Imām der Analogisten" belegt[187]. In Fällen, in denen ein stringenter Analogieschluss zu unerwünschten Ergebnissen geführt hätte, fällte *Abū Hanīfa* allerdings seine Entscheidungen auf der Grundlage von Ermessens- und Billigkeitserwägungen (*istihsān*)[188]. Gerechtfertigt wurde dieses Vorgehen damit, dass mit *istihsān* ein in allen Gegenden der islamischen Welt geltender Brauch (*^c^urf*) in den Vorgang der Suche nach Entscheidungen einbezogen werde[189]. Im Ergebnis bedeutete das aber nichts anderes, als dass der *ra'y,* welcher die Rechtsentwicklung des ersten Jahrhunderts wesentlich geprägt hatte, nunmehr als eigenständige Rechtsquelle anerkannt wurde[190]. Dies eröffnete den Hanafiten die Möglichkeit zu einer nicht allzu sehr am Wort des Gesetzes verhafteten, flexiblen Entscheidungsfindung[191].

---

183 Vgl. *P. Scholz,* Jura 2001, 525, 527. Umfassend zu den bekanntesten Schriften der hanafitischen Rechtsschule *Muranyi* (o. Fn. 16), S. 299, 309 ff.

184 *Goldziher* (o. Fn. 38), S. 13.

185 Vgl. *Hallaq* (o. Fn. 4), S. 17.

186 *Nagel* (o. Fn. 178), S. 162.

187 *Goldziher* (o. Fn. 38), S. 14.

188 Vgl. *Schacht* (o. Fn. 180), S. 60 f.

189 Vgl. *Nagel* (o. Fn. 178), S. 275; *Johansen,* Annales Islamologiques 27 (1993), 29 ff.

190 Vgl. *Radtke* (o. Fn. 3), S. 54, 64; *Schacht* (o. Fn. 180), S. 60.

Die zeitgenössischen Gegner des *Abū Hanīfa* warfen ihm vor, in seiner Schule finde man weder begründeten *ra'y* noch *hadīṯ*[192]; die Methode des *istihsān* sei nichts anderes als reine Willkür[193]. So kommentierte etwa *Muhammad ben Idrīs al-Shāfi^cī*, der Namensgeber der schafiitischen Rechtsschule, die Rechtsfindung bei den Hanafiten mit der Bemerkung: „Ich vergleiche das Ra'j des Abû Hanîfa am besten mit dem Faden einer Zauberin, welcher, je nachdem sie ihn auf die eine oder andere Weise auszieht, gelblich oder rötlich erscheint."[194] Einige Traditionalisten erhoben gar die Beschuldigung, dass *Abū Hanīfas* System „durch die willkürliche Vernachlässigung der positiven Rechtsquellen zu Gunsten der speculativen Neuerung [...] die Grundlagen des Gesetzes zerstöre und für Ehebruch und Unzucht gegen Korân und Sunna Rechtstitel biete."[195] Diese Kritik war freilich überzogen. Analogieschlüsse und Billigkeitserwägungen spielten faktisch auch bei den anderen Rechtsschulen eine Rolle, aber die Rechtsentscheidungen wurden vordergründig auf andere Rechtsquellen gestützt. *Abū Hanīfa* bemühte sich lediglich darum, das mohammedanische Recht auf der Grundlage der Vorarbeiten der großen Rechtslehrer des ersten Jahrhunderts zu ordnen und zu kodifizieren[196]. Seine Nachfolger wurden denn auch in späteren Zeiten nicht müde zu betonen, dass ihr Lehrmeister den *ra'y* nur dann eintreten ließ, wenn die geschriebenen und überlieferten Quellen zu einem Rechtsproblem schwiegen. Sie führten dabei zum Beleg – teilweise recht markige – Aussprüche von *Abū Hanīfa* an, in denen sich dieser über die gerade ihm zugeschriebene Art der Rechtsfindung abfällig äußert[197].

Abū Hanīfa gilt als einer der Begründer der spekulativen Rechtsgelehrsamkeit[198], was ihm bei seinen Gegnern den Ruf einbrachte, er habe die Wissenschaft der juristischen Kniffe zur Umgehung der Gesetze entwickelt[199]. In seiner Schule wurden Rechtsprobleme häufig abstrakt, losgelöst von konkreten Fällen diskutiert[200]. Auch das stieß bei den konservativen Zeitgenossen *Abū Hanīfas* auf

---

191 Vgl. *Sachedina*, in: Khare (Hrsg.), Perspectives on Islamic Law, Justice, and Society, S. 15, 17. Ähnlich *Endreß*, Der Islam, S. 83, der betont, die Hanafiten hätten der rationalen Auslegung ihren Platz gewahrt.

192 Siehe *Goldziher* (o. Fn. 38), S. 23.

193 Vgl. *Coulson* (o. Fn. 108), S. 99; *Khoury*, in: Khoury / Heine / Oebbecke, Handbuch Recht und Kultur des Islams in der deutschen Gesellschaft, S. 37, 48.

194 Zit. nach *Goldziher* (o. Fn. 38), S. 20.

195 Siehe *Goldziher* (o. Fn. 38), S. 18.

196 Vgl. *Goldziher* (o. Fn. 38), S. 13.

197 Siehe *Goldziher* (o. Fn. 38), S. 13, wonach von *Abū Hanīfa* beispielsweise die Redewendung kolportiert wird: „In der Moschee zu uriniren ist nicht so verwerflich, wie manches ihrer Kijâse". Auch soll er zu seinem Sohn gesagt haben: „Wer die Anwendung des Kijâs in der Gerichtsverhandlung nicht unterlässt, ist kein Rechtskundiger."

198 Vgl. *Goldziher* (o. Fn. 38), S. 13.

199 Vgl. *Khoury* (o. Fn. 193), S. 37, 48.

200 Vgl. *Nagel* (o. Fn. 178), S. 198, nach dessen Einschätzung den Urteilen und Entscheidungen des *Abū Hanīfa* zu entnehmen ist, dass dieser bisweilen den Rechtsproblemen des Alltags fern stand.

wenig Zuspruch: „[V]on Hafs b. Gijâṯ (gest. 177) wird folgendes Urtheil überliefert: ‚Abû Hanîfa ist der bestunterrichtete Mensch über Dinge, die nie gewesen sind, der unwissendste aber über Dinge, die wirklich gewesen sind', d. h. er ist ein scharfsinniger Casuist, aber kein gelehrter Gesetzkundiger. In allen diesen Erzählungen und Urtheilen wird, wie wir sehen, der casuistische, auf Spitzfindigkeiten gerichtete Geist der Rechtsmethode des Abû Hanîfa und seiner Schule theils feiner theils gröber verspottet. Während die Traditionsschulen ihr Augenmerk auf das Gegebene, Concrete richteten, worüber sie wieder auf Grundlage concret gegebener historischer Rechtsdaten urtheilten, gefielen sich die Anhänger des Ra'j in casuistischen Spitzfindigkeiten, die jedes actuellen Interesses entbehrten."[201]

Gleichwohl erlangte die hanafitische Schule zur Zeit der Abbasiden eine Vormachtstellung unter den im Irak vertretenen Rechtsschulen[202], was nicht zuletzt darauf zurückzuführen ist, dass *Abū Yūsuf* unter dem Kalifen *Harun al-Rashid* zum Oberrichter des Reiches ernannt und mit der Berufung der Richter in den islamischen Gebieten beauftragt worden ist. Diese Stellung erleichterte es ihm, die Lehren seines Meisters zu verbreiten und zur Grundlage der praktischen Rechtsprechung zu machen[203]. Später wurde die Schule des *Abū Hanīfa* zur offiziellen Rechtsschule des Osmanischen Reiches[204]. Heute verfügt sie immer noch über ein großes Einflussgebiet, das sich nicht nur auf die Türkei, Kroatien, Mazedonien und den Kosovo, Syrien, den Libanon, Jordanien und die Sunniten im Irak erstreckt, sondern im Osten bis nach Afghanistan, Pakistan, Indien, China und Zentralasien reicht[205]. Auch in Ägypten findet die hanafitische Rechtsschule Beachtung, soweit es um Rechtsfragen geht, die sich nicht auf die religiösen Pflichten beziehen[206].

b) Die malikitische Rechtsschule

Die malikitische Rechtsschule verdankt ihren Namen dem medinensischen Gelehrten *Mālik ben Anas* (gest. 197 muslimischer bzw. 795 unserer Zeitrechnung), dessen „Muwatta'" bereits mehrfach im Rahmen der Ausführungen zu den Anfängen des islamischen Rechts Erwähnung gefunden hat[207]. Anders als viele seiner Zeitgenossen, die auf der Suche nach Erkenntnis weit reisten und an verschiedenen Orten Vorlesungen besuchten, hat *Mālik* seine Heimatstadt, sieht man einmal von seinen Wallfahrten nach Mekka ab, nicht verlassen[208]. Er war der Ansicht, dass

201 *Goldziher* (o. Fn. 38), S. 16.

202 *Coulson* (o. Fn. 108), S. 87.

203 *Khoury* (o. Fn. 193), S. 37, 48 f.

204 *Lohlker,* Das islamische Recht im Wandel, S. 69; *Goldziher* (o. Fn. 46), S. 106, 110 li. Sp.

205 Vgl. *Yagi,* Droit musulman, S. 17.

206 Siehe *Radtke* (o. Fn. 3), S. 54, 64; *Khoury* (o. Fn. 193), S. 37, 49.

207 Vgl. nur oben nach Fn. 23 sowie bei Fn. 63.

208 *Dutton* (o. Fn. 173), S. 11; *Khoury* (o. Fn. 193), S. 37, 49.

Medina allen anderen religiösen Zentren überlegen sei, denn nur dort war „eine ganze Generation in der Lage, Überlieferungen von einer ganzen Generation zu berichten, die zur Zeit des Propheten gelebt hat, während in allen anderen Städten die Überlieferung bei einzelnen Gefährten endete [...]. Dies war Māliks Argument gegen den Irak und die anderen Zentren der Gelehrsamkeit in der muslimischen Welt seiner Tage. Er erkannte an, dass sie ihr Wissen von einzelnen Gefährten großartigen Formats erlangt hatten, die sich dort niedergelassen hatten, und er erlaubte, dass Leute in den entfernt liegenden Provinzen ihren eigenen Gelehrten folgten, aber Medina war der Ursprung dieser Erkenntnis, und die Primärquelle war in jedem Fall sekundären Quellen vorzuziehen."[209]

Die malikitische Doktrin enthielt bereits erste Ansätze für eine vom *hadīṯ* geprägte Rechtswissenschaft[210], die später von anderen, insbesondere von *Al-Shāfiᶜī,* weiter ausgebaut wurden. Anders als die Hanafiten, die mittels individueller Entscheidungen aufgrund eigener Vernunft und Sachkenntnis zur Lösung von Rechtsfällen zu gelangen hofften, ging es den Malikiten darum, den *fiqh* auf eine überlieferte Grundlage zu stellen[211]. Dementsprechend spielten Traditionen bei der Rechtsfindung eine wichtige Rolle. Dies erkannten auch *Māliks* zeitgenössische Gegner an, die betonten, dass in der Schule des *Mālik* schwacher *ra'y,* aber richtiger *hadīṯ* zu finden sei[212]. Gleichwohl beklagten sie zutreffend, dass *Mālik* in nicht wenigen Fällen *ahādīṯ* von dem Propheten oder dessen Weggefährten nicht Folge leistete, und dies sogar dann, wenn die Quellen der Überlieferung als absolut vertrauenswürdig galten[213]. Für *Mālik* und seine Nachfolger kam der tradierten medinensischen Praxis (*ᶜamal*) eine höhere Verbindlichkeit zu als *ahādīṯ*[214]. Diese Ansicht hatte schon *Rabīᶜa ben Abī ᶜAbdarrahmān* (gest. 136 bzw. 753), einer der Lehrer *Māliks,* vertreten: „*Eintausend* [Überlieferungen] von *eintausend* [Personen ...], die diese unmittelbar von einer großen Anzahl von Wegbegleitern hatten – dies war nur möglich in Medina, wo etwa zehntausend Gefährten [...] anwesend waren, als der Prophet starb. *Eine* [Überlieferung] von *einem* [Tradenten] war dagegen die Situation in der restlichen muslimischen Welt, wo einzelne Nachfolger ihr Wissen von einzelnen Weggefährten bezogen. Deshalb hat das unmittelbar erlangte Wissen der Medinenser darüber, wie die *sharīᶜa* praktisch umgesetzt wurde, [...] zwangsläufig mehr Autorität als die meisten *ahādīṯ,* denn es hat den Status von *mutawātir,* d. h. dass es von so vielen Gefährten übermittelt worden ist, so dass kein Zweifel an seiner Authentizität bestehen kann, während die meisten *ahādīṯ,* wie wir gesehen haben, eben nicht *mutawātir* sind."[215] Dementsprechend sind auch

209 *Dutton* (o. Fn. 173), S. 36 und 38 (Übersetzung durch Verf.).

210 *Nagel* (o. Fn. 178), S. 144.

211 Vgl. *Nagel* (o. Fn. 178), S. 248.

212 Vgl. *Goldziher* (o. Fn. 38), S. 23. Ausführlich zur Kritik *Al-Shāfiᶜīs* an den Lehren *Māliks* etwa *Dere,* Die Hadīṯanwendung bei Imām Mālik b. Anas, S. 89 ff.

213 Vgl. *Dutton* (o. Fn. 173), S. 45, 47; *Nagel* (o. Fn. 178), S. 203 f., 205.

214 Vgl. *Dutton* (o. Fn. 173), S. 42, 45.

von *Mâlik* Aussagen übermittelt, wie etwa: „Diese Art von weitverbreiteter Erkenntnis (*hādhā l-khabar al-shā'i*^{c}) ist nach unserer Auffassung verbindlicher (*athbat*) als *hadīṯ*."[216] oder „Wenn es irgendetwas [*scil.*: einen Brauch] gibt, das in Medina klar befolgt worden ist, dann bin ich nicht der Meinung, dass irgendjemand dagegen verstoßen darf."[217]

Das bedeutet aber nicht, dass nach der Doktrin der malikitischen Schule *ahādīṯ* in jedem Fall nur eine subsidiäre Rechtsfindungsquelle sind. Es gibt *ahādīṯ*, die als Primärquelle gelten und ^{c}*amal* vorgehen. Das Verhältnis zwischen ^{c}*amal* und *hadīṯ* lässt sich am besten anhand von vier Konstellationen verdeutlichen: (1) Wenn der ^{c}*amal* mit einem *hadīṯ* übereinstimmt, dann dient der ^{c}*amal* als Bestätigung dafür, dass der *hadīṯ* gültig ist. (2) Stimmt der ^{c}*amal* mit einem *hadīṯ* überein, aber widerspricht er einem anderen, dann stellt er eines der gewichtigsten Argumente dafür dar, dass der erste dem zweiten *hadīṯ* vorzuziehen ist. (3) Wenn der ^{c}*amal* einem *hadīṯ* oder sogar mehreren *ahādīṯ* widerspricht, dann ist zu differenzieren: Handelt es sich um ^{c}*amal naqlī*, d. h. um die medinensische Rechtspraxis zur Zeit des Propheten, dann geht dieser ^{c}*amal* vor, denn ^{c}*amal naqlī* ist grundsätzlich dominant; nur in Ausnahmefällen vermag sich ein *hadīṯ*, der nur von einem einzelnen oder einigen wenigen Prophetengefährten stammt (*khabar al-wāhid;* pl. *akhbār al-āhād*), durchzusetzen. Umstritten ist dagegen, wie Kollisionslagen aufzulösen sind, die ^{c}*amal* betreffen, der nicht bereits zur Zeit des Propheten existierte, sondern sich erst auf der Grundlage von Entscheidungen späterer Gelehrter entwickelt hat (^{c}*amal iğtihādī*). Nach der wohl h. M. im malikitischen Schrifttum haben *akhbār al-āhād* größeres Gewicht als ^{c}*amal iğtihādī*. ^{c}*Amal iğtihādī* sei kein abschließender Beweis für die Richtigkeit einer Auffassung, noch könne er einen Vorrang des *iğtihād* einer Person gegenüber demjenigen einer anderen begründen[218]. Als sakrosankt gilt danach nur die von *Mohammed* selbst geprägte oder stillschweigend anerkannte medinensische Praxis, während dem Gewohnheitsrecht aus späterer Zeit zwar eine gewisse Autorität, aber keine Vorrangstellung mehr zuerkannt wird. (4) Wenn zu einem rechtserheblichen Gesichtspunkt ein *hadīṯ* existiert, aber sich kein Gewohnheitsrecht ausgebildet hat, dann besteht kein Konflikt. Dem *hadīṯ* ist unter der Voraussetzung zu folgen, dass er authentisch ist und dass es keinen – ebenfalls authentischen – *hadīṯ* mit entgegenstehendem Inhalt gibt. Gibt es jedoch einen solchen und wurde einer der sich widersprechenden *ahādīṯ* durch medinensische Quellen übermittelt, während das bei dem anderen nicht der Fall ist, dann soll nach einer Literaturmeinung dem *hadīṯ* mit den Empfehlungsschreiben aus Medina der Vorzug zu gegeben sein. Vor diesem Hintergrund überrascht es nicht, dass *Māliks sunna*-Verständnis abweicht von dem bei

---

215 Siehe *Dutton* (o. Fn. 173), S. 45 (Übersetzung durch Verf.; Hervorhebung nicht im Original).

216 Siehe *Dutton* (o. Fn. 173), S. 43 (Übersetzung durch Verf.).

217 *Dutton* (o. Fn. 173), S. 39 (Übersetzung durch Verf.); vgl. auch *Muranyi* (o. Fn. 16), S. 299, 313.

218 Vgl. dazu *Dutton* (o. Fn. 173), S. 36 f., 41.

den sunnitischen Rechtsschulen im Übrigen vorherrschenden, wesentlich von *Al-Shāfiᶜī* geprägten Begriffsverständnis, wonach „sunna“ faktisch[219] als ein Synonym für die Summe der als authentisch erachteten *aḥādīṯ* gebraucht wird[220]. Für *Mālik* wird die *sunna* gebildet durch *ᶜamal,* der wiederum seine Wurzeln hat in der Rechtspraxis des Propheten und manchmal auch in vorislamischem medinensischen Brauchtum, das der Prophet anerkannt hat[221]. Legt man das herrschende Begriffsverständnis zugrunde, so stellt sich *ᶜamal* eher dar als ein territorial beschränkter *iǧmāᶜ* oder *consensus*[222]. Damit steht er außerhalb der vier Rechtsquellen gemäß der klassischen Lehre von den *uṣūl al-fiqh;* er ist Rechtsquelle *sui generis.*

Mālik beschränkte sich nicht darauf, das Rechtsleben in Medina kasuistisch zu erfassen und weiterzugeben. Er unternahm Bemühungen, Begrifflichkeiten aus dem muslimischen Recht verbindlich festzulegen und theoretische Grundsätze zu entwickeln, um aus dem Gewohnheitsrecht und der individuellen Praxis in Medina ein Modell für alle Muslime zu machen[223]. Es ging ihm darum, aus der überlieferten Rechtspraxis Medinas abstrakt-generelle Rechtssätze abzuleiten. Er war insofern einer der ersten Systematiker des islamischen Rechts. Im Gegensatz zu den Hanafiten ließ *Mālik* in seiner Schule Diskussionen auf der Grundlage hypothetischer Annahmen nicht zu. Seine Schüler sollten sich befassen mit authentischen Problemen, die in der Praxis auftauchten, so dass sie wussten, wie diese zu lösen waren. *Māliks* Lehrmethode unterschied sich damit deutlich von derjenigen *Abū Hanīfas:* „Das war etwas ganz anderes, als jemandes intellektuelle Neugier dadurch zu nähren, dass unrealistische Situationen dargestellt werden, nur um zu wissen, wie das Urteil auszufallen hätte, wenn dieses oder jenes einmal geschehen sollte. Es war die letztgenannte Tendenz, von der *Mālik* abriet, jene Tendenz, die zu der Schaffung einer Klasse ausgebildeter Spezialisten führen würde (und auch tatsächlich führte), deren Gutachten eher intellektuellen Glasperlenspielen glichen als dass sie praktisch umsetzbar waren, und die insofern eine Spaltung zwischen den Schulen hervorrufen sollten. So sagte [*Mālik*] einmal, als er zu einem äußerst theoretischen und [in der Praxis] unwahrscheinlichen Rechtsproblem befragt wurde: ‚Stelle Fragen über das, was passiert, und nicht über das, was nicht passiert.‘“[224]

In einem anderen Punkt ähnelt die maliktische Doktrin dann aber doch der hanafitischen. In Fällen, in denen Koran und *sunna* keine eindeutige Lösung für ein bestimmtes Rechtsproblem bereithalten, wird die Entscheidung nicht auf der Grundlage eines strengen Analogieschlusses zu bestehenden Regelungen getrof-

---

219 Siehe zur korrekten rechtlichen Einordnung unten nach Fn. 496.

220 Vgl. *Coulson* (o. Fn. 108), S. 98 f.

221 Vgl. *Dutton* (o. Fn. 173), S. 40.

222 Vgl. *Goldziher* (o. Fn. 38), S. 34; *Schacht* (o. Fn. 180), S. 61.

223 Vgl. *Khoury* (o. Fn. 193), S. 37, 49.

224 Siehe *Dutton* (o. Fn. 173), S. 20 (Übersetzung durch Verf.).

fen[225]. Vielmehr wandte *Mālik* das Prinzip des *istiṣlāh* an, d. h. er stellte ab auf das öffentliche Interesse (*maslaha*)[226]. Dieses Prinzip „unterscheidet sich" nach der Einschätzung *Schachts* „nur in seinem Namen, aber nicht in seiner Art von der Argumentation der Hanafiten, und es ist im Wesentlichen in der gleichen Weise zu qualifizieren."[227] Es ist wohl ein Teilaspekt oder eine „abgeschwächte Form des Prinzips vom *istihsān*"[228]. Das öffentliche Wohl hatte freilich in allen klassischen Rechtsschulen eine Bedeutung; es war zumindest Auslegungsmaxime für die bestehenden Vorschriften[229]. Aber nur die Hanafiten und Malikiten erkannten *istihsān* bzw. *istiṣlāh* als zusätzliche, eigenständige Rechtsquellen an und betrachteten sie gegenüber den Traditionen und der Argumentation auf der Grundlage strikter Analogieschlüsse als alternative und häufig sogar als übergeordnete Autorität[230]. Bisweilen wurden *istihsān* und *istiṣlāh* sogar dazu benutzt, um Ausnahmen von Vorschriften des Koran zu rechtfertigen[231].

Noch auf einen weiteren, inhaltlichen Aspekt der malikitischen Lehre ist hinzuweisen: *Mālik* und seine Schüler bemühten sich darum, das Rechtsleben mit religiös-ethischen Gedanken zu durchdringen[232]: „In vieler Hinsicht steht das malikitische System für eine moralistische Annäherung an rechtliche Probleme, im Gegensatz zu der formalistischen Haltung, die von den Hanafiten eingenommen wurde; das zeigt sich etwa daran, dass die Malikiten eine große Betonung auf die Absicht einer Person legen, wenn sie die Gültigkeit ihres Verhaltens beurteilen, [während] die Hanafiten ihre Aufmerksamkeit hauptsächlich auf das nach außen sichtbare Verhalten selbst richten."[233] So gehen die Malikiten beispielsweise – anders als die anderen Rechtsschulen – davon aus, dass ein trotz ritueller Unreinheit des Körpers oder der Kleidung gesprochenes Gebet gültig ist, wenn sich der Betende seiner Unreinheit nicht bewusst war oder keine Gelegenheit gefunden hat, sie zu beseitigen[234].

In späterer Zeit suchten einige Schüler *Māliks* eine – zumindest terminologische – Annäherung an die Schafiiten[235]. Die grundlegenden Lehren *Māliks* werden jedoch bis in die heutige Zeit hinein vertreten[236]. Die malikitische Rechtsschule

---

225 Vgl. *Khoury* (o. Fn. 193), S. 37, 49.

226 Vgl. *Coulson* (o. Fn. 108), S. 91; *Schacht* (o. Fn. 180), S. 61.

227 *Schacht* (o. Fn. 180), S. 61 (Übersetzung durch Verf.).

228 So *Coulson* (o. Fn. 108), S. 91 (Übersetzung durch Verf.).

229 Vgl. *de Santillana,* in: Arnold / Guillaume (Hrsg.), The Legacy of Islam, S. 284, 290; *Schacht* (o. Fn. 180), S. 61.

230 *Coulson* (o. Fn. 108), S. 91 f.

231 Vgl. *Dutton* (o. Fn. 173), S. 162.

232 *Bergsträßer,* Der Islam 14 (1925), 76, 78.

233 *Coulson* (o. Fn. 108), S. 99 (Übersetzung durch Verf.).

234 Vgl. *Nagel* (o. Fn. 178), S. 45 f.

235 Vgl. *Nagel* (o. Fn. 178), S. 252 f.

236 Vgl. *Coulson* (o. Fn. 108), S. 92.

dehnte sich von Medina gen Westen aus und erfasste schließlich neben weiten Teilen Arabiens das ganze muslimische Afrika sowie die von den Mauren beherrschten Teile Spaniens[237]. Heute ist sie die maßgebliche Schule in Marokko, Tunesien, Libyen, Mauretanien, Nigeria und Schwarzafrika; Anhänger hat sie aber auch in Oberägypten, dem Sudan, Bahrain und Kuwait[238].

c) Die schafiitische Rechtsschule

Die schafiitische Rechtsschule geht, wie bereits erwähnt, zurück auf den Rechtsgelehrten *Muhammad ben Idrīs al-Shāfi*ᶜ*ī* (gest. 204 muslimischer Zeitrechnung bzw. 820 unserer Zeitrechnung), der als der eigentliche Theoretiker des islamischen Rechts betrachtet wird[239] und der durch seine Arbeiten in mehr oder weniger großem Maße auf die Dogmatik in sämtlichen Schulen Einfluss genommen hat[240]. *Al-Shāfi*ᶜ*ī* war aus dem Stamm der Quraiš und ein enger Verwandter des Propheten[241]. Er wuchs in Mekka auf. Angeregt durch die in Blüte gekommene Überlieferungskunde, deren überragenden Vertreter in jener Zeit, *Sufyān ben* ᶜ*Ujaina* (gest. 197 bzw. 813), er persönlich kennen lernte[242], studierte *Al-Shāfi*ᶜ*ī* bereits in jungen Jahren in verschiedenen Zentren der islamischen Rechtsgelehrsamkeit. Um das Jahr 786 (170 muslimischer Zeitrechnung) ging er, etwa zwanzigjährig, zunächst nach Medina, um sich dort von *Mālik* in der – noch nicht durch und durch vom *hadīṯ* geprägten – Rechtswissenschaft unterweisen zu lassen. Später, möglicherweise schon vor dem Tode *Māliks,* setzte *Al-Shāfi*ᶜ*ī* seine Studien im Irak fort, wo er bei einigen der bedeutendsten Schüler des *Abū Hanīfa* Vorlesungen besuchte, u. a. bei *Aš-Šaibānī,* mit dem er berühmt gewordene Streitgespräche führte[243]. *Al-Shāfi*ᶜ*ī* war hiernach sowohl in der malikitischen wie in der hanafitischen Doktrin bewandert. Er nahm selbst in der Großen Moschee zu Bagdad die Lehre auf und es wird berichtet, er habe seinen Konkurrenten innerhalb kurzer Zeit einen Großteil der Hörer abspenstig gemacht[244]. Im Jahr 188 muslimischer bzw. 804 unserer Zeitrechnung verließ *Al-Shāfi*ᶜ*ī* den Irak und verbrachte einige Jahre in Mekka, ehe er sich von 194 bis 198 bzw. 810 bis 814 erneut in Bagdad aufhielt[245]. Schließlich ging *Al-Shāfi*ᶜ*ī* nach Fustat (auf dessen Festen das heutige Kairo erbaut wurde) in Ägypten, wo er erneut viele Studenten um sich versammelte. Die Verlegung des Lehrortes von Bagdad nach Ägypten und die damit einge-

---

237 Siehe *Lohlker* (o. Fn. 204), S. 69; *Radtke* (o. Fn. 3), S. 54, 65.

238 *Khoury* (o. Fn. 193), S. 37, 49.

239 *Khoury,* in: Khoury / Hagemann / Heine, Islam-Lexikon, Bd. 3, S. 673.

240 Vgl. *Schacht,* in: Khadduri / Liebesny (o. Fn. 112), S. 57, 64 f.

241 *Khadduri,* Islamic Jurisprudence, S. 10; *Nagel* (o. Fn. 178), S. 203.

242 Vgl. *Nagel* (o. Fn. 178), S. 144.

243 Vgl. *Nagel* (o. Fn. 178), S. 144, 203 f.; siehe zu den Studienjahren *Al-Shāfi*ᶜ*īs* auch *Sachau,* Muhammedanisches Recht nach schafiitischer Lehre, S. XIV f.

244 Vgl. *Nagel* (o. Fn. 178), S. 145; *Goldziher* (o. Fn. 38), S. 23 f.

245 Vgl. *Nagel* (o. Fn. 178), S. 204.

leitete zweite Schaffensperiode *Al-Shāfiᶜīs,* in der er sich inhaltlich deutlicher als zuvor von den Malikiten abgrenzte, ist der Grund dafür, warum sich *Al-Shāfiᶜīs* unmittelbare Schüler in eine Bagdader und eine – strengere – ägyptische Schule aufteilten. Die Repräsentanten der Bagdader Schule wurden jedoch im Laufe der Zeit von denen der ägyptischen Schule verdrängt[246].

Für *Al-Shāfiᶜī* waren die *aḥādīṯ* des Propheten nicht eine Rechtsquelle unter vielen, sondern eine solche, die in ihrem Rang und ihrer Bedeutung dem Koran gleichsteht, während alle anderen Rechtsquellen nur subsidiär sind. Diese starke Betonung der Tradition brachte *Al-Shāfiᶜī* den Ruf eines „Vindex des Traditionalismus" ein[247]: „Die strengsten Verfechter des traditionellen Standpunctes rühmen seine Traditionstreue und feiern den Einfluss, den er auf die Niederwerfung des Antitraditionalismus ausübte. Al-Hasan al-Za'farânî sagt von ihm: Die Anhänger der Tradition schliefen, es erweckte sie Al-Śâfiᶜî und sie erwachten. Ahmed b. Hanbal, bekanntlich der traditionstreueste unter den Imâmen: Wir wollten die Anhänger des Ra'j widerlegen, es ging aber nicht gut; da kam Al-Śâfiᶜî und verschaffte uns den Sieg. Von seiner Traditionstreue ist dieser Ahmed b. Hanbal so überzeugt, dass er Fragen, welche in der Tradition nicht entschieden werden, unbedenklich der Entscheidung Al-Śâfiᶜî's anheim stellt, ‚denn nie hat Jemand in der Wissenschaft mitgeredet, welcher weniger geirrt und sich fester an die Sunna des Propheten geklammert hätte als Al-Śâfiᶜî' [...]."[248] Es war nach Ansicht *Al-Shāfiᶜīs* undenkbar, dass der persönlichen Ansicht eines Gelehrten, einem *ra'y,* größeres Gewicht beigemessen wird als einem zuverlässigen *ḥadīṯ* von dem Propheten, denn niemand anderes als *Mohammed* konnte im Hinblick auf die Gottesbotschaft Autorität beanspruchen. Weder ein Diktum noch eine Überlieferung seien maßgeblich, wenn sich ihr Inhalt nicht auf *Mohammed* zurückführen lässt und sie einem Propheten-*ḥadīṯ* widersprechen. In gleicher Weise sollten nichtprophetische Überlieferungen nicht herangezogen werden, um ein Propheten-*ḥadīṯ* zu bestätigen, denn: „[D]as *ḥadīṯ* des Propheten hat an sich selber Genüge"[249]. Auch für sich selbst beanspruchte *Al-Shāfiᶜī* keine Autorität, die sich über Aussprüche des Propheten hinwegsetzen konnte. Charakteristisch ist insofern eine Aussage, die *Al-Shāfiᶜī* in Bezug auf die durch ihn begründete Lehre von den *uṣūl al-fiqh* zugeschrieben wird: „Welchen Ausspruch immer ich gethan, welchen Grundsatz [...] immer ich aufgestellt haben mag, – giebt es darüber etwas von dem Propheten Ueberliefertes, was dagegen spräche, so bleibt es bei dem, was der Prophet gesagt hat; ganz dasselbe ist auch meine Ansicht."[250]

Es würde allerdings von *Al-Shāfiᶜī* ein allzu einseitiges Bild gezeichnet, wenn man in ihm nur den glühenden Verfechter des Traditionalismus oder – wie es einer

---

246 Vgl. *Muranyi* (o. Fn. 16), S. 299, 318.

247 Vgl. *Goldziher* (o. Fn. 38), S. 20.

248 *Goldziher* (o. Fn. 38), S. 23.

249 *Nagel* (o. Fn. 178), S. 205.

250 Zit. nach *Goldziher* (o. Fn. 38), S. 21.

seiner Schüler einmal ausgedrückt hat – „eine Fackel für die Träger der Ueberlieferungen und die Fortpflanzer der Traditionen“[251] sähe. *Al-Shāfiʿī* trat auch und vor allem als ein Vermittler zwischen hanafitischer und malikitischer Rechtsschule, d. h. zwischen der selbständigen Rechtsfindung einerseits und dem an der Überlieferung orientierten Traditionalismus andererseits, in Erscheinung[252]. Es ging ihm nicht darum, den *ra'y* aus der Rechtspraxis vollständig zu verbannen, sondern darum, seinen Gebrauch zu disziplinieren, in feste Bahnen zu leiten[253]: „Wie wir [...] ersehen konnten, hat die Lehrmeinung Al-Śâfi'î's zwei Seiten. Von der einen Seite macht er den Ausgangspunkten des Abû Hanîfa Concessionen; freilich geht er aber nicht so weit wie dieser, und diese Beschränkung bildet die zweite Seite seines Systems: vor Allem, Berücksichtigung der Tradition. Er giebt dem Abû Hanîfa die Berechtigung des Kijâs als Rechtsquelle nur insofern zu, als dasselbe auf die geschriebenen und überlieferten Quellen begründet ist.“[254] Wenn sich demnach zu einem Problem der Koran nicht ausdrücklich äußerte und es auch keinen zuverlässigen *hadīṯ* gab, sollte nicht nach eigener Willkür entschieden werden, sondern es sollte in den autoritativen Texten nach einer Aussage gesucht werden, die zum Anknüpfungspunkt für einen Analogieschluss gemacht werden kann[255]. Erst wenn auch dieses methodische Vorgehen nicht weiter führte, konnte auf den *consensus* als vierte Rechtsquelle zurückgegriffen werden. Dabei verstand *Al-Shāfiʿī* den *consensus* nicht, wie dies vor und nach ihm üblich war, als die übereinstimmende Lehrmeinung der Gelehrten, die auch die von *Schacht* so genannte „living tradition“ der alten Schulen einschloss, sondern für ihn war der *consensus* die einhellige Auffassung der gesamten islamischen Gemeinde. Die Schüler *Al-Shāfiʿī* hielten hieran jedoch nicht fest und kehrten zu der herkömmlichen Auffassung zurück[256].

Al-Shāfiʿī ging mit seiner Lehre von den *uṣūl al-fiqh,* den Wurzeln des Rechts, von einer Staffelung der Rechtsquellen aus, an deren Spitze der Koran und die *sunna* stehen. Die *sunna,* die *Al-Shāfiʿī* als die Traditionen vom Propheten identifizierte, lieferte nach seiner Auffassung zum einen kongeniale Erläuterungen zu den Aussagen des Koran; zum anderen weitete sie Gottes Gesetzesstiftung auf Gebiete aus, die im Koran nicht erwähnt werden[257]. *Ra'y* musste, wenn irgend möglich, auf einer der beiden ersten Quellen gründen. Das Recht (*fiqh*) war aber nicht gleichzusetzen mit der *sunna*; es gab Spielräume freier Entscheidungsfindung. Dieser Aspekt schafiitischer Doktrin wurde nach Einschätzung einiger zeitgenössischer Kritiker von vielen Nachfolgern *Al-Shāfiʿīs* nicht hinreichend berücksichtigt:

---

251 Zit. nach *Goldziher* (o. Fn. 38), S. 25.

252 Vgl. *Goldziher* (o. Fn. 38), S. 26; *Khoury* (o. Fn. 239), S. 673 f.; *P. Scholz,* Jura 2001, 525, 527.

253 *Goldziher* (o. Fn. 38), S. 21.

254 *Goldziher* (o. Fn. 38), S. 25.

255 Vgl. *Nagel* (o. Fn. 178), S. 175, 209 und 275 f.

256 Vgl. *Schacht* (o. Fn. 240), S. 57, 64.

257 Vgl. *Nagel* (o. Fn. 178), S. 212 f., 214.

„Andererseits waren die Anhänger des durch Al-Ŝâfi'î geschaffenen Systems nicht im Stande, die feine Vereinigung, die der Imâm der Schule für die beiden, man sollte meinen, einander ausschließenden Elemente der positiven Rechtspraxis schuf, theoretisch festzuhalten. Nur wenige hielten das Bewusstsein von der vermittelnden Rolle, welche die Richtung des Al-Ŝâfi'î anstrebte, so fest wie z. B. Ahmed b. Sahl (st. 282), ein Augenzeuge der Kämpfe der Extremen [*scil.*: die Diskurse zwischen denjenigen, welche sich für eine ungebundene Entscheidungsfindung einsetzten, und den strengen Traditionalisten]; er sagte: Wäre ich Kâdî, so würde ich beide einkerkern lassen, sowohl denjenigen, der das Hadî<u>t</u> sucht ohne das Fikh zu berücksichtigen, als auch denjenigen, der die umgekehrte Einseitigkeit begeht. Von der aurea media, auf welche sie gestellt wurden, sprangen sie bald in Extreme hinein."[258]

Bemerkenswert sind auch *Al-Shāfi*c*īs* Vorstellungen vom Recht als solchem, weil sie die islamische Rechtswissenschaft der folgenden Jahrhunderte nachhaltig geprägt haben. Nach *Al-Shāfi*c*ī* ist das islamische Recht unabgeleitet und in vollem Umfang göttlichen Ursprungs[259]. Es ist eine überzeitliche, nicht an den Genius von Individuen gebundene Wahrheit, so dass es nicht zulässig ist, sie kritisch zu hinterfragen oder den Versuch zu unternehmen, ihre einzelnen Regelungen mit Hilfe verstandesmäßiger Erwägungen zu begründen[260]. Das islamische Recht ist eine feste Größe, seine Normen ein für allemal von Gott niedergelegt[261]. Allerdings liegt die *sharī'ah* niemals zur Gänze offen zutage; ein wesentlicher Teil der *sharī'ah* ist verborgen. *Al-Shāfi*c*ī* veranschaulicht dies mit folgendem Beispiel: Gott habe den Menschen die Pflicht auferlegt, gen Mekka zu beten (Koran, Sure 2, 149 f.). Daher müssten sie vor dem Gebet die richtige Gebetsrichtung (*qibla*) herausfinden. Diese sei ihnen aber nur offenkundig im Angesicht der Kaaba; befänden sie sich weit entfernt von Mekka, müssten sie alles daran setzen, die *qibla* so genau wie möglich einzuhalten, obwohl die Kaaba für sie nicht sichtbar ist. *Al-Shāfi*c*ī* führt aus: „Was meinst du wohl, wenn wir auf Reisen sind und uns nicht auf die Gebetsrichtung einigen können, ich also für wahrscheinlich halte, sie sei dort, und die anderen, sie sei da, was ist dann unsere Pflicht? Wenn du entgegnest: ‚(Die Richtung) der Kaaba (aufzusuchen)', dann hast du recht. Selbst wenn die Kaaba an ihrem eigentlichen Ort klar zu erkennen ist, so ist sie doch denjenigen verborgen, die fern von ihr weilen. Sie haben die Pflicht, alle Anstrengung auf die Ermittlung der Richtung, in der sie liegt, zu verwenden, und zwar so genau ihnen das möglich ist und bis sich in ihrem Herzen aufgrund von Indizien die Überzeugung bildet, daß sie sie wahrscheinlich ermittelt haben. Wenn sie so verfahren, sind ihnen unterschiedliche Lösungen (des Problems) gestattet, und jeder hat die ihm obliegende Pflicht erfüllt, indem er eigenständig (arab.: *al-iğtihād*) nach der Wahr-

258 *Goldziher* (o. Fn. 38), S. 26.

259 Vgl. *Nagel* (o. Fn. 178), S. 220 f.

260 Vgl. *Nagel* (o. Fn. 178), S. 267.

261 Vgl. *Nagel* (o. Fn. 178), S. 205.

heit suchte, die ihm verborgen war."[262] Genauso verhalte es sich mit der *sharī'ah.* Wie die Gebetsrichtung zur Kaaba hin bestehe sie unabhängig von den subjektiven Ansichten der Gläubigen; der Gläubige muss sie so wie möglich befolgen, auch wenn sie ihm, wie das Antlitz der Kaaba, verborgen ist. Vor diesem Hintergrund sei es die vornehmste Aufgabe der Rechtsgelehrten, die verhüllten Vorschriften der *sharī'ah* zu ermitteln[263], die aus dem Koran und der *sunna* ans Licht gehoben werden müssen, ohne dass das Ergebnis an irgendeinem inhaltlichen, d. h. innerweltlichen Maßstab überprüft werden darf[264]. *Fiqh* ist danach nicht mehr die vom Bekenntnis zum Islam bestimmte Einsicht in den profanen und den rituellen Bereich des Daseins; *fiqh* ist vielmehr die Einsicht in das nur in Teilen offenkundige Regelwerk der *sharī'ah,* dem der Alltag einzubeschreiben ist[265].

*Al-Shāfi*ᶜ*īs* Lehre verbreitete sich rasch vom Irak nach Osten aus und fasste vor allem in Chorasan Fuß. Auch der Hiğāz und der Jemen wurden in kurzer Zeit von *Al-Shāfi*ᶜ*īs* Schülerschaft dominiert. In Ägypten, wo *Al-Shāfi*ᶜ*ī* seine letzten Lebensjahre verbrachte, verdrängten seine Schüler und Enkelschüler die Malikiten fast vollständig[266]. Die schafiitische Rechtsschule ist heute – nach den Hanafiten – die zweitgrößte Schule des islamischen Rechts[267]. Sie findet nach wie vor Beachtung in Ägypten und Jordanien im Hinblick auf die Fragen, die sich auf die religiösen Pflichten der Muslime beziehen. Sie hat auch viele Anhänger in Syrien, im Libanon, im Irak, in Teilen des Hiğāz in Arabien, in Pakistan, Indien, Indochina, in einigen Gebieten Zentralasiens, die vormals zur Sowjetunion gehört haben, und unter den sunnitischen Muslimen im Iran und im Jemen. In Indonesien ist die schafiitische Rechtsschule vorherrschend in Fragen der religiösen Pflichten und des Vertragsrechts[268].

d) Die hanbalitische Rechtsschule

Die hanbalitische Rechtsschule gilt als die Schule der Traditionalisten[269]. Sie geht zurück auf den Traditionssammler, Theologen und Rechtsgelehrten *Ahmad ibn Muhammad ibn Hanbal* (gest. 241 muslimischer bzw. 855 unserer Zeitrechnung). *Ibn Hanbal,* der arabischer Abstammung war, studierte das islamische

262 *Al-Shāfi*ᶜ*ī,* Kitāb ğimāᶜ al-ᶜilm, §§ 439 ff., zit. nach *Nagel* (o. Fn. 178), S. 209.

263 *Nagel* (o. Fn. 178), S. 252.

264 *Nagel* (o. Fn. 178), S. 257.

265 So *Nagel* (o. Fn. 178), S. 215.

266 *Nagel* (o. Fn. 178), S. 144. Näher zur Ausbreitung der schafiitischen Rechtsschule in den einzelnen Regionen *Halm,* Die Ausbreitung der šāfiᶜitischen Rechtsschule von den Anfängen bis zum 8. / 14. Jahrhundert, S. 15 ff.

267 *Khoury* (o. Fn. 193), S. 37, 50.

268 Vgl. *Khoury* (o. Fn. 239), S. 673, 674; *Lohlker* (o. Fn. 204), S. 69; *Radtke* (o. Fn. 3), S. 54, 65; *Yagi* (o. Fn. 205), S. 18.

269 Vgl. *Schacht* (o. Fn. 180), S. 63.

Recht bei verschiedenen Autoritäten auf dem Gebiet der Traditionslehre, insbesondere bei *Sufyān ben ᶜUjaina* (gest. 198 bzw. 813) aus dem Hiǧāz, *Wakīᶜ ibn al-Ǧarrāh* (gest. 197 bzw. 812) aus Kufa und *ᶜAbdarrahmān ibn Mahdī* (gest. 198 bzw. 813) aus Basra. In Bagdad besuchte *Ibn Hanbal* auch die Vorlesungen von *Al-Shāfiᶜī* über *fiqh* und *uṣūl al-fiqh*. Gleichwohl wird er nicht zu den Nachfolgern oder Schülern *Al-Shāfiᶜīs* gezählt[270].

Für *Ibn Hanbal* war der Koran in seinem Wortlaut, ohne exegetische Eingriffe und Umdeutungen, die absolute, unumstößliche Grundlage des Rechts. Als sekundäre Rechtsquelle folgte die Gesamtheit der islamischen Überlieferungen, die auf *Mohammed* zurückgeführt werden können, wobei *Ibn Hanbal* bei seiner über 80.000 *ahādīṯ* umfassenden Traditionensammlung „Musnad"[271] noch kein theoretisch untermauertes Verfahren anwandte, um zwischen echten und gefälschten – oder jedenfalls zweifelhaften – *ahādīṯ* zu unterscheiden; die kritische Methode zur Feststellung der Echtheit prophetischer Überlieferung wurde erst nach seinem Tod entwickelt. Darüber hinaus erkannte *Ibn Hanbal* die Stellungnahmen der Gefährten des Propheten als Mittel zur Rechtsfindung an, was er damit begründete, dass die unmittelbaren Nachfolger *Mohammeds* den Koran und die Tradition am genauesten gekannt und die Vorgaben dieser beiden vorgängigen Rechtsquellen am besten in die Praxis umgesetzt haben. Es ging *Ibn Hanbal* dabei allerdings offenbar weniger darum, eine weitere Rechtsquelle zu eröffnen, als vielmehr darum, eine authentische Interpretation des Koran und der Prophetenworte zu erhalten. Der *consensus* schließlich stellte nach der Auffassung *Ibn Hanbals* keine eigenständige Rechtsquelle dar; er dokumentierte lediglich das einmütige Verständnis des Koran und der Tradition in der islamischen Gemeinde[272].

Ibn Hanbal lehnte anders als *Abū Hanīfa* menschliche Überlegungen als Rechtsquelle ab[273]. Er war der Auffassung, dass ein Abstellen auf das eigene, nicht im Koran und in der *sunna* abgestützte Urteil der Willkür Tür und Tor öffne[274]. Selbst dem Analogieschluss, der vierten Wurzel des islamischen Rechts nach *Al-Shāfiᶜī*, stand *Ibn Hanbal* kritisch gegenüber[275], weil auch dieser dazu missbraucht werden könne, um in das Recht Neuerungen einzuführen, die im Widerspruch zu den Aussagen des Koran oder des Propheten stehen[276]. *Ibn Hanbal* zog eine schwache Tradition einer starken Analogie vor[277]; er stützte sich in Fällen, in denen die Anhänger der schafiitischen Rechtsschule eine Entscheidung kraft eigener Vernunft auf

---

270 Vgl. *Muranyi* (o. Fn. 16), S. 299, 320.

271 Siehe dazu *Radtke* (o. Fn. 3), S. 54, 65.

272 Vgl. *Khoury* (o. Fn. 193), S. 37, 51.

273 *Coulson* (o. Fn. 108), S. 71.

274 *Khoury* (o. Fn. 193), S. 37, 51.

275 Vgl. *Coulson* (o. Fn. 108), S. 89; *Endreß* (o. Fn. 191), S. 84; *Radtke* (o. Fn. 3), S. 54, 65.

276 Vgl. *Khoury* (o. Fn. 193), S. 37, 51.

277 *Schacht* (o. Fn. 240), S. 57, 66.

der Grundlage eines Vergleichs zwischen nicht ganz einschlägigen Aussagen des Koran oder des Propheten und dem zu beurteilenden Sachverhalt zu treffen pflegten, lieber auf ein einschlägiges *hadīṯ* einer weniger bedeutsamen Autorität[278]. Bei *Ibn Hanbal* und seinen Nachfolgern war somit, mehr noch als in der schafiitischen Rechtsschule, der Gebrauch rationaler Methoden zur Rechtsfindung eingeschränkt[279]. Die Hanbaliten hofften, durch die enge Begrenzung der methodischen Möglichkeiten den *fiqh* noch sicherer in den göttlichen Vorschriften zu verankern, als dies die Schafiiten vermocht hatten[280].

Ibn Hanbal bestand darauf, dass allein solche Regeln ein verbindlicher Bestandteil des islamischen Rechts sind, die ihren Ursprung entweder in der göttlichen Offenbarung des Koran oder in den Aussagen bzw. dem Beispiel *Mohammeds* haben[281]. So sollten beispielsweise bei der Erfüllung der religiösen Pflichten nur solche Praktiken erlaubt sein, die vom Koran und der Tradition vorgeschrieben sind. Die Pflichten sollten zudem genau so erfüllt werden, wie sie in diesen Quellen festgelegt sind. In allen übrigen Rechtsfragen sei indes Großzügigkeit geboten: Nur das solle zur Pflicht erhoben werden, was der Koran und die Tradition als geboten kennzeichnen; und nur das solle verboten werden, was dort ausdrücklich verboten ist[282].

Dadurch, dass für *Ibn Hanbal* und seine Nachfolger das islamische Recht vollständig und hinreichend klar im Koran und in der Tradition niedergelegt ist, ergibt sich ein weiterer Unterschied zu der Auffassung der schafiitischen Rechtsschule, der den Rechtsfindungsprozess betrifft: Die Hanbaliten halten bereits für vollendet, was den Schafiiten als die vornehmste Aufgabe der Rechtsgelehrten gilt, nämlich die Ermittlung des verhüllten Teils der *sharī'ah.* Für die Hanbaliten ist die *sharī'ah* im Koran und in den *aḥādīṯ* zur Gänze zugänglich; die selbständige Suche nach Entscheidung (arab.: *al-iǧtihād*) ist für sie das Herausfinden des jeweiligen Textes, also des einschlägigen Koranverses oder *hadīṯ,* unter den sich ein zu bewertender Sachverhalt subsumieren lässt[283].

Eine Zeit lang wurden *Ibn Hanbal* und seine Nachfolger von den Anhängern der anderen Rechtsschulen nicht als „richtige" Rechtsgelehrte, sondern als bloße Spezialisten in Bezug auf die Tradition angesehen. Gleichwohl entwickelte sich die *Hanbalīya* zu einer der anerkannten Schulen. Sie verfügte zwar niemals über eine große Anhängerzahl, aber bemerkenswerter Weise fand sie – im Vergleich zu den anderen Rechtsschulen – in überdurchschnittlichem Maße die Unterstützung erstklassiger Wissenschaftler aus allen Bereichen der islamischen Rechtsgelehrsamkeit. Bis in das dritte Jahrhundert muslimischer bzw. neunte Jahrhundert unserer

278 Vgl. *Coulson* (o. Fn. 108), S. 89 f.

279 Vgl. *Radtke* (o. Fn. 3), S. 54, 65.

280 *Nagel* (o. Fn. 178), S. 252.

281 *Coulson* (o. Fn. 108), S. 71.

282 *Khoury* (o. Fn. 193), S. 37, 51.

283 *Nagel* (o. Fn. 178), S. 252 m. Fn. 26.

Zeitrechnung hinein scheinen die Hanbaliten nach den gegenwärtig erschlossenen zeitgenössischen Schriften[284] wenig Interesse daran gezeigt zu haben, sich den theoretischen Grundlagen islamischen Rechts zu widmen, ausgenommen die generelle Vorstellung von der Autorität der Traditionen. Später erarbeiteten jedoch auch die Gelehrten der hanbalitischen Rechtsschule eine vollständige Rechtsdoktrin. Dabei übernahmen sie die klassische Rechtstheorie, die auf dem *consensus* basierte, und behandelten den *qiyās* als anerkanntes Prinzip, wobei sie es allerdings vermieden, ihn formal auf die selbe Stufe zu stellen wie die anderen *uṣūl al-fiqh*[285]. Im 8. Jahrhundert muslimischer bzw. 14. Jahrhundert unserer Zeitrechnung erfolgten insofern wichtige Präzisierungen der hanbalitischen Lehre durch den bedeutenden Islamgelehrten *Taqīaddīn ibn Taimīya* (gest. 728 bzw. 1327). *Ibn Taimīya* verwarf beispielsweise die allumfassende Funktion des *consensus* der Gelehrten und betonte gleichzeitig die Notwendigkeit eines qualifizierten Analogieschlusses[286].

Im 13. Jahrhundert muslimischer bzw. 18. Jahrhundert unserer Zeitrechnung wurden die Lehren *Ibn Taimīyas* aufgegriffen von der von *Muhammad ibn ᶜAbdalwahhāb* und *Emir ibn Saᶜud* gegründeten wahhabitischen Bewegung, die sich der arabischen Halbinsel bemächtigte und dort das Regime ausrief, das heute noch in Saudi-Arabien herrscht[287]. Es verwundert daher nicht, dass die hanbalitische Rechtsschule auch heute noch in Saudi-Arabien einen großen Einfluss auf das Rechtsleben hat[288]. Die *Hanbalīya* ist trotz der Annäherungen vor allem an die schafiitische Lehre eine stark traditionsgebundene, dogmatische Richtung geblieben, zu deren Anhängern im Bereich des *fiqh* in der Vergangenheit auch nicht wenige Hanafiten, Malikiten oder Schafiiten gehörten[289]. Sie findet nach wie vor Beachtung nicht nur in einigen Staaten am Persischen Golf[290], sondern auch in Bagdad, in Damaskus und anderen Teilen Syriens sowie in Gebieten des früheren Palästina und überall dort, wo sich der saudi-arabische Einfluss bemerkbar macht[291].

e) Weitere, jedoch untergegangene Rechtsschulen

Neben den vier näher erörterten Rechtsschulen entstanden in der Zeit der großen Schulgründungen weitere sunnitische *maḏāhib.* Zu erwähnen ist vor allem die auf *Dāwūd ibn Khalaf* (gest. 270 bzw. 884) zurückgehende Schule der Zahiriten, die

---

284 Vgl. dazu *Muranyi* (o. Fn. 16), S. 299, 320 ff.

285 Vgl. *Schacht* (o. Fn. 240), S. 57, 60 und 63.

286 *Schacht* (o. Fn. 240), S. 57, 63; siehe auch *Jokisch,* in: Gleave / Kermeli (Hrsg.), Islamic Law, S. 119, 120 f.

287 *Khoury* (o. Fn. 193), S. 37, 51 f.

288 Siehe *Reissner,* in: Ende / Steinbach (o. Fn. 3), S. 531, 536 ff.

289 *Muranyi* (o. Fn. 16), S. 299, 322.

290 Vgl. *Heine,* in: Ende / Steinbach (o. Fn. 3), S. 129, 143.

291 *Khoury* (o. Fn. 193), S. 37, 52.

nur den Wortsinn (*zâhir*) der Aussagen des Koran und des Propheten gelten lassen wollte und die Ansicht vertrat, dass *ra'y* und *qiyās* nicht mit den religiösen Vorgaben zu vereinbaren sind[292]. *Muhammad ibn Abdallah ibn Tūmart* (gest. 534 bzw. 1130), Begründer der religiösen und zugleich politischen Bewegung der Almohaden in Nordafrika, glaubte, dass sich jegliches religiöses Recht zurückführen lassen müsse auf den Koran, die *sunna* und den *iğmā*[c], den er in seiner Bedeutung allerdings auf den Konsens der Gefährten *Mohammeds* beschränkte. Darüber hinaus gab es etwa die Rechtsschule des *Abū Thawr* (gest. 240 bzw. 854) und des *Abū Jafar Muhammad ibn Jarir at-Tabarī* (gest. 310 bzw. 923), nicht zu vergessen eine große Anzahl mehr oder weniger unabhängiger Gelehrter insbesondere in der frühen Periode. Um das Jahr 700 muslimischer bzw. 1300 unserer Zeitrechnung hatten jedoch nur noch die hanafitische, die malikitische, die schafiitische und die hanbalitische Rechtsschule Bestand, und sie überdauerten mit ihren in den Grundzügen unverändert gebliebenen Lehren auch die folgenden Jahrhunderte bis heute[293].

f) Kein Anspruch auf Exklusivität, sondern Koexistenz und Diskurs

Die klassischen Schulen gelten im Bereich des sunnitischen Islam trotz ihrer unterschiedlichen Auffassungen als gleichermaßen orthodox[294]. In den ersten Jahrhunderten nach den Schulgründungen, vor dem Durchdringen der Vormacht der Osmanen, wodurch die hanafitische Richtung zur Herrschaft gelangte, waren die vier Rechtsschulen in allen großen Städten der islamischen Welt vertreten[295], nicht zuletzt auch durch richterliche Funktionäre, die in wichtigen Fällen in einem gemeinsamen Senat Beratungen pflegten[296]. Auch heute noch gibt es den wissenschaftlichen Diskurs und Wettstreit zwischen den Schulen[297], aber keinen Anspruch auf Verbindlichkeit einer einzelnen Lehrmeinung im Verhältnis zu dem einzelnen Gläubigen. Das ist zum Beispiel daran zu sehen, dass in Rechtsgutachten (arab.: *al-fatāwā*), welche die Gelehrten der Schulen – im Auftrag von Gläubigen oder aus Anlass eines konkreten rechtlichen Problems – anfertigen, häufig verschiedene Auffassungen dargestellt werden[298]. Darüber hinaus sind nach wie vor in bedeutenden islamischen Einrichtungen, wie der Al-Azhar-Universität in Kairo, alle vier Richtungen durch Lehrende und Studierende vertreten[299]. Der Gläubige

---

292 Vgl. *Radtke* (o. Fn. 3), S. 54, 65; *Schacht* (o. Fn. 240), S. 57, 63 f.; ausführlich zur Rechtsschule der Zahiriten *Goldziher* (o. Fn. 38), S. 27 ff.; *Melchert* (o. Fn. 182), S. 178 ff.

293 Vgl. *Schacht* (o. Fn. 240), S. 57, 65.

294 *Goldziher* (o. Fn. 46), S. 106, 110 li. Sp.

295 Vgl. *Nagel* (o. Fn. 178), S. 288.

296 *Goldziher* (o. Fn. 46), S. 106, 110 li. Sp.

297 Vgl. etwa *Nagel* (o. Fn. 178), S. 165.

298 Vgl. *Nagel* (o. Fn. 178), S. 140.

299 Vgl. bereits *Goldziher* (o. Fn. 46), S. 106, 110 li. Sp.

kann sich an einen Rechtsgelehrten seiner Wahl wenden, wenn er eine rechtliche Frage, zumal aus dem Bereich der religiösen Pflichten, für sich geklärt haben will; er ist nicht durch seine geografische Herkunft oder seinen gegenwärtigen Aufenthaltsort an eine bestimmte Rechtsschule gebunden. Es gilt allerdings als verpönt, wenn ein Gläubiger gleichzeitig oder nacheinander die Experten mehrerer Rechtsschulen in Anspruch nimmt, um sich danach die bequemste Lösung herauszusuchen[300].

2. Die schiitischen Rechtsschulen

Nicht nur im Bereich des sunnitischen, sondern auch im Bereich des schiitischen Islam kam es zur Gründung von Rechtsschulen[301] oder jedenfalls zur Ausprägung eigenständiger methodischer Richtungen zur Bestimmung und Erfassung des Rechts, was eine weitere Manifestation der bereits wenige Jahrzehnte nach dem Tod *Mohammeds* vollzogenen Trennung zwischen den beiden religiösen Gruppen, Denominationen oder Konfessionen[302] bedeutete.

a) Hintergründe für die Trennung zwischen Sunniten und Schiiten

Zu der Trennung geführt hatte der Streit um die Nachfolge in der Leitung der islamischen Gemeinde, der von blutigen Bürgerkriegen begleitet wurde[303]. *Mohammed* hatte zu seinen Lebzeiten keine oder jedenfalls keine unter den Prophetengefährten hinreichend bekannte oder allgemein akzeptierte Nachfolgeregelung getroffen. Als er im Jahr 11 muslimischer bzw. 632 unserer Zeitrechnung starb, stand die theokratische Ordnung auf dem Spiel; es musste ein frommer, gottgefälliger Mann gefunden werden, der das Erbe des Propheten verwaltete und die Aufgaben des irdischen Stellvertreter Gottes gegenüber der Gemeinde wahrnahm.

Die früheren Weggefährten *Mohammeds* einigten sich darauf, dass *Abū Bakr,* ein Muslim der ersten Stunde, dessen Tochter *^{c}Ā'isha* mit dem Propheten verheiratet gewesen war, das Amt des Nachfolgers oder Kalifen (*khalifa*) bekleiden sollte. Diese Entscheidung erregte jedoch den Unmut der Parteigänger des *^{c}Alī ibn Abī Tālib,* kurz: der Partei *^{c}Alīs* (*shī^{c}at ^{c}Alī*). Die *shī^{c}at ^{c}Alī* oder Schia behauptete, ohne dafür Beweise vorlegen zu können, *Mohammed* habe bei der Rückkehr von seiner letzten Wallfahrt, auf dem Weg von Mekka nach Medina, seinen Schwiegersohn und Vetter *^{c}Alī* durch Designation (*nass*) und persönliches Legat (*wasiya*) als

300 *Nagel* (o. Fn. 178), S. 134; vgl. auch ebd. S. 286.

301 So *Endreß* (o. Fn. 191), S. 84; *Lohlker* (o. Fn. 204), S. 69; *Vesey-Fitzgerald* (o. Fn. 112), S. 85, 97 f.; *Yagi* (o. Fn. 205), S. 18.

302 Vgl. *Reinhart,* in: Bakhtiar, Encyclopedia of Islamic Law, S. XXXI.

303 Vgl. dazu etwa *Endreß* (o. Fn. 191), S. 47 ff.

geistlichen Vorsteher (Imam) und damit zugleich als Haupt der Theokratie auf der Erde eingesetzt; das „Licht“ der göttlichen Inspiration sei von *Mohammed* auf ihn und – später – weiter auf seine leiblichen und spirituellen Nachkommen übergegangen. Mit Recht könne deshalb ᶜ*Alî* für sich und seine Nachkommenschaft die Herrschaft über die islamische Gemeinde beanspruchen[304].

Indes gelang es ᶜ*Alī* weder zeitnah noch dauerhaft, diesen (vermeintlichen) Anspruch durchzusetzen. *Abū Bakr,* unter dessen Oberbefehl die muslimischen Truppen siegreiche Eroberungsfeldzüge im Irak (gegen den persischen Vasallenstaat der Lakhmiden), in Syrien und Palästina führten, regierte zwei Jahre und verstarb dann. Sein Nachfolger im Amt des Kalifen wurde der von ihm designierte ᶜ*Umar ibn al-Khattāb,* der – wie *Abū Bakr* – ein Schwiegervater des Propheten gewesen war (durch seine Tochter *Hafsa*) und ihm als Ratgeber gedient hatte[305]. ᶜ*Umar* knüpfte an die militärischen Erfolge *Abū Bakrs* an und unternahm in großem Stil weitere Eroberungen zu Lasten des byzantinischen und persischen Hoheitsgebietes, wodurch es ihm gelang, ein islamisches Großreich zu schaffen. Er führte die Zeitrechnung nach der *hiğra*[306] ein, um die Kontinuität zwischen der Urgemeinde in Medina und dem neuen Reich deutlich zu machen[307]. Außerdem nahm er den Titel „Fürst der Gläubigen“ (*amīr al-mu'minīn*) an, wodurch er die Autorität eines herkömmlich gewählten arabischen Stammesfürsten mit seiner Stellung als Oberhaupt einer im Glauben geeinten Gemeinschaft verband[308].

ᶜ*Umar* wurde nach zehnjähriger Regierungszeit im Jahr 23 muslimischer bzw. 644 unserer Zeitrechnung von einem unzufriedenen Sklaven umgebracht. Kurz vor seinem Tod soll er zur Regelung seiner Nachfolge ein Kollegium von sechs Wahlmännern eingesetzt haben, darunter auch ᶜ*Alī.* Die Wahl fiel jedoch (erneut) nicht auf diesen, sondern auf ᶜ*Uthmān ibn* ᶜ*Affān,* der ebenfalls ein Schwiegersohn des Propheten war. ᶜ*Uthmān* war ein Umayyade, also aus dem Stamm des Propheten. Er bewies sowohl außen- als auch innenpolitisch weniger Geschick als seine beiden Vorgänger. Zwar wurde während seiner Regierungszeit Persien endgültig besiegt, und es erfolgte ein erster Vorstoß nach Nordafrika, aber größere Gebietszugewinne blieben aus. ᶜ*Uthmān* förderte die Mitglieder seiner engeren Familie in einem Maße, das den Hütern der Tradition als ungebührlich erschien. Er übertrug Verwandten einflussreiche Statthalterposten in den Provinzen und reservierte für sich und die Seinen einen beträchtlichen Anteil an der Kriegsbeute. Er entmachtete darüber hinaus die so genannten Koranleser (*qurrā'*), die den Koran mündlich tradierten und als religiöse (sowie politische) Autoritäten anerkannt waren, indem er aus den bereits unter seinem Vorgänger gesammelten Offenbarungsversen eine für alle verbindliche Redaktion des Koran herstellen ließ und damit das „Buch“ (*kitāb*)

304 Vgl. *Busse* (o. Fn. 9), S. 19, 26; *Endreß* (o. Fn. 191), S. 48.

305 Vgl. *Busse* (o. Fn. 9), S. 19, 27.

306 Siehe dazu oben bei Fn. 9.

307 Ausführlich zur islamischen Zeitrechnung *Endreß* (o. Fn. 191), S. 185 ff.

308 *Busse* (o. Fn. 9), S. 19, 28.

schuf, das nicht nur auf Dauer der Gedächtnisleistung der Koranleser überlegen war, sondern ihr sogleich übergeordnet wurde[309]. Die Maßnahmen ^{c}*Uthmāns* stellten die Einheit der islamischen Gemeinde auf die Probe. Unruhen brachen zuerst in Kufa unter den Koranlesern aus. Auch in Ägypten regte sich Widerstand, und schließlich zogen aus allen Himmelsrichtungen Unzufriedene nach Medina, wo sie das Haus des Kalifen belagerten und ihre Anklagen, vor allem die des Nepotismus und der Verschleuderung von Staatsgeldern, vorbrachten. Nach langen Verhandlungen drang eine Gruppe in das Haus ein und ermordete ^{c}*Uthmān.*

Diese Bluttat markierte einen Wendepunkt in der Geschichte des Islam, denn sie war Auslöser für die Bürgerkriege, die die muslimische Welt in den folgenden Jahrzehnten erschüttert haben. Der Mord an dem Nachfolger des Propheten und Stellvertreter Gottes auf Erden ließ den Ruf nach Blutrache laut werden, mit dem die wirklichen oder vorgeblichen Anhänger des Kalifen gegen ihre eigenen Glaubensbrüder das Schwert erhoben. In dieser unruhevollen Zeit wurde ^{c}*Alī* mit den Stimmen der Medinenser endlich 35 muslimischer bzw. 656 unserer Zeitrechnung zum vierten Kalifen gewählt. Die Wahl wurde jedoch angefochten von dem Umayyaden *Mu*^{c}*āwiya,* dem Statthalter von Syrien, weil sie durch eine Minorität, ohne die Mitwirkung der Notabeln in den Provinzen, erfolgt war[310]. ^{c}*Alī* befand sich in einer prekären Lage. Einerseits wurde von ihm erwartet, dass er seinen Vorgänger ^{c}*Uthmān* rächte; andererseits stützte er sich selbst auf eine Koalition von Gegnern ^{c}*Uthmāns* und der Umayyaden, deren Interessen er durch einen Rachefeldzug nicht beeinträchtigen durfte. Gleich, welchen Weg er einschlug, er würde mit Gegnerschaft zu rechnen haben. Demgemäß verbündeten sich unmittelbar nach seinem Regierungsantritt in Mekka alte Feinde ^{c}*Uthmāns,* vor allem *Talha, Zubair* und die einflussreiche Prophetenwitwe ^{c}*Ā'isha,* mit der „frommen“ Opposition derer, die am Ideal der Theokratie festhielten, um ^{c}*Alī* gewaltsam aus dem Kalifenamt zu entfernen[311]. Die Revolte misslang; *Talha* und *Zubair* verloren ihr Leben in der berühmten Kamelschlacht im südlichen Mesopotamien, aus der ^{c}*Alī* als Sieger hervorging.

Wenig später stand *Mu*^{c}*āwiya,* der eine strenge Blutrache für seinen Verwandten ^{c}*Uthmān* durchzusetzen suchte, gegen den Kalifen auf. Er zwang ^{c}*Alī* am oberen Euphrat zu einer weiteren Schlacht. Nach mehreren Tagen wechselvollen Kampfes einigten sich die Parteien schließlich darauf, die Entscheidung einem Schiedsgericht zu übertragen. Das Schiedsgericht vermochte allerdings nicht, ein schlüssiges Ergebnis zu erzielen. Zwar sprach es ^{c}*Uthmān* von dem Vorwurf frei, er habe die Gebote Gottes übertreten, und bestätigte damit *Mu*^{c}*āwiyas* Anspruch auf Blutrache; es erklärte aber weder ^{c}*Alī* noch *Mu*^{c}*āwiya* für würdig, das Kalifat inne zu haben. Damit blieb der Streit um die rechtmäßige Herrschaft der beiden Kontrahenten offen[312].

---

309 Vgl. *Busse* (o. Fn. 9), S. 19, 29.

310 *Busse* (o. Fn. 9), S. 19, 30.

311 Vgl. *Endreß* (o. Fn. 191), S. 48.

Dass ᶜ*Alī* bereit gewesen war, die Entscheidung über die Legitimation des Leiters der islamischen Gemeinde und die Verantwortlichkeit des Herrschers vor Gott und vor dem Volk der Gläubigen aus der Hand zu geben und einem Gremium menschlicher Richter zu überlassen, nahmen ihm viele seiner Anhänger übel. Es kam zur Rebellion in den eigenen Reihen. Während ᶜ*Alī* in Kufa zum Marsch gegen Syrien rüstete, dessen Truppen *Muᶜāwiya* gehuldigt hatten, kündigte ihm ein Teil der im Irak angesiedelten Stammesgruppen die Gefolgschaft auf und rief zum Auszug aus der Garnisonsstadt. ᶜ*Alī* führte Krieg gegen die Rebellen, die auszogen (*kharaja*), und brachte ihnen eine Niederlage bei. Die Übriggebliebenen der nach ihrem Auszug benannten Kharidschiten entwickelten eine eigene Konfession mit puritanischer Ausrichtung, die sich später in mehrere Richtungen spaltete. Politisch unterschieden sich die Kharidschiten von den Sunniten, die das Kalifat dem Stamm der Quraiš vorbehielten, und von den Schiiten, die das Kalifat als unter den Nachkommen *Mohammeds* erblich ansahen, durch die Betonung der theologischen und moralischen Qualitäten des Führers der islamischen Gemeinde: Der beste Muslim sollte Kalif sein, „und sei er ein abessinischer Sklave“[313].

ᶜ*Alī* kam nicht mehr zu dem Feldzug gegen die Syrer. Er wurde im Jahr 40 muslimischer bzw. 661 unserer Zeitrechnung von kharidschitischen Rebellen, die sich für den Tod ihrer Gesinnungsgenossen rächen wollten, umgebracht[314]. Damit endete die Ära der – nach sunnitischer Ansicht – vier rechtgeleiteten Kalifen[315]. An die Stelle von engsten Gefährten des Propheten traten als Lenker der islamischen Gemeinde Männer, die sich erst nach der Eroberung Mekkas dem Islam angeschlossen hatten, und zwar, wie Kritiker behaupteten, aus bloßem Opportunismus und nicht aus innerem religiösen Antrieb[316]. Durch den Tod ᶜ*Alīs* wurde *Muᶜāwiya* als Oberhaupt der Umayyadenfamilie zum alleinigen, wenn auch nicht unumstrittenen Herrscher des islamischen Reiches. *Muᶜāwiya* etablierte zu Gunsten seiner Nachkommen das dynastische Prinzip; allein die Abstammung sollte zukünftig darüber entscheiden, wer das Amt des Kalifen bekleidete. In den folgenden Jahrzehnten und Jahrhunderten kam es immer wieder zu Aufständen von Seiten der Schia, die sich als eine politisch-religiöse Oppositionspartei[317] verstand und danach strebte, die Dynastie der Umayyaden und später der Abbasiden zu stürzen und einen Abkömmling ᶜ*Alīs* auf dem Kalifenthron zu installieren[318]. Die alidischen Prätendenten starben fast alle eines gewaltsamen Todes bei dem Versuch, die Macht an sich zu nehmen[319]. Der berühmteste von ihnen ist *Alīs* Sohn *Husain,* der unter der Regierung von *Muᶜāwiyas* Nachfolger *Yazīd* im Kampf gegen eine syrische Über-

---

312 Vgl. *Endreß* (o. Fn. 191), S. 49; *Busse* (o. Fn. 9), S. 19, 31.

313 *Busse* (o. Fn. 9), S. 19, 31.

314 Vgl. *Endreß* (o. Fn. 191), S. 49.

315 Vgl. dazu oben nach Fn. 136.

316 Vgl. *Busse* (o. Fn. 9), S. 19, 32.

317 *Endreß* (o. Fn. 191), S. 50.

318 Vgl. *Halm,* in: Kurzrock (Hrsg.), Die islamische Welt, S. 121.

319 Vgl. *Ende,* in: Ende / Steinbach (o. Fn. 3), S. 70, 76.

macht fiel (59 muslimischer bzw. 680 unserer Zeitrechnung); seines Martyriums bei Kerbela wird heute noch alljährlich durch die *ta^{c}ziya,* eine Art Passionsspiel, verbunden mit Straßenumzügen und Selbstgeißelungen der Teilnehmer, gedacht[320].

Mitte des dritten Jahrhunderts muslimischer bzw. in der zweiten Hälfte des 9. Jahrhunderts unserer Zeitrechnung setzte ein Wandel in der religiösen – und damit untrennbar verbunden auch der politischen – Auffassung der meisten schiitischen Gläubigen ein. Es entwickelte sich eine gemäßigte Richtung der Schia, deren religiöse Erwartung sich nicht mehr auf den selbst mit Waffengewalt herbeizuführenden Umsturz richtete, sondern utopisch bzw. chiliastisch wurde: Der zwölfte Imam aus der Nachkommenschaft *Alīs* verschwand 259 muslimischer bzw. 874 unserer Zeitrechnung; er wurde nach schiitischer Überzeugung in die „Verborgenheit" (*ghaiba*) entrückt. Dadurch brach die Kette der Imame ab; es stand kein weiterer männlicher Nachfahre aus der Linie *Alīs* mehr zur Verfügung, der das Amt des geistlichen Vorstehers der islamischen Gemeinde hätte bekleiden können. Anfänglich traten Bevollmächtigte (*wakil*) auf, die vorgeblich die Weisungen des verborgenen Imams empfingen und an die Gemeinde weiterleiteten. Sie verfügten jedoch nicht über eine Autorität, die von sämtlichen Fraktionen und Splittergruppen, die sich innerhalb der Schia bereits gebildet hatten, anerkannt wurde. Seit dem Tod des vierten *wakil,* im Jahr 328 muslimischer bzw. 941 unserer Zeitrechnung, gilt die (mit einem bestimmten Amt verknüpfte, institutionalisierte) Verbindung zum Imam nach Meinung der schiitischen Theologen als beendet. Auf die „kleine" folgte die „große" Okkultation des letzten Imams, aus der er am Ende der Zeiten als derjenige, der allein die göttliche Führung aller Muslime zum Heil im Diesseits und Jenseits vermitteln kann, als der „Rechtgeleitete" (Mahdi), wiederkehren und Gottes Herrschaft in einem Reich der Gerechtigkeit wieder einsetzen soll[321].

Die Gewissheit der Endzeiterwartung machte es den Schiiten, die schon über so viele Jahre leidvolle Erfahrungen gemacht hatten, möglich, die „Herrschaft des Unrechts" zu ertragen. Die Haltung des erwartungsvollen Ausharrens unter widrigen Umständen prägte nicht nur den Glauben, sondern das gesamte Leben der schiitischen Muslime. Sie wurde ein Moment sozialer Ordnung und Konsolidierung des städtischen Bürgertums und des ländlichen Bauerntums im südlichen Irak und im Iran, das wesentlich dazu beitrug, dass die iranisch-islamische Kultur später gegenüber den türkischen und mongolischen Invasoren bewahrt werden konnte. Erst im 10. Jahrhundert muslimischer bzw. im 16. Jahrhundert unserer Zeitrechnung erhob die Dynastie der Safawiden die nach dem zwölften Imam benannte „imamitische" Schia oder „Zwölferschia" zum Staatsbekenntnis und ihren aus der Gelehrtenschaft hervorgegangenen[322] hierarchisch gegliederten Klerus zur staatstragenden Institution des Irans[323].

---

320 Vgl. *Busse* (o. Fn. 9), S. 19, 32.

321 Vgl. *Endreß* (o. Fn. 191), S. 51, 55.

322 Vgl. *Nagel* (o. Fn. 178), S. 356.

b) Entwicklung und Ausprägungen einer schiitischen Rechtsdoktrin

Die Entstehungsgeschichte der Schia blieb nicht ohne Auswirkungen auf das schiitische Recht. Zwar konnten sich die schiitischen Rechtsgelehrten das im Sunnitentum entstandene Konzept eines ewig gültigen göttlichen Gesetzes, das im Koran und im normsetzenden Vorbild des Propheten bezeugt ist, zu eigen machen. Geklärt werden musste jedoch, ob die Auslegung des Koran und der auf *Mohammed* zurückgehenden Normen durch Sachkenner gleich welcher Herkunft erfolgen durfte oder den Imamen aus der Nachkommenschaft *Alīs,* denen ein gewisser Anteil an der göttlichen Inspiration zuerkannt wurde, vorbehalten bleiben musste. Darüber hinaus bestanden Zweifel, ob den Prophetengefährten, die von den Sunniten als die bedeutendsten Bürgen der Worte und Taten *Mohammeds* verehrt wurden, Glauben geschenkt werden konnte oder ob die von ihnen übermittelten *aḥādīṯ* nicht vielmehr einer frei erfundenen Erzählung gleichzustellen und damit als rechtlich und religiös unbeachtlich einzustufen waren. Aus Sicht der Schiiten hatten die ersten Kalifen, vor allem *Abū Bakr* und *ᶜUmar,* den einzig wahren Erben des Propheten an der Übernahme der ihm zustehenden Herrschaft gehindert. Sie waren Unwürdige, Usurpatoren und Tyrannen gewesen, die sich gegen den Willen *Mohammeds* das Kalifat angemaßt hatten; radikale Schiiten betrachteten sie deswegen sogar als Apostaten. Daher drängte sich die Frage auf, ob solche Männer Garanten für die wahrheitsgetreue Weitergabe des göttlichen Gesetzes sein konnten[324]; es lag nahe, die *sunna,* wie sie die Sunniten verstanden, nur eingeschränkt zu akzeptieren[325].

Vor diesem Hintergrund waren die schiitischen Juristen nach der Ära der Imame, in der die Rechtsanwendung – ihrer Auffassung nach – unmittelbar theokratisch gelenkt wurde, nicht anders als zuvor bereits ihre sunnitischen Kollegen gezwungen, das bestehende Normenmaterial in Koran und *aḥādīṯ* mit Blick auf seine Geltung und Anwendbarkeit hin selbständig zu sichten. Ein früher Vorstoß erfolgte dabei unter den Fatimiden, die eine alidische Abstammung geltend machten und sich nach *Fāṭima,* der Tochter *Mohammeds* und Stammmutter der Aliden, nannten[326]. Die Dynastie herrschte ab dem Ende des dritten Jahrhunderts muslimischer bzw. dem Beginn des 10. Jahrhunderts unserer Zeitrechnung zunächst über Teile Nordafrikas, dann über Ägypten und die Levante, und stellte später eine ernsthafte Herausforderung für die Abbasiden dar. Sie bildete den ersten bedeutenden schiitischen Staat in der islamischen Geschichte. Dabei fühlte sie sich der ismailitischen Schia verbunden. Die Ismailiten bezogen sich auf *Ismāᶜīl,* einen Sohn des sechsten Imams der Schia *Jaᶜfar aṣ-Ṣādiq* (gest. 147 bzw. 765). *Ismāᶜīl* war vor seinem

323 Vgl. *Endreß* (o. Fn. 191), S. 55.

324 Vgl. *Nagel* (o. Fn. 178), S. 353.

325 Siehe dazu unten nach Fn. 496.

326 Vgl. *Busse* (o. Fn. 9), S. 19, 38.

Vater *Ja^{c}far* gestorben (142 bzw. 760). Nach dem Tod *Ja^{c}fars* entstand unter den Schiiten ein Streit darüber, ob *Ja^{c}far* das Imamat seinem Enkel *Muhammad, Ismā^{c}īls* Sohn, oder *Ismā^{c}īls* jüngerem Bruder *Mūsā al-Kāẓim* übertragen hatte. Während die Mehrheit, insbesondere die Zwölferschiiten, *Mūsā al-Kāẓim* folgte, erkannten die Ismailiten in *Muhammad ibn Ismā^{c}īl* den siebten Imam, zugleich den letzten; auch er war nach ihrer religiösen Überzeugung – wie der zwölfte Imam bei den Zwölferschiiten – „verborgen“[327]. Deshalb wird die Isma^{c}iliya auch als „Siebener-Schia“ bezeichnet[328]. Die Lehre der Ismailiten war und ist heute noch stark von gnostischen Elementen geprägt; sie geht bis zur Deifizierung des Imams und vertritt mit der Erwartung der Wiederkehr des Imams als „Mahdi“ messianische Ideen. Sie war in ihren frühen Erscheinungsformen sehr militant, und es bildeten sich zahlreichen Splittergruppen[329].

Die ab 357 bzw. 969 im neu gegründeten Kairo residierenden fatimidischen Kalifen ließen das islamische Recht im Einklang mit ihren ismailitisch geprägten religiösen und politischen Vorstellungen zusammenfassen. Die Hauptarbeit lag dabei auf den Schultern vor allem eines Mannes, des Qādi *An-Nu^{c}mān* (gest. 363 bzw. 974). Er schrieb im Auftrag und nach den Weisungen des Kalifen *Al-Mu^{c}izz* (reg. 341 bis 364 bzw. 953 bis 975) die „Säulen des Islam“ nieder. Begründet wurde das Werk offiziell damit, dass Klagen über einander widersprechende Überlieferungen und unhaltbare Ansichten zu rechtlichen Bestimmungen den Regenten dazu bewogen hätten, für Abhilfe zu sorgen. Außerdem finden sich in der Begründung Hinweise auf den begrenzten Spielraum, den der Kalif *An-Nu^{c}mān* zugebilligt hatte, wenn es dort heißt, *Al-Mu^{c}izz* selbst habe die Grundlagen und die Einzelbestimmungen der *sharī'ah* dem Gelehrten mitgeteilt. Sich auf *Ja^{c}far aṣ–Ṣādiq* berufend, habe er erläutert, dass der Islam auf sieben Säulen ruhe, dessen erste und wichtigste die unbedingte Loyalität (arab.: *al-walāja*) gegenüber dem Imam aus der Nachkommenschaft *^{c}Alīs* sei; die weiteren sechs Säulen seien die rituelle Reinheit, das Gebet, die Läuterungsgabe, das Fasten, die Pilgerfahrt und der heilige Krieg[330]. Dementsprechend ließ sich *An-Nu^{c}mān* von der Prämisse leiten, dass für die Muslime das islamische Recht verbindlich ist, wie es die Imame aus der Nachkommenschaft *^{c}Alīs* lehren. Die Überlieferung von Einzelbestimmungen des in den „Säulen des Islam“ dargelegten Rechts bezieht sich nahezu ausschließlich auf Aussprüche *^{c}Alīs* und der übrigen Imame. Ihnen zu gehorchen sei, wie *An-Nu^{c}mān* betonte, die oberste Pflicht, der der Gläubige nachzukommen habe. Es genüge nicht, ein Muslim zu sein und formal einwandfrei das Ritualgesetz zu beachten; allein die (fortgesetzte) Anleitung durch den Imam, den die Fatimiden durch ihren Kalifen verkörpert sahen, gewährleiste, dass sich keine Fehler in den Vollzug der

---

[327] Vgl. *Endreß* (o. Fn. 191), S. 55.

[328] Vgl. *Nagel* (o. Fn. 178), S. 355.

[329] Vgl. *Busse* (o. Fn. 9), S. 19, 38 f.

[330] Siehe *Nagel* (o. Fn. 178), S. 353; ferner *Fyzee,* Compendium of Fatimid Law, S. XXII f.; *Halm,* Das Reich des Mahdi, S. 329 ff.

Glaubenspraxis einschleichen[331]. Nach allem darf sich die *sharī'ah*-Wissenschaft gemäß der ismailitischen Überzeugung, die später von anderen Gelehrten noch weiter präzisiert wurde, nur auf das unvermittelte Wort Gottes und dessen Deutung durch die Imame stützen; jegliche Art von eigenständiger Suche seitens der Rechtsgelehrten ist zurückzuweisen. Die Quellen des islamischen Rechts beschränken sich infolgedessen auf den Koran, die *sunna* des Propheten, sofern diese durch ᶜ*Alī* und andere Angehörige der „Sippe Mohammeds" (gemeint sind nicht unbedingt Familien- oder Stammesangehörige im buchstäblichen Sinne, sondern vielmehr diejenigen, die *Mohammed* im Glauben verwandt sind; der innere Kreis der gläubigen Muslime, deren Glaubenspraxis und Lebensführung in unverbrüchlichem Einklang mit dem Willen Gottes steht[332]) verbürgt ist, und auf die Worte der Imame[333]. Der Analogieschluss scheidet als Rechtsquellen aus[334].

Zu einem ähnlichen Ergebnis gelangt die große Mehrzahl der imamitischen oder zwölferschiitischen Gelehrten; auch sie erkennt an, dass allein der Koran, die rein überlieferte *sunna* und die Aussagen der Imame Quellen schariatischer Vorschriften sein können[335]. Der erste Zwölferschiit, der der Überlieferung zufolge zwischen den Einzelbestimmungen (*furūᶜ*) und den Quellen (*uṣūl*) des Rechts differenzierte und verschiedene Kategorien von *uṣūl al-fiqh* erarbeitete, war *Ibn Abī ᶜAqīl ᶜAmmānī* bzw. ᶜ*Umānī* (gest. um 329 muslimischer bzw. 941 unserer Zeitrechnung). Auf seinen Vorarbeiten baute *Ibn Junaid Iskāfī* (gest. 381 bzw. 991) auf, der sich allerdings weitgehend an die Rechtsquellenlehre und das Verfahren der Rechtsfindung bei den Sunniten anlehnte und sogar den Analogieschluss für ein rechtmäßiges Mittel zur Normerweiterung hielt, was ihm viel Kritik von anderen Rechtsgelehrten der Schia einbrachte[336]. Einer der hervorragendsten Schüler, zugleich aber auch einer der heftigsten Kritiker *Ibn Junaids* war *Muhammad ben Muhammad ben an-Nuᶜmān Šaiḵ Mufīd* (gest. 413 bzw. 1022). Ihm wird das Verdienst zugeschrieben, „zum ersten Male der schiitischen Schule der Form, dem Inhalt und der Methode nach eine wissenschaftlich (nicht nur dogmatisch) haltbare Prägung gegeben [zu] haben, die bis heute erhalten geblieben ist"[337]. Das Verfahren entsprach dabei im Wesentlichen demjenigen im Bereich des sunnitischen Islam, wie es vor allem von *Al-Shāfiᶜī* geprägt worden war. Im Unterschied zu den Vertretern sunnitischer Schulen erkannten *Šaiḵ Mufīd* und seine Schüler jedoch den Analogieschluss (*qiyās*), die „Anwendung eigenen Gutdünkens bei rechtlichen Entscheidungen" (*ihtihsān*), die eigene Meinung (*ra'y*) und alles, was nicht auf einem allgemeingültigen Prinzip beruht und vom Religionsstifter nicht ausdrück-

---

331 Vgl. *Nagel* (o. Fn. 178), S. 354.

332 Siehe dazu *Nagel* (o. Fn. 178), S. 354 f.

333 Siehe etwa *Fyzee* (o. Fn. 330), S. XLVII.

334 Vgl. *Nagel* (o. Fn. 178), S. 355 f.

335 Vgl. *Nagel* (o. Fn. 178), S. 356.

336 Vgl. *Löschner,* Die dogmatischen Grundlagen des šī'itischen Rechts, S. 32.

337 *Falaturi,* in: Gräf (Hrsg.), FS Caskel, S. 62, 79; siehe auch ebd. Fn. 2.

lich bestätigt worden ist, nicht an. Andererseits akzeptierten sie die Vernunft (ᶜ*aql*) insofern als Rechtsquelle, als sie im Rahmen ihrer Übereinstimmung mit dem *Šar*ᶜ (Koran und Überlieferung) allgemeingültige Prinzipien entdeckt. Ein geflügeltes Wort wurde in diesem Zusammenhang die Sentenz: „Unsere [*scil.*: der Imame] Aufgabe ist es, euch Grundsätze zu geben. Eure [*scil.*: der Anhänger] Aufgabe ist es, davon abzuleiten“[338].

Obwohl sich diese Methode der Rechtsfindung klar von dem sunnitischen *iǧtihad*-Verfahren abgrenzte, stieß sie nicht überall auf Zustimmung. Eine – wenngleich geringe – Anzahl schiitischer Theologen, die Ahbārīᶜs, d. h. die Anhänger der Überlieferungen der Imame[339], beschuldigten die Rechtsgelehrten (Muǧtahids) aus der Schule des *Šaiḵ Mufīd*, „den Weg und die Methode der Gefährten der Imame vernachlässigt zu haben“. Sie argumentierten, dass man die göttlichen Normen, wie sie im Koran und in der *sunna* niedergelegt sind, nicht mit dem nötigen Maß an Gewissheit, sondern nur mit Wahrscheinlichkeit feststellen könne. Die Überlieferungen der Imame seien jedoch mit Sicherheit auf diese zurückzuführen. Der Koran könne nur mit dem Kommentar der Imame als Quelle dienen, weil es nur *Mohammed* oder einem Imam möglich sei, ihn richtig zu verstehen. Dasselbe gelte für die Überlieferungen *Mohammeds.* Deshalb gingen die Überlieferungen der Imame dem Koran und den Überlieferungen *Mohammeds* vor, zwar nicht hinsichtlich ihres Wertes, sondern weil sie *qat*ᶜ*ī al-wurūd* seien, d. h. mit Gewissheit von den Imamen stammten, und im Gegensatz zum Koran und den Überlieferungen *Mohammeds qat*ᶜ*ī ad-dalāla* seien, d. h. dass durch sie Gewissheit erwiesen werde, weil sie den Gläubigen die Bedeutung der göttlichen Gebote und Verbote im Koran und in den Überlieferungen *Mohammeds* darlegten. Da somit allein die Überlieferungen der Imame die notwendige Gewissheit vermitteln könnten, seien sie sowohl für die Vorschriften in der Pflichtenlehre als auch für die Elemente in der Glaubenslehre die einzige Quelle, auf die man sich beziehen dürfe. Die Vernunft und der Konsens der Gelehrten schieden als Rechtsquellen von vornherein aus, weil sie keinerlei Sicherheit für eine göttliche Anleitung oder Inspiration böten[340]. Für den Fall, dass sich zwei Überlieferungen der Imame anscheinend widersprechen, sei wie folgt vorzugehen: „Zur Entscheidung sind in solchen Fällen Kriterien von den Imamen vorgeschrieben, nach denen sich ihre Gefährten gerichtet und die Überlieferungen gesammelt haben. Sollten sich trotzdem zwei Überlieferungen widersprechen, so darf man keine der anderen vorziehen und keine Entscheidung darüber treffen (*tawaqquf*). Von den allgemeinen Prinzipien, selbst von denjenigen, die dem Koran zu entnehmen sind, werden nur diejenigen akzeptiert, die durch Überlieferung der Imame Bestätigung gefunden haben. Die Folge einer solchen vertrauensvollen Einstellung zu den Überlieferungen der Imame ist: Wenn die Überlieferungen mit der Vernunft oder den anderen Quellen in Konflikt gera-

338 Siehe *Al-Hwānsārī,* Raudāt al-ǧannāt, S. 36.

339 Siehe zu den Anfängen der Rechtswissenschaft und der Lehre von den *uṣūl al-fiqh* bei den Ahbārīᶜs ausführlich etwa *Gleave,* in: Gleave / Kermeli (o. Fn. 286), S. 24 ff.

340 Vgl. ausführlich zur Auffassung der Ahbārīᶜs *Falaturi* (o. Fn. 337), S. 62, 81 ff.

ten, so werden sie bevorzugt."[341] Die Muǧtahids sahen das anders. Sie waren der Meinung, dass die zugänglichen Aussagen des Koran allen Überlieferungen, und seien sie von *Mohammed* oder von den Imamen, vorgehen, weil der Koran gegenüber den Überlieferungen den Vorteil habe, dass er *qat*ᶜ*ī as-sanad* sei, d. h. mit Sicherheit auf *Mohammed* zurückgehe, und eine höhere Wahrscheinlichkeit sichere. Für die Bearbeitung des Normenmaterials und zur Anwendung der *iǧtihad*-Methode seien allgemeingültige Prinzipien und begründete Kriterien notwendig, die aus dem Koran und den Überlieferungen herauszuarbeiten oder durch Vernunft aufzustellen seien. Wenn der Koran oder die Überlieferung mit der Vernunft in Konflikt gerate, müsse der Vernunft der Vorzug gegeben werden[342]. Es gab übrigens auch Ahbārīᶜs, die glaubten, dass ᶜ*Uthmān* bei der Erstellung des *kitāb* in den echten Koran *Mohammeds* Zusätze eingefügt und wesentliche Textänderungen vorgenommen hat; ferner habe er Teile des Koran vernichtet, insbesondere solche Suren, die über ᶜ*Alī* und die Besonderheiten seiner Familie berichteten. Der Koran sei in seiner jetzigen Form also nicht mehr authentisch und vollständig, so dass schon insofern zu seinem richtigen Verständnis die Überlieferungen notwendig seien[343]. Allgemeine schiitische Auffassung ist dies aber nicht.

Um das Jahr 700 muslimischer bzw. 1300 unserer Zeitrechnung erschloss ᶜ*Allāma al-Hillī* (gest. 725 bzw. 1325), der erste Gelehrte, dem der Ehrentitel eines „Wunderzeichen Gottes" (arab.: *ājat Allāh;* „Ajatollah") beigelegt wurde, für die Zwölferschiiten das Feld intellektueller Möglichkeiten der Erkundung und Anwendung der *sharī'ah.* Er versuchte Regeln für das Bemühen um eigene Einsicht aufzustellen, weil er überzeugt war, dass, sobald einen die Überlieferung im Stich lasse, der Verstand seine Tätigkeit zu beginnen und nach einer Lösung zu suchen habe[344]. Diese Auffassung weicht, wie bereits der Hanbalit *Ibn Taimīya,* der sich eingehend mit den Schriften seiner schiitischen Zeitgenossen auseinander setzte, deutlich herausarbeitete, insofern von derjenigen der Sunniten ab, als diese vertraten, dass alle mit klarem Verstand erzielten Einsichten bereits in der Überlieferung enthalten seien[345]. Der Verstand ist nach sunnitischer Überzeugung nur ein Instrument, mit dem der Gehalt der Überlieferung bloßgelegt werden kann; er hat keine eigenständige Bedeutung als Rechtsquelle.

Im 11. Jahrhundert muslimischer bzw. im 17. Jahrhundert unserer Zeitrechnung wurde unter den Gelehrten im Iran der alte Streit zwischen den Muǧtahids und den Ahbārīᶜs wieder aufgegriffen, ob es zulässig sei, den Koran, der bestenfalls summarische Aussagen rechtlichen Inhalts mache, als Quelle für die *sharī'ah* zu benutzen. Die „Traditionalisten" (arab.: *al-ahbārījūn*) wollten die schiitische *sharī'ah*-Wissenschaft auf die Erörterung der Aussagen der Imame beschränken. Ihnen

---

341 *Falaturi* (o. Fn. 337), S. 62, 88 f. re. Sp. m. Nachw.

342 Vgl. *Falaturi* (o. Fn. 337), S. 62, 86 und 88 f. li. Sp.

343 Vgl. *Falaturi* (o. Fn. 337), S. 62, 94 m. Fn. 4.

344 *Halm,* Der schiitische Islam, S. 116 f.

345 Vgl. *Nagel* (o. Fn. 178), S. 357 m. Nachw.

traten die „Prinzipalisten" (arab.: *al-uṣūlījūn*) entgegen, die die Möglichkeit einer Auslegung des Korans unter Berufung auf die Prinzipien des *consensus* und des Verstandes bejahten. Die „Prinzipalisten" gewannen schließlich ab dem 12. bzw. 18. Jahrhundert die Überhand. Nach ihrer Lehrmeinung setzt der schiitische *consensus,* der bei *Šaiḵ Mufīd* noch keine größere Rolle spielte, voraus, dass in den zahllosen Einzelüberlieferungen, die ihn konstatieren, in irgendeiner Form die Meinung des unfehlbaren Imams zutage tritt (arab.: *al-iǧmaᶜ ad-duḵūlī*). Ein für das islamische Recht maßgeblicher *consensus* konnte sich daher eigentlich nur bis zur Entrückung des letzten Imams bilden. Es wurde jedoch auch die Ansicht geäußert, dass später immer noch ein *consensus* zustande kommen könne, wobei die Beziehung des Imams zur konsentierenden Gelehrtenschaft eine geistige sei, ein Ausfluss seiner Gnade (arab.: *al-lutf*). Der Gnadenconsensus (arab.: *al-iǧmaᶜ al-luftī*) spiegelt das Selbstverständnis der in den Klerikerstand erhobenen zwölferschiitischen Gelehrten wider: Der Klerus, dessen Angehörige im Iran als „Geistliche" (*ruhānījān*) bezeichnet werden, stehen dem letzten Imam besonders nahe; wenn sie die *sharī'ah* anwenden, tun sie dies für den Entrückten und durch ihn legitimiert[346]. Dieses Verständnis zeigt sich darüber hinaus auch darin, dass die Gelehrten den Verstand zur Rechtsquelle erhoben haben. Der Verstand darf allerdings nach schiitischer Auffassung nicht unabhängig von den durch die Offenbarung den Muslimen übergebenen und durch die Imame erläuterten Bestimmungen der *sharī'ah* eingesetzt werden, sondern nur unter ständiger Bezugnahme auf diese[347]. Das führt im Ergebnis dazu, dass die Rechtsquelle des Verstandes bei den Schiiten ähnlich gehandhabt wird wie die unbestimmten Rechtsbegriffe „Gemeinwohl" und „Willen des Gesetzes" bei den Sunniten[348].

Den Sunniten (noch) näher als die Zwölferschiiten stehen die Zaiditen[349], deren Anhänger heute fast ausschließlich im nördlichen Jemen leben. Die Zaidīya geht zurück auf *Zaid ibn ᶜAlī,* einen Urenkel des Prophetenschwiegersohnes *ᶜAlī ibn Abī Tālib* und Sohn des vierten Imams *ᶜAlī Zain al-ᶜĀbidīn* (gest. 94 muslimischer bzw. 714 unserer Zeitrechnung), der selbst das Imamat nicht innehatte. *Zaid* ist 121 bzw. 739 in Kufa während eines Aufstandes gegen die Umayyaden gefallen. Er hat theologische Schriften verfasst; allerdings ist die nach ihm benannte zaiditische Lehre erst durch spätere Anführer der Bewegung von anderen schiitischen Strömungen abgegrenzt und zu einem eigenen System entwickelt worden, vor allem durch *Al-Qāsim ibn Ibrāhīm* (gest. 245 bzw. 860)[350]. Nach der Überzeugung der Zaiditen muss ein Kandidat für das Amt des Imams zur Familie *ᶜAlīs* gehören, wobei jedoch unerheblich ist, ob er seine Abstammung auf *Husain ibn ᶜAlī* oder seinen Bruder

---

346 Vgl. *Nagel* (o. Fn. 178), S. 356.

347 Dazu ausführlich *Löschner* (o. Fn. 336), S. 160 ff.

348 Vgl. *Nagel* (o. Fn. 178), S. 358; siehe auch *dens.,* Staat und Glaubensgemeinschaft im Islam, Bd. 1, S. 190 ff. und 250 ff.

349 Vgl. *Eckert,* in: Ende / Steinbach (o. Fn. 3), S. 543, 548.

350 Vgl. dazu etwa *Madelung,* Der Imam al-Qāsim ibn Ibrāhīm und die Glaubenslehre der Zaiditen, 1965.

Hasan zurückführt. Eine starre Erbfolge wird abgelehnt. Entscheidend ist die Fähigkeit und Bereitschaft, mit Waffengewalt die Herrschaft zu erkämpfen und zu bewahren, weshalb – im Unterschied zu der Lehre der Zwölferschiiten – das Imamat eines Kindes nicht möglich ist. Außerdem hat die Zaidīya die Vorstellung von einem Erlöser-Imam und Endzeit-Herrscher (*mahdī*) bzw. von dessen zeitweiliger Entrückung (*ghaiba*) und später zu erwartender Wiederkehr nicht mit aufgenommen. Die Reihe der Imame ist bei den Zaiditen nicht abgebrochen, sondern setzt sich – in der sichtbaren Welt – bis in die Gegenwart fort. Im Staatsrecht der Zaiditen wird gleichwohl zugestanden, dass es eine Zeit ohne einen anerkannten, tatsächlich herrschenden Imam geben kann; auch dürfen nach zaiditischer Lehre mehrere Imame gleichzeitig auftreten. Die Verdrängung eines Imams durch einen Gegen-Imam wird hingenommen, ebenso seine Wiedereinsetzung, wenn es ihm seinerseits gelingt, den oder die Rivalen zu stürzen. Wenn ein Imam keine hinreichenden militärischen Erfolge aufweist, religiös-sittliche Normen verletzt, gravierende Wissenslücken mit Blick auf die Glaubenslehre hat oder gebrechlich ist, kann er abgesetzt werden. Daran zeigt sich, dass das Imamat nach dem zaiditischen Verständnis ein schlichtes Gottesgnadentum *für ein Amt* ist, nicht eine unentziehbar von Gott verliehene Eigenschaft. Hinsichtlich des Rechts im Übrigen bietet die Zaidīya kein einheitliches und klar abgrenzbares Bild. Sie bekennt sich zum Recht ihrer Gelehrten, zu denen in erster Linie die Imame gehören, sich des *iǧtihād* zu bedienen. Einzelne ihrer Rechtslehrer stehen in ihren Entscheidungen sunnitischen Autoritäten näher als anderen schiitischen. Das hat dazu beigetragen, dass im heutigen Jemen zaiditische und sunnitische (schafiitische) Gläubige bereit sind, in ein und derselben Moschee hinter einem Vorbeter ihr Gebet zu verrichten. Was das Bild der Zaiditen von der frühislamischen Gemeinde betrifft, so ist es nicht in dem Maße von Unversöhnlichkeit geprägt, wie dies bei den Zwölferschiiten der Fall ist. Zwar bestehen die Zaiditen darauf, dass ᶜ*Alī* der würdigste Anwärter auf das Imamat gewesen sei, aber sie lehnen es ab, die drei ersten Kalifen als Usurpatoren zu bezeichnen[351].

Neben den genannten Richtungen gibt es innerhalb der Schia noch zahlreiche weitere Gruppierungen, die gemeinhin als islamische Sekten oder Sondergruppen bezeichnet werden und teilweise ebenfalls auf eine bis in das 4. Jahrhundert muslimischer bzw. 10. Jahrhundert unserer Zeitrechnung zurückreichende Geschichte verweisen können, wie etwa die Ibaditen, Alawiten, Drusen, Ahl-i haqq und Yeziden[352]. Ihre – durchaus voneinander abweichenden – Vorstellungen vom islamischen Recht im Einzelnen darzustellen würde den Rahmen dieser Studie allerdings sprengen.

---

351 Vgl. *Ende* (o. Fn. 319), S. 70, 87 ff.

352 Siehe dazu etwa *Schmucker*, in: Ende / Steinbach (o. Fn. 3), S. 663 ff.

III. Die Doktrin vom verschlossenen Tor zum iğtihād

Nachdem die Zeit der Schulgründungen zu einem Ende gekommen war und sich die großen Rechtsschulen mit einer je eigenen Lehre etabliert hatten, setzte vor allem im Bereich des sunnitischen Islam eine Rechtsentwicklung ein, die bewirkte, dass die Freiheit, das eigene Urteilsvermögen zur Entscheidungsfindung einzusetzen, immer weiter eingeschränkt wurde. Dabei spielten verschiedene Faktoren eine Rolle, wie die Herausbildung eines zunächst lokalen und später generellen *consensus,* die Formierung von Gruppen oder Zirkeln innerhalb der Schulen, die Unterwerfung abweichender Meinungen unter die zunehmend strengere Disziplin der systematischen Argumentation und nicht zuletzt das schon erwähnte[353] Auftauchen unzähliger Traditionen von dem Propheten und seinen Gefährten, die sich mit ihrem für sakrosankt gehaltenen, autologischen Aussagegehalt über die Auffassung der einzelnen Gelehrten stellten[354]. Einen bedeutsamen Einfluss übte daneben – über die Grenzen der schafiitischen Schule hinaus – die Lehrmeinung *Al-Shāfiᶜīs* von der Vollständigkeit und Unveränderbarkeit der *sharī'ah*[355] aus, die bedeutete, dass eine einmal als solche proklamierte Bestimmung des islamischen Rechts nur dann abgeändert werden durfte, wenn die Rechtserkenntnis auf einem Irrtum oder einem falschen und daher zu korrigierenden Verständnis der göttlichen Normen beruhte. Außerdem konnten abschließend und zutreffend beurteilte Rechtskomplexe nicht neu aufgegriffen und durch weitere Vorschriften, die dem Wandel der tatsächlichen Verhältnisse Rechnung trugen, verdichtet oder bereichert werden. So setzte sich um die Mitte des dritten Jahrhunderts muslimischer bzw. des neunten Jahrhunderts unserer Zeitrechnung in weiten Teilen der muslimischen Rechtsgelehrsamkeit die Vorstellung durch, dass allein die großen Gelehrten der Vergangenheit, denen an Rechtserkenntnis niemand gleichkomme, das Recht zu einer echten unabhängigen Entscheidungsfindung gehabt haben; ihren Schülern stehe ein solches Recht nicht mehr zu.

Offenbar um den aufkeimenden Streit um die Kompetenz der Gelehrten zum *iğtihād* zu entschärfen und ihnen zumindest noch einen Bestand an eigenständiger juristischer Argumentation zu sichern, wurde zur damaligen Zeit der Terminus „iğtihād“ aus seinem alten Zusammenhang mit dem freien Gebrauch der eigenen Meinung *(ra'y)* gelöst und in seiner Bedeutung darauf beschränkt, gültige rechtliche Schlüsse aus dem Koran, der *sunna* und dem *consensus* entweder durch Analogie *(qiyās)* oder durch systematische Überlegungen zu ziehen. Den Rechtsgelehrten verblieb damit ein zwar deutlich verminderter, aber zumindest noch vorhandener Spielraum zum *iğtihād.* Sie konnten, wenn sie sich auf ihre Kompetenz zum *iğtihād* beriefen, nicht mehr völlig autonom entscheiden, was ohnehin nach keiner Schuldoktrin, auch nicht nach der hanafitischen, als zulässig erachtet wurde, son-

---

353 Siehe etwa oben bei Fn. 27.

354 Vgl. hierzu und zum Folgenden *Coulson* (o. Fn. 108), S. 80 ff.; *Schacht* (o. Fn. 180), S. 69 ff.; *dens.* (o. Fn. 240), S. 57, 72 ff.

355 Dazu oben bei Fn. 259.

dern mussten sich eng an die Vorgaben der primären Rechtsquellen halten. Die terminologische Verengung der wissenschaftlichen Entscheidungsfreiheit vermochte indes das Damoklesschwert der fortschreitenden Paralysierung des islamischen Rechts, die mit dem Fokus auf die idealisierte Frühzeit einherging, nicht auf Dauer abzuwenden.

Zum Beginn des vierten Jahrhunderts muslimischer bzw. um das Jahr 900 unserer Zeitrechnung hatte sich bei vielen Gelehrten der großen Schulen der Eindruck breit gemacht, dass alle wesentlichen Rechtsfragen bereits umfassend diskutiert und abschließend entschieden worden seien. Infolgedessen entstand eine sehr verbreitete Auffassung, aber kein Konsens im technischen Sinne, dahingehend, dass, wo doch niemand mehr als jemand gelten durfte, der die Qualifikationen für eine eigenständige Rechtsauslegung besitzt, alle zukünftigen rechtlichen Aktivitäten die Erläuterung, Anwendung und vor allem Interpretation der jeweiligen Schule zugrunde legen müssen, wie sie von deren Gründern ein für allemal niedergelegt worden sind[356]. Diese so genannte Doktrin vom „Verschließen des Tors zum *iǧtihād*" gipfelte in der Forderung zur bedingungslosen Nachahmung, arabisch: *at-taqlīd*[357]. *Taqlīd* ist ein Begriff, mit dem in den alten Rechtsschulen gewöhnlich der Gehorsam oder die Ehrerbietung bezeichnet worden war, die die Gefährten dem Propheten entgegen gebracht hatten, der jedoch nunmehr verwandt wurde, um die nicht zu hinterfragende Anerkennung der Lehrmeinungen der etablierten Schulen und Autoritäten auszudrücken. So trat an die Stelle der Originalität die Wiederholung dessen, was von den Großen der Vergangenheit erreicht worden war[358]. Das bedeutete in der Konsequenz, dass die bislang als primär anerkannten Rechtsquellen Koran und *sunna,* ggf. auch *consensus* und Analogieschluss, nicht mehr unmittelbar für die Rechtserkenntnis genutzt werden konnten[359]; im Grunde gab es nur noch eine akzeptierte Rechtsquelle: die umfangreichen Lehrsätze und Ausführungen, die die großen Schulhäupter in ihren Handbüchern niedergelegt hatten[360]. Das Verfahren der Rechtserkenntnis, das die *sharī'ah*-Gelehrsamkeit vom 4. bis in das 13. Jahrhundert muslimischer bzw. vom 10. bis in das 19. Jahrhundert unserer Zeitrechnung hinein geprägt hat, fasst dabei der im Jahr 1963 von der Fakultät für religiöses Recht an der Universität Kairo herausgegebene erste Band der „Gamāl ᶜAbd an-Nāṣir-Enzyklopädie des islamischen Rechts", aus deren Titel später der Name des ägyptischen Staatsmannes gestrichen wurde, wie folgt zusammen: „Solange sie [*scil.*: die Nachahmer; die den Schulgründern nachfolgenden Generationen von Gelehrten] nicht über die Befähigung verfügen, irgendeine Art von *iǧtihād* durchzuführen, haben sie nicht das Recht, (unmittelbar) auf den Koran, die *sunna* und den Consensus zurückzugreifen; und sie haben nicht das Recht, Analogien zu

356 Vgl. *Schacht* (o. Fn. 180), S. 70 f.; *dens.* (o. Fn. 240), S. 57, 73.

357 Vgl. etwa *Milliot/Blanc,* Introduction à l'étude du droit musulman, S. 82.

358 Vgl. *Nagel* (o. Fn. 178), S. 164.

359 Siehe bereits *Snouck Hurgronje,* „E. Sachau, Muhammedanisches Recht nach schafiitischer Lehre" (o. Fn. 16), S. 367, 386 f.

360 Vgl. *Nagel* (o. Fn. 178), S. 329.

den dort überlieferten Bewertungen aufzustellen. Es steht ihnen lediglich zu, sich die Aussagen ihrer Schulhäupter vorzunehmen und sie zu prüfen, wie ein *muǧtahid* [*scil.*: ein erstrangiger Sucher nach selbständiger Einsicht] die Beweistexte prüft, und sie dürfen aus jenen Aussagen weiteres ableiten. Was sie auf diese Weise gewinnen, sind Aussagen, die sich im Rahmen der Meinung ihres Schulgründers bewegen, gleichviel ob diese Aussagen den älteren entsprechen, die von Gelehrten der betreffenden Rechtsschule gemacht wurden, oder ob noch nie ein Mitglied der Schule sich zuvor so geäußert hat. Man urteilt gemäß diesen (neuen) Aussagen, schreibt entsprechende Rechtsgutachten und befolgt mit Bezug auf sie eben die Methode, die man anwendet, wenn die Aussagen der großen, zur eigenen Entscheidung befähigten Schulhäupter unterschiedlich überliefert sind. Dies ist die Meinung der späteren (Scharia-Gelehrten). Manche erwogen das [geschilderte Vorgehen] genau und gelangten zu der Frage: ‚Nun könnte man sagen, dass alles, was als Aussage des Schulgründers überliefert wird, weder Koran noch echtes *hadīṯ* ist; weshalb darf man daraus Bewertungen ableiten?' Darauf ist zu antworten: ‚Immerhin handelt es sich um Aussagen von zur eigenen Einsicht befähigten Schulhäuptern, die die Regeln der Scharia und des Arabischen genau kannten und die schariatischen Bewertungen klar darlegten. Der Inhalt ihrer Aussagen gilt für alle ihre Nachahmer als ein beweiskräftiges Argument, sei dieser Inhalt deutlich ausgesprochen oder erschlossen, klar oder einem Hinweis entnommen. Deshalb sind die Ausführungen des Schulhauptes für den Nachahmer das, was Koran und *hadīṯ* für alle zu eigener Einsicht Befähigten sind.'"[361] Das barg die Gefahr, dass Koran und *sunna* für die Rechtsfindung aus dem Blickfeld gerieten; in der Tat wurde die Lehrmeinung der Schulgründer bisweilen über den Aussagegehalt einer Überlieferung gestellt. So sind beispielsweise von einem Rechtsgelehrten des 10. Jahrhunderts die Worte überliefert: „Jedes *Hadît,* das den Ansichten unserer Gefährten widerspricht, ist entweder umzudeuten oder als abrogiert zu betrachten."[362]

Die Doktrin vom verschlossenen Tor zum *iǧtihād* vermochte sich gerade vor dem Hintergrund der Zurückdrängung der primären Rechtsquellen nicht ohne Widerstand durchzusetzen; und auch in späteren Jahrhunderten standen immer wieder Gelehrte auf, die die Ansicht vertraten, dass es zu jeder Zeit einen *muǧtahid* gegeben habe und geben werde, oder sogar von sich selbst behaupteten, sie genügten den unglaublich hohen Anforderungen, die für die Qualifikation zum *iǧtihād* festgelegt worden waren. Diese Behauptungen fanden indes im positiven Recht keinen Niederschlag; sie blieben ein Gegenstand theoretischer Erwägungen. Keiner der Gelehrten, der sie aufstellte, nahm tatsächlich eine eigenständige Interpretation der *sharī'ah* vor. Andere Lehrer des islamischen Rechts stellten nicht so sehr in den Vordergrund, dass sie für sich selbst den *iǧtihād* reklamierten, sondern sprachen sich in erster Linie gegen das eng verstandene Prinzip des *taqlīd* aus. Zu ihnen gehörten der geistige Vater der zahiritischen Schule, *Dāwūd ibn Khalaf,* und

361 Mausū^{c}at Gamāl ^{c}Abd an-Nāṣir lil-fiqh al-islāmī, Bd. 1, S. 20 (Übersetzung im Wesentlichen von *Nagel* [o. Fn. 178], S. 329 f.).

362 Siehe *Al-Hudarī,* Ta'riẖ at-tašrī^{c} al-islāmī, S. 335.

der Begründer der Bewegung der Almohaden, *Muhammad ibn Abdallah ibn Tūmart*[363], ferner der berühmte Hanbalit *Taqīaddīn ibn Taimīya*[364] und sein Schüler *Shams al-Dīn Abū ᶜAbd Allāh Mohammad ben Abī Bakr ben Ayyūb Ibn Quaijim al-Jawzya* (gest. 751 muslimischer bzw. 1350 unserer Zeitrechnung). Diese Gelehrten hielten es für nicht gerechtfertigt und für gefährlich, in Angelegenheiten der Religion und des religiösen Rechts irgendeinem Menschen, der Prophet ausgenommen, blind zu folgen[365]. *Ibn Taimīya* sprach sich zwar nicht ausdrücklich dafür aus, das Tor zum *iǧtihād* wieder zu öffnen[366], aber dadurch, dass er der Idee von der rechtsschöpferischen und rechtsbindenden Wirkung des *consensus* nur eine sehr begrenzte Bedeutung beimaß[367], konnte er, soweit er dies im Einzelfall für erforderlich hielt, den Koran und die Traditionen von dem Propheten losgelöst von den Vorgaben der vergangenen Gelehrtengenerationen interpretieren und so zu neuen Schlussfolgerungen in Bezug auf viele Institutionen des islamischen Rechts gelangen[368]. Die Wahhabiten[369] haben mit den Lehren *Ibn Taimīyas* auch dessen ablehnende Haltung gegenüber dem *taqlīd* übernommen. Zugleich hielten sie indes am positiven Recht der hanbalitischen Schule fest, das vor der Zeit *Ibn Taimīyas* entstanden ist, obwohl dies bisweilen zu Widersprüchen und Inkonsistenzen bei der Methodik und nicht zuletzt auch bei den Ergebnissen der Auslegung führt[370].

Herkömmlich wird die Doktrin vom verschlossenen Tor zum *iǧtihād* lediglich mit dem sunnitischen Islam in Verbindung gebracht. Es wird davon ausgegangen, dass in der schiitischen Jurisprudenz das „Tor des *iǧtihād*" offen geblieben sei[371], weil sich die ranghohen Vorsteher der Gemeinde über die Jahrhunderte hindurch stets als *muǧtahid,* als individuelle Interpreten des Gesetzes, und damit als eine eigenständige „Quelle der Nachahmung" (pers.: *marja-i-taqlid*) verstanden hätten[372]. Tatsächlich findet sich Idee, dass die großen Lehrer der Vergangenheit ein für allemal die Wahrheiten aus den heiligen Schriften und Überlieferungen herausgelesen haben, jedoch in Ansätzen auch in der Schia. Beispielhaft erwähnt sei die Auffassung, dass der Konsens normative Kraft erwirbt, wenn er die Meinung des Unfehlbaren, d. h. des (verborgenen oder eines sichtbaren) Imams, enthüllt[373]. Zur rein menschlichen Übereinkunft muss also das transzendentale Moment der Un-

---

363 Zu ihnen bereits oben nach Fn. 291.

364 Zu *Ibn Taimīya* oben nach Fn. 285.

365 Vgl. *Vogel,* Islamic Law and Legal System, S. 67.

366 *Laoust,* Essai sur les doctrines sociales et politiques de Taki-d-Din Ahmad b. Taimiya, S. 228.

367 Vgl. oben bei Fn. 286.

368 Vgl. *Jokisch* (o. Fn. 286), S. 119, 120 und 129.

369 Vgl. oben bei Fn. 287.

370 Vgl. *Schacht* (o. Fn. 180), S. 72 f.; *dens.* (o. Fn. 240), S. 57, 74 f.; *Vogel* (o. Fn. 365), S. 73 ff.

371 Vgl. *Forte,* Studies in Islamic Law, S. 24; *Coulson* (o. Fn. 108), S. 108.

372 Vgl. *Ruthven* (o. Fn. 4) S. 114 f.; *Rahman* (o. Fn. 125), S. 163, 164 ff.

373 Vgl. *Löschner* (o. Fn. 336), S. 131 f.

fehlbarkeit hinzutreten; dann entsteht in Bezug auf den Gegenstand des Konsenses eine Bindungswirkung für künftige Generationen von Rechtsgelehrten. Zu der Frage, wie die Beteiligung des Unfehlbaren beschaffen sein muss und wie sie sich feststellen lässt, wurden im Laufe der Zeit verschiedene Theorien entwickelt, die im islamwissenschaftlichen Schrifttum dargelegt sind. Auf diese Ausführungen muss hier verwiesen werden[374].

IV. Islamisches Recht in der Neuzeit

Bis hinein in das 13. Jahrhundert muslimischer bzw. 19. Jahrhundert unserer Zeitrechnung und damit über einen Zeitraum von mehr als achthundert Jahren beherrschte oder jedenfalls überschattete die Doktrin vom „Verschließen des Tors zum *iǧtihad*" das Denken in den Zentren der islamischen Rechtsgelehrsamkeit[375]. Das islamische Recht erschien aufgrund der dadurch bewirkten Ausrichtung auf die Vergangenheit zunehmend als unflexibel, antiquiert und den Anforderungen der Zeit nicht mehr gewachsen[376]. Deshalb verwundert es nicht, dass im Zuge der kolonialen Neuordnung großer Teile der islamischen Welt zunächst in vielen muslimischen Ländern eine Umgestaltung des überkommenen Rechtssystems nach westeuropäischem Vorbild angestrebt wurde[377]. Zu erwähnen ist etwa das unter Leitung von *Ahmed Cevdet Paşa* erstellte und zwischen 1869 und 1876 veröffentlichte Bürgerliche Gesetzbuch für das Osmanische Reich, die *Mecelle-i ahkam-i adliyye* [Buch der juristischen Bestimmungen], die sich an den französischen Code Civil anlehnte[378]. Es bestand die Gefahr, dass „die Geschichte der muslimischen Länder dem Ende, der Einschmelzung in eine durch die westliche Zivilisation geprägte Weltgeschichte" entgegen geht[379] und das islamische Recht als die Gesamtheit der für alle Muslime verbindlichen Regeln religiösen Ursprungs, die über die private Gottesbeziehung hinaus weisen, nicht nur seine Eigenständigkeit verliert, indem es sich mit dem christlich geprägten säkularen Recht der Kolonialmächte verbindet, sondern gänzlich untergeht. In dieser Zeit setzte in der islamischen Rechtswissenschaft eine Reformdiskussion ein, die heute noch andauert.

Die Reformer verfolgten das Ziel einer grundlegenden Erneuerung des Islam und des islamischen Rechts. Um feststellen zu können, was echter und wirklicher Islam ist und was von ihm tatsächlich für das Verhalten der Gläubigen gefordert wird, verlangten sie, dass Glaubens- und Rechtslehre unmittelbar zu den historischen Quellen zurückzugehen und von dort her einen Neuanfang wagen sollten[380].

---

374 Siehe etwa *Löschner* (o. Fn. 336), S. 134 ff.

375 Vgl. *Nagel* (o. Fn. 178), S. 327; *Coulson* (o. Fn. 108), S. 149 f.; *Schacht* (o. Fn. 180), S. 73.

376 Vgl. *Brown,* The rule of law in the Arab world, S. 58 und 125.

377 Vgl. *Schacht* (o. Fn. 240), S. 57, 83.

378 Siehe dazu etwa *Nagel* (o. Fn. 178), S. 300 ff.

379 *Nagel* (o. Fn. 178), S. 305.

Zu diesem Zweck war es nötig, die Verpflichtung zum *taqlīd,* also zur blinden Anerkennung und Wiederholung der etablierten Lehrsätze einer einzelnen Rechtsschule, zu verwerfen und stattdessen die fortbestehende Berechtigung der Gelehrten zum *iǧtihad* geltend zu machen[381]. Ein erster Schritt war dabei die Klarstellung, dass das Tor zum *iǧtihad* niemals aufgrund eines formalen Aktes oder einer ausdrücklichen Vereinbarung, eines übereinstimmend angenommenen oder für gültig erklärten Gutachtens der Rechtsschulen geschlossen war[382]. Daraus folgt indes noch nicht zwingend, dass das Tor zum *iǧtihad* offen geblieben ist. Deshalb musste in einem zweiten Schritt umfassend dargetan werden, dass es zu jeder Zeit prominente Gelehrte gegeben hat, die rechtliche Entscheidungen auf der Grundlage eigener Überlegungen getroffen haben[383]. Es konnte sich dann wegen dieser von der allgemeinen Auffassung abweichenden Verfahrensweise kein *consensus* im technischen Sinne in Bezug auf eine nicht mehr gegebene Befugnis zur Ausübung von *iǧtihad* gebildet haben, der Rechtssatzcharakter gehabt hätte. Hatte es immer Gelehrte gegeben, die – wie die frühen Schulgründer – zur Rechtsfindung eigene Überlegungen anstellten, so war des Tor zum *iǧtihad* in der Tat nicht geschlossen[384], jedenfalls nicht für alle Gelehrten, für alle Ebenen der Entscheidungsfindung oder für alle Zwecke[385]; die Doktrin vom verschlossenen Tor zum *iǧtihad* beruhte auf einem sowohl rechtlichen als auch tatsächlichen Irrtum[386]. Vor diesem Hintergrund gab es durch den *iǧtihad* die Möglichkeit, die Vorschriften des Koran und der *sunna* den Bedürfnissen der neuen Zeit entsprechend vollständig neu zu interpretieren[387]. Diese Ansicht, die sich einige islamische Erneuerungsbewegungen zueigen machten, erfüllte gleich einem Freiheitsruf die islamische Welt[388]. Die Forderung nach einer Rückkehr zu den Wurzeln schien es möglich zu machen, an die Blütezeit der islamischen Kultur, die zur Zeit der Schulgründungen bestanden hatte, anzuknüpfen und das islamische Recht nicht nur aus den Fesseln der mittelalterlichen Kasuistik heraus zu lösen, sondern auch seine kraft des göttlichen Ursprungs bestehende Überlegenheit gegenüber dem kontinentaleuropäischen bzw. kolonialen Recht darzutun. Das islamische Recht sollte, gereinigt und entschlackt von den Verkrustungen, die es im Laufe der Jahrhunderte umgeben hatten, einen Neuanfang für die Muslime bereiten[389].

---

380 Vgl. *Nagel* (o. Fn. 178), S. 330.

381 Vgl. *Peters,* in: Ende / Steinbach (o. Fn. 4), S. 90, 108.

382 Vgl. *Rahman* (o. Fn. 125), S. 150.

383 Vgl. *Vogel* (o. Fn. 365), S. 62 ff.

384 Vgl. *Hallaq,* Journal of Islamic Studies 3 (1992), 172 ff., insbes. 182; *Jokisch* (o. Fn. 286), S. 119; grundlegend bereits der berühmte Aufsatz von *Hallaq,* International Journal of Middle East Studies 16 (1984), 3 ff. mit dem Titel „Was the Gate of Ijtihād Closed?“.

385 Vgl. *Vogel* (o. Fn. 365), S. 62.

386 Vgl. *Rahman* (o. Fn. 125), S. 149 ff.

387 Vgl. *Poulter,* Ethnicity, Law and Human Rights, S. 230 und 231: „total reinterpretation of [. . .] Qur'anic injunctions“.

388 Siehe zu den verschiedenen, teilweise radikalen Bewegungen zur Wiedereinführung des *iǧtihad* etwa *Ramadan,* Das Islamische Recht, S. 87 ff.; *Peters* (o. Fn. 381), S. 90 ff.

Die Idee, zu den Wurzeln zurückzukehren, wurde allerdings keineswegs von allen muslimischen Gelehrten begeistert aufgenommen, denn ihre Umsetzung hätte nicht nur einen Bruch in der dogmatischen Entwicklung des islamischen Rechts[390], sondern zugleich auch eine Verleugnung der hervorragenden, auch rechtswissenschaftlichen Leistungen vergangener Generationen bedeutet. So argumentierten etwa die Verfasser in der Einleitung der bereits erwähnten „Gamāl ᶜAbd an-Nāṣir-Enzyklopädie des islamischen Rechts“[391], dass die Leistung der vielgerühmten Gelehrten der Frühzeit, die in den Werken der späteren bis in die Gegenwart hinein nachwirke, nicht beiseite geschoben werden dürfe; auf ihr müsse auch heute jede islamische Rechtswissenschaft fußen. Die *sharī'ah,* wie sie in den Jahrhunderten nach den Schulgründern betrieben wurde, setzte stets deren Erkenntnisse voraus, und das könne in der heutigen Zeit nicht anders sein. Allen Späteren komme zwangsläufig die Stellung von Nachahmern zu. Doch sei dies, entgegen der Auffassung einiger, kein Makel. Gerade weil die Spätgeborenen nicht bei jedem Problem, das auftauche, unmittelbar auf Koran und *sunna* zurückgegen müssten, sondern das darin enthaltene einschlägige Material bereits zu einem weitgehend in sich stimmigen Gefüge von Rechtsgrundsätzen vorfänden, seien sie in der Lage, zu angemessenen Lösungen zu gelangen. Die in der ersten, in der Tat seit langem abgeschlossenen Stufe der selbständigen Entscheidungsfindung ans Licht gehobenen Grundsätze des göttlichen Rechts ermöglichten ein islamisches Rechtswesen und eine islamische Rechtswissenschaft, die man als einen lebendigen, auf den Wandel der Geschichte eingehenden Bereich islamischer Kultur zu verstehen habe[392].

Gestützt und untermauert wurde diese Sicht durch ein erweitertertes Verständnis des Begriffs „iǧtihad“. Er konnte zum einen die auf Einsicht gerichtete eigenständige Suche (*al-iǧtihad al-fiqhī*) meinen, wie sie die Schulhäupter der Frühzeit betrieben hatten, denen es um die Ermittlung von Bewertungen ging, die unmittelbar aus den Quellen zu erschließen sind. Zum anderen konnte er aber auch die Bedeutung einer Anwendung bekannter Bewertungen haben, was als „Anpassung [*at-takjīf*]“ bezeichnet wird: „[Diese Art von eigenständiger Einsicht ...] besteht in der Untersuchung eines Sachverhalts und der Bestimmung der Art, zu der er gehört; [diese Untersuchung erfolgt mit dem Ziel,] auf diesen Sachverhalt eine Bewertung anzuwenden. Die Suche [*al-iǧtihad*] soll also nicht zur Ermittlung einer Bewertung führen, die bisher unbekannt war, sondern zur Bestimmung einer be-

389 Siehe dazu, dass zeitgenössische *Muftīs* bei der Erstellung ihrer Rechtsgutachten bisweilen darauf verzichten, auf die Lehrmeinung der alten Schulen abzustellen, und stattdessen unmittelbar auf den Koran und die *sunna* rekurrieren, was auf den Einfluss der Erneuerungsbewegungen hinweist, etwa *Masud/Messick/Powers,* in: dies. (Hrsg.), Islamic Legal Interpretation, S. 3, 30.

390 Vgl., dem ostentativ entgegengerichtet, bereits den Titel des recht bekannten Buches „Contingency in a Sacred Law“ von *Johansen.*

391 Siehe oben nach Fn. 360.

392 Vgl. *Nagel* (o. Fn. 178), S. 330 f. m. Nachw.

kannten Bewertung, gemäß der bei einem bestimmten Sachverhalt zu verfahren ist. Dies ist eben das, was *aš-Šāṭibī* den Gegenstand der Nachforschung nennt. Der *Muftī* und der *Qāḍī* treiben diese Art eigenständiger Suche. Bisweilen geht es dabei um den Aufweis eines bestimmten Sachverhalts, um ihn auf eine bekannte Bewertung anzuwenden; mit solcher eigenständigen Suche ist ausschließlich der *Qāḍī* befasst. Diese Art [...] gab es immer, es gibt sie, und sie wird bis zum Jüngsten Tag fortdauern"[393].

Auch andere, der traditionellen *sharī'ah*-Wissenschaft verbundene Gelehrte wurden nicht müde zu betonen, dass das islamische Recht hinreichend flexibel, dynamisch[394] ist und den Anforderungen der Gegenwart durchaus gerecht wird[395]. Sie wiesen darauf hin, dass nicht sämtliche Bestimmungen des Koran und der *sunna* unveränderlich sind, sondern dass einige Vorschriften zeit- oder ortsgebunden zu interpretieren sind mit der Folge, dass sie heute für die Muslime entweder überhaupt nicht oder nur noch dann bindend sind, wenn dieselben Voraussetzungen vorliegen, die für ihren Erlass maßgeblich waren: „Der Inhalt des Koran lässt sich in fünf große Kategorien von Bestimmungen einteilen, obgleich die Verse nicht eindeutig entsprechenden Kapiteln [*scil.*: Suren] zugeordnet sind. Die erste Kategorie ist diejenige der Verse, die Eigenschaften Gottes und seines ewigwährenden Charakters offenbaren. Die zweite Kategorie bezieht sich auf die Verse, die über die Geschichte der alten Völker und ihrer Propheten im Allgemeinen berichten, ohne bestimmte Einzelheiten über Zeit oder Ort zu nennen, und die dazu bestimmt sind, der gesamten menschlichen Rasse, an die sich die von *Mohammed* überbrachte Botschaft richtet, als Beispiele zu dienen. Die dritte Kategorie wird gebildet durch die Verse, welche die Prinzipien und Regeln über die Verehrung und Anbetung Gottes behandeln. Die vierte Kategorie umfasst die Verse, in denen es um die grundlegenden Gebote und allgemeinen Richtlinien für das [menschliche] Verhalten [mit Bezug auf das Verhältnis zu- bzw. untereinander] geht. Die fünfte Kategorie schließlich betrifft die Verse, die sich mit dem alltäglichen Leben befassen. Nur die ersten drei Kategorien sind absolut unveränderlich, weil sie teilhaben an dem, was der Koran ‚das Unerforschliche' [...] nennt. Das Unerforschliche ist die Gesamtheit an Wahrheit, die allein Gott vollständig kennt, von der er einen Teil ausgewählt hat, um ihn zu offenbaren [....]. Natürlich enthält keine dieser Kategorien rechtliche Bestimmungen, weil sie das Alltagsleben der Leute und ihren Umgang miteinander gar nicht berühren. Im Gegensatz dazu verhalten sich die beiden anderen Kategorien: Obwohl die Texte selbst unveränderlich sind, gilt dasselbe nicht für ihre Anwendung. Tatsächlich gibt es unter den Texten dieser Kategorien solche, die allgemeine grundlegende Prinzipien formulieren und dabei, ähn-

---

393 Zit. nach der Übersetzung von *Nagel* (o. Fn. 178), S. 331; ähnlich *Akbarabadi,* Islamic and Comparative Law Quarterly 1 (1981), 191, 193 ff.; *Ramadan,* La sharî'a, S. 25 ff.

394 So *Akbarabadi,* Islamic and Comparative Law Quarterly 1 (1981), 191, 203.

395 Vgl. nur *M. W. Hofmann,* Islam, S. 55; ferner *M. S. Mahmassani* (o. Fn. 2), S. 437, 448, der nachfolgend umfassend eingeht auf „Le principe d'évolution de la Shari'a suivant l'évolution des lieux et des temps".

lich den Zehn Geboten, einen weiten Anwendungsspielraum lassen, sowie solche, die detaillierte Einzelbestimmungen, mit denen bestimmten [zeitlichen oder örtlichen] Umständen oder sozialen Gepflogenheiten Rechnung getragen wurde, enthalten, mit der Folge, dass der Wandel [der Gegebenheiten] dazu führen kann, dass sie entweder nicht mehr anwendbar sind oder ihre Anwendung zu modifizieren ist"[396]. Ähnliches soll mit Blick auf die *sunna* gelten. Auch dort werden nur diejenigen Vorschriften für absolut verbindlich gehalten, die sich auf die Religionsausübung im engeren Sinne beziehen, während alle anderen Vorgaben als grundsätzlich veränderlich eingestuft werden[397]. Es wird also sowohl mit Blick auf den Koran als auf die *sunna* unterschieden zwischen unveränderlichen religiösen Geboten und zeit- bzw. ortsbezogenen Einzelregelungen, die einem Wandel zugänglich sind. Als Beispiele für abänderbare Bestimmmungen werden etwa diejenigen über Polygamie, Scheidung und Verstoßung, Almosensteuer, Todesstrafe bei Apostasie und körperlich zu vollziehende so genannte Grenz- oder *hudūd*-Strafen[398] genannt[399]. Unveränderliche, absolute Vorschriften sind, jedenfalls nach Ansicht des äqyptischen Verfassungsgerichtshofes, beispielsweise das Alkoholverbot, das Verbot einer glaubensverschiedenen Ehe von Musliminnen (nicht von männlichen Muslimen) und das Verbot der Zinsnahme (*ribā*)[400].

Darüber hinaus machten die *sharī'ah*-Gelehrten auf die verschiedenen Möglichkeiten aufmerksam, die schon der Koran für die Fortentwicklung des islamischen Rechts bereithält. Dies sind zum einen die Abrogation, also die Abänderung eines bestehenden Normbefehls durch eine später erlassene Vorschrift[401], und die zahlreichen Ausnahmebestimmungen[402]. Beispielsweise wird vertreten, dass die Regelungen über den Krieg gegen die Ungläubigen als Ausnahmen von dem im Übrigen geltenden allgemeinen Grundsatz der Gewissensfreiheit und der Toleranz zu verstehen seien[403]. Zum anderen wird aus der Zusammenschau einiger koranischer Bestimmungen abgeleitet, dass „der Koran [...] die Überschreitung von Regeln immer dann erlaubt, wenn die Notwendigkeit oder das allgemeine [*scil.*: öffentliche] Interesse das verlangen, trotz entgegenstehenden Ge- oder Verbots"[404]. Demgemäß erkennt ein Teil der (sunnitischen) Rechtslehre beispielsweise als generelle Regel an, dass „die Notwendigkeiten die Überschreitung von Verbotsvorschriften

---

396 *M. S. Mahmassani* (o. Fn. 2), S. 437, 449 f. (Übersetzung durch Verf.).

397 *M. S. Mahmassani* (o. Fn. 2), S. 437, 451.

398 Siehe dazu etwa *Nagel* (o. Fn. 178), S. 85 ff.

399 Siehe *M. S. Mahmassani* (o. Fn. 2), S. 437, 454 ff.

400 Vgl. *Bälz*, Droit et societé 39 (1998), 277, 282 ff.; siehe in diesem Zusammenhang auch die instruktive Entscheidung des Gerichts zum islamischen Kopftuch vom 15. Juni 1996, abgedruckt in: Yearbook of Islamic Law and Middle Eastern Law 3 (1996), 180.

401 Dazu unten nach Fn. 482.

402 Vgl. *M. S. Mahmassani* (o. Fn. 2), S. 437, 463 ff.

403 Vgl. *M. S. Mahmassani* (o. Fn. 2), S. 437, 464 f. m. Nachw.

404 *M. S. Mahmassani* (o. Fn. 2), S. 437, 465 (Übersetzung durch Verf.).

rechtfertigen“[405], was bereits durch Art. 21 des Bürgerlichen Gesetzbuches für das Osmanische Reich[406] aufgegriffen worden ist.

In der Folge der propagierten Überlegungen zur Entwicklungsfähigkeit des islamischen Rechts kam es in den meisten Staaten der muslimischen Welt nach dem Ende der Kolonialherrschaft zu einer Re- oder Retroislamisierung des Rechtswesens, bei der auch eine Einschmelzung fremder Rechtsvorstellungen stattfand[407], so dass man nicht ganz zu Unrecht von einer Europäisierung des Islam und des islamischen Rechts sprechen kann. Doch ist das europäische Recht insofern nicht von außen in das islamische Rechtswesen eingedrungen, sondern es war das islamische Recht, das sich europäischer Rechtsinstitute und Rechtsvorstellungen bemächtigt, sie sich einverleibt, nutzbar gemacht und neu interpretiert hat, nicht zuletzt auch im Bereich der Menschenrechte[408]. Impulse und Stoßrichtungen gingen also nicht (mehr) vom europäischen Kontinent oder von Nordamerika aus, sondern waren das Resultat autonomer Prozesse in der islamischen Welt.

Ein wesentlicher Schritt in Richtung auf eine Reislamisierung des Rechts in den muslimischen Staaten wurde dabei 1966 mit der durch das ägyptische Ministerium für religiöse Angelegenheiten erfolgten Einberufung eines „Ausschusses zur Klärung der Prinzipien der islamischen *sharī'ah*“ getan. Der Ausschuss, der dem „Obersten Rat für islamische Angelegenheiten“ in Kairo unterstellt wurde, sollte die gesamte schariatische Überlieferung, vor allem sofern sie die Wege zeigte, auf denen man die Bewertungen der *sharī'ah* ermitteln konnte, sammeln und der Wissenschaft zur Verfügung stellen. Das Material sollte so geordnet werden, dass es sowohl für die Rechtsprechung und die Erteilung von Gutachten als auch für die akademische Lehre herangezogen werden konnte. Man hoffte, dass das auf diese Weise aufbereitete Material nicht allein in Ägypten Verwendung findet, sondern in der gesamten islamischen Welt, damit überall dort, wo eine muslimische Bevölkerungsmehrheit gegeben ist, die Rechtsnormen auf eine schariatische Grundlage zurückgeführt werden. So heißt es denn auch in einem 1971 veröffentlichten Tätigkeitsbericht des Ausschusses, dass seine Arbeit dem Ziel diene, „dass die Scharia zur Grundquelle (der gesamten Gesetzgebung) genommen werden möge oder wenigstens eines Teiles oder dass man aus der in der Scharia enthaltenen juristischen Einsicht (arab.: *al-fiqh*) bei der Gesetzgebung Nutzen ziehe“[409]. Der Bericht betont das Bestreben, das positive Recht und die *sharā'ah* in einen Zusammenklang zu bringen. Dabei ist es für die Verfasser selbstverständlich, dass der Grundton dieser Harmonie durch die *sharī'ah* angeschlagen werden müsse, denn die arabische Gesellschaft sei von ihr hervorgebracht worden. Zwar seien die westlichen Staaten

---

405 *M. S. Mahmassani* (o. Fn. 2), S. 437, 465 (Übersetzung durch Verf.).

406 Siehe dazu oben nach Fn. 377.

407 Vgl. *Nagel* (o. Fn. 178), S. 348 f.

408 Vgl. dazu etwa *G. Mahmassani,* in: Jahel/Dana/Guinchard u. a. (o. Fn. 2), S. 417, 420 ff.

409 Zit. nach *Nagel* (o. Fn. 178), S. 338.

in mancher Hinsicht in diesem Zeitalter der technischen Zivilisation den islamischen voraus, aber das Rechtssystem der Europäer und Nordamerikaner sei im Vergleich mit dem *fiqh* als zurückgeblieben zu beurteilen. Die großen Standardwerke *Aš-Šaibānīs, Māliks* und *Al-Shāfi^{c}īs* seien nach wie vor die unerschöpflichen Quellen des *fiqh,* angereichert und vertieft durch eine viele Jahrhunderte währende und die Menschen aller Erdteile einbeziehende Erfahrung[410]. Dies ist ein starkes Bekenntnis zur Kontingenz, Geltungskraft und Überlegenheit des aus göttlichen Vorgaben abgeleiteten islamischen Rechts.

Die Tätigkeit des Ausschusses zur Klärung der Prinzipien der *sharī'ah* blieb nicht ohne Auswirkungen auf das Rechtssystem in zahlreichen arabischen Staaten. So nahmen viele Staaten in ihre Verfassungen eine Klausel auf, die die „Prinzipien der islamischen *sharī'ah*" zu einer, wenn nicht gar zu *der* Hauptquelle für die Gesetzgebung erklärten. Zu erwähnen sind neben Ägypten beispielsweise Kuwait, die Vereinigten Arabischen Emirate und Syrien, in jüngerer Zeit Mauretanien (1991), der Jemen (1994), Oman (1996) und der Sudan (1998)[411]. Die neue afghanische Verfassung von 2003 enthält eine Vorschrift, nach der in Afghanistan kein Gesetz den Vorgaben der Religion des Islam widersprechen darf (Art. 3); außerdem ist festgelegt, dass in Fällen, in denen es keine einschlägige Bestimmung in der Verfassung oder in einem Gesetz gibt, die Gerichte innerhalb des von der Verfassung gesteckten Rahmens gemäß der hanafitischen Doktrin entscheiden sollten (Art. 130)[412]. Auch die Übergangsverfassung für den Irak aus 2005 legt fest, dass der Islam offizielle Staatsreligion und die grundlegende Quelle der Gesetzgebung ist. Es könne kein Gesetz erlassen werden, dass den unwidersprochenen Regeln des Islam zuwiderlaufe (Art. 2)[413]. Damit hat das islamische Recht, das nach der Überzeugung der Muslime ewig gilt und nicht kritisch hinterfragt werden darf, Verfassungsrang erhalten, was unter dem Aspekt des Schutzes religiöser Minderheiten bedenklich ist. Die Bedenken verstärken sich, wenn der Blick darauf gelenkt wird, welche Macht die verfassungsrechtlichen Klauseln den Gerichten einräumen, die letztlich darüber entscheiden, welche Grundsätze sich aus dem schariatischen bzw. islamischen Recht ergeben, denn dies ist eine Frage, deren Antwort weder abstrakt noch konkret offen zutage tritt und daher zwangsläufig zu Kontroversen führt bzw. führen wird.

Das lässt sich recht deutlich zeigen an einem Rechtsstreit, der vor dem Verfassungsgerichtshof von Ägypten geführt wurde. Der Kläger hatte vorgetragen, eine bestimmte Vorschrift des ägyptischen Zivilgesetzbuches, die Verzugszinsen regelte, sei nicht anwendbar, weil sie gegen das für die Muslime geltende Zinsverbot und damit gegen die „Prinzipien der islamischen *sharī'ah*" verstoße, die gemäß

---

410 Siehe *Nagel* (o. Fn. 178), S. 338 f. m. Nachw.

411 Siehe *Johansen,* ZaöRV 64 (2004), 881, 883.

412 Siehe dazu *Mahmoudi,* ZaöRV 64 (2004), 867, 870 f.

413 Die Verfassung ist zu finden unter: http: //www.globalpolicy.org/security/issues/iraq/ document/2005/0825drafttext.htm.

Art. 2 der Ägyptischen Verfassung in der seit 1980 geltenden Fassung die Hauptquelle für die Gesetzgebung bilden. Unter den „Prinzipien der islamischen *sharī'ah*" seien die „grundlegenden Regeln des positiven Rechts [zu verstehen], die alle Texte der positiven Gesetzgung, die zuvor existiert haben und die den Prinzipien der islamischen *sharī'ah* widersprechen, implizit ersetzen [*naskhan dimniyyan*], weil die Anwendung dieser Prinzipien verpflichtend geworden ist und keine Notwendigkeit besteht, Gesetzgebungsakte zu erlassen, die sie kodifizieren"[414]. Diese bis dahin von zahlreichen Instanzgerichten in Ägypten vertretene Auffassung bedeutete, dass die klassischen Normen des muslimischen *fiqh* automatisch Vorrang vor allen anderen legislativen Texten haben[415]. Jeder Richter könnte nach Maßgabe seiner eigenen, nicht zuletzt religiös begründeten Auslegung der Prinzipien der *sharī'ah* entscheiden und, darauf gestützt, Parlamentsgesetze aus neuerer Zeit für unanwendbar erklären, was eine erhebliche Einbuße an Rechtssicherheit mit sich bringen würde. Dem Richter käme die Rolle eines Ersatzgesetzgebers zu. Außerdem würde die verfassungsrechtliche Kontrolle dezentralisiert. Der ägyptische Verfassungsgerichtshof hat diese Gefahren gesehen, wenn er in seiner Entscheidung ausführt: „Das Argument des Klägers, wonach die Prinzipien der islamischen *sharī'ah* automatisch Anwendung finden durch die Gerichte, hebt nicht nur alle vorangegangene Gesetzgebung auf, die (gegenwärtig) die verschiedenen Bereiche des Zivil-, Straf-, Sozial- und Wirtschaftsrechts regelt und die möglicherweise den Prinzipien der *sharī'ah* widerspricht. Was noch wichtiger ist, die Gerichte werden notwendigerweise auf die Fälle, die sie zu entscheiden haben, nichtkodifizierte Normen anzuwenden haben. Die legislativen Texte werden aufgehoben und ersetzt durch diese nichtkodifizierten Normen, und das wird zu Widersprüchen zwischen diesen Normen führen, zu ihrer wechselseitigen Aufhebung [*tahātur*], und die Stabilität [des Rechtssystems] ernsthaft erschüttern"[416]. Vor diesem Hintergrund kommt das ägyptische Gericht zu dem Ergebnis, dass Art. 2 der Ägyptischen Verfassung sich nicht an die Gerichte, sondern allein an den Gesetzgeber richtet. Die Vorschrift verankere kein neues Recht in der Verfassung, durch das die Gerichte die bestehenden, im formalisierten Verfahren ergangenen Gesetze ersetzen könnten. Stattdessen gebe sie dem Gesetzgeber die Pflicht auf, in der Zukunft Gesetze zu erlassen, die in Übereinstimmung mit den Prinzipien der islamischen *sharī'ah* sind. Diese Verpflichtung bestehe seit 1980; von diesem Zeitpunkt an müsse jedes erlassene Gesetz den Vorgaben der *sharī'ah* entsprechen. Damit ein ungestörtes Funktionieren der Rechtsprechung gewährleistet ist, dürfe von dem Gesetzgeber allerdings nicht verlangt werden, dass er umgehend sämtliche Gesetze, die vor 1980 in Kraft getreten sind, an die Prinzipien der

414 Zit nach der Begründung in der Entscheidung des ägyptischen Verfassungsgerichtshofes vom 4. Mai 1985, abgedruckt in der amtlichen Sammlung, Al-Mahkama al-dustûriyya al-'ulyâ, Bd. 3, 219 f. (Übersetzung nach *Johansen,* ZaöRV 64 [2004], 881, 886).

415 Vgl. *Brown* (o. Fn. 376), S. 97 f.

416 Al-Mahkama (o. Fn. 414), Bd. 3, 214 f. (Übersetzung nach *Johansen,* ZaöRV 64 [2004], 881, 886 f.).

sharī'ah anpasst. Der Gesetzgeber sei zwar verpflichtet, eine Anpassung vorzunehmen, aber in einem langen und langsamen Prozess. Deshalb seien Gesetzgebungsakte, die vor 1980 erlassen wurden, nicht am Maßstab des Art. 2 der Ägyptischen Verfassung zu prüfen; auch die Zinsklausel bleibe aus diesem Grunde vorerst in Kraft[417]. Nach der Auffassung des ägyptischen Verfassungsgerichts handelt es sich bei den Prinzipien der islamischen *sharī'ah* offenbar nicht um Recht, das über der Verfassung steht. Die schariatischen Normen steuern nicht als extrinsische Faktoren den Prozess der Rechtsfindung; sie haben weder Bindungswirkung noch verpflichtenden Charakter für staatliche Gerichte oder Behörden, die außerhalb des Gesetzgebungsverfahrens und der Verfassungsrechtsprechung stehen[418]. Es ist die Aufgabe des Gesetzgebers und der Verfassungsgerichtsbarkeit, die überprüft, ob Gesetze im Einklang mit der Verfassung stehen, das Recht gemäß den Vorgaben der *sharī'ah* zu formulieren. Mit dieser Interpretation des Art. 2 der Ägyptischen Verfassung hat der ägyptische Verfassungsgerichtshof untermauert, dass er die höchste Autorität besitzt und die Instanz mit Letztentscheidungsrecht ist in allen Fragen, bei denen es um die Anwendung, aber auch um die Bestimmung der Prinzipien der *sharī'ah* geht[419]. Der Rechtsstreit hat aber zugleich gezeigt, dass eine andere Sicht dergestalt, dass jedes Instanzgericht bei seiner Rechtsfindung Gesetze, die nach seiner Einschätzung der *sharī'ah* widersprechen, außer Acht lassen und unmittelbar schariatische Vorgaben anwenden kann und ggf. sogar muss, denkbar und vertretbar ist. Immerhin war der Kläger in dem geschilderten Verfahren kein geringerer als die berühmte Al-Azhar-Universität in Kairo, die von einem Gläubiger wegen verspäteter Zahlungen in Anspruch genommen werden sollte.

Ungeachtet dessen haben die meisten islamischen Staaten, die in ihre Verfassungen die Klausel von der Ausrichtung des Rechts auf die Prinzipien der *sharī'ah* aufgenommen haben, schon Gesetzesvorhaben realisiert, die sich inhaltlich an Normen der *sharī'ah* anlehnen oder auf ihnen aufbauen. Das betrifft vor allem jene Materien, die Schwerpunkte der rechtlichen Bestimmungen im Koran und in der *sunna* bilden[420], namentlich das Familienrecht und das Erbrecht, zumal mit Blick auf die Sukzession der Rechte an Grund und Boden, das Strafrecht sowie das Beweisrecht im gerichtlichen Verfahren, das teilweise nicht in die jeweiligen Prozessordnungen integriert, sondern übergreifend und gesondert geregelt ist[421].

Schließlich fließen schariatische Regeln und Bewertungen in das Rechtsleben und die Rechtsfindung in den islamischen Staaten ein, wenn und soweit neben oder anstelle von säkularen staatlichen Gerichten (spezielle) religiöse *sharī'ah*-Gerichte eingerichtet sind[422] oder Juristen, die lediglich eine schariatische Ausbildung er-

---

[417] Vgl. Al-Mahkama (o. Fn. 414), Bd. 3, 209 f., 212 ff. und 221 ff.

[418] Vgl. *Johansen,* in: Cotran / Sherif (Hrsg.), The Role of the Judiciary in the Protection of Human Rights, S. 346, 372 ff.

[419] Vgl. *Johansen,* ZaöRV 64 (2004), 881, 887 f.

[420] Siehe dazu unten nach Fn. 466.

[421] Vgl. *Dilger,* in: Ende / Steinbach (o. Fn. 3), S. 186 ff.

halten haben, an säkularen Gerichten als Richter zugelassen werden können. Ein Beispiel für ein schariatisches Gericht ist der Bundes-*sharī'ah*-Gerichtshof (*Federal Shariat Court*) in Pakistan, der sogar mit der Kompetenz ausgestattet ist, Parlamentsgesetze für ungültig zu erklären, wenn sie den Anordnungen des Islam zuwiderlaufen[423]. Ein Nebeneinander von säkularen und schariatischen Gerichten ist unter menschenrechtlichen Gesichtspunkten bei zivilrechtlichen Streitigkeiten unproblematisch, wenn den Prozessparteien ein ungeschränktes Wahlrecht zwischen beiden Gerichten eingeräumt ist, ihnen also mit der Möglichkeit, ein *sharī'ah*-Gericht als Schiedsgericht anzurufen, eine zusätzliche oder alternative Rechtsschutzoption gegeben wird. Problematisch wird es, wenn keine Wahlmöglichkeit besteht und etwa ein Nichtmuslim nur Rechtsschutz suchen kann, indem er vor ein *sharī'ah*-Gericht oder einen schariatisch ausgebildeten Richter tritt.

B. Die Quellen islamischen Rechts nach der klassischen Lehre von den uṣūl al-fiqh

In den bisherigen Abschnitten wurden die wesentlichen Quellen des islamischen Rechts bereits in ihren Grundzügen dargestellt. Im Folgenden sollen die vier Hauptrechtsquellen nach der klassischen Theorie von den *uṣūl al-fiqh*[424], der Koran, die *sunna,* der *consensus* und der Analogieschluss, näher beleuchtet und dabei auch auf die Unterschiede zwischen der sunnitischen und der schiitischen Auffassung eingegangen werden.

I. Der Koran

Der Koran (*qur'an*), wörtlich: „das Rezitieren", abgeleitet von dem arabischen Wort *qura'a,* das „lesen" bedeutet[425], ist nach herrschender sunnitischer und schiitischer Meinung die ranghöchste Quelle des islamischen Rechts[426]. *Abū al-Fath* (gest. 976 muslimischer bzw. 1570 unserer Zeitrechnung) hat ihn in seinem dem Safawidenschah *Tahmasp I.* (930 bis 984 bzw. 1524 bis 1576) gewidmeten „Kaiserlichen Kommentar (*umm al-madārik* bzw. *tafsīr-i šāhī*)" als „Mutter der Erkenntnisquellen" bezeichnet[427]. Die Muslime glauben, dass der Koran das auf den

422 Dazu umfassend *Brown* (o. Fn. 376), S. 23 ff. und passim.

423 Siehe *Lau,* in: Cotran / Yamami (Hrsg.), The Rule of Law in the Middle East and the Islamic World, S. 150, 151 f.

424 Siehe dazu oben nach Fn. 14.

425 *Löschner* (o. Fn. 336), S. 67.

426 Vgl. etwa *Khallâf,* Les fondements du Droit musulman, S. 33; *Milliot/Blanc* (o. Fn. 357), S. 83; *M. S. Mahmassani* (o. Fn. 2), S. 437, 438.

427 Siehe *Löschner* (o. Fn. 336), S. 67 m. Nachw.

Propheten *Mohammed* herab gesandte Wort Gottes sei. Gott habe *Mohammed* die darin niedergelegten Offenbarungen durch einen Engel, der in medinensischen Suren „Gabriel“ genannt wird, in einem Zeitraum von mehr als zwanzig Jahren zuteil werden lassen. *Mohammed* hat die empfangenen Offenbarungen nicht selbst aufgeschrieben, wobei zweifelhaft ist, ob dies tatsächlich darauf zurückzuführen ist, dass *Mohammed,* wie dies teilweise behauptet wird, des Lesens und Schreibens nicht kundig war[428]. Der Überlieferung zufolge sollen *Mohammeds* „Sekretäre“, wozu auch die späteren Kalifen *Abū Bakr,* ᶜ*Umar* und ᶜ*Alī* gehörten, jede Offenbarung sogleich auf Lederstückchen, Steine, Palmstengel oder Schulterknochen von Tieren niedergeschrieben haben. Eine weitere Methode, die Offenbarungen festzuhalten, war das Aufbewahren im Gedächtnis, also das Auswendiglernen der geoffenbarten Sätze. Nachdem in der Schlacht von ᶜAqraba, die kurz nach *Mohammeds* Tod im Jahr 11 muslimischer bzw. 633 unserer Zeitrechnung gegen den falschen Propheten *Musailima* geführt worden war, viele der „Auswendigwisser“ (*huffāz*) oder „Koranleser“ (*qurrā*)[429] gefallen waren, soll *Abū Bakr* auf ᶜ*Umars* Rat hin den noch nicht dreißigjährigen *Zaid ben Ṯābit,* von dem gesagt wird, er habe den Koran „mit dem Herzen“ gekannt[430], damit beauftragt haben, alle verstreuten Ausfertigungen und Bruchstücke der koranischen Texte zusammenzusammeln und eine Kompilation zu erstellen[431], bei der die Suren in einer Weise (an)geordnet sind, wie es von dem Propheten selbst angezeigt worden ist[432]. *Zaid* soll seine Aufgabe mit Hilfe der Prophetenwitwe *Hafsa,* der Tochter von ᶜ*Umar,* die einige Manuskripte aufbewahrt hatte, bewältigt haben[433]. Allerdings ist heute kein einziges Exemplar dieser ersten Koranausgabe mehr erhalten; gleiches gilt für die übrigen von gläubigen Muslimen in den frühen Jahren der islamischen Geschichte, wenngleich nicht in offiziellem Auftrag erstellten Sammlungen der koranischen Offenbarungen aus der Zeit vor der Herrschaft des dritten Kalifen ᶜ*Uthmān,* die in beträchtlicher Anzahl vorgelegen haben müssen und von denen spätere Autoren berichteten[434].

---

428 Vgl. *Löschner* (o. Fn. 336), S. 68.

429 Vgl. zu den Begriffen *Blachère,* Introduction au Coran, S. 103 f.

430 Siehe *Khallâf* (o. Fn. 426), S. 48.

431 *Löschner* (o. Fn. 336), S. 69. Die Einzelheiten der Geschichte der ersten Kompilation sind streitig; siehe etwa *Bell,* Introduction to the Qur'ān, S. 39 ff.; *Blachère* (o. Fn. 429), S. 32 ff.; *Nöldeke/Schwally,* Geschichte des Korans, Bd. 2, S. 18 ff.; *Jeffery,* Materials for the History of the Text of the Qur'ān, S. 218 f.

432 *Khallâf* (o. Fn. 426), S. 48.

433 Vgl. *Haykal,* Al-Siddik Abū Bakr, S. 281 ff.; *T. Hussein,* Les deux patriarches, Bd. 4, S. 82 f.; *M. S. Mahmassani* (o. Fn. 2), S. 437, 439 Fn. 5.

434 Vgl. *Blachère* (o. Fn. 429), S. 35.

1. Authentizität und Integrität

Im Laufe der Zeit tauchten Ausgaben des Koran auf, die in ihrem Text voneinander abwichen und die in den verschiedenen Dialekten abgefasst waren, die auf der Arabischen Halbinsel gesprochen wurden. Deshalb ordnete *ᶜUthmān,* der von 23 bis 35 muslimischer bzw. von 644 bis 655 unserer Zeitrechnung regierte[435], eine Vereinheitlichung des Korantextes an; auch sollte nur noch eine Version in dem Dialekt des Prophetenstammes der Quraiš zugelassen werden[436]. Wieder wurde *Zaid ben Ṯābit* mit der Aufgabe betraut, ein neues Corpus der Offenbarung herzustellen. Als Grundlagen für die redigierte Fassung des Koran sollen vor allem der von *Zaid* verfasste Abū-Bakr-Text, aber auch eine Art von Volksversammlung, die gemäß einem Aufruf *ᶜUthmāns* sämtliche erreichbaren, im Volk verbreitenen schriftlichen Fixierungen zusammenholte, und eine allgemeine Konsultation gedient haben[437].

Die neue Koranausgabe, die unter dem Namen „Vulgata des *ᶜUthmān*" bekannt wurde[438], schrieb den Text der Offenbarung verbindlich fest. *ᶜUthmān* ließ von dem Buch zahlreiche Kopien anfertigen und diese im ganzen arabisch-islamischen Reich verteilen. Alle anderen Textfassungen, die nicht mit der neuen Koranausgabe übereinstimmten, sollten verbrannt werden[439]; dies mag der Grund dafür sein, warum heute keine alten Schriften mehr aufzufinden sind. Die Maßnahmen hatten, wie es ein Lehrbuch des islamischen Rechts zutreffend beschreibt, zur Folge, dass „nunmehr alle Muslime Zugang zu demselben koranischen Text hatten. Der Text des von *Uthmān* verteilten Exemplares [...] ist dasjenige, was die Muslime seit jener Epoche bis zum heutigen Tage lesen, rezitieren und lernen. Jede Generation gibt ihn an die nachfolgende weiter, und zwar so, wie sie ihn selbst empfangen hat. Der geschriebene Text ist absolut identisch mit demjenigen, den sich [heute] die Millionen von Muslimen der verschiedenen Nationalitäten und Hautfarben [...] in ihr Gedächtnis einprägen. Alle sind vereint in der Lektüre desselben Buches: des Koran."[440]

Die Schia schlägt insofern keinen Sonderweg ein. Zwar gibt es in den Überlieferungen viele Hinweise auf einen schiitischen Koran, doch sind von der von *ᶜAlī* zusammengestellten Sammlung von Offenbarungen, von dem sogenannten Buch der *Fātima* (*moshaf-e Fāteme*)[441] und von einem angeblichen Korankodex des sechsten Imams *Jaᶜfar aṣ-Ṣādiq*[442] außer Sekundärberichten keinerlei Reste erhal-

---

435 Siehe dazu oben nach Fn. 308.

436 *M. S. Mahmassani* (o. Fn. 2), S. 437, 439.

437 Vgl. *Löschner* (o. Fn. 336), S. 69; *Blachère* (o. Fn. 429), S. 54 m. Nachw.

438 *M. S. Mahmassani* (o. Fn. 2), S. 437, 439.

439 Vgl. *Khallâf* (o. Fn. 426), S. 49.

440 *Khallâf* (o. Fn. 426), S. 49 (Übersetzung durch Verf.).

441 Siehe dazu etwa *Löschner* (o. Fn. 336), S. 71 f.; *Donaldson,* The Shi'ite Religion, S. 47 f.

ten geblieben. Vielmehr erkennen die Schiiten heute den offiziellen, eigentlich ᶜuthmānischen Koran an[443], obwohl sie ᶜ*Uthmān* selbst, zumal in seiner Funktion als drittem Kalifen, kritisch gegenüber stehen[444].

Von europäischen Orientalisten wurde in der Vergangenheit verschiedentlich behauptet, die Schia akzeptiere zwar grundsätzliche die ᶜuthmānische Textgestaltung des Koran, sei aber der Meinung, dass an ihm zu ihren Lasten Veränderungen vorgenommen worden seien. So sei beispielsweise eine ganze Sure, die „schiitische Zweilichtersure", von ᶜ*Uthmān* zur Bekämpfung der Schia aus seiner Koranausgabe verbannt worden[445]; an anderen Stellen habe man die Worte „ᶜAlī" bzw. ālu Muhammadin" (Familie *Mohammeds;* gemeint sind Fātima und die zwölf Imame) ausgelassen[446]. Die Vertreter dieser Behauptungen haben sich dabei jedoch, was später im Schrifttum klargestellt wurde[447], auf nichtschiitische, möglicherweise sogar antiislamische Quellen gestützt, wie das einem gewissen *Muhsin Fānī Kašmīrī* zugeschriebene und wahrscheinlich im 11. Jahrhundert muslimischer bzw. 17. Jahrhundert unserer Zeitrechnung entstandene Buch „Dabistān al-madāhib" (Schule der religiösen Richtungen), das einen Überblick über die Lehren der großen, auch nichtislamischen Religionen gibt[448]. Es trifft zu, dass es in der Schia Männer gegeben hat, die der Ansicht waren, der Koran sei verändert worden. Sie stellen aber bis heute nicht die Mehrzahl der schiitischen Rechtsgelehrten (*uṣūlījūn*[449] bzw. *muǧtahidūn*), sondern sind allenfalls im Lager der ahbārīᶜschen Gelehrten (*ahbārījūn*)[450] zu finden[451]. Die *uṣūlījūn* – und damit die Vertreter der für die Imāmīya repräsentativen Auffassung – haben schon seit *Šaik̲ Mufīd* (gest. 413 muslimischer bzw. 1022 unserer Zeitrechnung), *Saiyid Murtadā* (gest. 436 bzw. 1044) und *Šaik̲ Tūsī* (gest. 460 bzw. 1067), also seit dem 5. Jahrhundert muslimischer bzw. 11. Jahrhundert unserer Zeitrechnung, die Theorie von der Veränderung des Korantextes abgelehnt[452]. Abweichungen sollen nicht im Wortlaut, sondern allein in der Auslegung des Textes bestehen, die freilich auf die als unfehlbar verstandene Kommentierung durch die Imame zurückgeht[453]. Die Authentizität

---

442 Vgl. *Jeffery* (o. Fn. 431), S. 332 ff.; allgemein zu *Jaᶜfar aṣ-Ṣādiq* oben nach Fn. 326.

443 *Löschner* (o. Fn. 336), S. 72.

444 Siehe dazu oben nach Fn. 308 und Fn. 323.

445 Vgl. *Nöldeke/Schwally* (o. Fn. 431), S. 100 ff.; *Goldziher,* Die Richtungen der islamischen Koranauslegung, S. 271; *Blachère* (o. Fn. 429), S. 185 Fn. 258.

446 Vgl. *Th. W. Juynboll,* Handbuch des islamischen Gesetzes nach der Lehre der schāfiᶜitischen Schule, S. 9; *Nöldeke/Schwally* (o. Fn. 431), S. 99.

447 Siehe *Falaturi* (o. Fn. 337), S. 62, 94 Fn. 4; *Eliash,* Studia Islamica 29 (1969), 14, 16 ff.

448 Vgl. *Löschner* (o. Fn. 336), S. 72; *Falaturi* (o. Fn. 337), S. 62, 94 Fn. 4; *Eliash,* Studia Islamica 29 (1969), 14, 19 f.

449 Dazu oben nach Fn. 345.

450 Siehe zu den Ahbārīᶜs oben nach Fn. 338.

451 Vgl. *Löschner* (o. Fn. 336), S. 73 f.

452 Vgl. *Falaturi* (o. Fn. 337), S. 62, 91.

und Integrität der ^{c}uthmānische Fassung des Koran wird mithin nicht in Frage gestellt[454].

2. Rechtliche Inhalte

Der Koran mit seinen 114 nicht thematisch, sondern nach ihrer Länge geordneten Kapiteln oder Suren, die wiederum in rund 6.200 Verse[455] unterteilt sind[456], ist ein religiöses Buch. Er ist eine Grundlage des Glaubens. Der Koran enthält eine Doktrin von Geboten im Verhältnis zwischen Gott und zwischen den Menschen, eine Deontologie. Er ist nicht ein *corpus iuris,* ein Kodex des islamischen Rechts oder sogar ein universelles Gesetzbuch der Muslime[457]. Die Bedeutung des Koran als Quelle für das islamische Recht hat der französische Islamwissenschaftler *Yvon Linant de Bellefonds* mit der Bedeutung der Bibel für das kanonische Recht der katholischen Kirche verglichen. Er schrieb in seinem „Traité de Droit musulman comparé“: „Derjenige, der sich in den Kopf setzt, er wolle alles muslimische Recht im Koran wieder finden, wird genauso aus der Fassung gebracht werden wie, wenn er hoffte, das kanonische Recht der katholischen Kirche allein unter Zuhilfenahme der [Heiligen] Schrift zu erlernen“[458]. Der Vergleich hat insofern einen richtigen Kern, als sich nur eine Minderzahl der Normen des islamischen Rechts unmittelbar aus koranischen Bestimmungen entnehmen lässt; in gleicher Weise überwiegt im *Codex Iuris Canonici,* dem Gesetzbuch der katholischen Kirche, quantitativ das *ius mere ecclesiasticum,* welches lediglich *ius humanum* ist, das *ius divinum,* welches aus biblischen Vorgaben abgeleitet ist. Im Übrigen bestehen jedoch große Unterschiede. So weist das islamische Recht nach muslimischer Überzeugung keine Bestandteile auf, die *ius humanum* sind; es besteht vollständig aus geoffenbartem göttlichen Recht, auch dort, wo es die „Vernunft“ erkennt bzw. durch *ra'y* geprägt wird[459]. Darüber hinaus wird dem Koran eine aus sich heraus und ohne Weiteres bindende normative Kraft beigemessen; es bedarf keines Transformationsaktes in das säkulare oder auch nur in das die Binnensphäre religiösen Lebens und Wirkens regelnde religiöse Recht. Während die Bibel wohl zu keinem Zeitpunkt in der christlichen Geschichte als eigenständiger, rechtlich verbindlicher Maßstab verstanden wurde, hat der Koran für die Muslime die Qualität eines unmittelbar anwendbaren göttlichen Rechtsetzungsaktes.

---

453 Vgl. *Löschner* (o. Fn. 336), S. 74.

454 Vgl. *M. S. Mahmassani* (o. Fn. 2), S. 437, 439.

455 Siehe zu den unterschiedlichen Zählweisen etwa *Löschner* (o. Fn. 336), S. 75 m. Fn. 69.

456 Vgl. *Milliot/Blanc* (o. Fn. 357), S. 83 f.

457 Vgl. *Milliot/Blanc* (o. Fn. 357), S. 78; *Vesey-Fitzgerald* (o. Fn. 112), S. 85, 87.

458 *Linant de Bellefonds,* Traité de Droit musulman comparé, Bd. 1, S. 33 (Übersetzung durch Verf.).

459 Vgl. *Löschner* (o. Fn. 336), S. 74.

Die Unterschiede im Verständnis hängen mit der im nächsten Kapitel näher erörterten Relation zwischen der Religion und der staatlichen Ordnungsmacht zusammen. Die christliche Kirche ist außerhalb des Staates entstanden und erst allmählich, im Laufe von Jahrhunderten, in den Staat hineingewachsen. Dabei lassen sich starke theologische Argumente für die Eigenständigkeit der beiden Institutionen anführen, auf die sich die Kirche stützen konnte, wenn sie sich, wie dies immer wieder in der Kirchengeschichte der Fall war, gegen staatliche Usurpation, Bevormundung oder Einmischung in innere Angelegenheiten zur Wehr zu setzen suchte (zu denken ist nur an den Investiturstreit und die Diskussion um die so genannte Zwei-Schwerter-Lehre)[460]. Das Verhältnis zwischen dem Staat und der Kirche, dem Kaiser und dem Papst als deren Repräsentanten, wurde durchweg nicht als spannungsfrei angesehen; die zahlreichen Auseinandersetzungen führten dazu, dass der Dualismus niemals völlig aus dem Bewusstsein verschwunden ist. Demgegenüber hat der Islam, worauf im Schrifttum zutreffend hingewiesen wird, „um den religiösen Kern einen Staat aufgebaut, der im Prinzip mit der religiösen Gemeinde und ihren Institutionen identisch ist. Einen Dualismus von Staat und Kirche gibt es im Islam nicht“[461]. Das blieb nicht ohne Auswirkungen auf die Regelungsbreite und Regelungstiefe des Koran und der sonstigen Rechtserkenntnisquellen des Islam. Der Koran konnte in einem viel weiteren Bereich normative Geltung beanspruchen, als dies bei der Bibel der Fall war, die nur für das Volk der Gläubigen, aber nicht für den jeweiligen Staat, der sie umgibt, bindend ist. Es war möglich und vielleicht sogar nötig, dass der Koran verbindliche Normen enthält, die über die Beziehung des Gläubigen zum transzendentalen Bereich hinausgehen und Materien regeln, die in einem säkularen Staat gewöhnlich nichtreligiösen Gewalten und Instanzen übertragen sind, wie zum Beispiel die Befugnis zur Verhängung und zum Vollzug von Kriminalstrafen. Aufgrund der engen Beziehung zwischen der Entstehung und Herausbildung der Religion und der Entwicklung des Rechts in dem theokratisch ausgerichteten Gesamtgesellschaftssystem des Islam ist es unmöglich, die verschiedenen Aspekte von ihrem Ursprung her zu trennen. Religion, Moral und Recht sind miteinander verwoben[462]. Sie im Nachhinein auseinanderzudividieren, zumal nach christlich-abendländischen Vorstellungen, erweist sich deshalb als schwierig; es ist gleichwohl, wie das Beispiel heutiger säkularer Staaten in der arabischen Welt belegt, nicht ausgeschlossen.

Dass der Koran eine weitaus größere Bedeutung für das islamische Recht hat als die Bibel, vor allem das Neue Testament, für das kanonische Recht, mag man bereits daraus ablesen, dass allein auf schiitischer Seite neunzehn Kommentare zu den so genannten Gesetzesversen des Koran (*āyāt al-ahkām*) aufgezählt werden[463]. Die Gesetzesverse sind damit offenbar von den übrigen Versen des Koran abgrenz-

---

[460] Vgl. nur *Jeand'Heur/Korioth,* Grundzüge des Staatskirchenrechts, Rn. 5 ff. m. Nachw.

[461] *Busse* (o. Fn. 9), S. 19, 25.

[462] *Milliot/Blanc* (o. Fn. 357), S. 78.

[463] Vgl. *Löschner* (o. Fn. 336), S. 75.

bar; sie werden als normative Bestimmungen ausdrücklich anerkannt. Gemäß dem „Kaiserlichen Kommentar“ von *Abū al-Fath*[464] beläuft sich die Zahl der Gesetzesverse auf etwa 500[465]. Diese Einschätzung wird von den meisten der heutigen muslimischen Gelehrten geteilt[466].

Der überwiegende Teil der Gesetzesverse betrifft Vorgaben des rituellen Rechts (*ᶜibādāt*). Den breitesten Raum nehmen dabei die Bestimmungen über das Gebet (*ṣalāt*) und über die Reinheit (*tahāra*) ein. Nach der Anzahl der Gesetzesverse an zweiter Stelle stehen die Regelungen über den Glaubenskrieg (*djihād*), gefolgt von den Vorschriften über die Pilgerfahrt (*hajj*), die Armensteuer (*zakāt*), das Fasten (*ṣaum*) und den Fünften (*ḵums*)[467]. Die Gesetzesverse, in denen es nicht um rituelles Recht, sondern um Referenzmaterien des „weltlichen Rechts“, vor allem die sozialen Beziehungen von Einzelpersonen und Gruppen von Menschen, geht (*muᶜāmalāt*)[468], fallen demgegenüber zahlenmäßig deutlich geringer ins Gewicht[469]. Die *muᶜāmalāt* unterscheiden sich von denm *ᶜibādāt* dadurch, dass sie nicht in erster Linie auf das jenseitige Wohl ausgerichtet sind, sondern das diesseitige Wohl im Auge haben sollen[470]. Danach ist die Zwecksetzung der Normen maßgeblich, was indes nicht unproblematisch ist, da der Zweck göttlicher Vorgaben nicht in jeder Rechtsschule des Islam hinterfragt werden darf[471]. Zuden *muᶜāmalāt* werden zehn Verse gerechnet, die sich mit dem Erbrecht befassen; rund dreißig Verse betreffen das Strafrecht und etwa fünfzehn das Prozessrecht. Für das Eherecht nennt und kommentiert *Abū al-Fath* siebenunddreißig Verse, für das Kauf-, Handels- und Wirtschaftsrecht insgesamt elf Verse[472]. Darüber hinaus gibt es zehn Verse, die Fragen der staatlichen Ordnung zum Gegenstand haben und sich insofern als Verfassungsrecht qualifizieren lassen. Fünfundzwanzig Verse betreffen schließlich die Beziehungen zu ausländischen Staaten und zu den Nichtmuslimen in ihrem Territorium, mithin internationales Recht im weitesten Sinne[473].

---

464 Siehe schon oben nach Fn. 426.

465 Siehe *Löschner* (o. Fn. 336), S. 75 m. Nachw. in Fn. 68.

466 Siehe etwa *Hallaq* (o. Fn. 4), S. 3 u. 10; *de Santillana,* Instituzione di Diritto Musulmano Malichita con riguardo anche al sistema sciafiita, Bd. 1, S. 33. *Forte* (o. Fn. 371), S. 38 beziffert die Zahl der Verse mit rechtlichem Inhalt auf 600; ebenso *Coulson* (o. Fn. 108), S. 12.

467 Vgl. dazu etwa *Nagel* (o. Fn. 178), S. 39 ff.

468 Vgl. *Khallâf* (o. Fn. 426), S. 46; *Löschner* (o. Fn. 336), S. 75.

469 Vgl. *Coulson* (o. Fn. 108), S. 12.

470 Vgl. *Löschner* (o. Fn. 336), S. 75 m. Nachw.; siehe auch *Khallâf* (o. Fn. 426), S. 47.

471 Siehe dazu oben nach Fn. 258.

472 Vgl. *Löschner* (o. Fn. 336), S. 75 m. Nachw.

473 Vgl. *Khallâf* (o. Fn. 426), S. 47.

3. Normative Kraft des Wortlauts koranischer Bestimmungen

Ein anderer Aspekt ist die Frage, inwieweit der Wortlaut koranischer Rechtsnormen den Ausschlag für die Auslegung gibt. Streit herrscht dabei innerhalb der Schia, wie an anderer Stelle bereits kurz erwähnt[474], zwischen den *uṣūlījūn* und den *ahbārījūn*. Einige *ahbārījūn,* insbesondere ihre Exponenten *Astarābādī* (gest. um 1033 muslimischer bzw. 1624 unserer Zeitrechnung) und *Šaik̠ Hurr ᶜĀmilī* (gest. 1104 bzw. 1692), haben die Auffassung vertreten, dass der ganze Koran nur „zweifelhafte" Verse (*mutašāhibāt*) enthalte, weil die koranischen Sätze für den menschlichen Verstand unbegreifbar seien. Der Koranwortlaut allein dürfe zur Gewinnung gesetzlicher Bestimmungen nicht benutzt werden. In der Zeit der „Verborgenheit" sei der normative Gehalt des Korantextes nur auf dem Weg über die „Familie des Hauses der Unfehlbarkeit", d. h. durch die Imam*sunna,* erschließbar[475]. Die *uṣūlījūn* und mit ihnen die herrschende Richtung in der Zwölferschia vermögen diese Sicht nicht zu teilen. Sie sind fast ausnahmslos der Meinung, dass der Korantext nicht nur „zwingend hinsichtlich der Entstehung" und deshalb den *ahādīt̠*-Sammlungen überlegen ist, sondern auch, dass sein Aussagegehalt verständlich ist. Sie konzedieren allerdings, dass er im Zeitalter der „Verborgenheit" lediglich approximativ erfasst werden kann und daher nur „wahrscheinlich an Aussagewert" ist[476]. Daneben gibt es eine Anzahl vom Hauptstrom der *ahbārījūn* und der *uṣūlījūn* abweichender Auffassungen zur normativen Kraft des Koranwortlauts. So soll beispielsweise *Muhaqqiq Qummī* (gest. 1231 bzw. 1816), einer der großen schiitischen Juristen des 13. Jahrhunderts muslimischer bzw. des 19. Jahrhunderts unserer Zeitrechnung, dem man den Titel „Herr der Gesetze" beigegeben hat[477], auf die Beziehung zwischen dem Verkünder der Korannorm und dem unmittelbar Angesprochenen abgestellt haben. Die Beziehung könne durch besondere Begleitumstände geprägt gewesen sein, die Außenstehende nicht kannten und nicht kennen. Aus dem Wortlaut der Vorschriften dürfe daher nicht ohne Weiteres auf ihre allgemeinverbindliche Bedeutung geschlossen werden[478]. Auch soll *Muhaddit Kāšānī* (*Faid*; gest. 1091 bzw. 1680), ein gemäßigter Ahbārī[479], in seinem Korankommentar bemerkt haben, dass die „feststehenden" und die „zweifelhaften" Verse normative Kraft haben für „diejenigen, die aus Aufrichtigkeit Gott gegenüber gehorsam und demütig sind und in eine Anzahl von Geheimnissen schon eingedrungen sind"[480]. Heute bildet der Koran unangefochten die normative Grundlage des schiitischen Rechts. Der geheime, esoterische Sinn (*bātin*) koranischer Normen

---

474 Siehe oben nach Fn. 345.

475 Vgl. *Löschner* (o. Fn. 336), S. 77; *Falaturi* (o. Fn. 337), S. 62, 83 re. Sp. u. 85 li. Sp.

476 Vgl. *Falaturi* (o. Fn. 337), S. 62, 85 li. Sp.; *Löschner* (o. Fn. 336), S. 77 ff. mit einer sehr eingehenden Erörterung des Streits zwischen *ahbārījūn* und *uṣūlījūn.*

477 Siehe *Löschner* (o. Fn. 336), S. 80 m. Nachw. in Fn. 105.

478 Vgl. *Burūjirdī ᶜAbduh,* Mabānī-yi huqūq-i islāmī-yi muk̠talif al uṣūl, S. 79.

479 Vgl. *Falaturi* (o. Fn. 337), S. 62, 92.

480 Vgl. *Burūjirdī ᶜAbduh* (o. Fn. 478), S. 79.

allerdings, dem man sich nur durch „Deutung der Deutung" annähern kann und der für die Siebenerschia, die Drusen und die Sūfī's ausschlaggebend gewesen ist[481], lässt sich mit den Möglichkeiten rationaler Norminterpretation nicht festmachen; er ist daher nicht justitiabel[482].

4. Die Möglichkeit der Abrogation

Ein letzter problembehafteter Komplex im Zusammenhang mit der rechtlichen Geltungskraft koranischer Normen ist derjenige der Derogation oder Abrogation, die im Arabischen „naskh" genannt wird[483]. Dem Begriff „naskh" kommt eine weite Bedeutung zu. In der Frühzeit soll er von einigen Prophetengefährten und Gelehrten dazu verwandt worden sein, um eine Ausnahme von einem zeitlich vorher geoffenbarten Koranvers oder eine Spezifizierung oder Erklärung des Sinngehalts eines vorhergehenden Verses zu bezeichnen[484]. Dies ist eine Möglichkeit, die von keinem muslimischen Rechtsgelehrten ernsthaft bestritten wird; die ganze Theorie über das Verhältnis zwischen Allgemeinem und Besonderen wäre sonst auf Korannormen nicht anwendbar[485]. „Naskh" kann aber auch die Aufhebung früherer gesetzlicher Bestimmungen im Sinne der Formel „lex posterior derogat legi priori" bedeuten[486]. Mit Blick auf den Koran gibt es dafür drei verschiedene Anwendungsbereiche: Erstens kann der Koran gesetzliche Bestimmungen, die in früheren heiligen Schriften, wie dem Alten oder Neuen Testament, enthalten sind, außer Kraft gesetzt haben. Zweitens können Vorschriften des Propheten aufgehoben worden sein, die bereits keinen Eingang mehr in die ᶜuthmānische Fassung des Koran gefunden haben. Drittens kommt die Aufhebung der Gültigkeit von Koranversen durch spätere Offenbarungen in Betracht, wobei der Text dieser Verse im Koran erhalten geblieben ist[487].

Vor allem die letzte Variante wird von muslimischen Juristen diskutiert, wenn von der Derogation oder Abrogation im Koran die Rede ist. Schwierigkeiten bereitet dabei zunächst die Frage nach der chronologischen Reihenfolge der Suren und Verse, weil, wie bereits erwähnt[488], die Suren nur ihrer Länge nach angeordnet sind, so dass ihr Aufeinanderfolgen im Koran keine Rückschlüsse auf die zeitliche Einordnung zulässt. Deshalb hat sich im Laufe der Zeit ein umfassendes Schrifttum zur Datierung der einzelnen Koransuren im Verhältnis zueinander entwickelt,

481 Vgl. *Goldziher* (o. Fn. 16), S. 244.

482 *Löschner* (o. Fn. 336), S. 80.

483 Vgl. dazu *Nagel* (o. Fn. 178), S. 226 f.

484 Vgl. *A. Hasan,* Islamic Studies 4 (1965), 181, 185 m. Fn. 22.

485 Vgl. *Löschner* (o. Fn. 336), S. 81 m. Nachw.

486 Vgl. *Hallaq* (o. Fn. 4), S. 70.

487 Vgl. *A. Hasan,* Islamic Studies 4 (1965), 181; *Hallaq* (o. Fn. 4), S. 68 f.

488 Oben nach Fn. 454.

dessen Ergebnisse mehr oder weniger zwingend sind, da sie stets von der Tradition ausgehen[489]. Das Hauptproblem des „naskh" liegt indes in dem Konzept der „ewigen Gültigkeit koranischer Normen"[490], das in der muslimischen Lehre von der „Mutter der Schrift" (vgl. Kor. 43, 4) anschaulich zum Ausdruck gebracht wird, wonach die göttlichen Offenbarungen, die im Koran niedergelegt sind, (lediglich) den Inhalt einer im Himmel aufbewahrten „wohlbehüteten Tafel" wiedergeben[491]. Es konnte nicht sein, dass diese Tafel von Anfang an Widersprüche aufgewiesen hat, dass also der Himmel sich geirrt hat und später seine Auffassungen korrigieren musste.

Darüber hinaus wird gegen den „naskh" bisweilen das Argument vorgebracht, dass der göttliche Gesetzgeber Normen festgesetzt habe, deren Tatbestände der Verwirklichung von Vorteilen und der Ausschaltung von Nachteilen dienten. Die Derogation solcher Normen habe eine Umkehrung von Vorteilen in Nachteile und von Nachteilen in Vorteile zur Folge; sie mache das Gute schlecht und das Schlechte gut. Die Derogation sei daher „nichtig"; sie impliziere ein „sinnloses Umstürzen" von Werten[492]. Dem Einwand der Wertumkehrung ist der sunnitische Rechtsgelehrte *Mohammad Riḍā al-Muzaffar* in den sechziger Jahren des vergangenen Jahrhunderts entgegengetreten mit dem Hinweis auf die Veränderlichkeit, die Situationsabhängigkeit der Vorteile und Nachteile, an denen Gut (*hasan*) und Schlecht (*qabīh*) gemessen werden. In einem Moment könne die derogierte Norm zur Schaffung von Vorteilen bestimmt gewesen sein, in einem darauf folgenden jedoch nicht. Das Argument könne also nicht gegen die Möglichkeit der Derogation verwandt werden[493]. Ähnlich äußerte sich zuvor bereits der Schiit *Mahmood Shehabi* (*Mahmūd Šihābī*): „Die Aufhebung der zuerst erlassenen Bestimmung durch die spätere geschieht in der Phase des Festsetzens, während in der Phase des Feststehens in Bezug auf die Zeit, für welche die spätere Vorschrift erlassen wurde, eigentlich keine Regelung galt, da die erste Bestimmung in dieser Phase [nur] bis zur Zeit des Erlasses der derogierenden Norm bestand und in Bezug auf die Zeit danach nicht fortdauerte."[494] Das heißt, dass den koranischen Normen eine Zeit- oder Situationsschranke immanent ist; sie finden keine Anwendung, wenn der zeitliche Rahmen oder die Situation, für die sie erlassen wurden, nicht mehr besteht. Demgemäß beschrieb *Muhammad Sangilajī* den Begriff der Derogation wie folgt: „Derogation ist in Wahrheit die Erklärung der Beendigung der Geltungsdauer der Norm."[495] Das Argument von der Wertumkehrung ist damit entschärft. Der gött-

---

489 Vgl. *Blachère* (o. Fn. 429), S. 242 m. Nachw. in Fn. 345.

490 *A. Hasan,* Islamic Studies 4 (1965), 181, 195.

491 Vgl. dazu *Löschner* (o. Fn. 336), S. 67.

492 Vgl. *Al-Muzaffar,* Uṣūl al-fiqh, Bd. 3, S. 47.

493 *Al-Muzaffar* (o. Fn. 492), S. 47.

494 *Shehabi,* Taqrīrāt-i uṣūl, Bd. 2, S. 99 (Übersetzung in Anlehnung an *Löschner* [o. Fn. 336], S. 83).

495 *Sangilajī,* Dawābit-i mu^{c}āmalāl wa kullīyāt-i ^{c}uqūd wa īqā^{c}āt, S. 206; zit. nach *Löschner* (o. Fn. 336), S. 84.

liche Gesetzgeber kennt die normimmanenten Schranken im Voraus, gibt sie den Menschen nur manchmal erst im Nachhinein bekannt. Daraus ergibt sich die Schlussfolgerung, dass mit der „ewigen Gültigkeit koranischer Normen" nicht eine ewige Geltungsdauer gemeint sein kann. Ein Gesetz, das zeitlich begrenzt ist, kann nicht ewig gelten. Das wäre ein Widerspruch in sich[496].

II. Die sunna

Der Begriff „sunna", wörtlich: der „beschreitbare Weg"[497], meint eine vorbildliche Lebensweise, ein modellhaftes Verhalten[498]; das Verb *sanna,* von dem der Begriff abgeleitet ist, hat die Bedeutung von „Aufstellen oder Gestalten einer Lebensweise als ein Beispiel, dem andere folgen sollen"[499]. Der etymologische Sinngehalt von „sunna" ist in der Vergangenheit des öfteren Gegenstand theologischer Spekulationen gewesen[500]. *Ignaz Goldziher* hat die *sunna* „ohne Rücksicht darauf, ob darüber etwas mündlich Mitgeteiltes vorliegt oder nicht, den in der alten muhammedanischen Gemeinde lebenden Usus mit Bezug auf ein religiöses oder gesetzliches Moment" genannt, das „ius consuetudinis", mit dem der Inhalt einzelner *aḥādīṯ* durchaus in Widerspruch stehen könne[501]. Dies ist eine Sichtweise, die derjenigen der malikitischen Rechtsschule[502] recht nahe kommt. *Mālik ben Anas,* der Begründer dieser Schule, hatte die *sunna* zur Mitte des zweiten Jahrhunderts muslimischer bzw. des achten Jahrhunderts unserer Zeitrechnung noch mit „örtlicher Sitte" (*ᶜurf*) gleichgesetzt[503] und vertreten, dass dieser „Sitte", mit der er die Rechtspraxis der Medinenser meinte, bisweilen ein höheres Gewicht zukomme als *aḥādīṯ*[504]. Gemäß den Forschungsergebnissen von *Joseph Schacht* kann der Terminus „sunna" für die Zeit *Mohammeds* einen „normativen Rechtsbrauch"[505] bedeuten, während er zwei Jahrhunderte später von *Al-Shāfiᶜī* als erstem mit den „Inhalten von Traditionen vom Propheten" identifiziert wurde[506]. Danach hat der Begriff in der islamischen Frühgeschichte eine terminologische Einengung erfahren[507], die für sunnitische Juristen heute noch maßgeblich ist[508].

---

496 Vgl. *Löschner* (o. Fn. 336), S. 134. Siehe dort ferner die Nachweise zu Koranversen, die belegen, dass dem Koran selbst eine Derogation nicht fremd ist.

497 *Löschner* (o. Fn. 336), S. 85.

498 Vgl. *M. W. Hofmann* (o. Fn. 395), S. 51.

499 So *Hallaq* (o. Fn. 4), S. 10.

500 Vgl. etwa *Rahman,* Islamic Studies 1 (1962, 5, 6; *Vesey-Fitzgerald* (o. Fn. 112), S. 85, 90 ff.

501 *Goldziher* (o. Fn. 44), S. 11 f.

502 Siehe dazu oben nach Fn. 206.

503 Vgl. *M. W. Hofmann* (o. Fn. 395), S. 53.

504 Siehe dazu oben Fn. 213.

505 *Schacht* (o. Fn. 240), S. 28, 30 u. 35.

506 *Schacht* (o. Fn. 74), S. 80; *ders.* (o. Fn. 240), S. 28, 55.

1. Bestandteile der sunna

Die *sunna* umfasst nach *Muhammad Šafīq al-ᶜĀnī,* Professor an der Al-Azhar-Universität in Kairo, vier Aspekte: „die Rede, das Tun und das konkludente Einverständnis des Gesandten sowie das, was von den Gefährten oder den Nachfolgern kam“[509]. Dabei beruft sich *Al-ᶜĀnī* auf den sunnitischen Andalusier *Ibrāhīm Šātibī* (gest. 790 muslimischer bzw. 1388 unserer Zeitrechnung), der diese Einteilung in seinem *uṣūl*-Werk „Al-muwāfaqāt [Die Übereinstimmungen]“ ausführlich an Hand von Koranversen und *aḥādīṯ* abzustützen suchte[510]. Die von *Al-ᶜĀnī* wiedergegebene Bestimmung des Begriffs „sunna“ hat also Tradition. Der vierte Aspekt der Definition wurde hier mit Absicht wörtlich ins Deutsche übersetzt, um die möglicherweise intendierte Doppeldeutigkeit zum Ausdruck zu bringen: „[D]as, was von den Gefährten oder den Nachfolgern kam“, kann das meinen, was die Gefährten oder die Nachfolger vom Propheten berichteten. Dann hätten die Gefährten oder Nachfolger lediglich ihre Wahrnehmungen bezüglich des prophetischen Vorbildes kundgetan; Gegenstand der *sunna* wäre also auch insofern das Verhalten *Mohammeds* und nicht dasjenige der Gefährten oder Nachfolger[511]. Die Formulierung kann sich aber auch auf das beziehen, was die Gefährten oder Nachfolger durch ihr eigenes Verhalten als Norm bestätigten[512]. Die Sunniten rechnen beide Deutungsvarianten der *sunna* zu[513]. Unproblematisch und völlig unbestritten ist diese Auffassung indes nicht. *Al-Qazālī* (gest. 505 bzw. 1111), der der schafiitischen Rechtsschule zuzurechnen ist, hat die zweite Deutungsvariante schon mehr als zweihundert Jahre vor *Šātibī* mit der Begründung abgelehnt, dass „[d]ie Rede jemandes, dem Irrtum und Nachlässigkeit möglich sind und dessen Unfehlbarkeit nicht feststeht, [...] keine normative Kraft“ habe[514]. Er bezog sich dabei auf die Prophetengefährten, also auf die Personen, die als gläubige Muslime den Propheten trafen und bis zu ihrem Tod dem Islam treu blieben. Für die Nachfolger, die lediglich Kontakt mit einem Prophetengefährten, aber nicht mit dem Propheten selbst hatten, konnte nichts Anderes gelten[515].

---

507 Siehe auch *Coulson* (o. Fn. 108), S. 39; *Hallaq* (o. Fn. 4), S. 10; *M. W. Hofmann* (o. Fn. 395), S. 53.

508 Vgl. *Löschner* (o. Fn. 336), S. 85; *Khallâf* (o. Fn. 426), S. 53 f.; *M. S. Mahmassani* (o. Fn. 2), S. 437, 439.

509 *Al-ᶜĀnī,* Al-fiqh al-islāmī wa mašrūᶜ al-qānūn al-madanī al-muwahhad fī l-bilād al-ᶜarabīya, S. 19; ausführlich zu den inhaltlichen Kategorien der *sunna* etwa *Löschner* (o. Fn. 336), S. 88 ff.

510 Vgl. *Löschner* (o. Fn. 336), S. 85 f.

511 In diese Richtung etwa *M. S. Mahmassani* (o. Fn. 2), S. 437, 439.

512 So etwa *Milliot/Blanc* (o. Fn. 357), S. 87.

513 Vgl. *Al-ᶜĀnī* (o. Fn. 509), S. 19; *Al-Hakīm,* Al-uṣūl al-ᶜāmma li l-fiqh al-muqārin, S. 122; *Yusuf,* Islamic Quartelerly 37 (1963), 271, 276.

514 *Al-Qazālī,* Al-mustasfā, matbaᶜat Muṣṭafā Muhammad, Bd. 1, S. 135, zit. nach *Al-Hakim* (o. Fn. 513), S. 122 .

515 Vgl. *Löschner* (o. Fn. 336), S. 86.

Die Schiiten weichen von der Begriffsbestimmunung der *sunna,* wie sie von den Sunniten vorgenommen wird, erwartungsgemäß ab. In ihrer Deutung schlägt sich einerseits die Skepsis gegenüber den Prophetengefährten, zumal den späteren ersten drei Kalifen, nieder und andererseits die herausragende Rolle, die ^c^*Alī* und seinen Nachkommen, den Imamen, beigemessen wird. *Al-Muzaffar* gibt die heute herrschende Meinung der Imāmīya zutreffend wieder, wenn er sagt, dass „sunna" nach Ansicht der schiitischen Juristen „die Rede oder das Tun oder das konkludente Einverständnis des Unfehlbaren" ist[516]. Mit dem „Unfehlbaren" sind *Mohammed* und die zwölf Imame gemeint[517]. *Muhammad Mossadeqh* zählt auch *Fātima,* die Tochter *Mohammeds* und Frau ^c^*Alīs* und damit die Mutter der Imame nach ^c^*Alī,* dazu[518]. Demgegenüber setzen die beiden prominenten schiitischen Rechtsgelehrten *Aš-Šaik ad-Dīn Tarīhī* und *Muhammad Sangilajī* die *sunna* schlicht mit dem Verhalten des Propheten gleich[519]. Daraus darf allerdings nicht geschlossen werden, dass sie entgegen der herrschenden schiitischen Auffassung die Imame lediglich als Tradenten von Propheten-*sunna* betrachten. Auf der Grundlage schiitischer Theologie und Jurisprudenz ist es nicht notwendig, die Imame noch ausdrücklich neben dem Propheten zu nennen. Schon *Hasan ben Yūsuf al-Hillī* ^c^*Allāma* (gest. 726 muslimischer bzw. 1325 unserer Zeitrechnung) und später *Mullā* ^c^*Abd ar-Razzāq al-Lāhijī* (gest. nach 1072 bzw. 1661) haben erklärt, dass „das Imamat nichts Anderes [ist] als die Leitung der Allgemeinheit der Muslime in den Angelegenheiten der Welt und der Religion auf dem Weg der Nachfolge und in Vertretung des Propheten"[520]. Der Imam ist danach nicht selbst ein Prophet, sondern der Stellvertreter *Mohammeds.* Anders sehen dies beispielsweise die siebenerschiitischen Karmaten (*qarāmita*), für die auch der erste und der siebte Imam, also ^c^*Alī* und *Muhammad ibn Ismā*^c^*īl,* Propheten sind, die unmittelbar göttliche Offenbarungen empfangen haben[521]. Nach orthodoxer zwölferschiitischer Ansicht ist der Imam aber nicht Empfänger der Offenbarungen unmittelbar von Gott, sondern er vermittelt nur die auf *Mohammed* herabgesandten Offenbarungen[522]. Die dem Propheten geoffenbarten und von ihm verkündeten Normen sowie die von ihm den Imamen eingegebenen und erst von diesen den Menschen

---

516 Siehe *Al-Muzaffar* (o. Fn. 492), S. 51; ferner *Burūjirdī* ^c^*Abduh* (o. Fn. 478), S. 86; *Al-Hakīm,* An-naṣṣ wa l-ijtihād, S. 9; auch bereits oben nach Fn. 330 und 334.

517 Vgl. *Al-Hakīm* (o. Fn. 513), S. 122; *Falaturi* (o. Fn. 337), S. 62, 84 li. Sp.; *Al-Muzaffar* (o. Fn. 492), S. 51; *Shehabi* (o. Fn. 494), S. 109; *Wakīlī Qummī,* Taškīlāt-i maḏhab-i šī^c^a, S. 6.

518 *Mossadeqh,* Le Testament du Droit musulman (secte chyite) précédé d'une introduction sur les sources du Droit musulman, S. 34.

519 Siehe *Tarīhī,* Majma^c^ al-bahrain, Bd. 6, S. 268 li. Sp.; *Sangilajī,* Dawābit-i mu^c^āmalāt wa kullīyāt-i ^c^uqūd wa īqā^c^āt, S. 210.

520 Siehe ^c^*Allāma,* Al-bāb al-hādī ^c^ašar, S. 62; *Al-Lāhijī,* Gauhar-i murād, S. 329.

521 Vgl. *Brentjes,* Die Imamatslehren im Islam nach der Darstellung des Asch^c^arī, S. 25 u. 32.

522 ^c^*Allāma* (o. Fn. 520), S. 64; *Shehabi,* in: Morgan (Hrsg.), Islam, the Straight Path, S. 180, 209; *Wakīlī Qummī* (o. Fn. 517), S. 7.

mitgeteilten Gesetze sind in gleicher Weise verbindlich, da sie von derselben Quelle stammen. Die *sunna* der Imame ist – bloß für den Menschen nicht erkennbar – schon in der *sunna* des Propheten erhalten, welcher die Imame „inspiriert“[523]. Die Imame erscheinen mithin als die von *Mohammed* nach seinem Weggang in den himmlischen Bereich verwendeten irdischen „Sprachrohre“. Ihre Erklärungen rechtlicher Entscheidungen sind deshalb, worauf *Al-Muzaffar* hinweist, nicht eine Art Berichterstattung von der *sunna* oder Rechtsfindung durch juristische Methoden. Vielmehr sind die Imame selbst „Ausgangspunkt des Gesetzgebens“[524]; ihre Rede ist *sunna*[525].

2. Das Verhältnis von sunna und hadīṯ

Die *sunna* erscheint damit als ein sowohl vergangenheits- als auch gegenwartsgerichteter Begriff. Gemeint ist zum einen das als vorbildlich erkannte Verhalten des Propheten und ggf. weiterer Personen in der Vergangenheit, zum anderen die in die Gegenwart tradierten Berichte über dieses Verhalten[526]. Das wirft die Frage nach dem Verhältnis zwischen der *sunna* und den *aḥādīṯ* auf[527]. *Ignaz Goldziher* hat im Anschluss an muslimische Juristen eine strenge Unterscheidung zwischen den Bedeutungen der Begriffe „sunna“ und „hadīṯ“ eingefordert. Er vertrat die Ansicht, der *hadīṯ* sei die „theoretische Disziplin“ und die *sunna* „der Inbegriff praktischer Momente“[528]. An anderer Stelle definiert *Goldziher* dagegen den *hadīṯ* als „eine auf den Propheten zurückgeführte mündliche Mittheilung“, während er unter der *sunna* dasjenige versteht, was in der alten muhammedanischen Gemeinde üblich gewesen ist, das Gewohnheitsrecht[529], „die Übung des Propheten und seiner ältesten Getreuen“[530]. Das lässt erkennen, dass „sunna“ und „hadīṯ“ keine deckungsgleichen Begriffe sind.

Die moderne islamische Rechtsgelehrsamkeit verwendet „hadīṯ“ denn auch in dem Sinne von „Überlieferung von der *sunna*“, und zwar als Bezeichnung für die einzelne Tradition, die von der Rede, dem Tun und dem konkludenten Einverständnis des Propheten und ggf. weiterer Personen, deren Vorbild für die Muslime als verbindlich angesehen wird, berichtet. Sie setzt ihn gleich mit „ḵabar“ (Nach-

---

523 Vgl. *Al-Muzaffar* (o. Fn. 492), S. 52; *Shehabi* (o. Fn. 522), S. 180, 209.

524 *Al-Muzaffar* (o. Fn. 492), S. 52.

525 Vgl. *Löschner* (o. Fn. 336), S. 87.

526 Vgl. *Nagel* (o. Fn. 178), S. 201, der darauf hinweist, dass die islamischen Rechtsgelehrten schon in früheren Jahrhunderten die Überlieferung „nicht nur als ein Corpus toter Texte, sondern als ein Hineinragen der prophetischen Zeit in die Gegenwart“ begriff.

527 Siehe dazu etwa unter besonderer Berücksichtigung des malikitischen Verständnisses ausführlich *Dutton* (o. Fn. 173), S. 169 ff.

528 *Goldziher* (o. Fn. 44), S. 12.

529 Vgl. *Goldziher* (o. Fn. 44), S. 11 f.

530 *Goldziher* (o. Fn. 44), S. 13.

richt) und „aṯar“ (Spur)[531]. *Sunna* und *ḥadīṯ* stehen somit in demselben Verhältnis zueinander wie die von *Mohammed* verkündete koranische Offenbarung und der heutige Korantext. Korantext und *ḥadīṯ* sind formelle Rechtsquellen, Gesetze, die nur den „Weg zum wirklichen Recht“[532] eröffnen; die einzelne Tradition und der Wortlaut der Koransuren gewähren bloß einen Hinweis auf den wahren Willen Gottes. Das wirkliche Recht, der Wille Gottes, ist nur dem Propheten und ggf. den Imamen erkennbar. Daher sind die *sunna* und die wahre Bedeutung des Korantextes mit dem wirklichen Recht kongruent, nicht aber die Überlieferung und der für den Menschen aus dem Wortlaut zu entnehmende Sinngehalt der koranischen Verse. *Ḥadīṯ* und Korantext ermöglichen nur die „Vermutung“, dass unter ihrer Führung, mit ihrem Geleit das wirkliche Recht erkannt wird. Die „Vermutung“ kann sich der absoluten „Gewissheit“ (*qaṭ*ᶜ) annähern. Unter bestimmten Voraussetzungen ist es sogar vertretbar, sie selbst als „Gewissheit“ zu bezeichnen, und zwar dann, wenn sie einen so hohen Grad erreicht hat, dass Zweifel vernünftigerweise ausscheiden. Doch bleibt sie auch in diesem Stadium objektiv nur eine besonders intensive „Vermutung“[533].

Das bedeutet in der Rechtsterminologie, die in westlichen Breiten gebräuchlich ist, dass die *sunna* ebenso wie die Grundnormen, die hinter dem Koran stehen, überpositives, vom transzendentalen Bereich abgeleitetes, autopoietisches Recht sind. Dieses Recht hat sich in den *aḥādīṯ* niedergeschlagen, so dass diese jeweils einen Teil der göttlichen Normen wiederspiegeln. Die Summe der *aḥādīṯ* macht aber noch nicht die *sunna* aus, auch wenn sich mit einem der menschlichen Fehlbarkeit Rechnung tragenden Grad an Wahrscheinlichkeit aus ihr die *sunna* ablesen lässt. Nur in besonderen Fällen kann ein *ḥadīṯ* als unmittelbarer Bestandteil der *sunna* aufgefasst werden; grundsätzlich kommt es zu einem rechtlichen Transformationsvorgang, wenn die *sunna* in die Sprache der *aḥādīṯ* gegossen wird. Das führt dazu, dass zur Feststellung der Rechtslage grundsätzlich nicht auf einen einzelnen *ḥadīṯ* abgestellt werden kann; es bedarf einer Zusammenschau mehrerer *aḥādīṯ*. Diese Überlegungen zeigen überdies, dass die *aḥādīṯ* auslegungsbedürftig sind; es muss die hinter ihnen stehende *sunna* ermittelt werden. Andererseits sind die *aḥādīṯ* heute die einzige Quelle, mit deren Hilfe die *sunna* festgestellt werden kann. *Ḥadīṯ* und *sunna* sind insofern miteinander verwoben, aber allenfalls in Teilen identisch.

3. Die hadīt-Sammlungen

Aufzeichnungen von Traditionen vom Propheten wurden schon zu einem sehr frühen Zeitpunkt in der Geschichte des Islam gemacht, möglicherweise schon zu

---

531 Siehe *Burūjirdī ᶜAbduh* (o. Fn. 478), S. 86; *Al-Muzaffar* (o. Fn. 492), S. 52; *Shehabi* (o. Fn. 494), S. 109.

532 *Löschner* (o. Fn. 336), S. 91.

533 Siehe *Löschner* (o. Fn. 336), S. 91.

Lebzeiten *Mohammeds* bzw. seiner Gefährten. Muslimische Stimmen im Schrifttum verweisen auf einige zeitgenössische *ahādīṯ*-Niederschriften, wie etwa diejenige von *ᶜAbdallah ben Amr ben As,* die allerdings verschollen sind[534]. *Mohammed* soll sich auf seinem Sterbebett dagegen ausgesprochen haben, ein Testament zu errichten, damit die Muslime nicht zu der Annahme verleitet werden, sein letzter Wille weiche von der göttlichen Offenbarung ab. Das wurde von einigen Gefährten, zumal von *Abū Bakr* und seiner Tochter *ᶜĀ'isha,* als Befehl dahingehend verstanden, nach dem Tod des Propheten alle nichtkoranischen Aufzeichnungen über dessen Leben zu vernichten[535]. Der zweite Kalif *ᶜUmar* soll jedoch dafür eingetreten sein, die *sunna* aus dem Gedächtnis heraus zu redigieren, damit nicht mit dem Tod der letzten Prophetengefährten die Erinnerung an das Verhalten und die Anordnungen *Mohammeds* für immer verloren geht[536]. Zu Zeit der Umayyadenkalifen, also nach dem Tod *ᶜAlīs,* und später unter den Abbasiden wurden dann verstärkt Bemühungen unternommen, die zu einem großen Teil nach wie vor nur mündlich weitergegebenen *ahādīṯ* zu sammeln[537].

Im sunnitischen Bereich wurde die Erfassung, Sichtung und Ordnung des vorhandenen Traditionsmaterials vor allem durch die Rechtsschulen vorangetrieben, insbesondere soweit sie ihre Doktrin auf Traditionen stützten. Als Sammler von Traditionen taten sich insbesondere die Hanbaliten hervor[538]. Die Traditionensammlung „Musnad" des Gründers der hanbalitischen Schule, *Ahmad ibn Muhammad ibn Hanbal,* enthielt bereits mehr als 80.000 *ahādīṯ*[539]. Die beiden Schüler von *Abū Hanīfa, Abū Yūsuf* (gest. 182 muslimischer bzw. 798 unserer Zeitrechnung) und *Ahmad ben Hasan aš-Šhaibānī* (gest. 189 bzw. 804)[540], verfassten jeweils ein „Buch der Überlieferungen", das die wesentlichen Traditionen enthielt, auf die sich die hanafitische Lehre stützte[541]. Die Traditionensammlung des *Abū Yūsuf* gab beispielsweise, nach neununddreißig Sachgebieten geordnet, insgesamt eintausendsiebenundsechzig *ahādīṯ* wieder[542]. Darüber hinaus entstanden zahlreiche Lehrbücher, in denen die Doktrin auf der Grundlage von Traditionen erörtert wurde, sie enthielten also auch, aber nicht nur *ahādīṯ.* Herausragende Beispiele sind der „Muwatta'" des *Mālik ben Anas* sowie die beiden Werke „Risāla" und „Kitāb al-Umm" des *Muhammad ben Idrīs al-Shāfiᶜī.*

Im dritten Jahrhundert muslimischer bzw. im neunten Jahrhundert unserer Zeitrechnung wurden die als echt angesehenen Traditionen vom Propheten in sechs

534 Vgl. *M. W. Hofmann* (o. Fn. 395), S. 53.

535 Vgl. *M. S. Mahmassani* (o. Fn. 2), S. 437, 440 m. Nachw.

536 Vgl. *M. S. Mahmassani* (o. Fn. 2), S. 437, 440.

537 Vgl. *M. S. Mahmassani* (o. Fn. 2), S. 437, 440; siehe dazu auch oben nach Fn. 136.

538 Vgl. *Coulson* (o. Fn. 108), S. 89.

539 Vgl. *Radtke* (o. Fn. 3), S. 54, 65; siehe dazu schon oben nach Fn. 270; anders *Milliot/ Blanc* (o. Fn. 357), S. 92: 30.000.

540 Vgl. *Hallaq* (o. Fn. 4), S. 18; siehe auch schon oben nach Fn. 182.

541 Vgl. *Nagel* (o. Fn. 178), S. 201; *Vesey-Fitzgerald* (o. Fn. 112), S. 85, 92.

542 Vgl. *Nagel* (o. Fn. 178), S. 196.

heute als kanonisch geltenden Sammlungen zusammengefasst. Es sind dies die Sammlungen von *Al-Bukhārī* (gest. 255 bzw. 870) und *Muslim* (gest. 260 bzw. 875) sowie von *Ibn Madscha* (gest. 272 bzw. 886), *Abū Dawūd* (gest. 274 bzw. 888), *At-Tirmidhī* (gest. 278 bzw. 892) und *An-Nasāᶜī* (gest. 302 bzw. 915)[543]. Sie werden auch „die sechs Richtigen" (*aṣ-ṣaḥīḥ as-sitta*) genannt[544]. Eine gewisse Vorzugsstellung wird den beiden ersten Sammlungen eingeräumt, die als „die Authentischen" (*aṣ-ṣaḥīḥīn*) gelten[545]. Es wird gesagt, *Al-Bukhārī* und *Muslim* hätten sehr streng darüber gewacht, keine apokryphen Texte aufzunehmen. So habe etwa *Al-Bukhārī* nur 8.000 von den mehr als 300.000 Traditionen bestehen lassen, die ihm bekannt gewesen seien[546]. Dieses Vorgehen soll zwar keinen Richtigkeitsbeweis für jede der Überlieferungen in den Sammlungen, wohl aber eine Richtigkeitsvermutung begründen[547].

Die Entstehungsgeschichte der schiitischen *ḥadīṯ*-Sammlungen liegt im Dunkeln. Nach einigen Traditionen vom fünften Imam *Muhammad al-Bāqir* (gest. 115 muslimischer bzw. 733 unserer Zeitrechnung) hat schon *ᶜAlī* mit der Aufzeichnung „des *ḥadīṯ*" begonnen haben. Der imāmitische *ḥadīṯ*-Gelehrte *Najāšī* (gest. 450 bzw. 1058) hält *ᶜAlīs* Überlieferungsbuch überhaupt für das erste der Muslime[548]. Heute wird überwiegend angenommen, dass in erster Linie Schüler des sechsten Imams *Jaᶜfar aṣ-Ṣādiq* (gest. 148 bzw. 765) mit der Kompilation begonnen haben. Zu ihnen gehörten angeblich so berühmte Männer wie *Wāṣil ben ᶜAṭā'* und die beiden sunnitischen Schulgründer *Abū Hanīfa* und *Mālik ben Anas*[549], was nicht völlig abwegig ist, da der Imam auch unter Nicht-Schiiten hohes Ansehen genoss[550]. Das Ergebnis der Bestandsaufnahme des *ḥadīṯ*-Materiales durch die Schüler *Jaᶜfars* sollen die „Vierhundert Wurzeln" (*al-uṣūl al-arbaᶜa mi'a*) sein, nach einzelnen *fiqh*-Themen geordnete Zusammenstellungen[551]. Es gibt indes auch einige Stimmen im Schrifttum, die den Kreis der Autoren der „Vierhundert Wurzeln" nicht auf die Schüler *Jaᶜfars* beschränken. So sollen die Kompilationen *Šaiḵ Mufīd* zufolge in den rund zweihundert Jahren zwischen *ᶜAlīs* Ermordung (41 muslimischer bzw. 661 unserer Zeitrechnung) und dem Tod des elften Imams *Hasan al-ᶜAskarī* (etwa 260 bzw. 873) entstanden sein; die Kompilation ist danach das Ergebnis eines längeren Prozesses, nicht dasjenige einer abgesprochenen, konzertierten Aktion von Gelehrten.

543 Vgl. *M. W. Hofmann* (o. Fn. 395), S. 52; *Arkoun*, Der Islam, S. 91; *Milliot/Blanc* (o. Fn. 357), S. 91 f.; *Radtke* (o. Fn. 3), S. 54, 64.

544 *M. W. Hofmann* (o. Fn. 395), S. 52; *Milliot/Blanc* (o. Fn. 357), S. 92.

545 Vgl. *Milliot/Blanc* (o. Fn. 357), S. 91 f.

546 *Milliot/Blanc* (o. Fn. 357), S. 91.

547 *M. W. Hofmann* (o. Fn. 395), S. 52; siehe zu der Einteilung der Vermutungsregel in fünf verschiedene Grade etwa *Milliot/Blanc* (o. Fn. 357), S. 91.

548 Vgl. *Löschner* (o. Fn. 336), S. 92.

549 Siehe *Baillie*, A Digest of Moohummudan Law, Bd. 2, S. 67; *Šahrastānī*, Kitāb al-milal wa n-nihal, S. 125; *Ibn Ḵallikān*, Biographical Dictionary, Bd. 1, S. 300.

550 Vgl. *Laoust*, Les schismes dans l'Islam, S. 67; *Šahrastānī* (o. Fn. 549), S. 125.

551 Vgl. *Falaturi* (o. Fn. 337), S. 62, 65 und Fn. 3 (S. 64).

Nach der zeitlichen Einordnung, die die herrschende Auffassung vornimmt, haben Schüler und Anhänger des siebten Imams, den die Zwölferschiiten in *Mūsā al-Kāẓim* (gest. 183 muslimischer bzw. 799 unserer Zeitrechnung) sehen[552], und des achten Imams *ᶜAlī ar-Riḍā* (gest. 203 bzw. 818) die „Vierhundert Wurzeln" zur Grundlage ihrer Traditionensammlungen gemacht[553]; diejenigen, die einer anderen Datierung folgen, müssen den Prozess zwangsläufig zeitlich etwas später verorten.

Auf der Grundlage der geleisteten Vorarbeiten entstanden in der sich anschließenden zweiten Zeitperiode der *aḥādīṯ*-Zusammenstellung, die die Periode der „Vier Wurzeln" genannt wird, im vierten und fünften Jahrhundert muslimischer bzw. im zehnten und elften Jahrhundert unserer Zeitrechnung vier berühmte Traditionensammlungen, die als kanonisch betrachtet werden[554]: Die erste Sammlung ist das „Al-kāfī fī ᶜilm ad-dīn [Das Ausreichende in der Wissenschaft der Religion]" von *Abū Jaᶜfar Muhammad ben Yaᶜqūb al-Kulainī* (gest. 329 bzw. 941). *Al-Kulainī* soll sich für sein Werk, das mit 16.099 *aḥādīṯ* die umfangreichste der vier Kompilationen darstellt[555], sowohl auf die „Vierhundert Wurzeln" als auch auf die Traditionensammlungen der Schüler des siebten und achten Imams gestützt haben[556]. Die zweite Sammlung ist das „Man lā yahduruhu l-faqīh [Recht für Laien]" von *Abū Jaᶜfar Muhammad ben ᶜAlī* (gest. 381 bzw. 991), der auch als *Bābawaih Ṣadūq* oder *Šaiḵ Ṣadūq* bekannt ist. Das Werk enthält 9.044 Überlieferungen. Gemäß dem schiitischen Biograf *Mīrzā Muhammad Bāqir* (gest. 1313 bzw. 1895) soll *Šaiḵ Ṣadūq* noch eine zweite Schrift mit dem Titel „Madīnat al-ᶜilm [Stadt des Wissens]" verfasst haben, die von einem Teil der imāmitischen Gelehrten den vier Sammlungen gleichgestellt worden sei. Das Buch soll jedoch spätestens seit der zweiten Hälfte des zehnten Jahrhunderts muslimischer bzw. 16. Jahrhunderts unserer Zeitrechnung verschollen sein[557]. Von *Abū Jaᶜfar Muhammad ben al-Hasan at-Tūsī* oder *Šaiḵ Tūsī* (gest. 460 bzw. 1067) stammen schließlich die beiden Traditionensammlungen „Tahdīb al-ahkām [Verfeinerung der rechtlichen Entscheidungen]" mit 13.590 *aḥādīṯ* und „Al-istibṣār fī mā ḵtulifa fīhi mina l-aḵbār [Die Fähigkeit zur Erkenntnis der Widersprüche zwischen den Traditionen]", die eine verkürzte Fassung der ersteren ist und nur 5.511 Überlieferungen enthält.

Der Titel des letztgenannten Werkes deutet bereits an, dass es sich bei den „Vier Wurzeln" nicht um Kodifikationen mit dem Anspruch gesetzlicher Geltungskraft handeln kann. Nach Ansicht der *uṣūlījūn* ist nicht jeder *hadīṯ*, der in den „Vier Wurzeln" aufgeführt ist, zwangsläufig Grundlage einer konkreten Verhaltensrege-

552 Siehe dazu oben nach Fn. 326.

553 Vgl. *Falaturi* (o. Fn. 337), S. 62, 64 f.

554 Vgl. *Falaturi* (o. Fn. 337), S. 62, 65; *Donaldson* (o. Fn. 441), S. 284 ff.

555 *Falaturi* (o. Fn. 337), S. 62, 65; anders *Shehabi,* Taqrīrāt-i uṣūl, Bd. 1, S. 40: 16.979 *aḥādīṯ*.

556 *Löschner* (o. Fn. 336), S. 92.

557 Vgl. *Shehabi* (o. Fn. 555), S. 39.

lung. Das folge schon daraus, dass zu viele potenzielle Fehlerquellen an der Entstehung und Kompilation von *aḥādīṯ* beteiligt gewesen seien, ganz abgesehen von den Schwierigkeiten, den materiellen Inhalt einer Überlieferung zu verstehen[558]. So lehnte beispielsweise bereits der prominente schiitische Rechtsgelehrte des 13. bzw. 19. Jahrhunderts *Aš-Šaiḵ al-Murtaḍā al-Anṣārī* (gest. 1281 bzw. 1864) ausdrücklich die Auffassung der *aḫbārījūn* ab, dass die in den vier Büchern enthaltenen Traditionen mit Sicherheit auf den Unfehlbaren zurückgehen (*maqṭuᶜat aṣ-ṣudūr*)[559]. Vielmehr seien die Überlieferungen der „Vier Wurzeln" einzeln auf ihre Echtheit hin zu überprüfen und erst dann, wenn sie der Kontrolle standgehalten haben, für die Ableitung von Normen zugrunde zu legen. Das gelte selbst für *Al-Kulainīs* „Al-kāfī", dem allgemein ein besonderes Vertrauen entgegengebracht wird, aber das gleichwohl 9.485 schwache *aḥādīṯ* enthalten soll[560], und für die beiden Bücher von *Šaiḵ Ṭūsī.* Die Traditionensammlung von *Bābawaih Ṣadūq* wird von vornherein als weniger zuverlässig denn die drei anderen Kompilationen eingestuft[561]. Der Vergleich mit den sunnitischen „Sechs Richtigen" legt den Schluss nahe, dass die Schiiten die normative Verbindlichkeit einzelner Überlieferungen anders einschätzen als die Sunniten, die grundsätzlich keine Echtheitsprüfung mehr anstellen, weil sie von einer bereits durch die Sammler der Überlieferungen vorgenommenen hinreichenden Prüfung ausgehen. Die sunnitische Vermutungsregel führt dazu, dass von der Authentizität ausgegangen wird, es sei denn, es bestünde berechtigter Anlass zu Zweifeln.

Die dritte Periode schiitischer *ḥadīṯ*-Sammlungen fällt in die Safawidenzeit (907 bis 1148 muslimischer bzw. 1502 bis 1736 unserer Zeitrechnung), in der die Zwölferschia zur Staatsreligion im Iran erhoben wurde. Sie begann mit dem Werk „Al-wāfī [Das Genügende]" von *Muhammad ben Mahmūd al-Kāšānī* (gest. 1091 bzw. 1680), auch bekannt als *Faid,* der ein gemäßigter Aḫbārīᶜ war. Das „Al-wāfī" enthält Überlieferungen, die aus den „Vier Wurzeln" übernommen sind, und Kommentierungen zu diesen Überlieferungen[562]. Eine neue Überprüfung und Zusammenstellung des Traditionenmaterials nicht nur auf der Grundlage der „Vier Wurzeln", sondern auch weiterer Sammlungen nahm *Muhammad Hurr ᶜĀmilī* (gest. 1104 bzw. 1692) im Rahmen seiner „Wasā'il aš-šīᶜa [Hilfsmittel der Schia; vollständiger Titel: Tafṣīl wasā'il aš-šīᶜa ilā taḥṣīl aš-šarīᶜa]" vor, von denen behauptet wird, sie seien in der ganzen Welt berühmt[563]. Eine noch umfangreichere Traditionensammlung aus jener Zeit sind die „Biḥār al-anwār [Meere der Lichtstrahlen]" von *Mullā Muhammad Bāqir al-Majlisī* (gest. 1110 bzw. 1699), der die bis dahin bekannten schiitischen Überlieferungen aus sämtlichen verfügbaren Sammlungen

---

558 Vgl. *Falaturi* (o. Fn. 337), S. 62, 84 li. Sp.

559 *Al-Anṣārī,* Farā'id al-uṣūl, S. 67.

560 Vgl. *Falaturi* (o. Fn. 337), S. 62, 66.

561 *Shehabi* (o. Fn. 555), S. 40.

562 Siehe *Falaturi* (o. Fn. 337), S. 62, 66, auch zum Folgenden.

563 Vgl. *Mudarris,* Raiḥānat al-adab fī tarājim al-maᶜrūfīn bi l-kunya awi l-laqab yā kunan wa alqāb, Bd. 1, S. 319.

aufnahm, aber offenbar nicht mehr dazu gekommen ist, sie nach ihrer Glaubhaftigkeit zu unterscheiden[564]. Deshalb bringen die schiitischen Gelehrten den „Biḥār al-anwār“ größere Bedenken entgegen als *ᶜĀmilīs* „Wasā'il aš-šīᶜa“[565]. Die „Wasā'il aš-šīᶜa“ wurden zu Beginn des vierzehnten Jahrhunderts muslimischer bzw. in der zweiten Hälfte des 19. Jahrhunderts von *Mīrzā Husain Nūrī* (gest. 1320 bzw. 1902) durchgesehen und um weitere, in ihnen noch nicht enthaltene Überlieferungen ergänzt; die neue Sammlung bekam den Titel „Mustadrak al-wasā'il wa mustanbat al-masā'il [Richtigstellung der Hilfsmittel und Erkenntnis der Probleme]“[566].

Die Ausführungen machen deutlich, dass das *aḥādīṯ*-Material, das die *sunna* speist, bei den Sunniten und den Schiiten nicht dasselbe ist. Sunniten und Schiiten greifen jeweils auf unterschiedliche Traditionensammlungen zurück. Das kann dazu führen – die inhaltliche Kongruenz der verwendeten Traditionen in beiden muslimischen Richtungen müsste noch näher beleuchtet werden –, dass der Kanon von aus der *sunna* abgeleiteten Rechtssätzen bei den Sunniten ein völlig anderer ist als bei den Schiiten. Es ist deshalb nicht unproblematisch, wenn staatliche Behörden oder Gerichte die Ansicht äußern, dass für Sunniten und Schiiten im Wesentlichen die gleichen schariatischen Normen gelten, weil sie sich beide auf den Koran und die *sunna* stützen[567]. Das Konzept der *sunna* ist nicht identisch bei den verschiedenen Richtungen innerhalb des Islam.

4. Die Prüfung der Echtheit von aḥādīṯ

Die Authentizität der *sunna* oder genauer der *aḥādīṯ* sowohl im Allgemeinen als auch im Einzelfall ist im Laufe der Geschichte des Islam wiederholt in Frage gestellt worden[568]. Das hat dazu geführt, dass neben der theologisch-juristischen Forschung, die den normativen Gehalt der Überlieferungen auf der Grundlage eines positivrechtlichen Ansatzes untersucht, eine parallele Wissenschaft (*ᶜilm mustalah al-hafīṯ*) entstanden ist, die sich kritisch mit der Herkunft und Glaubhaftigkeit von Überlieferungen auseinander setzt[569].

Ein *hadīṯ* gilt nach der sunnitischen Auffassung dann als glaubhaft und entfaltet eine normative Wirkung, wenn er durch eine gesicherte Kette von Gewährsmännern (*isnād*), die bis zum Propheten zurückreicht, tradiert wurde[570]. Wie sich die

---

564 Vgl. *Löschner* (o. Fn. 336), S. 94.

565 Vgl. *Falaturi* (o. Fn. 337), S. 62, 66; *Mudarris,* Raihānat al-adab fī tarājim al-maᶜrūfīn bi l-kunya awi l-laqab yā kunan wa alqāb, Bd. 2, S. 441.

566 Siehe *Löschner* (o. Fn. 336), S. 94.

567 So etwa *BVerwG,* NJW 2005, 2101, 2105.

568 Siehe *M. S. Mahmassani* (o. Fn. 2), S. 437, 441 m. Nachw. in Fn. 13.

569 Vgl. *M. S. Mahmassani* (o. Fn. 2), S. 437, 441.

570 Vgl. *Radtke* (o. Fn. 3), S. 54, 63; siehe in diesem Zusammenhang auch schon oben bei Fn. 95.

Prüfung, ob ein hinreichender *isnād* vorliegt, in der Vergangenheit entwickelt hat, erläutert der sunnitische *sharī'ah*-Gelehrte *Maher S. Mahmassani* wie folgt: „Als erste Aufgabe [...] musste sich aufdrängen, bei jeder *sunna* [gemeint: bei jedem *hadīṯ*] die Zuverlässigkeit der Tradentenkette bis zum Propheten selbst oder bis zu einem seiner Gefährten zu überprüfen und zu entscheiden, in welchem Umfang die in diesen Ketten aufgeführten Personen vertrauenswürdig sind. Es folgte die Entstehung von klassifikatorischen Werken, die das *sunna*-Material auf der Grundlage [des jeweiligen Grades] seiner Authentizität kategorisierten. Leider stellten diese Werke ausschließlich auf die Zuverlässigkeit der Tradentenkette ab, ohne dabei auch die Zuverlässigkeit und Glaubhaftigkeit der [tradierten] Inhalte zu berücksichtigen. Deswegen müssen die Forscher [heute] Regeln darüber ausarbeiten, welche Handlungen und Äußerungen des Propheten, auch wenn sie sich als zuverlässig erweisen, als *sunna* zu qualifizieren sind, um die normative Verbindlichkeit und die einzelnen Regeln des Rechts vollständig zu erschließen"[571]. Das zeigt zum einen, dass die Authentizität der einzelnen *ahādīṯ* nicht als zweifelsfrei gegeben oder als evident angesehen wird, auch wenn sie in den anerkannten Traditionensammlungen niedergelegt sind[572]; zum anderen bildet nicht jeder *hadīṯ* ohne Weiteres einen Bestandteil der *sunna*.

Im schiitischen Islam kommt es für die Bejahung des normativen Charakters einer Überlieferung nicht oder jedenfalls nicht allein darauf an, dass diese sich über eine lückenlose Tradentenkette auf den Propheten oder auf eine der anderen Personen, die an der Entstehung der *sunna* einen Anteil haben, zurückverfolgen lässt. Hinzu kommt, dass die Kategorien „echt" und „unecht" vermieden werden. Das wird damit begründet wird, dass nur der Unfehlbare eine absolute Gewissheit mit Blick auf das wahre Recht geben könne. Der gewöhnliche Rechtsanwender könne sich dem Recht lediglich annähern, weshalb ihm ein bestimmter Gewissheitsgrad genügen müsse, den es zu erreichen gelte. Nach dem schiitischen Gelehrten *Muhammad Taqī al-Hakīm* sind insofern zwei Arten von Wegen (*turuq*) zur *sunna* zu unterscheiden: „zwingende [*qat^{c}īya*]" und „nicht zwingende [*qair qat^{c}īya*]". Erkenntnismittel, die eine hinreichende Gewissheit gewähren, sind „zwingende", stringente. Dazu zählt *Al-Hakīm* in erster Linie die „mutawātir"-Tradition, die „von Begleitumständen umgebene Tradition" und den Konsens. „Nicht zwingend" sind hingegen Erkenntnismittel, die allenfalls zu einer Ver-

---

571 *M. S. Mahmassani* (o. Fn. 2), S. 437, 441 (Übersetzung durch Verf.); siehe auch *M. W. Hofmann* (o. Fn. 395), S. 54, der darauf hinweist, dass sich die berühmten *ahādīṯ*-Sammler davor gescheut haben, neben der Überliefererkette den Inhalt des Überlieferten einer Kritik zu unterwerfen, außer bei offensichtlicher Unmöglichkeit oder Widersprüchlichkeit. Das hänge damit zusammen, dass ihnen die heutigen Mittel sprachanalytischer und historischer Kritik nicht zur Verfügung gestanden haben. Die Folge sei, dass die antiken „Sammlungen einzelne Überlieferungen [enthalten], die eine fromme Fälschung vermuten lassen, weil sie eine politische oder theologische Richtung oder eine Volksgruppe des frühen Islam zu favorisieren oder zu dämonisieren scheinen".

572 Vgl. zur Klassifizierung der *ahādīṯ* im sunnitischen Islam etwa *Khallâf* (o. Fn. 426), S. 61 f.

mutung führen können, wie die Einzeltradition und die Publizität, wobei nur erstere eine gesicherte, „anerkannte Vermutung (*ẓann muᶜtabar*)“ begründet[573]. Die einzelnen Aspekte sollen im Folgenden kurz erläutert werden:

Der Begriff „mutawātir“ stammt ab von dem Substantiv „tawātur“, das wörtlich das „unmittelbare Nachfolgen“ bzw. das „sukzessive Hintereinanderkommen“ bedeutet[574]. Die *mutawātir*-Tradition zeichnet sich indes nicht allein dadurch aus, dass ihre Überliefererkette „ununterbrochen“ ist bzw. die einzelnen Tradenten in dieser Kette sukzessive aufeinander folgen; dies ist schon eine Grundvoraussetzung dafür, dass der höchstmögliche Gewissheitsgrad an Wahrheit der Tradierung überhaupt erreicht werden kann. *Mahmood Shehabi* definiert die *mutawātir*-Tradition folgendermaßen: „Wenn Personen, deren Abkommen untereinander normalerweise nicht möglich ist, eine sinnlich wahrnehmbare Angelegenheit überliefern, auf eine Art und Weise, dass ihre Überlieferung durch sich selbst Stringenz verschafft und in den Hörenden Gewissheit erzeugt, nennt man diese Überlieferung ‚mutawātir‘“[575]. Der Tatbestand des „tawātur“ betrifft danach die Überlieferer, den Gegenstand der Überlieferung sowie die Art und Weise der Überlieferung. Diese dreifache Zuordnung hat auch *Muhammad Burūjirdī ᶜAbduh* vorgenommen, wenn er schreibt: „1. Die Überlieferer müssen in einer Anzahl sein, dass normalerweise ihre Vereinigung auf eine Unwahrheit, und sei es nur aus Nachlässigkeit oder Vergesslichkeit, gehindert ist, mag auch eine einzige Schicht [von Überlieferern] oder mögen mehrere [Schichten] vorhanden sein. 2. Die [Begebenheit] der Überlieferung, welche die Tradenten weitergeben, muss entweder selbst oder es müssen ihre Wirkungen und Folgen sinnlich wahrnehmbar sein. 3. Der Verstand des Hörenden darf nicht auf eine Art und Weise von Zweifel und Autoritätshörigkeit verdorben sein, dass es einen Einfluss auf das Vertrauen auf die Überlieferung und den Erwerb des [sicheren] Wissens von ihr hat.“[576]

Eine im Hinblick auf den durch sie vermittelten Gewissheitsgrad der *mutawātir*-Tradition gleichgestellte „von Begleitumständen umgebene Tradition [*al-ḵabar al-mahfūf bi qurā'in*]“ ist gegeben, wenn stringente „Begleitumstände [... vorliegen], in deren Anbetracht das Wahrsein der [betreffenden] Tradition zweifellos und entschieden feststeht“[577]. Unter „Begleitumständen“ sind dabei inhaltliche Details des Gegenstandes der Überlieferung zu verstehen. Es handelt sich um tatsächliche Einzelheiten der Kernbegebenheit der Überlieferung, die wegen ihrer Detailliertheit den Wahrheitsgehalt der Überlieferung als gewiss erscheinen lassen[578].

---

573 Siehe *Al-Hakim* (o. Fn. 513), S. 194 u. 203.

574 *Löschner* (o. Fn. 336), S. 95.

575 *Shehabi* (o. Fn. 494), S. 110.

576 *Burūjirdī ᶜAbduh* (o. Fn. 478), S. 86; zu Schwierigkeiten, die sich bei der Anwendung dieser Kriterien ergeben, etwa *Löschner* (o. Fn. 336), S. 97 f.

577 *Shehabi* (o. Fn. 494), S. 111.

578 Vgl. *Löschner* (o. Fn. 336), S. 100.

Eine „Einzeltradition" ist jede Überlieferung, deren Merkmale nicht den Tatbestand der *mutawātir*-Tradition erfüllen. Auch die „von Begleitumständen umgebene Tradition" ist somit streng genommen eine Einzeltradition, auch wenn die Begleitumtände manchmal das sichere Wissen für die Wirklichkeit des Überlieferten gewähren. Für die Einzeltradition kommt es nicht darauf an, ob nur ein einziger Überlieferer oder mehrere auftreten[579]. *Al-Hakīm* hat den Begriff freilich restriktiver gebraucht in dem Sinne, dass er nur solche Überlieferungen erfasst, die nicht den hinreichenden Grad an Gewissheit erreichen. Bei dem Hauptteil der Überlieferungen von dem Unfehlbaren handelt es sich um solche Traditionen, was beispielsweise *Muhammad ᶜAlī al-Ḵurāsānī al-Kāẓimī* ausdrücklich anerkennt, wenn er sagt, dass „die mutawātir-Traditionen und die von stringenten Begleitumständen umgebenen Traditionen außerordentlich gering an Zahl sind. Sie reichen nicht [nur nicht] für den größeren Teil des fiqh aus, sondern geradezu der Erwerb der überwiegenden Anzahl der gesetzlichen Bestimmungen beruht auf der Einzeltradition"[580]. Vor diesem Hintergrund verwundert es nicht, dass die Frage nach der normativen Kraft dieser Einzeltraditionen zu den wichtigsten *uṣūl*-Problemen gehört, die unter den schiitischen Gelehrten diskutiert werden[581].

Jahrhundertelang bestand eine verbreitete Auffassung dahingehend, dass die Einzeltraditionen nicht „anerkannt", d. h. die aus der Einzeltradition emanierende „Vermutung" nicht vom Gesetzesanwender zugelassen werden dürfe[582]. *Saiyid Murtaḍā* (gest. 436 muslimischer bzw. 1044 unserer Zeitrechnung), der diese Lehre begründet haben soll, führte dazu aus: „Für die gesetzlichen Bestimmungen ist unbedingt ein ‚Weg' erforderlich, der zum [sicheren] Wissen führt. [...] Deshalb erklärten wir das Arbeiten mit den Einzeltraditionen [oder: das Handeln gemäß ihnen] für nichtig".[583] Weder gewährten die Einzeltraditionen durch sich selbst Gewissheit, so wie etwa die *mutawātir*-Tradition, noch habe der Gesetzgeber einen Hinweis gegeben, dass die Einzeltraditionen dem Handeln zugrunde gelegt werden dürften.

Die heute herrschende schiitische, ja gesamtmuslimische Ansicht schließt sich dem nicht an; sie hält es durchaus für möglich, dass Einzeltraditionen normative Kraft haben können[584]. Sie kann sich dabei schon auf den Lehrer *Saiyid Murtaḍās, Šaiḵ Mufīd,* stützen, von dem berichtet wird, „dass er sagte, dass die den Vorwand abschneidende [*scil.*: zwingende] Einzeltradition diejenige ist, mit der ein Beweis

---

579 *Al-Muzaffar* (o. Fn. 492), S. 58; *Sangilajī* (o. Fn. 495), S. 211; *Shehabi* (o. Fn. 494), S. 111.

580 *Al-Kāẓimī,* Fawā'id al-uṣūl, Bd. 3, S. 55.

581 Vgl. *Löschner* (o. Fn. 336), S. 101.

582 Vgl. *Löschner* (o. Fn. 336), S. 101 f. m. umfangreichen Nachw.

583 Zit. nach *Al-Muzaffar* (o. Fn. 492), S. 74.

584 Siehe *Burūjirdī ᶜAbduh* (o. Fn. 478), S. 89 f.; *Al-Hakim* (o. Fn. 513), S. 206; *Al-Kāẓimī* (o. Fn. 580, S. 67; *Sangilajī* (o. Fn. 495), S. 212; *Shehabi* (o. Fn. 494), S. 112; für den sunnitischen Bereich etwa *Al-ᶜĀnī* (o. Fn. 509), S. 21.

verbunden ist, der zum [sicheren] Wissen führte“[585]. Das heißt, wie *Mohammad Riḍā al-Muẓaffar,* ein Gelehrter aus neuerer Zeit, hervorgehoben hat, dass ein „Beweis aufgestellt sein oder aufgestellt werden [muss], dass die Einzeltradition normative Kraft hat“[586]. Als „Beweis“ kommen die in Korantext, *aḥādīṯ*-Sammlungen und Rechtsbüchern verkörperten Basisnormen, also zum Beispiel Koranverse, *mutawātir*-Traditionen oder ein Gewissheit verleihender *consensus,* in Betracht. Lässt sich ein solcher „Beweis“ aufstellen, so steht fest, dass der Gesetzgeber die „Vermutung“ anerkannt hat und infolgedessen die Einzeltradition Grundlage der Rechtserkenntnis sein kann[587]. Die Einzeltradition kann also nicht alleine herangezogen werden; es bedarf stets einer Bestätigung durch eine andere Rechtsquelle.

Die „Publizität“ schließlich ist ein „Weg“ zur *sunna,* der, wie die Einzeltradition, nicht „zwingend“ ist und für den außerdem kein „Beweis“ aufgestellt werden kann[588]. Gemeint ist „das Verbreitetsein der Tradition oder des Sich-Stützens [auf sie beim Arbeiten mit ihr] oder des fatwā in einem Umfang, dass es den größten Teil der Rechtsgelehrten und der Überlieferer einschließt. Sie [*scil.*: die Publizität] steht unter dem Rang des Konsenses, was das Verbreitetsein anbelangt“[589]. Ob *consensus* und „Publizität“ strikt voneinander getrennt werden können, ist indes streitig. Nach *Burūjirdī ᶜAbduh* sind die Grenzen zwischen „Publizität“ und *consensus* fließend. Wenn ein *fatwā* unter den Gelehrten in einem Maße publik sei, dass sich Gewissheit ergebe für seine Übereinstimmung mit der Rede des Unfehlbaren oder einem „anerkannten Beweis“, obwohl ein „Beweis“ für das *fatwā* selbst nicht zu finden sei, dann werde es zum *consensus* gerechnet und habe insofern normative Kraft[590].

5. Zum Rangverhältnis von Koran und sunna

Dass die Authentizität und Integrität der *sunna* oder genauer: der Summe von *aḥādīṯ,* aus denen sie sich nach Auffassung der Muslime zusammensetzt[591], nicht feststeht, bedeutet nicht den einzigen Unterschied zwischen *sunna* und Koran. Ein weiterer wichtiger Unterschied besteht darin, dass die *sunna* – von einigen weni-

---

585 Siehe *Al-Anṣārī* (o. Fn. 559), S. 67.

586 *Al-Muẓaffar* (o. Fn. 492), S. 59 u. 61.

587 Vgl. *Al-Anṣārī* (o. Fn. 559), S. 67; einen Überblick über die „Beweise“ für die normative Kraft von Einzelnormen gibt *Löschner* (o. Fn. 336), S. 103 ff.

588 *Al-Hakim* (o. Fn. 513), S. 205.

589 *Al-Hakim* (o. Fn. 513), S. 220.

590 *Burūjirdī ᶜAbduh* (o. Fn. 478), S. 139; zur gegenteiligen Ansicht siehe die Nachw. bei *Löschner* (o. Fn. 336), S. 108 Fn. 170; dort – S. 108 f. – auch ausführlich zu den drei Erscheinungsformen der „Publizität“: „Überlieferungspublizität“, „Anwendungspublizität“ und „Entscheidungspublizität“.

591 Siehe zu dieser Einschränkung oben nach Fn. 525.

gen Ausnahmen, den so genannten Heiligen *aḥādīṯ*-Berichten (*aḥādīṯ qudsīya*), abgesehen[592] – keine göttlichen Offenbarungen enthält; die *sunna* ist menschliches Handeln, Reden oder konkludentes Einverständnis[593]. Die Autorität der *sunna* beruht darauf, dass *Mohammed* den Koran vorlebte und den Muslimen darüber hinaus an zahlreichen Stellen im Koran befohlen wird, dem Propheten in religiösen und moralischen Dingen Folge zu leisten (vgl. Kor. 3, 32; 4, 59; 4, 80; 4, 83; 33, 36; 59, 7)[594]. Es wird der *sunna* also durch den Koran die Funktion einer Rechtsquelle zugewiesen. Das wirft die Frage auf, ob der *sunna* im Kanon der Quellen des islamischen Rechts dieselbe Stellung und Gesetzeskraft zukommt wie dem Koran und wie zu verfahren ist, wenn *aḥādīṯ* augenscheinlich Koranversen widersprechen. Die muslimischen Rechtsgelehrten geben insofern keine einheitliche Antwort; wie bereits im Rahmen der Ausführungen zu den Rechtsschulen näher erörtert, ist das Maß der rechtlichen Verbindlichkeit der *sunna* im Verhältnis zu den Normen des Koran umstritten.

Einige hanafitische und eine noch größere Anzahl malikitischer und schafiitischer sowie die meisten schiitischen Autoren stellen die *sunna* auf eine Stufe mit dem Koran, indem sie in den Äußerungen und dem sonstigen Verhalten *Mohammeds* eine Offenbarung von gleichem Rang wie die koranische Offenbarung sehen, ohne dabei allerdings dem Propheten irgendeine göttliche Natur zuzuschreiben[595]. Logische Konsequenz der angenommenen Egalität von Koran und *sunna* ist, dass Bestimmungen der *sunna* Koranverse abrogieren können[596]. So wird etwa mit Blick auf die Lehren *Al-Shāfiᶜīs* ausgeführt: „S̲h̲āfi'ī unterstützte mit großem Nachdruck die generelle Auffassung, dass die Sunna denselben Wert wie der Koran habe, indem er betonte, dass, weil es sich bei dem einen um das [von dem Propheten übermittelte] Wort Gottes und bei dem anderen um dasjenige des Propheten [selbst] handele, folgerichtig anzunehmen sei, dass Gott sich des Propheten als eines Werkzeuges bedient, um das wieder abzuändern, was er zuvor geoffenbart hat. Diese Theorie schiebt zugleich den erheblichen Einwand beiseite, der auf die große Anzahl einander widersprechender Traditionen und auf ihre nicht gleichmäßig gegebene Authentizität verweist."[597] Dann dürfte es für die Bestimmung der maßgeblichen Norm darauf ankommen, welche Regelung zeitlich zuletzt getroffen wurde: *lex posterior derogat legi priori.*

Andere *sharī'ah*-Gelehrte erkennen der *sunna* eine begrenzte normative Kraft als akzessorische Rechtsquelle zu, die nicht den Rang des geoffenbarten Korantextes erreicht. Sie berufen sich dafür auf zwei tradierte Aussagen *Mohammeds,* die wie folgt wiedergegeben werden: „Ich bin nicht mehr als ein menschliches Wesen.

---

592 Vgl. *M. W. Hofmann* (o. Fn. 395), S. 52.

593 Vgl. *M. S. Mahmassani* (o. Fn. 2), S. 437, 441.

594 Vgl. *Khallāf* (o. Fn. 426), S. 55; *M. W. Hofmann* (o. Fn. 395), S. 52 f.

595 *M. S. Mahmassani* (o. Fn. 2), S. 437, 441 f. m. Fn. 16 u. 19.

596 Vgl. *Milliot/Blanc* (o. Fn. 357), S. 102.

597 *Milliot/Blanc* (o. Fn. 357), S. 102 (Übersetzung durch Verf.).

Wenn ich euch befehle, etwas zu tun, was auch immer eure Religion betrifft, so nehmt es an; wenn ich euch aber eigenmächtig Anordnungen gebe mit Bezug auf irgendeine Angelegenheit, so handele ich nur als ein Mensch und ihr wisst besser Bescheid über die Dinge eures eigenen Lebens". Sowie: „Das, was euch vorgeschlagen wird, dass ihr es genauso tut wie ich, vergleicht mit dem Buche Gottes [dem Koran]; wenn es im Einklang steht mit seinen Bestimmungen, könnte ich es gesagt haben, wenn nicht habe ich es mit Sicherheit nicht gesagt."[598] Aus diesen Aussagen ergibt sich für die Vertreter der gemäßigten Ansicht zum Verhältnis von Koran und *sunna* der Schluss, dass ein *ḥadīṯ* nicht in der Lage ist, einen Koranvers abzuändern. Zur Bestätigung führen sie noch einen Korantext an, der übersetzt lautet: „Wenn ihnen unsere Zeichen als klare Beweise verlesen werden, sagen diejenigen, die nicht die Begegnung mit uns erwarten: ‚Bringe einen anderen Qur'ān als diesen oder ändere ihn ab.' Sag: Es steht mir nicht zu, ihn von mir selbst aus abzuändern. Ich folge nur dem, was mir (als Offenbarung) eingegeben wird" (Kor. 10, 15)[599].

Schließlich gibt es einige zeitgenössische Autoren, die jeden normativen Wert der *sunna* ablehnen. Sie begründen ihre Auffassung damit, dass in dem Fall, dass der *sunna* derselbe Rang beigemessen wird wie dem koranischen Text, beide letztlich auf denselben Ursprung zurückgeführt würden, was eine Vereinigung der Äußerungen des Propheten und damit des Propheten selbst mit Gott bedeuten würde. Das sei Blasphemie[600]. Diese extreme Position stellt allerdings eine Mindermeinung dar.

Die herrschende Meinung lässt sich dahingehend zusammenfassen, dass der *sunna* eine so starke Rolle im islamischen Recht zukommt, dass sie zu den prinzipalen Rechtsquellen zählt. Ihre normative Kraft hängt von drei Voraussetzungen ab: Erstens muss sich die herangezogene Überlieferung im Rahmen einer Prüfung als authentisch bzw. gewiss erwiesen haben. Zweitens muss sie einen Gegenstand betreffen, der nicht bereits hinreichend im Koran geregelt ist, und darf unter keinen Umständen zwingende Vorschriften des Koran verletzen. Drittens muss die Überlieferung sich auf eine religiöse Angelegenheit beziehen; es darf nicht um eine banale Begebenheit des täglichen Lebens gehen. Wann diese Voraussetzungen gegeben sind, beurteilt sich nach einem höchst subjektiven und interpretationsbedürftigen Maßstab, dessen Anwendung im Einzelfall zu unterschiedlichen Ergebnissen führen kann[601].

---

598 Zit. nach *M. S. Mahmassani* (o. Fn. 2), S. 437, 442 (Übersetzung durch Verf.).

599 Vgl. *M. S. Mahmassani* (o. Fn. 2), S. 437, 442.

600 Vgl. *M. S. Mahmassani* (o. Fn. 2), S. 437, 442 m. Nachw. in Fn. 23.

601 *M. S. Mahmassani* (o. Fn. 2), S. 437, 442 f.

III. Der consensus

Die dritte Rechtsquelle nach Koran und *sunna* ist gemäß der Lehre von den *uṣūl al-fiqh* der *consensus* der Gemeinschaft (arab.: *al-iǧmāᶜ*). Die genaue Bedeutung des Begriffes „iǧmāᶜ" ist innerhalb der sunnitischen Rechtsschulen seit jeher umstritten[602]. Einigkeit besteht noch darüber, dass die beiden Komposita, aus denen sich das Wort zusammensetzt, nämlich „Übereinstimmung" (*ittifāq*) und „Entscheidung" (*izmāᶜ*), im technischen Gebrauch des Begriffes fortwirken[603]. Diskutiert wird jedoch vor allem über den Kreis der Personen, die im *iǧmāᶜ* zusammentreten, wobei indes stets Charakteristikum der mannigfaltigen sunnitischen Auffassungen war und ist, dass die bloße Übereinstimmung einer menschlichen Gemeinschaft als normativer Konsens gilt[604].

Zur Zeit des *Mālik ben Anas,* des Gründers der malikitischen Schule, wurde „consensus" im Sinne eines allgemeinen Rechtsgefühls verstanden; er war noch nicht terminologisch verfestigt. *Mālik* wurde wiederholt vorgeworfen, er habe den *iǧmāᶜ* mit dem Konsens der Bewohner von Medina, dem damaligen Zentrum muslimischer Rechtsgelehrsamkeit, gleichgesetzt. Sogar *Walī al-Dīn ᶜAbd ar-Raḥmān ibn Ḵaldūn* (gest. 808 muslimischer bzw. 1406 unserer Zeitrechnung), der mehrmals malikitischer Oberrichter in Kairo gewesen war, kritisierte die auf *Mālik* zurückgehende Auffassung, die der Übereinkunft der Medinenser die Stellung des *iǧmāᶜ* zuweist. Es gehe insofern nicht um den *consensus,* sondern um die „Praxis der Leute von Medina"[605], die notwendigerweise, in kontinuierlicher Abfolge der Generationen, auf das Handeln des Propheten zurückführe und allein durch die persönliche Beobachtung der Medinenser gewonnen worden sei. Mit dem *iǧmāᶜ* habe das lediglich das „Übereinkommen" (*ittifāq*) gemeinsam. Doch werde selbst dieses beim *iǧmāᶜ* im strengen Sinne durch *iǧtihād,* d. h. durch juristisches Räsonnieren, erzielt, beim Handeln der Medinenser aber durch die persönliche Beobachtung des Propheten und deren Tradierung auf folgende medinensische Generationen. Angesichts dessen schlägt *Ibn Ḵaldūn* vor, das Problem des Vorbildcharakters der medinensischen Gemeinde bei der *„sunna* des Propheten" zu verorten[606].

Al-Shāfiᶜī knüpfte für sein Verständnis des „consensus" an die Lehren *Māliks* an. Für ihn besaß der medinensische Konsens dann rechtliche Verbindlichkeit, wenn er die Übereinstimmung der gesamten muslimischen Gemeinschaft widerspiegelt. Damit war der Weg bereitet für einen neuen Konsensbegriff, der die *umma* als die Gemeinschaft aller muslimischen Gläubigen in den Vordergrund

---

602 Vgl. *Al-Hakīm* (o. Fn. 513), S. 255; *Faruki,* Islamic Jurisprudence, S. 38; *Goldziher* (o. Fn. 38), S. 32; *Hourani,* Studia Islamica 21 (1964), 13, 17; *Schacht* (o. Fn. 74), S. 61; *Turki,* Revue de l'Institut des belles lettres arabes à Tunis 28 (1965), 167 ff.

603 Vgl. *Al-ᶜĀnī* (o. Fn. 509), S. 22; *Al-Hakīm* (o. Fn. 513), S. 255.

604 *Löschner* (o. Fn. 336), S. 114.

605 *Ibn Ḵaldūn,* Al-muqaddima, S. 807.

606 Siehe *Ibn Ḵaldūn* (o. Fn. 605), S. 808; siehe auch *Rosenthal,* The Muqaddimah, Bd. 3, S. 8; *Wakīlī Qummī* (o. Fn. 517), S. 9.

schiebt und von *Al-Shāfiᶜī* mit dem folgenden Lehrsatz begründet wurde: „[W]ir wissen, daß ihre [der Muslime] Allgemeinheit nicht in einem Widerspruch zur Sunna des Gesandten Gottes übereinkommt und nicht in einem Irrtum, wenn Gott will“[607]. Das darin schon anklingende Argument von der Unfehlbarkeit der muslimischen Gemeinschaft wurde später – in *ḥadīṯ*-Form wiedergegeben – zum wichtigsten Fundament für die sunnitische Konsenslehre[608].

Der bedeutende schafiitische Jurist und Theologe *Abū l'Maᶜālī al-Juwainī* (gest. 478 muslimischer bzw. 1085 unserer Zeitrechnung) hat den Begriff des *iǧmāᶜ* einengend und weiter präzisierend dahingehend definiert, dass er die Übereinstimmung der muslimischen Gemeinde meine, wie sie durch die Rechtsgelehrten repräsentiert werde[609]. *Al-Juwainī* führte in seinem Werk „Kitāb al-burhān [Buch des Beweises]“ aus: „Der Consensus ist die Übereinstimmung der Gelehrten eines Zeitalters in der Bewertung eines Tatbestandes; mit Gelehrten meinen wir die Juristen [arab.: *al-fuqahā*], mit Tatbestand einen durch die Scharia zu bestimmenden Sachverhalt. Der Consensus dieser (islamischen) Gemeinschaft ist ohne Berücksichtigung anderer (Glaubensgemeinschaften) ein beweiskräftiges Argument [arab.: *al-huǧǧa*], hat doch der Gottesgesandte gesagt: ‚Meine Gemeinde wird sich nie auf einen Irrtum verständigen‘. Die Scharia selbst bezeugt also die Unfehlbarkeit [arab.: *al-ᶜiṣma*] dieser Gemeinde. Der Consensus ist ein beweiskräftiges Argument für das folgende Zeitalter, welches dieses auch sei, aber die Tatsache, daß (die Gelehrten) eines Zeitalters (bis auf den letzten Mann) dahingegangen sind, ist nicht die Bedingung für das Richtige. Denn wenn wir sagen, dies sei die Bedingung, dann muß man die Lehren all derer in Erwägung ziehen, die zu Lebzeiten jener Generation geboren und im Rechte ausgebildet wurden und den Stand des *muǧtahids* erreichten: Sie haben schließlich die Möglichkeit, von jenem Consensus abzurücken. Dabei ergibt sich doch der Consensus in gültiger Form aus ihrem Reden und Handeln, aus dem Reden und Handeln der anderen, aus der Ausbreitung (dieses Redens und Handelns) und dem Stillschweigen der übrigen. Die Aussage eines Prophetengefährten ist kein beweiskräftiges Argument gegen eine neue Ansicht; Beweiskraft liegt allein in dem alten (Consensus).“[610] *Al-Juwainī* geht davon aus, dass ein *consensus* nur unter den verstorbenen Generationen von Gelehrten, deren Werk abgeschlossen ist, festgestellt werden kann. Dass die Gelehrten eines Zeitalters eine Rechtsfrage übereinstimmend beurteilten, lasse sich erst nachweisen, wenn die Ansichten derjenigen, die damals gewirkt haben, nicht mehr abänderbar seien, was nur der Fall sei, wenn sie vor dem Ende der betroffenen Epoche aus dem Leben geschieden seien[611]; anderenfalls bestehe die Möglich-

---

607 *Al-Shāfiᶜī,* Risāla, S. 472, zit. nach *Löschner* (o. Fn. 336), S. 115; vgl. *Schacht* (o. Fn. 74), S. 41; *Hourani,* Studia Islamica 21 (1964), 13, 21.

608 Vgl. *Bernand-Baladi,* in: Charnay (Hrsg.), Normes et valeurs dans l'Islam contemporain, S. 68, 80; *Turki,* Revue de l'Institut des belles lettres arabes à Tunis 28 (1965), 167.

609 Vgl. *Bernand-Baladi* (o. Fn. 608), S. 68, 77; *Gardet,* La Cité musulman, S. 123.

610 Zit. nach *Nagel* (o. Fn. 178), S. 229 f.

611 Siehe auch *Milliot/Blanc* (o. Fn. 357), S. 112.

keit, dass die Gelehrten ihre Meinung noch revidierten und damit einen anderen *consensus* zur Entstehung brächten. Es sei indessen, wie *Al-Juwainī* an anderer Stelle ausdrücklich hervorhebt, nicht sinnvoll für die Feststellung eines *consensus* auszubedingen, dass alle Gelehrten, deren Lebenszeit sich mit der gedachten Epoche überschneidet, bereits tot sein müssen. Entscheidend sei vielmehr die Tatsache der Übereinstimmung derjenigen, die die betreffende Frage erörterten und zu einem gewissen Zeitpunkt nicht mehr lebten; von diesem Datum an gelte der *consensus* als eingetreten, sein Inhalt erlange Beweiskraft und damit rechtliche Bindungswirkung[612].

Die Meinung *Al-Juwainīs,* dass dem *iğmā*ᶜ die Übereinstimmung der Gelehrten einer bestimmten Epoche zugrunde liegt, wird heute von zahlreichen sunnitischen Autoren geteilt, beispielsweise von den beiden Professoren an der Al-Azhar-Uniiversität *Muhammad Yūsuf Mūsā*[613] und *Muhammad Šafīq al-ᶜĀnī*[614]. Manchmal wird im Schrifttum statt der Formel „Übereinkunft der Gelehrten" oder „der *muğtahidūn*" gleichsam als Synonym der Ausdruck „Übereinkunft der Leute des Lösens und Bindens [*ᶜakd wa hall*]" gebraucht[615]. Die Gleichsetzung ist allerdings problematisch. In der Frühzeit des Islam waren mit den „Leuten des Lösens und Bindens" die Großen des Reiches gemeint, die das – nicht strikt festgelegte – Wahlmännerkollegium für die Wahl des Kalifen bildeten[616]. Erst später fiel die Aufgabe der Kalifenwahl den Schriftgelehrten zu, die damit die Funktionsbezeichnung „Leute des Lösens und Bindens" erhielten[617]. Die „Leute des Lösens und Bindens" müssen also nicht zwangsläufig mit den Gelehrten identifiziert werden. Daher definierte etwa der islamische Staatswissenschaftler *Muhammad Rašīd Ridā* zu Beginn des 14. Jahrhunderts muslimischer bzw. 20. Jahrhunderts unserer Zeitrechnung dahingehend, dass es sich bei den „Leuten des Lösens und Bindens" handele um „die Oberhäupter der Gemeinde und die [Personen] von hohem Rang, in die die große Mehrheit ihr Vertrauen setze, so dass diejenigen, welche auch immer auswählt werden, sicher sein können, dass sie [*scil.*: die Mehrheit] ihnen Unterwerfung zollt und ihnen dient, um ihre Angelegenheiten auszuführen, ohne dass Ungehorsam oder Rebellion zu befürchten ist"[618]. Damit sind die Möglichkeiten, den Kreis der Konsentierenden zu bestimmen, deutlich größer als nach der begrifflichen Festlegung, die *Al-Juwainī* getroffen hat. Beispielsweise ist es nicht nötig, dass die Konsentierenden *muğtahidūn* sind[619]; in Betracht kommt auch eine Art

612 Vgl. *Nagel* (o. Fn. 178), S. 230 m. Nachw.

613 Vgl. *Mūsā,* Al-madkal li dirāsat al-fiqh al-islāmī, S. 190.

614 Vgl. *Al-ᶜĀnī* (o. Fn. 509), S. 22; siehe ferner *Hallaq* (o. Fn. 4), S. 75; *Milliot/Blanc* (o. Fn. 357), S. 108; *Khallāf* (o. Fn. 426), S. 67 f.

615 Siehe etwa *Gardet* (o. Fn. 609), S. 123; *Milliot/Blanc* (o. Fn. 357), S. 108.

616 Vgl. *Tyan,* Institutions du droit public Musulman, Bd. 2, S. 132 f.

617 Vgl. *Pritsch,* Zeitschrift für vergleichende Rechtswissenschaft 53 (1939), 33, 45; *Reiners,* Die klassische islamische Staatsidee, S. 58.

618 *Ridā,* Al-k̲ilāfa awi l-imāmat al-ᶜuzmā, S. 11 (Übersetzung durchVerf.).

619 Vgl. *Gräf,* Die Welt des Islams n. F. 10 (1966), 131, 160.

demokratischer, gesetzgebender Vertretung der Gemeinschaft[620]. Das hat zur Folge, dass ein *consensus* als Quelle des islamischen Rechts auch heute noch mit Blick auf aktuelle Fragen erzielt werden könnte; es muss nicht nach einer Übereinkunft vergangener Gelehrtengenerationen gesucht oder auf diese gewartet werden. Dementsprechend hat das Oberste Gericht Pakistans in einer Entscheidung vom 5. Mai 1964 vorgeschlagen, eine „Weltkommission der islamischen Ideologie" zu errichten, die – ähnlich dem Internationalen Gerichtshof in Den Haag oder den Vereinten Nationen – von den Mitgliedstaaten die Beachtung ihrer Entscheidungen verlangen können soll[621]. Das bedeutete, dass die islamische Welt eine übergeordnete Instanz bekäme, die über die Glaubenslehre entscheiden könnte. Allerdings dürfte die religiöse Verbindlichkeit der Entscheidungen einer solchen, an supranationale säkulare Einrichtungen und Institutionen angelehnten Instanz für die Muslime, zumal in der Diaspora, mit Recht als zweifelhaft angesehen werden. Im Streitfall hätte ein deutsches Gericht der Glaubensüberzeugung des Einzelnen grundsätzlich den Vorzug vor einer anderslautenden Entscheidung einer solchen islamischen Ideologiekommission zu geben.

Über den *consensus* wird indes im sunnitischen Islam nicht nur mit Blick auf den maßgeblichen Personenkreis für die Konsensbildung und die damit eng verknüpfte Fragen, auf welche geografischen Regionen und welche zeitliche Epoche abzustellen ist[622] und ob die Konsentierenden bereits alle verstorben sein müssen[623], diskutiert; der *consensus* ist auch in zahlreichen weiteren Details umstritten[624], die hier nicht umfassend dargestellt werden können. Streitig ist nicht zuletzt die Stellung des *consensus* als Rechtsquelle im Verhältnis zu Koran und *sunna.*

In der Rechtstheorie wird hervorgehoben, dass es in keiner Angelegenheit einen *consensus* geben dürfe ohne eine entsprechende Grundlage in der göttlichen Offenbarung oder, wie die Juristen formulieren, „ohne dass er vom Text indiziert wird [*dalīl*]". Selbst wenn sich ein Indikant aus den koranischen Versen nicht entziffern lasse, zumal für einen *consensus,* der in einer weit zurückliegenden Zeit gefunden wurde, sei die Annahme zugrundezulegen, dass der *consensus* in der göttlichen Offenbarung wurzele[625]. Der *consensus* sei die Verlängerung der Offenbarung, das „Echo der großen Stimme des von Gott geleiteten Propheten, das die Gefährten wiederholten und die Nachfolger und Anhänger aufgriffen"[626]. Daraus wird dann

---

620 Vgl. *Kerr,* Islamic Reform, S. 163 f.; *Gardet* (o. Fn. 609), S. 352; siehe auch *Faruki* (o. Fn. 602), S. 163, der zur Verwirklichung des *iǧmāᶜ* 75 % der Stimmen in dem gesetzgebenden „committée" fordert.

621 Vgl. dazu *Cerulli,* Studia Islamica 29 (1969), 103, 104.

622 Vgl. *Löschner* (o. Fn. 336), S. 115.

623 Dazu ausführlich *Hallaq* (o. Fn. 4), S. 78 ff.

624 Vgl. etwa *Milliot/Blanc* (o. Fn. 357), S. 112 ff.

625 *Hallaq* (o. Fn. 4), S. 76.

626 *Milliot/Blanc* (o. Fn. 357), S. 113 f. (Übersetzung durch Verf.).

von einigen Gelehrten der Schluss gezogen: „Die [...] Annahme [, dass der *consensus* auf die Offenbarung zurückgeht], verbunden mit der stichhaltigen Zuverlässigkeit des *consensus,* gibt Anlass zu der Lehre, dass der *consensus* dem Koran genauso wie der *sunna* übergeordnet ist [...]. Das bedeutet, dass, wann auch immer über eine bestimmte Angelegenheit ein *consensus* erzielt wurde, der [...] Beweis, auf den dieser *consensus* zurückgeht, auch dann, wenn es sich lediglich um einen einzelnen Bericht handelt, höher einzustufen ist als jeder [inhaltlich] ‚konkurrierende' Beweis, einschließlich eines solchen aus dem Koran und der [...] *sunna.* Das Argument, auf das sich die Rechtfertigung dieser Lehre stützt, ist, dass, weil der *consensus* der Gemeinschaft unfehlbar ist, der durch den *consensus* beiseite geschobene Beweis durch den Text [*scil.*: des Koran] als irrelevant einzustufen ist; denn wenn es nicht so wäre, hätte die Gemeinschaft nicht auf der Grundlage eines anderen Beweises eine Übereinkunft gefunden. Obwohl der *consensus* die abschließende Sicherheit darüber vermittelt, was ein anderweitiger [nicht im Koran oder auf andere Weise offen zutage tretender] Text sagt, so ist es dieser Text selbst, der seinerseits den *consensus* rechtfertigt“[627]. Diese Ausführungen erinnern an das Bild von der himmlischen Tafel, die die „Mutter der Schrift“ ist[628]. Es gibt danach eine Erkennntnisquelle, die über dem Koran steht und auf die sich der *consensus* stützen kann. Außerdem hatte schon *Al-Shāfiᶜī* betont, dass es verborgene Teile des göttlichen Gesetzes gebe, die noch zu entdecken seien[629]. Der *consensus* kann solche Gesetzesbestandteile, die zuvor nicht bekannt waren, manifestieren.

Die Auffassung, dass der *consensus* sich über eine klare Aussage im Koran oder in der *sunna* hinwegsetzen kann, wird von nicht wenigen muslimischen Gelehrten bestritten, die die Subsidiarität des *consensus* im Verhältnis zu Koran und *sunna* geltend machen. Oftmals wird zudem darauf hingewiesen, dass dem *consensus* in der Praxis keine allzu große Bedeutung zukommt; der *consensus* stelle keine wichtigen Regeln für das Recht und für das Verhalten des Einzelnen zur Verfügung[630].

Die Schiiten lehnen den *consensus* in der Gestalt, die er durch die sunnitische Lehre gefunden hat, ab. Sie vermögen die Ansicht, dass mit dem *consensus* oder *iǧmāᶜ* eine bloß menschliche Übereinkunft zu einer von Koran und *sunna* unabhängigen Quelle der *sharī'ah* erhoben ist, nicht zu teilen[631], was als der juristische Hauptunterschied zwischen Schia und Sunna angesehen wird[632]. Dass die schiitischen Gelehrten den Begriff „iǧmāᶜ“ gleichwohl rezipiert haben, wird mit dem Hinweis auf die „Behütung der Einheit“[633] und den „guten Willen der schiitischen

627 *Hallaq* (o. Fn. 4), S. 76 f. (Übersetzung durch Verf.).

628 Vgl. dazu etwa *Löschner* (o. Fn. 336), S. 67 f.

629 Siehe dazu oben nach Fn. 261.

630 Vgl. *M. S. Mahmassani* (o. Fn. 2), S. 437, 444.

631 Vgl. *Mutahharī,* Bahṯī darbāra-yi marjaᶜīyat wa rūhānīyat, S. 41.

632 Siehe *Heffening,* Das islamische Fremdenrecht, S. 164.

633 *Mutahharī* (o. Fn. 631), S. 41.

Gelehrten"[634] begründet. Der entscheidende Impuls zur Rezeption wird dabei *Šaik Mufīd*[635] zugeschrieben, der nicht nur ein oft mit *Al-Shāfiᶜīs* „Risāla" verglichenes Buch mit dem Titel „Uṣūl al-fiqh", sondern auch ein Werk über „Die normative Kraft des Konsenses [*Hujjīyat al-iğmāᶜ*]" verfasst hat[636]. Seiner in fortwährendem wissenschaftlichen Diskurs mit der sunnitischen Jurisprudenz in Bagdad stehenden Schule soll die Öffnung des „Tores der Ableitung gesetzlicher Bestimmungen" aus dem „Konsens" und aus der „Vernunft" zu verdanken sein[637].

Nach der unter den schiitischen Gelehrten vorherrschenden Meinung kann der *consensus,* wie bereits an anderer Stelle kurz erwähnt[638], normative Kraft erst und nur dann entfalten, wenn sich in ihm die Meinung des „Unfehlbaren" enthüllt[639]. Die Übereinkunft als solche genügt nicht, denn das Dogma der Unfehlbarkeit der islamischen Gemeinschaft und die daraus abgeleitete Gleichsetzung „vox populi vox dei" wird nicht akzeptiert[640]; es muss vielmehr der personifizierte „Unfehlbare" den Konsentierenden beitreten. Die wesentlichen Probleme der schiitischen Konsenslehre hängen, soweit überhaupt – was einzelne Stimmen im Schrifttum ablehnen – zugestanden wird, dass sich erstens ein *consensus* mit dem „Unfehlbaren" verwirklichen lässt und zweitens davon Wissen erlangt werden kann[641], mit der Frage zusammen, wie die Beziehung zwischen der menschlichen Übereinkunft und dem „Unfehlbaren" beschaffen sein muss, auf welche Art und Weise sich der „Unfehlbare" beteiligen muss, damit ein *consensus* in der Terminologie der Schia zustande kommt[642].

Die Mehrzahl der heutigen schiitischen Gelehrten geht davon aus, dass der *consensus* dann normative Kraft hat, wenn der Imam real in die Gemeinschaft der konsentierenden Rechtsgelehrten eingetreten (*dukūl*) ist; die Rechtsmeinung des Imam ist insofern unmittelbar in die Entscheidung der Übereinstimmenden eingeflossen. Einen solchen Konsens nennt man „iğmāᶜ dukūl"[643]. Weil die Konsensnormen die Rechtsmeinung des „Unfehlbaren" enthalten", ja mit ihr kongruent sind, stehen sie im Rang über Korantext und *hadīt,* nicht jedoch über Koran und *sunna*[644]. Im Verhältnis zu Koran und *sunna* besitzt der *iğmāᶜ dukūl* den gleichen

---

634 *Al-Anṣārī* (o. Fn. 559), S. 49.

635 Siehe zu *Šaik Mufīd* bereits oben nach Fn. 336.

636 Vgl. *Mudarris,* Raihānat al-adab fī tarājim al-maᶜrūfīn bi l-kunya awi l-laqab yā kunan wa alqāb, Bd. 4, S. 58 ff.

637 Vgl. *Löschner* (o. Fn. 336), S. 113.

638 Siehe oben nach Fn. 345.

639 Vgl. *Löschner* (o. Fn. 336), S. 131 m. umfangreichen Nachw. in Fn. 149; zur abweichenden Ansicht, nach der der *consensus* als Rechtsquelle generell abzulehnen ist, etwa *Milliot/Blanc* (o. Fn. 357), S. 108.

640 Vgl. *Najjar,* Studia Islamica 14 (1961), 57, 60; *Milliot/Blanc* (o. Fn. 357), S. 109.

641 Vgl. *Burūjirdī ᶜAbduh* (o. Fn. 478), S. 128; *Shehabi* (o. Fn. 494), S. 114; siehe auch *van Ess,* Die Erkenntnislehre des Adudaddīn al-Īcī, S. 306.

642 Vgl. *Löschner* (o. Fn. 336), S. 134 f.

643 Vgl. *Löschner* (o. Fn. 336), S. 135 ff.

normativen Rang. Er generiert „wirkliche" Normen, ebenso wie es *Mohammed* durch die Verkündung des Koran und wie es alle „Unfehlbaren" durch ihre Sunna taten[645].

Es stellt sich jedoch die Frage, wie die reale Teilnahme des „Unfehlbaren" verifizierbar ist. Die schiitische Lehre gab und gibt auf diese Frage eine verblüffende Antwort: „Erforscht jemand, durch Lektüre und Umfrage, ob zu einer rechtlichen Frage ein Konsens existiert, und stößt er dabei auf distinkte Auffassungen, die der Übereinkunft der Rechtsgelehrten in dieser Frage entsprechen, Auffassungen aber, deren Urheber unbekannt sind, so ergibt sich für ihn zwingendes Wissen dafür, daß der Imam, der ja zu den Rechtsgelehrten gehört und ihr Oberhaupt ist, unter den Übereinstimmenden weilt. Der Imam darf auch gar nicht persönlich bekannt sein, da sonst nicht der Konsens, sondern seine Sunna als Rechtsquelle in Betracht kommt. Und es dürfen nicht alle Konsentierenden bekannt (ma^c^lūm an-nasab) sein, weil dann kein Raum für den „Unfehlbaren" wäre, folglich die Übereinstimmung nicht normative Kraft beanspruchen könnte"[646]. Eine solche Konsenstheorie ist dadurch gekennzeichnet, dass bereits eine geringe Anzahl von konsentierenden Gelehrten ausreicht[647] und die Möglichkeit, sogar der Zwang besteht, Rechtsmeinungen außer Acht zu lassen, die „bekannt an Herkunft" sind oder der Übereinkunft widersprechen. Die Auffassung jemandes, der die Übereinstimmung verlässt, zu ignorieren, ist einfach. Schwieriger ist die Feststellung distinkter Meinungen, die im Rechtsgelehrtenkonsens „unbekannter Herkunft" sind. In einer Welt, in der ein wissenschaftlicher Diskurs in aller Öffentlichkeit und vornehmlich schriftlich geführt wird, lässt sich der Urheber einer Rechtsansicht regelmäßig ausmachen. Deshalb hat der Islamgelehrte *Šaiḵ Hasan* schon vor vierhundert Jahren konzediert, dass „in Wirklichkeit in dieser unserer Zeit und was ihr ähnelt gewöhnlich die Erkenntnis vom Eintritt des Konsenses ausgeschlossen ist, ausgenommen auf dem Wege der Überlieferung"[648]. Die moderne schiitische Literatur sieht dies genauso. Sie ist sich einig darüber, dass die Verwirklichung des *consensus,* der vom realen Beteiligtsein des Imams abhängt, „gewöhnlich", „überwiegend" bzw. „wahrscheinlich" auf das „Zeitalter der Gegenwart [der Imame]" beschränkt ist, in der „Zeit der Verborgenheit" aber „fast nicht eintritt"[649]. Die Möglichkeit des *consensus* ist demnach auch heute nicht ausgeschlossen[650], doch muss, wie erwähnt, – anders als bei den Sunniten – stets ein transzendentales Moment ermittelbar sein[651].

---

644 *Löschner* (o. Fn. 336), S. 137.

645 *Löschner* (o. Fn. 336), S. 145.

646 So *Löschner* (o. Fn. 336), S. 137 m. Nachw.

647 Vgl. *Al-Anṣārī* (o. Fn. 559), S. 49; *Al-Muzaffar* (o. Fn. 492), S. 93; *Löschner* (o. Fn. 336), S. 136 f.

648 Zit. nach *Löschner* (o. Fn. 336), S. 138 m. Nachw.

649 *Al-Anṣārī* (o. Fn. 559), S. 51; *Al-Muzaffar* (o. Fn. 492), S. 93; *Al-Kāzimī* (o. Fn. 580), S. 52.

650 Siehe dazu schon oben bei Fn. 346.

IV. Der Analogieschluss

Die vierte Quelle des islamischen Rechts, die mit Blick auf ihre Stellung im Kanon der Rechtsquellen schon bereits im Bereich des sunnitischen Islam sehr umstritten ist[652], ist der Analogieschluss oder *qiyās*. Gemeint ist damit eine Norm, die aus koranischen Bestimmungen, aus der *sunna* oder dem *consensus* für Fälle abgeleitet wird, die nicht explizit erfasst, aber mit geregelten Sachverhalten vergleichbar sind[653]: „[W]enn das Buch oder die Sunna für ein bestimmtes Problem eine rechtliche Lösung vorgibt, bedarf es keiner Einmischung [in dieses Rechtsgefüge]. Aber wenn ein neuer Fall auftaucht, für den die Texte keine explizite Lösung bereithalten, dann ist die Ausübung von *ijtihād* [, den der Autor, wie viele andere auch[654], mit „qiyās“ identifiziert,] nicht nur notwendig, sondern sogar obligatorisch. Wenn es eine formulierte [...] Lösung nicht gibt, muss der Jurist nach einer parallelen Fallgestaltung im Text suchen, für die eine Lösung niedergelegt ist. Falls der neue Fall dieselbe *ratio legis* (*ma*^{c}*nā*; wörtlich: Bedeutung) hat wie der parallele, im Text genannte Fall [*scil.*: die *ratio legis* spricht dafür, den ersten – nicht normierten – Fall rechtlich so zu behandeln wie den bereits geregelten], dann muss die Regelung im Text auf den neuen Fall übertragen werden. Indes ist eine solche *ratio legis* nicht immer dazu befähigt, die Identifikation herbeizuführen; der Jurist hat dann alle Fälle in den Texten ausfindig zu machen, die dem neuen Fall ähnlich sind, und er muss die Regelung für den Fall, der dem neuen Fall am ähnlichsten ist, auf diesen übertragen. Diese beiden Methoden, von denen die eine auf der *ratio legis,* die andere auf der Ähnlichkeit beruht, sind zusammen mit dem *a fortiori*-Argument die ausschließlichen Bestandteile des *ijtihād* [...]. Jegliche Schlussfolgerung, die sich auf weniger stützt denn auf strikte Implikationen und Bedeutungsgehalte der Texte, ist ungültig und somit nicht erlaubt“[655]. Das heißt, dass der *qiyās* stets an eine der ersten drei Rechtsquellen anknüpfen muss; er kann nicht alleine stehen. Er wird deshalb auch als eine „Verbindung der Offenbarung (*nakl*) mit dem menschlichen Verstand (^{c}*akl*)“[656] bezeichnet. Darüber hinaus ist der *qiyās* eine lediglich subsidiäre Rechtsquelle im Verhältnis zu Koran, *sunna* und *consensus*[657]. Er darf vorrangigen Bestimmungen, zumal solchen, aus denen er abgeleitet ist, nicht widersprechen und kann sie auch nicht abändern[658].

---

651 Zu den verschiedenen Möglichkeiten, vom *consensus* Kenntnis zu erlangen, *Löschner* (o. Fn. 336), S. 145 ff.

652 Siehe zu den Argumenten gegen den *qiyās* etwa *Khallâf* (o. Fn. 426), S. 86 ff.

653 Vgl. dazu *Milliot/Blanc* (o. Fn. 357), S. 115 ff.; *Khallâf* (o. Fn. 426), S. 77 ff., jeweils mit umfassender Darstellung insbesondere der streitigen Punkte und unterschiedlichen Auffassungen bei den einzelnen Schulen.

654 Siehe etwa *M. S. Mahmassani* (o. Fn. 2), S. 437, 445 ff.

655 *Hallaq* (o. Fn. 4), S. 23 (Übersetzung durch Verf.).

656 *Milliot/Blanc* (o. Fn. 357), S. 117 (Übersetzung durch Verf.).

657 *Coulson* (o. Fn. 108), S. 60.

658 Vgl. *Milliot/Blanc* (o. Fn. 357), S. 124.

Die Schiiten akzeptieren ganz überwiegend den *qiyās* nicht als Rechtsquelle. Darauf hat bereits *Noel J. Coulson* hingewiesen, als er sagte: „Während die Kharidschiten[659] mit den Sunniten darin überein gehen, dass die Prinzipien, die in der göttlichen Offenbarung enthalten sind, ausgedehnt und dass neue Probleme unter Zuhilfenahme der juristischen Argumentation gelöst werden müssen, [...] lehnt die Mehrzahl der Schiiten diese Rolle des menschlichen Denkvermögens [bei der Rechtsfindung] ab und beharrt darauf, dass die weitere Ausarbeitung des Gesetzes das alleinige Vorrecht des von Gott inspirierten Imams sei“[660]. Die Schiiten rekurrieren zwar zur Rechtsfindung bisweilen auf die „Vernunft [ᶜ*aql*]“. Doch darf daraus nicht der Schluss gezogen werden, die Schiiten unterschieden sich nur terminologisch von den Sunniten; *qiyās* und ᶜ*aql* meinten im Ergebnis dasselbe Verfahren zur Lösung neu aufgetretener Rechtsfälle[661]. Das ältere Schrifttum hat sich zum Teil darauf beschränkt, der Vernunft in der schiitischen Rechtsquellenlehre nur eine deduzierende, am bestehenden Normenmaterial orientierte und daher unselbständige Funktion zuzusprechen[662]. Es gab aber auch bereits einige Autoren, die – in Anlehnung an Naturrechtslehren – die Frage diskutierten, ob die Vernunft unabhängig von der Offenbarung das Recht erkennen könne. Die Vernunft hätte insofern nicht die Funkition, existierende Rechtsregeln lediglich zu erweitern, sondern sie wäre „eine Quelle, aus der sich materielles Recht selbst gewinnen lässt“[663].

In der neueren Literatur werden beide Auffassungen zu einer Dichotomie des „rationalen Beweises“ verknüpft: Der Gebrauch der Vernunft soll zum einen unter Anlehnung an den Wortlaut geoffenbarter „Beweise“ bestehende Normen erweitern bzw. ausgehend vom bekannten „expliziten Sinn“ einer Rohnorm deren „impliziten Sinn“ klarlegen. Zum anderen soll der Gebrauch der Vernunft unabhängig von den Offenbarungsbeweisen zur Gesetzeserkenntnis führen[664]. Entsprechend dieser Zweiteilung wird bei dem „rationalen Beweis“ auch differenziert zwischen einem „abhängigen rationalen Beweis“ und einem „unabhängigen rationalen Beweis“ bzw. zwischen „rationalen Abhängigkeiten [*qair mustaqillāt* ᶜ*aqlīya*]“ und „rationalen Unabhängigkeiten [*mustaqillāt* ᶜ*aqlīya*]“[665]. Welche Rolle der „unabhängige rationale Beweis“ als Rechtsquelle spielt, ist in der Schia nicht ganz klar; vieles spricht dafür, dass er keine juristische Erkennis liefern soll, sondern

---

659 Siehe zu ihnen oben nach Fn. 312.

660 *Coulson* (o. Fn. 108), S. 105 f. (Übersetzung durch Verf.).

661 Vgl. *Falaturi,* Archiv für Rechts- und Sozialphilosophie 45 (1959), 369, 379; anders, d. h. für eine Gleichsetzung, etwa *Schacht* (o. Fn. 180), S. 70, 114 u. passim; *Faruki* (o. Fn. 602), S. 63.

662 Vgl. dazu *Löschner* (o. Fn. 336), S. 149 ff., 155 m. Nachw.

663 *J. N. D. Anderson,* Islamic Law in the Modern World, S. 10 (Übersetzung durch Verf.); siehe auch die ausführliche Darstellung von *Löschner* (o. Fn. 336), S. 152 ff. m. umfassenden Nachw.

664 Siehe *Löschner* (o. Fn. 336), S. 174 f. m. Nachw.

665 Vgl. *Löschner* (o. Fn. 336), S. 180.

nur einen Quell moralischer Wertempfindungen, eine Art von Gewissen, vielleicht auch die „Prägestätte apriorischer Vernunftgesetze" darstellt[666]. Es verwundert deshalb nicht, dass einige schiitische Gelehrte den „unabhängigen rationalen Beweis" als Rechtsquelle nicht anerkennen[667].

Abschließend lässt sich festhalten, dass zwischen den Sunniten und den Schiiten mit Blick auf die Rechtsquellen gravierende Unterschiede bestehen. Gemein ist beiden Richtungen im Wesentlichen nur, dass sie den Koran als authentische und primäre Rechtsquellen betrachten. Was die *sunna* anbelangt, so stützen sich Sunniten und Schiiten jeweils auf unterschiedliche Traditionensammlungen, was den Schluss nahe legt, dass das jeweilige Normenmaterial inhaltlich nicht kongruent ist. Noch weiter auseinander liegen die Ansichten, soweit es um den *consensus* und den Analogieschluss geht. Während die Sunniten für den *consensus* als Rechtsquelle eine bloß menschliche Übereinkunft akzeptieren, muss bei den Schiiten der Einfluss des „Unfehlbaren" auf die Entscheidung sichtbar sein. Der Analogieschluss wird bei den Schiiten verworfen; sie stellen jedoch zur Ausfüllung von Gesetzeslücken auf die „Vernunft" ab. Diese Unterschiede geben indes nur grob die Meinungen der jeweiligen Richtungen wieder. Es gibt zahlreiche weitere Unterschiede im Detail bei den verschiedenen Schulen und Untergliederungen innerhalb von Sunna und Schia, die teilweise bereits bei den Ausführungen zu den Rechtsschulen angeklungen sind. Ihre umfassende Darstellung hätte den Rahmen dieser Untersuchung gesprengt.

C. Der Rechtsbegriff im Islam

I. Kennzeichen rechtlicher Vorgaben

Nach allem bleibt die Frage offen, wie sich im Islam das Recht von der Theologie, die rechtliche Bestimmungen von rein moralischen Vorgaben, sozialen Gepflogenheiten und kulturellen Traditionen abgrenzen lassen. Die Antwort ist schwierig, weil, wie bereits *Joseph Schacht* zutreffend bemerkte, „die religiösen und moralischen Erwägungen ein essenzieller Bestandteil der systematischen Struktur des islamischen Rechts sind"[668]. Recht und Religion sind im Islam nicht losgelöst voneinander, sondern *uno actu* entstanden. Die Überlegenheit des muslimischen Glaubens wurde in blutigen Eroberungsfeldzügen von Anfang an auch territorial beansprucht; es ging um die religiös begründete, rechtliche Absicherung für ein Reich, das sich nicht als ein solches verstanden hat, das „nicht von dieser Welt" ist. Die Religion wurde zu einem einenden, ordnenden, alle sozialen Systeme durchdringenden und jegliche Beziehung der Menschen untereinander

---

666 *Löschner* (o. Fn. 336), S. 192 f.

667 Vgl. *Löschner* (o. Fn. 336), S. 193 f.

668 *Schacht* (o. Fn. 180), S. 203 (Übersetzung durch Verf.).

prägenden Faktor. Sie war das Band, das die muslimische Gemeinschaft nach außen hin abgegrenzt und nach innen zusammengehalten hat. Aus diesem Grunde wäre es verfehlt, rechtliche Angelegenheiten ohne weiteres mit religiösen Pflichten gleichzusetzen. Ein Nebeneinander von religiösen Pflichten und rechtlichen Regeln innerhalb eines Normensystems mag der Vorstellung vom Recht in einem solchen System widersprechen. Diesem Einwand ist *Schacht* wie folgt begegnet: „Der Begriff [*scil.*: Recht] muss in der Tat unter der Bedingung verwendet werden, dass das islamische Recht Teil eines Systems religiöser Pflichten ist, das mit nicht-religiösen Elementen vermengt ist. Doch obwohl die Rechtsmaterie in ein System religiöser Pflichten inkorporiert ist, ist sie nicht vollständig in diesem aufgegangen; rechtliche Beziehungen wurden nicht vollständig auf religiöse und ethische Pflichten reduziert und mit diesen Begrifflichkeiten erfasst; die Sphäre des Rechts behielt einen eigenen technischen Charakter und das juristische Argumentieren und Schlussfolgern konnte sich entlang eigener Linien entwickeln. Dass die Konzepte erlaubt / verboten und gültig / ungültig in großem Umfang nebeneinander bestanden, machte es für das letzte Begriffspaar, zusammen mit dem verwandten Konzept der rechtlichen Wirkung, möglich, sich in dieses System einzupassen. Es besteht daher ein klarer Unterschied zwischen der reinen religiösen Sphäre und der Sphäre des reinen Rechts, und wir sind berechtigt, den Begriff islamisches Recht für die rechtsunterworfenen Angelegenheiten zu benutzen, die dadurch, dass sie in das System religiöser Pflichten des Islam eingebettet wurden, entweder materiell oder formell, in jedem Fall jedoch beträchtlich modifiziert worden sind. Diese rechtsunterworfenen Angelegenheiten wurden islamisches Recht nicht lediglich dadurch, dass in sie Erwägungen religiöser oder moralischer Art eingeflossen sind, sondern durch einen weitaus subtileren Prozess, in dem sie organisiert und systematisiert wurden zu einem Teil der religiösen Pflichten der Muslime. Es bleibt ein Kontrast zwischen der Rechtsmaterie und dem Prinzip ihrer formalen Organisierung“[669]. Damit hat *Schacht* deutlich gemacht, dass das islamische Recht sich abgrenzen lässt von bloß moralischen Vorgaben; und er hat aufgezeigt, wie sich die rechtliche zu der religiösen und ethischen Dimension des Islam verhält[670].

In der Mitte des 14. Jahrhunderts muslimischer bzw. des 20. Jahrhunderts unserer Zeitrechnung unternahmen einige arabische Juristen, die in modernem okzidentalen Recht ausgebildet waren, eine detaillierte und profunde Analyse des islamischen Rechts. Zu erwähnen sind vor allem zwei berühmte ägyptische Rechtsgelehrte: *ᶜAbd al-Razzāq al-Sanhūrī* (gest. 1391 bzw. 1971) und *Chafik Chehata* (gest. 1396 bzw. 1976). *Al-Sanhūrī* hat einige bedeutsame rechtsvergleichende Monografien verfasst, in denen er unter anderem „die Quellen der subjektiven Rechte [*maṣādir al-haqq*]“ im europäischen und islamischen Recht näher beleuchtet. Er zeichnete auch verantwortlich für den Text des Ägyptischen Zivilgesetz-

---

669 *Schacht* (o. Fn. 180), S. 200 f. (Übersetzung durch Verf.).

670 Vgl. *Johansen* (o. Fn. 390), S. 57.

buches von 1367 / 68 bzw. 1948 / 49[671], das ein Vorbild wurde für die Zivilgesetzbücher von Syrien, Irak, Libyen, Kuwait, Qatar, Somalia, Algerien und Jordanien[672]. *Chehata* lehrte bis zu seinem Tod Islamisches Recht an der Pariser Sorbonne. Seine beiden Werke „Théorie générale de l'obligation en Droit musulman hanéfite" und „Etudes de Droit musulman" geben anschauliche Beispiele für die Art von juristischer Analyse, mit der die modernen arabischen Rechtsgelehrten die kontinentaleuropäischen Methoden der Rechtsvergleichung im Zivilrecht auf *fiqh*-Texte anwenden, um aus ihrer Kasuistik die Prinzipien abzuleiten, die dem *fiqh* zugrunde liegen und seine Argumentationsstrukturen beherrschen und die in eine hinreichend abstrakte und generelle Form übertragen werden können, welche ihrerseits für die Kodifikation moderner nationaler Gesetze und die Analyse des *fiqh* als Rechtssystem Verwendung finden kann[673].

Die beiden Gelehrten haben, entsprechend ihrer Ausbildung, diejenigen Dimensionen des *fiqh,* welche dem okzidentalen Verständnis von „Recht" nicht entsprachen, aus ihrer juristischen Diskussion verbannt. Das betraf vor allem die liturgischen Handlungen (*ᶜibādāt*) und den ethischen Inhalt der sich auf sie beziehenden Normen, die sich an das Gewissen des Einzelnen richten, also das *forum internum* betreffen. *Al-Sanhūrī* und *Chehata* meinten, dass nur die so genannten Transaktionen zwischen Beteiligten (*muᶜāmalāt*) rechtlich zu erfassen und von den Gerichten zu beurteilen seien[674]. *Chehata* wies vor diesem Hintergrund darauf hin, dass das islamische Recht, sieht man einmal von den Regelungen über Ehe, Scheidung und Sukzession ab, den „alten Quellen nahezu nichts verdankt". Von einem muslimischen Recht könne man „nur insofern sprechen als ein Bezug zu einigen heiligen Texten besteht. Im Übrigen handelt es sich überhaupt nicht um religiöses Recht"[675]. Die wahren Quellen des Rechts seien weder *consensus* noch Koran und *sunna,* sondern die Doktrin der Juristen, welche die Kraft des Rechts begründe[676]. *Chehata* kam deshalb zu dem Schluss: „Das ist ein säkulares Recht, ein *ius civile* im römischen Sinne des Wortes"[677]. Die Unterscheidung zwischen ethischen Normen, deren Beachtung dem Gewissen überantwortet ist, und rechtlichen Bestimmungen, über deren Einhaltung die Gerichte zu wachen haben, ist sicherlich ein Mittel, das es den Rechtsanwendern ermöglicht, die Sphäre der strikten juristischen Argumentation gegen ethische, religiöse und politische Imperative abzuschirmen[678]. Aber dieses Rechtskonzept

---

671 Siehe über Leben und Werk *Al-Sanhūrīs* etwa *E. Hill,* Al-Sanhūrī and Islamic Law, 1987.

672 Vgl. *H. Krüger,* Recht van de Islam 14 (1997), 67 ff.

673 Vgl. *Johansen* (o. Fn. 390), S. 58.

674 Vgl. *Chehata,* Etudes de Droit musulman, Bd. 1, S. 11.

675 *Chehata* (o. Fn. 674), S. 12.

676 Vgl. *Chehata* (o. Fn. 674), S. 34 ff.

677 *Chehata* (o. Fn. 674), S. 42.

678 Vgl. *Johansen* (o. Fn. 390), S. 61.

ignoriert die religiösen Dimensionen, die der *fiqh* von Anfang an gehabt hat; es reduziert das islamische Recht auf ein System säkularer Regeln nach westlichem Vorbild[679]. Das wird dem Anspruch und dem Charakter des islamischen Rechts nicht gerecht.

Lassen sich Alternativkonzepte finden, die dem religiösen Fundament des islamischen Rechts Rechnung tragen? Hinweise ergeben sich aus den Ergebnissen zur Abgrenzung von Recht und Moral, zu denen die evangelischen und katholischen Kirchenrechtslehrer, allen voran *Rudolph Sohm* und *Godehard Joseph Ebers,* im 13. und 14. Jahrhundert muslimischer bzw. 19. und 20. Jahrhundert unserer Zeitrechnung gelangt sind[680]. Danach regelt das Recht die Beziehungen des Menschen zu seinen Mitmenschen sowohl als Einzelnen als auch in ihrer Gesamtheit; die Beziehung zwischen dem Menschen und Gott kann nicht unmittelbar Gegenstand rechtlicher Regelung sein[681]. Dieses Charakteristikum von Recht wird auch von einigen muslimischen Rechtsgelehrten ausdrücklich anerkannt[682]. Die zwischenmenschlichen Beziehungen finden jedoch rechtliche Regelungen nur hinsichtlich solcher Handlungen, die nicht ohne äußerlich feststellbare Wirkung sind[683]. Damit wird auf das von *Al-Sanhūrī* und *Chehata* erwähnte *forum internum* rekurriert. Das, was sich nur im *forum internum* abspielt und dieses nicht verlässt, kann nicht rechtlich geregelt werden. „Die Gedanken sind", wie dies ein altes deutsches Volkslied sagt, „frei". Ein drittes Merkmal der rechtlichen gegenüber der moralischen Ordnung ist die Justiziabilität. Es muss in einem geordneten Verfahren festgestellt werden können, welches Verhalten rechtmäßig ist, und dies kann ggf. dazu führen, dass Sanktionen verhängt werden[684]. Diese Überlegungen lassen sich zu der folgenden Definition von Recht zusammenfassen: Recht sind alle Regeln, Verhaltensgebote und Verhaltensverbote, die nicht allein die persönliche, zweiseitige Beziehung des Menschen zu Gott betreffen und deren Beachtung im Diesseits von nichttranszendentalen, insbesondere staatlichen Stellen – notfalls unter Anwendung von Zwang – eingefordert oder deren Nichtbeachtung sanktioniert werden kann. Die Definition hat den Vorteil, dass religiöse oder liturgische Handlungen nicht von vornherein aus dem Anwendungsbereich des Rechts herausfallen und dass die mögliche religiöse Dimension rechtlicher Bestimmungen nicht, gleichsam artifiziell, ausgeblendet wird.

---

679 Vgl. *Johansen* (o. Fn. 390), S. 59 und 62.

680 Siehe dazu *L. Müller,* Der Rechtsbegriff im Kirchenrecht, S. 47 ff. mit umfassenden Nachw.

681 Vgl. *L. Müller* (o. Fn. 680), S. 311 und 331.

682 Siehe oben nach Fn. 395.

683 *L. Müller* (o. Fn. 680), S. 314 und 331.

684 *L. Müller* (o. Fn. 680), S. 332.

II. Folgerungen für die Kollision von staatlichem säkularem Recht und religiösen Vorgaben für die Muslime

Was folgt aus alledem für die Lösung von Kollisionen zwischen staatlichem säkularem Recht und religiösen Vorgaben für die Muslime? Die Ausführungen haben zum einen aufgezeigt, dass das islamische Recht sowohl in seinen Anfängen bis weit über die Zeit der großen sunnitischen Schulgründungen hinaus als auch in der Gestalt, die es durch die ganz überwiegende moderne Rechtslehre erhalten hat, hinreichend flexibel und dynamisch ist, um aktuelle Entwicklungen, die sich außerhalb des Rechts, zumal im soziopolitischen Gefüge, abspielen, mitvollziehen zu können und für neu auftretende Probleme zeitgemäße Lösungen bereit zu halten. Dafür sorgte zunächst die – wenngleich begrenzte – Möglichkeit, Entscheidungen *ex aequo et bono,* also auf der Grundlage von Ermessens- und Billigkeitserwägungen zu treffen, wie sie vor allem von der hanafitischen Schule vertreten wurde. Die malikitische Schule erkannte bereits früh das öffentliche Interesse oder Wohl als ein rechtliches Argument in Fällen an, in denen Koran und *sunna* keine eindeutige Lösung zur Verfügung stellten. Die Schafiiten akzeptierten trotz enger Anbindung an die Überlieferung den Analogieschluss und den Konsens als subsidiäre, aber doch eigene Rechtsquellen; sie sahen sogar darüber hinaus noch Spielräume für freie Entscheidungsfindung. Selbst die hanbalitische Schule entwickelte eine Rechtsdoktrin, in welcher der Analogieschluss als ein anerkanntes Prinzip behandelt wurde. Die Schiiten wiesen der Vernunft eine selbständige Rolle bei der Entscheidungsfindung zu, was es ihnen ermöglichte, im Einzelfall von geschriebenen Vorgaben im Koran und in der *sunna* abzuweichen.

Heute verweist die Mehrzahl der muslimischen Rechtsgelehrten darauf, dass nicht sämtliche Bestimmungen des Koran und der *sunna* absolute, unveränderliche Gebote oder Verbote enthalten, sondern es viele Bestimmungen gibt, die zeit- und ortsgebunden zu interpretieren sind und infolgedessen für die Muslime mittlerweile entweder überhaupt nicht mehr oder nur noch unter bestimmten Voraussetzungen bindend sind. Darüber hinaus machen die Gelehrten auf verschiedene Möglichkeiten aufmerksam, die schon der Koran für die Fortentwicklung des islamischen Rechts vorsieht. Das betrifft etwa die Abrogation, d. h. die Abänderung eines bestehenden Normbefehls durch eine später erlassene Vorschrift, und die zahlreichen Ausnahmebestimmungen. Schließlich wird aus der Zusammenschau einiger koranischer Vorschriften abgeleitet, dass der Koran die Überschreitung von Geboten oder Verboten im islamischen Recht erlaube, wenn die Notwendigkeit oder das öffentliche Interesse dies verlangten[685]. In das öffentliche Interesse lassen sich allgemeine Menschenrechtserwägungen oder auch das zwingende säkulare Recht des nichtmuslimischen Gastlandes, in dem sich Muslime aufhalten, hinein-

685 Vgl. die Entscheidung des ägypischen Verfassungsgerichtshofes vom 18. Mai 1996, in englischer Übersetzung abgedruckt in: Yearbook of Islamic and Middle Eastern Law 3 (1996), 178, 179.

lesen. Deshalb können für die Muslime in der Diaspora, die den Vorgaben ihrer Religion entsprechen möchten, zumeist sachgerechte, bisweilen pragmatische Lösungen gefunden werden, die mit dem säkularen staatlichen Recht in Einklang stehen. Der in Diskussionsveranstaltungen nicht selten gegen die Muslime gerichtete Vorwurf, sie hielten die Polygamie, die Diskriminierung der Frau, die Tötung von Apostaten und den gewaltsam zu führenden Heiligen Krieg gegen die Ungläubigen nach wie vor von den Geboten ihrer Religion gefordert, weil sie im Koran stünden, und seien daher auf Dauer nicht integrationsfähig, geht in seiner Pauschalität fehl. Obgleich es radikale Muslime geben mag, welche die einschlägigen koranischen Vorschriften wörtlich nehmen, vertritt doch die deutliche Mehrzahl der Muslime eine andere Auffassung. Sie ordnet sich bereitwillig den Ehegesetzen des Staates unter, akzeptiert gleiche Rechte für Frauen (auch wenn diese kulturell bedingt oftmals nicht im westeuropäischen Sinne verstanden werden; insofern bedarf es wohl noch eines – jedoch zu bewältigenden – Lernprozesses) und lehnt die eigenmächtige Ausübung von Gewalt zugunsten des staatlichen Gewaltmonopols ab. Für solche Muslime gibt es eine Zukunft in einem säkularen Gemeinwesen, zu dem sie einen wertvollen Beitrag leisten können.

Die Darlegungen haben zum anderen auf die Meinungsvielfalt innerhalb der muslimischen Gemeinschaft aufmerksam gemacht. Das bedeutet, dass bei den Muslimen ein kollektiver Ansatz für die Interpretation der Religionsfreiheit, wie er immer wieder vereinzelt im staatskirchenrechtlichen Schrifttum vertreten wird[686], nicht zu sachgerechten Ergebnissen führt. Die Muslime können nicht an Glaubensvorstellungen gemessen werden, die für „*die* islamische Religion" insgesamt gelten, weil der Islam als Glaubenslehre nicht homogen ist. Es gibt auch keine feste Zugehörigkeit zu bestimmten Richtungen oder Schulen, wie sie von der Mitgliedschaft in den christlichen Kirchen her bekannt ist. Daher kann es nur auf die persönliche Glaubensüberzeugung des einzelnen Betroffenen, der individualrechtliche Aspekte seiner religiösen Freiheitsrechte geltend macht, ankommen; der Betroffene hat seine Überzeugung selbständig darzulegen und zu begründen. Der Verweis auf zufällig ausgewählte Schulmeinungen genügt nicht. Den Gerichten und Verwaltungsbehörden ist es verwehrt, muslimischen Antragstellern oder Prozessparteien auf der Grundlage von Lehrbüchern oder sonstigen gelehrten Schriften des islamischen Rechts vorzuhalten, was sie als Quellen des für sie geltenden religiösen Rechts oder der für sie geltenden Glaubenslehre zu akzeptieren haben. Das ergibt sich nicht allein aus dem Prinzip staatlicher Neutralität, sondern eben auch aus der konfessionellen Zersplitterung, die innerhalb des Islam besteht. Schon die Auffassungen über die *sunna* und mehr noch über den *consensus* und den Analogieschluss gehen weit auseinander, und die unterschiedlichen Auffassungen wirken sich auf die Entscheidung von Rechtsfällen oftmals nicht nur in der Begründung, sondern auch im Ergebnis aus.

---

686 Siehe zuletzt *Classen,* Religionsfreiheit und Staatskirchenrecht in der Grundrechtsordnung, S. 22 ff.

Mit Blick auf die korporativen Freiheiten und die institutionellen Teile des Staatskirchenrechts erscheint es wegen der Ausdifferenzierung des Islam schwierig, Lösungen zu finden, die für *den* Islam insgesamt greifen, etwa beim Körperschaftsstatus oder Religionsunterricht. Hier sollten innerhalb der staatskirchenrechtlichen Grenzen und Möglichkeiten kleinere, möglicherweise regionale oder lokale Lösungen für einzelne Gruppierungen in Betracht gezogen werden.

2. Kapitel

Zum Problem der Trennung von Religion und Politik im Islam

Von *Ulf Matyssek*

A. Einführung

Vielfach wird angenommen, dem Islam sei eine Trennung von Religion und Politik fremd; er mache keinen Unterschied zwischen Glaubensgemeinschaft und politischer Gesellschaft.[1] Die Muslime könnten dementsprechend prinzipiell nicht darauf verzichten, den Staat auf islamischen Prinzipien aufzubauen;[2] sie strebten stets danach, einen sogenannten Gottesstaat zu errichten.[3] Das stehe ihrer Integration in ein säkulares Staatswesen entgegen.[4]

Man mag sich in diesem Zusammenhang etwa an die frühere Herrschaft der Taliban-Milizen in Afghanistan erinnert fühlen oder an die „Islamische Republik Iran" denken. Dabei fällt allerdings auch auf, dass sich die meisten übrigen Teile der islamischen Welt nicht ausdrücklich als „islamisch" bezeichnen, sondern Züge westlicher Nationalstaaten tragen.

Ein von den im christlichen Abendland geltenden Werten geprägter Westeuropäer wird vermuten, dass sich die Vorgaben einer Religion und damit auch des Islam zuvörderst auf individuelle Pflichten des Einzelnen erstrecken, nicht aber eine staatliche Rechtsordnung betreffen. Es stellt sich deshalb die Frage, ob die oben genannten pauschalisierenden Annahmen zutreffend sind. Verlangt der Islam von allen Muslimen, stets und unter allen Umständen die Errichtung eines „islamischen Staates" anzustreben, wie er in Teilen der islamischen Welt befürwortet wird? Oder werden Vertreter solcher Auffassungen vielleicht weniger von zwingenden religiösen Vorgaben als vielmehr von sonstigen Einflüssen (zum Beispiel

---

1 *Arkoun,* Der Islam, S. 227; vgl. *Khoury,* Der Islam und die westliche Welt, S. 112; *ders.,* Was sagt der Koran zum Heiligen Krieg?, S. 12; *Britz,* ZRP 2003, 219.

2 *Steinbach,* in: Ende / Steinbach (Hrsg.), Der Islam in der Gegenwart, S. 219.

3 Vgl. *Khoury,* Der Islam und die westliche Welt, S. 112, 114.

4 Vgl. *Şen / Goldberg,* Türken in Deutschland, S. 74 f. Zu pauschalen Beurteilungen des Islam durch westliche Kommentatoren s. *Schulze,* in: Lüders (Hrsg.), Der Islam im Aufbruch?, S. 99 ff.

historischen Erfahrungen) geleitet? Bildet die Verknüpfung von Religion und Politik also eine genuine Forderung des Islam, oder erlaubt dieser auch eine dauerhafte Integration von Muslimen in ein nicht auf islamische Prinzipien gegründetes Staatswesen? Gerade die letztgenannte Frage beschreibt die in den oben genannten Behauptungen unterschwellig zum Ausdruck kommende Befürchtung, der Islam sei mit einer Demokratie im westlichen Sinne unvereinbar; er erstrebe eine ‚Unterwerfung' der gesamten Welt mittels eines gewaltsamen „Heiligen Krieges".[5] Bezüglich des Verhältnisses zwischen „dem Islam" und „dem Westen" ist von einem beständigen Ringen oder sogar „Quasi-Krieg" die Rede.[6] Der Islam sei ein Problem für den Westen.[7] In Reaktion auf solche Äußerungen wurde die Frage gestellt, ob die These eines modernisierungsfeindlichen und antiwestlichen Islam vielleicht mehr über die religiös begründeten Bedrohungsängste westlicher Gesellschaften aussagt als über den Orient selbst.[8] Die Berechtigung dieser Frage soll hier allerdings nicht geklärt werden. Die vorzunehmende Betrachtung bleibt vielmehr auf die durch die oben genannten Fragen umschriebene Problematik der Trennung von Politik und Religion im Islam und damit auf eine Analyse aus muslimischer Sicht beschränkt. Dabei soll zunächst untersucht werden, was unter einem islamischen Staat zu verstehen ist (sub 2 a), um zu klären, welchen Zustand seine Befürworter überhaupt anstreben, und um die Unterschiede zu einer westlichen Demokratie zu verdeutlichen. Ferner bedarf der Klärung, inwieweit aus dogmatischer Sicht Einwände gegen einen islamischen Staat erhoben werden können (sub 2 b). Anschließend ist darzustellen, inwieweit im Islam normative Vorgaben für die Errichtung eines islamischen Staates bestehen (sub 2 c). Von Interesse sind sodann verschiedene Merkmale des Islam, die die Frage betreffen, inwieweit bei einer Annäherung der islamischen Welt an westliche Staatsordnungen Reibungspunkte entstehen könnten (sub 3). Dies betrifft beispielsweise das islamische Grund- und Menschenrechtsverständnis. Nachdem der Frage nachgegangen wurde, welche sonstigen Ursachen der politisierte Islam hat (sub 4), bedarf schließlich der Klärung, inwieweit – unabhängig von rechtlichen Vorgaben des Islam – in tatsächlicher Hinsicht die Möglichkeit der Integration von Muslimen in einen nicht-islamischen Staat besteht (sub 5). Dies betrifft zum einen die Integration in mehrheitlich von Muslimen bewohnten Staaten, zum anderen die Integration in überwiegend von Nicht-Muslimen bewohnten Länder. Es soll eine Bestandsaufnahme vorgenommen werden, die auf zwei ausgewählte Staaten der islamischen Welt, nämlich Tunesien und die Türkei, sowie auf die Situation in Westeuropa eingeht.

In der folgenden Untersuchung wird sich zeigen, dass sich eindeutige und allgemein gebilligte Antworten auf viele Fragen zum Islam angesichts eines sehr wei-

---

5 Zu Einschätzungen des Islam durch westliche Stimmen s. *Riedel,* Der Islam als Faktor in der internationalen Politik, www.das-parlament.de / 2003 / 37 / Beilage / 003.html, sub I.

6 *Huntington,* Kampf der Kulturen, S. 339, 347.

7 *Huntington,* Kampf der Kulturen, S. 349 f.

8 *Riedel,* Der Islam als Faktor in der internationalen Politik, www.das-parlament.de / 2003 / 37 / Beilage / 003.html, sub I.

ten Meinungsspektrums nicht finden lassen. Es soll jedoch versucht werden, die einzelnen zu bestimmten Fragen vertretenen Auffassungen zu beleuchten und mögliche (vor allem auch von Muslimen geäußerte) Bedenken und Gegenargumente darzustellen. Dies soll nicht zu einer Bewertung der betreffenden Ansichten im Sinne einer Beurteilung als richtig oder falsch führen, denn die Entscheidung, welche religiöse Auffassung als innerhalb des Islam stehend akzeptiert werden kann, können nur Muslime treffen. Dem Wissenschaftler verbleibt nur der Versuch, die Elemente zu zeigen, von denen er annimmt, dass sie für die Muslime bei ihrer Entscheidung von Bedeutung sein könnten.[9] Beabsichtigt ist daher lediglich, den Diskussionsstand aufzuzeigen bzw. die Gründe für die Existenz einzelner Auffassungen nachvollziehbar zu machen.

B. Der islamische Staat als Ideal

I. Voraussetzungen für die Errichtung

Zunächst bedarf der Klärung, was unter einem islamischen Staat, wie er in Teilen der islamischen Welt durchaus befürwortet wird, überhaupt zu verstehen ist.

Es reicht insofern nicht aus, dass ein Staat gänzlich oder überwiegend von Muslimen bewohnt wird.[10] Dies mag zwar eine Grundvoraussetzung sein. Es müssen jedoch noch weitere Aspekte hinzutreten.[11] Hierzu gehört die Ausübung der Regierungsgewalt durch Muslime.[12] Ungeachtet der Frage, inwieweit der Koran der Ausübung von Regierungsgewalt durch Nicht-Muslime entgegensteht, könnte eine nicht-muslimische Regierung sich schon faktisch nicht mit dem von ihr zu vertretenden und zu verteidigenden Rechtssystem identifizieren und daher auch keine Autorität gegenüber muslimischen Bürgern beanspruchen.

Damit ist bereits die letzte und wichtigste Voraussetzung eines islamischen Staates angesprochen: Hinzukommen muss vor allem die tatsächliche Geltung des islamischen Rechts, der *scharia*.[13] Der Begriff *„scharia"* bedeutet die von Gott gesetzte Ordnung im Sinne einer islamischen Normativität, wird im heutigen Sprachgebrauch jedoch allgemeiner für „islamisches Recht" verwendet.[14] Er

---

9 Vgl. *Johansen,* in: Marré / Stüting (Hrsg.), Essener Gespräche (20), S. 13.

10 *Asad,* The Principles of State and Government in Islam, S. 1.

11 Vgl. *Lücke,* ‚Islamischer Fundamentalismus', S. 146.

12 *Miehl,* 99 Fragen zum Islam, S. 124; *Asad,* The Principles of State and Government in Islam, S. 34 f., 39 f.

13 *Miehl,* 99 Fragen zum Islam, S. 124; *Lücke,* ‚Islamischer Fundamentalismus', S. 146; *Reissner,* Zur religiös-politischen Entwicklung des Islam in der Gegenwart, S. 104.

14 *C. Müller,* in: Elger (Hrsg.), Kleines Islam-Lexikon, S. 272; vgl. *Miehl,* 99 Fragen zum Islam, S. 124.

bezeichnet die nicht kodifizierte, post-koranische Konstruktion des islamischen Rechtssystems auf der Basis von Koran, Sunna (der Lebensgeschichte des Propheten) und Rechtsfindungsmethoden wie *idjma* (Konsens) und *qiyas* (Analogieschluss).[15]

Ein wesentliches Merkmal des islamischen Rechts besteht in seiner Auslegungsfähigkeit bzw. Auslegungsbedürftigkeit. Wenn daher von islamischem Recht gesprochen wird, darf nicht verkannt werden, dass die *scharia* im Laufe ihrer Geschichte stets sehr wandlungsfähig war. Sie unterliegt der ständigen Anpassung an die jeweiligen Verhältnisse. Auch heute befürwortet die Mehrzahl der *scharia*-treuen Juristen eine Neuinterpretation nach den Bedürfnissen der Zeit.[16] Hinzu kommt, dass kaum eine Vorschrift des islamischen Rechts ohne Auslegung anwendbar ist.[17] Selbst die Sunna ist nicht ohne Schwierigkeiten zu handhaben, obwohl sie nach dem Koran die zweite Rechtsquelle bildet.[18]

Aufgrund der Flexibilität der Auslegung der *scharia* konnten sich verschiedene Traditionen entwickeln.[19] Es bestehen zwar gemeinsame Grundprinzipien zwischen den verschiedenen Auffassungen, so dass durchaus von einem „islamischen Recht" gesprochen werden kann.[20] Es darf aber bei der Auseinandersetzung mit dem hier zu untersuchenden Aspekt nicht außer Acht gelassen werden, dass ein einheitliches islamisches Recht nicht existiert.[21]

Mehrere Staaten im arabischen Raum sind laut ihren Verfassungen „islamische Staaten" bzw. erklären die *scharia* zur Grundlage des Rechtswesens, ohne dass das islamische Recht die Rechtspraxis in diesen Ländern tatsächlich umfassend bestimmt.[22] Ein nur formelles Bekenntnis zur Geltung der *scharia* rechtfertigt es noch nicht, von einem islamischen Staat im hier gemeinten Sinne zu sprechen, da in einem solchen Fall nicht von einer Verknüpfung bzw. Vermischung von Staat und Religion gesprochen werden kann.[23]

Eine vollständige Umsetzung der *scharia* hat es andererseits kaum jemals gegeben. Auch heute wenden die meisten von Muslimen beherrschten Staaten beispielsweise kein koranisches Strafrecht an.[24] Die *scharia* enthält zwar Regelungen

---

15 *Tibi,* Fundamentalismus im Islam, S. 207. S. zur scharia und zu den Rechtsfindungsmethoden oben Erstes Kapitel, B.

16 So die Einschätzung von *Rohe,* Der Islam, S. 33.

17 Vgl. *Rohe,* Der Islam, S. 23.

18 *Rohe,* Der Islam, S. 24.

19 *Metzger,* Islam und Politik, S. 7.

20 *Rohe,* Der Islam, S. 25.

21 Vgl. *Tibi,* Fundamentalismus im Islam, S. 93; *Rohe,* Der Islam, S. 33.

22 *Esposito,* in: Esposito / Tamimi, Islam and Secularism in the Middle East, 1, 2; *Steinbach,* in: Ende / Steinbach (Hrsg.), Der Islam in der Gegenwart, S. 218 f.; vgl. *Schirrmacher,* Der Islam, Band 1, S. 276.

23 Vgl. *Asad,* The Principles of State and Government in Islam, S. 1, der eine bewusste Anwendung der soziopolitischen Grundsätze des Islam für notwendig hält.

über das Familienrecht und das Erbrecht sowie zum Teil über das Strafrecht, das Prozessrecht und das Wirtschaftsrecht.[25] In vielen von Muslimen beherrschten Staaten wird heute hingegen nur noch das Familien- und Erbrecht der *scharia* angewandt.[26] In großen Teilen wurde die *scharia* durch europäische Normen abgelöst.[27] In diesen Staaten weisen Religion und Rechtswesen nur eine verhältnismäßig kleine Schnittmenge auf. Eine Trennung von Religion und Politik ist diesen Staaten keineswegs fremd, sondern bildet vielmehr in weiten Teilen des Rechtswesens den Normalfall. Allerdings ist es auch bei einer nur beschränkten allgemeinen Geltung der *scharia* nicht möglich, noch von säkularen Staaten – die sich durch die Verselbstständigung weiter Lebensbereiche wie Politik, Recht oder Wissenschaft gegenüber der Religion auszeichnen –[28] zu sprechen. Wenn die politische Gesellschaft das islamische Recht auch nur zum Teil für verbindlich hält, bleibt die *scharia* keine ‚Privatsache', sondern wird zu einem Teil des öffentlichen Lebens. Schon die Auffassung, dass die *scharia* nicht nur Vorgaben für den Einzelnen enthält, sondern die Gesamtheit der Muslime verpflichtet, genügt, um die Glaubensgemeinschaft und die politische Gesellschaft als identisch anzusehen. Jedenfalls im Hinblick auf die hier zu untersuchende Frage der Vereinbarkeit des Islam mit einem säkularen Staatswesen ist es folglich gerechtfertigt, auch bei einer nur teilweisen allgemeinen Anwendung der *scharia* von einem islamischen Staat zu sprechen. Sollte sich nämlich erweisen, dass gläubige Muslime auf eine allgemeine Anwendung auch nur von Teilen der *scharia* nicht verzichten können, wäre ihre Integration in ein säkulares Staatswesen kaum möglich.[29]

---

24 *Johansen,* in: Marré / Stüting (Hrsg.), Essener Gespräche (20), S. 47; *Steinbach,* in: Ende / Steinbach (Hrsg.), Der Islam in der Gegenwart, S. 218; *Tibi,* Fundamentalismus im Islam, S. 100.

25 *Steinbach,* in: Ende / Steinbach (Hrsg.), Der Islam in der Gegenwart, S. 218; *Spuler-Stegemann,* Muslime in Deutschland , S. 227.

26 *Esposito,* in: Esposito / Tamimi (Hrsg.), Islam and Secularism in the Middle East, 1, 2; *Steinbach,* in: Ende / Steinbach (Hrsg.), Der Islam in der Gegenwart, S. 218 f.

27 *Steinbach,* in: Ende / Steinbach (Hrsg.), Der Islam in der Gegenwart, S. 218.

28 *Wielandt,* Säkularisierungsproblematik, Die Welt des Islams 22 (1982), 117.

29 Soweit in dieser Untersuchung dem islamischen Staat der säkulare Staat gegenübergestellt wird, entspricht dies der Vorgehensweise, die auch in der bisherigen islamwissenschaftlichen Diskussion über das Problem der Trennung von Politik und Religion im Islam vorherrscht. Auch dort wird regelmäßig der säkulare Staat bzw. die Säkularität als Gegenbegriff zum islamischen Staat genannt (vgl. zum Beispiel *Rohe,* Der Islam, S. 39; *Asad,* The Principles of State and Government in Islam, S. 5; *Krämer,* Gottes Staat als Republik, S. 46 f.). Zu berücksichtigen ist allerdings, dass es lediglich darzustellen gilt, ob bzw. unter welchen Voraussetzungen Muslime in einem nicht-islamischen Staat dauerhaft leben können. Im Hinblick auf die Frage der Integrationsfähigkeit muslimischer Minderheiten – etwa in (west-) europäischen Ländern – kann damit auch ein Staat gemeint sein, in dem (wie zum Beispiel in Großbritannien) eine Staatskirche besteht. Entscheidend ist nicht, ob die Politik von jeglicher Religion getrennt ist, sondern, ob eine Trennung von Politik und Islam besteht. Der Begriff des säkularen Staates findet hier dennoch neben demjenigen des nicht-islamischen Staates Verwendung, weil in ihm die hier zu untersuchende Problematik mindestens ebenso deutlich zum Ausdruck kommt wie im Begriff des nicht-islamischen Staates.

Damit ist noch nichts darüber gesagt, wie ein islamischer Staat organisiert ist bzw. inwiefern für die Verfassung eines solchen Staates bestimmte weitere Bindungen bestehen. Dieser Themenkomplex ist eng mit der Frage verknüpft, ob rechtliche Vorschriften des Islam einer Integration von Muslimen in ein säkulares Staatswesen entgegenstehen. Dieses Problem soll erst nach einer Untersuchung von dogmatischen Einwänden gegen den islamischen Staat behandelt werden (unten c).

II. Kann bzw. darf es heute einen islamischen Staat nach muslimischem Verständnis überhaupt geben?

1. Meinungsvielfalt im Islam

Wenngleich ein islamischer Staat durch die genannten Voraussetzungen definiert wird, stellt sich doch die Frage, ob es einen solchen Staat – zumal in heutiger Zeit – überhaupt geben kann. Wie gezeigt, lässt sich innerhalb des Islam bzw. des islamischen Rechts eine Vielzahl verschiedener Auffassungen feststellen. In Fragen der Interpretation sowohl der koranischen Offenbarung als auch der Sunna, des Vorbildes des Propheten, bestehen erhebliche Unterschiede.[30] Selbst in lokalen ‚Kulturen' des Islam herrschen verschiedene Ansichten. So haben sich nahezu keine Staaten gebildet, deren muslimische Einwohner ausschließlich Sunniten oder ausnahmslos Schiiten sind. Reibungen und Rivalitäten zwischen verschiedenen Richtungen des Islam gab bzw. gibt es häufig – etwa im Irak – zwischen der schiitischen Minderheit und der sunnitischen Mehrheit[31] oder in der (nach der Verfassung allerdings laizistischen) Türkei zwischen der alevitischen Minderheit und der sunnitischen Mehrheit.[32]

Die Vorstellung, einen islamischen Staat gründen zu können, beruht auf der Idee, dass die Ausübung der Herrschaft allein durch den Willen Gottes bestimmt wird. Da aber unterschiedliche Auffassungen über den Inhalt des göttlichen Willens bestehen, wird auch keine Einigkeit über die Frage herrschen können, welche Gruppe zur Ausübung der Macht im Sinne Allahs berufen ist. Praktisch wird sich in der Regel die Mehrheit durchsetzen, deren Legitimation von den Minderheiten allerdings angezweifelt werden wird. Es erscheint somit jedenfalls problematisch, einen Staat zu gründen, in dem alle muslimischen Gruppierungen ihre Staatsvorstellungen verwirklicht sehen. Charakteristisch für einen islamischen Staat soll aber auch sein, dass seine Bürger Anlass haben, sich im Einklang mit ihrer religiösen Überzeugung loyal und verantwortungsbewusst dem Gemeinwesen gegenüber

---

30 *Ghaussy,* in: Meyer (Hrsg.), Fundamentalismus in der modernen Welt, S. 83 f.

31 *Lerch,* Muhammads Erben, S. 69; zu aktuellen Reibungspunkten zwischen beiden Richtungen s. *Heine,* in: Khoury / Heine, Im Garten Allahs, S. 166 f.

32 *Spuler-Stegemann,* in: Ende / Steinbach (Hrsg.), Der Islam in der Gegenwart, S. 232.

zu verhalten.[33] Diese Ansicht erscheint allerdings zweifelhaft. Die Errichtung eines dem Willen aller entsprechenden Staates ist utopisch. Aufgrund dessen kann es für die Bezeichnung eines Staates als „islamisch" nur auf die prägenden Merkmale und damit insbesondere auf die geltende (religiöse) Rechtsordnung ankommen.

Dementsprechend werden bzw. wurden durchaus verschiedene Staaten als „islamische Staaten", teilweise auch als „Gottesstaaten" bezeichnet, beispielsweise der Iran, Afghanistan unter der Herrschaft der Taliban, mit Einschränkungen auch der Sudan und Nigeria. Die Bezeichnung dieser Staaten als islamisch erscheint zwar – gemessen an den oben dargestellten Voraussetzungen eines islamischen Staates – nicht immer zutreffend. Im „Islamischen Emirat Afghanistan" der Taliban etwa beschränkte sich der islamische Aspekt im Wesentlichen darauf, mit Vehemenz das Strafrecht durchzusetzen.[34] Andererseits kann vor allem der heutige Iran durchaus als islamisch bezeichnet werden.[35] Die Existenz muslimischer Minderheiten mit verschiedenen Erwartungen an ein ihren Interessen entsprechendes Gemeinwesen steht der Gründung eines islamischen Staates daher nicht entgegen.

Gleichwohl bleibt festzuhalten, dass bei der Diskussion über einen „Gottesstaat" oder einen islamischen Staat von einem Gebilde gesprochen wird, für welches sich in heutiger Zeit kein vollkommenes Beispiel findet. Schon dies indiziert, dass seine Realisierung mit wesentlichen Problemen behaftet ist und sich schwieriger darstellt, als sich dies aus der knappen Behauptung, Muslime wollten stets einen „Gottesstaat" errichten, entnehmen lässt. Zu religiösen Unterschieden kommen im Übrigen häufig noch weitere Aspekte hinzu, welche es von vornherein ausschließen, „die Muslime" als ein homogenes Volk mit stets gleichgerichteten Zielen anzusehen, wie dies in pauschalen Behauptungen jedoch zum Ausdruck kommt. Dies verdeutlicht etwa das Beispiel des Staates Pakistan, dessen Gründungsidee in der Tat in dem Bestreben lag, den Muslimen auf dem indischen Subkontinent einen eigenen Staat zu schaffen: Dort zeigt sich, dass eine „islamische" Staatsbürgerschaft kaum ein Band ist, das die diversen ethnischen Unterschiede (Paschtunen, Belutschen, Pandschabi etc.) überlagern könnte.[36]

2. Der Gedanke der umma

Ein anderer Aspekt, welcher der Gründung eines islamischen Staates entgegenstehen könnte, ist der Gedanke der *umma,* der Gemeinschaft aller Muslime.

---

33 *Miehl,* 99 Fragen zum Islam, S. 124.

34 *Metzger,* Islam und Politik, S. 17, nach welchem der Iran den einzigen Fall für den Versuch bildet, einen islamischen Staat systematisch in die Tat umzusetzen.

35 Zu möglichen Zweifeln an der Auffassung, der Iran sei ein islamisch-fundamentalistischer Staat, s. *Jäggi,* in: ders. / Krieger, Fundamentalismus, S. 100 f.

36 *Steinbach,* in: Ende / Steinbach (Hrsg.), Der Islam in der Gegenwart, S. 215 (auch mit weiteren Beispielen für Spannungen zwischen verschiedenen Ethnien).

War die Gemeinschaft aller Muslime zur Zeit des Propheten *Mohammed* und der ersten Kalifen sowohl im religiösen als auch im politischen Sinne noch weitgehend einig, so hat sie sich später in politischer Hinsicht in verschiedene Staaten, in religiöser Hinsicht in verschiedene ‚Bekenntnisse' aufgespalten. Die Wiederherstellung der *umma* in ihrer ursprünglichen Form wird dementsprechend von vielen Muslimen als wichtiges Ziel angesehen.[37] Die Gründung von Staaten bewirkt demgegenüber eine Separierung und unterschiedliche Entwicklungen in den einzelnen Staaten. Sie scheint daher dem Gemeinschaftsgedanken zu widersprechen.[38]

Es darf allerdings nicht übersehen werden, dass auch insoweit eine gewisse Flexibilität möglich ist. Vor dem Hintergrund der unterschiedlichen Richtungen des Islam erscheint es (im Wege der dem Islam keinesfalls fremden Rechtsfortbildung) durchaus möglich und vielleicht sogar geboten, auf Kosten der Einheit sämtlicher Muslime die Gründung von Staaten als zulässig anzusehen. Solange nämlich beträchtliche Unterschiede innerhalb des Islam bestehen, erscheint ein vorrangiges Streben nach einer politischen Vereinigung aller Muslime nicht angezeigt.[39] Es erweist sich angesichts der unterschiedlichen einander gegenüberstehenden islamischen Positionen für jede der einzelnen Richtungen als vorzugswürdig, ihrer Auffassung zu Stabilität und Beachtung zu verhelfen, indem ein – abgrenzend, aber auch schützend wirkender – Staat gegründet wird. Die Einheit der *umma* manifestiert sich zudem bereits im gemeinsamen Bekenntnis zu Allah und dem Propheten *Mohammed.*[40] Bei einem solchen Verständnis besteht daher keine Notwendigkeit, dass die *umma* auch eine politische Einheit bildet.[41] Im Übrigen ging schon *Ibn Taimiyya* (gest. 1328), islamischer Staatstheoretiker des Mittelalters, davon aus, dass die Gemeinschaft der Gläubigen, also die *umma,* aus einer Konföderation islamischer Staaten bestehe.[42] Der Gedanke einer Unterteilung der Gemeinschaft in mehrere Gemeinwesen war dem islamischen Denken somit schon in der Vergangenheit nicht fremd.

Als Zwischenergebnis lässt sich daher festhalten, dass die Gründung eines islamischen Staates auch nach islamischem Verständnis nicht ausgeschlossen sein muss. Es steht aber nach wie vor die Frage im Raum, inwieweit es zwingende

---

37 *Elger,* in: ders. (Hrsg.), Kleines Islam-Lexikon, S. 314 f.

38 Vgl. *Ghaussy,* in: Meyer (Hrsg.), Fundamentalismus in der modernen Welt, S. 93; so tendenziell auch *Tibi,* Fundamentalismus im Islam, S. 67.

39 Vgl. *Steppat,* Islam und Nationalstaat, S. 92 (Wiederherstllung der politischen Einheit der ganzen islamischen Gemeinschaft als „Utopie").

40 *Heine,* in: Khoury / Hagemann / Heine, Islam-Lexikon (1. Aufl. 1991), Stichwort „Gemeinde", S. 293; vgl. auch *Steppat,* Islam und Nationalstaat, S. 90 (Aufrechterhaltung der islamischen Rechtsordnung wichtiger als die politische Einheit der islamischen Gemeinschaft).

41 *Heine,* in: Khoury / Hagemann / Heine, Islam-Lexikon (1. Aufl. 1991), Stichwort „Gemeinde", S. 292; ähnlich auch *Tibi,* Fundamentalismus im Islam, S. 67.

42 *Steinbach,* in: Lüders (Hrsg.), Der Islam im Aufbruch?, S. 82; *Heine,* in: Khoury / Hagemann / Heine, Islam-Lexikon (1. Aufl. 1991), Stichwort „Staat / Staatslehre", S. 688.

Gründe gibt, die – zumindest in Teilen der islamischen Welt – den Ruf nach Errichtung eines islamischen Staates herausfordern.

III. Vorgaben für die Errichtung eines islamischen Staates

Angesichts der dargestellten unterschiedlichen Auffassungen zur Reichweite des Geltungsanspruchs des Islam ist von Interesse, inwieweit sich in den Schriften des Islam, namentlich seinen primären Rechtsquellen, konkrete Hinweise finden, die auf Vorgaben hinsichtlich der Errichtung eines islamischen Staatswesens bzw. auf die Möglichkeit der Trennung von Politik und Religion schließen lassen. Dabei wird danach zu unterscheiden sein, ob es sich um zwingende Vorgaben handelt, also solche, denen Rechtscharakter zukommt, oder ob es sich lediglich um ‚Empfehlungen' handelt, deren Verwirklichung für eine optimale Ausübung der Religion zwar wünschenswert, jedoch nicht unumgänglich ist. Insoweit ist noch einmal auf die oben dargestellten Erkenntnisse zum Rechtsbegriff im Islam hinzuweisen.[43] Viele Vorgaben, die sich im Koran, in der Sunna oder anderen Quellen finden, sind nicht als allgemein verbindlich anzusehen, sondern beschreiben Zustände, deren Verwirklichung der Einzelne allein im eigenen Interesse anstreben soll, um dem Willen Gottes weitestgehend zu entsprechen. Diese Vorgaben stellen daher eher moralische denn rechtliche Verpflichtungen dar. Sollten sich Hinweise zur Gründung eines islamischen Staatswesens finden, wäre daher auch insoweit zu prüfen, welcher Grad der Verbindlichkeit ihnen zukommt.

1. Der Totalitätsanspruch des Islam

Der Islam – gleich welcher Richtung – erhebt einen Totalitätsanspruch, d. h. er beansprucht, den Willen Gottes in allen Bereichen des Lebens durchzusetzen. Islam bedeutet „Unterwerfung", verstanden als Unterwerfung unter Gott.[44] Dies wird im Sinne einer totalen Oberherrschaft Gottes über das Verhalten jedes Muslim verstanden. Die Unterwerfung betrifft die innere Glaubensüberzeugung ebenso wie die religiöse Praxis und die Lebensführung.[45] Es besteht keine Trennung von Geistlichem und Weltlichem.[46]

Trotz dieses Totalitätsanspruchs, über den sich die islamische Welt einig ist, herrscht keine Klarheit darüber, ob sich seine Reichweite auch auf Staat, Recht

43 S. o. Erstes Kapitel, C.

44 *Elger,* in: ders. (Hrsg.), Kleines Islam-Lexikon, S. 137.

45 *Khoury,* Der Islam und die westliche Welt, S. 112; *Rohe,* Der Islam, S. 19; *Antes,* in: ders. / Durán / Nagel / Walther, Der Islam, S. 58; *Ghaussy,* in: Meyer (Hrsg.), Fundamentalismus in der modernen Welt, S. 85.

46 *Antes,* in: ders. / Durán / Nagel / Walther, Der Islam, S. 66.

und Politik bezieht, ob der Islam also nur individuelle Pflichten des Einzelnen statuiert oder auch bei der Gestaltung des Staatswesens zur Geltung zu bringen ist. Letzteres lässt sich aus der soeben genannten Umschreibung des Totalitätsanspruchs nicht ohne Weiteres folgern. Glaubensüberzeugung, religiöse Praxis und Lebensführung bezeichnen lediglich Aspekte, die das Verhalten des Individuums betreffen. Der Begriff des Staatswesens bezieht sich hingegen auf das innere Verhältnis einer Gemeinschaft. Die umfassende „Unterwerfung" schließt somit eine Trennung von Religion und Staat nicht zwingend aus.

Gleichwohl finden sich, wie eingangs bereits erwähnt, in Stellungnahmen zur Frage der Trennung von Politik und Religion im Islam pauschalisierende Aussagen, nach welchen der Islam keine Trennung von Religion und Staat, von Glaubensgemeinschaft und politischer Gesellschaft kenne.[47] Die Einheit von Religion und Politik bilde das Ideal des Islam.[48] Er sei *din wa-daula* (Religion und Staat).[49]

In der Tat vertraten islamische Juristen in der Vergangenheit die Auffassung, dass Religion und Staat eins seien. Auch heute nehmen dies viele Muslime an.[50] So wurde in jüngerer Zeit beispielsweise formuliert, wer denke, der Islam sei nur ein Glaube und nicht auch ein System (eine Ordnung), sei töricht und wisse nichts vom Islam.[51] Die Schaffung eines islamischen Staates sei eine unverzichtbare Voraussetzung, um ein islamisches Leben führen zu können.[52] Dabei bestehen allerdings wiederum (noch näher darzustellende) Unterschiede bei der Beantwortung der Frage nach der gebotenen oder vorgeschriebenen Staatsform, namentlich bezüglich der Vereinbarkeit des Islam mit der Demokratie.

Nach einer weiteren Ansicht schließlich ist die Weltanschauung, der Islam sei *din wa-daula*, abzulehnen.[53] Zur Begründung wird auf den bereits angesprochenen Gedanken der *umma* hingewiesen, der sich nicht auf die Staatlichkeit, sondern auf die Zugehörigkeit aller sich zum Islam bekennenden Menschen zu einer islamischen Gemeinschaft beziehe.[54] Auch in der Geschichte finde sich keine Grundlage für eine gegenteilige Ansicht.[55]

---

47 *Khoury*, Der Islam und die westliche Welt, S. 112; *Ali*, The Holy Qur-An, Anm. zu Sure 4,59, Fn. 580.

48 *Britz*, ZRP 2003, 219.

49 *Heine*, in: Khoury / Hagemann / Heine, Islam-Lexikon (1. Aufl. 1991), Stichwort „Gemeinde", S. 292; *Steinbach*, in: Lüders (Hrsg.), Der Islam im Aufbruch?, S. 81.

50 *Büttner*, „Der Islam ist Religion und Staat!", www.uni-kassel.de/fb10/frieden/themen/Islam/buettner.html, vor I, sub III.

51 *Abd al-Qadir Udah*, zitiert nach *Antes*, in: ders. / Durán / Nagel / Walther, Der Islam, S. 59; vgl. auch *Steinbach*, in: Lüders (Hrsg.), Der Islam im Aufbruch?, S. 79 f., zur Lehre von *Hasan al-Banna*, dem Gründer der Muslimbruderschaft, über den Islam als Ordnung (*nizam*).

52 *Asad*, The Principles of State and Government in Islam, S. 4.

53 *Tibi*, Fundamentalismus im Islam, S. 67; *Rohe*, Der Islam, S. 30; *Hübsch*, Fanatische Krieger im Namen Allahs, S. 151 f.; *Petersohn*, ZRP 2002, 521, 523.

54 *Tibi*, Fundamentalismus im Islam, S. 67.

Angesichts dieser unterschiedlichen Ansichten stellt sich die Frage, inwieweit sich diese Auffassungen in Übereinstimmung mit den Quellen des Islam befinden und ob jeweils Bedenken gegen diese Auffassungen vorgebracht werden können.

2. Explizite Vorgaben

Untersucht man die Hauptquellen des Islam auf konkrete Vorgaben bezüglich eines islamischen Staatswesens, so finden sich im Koran vereinzelt Hinweise zur Gestaltung einer islamischen Gesellschaft.[56] Aus verschiedenen Koranversen lässt sich etwa eine Verpflichtung der muslimischen Gemeinschaft zu sozialer Harmonie, Gerechtigkeit oder Toleranz gegenüber ‚Ungläubigen' ableiten.[57] Weder Koran noch Sunna legen jedoch eine Staatsform oder eine durch die Offenbarung festgeschriebene Herrschaftsordnung konkret fest;[58] es lassen sich keine präzisen Aussagen zu einem islamischen Staatsrecht finden,[59] und in keiner der islamischen Rechtsquellen wird eine konkrete Verfassungstheorie entworfen.[60] Auch wenn nach dem Tod *Mohammeds* (aufgrund einer Einigung der Gemeinde) die Führung der Muslime dem Kalifen, dem Stellvertreter des Propheten, übertragen wurde, sind doch in Koran und Sunna Aussagen darüber, wie die *umma* politisch organisiert werden sollte, und auch die Vorgabe des Kalifats nicht enthalten.[61]

Auch die Formel, der Islam sei *din wa daula,* ist kein Bestandteil des klassischen islamischen Denkens.[62] Diese Formel bringt, wie im Übrigen anzumerken ist, die Unterscheidung zwischen Religion und Staat selbst zum Ausdruck[63] und scheint daher bereits zu indizieren, dass auch im Islam zwischen der weltlichen und der religiösen Sphäre ein Unterschied besteht.

---

[55] *Tibi,* Fundamentalismus im Islam, S. 67; *Rohe,* Der Islam, S. 30; *Petersohn,* ZRP 2002, 521, 523.

[56] Vgl. *Hofmann,* Islam, S. 69; ähnlich *Johansen,* in: Marré / Stüting (Hrsg.), Essener Gespräche (20), S. 14; *Krämer,* Gottes Staat als Republik, S. 69.

[57] S. *Hassan,* The concept of state and law in Islam, S. 40 ff. (auch mit Koranstellen zu anderen Aspekten).

[58] *Johansen,* in: *Marré / Stüting* (Hrsg.), Essener Gespräche (20), S. 14; *Asad,* The Principles of State and Government in Islam, S. 22; *Krämer,* Gottes Staat als Republik, S. 44; *Hofmann,* Islam, S. 69.

[59] *Rohe,* Der Islam, S. 22; *Krämer,* Gottes Staat als Rebublik, S. 67.

[60] *Asad,* The Principles of State and Government in Islam, S. 22.

[61] *Metzger,* Islam und Politik, S. 3 f.

[62] *Tibi,* Fundamentalismus im Islam, S. 67; *Rohe,* Der Islam, S. 30; *Hübsch,* Fanatische Krieger im Namen Allahs, S. 151 f.; *Krämer,* Gottes Staat als Republik, S. 43; *Petersohn,* ZRP 2002, 521, 523; *Schulze,* in: *Lüders* (Hrsg.), Der Islam im Aufbruch?, S. 115.

[63] *Krämer,* Gottes Staat als Republik, S. 43.

3. Einzelne Koranverse

Auch wenn sich somit keine eindeutigen Aussagen zu einem islamischen Staatsrecht finden, stellt sich doch die Frage, ob nicht vereinzelte Koranstellen im Sinne von Vorgaben für eine Verfassung zu interpretieren sind.

Zu nennen ist hier vor allem Sure 4,59: „Ihr Gläubigen! Gehorcht Gott und dem Gesandten und denen unter euch, die zu befehlen haben“ (oder: „die zuständig sind“).[64] Diese Stelle wird noch am ehesten als ein Gebot bezüglich des Staatswesens verstanden.[65] Aus ihr ist zunächst abzuleiten, dass Muslime, die einer muslimischen Obrigkeit unterstehen, dieser zu gehorchen haben, denn nach jenem Vers stammen die Befehlshaber bzw. die Zuständigen aus den Reihen der Gläubigen („denen unter euch“); sie sind also Muslime. Ob nach dieser Vorschrift eine Herrschaftsgewalt, die nicht der muslimischen Gemeinschaft entspringt (oder die jedenfalls nicht muslimischen Anforderungen entspricht), für Muslime keinerlei Bindungswirkung entfalten kann,[66] lässt sich hingegen nicht eindeutig beantworten. Sure 4,59 bezieht sich nach dem Wortlaut auf die Beziehungen zwischen den Muslimen und den „Zuständigen“. Ob abschließend das Verhalten gegenüber sämtlichen – und damit auch zu nicht-muslimischen – Obrigkeiten geregelt und etwa eine Pflicht zum Ungehorsam statuiert werden soll, ergibt sich zwar nicht allein aus dem Gebot, den Zuständigen zu gehorchen. Aufschluss gibt aber die Systematik der Textstelle. Da auch die Gehorsamspflicht gegenüber Gott und seinem Propheten statuiert wird, lässt sich folgern, dass in der Aufzählung abschließend diejenigen Instanzen genannt sind, denen Muslime sich zu unterwerfen haben.

Damit ist allerdings noch nicht geklärt, ob mit den „Zuständigen“ bzw. den „Befehlshabern“ eine weltliche Obrigkeit gemeint ist oder ob allein eine Gehorsamspflicht gegenüber religiösen Führern – und damit nur in religiösen Angelegenheiten – bestehen soll. Als „Zuständige“ werden zwar diejenigen angesehen, denen die Rechtsfindung und die Durchsetzung des Rechts obliegen.[67] Auch hieraus ergeben sich indes keine weiteren Erkenntnisse. Soweit sich die Zuständigkeit der Herrscher auf das islamische Recht bezieht, erscheint die alleinige Unterwerfung unter die Anweisungen dieser Herrscher zwingend: Ist die Religion bzw. die Religionsausübung betroffen, kommt einer Unterwerfung unter nicht-muslimische Instanzen nicht in Betracht. Eine andere Lesart hebt bei der Interpretation dieser Textstelle demgegenüber auf die Elemente ab, die weniger die Pflicht zum Gehor-

---

64 Vgl. zur Übersetzung dieser Stelle: *Paret*, Der Koran, Übersetzung, 4,59; *Ali*, The Holy Qur-An, 4,59, Fn. 580.

65 *Johansen*, in: Marré / Stüting (Hrsg.), Essener Gespräche (20), S. 14; *Rohe*, Der Islam, S. 22; *Asad*, The Principles of State and Government in Islam, S. 35; *Krämer*, Gottes Staat als Republik, S. 69.

66 So *Asad*, The Principles of State and Government in Islam, S. 35. Vgl. *Krämer*, Gottes Staat als Republik, S. 107, Fn. 406, die ebenfalls die Möglichkeit bejaht, aus der Textstelle eine Einschränkung politischer Hoheitsgewalt auf die Muslime abzuleiten.

67 *Khoury*, Der Koran, Anmerkung zu 4,59.

sam betonen als vielmehr einerseits die Zugehörigkeit der „Herrschenden" zur Gemeinschaft („denen *unter euch,* die zu befehlen haben") und andererseits das Wort Gottes und seines Propheten, dem alle Menschen gleichermaßen unterstehen.[68]

Es zeigt sich somit, dass eine allein ‚richtige' Auslegung dieses Verses nicht vorgenommen werden kann. Ob in Sure 4,59 auch eine Gehorsamspflicht in Bezug auf weltliche Angelegenheiten gemeint ist und Muslime sich daher auch insoweit ausschließlich einer muslimischen Obrigkeit verpflichtet fühlen dürfen, bleibt weiterhin offen.

Darüber hinaus lässt sich dem Vers nicht entnehmen, auf welche Weise die herrschende Instanz bestimmt wird[69] und wie die Herrschaft auszuüben ist.[70] Mitunter wird die Ansicht vertreten, der islamische Staat könne nach außen hin viele verschiedene Formen haben.[71] In den Augen der Muslime könne sowohl eine monarchische oder oligarchische Herrschaftsform als auch eine parlamentarische Demokratie rechtmäßig sein und legale Hoheitsakte hervorbringen, sofern Gesetze nur mit der *scharia* in Einklang stünden. Ein ständiges Hin- und Herschwenken zwischen Staatsformen sei im islamischen Staat denkbar, denn es gebe keine bekannte Staatsform, die die *scharia* in besonders vollkommener Weise verkörpere.[72]

Andere Stimmen entnehmen dem Koran die Vorgabe, das Gemeinwesen nach demokratischen Grundsätzen zu organisieren. Sie stützen sich auf die Koranverse 3,159 („... und ratschlage mit ihnen über die Angelegenheit!")[73] und 42,38 („Was aber bei Gott ist, ist besser und hat eher Bestand für die, ... die auf ihren Herrn hören, das Gebet verrichten, sich untereinander beraten ...").[74]

Insoweit herrscht aber in mehreren Punkten Streit. Unklar ist, ob es sich bei der Konsultation um eine der herrschenden Instanz obliegende Pflicht oder nur um eine Empfehlung handelt.[75] Für den Charakter einer bloßen Empfehlung plädieren vor allem konservative Autoren, während reformorientierte Muslime wie zum Beispiel der ägyptische Rechtsgelehrte *Muhammad Abduh* (1849 – 1905) von der Ver-

---

68 *Krämer,* Gottes Staat als Republik, S. 107.

69 Anders aber wohl *Asad,* The Principles of State and Government in Islam, S. 36: „the leadership of the state must be of an *elective* nature" (Hervorhebung im Original).

70 *Büttner,* „Der Islam ist Religion und Staat!", www.uni-kassel.de/fb10/frieden/themen/Islam/buettner.html, sub I.

71 *Nagel,* Staat und Glaubensgemeinschaft im Islam, Band 2, S. 258; *Asad,* The Principles of State and Government in Islam, S. 23; vgl. *Krämer,* Gottes Staat als Republik, S. 67; *Reissner,* Zur religiös-politischen Entwicklung des Islam in der Gegenwart, S. 104 f.

72 *Nagel,* Staat und Glaubensgemeinschaft im Islam, Band 2, S. 258 f.

73 Möglicherweise ein Gebot im Zusammenhang mit einer Schlacht gegen die Mekkaner am Berg Uhud: vgl. *Khoury,* Der Koran, Anmerkung zu 3,159; *Krämer,* Gottes Staat als Republik, S. 124.

74 Vgl. *Krämer,* Gottes Staat als Republik, S. 122; *Antes,* in: ders. / Durán / Nagel / Walther, Der Islam, S. 87; *Khoury,* Der Koran, Anmerkung zu 42,38.

75 *Antes,* in: ders. / Durán / Nagel / Walther, Der Islam, S. 87; *Krämer,* Gottes Staat als Republik, S. 124 (m. N.).

bindlichkeit der Beratung ausgehen.[76] Gegen den verpflichtenden Charakter mag sprechen, dass der Koran die Verbindlichkeit nicht selbst anordnet.[77] Diesem Umstand käme aber allenfalls indizielle Bedeutung zu. Auch das Gegenargument, die Beratung werde im Falle einer bloßen Empfehlung entwertet,[78] ist nicht zwingend, da auch eine unverbindliche Beratung Auswirkungen auf die Entscheidung des Herrschers haben kann. Eine allein ‚richtige' Antwort kann es daher auch insoweit nicht geben.

Auch wenn man aufgrund der beiden genannten Koranverse die Einführung des Prinzips der Beratung (*schura*) in die islamische Gemeinschaft für zwingend hält, herrscht noch keine Klarheit über die Reichweite dieses Prinzips. Es wird vielfach als Beleg dafür genommen, dass im Koran bereits demokratische Elemente angelegt seien.[79] Einige sehen die Demokratie sogar als durch den Koran vorgegebene Staatsform an.[80] Auch diese Thesen sind freilich umstritten. Ungeklärt ist namentlich, ob sich *schura* mit dem Begriff der Demokratie gleichsetzen lässt, insbesondere, ob bei der *schura* das Mehrheitsprinzip zur Geltung kommen soll.[81] Einer solchen Auffassung widersprechen klassische islamische Gelehrte mit dem Hinweis, die Demokratie stehe im Widerspruch zur Gottesherrschaft. In der Sicht *Sayyid Qutbs* (1906 – 1966), eines führenden muslimischen Intellektuellen, bildet der säkulare Staat eine blasphemische Usurpation der göttlichen Souveränität.[82] Auch der bedeutende pakistanische Politiker und Schriftsteller *Maududi* (1903 – 1979), neben *Qutb* eine der geistigen Autoritäten des politischen Islam, verweist auf die Ansicht, dass Gott alleiniger Souverän des islamischen Staates sei, und hält Islam und (im westlichen Sinne verstandene) Demokratie für miteinander unvereinbar.[83] Er vertritt die Auffassung, es könne selbst in Bagatellangelegenheiten keine Übereinstimmung zwischen Islam und Demokratie geben, weil sie sich diametral widersprächen. Dort, wo das politische System der Demokratie und des säkularen Nationalstaates dominiere, gebe es keinen Islam. Dort, wo der Islam vorherrsche, dürfe es jenes System nicht geben.[84]

Gegen die Unvereinbarkeit von Demokratie und Gottesherrschaft spricht zwar die Existenz der genannten Koranverse, die ein demokratisches System zumindest

76 Vgl. *Krämer,* Gottes Staat als Republik, S. 124 (m. N.).

77 *Krämer,* Gottes Staat als Republik, S. 124.

78 Vgl. *Krämer,* Gottes Staat als Republik, S. 124 (m. N.).

79 *Metzger,* Islam und Politik, S. 3; *Antes,* in: ders. / Durán / Nagel / Walther, Der Islam, S. 87; *Szyska,* in: Elger (Hrsg.), Kleines Islam-Lexikon, S. 75 f.; *Krämer,* Gottes Staat als Republik, S. 121; *Hassan,* The concept of state and law in Islam, S. 47 (ein Parlament befürwortend).

80 Vgl. *Khoury,* Der Islam und die westliche Welt, S. 113.

81 *Krämer,* Gottes Staat als Republik, S. 121, 127 (m. N.).

82 Vgl. *Bielefeldt,* in: ders. / Heitmeyer (Hrsg.), Politisierte Religion, S. 483.

83 Vgl. *Maududi,* zitiert nach der Übersetzung von *Tibi,* Fundamtenalismus im Islam, S. 7; *A. Meier,* Der politische Auftrag des Islam, S. 189, 193.

84 Zitiert nach der Übersetzung von *Tibi,* Fundamentalismus im Islam, S. 80.

zulassen. Zudem könnte eine Vereinbarkeit von Demokratie und Gottesherrschaft erreicht werden, indem bei der – häufig diskussionswürdigen – Bestimmung dessen, was dem Willen Gott entspricht, die Mehrheit entscheidet. Eine solche Auffassung wird etwa von dem Gelehrten *Halid Muhammad Halid* vertreten, der in seiner 1981 erschienenen Schrift *„ad-Daula fi l-islam“* den Islam als Staat und Religion bezeichnete und die Errichtung eines islamischen Staates mit dem Koran als Verfassung forderte, als Träger der *schura* aber ein gewähltes Parlament favorisierte, dessen Beschlüsse für die Regierung bindend sein sollten.[85]

Auf der anderen Seite lässt sich dem Prinzip der Konsultation keine echte Pflicht zur Einführung einer Demokratie entnehmen. Eine Beratung ist in vermutlich allen Herrschaftssystemen denkbar bzw. unverzichtbar. Jenes Prinzip erfordert daher insbesondere kein an der Machtausübung beteiligtes parlamentarisches Gremium. Aufgrund des Rückgriffs auf das *schura*-Konzept weist heute zwar eine beträchtliche Anzahl von Staaten der islamischen Welt ein parlamentarisches Regierungssystem auf.[86] Eine eindeutige Vorgabe findet sich jedoch hierfür – ebenso wie für ein der Demokratie widersprechendes System – nicht.

Zusammenfassend lässt sich festhalten, dass die Hauptquellen des islamischen Rechts für die Beantwortung der Frage nach einem islamischen Staatsrecht weitgehend unergiebig sind. Auch diejenigen Koranstellen, die mitunter als Anforderungen an ein islamisches Staatswesen interpretiert werden, lassen wesentliche Fragen offen.

4. Die medinensische Gemeinde

Das Fehlen eindeutiger rechtlicher Aussagen veranlasst dazu, der Frage nachzugehen, inwieweit sich aus der geschichtlichen Entwicklung des Islam Vorgaben für ein islamisches Staatswesen ableiten lassen. Von Bedeutung sind namentlich die zur Zeit *Mohammed*s herrschenden Verhältnisse innerhalb der medinensischen Gemeinde.

Nachdem *Mohammed* zunächst aus Mekka, dessen Einwohner seiner Aufforderung nach Unterwerfung unter den strikten Monotheismus des Islam nicht folgten und *Mohammed* feindselig entgegentraten, im Jahre 622 nach Medina (damals noch Yathrib) ausgewandert war, fand er sich in einer völlig anderen Situation wieder. Er wurde in Medina freundlich aufgenommen. Einige Stämme der Stadt befanden sich damals in einer Dauerfehde. *Mohammed* konnte als neutraler Vermittler die Spannungen glätten, verlangte aber im Gegenzug von der Bevölkerung Medinas die Unterwerfung unter seine religiöse Autorität. Infolge dessen konnte *Mohammed* sich nicht mehr darauf beschränken, eine auf das Jenseits gerichtete Religion zu verkünden. Der Islam musste sich vielmehr bereits in seiner frühen

---

85 Vgl. *Wielandt,* Säkularisierungsproblematik, S. 129 f.

86 *Antes,* in: ders. / Durán / Nagel / Walther, Der Islam, S. 88.

Entstehungsphase im praktischen Leben beweisen. *Mohammed* war gezwungen, im Namen des Islam ordnungspolitische und ethische Maßstäbe zu entwickeln, um die Gemeinde von Medina lenken zu können.[87] Es gelang ihm schnell, sich als religiöse und politische Autorität in Medina zu etablieren. In dieser Phase trug die *umma* durchaus Züge einer Theokratie.[88] Als Stellvertreter Gottes sorgte *Mohammed* dafür, dass der göttliche Wille auf Erden befolgt wurde.[89] Zu *Mohammed*s Lebzeiten gab es somit zunächst keine Trennung zwischen Politik und Religion,[90] auch wenn *Mohammed* in der Folge verschiedene Verwaltungsaufgaben zunehmend auf andere Personen delegierte.[91]

Die Lebensführung des Propheten gilt allen Muslimen als Vorbild für ihr ethisches, religiöses und soziales Verhalten.[92] Möglicherweise ließe sich argumentieren, dass auch die Verbindung von Politik und Religion, für die *Mohammed* in seiner Eigenschaft als weltlicher und zugleich religiöser Herrscher ein Beispiel gegeben habe, als Ziel muslimischen Handelns gelten müsse. Wenn nämlich der Prophet Gottes beide Bereiche bei der Verbreitung des Islam miteinander verknüpft habe, seien auch die Muslime gehalten, diese Verknüpfung aufrecht zu erhalten. Aufgrund dessen dürfe die *umma* nicht zwischen Politik und Religion trennen.

In der Tat wird die medinensische Gemeinde von Muslimen als – wenn auch nie wieder erreichbares – Ideal und Ziel des politisch-religiösen Gemeinwesens angesehen,[93] dem allenfalls noch die Zeit der (von den Sunniten so bezeichneten) „vier rechtgeleiteten Kalifen“ von 632 bis 661 nahekommt.[94] Eine Vielzahl von Staatstheoretikern hat sich seit dem Mittelalter bemüht, Modelle zu entwickeln, die der Situation der frühislamischen Gesellschaft nahekamen.[95] Auch soweit heutige Muslime die Errichtung eines Gottesstaates anstreben, dient die Gemeinde von

---

87 *Metzger,* Islam und Politik, S. 2 f.; *Khoury,* Was sagt der Koran zum Heiligen Krieg?, S. 21.

88 *Metzger,* Islam und Politik, S. 3; *Hofmann,* Islam, S. 76; vgl. *Johansen,* in: Marré / Stüting (Hrsg.), Essener Gespräche (20), S. 14 („theonome Situation“).

89 *Metzger,* Islam und Politik, S. 3.

90 *Schirrmacher,* Der Islam, Band 1, S. 276; *Heine,* in: Khoury / Hagemann / Heine, Islam-Lexikon (1. Aufl. 1991), Stichwort „Staat / Staatslehre“, S. 685.

91 S. *Büttner,* in: Marré / Schümmelfelder / Kämper (Hrsg.), Essener Gespräche (33), S. 122.

92 *Antes,* in: ders. / Durán / Nagel / Walther, Der Islam, S. 63 f.

93 *Heine,* in: Khoury / Hagemann / Heine, Islam-Lexikon (1. Aufl. 1991), Stichwort „Staat / Staatslehre“, S. 685; *Johansen,* in: Marré / Stüting (Hrsg.), Essener Gespräche (20), S. 14 (in Bezug auf den sunnitischen Islam); *Schulze,* Die Politisierung des Islam im 19. Jahrhundert, S. 109; vgl. *Hofmann,* Islam, S. 69.

94 *Johansen,* in: Marré / Stüting (Hrsg.), Essener Gespräche (20), S. 14 (in Bezug auf den sunnitischen Islam); *Ghaussy,* in: Meyer (Hrsg.), Fundamentalismus in der modernen Welt, S. 85.

95 S. (auch zu einzelnen Staatstheorien) *Heine,* in: Khoury / Hagemann / Heine, Islam-Lexikon (1. Aufl. 1991), Stichwort „Staat / Staatslehre“, S. 685 ff.

Medina (einschließlich der Zeit der vier rechtgeleiteten Kalifen) als Vorbild.[96] Andere, liberale Stimmen, die die eher autoritäre Praxis in vielen Teilen der heutigen muslimischen Welt ablehnen, stützen sich ebenfalls auf das Beispiel der medinensischen Gemeinde. Sie charakterisieren Medina als eine multireligiöse, föderative Republik, deren (auch mit religiösen Aufgaben betraute) Staatsoberhäupter durch Wahl ermittelt wurden und für ihre Amtsführung individuell verantwortlich waren.[97] Sie gehen deshalb von der Vereinbarkeit des Islam mit einer republikanischen, demokratischen und rechtsstaatlichen Staatsverfassung aus.[98]

Es erscheint jedoch schwierig, aus den in der Urgemeinde herrschenden Verhältnissen bindende Vorgaben für die Organisation der heutigen *umma* oder auch nur für eine wie auch immer geartete Verknüpfung von Politik und Religion abzuleiten. Zweifel bestehen hier angesichts der Frage, ob nicht ausdrückliche Hinweise zur Führung und Organisation der Gemeinschaft der Muslime zu erwarten gewesen wären, wenn diesem Thema eine gewisse Bedeutung hätte zukommen sollen. Koran und Sunna statuieren eine Vielzahl von Pflichten und Empfehlungen zu verschiedensten Bereichen des muslimischen Lebens. Hingegen macht der Koran, wie gezeigt, keine klaren Aussagen darüber, wie die *umma* politisch organisiert werden sollte. Unter *Mohammed* galt in Medina zwar eine Gemeindeordnung, die für kurze Zeit einen politischen Zusammenschluss von Muslimen, Juden und Polytheisten unter der Führung des Propheten verwirklichte.[99] Sie diente aber vor allem der Konfliktregulierung, indem sie die Rechte und Pflichten der verschiedenen Stämme und Familienclans der Stadt festlegte,[100] gab also über die Organisation der Gemeinde keine Auskunft. Der Koran schweigt sich ferner darüber aus, wer nach dem Tod des Propheten die Führung der *umma* übernehmen sollte. Zudem hinterließ auch *Mohammed* selbst diesbezüglich keine Anweisungen.[101]

Dass gegebenenfalls entsprechende Hinweise zu erwarten gewesen wären, lässt sich aus der einzigartigen Stellung *Mohammed*s folgern, die von keinem Muslim mehr eingenommen werden konnte. Allein der Prophet war gleichzeitig eine verbindliche religiöse und weltliche Autorität,[102] welche in der Lage war, Streitigkeiten innerhalb der Gemeinschaft der Muslime abschließend zu regeln und die Einheit der Muslime zu bewahren.[103] Schon die Ära der vier rechtgeleiteten Kalifen bildete keine Phase der Einheit mehr, sondern wies zahlreiche innere Konflikte

---

96 *Ghaussy,* in: Meyer (Hrsg.), Fundamentalismus in der modernen Welt, S. 85.

97 *Hofmann,* Islam, S. 69 f.

98 *Hofmann,* Islam, S. 70; auf das demokratische Prinzip des Islam verweisend *Hassan,* The concept of state and law in Islam, S. 35.

99 *Krämer,* Gottes Staat als Republik, S. 175.

100 *Büttner,* „Der Islam ist Religion und Staat!", www.uni-kassel.de/fb10/frieden/themen/Islam/buettner.html, sub I.

101 *Metzger,* Islam und Politik, S. 3; *Halm,* Islamisches Rechts- und Staatsverständnis, S. 1 f.

102 *Hofmann,* Islam, S. 76.

103 *Steinbach,* in: Lüders (Hrsg.), Der Islam im Aufbruch?, S. 88 f.

und Spannungen auf[104] und bestätigte damit die Einzigartigkeit *Mohammeds*. Dieser kann selbst kaum davon ausgegangen sein, dass seine durch die *umma* bestimmten Nachfolger dauerhaft die ungeteilte Zustimmung aller Muslime genießen und die Einheit der (stets größer werdenden) Gemeinschaft bewahren würden. Mit dem Tode des Propheten endete nach islamischem Verständnis die Prophetie überhaupt und damit auch die Theokratie. Da die Nachfolger *Mohammeds* nicht direkt von Gott inspiriert wurden, war eine Lenkung des Gemeinwesens nach dem Vorbild des Propheten nicht denkbar.[105]

Man mag aufgrund dessen die Frage stellen, ob keine Hinweise über *Mohammeds* Nachfolgeschaft existieren, weil dieses Problem kaum erheblich für die Botschaft des Propheten war und dieser sich auf die innere Hinwendung des Einzelnen zum Islam konzentrieren wollte. Dem entspräche es, dass *Mohammed* zumindest noch in der frühen mekkanischen Offenbarung aufgetreten war, um Individuen zu einem Vertrag mit Gott zu gewinnen, und daher in seinem Wirken der einzeln erkennbare und benennbare Muslim, nicht aber das Kollektiv überwog.[106]

Wenn im Islam eine fortwährende Verknüpfung von Religion und Politik beabsichtigt gewesen wäre, hätte es somit in der Tat nahe gelegen, auch dies (neben den weitreichenden Aussagen von Koran und Sunna zu unterschiedlichsten anderen Bereichen) ausdrücklich auszusprechen. Das Schweigen des Koran und des Propheten zu dieser Frage könnte daher sogar als Argument gegen den Versuch verwendet werden, Medina als (wie auch immer verstandenes) Vorbild für eine Verbindung von Politik und Religion zu verstehen. Es verleitet zu der Annahme, dass *Mohammed* in erster Linie religiöser Führer (nicht Staatsmann), der Islam vor allem Religion (nicht Staat) und die *umma* religiöse Gemeinschaft (nicht politisches Gemeinwesen) sei. Diese These ist der islamischen Welt freilich nicht fremd, sondern wird auch von Muslimen der Neuzeit vertreten.[107] Der wohl bekannteste Verfechter dieser Ansicht ist *Ali Abd ar-Raziq* (1888–1966).[108] In seinem 1925 erschienenen Werk *Al-Islam wa-usul al-hukm* (Der Islam und die Grundregeln der Herrschaft) bestreitet er jegliche religiöse Legitimation und Kompetenz der politischen Führung der Muslime und tritt somit für eine Trennung von Politik und Religion ein.[109] *Abd ar-Raziqs* Ideen fanden in Teilen der islamischen Welt durchaus Zuspruch und führten (auch noch Jahrzehnte nach Erscheinen seines Buches) zu

---

104 *Steinbach*, in: Lüders (Hrsg.), Der Islam im Aufbruch?, S. 89; *Rotter*, in: Bundeszentrale für politische Bildung (Hrsg.), Weltreligion Islam, S. 31.

105 Vgl. *Halm*, Islamisches Rechts- und Staatsverständnis, S. 2.

106 Vgl. *Schulze*, in: Lüders (Hrsg.), Der Islam im Aufbruch?, S. 103 f.

107 Vgl. *Krämer*, Gottes Staat als Republik, S. 46.

108 Zu anderen Vertretern s. *Ayubi*, in: Esposito (Hrsg.), The Oxford Encyclopedia of the Modern Islamic World, Band 2, S. 321; *Wielandt*, Säkularisierungsproblematik, S. 125 ff.

109 S. *Abd ar-Raziq*, zitiert nach *A. Meier*, Der politische Auftrag des Islam, S. 109 ff., insb. S. 111–114; vgl. *Krämer*, Gottes Staat als Republik, S. 46.

kontroversen Diskussionen.[110] Der Charakter Medinas als Wegweiser für eine islamische Staatslehre wurde somit immer wieder in Frage gestellt.[111]

Die Verhältnisse innerhalb der frühen medinensischen Gemeinde könnten allerdings mittelbar allgemein verpflichtende Wirkung entfalten, wenn dort eine bestimmte Tradition begründet worden wäre, die heute als ein charakteristischer Bestandteil des Islam anzusehen wäre. Die Herleitung von Vorgaben aus Traditionen erscheint allerdings schon angesichts der Wandlungsfähigkeit des Islam problematisch. Da viele Aspekte des Islam den Anforderungen der jeweils bestehenden Verhältnisse unterworfen sind und der Islam zu weiten Teilen keinen unveränderlichen Komplex darstellt,[112] können Traditionen im Islam kaum Platz finden.[113] Dementsprechend lässt sich auch eine Kontinuität hinsichtlich der Verknüpfung von weltlicher und religiöser Sphäre in der frühen muslimischen Gemeinde nicht feststellen: Nach dem Tode des Propheten entstanden Abweichungen sowohl in der Frage der rechtmäßigen Nachfolgeschaft *Mohammeds* als auch hinsichtlich der Interpretation der Rechtslehre. Dies führte zur ersten ideologisch begründeten Spaltung der islamischen Welt in den Sunnismus und den Schiismus.[114] Nach der Periode der vier rechtgeleiteten Kalifen wandelte sich das Verhältnis von Politik und Religion in beiden Richtungen weiter. In der sunnitischen Welt waren seit Beginn der Omayyaden-Herrschaft im Jahre 661 weltliche und geistliche Führung voneinander getrennt, wenn auch nicht beziehungslos: Der Herrscher war keine religiöse Autorität, aber er verpflichtete sich, sich für islamische Gesetze und für die islamische Gemeinschaft einzusetzen. Demgegenüber gab es eine geistliche Institution, deren Aufgabe darin bestand, einem Herrscher, der sich unislamisch verhielt, Mahnungen zu erteilen.[115] In der schiitischen Vorstellung hingegen gab es keine Trennung von weltlicher und geistlicher Autorität. Seit dem Tod ihres ersten Imams *Ali* standen die Schiiten allerdings in Konfrontation zu den weltlichen Herrschern. Sie hatten bis zur Einführung der Schia als iranische Staatsreligion nur selten die Herrschaft in islamischen Staaten inne.[116] Aufgrund dessen kann auch von einer schiitischen Tradition der Verbindung von Staat und Religion nicht gesprochen werden.

Aufgrund dessen waren Versuche, dem Vorbild *Mohammeds* zu folgen und Religion und Staat als eine untrennbare Einheit zu begreifen, in der nachprophetischen islamischen Geschichte stets eine Fiktion.[117]

---

110 *Davis,* in: Esposito (Hrsg.), The Oxford Encyclopedia of the Modern Islamic World, Band 1, S. 5; *Wielandt,* Säkularisierungsproblematik, S. 123 f.

111 Vgl. *Büttner,* „Der Islam ist Religion und Staat!“, www.uni-kassel.de/fb10/frieden/themen/Islam/buettner.html, sub III a. E.

112 S. etwa zur Wandlung des *djihad*-Begriffs unten sub 3 a.

113 Vgl. *Forte,* Studies in Islamic Law, S. 29 f.

114 *Ghaussy,* in: Meyer (Hrsg.), Fundamentalismus in der modernen Welt, S. 91; *Hofmann,* Islam, S. 79.

115 *Falaturi,* Wie wandlungsfähig ist der Islam?, S. 224.

116 *Falaturi,* Wie wandlungsfähig ist der Islam?, S. 224.

Damit sind zwingende Gründe für eine enge Beziehung zwischen diesen beiden Bereichen bisher weder erkennbar noch ausgeschlossen. Der Blick auf die Zeit der medinensischen Urgemeinde, die heute in hohem Maße idealisiert wird,[118] vermag bei objektiver Betrachtung keinen schlagenden Beweis für oder gegen eine bestimmte ‚ur-islamsiche Staatsvorstellung' und insbesondere keine eindeutige Vorgabe der Errichtung eines islamischen Staates zu liefern.

5. Der islamische Staat als Voraussetzung der Religionsausübung?

Das Fehlen eindeutiger Vorgaben könnte gleichwohl als beabsichtigt ausgelegt werden. Es ließe sich daran denken, ob nicht gerade durch die Ausklammerung expliziter Hinweise ‚der islamische Staat' unausgesprochen vorausgesetzt wird.[119] Wenn die Religionsausübung eines gläubigen Muslim nur in einem islamischen Staat erfolgen könnte, wären entsprechende Ausführungen überflüssig oder zumindest nicht zwingend geboten. Häufig wurde und wird die Auffassung vertreten, dass der Islam vollgültig nur im Rahmen eines islamischen Staates gelebt werden könne. Gottes Gesetz bedürfe zu seiner Durchsetzung einer öffentlichen Gewalt.[120]

Auch wenn das islamische Recht viele Lebensbereiche betrifft, so bedeutet dies noch nicht, dass eine Trennung von Politik und Religion nicht doch möglich wäre. Es geht daher eher um die Frage, ob ein Staat, der die Einhaltung der *scharia* kontrolliert, aus praktischer Sicht geboten ist. Der Diskussion liegt vor allem das Bemühen zu Grunde, die Einheit der Gemeinschaft zu bewahren. Der Staat, so wird befürchtet, könne nicht bestehen, wenn er nicht auf einer festen, in der Religion begründeten sittlichen Grundlage beruhe.[121]

Diese Überlegungen erscheinen allerdings zu vage, als dass sie einen schlagenden Beweis für eine versteckte Aufforderung zur Errichtung eines islamischen Staates liefern könnten. Darüber hinaus darf auch insofern nicht das Fehlen konkreter Gestaltungshinweise übersehen werden. Es ist kaum wahrscheinlich, dass ein islamischer Staat vorgegeben wurde, ohne dass weitere Hinweise für die Organisation der muslimischen Gemeinschaft bestanden.

---

117 *Rotter,* in: Bundeszentrale für politische Bildung (Hrsg.), Weltreligion Islam, S. 32.

118 *Ghaussy,* in: Meyer (Hrsg.), Fundamentalismus in der modernen Welt, S. 90; *Schulze,* Die Politisierung des Islam im 19. Jahrhundert, S. 109.

119 *Mikat,* Diskussionsbeitrag bei *Johansen,* in: Marré / Stüting (Hrsg.), Essener Gespräche (20), S. 64.

120 *Asad,* The Principles of State and Government in Islam, S. 4, 40; vgl. *Krämer,* Gottes Staat als Republik, S. 44.

121 *Krämer,* Gottes Staat als Republik, S. 44.

6. Zwischenergebnis

Die bisherigen Ausführungen haben gezeigt, dass der Islam als Rechtfertigung einer Verbindung von Politik und Religion dienen kann, einer solchen Verbindung also jedenfalls nicht entgegenstehen muss – wenngleich die insoweit vertretenen Auffassungen heute ausnahmslos sehr umstritten sind. Auf der anderen Seite besteht aus rechtlicher Sicht unter keinem Gesichtspunkt eine eindeutige Verpflichtung der muslimischen Gemeinschaft, ihre Religion mittels eines islamischen Staates zur Geltung zu bringen. Vielmehr kann auch der Islam – in Übereinstimmung mit weiten Teilen der islamischen Gelehrten – als nur das Individuum betreffende Religion angesehen werden.

Die These, der Islam sei *din wa-daula,* Religion und Staat, bildet daher keine Beschreibung der Wirklichkeit oder gar ein unabänderliches Gesetz.[122] Sie nimmt zwar für sich in Anspruch, für alle Muslime Gültigkeit zu besitzen. Dies trifft jedoch nicht zu. Aufgrund dessen kann jene Formel durchaus als ideologisches Postulat bezeichnet werden.[123] Es handelt sich somit nicht um die Forderung einer Religion, nämlich des Islam, sondern um die Kernaussage einer (politischen) Ideologie, nämlich des Islamismus.[124] Das Verhältnis von Religion und Politik ist in den Ausgangsbedingungen im Islam zwar enger als etwa im Christentum. Daraus muss aber weder als religiös zwingend abgeleitet werden, dass ein islamischer Staat oder eine spezifische politische Struktur vorgeschrieben, noch, dass eine klare Trennung von Religion und Politik unzulässig ist.[125]

C. Konflikt- und Kompromisspotentiale des Islam

Nachdem untersucht wurde, inwieweit Vorgaben des Islam hinsichtlich der Errichtung eines islamischen Staates bestehen, sollen nun Probleme angesprochen werden, die das Verhältnis des Islam zu seinem (nicht-islamischen) Umfeld betreffen. Dabei geht es zum einen über die Beziehungen zwischen Muslimen und andersgläubigen Völkern bzw. andersgläubigen Individuen. In diesen Kontext gehört aber zum anderen auch die Frage nach dem islamischen Grund- und Menschenrechtsverständnis, da die Beachtung dieser Rechte in Teilen der islamischen Welt von Seiten westlicher Staaten mitunter kritisch betrachtet wird.

---

122 *Halm,* Islamisches Rechts- und Staatsverständnis, S. 4.

123 So *Halm,* Islamisches Rechts- und Staatsverständnis, S. 4.

124 *Tibi,* Fundamentalismus im Islam, S. 67; *Rohe,* Der Islam, S. 30; *Hübsch,* Fanatische Krieger im Namen Allahs, S. 151 f.; *Krämer,* Gottes Staat als Republik, S. 43; *Petersohn,* ZRP 2002, 521, 523; vgl. *Schulze,* in: Lüders (Hrsg.), Der Islam im Aufbruch?, S. 115.

125 Ebenso *Büttner,* „Der Islam ist Religion und Staat!", www.uni-kassel.de/fb10/frieden/themen/Islam/buettner.html, vor I.

I. Der Universalitätsanspruch des Islam und die Bedeutung des djihad

Ein Gegenstand der Diskussion ist der Universalitätsanspruch des Islam. Dieser verfolgt das Ziel, die gesamt Welt zu vereinigen, weil er aus seiner Sicht *din al-fitra* ist, die natürliche Religion aller Menschen.[126] Die Gemeinschaft der Muslime versteht sich als Vorbild für die gesamte menschliche Gesellschaft. Der Islam fühlt sich deshalb dazu aufgerufen, seinen Glauben, seine Lebensordnung allen Menschen zugänglich zu machen und diese Lebensordnung darüber hinaus in der Welt zu etablieren.[127] Hierzu haben die Muslime beizutragen. Sie haben die Pflicht, sich um die Herstellung der universalen Herrschaft des Islam zu bemühen. Diese Anstrengung (= „*djihad*“[128]) gilt zunächst dem Schutz der islamischen Gebiete gegen Übergriffe und Gefahren. Darüber hinaus besteht die Aufgabe, den Machtbereich des Islam auszudehnen, notfalls, so die klassische Lehre im Mittelalter, mit den Mitteln des so genannten „Heiligen Krieges“. Diese Pflicht obliegt der Gemeinschaft als solcher[129] und hört erst auf, wenn alle Menschen den islamischen Glauben angenommen oder wenn sie sich dem islamischen Staat unterworfen haben.[130]

Heute ist allerdings umstritten, auf welche Weise bei der Verbreitung des Islam vorzugehen ist. Während der *djihad* in der ersten Phase der islamischen Geschichte durchaus offensiven Charakter hatte und verlangte, den Herrschaftsbereich der *umma* auszudehnen,[131] wandelte sich die Bedeutung des *djihad*-Begriffs im Laufe der Jahrhunderte. Man verstand unter *djihad* schließlich nicht mehr den Einsatz für die *umma* mit allen Mitteln (sog. „kleiner *djihad*“[132]) und damit die Pflicht zum Krieg, sondern das individuelle Bemühen, ein gottgefälliges Leben zu führen (sog. „großer *djihad*“[133]).[134] Der *djihad* wurde, als die islamische Expansion zum Erliegen kam, allenfalls als Mittel der Verteidigung (im Falle eines Angriffs von außen auf die islamische Gemeinde) gedeutet.[135] Viele muslimische Gelehrte und Intel-

---

126 *Tibi,* Fundamentalismus im Islam, S. 67 f.

127 *Khoury,* in: Khoury / Heine / Oebbecke, Handbuch Recht und Kultur des Islams, S. 19 f.; *Khoury,* Der Islam und die westliche Welt, S. 114.

128 *Antes,* in: ders. / Durán / Nagel / Walther, Der Islam, S. 91; *Szyska,* in: Elger (Hrsg.), Kleines Islam-Lexikon, S. 146.

129 *Ruthven,* Der Islam, S. 158.

130 *Khoury,* in: Khoury / Heine / Oebbecke, Handbuch Recht und Kultur des Islams, S. 20.

131 *Metzger,* Islam und Politik, S. 7; *Rohe,* Der Islam, S. 45.

132 *Bihl,* Islam, S. 205; *Szyska,* in: Elger (Hrsg.), Kleines Islam-Lexikon, S. 146 f.

133 *Szyska,* in: Elger (Hrsg.), Kleines Islam-Lexikon, S. 146 f.

134 *Khoury,* in: Khoury / Heine / Oebbecke, Handbuch Recht und Kultur des Islams, S. 20; *ders.,* Was sagt der Koran zum Heiligen Krieg?, S. 17 f.; vgl. *Ende,* Schreckgespenst und reale Bedrohung, S. 24.

135 *Metzger,* Islam und Politik, S. 7; vgl. *Asad,* The Principles of State and Government in Islam, S. 71.

lektuelle des 19. und 20. Jahrhunderts betonen diesen Aspekt sehr stark und können auf verschiedene Aussagen des Korans verweisen, in denen ein defensives Element enthalten ist (zum Beispiel 2,191: „vertreibt sie, von wo sie euch vertrieben haben“).[136]

Derartige ‚gemäßigte‘ Auslegungen bilden unter muslimischen Gelehrten heute jedoch keineswegs den Regelfall. Diese sind vielmehr in zwei Lager gespalten, von denen eines durchaus den kämpferischen Charakter der „Anstrengung“ wiederzubeleben versucht.[137] Auch diese Gelehrten, die sich um eine korrekte Auslegung des Koran bemühen (und sich hierauf beschränken), sind allerdings streng von solchen Gruppen zu unterscheiden, die ebenfalls die historisch gewachsene Interpretation des *djihad* verwerfen und diesen als Rechtfertigung für einen mit terroristischen Mitteln geführten ‚Krieg gegen die Ungläubigen‘ verwenden. Diese beziehen sich dabei vor allem auf einen Koranvers (Sure 9,5), in dem es heißt: „Und wenn die heiligen Monate abgelaufen sind, dann tötet die Heiden, wo immer ihr sie findet, greift sie, umzingelt sie und lauert ihnen überall auf.“[138] Bei einer solchen Interpretation wird allerdings nicht berücksichtigt, dass nach der üblichen Koranauslegung derartige Textstellen auf eine sehr eng begrenzte Situation der Rückeroberung Mekkas zu beziehen sind und keine darüber hinausgehende Geltung entfalten.[139] Es wird nun zwar geltend gemacht, die Behauptung, dass die terroristische Variante des *djihad* mit dem „wahren“ Islam überhaupt nichts zu tun habe, sei bestenfalls ein frommer Wunsch; zugleich wird aber auch die Vielfalt von Theorie und Praxis des *djihad* betont.[140] Nach anderer Ansicht schließlich kann die klassische *djihad*-Tradition keinesfalls als Legitimation des Terrorismus dienen. Der *djihad,* so wird formuliert, habe den Terrorismus nicht zum Ziel;[141] terroristische Maßnahmen fänden keine Rechtfertigung im Koran.[142] Ungeachtet der Diskussion um die Legitimation eines aktiven Kampfes ist jedenfalls hervorzuheben, dass die Anhänger eines terroristischen ‚Heiligen Krieges‘ unter den Muslimen durchaus nur eine Minderheit darstellen[143] und mit Gelehrten, die den Koran auf wissenschaftlichem Wege auslegen, kaum etwas gemein haben.

---

136 *Ende,* Schreckgespenst und reale Bedrohung, S. 25.

137 *Khoury,* in: Khoury / Heine / Oebbecke, Handbuch Recht und Kultur des Islams, S. 20; vgl. *Ende,* Schreckgespenst und reale Bedrohung, S. 25.

138 Weitere Textangaben bei *Khoury,* Was sagt der Koran zum Heiligen Krieg?, S. 17.

139 *Metzger,* Islam und Politik, S. 7.

140 S. *Ende,* Schreckgespenst und reale Bedrohung, S. 24.

141 *Tibi,* in: Süddeutsche Zeitung v. 01. 12. 2003, S. 2.

142 *Tworuschka,* Grundwissen Islam, S. 154.

143 S. *Riedel,* Der Islam als Faktor in der internationalen Politik, www.das-parlament.de / 2003 / 37 / Beilage / 003.html, sub IV 2.

II. Islam und scharia in der Diaspora

Die Frage, inwieweit die Religionsausübung in einem nicht-islamischen Staat als ausreichend angesehen werden kann, hat bereits im Mittelalter eine Diskussion entfacht, deren Inhalt auf die hier zu untersuchende Problematik möglicherweise übertragen werden kann. Den Gegenstand jener Diskussion bildet die Frage, ob Muslime, die in einem nicht-islamischen Land leben, verpflichtet sind, in ein Land auszuwandern, in dem der Islam die Grundlage des Staates und der Gesellschaft bildet. Den Ausgangspunkt bildet die klassische Theorie des islamischen Rechts- und Gesellschaftssystems im Mittelalter, welche die Welt in das „Gebiet des Islam" (*dar al-Islam*) und das „Gebiet des Krieges" (*dar al-harb*) aufteilt. Zum Gebiet des Islam gehört nach jener Theorie jedes Land, in dem sich die Menschen zum islamischen Glauben bekennen und das islamische Gesetz die Grundlage des Staates und der Gesellschaftsordnung bildet. Das Gebiet des Krieges bezeichnet demgegenüber das Gebiet der Nicht-Muslime.[144]

Mitunter wird hier eine weitere Unterteilung vorgenommen bzw. eine dritte Kategorie genannt: Unter dem „Gebiet des Vertrages" (*dar al-ahd*) oder auch „Gebiet des Friedens" (*dar al-sulh*) wird ein solches Territorium verstanden, das im Gegensatz zum islam-feindlichen Gebiet des Krieges den Islam (infolge einer vertraglichen Regelung) toleriert.[145] Nach anderer Ansicht handelt es sich lediglich um eine Bezeichnung für das Gebiet des Krieges während der Friedenszeit.[146] Keine Klarheit herrscht ferner über die ‚materielle' Bedeutung der Einteilung. Als anzustrebender Normalfall mag zwar weithin ein Leben im Gebiet des Islam gelten.[147] Auch die klassische Theorie verpflichtete Muslime im Gebiet des Krieges dazu, entweder auf die Islamisierung der Mehrheit der Gesellschaft hinzuarbeiten oder, wenn dies nicht gelang, in das *dar al-Islam* zurückzukehren.[148] Ein Teil der islamischen Gelehrten hat diese Theorie jedoch in verschiedener Hinsicht (wiederum umstrittenen) Einschränkungen unterworfen.

Über Jahrhunderte hinweg war Gegenstand der Diskussion, nach welchen Kriterien die genannte Einteilung in die verschiedenen Gebiete konkret vorzunehmen ist.[149] Teilweise wird an der herkömmlichen Auffassung festgehalten und gefordert, ein Land dann als Gebiet des Islam zu betrachten, wenn dort der Islam ohne Vorbehalt anerkannt und angenommen wird, wenn die Muslime die Vorherrschaft

---

144 *Khoury,* Was sagt der Koran zum Heiligen Krieg?, S. 13; *ders.,* in: Khoury / Heine / Oebbecke, Handbuch Recht und Kultur des Islams, S. 282 f.

145 *Spuler-Stegemann,* Muslime in Deutschland, S. 304; *Gothe,* zitiert nach: *Metzger,* Islam und Politik, S. 2.

146 *Khoury,* Der Islam und die westliche Welt, S. 117.

147 *Johansen,* in: Marré / Stüting (Hrsg.), Essener Gespräche (20), S. 66; *Mikat,* in: Johansen, a. a. O., S. 64.

148 *Metzger,* Islam und Politik, S. 2.

149 *Johansen,* in: Marré / Stüting (Hrsg.), Essener Gespräche (20), S. 69.

im Staat besitzen und die Mehrheit bilden.[150] Andere Rechtsgelehrte stellen geringere Anforderungen. So wird etwa vertreten, dass ein Land theoretisch als islamisches Gebiet bezeichnet werden dürfe, wenn dort das islamische Gesetz befolgt werde, wenn auch nur von wenigen Muslimen.[151] Da die ausnahmslose Anwendung des islamischen Rechts – zum Beispiel auch des Strafrechts – in einem von Nicht-Muslimen beherrschten Land kaum in Betracht kommt, wollen manche schon dann von einem islamischen Land sprechen, wenn das islamische Recht „in größerem Umfang" angewendet wird.[152] Nach einer weiteren Ansicht genügt, dass Muslime in einem Land ihre religiösen Pflichten erfüllen und in Sicherheit leben können, um dieses Land zum Gebiet des Islam oder wenigstens nicht zu einem Feindesgebiet zu erklären.[153] Als Kriterium für die religiöse Freiheit dient die Frage, ob die Muslime ungehindert ihr Freitagsgebet verrichten und ihre Feste feiern dürfen, ob also unbehelligt das Ritual ausgeführt werden kann.[154]

An die unterschiedlichen Begrifflichkeiten werden verschiedene Folgen geknüpft. Umstritten ist, wie bereits angedeutet, ob Muslime sich dauerhaft außerhalb des Gebiets des Islam aufhalten dürfen oder ob eine Pflicht zum Auswandern besteht. Im Mittelalter wurde die Auffassung vertreten, es könne keinen festen Aufenthalt außerhalb des islamisch beherrschten Territoriums geben.[155] Viele zeitgenössische muslimische Autoren halten die Trennung zwischen den Sphären für verfehlt, da sie keine Stütze in Koran oder Sunna finde und lediglich eine Erfindung der klassischen Juristen darstelle.[156] Allerdings findet sich auch heute noch die Ansicht, dass jeder Muslim, der in einem Land der ‚Ungläubigen' lebe, gehalten sei, auszuwandern und sich der muslimischen Gemeinschaft anzuschließen, sofern ihm dies nicht unmöglich ist. Zur Begründung wird durchaus auf verschiedene Koranverse verwiesen, vor allem auf Sure 4,97 f.: „Zu jenen, die Unrecht gegen sich selbst verübt haben, sagen die Engel, wenn sie sie abberufen: ‚In welchen Umständen habt ihr euch befunden?' Sie antworten: ‚Wir wurden als Schwache im Lande behandelt.' Da sprechen jene: ‚War Allahs Erde nicht weit genug für euch, dass ihr darin hättet auswandern können?' Sie sind es, deren Herberge die Hölle sein wird, und schlimm ist das Ende! Ausgenommen davon sind die unterdrückten Männer, Frauen und Kinder, die über keinerlei Möglichkeit verfügen und keinen Ausweg finden."[157]

---

150 S. *Khoury,* in: Khoury / Heine / Oebbecke, Handbuch Recht und Kultur des Islams, S. 283.

151 *Khoury,* in: Khoury / Heine / Oebbecke, Handbuch Recht und Kultur des Islams, S. 284.

152 Vgl. *Khoury,* in: Khoury / Heine / Oebbecke, Handbuch Recht und Kultur des Islams, S. 284.

153 *Khoury,* in: Khoury / Heine / Oebbecke, Handbuch Recht und Kultur des Islams, S. 283.

154 *Johansen,* in: Marré / Stüting (Hrsg.), Essener Gespräche (20), S. 70; *Khoury,* in: Khoury / Heine / Oebbecke, Handbuch Recht und Kultur des Islams, S. 283.

155 *F. Meier,* Der Islam 68 (1991), S. 69 f.; *Rohe,* Der Islam, S. 86.

156 Vgl. *Rohe,* Der Islam, S. 86 (mit Nachweisen).

Auch der Koran ist jedoch (zumal er sich häufig auf bestimmte historische Situationen bezieht) nicht so eindeutig, dass ihm ein allgemeines Verbot, in einem nicht-islamischen Land zu leben, ohne Zweifel entnommen werden könnte.[158] So lässt sich etwa Sure 4,100 als bloße Empfehlung zum Auswandern verstehen: „Und wer für die Sache Allahs auswandert, der wird auf Erden genug Stätten der Zuflucht und der Fülle finden."[159]

Soweit nicht schon der Begriff des Islam in der oben beschriebenen Weise einer weiten Auslegung unterzogen wird, nehmen andere Stimmen, die eine grundsätzliche Einteilung in verschiedene Gebiete akzeptieren, eine weitere Einschränkung vor, die allerdings zum gleichen Ergebnis wie die extensive Auslegung des Begriffs des *dar al-Islam* führt. Sie halten einen dauerhaften Aufenthalt auch im Gebiet des Vertrages für zulässig, sofern Voraussetzungen erfüllt sind, die andere Rechtsgelehrte für die Bestimmung des Gebietes des Islam ausreichen lassen: Erforderlich sei die Möglichkeit der Muslime, die fünf Säulen ihres Glaubens zu praktizieren, nämlich das Glaubensbekenntnis, das Fasten im Ramadan, die täglichen Gebete, das Almosengeben und eine Pilgerfahrt.[160] Der Aufenthalt in einem nicht-islamischen Staat ist für Muslime somit akzeptabel, solange die Religionsfreiheit gewährleistet ist.[161]

Mag zwar das Leben in einem islamisch regierten Land, in dem sämtliche Regeln der Religion volle Gültigkeit besitzen, Voraussetzung für eine optimale Entfaltung einer muslimischen Identität sein, so wissen die Gelehrten doch auch, dass diese optimale Identität nicht immer und nicht überall erreicht werden kann.[162] Deshalb ist nach der hanafitischen Rechtsschule, nach der sich die meisten muslimischen Bürger in Europa richten, ein Muslim im nicht-islamischen Ausland grundsätzlich nicht dem islamischen Gesetz und seinen Strafbestimmungen unterworfen.[163] Die Gläubigen werden vielmehr aufgerufen, sich dem jeweiligen Recht ihres Lebensraums zu unterwerfen.[164] Lediglich untereinander sind sie auch in der Diaspora gehalten, das islamische Recht anzuwenden, soweit dies möglich ist.[165]

---

157 *Aldeeb Abu-Sahlieh,* Muslims in the West, S. 31, mit weiteren Koranversen, in denen den Gläubigen die Auswanderung nahegelegt wird: 8,72 ff., 9,20 ff., 2,218, 16,110; vgl. auch *F. Meier,* Der Islam 68 (1991), S. 69 f. m. w. N.

158 Vgl. *Khoury,* in: Khoury / Heine / Oebbecke, Handbuch Recht und Kultur des Islams, S. 276.

159 *F. Meier,* Der Islam 68 (1991), S. 73.

160 *Gothe,* zitiert nach: *Metzger,* Islam und Politik, S. 2.

161 Vgl. *Elyas,* in: Hafez / Steinbach (Hrsg.), Juden und Muslime in Deutschland, S. 19; *Spuler-Stegemann,* Muslime in Deutschland, S. 304.

162 *Khoury,* in: Khoury / Heine / Oebbecke, Handbuch Recht und Kultur des Islams, S. 278.

163 *Balić,* in: Ende / Steinbach (Hrsg.), Der Islam in der Gegenwart, S. 598; *Khoury,* in: Khoury / Heine / Oebbecke, Handbuch Recht und Kultur des Islams, S. 281; *Johansen,* in: Marré / Stüting (Hrsg.), Essener Gespräche (20), S. 20.

164 *Balić,* in: Ende / Steinbach (Hrsg.), Der Islam in der Gegenwart, S. 598.

Eine andere Auffassung vertreten allerdings die meisten Gelehrten der übrigen Rechtsschulen. Sie betonen die Pflicht der gläubigen Muslime, auch im fremden Land die Vorschriften und Verordnungen des islamischen Gesetzes zu befolgen. Sofern dies nicht möglich oder nicht tunlich ist – weil dies beispielsweise nicht im Interesse der Gemeinschaft liegt –, bestehen etwaige Pflichten oder Strafaussprüche bis zur Rückkehr des Betreffenden in islamisches Gebiet fort.[166] Hieraus folgt allerdings letztlich ebenfalls die Überzeugung, dass die Anwendung islamischer Vorschriften im nicht-islamischen Gebiet ausgeschlossen sein kann. Aufgrund der Ausrichtung an der Interessenlage der im Ausland lebenden Muslime[167] sollen diese sich, sofern die Religionsfreiheit gewährleistet ist, verpflichtet fühlen, die Autorität der Regierung des betreffenden Landes ebenso zu respektieren wie Person und Vermögen der Nicht-Muslime.[168]

Damit ist Muslimen nach verbreiteter Ansicht auch ein Leben in der Diaspora möglich. Sie gelten zwar bei den Hanafiten – allerdings nicht in allen sunnitischen Rechtsschulen – als Muslime minderen Ranges. Zur Begründung wird auf Sure 8,72 verwiesen: „Wahrlich, diejenigen, die geglaubt haben und ausgewandert sind und mit ihrem Gut und ihrem Blut für Allahs Sache gekämpft haben, und jene, die (ihnen) Herberge und Hilfe gaben – diese sind einander Freund. Für den Schutz derjenigen aber, die glaubten, jedoch nicht ausgewandert sind, seid ihr keineswegs verantwortlich, sofern sie (nicht doch noch) auswandern. Suchen sie aber eure Hilfe für den Glauben, dann ist das Helfen eure Pflicht, (es sei denn, sie bitten euch) gegen ein Volk (um Hilfe), zwischen dem und euch ein Bündnis besteht ..."

Dennoch – und dies folgt gerade auch aus der Anwendung dieses Koranverses – ist ein Islam im nicht-islamischen Gebiet denkbar und auch zulässig. Während Muslime in der Diaspora nach Auffassung vieler klassischer Juristen entweder auf die Islamisierung der Gesellschaft hinarbeiten oder, wenn sie daran scheiterten, auswandern sollten, besteht somit nach anderer, heute häufig vertretener Auffassung die Möglichkeit, den Status als Angehörige einer Minderheit in einem nicht-islamischen Land zu akzeptieren. Auch *scharia*-treue Muslime ziehen einen islamischen Staat nur für Gesellschaften mit muslimischer Mehrheit in Betracht,[169]

---

165 *Johansen,* in: Marré / Stüting (Hrsg.), Essener Gespräche (20), S. 20; vgl. *Rohe,* Der Islam, S. 72, 93 ff. zur Möglichkeit eines islamisch orientierten Zivilrechts.

166 *Khoury,* in: Khoury / Heine / Oebbecke, Handbuch Recht und Kultur des Islams, S. 282.

167 Vgl. hierzu *Khoury,* in: Khoury / Heine / Oebbecke, Handbuch Recht und Kultur des Islams, S. 277.

168 *Rohe,* Der Islam, S. 87 (unter Hinweis auf den von Muslimen geschaffenen Rat für Rechtsgutachten und Studien); *Khoury,* in: Khoury / Heine / Oebbecke, Handbuch Recht und Kultur des Islams, S. 280; vgl. etwa Islamische Religionsgemeinschaft Hessen e. V., Darstellung der Grundlagen des Islam / Satzung der IRH, S. 20 f.

169 *Rohe,* Der Islam, S. 88; vgl. etwa die Stellungnahme des Vorsitzenden des Zentralrates der Muslime in Deutschland, *Elyas,* in: Hafez / Steinbach (Hrsg.), Juden und Muslime in Deutschland, S. 19; s. auch Islamische Religionsgemeinschaft Hessen e. V., Darstellung der Grundlagen des Islam / Satzung der IRH, S. 20 f.

wirken auf einen solchen Staat folglich nicht hin, sondern arrangieren sich mit ihrer Situation als Minderheit.[170]

Nach dem Gesagten bildet ein Leben auf islamischem Gebiet bzw. in einem „Gottesstaat" keine zwingende Notwendigkeit für die Religionsausübung eines Muslim. Sofern nicht ohnehin nur eher geringe Anforderungen an den Begriff des islamischen Gebietes gestellt werden (nämlich die Gewährung religiöser Freiheiten), ergibt sich, anders ausgedrückt, keine zwingende Vorgabe für Muslime, sich dauerhaft in einem islamischen Staat aufzuhalten.

Aufgrund dessen fällt es schwer anzunehmen, dass in den klassischen Quellen die Errichtung eines islamischen Staates unausgesprochen vorausgesetzt und den Muslimen damit aufgegeben wird.

III. Religiöse Vorgaben für das Verhältnis zwischen Muslimen und Andersgläubigen

Ein weiteres ‚Problemfeld' bildet die Frage nach dem Verhältnis zwischen Muslimen und Andersgläubigen. Anhand von Koran und Sunna lässt sie sich nicht eindeutig beantworten.[171] In Sure 9,29 heißt es beispielsweise: „Kämpft gegen diejenigen, die nicht an Gott und den jüngsten Tag glauben und nicht verbieten, was Gott und sein Gesandter verboten haben, und nicht der wahren Religion angehören ..." Dagegen hält Sure 60,8 – 9 die Muslime dazu an, denjenigen mit Anstand und Gerechtigkeit zu begegnen, die sie (in ihrer Religion) nicht bekämpft und aus ihren Wohnstätten vertrieben haben.[172] Die traditionellen Vorschriften zu Status und Behandlung der Nicht-Muslime (in einem islamischen Land) sind entsprechend dieser fehlenden Einheitlichkeit im Wesentlichen das Ergebnis der Arbeit von Rechtsgelehrten.[173]

Im Hinblick auf Muslime, die sich in einem mehrheitlich von Nicht-Muslimen bewohnten Land aufhalten, stellte sich den frühen Gelehrten ein vergleichbares Problem zunächst nicht. Die Grenzen des Herrschaftsbereichs des Islam dehnten sich beständig aus, so dass die Frage, wie sich Muslime gegenüber dauerhaft über sie herrschenden Andersgläubigen verhalten sollten, hypothetisch erschien.[174] Später allerdings stand dann die oben bereits nachgezeichnete Diskussion, ob ein Muslim zur Auswanderung in das *dar al-Islam* verpflichtet sei, im Vordergrund. Außerhalb des Gebiets des Islam musste ein Muslim darauf achten, nicht die militärische Stärke der Feinde zu erhöhen. Zudem wurde ihm empfohlen, keine Frau aus dem

---

170 *Metzger,* Islam und Politik, S. 2.

171 *Krämer,* Gottes Staat als Republik, S. 164.

172 Vgl. *Krämer,* Gottes Staat als Republik, S. 164 (mit Hinweisen zu weiteren Textstellen); *Khoury,* Toleranz im Islam, S. 141.

173 *Krämer,* Gottes Staat als Republik, S. 164.

174 *Lewis,* in: ders. / Schnapper (Hrsg.), Muslims in Europe, S. 7.

Aufenthaltsgebiet zu heiraten, da nicht garantiert war, dass die Kinder aus einer solchen Ehe eine islamische Erziehung erhalten oder sie sich nicht dazu entschließen würden, in den Dienst der Feinde zu treten. Genießt er Gastfreiheit in dem fremden Land, muss der Muslim aber grundsätzlich alles unterlassen, was den Bewohnern des Gastlandes Schaden zufügen kann.[175]

Hinsichtlich der Behandlung von Nicht-Muslimen im von Muslimen beherrschten Gebiet war ursprünglich danach zu unterscheiden, ob es sich um Polytheisten bzw. Atheisten oder sogenannte „Schriftbesitzer", d. h. Angehörige von Buchreligionen wie insbesondere Juden und Christen, handelte.[176] Polytheisten und Atheisten genießen nach klassischer Lehre kein Existenzrecht innerhalb der islamischen Gemeinde und haben nur die Wahl zwischen Tod, Sklaverei und Bekehrung.[177] Diese Andersgläubigen wurden jedoch im Laufe der Zeit in ihrer Rechtsstellung faktisch immer weiter den Schriftbesitzern angeglichen, so dass ihre Kategorie in der arabischen Welt heute grundsätzlich keine Rolle mehr spielt.[178]

Relevant ist somit allein noch das Verhältnis der Muslime zu den Schriftbesitzern. Die Einstellung gegenüber dieser Gruppe unterlag in der Vergangenheit Schwankungen und reichte von der Unterdrückung bis zur Duldung.[179] Hierfür waren häufig die jeweiligen Umstände entscheidend, beispielsweise die Nützlichkeit der betreffenden Minderheit.[180] Es bestand jedoch – namentlich aus rechtlicher Sicht – immer Einigkeit über das Prinzip, Nicht-Muslime dem Islam und den Muslimen unterzuordnen. Es kommt auch in heutigen Staaten der islamischen Welt zum Tragen. Einem Nicht-Muslim kann dort nach jenem Prinzip nicht das volle Maß bürgerlicher Freiheiten zukommen. Es besteht damit eine Verpflichtung des Staates, Nicht-Muslimen eine im Verhältnis zu Muslimen nachteilige Stellung zuzuweisen.[181]

Auf der anderen Seite hat der Islam nie in Abrede gestellt, dass auch Angehörige anderer Religionen rechts- und handlungsfähige Personen sind.[182] Vielmehr gewährte das islamische Recht ihnen Gastfreiheit. Personen, die sich nur zeitweise im Gebiet des Islam aufhielten, kam ein besonderer Schutzstatus (*aman*) zu, der die Aufnahme friedlicher Beziehungen erlaubte und bestimmte Persönlichkeits- und Eigentumsrechte gewährte. Dieser Status war im Allgemeinen auf ein Jahr begrenzt.[183] Nach Ablauf der Zeit bestand die Möglichkeit, als Schutzbefohlener (*dhimmi*) weiter im Gebiet des Islam zu leben.[184]

---

175 *Khoury,* Toleranz im Islam, S. 131 f.

176 *L. Müller,* Islam und Menschenrechte, S. 159.

177 *Krämer,* Gottes Staat als Republik, S. 162; *Stumpf,* ZevKR 48 (2003), 129, 136; *Antes,* in: ders. / Durán / Nagel / Walther, Der Islam, S. 84.

178 *Krämer,* Gottes Staat als Republik, S. 163.

179 *Stumpf,* ZevKR 48 (2003), 129, 136.

180 *Krämer,* Gottes Staat als Republik, S. 165.

181 *Stumpf,* ZevKR 48 (2003), 129, 136; *Krämer,* Gottes Staat als Republik, S. 165.

182 *Johansen,* in: Marré / Stüting (Hrsg.), Essener Gespräche (20), S. 18.

Kraft des *dhimmi*-Abkommens, in dem die Schutzbefohlenen den Vorrang des Islam und die Vormachtstellung der Muslime anerkannten,[185] garantierte der Islam ihnen innerhalb seiner Grenzen den Schutz ihres Lebens und ihres Eigentums, ihre Religionsfreiheit, eine relative Verwaltungsautonomie und in einigen Rechtsgebieten eine eigene Rechtsprechung.[186] Je nach Rechtsschule sind Nicht-Muslime (mitunter auch heute noch) auf verschiedenen Gebieten, etwa im Familien-, Erb- und im Prozessrecht, deutlich benachteiligt.[187] Beispielsweise dürfen muslimische Männer nicht-muslimische Frauen heiraten; umgekehrt gilt dies hingegen nicht. Einige zeitgenössische muslimische Autoren vertreten die Ansicht, diese Asymmetrie gründe in der Annahme, der Mann sei das Oberhaupt der Familie. Während Muslime verpflichtet seien, die religiösen Rechte von christlichen oder jüdischen Ehefrauen zu achten, gebe es keine Garantie, dass ein jüdischer oder christlicher Ehemann die freie Religionsausübung seiner muslimischen Frau gewährleisten werde.[188]

Darüber hinaus haben *dhimmis* nach islamischem Recht im Prinzip keinen Zugang zu Regierungsämtern und zum Militärdienst, da ihnen dies Macht über muslimische Bürger verleihen würde.[189] Auch ist es ihnen grundsätzlich untersagt, neue Kultgebäude zu errichten.[190] Hinsichtlich der Zulässigkeit der Restaurierung bestehender Kultgebäude werden unter Gelehrten unterschiedliche, zum Teil sehr restriktive Auffassungen vertreten.[191]

Für den Schutz, den der islamische Staat den *dhimmis* gewährt, haben diese sich gegenüber dem Staat loyal zu verhalten und Abgaben, unter anderem eine Kopfsteuer, zu entrichten.[192] Funktion und Notwendigkeit der Kopfsteuer werden auch heute noch diskutiert. Während einige Stimmen sie für überholt halten,[193] gilt sie

---

183 *Lewis,* in: ders. / Schnapper (Hrsg.), Muslims in Europe, S. 7; *Khoury,* Toleranz im Islam, S. 134; *Szyska,* in: Elger (Hrsg.), Kleines Islam-Lexikon, S. 47.

184 *Szyska,* in: Elger (Hrsg.), Kleines Islam-Lexikon, S. 47; *Khoury,* Toleranz im Islam, S. 134.

185 *Lewis,* in: ders. / *Schnapper* (Hrsg.), Muslims in Europe, S. 6.

186 *Lewis,* in: ders. / *Schnapper* (Hrsg.), Muslims in Europe, S. 6; *Krämer,* Gottes Staat als Republik, S. 163; *Khoury,* Der Islam und die westliche Welt, S. 118; umfassend zur Rechtsstellung der *dhimmis* auch *ders.,* Toleranz im Islam, S. 138 ff.

187 *Krämer,* Gottes Staat als Republik, S. 163; *Johansen,* in: Marré / Stüting (Hrsg.), Essener Gespräche (20), S. 18; *Khoury,* Der Islam und die westliche Welt, S. 118.

188 *Ruthven,* Der Islam, S. 136; *L. Müller,* Islam und Menschenrechte, S. 164; vgl. *Khoury,* Toleranz im Islam, S. 154.

189 *Khoury,* Der Islam und die westliche Welt, S. 118. Zur Diskussion, ob Nicht-Muslimen das passive Wahlrecht zugebilligt werden kann, s. *L. Müller,* Islam und Menschenrechte, S. 166 f.

190 *Johansen,* in: Marré / Stüting (Hrsg.), Essener Gespräche (20), S. 18.

191 *Khoury,* Der Islam und die westliche Welt, S. 124.

192 *Krämer,* Gottes Staat als Republik, S. 163; *Khoury,* Der Islam und die westliche Welt, S. 119; *Lewis,* in: ders. / Schnapper (Hrsg.), Muslims in Europe, S. 6.

vielen modernen Autoren noch als Ausgleich für den nicht geleisteten Militärdienst bzw. für die von den Muslimen zu entrichtende Almosensteuer (*zakat*).[194]

Diese Ausführungen zeigen die trotz aller Diskussionen benachteiligte Stellung, die Andersgläubigen – nach islamischem Recht – in der islamischen Welt zugewiesen wird. In mehreren Ländern des islamischen Kulturkreises existiert bis heute ein Trennmodell: In wichtigen Rechtsbereichen, insbesondere im Personenstands-, Familien- und Erbrecht, besteht keine einheitliche Rechtslage. Diese Bereiche sind hier von den Religionsgemeinschaften zu regeln und zu verwalten.[195] In vielen Staaten regeln hingegen statt der *scharia* neuere Gesetze die Aufenthaltsbedingungen für Nicht-Staatsangehörige.[196] Die verschiedenen Auffassungen der Rechtsschulen und der Gelehrten sowie die unterschiedliche Praxis in den einzelnen Staaten zeichnen somit hinsichtlich des Verhältnisses zwischen Muslimen und Andersgläubigen ein sehr heterogenes Bild.

IV. Islamisches Grund- und Menschenrechtsverständnis

Auch in Bezug auf die Geltung bzw. Reichweite von Grund- und Menschenrechten – wesentlichen Bestandteilen eines demokratischen Rechtsstaates – herrscht in der islamischen Welt keine Einigkeit. In muslimischen Ländern bestehen inzwischen zahlreiche Menschenrechtsbewegungen, die auf die Einhaltung von Menschenrechten pochen.[197] Deren Verletzung mag häufig eher politisch motiviert sein, als bewusst auf eine theologische Rechtfertigung gestützt zu werden. Gleichwohl stößt die Idee der Menschenrechte in Teilen der islamischen Welt aus grundsätzlichen, theologischen Gründen auf Widerspruch. Umstritten ist, ob Menschenrechte überhaupt mit dem Islam vereinbar sind. Mitunter werden sie als ein westliches, vom Islam zu negierendes Gedankengut abgelehnt. Für diese Auffassung wird eine Pflichtenlehre ins Feld geführt, die dem Individuum als Glied einer Gemeinschaft keine Rechte einräumt, sondern Pflichten vorschreibt. Das Kollektiv wird gegenüber dem Individuum höher bewertet.[198] Auch Muslime akzeptieren allerdings heute mehrheitlich die Idee der Menschenrechte als normativ und bemühen sich um eine Angleichung islamisch begründeter Vorstellungen von Menschenrechten an internationale Definitionen.[199] Dabei findet sich nicht selten die

---

193 *L. Müller,* Islam und Menschenrechte, S. 165 f.; kritisch etwa *Ruthven,* Der Islam, S. 159.

194 *L. Müller,* Islam und Menschrechte, S. 165; *Krämer,* Gottes Staat als Republik, S. 163. Ausführlich zur Kopfsteuer *Khoury,* Toleranz im Islam, S. 171 ff.

195 *Rohe,* Der Islam, S. 69.

196 *Szyska,* in: Elger (Hrsg.), Kleines Islam-Lexikon, S. 48.

197 Vgl. *Szyska,* in: Elger (Hrsg.), Kleines Islam-Lexikon, S. 199.

198 S. dazu *Tibi,* in: Lüders (Hrsg.), Der Islam im Aufbruch?, S. 151.

199 *Krämer,* Gottes Staat als Republik, S. 147; *Szyska,* in: Elger (Hrsg.), Kleines Islam-Lexikon, S. 198.

Theorie, der Islam habe die Menschenrechte lange vor den Humanisten und Aufklärern des christlichen Abendlandes gekannt und verankert.[200] Mehrere Menschenrechte (zum Beispiel die Menschenwürde, das Recht auf Leben oder der Gleichheitsgrundsatz) werden aus dem Koran abgeleitet.[201] Hinsichtlich der Würde wird etwa auf Sure 17,70 verwiesen:[202] „Und Wir haben den Kindern Adams Würde erwiesen; Wir haben sie auf dem Festland und auf dem Meer getragen und ihnen köstliche Dinge beschert, und Wir haben sie vor vielen von denen, die Wir erschaffen haben, eindeutig bevorzugt." Über den Schutz des Lebens sagt Sure 5,32: „Wenn einer jemanden tötet, jedoch nicht wegen eines Mordes oder weil er auf der Erde Unheil stiftet, so ist es, als hätte er die Menschen alle getötet. Und wenn jemand einen Menschen am Leben erhält, so ist es, als hätte er alle Menschen am Leben erhalten."[203]

Problematisch ist aber auch bei Bejahung der Vereinbarkeit von Islam und Menschenrechten deren Reichweite. Insbesondere die Frage, ob Menschenrechte entsprechend dem westlichen Verständnis universelle Geltung beanspruchen können, bildet den Gegenstand einer Diskussion. Auch muslimische Befürworter von Menschenrechten verweisen auf die Verknüpfung von Rechten und Pflichten. Vielen Muslimen erscheint es nicht akzeptabel, dem Individuum gegenüber dem Kollektiv derart umfassende Rechte einzuräumen.[204] Zudem kommt es zu Konflikten zwischen naturrechtlichen Herleitungen der Rechte und der Unverletzlichkeit des Individuums einerseits sowie den auf dem Prinzip der Souveränität Gottes aufbauenden Rechtskonzepten andererseits.[205] Vielfach wird daher ein Vorbehalt zugunsten der *scharia* für notwendig gehalten. Beispielhaft zeigte sich dies in der 1990 verabschiedeten „Kairoer Deklaration für Menschenrechte im Islam" der „Organisation der Islamischen Konferenz", einem bedeutenden internationalen muslimischen Verband.[206] In der Deklaration werden zwar verschiedene Menschenrechte garantiert, aber auch mit Einschränkungen versehen.[207] Viele Regelungen, etwa über das Recht auf Leben (Art. 2 lit. a), körperliche Unversehrtheit (Art. 2 lit. d) oder Meinungsäußerung (Art. 22 lit. a), stehen unter einem *scharia*-Vorbehalt. Zudem bildet die *scharia,* wie ausdrücklich bestimmt wird, die einzig zu-

---

200 *Krämer,* Gottes Staat als Republik, S. 148; vgl. *Antes,* in: ders. / Durán / Nagel / Walther, Der Islam, S. 83 f.

201 *Szyska,* in: Elger (Hrsg.), Kleines Islam-Lexikon, S. 198; *Krämer,* Gottes Staat als Republik, S. 151; *Falaturi,* Der Islam im Dialog, S. 130 ff.

202 *Krämer,* Gottes Staat als Republik, S. 151; *Falaturi,* Der Islam im Dialog, S. 130.

203 Hierzu *Falaturi,* Der Islam im Dialog, S. 132.

204 *Krämer,* Gottes Staat als Republik, S. 149; *Tibi,* in: Lüders (Hrsg.), Der Islam im Aufbruch?, S. 149, 151 f.

205 *Szyska,* in: Elger (Hrsg.), Kleines Islam-Lexikon, S. 198; *Elger,* Islam, S. 77 f.

206 Zu der aus derzeit 56 muslimischen Staaten bestehenden Organisation s. *Szyska,* in: Elger (Hrsg.), Kleines Islam-Lexikon, S. 231 f.

207 Teilweise abgedruckt in: Bundeszentrale für politische Bildung (Hrsg.), Islam, sub „Politik und Religion im Islam", S. 65 f.

ständige Quelle für die Auslegung oder Erklärung jedes einzelnen Artikels der Erklärung (Art. 25). Eine wesentliche Einschränkung besteht auch hinsichtlich der Gleichstellung von Männern und Frauen. Art. 6 der Deklaration stellt die Frau in Bezug auf ihre Würde dem Mann gleich, räumt ihr aber nicht die gleichen Rechte ein.

Die meisten muslimischen Staaten haben zwar die „Allgemeine Erklärung der Menschenrechte" vom 10. 12. 1948 unterzeichnet.[208] Sie findet jedoch nicht in der gesamten islamischen Welt Beachtung. Mehrere Menschenrechte erfahren dort Einschränkungen. Hinsichtlich des Gleichheitsrechts ist die vielfach fehlende Gleichberechtigung von Männern und Frauen, aber auch die besondere Stellung der *dhimmis,* der Schutzbürger, zu nennen.[209] Letztere findet sich allerdings, wie oben gezeigt wurde, keineswegs in der gesamten islamischen Welt. Der Gleichheitssatz ist zumindest in den meisten arabischen Staatsverfassungen verankert.[210] Soweit es in Staaten mit vorwiegend muslimischer Bevölkerung zu Repressalien gegenüber Nicht-Muslimen kommt, mag dies regelmäßig politische Gründe haben, entspricht aber nicht dem islamischen Recht.[211] Das auf die *scharia* gestützte Strafrecht mit verschiedenen Körperstrafen[212] wiederum (zum Beispiel Peitschenhiebe für den Genuss berauschender Getränke) findet in den meisten von Muslimen beherrschten Staaten keine Anwendung.[213] Einschränkungen der Meinungsfreiheit sind hingegen auch einer breiteren Öffentlichkeit in den Fällen der der Blasphemie beschuldigten Schriftsteller *Salman Rushdie* und *Nagib Mahfuz* sowie des Koranforschers *Nasr Hamid Abu Zaid* bekannt geworden.[214]

Ausgehend von dem Satz des Korans, dass es keinen Zwang in der Religion gibt (Sure 2,256), lässt man dort, wo das traditionelle Verständnis der *scharia* bestimmend ist, zwar dem Einzelnen die Möglichkeit, sich frei für eine Religion zu entscheiden. Eine Entscheidung für den Beitritt zum Islam darf jedoch nach manchen Rechtsschulen bei Androhung der Todesstrafe nicht rückgängig gemacht werden. Wenngleich darüber gestritten wird, wann tatsächlich ein Abfall vom Islam vorliegt,[215] gilt für Muslime aufgrund des Apostasieverbots keine umfassende Religi-

---

208 *Elger,* Islam, S. 77.

209 *Krämer,* Der Mensch als Treuhänder Gottes auf Erden, in: Bundeszentrale für politische Bildung (Hrsg.), Weltreligion Islam, S. 57. Hierzu umfassend: *L. Müller,* Islam und Menschenrechte, S. 157 ff.

210 *Krämer,* Gottes Staat als Republik, S. 165.

211 Vgl. Sekretariat der Deutschen Bischofskonferenz (Hrsg.), Christen und Muslime in Deutschland, S. 102.

212 S. dazu *C. Müller,* in: Elger (Hrsg.), Kleines Islam-Lexikon, S. 165 f., 285 f.

213 *Johansen,* in: Marré / Stüting (Hrsg.), Essener Gespräche (20), S. 47; *Steinbach,* in: Ende / *Steinbach* (Hrsg.), Der Islam in der Gegenwart, S. 218; *Tibi,* Fundamentalismus im Islam, S. 100.

214 S. hierzu *Krämer,* Gottes Staat als Republik, S. 152 (mit weiteren Beispielen und Nachweisen); zu *Abu Zaid* auch *L. Müller,* Islam und Menschenrechte, S. 148 f.

215 S. *Stumpf,* ZevKR 48 (2003), 129, 137 f.

onsfreiheit.[216] Im Koran wird der Abfall vom Islam zwar scharf verurteilt; eine (von Menschen zu verhängende) diesseitige Strafe wird hingegen nicht angedroht.[217] Die sunnitische Rechtslehre beruft sich hier zur Rechtfertigung der Todesstrafe in erster Linie auf einen Ausspruch *Mohammeds.*[218]

Den genannten Einschränkungen liegen mitunter weniger theologische als vielmehr politisch-praktische Motive zu Grunde.[219] Dessen ungeachtet ist aber eine theologische Begründung der betreffenden Maßnahmen durchaus möglich und von einzelnen Lehrmeinungen gedeckt.[220]

Mitunter wird formuliert, dass Menschenrechte nach islamischem Verständnis keinen den religiösen Rechtsprinzipien widersprechenden Inhalt haben könnten.[221] Dies entspricht durchaus der Auffassung vieler Muslime. Zu berücksichtigen ist aber, in welch unterschiedlichem Maße Muslime von der *scharia* geduldete oder geforderte Handlungen billigen, die Eingriffe in die Menschenrechte darstellen. Als Beispiel können vor allem die Körperstrafen der *scharia* gelten, die in den meisten Ländern der islamischen Welt nicht angewandt werden. Dies deutet auf eine sich wandelnde Einstellung zu Grund- und Menschenrechten hin. Zudem ist nochmals zu betonen, dass viele Eingriffe in Menschenrechte politisch motiviert sind und damit die Haltung von Muslimen, aber nicht unbedingt des Islam selbst widerspiegeln.

Es zeigt sich somit auch im Hinblick auf das Grund- und Menschenrechtsverständnis der Muslime und des Islam eine Vielfalt der Meinungen. Wenn auch viele Muslime westliche Menschenrechtsvorstellungen teilen, so finden sich doch ebenso andere Auffassungen, die diesem Verständnis zuwiderlaufen. Inwieweit solche Auffassungen letztlich aus innerer Überzeugung auf das islamische Recht gestützt werden, lässt sich freilich kaum feststellen.

D. Ursachen des Islamismus

Da der Islam eine sehr große Meinungsvielfalt aufweist, müsste die Errichtung eines islamischen Staates sogar in der Regel mit besonderen Spannungen innerhalb der Gemeinschaft der Muslime einhergehen, denn eine Politisierung des Islam, die

---

216 Sekretariat der Deutschen Bischofskonferenz (Hrsg.), Christen und Muslime in Deutschland, S. 102; *Krämer,* Gottes Staat als Republik, S. 153 f.; *Khoury,* Der Islam und die westliche Welt, S. 122 f.

217 S. *Khoury,* Der Islam und die westliche Welt, S. 122 f.; *Hobohm,* in: Isak / Schmid (Hrsg.), Christen und Muslime in Deutschland, S. 31.

218 *Krämer,* Gottes Staat als Republik, S. 154; *Khoury,* Der Islam und die westliche Welt, S. 123; *L. Müller,* Islam und Menschenrechte, S. 145.

219 Vgl. *Krämer,* Gottes Staat als Republik, S. 153, in Bezug auf das Apostasieverbot.

220 Vgl. *Hobohm,* in: Isak / Schmid (Hrsg.), Christen und Muslime in Deutschland, S. 31 f.

221 *Stumpf,* ZevKR 48 (2003), 129, 140.

auf die Einführung von für alle Muslime verbindlichen Regeln zielt, würde sich schließlich bei der Errichtung eines islamischen Staates gegen die Glaubensansichten und Anschauungen vieler Muslime und muslimischer Gruppen richten. Dennoch gab und gibt es in der islamischen Welt Bewegungen, die eine (Re-)Islamisierung des Rechts fordern.[222] Es stellt sich die Frage, welche Umstände zu entsprechenden Bewegungen führen können, welche Ursachen also die Politisierung des Islam haben kann.

Der Islamismus – verstanden als die Ideologisierung und Politisierung des Islam,[223] für welche häufig auch der Begriff des (islamischen) „Fundamentalismus" gebraucht wird –[224] lässt sich nach den bisherigen Ausführungen durchaus sowohl auf den Koran als auch auf das Vorbild Medinas stützen. Er lässt sich insbesondere auch aus dem Totalitätsanspruch des Islam ableiten,[225] und auch dessen Anspruch auf Universalität mag den Hang zur Ausweitung seines Herrschaftsbereichs erklären. Wenn auch die Formel vom Islam als *din wa-daula*[226] eine ‚Erfindung' des 19. Jahrhunderts darstellt,[227] so lässt sich doch nicht übersehen, dass die politische Dimension des Islam seit dessen Anfängen faktisch zumindest in latenter Form ständig präsent war.[228] Die Zusammenstöße des Islam mit anderen Kulturen und Religionen waren über viele Jahrhunderte hinweg kriegerischer und damit auch politischer Art. Die Eroberung Mekkas durch *Mohammed,* der Einfall der Mauren auf der iberischen Halbinsel ab dem Jahre 711 oder die Belagerungen Wiens in den Jahren 1529 und 1683 sind Beispiele, die zeigen, dass Muslime den Islam auch gegenüber anderen Völkern zur Geltung zu bringen und zu einer allumfassenden Ordnung zu machen suchten. Der Islam sollte folglich in seiner Wirkung nicht auf das Verhältnis des Individuums zu Allah und damit auf eine innere Frömmigkeit beschränkt bleiben, sondern auch der Vergrößerung des Kollektivs dienen. Wenn als Ideal des Islamismus das Konzept einer neuen, vom Islam dominierten Weltordnung beschrieben und der Islamismus als Politisierung des islamischen Universalismus verstanden wird,[229] darf nicht außer Acht gelassen werden, dass schon der islamische Universalitätsanspruch selbst jedenfalls dann einen politischen Charakter in sich trägt, wenn er als Pflicht der Muslime zur (gegebenenfalls kämpferischen) Ausbreitung des Islam gedeutet wird – wenngleich Zwangsbekehrungen durch Sure 2,256 untersagt sind und mitunter in der Vergangenheit praktisch gegen dieses Verbot verstoßen wurde.[230]

---

222 *Rohe,* Der Islam, S. 37.

223 Vgl. *Käufeler,* Das anatolische Dilemma, S. 323.

224 Zur uneinheitlichen und teilweise problematischen Terminologie s. *Steinbach,* in: Lüders (Hrsg.), Der Islam im Aufbruch?, S. 81; *Krämer,* Gottes Staat als Republik, S. 29 ff.

225 *Ghaussy,* in: Meyer (Hrsg.), Fundamentalismus in der modernen Welt, S. 85.

226 S. o. sub 2 c aa.

227 Vgl. *Rohe,* Der Islam, S. 30.

228 *Ghaussy,* in: Meyer (Hrsg.), Fundamentalismus in der modernen Welt, S. 83; ähnlich *Nagel,* in: Kurzrock (Hrsg.), Die islamische Welt I, S. 73.

229 S. *Tibi,* Fundamentalismus im Islam, S. 27.

Es ist jedoch zweifelhaft, ob dies als Begründung für heutige Politisierungstendenzen im Islam ausreicht. Totalitäts- und Universalitätsanspruch mögen frühere Expansionsbewegungen des Islam erklären – wenngleich sich die Frage stellt, ob sie sich in ihrer kämpferischen Auslegung ihrerseits aus der ursprünglichen Lehre des Islam (abgesehen von Sure 2,256) tatsächlich ableiten lassen. Aufrufe des Korans zur Bekämpfung der Ungläubigen standen regelmäßig in einem bestimmten historischen Kontext;[231] ihre Verallgemeinerung war daher jedenfalls nicht geboten. Eine zwingende Vorgabe existierte somit nicht. Aufgrund dessen kann auch in Bezug auf den Islam der These zugestimmt werden, dass nicht die normative Dogmatik der Religion entscheidend für die Frage sei, ob Religion politische Herrschaft anstrebe, sondern die Geschichte.[232]

Unabhängig von der Frage, inwieweit andere Faktoren die Muslime noch im Mittelalter zur Verbreitung ihrer Religion antrieben, ist von Interesse, welche Umstände in heutiger Zeit die Politisierung des Islam begünstigen. Nach der Beantwortung dieser Frage lässt sich ersehen, unter welchen Voraussetzungen eine Integration von Muslimen in ein säkulares Staatswesen auf Schwierigkeiten stoßen kann.

Wesentlichen Einfluss auf die islamische Welt hatte der Kolonialismus, der im 19. Jahrhundert eine Politisierung des Islam verursachte. So entwickelte der Perser *Jamal ad-Din al-Afghani* (1838/39 -1897) das Konzept des Panislamismus, nach dem sich alle Muslime unter einem Dach vereinigen sollten, um den übermächtigen europäischen Einfluss in der islamischen Welt zurückzudrängen.[233] Die Bedeutung des Panislamismus war zwar – vor allem im 20. Jahrhundert – begrenzt.[234] Der Grundgedanke dieser Forderungen nach einer Reform der islamischen Welt blieb jedoch bestehen und bekam in der zweiten Hälfte des vergangenen Jahrhunderts neuen Auftrieb. Dies zeigte sich am augenscheinlichsten in dem Entstehen neuer, politisch und auch militärisch aktiver Organisationen in verschiedenen Teilen der islamischen Welt, beispielsweise der libanesischen Hizbollah, der palästinensischen Hamas oder der algerischen Islamischen Heilsfront. Die Gründe für diese Entwicklung sind vielfältiger Natur. Islamwissenschaftler nennen insbesondere die folgenden politischen, wirtschaftlichen, sozialen, militärischen und psychologischen Faktoren.

Die nachhaltige Beeinflussung des muslimischen Denkens durch den Kolonialismus zeigte sich in einem Anti-Imperialismus, welcher auch die Bewegungen des modernen Islam dazu herausfordert, eine Antwort auf eine Beherrschung der islamischen Welt durch den Westen zu suchen.[235] Die Erfahrungen der islamischen

---

230 *Bihl,* Islam, S. 205.

231 *Metzger,* Islam und Politik, S. 7.

232 *Schulze,* in: Lüders (Hrsg.), Der Islam im Aufbruch?, S. 95.

233 *Metzger,* Politik und Islam, S. 6; *Conermann,* in: Elger (Hrsg.), Kleines Islam-Lexikon, S. 19 f.

234 S. *Szyska,* in: Elger (Hrsg.), Kleines Islam-Lexikon, S. 240; *Metzger,* S. 6.

Welt mit dem Kolonialismus waren die notgedrungene Anerkennung der militärischen und technischen Überlegenheit des Westens (was vom Islam als besonders krasser Gegensatz zur eigenen Überlegenheit in der Frühzeit der Religion erlebt wurde), die Erfahrungen verweigerter politischer Selbstbestimmung und ein Diskrepanzgefühl zwischen dem Festhalten an der Überlegenheit der islamischen Religion und dem Eingeständnis der tatsächlichen politischen bzw. wirtschaftlichen Abhängigkeit.[236] Der Kolonialismus erschütterte somit Selbstverständnis und Selbstbewusstsein vieler Muslime.[237]

In weiteren Kreisen der Bevölkerung herrscht nun nach wie vor Enttäuschung über die nachkoloniale Entwicklung in Politik und Gesellschaft.[238] Die Regierungen verfolgten häufig Einzelinteressen und stützten ihren Herrschaft vielfach auf Gewalt und Unterdrückung demokratischer Freiheiten.[239]

Die parlamentarischen und säkularisierten Systeme nach westlichem Muster konnten zudem die hinsichtlich der Innen- und der Außenpolitik in sie gesetzten Erwartungen nicht erfüllen.[240]

Organisationsformen wie demokratischer Parlamentarismus und Nationalstaat waren dem *umma*-Verständnis fremd[241] und verstärkten das Bemühen, einer ‚Verwestlichung' entgegenzuwirken. Eine solche (islamwidrige) Verwestlichung wurde in der Übernahme von Errungenschaften und Erkenntnissen anderer Kulturkreise gesehen, da dieser Vorgang als Sinnbild für eine Eroberung durch die früheren Kolonialmächte stand.[242] Die kulturellen Einflüsse des Westens werden als für die eigene Kultur bedrohlich oder sogar zerstörerisch empfunden.[243] Hieraus erklärt sich die Idee, den Islam als gesellschaftliche Identität gegenüber westlichen Ideologien konkurrenzfähig zu machen und somit als geeignete Alternative zu präsentieren.[244]

---

235 Vgl. *Johansen,* in: Marré / Stüting (Hrsg.), Essener Gespräche (20), S. 35; *Ghaussy,* in: Meyer (Hrsg.), Fundamentalismus in der modernen Welt, S. 87 f.

236 *Delius* (Hrsg.), Weltreligionen, S. 114 f.; *Jäggi,* in: ders. / Krieger, Fundamentalismus, S. 22 f.

237 *Krämer,* in: Lüders (Hrsg.), Der Islam im Aufbruch?, S. 210.

238 *Ende,* Schreckgespenst und reale Bedrohung, S. 20.

239 *Metzger,* Islam und Politik, S. 10; *Durugönül,* Reislamisierung in der Türkei, S. 91; *Steinbach,* in: Bundeszentrale für politische Bildung (Hrsg.), Der Islam im Nahen Osten, S. 14.

240 *Ende,* Schreckgespenst und reale Bedrohung, S. 20; *Johansen,* in: *Marré / Stüting* (Hrsg.), Essener Gespräche (20), S. 39; *Ghaussy,* in: Meyer (Hrsg.), Fundamentalismus in der modernen Welt, S. 88 f.

241 *Ghaussy,* in: *Meyer* (Hrsg.), Fundamentalismus in der modernen Welt, S. 88 f.

242 Vgl. *Rohe,* Der Islam, S. 32.

243 *Lücke,* ‚Islamischer Fundamentalismus', S. 176 f. (für das Beispiel Ägyptens); *Balić,* in: Ende / Steinbach (Hrsg.), Der Islam in der Gegenwart, S. 598.

244 *Schulze,* Politisierung des Islam, S. 107.

Als entscheidender Impuls für die Politisierung des Islam wird häufig die Niederlage der arabischen Staaten im Sechs-Tage-Krieg von 1967 genannt.[245] Der Islamismus fand ein Vakuum vor, welches durch einen profunden Verlust an Glaubwürdigkeit verursacht worden war. Die Realisierung des Ideals der Befreiung Palästinas war durch den Sieg Israels, welches aus der Sicht der Muslime den Westen selbst darstellte,[246] in weite Ferne gerückt.[247] Darüber hinaus verdeutlichte die Niederlage für viele Muslime in dramatischer Weise die allgemeine Krise, in der sich die islamische Welt nach wie vor befand. So waren etwa auch das Ideal arabischer Einheit oder das Ziel einer selbsttragenden ökonomischen Entwicklung unerreicht – Ziele, die für viele Jahre prägende Wirkung auf die Politik gehabt hatten.[248]

Die herrschenden Eliten konnten auch die wirtschaftlichen und sozialen Missstände nicht beseitigen, welche ebenfalls zum Erfolg islamistischer Bewegungen beitrugen, da diese aus der Unzufriedenheit weiter Teile der Bevölkerung Nachzug erhielten.[249] Die Enttäuschung über das Versagen der Regierenden führt häufig zur Rückbesinnung auf das eigene, wiederzubelebende islamische Erbe, dessen neu erkannter Wert den (oft westlich gebildeten, säkularistisch orientierten) herrschenden Eliten entgegengehalten wird.[250]

Die islamistischen Parolen sind von der Masse überdies leichter zu verstehen als abstrakte, importierte Ideologien, und ihre Prinzipien sind von Leitlinien bestimmt, die bei der Bevölkerung in viel stärkerem Maße durch Vermittlung sozialer Werte und Heilsversprechen Hoffnungen erwecken.[251]

Die Attraktivität islamistischer Bewegungen wird dabei auch durch moralische und materielle Unterstützung gesteigert, die diese Bewegungen den sozial Schwachen in von ihnen unterhaltenen sozialen Einrichtungen zukommen lassen.[252] Der gestiegene Bedarf an solchen Hilfen stand beispielsweise in der Türkei mit der

---

245 *Tibi,* Fundamentalismus im Islam, S. 51; *Durugönül,* Reislamisierung in der Türkei, S. 86; *Steinbach,* in: Lüders (Hrsg.), Der Islam im Aufbruch?, S. 78; *Al-Azm,* in: Lüders (Hrsg.), Der Islam im Aufbruch?, S. 248; *Hottinger,* in: Lüders (Hrsg.), Der Islam im Aufbruch?, S. 57; *Zakariya,* in: Lüders (Hrsg.), Der Islam im Aufbruch? , S. 230.

246 *Steinbach,* in: Lüders (Hrsg.), Der Islam im Aufbruch?, S. 78.

247 Vgl. *Al-Azm,* in: Lüders (Hrsg.), Der Islam im Aufbruch?, S. 248.

248 *Al-Azm,* in: Lüders (Hrsg.), Der Islam im Aufbruch?, S. 248 f.

249 *Khalid,* Reislamisierung und Entwicklungspolitik, S. 17; *Khoury,* Der Islam und die westliche Welt, S. 127; *Rohe,* Der Islam, S. 37; vgl. *Steinbach,* in: Bundeszentrale für politische Bildung (Hrsg.), Der Islam im Nahen Osten, S. 14; *Ende,* Schreckgespenst und reale Bedrohung, S. 21.

250 *Ende,* Schreckgespenst und reale Bedrohung, S. 21 f.; *Khoury,* Der Islam und die westliche Welt, S. 127.

251 *Ghaussy,* in: Meyer (Hrsg.), Fundamentalismus in der modernen Welt, S. 96 f.; *Al-Azm,* in: Lüders (Hrsg.), Der Islam im Aufbruch?, S. 249.

252 *Ende,* Schreckgespenst und reale Bedrohung, S. 22.; *Spuler-Stegemann,* in: Ende / Steinbach (Hrsg.), Der Islam in der Gegenwart, S. 233 (für die Türkei).

marktwirtschaftlichen Öffnung im Zusammenhang, da der Staat aufgrund leerer Kassen die entstehenden Lücken im sozialen Netz nicht zu schließen vermochte.[253]

Religiös-politische Ideologien der Dritten Welt, zu welcher viele muslimische Staaten gehören, treten bevorzugt da auf, wo Industrialisierung und organisatorische Modernität relativ am stärksten fortgeschritten sind.[254] Charakteristisch für das gesellschaftliche Klima, in dem der Islamismus seine Anhänger findet, ist dementsprechend auch ein wachsendes soziales Gefälle.[255] Als eine Ursache für diese Situation wird etwa die Landflucht genannt.[256] Doch auch das städtische Kleinbürgertum ist durch technische Modernisierung und die Folgen der Industrialisierung, welche den Verfall ganzer Gewerbezweige mit sich bringt, bedroht. Die Anhängerschaft fundamentalistischer Bewegungen rekrutiert sich in nicht geringem Maße aus der städtischen (unteren) Mittelschicht.[257]

Sozialer Konfliktstoff erwächst zudem aus dem Problem der ethnischen und religiösen Minderheiten, die wirtschaftlich und politisch häufig nicht gleichberechtigt in den Staat eingebunden sind.[258]

Es griffe jedoch zu kurz, den Islamismus ausschließlich als Reaktion sozial deklassierter Bevölkerungsteile auf das Versagen der Regierungen erklären zu wollen.[259] Seine Anhänger stammen auch aus höheren Schichten.[260] Er beschränkt sich auch nicht auf die politische Opposition, wenngleich diese in den meisten Ländern der islamischen Welt die Haupttriebfeder des Fundamentalismus bildet.[261] Anders stellte bzw. stellt sich die Situation beispielsweise im Iran, im Sudan und in der Türkei dar. Als Gründe für die islamische Ausrichtung von Regierungen und Parteien werden mitunter das Scheitern von Modernisierungsversuchen und der Versuch einer Instrumentalisierung des Islam genannt.[262] In vielen Fällen mag hin-

---

253 *Steinbach,* in: Bundeszentrale für politische Bildung (Hrsg.), Türkei, S. 25.

254 *Hanf,* Modernisierung ohne Säkularisierung?, S. 140.

255 *Steinbach,* in: Bundeszentrale für politische Bildung (Hrsg.), Der Islam im Nahen Osten, S. 14; *Ende,* Schreckgespenst und reale Bedrohung, S. 21; *Lücke,* ‚Islamischer Fundamentalismus', S. 175 (für Ägypten).

256 *Ende,* Schreckgespenst und reale Bedrohung, S. 21; *Lücke,* ‚Islamischer Fundamentalismus', S. 176 f. (für Ägypten).

257 *Ende,* Schreckgespenst und reale Bedrohung, S. 21.

258 *Steinbach,* in: Bundeszentrale für politische Bildung (Hrsg.), Der Islam im Nahen Osten, S. 14 f.

259 Ebenso *Ende,* Schreckgespenst und reale Bedrohung, S. 22.

260 *Krämer,* Islam und Islamismus, in: Bundeszentrale für politische Bildung (Hrsg.), Weltreligion Islam, S. 14 f.

261 *Tibi,* Fundamentalismus im Islam, S. 23; *Büttner,* „Der Islam ist Religion und Staat!", www.uni-kassel.de/fb10/frieden/themen/Islam/buettner.html, vor I. A. A. *Riedel,* Der Islam als Faktor in der internationalen Politik, www.das-parlament.de/2003/37/Beilage/003.html, sub IV, die die herrschenden Eliten als treibende Kraft ansieht.

262 *Riedel,* Der Islam als Faktor in der internationalen Politik, www.das-parlament.de/2003/37/Beilage/003.html, sub IV; vgl. *Al-Azm,* in: Lüders (Hrsg.), Der Islam im Aufbruch?, S. 246 f.

gegen das Streben nach Überwindung der von Missständen geprägten Vergangenheit den Islamismus als Alternative gefördert haben.

Auch die bisher genannten Faktoren können die Entstehung dieses Phänomens nicht immer abschließend erklären. Für die Beantwortung der Frage, warum der Islamismus in bestimmten Ländern erfolgreich ist und in manchen Regionen nicht oder kaum, bedarf es einer genauen Analyse der jeweiligen historischen Gegebenheiten, der ethnischen und konfessionellen Zusammensetzung der Bevölkerung, der politischen Tradition, des Organisationsgrades der Geistlichkeit, der Stärke von Gegenkräften und dergleichen mehr.[263]

Sind die oben dargestellten Faktoren daher nicht immer ausreichend, so lässt sich aber jedenfalls feststellen, dass die Politisierung des Islam weniger als religiöse Bewegung anzusehen ist.[264] Mit dem bloßen Hinweis auf den Totalitäts- und den Universalitätsanspruch des Islam lässt sich der Islamismus daher nicht erklären. Vielmehr sind sein Aufkommen und sein Erfolg stets mit einer Krise verknüpft.[265] Dies führt zu der Feststellung, dass der islamische Aktivismus der Gegenwart weniger Ausdruck aggressiv-expansionistischer Bestrebungen der Muslime als vielmehr ihres Ringens um Selbstbehauptung in einer häufig von nichtislamischen Ideen und Einflüssen beherrschten Welt ist.[266] Selbst der Islamismus in seiner kämpferischen Spielart beruht folglich eher auf der identitätsstiftenden Wirkung des Islam – regelmäßig einer der am tiefsten verwurzelten kulturellen Züge der Gesellschaft –[267] als auf ureigensten inhaltlichen Forderungen dieser Religion. Die identitätsstiftende Wirkung religiöser Kulturen ist im Islam besonders stark ausgeprägt. Sie besteht hier nach Ansicht von Islamwissenschaftlern häufig sogar dann fort, wenn der Glaube im eng religiösen Sinn schwindet und auch die Loyalität gegenüber dem Andenken der Religion als solcher nachlässt.[268] Zur Richtigkeit dieser These kann und muss hier nicht Stellung genommen werden. Jedenfalls ist aber zu betonen, dass der Islamismus kein Erstarken des Religiösen darstellt, sondern eine politische Ideologie.[269] Er mag zwar mit einem Bedeutungsgewinn der islamischen Religion innerhalb der muslimischen Gesellschaft einhergehen und sich von ihm nähren,[270] ist von der Religion selbst aber zu unter-

---

263 Vgl. *Ende,* Schreckgespenst und reale Bedrohung, S. 22 f.; s. etwa zu den besonderen Faktoren in Ägypten *Lücke,* ‚Islamischer Fundamentalismus', S. 175 ff.

264 *Falaturi,* Wie wandlungsfähig ist der Islam?, S. 222; *Khalid,* Reislamisierung und Entwicklungspolitik, S. 20.

265 *Lücke,* ‚Islamischer Fundamentalismus', S. 180; *Tibi,* Fundamentalismus im Islam, S. 21.

266 *Krämer,* in: Lüders (Hrsg.), Der Islam im Aufbruch?, S. 210; ähnlich *Reissner,* in: Kurzrock, Die islamische Welt I, S. 109.

267 Vgl. *Lücke,* ‚Islamischer Fundamentalismus', S. 178 (für Ägypten).

268 S. *Khalid,* Reislamisierung und Entwicklungspolitik, S. 16.

269 *Tibi,* Fundamentalismus im Islam, S. 20.

270 So *Khalid,* Reislamisierung und Entwicklungspolitik, S. 21; eine Re-Islamisierung hingegen verneinend: *Steinbach,* in: Lüders (Hrsg.), Der Islam im Aufbruch?, S. 81.

scheiden.[271] Da der Islamismus als eine fundamentalistische Bewegung auch gegenüber anderen auf den Islam gestützten Strömungen intolerant ist, stand und steht er zu diesen regelmäßig sogar in Opposition:[272] Eine grundlegende Exegese nehmen Islamisten nur selten vor.[273] Vielmehr geht es vor allem um die Erringung und Ausübung von Macht.[274]

Insofern bedarf der Klarstellung, dass der Begriff des Islamismus – ebenso wie derjenige des Islam – nicht nur eine einzige Auffassung bezeichnet, sondern ein ganzes Spektrum von Meinungen abdeckt. Der Fundamentalismus ist in der islamischen Welt also eine sehr heterogene Erscheinung.[275] Beispielsweise lässt sich der sunnitische Islamismus grob in panislamische und nationalstaatlich orientierte Strömungen unterscheiden, die ihrerseits wiederum in verschiedene Richtungen eingeteilt werden können.[276] Wesentlich ist auch die Unterscheidung von Islamisten auf nicht-staatlicher Ebene hinsichtlich ihrer Einstellung zur Gewalt. Der Grad der Gewaltbereitschaft hängt häufig von den jeweiligen Umständen des betreffenden Gebietes ab, da der Einsatz von Gewalt beispielsweise oft als eine Art der Selbstverteidigung gegen (vermeintliche oder tatsächlich vorhandene) staatliche Willkür gerechtfertigt wird.[277] Mit terroristischen Mitteln agierende Gruppierungen bilden insoweit, wie bereits angesprochen, eine kleine Randgruppe.[278] Im Übrigen erfasst auch der gesamte Islamismus zahlenmäßig nur eine kleine Minderheit unter den Muslimen.[279]

Ungeachtet des Umstandes, dass der Islamismus häufig undifferenziert betrachtet wird – was angesichts gleichartiger Entstehungsursachen auch gerechtfertigt sein mag –, ist er heute jedenfalls streng von der islamischen Religion zu unterscheiden, also von der Überzeugung, die die meisten gläubigen Muslime haben und die sich als unpolitisch darstellt.

---

271 *Khalid,* Reislamisierung und Entwicklungspolitik, S. 21; *Steinbach,* in: Lüders (Hrsg.), Der Islam im Aufbruch?, S. 81.

272 *Khalid,* Reislamisierung und Entwicklungspolitik, S. 22; vgl. *Forte,* Studies in Islamic Law, S. 237.

273 *Steinbach,* in: Lüders (Hrsg.), Der Islam im Aufbruch?, S. 82. Zu Widersprüchen islamistischer Ansichten zum klassischen islamischen Recht s. *Tibi,* Fundamentalismus im Islam, S. 24, 106 f.

274 *Steinbach,* in: Lüders (Hrsg.), Der Islam im Aufbruch?, S. 81.

275 *Ghaussy,* in: Meyer (Hrsg.), Fundamentalismus in der modernen Welt, S. 83; *Balić,* in: Ende / Steinbach (Hrsg.), Der Islam in der Gegenwart, S. 595.

276 Zu den unterschiedlichen Formen des Islamismus s. die Darstellung bei *Ghaussy,* in: Meyer (Hrsg.), Fundamentalismus in der modernen Welt, S. 92 ff.

277 *Riedel,* Der Islam als Faktor in der internationalen Politik, www.das-parlament.de/2003/37/Beilage/003.html, sub IV 2.

278 S. *Riedel,* Der Islam als Faktor in der internationalen Politik, www.das-parlament.de/2003/37/Beilage/003.html, sub IV 2.

279 *Khalid,* Reislamisierung und Entwicklungspolitik, S. 21. Zur einseitigen Wahrnehmung des Islamismus durch die Medien s. *Büttner,* in: Marré / Schümmelfelder / Kämper (Hrsg.), Essener Gespräche (33), S. 109.

E. Leben und Integration von Muslimen in säkularen Staaten. Eine Bestandsaufnahme

Nach dem soeben Gesagten kann man annehmen, dass der ganz überwiegende Teil der Muslime nicht aus grundsätzlichen Erwägungen in Opposition zu einem säkularen Staat steht. Die Mehrheit könnte vermutlich schon heute einen Staat, dessen Grundlagen nicht im Islam liegen, akzeptieren. Gleiches gilt aber auch für die Anhänger des Islamismus, sofern sie ihre Identität bewahren können und nicht durch gesellschaftliche Veränderungen dazu herausgefordert werden, um ihre Selbstbehauptung zu kämpfen. Hier ist zu differenzieren: Muslime, die in mehrheitlich von Muslimen bewohnten Ländern und damit im vertrauten Kulturkreis leben, können nach dem Gesagten trotz etwaiger politischer Veränderungen möglicherweise viel eher ein Kollektivbewusstsein entwickeln bzw. aufrecht erhalten als diejenigen Muslime, die in der Diaspora leben. In einem fremden Kulturkreis fällt es naturgemäß schwieriger, den Weg in die gesellschaftliche Integration zu finden. Es liegt deshalb nahe, dass dort eher Tendenzen zur bewussten Abgrenzung zum Zwecke des eigenen Schutzes bestehen, die unter Umständen in eine radikale Haltung umschlagen.

Im Folgenden soll nun untersucht werden, wie sich die Möglichkeit der Integration von Muslimen in ein säkulares Staatswesen in tatsächlicher Hinsicht darstellt. Dabei ist entsprechend der soeben vorgenommenen Unterteilung zunächst zu betrachten, wie sich das gegenwärtige Verhältnis von Staat und Religion in Ländern mit muslimischer Bevölkerungsmehrheit darstellt. Im Zuge dessen soll am Beispiel Tunesiens und der Türkei der Frage nachgegangen werden, inwieweit und unter welchen Voraussetzungen eine Trennung der beiden Bereiche in der islamischen Welt denkbar ist. Sodann ist zu untersuchen, wie sich die Integration von Muslimen in der – namentlich europäischen – Diaspora gestaltet.

I. Die Situation in Ländern mit überwiegend muslimischer Bevölkerung

1. Überblick

Viele von Muslimen beherrschte Länder sind nach ihren Verfassungen „islamische Staaten“ bzw. erklären das islamische Recht zur Grundlage des Rechtswesens,[280] während die *scharia* das jeweilige Rechtswesen tatsächlich nur teilweise bestimmt. Staaten, die den Koran zu ihrer Verfassung erklärt haben (etwa Saudi-Arabien und Oman[281]) bzw. in denen dem Islam ein umfassender Einfluss

---

[280] S. die Aufzählung bei *Johansen,* in: Marré / Stüting (Hrsg.), Essener Gespräche (20), S. 43.

zukommt, bilden keineswegs die Regel. Die Stellung des Islam und des islamischen Rechts im politischen und gesellschaftlichen Gefüge ist von Land zu Land sehr unterschiedlich. So wenig es einen geschlossenen, einheitlichen islamischen Kulturkreis gibt, so wenig kann heute von einer einheitlichen islamischen Staatenwelt im politisch-rechtlichen Sinne gesprochen werden.[282] In den meisten von Muslimen beherrschten Staaten wird heute, wie bereits erwähnt, nur noch das Familien- und Erbrecht der *scharia* angewandt. Europäische Normen bilden dort den Schwerpunkt der Rechtsordnung.[283]

Damit ist allerdings noch nichts über die Bedeutung islamistischer Kräfte gesagt, da diese, wie sich bei der Darstellung der Ursachen des islamischen Fundamentalismus gezeigt hat, häufig in Opposition zur herrschenden Elite stehen. Angesichts des Umstandes, dass in vielen Länder der islamischen Welt beträchtliche Demokratiedefizite herrschen[284] und die Opposition nicht selten unterdrückt wird, ist deren Stärke bzw. sind ihre Ziele unter Umständen nicht klar zu erkennen. In anderen Ländern wiederum, in denen der Islam als Grundlage der staatlichen Ordnung gilt, mag jegliche Opposition darauf angewiesen sein, sich bei ihrer Kritik am Regime in ein religiöses Gewand zu kleiden, um nicht von vornherein als unislamische Gruppierung verfolgt zu werden.[285] Ob oppositionelle Gruppen in solchen Fällen tatsächlich für eine islamische Politik eintreten wollen, kann dann kaum beantwortet werden.[286]

2. Beispiel Tunesien

Inwieweit eine Trennung von Politik und Religion in Staaten mit muslimischer Bevölkerungsmehrheit möglich ist, soll zunächst am Beispiel Tunesiens untersucht werden. Wie in anderen Staaten des Maghreb auch, entfaltete sich in Tunesien seit der Kolonialzeit unter französischer Herrschaft eine weitgehende Ausrichtung auf den westlichen Lebensstil und die europäische Kultur.[287] Der Islam wurde zwar nach der Gründung der Präsidialrepublik im Jahre 1959 zur Staatsreligion erklärt.[288] Der Staat, dessen Bevölkerung fast gänzlich aus (sunnitischen) Muslimen

281 *Metzger,* Islam und Politik, S. 10, 14.

282 *Steinbach,* in: Ende / Steinbach (Hrsg.), Der Islam in der Gegenwart, S. 214.

283 *Esposito,* in: ders. / Tamimi (Hrsg.), Islam and Secularism in the Middle East, 1, 2; *Steinbach,* in: Ende / Steinbach (Hrsg.), Der Islam in der Gegenwart, S. 218 f.

284 Vgl. *Metzger,* Islam und Politik, S. 10; *Büttner,* in: Marré / Schümmelfelder / Kämper (Hrsg.), Essener Gespräche (33), S. 150.

285 Vgl. *Metzger,* Islam und Politik, S. 14 (zu Saudi-Arabien).

286 Zu der umstrittenen Frage, ob der Islamismus inzwischen zu einem Stillstand gekommen ist, s. die gegensätzlichen Positionen von *Faath / Mattes,* Herder Korrespondenz 58 (2004), 291 f. (m. w. N.), und *Kepel,* Das Schwarzbuch des Dschihad, S. 424 ff.

287 Vgl. *Elger,* in: ders. (Hrsg.), Kleines Islam-Lexikon, S. 185.

288 Vgl. *Waltz,* The Middle East Journal 40 (1986), 651, 660.

besteht,[289] weist in der Praxis gleichwohl überwiegend säkulare Züge auf. Um zu klären, ob Tunesien als Argument für die Möglichkeit, Muslime in ein säkulares Staatswesen zu integrieren, herangezogen werden kann, bedarf es zunächst einer Darstellung der geschichtlichen Entwicklung des dortigen Verhältnisses von Staat und Religion.

a) Geschichtlicher Überblick

Seine Prägung erhielt der tunesische Staat, der 1956 die Unabhängigkeit erlangte, zunächst durch den ersten Präsidenten der Republik, *Habib Bourguiba* (1903–2000). Wesentliche Merkmale des Staates bildeten die starke Stellung des Präsidenten sowie eine allgegenwärtige und übermächtige Staats- und Einheitspartei, die alle Bereiche des politischen und gesellschaftlichen Lebens monopolisierte. Unter der Führung *Bourguibas,* die bis 1987 dauerte, kam es zu einer Reihe sozialer und wirtschaftlicher Reformen, die auch auf eine Schwächung der religiösen Führer abzielte.[290] So reformierte der Gesetzgeber – unter formaler Respektierung der *scharia* – insbesondere die Personenstandsgesetze, durch welche das islamische Ehe-, Scheidungs- sowie das Recht der Kindererziehung ersetzt wurde.[291] Das für muslimische Länder revolutionäre Zivilrecht garantiert den tunesischen Frauen bis heute die rechtliche Gleichstellung.[292] Tunesien verbot als erstes arabisches Land die Polygamie.[293] Ferner wurde den Frauen das allgemeine Wahlrecht zuerkannt.[294] Durch die Abschaffung religiöser Gerichtshöfe im Jahre 1956 schränkte der Staat den Kompetenzbereich der islamischen Gelehrten ein.[295] Andere Einrichtungen wurden in die staatliche Verwaltung überführt bzw. von dieser kontrolliert.[296]

Der Islam sollte als Staatsreligion in erster Linie dazu dienen, die Ziele des Staates bzw. der Partei – insbesondere Modernisierung und wirtschaftliche Entwicklung entsprechend dem Vorbild der westlichen Welt –[297] zu fördern. 1960 erließ *Bourguiba* beispielsweise eine *fatwa,* also ein islamisches Rechtsgutachten, in dem er die wirtschaftliche Entwicklung zum Bestandteil des *djihad* erklärte und seine

---

289 *Von Baratta* (Hrsg.), Der Fischer Weltalmanach 2004, Sp. 833: 99 % Muslime.

290 *Kogelmann,* in: Elger (Hrsg.), Kleines Islam-Lexikon, S. 311 f.

291 *Entelis,* in: Esposito (Hrsg.), The Oxford Encyclopedia of the Modern Islamic World, Band 4, S. 235.

292 *Erdle,* in: Bundeszentrale für politische Bildung (Hrsg.), Afrika II, S. 31.

293 *Entelis,* in: Esposito (Hrsg.), The Oxford Encyclopedia of the Modern Islamic World, Band 4, S. 236.

294 *Kogelmann,* in: Elger (Hrsg.), Kleines Islam-Lexikon, S. 312.

295 *Kogelmann,* in: Elger (Hrsg.), Kleines Islam-Lexikon, S. 312; *Entelis,* in: Esposito (Hrsg.), The Oxford Encyclopedia of the Modern Islamic World, Band 4, S. 237.

296 *Entelis,* in: Esposito (Hrsg.), The Oxford Encyclopedia of the Modern Islamic World, Band 4, S. 237; *Kogelmann,* in: Elger (Hrsg.), Kleines Islam-Lexikon, S. 312.

297 Vgl. *Erdle,* in: Bundeszentrale für politische Bildung (Hrsg.), Afrika II, S. 31.

Landsleute aufforderte, in diesem Interesse der religiösen Pflicht des Fastens während des anstehenden Ramadans nicht nachzukommen.[298] Ferner wurde 1971 auf Betreiben der Regierung die „Vereinigung zum Schutz des Koran" gegründet, deren Ziel darin bestand, dem unter Studenten vorherrschenden Einfluss linker Intellektueller entgegenzuwirken.[299] *Bourguiba* ließ zudem viele Moscheen bauen, während vom Staat nicht kontrollierte Gebetsstätten und Festlichkeiten nicht genehmigt wurden. Die Predigten, die in den Moscheen gehalten werden sollten, wurden hingegen vom Staat vorbereitet.[300]

Während der siebziger und achtziger Jahre änderte sich das Land auch in anderer Hinsicht beträchtlich. Die tunesische Wirtschaft erlebte unter anderem in Folge mehrerer Missernten eine tiefe Krise, die zur Abhängigkeit von ausländischen Märkten führte. Ferner entstand ein starkes Entwicklungsgefälle zwischen einzelnen Landesteilen. Die Krise führte zu blutigen Unruhen, als in den achtziger Jahren mit einer hohen strukturellen Arbeitslosigkeit von circa 20 bis 25 % Missernten, kollabierende Ölpreise sowie rapide ansteigende Auslandsschulden zusammentrafen.[301] Im Jahre 1984 kam es aufgrund erhöhter Lebensmittelpreise zu einer „Brotrevolte" mit gewalttätigen Auseinandersetzungen.[302] Im November 1987 schließlich setzte eine Gruppe um den bisherigen Ministerpräsidenten *Zine El Abidine Ben Ali* (geb. 1937) *Bourguiba* in einem unblutigen Putsch ab. *Ben Ali* wurde statt seiner Präsident.

Die Spannungen während *Bourguibas* Amtszeit, die sich aus der wirtschaftlichen Misere und der Verelendung immer breiterer Bevölkerungsschichten ergaben, wurden zunächst von den Gewerkschaften aufgegriffen, insbesondere von der „Union der Tunesischen Arbeiterschaft" (Union Générale des Travailleurs Tunisiens, UGTT).[303] Nach einem Generalstreik im Jahre 1978 wurde die Gewerkschaftsbewegung jedoch nachhaltig unterdrückt.[304] Statt dessen erhielt in der Folgezeit die islamistische Bewegung Auftrieb, die sich 1979 unter Führung des Universitätsprofessors *Rachid Ghannouchi* und seines Mitstreiters, des Juristen *Abdelfattah Mourou,* als „Bewegung Islamischer Tendenz" (Mouvement de la Tendence Islamique, MTI) zu organisieren begann.[305]

---

298 *Entelis,* in: Esposito (Hrsg.), The Oxford Encyclopedia of the Modern Islamic World, Band 4, S. 237; *Kogelmann,* in: Elger (Hrsg.), Kleines Islam-Lexikon, S. 312.

299 *Waltz,* The Middle East Journal 40 (1986), 651, 652; *Entelis,* in: Esposito (Hrsg.), The Oxford Encyclopedia of the Modern Islamic World, Band 4, S. 238.

300 *Entelis,* in: Esposito (Hrsg.), The Oxford Encyclopedia of the Modern Islamic World, Band 4, S. 237.

301 *Tzschaschel,* Europa-Archiv 1986, 221, 222.

302 *Tzschaschel,* Europa-Archiv 1986, 221 f.; *Vandewalle,* The Middle East Journal 42 (1988), 602, 610.

303 *Vandewalle,* The Middle East Journal 42 (1988), 602, 606 f.; *Erdle,* in: Bundeszentrale für politische Bildung (Hrsg.), Afrika II, S. 31.

304 *Tzschaschel,* Europa-Archiv 1986, 221, 223; *Erdle,* in: Bundeszentrale für politische Bildung (Hrsg.), Afrika II, S. 31; *Vandewalle,* The Middle East Journal 42 (1988), 602, 608.

Die allgemeine islamische Bewegung war während der siebziger Jahre allmählich spürbar geworden, nachdem sie zuvor in politischer Hinsicht keine Rolle gespielt hatte.[306] Unter der repressiven Politik der Regierung nach dem Generalstreik im Jahre 1978 erlebte sie eine noch stärkere Politisierung, aus der die MTI als größte und bedeutendste Gruppierung hervorging. Im Gegensatz zu anderen Vereinigungen war die MTI die einzige Gruppierung mit einem ausgeprägt politischen Programm.[307] Sie wandte sich gegen *Bourguibas* uneingeschränkte Machtfülle und forderte einen Wiederaufbau des Wirtschaftslebens auf einer gerechteren Basis, das Ende von Korruption und Einparteienpolitik sowie die Rückkehr zu den „fundamentalen Prinzipien des Islam" durch die Beseitigung des tief verwurzelten sozialen Verfalls.[308] Darüber hinaus trat sie für die Aufhebung staatlicher Kontrolle der Moscheen und die Änderung des ‚unislamischen' Familienrechts ein.[309]

Unter der Herrschaft *Ben Alis* schwankte der tunesische Staat in seiner Haltung gegenüber islamistischen Strömungen für längere Zeit zwischen Toleranz und Repression.[310] Zunächst wurden zahlreiche prominenten Oppositionelle, die noch unter *Bourguibas* Amtszeit inhaftiert worden waren, freigelassen, unter ihnen zum Beispiel *Ghannouchi.*[311] Darüber hinaus lockerte *Ben Ali* Einschränkungen der Pressefreiheit sowie mehrere die Inhaftierung von Personen betreffende Restriktionen, welche sich in der Vergangenheit gegen Islamisten gerichtet hatten.[312] Zudem wurden 1988 mit einem neuen Parteiengesetz erstmals die Grundlagen für ein Mehrparteiensystem geschaffen. Verboten blieben jedoch weiterhin unter anderem solche Parteien, die auf religiösen Kriterien beruhten.[313] Die MTI, die nach dem neuen Gesetz nicht mehr den Begriff „Islam" in ihrem Namen tragen durfte, benannte sich in Hizb al-Nahdah (Renaissance-Partei) um. Sie blieb weiterhin die größte und bedeutendste islamistische Bewegung Tunesiens.[314] *Ben Ali* erkannte auch die Islamisten als Verhandlungspartner an, als er im November 1988 mit

---

305 *Erdle,* in: Bundeszentrale für politische Bildung (Hrsg.), Afrika II, S. 31; *Waltz,* The Middle East Journal 40 (1986), 651, 653.

306 *Vandewalle,* The Middle East Journal 42 (1988), 602, 608.

307 S. *Vandewalle,* The Middle East Journal 42 (1988), 602, 608. Zu der islamischen, aber unpolitischen Gruppierung jama'al al-da'wa al tabligh, deren Wirken sich nicht auf die Gesellschaft, sondern auf das Individuum erstreckte, s. auch *Entelis,* in: Esposito (Hrsg.), The Oxford Encyclopedia of the Modern Islamic World, Band 4, S. 238.

308 *Kogelmann,* in: Elger (Hrsg.), Kleines Islam-Lexikon, S. 312; *Vandewalle,* The Middle East Journal 42 (1988), 602, 603; *Waltz,* The Middle East Journal 40 (1986), 651, 653.

309 *Tzschaschel,* Europa-Archiv 1986, 221, 225.

310 *Kogelmann,* in: Elger (Hrsg.), Kleines Islam-Lexikon, S. 312 f.

311 *Vandewalle,* The Middle East Journal 42 (1988), 602, 613; *Erdle,* in: Bundeszentrale für politische Bildung (Hrsg.), Afrika II, S. 32.

312 *Ware,* The Middle East Journal 42 (1988), 587, 598; *Vandewalle,* The Middle East Journal 42 (1988), 602, 613.

313 *Erdle,* in: Bundeszentrale für politische Bildung (Hrsg.), Afrika II, S. 32.

314 *Entelis,* in: Esposito (Hrsg.), The Oxford Encyclopedia of the Modern Islamic World, Band 4, S. 238 f.

ihnen sowie mit anderen Parteien, Gewerkschaften und Wirtschaftsverbänden einen „Nationalpakt" schloss, mit dem die Regeln der Politik und des gesellschaftlichen Lebens festgelegt werden sollten. Das Ziel dieser vorsichtigen Öffnung lag darin, die Legitimität und die Akzeptanz des Systems zu erhöhen und damit die Opposition zu schwächen.[315] Zu diesem Zweck gestand *Ben Ali* dem Islam eine bedeutendere Rolle im öffentlichen Leben zu, um den Staat als Beschützer der Religion darzustellen.[316] Im Zuge dessen erfolgte etwa eine neue Gesetzgebung zum rechtlichen Status der Moscheen, die Ausstrahlung religiöser Fernsehprogramme oder auch *Ben Alis* Pilgerfahrt nach Mekka.[317]

Als diese Strategie jedoch erfolglos blieb und die Hizb al-Nahdah aus den Kommunalwahlen im April 1989 – trotz Kontrolle der Regierung über die Wahlen, die finanziellen Fördermittel und den Zugang zu den Medien – als Siegerin hervorging, versagte die Regierung der Partei die Anerkennung und verhärtete dieser gegenüber ihre Haltung. *Ghannouchi* begab sich ins Exil. Als die Hizb al-Nahdah, angespornt durch ihren Erfolg, gleichwohl verstärkt auf ihren Forderungen beharrte, ging die Regierung dazu über, jegliche islamistische Opposition zu beseitigen und ihre Anhänger zu verhaften. Spätestens zu Beginn des Jahres 1993 war die Hizb al-Nahdah zerschlagen.[318] Im Wesentlichen bestand in Tunesien weiterhin eine allmächtige, auf Zensur und Polizeigewalt gestützte Herrschaft.[319]

b) Wesen und Bedeutung des tunesischen Islamismus

Nach diesem Überblick über die historische Entwicklung der islamistischen Bewegung ist festzuhalten, dass sich die Politisierung des Islam auch in Tunesien in einer politischen und wirtschaftlichen Krisensituation entwickelte. Ob diese Umstände ursächlich waren für den Erfolg der islamistischen Bewegung, ist umstritten. Gegen die Begründung der Politisierung des Islam mit ökonomischen Gründen wird etwa vorgetragen, dass die MTI nicht nur sozial Schwache, sondern durchaus auch Begüterte anzog;[320] politische Gründe werden mit dem Hinweis darauf verneint, dass viele Anhänger der MTI studierte Techniker seien und die Einheitspartei sich gerade auch aus dieser Gruppe rekrutiert habe.[321] Dies dürfte allenfalls teilweise zutreffen. Die These, psycho-soziale Ursachen hätten im Vor-

315 *Erdle,* in: Bundeszentrale für politische Bildung (Hrsg.), Afrika II, S. 32.

316 *Entelis,* in: Esposito (Hrsg.), The Oxford Encyclopedia of the Modern Islamic World, Band 4, S. 239.

317 S. *Ware,* The Middle East Journal 42 (1988), 587, 598 f.; *Entelis,* in: Esposito (Hrsg.), The Oxford Encyclopedia of the Modern Islamic World, Band 4, S. 239; *Vandewalle,* The Middle East Journal 42 (1988), 602, 618.

318 *Erdle,* in: Bundeszentrale für politische Bildung (Hrsg.), Afrika II, S. 32; *Entelis,* in: Esposito (Hrsg.), The Oxford Encyclopedia of the Modern Islamic World, Band 4, S. 239.

319 *Kogelmann,* in: *Elger* (Hrsg.), Kleines Islam-Lexikon, S. 313.

320 *Waltz,* The Middle East Journal 40 (1986), 651, 662.

321 *Waltz,* The Middle East Journal 40 (1986), 651, 664.

dergrund gestanden und der Erfolg des tunesischen Islamismus sei – ausschließlich – Ausdruck einer Identitätssuche der jüngeren Bevölkerung gewesen,[322] ließe sich mit dem Hinweis darauf anzweifeln, dass die tunesische Jugend unter *Bourguiba* den Islam lediglich in der vom Staat kontrollierten und eingeschränkten Form kannte[323] und der Islamismus sich der Jugend gerade deshalb nicht als eine neue Ideologie anbot. Letztlich dürften auch in Tunesien mehrere Faktoren eine – je nach sozialer und politischer Herkunft der Anhänger unterschiedlich große – Rolle gespielt haben. Vor allem auch die Mitursächlichkeit der wirtschaftlichen und politischen Veränderungen drängt sich angesichts der Koinzidenz mit der raschen Politisierung der ursprünglich mit rein moralischen, apolitischen Fragestellungen befassten Bewegung[324] auf. Insoweit entspricht die Entwicklung in Tunesien den obigen Ausführungen zu den Ursachen des islamischen Fundamentalismus. Bemerkenswert ist, dass der vorgeblich säkulare Staat unter *Bourguiba* sich einer religiösen Legitimation bediente und damit das Erstarken islamistischer Gruppierungen ermöglichte oder zumindest erleichterte. Eine solche Entwicklung haben Islamwissenschaftler in mehreren Nationalstaaten der islamischen Welt beobachtet.[325] In Tunesien zeigte sie sich durch die Gründung der „Vereinigung zum Schutz des Koran". Die 1972 erstmalig erschienene Druckschrift dieser Vereinigung enthielt schon bald eine Reihe von Artikeln von *Ghannouchi* und *Mourou.* Diese konnten folglich mit Hilfe der Zeitschrift ihre politische Botschaft verbreiten.[326]

Die Geschichte des Islamismus in Tunesien bestätigt die These, nach welcher der Islam keineswegs stets den ‚Keim der Politisierung' in sich trägt. Bedenken ergeben sich dabei auch nicht aus dem Umstand, dass dann, wenn unter *Ben Alis* oder auch *Bourguibas* späterer Herrschaft dem Islam eine etwas größere Bedeutung im öffentlichen Leben eingeräumt wurde, die Zustimmung zur islamistischen Bewegung dennoch wuchs. Stets waren nämlich zu diesen Zeiten die Demokratiedefizite so ausgeprägt, dass Sympathien geradezu zwangsläufig eher der Opposition als der Regierung entgegengebracht wurden. Ferner ist zu bedenken, dass in den Anfangsjahren der Republik, also vor der umfassenden Krise der siebziger und achtziger Jahre, die islamistische Bewegung noch keine Rolle gespielt hatte.

Der Islamismus in Tunesien weist allerdings im Vergleich zu islamistischen Bewegungen in anderen Gebieten einige Besonderheiten auf, die ihn auch von dem allgemeinen Bild unterscheiden, welches vom islamischen Fundamentalismus häu-

---

322 So *Waltz,* The Middle East Journal 40 (1986), 651, 665 f.; ähnlich *Entelis,* in: Esposito (Hrsg.), The Oxford Encyclopedia of the Modern Islamic World, Band 4, S. 238.

323 Vgl. *Waltz,* The Middle East Journal 40 (1986), 651, 660.

324 Vgl. *Entelis,* in: Esposito (Hrsg.), The Oxford Encyclopedia of the Modern Islamic World, Band 4, S. 238.

325 S. *Hamzawy,* in: Bundeszentrale für politische Bildung (Hrsg.), Afrika II, S. 13.

326 *Entelis,* in: Esposito (Hrsg.), The Oxford Encyclopedia of the Modern Islamic World, Band 4, S. 238; *Vandewalle,* The Middle East Journal 42 (1988), 602, 609.

fig entworfen wird und auch mit der obigen Darstellung der Ursachen dieses Phänomens wiedergegeben wurde.

Die MTI sah sich zwar als Vertreterin einer religiös-politischen Alternative zum offiziellen tunesischen Islam an.[327] Sie übernahm bzw. unterstützte mit dem Ruf nach einer Reform der Wirtschaft, sozialer Gerechtigkeit und der Gewährung politischer Rechte jedoch Forderungen der Gewerkschaft UGTT.[328] Dies zeigt eine für ‚typische' islamistische Bewegungen unübliche Offenheit gegenüber anderen gesellschaftlichen Gruppierungen. Die MTI (bzw. die Hizb al-Nahdah) betrachtete sich dementsprechend auch nicht als einzigen (legitimen) Repräsentanten des Islam in Tunesien.[329] Diese Toleranz der MTI gegenüber anderen Gruppierungen erweist, dass ein radikaler und irrationaler Verlauf der Politisierung des Islam, wie er für andere Länder typisch sein mag, keineswegs zwingend ist.

Hierfür spricht auch die Haltung der MTI gegenüber dem säkularen System. Den frühen Schriften *Ghannouchis* war ein tiefes Misstrauen des MTI-Führers gegenüber den säkularen Ideologien des Westens zu entnehmen;[330] die islamistische Bewegung Tunesiens wies naturgemäß eine ausgeprägte anti-säkulare Orientierung auf.[331] Zunächst blieben dabei *Ghannouchis* Vorstellungen über den einzuschlagenden Weg bei der Errichtung eines islamischen Staates zwar unklar. Nach anfangs unschlüssigen Äußerungen zur Anwendung von Gewalt bekundeten er und sein Mitstreiter *Mourou* aber schließlich, sie wollten innerhalb eines demokratischen Systems mit anderen politischen Kräften zusammenwirken und den Wandel innerhalb des politischen Systems Tunesiens und nicht unter Bekämpfung des säkularen Staates anstreben.[332] Inwieweit dies zuträfe, wenn den Islamisten die Gelegenheit zum Handeln gewährt werden würde, ist freilich offen.[333] Bereits in den frühen achtziger Jahren traten Abspaltungen der MTI auf, die statt eines zurückhaltenden Kurses gewaltsame Aktivitäten favorisierten.[334] 1983 wurde ein Versuch der illegalen kleinen „Partei der Islamischen Befreiung" aufgedeckt, die tunesischen Streitkräfte zu infiltrieren.[335] Bemerkenswert ist allerdings, dass die

---

327 *Vandewalle,* The Middle East Journal 42 (1988), 602, 603; *Entelis,* in: Esposito (Hrsg.), The Oxford Encyclopedia of the Modern Islamic World, Band 4, S. 239.

328 *Vandewalle,* The Middle East Journal 42 (1988), 602, 611.

329 *Vandewalle,* The Middle East Journal 42 (1988), 602, 612; *Entelis,* in: Esposito (Hrsg.), The Oxford Encyclopedia of the Modern Islamic World, Band 4, S. 239.

330 *Vandewalle,* The Middle East Journal 42 (1988), 602, 609.

331 *Entelis,* in: Esposito (Hrsg.), The Oxford Encyclopedia of the Modern Islamic World, Band 4, S. 238, 239.

332 *Hottinger,* in: Lüders (Hrsg.), Der Islam im Aufbruch?, S. 62; *Vandewalle,* The Middle East Journal 42 (1988), 602, 612; *Ware,* The Middle East Journal 42 (1988), 587, 598.

333 Kritisch *Hottinger,* in: Lüders (Hrsg.), Der Islam im Aufbruch?, S. 62.

334 S. *Vandewalle,* The Middle East Journal 42 (1988), 602, 612; *Ware,* The Middle East Journal 42 (1988), 587, 591.

335 *Ware,* The Middle East Journal 42 (1988), 587, 591; *Tzschaschel,* Europa-Archiv 1986, 221, 225.

MTI selbst als die größte und einflussreichste islamistische Gruppierung trotz großer Wahlerfolge die demokratischen Handlungsformen wahrte und auch andere islamische Vereinigungen neben sich akzeptierte.

Im Übrigen ist es gerechtfertigt, den tunesischen Islamismus lediglich als eine Reaktion anzusehen, nämlich als Symptom einer tiefen Krise des tunesischen Staates und der tunesischen Gesellschaft. In einem Land, das weitgehend von Säkularisierung geprägt war, stellte der Islam ein Symbol der Opposition dar.[336] Auch *Ghannouchi* hat geäußert, der Konflikt mit der Regierung sei nicht religiöser Natur. Es handle sich nicht um einen Konflikt zwischen der Religion und dem westlichen Konzept der Säkularisierung, sondern zwischen dem Unterdrücker und den Unterdrückten.[337]

Mag aufgrund des erzwungenen Endes der islamistischen Opposition auch offenbleiben, welche Erscheinungsformen der tunesische Islamismus heute tragen würde, so bildet das Beispiel Tunesiens dennoch zumindest ein starkes Indiz dafür, dass Muslime auch in einem Land, dessen Bevölkerungsmehrheit sie stellen, ein säkulares Regierungssystem akzeptieren können.

3. Beispiel Türkei

Die Türkei galt seit ihrer Gründung im Jahre 1923 ebenfalls als ein Staat, der trotz seiner ganz überwiegenden Bevölkerungsmehrheit eine weitgehende Trennung von Staat und Religion anstrebte. Das türkische Militär, das sich der Wahrung des politischen Erbes von Staatsgründer *Kemal Atatürk* verpflichtet fühlt, griff in der Vergangenheit mehrmals in die Politik ein. Die Säkularität bzw. der Laizismus des Staates, welcher die Religion weitgehend aus dem öffentlichen Leben verbannen will[338] und einen der Grundpfeiler des „Kemalismus" darstellt, schien in der türkischen Verfassungspraxis daher eine Konstante zu bilden. Andererseits wirft allein schon die Rolle der als gemäßigt islamistisch charakterisierten „Partei für Gerechtigkeit und Entwicklung" (Adalet ve Kalkınma Partisi, AKP) als Regierungspartei seit dem Jahre 2002 die Frage auf, ob eine weitgehende Trennung von Politik und Religion auch noch der Realität entspricht bzw. von der Bevölkerung gewollt ist.

Ein Überblick über die geschichtliche Entwicklung des Islam in der Türkei kann hier möglicherweise Aufschlüsse über den Stellenwert der Religion und die Bedeutung ihrer Politisierung geben.

---

336 *Vandewalle,* The Middle East Journal 42 (1988), 602, 617 f.

337 *Ghannouchi,* in: Esposito / Tamimi (Hrsg.), Islam and Secularism in the Middle East, 97, 101.

338 Vgl. zum Unterschied zwischen Säkularität und Laizismus *Hofmann,* Islam, S. 76; *Rumpf,* VRÜ 32 (1999), 164, 166 f.

a) Geschichtlicher Überblick

Schon im Osmanischen Reich des 19. Jahrhunderts waren Tendenzen zu einer Säkularisierung von Staat und Gesellschaft zu beobachten.[339] Die radikalen Umwälzungen nach dem Ende des Unabhängigkeitskrieges (1919–1922) führten unter *Mustafa Kemal Atatürk* (1881–1938) jedoch zu einer neuen Dimension der Trennung von Staat und Islam.[340] Nach der Abschaffung des Sultanats, des Amtes des politischen Führers der Muslime, im Jahre 1922 schaffte die türkische Nationalversammlung 1924 auch das Kalifat, das Amt des geistlichen Herrschers in der muslimischen Welt, ab. Ferner wurden die religiösen Gerichte pensioniert. 1926 lösten das Schweizer Gesetzbuch und das italienische Strafrecht das teilweise noch auf der *scharia* beruhende Zivil- und Strafrecht ab. Das gesamte Schulsystem wurde dem Erziehungsministerium unterstellt, welches 1925 die Gemeinschaftserziehung von Jungen und Mädchen einführte. Der Religionsunterricht wurde abgeschafft. Schrittweise wurden das Frauenwahlrecht und die Einehe eingeführt. Indem 1928 die Lateinschrift die arabisch-osmanische Schrift ablöste und die Jugend somit nicht mehr das in arabischer Schrift verfasste islamische Traditionsschrifttum zu lesen vermochte, wurde der Einfluss der Religion ebenfalls sehr nachhaltig eingeschränkt.[341] Im selben Jahr wurde der Verfassungspassus, nach dem der Islam Staatsreligion war, gestrichen. 1937 wurde das Prinzip des Laizismus in die Verfassung übernommen. Viele Moscheen wurden im Laufe der Zeit geschlossen. Der Staat drang sogar mit Kleidungsvorschriften (insbesondere mit dem Verbot des Fez, der im islamischen Kulturkreis verbreiteten Filzkappe) bis in den privaten Bereich vor, um den Wechsel zu einer westlich orientierten Nation herbeizuführen.[342] Dabei sollte der Islam jedoch nicht gänzlich eliminiert, sondern nur aus dem öffentlichen Leben verbannt und der staatlichen Kontrolle unterstellt werden.[343] Ziel war es dabei auch, ihn zu einem Element der nationalen Kultur zu machen.[344] So wurde der Gebetsruf von den Minaretten nicht mehr arabisch, sondern türkisch vorgetragen. Ferner wurde versucht, das Lesen des Korans auf Türkisch vorzuschreiben.[345]

---

339 *Rumpf,* VRÜ 32 (1999), 164, 168; *Steinbach,* Die Türkei im 20. Jahrhundert, S. 328. S. die Beispiele bei *Spuler-Stegemann,* in: Ende / Steinbach (Hrsg.), Der Islam in der Gegenwart, S. 234.

340 *Rumpf,* VRÜ 32 (1999), 164, 169. Zu den weitreichenden, im Folgenden nur teilweise genannten Reformen unter *Atatürk* s. *Thomä-Venske,* Islam und Integration, S. 88 ff.; *Steinbach,* in: Bundeszentrale für politische Bildung (Hrsg.), Türkei, S. 9 ff.; *Spuler-Stegemann,* in: Ende / Steinbach (Hrsg.), Der Islam in der Gegenwart, S. 234.

341 *Spuler-Stegemann,* in: Ende / Steinbach (Hrsg.), Der Islam in der Gegenwart, S. 236; *Neumann-Adrian / Neumann,* Die Türkei, S. 308 f.

342 *Bielefeldt,* in: ders. / Heitmeyer (Hrsg.), S. 482; vgl. *Spuler-Stegemann,* in: Ende / Steinbach (Hrsg.), Der Islam in der Gegenwart, S. 235 f.

343 *Stempel,* Zwischen Koran und Grundgesetz, S. 54; *Thomä-Venske,* Islam und Integration, S. 91; *Ahmad,* in: Esposito (Hrsg.), The Oxford Encyclopedia of the Modern Islamic World, Band 4, S. 242.

344 *Thomä-Venske,* Islam und Integration, S. 91 f.; *Ahmad,* in: Esposito (Hrsg.), The Oxford Encyclopedia of the Modern Islamic World, Band 4, S. 243.

Der Islam gewann jedoch wieder mehr Gewicht in Politik und Gesellschaft, als *Atatürks* Nachfolger *Ismet Inönü* Mitte der vierziger Jahre das Mehrparteiensystem einführte:[346] Der Versuch, den Islam von einer auch ‚öffentlichen' Religion zu einer Angelegenheit rein privater Frömmigkeit zu wandeln, hatte nur teilweise Erfolg. Für breite Bevölkerungsschichten, insbesondere in den ländlichen Gebieten, blieb der Islam weiterhin ein prägender Faktor des sozialen Lebens und Bestandteil der traditionellen Erziehung.[347] Sie standen den Reformen skeptisch gegenüber, zumal sich die Lebensbedingungen der Landbevölkerung nicht wesentlich änderten.[348] Sie empfanden die Änderungen, soweit diese sie tatsächlich erreichten, somit als radikale Einschränkungen ihrer bisherigen Lebensweise. Die konservativen und rechtsgerichteten Parteien verstanden nach der Einführung des Mehrparteiensystems schnell, weite Teile der Bevölkerung mit den Islam betreffenden Themen anzusprechen und sich als Verteidiger der Religion darzustellen.[349] Siegerin der freien Wahlen von 1950 wurde nicht etwa die „Republikanische Volkspartei" (Cumhuriyet Halk Partisi, CHP), die von *Atatürk* gegründete bisherige Staatspartei, sondern die „Demokratische Partei" (Demokrat Parti, DP), die sich gegen soziale und kulturelle Entfremdung durch die Modernisierungsbestrebungen der CHP und auch gegen die „Unterdrückung des Islam" wandte[350] und für ihren Wahlkampf auch religiöse Symbole instrumentalisierte.[351] Im Zuge der genannten Neuorientierung wurde bald der Religionsunterricht wieder zugelassen. Ein intensiver Neubau von Moscheen setzte ein. Korankurse (wenn auch staatlich organisiert und kontrolliert) erhielten Zulauf. Die ersten Imam-Hatip-Schulen, also Vorbeter-Prediger-Schulen, wurden eröffnet. Ferner erlaubte die DP wieder religiöse Radiosendungen.[352] Doch auch die ‚wohlwollende Handhabung' der Säkularität durch die DP kannte Grenzen: Als Teile einer anderen Partei islamistische Forderungen stellten, verbot die Regierung diese Partei.[353]

---

345 *Neumann-Adrian / Neumann,* Die Türkei, S. 308; *Ahmad,* in: Esposito (Hrsg.), The Oxford Encyclopedia of the Modern Islamic World, Band 4, S. 243.

346 *Stempel,* Zwischen Koran und Grundgesetz, S. 54; *Strohmeier,* in: Elger (Hrsg.), Kleines Islam-Lexikon, S. 306; *Steinbach,* in: Bundeszentrale für politische Bildung (Hrsg.), Türkei, S. 11 (auch zu Gründen für diesen Schritt); *Spuler-Stegemann,* in: Ende / Steinbach (Hrsg.), Der Islam in der Gegenwart, S. 236.

347 *Strohmeier,* in: Elger (Hrsg.), Kleines Islam-Lexikon, S. 306; *Stempel,* Zwischen Koran und Grundgesetz, S. 54; *Tibi,* Aufbruch am Bosporus, S. 76.

348 *Thomä-Venske,* Islam und Integration, S. 90 f.

349 *Plattner,* Die Türkei, S. 42; *Stempel,* Zwischen Koran und Grundgesetz, S. 54; *Thomä-Venske,* Islam und Integration, S. 93 ff.; *Steinbach,* in: Bundeszentrale für politische Bildung (Hrsg.), Türkei, S. 25.

350 Vgl. *Neumann-Adrian / Neumann,* Die Türkei, S. 317; *Steinbach,* in: Bundeszentrale für politische Bildung (Hrsg.), Türkei, S. 11 f.

351 *Jung,* ZfTS 14 (2001), 69, 81.

352 Zu den genannten Änderungen s. *Spuler-Stegemann,* in: Ende / Steinbach (Hrsg.), Der Islam in der Gegenwart, S. 236; *Steinbach,* Die Türkei im 20. Jahrhundert, S. 329; *Tröndle,* ZfTS 14 (2001), 21, 23; *Neumann-Adrian / Neumann,* Die Türkei, S. 318.

353 *Neumann-Adrian / Neumann,* Die Türkei, S. 318.

Vor allem angesichts der Unfähigkeit der Regierung, einsetzende wirtschaftliche und soziale Probleme (Inflation, Verschärfung der Einkommensunterschiede und Verelendung durch Landflucht) zu beseitigen, übernahm die Armee ab dem 27. 05. 1960 vorübergehend die Macht. Die DP wurde im Zuge dieser Intervention verboten.[354]

Dessen ungeachtet, entwickelte sich in den sechziger und siebziger Jahren eine Auffächerung des Parteienspektrums. Auch auf der äußersten Linken und Rechten entstanden Gruppierungen.[355] Obwohl das Parteiengesetz von 1965 Parteien verbot, die das Prinzip des Laizismus nicht anerkannten, wurde 1970 als erste islamisch orientierte Partei die „Partei der Nationalen Ordnung" (Millî Nizam Partisi, MNP) unter *Necmettin Erbakan* gegründet, die für einen islamischen Fundamentalismus und die Wiedererrichtung einer „islamischen Ordnung" eintrat.[356] Nach dem Verbot der Partei 1971 entstand als Nachfolgeorganisation die „Nationale Heilspartei" (Millî Selamet Partisi, MSP), die zwischen 1974 und 1977 an mehreren Regierungen beteiligt war.[357] Bei den Wahlen im Jahre 1973 hatte sie als drittstärkste Gruppierung 11,8 % der Stimmen erhalten. Ihr Erfolg wurde damit erklärt, dass ein nicht unbeträchtlicher Teil der Wähler, insbesondere auf dem Lande und in den anatolischen Städten, in einer „islamischen Ordnung" Zuflucht suchte.[358] Die Wahlen fanden in einer politisch, wirtschaftlich und sozial desaströsen Zeit statt. Inflation, Arbeitslosigkeit, starke Einkommensgefälle, Verstädterung konnten in den gesamten siebziger Jahren nicht eingedämmt werden.[359] Auch andere radikale Parteien gingen gestärkt aus den Wahlen hervor.[360]

Eine Folge der angespannten Situation und auch der Parlamentswahlen bildete wiederum eine wachsende Islamfreundlichkeit der Regierungsparteien und damit des Staates. Sie zeigte sich unter anderem an den religiösen Orden, die 1925 verboten worden waren, nun aber gleichwohl wieder an die Öffentlichkeit traten und auch in den politischen Parteien aktiv werden konnten.[361] Der Staat selbst gab allein zwischen 1974 und 1976 die beträchtliche Summe von 140 Millionen Türkische Lire für den Bau von Moscheen aus; gleichzeitig wurden 12.000 neue Stellen für islamische Geistliche, Prediger und Gebetsausrufer geschaffen.[362] Eine wesent-

354 Vgl. *Jung*, ZfTS 14 (2001), 69, 81; *Neumann-Adrian / Neumann*, Die Türkei, S. 321, 324.

355 *Jung*, ZfTS 14 (2001), 69, 84; *Steinbach*, in: Bundeszentrale für politische Bildung (Hrsg.), Türkei, S. 13.

356 *Stempel*, Zwischen Koran und Grundgesetz, S. 54 f.; *Thomä-Venske*, Islam und Integration, S. 95.

357 *Stempel*, Zwischen Koran und Grundgesetz, S. 55.

358 *Steinbach*, in: Bundeszentrale für politische Bildung (Hrsg.), Türkei, S. 13.

359 *Neumann-Adrian / Neumann*, Die Türkei, S. 334; *Steinbach*, in: Bundeszentrale für politische Bildung (Hrsg.), Türkei, S. 13.

360 *Neumann-Adrian / Neumann*, Die Türkei, S. 335.

361 *Thomä-Venske*, Islam und Integration, S. 92; *Neumann-Adrian / Neumann*, Die Türkei, S. 331.

liche Ursache lag darin, dass die MSP größere Teile des staatlichen Direktoriums für religiöse Angelegenheiten kontrollierte, welches die Aufsicht über alle offiziellen Moscheen, Korankurse und Religionslehrpläne in der Türkei innehat.[363]

Die Taktik der MSP erschien in der Folgezeit auch anderen Parteien lohnenswert. Das Werben der Parteien um die Gunst der Wähler mit Hilfe islamischer Themen hielt an. Ende der siebziger Jahre verlor die MSP einen Teile ihres Einflusses und ihrer Wählerschaft, als die „Partei der Nationalen Bewegung" (Milliyetçi Hareket Partisi, MHP) unter *Alparslan Türkeş*, die zunächst keine religiösen Ziele verfolgt hatte, mit der Aufnahme islamischer Zielsetzungen ihre Strategie änderte und zur führenden rechtsextremen Organisation avancierte.[364]

Zusammenstöße zwischen Gruppierungen der äußersten Rechten und der äußersten Linken führten Ende der siebziger Jahre zu bürgerkriegsähnlichen Zuständen.[365] Dieser Umstand sowie eine weiter ansteigende Inflation und Öl- und Lebensmittelknappheit führten dazu, dass die türkische Armee am 12. 09. 1980 abermals die Macht übernahm. Parlament, Parteien und Gewerkschaften wurden vorübergehend aufgelöst.[366] Die nächsten Wahlen im November 1983 gewannen jedoch nicht die vom Militär begünstigten Parteien. Siegerin wurde vielmehr mit 45 % der Stimmen die „Mutterlandspartei" (Anavatan Partisi, ANAP) unter *Turgut Özal,* die sich aus Mitgliedern und Anhängern vier unterschiedlicher ehemaliger Parteien zusammensetzte und eine Art Volkspartei darstellte.[367] Die ANAP übernahm von der verbotenen MSP die Vertretung des politischen Islam.[368] Der Erfolg der Partei wurde denn auch zu einem nicht unbeträchtlichen Teil mit *Özals* persönlichem religiösen Engagement erklärt, mit dem dieser die sunnitische Mehrheit der Bevölkerung für sich habe einnehmen können.[369]

Politiker verschiedener, keineswegs nur extremistischer Parteien – neben *Erbakan* und *Türkeş* auch der Sozialdemokrat *Ecevit* und der Konservative *Demirel* – waren von den Militärs für mehrere Jahre von der politischen Bühne verbannt worden.[370] In einer Volksabstimmung im September 1987 sprach sich jedoch eine

---

362 *Sönmez,* Die Türkei von Atatürk bis heute, S. 91.

363 *Neumann-Adrian / Neumann,* Die Türkei, S. 331 f.; *Ahmad,* in: Esposito (Hrsg.), The Oxford Encyclopedia of the Modern Islamic World, Band 4, S. 244.

364 *Thomä-Venske,* Islam und Integration, S. 96; *Stempel,* Zwischen Koran und Grundgesetz, S. 55.

365 *Jung,* ZfTS 14 (2001), 69, 84; *Steinbach,* in: Bundeszentrale für politische Bildung (Hrsg.), Türkei, S. 13 f.

366 *Jung,* ZfTS 14 (2001), 69, 84.

367 *Sönmez,* Die Türkei von Atatürk bis heute, S. 169; *Neumann-Adrian / Neumann,* Die Türkei, S. 339 f.

368 *Ahmad,* in: *Esposito* (Hrsg.), The Oxford Encyclopedia of the Modern Islamic World, Band 4, S. 245.

369 *Spuler-Stegemann,* in: *Ende / Steinbach* (Hrsg.), Der Islam in der Gegenwart, S. 237; *Steinbach,* in: Bundeszentrale für politische Bildung (Hrsg.), Türkei, S. 25.

370 *Steinbach,* in: Bundeszentrale für politische Bildung (Hrsg.), Türkei, S. 14.

knappe Mehrheit der Bevölkerung für die Streichung der entsprechenden verfassungsrechtlichen Grundlage und damit für eine Rückkehr der ‚alten Garde‘ in die Politik aus.[371]

Bei den Parlamentswahlen vom November 1987 scheiterten Islamisten und Nationalisten allerdings – wie im Übrigen auch *Atatürks* CHP – an der zuvor von der ANAP eingeführten Zehn-Prozent-Hürde.[372] Stärkste Kraft wurde mit 36% der Stimmen wiederum die ANAP unter *Özal.*[373] Sie konnte jedoch die steigenden wirtschaftlichen und sozialen Probleme – insbesondere die wachsende Armut in breiten Bevölkerungsschichten – nicht bewältigen.[374] Bei den Wahlen 1991 erhielten die beiden Parteien der extremen nationalistischen und islamistischen Rechten, die MHP und die Wohlfahrtspartei (Refah Partisi, RP) unter dem Vorsitz *Erbakans,* auf einer gemeinsamen Liste 17% der Stimmen.

Die RP bildete die Nachfolgepartei der MSP. Diese war verboten worden, nachdem sie öffentlich für die Ersetzung staatlichen Rechts durch das hanafitische Recht eingetreten war.[375] Den Kern des politischen Programms der RP bildete eine „gerechte Ordnung“ mit dem Endziel der Einführung der *scharia.*[376] Die Partei war kaum gemäßigter als die MSP und wurde als streng organisierte Kaderpartei charakterisiert, deren Demokratieverständnis mit demjenigen einer pluralistischen und daher notwendig religiös weitgehend neutralen Gesellschaftsordnung kaum zu vereinbaren sein dürfte.[377] Ihr kam in der Folge auch die Enttäuschung breiter Volksschichten über die Regierungspolitik zugute: 1993 wurde mit den Stimmen der Sozialdemokratischen Volkspartei die Vorsitzende der Partei des Rechten Weges (Doğru Yol Partisi, DYP), *Tansu Çiller,* zur Ministerpräsidentin gewählt. Çiller, bisher Wirtschaftsministerin, weckte Hoffnungen auf eine Stabilisierung der ökonomischen Situation.[378] Unter ihrer Führung kam es jedoch schon 1994 zu einer weiteren Verschlechterung der wirtschaftlichen Verhältnisse.[379] Vor dem Hintergrund dieser Entwicklung und einer desolaten Lage der anderen Parteien[380] konnten die Islamisten bei den Kommunalwahlen im März 1994 ihre Gewinne fast verdoppeln: Die RP erhielt auf Kosten großer Parteien 18,75% der Stimmen sowie

---

371 *Steinbach,* in: Bundeszentrale für politische Bildung (Hrsg.), Türkei, S. 14; *Steinbach,* in: Bundeszentrale für politische Bildung (Hrsg.), Der Islam im Nahen Osten, S. 21.

372 Zu den Hintergründen für die Einführung s. *Durugönül,* Über die Reislamisierung in der Türkei, S. 209 f.

373 *Steinbach,* in: Bundeszentrale für politische Bildung (Hrsg.), Türkei, S. 14.

374 *Neumann-Adrian / Neumann,* Die Türkei, S. 343; *Steinbach,* in: Bundeszentrale für politische Bildung (Hrsg.), Türkei, S. 15.

375 *Johansen,* in: Marré / Stüting (Hrsg.), Essener Gespräche (20), S. 51.

376 *Seufert,* Café Istanbul, S. 170; *Rumpf,* VRÜ 32 (1999), 164, 182; *Plattner,* Die Türkei, S. 44.

377 Vgl. *Rumpf,* VRÜ 32 (1999), 164, 186 f.

378 *Moser / Weithmann,* Die Türkei, S. 261.

379 *Moser / Weithmann,* Die Türkei, S. 266.

380 *Käufeler,* Das anatolische Dilemma, S. 292.

wichtige Bürgermeisterposten, unter anderem in Istanbul und Ankara.[381] Aus den Parlamentswahlen Ende 1995 ging die RP mit 21 % der Stimmen als Siegerin hervor.[382] Wahlanalysen ergaben, dass etwa 8 % der Wähler die RP nicht aus religiösen Gründen, sondern aus Protest gegen die schlechte Wirtschaftslage, insbesondere wegen der hohen Inflation, gewählt hatten.[383] Zudem sprach die RP durch den Einsatz sozialistischen Vokabulars gezielt auch linke Wähler an.[384] Allerdings fand die religiöse Wählerschaft ihre Vertretung nicht nur in der islamistischen RP, sondern auch in Teilen anderer Parteien, etwa der ANAP.[385]

Im Juni 1996 wurde *Necmettin Erbakan* als Führer einer Koalitionsregierung türkischer Ministerpräsident. Während seiner Amtszeit kam es wegen verschiedener Vorstöße zur weiteren Etablierung des Islam zu einem Machtkampf mit dem Militär.[386] Der von der Armee beherrschte Nationale Sicherheitsrat betrachtete die RP als Gefahr für die Zukunft der laizistischen Republik.[387] Er forderte von *Erbakan* entschiedene Maßnahmen zur „Eindämmung des religiösen Fundamentalismus".[388] Dies betraf etwa eine von *Erbakan* verordnete Schulreform. Die Zahl der Imam-Hatip-Schulen musste reduziert, auch private Koranschulen dem Erziehungsministerium unterstellt bzw. geschlossen werden.[389] *Erbakan* suchte diese Reformen hinauszuzögern. Schließlich trat er im Juni 1997 unter vielfältigem Druck zurück.[390] Im Januar 1998 wurde die RP durch das türkische Verfassungsgericht verboten.[391] Damit ging ein fünfjähriges Verbot politischer Betätigung gegen den Parteivorsitzenden *Erbakan* einher.[392]

Die als Nachfolgeorganisation gegründete „Tugendpartei" (Fazilet Partisi, FP) wurde bei den nächsten Wahlen im April 1999, die zugleich Parlaments- und Kommunalwahlen waren, mit 15 % der Stimmen nur noch drittstärkste Kraft. Siegerin wurde die „Partei der Demokratischen Linken" mit 22 % vor der nationalistischen MHP, die 18 % erreichte. Die Regierung unter Ministerpräsident *Ecevit* konnte zwar wichtige Gesetzesvorhaben, vor allem Reformen der Sozialversicherung,

---

381 *Rumpf,* VRÜ 32 (1999), 164, 174, Fn. 27.

382 *Esposito,* in: ders. / Tamimi (Hrsg.), Islam and Secularism in the Middle East, 1, 5.

383 *Plattner,* Die Türkei, S. 46.

384 *Spuler-Stegemann,* in: Ende / Steinbach (Hrsg.), Der Islam in der Gegenwart, S. 238.

385 *Spuler-Stegemann,* in: Ende / Steinbach (Hrsg.), Der Islam in der Gegenwart, S. 237.

386 *Seufert,* Café Istanbul, S. 190 f.; *Plattner,* Die Türkei, S. 52 f.

387 *Rumpf,* VRÜ 32 (1999), 164, 182.

388 *Steinbach,* in: Bundeszentrale für politische Bildung (Hrsg.), Türkei, S. 17; *Esposito,* in: ders. / Tamimi (Hrsg.), Islam and Secularism in the Middle East, 1, 8; *Jung,* ZfTS 14 (2001), 69, 87.

389 S. im Einzelnen *Plattner,* Die Türkei, S. 53 f.

390 *Steinbach,* in: Bundeszentrale für politische Bildung (Hrsg.), Türkei, S. 17; *Plattner,* Die Türkei, S. 56 f.

391 S. dazu die Urteilsanalyse von *Rumpf,* VRÜ 32 (1999), 164, 182 ff.

392 *Steinbach,* in: Bundeszentrale für politische Bildung (Hrsg.), Türkei, S. 17.

durchsetzen. Zugleich sorgten unter anderem Korruptionsvorwürfe gegen zahlreiche führende Politiker und ein dramatischer Währungsverfall für Unzufriedenheit bei der Bevölkerung.[393] Bei den Parlamentswahlen im November 2002 scheiterten dann alle drei an der bisherigen Regierung beteiligten Parteien an der Zehn-Prozent-Hürde. Einen klaren Sieg errangen die gemäßigt auftretenden Islamisten, die durch die religiös-modernistische „Partei für Gerechtigkeit und Entwicklung" (Adalet ve Kalkyńma Partisi, AKP) vertreten wurden. Diese Partei war neben der direkten Nachfolgerin der FP, der „Glückseligkeitspartei" (Saadet Partisi, SP), ebenfalls aus der Fazilet Partisi hervorgegangen und erst ein Jahr zuvor gegründet worden. Während die SP bei den Wahlen, bei denen als einzige weitere Partei neben der AKP die CHP mit 19% die Zehn-Prozent-Hürde überwand,[394] keine Rolle spielte, gewann die AKP unter dem späteren Ministerpräsidenten *Recep Tayyip Erdoğan* 34% der Stimmen und die absolute Mehrheit der Sitze. Anders als etwa die RP vertritt die AKP keinen anti-westlichen Kurs, sondern strebt vielmehr einen Beitritt der Türkei zur EU an.[395] Mit Blick auf dieses Ziel hat die Regierung bereits eine Vielzahl von Reformen zur weiteren Stärkung demokratischer und rechtsstaatlicher Elemente eingeleitet.[396]

b) Wesen und Bedeutung des türkischen Islamismus

aa) Der Erfolg islamistischer Parteien

Der historische Überblick scheint ein wechselhaftes Bild von der Bedeutung des Islam in der Türkei wiederzugeben. *Atatürks* Reformen sollten und konnten die religiösen Gefühle der Bevölkerung nicht unterdrücken. Der Islam blieb ein wichtiger Bestandteil des sozialen Lebens. Auch wenn die Säkularisierungsbemühungen der Regierung in weiten Kreisen der Bevölkerung als anti-islamisch verstanden wurden und auf Kritik stießen, hatten sie gleichwohl keine oder zumindest keine erkennbare verstärkte Zuwendung der Bevölkerung zum Islamismus zur Folge. Nach Einführung des Mehrparteiensystems hatten zwar zunächst solche Parteien Erfolg, die sich als Verteidiger des Islam darstellten. Auch sie betrieben jedoch keine radikale islamistische Politik. Die Idee der Einführung einer islamischen Ordnung war ihnen fremd. Die von ihnen gebildeten Regierungen richteten sich im Wesentlichen vielmehr darauf, die durch *Atatürks* Reformen eingeschränkten Möglichkeiten der Religionsausübung zu erweitern. Von einer Politisierung des Islam im Sinne einer fundamentalistischen Ideologisierung kann insoweit nicht gesprochen werden.[397] Einzelne Aspekte der Religion waren Gegenstand der

---

393 *Steinbach,* in: Bundeszentrale für politische Bildung (Hrsg.), Türkei, S. 17 f.

394 *Steinbach,* in: Bundeszentrale für politische Bildung (Hrsg.), Türkei, S. 18 f.

395 Vgl. *Erdoğan,* in: Süddeutsche Zeitung v. 12. 01. 2004, S. 2.

396 S. die ausführliche Übersicht unter www.tcberlinbe.de/de/archiv/2004/2004_03_29_Politische_Reformen.pdf.

397 Vgl. *Seufert,* Café Istanbul, S. 82 (für die Regierungszeit der DP).

Gesetzgebung. Der Islam bildete jedoch nicht die Grundlage des staatlichen Handelns.

Dieses noch eindeutige Bild änderte sich mit dem Aufkommen islamistischer Parteien in den siebziger Jahren. Namentlich die MSP und ihre Nachfolgepartei RP, die beide an Regierungskoalitionen beteiligt waren, verfolgten das Ziel einer islamischen Ordnung unter Geltung der *scharia.*[398] Auch Teile anderer Parteien wie der ANAP oder der MHP vertraten unter anderem Interessen religiöser Bevölkerungskreise,[399] ohne dass diese Parteien allerdings als islamistisch bezeichnet werden könnten.

An den Erfolgen der MSP, der RP und auch ihrer Nachfolgepartei, der FP, sowie der gemäßigten AKP lässt sich jedoch noch nicht ablesen, wie groß der Anteil der türkischen Bevölkerung ist, der islamistischen Ideen zuneigt. Das Vertrauen der Bevölkerung in die politische Elite wurde in der Vergangenheit immer wieder durch Krisen sowie soziale und wirtschaftliche Missstände erschüttert. Der Sieg der RP bei den Parlamentswahlen 1995 war auch Ausdruck einer Protesthaltung vieler Wähler.[400] Das Ergebnis der Wahlen von 1999, bei denen die FP 15 % und die rechtsextreme MHP 18 % der Stimmen erreichten, wurde als Zeichen einer nationalistischen Selbstvergewisserung innerhalb der türkischen Gesellschaft gedeutet, nämlich vor allem noch als Reaktion auf die vorausgegangene Zurückweisung der Türkei als Kandidatin für eine EU-Mitgliedschaft.[401] Die Ergebnisse der vorgezogenen Neuwahlen im Jahre 2002 wurden aufgrund einer verheerenden Finanz- und Wirtschaftskrise wiederum als Denkzettel der Wähler für die bisherigen Regierungsparteien verstanden.[402] Im Übrigen darf nicht unberücksichtigt bleiben, dass stets nur eine Minderheit für islamistische Parteien stimmte. Selbst die gemäßigte AKP erreichte bei den Wahlen 2002 nur 34 % der Stimmen, auch wenn sie damit (wegen der Zehn-Prozent-Klausel) die absolute Mehrheit der Sitze im Parlament erhielt. Dementsprechend wird nicht zu Unrecht festgestellt, die lange demokratische Tradition der türkischen Republik habe sichere Gleise geschaffen, auf denen die meisten Türken als national gesinnte Muslime weiterzufahren wünschten.[403] Die Zustimmung zu Demokratie und Pluralismus sei tief in der türkischen Wählerschaft verwurzelt.[404] In Übereinstimmung mit diesen Einschätzungen sprachen sich bei einer Umfrage rund 73 % der Türken für einen laizistischen Staat aus; eine islamische Staatsführung hielten die meisten Befragten hingegen für eine Bedrohung.[405] Gegen ein Reformvorhaben der islamisch-konser-

---

398 Vgl. zur MSP *Thomä-Venske,* Islam und Integration, S. 162 f.; zur RP *Plattner,* S. 44 ff.

399 *Spuler-Stegemann,* in: Ende / Steinbach (Hrsg.), Der Islam in der Gegenwart, S. 237.

400 *Plattner,* Die Türkei, S. 46.

401 *Steinbach,* in: Bundeszentrale für politische Bildung (Hrsg.), Türkei, S. 17.

402 *Steinbach,* in: Bundeszentrale für politische Bildung (Hrsg.), Türkei, S. 18.

403 *Spuler-Stegemann,* in: Ende / Steinbach (Hrsg.), Der Islam in der Gegenwart, S. 246.

404 *Steinbach,* in: Bundeszentrale für politische Bildung (Hrsg.), Türkei, S. 14.

vativen Regierung, durch welches dieser angeblich mehr Einfluss auf die Universitäten eingeräumt worden wäre, protestierten im Oktober 2003 Zehntausende Studenten und Hochschulangehörige.[406]

Auch wenn nicht zu übersehen ist, dass sich der Islamismus in den letzten Jahrzehnten zu einer wichtigen Kraft innerhalb des politischen Spektrums der Türkei entwickelt hat, scheint er im Bewusstsein des ganz überwiegenden Teils der türkischen Bevölkerung doch keine realistische Alternative zum bestehenden System darzustellen. Als Ursachen für sein Erstarken werden wirtschaftliche und soziale Probleme genannt.[407] Arbeitslosigkeit, Inflation und zunehmende Verelendung vor allem der mittleren Bevölkerungsschicht spielten demnach eine nicht zu unterschätzende Rolle für den Erfolg fundamentalistischer Parteien.[408] Wesentlich dürfte dabei auch sein, dass die weitreichenden Bestrebungen des türkischen Staates, den Islam (im Interesse einer Verwestlichung der Gesellschaft) auf den Privatbereich zu begrenzen, seine Vereinnahmung durch politische Gruppen begünstigt und damit das spätere Aufkommen des Islamismus nicht unwesentlich beeinflusst haben.[409] Im Lichte dieser für die türkische Bevölkerung sehr belastenden Faktoren und angesichts des Scheiterns mehrerer demokratischer Regierungen erscheint die Zustimmung zu islamistischen Bewegungen sogar relativ gering.

bb) Die Rolle der staatlichen Institutionen

Unabhängig vom Erfolg islamistischer Parteien und seiner Ursachen wird von einer Durchdringung der türkischen Politik und Gesellschaft durch vielfältige Formen des Islam gesprochen.[410]

Zu dieser Einschätzung dürfte unter anderem die Stellung der religiösen Orden Anlass gegeben haben. Verschiedene Orden verfügen, wie bereits angedeutet, über eine enormen politischen Einfluss, da ihre Vertreter vielfach in Parteien wichtige Positionen innehaben oder auf andere Weise politischen Druck auszuüben vermögen.[411] Auch an Privatschulen und mit Förderkursen für Schüler sowie über eigene Verlage, Rundfunksender und sonstige Organisationen werden sie aktiv.[412]

---

405 Umfrage des amerikanischen Meinungsforschungsinstituts Pew Research Center, zitiert nach: Kirchenzeitung für das Erzbistum Köln, 24/03, S. 3.

406 *Bierschwale,* KuR 2003, 192 (= 980, S. 434).

407 *Spuler-Stegemann,* in: Ende/Steinbach (Hrsg.), Der Islam in der Gegenwart, S. 237.

408 Vgl. *Şen/Goldberg,* Türken in Deutschland, S. 89.

409 Vgl. *Stempel,* Zwischen Koran und Grundgesetz, S. 56; *Thomä-Venske,* Islam und Integration, S. 106.

410 *Steinbach,* Die Türkei im 20. Jahrhundert, S. 334; ähnlich *Rumpf,* VRÜ 32 (1999), 164.

411 *Steinbach,* Die Türkei im 20. Jahrhundert, S. 334.

412 *Neumann-Adrian/Neumann,* Die Türkei, S. 331; *Steinbach,* Die Türkei im 20. Jahrhundert, S. 330; *Spuler-Stegemann,* in: Ende/Steinbach (Hrsg.), Der Islam in der Gegenwart, S. 238.

Zu den bekanntesten Beispielen dieser – in der Türkei nach wie vor verbotenen – Bruderschaften zählen die auch öffentlich agierenden Naqshbandiya, zu der etwa *Turgut Özal* und *Necmettin Erbakan* enge Beziehungen unterhielten,[413] die Nurculuk-Bewegung, die jedenfalls in der Vergangenheit eine theokratische Staatsform anstrebte,[414] und die Süleymanli-Bewegung. Die meisten Orden lehnen allerdings – verflochten mit der politischen Klasse – das nach wie vor laizistische System der Türkei heute nicht (mehr) ab, sondern haben sich darin eingerichtet.[415] Gerade die Verflechtungen von staatlichen, privaten, parteipolitischen und religiösen Interessen und Bündnissen machen bis heute die Stärke der religiösen Gruppierungen aus.[416] Der Islam soll nach ihrem Willen lediglich verstärkt in die türkische Gesellschaft eingebunden werden.

Dieser Gedanke findet seine politische Variante in der Bewegung der „Türkisch-Islamischen Synthese" (Türk-Islam Sentezi), die eine Verbindung von Türkentum und Religion herzustellen sucht. Ihre ideellen Vorbereiter und Wortführer werden durch den konservativen, gegen linke Gruppierungen kämpfenden „Intellektuellen-Club" (Aydyńlar Ocağı) vertreten und haben sich seit den siebziger Jahren in Gestaltung und Ausführung von Verfassung und Gesetzgebung eingeschaltet.[417] Anfang der achtziger Jahre griff das Militär die Idee auf, türkischen Nationalismus und Islam zu verbinden, um die bestehenden sozialen und ideologischen Gräben zu überbrücken.[418] Da der Säkularismus aber Religion und Politik nicht trennte, sondern die Religion eher der Politik unterordnete, förderte er die Politisierung des Islam und den Kampf zwischen Säkularisten und Muslimen um die Kontrolle des Staates.[419] Der Gedanke des Türk-Islam, der eine nationalistische und eine religiöse Klientel ansprach, führte zum Erfolg der Islamisten.[420] Das Militär hielt sich

---

413 *Reichmuth,* in: Elger (Hrsg.), Kleines Islam-Lexikon, S. 220.

414 *Thomä-Venske,* Islam und Integration, S. 93; *Johansen,* in: *Marré / Stüting* (Hrsg.), Essener Gespräche (20), S. 49 f.

415 *Steinbach,* Die Türkei im 20. Jahrhundert, S. 335. Für die Naqshbandiya: *Algar,* in: Blaschke / van Bruinessen (Hrsg.), Islam und Politik in der Türkei, 167, 188; *Tibi,* Aufbruch am Bosporus, S. 92. Für die Süleymanlis: *van Bruinessen,* in: Blaschke / van Bruinessen (Hrsg.), Islam und Politik in der Türkei, 13, 33 f.; anders aber *Durugönül,* Über die Reislamisierung in der Türkei, S. 220; *Thomä-Venske,* Islam und Integration, S. 93.

416 *Neumann-Adrian / Neumann,* Die Türkei, S. 331 f.

417 *Spuler-Stegemann,* in: Ende / Steinbach (Hrsg.), Der Islam in der Gegenwart, S. 238; *Steinbach,* in: Bundeszentrale für politische Bildung (Hrsg.), Türkei, S. 25; *Seufert,* Café Istanbul, S. 83. Ausführlich zur Türkisch-Islamischen Synthese: *Käufeler,* Das anatolische Dilemma, S. 299 ff.

418 *Jung,* ZfTS 14 (2001), 69, 88; *van Bruinessen,* in: Blaschke / van Bruinessen (Hrsg.), Islam und Politik in der Türkei, 13, 14. Zu konkreten Maßnahmen s. *Seufert,* Café Istanbul, S. 65 f.

419 *Esposito,* in: ders. / Tamimi (Hrsg.), Islam and Secularism in the Middle East, 1, 8; ähnlich *Stempel,* Zwischen Koran und Grundgesetz, S. 56; *Thomä-Venske,* Islam und Integration, S. 93.

420 Vgl. *Jäggi,* in: ders. / Krieger, Fundamentalismus, S. 106.

gleichwohl zurück. Dreimal hatte die streng an den Reformen *Atatürks* orientierte Armee zuvor die Staatsführung übernommen (1960, 1971, 1980). Gleiches hat sich anschließend nicht mehr wiederholt. Die Intervention gegenüber der Regierung unter Ministerpräsident *Erbakan* im Jahre 1997, der eine betont provokante Politik des Regierungschefs vorausgegangen war,[421] fiel vergleichsweise zurückhaltend aus. Zu Recht wurde daher von einer innenpolitischen Neubewertung des Islam gesprochen: Von der weitergehenden Förderung im Rahmen der bestehenden Institutionen erhofften sich die staatlichen Kräfte anscheinend mehr Stabilität als von rigiden Kontrollen.[422] Die neuere Rechtsprechung der ebenfalls dem Kemalismus verpflichteten türkischen Justiz zum Laizismusprinzip – häufig zum Tragen von Kopftüchern an bestimmten öffentlichen Orten – weist zwar grundsätzlich eine gegenüber der Religionsfreiheit restriktive Tendenz auf.[423] Gleichwohl erscheint der türkische Staat gegenüber dem Islam heute nicht nur tolerant, sondern sogar als Förderer der Religion.

Diese Politik ist vor allem auf den bereits genannten Einfluss religiöser Gruppierungen auf die verschiedenen Parteien zurückzuführen,[424] der sich auch auf die Förderung des Islam durch staatliche Behörden auswirkt. Diese erfolgt vor allem durch das für das Ausbildungswesen zuständige Nationale Erziehungsministerium, die Direktion für das Stiftungswesen sowie das Präsidium für Religionsangelegenheiten.[425] Dem (von religiös-konservativen Kräften kontrollierten) Erziehungsministerium obliegen die Erteilung des obligatorischen Religionsunterrichts, die Verwaltung der Predigergymnasien und die Kontrolle der theologischen Fakultäten.[426] Sein Hauptziel liegt dabei in der Schaffung nationaler und religiöser Einheit und damit auch im Erhalt des Glaubens.[427] Eine überragende Bedeutung bei der Förderung des Islam hat heute aber das Präsidium für Religionsangelegenheiten, das Diyanet Işleri Başkanlığı (DIB). Zu seinen Aufgaben zählen beispielsweise die Publikation religiöser Schriften, die Erstellung islamischer Rechtsgutachten, die Herausgabe von Musterpredigten, Errichtung und Verwaltung von Moscheen, Betreuung und Besoldung des Moscheepersonals im In- und Ausland, Betreuung von Korankursen und die Organisation von Pilgerfahrten.[428] Auch im

---

421 Vgl. *Plattner,* S. 52.

422 *Spuler-Stegemann,* in: Ende / Steinbach (Hrsg.), Der Islam in der Gegenwart, S. 238; *Steinbach,* Die Türkei im 20. Jahrhundert, S. 336.

423 Vgl. zur Kopftuchrechtsprechung des türkischen Verfassungsgerichts und der Verwaltungsgerichte sowie zum Verbot der RP durch das Verfassunngsgericht *Rumpf,* VRÜ 32 (1999), 164, 178 ff. Zur Diskussion um das Kopftuch s. auch *Durugönül,* S. 225 f.

424 Vgl. *Neumann-Adrian / Neumann,* Die Türkei, S. 332.

425 Zu diesen Institutionen s. *Spuler-Stegemann,* in: Ende / Steinbach (Hrsg.), Der Islam in der Gegenwart, S. 239 ff.; zum Präsidium für Religionsangelegenheiten s. auch *Tröndle,* ZfTS 14 (2001), 21 ff.

426 *Seufert,* Café Istanbul, S. 67.

427 *Seufert,* Café Istanbul, S. 67. Vgl. *Spuler-Stegemann,* in: Ende / Steinbach (Hrsg.), Der Islam in der Gegenwart, S. 239 (zum Religionsunterricht).

Ausland entfaltet das Präsidium intensive Aktivitäten zur Unterstützung türkischer Gläubiger.[429]

Besonderer Erwähnung bedarf die Haltung des DIB gegenüber den Aleviten. Diese Glaubensgemeinschaft, deren Anteil an der türkischen Bevölkerung Schätzungen zufolge zwischen 15 und 30% liegt,[430] sah bzw. sieht sich in der Türkei aufgrund von Glaubensunterschieden bis in jüngere Zeit Anfeindungen und Verfolgungen von Seiten der sunnitischen Mehrheit ausgesetzt.[431] Das DIB hatte die Existenz der Aleviten bis vor einigen Jahren noch völlig negiert,[432] sucht inzwischen aber die Annäherung an die alevitische Glaubensgemeinschaft und nimmt nun für sich in Anspruch, auch den alevitischen Islam zu vertreten.[433]

Nach der türkischen Verfassung hat das DIB „im Einklang mit dem Prinzip des Laizismus sich jeglicher politischer Stellungnahmen zu enthalten sowie auf nationale Solidarität und Einheitlichkeit hinzuwirken."[434] Entgegen dieser Verpflichtung auf die Linie eines laizistischen Staates hat sich das Präsidium für Religionsangelegenheiten aus einer Behörde zur Kontrolle islamischer Aktivitäten zu einer mächtigen Institution der Förderung des (sunnitischen) Islam entwickelt, die in nahezu alle religiösen Aktivitäten in der einen oder anderen Weise eingeschaltet ist. Dies mag sich mit der Besetzung des DIB mit Angehörigen fundamentalistischer Strömungen erklären lassen.[435] Das DIB geht jedoch deutlich über den in der Verfassung festgelegten Auftrag hinaus.[436] Die in den letzten Jahren verstärkt geführte Debatte über eine Reform oder die Abschaffung des DIB[437] zeigt, dass dem Islam trotz der Verankerung des Laizismusprinzips in der Verfassung[438] in der

---

428 *Tröndle,* ZfTS 14 (2001), 25 ff.; *Spuler-Stegemann,* in: Ende / Steinbach (Hrsg.), Der Islam in der Gegenwart, S. 241.

429 S. *Steinbach,* Die Türkeit im 20. Jahrhundert, S. 333.

430 *Steinbach,* in: Bundeszentrale für politische Bildung (Hrsg.), Türkei, S. 27: ca. 20%; *Spuler-Stegemann,* in: Ende / Steinbach (Hrsg.), Der Islam in der Gegenwart, S. 232: mindestens 15%; *Bartsch,* in: Elger (Hrsg.), Kleines Islam-Lexikon, S. 29: 15 – 30%.

431 *Spuler-Stegemann,* in: Ende / Steinbach (Hrsg.), Der Islam in der Gegenwart, S. 245; *Wöhlert,* Alewiten, in: Bundeszentrale für politische Bildung (Hrsg.), Weltreligion Islam, S. 82.

432 *Spuler-Stegemann,* in: Ende / Steinbach (Hrsg.), Der Islam in der Gegenwart, S. 245.

433 *Tröndle,* ZfTS 14 (2001), 21, 42; *Spuler-Stegemann,* in: Ende / Steinbach (Hrsg.), Der Islam in der Gegenwart, S. 245.

434 *Spuler-Stegemann,* in: Ende / Steinbach (Hrsg.), Der Islam in der Gegenwart, S. 241; *Rumpf,* VRÜ 32 (1999), 164, 175.

435 Vgl. *Steinbach,* Die Türkei im 20. Jahrhundert, S. 333. Zu Vorwürfen, der Islamismus missbrauche die Strukturen der staatlichen Religionsbehörde, s. *Tröndle,* ZfTS 14 (2001), 21, 37.

436 *Steinbach,* Die Türkei im 20. Jahrhundert, S. 332; *Tröndle,* ZfTS 14 (2001), 21, 31.

437 Vgl. dazu *Tröndle,* ZfTS 14 (2001), 21, 32 ff.; *Käufeler,* Das anatolische Dilemma, S. 416.

438 Zu den verfassungsrechtlichen und einfachgesetzlichen Grundlagen s. *Rumpf,* VRÜ 32 (1999), 164, 172 ff., 177 f.

Gesellschaft heute eine überragende Bedeutung zukommt. Mitunter wird sogar davon gesprochen, dass der Islam faktisch in die Rolle einer Staatsreligion hineingewachsen sei.[439]

Allerdings ist insoweit festzuhalten, dass eine Einführung des islamischen Rechts gegenwärtig von keiner bedeutenden politischen Kraft mehr angestrebt wird. Die Türkei bildet auch nach ihrer Verfassung und ihren Institutionen eine säkulare Republik. Andererseits ist die Entwicklung noch nicht abgeschlossen, ein noch stärkeres Einwirken der Religion auf die Politik nicht ausgeschlossen.[440] Jedenfalls kann im Hinblick auf die vergangenen zwei bis drei Jahrzehnte eine zunehmende Verflechtung von Staat, Politik und Religion festgestellt werden. Dass die Trennung dieser beiden Bereiche in der Zukunft funktionieren könnte, ohne dass die Religion das politische Tagesgeschehen bestimmt, wird mitunter für äußerst unwahrscheinlich gehalten.[441]

Ob die Türkei den Weg einer (weitestgehenden) Trennung von Politik und Religion jemals gehen wird, kann allerdings offenbleiben. Letztendlich erscheint es nicht überraschend, dass nach den Reformen unter *Atatürk,* die die religiöse Praxis der Bevölkerung sehr weitgehend beeinträchtigten, im Rahmen der Liberalisierung die islamischen Kräfte verstärkt ins Blickfeld traten.[442] Eine tiefere Ursache liegt dabei vermutlich in den Besonderheiten der Religion selbst: Jedenfalls im sunnitischen Islam, dem die meisten türkischen Muslime angehören, hat keine Verkirchlichung stattgefunden.[443] Auch wenn die Bedeutung der Rechtsgelehrten umstritten ist,[444] vermögen sie den Muslimen jedenfalls nicht das Gefühl einer Gemeinschaft zu vermitteln. Eine allgemein anerkannte religiöse Organisation, die zu Fragen des Islam einheitliche Aussagen trifft und die Religionsausübung der Muslime unterstützt, fehlt somit. Zumindest aber konnte eine muslimische Identität und damit ein Gefühl der Zusammengehörigkeit durch die öffentlich mögliche Religionsausübung und auch durch die überkommene Verbindung von Herrschaft und Religion entwickelt und bewahrt werden.[445] Als der türkische Staat den Islam aus dem öf-

---

439 *Spuler-Stegemann,* in: Ende / Steinbach (Hrsg.), Der Islam in der Gegenwart, S. 239; *Steinbach,* Die Türkei im 20. Jahrhundert, S. 331.

440 S. die zurückhaltenden Aussagen zu möglichen künftigen Entwicklungen bei *Plattner,* Die Türkei, S. 59; *Spuler-Stegemann,* in: Ende / Steinbach (Hrsg.), Der Islam in der Gegenwart, S. 246; *Rumpf,* VRÜ 32 (1999), 164, 190.

441 Vgl. *Rumpf,* VRÜ 32 (1999), 164, 165.

442 Vgl. *Käufeler,* Das anatolische Dilemma, S. 411 f.; *Steinbach,* in: Bundeszentrale für politische Bildung (Hrsg.), Der Islam im Nahen Osten, S. 20.

443 *Johansen,* in: Marré / Stüting (Hrsg.), Essener Gespräche (20), S. 66; *Rohe,* Der Islam, S. 29; vgl. *Bielefeldt* in: ders. / Heitmeyer (Hrsg.), Politisierte Religion, S. 484.

444 Für ihre Charakterisierung als Klerus: *Tibi,* ARSP 66 (1980), 207, 211; ähnlich *Wielandt,* Die Welt des Islams 22 (1982), 117, 121. A. A.: *Rohe,* Der Islam, S. 29; *Elger,* in: ders. (Hrsg.), Kleines Islam-Lexikon, S. 106.

445 Vgl. *Mikat,* Diskussionsbeitrag bei: Johansen, in: Marré / Stüting (Hrsg.), Essener Gespräche (20), S. 64; zustimmend *Johansen,* ebenda, S. 66: das Fehlen einer „islamischen Kirche" als Ursache für den religiös-politischen Charakter der islamischen Gemeinde.

fentlichen Leben verbannte, endete diese Möglichkeit.[446] Zur Bewahrung der eigenen Identität strebten die türkischen Muslime Einschränkungen der laizistischen Politik *Atatürks* an, sobald die Einführung des Mehrparteiensystems dies zuließ. Deshalb waren die Erfolge islamisch auftretender Bewegungen und Parteien als Bemühen der Bevölkerung um eine Wiederherstellung der Religionsfreiheit zu verstehen. Aufgrund der sehr weitgehenden Einschränkungen, die der Islam in den Anfangsjahren der türkischen Republik erlitt, und der in der Türkei fest verankerten Laizität[447] verwundert es nicht, wenn islamisch orientierte Parteien und Bewegungen auch noch Jahrzehnte nach dem Beginn der Liberalisierungen großen Zuspruch aus der Bevölkerung erhalten. Die bloße (Re-)Islamisierung des gesellschaftlichen Lebens ist dabei jedoch vom islamischen Fundamentalismus zu unterscheiden, dem bisher nur eine Minderheit der Bevölkerung anhängt und dessen Vertreter bei den bisherigen Wahlen, wie gezeigt, keineswegs nur wegen einer etwaigen religiösen Motivation ihrer Wähler Erfolge erzielten.

c) Zusammenfassung

Die Untersuchung der Entwicklung in der Türkei hat gezeigt, dass der Islamismus dort nur wenige Anhänger findet. Nur eine kleine Minderheit unterstützte bisher entschieden fundamentalistische und anti-westliche Gruppierungen, die die Errichtung einer islamischen Ordnung anstrebten. Die ganz überwiegende Mehrheit der Türken sprach sich hingegen für die Beibehaltung eines laizistischen Staates aus.

Trotz der engen Verflechtung des Islam mit der Politik liefert die Türkei noch kein Argument für die Annahme, dass im Islam eine Trennung beider Bereiche zwingend ausgeschlossen ist. Es ist keinesfalls undenkbar, dass die Mehrheit der türkischen Muslime eine Trennung von Staat, Politik und Religion akzeptieren könnte, sofern nur die Religionsfreiheit in hinreichendem Maße gewährleistet wäre. Der Islam wurde seit der Einführung des Mehrparteiensystems durch Regierungen instrumentalisiert, die die wirtschaftlichen und sozialen Schwierigkeiten nicht zu bewältigen vermochten und statt dessen Zugeständnisse hinsichtlich des Islam machten, um hierdurch die Bevölkerung für sich einzunehmen.[448] Aufgrund dessen liegt die Vermutung nahe, dass bei besseren wirtschaftlichen und sozialen Ausgangsbedingungen der Erfolg islamischer Bewegungen geringer ausgefallen wäre.[449]

Zu berücksichtigen ist auch die schon frühe Ausbildung des politischen Systems zu einer pluralistischen Demokratie. Damit war für alle politischen Kräfte die

446 Ähnlich *Tibi,* Aufbruch am Bosporus, S. 89.

447 *Tibi,* Aufbruch am Bosporus, S. 42; *Käufeler,* Das anatolische Dilemma, S. 412.

448 Vgl. *Seufert,* Café Istanbul, S. 82.

449 S. auch die Bewertung der Entwicklung des Islam in der Türkei bei *Käufeler,* Das anatolische Dilemma, S. 411 ff.

Möglichkeit eröffnet, sich zu entfalten und eine parlamentarische Vertretung zu erringen. Spannungen zwischen verschiedenen Interessengruppen konnten über viele Jahre in die Kanäle einer parlamentarischen Auseinandersetzung gelenkt werden.[450] Aufgrund dieser demokratischen Tradition wäre es der ganz überwiegenden Mehrheit der türkischen Muslime ohne Weiteres zuzutrauen, in einem Staatswesen mit (auch in tatsächlicher Hinsicht) weitgehender Trennung von Politik und Religion ihre Identität zu bewahren. Möglicherweise hätte ein solcher säkularer Staat aber dennoch eine andere Gestalt, als sie etwa den Staaten Westeuropas entspricht. Es ist denkbar, dass trotz einer Trennung Verbindungen zwischen Politik und Islam für einen solchen Staat nach wie vor prägend wären.

Letztlich handelt es sich hierbei nur um eine Vermutung. Eine solche ist bei der Untersuchung der hier zu klärenden Frage unumgänglich, da eine weitgehende Trennung von Politik und Islam in einem demokratischen (und mehrheitlich von Muslimen bewohnten) Staat, der die Religionsfreiheit seiner Bürger gewährleistet, bisher nicht vorgenommen wurde. Die nachgezeichnete Entwicklung in der Türkei stützt allerdings die These, dass die Integration von Muslimen in ein säkulares Staatswesen – wenn auch eigener Art – jedenfalls dann möglich ist, wenn eine hinreichende wirtschaftliche und soziale Stabilität, eine demokratische Tradition und die Gewährleistung der Religionsfreiheit gegeben sind.

II. Muslimische Minderheiten in säkularen Staaten

Nachdem die Bedeutung des Islam in säkular ausgerichteten Staaten der islamischen Welt untersucht wurde, ist nun die Integrationsfähigkeit der Muslime in solchen Staaten von Interesse, in denen sie eine Minderheit bilden. Der Blick richtet sich hier auf Europa, insbesondere auf dessen westlichen Teil. Im gesamten europäischen Raum leben heute nach grober Schätzung 30 Millionen Muslime.[451] Während sie teilweise – außer in der Türkei beispielsweise auch in Albanien oder in Teilen Bosnien-Herzegowinas – die Bevölkerungsmehrheit stellen, bilden die circa 15 Millionen Muslime in den Staaten Westeuropas[452] jeweils eine Minderheit. Ihr Anteil an der Bevölkerung liegt in den meisten Ländern zwischen zwei und fünf Prozent.[453]

---

450 *Steinbach,* in: Bundeszentrale für politische Bildung (Hrsg.), Der Islam im Nahen Osten, S. 20.

451 Vgl. *Elyas,* in: Hafez / Steinbach (Hrsg.), Juden und Muslime in Deutschland, S. 17: ca. 33 Millionen (1999); *Rohe,* Der Islam, S. 63: mehr als 30 Millionen (2001); *Tibi,* Fundamentalismus im Islam, S. 99: mehr als 25 Millionen (2000).

452 Vgl. *Tibi,* Fundamentismus im Islam, S. 99: ca. 15 Millionen (2000); *Ramadan,* in: Hartmann / Krannich (Hrsg.), Muslime im säkularen Rechtsstaat, S. 89: 14 bis 18 Millionen (2001).

453 Belgien: 3,4 %; Deutschland: 3,9 %; Frankreich: 8,4 % (s. dazu weiter unten im Text); Großbritannien: 2,3 %; Niederlande: 4,4 %; Österreich: 4,2 %; Schweiz: 4,3 % (alle Zahlen nach: *von Baratta* (Hrsg.), Der Fischer Weltalmanach 2004).

1. Fehlende Einheit mangels Einheitlichkeit

Die meisten in Europa lebenden Muslime stammen aus sunnitisch geprägten Gebieten, folgen aber unterschiedlichen Rechtsschulen. Auch darüber hinaus weist der in Europa anzutreffende Islam eine sehr große Vielfalt auf. Die hier lebenden Muslime kamen aus unterschiedlichen Teilen der islamischen Welt und sind durch ihre Herkunft und damit durch ihre verschiedenen kulturellen Traditionen geprägt.[454] In den Niederlanden beispielsweise finden sich starke Anteile an Muslimen aus dem heutigen Indonesien.[455] Der Islam in Großbritannien ist deutlich indo-pakistanisch geprägt.[456] Die meisten französischen Muslime stammen aus dem Maghreb.[457] In Deutschland, Österreich und Belgien herrscht der Islam türkischer Prägung vor.[458] Doch auch innerhalb der einzelnen Länder besteht – ungeachtet der Prädominanz einzelner Gruppen – aufgrund der Vielfalt der geographischen Ursprünge bzw. der Konfessionen und Rechtsschulen des Islam kein einheitliches Bild der muslimischen Bevölkerungsteile. So leben etwa in Frankreich neben mehr zwei Millionen Muslimen maghrebinischer Abstammung 500.000 Türken und circa weitere 500.000 Muslime aus Westafrika, von La Réunion und den Komoren.[459] In Deutschland leben außer 2,4 Millionen Muslimen türkischer Herkunft in größeren Zahlen unter anderem Muslime aus Bosnien-Herzegowina (167.000), dem Iran (116.000) und Marokko (81.000).[460] Unter den türkischen Muslimen in Deutschland findet sich neben Sunniten auch eine bedeutende Zahl von Alewiten (ca. 15%), ferner ein kleiner Anteil von Schiiten (ca. 4%). Über die Konfessionen und Rechtsschulen hinaus finden sich Gruppierungen, die dem nicht-orthodoxen Islam in Form mystischer Orden folgen.[461]

Die in Europa lebenden Muslime stellen somit keine einheitliche religiöse, ethnische oder kulturelle Gruppe dar.[462] Der Ausdruck des „europäischen Islam“ oder beispielsweise des „deutschen Islam“[463] wird daher von vielen in Europa lebenden Muslimen zu Recht abgelehnt, soweit hierdurch ihre jeweiligen Besonderheiten unbeachtet bleiben und eine europäische Kollektividentität der Muslime in Europa unterstellt werden soll.[464] Diese grenzen sich vielmehr weitgehend voneinander

---

454 *Dassetto,* in: Ferrari / Bradney (Hrsg.), Islam and European Legal Systems, S. 34 f.

455 *Rohe,* Der Islam, S. 63.

456 *Heine,* Halbmond über deutschen Dächern, S. 306.

457 *Leveau,* in: Escudier / Sauzay / v. Thadden (Hrsg.), Der Islam in Europa, S. 17; *Rohe,* Der Islam, S. 63.

458 *Rohe,* Der Islam, S. 63.

459 *Leveau,* in: Escudier / Sauzay / v. Thadden (Hrsg.), Der Islam in Europa, S. 17 (2003).

460 *Şen / Aydın,* Islam in Deutschland, S. 15 (2000).

461 *Şen / Aydın,* Islam in Deutschland, S. 17, 19, 20.

462 *Saint-Blancat,* in: Escudier / Sauzay / v. Thadden (Hrsg.), Der Islam in Europa, S. 179.

463 Vgl. *Dassetto,* in: Ferrari / Bradney (Hrsg.), Islam and European Legal Systems, S. 31; *Rohe,* RabelsZ 64 (2000), 256 f.

ab. Die islamischen Zentren beispielsweise, die mit einer Moschee verbunden sind, richten sich in der Regel an Angehörige eines bestimmten Volkes. Nur in Ausnahmefällen gelingt es, die sprachlichen, ethnischen und nationalen Grenzen der Gruppe, durch deren Initiative die Moscheen entstanden sind, zu übersteigen.[465] Sehr viele Moscheen in Deutschland unterstehen zum Beispiel der mit dem türkischen Präsidium für Religionsangelegenheiten verbundenen Türkisch-Islamischen Union der Anstalt für Religion (Diyanet Işleri Türk-Islam Birlığı, DITIB).[466] Diese Organisation, die unter anderem auch in Belgien, der Schweiz, den Niederlanden, Frankreich und in Dänemark vertreten ist,[467] wendet sich ausschließlich an die türkische Gemeinschaft.[468]

Aufgrund dieser Heterogenität gelingt es den Muslimen in Europa häufig nicht, dem Eindruck, eine gesellschaftliche Randgruppe zu sein, entgegenzuwirken, denn die verschiedenen Dachverbände vermögen nur einzelne Teile der muslimischen Bevölkerung zu repräsentieren. So können etwa in Belgien und Österreich die dortigen islamischen Dachorganisationen kaum ein einheitliches Bild des Islam in dem jeweiligen Land vermitteln.[469] In Deutschland bestehen ähnliche Schwierigkeiten. Neben der DITIB existieren zwei staatsunabhängige Dachverbände, die in der breiten Öffentlichkeit bekannt geworden sind, nämlich der Islamrat für die Bundesrepublik Deutschland und der Zentralrat der Muslime in Deutschland. Diese Organisationen verstehen sich jeweils als Interessenvertretung sowie Beratungs- und Beschlussorgan mehrerer Gruppen. Sie versuchen, Ansprechpartner für deutsche Behörden zu sein.[470] Ein Einigungsprozess der islamischen Organisationen, welcher die Kooperation mit staatlichen Institutionen verbessern würde, ist zur Zeit allerdings nicht absehbar.[471] Das Bewusstsein, zu einer sozial schwachen Minderheit der Gesellschaft zu gehören,[472] mag auch durch diesen Umstand begründet sein.

---

464 *Schulze,* in: Hartmann / Krannich (Hrsg.), Muslime im säkularen Rechtsstaat, S. 101; *Ramadan,* in: Hartmann / Krannich (Hrsg.), Muslime im säkularen Rechtsstaat, S. 93; vgl. *Tibi,* Der Islam und Deutschland, S. 54. S. allerdings *Rohe,* RabelsZ 64 (2000), 256, 295 f., der den Begriff des europäischen Islam nicht in diesem Sinne versteht, sondern ihn auf die Verwirklichung islamischer Gebote durch die Anwendung nationaler Rechtsnormen bezieht.

465 *Bihl,* Islam, S. 184; *Leveau,* in: Escudier / Sauzay / v. Thadden (Hrsg.), Der Islam in Europa, S. 17.

466 Vgl. *Heine,* Halbmond über deutschen Dächern, S. 121.

467 S. Zentrum für Türkeistudien, Türkische Muslime in Nordrhein-Westfalen, S. 86 (mit jeweiliger Anzahl der Moscheen).

468 S. *Heimbach,* Die Entwicklung der islamischen Gemeinschaft in Deutschland seit 1961, S. 124.

469 *Heine,* Halbmond über deutschen Dächern, S. 344.

470 *Tworuschka,* Grundwissen Islam, S. 179 ff.; vgl. *Rödl,* in: Isak / Schmid (Hrsg.), Christen und Muslime in Deutschland, S. 71 ff.

471 *Heine,* Halbmond über deutschen Dächern, S. 345.

472 Vgl. *Tibi,* Der Islam und Deutschland, S. 252.

2. Die Bedeutung des Islam für Muslime in Europa

Um dem Fremdheitsgefühl zu begegnen, bietet sich der Islam als identitätsstiftender Faktor an. Ihre Religion gehört etwa für die Mehrheit der türkischen Bevölkerung in Deutschland zu ihrer Identität und ist (auch) als Ausgleich zu sozialen Problemen ein fester Bestandteil des gesellschaftlichen Lebens dieser Bevölkerungsgruppe.[473] Viele Türken, die sich in der Türkei nicht unbedingt zu den gläubigen Muslimen zählten, reagieren auf die fremde Situation in Deutschland, indem sie ihre Zugehörigkeit zum Islam betonen und sich strikter an die religiösen Vorschriften halten.[474] Dementsprechend gehörten vor allem die Angehörigen der ersten hier lebenden Generation zu den gläubigen Muslimen, da ihnen die hiesige Kultur fremd war[475] und sie somit – anders als häufig ihre Kinder – bei der Frage einer Anpassung an die ortsübliche Kultur in Gewissenskonflikte gerieten.[476]

Genaue Angaben über den Anteil der Gläubigen unter den in Europa lebenden Muslimen liegen nicht vor. Die geschätzte Zahl von einem Viertel[477] entspricht Vermutungen in Bezug auf die in Deutschland lebenden Muslime jedenfalls insoweit, als nach ihnen die praktizierenden Muslime hier keine Mehrheit bilden.[478] Einige Schätzungen hinsichtlich in Deutschland lebender praktizierender Muslime türkischer Herkunft liegen bei einem Drittel[479] oder der Hälfte.[480] Nach einer anderen Quelle hat allerdings nur ungefähr ein Drittel der türkischen Muslime in Deutschland keine Religionsbindung, während für „einen großen Teil der Muslime mit Religionsbindung" die Religion selbstverständlicher Teil ihres Lebens ist, ohne deshalb der hauptsächliche Bezugspunkt zu sein.[481] Laut den Ergebnissen einer Untersuchung aus dem Jahre 2003 bezeichneten sich in diesem Jahr 71% der in Deutschland lebenden Türken als religiös – 14% mehr als noch im Jahr 2000. Als sehr religiös bezeichneten sich fast 20% (gegenüber 8% im Jahr 2000). Dies wurde ebenfalls als Ausdruck der Suche nach einer kulturellen, islamischen Identität gewertet.[482] Ein verlässlicher Aufschluss über den Anteil der praktizierenden Muslime in Europa und den Grad ihrer Religionsbindung lässt sich angesichts dieser unterschiedlichen Zahlen kaum gewinnen.

---

473 *Şen / Goldberg,* Türken in Deutschland, S. 74; vgl. das Ergebnis einer Umfrage bei *Heitmeyer / Müller / Schröder,* Verlockender Fundamentalismus, S. 120.

474 Zentrum für Türkeistudien, Türkische Muslime in Nordrhein-Westfalen, S. 53.

475 *Şen / Aydın,* Islam in Deutschland, S. 44; *Şen / Goldberg,* Türken in Deutschland, S. 86; Zentrum für Türkeistudien, Türkische Muslime in Nordrhein-Westfalen, S. 53 f.

476 *Bihl,* Islam, S. 176.

477 *Dassetto,* in: Ferrari / Bradney (Hrsg.), Islam and European Legal Systems, S. 36.

478 Vgl. *Heine,* Halbmond über deutschen Dächern, S. 116.

479 *Şen / Goldberg,* Türken in Deutschland, S. 86.

480 *Rohe,* Der Islam, S. 257.

481 *Sackmann,* ZfTS 14 (2001), 187, 200.

482 Untersuchung des Zentrums für Türkeistudien, wiedergegeben in: Der Spiegel, H. 31 / 2004, S. 17.

3. Integration von Muslimen

Ungeklärt ist auch die Frage, inwieweit gläubige Muslime in europäische Gesellschaften integriert sind. Oben wurde bereits die Bedeutung dargelegt, die dem Islam im Hinblick auf die Identitätsfindung vieler Muslime in Europa zukommt. Inwieweit Religiosität von Muslimen aber sogar ein Indiz für fehlende Integration sein kann, ist anhand der verfügbaren Quellen kaum festzustellen. Deutlich wird dies anhand von Aussagen zu den religiösen Bindungen und zur Integration junger Muslime. Mitunter wird etwa ausgeführt, vor allem in der jüngeren Generation der in Deutschland lebenden Muslime sei eine stark ausgeprägte Verbundenheit mit Deutschland bzw. der Wille zur Integration vorhanden. Verwiesen wird auf den Anstieg binationaler Ehen, persönliche Kontakte von Muslimen ausländischer Herkunft zu Deutschen, eine hohe Zahl von Einbürgerungen und die abnehmende Absicht zur Remigration.[483] Im Hinblick auf statistische Untersuchungen zur Religiosität türkischer Muslime in Deutschland wird die These aufgestellt, dass der Islam durch ein säkulares Umfeld beeinflusst werde und Integrations- und Säkularisierungstendenzen offensichtlich miteinander einhergingen.[484] Nach einer der zitierten Erhebungen besuchen 24% der muslimischen Gläubigen die Moschee einmal, 8% mehrmals in der Woche, während diese Zahlen bei jugendlichen türkischen Migranten auf 18% bzw. 4% sinken.[485] Auch nach anderen Quellen erklären jüngere Muslime, die zumindest teilweise in Deutschland aufgewachsen sind, häufig, weniger religiös zu sein als die älteren Generationen.[486]

Im Hinblick auf die in Europa lebenden Muslime wird entsprechend vorgetragen, der Prozentsatz derer unter den jungen Muslimen, die täglich religiöse Bräuche befolgten, sei relativ gering, so dass für viele von ihnen die Integration in die aufnehmende Gesellschaft (d. h. die religiös-kulturelle Emanzipation bei gleichzeitiger Akzeptanz des Pluralismus) mehr zu einer Assimilation wurde,[487] also zur Einfügung unter Aufgabe der kulturellen Identität.[488]

Zu einer anderen Einschätzung kommt eine weitere Quelle, nach welcher „breit vorhandene Integrationsbereitschaft“ der in Deutschland lebenden Muslime nicht zum Verzicht auf religiöse Bindungen führt. Verwiesen wird auf eine Ende 1999 in Berlin durchgeführte Erhebung, nach der der regelmäßige Moscheebesuch in der

---

483 *Sauer,* ZfTS 12 (2001), 111, 113.

484 Sekretariat der Deutschen Bischofskonferenz (Hrsg.), Christen und Muslime in Deutschland, S. 57 f.

485 BT-Drucks. 14/4530 (Islam in Deutschland), S. 13; BT-Drucks. 14/2674 (Bericht der Beauftragten der Bundesregierung für Ausländerfragen über die Lage der Ausländer in der Bundesrepublik Deutschland, v. 09. 02. 2000), S. 102.

486 *Şen / Aydın,* Islam in Deutschland, S. 44.

487 *Ramadan,* in: Hartmann / Krannich (Hrsg.), Muslime im säkularen Rechtsstaat, S. 91.

488 Zu den möglichen Formen des Verhältnisses von Minderheiten zur Mehrheitsgesellschaft s. *Bihl,* Islam, S. 178.

Altersgruppe unter 30 Jahren binnen sechs Jahren von 28,3% auf 37,9% angestiegen ist.[489]

Zu einem hierzu gegensätzlichen Ergebnis hinsichtlich der Integrationsbereitschaft der in Deutschland lebenden Muslime kommt eine Ende 1995 in Nordrhein-Westfalen unter 1.200 muslimischen Jugendlichen durchgeführte Untersuchung. Demnach ist die Glaubensgemeinschaft für mehr als zwei Drittel von großer (35,9%) oder sehr großer Bedeutung (31,9%) und nur für eine Minderheit entweder von geringer (16,5%) oder überhaupt keiner Wichtigkeit (5,2%).[490] Für die Frage der Integrationsbereitschaft erscheint das Gesamtergebnis der Studie bedeutsam, nach welchem ein erhebliches Ausmaß an islamzentriertem Überlegenheitsanspruch und religiös fundierter Gewaltbereitschaft zu registrieren war.[491] Eine Bewertung dieses Ergebnisses fällt gleichwohl schwer, da etwa als wesentliche Ursachen für die Hinwendung zu religiös fundierter Gewaltbereitschaft vor allem die Reaktionen auf fremdenfeindliche Gewalt, die Verweigerung der Anerkennung einer kollektiven Identität durch die Mehrheitsgesellschaft und auch konkrete Diskriminierungserfahrungen im privaten Bereich identifiziert wurden.[492] Insbesondere als Erklärung für demokratie- und integrationsfeindliche Orientierungsmuster wurden neben der ethnisch-kulturellen Identifikation und problematischen Modernisierungsfolgen unter anderem fremdenfeindliche Gewalt, Reaktion auf die Verweigerung der Anerkennung einer kollektiven Identität, problematische Familiensituationen und Diskriminierungserfahrungen genannt.[493]

Da fehlende Integrationsbereitschaft demnach regelmäßig keine Reaktion auf die bzw. gezielte Abwendung von der Säkularität darstellt, sind pauschale Aussagen zur grundsätzlichen Integrationsfähigkeit bzw. -unfähigkeit von Muslimen nicht angebracht. Es lässt sich zwar vermuten, dass sich offenbar die meisten in Deutschland lebenden Muslime mit einem (dauerhaften) Leben in diesem Land arrangiert haben.[494] Ähnliches dürfte auch für Muslime in anderen westeuropäischen Staaten gelten.

Vorrangig ist dabei allerdings die Frage, ob Muslime sich gerade auch mit dem säkularen System einverstanden erklären können. Insoweit ist von Bedeutung, dass Europa von den hier lebenden Muslimen und heutigen muslimischen Gelehrten weithin nicht als *dar al-harb,* als Gebiet des Krieges, sondern als islamfreundliches Land betrachtet wird, da Muslime in Europa das Recht auf Religionsfreiheit genießen.[495] Solange die Religionsfreiheit gewährleistet ist, bildet ein säkularer Staat

---

489 *Rohe,* ZfTS 13 (2000), 7 f.

490 S. *Heitmeyer / Müller / Schröder,* Verlockender Fundamentalismus, S. 120.

491 *Heitmeyer / Müller / Schröder,* Verlockender Fundamentalismus, S. 183.

492 *Heitmeyer / Müller / Schröder,* Verlockender Fundamentalismus, S. 183 f.

493 *Heitmeyer / Müller / Schröder,* Verlockender Fundamentalismus, S. 183.

494 S. aber die Untersuchung des Zentrums für Türkeistudien, in: Der Spiegel, H. 31 / 2004, S. 17, nach welcher knapp 30% der in Deutschland lebenden Türken in die Türkei zurückkehren wollen.

offenbar für die meisten Muslime eine akzeptierte Staatsform.[496] Dementsprechend beweisen Muslime in Europa täglich, dass sie auch als Minorität unter religionsneutralen und laizistischen Staaten leben können.[497] Auch die meisten Muslime in Deutschland akzeptieren das Grundgesetz.[498] Sie propagieren mehrheitlich kein gegen die Verfassung und die säkularisierte Ordnung der Bundesrepublik gerichtetes Verständnis der Religion.[499] Viele von ihnen nehmen sogar aktiv am demokratischen Leben teil.[500]

In anderen europäischen Staaten stellt sich dies ähnlich dar.[501] Dabei ist dort häufig eine bessere Kenntnis der Mehrheitsgesellschaft und auch der staatlichen Institutionen vom Islam vorhanden, beispielsweise in England oder Frankreich, die seit Beginn ihrer kolonialen Ausdehnung stets mit islamischen Gesellschaften konfrontiert waren. Ähnliches gilt für die Niederlande und Spanien.[502] Zu erwähnen ist insoweit auch, dass sich der politische und gesellschaftliche Status der Muslime in den europäischen Staaten sehr unterschiedlich darstellt[503] und Muslime sich auf die jeweiligen Verhältnisse eingestellt haben. Innerhalb der westeuropäischen Staaten haben sich sehr verschiedene Traditionen des politisch-rechtlichen Umgangs mit der Religion herausgebildet, in deren Kontext auch die Säkularität jeweils anders akzentuiert wird.[504] Neben Staaten mit einer Staatsreligion, die einer bestimmten Religion den Vorrang einräumen (zum Beispiel Großbritannien), findet sich auch – namentlich in Frankreich – die strikte Trennung von Staat und Religionsgemeinschaften. Eine Kooperation zwischen beiden besteht beispielsweise in Österreich, Deutschland, mehreren Schweizer Kantonen, in Belgien, Spanien und Italien.[505]

Trotz dieser Unterschiede stellen sich häufig ähnliche Probleme. Sie betreffen zum Beispiel den Bau von Moscheen, islamische Bestattungsvorschriften, isla-

---

495 *Ramadan,* in: Hartmann / Krannich (Hrsg.), Muslime im säkularen Rechtsstaat, S. 93; *Bihl,* Islam, S. 177.

496 *Elyas,* in: Hafez / Steinbach (Hrsg.), Juden und Muslime in Deutschland, S. 19; vgl. Islamische Religionsgemeinschaft Hessen e. V., Darstellung der Grundlagen des Islam / Satzung der IRH, S. 20.

497 *Johansen,* in: Marré / Stüting (Hrsg.), Essener Gespräche (20), S. 53.

498 *Spuler-Stegemann,* Muslime in Deutschland, S. 221; vgl. Islamische Religionsgemeinschaft Hessen e. V., Darstellung der Grundlagen des Islam / Satzung der IRH, S. 40.

499 *Johansen,* in: Marré / Stüting (Hrsg.), Essener Gespräche (20), S. 54.

500 *Metzger,* Islam und Politik, S. 2.

501 Vgl. *Ramadan,* in: Hartmann / Krannich (Hrsg.), Muslime im säkularen Rechtsstaat, S. 90 (in Bezug auf Frankreich und Belgien).

502 *Heine,* Halbmond über deutschen Dächern, S. 300; vgl. *Dassetto,* in: Ferrari / Bradney (Hrsg.), Islam and European Legal Systems, S. 31.

503 *Heine,* Halbmond über deutschen Dächern, S. 301.

504 *Bielefeldt,* in: Hartmann / Krannich (Hrsg.), Muslime im säkularen Rechtsstaat, S. 67; vgl. auch *Heine,* Halbmond über deutschen Dächern, S. 301.

505 *Bihl,* Islam, S. 178 f.

mischen Religionsunterricht, das Tragen von Kopftüchern oder das Schächten von Tieren.[506] Nur vereinzelt wurden insoweit Lösungen gefunden. In England zeigt der Staat Entgegenkommen beim Bau von Moscheen und bei der Errichtung islamischer Friedhöfe.[507] In Österreich ist der Islam eine der anerkannten Religionsgemeinschaften.[508] Eine Folge der Anerkennung war der islamische Religionsunterricht an den Schulen seit 1983.[509] In anderen Staaten werden die genannten Probleme nach wie vor öffentlich diskutiert.

Insoweit ist allerdings zu berücksichtigen, dass derartige Diskussionen nicht den Schluss auf islamistische Tendenzen sämtlicher oder auch nur der meisten Muslime im Sinne einer Ablehnung der säkularen Demokratie zulassen. Auch ‚größere' Konflikte konnten hieran nichts ändern.

Zu einem solchen kam es etwa im Vereinigten Königreich nach der Veröffentlichung des Buches „Die satanischen Verse" des in Großbritannien lebenden indo-pakistanischen Autors *Salman Rushdie.* Von muslimischer Seite wurde teilweise gefordert, die Freiheit literarischer Produktion durch ein Blasphemieverbot zu beschränken, welches enger gefasst gewesen wäre als die in England bestehenden Verbote. Die auf die Zurückweisung dieses Ansinnens folgenden Reaktionen einiger Muslime, insbesondere die öffentliche Verbrennung der „Satanischen Verse", waren für viele Briten ein Zeichen fundamentalistischer Denkweise.[510] Nach der Veröffentlichung des Buches verschlechterte sich dementsprechend zwar das Verhältnis zwischen muslimischen Einwanderern und christlichen Briten – allerdings nicht wegen einer grundsätzlichen Integrationsunwilligkeit der Muslime.[511] Im Übrigen kamen die Attacken gegen *Rushdies* Buch vor allem aus Teilen des indo-pakistanischen Lagers, während sich die arabischen Muslime in Großbritannien sehr zurückhaltend zeigten.[512]

Im laizistischen Frankreich herrscht nach wie vor Streit um das Tragen von Kopftüchern in den staatlichen Schulen, welches mit Proselytismus im öffentlichen Raum gleichgesetzt und daher schon vor Erlass eines entsprechenden Gesetzes vielfach verboten wurde.[513] Die muslimischen Schülerinnen, die mit Kopftuch den

506 Vgl. *Bihl,* Islam, S. 177; s. für Frankreich und Deutschland: *de Galembert,* in: Escudier / Sauzay / v. Thadden (Hrsg.), Der Islam in Europa, S. 47.

507 *Bihl,* Islam, S. 178; *Dassetto,* in: Ferrari / Bradney (Hrsg.), Islam and European Legal Systems, S. 38.

508 Zur Stellung von Religionsgemeinschaften in Österreich s. *Potz,* in: ders. / Kohlhofer (Hrsg.), Die „Anerkennung" von Religionsgemeinschaften, S. 25 ff. (zum Islam: S. 35); *Lienbacher,* in: *Grabenwarter / Lüdecke* (Hrsg.), Standpunkte im Kirchen- und Staatskirchenrecht, S. 154 ff. S. auch die „Verfassung der Islamischen Glaubensgemeinschaft in Österreich", abgedruckt in öarr 46 (1999), 453.

509 *Bihl,* Islam, S. 181.

510 *Sackmann,* ZfTS 14 (2001), 187, 189; *Werbner,* in: Lewis / Schnapper (Hrsg.), Muslims in Europe, S. 99; *Bihl,* Islam, S. 186.

511 Vgl. *Jäggi,* in: ders. / Krieger, Fundamentalismus, S. 125 f.

512 *Heine,* Halbmond über deutschen Dächern, S. 306 f.

Schulunterricht besuchten, hatten nicht die Absicht, die geltende Ordnung in Frage zu stellen. Später erhoben Unterstützungskomitees und Vereine Anklagen gegen den Staat, um ihn zu zwingen, in Anlehnung an Regelungen in anderen europäischen Staaten seine Praxis zu ändern.[514] Letztlich dreht sich dieser Streit um eine Beschränkung der Religionsfreiheit.

Insgesamt stellen derartige Diskussionen und Konflikte das Verhältnis des muslimischen Teils der Bevölkerung zur jeweiligen staatlichen Ordnung daher nicht in Frage. Eine grundsätzliche anti-säkulare bzw. anti-laizistische Ideologie lässt sich aus ihnen nicht ableiten.

4. Fundamentalismus unter Muslimen in Europa

Bei alledem darf gleichwohl nicht übersehen werden, dass die Integration von Muslimen nicht stets gelingt. In wohl allen europäischen Ländern, in denen Muslime einen nennenswerten Teil der Bevölkerung stellen, bestehen auch islamistische Gruppierungen, die eine Herrschaft des Islam anstreben. Ihre Anhängerschaft ist aber vergleichsweise gering.[515] In Deutschland findet sich eine ganze Reihe unterschiedlichster islamistischer Vereinigungen.[516] Der Anteil ihrer aktiven Anhänger an der Gesamtzahl der in der Bundesrepublik lebenden Muslime wird auf circa ein Prozent geschätzt.[517] Die Mehrzahl dieser Gruppen verfolgt als vorrangiges Ziel, westlich orientierte Regime in den Herkunftsländern durch ein auf die *scharia* gegründetes Staats- und Gesellschaftssystem zu ersetzen. Einige streben darüber hinaus Raum für die Entwicklung islamistischer Positionen auch in Deutschland an[518] und sind, noch vorsichtig ausgedrückt, mit dem Grundgesetz nur schwer vereinbar.[519]

In anderen europäischen Staaten bietet sich ein ähnliches Bild. Die britische Öffentlichkeit wurde beispielsweise durch eine Gruppe beunruhigt, die den islamischen Staat im britischen Königreich anstrebt.[520] Die islamischen Organisationen in Frankreich stehen in enger Verbindung zu politischen Parteien, Richtungen und Strömungen in den jeweiligen Herkunftsländern. Die Mehrzahl der musli-

---

513 *Leveau,* in: Escudier / Sauzay / v. Thadden (Hrsg.), Der Islam in Europa, S. 19; vgl. *Sackmann,* ZfTS 14 (2001), 187, 189.

514 *Leveau,* in: Escudier / Sauzay / v. Thadden (Hrsg.), Der Islam in Europa, S. 19.

515 *Metzger,* Islam und Politik, S. 2.

516 S. Bundesministerium des Innern (Hrsg.), Verfassungsschutzbericht 2002, S. 173 ff.

517 BT-Drucks. 14 / 4530 (Islam in Deutschland), S. 68: 1,2 %; Bundesministerium des Innern (Hrsg.), Verfassungsschutzbericht 2002, S. 170: 30.600 Anhänger (bei 3,2 Millionen Muslimen: 0,95 %).

518 Bundesministerium des Innern (Hrsg.), Verfassungsschutzbericht 2002, S. 164 f. (zu den einzelnen Gruppen s. S. 173 ff.).

519 *Johansen,* in: Marré / Stüting (Hrsg.), Essener Gespräche (20), S. 53.

520 Vgl. *Bihl,* Islam, S. 186.

mischen Migranten in Frankreich stammt aus Nordafrika. In Tunesien, Algerien und Marokko herrscht eine enorm hohe Arbeitslosigkeit. Daraus entstehen gerade bei der jüngeren Bevölkerung (gegebenenfalls im Zusammenspiel mit anderen Faktoren) Frustrationen, die zu radikalen Tendenzen führen können. Junge Muslime mit islamistischen Vorstellungen wandern auch nach Frankreich ein, wo sie ihre Vorurteile gegenüber der westlichen Lebensform in mancher Hinsicht bestätigt finden und sich einer Integration widersetzen.[521]

Die islamistische Ausrichtung in Westeuropa lebender Muslime kann sich nach dem Gesagten auf verschiedene Weise darstellen. Auch hinsichtlich des Islamismus in säkularen (europäischen) Staaten gilt, dass regelmäßig eine Vielzahl von Ursachen zu Grunde liegt. Von Bedeutung ist dabei, sofern eine Migration aus einem Land der islamischen Welt stattgefunden hat, wie sich das Verhältnis zu diesem Land darstellte. Wie im soeben beschriebenen Fall vieler Nordafrikaner in Frankreich kann die Auflehnung gegen eine säkulare Ordnung bereits im Herkunftsland entstanden sein, nach der Migration in ein westeuropäisches Land auf dieses übertragen werden und in einen dauerhaften Konflikt mit der staatlichen Ordnung münden. In diesem Fall besteht das Ziel in der Errichtung einer islamischen Gesellschaft im neuen Aufenthaltsland.[522] Möglich ist auch, dass sich der Fokus der Aktivitäten auf das Herkunftsland richtet, auf welches nun von Westeuropa aus eingewirkt werden soll. Charakteristisches Beispiel sind Gruppen türkischer Muslime, die in der Türkei in der Illegalität wirkten oder nur eine begrenzte Bewegungsfreiheit hatten und inzwischen von Westeuropa aus auf ihre Landsleute Einfluss zu üben suchen.[523] Schließlich findet oft eine Radikalisierung von Muslimen erst bzw. ausschließlich in Westeuropa statt. Dies betrifft nicht nur, aber vor allem junge Muslime, die hier aufgewachsen sind. Es wurde bereits auf die verstärkte Hinwendung zum Islam hingewiesen, die bei vielen Muslimen in Europa zu verzeichnen ist. Angesichts der psychologischen Situation der permanenten Existenz als kulturelle und religiöse Minderheit finden Muslime ihre Identität häufig in der Religion.[524] Zu einer Ideologisierung kann es unter anderem dann kommen, wenn weitere persönliche Enttäuschungen hinzutreten.[525] Bedeutsam mag auch der Umstand sein, dass viele Muslime die eigenen Interessen nicht oder nur teilweise durch politische und gesellschaftliche Institutionen (zum Beispiel Bundes- und Landesregierung, Gewerkschaften, Ausländerbeiräte) vertreten sehen.[526] Um dem Gefühl der Ausgrenzung zu begegnen, bietet es sich an, in einer Gruppe tätig zu werden, die aktiv für eine weitgehende Selbstverwirklichung der musli-

521 Vgl. *Heine,* Halbmond über deutschen Dächern, S. 317 f.

522 Vgl. das bereits genannte Beispiel bei *Bihl,* Islam, S. 186.

523 *Bihl,* Islam, S. 185; vgl. *Şen,* in: Meyer (Hrsg.), Fundamentalismus in der modernen Welt, S. 299 f.

524 *Şen / Goldberg,* Türken in Deutschland, S. 91.

525 Vgl. *Heitmeyer / Müller / Schröder,* Verlockender Fundamentalismus, S. 183 f.

526 S. *Sauer,* ZfTS 14 (2001), 111, 127, zu türkischen Migranten in Nordrhein-Westfalen.

mischen Gemeinschaft eintritt, auch wenn dies vielleicht zu Konflikten mit der staatlichen Ordnung führt.

5. Zwischenergebnis

Muslime bilden in Westeuropa eine soziale und kulturelle Minderheit. Die meisten von ihnen haben sich mit den hiesigen Verhältnissen arrangiert. Viele Muslime haben gleichwohl nach wie vor Schwierigkeiten bei der Eingliederung in das europäische Umfeld und leben abseits der Mehrheitsgesellschaft. Die verstärkte Hinwendung zum Islam vermag hier häufig eine ‚Selbstfindung' zu erleichtern. Die Religion spielt aber oft auch für solche Muslime eine wichtige Rolle, die sich an ein Leben in Westeuropa gewöhnt haben. Eine Radikalisierung hat daher vermutlich häufig andere, außerhalb der Religion liegende Ursachen. Diese sind in jeweils unterschiedlichem Maße in der Situation im Herkunftsland oder in solchen persönlichen Schwierigkeiten zu sehen, die sich (erst) in Westeuropa zeigen. Der Status als Angehöriger einer Minderheit wirkt sich nicht nur im Falle von Migranten aus, sondern kann auch Einfluss auf die Integration hier aufgewachsener Muslime haben. Eine grundsätzliche Ablehnung säkularer Ordnungen bzw. westlicher Demokratien findet sich jedoch nur bei einer kleinen Minderheit der in Europa lebenden Muslime. Ungeachtet der Frage, wie weit die gesellschaftliche Integration bereits fortgeschritten ist, lehnen doch nur sehr wenige Muslime in Westeuropa die Säkularität ab. Als Fazit bleibt daher festzuhalten, dass auch in tatsächlicher Hinsicht eine Integration von Muslimen in ein säkulares Staatswesen westeuropäischer Prägung möglich ist.

F. Zusammenfassung und Ergebnis

Der Islam ist das, was Muslime an einem bestimmten Ort und zu einer bestimmten Zeit als islamisch definieren und praktizieren.[527] Diese Beschreibung ist zwar überspitzt, indiziert aber die Schwierigkeiten, die bei der Frage nach der Trennung von Politik und Religion im Islam auftauchen. Ihre Berechtigung wurde durch die gewonnenen Erkenntnisse bestätigt. Zu vielen Einzelfragen traten verschiedene und häufig auch gegensätzliche Standpunkte zu Tage. Eine pauschale Aussage darüber, ob Muslime eine Trennung von Religion und Politik akzeptieren können, ist nicht möglich. Aus dogmatischer Sicht bestehen verschiedene mögliche Ansatzpunkte, eine Verknüpfung der beiden Bereiche für notwendig zu erachten. Einzelne Koranverse oder auch das Vorbild Medinas liefern jedoch keinen zwingenden Beweis für die Notwendigkeit einer solchen Verbindung. Soweit islamistische Positionen vertreten werden, beruht dies häufig auf Krisensituationen, in denen der

---

527 So *Krämer,* Gottes Staat als Republik, S. 25; *Petersohn,* ZRP 02, 521, 522.

Islam als identitätsstiftender Faktor in Erscheinung tritt. Der religiöse Aspekt selbst tritt dabei vielfach in den Hintergrund.

Ob eine Trennung von Politik und Religion in mehrheitlich von Muslimen bewohnten, demokratischen Staaten möglich ist, kann nur vermutet werden. Das Beispiel Tunesiens steht einer bejahenden Antwort jedenfalls nicht entgegen. Die geschichtliche Entwicklung der islamistischen Bewegung in dem Land führt bei aller Vorsicht zu dem Schluss, dass eine Trennung von Islam und Politik möglich gewesen wäre. Ob die weitere Entwicklung bei gleich bleibenden politischen, wirtschaftlichen und sozialen Verhältnissen in diesem Sinne verlaufen wäre, ist eine andere Frage. Der politische und gesellschaftliche Prozess, der in den letzten Jahrzehnten in der Türkei zu beobachten war, scheint zwar in Ansätzen die Vermutung zu bestätigen, dass eine Trennung von Religion und Politik in Ländern der islamischen Welt möglich ist. Die dort anzutreffende, recht formale Trennung und die vielfache Verflechtung von Politik und islamischen Vereinigungen verdeutlichen aber die Unterschiede zwischen einem säkularen System der islamischen Welt und den religionsneutralen Ordnungen Westeuropas. Zudem stellen sich Ursachen des Islamismus und entgegenwirkende Faktoren in den verschiedenen Teilen der islamischen Welt sehr unterschiedlich dar. Ob Muslime eine völlige Trennung der beiden Bereiche in einem mehrheitlich von ihnen bewohnten Staat akzeptieren könnten, kann daher nicht mit Sicherheit festgestellt werden. Als Argument für diese Möglichkeit kann auch nicht etwa der Hinweis auf die Muslime in den säkularen Staaten Westeuropas dienen, die die Ordnung in diesen Staaten mehrheitlich akzeptieren. Muslime bilden hier stets eine Bevölkerungsminderheit und befinden sich in einer anderen Situation als in Ländern der islamischen Welt, auch weil nach sehr verbreiteter Auffassung im „Gebiet des Vertrages" eine nur eingeschränkte Bindung an die *scharia* besteht.

Es ist Sache der Muslime, die Frage zu beantworten, ob sie einen religionsneutralen Staat als weltliche Autorität akzeptieren können.[528] Die Antworten fallen unterschiedlich aus, zumal bei Muslimen in der islamischen Welt. Die meisten Muslime in Westeuropa beweisen hingegen ständig ihre Bereitschaft, in einem säkularen Staat zu leben.

528 *Johansen,* in: Marré / Stüting (Hrsg.), Essener Gespräche (20), S. 13.

3. Kapitel

Die religionsverfassungsrechtlichen Rahmenbedingungen für den Islam

Von *Stefan Muckel* und *Reiner Tillmanns*

A. Religiöse Freiheitsrechte und religionsverfassungsrechtliche Gewährleistungen

I. Verfassungsrechtliche Garantien religiöser Freiheit

1. Die Schutzbereiche der Garantien religiöser Freiheit nach Art. 4 GG

Für die rechtliche Beurteilung der Erscheinungsformen islamischen Lebens in Deutschland ist entscheidend, ob der Islam als Religion im Sinne des Art. 4 Abs. 1 und 2 GG anzusehen ist und inwieweit ein vom islamischen Glauben geleitetes Verhalten vom Schutzbereich dieses Grundrechts umfasst ist.

Die Berufung auf die Garantien religiöser Freiheit in Art. 4 Abs. 1 und 2 GG ist Muslimen nicht schon deshalb verwehrt, weil sie als Angehörige einer immigrierten religiösen Minderheit zumeist nicht die deutsche Staatsangehörigkeit besitzen. Art. 4 Abs. 1 und 2 GG ist ein sog. Jedermanngrundrecht, auf das sich Ausländer unabhängig von ihrer nationalen Zugehörigkeit in gleicher Weise berufen können wie Deutsche.[1] Ob Art. 4 Abs. 1 und 2 GG den Islam erfasst und die Religionsausübung der Muslime schützt, hängt von seinem sachlichen Schutzbereich ab. Entscheidend für die Bestimmung des grundrechtlichen Schutzbereichs sind die Begriffe Religion und Weltanschauung.

a) Der Islam als Religion im Sinne von Art. 4 Abs. 1 und 2 GG

Der Staat darf die Begriffe Religion und Weltanschauung auslegen. Das Grundgesetz enthält kein entsprechendes Definitionsverbot. Der Staat ist vielmehr ver-

---

1 Siehe nur *v. Campenhausen / de Wall,* Staatskirchenrecht, 4. Auflage 2006, S. 52; *Starck,* in: v. Mangoldt / Klein / Starck (Hrsg.), Kommentar zum Grundgesetz, Bd. 1, 5. Auflage 2005, Art. 4 Rn. 71.

pflichtet, die Rechtsbegriffe der Verfassung inhaltlich nach objektiven Kriterien zu definieren. Dies folgt aus der staatlichen Verpflichtung, die Bürger vor Rechtsbeeinträchtigungen zu schützen, aus der religionsrechtlichen Parität, die Gleichheit der Rechtssubjekte vor dem Gesetz verlangt, aus der rechtlich gebundenen Vorrangstellung des Staates gegenüber den Kräften der Gesellschaft und aus dem Gebot der religiös-weltanschaulichen Neutralität, das den Staat bei der Interpretation religiöser Freiheitsrechte auf allgemeine, säkulare Maßstäbe verpflichtet.[2]

Aus dem Neutralitätsgebot folgt, dass der Begriff „Religion" nicht im Sinne einer bestimmten Religion oder Theologie ausgelegt werden darf. Eine Interpretation aus einem spezifisch christlichen Verständnis, das den Islam als solchen oder islamische Glaubenspraktiken aus dem Schutzbereich des Art. 4 Abs. 1 und 2 GG ausgrenzt, verbietet sich somit.[3]

Wie der Begriff der Religion im Kontext des Art. 4 Abs. 1 und 2 GG genau zu deuten ist, ist umstritten. Vor allem das Aufkommen neuartiger Gemeinschaften, aber auch das Erstarken des Islam als historisch kulturkreisfremde Erscheinung führte in der Literatur, vereinzelt auch in der Rechtsprechung, zu Bemühungen, den Begriff der Religion auf historisch überkommene oder kulturvölker- bzw. kulturkreistypische Phänomene zu beschränken.[4] Unabhängig vom konkreten Verständnis des Religionsbegriffs besteht heute[5] jedoch Einvernehmen, dass „die alte Weltreligion des Islam" „selbstredend"[6] eine Religion im Sinne des Art. 4 Abs. 1 und 2 GG ist.[7] Dies gilt nicht nur für seine beiden Hauptrichtungen, den sunnitischen und den schiitischen Islam. Auch die Aleviten oder etwa die Ahmadiyya-Bewegung, die beide innerislamisch oft nicht zur Weltgemeinschaft der Muslime gezählt werden, genießen für ihr religiös motiviertes Tun und Unterlassen prinzipiell den Schutz des Art. 4 Abs. 1 und 2 GG.[8]

---

2 Näher dazu *Muckel,* Religiöse Freiheit und staatliche Letztentscheidung, 1997, S. 75 ff., 86 ff., 114 f., 121.; *ders.,* in: Friauf / Höfling (Hrsg.), Berliner Kommentar zum Grundgesetz, Art. 4 Rn. 6; so auch *Kästner,* JZ 1998, 974 (978); anders etwa *Bock,* AöR 123 (1998), 444 (453 f.), der sich für ein begrenztes Definitionsverbot ausspricht.

3 So der Ansatz von *Behrendt,* Gott im Grundgesetz, 1980, S. 94 ff.

4 Siehe bei *Muckel,* Religiöse Freiheit und staatliche Letztentscheidung, 1997, S. 14 ff.; *ders.,* in Friauf / Höfling (Hrsg.), Berliner Kommentar zum Grundgesetz, Art. 4 Rn. 7 ff.

5 Anders noch *Hamel,* in: Bettermann / Nipperdey / Scheuner, (Hrsg.), Die Grundrechte, Bd. 4 / 1, 1960, S. 37 (79), der nur die christliche Religion als durch das Grundgesetz geschützt ansah. Diese Auffassung wird heute, soweit ersichtlich, nicht mehr vertreten.

6 *v. Campenhausen / de Wall,* Staatskirchenrecht, 4. Auflage 2006, S. 84.

7 Vgl. etwa *Hillgruber,* JZ 1999, 538 (540); *Muckel,* in: Isensee / Rees / Rüfner (Hrsg.), Dem Staate, was des Staates – der Kirche, was der Kirche ist. Festschrift für Joseph Listl zum 70. Geburtstag, 1999, S. 239 (243); *Tillmanns,* NuR 2002, 578 (580); *Uhle,* Staat – Kirche – Kultur, 2004, S. 156 f.

8 *Lemmen,* Muslime in Deutschland, S. 48, 50.

b) Reichweite der religiösen Freiheitsrechte

Die Anerkennung des Islam als Religion im Sinne des Art. 4 Abs. 1 und 2 GG und die damit verbundene Eröffnung des grundrechtlichen Schutzbereichs für Manifestationen dieses Glaubens hat freilich nicht zur Folge, dass jedes religiös veranlasste Verhalten als Ausübung von Religionsfreiheit im Sinne des Art. 4 Abs. 2 GG anzusehen ist. Nicht jede durch die islamische Religion motivierte Handlung fällt in den Schutzbereich der Religionsausübungsfreiheit aus Art. 4 Abs. 2 GG.

aa) Verfassungsimmanente Grenzen der Religionsfreiheit

Nach zutreffender, wenngleich umstrittener Auffassung[9] unterliegt die Ausübung der religiösen Freiheitsrechte aus Art. 4 Abs. 1 und 2 GG verfassungsrechtlich vorgegebenen Grenzen.[10] Sie werden determiniert durch Wertungen, die im Grundgesetz an anderer Stelle zum Ausdruck kommen, und begrenzen die Grundrechtsausübung bereits auf der Ebene des Schutzbereichs.

Eine solche verfassungsimmanente Grenze der Grundrechtsausübung wird – als notwendige Folge des staatlichen Gewaltmonopols – durch das Gewaltverbot gesteckt. Dabei ist schon aus Gründen der Rechtssicherheit ein enger Gewaltbegriff zugrunde zu legen, der sich auf körperlich wirkenden Zwang gegenüber Personen beschränkt. Demgemäß ist die gewaltsame Beseitigung der staatlichen Ordnung, etwa in einem „heiligen Krieg“[11], ebensowenig von den Schutzbereichen religiöser Freiheitsrechte aus Art. 4 Abs. 1 und 2 GG erfasst wie gewaltsame Missionierung[12], Körperverletzungen, etwa die Prügelstrafe in Koranschulen[13] oder die gewaltsame Durchsetzung von Bekleidungsvorschriften. Aufgrund ihrer herausgehobenen Stellung in der Verfassungsordnung des GG[14] bilden auch die Menschenwürdegarantie aus Art. 1 Abs. 1 GG und das Recht auf Leben aus Art. 2 Abs. 1 GG verfassungsimmanente Grenzen der Grundrechte aus Art. 4 Abs. 1 und

---

9 Ablehnend etwa *Sachs,* in: Stern, Das Staatsrecht der Bundesrepublik Deutschland, Bd. III/2, 1994, S. 525, 550 ff.; *ders.,* JuS 1995, 984 (985 f.) m. weit. Nachw.

10 Hierzu eingehend *Muckel,* Religiöse Freiheit und staatliche Letztentscheidung, 1997, S. 197 ff.; *ders.,* in: Friauf/Höfling (Hrsg.), Berliner Kommentar zum Grundgesetz, Art. 4 Rn. 16 f.; *ders.,* in: Dörr u. a. (Hrsg.), Festschrift für Hartmut Schiedermair, 2001, S. 347 (352 ff.); *Stemmler,* Das „Neminem-laedere-Gebot“, 2005, S. 16 ff.; vgl. auch *Tillmanns,* Jura 2004, 619 (623).

11 Vgl. *Bock* (Fußn. 2), S. 459; weitergehend *Heckel,* Religionsfreiheit), in: Gesammelte Schriften, Bd. IV, S. 687 f., 748.

12 Vgl. *Hillgruber,* JZ 1999, 538 (542).

13 Im Grundsatz sind die Koranschulen freilich vom Schutzbereich der Religionsausübungsfreiheit aus Art. 4 II GG erfaßt, vgl. Hillgruber, JZ 1999, 538 (541); grundlegend zu den Koranschulen *H. Alacacioglu,* Außerschulischer Religionsunterricht für muslimische Kinder u. Jugendliche türkischer Nationalität in NRW, 1998.

14 Näher *Muckel,* Religiöse Freiheit und staatliche Letztenentscheidung, 1997, S. 215 ff.

2 GG. Daher sind sog. Ehrenmorde oder die Anwendung drastischer, mit der Menschenwürdegarantie unvereinbarer körperlicher Strafen, wie sie von islamischen Gruppen teilweise propagiert werden,[15] nicht vom Schutzbereich der Religionsausübungsfreiheit gemäß Art. 4 Abs. 2 GG umfasst. Das gleiche gilt für die „Beschneidung" von Mädchen, wenn sie in einer die Menschenwürde oder gar das Leben beeinträchtigenden Weise erfolgt.[16] Eines Rückgriffs auf die Grundrechtsschranken bedarf es in diesen Fällen nicht. Das gilt auch für Übergriffe in das Eigentum anderer. Wer aus religiösen Gründen eine ihm nicht allein gehörende Sache beschädigt oder zerstört, bewegt sich außerhalb des Schutzbereichs der Religionsausübungsfreiheit. Das ergibt sich daraus, dass die Rechtsordnung dasselbe Rechtsgut nicht widerspruchsfrei verschiedenen Rechtsträgern gleichzeitig zuordnen kann.[17]

bb) Restriktive Interpretationen der Schutzbereiche

Soweit ein vom islamischen Glauben geleitetes Verhalten nicht bereits durch eine verfassungsimmanente Grenze vom Schutz des Art. 4 Abs. 1 und 2 GG ausgenommen ist, hängt sein grundrechtlicher Schutz entscheidend davon ab, wie weit der Schutz des Art. 4 Abs. 1 und 2 GG konkret reicht.

Nach einer im Schrifttum vertretenen Auffassung soll die Ausübung von Religion und Weltanschauung durch Art. 4 GG nur insoweit geschützt sein, als die Ausübungsmodalitäten den zur Zeit der Entstehung des Grundgesetzes bekannten, in Deutschland praktizierten Religionen und Weltanschauungen vergleichbar

---

15 Dazu *Dilger,* Diskussionsbeitrag, in: Marré / Stüting (Hrsg.), Essener Gespräche zum Thema Staat und Kirche (20), S. 195; ferner *Häberle,* Der Fundamentalismus als Herausforderung des Verfassungsstaates: rechts- bzw. kulturwissenschaftlich betrachtet, in: FS J. Esser, 1985, S. 49, 69 ff. und die dortigen Nachw.; *Tibi,* Die Entwestlichung des Rechts. Das Hudud-Strafrecht der islamischen Scharia und der „Krieg" der Zivilisationen, in: F.A.Z. Nr. 143 v. 23. 6. 1995, S. 13, 14; *Schütt,* Zwei Finger sind weg, aber die Seele bleibt, in: Rheinischer Merkur Nr. 39 v. 29. 9. 1995, S. 19; s. auch den Bericht über die Anwendung des islamischen Strafrechts im Ausland in F.A.Z. Nr. 28 v. 2. 2. 1995, S. 2.

16 Zum „Beschneiden" von Mädchen in Nordafrika, insbes. im arabischen Kulturkreis, das mitunter den Tod des Mädchens zur Folge hat, vgl. *C. Stelzenmüller,* Schnitt in die Seele, in: Die Zeit Nr. 36 v. 1. 9. 1995, S. 13 ff.; *Wermelskirchen,* Die Frauen und Mädchen schützen, F.A.Z. Nr. 263 v. 12. 11. 1998, S. 14; *R. Breuer,* Familienleben im Islam, 2. Aufl. 1998, S. 59 ff.; zur Kritik aus der Ärzteschaft vgl. nur die Stellungnahme des Weltärztebundes: Deutsches Ärzteblatt 1993, S. B-2099. Vgl. auch OVG Hamburg NVwZ-Beilage I 9 / 1999, S. I 92, 93, das ein Abschiebungshindernis nach § 56 VI AuslG (erhebliche konkrete Gefahr für Leib, Leben oder Freiheit) wegen drohender „Beschneidung" annahm. Zur strafrechtlichen Verurteilung einer Frau in Paris wegen „Beschneidung" von 45 Mädchen F.A.Z. Nr. 41 v. 18. 2. 1999, S. 13. Zu einem Ermittlungsverfahren gegen drei Ärzte in Berlin wegen „Beschneidungen" von Mädchen F.A.Z. Nr. 71 v. 25. 3. 1999, S. 13. Autobiographische Darstellung zum Thema: *Waris Dirie,* Wüstenblume, 1999.

17 Näher *Lorenz,* Wissenschaft darf nicht alles! Zur Bedeutung der Rechte anderer als Grenze grundrechtlicher Gewährleistung, FS Lerche, 1993, S. 267, 270; *Muckel,* Religiöse Freiheit und staatliche Letztentscheidung, 1997, S. 220 ff.

sind.[18] Islamische Glaubenspraktiken wären damit nur insoweit vom Schutz der Religionsfreiheit umfasst, als sie christlichen oder jüdischen Glaubensäußerungen vergleichbar sind. Die erforderliche Vergleichbarkeit wird etwa für den Ruf des Muezzin in Bezug auf das Glockengeläut und für den Schleier in Bezug auf andere religiöse Bekleidungen bejaht.[19] Beim islamischen Schächten wäre entscheidend, ob sich eine vergleichbare jüdische Schächtpraxis für den maßgeblichen Zeitraum nachweisen lässt und als ausreichend verbreitet angesehen werden kann. Welcher Verbreitungsgrad zu fordern ist, bleibt offen. Unklar ist auch, nach welchen Kriterien die Vergleichbarkeit historisch angestammter und ursprünglich kulturkreisfremder Religionspraktiken zu bestimmen ist. Vor allem aber ist zu fragen, wie sich die historische Engführung des Schutzbereichs von Art. 4 Abs. 1 und 2 GG im Wege der Verfassungsauslegung begründen lässt. Der bloße Verweis auf die „Historizität des Verfassungsbegriffs ‚Religion'"[20] bleibt dunkel und beweist nichts, bedarf vielmehr selbst des Nachweises. Die Beratungen des Parlamentarischen Rates lassen jedenfalls nicht den Willen erkennen, die religiösen Freiheiten auf Religionsausübungsformen zu beschränken, die den angestammten Praktiken vergleichbar sind. Diese Konzeption vermag somit nicht zu überzeugen.[21]

Eine vergleichbare Begrenzung des Schutzes von Art. 4 Abs. 1 und 2 GG hat das Bundesverfassungsgericht in seiner frühen Rechtsprechung vertreten, indem es nur solche Formen der Religionsausübung als von Art. 4 GG geschützt angesehen hat, die sich „bei den heutigen Kulturvölkern auf dem Boden gewisser übereinstimmender sittlicher Grundanschauungen im Laufe der Geschichte herausgebildet" haben.[22] Diese sog. Kulturadäquanzformel hat in Literatur[23] und Rechtsprechung[24] vielfach Zustimmung gefunden. Ob das Gericht sich in späteren Entscheidungen[25] von dieser Formel distanziert hat, ist umstritten.[26] Jedenfalls hat es sie in

---

18 *Starck,* in: v. Mangoldt / Klein / Starck (Hrsg.), Kommentar zum Grundgesetz, Bd. 1, 5. Aufl. 2005, Art. 4 Rn. 61.

19 So ausdrücklich *Starck,* in: v. Mangoldt / Klein / Starck (Hrsg.), Kommentar zum Grundgesetz, Bd. 1, 5. Aufl. 2005, Art. 4 Rn. 61.

20 Wie vor.

21 Ebenso *Borowski,* Die Glaubens- und Gewissensfreiheit des Grundgesetzes, 2006, S. 419 ff.; kritisch auch *Huster,* Die ethische Neutralität des Staates, 2002, S. 383 Fußn. 538.

22 BVerfGE 12, 1 (4); 24, 236 (245 f.).

23 *Hillgruber,* JZ 1999, 538 (540); *Listl,* in: ders. / Pirson (Hrsg.), Handbuch des Staatskirchenrechts der Bundesrepublik Deutschland, Bd. 1, 2. Aufl. 1994, S. 439 (461); *Schatzschneider,* BayVBl. 1985, 321 (323); *Zippelius,* in: Dolzer (Hrsg.), Bonner Kommentar zum Grundgesetz, Art. 4 Rn. 85. Zurückhaltend *Waldhoff,* in: Depenheuer / Dogan / Can (Hrsg.), Zwischen Säkularität und Laizismus, 2005, S. 81 (92), der ein „reformuliertes" Wiederaufleben der Kulturadäquanzformel für möglich hält.

24 BVerwGE 61, 152 (160); BGHZ 38, 317 (320).

25 Namentlich in BVerfGE 41, 29 (50).

26 Vgl. die Nachw. bei *Jeand'Heur / Korioth,* Grundzüge des Staatskirchenrechts, 2000, Rn. 95 Fußn. 62, und *Borowski,* Die Glaubens- und Gewissensfreiheit des Grundgesetzes, 2006, S. 422 mit Fußn. 301 f.

seiner weiteren Rechtsprechung nicht wieder aufgegriffen. Dies zu Recht. Denn eine derartige Eingrenzung des Schutzes von Art. 4 Abs. 1 und 2 GG widerspricht der Offenheit des Grundgesetzes gegenüber dem Pluralismus weltanschaulich-religiöser Anschauungen.[27] Zudem lässt sich mit dem Verweis auf die sittlichen Grundanschauungen der Kulturvölker der Schutz des Art. 4 Abs. 1 und 2 GG nicht verlässlich beschreiben. Fraglich ist bereits, wie der Begriff der „heutigen Kulturvölker" zu fassen und gegen sonstige Völker abzugrenzen ist. Zweifelhaft ist zudem, ob sich in außereuropäischen, zumal komplexeren Kulturen ein Bestand sittlicher Grundanschauungen hinreichend sicher ermitteln lässt. Schließlich lassen sich mit der Kulturadäquanzformel die religionsspezifischen Probleme moderner multireligiöser Gesellschaften kaum bewältigen. Hierbei kann dahinstehen, ob die nach der Formel des Bundesverfassungsgerichts zu fordernden sittlichen Grundanschauungen innerhalb eines Kulturvolkes übereinstimmen oder allen Kulturvölkern gemeinsam sein müssen. Ersteren Falles ließe sich mit der Kulturadäquanzformel nicht einmal die Witwenverbrennung aus dem Schutzbereich des Art. 4 Abs. 1 und 2 GG ausklammern.[28] Letzteren Falles ergäbe das nur im Kulturvergleich zu ermittelnde Ergebnis einen nichtssagenden Minimalkonsens.[29] Der Kulturadäquanzformel kann daher nicht gefolgt werden.[30]

Nicht gefolgt werden kann schließlich auch der Ansicht[31], die den Schutz des Art. 4 Abs. 1 und 2 GG auf traditionelle Religionsausübungsformen der jeweiligen Religionsgemeinschaft begrenzen will. Von Art. 4 Abs. 1 und 2 GG geschützt wären demnach nur traditionelle Formen islamischer Religionsausübung. Ein von der religiösen Tradition abweichendes Verhalten würde von den grundrechtlichen Garantien des Art. 4 Abs. 1 und 2 GG nicht erfasst. Diese Auffassung hätte zur Folge, dass sich die Anhänger neuer Religionsgemeinschaften ohne gefestigte Traditionen für ihre religiösen Praktiken nicht auf Art. 4 Abs. 1 und 2 GG berufen könnten.[32] Sie geht vor allem aber an der tieferen Funktion der Religionsfreiheit vorbei. Diese liegt darin, einen besonderen Schutz der religiösen Überzeugung zu

---

27 *Muckel,* Religiöse Freiheit und staatliche Letztentscheidung, 1997, S. 151. Zur „Offenheit gegenüber dem Pluralismus weltanschaulich-religiöser Anschauungen" als „,ethischer Standard' des Grundgesetzes" *de Wall,* Theologische Literaturzeitung 1994, Sp. 291 (296).

28 Vgl. *Bock,* Das für alle geltende Gesetz und die kirchliche Selbstbestimmung, 1996, S. 172.

29 *Müller-Volbehr,* DÖV 1995, 301 (305).

30 So, neben den Vorgenannten, auch *Borowski,* Die Glaubens- und Gewissensfreiheit des Grundgesetzes, 2006, S. 423 ff.; *Fleischer,* Der Religionsbegriff des Grundgesetzes, 1989, S. 82 ff.; *Heckel,* in: ders., Gesammelte Schriften, Bd. IV, 1997, S. 647 (752 f.); *ders.,* ZevKR 44 (1999), S. 341 (353); *Jeand'Heur/Korioth,* Grundzüge des Staatskirchenrechts, 2000, Rn. 95 ff.; *Tillmanns,* Jura 2004, 619 (620); *Uhle,* Staat – Kirche – Kultur, 2004, S. 157.

31 *Fischer/Groß,* DÖV 2003, 932 (938 f.); *Hense,* Glockenläuten und Uhrenschlag, S. 211 ff.; *Loschelder,* in: Marré/Stüting (Hrsg.), Essener Gespräche zum Thema Staat und Kirche 20 (1986), S. 149 (156).

32 *Borowski,* Die Glaubens- und Gewissensfreiheit des Grundgesetzes, 2006, S. 425.

gewähren, weil sie für den Betroffenen in besonderer Weise verbindlich und mit seiner personalen Identität verknüpft ist.[33]

Die in Rechtsprechung und Literatur unternommenen Versuche, bestimmte Lehren oder religiöse Praktiken durch eine restriktive Interpretation des grundrechtlichen Schutzbereichs aus dem Anwendungsbereich des Art. 4 Abs. 1 und 2 GG auszugrenzen, überzeugen damit insgesamt nicht. Die Muslime und die islamischen Gemeinschaften genießen für ihre religiösen Lebensäußerungen somit prinzipiell denselben Grundrechtsschutz wie andere Religionsgemeinschaften und deren Anhänger.

cc) Wirtschaftliche und politische Betätigungen

Die Schutzbereiche religiöser Freiheit aus Art. 4 Abs. 1 und 2 GG sind gegen die Gewährleistungen anderer Grundrechte abzugrenzen. Wie die Unterscheidung zwischen Religionsfreiheit (Art. 4 Abs. 1 und 2 GG) sowie Berufs- und Eigentumsfreiheit (Art. 12 Abs. 1, 14 Abs. 1 GG) zeigt, differenziert das Grundgesetz zwischen religiösem und wirtschaftlich orientiertem Verhalten. Der Religions- bzw. Weltanschauungscharakter ist daher zweifelhaft bei Gemeinschaften mit religiösem Anspruch, die sich wirtschaftlich stark betätigen. Entscheidend ist die wahre Motivation der Gemeinschaft.[34] So wird etwa das häufig in unmittelbarer Nähe zu einer Moschee betriebene Kleingewerbe als Religionsausübung nach Art. 4 GG anzusehen sein, wenn ein direkter Zusammenhang zum muslimischen Ritus vorliegt. Eine Lehre ist indes nicht als Religion oder Weltanschauung anzusehen, wenn die Auseinandersetzung mit Herkunft und Sinn des Daseins nur als Vorwand für wirtschaftliche oder politische Zwecke dient.[35] Der Schwerpunkt der Tätigkeit erlaubt zwar keinen unmittelbaren Rückschluss auf die finale Ausrichtung des Gemeinschaftslebens,[36] bildet aber ein starkes Indiz für die eigentliche Motivation der Gemeinschaft. Eine Gemeinschaft, die sich hauptsächlich politisch oder wirtschaftlich betätigt, unterliegt für die Behauptung, ihre Lehre sei gleichwohl Religion oder Weltanschauung, somit einer erhöhten Darlegungslast.[37]

---

33 *Muckel,* in: Friauf / Höfling, Berliner Kommentar zum Grundgesetz, Art. 4 Rn. 10; *Tillmanns,* Jura 2004, 619 (621).

34 BVerwGE 90, 112 (118); *Ehlers,* ZevKR 44 (1999), 533 (535); *Muckel,* Religiöse Freiheit und staatliche Letztentscheidung, 1997, S. 132 f.; *ders.,* in: Friauf / Höfling (Hrsg.), Berliner Kommentar zum Grundgesetz, Art. 4 Rn. 11, jeweils mit weit. Nachw.; *Tillmanns* DÖV 1999, 441 (445); *ders.,* Jura 2004, 619 (621).

35 Vgl. BVerfGE 105, 279 (293).

36 So aber *v. Campenhausen,* in: Isensee / Kirchhof (Hrsg.), Handbuch des Staatsrechts der Bundesrepublik Deutschland, HStR VI, § 136 Rn 73; *Heintschel v. Heinegg / Schäfer* DVBl. 1991, 1341 (1343); *Jeand'Heur / Korioth,* Grundzüge des Staatskirchenrechts, 2000, Rn. 92; *Müller-Volbehr,* JZ 1981, 41 (44).

37 *Tillmanns,* Jura 2004, 619 (621).

Einer weiteren Präzisierung des Begriffs „Religion“ dient die Abgrenzung von der Politik. Auch in dieser Hinsicht legen die differenzierten Gewährleistungen von Religionsfreiheit nach Art. 4 GG sowie der Meinungsfreiheit nach Art. 5 Abs. 1 Satz 1 GG oder der Versammlungsfreiheit gem. Art. 8 GG eine Unterscheidung nahe. Daneben setzt auch das vom Grundgesetz statuierte säkulare Staatsgebilde voraus, dass eine Trennung von Religion und Politik möglich und erforderlich ist – ohne dass dabei die vielfältigen Wechselwirkungen und Möglichkeiten der Zusammenarbeit, die das Grundgesetz vorsieht, ausgeblendet werden. Dies wird besonders durch die „Trennung an der Wurzel“ von Staat und Kirche gem. Art. 140 GG i.V.m. Art. 137 Abs. 1 WRV zum Ausdruck gebracht. Zu Recht wird die Trennung der religiösen von der politischen Sphäre als eine der „großen zivilisierenden Leistungen des modernen Verfassungsstaates bezeichnet“[38]. Rein politische Aussagen sind von religiösen und weltanschaulichen Überzeugungen abzugrenzen – mag dies auch im Einzelfall schwierig sein.

Damit ist nicht gesagt, dass es Religionsgemeinschaften versagt ist, sich zu politischen Fragestellungen zu äußern und den Bereich der Politik zu beeinflussen. Nach dem Grundgesetz ist Religion nicht nur Privatsache. Stellungnahmen der christlichen Kirchen zu politischen Themen sind an der Tagesordnung[39], für islamische Gruppen kann nichts anders gelten. Entscheidendes Abgrenzungskriterium ist die Frage, ob die politische Betätigung das eigentliche Ziel der betreffenden Vereinigung ist und das Religiöse zu einer bloßen Randerscheinung wird. Gruppen, die primär auf eine Veränderung der bestehenden politischen Verhältnisse hinarbeiten, sind selbst dann keine Religionsgemeinschaften, wenn sie ihre Ziele mit einer religiösen Motivation begründen[40]. Bedenken bestehen diesbezüglich vor allem im Hinblick auf den „politischen Islam“ und den islamischen Fundamentalismus.

Diese notwendige Abgrenzung fällt bei einer Religion wie dem Islam, der geschichtlich oft als Religion der Herrschenden aufgetreten ist und dessen Ethik zugleich Vorgaben für die gesellschaftlichen Verhältnisse enthält, naturgemäß schwerer als bei Gruppierungen, die sich auf eine mystische Innerlichkeit beschränken. Gleichwohl ist die Differenzierung von muslimischer Religionsausübung und (rein) politischen Aktivitäten aus (vorgeblich) islamischer Motivation notwendig und auch im Hinblick auf den Islam möglich. Insbesondere trifft die teilweise verbreitete These, „der Islam“ sei mit einer Trennung von Staat und Religion nicht zu vereinbaren, in dieser Pauschalität nicht zu.[41] Für die ganz überwie-

---

38 *Schmitt Glaeser,* BayVBl. 1995, 577 (578).

39 Siehe nur die Gemeinsamen Texte der Deutschen Bischofskonferenz und der Evangelischen Kirche in Deutschland, z. B. „Für eine Zukunft in Solidarität und Gerechtigkeit“ (1997).

40 *Muckel,* Religiöse Freiheit und staatliche Letztentscheidung, 1997, S. 135 m. w. N.

41 Siehe ausführlich dazu oben 2. Kapitel: *Matyssek,* Zum Problem der Trennung von Religion und Politik im Islam.

gende Mehrzahl der in Deutschland lebenden Muslime ist es offenbar kein Widerspruch, für den privaten und religiösen Lebensbereich das islamische Gesetz zur Grundlage zu nehmen und gleichwohl als gesetzestreuer Bürger die staatlichen Gesetze zu befolgen.

Ebenso wenig entspricht es dem Grundsatz der religiösen Neutralität, bei Bekenntnissen muslimischer Gruppen zur freiheitlichen demokratischen Grundordnung ohne konkrete Anhaltspunkte zu unterstellen, dies seien reine „Lippenbekenntnisse" oder „Formalbekenntnisse" als Ausdruck der muslimischen Taktik, in der Diaspora-Situation Ungläubige durch Täuschung und Verstellung zu überwinden (taqiya)[42].

Es ist Aufgabe des Verfassungsinterpreten, in jedem konkreten Einzelfall anhand der aufgeführten Kriterien zu entscheiden, ob eine bestimmte Tätigkeit in den Schutzbereich einer Garantie religiöser Freiheit aus Art. 4 GG fällt oder (ausschließlich) den Gewährleistungen der Grundrechte zum Schutz wirtschaftlicher oder politischer Freiheit unterliegt.

2. Kein einheitliches Grundrecht der Religionsfreiheit nach Art. 4 Abs. 1 und 2 GG

Nach der Rechtsprechung des Bundesverfassungsgerichts[43] und der überwiegenden Ansicht in der Literatur[44] enthält Art. 4 Abs. 1 und 2 GG ein einheitliches Grundrecht der Religionsfreiheit, das für den Einzelnen ein Recht begründet, sein gesamtes Verhalten an den Lehren seines Glaubens auszurichten und seiner Glaubensüberzeugung gemäß zu handeln. Gegen ein solches Verständnis spricht bereits der Wortlaut der Verfassungsgarantie, der ausdrücklich zwischen der Freiheit des Glaubens und der Freiheit des religiösen Bekenntnisses in Art. 4 Abs. 1 GG und der Gewährleistung der ungestörten Religionsausübung in Art. 4 Abs. 2 GG unterscheidet. Des weiteren widerspricht eine solche Pauschalierung der verschiedenen in Art. 4 Abs. 1 und 2 GG genannten Garantien der Entstehungsgeschichte der Norm. Der Verfassungsgeber hat sich in der Tradition des Art. 135 WRV bewusst für einen eigenständigen Grundrechtsschutz der Religionsausübung entschieden[45].

---

42 Zweifelhaft daher insoweit die Ausführungen von *Bertrams,* DVBl. 2003, 1225 (1232); mit ähnlicher Tendenz *Uhle,* Staat – Kirche – Kultur, 2004, S. 166, hiergegen zu Recht *Neureither,* NVwZ 2006, 1388.

43 BVerfGE 24, 236 (245); 83, 341 (354 f.); 108, 282 (297).

44 *Badura,* Der Schutz von Religion und Weltanschauung, 1989, S. 24; *Borowski,* Die Glaubens- und Gewissensfreiheit des Grundgesetzes, 2006, S. 373 ff.; *v. Campenhausen/de Wall,* Staatskirchenrecht, 4. Aufl. 2006, S. 53 ff.; *Daiber,* Grenzen staatlicher Zuständigkeit, 2006, S. 158 f.; *Jarass,* in: ders./Pieroth, Grundgesetz für die Bundesrepublik Deutschland, 8. Auflage 2006, Art. 4 Rn. 1; *Jeand'Heur/Korioth,* Grundzüge des Staatskirchenrechts, 2000, Rn. 74.

Schließlich streiten auch systematische Überlegungen gegen die herrschende Meinung. In der extensiven Interpretation droht die Religionsfreiheit gemäß Art. 4 Abs. 1 und 2 GG zu einem Grundrecht auf allgemeine religiöse Handlungsfreiheit zu werden,[46] das von anderen verfassungsrechtlichen Garantien wie dem Selbstbestimmungsrecht der Religionsgemeinschaften aus Art. 140 GG i.V.m. Art. 137 Abs. 3 WRV, aber auch der allgemeinen Handlungsfreiheit nach Art. 2 Abs. 1 GG kaum mehr abgrenzbar ist.[47] Die damit verbundene Konturlosigkeit des Schutzbereichs ist umso problematischer, als sich die Frage, ob ein Verhalten religiös motiviert ist, häufig nicht anhand objektiver Kriterien beantworten lässt, so dass auf das Selbstverständnis des jeweiligen Grundrechtsträgers abgestellt werden muss. Gegen den damit drohenden uferlosen Subjektivismus bietet ein nach den einzelnen Verbürgungen in Art. 4 Abs. 1 und 2 GG differenzierendes Verständnis einen ersten Halt. So ist „Glauben“ begrifflich nicht dasselbe wie „Bekennen“ und andere Formen der Religionsausübung. Wer z. B. nicht dartun kann, dass er durch ein von staatlicher Seite angeordnetes oder zugelassenes religiöses Symbol – etwa ein Wandkreuz in einer öffentlichen Schule oder das Kopftuch einer muslimischen Lehrerin – in seiner Freiheit beeinträchtigt wird, einen bestimmten Glauben zu bilden oder ungeschmälert zu behalten, hat mit seinem Begehren auf Entfernung des Symbols keinen Erfolg.[48] Dieses eindeutige Ergebnis lässt sich kaum erzielen, wenn der Betreffende sich auf ein umfassendes Grundrecht berufen kann, sein gesamtes Leben nach seinen religiösen Vorstellungen auszugestalten.[49] Schließlich droht ein umfassendes Grundrecht auf Religionsfreiheit bei einem extensiven Verständnis der negativen Religionsfreiheit zu einer „Kultusverhinderungsgewährleistung“[50] zu mutieren.

Im Ergebnis ist die im Wortlaut angelegte Unterscheidung von Glaubens-, Bekenntnis- und Religionsausübungsfreiheit somit ernst zu nehmen und einem differenzierenden Verständnis der Religionsfreiheit aus Art. 4 Abs. 1 und 2 GG zu folgen.

---

45 Nähere Nachweise bei *Muckel,* Religiöse Freiheit und staatliche Letztentscheidung, 1997, S. 128 f.; *ders.,* in: Friauf / Höfling (Hrsg.), Berliner Kommentar zum Grundgesetz, Art. 4 Rn. 4; vgl. auch *Kästner,* JZ 1998, 974 (979). Hiergegen ausdrücklich *Borowski,* Die Glaubens- und Gewissensfreiheit des Grundgesetzes, 2006, S. 376 f.

46 *Herzog,* in: Maunz / Dürig, Grundgesetz. Kommentar, Art. 4 Rn. 15 f.; *Kästner,* JZ 1999, 974 (980); *Hense,* Glockenläuten und Uhrenschlag, 1998, S. 194, 211; *Janz / Rademacher,* NVwZ 1999, 706 (709).

47 So jetzt auch *Böckenförde,* Der Staat 42 (2003), S. 165 (183).

48 Hierzu *Muckel,* in: Friauf / Höfling (Hrsg.), Berliner Kommentar zum Grundgesetz, Art. 4 Rn. 45 f. Zum Kopftuch muslimischer Lehramtsanwärterinnen bzw. Lehrerinnen siehe unten, 7. Kapitel, unter B.

49 Zu wenig differenzierend daher *Borowski,* Die Glaubens- und Gewissensfreiheit des Grundgesetzes, 2006, S. 378 f.

50 *Merten,* in: Burmeister u. a. (Hrsg.), Festschrift für Klaus Stern zum 65. Geburtstag, 1997, S. 987 (995); *Hense,* Glockenläuten und Uhrenschlag, 1998, S. 280; *Muckel,* in: Friauf / Höfling (Hrsg.), Berliner Kommentar zum Grundgesetz, Art. 4 Rn. 5. – Hiergegen *Borowski,* Die Glaubens- und Gewissensfreiheit des Grundgesetzes, 2006, S. 379 f.

a) Glaubensfreiheit

Art. 4 Abs. 1 GG schützt die Glaubensfreiheit, also die elementare Freiheit der inneren Überzeugung, der Gedanken in Fragen des Glaubens, das sog. forum internum[51]. Der Staat hat sich einer Einflussnahme auf die inneren Überzeugungen der Grundrechtsträger zu enthalten. Eine gezielte religiöse Beeinflussung, erst recht eine Missionierung von Muslimen durch den Staat, ist damit verfassungsrechtlich von vornherein ausgeschlossen.

Neben der Freiheit, eine bestimmte innere Überzeugung in religiösen Dingen zu bilden, beinhaltet die Glaubensfreiheit nach Art. 4 Abs. 1 GG eine negative Seite.[52] Die negative Glaubensfreiheit umfasst die Freiheit zu einer grundsätzlich areligiösen oder glaubensskeptischen Überzeugung sowie das Recht, keinen religiösen Glauben bzw. keine weltanschauliche Überzeugung bilden zu müssen.[53] Geschützt ist darüber hinaus grundsätzlich auch die Freiheit, vor der Indoktrination und Suggestion einer bestimmten – der eigenen religiösen Überzeugung fremden – Religion verschont zu bleiben. Allerdings schützt diese negative Seite der Glaubensfreiheit (im Ergebnis, dies ist systematisch eine auf der Schrankenebene angesiedelte Frage) nicht davor, religiös motivierte Äußerungen oder Handlungen anderer oder deren religiöse Symbole zur Kenntnis nehmen zu müssen. Dies hat das Bundesverfassungsgericht in der sog. Kruzifix-Entscheidung insoweit treffend mit der Formulierung zum Ausdruck gebracht, die Religionsfreiheit gewähre „kein Recht darauf, von fremden Glaubensbekundungen, kultischen Handlungen und religiösen Symbolen verschont zu bleiben“[54]. Die negative Seite der Glaubensfreiheit darf nicht so extensiv verstanden werden, dass damit letztlich andere an der positiven Ausübung ihrer eigenen religiösen Grundrechte gehindert werden.[55]

Der Hinweis auf den insoweit begrenzten Schutz der negativen Glaubensfreiheit ist gerade im Hinblick auf die wachsende Präsenz des Islam in Deutschland von großer Bedeutung. In einer multi-religiösen Gesellschaft kann aus dem Freiheitsrecht des Art. 4 Abs. 1 GG nicht der Anspruch abgeleitet werden, vor dem Kontakt

---

51 *Herzog,* in: Maunz / Dürig, Grundgesetz. Kommentar, Art. 4 Rn. 66; *Jeand'Heur / Korioth,* Grundzüge des Staatskirchenrechts, 2000, Rn. 75; *Starck,* in: v. Mangoldt / Klein / Starck (Hrsg.), Kommentar zum Grundgesetz, Bd. 1, 5. Auflage 2005, Art. 4 Rn. 34.

52 *v. Campenhausen / de Wall,* Staatskirchenrecht, 4. Aufl. 2006, S. 59 ff.; *Heckel,* in: Gesammelte Schriften, Bd. IV, 1997, S. 765 ff., 788 ff., 799 ff.; *Jeand'Heur / Korioth,* Grundzüge des Staatskirchenrechts, 2000, Rn. 99; *Kästner,* JZ 1998, 974 (980); *Bock,* AöR 123 (1998), S. 444 (460); *Tillmanns,* Jura 2004, 619 (623); *Muckel,* in: Friauf / Höfling (Hrsg.), Berliner Kommentar zum Grundgesetz, Art. 4 Rn. 19; *ders.,* Religiöse Freiheit und staatliche Letztentscheidung, 1997, S. 140 ff. mit weit. Nachw. auch zur Gegenmeinung, die eine negative Seite der Glaubensfreiheit ablehnt.

53 *Muckel,* Religiöse Freiheit und staatliche Letztentscheidung, 1997, S. 143; *Herzog,* in: Maunz / Dürig, Grundgesetz. Kommentar, Art. 4 Rn. 78; a.A. *Hellermann,* Die sogenannte negative Seite der Freiheitsrechte, 1993, S. 140.

54 BVerfGE 93, 1 (16).

55 *Kästner,* JZ 1998, 974 (981).

mit anderen Religionen, deren Gläubigen und ihren Symbolen geschützt zu werden. In einer pluralistischen Gesellschaft, von der das Grundgesetz ausgeht, besteht kein Anspruch darauf „durch fremde Meinungen nicht in dem eigenen dogmatischen Schlummer gestört zu werden"[56]. Die negative Religionsfreiheit ist „kein Obergrundrecht"[57], ihr kommt kein Vorrang vor der positiven Religionsfreiheit zu.[58]

Dies gilt unabhängig von den religionssoziologischen Gegebenheiten.[59] Ein gläubiger Muslim kann nicht mit Rückgriff auf den Minderheitenschutz, der auch in Art. 4 Abs. 1 GG zum Ausdruck kommt, von der Konfrontation mit christlichen Symbolen und Riten freigestellt werden. Ebenso wenig kann ein Christ unter Hinweis auf die christlich-abendländische Prägung des deutschen Kulturraums verlangen, vor dem Anblick muslimischer Symbole, einer Moschee oder verschleierten Frauen bewahrt zu werden.

Mögliche Konflikte zwischen der positiven und der negativen Seite der Religionsfreiheit können nicht nach abstrakten Vorrangregeln von Mehrheit und Minderheit oder positiver und negativer Seite gelöst werden. Die widerstreitenden Interessen müssen vielmehr im konkreten Einzelfall zu einem möglichst schonenden Ausgleich gebracht werden.[60]

b) Bekenntnisfreiheit

Art. 4 Abs. 1 GG garantiert neben der Glaubensfreiheit die Freiheit des religiösen und weltanschaulichen Bekenntnisses. Die Bekenntnisfreiheit umfasst das Verkünden einer religiösen Überzeugung und das Reden über sie.[61] Sie ist lex specialis gegenüber der nach Art. 5 Abs. 1 Satz 1 GG garantierten Meinungsfreiheit.[62] Geschützt ist auch die Freiheit, seinen Glauben zu verbreiten, für seinen Glauben zu werben und andere von ihrem Glauben abzuwerben. Dies gilt allerdings nur für die Verwendung von Mitteln geistiger Kommunikation und Überzeugung, nicht für die Anwendung von Gewalt oder Drohung im Rahmen von religiöser Propaganda.[63]

---

56 *Zippelius,* in: Dolzer (Hrsg.) Bonner Kommentar zum Grundgesetz, Art. 4 Rn. 109.

57 BVerfGE 93, 1 (25) – Sondervotum; *Classen,* Religionsrecht, 2006, Rn. 162.

58 *Listl,* in: ders./Pirson (Hrsg.), Handbuch des Staatskirchenrechts der Bundesrepublik Deutschland, Bd. 1, 2. Aufl. 1994, S. 439 (441 f.); *v. Campenhausen/de Wall,* Staatskirchenrecht, 4. Aufl. 2006, S. 62.

59 Dabei sei darauf hingewiesen, dass in einzelnen Stadtteilen deutscher Großstädte sich die christlichen gegenüber den muslimischen Bewohnern in der Minderheit befinden.

60 *Muckel,* Religiöse Freiheit und staatliche Letztentscheidung, 1997, S. 180; zu religiösen Konflikten in der Schule ausführlich unten 7. Kapitel.

61 *Muckel,* Religiöse Freiheit und staatliche Letztentscheidung, 1997, S. 145 mit weit. Nachw. in Fußn. 124.

62 *Herzog,* in: Maunz/Dürig, Grundgesetz. Kommentar, Art. 4 Rn. 83; *Kokott,* in: Sachs (Hrsg.), Grundgesetz. Kommentar, 3. Aufl., 2003, Art. 4 Rn. 30.

Unter die Bekenntnisfreiheit fallen insbesondere religiöse Äußerungen im Wege sprachlicher Kommunikation, beispielsweise durch ein öffentliches Gebet. Auch der muslimische Gebetsruf des Muezzin (adhan), der das Bekenntnis enthält: „Gott ist größer. Ich bezeuge, es gibt keinen Gott außer Gott. Ich bezeuge, Mohammed ist der Gesandte Gottes" wird durch Art. 4 Abs. 1 GG geschützt.[64] Dagegen fällt das Tragen eines Kopftuches oder eines Tschadors jedenfalls nicht ohne Weiteres in den Schutzbereich der Bekenntnisfreiheit nach Art. 4 Abs. 1 GG. Die Verwendung bestimmter Kleidungsstücke ist nicht in jedem Fall als Bekenntnis im Sinne des Art. 4 Abs. 1 GG anzusehen, sondern nur dann, wenn es zum Zwecke einer religiösen Meinungsäußerung geschieht. Wird das Kleidungsstück nur getragen, um einer religiösen Bekleidungsvorschrift nachzukommen, die der einzelne als für sich verpflichtend empfindet, oder als Ausdruck einer vom Islam geprägten Sitte, so liegt darin kein bekenntnishafter Akt im Sinne von Art. 4 Abs. 1 GG.[65] Notwendig ist eine rechtliche Beurteilung des Einzelfalls unter Berücksichtigung des Selbstverständnisses des Grundrechtsträgers.

c) *Religionsausübungsfreiheit*

Als eigenständiges Grundrecht schützt Art. 4 Abs. 2 GG die ungestörte Religionsausübung. Die Religionsausübungsfreiheit umfasst alle kultischen Handlungen, auch soweit sie in der Öffentlichkeit ausgeübt werden. Eine besondere Privilegierung christlicher Kultushandlungen gegenüber muslimischen oder gar eine Beschränkung der geschützten Kultushandlungen auf typisch christliche Handlungen ist dem Grundgesetz, das den religiös neutralen Staat konstituiert, fremd.[66]

Die Religionsausübungsfreiheit nach Art. 4 Abs. 2 GG ist nicht auf einen klar abgegrenzten Bereich beschränkt, insbesondere nicht als reine Kultusfreiheit zu verstehen. Sie kann nicht ein für allemal nach objektiven Kriterien definiert werden, sondern ist offen für neue Formen religiös motivierten Verhaltens. Ausschlaggebend ist das Selbstverständnis des Grundrechtsträgers, das allerdings einer Plausibilitätsprüfung unterzogen werden muss.[67]

---

63 *Kokott,* in: Sachs (Hrsg.) Grundgesetz Kommentar, 3. Aufl., 2003, Art. 4 Rn. 31.

64 *Muckel,* NWVBl. 1998, 1 (3); *ders.,* in: Isensee / Rees / Rüfner (Hrsg.), Dem Staate, was des Staates – der Kirche, was der Kirche ist. Festschrift für Joseph Listl zum 70. Geburtstag, 1999, S. 239 (246). Zu Inhalt und Entstehung des klassischen Gebetsrufs im Einzelnen *Lemmen,* Muslime in Deutschland, 2001, S. 136 f.

65 *Muckel,* in: Friauf / Höfling, Berliner Kommentar zum Grundgesetz, Art. 4 Rn. 23. Hiervon ist auch das Bundesverfassungsgericht in der sog. Kopftuch-Entscheidung ausgegangen, BVerfGE 108, 282 (294, 298 f.).

66 *Herzog,* in: Maunz / Dürig, Grundgesetz. Kommentar Art. 4 Rn. 101; *Muckel,* in: Friauf / Höfling (Hrsg.), Berliner Kommentar zum Grundgesetz, Art. 4 Rn. 29.

67 *v. Campenhausen / de Wall,* Staatskirchenrecht, 4. Aufl. 2006, S. 55 f.; *de Wall,* in: Weiß / Ihli (Hrsg.), Flexibilitas Iuris Canonici. Festschrift für Richard Puza zum 60. Geburtstag, 2003, S. 649 (652); *Classen,* Religionsrecht, 2006, Rn. 85; *Muckel,* in: Friauf / Höfling

Im Rahmen der Plausibilitätsprüfung ist es verfassungsrechtlich zulässig, dieses Selbstverständnis an den religiösen Vorschriften der Religionsgemeinschaft zu messen, welcher der Gläubige angehört. Dies führt insbesondere dann zu eindeutigen Ergebnissen, wenn – wie im Katholizismus – der religiöse Glaube stark von einer Institution geprägt ist und diese – wie das katholische Lehramt – für sich beansprucht, Glaubensfragen verbindlich zu regeln. Der Blick auf den Islam zeigt, dass dies nicht ohne weiteres auch für andere Religionen gilt. Während in Deutschland gut 90% aller Christen der Katholische Kirche oder einer Evangelischen Landeskirche angehören,[68] haben sich vergleichbare organisatorische Strukturen für die Muslime in Deutschland bislang nicht gebildet.[69] Dies liegt insbesondere daran, dass der islamischen Theologie kirchenartige Institutionen fremd sind. Die Muslime in Deutschland, soweit sie überhaupt einer religiösen Gruppierung angehören, sind in zahlreiche Organisationen türkisch-sunnitischer Muslime, türkisch-alevitischer Muslime, arabischer Muslime, bosnischer und albanischer Muslime[70] usw. aufgeteilt. Instanzen, die verbindlich über die Lehre und Praxis des muslimischen Glaubens entscheiden könnten, haben sich dabei nicht herausgebildet. Stellungnahmen „religiöser Führer" oder theologische Gutachten islamischer Rechtsschulen lassen sich für das maßgebliche Selbstverständnis des betroffenen Muslim daher nur mit Vorbehalten heranziehen. Eine mehr oder weniger zufällig ausgewählte Stellungnahme reicht für die plausible Darlegung, dass eine bestimmte Handlungsweise von der Religionsausübungsfreiheit geschützt wird, nicht aus.[71]

Umgekehrt kann die Frage, ob ein bestimmtes Verhalten durch die Religionsausübungsfreiheit eines konkreten Gläubigen geschützt ist, nicht dadurch verneint werden, dass auf islamische Rechtsansichten verwiesen wird, die dieses Verhalten als religiös nicht zwingend geboten beurteilen. Überlegungen, ob „der" Islam verlangt, dass Frauen in der Öffentlichkeit ein Kopftuch tragen, gehen daher an der Sache vorbei, wenn daraus Schlussfolgerungen gezogen werden sollen, ob das Tragen eines islamischen Kopftuches im Einzelfall Ausübung von Religionsfreiheit gemäß Art. 4 Abs. 2 GG ist.

Eindeutig in den Schutzbereich der Religionsausübungsfreiheit fällt der Bau von Moscheen und Minaretten. Dies gilt auch für den muslimischen Gebetsruf des Muezzin, der damit nicht nur unter den Schutz der Bekenntnisfreiheit nach Art. 4 Abs. 1 GG, sondern auch der Religionsausübungsfreiheit nach Art. 4 Abs. 2 GG

(Hrsg.), Berliner Kommentar zum Grundgesetz, Art. 4 Rn. 29; *ders.*, Religiöse Freiheit und staatliche Letztentscheidung, 1997, S. 152 f.

68 Die Übrigen sind z. B. in der Alt-Katholischen Kirche oder evangelischen Freikirchen wie den Baptisten oder Methodisten organisiert.

69 Hierzu *Matyssek* im 2. Kapitel unter E. II. 1, sowie *Coumont* im 7. Kapitel unter D. IV.

70 Siehe nur die Übersicht bei *Lemmen,* Muslime in Deutschland, 2001, S. 62 ff.

71 Fraglich daher BVerwGE 94, 82 (87 f.), wo einer Bescheinigung des „Islamischen Zentrums Aachen" eine große Bedeutung zugemessen wird.

fällt. Ebenso ist das Tragen eines Kopftuchs, Schleiers oder Tschadors von der Religionsausübungsfreiheit umfasst, wenn es nach dem Selbstverständnis der Trägerin nachvollziehbar aus religiösen Motiven geschieht.[72] Bei der Frage nach der Befreiung muslimischer Schülerinnen vom Sportunterricht ist von den Eltern plausibel darzulegen, dass der Sportunterricht ihrem Glauben widerspricht[73].

3. Art. 140 GG i.V.m. Art. 136 Abs. 1 WRV als Gesetzesvorbehalt der Glaubens-, der Bekenntnis- und der Religionsausübungsfreiheit

Nach der Rechtsprechung des Bundesverfassungsgerichts und einer auch im wissenschaftlichen Schrifttum vertretenen Auffassung[74] stehen die als einheitliches Grundrecht interpretierten Gewährleistungen des Art. 4 Abs. 1 und 2 GG nicht unter einem Gesetzesvorbehalt. Das Bundesverfassungsgericht behandelt die Religionsfreiheit daher als vorbehaltloses Grundrecht[75]. Seine Schranken ergeben sich danach allein aus Grundrechten Dritter und anderen mit Verfassungsrang ausgestatteten Werten. Eine Anwendung des Art. 140 GG i.V.m. Art. 136 Abs. 1 WRV als Gesetzesvorbehalt für die Religionsfreiheit lehnt das Bundesverfassungsgericht ab. Nach seiner Ansicht wird die Regelung des Art. 140 GG i.V.m. Art. 136 Abs. 1 WRV nach Bedeutung und innerem Gewicht durch das gegenüber der Weimarer Reichsverfassung erheblich verstärkte Grundrecht auf Glaubens- und Gewissensfreiheit überlagert. Die Überordnung des Art. 4 GG begründet das Gericht im Wesentlichen damit, dass der Verfassungsgeber das Grundrecht der Religionsfreiheit aus dem Zusammenhang mit den Kirchenartikeln gelöst und in den an der Spitze der Verfassung stehenden Grundrechtekatalog aufgenommen hat.[76]

Diese Auffassung ist abzulehnen. Art. 140 i.V.m. Art. 136 Abs. 1 WRV ist als Gesetzesvorbehalt für die Garantien religiöser Freiheit nach Art. 4 Abs. 1 und 2 GG anzusehen.[77] Nach Art. 140 i.V.m. Art. 136 Abs. 1 WRV werden die bürgerli-

---

72 Für den Bereich der staatlichen Schule näher im 7. Kapitel unter B. I. 1. sowie unter C. I. 1. a) aa) und C. II. 1.

73 Vgl. dazu BVerwGE 94, 82. – Zur Befreiung muslimischer Schüler vom Unterricht an öffentlichen Schulen näher im 7. Kapitel, unter C. III.

74 Statt vieler *v. Campenhausen/de Wall,* Staatskirchenrecht, 4. Aufl. 2006, S. 68; *Heinig,* Öffentlich-rechtliche Religionsgesellschaften, 2003, S. 130 ff.; *Korioth,* Grundzüge des Staatskirchenrechts, 2000, Rn. 125; *ders.,* in: Maunz/Dürig, Grundgesetz. Kommentar, Art. 140/Art. 136 WRV, Rn. 54; *Maurer,* ZevKR 49 (2004), S. 311 ff.; *Kokott,* in: Sachs (Hrsg.), Grundgesetz. Kommentar, 3. Auflage 2003, Art. 4 Rn. 109 ff.

75 BVerfGE 33, 23 (30 f.); 44, 33 (49 f.); 52, 223 (246 f.); 91, 1 (21); 102, 370 (387); 108, 282 (297).

76 BVerfGE 33,1 (30 f.).

77 BVerwGE 112, 227 (231); *Starck,* in: v. Mangoldt/Klein/Starck (Hrsg.), Kommentar zum Grundgesetz, Bd. 1, 5. Auflage 2005, Art. 4 Rn. 92; *Heckel,* Religionsfreiheit, in: Gesammelte Schriften, Bd. IV, S. 647 (748 ff.); *Hillgruber,* JZ 1999, 538 (543); *Kästner,* JZ

chen und staatsbürgerlichen Rechte und Pflichten durch die Ausübung der Religionsfreiheit weder bedingt noch beschränkt. Nach ihrem Wortlaut ist die Vorschrift damit als Gesetzesvorbehalt der Glaubens-, Bekenntnis- und Religionsausübungsfreiheit einschlägig, da zu den staatsbürgerlichen Pflichten auch die allgemeine Gesetzesbefolgungspflicht zählt. Auch die historische Entwicklung des Staatskirchenrechts, einschließlich der Religionsfreiheit, als einheitlichem Komplex spricht für eine Deutung von Art. 140 GG i.V.m. Art. 136 Abs. 1 WRV als Gesetzesvorbehalt der genannten Grundrechte aus Art. 4 Abs. 1 und 2 GG. Die Entstehungsgeschichte des Art. 4 GG im Parlamentarischen Rat spricht – entgegen einer nicht selten vertretenen Einschätzung – nicht gegen dieses Verständnis.[78] Die Annahme des Bundesverfassungsgerichts, bei der Entstehung des Grundgesetzes habe der Verfassungsgeber die Garantien des Art. 4 GG bewusst aus dem Zusammenhang der Weimarer Kirchenartikel gelöst und ohne Gesetzesvorbehalt in den Katalog unmittelbar verbindlicher Grundrechte aufgenommen, erweist sich als unzutreffend. Zwar hat der Grundsatzausschuss des Parlamentarischen Rates die Streichung eines ursprünglich vorgesehenen allgemeinen Gesetzesvorbehalts der Religionsfreiheit beschlossen. Die Ausschussmehrheit ging dabei aber davon aus, dass die Religionsausübung ohnehin nur „im Rahmen der öffentlichen Ordnung" gewährleistet ist und den Vorbehalten des Art. 2 Abs. 1 GG untersteht.[79] Das heutige Verständnis von der Bedeutung eines grundrechtlichen Schrankenvorbehalts herrschte damals nicht vor.[80] Die Streichung des Gesetzesvorbehalts lässt daher gerade nicht auf die bewusste Konstituierung eines vorbehaltlosen Grundrechts schließen. Schließlich streitet auch der thematische Zusammenhang für die Schrankeneigenschaft des Art. 140 GG i.V.m. Art. 136 Abs. 1 WRV. Das Bundesverfassungsgericht selbst begreift die durch Art. 140 GG in das Grundgesetz inkorporierten Vorschriften der Weimarer Reichsverfassung als „vollgültiges Verfassungsrecht"[81], das zusammen mit Art. 4 GG ein „organisches Ganzes" bildet und nicht etwa gegenüber den anderen Vorschriften des Grundgesetzes auf einer Stufe minderen Ranges steht.

1998, 974 (982); *Bock,* AöR 123 (1998), S. 444 (474); *Anger,* Islam in der Schule, 2003, S. 132 ff., 141; *Schoch,* in: Bohnert u. a. (Hrsg.), Verfassung – Philosophie – Kirche. Festschrift für Alexander Hollerbach zum 70. Geburtstag, 2001, S. 149 (163); *Muckel,* Religiöse Freiheit und staatliche Letztentscheidung, 1997, S. 125 ff., *ders.,* in: Friauf / Höfling (Hrsg.), Berliner Kommentar zum Grundgesetz, Art. 4 Rn. 47; *ders.,* in: Isensee / Rees / Rüfner (Hrsg.), Dem Staate, was des Staates – der Kirche, was der Kirche ist. Festschrift für Joseph Listl zum 70. Geburtstag, 1999, S. 239 (253 ff.); *Tillmanns,* NuR 2002, 578 (582 f.); *Traulsen,* ZevKR 48 (2003), S. 198 (202). Für einen ungeschriebenen, einfachen Gesetzesvorbehalt *Borowski,* Die Glaubens- und Gewissensfreiheit des Grundgesetzes, 2006, S. 541 f.; – Für eine differenzierte Lösung *Classen,* Religionsrecht, 2006, Rn. 197.

78 *Muckel,* Religiöse Freiheit und staatliche Letztentscheidung, 1997, S. 227 ff.

79 *Ebd.,* S. 227.

80 Dazu jetzt auch *Borowski,* Die Glaubens- und Gewissensfreiheit des Grundgesetzes, 2006, S. 58 f., 537 f.

81 BVerfGE 53, 366 (400); 70, 138 (167).

Aus verfassungs*politischer* Sicht ist zudem zu betonen, dass gerade bei zunehmender religiöser Pluralisierung der Vorbehalt der allgemeinen Gesetze mit seinen günstigen Wirkungen für die Einheit der Rechtsordnung als Kontrapunkt religiöser Heterogenität sinnvoll ist.[82] Besonders bei grundrechtlichen Garantien, die, wie die Freiheiten der Art. 4 Abs. 1 und 2 GG, nur mit Blick auf die subjektive Sicht des Grundrechtsträgers verstanden werden können, muss der Geltungsanspruch des objektiven Rechts betont und gesichert werden. Durch den Gesetzesvorbehalt wird der subjektiven Freiheit des Bürgers die objektive Verbindlichkeit der Rechtsordnung gegenüber gestellt.

Nach zutreffender Auffassung unterstellt Art. 140 GG i.V.m. Art. 136 Abs. 1 WRV die Glaubens-, Bekenntnis- und Religionsausübungsfreiheit aus Art. 4 Abs. 1 und 2 GG also dem Vorbehalt der allgemeinen Gesetze. Davon sind diejenigen Gesetze umfasst, die sich nicht gegen Glauben, Bekenntnis und Religionsausübung als solche wenden, die also kein Sonderrecht gegen die Religionsfreiheit enthalten und in diesem Sinne „allgemein" sind.[83]

II. Verfassungsrechtlicher Schutz religiöser Gemeinschaften

1. Religiöse Vereinigungsfreiheit

Die religiöse Vereinigungsfreiheit gewährleistet das Recht, sich zum Zweck gemeinsamer Betätigung der religiösen Überzeugung zu religiösen Vereinen und Religionsgemeinschaften zusammenzuschließen[84]. Das Bundesverfassungsgericht sieht die religiöse Vereinigungsfreiheit unter Verweis auf die Entstehungsgeschichte als Ausfluss des Art. 4 Abs. 1 und 2 GG an.[85] Zutreffender Ansicht nach gewährt das Grundgesetz dieses Recht allerdings durch Art. 140 GG i.V.m. Art. 137 Abs. 2 WRV im Hinblick auf die Bildung von Religionsgemeinschaften und durch Art. 9 GG im Hinblick auf religiöse Vereine.[86] Die Gewährleistung des Art. 140 GG i.V.m. Art. 137 Abs. 2 WRV ist ihrer normativen Struktur entsprechend als Freiheitsrecht anzusehen, das der Sache nach die Grundrechte des Art. 4

---

82 *Muckel,* in: Friauf/Höfling (Hrsg.), Berliner Kommentar zum Grundgesetz, Art. 4 Rn. 48.

83 *Muckel,* Religiöse Freiheit und staatliche Letztentscheidung, 1997, S. 230 ff.; *Tillmanns,* NuR 2002, 578 (583).

84 *Muckel,* in: Friauf/Höfling (Hrsg.), Berliner Kommentar zum Grundgesetz, Art. 4 Rn. 40; *ders.,* Religiöse Freiheit und staatliche Letztentscheidung, 1997, S. 163.

85 BVerfGE 83, 341 (355); ebenso ein Teil des Schrifttums, vgl. *Borowski,* Die Glaubens- und Gewissensfreiheit des Grundgesetzes, 2006, S. 304 m. weit. Nachw. in Fußn. 38; zudem *Classen,* Religionsrecht, 2006, Rn. 291.

86 *Heckel,* in: Gesammelte Schriften, Bd. IV, 1997, S. 647 (727 f.); *Weber,* in: Besier/Scheuch (Hrsg.), Die neuen Inquisitoren. Religionsfreiheit und Glaubensneid, Teil I, 1999, S. 174 (177 ff.); *Muckel,* Religiöse Freiheit und staatliche Letztentscheidung, 1997, S. 164 f.; *ders.,* in: Friauf/Höfling (Hrsg.), Berliner Kommentar zum Grundgesetz, Art. 4 Rn. 40.

Abs. 1 und 2 GG ergänzt und lediglich auf Grund einer redaktionellen Zufälligkeit außerhalb des formellen Grundrechtskatalogs der Art. 1 bis 19 GG zu finden ist. Daher kann die Verletzung der Vereinigungsfreiheit aus Art. 140 GG i.V.m. Art. 137 Abs. 2 WRV im Wege der Verfassungsbeschwerde vor dem Bundesverfassungsgericht geltend gemacht werden. Sie hat verfassungsprozessual teil am grundrechtlichen Charakter des Art. 4 Abs. 1 und 2 GG, enthält jedoch eine materiell eigenständige Garantie.[87]

Art. 140 GG i.V.m. Art. 137 Abs. 2 WRV garantiert allerdings nur das Recht, Religionsgemeinschaften zu gründen, nicht dagegen religiöse Vereine. Dies ist Gewährleistungsinhalt von Art. 9 Abs. 1 und 2 GG, mit der Folge, dass religiöse Vereine nach Art. 9 Abs. 2 GG aufgelöst werden können.

Muslimische Gemeinschaften können sich ohne weiteres unter Ausübung ihres Grundrechts nach Art. 9 Abs. 1 und 2 GG als religiöse Vereine organisieren, etwa in Form des zivilrechtlichen Vereins nach §§ 21 ff. BGB.

2. Körperschaftsrechte für muslimische Gemeinschaften nach Art. 140 GG i.V.m. Art. 137 Abs. 5 WRV

Schwierigkeiten bereitet die Gründung von muslimischen Religionsgemeinschaften mit dem Status einer Körperschaft des öffentlichen Rechts i. S. d. Art. 140 GG i.V.m. Art. 137 Abs. 5 WRV. Mit diesem Status sind eine Reihe von Vorrechten verbunden,[88] wie das Recht zur Erhebung von Steuern nach Art. 140 GG i.V.m. Art. 137 Abs. 6 WRV oder die Befugnis, Beamte zu haben und öffentlich-rechtliche Dienstverhältnisse zu begründen, die nicht dem Arbeits- und Sozialversicherungsrecht unterliegen. Daneben knüpfen zahlreiche gesetzliche Regelungen an den Körperschaftsstatus an (z. B. § 1 Abs. 5 Satz 2 Nr. 6 BauGB, § 15 Abs. 4 BDSG, § 19 MRRG); zudem sind Vergünstigungen und Befreiungen im Steuer- und Gebührenrecht an den Status der Körperschaft des öffentlichen Rechts gebunden.

Obwohl die ersten Anträge muslimische Gemeinschaften auf Verleihung der Körperschaftsrechte in die 70er Jahre zurückreichen,[89] hat bis dato keine muslimische Vereinigung diesen „rätselhaften Ehrentitel“[90] erhalten. Der Islam ist in seiner Gesamtheit bis heute weder auf Landes- noch auf Bundesebene verbands-

---

87 *Muckel,* Religiöse Freiheit und staatliche Letztentscheidung, 1997, S. 165, dort auch der Hinweis, dass dies für die Freiheit von Religionsgemeinschaften nicht zu anderen Ergebnissen führt als die Rspr. des BVerfG, aber den Vorzug dogmatischer Stringenz hat.

88 Zu den einzelnen Korporationsrechten siehe nur *v. Campenhausen,* in: v. Mangoldt/Klein/Starck (Hrsg.), Kommentar zum Grundgesetz, Bd. 3, 5. Aufl. 2005, Art. 137 WRV Rn. 235 ff.; *Heinig,* Öffentlich-rechtliche Religionsgesellschaften, 2003, S. 281 ff.

89 *Muckel,* DÖV 1995, 311 (311).

90 *Smend,* ZevKR 1 (1951), 4 (9).

mäßig organisiert, noch gibt es einen alle Muslime repräsentierenden Dachverband[91]. Statt dessen existiert eine Fülle von verschiedenen Organisationen, von denen keine für sich beanspruchen kann, „den Islam“ in Deutschland zu repräsentieren.

Nach dem Wortlaut des Art. 140 GG i.V.m. Art. 137 Abs. 5 Satz 2 GG setzt die Verleihung der Körperschaftsrechte voraus, dass die Religionsgemeinschaft durch ihre Verfassung und die Zahl ihrer Mitglieder die Gewähr der Dauer bietet. Darüber hinaus hat das Bundesverfassungsgericht in seiner Entscheidung zu der Religionsgemeinschaft der Zeugen Jehovas[92] als ungeschriebene Verleihungsvoraussetzung verlangt, dass eine Religionsgemeinschaft, die Körperschaft des öffentlichen Rechts werden will, rechtstreu sein muss. Manche muslimische Gemeinschaften tragen dem Rechnung, indem sie in ihre Satzung ein Bekenntnis zur Rechtstreue aufnehmen.[93] Entscheidend ist jedoch allein das tatsächliche Verhalten der Gemeinschaft, wobei einzelne Rechtsverstöße, zumal religiös motivierte, den Vorwurf fehlender Rechtstreue nicht rechtfertigen. Die Religionsgemeinschaft muss ferner die Gewähr dafür bieten, dass sie das geltende Recht beachten, insbesondere die ihr übertragene Hoheitsgewalt in Einklang mit den verfassungsrechtlichen und den sonstigen gesetzlichen Bedingungen ausüben werde[94]. Außerdem muss nach der Rechtsprechung des Bundesverfassungsgerichts (deren dogmatische Schlüssigkeit hier allerdings fragwürdig ist) eine Religionsgemeinschaft als Körperschaft des öffentlichen Rechts im Sinne des Art. 140 GG i.V.m. Art. 137 Abs. 5 WRV die Gewähr dafür bieten, dass ihr künftiges Verhalten die in Art. 79 Abs. 3 GG genannten fundamentalen Verfassungsprinzipien, die dem staatlichen Schutz anvertrauten Grundrechte Dritter sowie die Grundprinzipien des freiheitlichen Religions- und Staatskirchenrechts des Grundgesetzes (Verbot der Staatskirche, Grundsätze der Neutralität und der Parität) nicht gefährdet.[95] Dies entscheidet sich nicht nach dem Glauben, sondern nach dem Verhalten der Gemeinschaft. Die genannten Grundprinzipien enthalten keine Vorgaben für die Binnenstruktur einer Religionsgemeinschaft.[96] Insbesondere die staatskirchenrechtlichen Strukturprinzi-

---

91 *Weber,* Muslimische Gemeinschaften als Körperschaften des öffentlichen Rechts unter dem Grundgesetz, in: Oebbecke (Hrsg.), Muslimische Gemeinschaften im deutschen Recht, 2003, S. 85 (85 f.).

92 BVerfGE 102, 370 ff., zudem abgedruckt in KirchE 38 (2000), S. 502 ff.; NJW 2001, 429 ff.; DVBl 2001, 284 ff.; ZevKR 46 (2001), S. 224 f.; DVP 2001, 250 f. – Vgl. hierzu die Besprechungen von *Muckel,* Jura 2001, 456 ff.; *ders.,* Stimmen der Zeit 2001, 463 ff.; *v. Campenhausen,* ZevKR 46 (2001), S. 165 ff.; *Goerlich,* NVwZ 2001, 1369 ff.; *Hillgruber,* NVwZ 2001, 1347 ff.; *Petri,* JA 2001, 641 ff.; *Poscher,* NJ 2001, 364; *Sachs,* JuS 2001, 456 ff.; *Sendler,* NJW 2002, 2611 ff.; *ders.,* DVBl. 2004, 8 ff.; *Tillmanns,* in: Muckel (Hrsg.), Kirche und Religion im sozialen Rechtsstaat. Festschrift für Wolfgang Rüfner zum 70. Geburtstag, 2003, S. 919 ff.; *Wilms,* NJW 2003, 1083 ff.

93 Nachw. bei *Muckel,* DÖV 1995, 311 (316 in Fußn. 68).

94 BVerfGE 102, 370 (390 ff.).

95 BVerfGE 102, 370 (392 ff.).

96 BVerfGE 102, 370 (394).

pien sind ihrem Wesen nach nicht auf das Innenleben einer Religionsgemeinschaft anwendbar. Die Binnenstruktur einer Religionsgemeinschaft kann schwerlich weltanschaulich-religiös neutral oder paritätisch sein. In abgewandelter Form gilt dies auch für die fundamentalen Verfassungsprinzipien des Art. 20 Abs. 1 GG. Von einer korporierten Religionsgemeinschaft etwa eine demokratische Binnenstruktur zu fordern widerspräche der Religionsfreiheit und dem Selbstbestimmungsrecht der Religionsgemeinschaften aus Art. 140 GG i.V.m. Art. 137 Abs. 3 WRV. Der Staat kann einzig verlangen, dass die Religionsgemeinschaften „den verfassungsrechtlichen Ordnungsrahmen, der auch die Grundlage ihrer eigenen religiösen Freiheit bildet, nicht beeinträchtigen“[97]. Dies wäre etwa der Fall, wenn sie auf die Verwirklichung einer theokratischen Herrschaftsordnung hinwirkten. Eine über die genannten Anforderungen hinausgehende Nähe oder Loyalität zum Staat hat das Bundesverfassungsgericht als Bedingung für die Verleihung des Körperschaftsstatus ausdrücklich zurückgewiesen. Eine Religionsgemeinschaft muss danach ihr Handeln auch als Körperschaft des öffentlichen Rechts nicht an den Interessen des Staates orientieren.[98]

Die muslimischen Vereinigungen tun sich bislang schwer, die Anforderungen an die Verleihung des Körperschaftsstatus zu erfüllen. Fraglich ist in der Regel vor allem, ob es sich bei der antragstellenden Vereinigung um eine Religionsgemeinschaft im Sinne des Art. 140 GG i.V.m. Art. 137 Abs. 5 WRV oder lediglich um einen religiösen Verein mit nur partieller religiöser Zielsetzung handelt.[99]

Zudem ist häufig zweifelhaft, ob die Gemeinschaft durch ihre Verfassung und die Zahl ihrer Mitglieder die Gewähr der Dauer bietet. Mit dem Merkmal der Gewähr der Dauer soll vermieden werden, dass neue Religionsgemeinschaften „im Gärungsstadium“[100], deren dauerhafte Existenz noch nicht gesichert erscheint, die Rechte einer Körperschaft des öffentlichen Rechts erhalten. Als ausreichend werden im Regelfall etwa 30 Jahre angesehen[101]. Dieser Zeitraum erscheint auch angemessen. Erst nach dieser Dauer lässt sich typischerweise mit hinreichender Wahrscheinlichkeit feststellen, dass eine Gemeinschaft als solche dauerhaft weiter

97 BVerfGE 102, 370 (395 f.).

98 BVerfGE 102, 370 (395); anders noch das Bundesverwaltungsgericht, BVerwGE 105, 117 (126), das verlangte, dass die antragstellende Religionsgemeinschaft „dem demokratisch verfassten Staat die für eine dauerhafte Zusammenarbeit unerlässliche Loyalität“ entgegenbringt.

99 Dazu unten B. IV. 2.

100 *v. Campenhausen/de Wall,* Staatskirchenrecht, 4. Auflage 2006, S. 135.

101 *Tillmanns,* DÖV 1999, 441 (446); *Weber,* Muslimische Gemeinschaften als Körperschaften des öffentlichen Rechts unter dem Grundgesetz, in: *Oebbecke* (Hrsg.), Muslimische Gemeinschaften im deutschen Recht, 2003, S. 85 (91); ähnlich auch *v. Campenhausen/de Wall,* Staatskirchenrecht, 4. Auflage 2006, S. 135. – Kritisch *Heinig,* Öffentlich-rechtliche Religionsgesellschaften, 2003, S. 324, der „einer von Arbeitsmigranten gegründeten muslimischen Vereinigung“ den Körperschaftsstatus bereits vor Ablauf einer 30jährigen Bestandszeit zubilligt, wenn der Kern des Mitgliederbestandes dauerhaft in Deutschland verweilt und der Gruppierung absehbar zugehörig bleibt.

bestehen wird und ihre Existenz nicht allein von einer charismatischen Gründerfigur oder einer einzigen Generation abhängt.

Erforderlich ist eine Organisationsstruktur, die das Verfahren der Willensbildung regelt, Organe erkennen lässt und Instanzen benennt, die dem Staat als Ansprechpartner zur Verfügung stehen und befugt sind, verbindlich über Lehre und Ordnung der Religionsgemeinschaften zu entscheiden.[102] Religionsgemeinschaften mit einer Instanz, die verbindlich über Lehre und Ordnung entscheidet, sind den Muslimen zwar nicht mehr ganz fremd.[103] Der Islam tut sich mit der Gründung von Institutionen, die mit Verbindlichkeit für alle Muslime sprechen, nach wie vor jedoch schwer, da er seinem Selbstverständnis nach eben keine Kirche hervorbringt. Die Bemühungen um die Schaffung entsprechender Strukturen stoßen unter Muslimen daher regelmäßig auf Skepsis.

Als Mitgliederbestand verlangen die Länder in der Regel ein Promille der Bevölkerung des jeweiligen Bundeslandes.[104] Um auszuschließen, dass eine Religionsgemeinschaft als Körperschaft des öffentlichen Rechts Hoheitsrechte gegenüber Nichtmitgliedern ausübt, dürfen über die Mitgliedschaft in der Gemeinschaft keine Unklarheiten aufkommen. Die Bindung der Mitglieder an die jeweilige Vereinigung muss eindeutig geregelt sein. Muslimische Vereinigungen kennen feste und eindeutige Mitgliedschaftsregelungen vielfach jedoch nicht. Häufig hat sich nur eine Minderheit einer bestehenden Vereinigung mitgliederschaftlich angeschlossen, während ein viel größerer Teil nur Anhänger der Vereinigung sind oder lediglich deren Angebote wahrnimmt.[105]

B. Einzelne Bereiche islamischer Religionsausübung in Deutschland im Lichte des Religionsverfassungsrechts

I. Bau von Moscheen und Minaretten

In Deutschland bestehen gegenwärtig weit mehr als 2000 islamische Gebetsstätten.[106] Hierbei handelt es sich zumeist um unscheinbare Einrichtungen in Hinter-

---

102 Vgl. nur *Tillmanns,* DÖV 1999, 441 (445).

103 Hierzu *Muckel,* DÖV 1995, 311 (314).

104 *Bohl,* Der öffentlich-rechtliche Körperschaftsstatus der Religionsgemeinschaften, 2001, S. 35; *v. Campenhausen/de Wall,* Staatskirchenrecht, 4. Auflage 2006, S. 135; *Heinig,* Öffentlich-rechtliche Religionsgesellschaften, 2003, S. 326; *Jeand'Heur/Korioth,* Grundzüge des Staatskirchenrechts, 2000, Rn. 228; *Muckel,* DÖV 1995, 311 (315); *Mückl,* Europäisierung des Staatskirchenrechts, 2005, S. 243; *Weber,* in: Oebbecke (Hrsg.), Muslimische Gemeinschaften im deutschen Recht, 2003, S. 85 (91).

105 Vgl. *Lemmen/Miehl,* Islamisches Alltagsleben in Deutschland, hrsgg. vom Wirtschafts- und sozialpolitischen Forschungs- und Beratungszentrum der Friedrich-Ebert-Stiftung, 2. Aufl. 2001, S. 61.

höfen oder Gewerbegebieten, die von außen oftmals nicht als religiöse Einrichtungen zu erkennen sind. Seit dem Ende der achtziger Jahre des vergangenen Jahrhunderts sind die islamischen Gemeinden jedoch vermehrt dazu übergegangen, statt provisorischer „Hinterhof-Moscheen" Gebetshäuser traditionellen Zuschnitts mit Kuppeln und Minaretten zu errichten.

Für derartige Bauvorhaben der Religionsgemeinschaften oder religiösen Vereine gelten grundsätzlich die Vorschriften des Bauplanungs- und Bauordnungsrechts. Bei der Auslegung und Anwendung der baurechtlichen Regelungen ist zu beachten, dass die Religionsausübungsfreiheit gemäß Art. 4 Abs. 2 GG auch das Recht der Religionsgemeinschaften umfasst, Gebäude zu errichten, die nach ihrem Selbstverständnis für die individuelle Religionsausübung durch die Mitglieder erforderlich sind.[107] Dem entsprechend sind die von den Kirchen und Religionsgesellschaften des öffentlichen Rechts festgestellten Erfordernisse für Gottesdienst und Seelsorge nach § 1 Abs. 6 Nr. 6 Baugesetzbuch bei der Aufstellung von Flächennutzungs- und Bebauungsplänen zu berücksichtigen. Auf muslimische Gebetshäuser findet diese Berücksichtigungsklausel indes keine Anwendung, da bislang keine muslimische Gemeinschaft den Status einer Körperschaft des öffentlichen Rechts im Sinne des Art. 140 GG i.V.m. Art. 137 Abs. 5 WRV erlangen konnte.

Die Vorschriften des öffentlichen Baurechts stellen verfassungsrechtlich nicht zu beanstandende allgemeine Gesetze dar, die auf der Grundlage des Gesetzesvorbehaltes des Art. 140 GG i.V.m. Art. 136 Abs. 1 WRV das Grundrecht der Religionsausübungsfreiheit einschränken. Die gegenläufigen Interessen müssen nach den allgemeinen Regeln der Grundrechtsdogmatik unter Beachtung des Verhältnismäßigkeitsgrundsatzes gewichtet und nach den Grundsätzen praktischer Konkordanz[108] zu einem schonenden Ausgleich gebracht werden.

Da das Freitagsgebet in der Moschee für praktizierende Muslime zentral zur Ausübung ihrer Religion gehört, genießt der Bau von Moscheen grundrechtlichen Schutz aus Art. 4 Abs. 2 GG. Die Grundrechtsposition der Muslime ist prinzipiell geeignet, sich in der Abwägung gegenüber öffentlichen und privaten Belangen, die dem Bauvorhaben entgegenstehen, durchzusetzen. „Anlagen für kirchliche, kulturelle und soziale Zwecke" sind gemäß §§ 4 Abs. 2 Nr. 3, 4 a Abs. 2 Nr. 5, 5 Abs. 2 Nr. 7, 6 Abs. 2 Nr. 5 und 7 Abs. 2 Nr. 4 der BauNVO in allgemeinen und besonderen Wohngebieten, in Dorf-, Misch- und Kerngebieten grundsätzlich zulässig.[109] Als Ausdruck der religiös-weltanschaulichen Neutralität des Staates darf der

---

106 *Lemmen/Miehl,* Islamisches Alltagsleben in Deutschland, hrsgg. vom Wirtschafts- und sozialpolitischen Forschungs- und Beratungszentrum der Friedrich-Ebert-Stiftung, 2. Aufl. 2001, S. 25.

107 OVG Rheinland-Pfalz, NVwZ 2001, 933 (934).

108 Zum Prinzip der praktischen Konkordanz grundlegend *Hesse,* Grundzüge des Verfassungsrechts der Bundesrepublik Deutschland, 20. Aufl. 1999, Rn. 72, 317 f.

109 *Bergmann,* ZAR 2004, 135 (137).

Begriff „kirchlich" hier nicht verengt auf die christlichen Kirchen interpretiert werden. Eine verfassungskonforme Auslegung führt zu dem Ergebnis, dass auch Moscheen „kirchliche" und kulturelle Zwecke in diesem Sinne erfüllen. Daher besteht in diesen Baugebieten grundsätzlich ein Anspruch auf Genehmigung einer Moschee – vorbehaltlich der übrigen bauplanungs- und bauordnungsrechtlichen Voraussetzungen. Von besonderer praktischer Relevanz erweisen sich dabei oft die Vorschriften über die Stellplätze. Bei Moscheen wird es sich regelmäßig um bauliche Anlagen handeln, „bei denen ein Zu- und Abgangsverkehr zu erwarten ist", wie es etwa § 51 BauO NRW formuliert. In diesem Fall müssen notwendige Stellplätze, also Stellplätze oder Garagen, hergestellt werden, deren Zahl und Größe sich nach der Art und Zahl der vorhandenen und zu erwartenden Kraftfahrzeuge der ständigen Benutzer und Besucher der Anlage sowie nach den örtlichen Gegebenheiten richtet.[110]

Pauschale Beurteilungen der Zulässigkeit oder Unzulässigkeit von muslimischen Bauvorhaben – mögen sie auch von Rechtspraktikern gewünscht werden – gehen an der Rechtslage vorbei. Diese verlangt sowohl bei der Abwägung im Rahmen des Verfahrens zur Aufstellung oder Änderung eines Bebauungsplans nach § 1 Abs. 6 und 7 BauGB als auch bei der Frage, ob ein Vorhaben im Geltungsbreich eines Bebauuungsplanes zulässig ist oder sich im unbeplanten Innenbereich gemäß § 34 Abs. 1 Satz 1 BauGB „in die Eigenart der näheren Umgebung einfügt", eine Gesamtbetrachtung unter Berücksichtigung der konkreten Umstände des Einzelfalls. *Mathias Rohe* formuliert treffend, dass das, was in der unmittelbaren Umgebung „der Ebracher Klosterkirche vielleicht deplaziert wäre, ... nicht auch in einem großstädtischen Mischgebiet unpassend sein [muss]".[111] Gerade im Hinblick auf den Moscheebau sind Gesprächsbereitschaft, Offenheit und Kompromissbereitschaft unverzichtbar, um zufriedenstellende Ergebnisse zu erzielen. Hierzu gehört auch, dass die bauwillige muslimische Gemeinschaft sich an die – ggf. gerichtlich überprüften – Festsetzungen der Baugenehmigung hält und ein abgelehntes Vorhaben nicht im Wege des Schwarzbaus rechtswidrig zu realisieren versucht.[112]

Sofern der Bau einer Moschee die Änderung eines Bebauungsplans voraussetzt, hält das Baugesetzbuch mit der frühzeitigen Beteiligung der Öffentlichkeit nach § 3 Abs. 1 Satz 1 BauGB ein wichtiges Instrumentarium bereit, das sinnvoll genutzt werden kann, um Vorbehalte gegen die Errichtung von muslimischen Gebetshäusern abzubauen.

---

110 *Hoppe/Bönker/Grotefels,* Öffentliches Baurecht, 2002, S. 621 f.

111 *Rohe,* RabelsZ 64 (2000), S. 256 (277).

112 So in Neuss-Derikum, wo das Bauamt das Minarett statt in der beantragten Höhe von 24 Metern lediglich in Höhe von 16 Metern genehmigt hatte, das Minarett entgegen der rechtswirksamen Baugenehmigung dann aber doch in Höhe von 24 m ausgeführt worden war (berichtet bei *Lemmen/Miehl,* Islamisches Alltagsleben in Deutschland, hrsgg. vom Wirtschafts- und sozialpolitischen Forschungs- und Beratungszentrum der Friedrich-Ebert-Stiftung, 2. Aufl. 2001, S. 27 in Fußn. 63).

II. Muslimischer Gebetsruf

Im Zusammenhang mit der Errichtung von Moscheen wirft der vom Minarett öffentlich zu verkündende Gebetsruf besondere rechtliche Probleme auf. Der Gebetsruf des Muezzin unterfällt grundsätzlich dem Schutz der Religionsfreiheit aus Art. 4 Abs. 1 und 2 GG.[113] Er ist in seinem Wortlaut Bekenntnis im Sinne des Art. 4 Abs. 1 GG, die das Verkünden einer religiösen Überzeugung schützt. Daneben wird er als eine Form der Religionsausübung anzusehen sein, die dem Schutz des Art. 4 Abs. 2 GG unterfällt, da er einem genuin religiösen Interesse entspringt.

Fraglich ist, ob und inwieweit der Gebetsruf des Muezzin rechtlich untersagt werden darf. Bei der Beurteilung dieser Frage ist ein vorschneller, undifferenzierter Rückgriff auf Überlegungen und Argumente, die in Rechtsprechung und Literatur zum Glockengeläut der christlichen Kirchen[114] erarbeitet worden sind, abzulehnen[115]. Die Konstellationen sind nämlich keinesfalls so vergleichbar, wie es auf den ersten Blick erscheinen mag.[116] So hat das Glockengeläut, das objektiv aus neutralen Tönen besteht, im Gegensatz zum Ruf des Muezzin keinen ausdrücklichen religiösen Informationsgehalt, sondern ist inhaltlich offener. Es ist auch – anders als der Gebetsruf – nicht immer in gleicher Weise religiös motiviert. In der Literatur wird zudem darauf hingewiesen, dass das Glockengeläut melodischer sei als die Stimme vom Tonband.[117]

Nach der Rechtsprechung des Bundesverfassungsgerichts zur Einschränkbarkeit des Art. 4 Abs. 1 und 2 GG kann der Muezzin-Ruf nur durch Grundrechte Dritter und Gemeinschaftsinteressen von Verfassungsrang beschränkt werden, die sich im Rahmen einer Abwägung als vorrangig vor der Religionsfreiheit erweisen. In Betracht kommen das Eigentumsgrundrecht von Nachbarn gemäß Art. 14 Abs. 1 GG, deren körperliche Unversehrtheit (Art. 2 Abs. 2 GG), die Unverletzlichkeit der Wohnung (Art. 13 GG) sowie die negative Glaubensfreiheit, die durch Art. 4 Abs. 1 GG geschützt ist. Die christliche Prägung Deutschlands und die nationale Identität kommen als konfligierende Verfassungsgüter hingegen nicht in Betracht.[118]

---

113 *Muckel,* NWVBl. 1998, 1 (3); *ders.,* in: Friauf / Höfling (Hrsg.), Berliner Kommentar zum Grundgesetz, Art. 4 Rn. 33; *ders.,* in: Isensee / Rees / Rüfner (Hrsg.), Dem Staate, was des Staates – der Kirche, was der Kirche ist. Festschrift für Joseph Listl zum 70. Geburtstag, 1999, S. 239 (246).

114 Umfassend dazu *Hense,* Glockenläuten und Uhrenschlag, 1998.

115 *Guntau,* ZevKR 43 (1998), S. 369 (377 f.).

116 Hierzu im Einzelnen *Muckel,* NWVBl. 1998, 1 (1 f.).

117 *Maurer,* in: Eberle / Ibler / Lorenz (Hrsg.), Festschrift f. Brohm, 2002, S. 455 (470) – ohne daraus jedoch weitergehende rechtliche Schlussfolgerungen zu ziehen.

118 *Muckel,* in: Isensee / Rees / Rüfner (Hrsg.), Dem Staate, was des Staates – der Kirche, was der Kirche ist. Festschrift für Joseph Listl zum 70. Geburtstag, 1999, S. 239 (251).

Dabei dürfte der muslimische Gebetsruf nur in extremen Fällen, die in der bisherigen Praxis nicht aufgetaucht sind, die Nutzbarkeit des eigenen Hauses in einem Ausmaß beeinträchtigen, das im Hinblick auf die Grundrechte aus Art. 14 Abs. 1 GG oder Art. 13 Abs. 1 GG Relevanz gewinnt. Auch an eine Verletzung der körperlichen Unversehrtheit gemäß Art. 2 Abs. 2 GG wäre allenfalls zu denken, wenn der Gebetsruf ständig und regelmäßig in erheblicher Lautstärke zur Nachtzeit erschallen würde, was aber in der bisherigen Praxis auch von den Muslimen in Deutschland selbst nicht erwünscht ist. Auch eine Verletzung der negativen Glaubensfreiheit aus Art. 4 Abs. 1 GG ist regelmäßig nicht gegeben, da von dem Gebetsruf regelmäßig keine suggestiven Wirkungen ausgehen. Vor der schlichten Konfrontation mit den Glaubensüberzeugen und kultischen Handlungen von Angehörigen anderer, subjektiv als fremd oder gar bedrohlich empfundener Religionen schützt die negative Glaubensfreiheit nicht.[119]

Richtigerweise kommt es jedoch auf gegenläufige Belange von Verfassungsrang nicht an, weil das Grundgesetz in Art. 140 GG i.V.m. Art. 136 Abs. 1 WRV – wie oben gezeigt – einen Gesetzesvorbehalt für die Garantien religiöser Freiheit in Art. 4 Abs. 1 und 2 GG anbietet. Durch den Gesetzesvorbehalt werden die Belange, denen der Gesetzgeber mit einfachem Recht Rechnung trägt, auf die verfassungsrechtliche Ebene des eingeschränkten Grundrechts gehoben, wenn sie nicht ohnehin bereits in anderen Vorschriften der Verfassung zum Ausdruck kommen. Im Zusammenhang mit dem Ruf des Muezzin ist dabei vor allem der Immissionsschutz nach dem Bundesimmissionsschutzgesetz (BImSchG) sowie den landesrechtlichen Immissionsschutzgesetzen zu nennen.

Grundsätzlich ist ein Lautsprecher zur Verstärkung des Gebetsrufes eine nicht genehmigungsbedürftige Anlage im Sinne der §§ 3 Abs. 5, 22 ff. BImSchG.[120] Gemäß § 22 Abs. 1 Satz 1 Nr. 1 BImSchG müssen beim Betrieb einer solchen Anlage schädliche Umwelteinwirkungen verhindert werden. Schädliche Umwelteinwirkungen sind gemäß der Legaldefinition in § 3 Abs. 1 BImSchG Immissionen, die nach Art, Ausmaß oder Dauer geeignet sind, Gefahren, erhebliche Nachteile oder erhebliche Belästigungen für die Allgemeinheit oder die Nachbarschaft herbeizuführen. Zu den Immissionen zählen gem. § 3 Abs. 2 BImSchG u. a. auf Menschen einwirkende Geräusche. Über die Schädlichkeit der Umwelteinwirkungen ist nach den Umständen des Einzelfalls auf Grund einer wertenden Gesamtbetrachtung zu entscheiden.[121] Dabei ist nach der Rechtsprechung des Bundesverwaltungsgerichts auch auf die Herkömmlichkeit, soziale Adäquanz und allgemeine Akzeptanz abzustellen.[122] Zu beachten sind auch die nach der Art der baulichen Nutzung abgestuften Immissionsrichtwerte der TA Lärm Nr. 6.

---

119 Siehe oben A. I. 2. a).

120 *Muckel,* NWVBl. 1998, 1 (4); *Oebbecke,* in: Khoury / Heine / Oebbecke (Hrsg.), Handbuch Recht und Kultur des Islams in der deutschen Gesellschaft, 2000, S. 297.

121 *Oebbecke,* in: Khoury / Heine / Oebbecke (Hrsg.), Handbuch Recht und Kultur des Islams in der deutschen Gesellschaft, 2000, S. 297.

122 BVerwGE 79, 254 (260); 90, 163 (165 f.).

Neben dem Bundesimmissionsschutzgesetz sind die Landesimmissionsschutzgesetze zu beachten. § Nach 9 Abs. 1 LImSchG NRW sind von 22 bis 6 Uhr Betätigungen verboten, die geeignet sind, die Nachtruhe zu stören. Von dieser Vorschrift ist auch der nicht durch Lautsprecher verstärkte Gebetsruf erfasst. Gemäß § 10 Abs. 1 LImSchG NRW dürfen Lautsprecher nur so benutzt werden, dass unbeteiligte Personen nicht erheblich belästigt werden. Von beiden Vorschriften können Ausnahmen zugelassen werden, wenn ein öffentliches oder überwiegendes privates Interesse vorliegt, § 9 Abs. 2 Satz 2 und § 10 Abs. 4 LImSchG NRW.

Sowohl bei der Auslegung der Verbotsvorschrift („zu stören geeignet", „erheblich belästigt") als auch im Rahmen einer Entscheidung über die Zulassung einer Ausnahme ist eine wertende Gesamtbetrachtung anzustellen.[123] Dabei sind insbesondere die Grundrechte der Beteiligten angemessen zu berücksichtigen, auf der Seite des Muezzin, bzw. des Eigentümers der Moschee, die Bekenntnisfreiheit nach Art. 4 Abs. 1 GG und die Religionsausübungsfreiheit nach Art. 4 Abs. 2 GG. Im Rahmen der gebotenen Abwägung kann auch Berücksichtigung finden, ob eine Immission herkömmlich oder ortsüblich ist, was jedenfalls bisher für den Gebetsruf verneint werden muss.[124]

Daneben muss der Muezzin-Ruf die Anforderungen an die Sicherheit und Leichtigkeit des Straßenverkehrs nach dem Straßenverkehrsgesetz (StVG) und der Straßenverkehrsordnung (StVO) erfüllen. Dabei ist vor allem auf § 33 Abs. 1 Satz 1 Nr. 1 StVO hinzuweisen. Danach ist der Betrieb von Lautsprechern verboten, wenn dadurch Verkehrsteilnehmer in einer den Verkehr gefährdenden oder erschwerenden Weise abgelenkt oder belästigt werden können.

Bei der Beurteilung der Zulässigkeit staatlicher Einschränkungen des Gebetsrufs sind die Umstände des Einzelfalls angemessen zu berücksichtigen. Abwägungsrelevante Gesichtspunkte sind etwa die Art und Dauer des Geräuschs, die Tageszeit, der Gebietscharakter und die Eigenart der dort wohnenden Bevölkerung.[125] Dabei kann auch von den Muslimen – jenseits einer justitiablen Rechtspflicht zur Toleranz[126] – erwartet werden, dass sie um des gedeihlichen Zusammenlebens willen auf einen extensiven Gebrauch des durch technische Geräte verstärkten Muezzin-Rufs verzichten. Dies gilt umso mehr, als der Gebetsruf von Muslimen vielfach nicht als Ausdruck einer zwingenden religiösen Vorschriften verstanden wird, son-

---

123 *Oebbecke,* in: Khoury / Heine / Oebbecke (Hrsg.), Handbuch Recht und Kultur des Islams in der deutschen Gesellschaft, 2000, S. 298.

124 *Oebbecke,* in: Khoury / Heine / Oebbecke (Hrsg.), Handbuch Recht und Kultur des Islams in der deutschen Gesellschaft, 2000, S. 298.

125 *Maurer,* in: Eberle / Ibler / Lorenz (Hrsg.), Der Wandel des Staates vor den Herausforderungen der Gegenwart. Festschrift für Winfried Bohm zum 70. Geburtstag, 2002, S. 455 (470).

126 Gegen ein aus einem eigenständigen verfassungsrechtlichen Prinzip der Toleranz abgeleitetes an den Grundrechtsträger gerichtetes Rechtsgebot *Muckel,* Religiöse Freiheit und staatliche Letztentscheidung, 1997, S. 116 ff.

dern als ein kulturelles Element, das in der Diaspora-Situation das Heimatgefühl stärken soll.

III. Rituelles Schlachten

Die Erfüllung der islamischen Schlachtvorschriften stößt in Deutschland auf rechtliche Probleme. Nach Auffassung aller Rechtsschulen[127] hat das Schlachten im Wege des Schächtens zu erfolgen, wobei dem noch lebenden Schlachttier unter Anrufung Allahs die Kehle durchgeschnitten wird, um es möglichst vollständig ausbluten zu lassen.[128] Nach § 4a Abs. 1 TierSchG darf ein warmblütiges Tier aber nur geschlachtet werden, wenn es vor Beginn des Blutentzugs betäubt worden ist. Unter den islamischen Gruppierungen in Deutschland wird die Frage, ob eine vor der Schlachtung vorgenommene Betäubung des Tieres mit den religiösen Geboten des Islam vereinbar ist, kontrovers diskutiert. Viele Muslime sehen das Fleisch von Tieren nur dann als zum Verzehr geeignet an, wenn auf eine Betäubung verzichtet wurde,[129] weil sie befürchten, dass eine Betäubung das vollständige Ausbluten des Tieres verhindert und der Tod bereits vor dem Schlachten eintritt. Der Verzehr von Blut und von totem Fleisch ist Muslimen jedoch strengstens untersagt. Das Tierschutzgesetz sieht für religiös motivierte Schlachtungen eine Ausnahme vom Betäubungszwang in § 4a Abs. 2 Nr. 2 TierSchG vor. Hiernach kann die zuständige Behörde für eine Schlachtung ohne Betäubung eine Ausnahmegenehmigung erteilen, soweit dies erforderlich ist, um den Bedürfnissen von Angehörigen bestimmter Religionsgemeinschaften zu entsprechen, denen zwingende Vorschriften ihrer Religionsgemeinschaft das Schächten vorschreiben oder den Genuss von Fleisch nicht geschächteter Tiere untersagen.

Muslimische Metzger haben wiederholt eine Ausnahmegenehmigung nach § 4a Abs. 2 Nr. 2 TierSchG beantragt und deren Erteilung gerichtlich einzuklagen versucht, sind damit lange Zeit erfolglos geblieben.[130] Erst das Bundesverfassungsgericht befand im Jahre 2002, dass § 4a Abs. 2 Nr. 2, 2. Alt. TierSchG im Lichte von Art. 2 Abs. 1 i.V.m. Art. 4 Abs. 1 und 2 GG so auszulegen ist, dass musli-

---

127 So *Lemmen/Miehl,* Islamisches Alltagsleben in Deutschland, hrsgg. vom Wirtschafts- und sozialpolitischen Forschungs- und Beratungszentrum der Friedrich-Ebert-Stiftung, 2. Aufl. 2001, S. 41.

128 Der Vorgang des Schächtens nach jüdischer und nach islamischer Methode wird ausführlich beschrieben von *Levinger* und *Moussa* in: Potz/Schinkele/Wieshaider (Hrsg.), Schächten. Religionsfreiheit und Tierschutz, 2001, S. 1 ff., 16 ff.

129 Vgl. die Stellungnahme des Islamrates der Bundesrepublik Deutschland e. V. vom 18. 3. 2000, abrufbar unter http: //www.islamrat.de/infothek/info/halal-regeln.htm (letzte Abfrage am 4. 1. 2007).

130 Insbes. BVerwGE 99, 1 ff.; 112, 227 ff. Weitere, unterinstanzliche Entscheidungen bei *Muckel,* in: Isensee/Rees/Rüfner (Hrsg.), Dem Staate, was des Staates – der Kirche, was der Kirche ist. Festschrift für Joseph Listl zum 70. Geburtstag, 1999, S. 239 (249 in Fußn. 54).

mische Metzger eine Ausnahmegenehmigung für das Schlachten erhalten können.[131] In Reaktion auf dieses sog. Schächt-Urteil des Bundesverfassungsgerichts hat der verfassungsändernde Gesetzgeber den Tierschutz als Staatsziel in Art. 20a GG eingefügt und damit in den Rang eines Verfassungsgutes gehoben. Wegen dieser Aufwertung des Tierschutzes ist zweifelhaft, inwieweit dem Schächt-Urteil noch Bindungswirkung nach § 31 Abs. 1 BVerfGG zukommt. Nachdem der Hessische Verwaltungsgerichtshof mit Urteil vom 24. November 2004[132] eine Bindung der Behörden und Gerichte an das Urteil des Bundesverfassungsgerichts verneint hat, hat das Land Hessen einen Gesetzesantrag in den Bundesrat eingebracht, in dem vorgesehen ist, dass die tatbestandlichen Voraussetzungen des § 4a Abs. 2 Nr. 2 TierSchG vom Antragsteller „nachgewiesen“ werden müssen. Zusätzlich will das Land Hessen eine Regelung eingeführt sehen, wonach „vor, während und nach dem in Frage stehenden betäubungslosen Schächten gewährleistet ist, dass dadurch bei dem betroffenen Tier im Vergleich zu einer gesetzmäßigen Schlachtung mit vorheriger Betäubung keine zusätzlichen erheblichen Schmerzen oder Leiden, insbesondere Ängste auftreten.“[133] Diesem Gesetzentwurf werden gute Erfolgsaussichten attestiert, weil neben dem CDU-geführten Bundesland Hessen auch die Bundestagsfraktion Bündnis 90 / Die Grünen eine Novellierung des § 4a Abs. 2 Nr. 2 TierSchG für notwendig hält. Auch soll sich der Islamrat mit einer elektrischen Kurzzeitbetäubung einverstanden erklärt haben.[134] Ein solches Vorgehen bringt den Tierschutz und die Religionsfreiheit zu einem schonenden Ausgleich und entspricht dem Gebot praktischer Konkordanz.[135]

IV. Bestattungswesen

Schwierige Fragen im Hinblick auf die Religionsfreiheit aus Art. 4 Abs. 1 und Abs. 2 GG werfen die islamischen Bestattungsriten auf.[136] Die islamischen Bestat-

---

131 BVerfGE 104, 337 ff. = BVerfG, KirchE 40, 1 ff. Hierzu: *Arndt / Droege,* ZAR 2002, 152 ff.; *dies.,* ZevKR 48 (2003), S. 188 ff.; *Caspar,* NuR 2002, 402 ff.; *Dietz,* NuR 2003, 477 ff.; *Faller,* KJ 2002, 227 ff.; *Fromme,* Recht und Politik 2005, 26 ff.; *Häußler,* JA 2002, 548 ff.; *Kästner,* JZ 2002, 491 ff.; *Klage,* NVwZ 2006, 650 ff.; *Lenz,* VR 2003, 226 ff.; *Mettke,* ZLR 2002, 207 ff.; *Neureither,* JuS 2002, 1168 ff.; *Oebbecke,* NVwZ 2002, 302 ff.; *Pabel,* EuGRZ 2002, 220 ff.; *Pieroth / Görisch,* JuS 2002, 937 ff.; *Rux,* ZAR 2002, 152 ff.; *Spranger,* NJW 2002, 2074 ff.; *Sydow,* Jura 2002, 615 ff.; *Tillmanns,* NuR 2002, 578 ff.; *Traulsen,* ZevKR 48 (2003), S. 198 ff.; *Volkmann,* DVBl. 2002, 332 ff.

132 VGH Kassel, NJOZ 2006, 953 ff.; ESVGH 55, 129 ff.; NuR 2005, 464 ff., sowie die Besprechung von *Kluge,* NVwZ 2006, 650 ff.

133 BR-Drucks. 418 / 05 v. 1. 6. 2005; vgl. auch den inhaltsähnlichen Entschließungsantrag der oppositionellen CDU-Fraktion im Landtag NRW v. 13. 1. 2003 (LT-Drucks. 13 / 3448).

134 *Kluge,* NVwZ 2006, 650 (654) unter Berufung auf den Obmann der Bundestagsfraktion von Bündnis 90 / Die Grünen.

135 So auch *Hirt / Maisack / Moritz,* Tierschutzgesetz, 2003, § 4a TierSchG, Rn. 26; ebenso: osgerau, Freiheit des Glaubers und Systematik des Grundgesetzes, 2007, S. 137.

tungspraktiken[137] sind nicht nur mit praktischen Schwierigkeiten verbunden; sie stehen auch mit dem deutschen Friedhofs- und Bestattungsrecht, das sich aus Landesgesetzen und kommunalen Friedhofsordnungen ergibt, vielfach nicht in Einklang. Die Einrichtung muslimischer Friedhöfe kommt derzeit noch nicht in Betracht, weil die Errichtung von Friedhöfen Körperschaften des öffentlichen Rechts im Sinne des Art. 140 GG i.V.m. Art. 137 Abs. 5 WRV vorbehalten ist.[138] Daher werden die meisten Verstorbenen muslimischen Glaubens nach wie vor in ihre Herkunftsländer überführt.[139] Zu diesem Zweck haben die türkisch-islamischen Verbände in Deutschland spezielle Bestattungsfonds gegründet.[140]

Schwierigkeiten tatsächlicher Art bereitet die rituelle Waschung des Leichnams, die von vielen Muslimen als unverzichtbarer Bestandteil des Bestattungsrituals angesehen wird, da auf den meisten deutschen Friedhöfen keine geeigneten Räumlichkeiten vorgehalten werden. Nach der Vorstellung der Muslime soll der Tote innerhalb von 24 Stunden nach seinem Versterben bestattet werden, was den deutschen Bestattungsvorschriften widerspricht, die eine Bestattung frühestens 48 Stunden nach Eintritt des Todes vorsehen. Auch der in zahlreichen Bundesländern vorgesehene Sargzwang erschwert eine für viele Muslime aus religiöser Sicht geforderte Bestattung ohne Sarg[141]. Die Stellungnahmen islamischer Gelehrter lassen die Verwendung eines Sarges nur ausnahmsweise zu.[142] Da die Friedhofsgesetze der Länder und die Friedhofsordnungen der Gemeinden jedoch die Bestattung im Sarg vorschreiben, ist die Ausnahme in Deutschland zur Regel geworden. Nur wenige Städte lassen eine Bestattung ohne Sarg zu.

Besonderes Konfliktpotential ergibt sich daraus, das nach verbreiteten islamischen Vorstellungen das Grab nur ein einziges Mal belegt werden darf. Die von den deutschen landesrechtlichen Regelungen zum Bestattungswesen vorgesehene

---

136 Hierzu *Muckel,* in: Ebert / Hanstein (Hrsg.), Beiträge zum Islamischen Recht II, 2003, S. 11 (27 ff. m. weit. Nachw.).

137 Zur Bestattung nach islamischen Vorstellungen etwa *Khoury,* in: ders. / Heine / Oebbecke (Hrsg.), Handbuch Recht und Kultur des Islams in der deutschen Gesellschaft, 2000, S. 114, 116 ff.; *Lemmen,* Islamische Bestattungen in Deutschland, 2. Aufl. 1999, S. 16 ff.; *ders. / Miehl,* Islamisches Alltagsleben in Deutschland, hrsgg. vom Wirtschafts- und sozialpolitischen Forschungs- und Beratungszentrum der Friedrich-Ebert-Stiftung, 2. Aufl. 2001, S. 38 ff. *Hertlein,* NVwZ 2001, 890 f.

138 *Hertlein,* NVwZ 2001, 890.

139 *Lemmen,* Islamische Bestattungen in Deutschland, 1999, S. 7, 29; *Spuler-Stegemann:* Muslime in Deutschland, 2002, S. 175, spricht davon, dass etwa 95 % der Muslime ihre Verstorbenen in ihre Heimatländer überführen.

140 *Karakasoglu,* in: Höpp / Jonker, In fremder Erde. Zur Geschichte und Gegenwart der islamischen Bestattung in Deutschland, 1996, S. 97 ff.; *Spuler-Stegemann:* Muslime in Deutschland, 2002, S. 298.

141 *Hertlein,* NVwZ 2001, 890 ff.

142 *Lemmen / Miehl,* Islamisches Alltagsleben in Deutschland, hrsgg. vom Wirtschafts- und sozialpolitischen Forschungs- und Beratungszentrum der Friedrich-Ebert-Stiftung, 2. Aufl. 2001, S. 39 m. weit Nachw. in Fußn. 121.

Ruhezeit von maximal 30 Jahren[143] reicht nach der unter Muslimen vorherrschenden Auffassung nicht aus. Allerdings wird unter Muslimen auch die Auffassung vertreten, dass Gräber nach einer Frist von 20 Jahren zum Zwecke der Neubelegung eingeebnet werden dürfen, wenn die Gebeine des vorher Bestatteten nicht entfernt, sondern tiefer gelegt und ausreichend mit Erdreich bedeckt werden. Entscheidend ist das Verständnis der betreffenden Muslime. Sofern sie geltend machen, dass eine Wiederbelegung des Grabes eines Angehörigen ihren religiösen Vorstellungen widerspricht, ist der Schutzbereich der Religionsausübungsfreiheit aus Art. 4 Abs. 2 GG berührt.[144]

Die religiös begründeten speziellen kultischen Handlungen und Sitten der muslimischen Bestattung unterfallen insgesamt dem Schutzbereich des Art. 4 Abs. 2 GG. Die Vorschriften des Friedhofs- und Bestattungsrechts werden als allgemeine Gesetze im Sinne des Art. 140 GG i.V.m. Art. 136 Abs. 1 WRV angesehen werden müssen. Wenn sich der Staat mit den gegenläufigen Vorschriften des Friedhofsrechts durchsetzen will, muss er im Einzelfall darlegen, dass die Regelungen über das Bestattungswesen mit ihren Zielen des Gesundheitsschutzes, des Landschaftsschutzes bzw. einer sachgerechten Stadtplanung[145] den grundrechtlich geschützten religiösen Interessen der Muslime vorgehen.[146] Besonders im Hinblick auf den Gesundheitsschutz werden geeignete und erforderliche Eingriffe regelmäßig verhältnismäßig im engeren Sinne sein, insoweit bestattungsrechtliche Vorschriften dem Ziel dienen, eine mögliche Verunreinigung des Grundwassers abzuwenden oder zu mindern. Dagegen werden Vorschriften, die allein auf einer bestimmten Vorstellung von überlieferten, etablierten Bestattungsritualen beruhen, im Regelfall hinter die durch Art. 4 Abs. 2 GG geschützten Interessen der betroffenen Muslime zurücktreten müssen.

Die sonstigen islamischen Vorstellungen dürften kein schützenswertes Rechtsgut beeinträchtigen und können daher ohne weiteres auf den vorhandenen kommunalen Friedhöfen ausgeführt werden. Zu denken ist an die Totenwaschung, die Vollziehung des muslimischen Totengebetes oder der Wunsch, den Leichnam im Grab nach Mekka auszurichten. Hier gilt es, praktikable Lösungen zu finden. So stehen auf einigen Friedhöfen bereits Räumlichkeiten zur Verfügung, in denen die rituelle Leichenwaschung erfolgen kann[147]. Im Übrigen können die vorgeschriebenen

---

143 Vgl. *Gaedke,* Handbuch des Friedhofs- und Bestattungsrechts, 8. Auflage 2000, S. 165 f.

144 *Muckel,* Der Islam unter dem Grundgesetz. Muslime in einer christlich vorgeprägten Rechtsordnung, in: Kirche und Gesellschaft, hrsgg. von der Katholischen Sozialwissenschaftlichen Sozialstelle Mönchengladbach, Nr. 273, 2000, S. 11.

145 Zu diesen Zielen *Gaedke,* Handbuch des Friedhofs- und Bestattungsrechts, 8. Auflage 2000, S. 30, 44 f.

146 *Muckel,* Der Islam unter dem Grundgesetz. Muslime in einer christlich vorgeprägten Rechtsordnung, in: Kirche und Gesellschaft, hrsgg. von der Katholischen Sozialwissenschaftlichen Sozialstelle Mönchengladbach, Nr. 273, 2000, S. 11.

147 Vgl. *Bundesregierung,* BT-Drucks. 14/4530 v. 8. 11. 2000, S. 5 (22 f.).

Waschungen auch außerhalb des Friedhofs, etwa schon im Krankenhaus oder beim Bestattungsunternehmer, durchgeführt werden. Auch haben mehrere Kommunen auf ihren Friedhöfen bereits gesonderte islamische Gräberfelder ausgewiesen.[148] Das Totengebet kann, wenn nicht am Grab, auf einem freien Platz auf dem Gelände des Friedhofs oder in der Moschee stattfinden.

Bei der Herstellung eines schonenden Ausgleichs zwischen den widerstreitenden Interessen sind die Möglichkeiten, welche die islamischen Rechtsordnung eröffnet, zu nutzen. Da der Islam über keine Instanz verfügt, die befugt ist, Glaubensfragen allgemeinverbindlich zu klären, ist bei der Berücksichtigung des islamischen Rechts indes Zurückhaltung geboten. So ist beispielsweise fraglich, ob das Einwickeln des Leichnams in Tücher bei gleichzeitiger Beisetzung in einem Sarg von maßgeblichen islamischen Rechtsgelehrten für zulässig[149] oder für unzulässig[150] erachtet wird.

V. Islamischer Religionsunterricht

1. Religionsunterricht als ordentliches Lehrfach

Nach Art. 7 Abs. 3 Satz 1 GG ist Religionsunterricht an den öffentlichen Schulen – mit Ausnahme der bekenntnisfreien Schulen – ordentliches Lehrfach. Unbeschadet des staatlichen Aufsichtsrechts wird der Religionsunterricht in Übereinstimmung mit den Grundsätzen der Religionsgemeinschaften erteilt, Art. 7 Abs. 3 Satz 2 GG. Hintergrund dieser Bestimmung ist, dass der Staat als in religiöser Hinsicht neutral zu den religiösen Inhalten des Religionsunterrichts keine verbindlichen Vorgaben machen kann. Was etwa Inhalt des römisch-katholischen oder des lutherischen Bekenntnisses ist, kann verbindlich nur die römisch-katholische bzw. lutherische Kirche festlegen. Der Staat räumt den Religionsgemeinschaften durch Art. 7 Abs. 3 GG die Möglichkeit ein, ihren Glauben und die inhaltliche Auseinandersetzung mit ihm in die Schule zu tragen. Das Schulfach ist einerseits auf Vermittlung von Wissen gerichtet, das – auf unterschiedlichem wissenschaftlichen Niveau – in die Lehre des Bekenntnisses einführt. Andererseits geht es über die schlichte Religionskunde hinaus, weist Elemente der Glaubensverkündigung auf, ist bekenntnisgebundenes Fach.[151]

---

[148] *Lemmen,* Islamische Bestattungen in Deutschland, 1999, S. 31 f., 48 ff.

[149] So *Rohe,* Der Islam – Alltagskonflikte und Lösungen, S. 194, verweist auf ein Gutachten der Akademie für islamisches Recht in Mekka.

[150] Vgl. *Lemmen/Miehl,* Islamisches Alltagsleben in Deutschland, hrsgg. vom Wirtschafts- und sozialpolitischen Forschungs- und Beratungszentrum der Friedrich-Ebert-Stiftung, 2. Aufl. 2001, S. 39, die in Fußn. 121 darauf hinweisen, dass der arabische Originaltext der u. a. von *Rohe* (vgl. die vorstehende Fußn.) angeführten Fatwa nach Aussage des Vorsitzenden des Zentralrates der Muslime in Deutschland e.V. das genaue Gegenteil besagt.

[151] BVerfGE 74, 244 (253).

Als ordentliches Lehrfach ist der Religionsunterricht den anderen Unterrichtsfächern gleichgestellt.[152] Der Staat muss dem Religionsunterricht dieselbe Stellung einräumen wie den übrigen Fächern. Daraus folgt, dass der Religionsunterricht mit einer angemessenen Wochenstundenzahl als selbständige Lehrveranstaltung in den Lehrplänen enthalten sein muss, die Religionslehrer Sitz und Stimme in der Lehrerkonferenz haben und die Note für den Religionsunterricht im Zeugnis erscheint und versetzungserheblich sein kann.[153]

Der schulische Religionsunterricht gemäß Art. 7 Abs. 3 GG ist historisch auf die beiden großen christlichen Kirchen zugeschnitten, jedoch kein Privileg der Großkirchen.[154] Auch muslimische Gemeinschaften sind prinzipiell nicht gehindert, islamischen Religionsunterricht in öffentlichen Schulen anzubieten. Ein solcher Unterricht dient nicht nur den religiösen Bedürfnissen der Schüler; er liegt auch im Integrationsinteresse des Staates.[155] Gleichwohl ist ein Religionsunterricht für muslimische Kinder als ordentliches Lehrfach an staatlichen Schulen bislang nicht zustande gekommen. Der von der Islamischen Föderation in Berlin e.V. angebotene Religionsunterricht an Berliner Schulen ist kein ordentliches Lehrfach im Sinne des Art. 7 Abs. 3 Satz 1 GG.[156] Die meisten Bundesländer kommen den religiösen Bedürfnissen muslimischer Schüler und ihrer Eltern jedoch in anderer Form entgegen.[157] Manche Länder machen die religiöse Unterweisung für muslimische Schüler zu einem Bestandteil des muttersprachlichen Ergänzungsunterrichts, andere organisieren eine religiöse Unterweisung der Kinder durch die diplomatischen oder konsularischen Vertretungen der Herkunftsstaaten, wieder andere führten das Fach Islamkunde als reine Religionskunde ein.

---

152 *Geis,* in: Friauf / Höfling (Hrsg.), Berliner Kommentar zum Grundgesetz, Art. 7 Rn. 51; *Schmitt-Kammler,* in: Sachs (Hrsg.), Grundgesetz. Kommentar, 3. Aufl. 2003, Art. 7 Rn. 46; *Tillmanns,* in: Neumann / Tillmanns, Verfassungsrechtliche Probleme bei der Konstituierung der neuen Bundesländer, 1997, S. 161 (232).

153 *Robbers,* in: v. Mangoldt / Klein / Starck (Hrsg.), Kommentar zum Grundgesetz, Bd. 1, 5. Aufl. 2005, Art. 7 Rn. 140 ff.

154 *Jeand'Heur / Korioth,* Grundzüge des Staatskirchenrechts, 2000, Rn. 324; *Robbers,* in: v. Mangoldt / Klein / Starck (Hrsg.), Kommentar zum Grundgesetz, Bd. 1, 5. Aufl. 2005, Art. 7 Rn. 153; *Schmitt-Kammler,* in: Sachs (Hrsg.), Grundgesetz. Kommentar, 3. Aufl. 2003, Art. 7 Rn. 41.

155 Siehe *Dietrich,* Islamischer Religionsunterricht. Rechtliche Perspektiven, 2006, S. 66 ff.; *Korioth,* NVwZ 1997, 1041 (1043 f.); *Muckel,* JZ 2001, 58 (64); *Schmitt-Kammler.* in: Sachs (Hrsg.), Grundgesetz. Kommentar, 3. Aufl. 2003, Art. 7 Rn. 42.

156 Hierzu *Muckel,* DVBl. 1999, 558 ff.; *Tillmanns* RdJB 1999, 471 ff.

157 Übersicht bei *Dietrich,* Islamischer Religionsunterricht. Rechtliche Perspektiven, 2006, S. 111 ff.; *Muckel,* JZ 1999, 58 (58 f.); *v. Campenhausen / de Wall,* Staatskirchenrecht, 4. Aufl. 2006, S. 87 f.

2. Religionsgemeinschaft i.S. des Art. 7 Abs. 3 GG als notwendiger Ansprechpartner des Staates

Die Einrichtung islamischen Religionsunterrichts als ordentliches Lehrfach im Sinne des Art. 7 Abs. 3 GG ist bislang vor allem daran gescheitert, dass dem Staat keine muslimische Vereinigung als Ansprechpartner gegenüber stand, die als Religionsgemeinschaft im Sinne des Art. 7 Abs. 3 GG anerkannt werden konnte. Der Staat ist für die Einrichtung eines Religionsunterrichts im Sinne des Art. 7 Abs. 3 GG aber auf die Mitwirkung einer Religionsgemeinschaft, die willens und in der Lage ist, die Grundsätze des Unterrichts verbindlich festzulegen, zwingend angewiesen, da er die Inhalte eines religiösen Unterrichts selbst nicht festlegen kann. Der religiös neutrale Staat kann zwar für die Organisation des Religionsunterrichts sorgen, nicht aber über seine Inhalte befinden.[158] Daher stellt das Erfordernis einer Religionsgemeinschaft als Ansprechpartner des Staates historisch gesehen kein Verstoß gegen den Grundsatz der weltanschaulich-religiösen Neutralität des Staates dar, auch wenn die Regelung des Art. 7 Abs. 3 GG mit Blick auf die christlichen Kirchen entstanden ist und muslimische Gemeinschaft sich mit der Herausbildung organisatorischer Strukturen theologisch bedingt schwerer tun als die christlichen Religionsgemeinschaften. Die religiöse Pluralisierung und das Aufkommen neuer religiöser Gemeinschaften hat auch keinen Bedeutungswandel der normativen Vorgaben aus Art. 7 Abs. 3 GG zur Folge[159] und rechtfertigt keine „offene, kreative und innovative Auslegung des geltenden deutschen Verfassungsrechts“[160]. Ob die Voraussetzungen des Art. 7 Abs. 3 GG für die Einrichtung eines muslimischen Religionsunterrichts erfüllt sind, bestimmt sich durch Auslegung der Norm und Subsumtion nach den Regeln der juristischen Methodik.

Eine Religionsgemeinschaft im Sinne des Art. 7 Abs. 3 GG muss nicht über die Rechtsform einer Körperschaft des öffentlichen Rechts verfügen.[161] Der vereinzelt gebliebenen Gegenauffassung[162] steht bereits der Wortlaut des Art. 7 Abs. 3 GG

---

158 *Heckel,* Der Rechtsstatus des Religionsunterrichts im pluralistischen Verfassungssystem, 2002, S. 6 f., 27 ff.; *ders.*, in: Gesammelte Schriften. Staat, Kirche, Recht, Geschichte, Bd. V, 2004, S. 579 (588 ff.); *Jeand'Heur/Korioth,* Grundzüge des Staatskirchenrechts, 2000, Rn. 307; *Muckel,* JZ 2001, 58 (60); *ders.,* in: Rees (Hrsg.), Recht in Kirche und Staat. Joseph Listl zum 75. Geburtstag, 2004, S. 715 (717 f.).

159 Hierzu eingehend *Muckel,* in: Rees (Hrsg.), Recht in Kirche und Staat. Joseph Listl zum 75. Geburtstag, 2004, S. 715 (719 ff.).

160 So die Forderung von *Jochum,* in: Haratsch u. a. (Hrsg.), Religion und Weltanschauung im säkularen Staat. 41. Tagung der wissenschaftlichen Mitarbeiterinnen und Mitarbeiter der Fachrichtung „Öffentliches Recht“, 2001, S. 101 (111 f.).

161 BVerfGE 102, 370 (396) – obiter dictum; BVerwG, NJW 2005, 2101 (2107); *v. Campenhausen/de Wall,* Staatskirchenrecht, 4. Auflage 2006, S. 216; *Dietrich,* Islamischer Religionsunterricht. Rechtliche Perspektiven, 2006, S. 245 ff.; *Heckel,* JZ 1999, 741 (752); *Muckel,* in: Rees (Hrsg.), Recht in Kirche und Staat. Joseph Listl zum 75. Geburtstag, 2004, S. 715 (724 ff. m. weit. Nachw. in Fußn. 33); *Tillmanns,* RdJB 1999, 471 (476).

162 *Korioth,* NVwZ 1997, 1041 (1046); *Hillgruber,* JZ 1999, 538 (546).

entgegen, der – wie auch die übrige Rechtsordnung – exakt zwischen korporierten und sonstigen Religionsgemeinschaften unterscheidet.

Der Begriffsbestimmung ist im Übrigen die klassische, in Rechtsprechung[163] und Literatur[164] allgemein anerkannte Definition von *Gerhard Anschütz* zugrunde zu legen. Hiernach handelt es sich bei einer Religionsgemeinschaft um einen Verband, der die Angehörigen eines und desselben Glaubensbekenntnisses – oder mehrerer verwandter Glaubensbekenntnisse – für ein Gebiet zu allseitiger Erfüllung der durch das gemeinsame Bekenntnis gestellten Aufgaben zusammenfasst.[165] Auf der Grundlage dieser Definition ergeben sich für den Begriff der Religionsgemeinschaft im Sinne des Art. 7 Abs. 3 GG folgende Wesensmerkmale:[166]

Zunächst muss ein gemeinsames Bekenntnis, ein religiöser Konsens innerhalb der Vereinigung vorliegen. Die Mitglieder müssen in dem der Gemeinschaft zugrunde liegenden Bekenntnisses übereinstimmen.

Weiterhin ist zu fordern, dass die Gemeinschaft ihren Glauben umfassend pflegt.[167] Dieses Merkmal dient vor allem der Abgrenzung der Religionsgemeinschaften von den in Art. 140 GG i.V.m. Art. 138 Abs. 2 WRV ausdrücklich genannten „religiösen Vereinen“[168], die hinsichtlich der Pflege des religiösen Lebens ihrer Mitglieder nur eine partielle Zielsetzung aufweisen, wie etwa islamische Trägervereine zur Unterhaltung von Moscheen. Als religiöse Vereine, nicht als Religionsgemeinschaften sind damit auch islamische Vereine zu charakterisieren, die eigens gegründet werden, um Religionsunterricht an öffentlichen Schulen anzubieten.[169] Sie haben demzufolge kein Recht auf Einführung von Religionsunterricht im Sinne des Art. 7 Abs. 3 GG.[170]

---

163 BVerwGE 99, 1 (3 f.).

164 Siehe nur *Anger,* Islam in der Schule, 2003, S. 355; *Heinig,* Öffentlich-rechtliche Religionskörperschaften, 2003, S. 65 f.; *Kirchhof,* in: Listl / Pirson (Hrsg.), Handbuch des Staatskirchenrechts der Bundesrepublik Deutschland, Bd. 1, 2. Aufl. 1994, S. 651 (680 f.); *Muckel,* JZ 2001, 58 (60), *ders.,* in: Rees (Hrsg.), Recht in Kirche und Staat. Joseph Listl zum 75. Geburtstag, 2004, S. 715 (727); *Neureither,* Recht und Freiheit im Staatskirchenrecht, 2002, S. 221 f.; *Pieroth / Görisch,* JuS 2002, 937 (938); *Tillmanns,* RdJB 1999, 471 (476).

165 *Anschütz,* Die Verfassung des Deutschen Reiches vom 11. August 1919, 14. Aufl. 1933, Art. 137 Anm. 2 (S. 633).

166 Ausführlich zum Folgenden *Muckel,* in: Rees (Hrsg.), Recht in Kirche und Staat. Joseph Listl zum 75. Geburtstag, 2004, S. 715 (727 ff.). Siehe auch in diesem Band, 7. Kapitel, Abschnitt D. III.

167 Siehe nur *Tillmanns,* RdJB 1999, 471 (478 m. weit Nachw. in Fußn. 39).

168 Hierzu grundlegend *Muckel,* in: Listl / Pirson (Hrsg.), Handbuch des Staatskirchenrechts der Bundesrepublik Deutschland, Bd. 1, 2. Aufl. 1994, S. 827 ff.

169 A.A. *Heimann,* DÖV 2003, 238 (242) der den Begriff der Religionsgemeinschaft als „Religionsunterrichtsgemeinschaft“ deutet und auf religiöse Vereine erstreckt. Dem steht allerdings schon der Wortlaut des Art. 7 Abs. 3 GG entgegen (vgl. im Einzelnen *Muckel,* in: Rees [Hrsg.], Recht in Kirche und Staat. Joseph Listl zum 75. Geburtstag, 2004, S. 715 [729 f.]).

170 So auch *Poscher,* Der Staat 39 (2000), S. 49 (59).

Des Weiteren muss das Religiöse den zentralen Gegenstand der Aktivitäten der Gemeinschaft bilden. Dies schließt die Verfolgung wirtschaftlicher, politischer oder kultureller Aktivitäten nicht aus. Das nichtreligiöse Engagement muss aber der religiösen Bekenntnispflege in einer Weise dienen, dass ein Zusammenhang mit der religiösen Zielsetzung zu erkennen ist, auf die jegliches Handeln der Gemeinschaft letztlich gerichtet sein muss. Erforderlich ist die „Zentralität des Bekenntnisses“[171]. Nicht die Pflege des Bekenntnisses darf dienenden Charakter haben, sondern umgekehrt müssen alle nicht unmittelbar religiösen Aktivitäten der Bekenntnispflege dienen. Daran dürfte es regelmäßig bei Organisationen des sog. politischen Islam fehlen, auch wenn dem Willen zur Änderung der politischen Verhältnisse letztlich religiöse Motive unterlegt werden.

Die Charakterisierung einer Gemeinschaft als Religionsgemeinschaft im Sinne des Art. 7 Abs. 3 GG erfordert weiterhin eine klare Regelung der Mitgliedschaft[172]. Diese Forderung ergibt sich aus den Besonderheiten des Religionsunterrichts in seiner verfassungsrechtlichen Ausgestaltung als ordentliches Lehrfach. Die Regelungen der Gemeinschaft über die Mitgliedschaft müssen so ausgestaltet sein, dass die zuständigen staatlichen Stellen ohne weiteres erkennen können, welche Schüler im Rahmen der Schulpflicht verpflichtet sind, am Religionsunterricht teilzunehmen – vorbehaltlich der Befreiungsmöglichkeit nach Art. 7 Abs. 2 GG. Die Mitgliedschaft des Schülers in der Religionsgemeinschaft muss durch zweifelsfreie, vom Staat nachprüfbare Rechtsformen und Rechtsakte begründet und bekundet werden.

Eine Religionsgemeinschaft im Sinne des Art. 7 Abs. 3 GG muss für die jeweils zuständige staatliche Stelle ferner als legitimierter Ansprechpartner fungieren können. Nur so ist es möglich, den Unterricht in Übereinstimmung mit den Grundsätzen der Religionsgemeinschaft durchzuführen. Die Gemeinschaft muss demgemäß zur Kooperation mit dem Staat bereit und in der Lage sein. Sie muss somit über eine Institution verfügen, die für den Staat ansprechbar und befugt ist, für die Gemeinschaft verbindliche Erklärungen abzugeben und Aufgaben wahrzunehmen.[173]

Nach der *Anschütz'schen* Begriffsbestimmung sind Religionsgemeinschaften Zusammenschlüsse natürlicher Personen. Zu fordern ist ein „gewisses persönliches Substrat“.[174] Das Vorliegen dieser Voraussetzung ist insbesondere bei islamischen

---

171 *Poscher,* Der Staat 39 (2000), S. 49 (64).

172 *Muckel,* JZ 2001, 58 (61).

173 OVG NRW, NWVBl. 2004, 224 (225); VG Düsseldorf, NWVBl. 2002, 196 (198 f.); *Rüfner,* Anm. zu VG Düsseldorf, Beschl. v. 18. 7. 2000 – 1 L 1224/00, NWVBl. 2001, 110, in: NWVBl. 2001, 114 f.; *Hildebrandt,* Das Grundrecht auf Religionsunterricht. Eine Untersuchung zum subjektiven Rechtsgehalt des Art. 7 Abs. 3 GG, 2000, S. 226; *Muckel,* JZ 2001, 58 (61 f.); *ders.,* in: Rees (Hrsg.), Recht in Kirche und Staat. Joseph Listl zum 75. Geburtstag, 2004, S. 715 (735); *Emenet,* Verfassungsrechtliche Probleme einer islamischen Religionskunde an öffentlichen Schulen. Dargestellt anhand des nordrhein-westfälischen Schulversuchs „Islamische Unterweisung“, 2003, S. 213 ff.; *Anger,* Islam in der Schule, 2003, S. 373 f., jeweils m. weit. Nachw.

Dachverbänden zweifelhaft, die aus dem Zusammenschluss verschiedener muslimischer Gemeinden und Vereine entstehen.[175] Dachverbände, denen als Mitglieder ausschließlich juristische Personen angehören, lassen sich nach dem von *Anschütz* geprägten Begriffsverständnis nicht als Religionsgemeinschaften ansehen, da ihnen jedes persönliche Substrat fehlt. Schwieriger zu beurteilen ist der rechtliche Charakter von Dachverbänden, denen neben den Mitgliedsvereinen zugleich (natürliche) Personen als Mitglieder angehören. Eine entsprechende Bestimmung in der Satzung des Dachverbandes allein reicht nicht, um auf der Ebene des Dachverbandes ein persönliches Substrat zu konstituieren. Eine lediglich juristisch konstruierte, also rein formale Mitgliedschaft natürlicher Personen im Dachverband genügt nicht. Entscheidend ist vielmehr, ob auf Dachverbandsebene eine gelebte Gemeinschaft natürlicher Personen stattfindet.[176] Welche Anforderungen an das Gemeinschaftsleben im Dachverband zu stellen sind, hängt von den Umständen des Einzelfalles ab. Anhaltspunkte bietet das religiöse Leben in den angeschlossenen Vereinen.[177] Wird in den Vereinen eine intensive religiöse Gemeinschaft gepflegt, ist für den Dachverband Vergleichbares zu fordern. Bleibt das religiöse Leben im Dachverband deutlich hinter dem religiösen Leben in den Vereinen zurück, liegt die Vermutung nahe, dass die natürlichen Personen ihre religiöse Heimat ausschließlich in den Vereinen sehen. Mit anderen Worten: Je intensiver die religiöse Gemeinschaft in den angeschlossenen Vereinen gelebt wird, umso höhere Anforderungen wird man an das Gemeinschaftsleben im Dachverband zu stellen haben. Andererseits wird man umso geringere Anforderungen an die gelebte Gemeinschaft im Dachverband stellen können, je homogener die angeschlossenen Vereine in ihrer religiösen Ausrichtung und in ihrem religiösen Leben sind. Besteht unter den angeschlossenen Vereine weitgehende religiöse Übereinstimmung, ist der Dachverband nicht erforderlich, um die einzelnen Vereine in religiöser Hinsicht zu einer Gemeinschaft zu verklammern. Unter dieser Voraussetzung bilden die einzelnen Vereine ohnehin schon eine Einheit im Glauben. Diese religiöse Gemeinschaft muss im Dachverband nicht noch einmal abgebildet werden, um den Gesamtverband als religiöse Gemeinschaft erscheinen zu lassen. Sind die angeschlossenen Vereine in ihrer religiösen Ausrichtung und Praxis hingegen weniger

---

174 *H. Weber,* ZevKR 34 (1989), S. 337 (347); *Muckel,* in: Rees (Hrsg.), Recht in Kirche und Staat. Joseph Listl zum 75. Geburtstag, 2004, S. 715 (736); *Tillmanns,* RdJB 1999, 471 (476).

175 *Muckel,* in: Rees (Hrsg.), Recht in Kirche und Staat. Joseph Listl zum 75. Geburtstag, 2004, S. 715 (736 ff.).; siehe auch unten, 7. Kapitel, Abschnitt D. III.; dort auch näher zum Urteil des BVerwG, NJW 2005, 2101.

176 *Tillmanns,* RdJB 1999, 471 (477) mit rechtshistorischen Nachw.

177 Hierzu und zum Folgenden *Muckel,* JZ 2001, 58 (61); *ders.,* in: Rees (Hrsg.), Recht in Kirche und Staat. Joseph Listl zum 75. Geburtstag, 2004, S. 715 (740 f.); *Spriewald,* Rechtsfragen im Zusammenhang mit der Einführung von islamischem Religionsunterricht als ordentliches Lehrfach an deutschen Schulen, 2003, S. 108 ff.; *Emenet,* Verfassungsrechtliche Probleme einer islamischen Religionskunde an öffentlichen Schulen. Dargestellt anhand des nordrhein-westfälischen Schulversuchs „Islamische Unterweisung“, 2003, S. 173 ff.

homogen, wird man erhöhte Anforderungen an das verbindende Leben im Dachverband stellen müssen, damit der Gesamtverband noch als Religionsgemeinschaft erscheint. Entscheidendes Kriterium ist somit die Homogenität der Mitgliedsverbände.

Soweit ersichtlich, genügen die meisten islamischen Gemeinschaft in ihrem derzeitigen Erscheinungsbild diesen Anforderungen nicht. Gleichwohl kann davon ausgegangen werden, dass eine Reihe islamischer Gemeinschaften auf längere Sicht in der Lage sein werden, die hier dargestellten Anforderungen, die Art. 7 Abs. 3 GG an Religionsgemeinschaften stellt, zu erfüllen.

3. Unterrichtsinhalte und staatliche Aufsicht

In inhaltlicher Hinsicht sind die Religionsgemeinschaften bei der Festlegung der Grundsätze, von denen Art. 7 Abs. 3 GG spricht, zunächst an die staatlichen Bildungs- und Erziehungsziele gebunden.[178] Diese kommen vor allem in den Verfassungen der Länder zum Ausdruck. So nennt die Verfassung des Landes Nordrhein-Westfalen in Art. 7 Abs. 1 als schulische Erziehungsziele die Ehrfurcht vor Gott, die Achtung vor der Würde des Menschen und die Bereitschaft zum sozialen Handeln zu wecken. Die Jugend soll nach Art. 7 Abs. 2 LV NRW darüber hinaus erzogen werden „im Geiste der Menschlichkeit, der Demokratie und der Freiheit, zur Duldsamkeit und zur Achtung vor der Überzeugung des anderen, zur Verantwortung für Tiere und die Erhaltung der natürlichen Lebensgrundlagen, in Liebe zu Volk und Heimat, zur Völkergemeinschaft und Friedensgesinnung“.

Ein Religionsunterricht, der diesen Bildungs- und Erziehungszielen zuwiderläuft, verstößt gegen den Bildungs- und Erziehungsauftrag des Staates aus Art. 7 Abs. 1 GG und ist verfassungswidrig. Unstatthaft wäre beispielsweise eine Erziehung zu religiöser Intoleranz, weil ein solcher Unterricht mit den Erziehungszielen der Duldsamkeit und der Achtung vor der Überzeugung des anderen unvereinbar wäre. Darüber hinaus sind die Religionsgemeinschaften bei der Festlegung der Inhalte und –methoden des Religionsunterrichts an das Erfordernis der Rechtstreue gebunden. Der Staat darf als „Unternehmer“ des Religionsunterrichts nicht hinnehmen, dass in dem von ihm umfassend verantworteten Religionsunterricht die staatliche Rechtsordnung unterwandert oder offen zum Rechtsbruch aufgerufen wird.[179] Außerdem dürfen die Inhalte des schulischen Religionsunterrichts im Sinne des Art. 7 Abs. 3 GG nicht in einem grundsätzlichen Widerspruch zu den Grundlagen der staatlicher Ordnung stehen.[180] Zu diesen Grundlagen sind etwa die

---

178 Vgl. *Schmitt-Kammler,* in: Sachs (Hrsg.), Grundgesetz. Kommentar, 3. Auflage, 2003, Art. 7, Rn. 59; *Muckel,* in: Ebert / Hanstein (Hrsg.), Beiträge zum Islamischen Recht II, 2003, S. 11 (20).

179 *Muckel,* in: Ebert / Hanstein (Hrsg.), Beiträge zum Islamischen Recht II, 2003, S. 11 (20 f.).

Säkularität des Staates, die religiös-weltanschauliche Neutralität und das staatliche Gewaltmonopol zu zählen, ebenso die Menschenwürdegarantie gem. Art. 1 Abs. 1 GG. Die Forderung nach der Errichtung eines „islamischen Staates“ nach saudi-arabischem Vorbild oder die Forderung nach Einführung von Strafsanktionen für Menschen, die sich vom Islam losgesagt haben, wäre mit diesen Grundsätzen unvereinbar. Gleiches gilt für einen Aufruf zur Gewalt gegen andere Religionsgemeinschaften oder die Forderung nach der Anwendung des islamischen Strafrechts mit massiven körperlichen Strafen.

C. Gesamtbetrachtung

Die religiösen Freiheitsrechte nach Art. 4 Abs. 1 und 2 GG garantieren Muslimen prinzipiell die gleichen Möglichkeiten religiöser Entfaltung wie den Angehörigen der christlichen Großkirchen und der sonstigen in Deutschland traditionell ansässigen Religionsgemeinschaften. Die im Schrifttum unternommenen Versuche, das Grundrecht der Religionsfreiheit auf historisch überkommene oder kulturkreisimmanente Formen der Glaubensausübung zu reduzieren, folgen zwar dem anerkennenswerten Ziel, den grundrechtlichen Schutzbereichen Konturen zu geben, lassen sich verfassungsrechtlich aber nicht überzeugend begründen.

Mit der Gewährleistung der religiösen Vereinigungsfreiheit bietet das Verfassungsrecht Muslimen vielfältige Möglichkeiten, ihre religiösen Bedürfnisse und Ziele in juristisch abgesicherter Weise auch kollektiv zu verfolgen. Im Bereich der institutionellen Gewährleistungen, insbesondere beim Erwerb des Körperschaftsstatus im Sinne des Art. 140 GG i.V.m. Art. 137 Abs. 5 WRV und bei der Einrichtung islamischen Religionsunterrichts im Sinne des Art. 7 Abs. 3 GG, zeigt sich jedoch, dass das deutsche Staatskirchenrecht in der Auseinandersetzung mit den christlichen Kirchen entstanden und in gewisser Weise auf deren Erscheinungsbild zugeschnitten ist. Eine vollwertige Teilhabe der Muslime an den staatskirchenrechtlichen Gewährleistungen ist nicht zuletzt im Integrationsinteresse des Staates, der sich als Heimstatt aller Bürger versteht. Die politisch gewollte Integration darf indes nicht zu einer laxen, anerkannte Auslegungsregeln vernachlässigenden Handhabung des geltenden Rechts verleiten. Die Anerkennung von Dachverbänden als Religionsgemeinschaften gibt ein Beispiel, wie den Eigenarten des Islam und den religiösen Bedürfnissen der Muslime im Wege der Verfassungsinterpretation Rechnung getragen werden kann. Auf der anderen Seite sind von den Muslimen und islamischen Gemeinschaften, welche die staatskirchenrechtlichen Gewährleistungen umfassend in Anspruch nehmen wollen, Anpassungsleistungen zu erbringen. So darf der Staat erwarten, dass Freiräume, die der islamische Glaube eröffnet, ausgeschöpft werden, um eine Integration in die bestehende Rechtsord-

---

[180] *Muckel,* JZ 2001, 58 (62 f.); vgl. auch *Gröschner,* in: Dreier (Hrsg.), Grundgesetz. Kommentar, Bd. I, 2. Aufl. 2004, Art. 7 Rn. 93.

nung zu ermöglichen. Dies gilt in inhaltlicher wie in organisatorischer Hinsicht. Religiöse Praktiken, die auch bei großzügiger Interpretation gegen geltendes Recht verstoßen, sind zu unterlassen. Auch darf erwartet werden, dass die islamischen Verbände sich nach Kräften bemühen, Organisationsformen auszubilden, die den jeweiligen verfassungsrechtlichen Anforderungen genügen. In seiner geschichtlichen Entwicklung hat sich der Islam immer wieder als entwicklungs- und auch anpassungsfähig gezeigt. Daher ist davon auszugehen, dass es ihm über kurz oder lang gelingt, den staatskirchenrechtlichen Gegebenheiten zu entsprechen. Die Einigung der Vertreter nahezu aller muslimischen Verbände in Deutschland im September 2005, für die gemeinsamen Landesverbände einheitliche Satzungsstrukturen zu schaffen, weist in diese Richtung. In den Bundesländern, in denen es zurzeit keine Zusammenschlüsse gibt, soll eine Steuerungsgruppe entsprechende Initiativen für den Aufbau einer föderalen Vertretung anregen.[181] Hiermit wird eine wesentliche Voraussetzung für die Gründung einer einheitlichen Vertretung der Muslime auf Bundesebene geschaffen, welche die islamischen Verbände staatskirchenrechtlich kompatiblen Strukturen wieder ein Stück näher bringt.

---

181 Siehe unter www.islam.de/3406.php (letzte Abfrage am 24. 1. 2008).

4. Kapitel

Der Islam im Völker- und Europarecht

Von *Thomas Traub*

A. Die Religionsfreiheit für Muslime im internationalen Recht

I. Religionsfreiheit in der „Allgemeinen Erklärung der Menschenrechte"

In der „Allgemeinen Erklärung der Menschenrechte" vom 10. Dezember 1948[1] wird die Religionsfreiheit in Art. 18 gewährleistet. Danach hat

> „jeder Mensch ... Anspruch auf Gedanken-, Gewissens- und Religionsfreiheit; dieses Recht umfasst die Freiheit, seine Religion oder seine Überzeugung zu wechseln, sowie die Freiheit, seine Religion oder Überzeugung allein oder in Gemeinschaft mit anderen, in der Öffentlichkeit oder privat, durch Lehre, Ausübung, Gottesdienst und Vollziehung von Riten zu bekunden".

Bei diesem politisch bedeutenden Dokument handelt es sich völkerrechtlich betrachtet lediglich um eine von der Generalversammlung der Vereinten Nationen verabschiedete Deklaration, der keine völkerrechtliche Verbindlichkeit zukommt[2]. Dessen ungeachtet werden die in der Allgemeinen Erklärung der Menschenrechte festgelegten Rechte nach verbreiteter Auffassung als Teil des völkerrechtlichen Gewohnheitsrechts betrachtet[3].

II. Religionsfreiheit in den Menschenrechtspakten der Vereinten Nationen

Völkerrechtlich verbindlich ist dagegen der internationale Pakt über bürgerliche und politische Rechte vom 19. 12. 1966[4], der in Art. 18 die Garantie der Gedan-

---

1 Resolution 217 (III), UN-Doc. A / 810 / 71; abgedruckt in Sartorius II, Nr. 19.

2 *Kimminich / Hobe,* Einführung in das Völkerrecht, 7. Auflage 2000, S. 343.

3 *Kimminich / Hobe,* Einführung in das Völkerrecht, 7. Auflage 2000, S. 343 m. w. N.

4 BGBl. II 1973, S. 1534.

ken-, Gewissens- und Religionsfreiheit enthält. Nach Art. 18 Abs. 1 dieses Vertrags hat

> „[j]edermann … das Recht auf Gedanken-, Gewissens- und Religionsfreiheit. Dieses Recht umfasst die Freiheit, eine Religion oder eine Weltanschauung eigener Wahl zu haben oder anzunehmen, und die Freiheit, seine Religion oder Weltanschauung allein oder in Gemeinschaft mit anderen, öffentlich oder privat durch Gottesdienst, Beachtung religiöser Bräuche, Ausübung und Unterricht zu bekunden".

Ganz offensichtlich lehnt sich der Wortlaut des UN-Menschenrechtspaktes an die Formulierung in der Allgemeinen Erklärung der Menschenrechte an. Anders als diese enthält der Internationale Pakt über bürgerliche und politische Recht jedoch nicht ausdrücklich das Recht seine Religion zu „wechseln", sondern spricht von der Freiheit, eine Religion „eigener Wahl zu haben oder anzunehmen".

Dies erklärt sich vor dem Hintergrund, dass die Aufnahme des ausdrücklichen Rechts, seine Religion zu wechseln, schon bei den Beratungen über die Allgemeine Menschenrechtserklärung von mehreren islamischen Staaten auf Ablehnung gestoßen war. Afghanistan, Irak, Pakistan, Syrien und Saudi-Arabien wollten diese Formulierung mit dem Hinweis auf den Missbrauch dieses Rechts durch Missionare verhindern[5]. Nachdem die Bestimmung nicht geändert wurde, enthielt sich Saudi-Arabien bei der Abstimmung in der Generalversammlung seiner Stimme und Ägypten äußerte einen Vorbehalt zum Recht auf Religionswechsel. Dieser Widerstand islamischer Staaten wiederholte sich bei den Beratungen zu Art. 18 des Internationalen Paktes über bürgerliche und politische Rechte (IPBPR). Insbesondere Saudi-Arabien befürchtete durch die ausdrückliche Erwähnung des Religionswechsels eine Einladung zu unerwünschten Missionstätigkeiten[6]. Durch die Kompromissformulierung „zu haben oder anzunehmen" wird der Religionswechsel nicht gesondert hervorgehoben, aber – insbesondere im Zusammenhang mit den Worten „eigener Wahl" – auch nicht ausgeschlossen.

Art. 27 IPBPR enthält eine besondere Vorschrift für religiöse Minderheiten. Danach darf in Staaten mit ethnischen, religiösen oder sprachlichen Minderheiten den

> „Angehörigen solcher Minderheiten nicht das Recht vorenthalten werden, gemeinsam mit anderen Angehörigen ihrer Gruppe ihr eigenes kulturelles Leben zu pflegen, ihre eigene Religion zu bekennen und auszuüben oder sich ihrer eigenen Sprache zu bedienen".

Für die Frage nach der Definition einer Minderheit ist zunächst festzustellen, dass es nicht in der Kompetenz des betroffenen Staates liegt, die Kriterien für die Existenz einer Minderheit im Sinne dieser Vorschrift letztverbindlich festzulegen[7].

---

5 Nachweise bei *Enayati,* Die Garantie der individuellen Religionsfreiheit im Völkerrecht, 2002, S. 72 f.

6 *Enayati,* a. a. O., S. 83; *Petersohn,* Islamisches Menschenrechtsverständnis unter Berücksichtigung der Vorbehalte muslimischer Staaten zu den UN-Menschenrechtsverträgen, 1999, S. 174 ff.

7 Ausführlich dazu und zum Folgenden *Wolfrum,* Der völkerrechtliche Schutz religiöser Minderheiten und ihrer Mitglieder, in: Grote / Marauhn (Hrsg.), Religionsfreiheit zwischen

Kennzeichnend für eine religiöse Minderheit ist das gemeinsame religiöse Bekenntnis. Dabei kann der Minderheitenstatus nicht auf Gruppen beschränkt werden, die bereits seit langer Zeit in dem Gebiet des betroffenen Staates existieren, sondern muss auch neue Minderheiten umfassen[8]. Ebenso wenig ist Voraussetzung einer religiösen Minderheit, dass deren Mitglieder Staatsangehörige des betroffenen Staates wären – die völkerrechtliche Garantie bezieht sich auf alle Personen.

Durch die Unterzeichnung des Internationalen Paktes für bürgerliche und politische Rechte sind damit auch islamische Staaten völkerrechtlich verpflichtet, jedermann das Recht auf Gedanken-, Gewissens- und Religionsfreiheit zu gewähren. Inwieweit dies bereits geschieht und welche völkerrechtlichen Sanktionen die Durchsetzung der Religionsfreiheit in islamischen Ländern voranbringen können, ist nicht Gegenstand dieses Forschungsprojektes. Insofern kann hier lediglich auf die einschlägige völkerrechtliche Literatur verwiesen werden[9].

In diesen Themenbereich fällt auch die Problematik, inwieweit unter Berufung auf die Religionsfreiheit andere universelle Menschenrechte relativiert werden können. So wird etwa die Praxis des *talaq,* also die Verstoßung der Ehefrau durch den Ehemann, und andere familienrechtliche Privilegierungen des Mannes durch die Berufung auf das islamische Recht, die Sharia, gerechtfertigt[10]. Derartige Regelungen stellen aber einen eindeutigen Verstoß gegen das Menschenrecht der Gleichbehandlung von Mann und Frau dar, wie es für diesen speziellen Fall in Art. 23 Abs. 4 IPBPR garantiert ist:

> „Die Vertragsstaaten werden durch geeignete Maßnahmen sicherstellen, dass die Ehegatten gleiche Rechte und Pflichten bei der Eheschließung, während der Ehe und bei der Auflösung der Ehe haben."

Noch deutlicher tritt das Problem bei der religiös begründeten Genitalverstümmelung von Mädchen hervor, wie sie in einigen Ländern Afrikas verbreitet ist. Diese Praxis stellt einen schweren Eingriff in das völkerrechtliche Recht auf körperliche Unversehrtheit, aufgrund hoher Sterblichkeitsrate in das Recht auf Leben (Art. 6 IPBPR), sowie das Recht des Kindes dar, vom Staat vor Schadenszufügung durch die eigenen Eltern geschützt zu sein (Art. 19 Abs. 1 Kinderschutzkonvention), der auch nicht durch den religiösen Hintergrund gerechtfertigt werden kann[11].

---

individueller Selbstbestimmung, Minderheitenschutz und Staatskirchenrecht – Völker- und verfassungsrechtliche Perspektiven, S. 53 (56 ff.).

[8] Nachdrücklich *Wolfrum,* Der völkerrechtliche Schutz religiöser Minderheiten und ihrer Mitglieder, in: Grote / Marauhn (Hrsg.), Religionsfreiheit zwischen individueller Selbstbestimmung, Minderheitenschutz und Staatskirchenrecht – Völker- und verfassungsrechtliche Perspektiven, S. 53 (57 f.) mit Nachweisen auch zur Gegenmeinung.

[9] Vgl. insbesondere *Petersohn,* Islamisches Menschenrechtsverständnis unter Berücksichtigung der Vorbehalte muslimischer Staaten zu den UN-Menschenrechtsverträgen, 1999.

[10] Siehe *Rohe,* Der Islam – Alltagskonflikte und Lösungen, S. 53; *W. Walther,* Die Situation von Frauen in islamischen Ländern, in: Ende / Steinbach (Hrsg.), Der Islam in der Gegenwart, 2005, S. 660 ff.

Die Bundesrepublik Deutschland ist durch die Artikel 18 und 27 IPBPR bereits völkerrechtlich dazu verpflichtet, der islamischen Minderheit das Recht auf freie Religionsausübung zu gewähren. Zur Durchsetzung der völkerrechtlichen Verpflichtungen sieht der UN-Pakt vor allem ein Berichtssystem vor. Nach Art. 40 IPBPR ist jeder Vertragsstaat verpflichtet, über Maßnahmen zur Verwirklichung der Menschenrechte und die dabei erzielten Fortschritte dem Ausschuss für Menschenrechte (Art. 28 IPBPR) Berichte vorzulegen. Daneben besteht nach dem 1. Fakultativprotokoll zum IPBPR[12] die Möglichkeit der Individualbeschwerde. Nach Erschöpfung der innerstaatlichen Rechtsbehelfe können Einzelpersonen gegenüber dem Ausschuss behaupten, in einem ihrer im IPBPR niedergelegten Rechte verletzt zu sein.

Schließlich ist in diesem Zusammenhang auf die Staatenberichte der Menschenrechtskommission des Wirtschafts- und Sozialrates der Vereinten Nationen (ECOSOC) hinzuweisen. Am 22. Dezember 1997 wurde der Bericht des UN-Sonderberichterstatters für Fragen der religiösen Intoleranz *Abdelfattah Amor* veröffentlicht[13]. Aus diesem Bereicht der Menschenrechtskommission des ECOSOC folgen keine rechtlichen Verpflichtungen, da die Kommission keinerlei Befugnisse gegenüber den Mitgliedsstaaten der Vereinten Nation hat, abgesehen von dem Recht Empfehlungen auszusprechen.

Hinsichtlich der muslimischen Minderheit[14] stellt der „Special Rapporteur" fest, dass Muslime in Deutschland grundsätzlich Freiheit in religiösen Angelegenheiten genießen und ihre Religionsausübung nicht von staatlichen Stellen behindert werde. In seinen Gesprächen mit Repräsentanten der muslimischen Minderheit wurde Kritik insbesondere im Hinblick auf Probleme bei der Verleihung des Status einer Körperschaft des öffentlichen Rechts an eine islamische Religionsgemeinschaft geäußert. Daneben wurde die Möglichkeit islamischen Religionsunterrichts an staatlichen Schulen gefordert. Die Vertreter der deutschen Behörden wiesen demgegenüber auf die Schwierigkeiten hin, die daraus entstehen, dass die „islamische Gemeinschaft" in sich zerteilt ist und es keinen gemeinsamen Repräsentanten für die gesamte Gemeinschaft gibt. Darüber hinaus wurde betont, dass die verfassungsmäßige Garantie der Religionsfreiheit nicht von der Verleihung des Körper-

---

11 Ausführlich *D. Richter*, Relativierung universeller Menschenrechte durch Religionsfreiheit, in: Grote / Marauhn (Hrsg.), Religionsfreiheit zwischen individueller Selbstbestimmung, Minderheitenschutz und Staatskirchenrecht – Völker- und verfassungsrechtliche Perspektiven, 2001, S. 89 (122 ff.), die die rechtliche Einordnung deutlich zum Ausdruck bringt: „Schwerste Menschenrechtsverletzungen in größtem Ausmaß", „eklatante Beeinträchtigung elementarer Menschenrechte" (S. 127), und zugleich darauf hinweist, dass Unkenntnis und „wohl auch die hohe Bereitschaft der Weltöffentlichkeit zu kultureller und religiöser Toleranz die Menschenrechte der betroffenen Mädchen und Frauen bis vor kurzem völlig relativiert" haben (S. 130).

12 19. 12. 1966, BGBl. 1992 II, S. 147.

13 UN-Doc. E / CN.4 / 1998 / 6 / Add.2 v. 22. 12. 1997.

14 UN-Doc. E / CN.4 / 1998 / 6 / Add.2 v. 22. 12. 1997, Rn. 38 ff.

schaftsstatus abhängig ist. Daneben wurden von muslimischer Seite Schwierigkeiten beim Bau von Moscheen, die Schächt- und die Kopftuch-Problematik sowie die Nichtteilnahme von muslimischen Mädchen am koedukativen Sportunterricht genannt. Die deutschen Behörden begegneten dieser Situation meist mit Pragmatismus und einer Lösung „von Fall zu Fall". Schließlich betonten die Vertreter der muslimischen Gemeinschaft in den Gesprächen mit dem Sonderberichterstatter, dass sie eine Integration, aber keinesfalls eine Assimilation der Muslime wünschten.

Der Bericht zeigt, dass Muslimen in Deutschland in völkerrechtlichen Vergleich Religionsfreiheit in weitgehendem Ausmaß gewährleistet wird. Die in den Gesprächen von muslimischen Repräsentanten vorgebrachten Monita gehen bereits über die Ausübung der Religionsfreiheit im engeren Sinne hinaus und betreffen eine positive Zusammenarbeit von Staat und islamischen Vereinigungen auf der Grundlage des Kooperationsverhältnisses von Staat und Religionsgemeinschaften, wie es das Grundgesetz vorsieht.

B. Der Schutz der Religionsfreiheit für Muslime im europäischen Recht

Bei der Darstellung, in welcher Weise die Religionsfreiheit der Muslime im europäischen Recht gewährleistet ist, müssen in erster Linie die Europäische Menschenrechtskonvention sowie der Grundrechtsschutz im europäischen Gemeinschaftsrecht durch den EG-Vertrag und die – bislang lediglich „feierlich proklamierte" – Charta der Grundrechte der Europäischen Union betrachtet werden.

I. KSZE-Prozess

Daneben kommt die Bedeutung der Religionsfreiheit in den Ergebnissen des so genannten „KSZE-Prozesses" (Konferenz für Sicherheit und Zusammenarbeit in Europa, seit 1995: Organisation für Sicherheit und Zusammenarbeit in Europa, OSZE) zum Ausdruck[15]. In der Schlussakte von Helsinki vom 1. 8. 1975[16] wird als Prinzip VII die „Achtung der Menschenrechte und Grundfreiheiten, einschließlich der Gedanken-, Gewissens-, Religions- oder Überzeugungsfreiheit" vereinbart. Die Teilnehmerstaaten verpflichten sich, „die Freiheit des Individuums an[zu]erkennen und [zu] achten, sich allein oder in Gemeinschaft mit anderen zu einer Religion oder einer Überzeugung in Übereinstimmung mit dem, was sein Gewissen ihm gebietet, zu bekennen und sie auszuüben."

---

15 Ausführlich dazu *Hollerbach*, Religions- und Kirchenfreiheit im KSZE-Prozeß, in: Festschrift Benda 1995, S. 117 ff.

16 Auszugsweise abgedruckt bei *Weber*, ZevKR 45 (2000), 109, 154.

Eine detaillierte inhaltliche Konkretisierung der Religionsfreiheit enthält das abschließende Dokument des Wiener KSZE-Folgetreffens vom 14. Januar 1989[17] in Punkt 16. So sollen die Teilnehmerstaaten u. a. „eine Atmosphäre gegenseitiger Toleranz und Achtung zwischen Gläubigen verschiedener Gemeinschaften ebenso wie zwischen Gläubigen und Nichtgläubigen (...) schaffen" (16.2) und das „Recht eines jeden achten, Religionsunterricht in der Sprache seiner Wahl einzeln oder in Gemeinschaft mit anderen zu erteilen und zu erhalten" (16.6). Daneben erkennen die Teilnehmerstaaten in Punkt 17 des Abschlussdokuments den Grundsatz des Gesetzesvorbehalts für Einschränkungen der Religions- und Glaubensfreiheit an.

Selbstverständlich kommen auch Angehörige des muslimischen Glaubens in den Genuss der Religionsfreiheit, wie sie in den Dokumenten des KSZE-Prozesses formuliert wird. Eine rechtlich bindende Wirkung entfalten diese Dokumente allerdings nicht, da die Helsinki-Schlussakte und auch die Dokumente des Wiener-Folgetreffens keine völkerrechtlichen Verträge sind. Als „soft law" haben sie eine „mehr politische als völkerrechtliche Rechtsgestalt"[18]. Der wesentliche Ertrag der KSZE liegt in ihrem außerordentlich bedeutsamen Einfluss auf den politischen Entspannungsprozess zwischen West- und Osteuropa und der Unterstützung der Menschenrechtsentwicklung in den osteuropäischen Staaten. Für die den Grund- und Menschenrechten verpflichtete Bundesrepublik Deutschland werden in den Texten gerade auch im Hinblick auf die Religionsfreiheit und das Verhältnis von Staat und Kirche größtenteils Selbstverständlichkeiten oder „minima iuridica"[19] niedergelegt. Für die Lösung grundrechtsdogmatischer Probleme der Religionsfreiheit nach dem Grundgesetz und insbesondere der Probleme, vor die das Verfassungsrecht angesichts der Verbreitung des Islam in Deutschland gestellt ist, lassen sich aus den KSZE-Dokumenten keine konkreten Schlüsse ziehen[20].

II. Schutz der Religionsfreiheit durch die EMRK

1. Religionsfreiheit nach Art. 9 EMRK

Am 4. 11. 1950 wurde in Rom im Rahmen des Europarates die „Konvention zum Schutze der Menschenrechte und Grundfreiheiten" unterzeichnet, die am

---

17 EuGRZ 1989, 85; *Weber,* ZevKR 45 (2000), 109, 155.

18 *Oppermann,* Europarecht, 3. Auflage 2005, S. 51.

19 *Hollerbach,* FS Benda 1995, S. 117 (132).

20 *Hollerbach,* FS Benda 1995, S. 117 (132 f.) weist darauf hin, dass die Konkretisierung der Religionsfreiheit in den KSZE-Texten eine Interpretation der Religionsfreiheit stützt, nach der dieser auch eine organisatorisch-institutionelle Komponente eigen ist und sich diese Anerkennung der Verwurzelung des Selbstbestimmungsrechts in der Religionsfreiheit auf die Entwicklung des religionsbezogenen Rechts der Europäischen Union und die Auslegung der EMRK auswirken könnte.

3. 9. 1953 nach der Ratifizierung durch zehn Staaten in Kraft trat. Die Ratifizierung durch die Bundesrepublik Deutschland erfolgte am 5. 12. 1952. Der Schutz der Religionsfreiheit findet sich in Artikel 9 EMRK[21], der folgenden Wortlaut hat:

(1) Jede Person hat das Recht auf Gedanken-, Gewissens- und Religionsfreiheit; dieses Recht umfasst die Freiheit, seine Religion oder Weltanschauung zu wechseln, und die Freiheit, seine Religion oder Weltanschauung einzeln oder gemeinsam mit anderen öffentlich oder privat durch Gottesdienst, Unterricht oder Praktizieren von Bräuchen und Riten zu bekennen.

(2) Die Freiheit, seine Religion oder Weltanschauung zu bekennen, darf nur Einschränkungen unterworfen werden, die gesetzlich vorgesehen und in einer demokratischen Gesellschaft notwendig sind für die öffentliche Sicherheit, zum Schutz der öffentlichen Ordnung, Gesundheit oder Moral oder zum Schutz der Rechte und Freiheiten anderer.

Damit sind die klassischerweise als „forum internum" und „forum externum" bezeichneten Aspekte der individuellen Religionsfreiheit geschützt. Der sachliche Schutzbereich wird dabei enger gefasst als derjenige des Art. 4 GG nach der Auslegung des Bundesverfassungsgerichts, wonach Art. 4 Abs. 1 und 2 GG das Recht des Einzelnen gewähre, sein gesamtes Verhalten an den Lehren seines Glaubens auszurichten und seiner Glaubensüberzeugung gemäß zu handeln[22]. Dagegen stellt der EGMR fest, dass Artikel 9 EMRK nicht jede Handlung schützt, die durch Religion oder Überzeugung motiviert ist[23].

Die Formulierung „einzeln oder gemeinsam mit anderen" zeigt, dass auch die kollektive Religionsfreiheit von der Garantie der EMRK umfasst ist. Ob und vor allem in welchem Umfang auch die korporative Religionsfreiheit – also die eigenständige Religionsfreiheit der Religionsgemeinschaften – oder gar das religiöse Selbstbestimmungsrecht umfasst wird, ist im Einzelnen noch nicht abschließend geklärt[24]. Nach anfänglicher Zurückhaltung in der Rechtsprechung der Konventionsorgane[25] ist aber inzwischen immerhin gesichert, dass auch die interne Organi-

---

21 BGBl. 1954 II S. 14; vgl. hierzu insbesondere *Blum,* Die Gedanken-, Gewissens- und Religionsfreiheit nach Art. 9 der Europäischen Menschenrechtskonvention, 1990; aus jüngerer Zeit *A. Peters,* Einführung in die Europäische Menschenrechtskonvention, 2003, § 30 (S. 181 ff.); *Grabenwarter,* Europäische Menschenrechtskonvention, 2. Auflage 2005, § 22 IV (S. 219 ff.); *Uerpmann,* in: Ehlers (Hrsg.), Europäische Grundrechte und Grundfreiheiten, 2003, § 3, Rn. 31 ff.

22 BVerfGE 32, 98 (106); 83, 341 (354 ff.); kritisch dazu *Muckel,* Religiöse Freiheit, S. 126 ff.

23 EGMR, *Kalac* v. *Türkei,* RJD 1997-IV, p. 1209, § 27; *Hasan* und *Chaush* v. *Bulgarien,* Appl. no. 30985 / 96 v. 26. 10. 2000.

24 Vgl. dazu *Grabenwarter,* Die korporative Religionsfreiheit nach der Menschenrechtskonvention, in: Festschrift Rüfner, 2003, S. 147 ff.; *Bleckmann,* Von der individuellen Religionsfreiheit des Art. 9 EMRK zum Selbstbestimmungsrecht der Kirchen, 1995; *Conring,* Korporative Religionsfreiheit in Europa, 1998.

25 Nachweise zur Rechtsprechung der EKMR bei *Blum,* Die Gedanken-, Gewissens- und Religionsfreiheit nach Art. 9 der EMRK, 1989, S. 170 ff.

sationsfreiheit einer Glaubensgemeinschaft vom Schutzbereich umfasst ist[26] und sich auch Kirchen und religiöse Gemeinschaften direkt auf Art. 9 EMRK berufen können[27].

Absatz 2 sieht die Möglichkeit staatlicher Eingriffe in die Religionsfreiheit zum Schutz wichtiger Rechtsgüter wie die öffentliche Sicherheit und Ordnung, Gesundheit, Moral oder Rechte und Freiheiten anderer vor, soweit sie gesetzlich vorgesehen und in einer demokratischen Gesellschaft notwendig sind[28].

Bevor Ausmaß und Grenzen des Schutzes islamischer Religionsausübung nach der EMRK im Einzelnen untersucht werden, soll zunächst im Überblick die Bedeutung der EMRK für das deutsche Recht und insbesondere ihr Verhältnis zum Grundgesetz dargestellt werden.

2. Stellung der EMRK im deutschen Recht

Die EMRK ist ihrer Rechtsnatur nach ein völkerrechtlicher Vertrag, was die Frage nach ihrer innerstaatlichen Geltung aufwirft. Die Stellung der EMRK in den Rechtsordnungen der verschiedenen Vertragsstaaten unterscheidet sich deutlich[29]. Die EMRK selbst enthält keine Regelung über ihren Rang in den nationalen Rechtsordnungen der Mitgliedstaaten. Für die Bundesrepublik Deutschland ergibt sich folgendes Bild[30]:

Ein völkerrechtliches Abkommen erhält grundsätzlich in der Normenhierarchie der deutschen Rechtsordnung durch die Transformation zu innerstaatlichem Recht[31] den Rang eines einfaches Gesetzes. Dies wird einhellig aus Art. 59 Abs. 2 GG abgeleitet[32]. Grundsätzlich hat damit auch die EMRK – formell in Gestalt des Zustimmungsgesetzes – den Status eines einfachen Bundesgesetzes[33]. Dieses Ergebnis wird aber verbreitet als der herausragenden materiellen Bedeutung der

---

26 EGMR, *Hasan* und *Chaush* v. Bulgarien, Appl. no. 30985/96 v. 26. 10. 2000, Rn. 62.

27 EGMR, *Cha'are Shalom Ve Tsedek* v. *Frankreich,* appl. no. 27417/95, Rn. 72; *Metropolitenkirche von Bessarabien* v. *Moldawien,* appl. no. 45701/99, Rn. 101.

28 Zur Rechtfertigung von Eingriffen nach Art. 9 Abs. 2 EMRK *Grabenwarter,* Europäische Menschenrechtskonvention, 2. Auflage 2005, § 22 IV, Rn. 82 ff.; *Mückl,* Europäisierung des Staatskirchenrechts, 2005, S. 436.

29 Übersicht bei *Frowein/Peukert,* EMRK-Kommentar, 2. Auflage 1996, Einf. Rn. 6; *Hoffmeister,* Der Staat 40 (2001), 349 (360 ff.) ; *A. Peters,* Einführung in die EMRK, S. 2 f.; *Grabenwarter,* Europäische Menschenrechtskonvention, 2. Auflage 2005, § 3.

30 Vgl. zum Folgenden *Grabenwarter,* Europäische Menschenrechtskonvention, 2. Auflage 2005, § 3, Rn. 6; *Pache,* Die Europäische Menschenrechtskonvention und die deutsche Rechtsordnung, EuR 2004, 393 (398 ff.).

31 Gesetz vom 7. 8. 1952, BGBl. 1952 II S. 685.

32 *Pache,* Die Europäische Menschenrechtskonvention und die deutsche Rechtsordnung, EuR 2004, 393 (398).

33 *Grabenwarter,* Europäische Menschenrechtskonvention, 2. Auflage 2005, § 3 Rn. 6.

EMRK nicht angemessen empfunden. Als unbefriedigend wird insbesondere die aus einer solchen Betrachtungsweise folgende Konsequenz angesehen, dass der Menschenrechtsschutz der EMRK durch ein einfaches, zeitlich nach dem Zustimmungsgesetz erlassenes deutsches Gesetz gemäß der lex-posterior-Regel innerstaatlich ausgehebelt werden könnte. Daher geht die überwiegende Ansicht davon aus, dass die EMRK auch innerstaatlich eine über ein einfaches Bundesgesetz hinausgehende Bedeutung hat, ohne dass Einigkeit über den genauen Rang und dessen Begründung herrschen würde[34].

Teilweise wird eine *Ausstrahlungswirkung* der EMRK auf das einfache Recht – vergleichbar der Ausstrahlungswirkung des Grundgesetzes – angenommen[35]. Eine andere Ansicht will die EMRK zu einer „Grundrechtsverfassung" erheben, auf die Art. 1 Abs. 2 GG Bezug nehme. Das darin enthaltene Menschenrechtsprinzip verlange, dass die Freiheitsgewährleistungen der EMRK als Auslegungshilfe ins nationale Verfassungsrecht einfließen[36]. Weiterhin wird vorgebracht, dass die EMRK insgesamt – oder zumindest hinsichtlich der von allen Vertragsstaaten ohne Vorbehalte anerkannten Menschenrechte – (regionales) Völkergewohnheitsrecht darstelle und somit Bestandteil des Bundesrechts nach Art. 25 GG wären. Daraus würde folgen, dass die Regelungen der EMRK den Gesetzen vorgehen und Rechte und Pflichten unmittelbar für die Bewohner des Bundesgebietes erzeugen, Art. 25 Satz 2 GG[37].

Das *Bundesverfassungsgericht* stellt zunächst klar, dass die EMRK „Bestandteil des positiven Rechts der Bundesrepublik Deutschland im Range eines Bundesgesetzes" ist[38]. Dementsprechend ist eine auf die EMRK gestützte Verfassungsbeschwerde unzulässig[39]. Weitergehend seien aber „Inhalt und Entwicklungsstand der Europäischen Menschenrechtskonvention ... bei der Auslegung des Grundgesetzes" in Betracht zu ziehen. Dementsprechend diene auch die Rechtsprechung des Europäischen Gerichtshofs für Menschenrechte als Auslegungshilfe für die Bestimmung von Inhalt und Reichweite von Grundrechten des Grundgesetzes[40]. Damit weist das Bundesverfassungsgericht der EMRK eine Bedeutung zu, die ein einfaches Bundesgesetz nicht hat, kann dieses doch nicht zur Auslegung von Grundrechten herangezogen werden. Zugleich anerkennt es die Bedeutung der Interpretation der EMRK durch den Europäischen Gerichtshof für Menschenrechte,

---

34 Ausführlich zu den verschiedenen Vorschlägen *Hoffmeister,* Der Staat 40 (2001), 349 (364 ff.); *Langenfeld,* Die Stellung der EMRK im Verfassungsrecht der Bundesrepublik Deutschland, in: Bröhmer (Hrsg.), Der Grundrechtsschutz in Europa, 2002, S. 95 ff.

35 *A. Peters,* Einführung in die EMRK, S. 3.

36 *Hoffmeister,* Der Staat 40 (2001), 349 (367 ff.); kritisch dazu *Grabenwarter,* Europäische Menschenrechtskonvention, 2. Auflage 2005, § 3 Rn. 7.

37 *Bleckmann,* EuGRZ 1994, 149 (153 f.).

38 BVerfGE 74, 358 (370).

39 BVerfGE 6, 290 (296); 64, 135 (137).

40 Erstmals in BVerfGE 74, 358 (370), bestätigt durch BVerfGE 82, 106 (115,120), jeweils zur Unschuldsvermutung nach Art. 6 Abs. 2 EMRK.

ohne sich dogmatisch auf das Rangverhältnis zwischen den beiden Gerichten festzulegen.

In seiner jüngsten Entscheidung[41] zu diesem Fragenkomplex betont das Bundesverfassungsgericht, dass zur Bindung an Gesetz und Recht gem. Art. 20 Abs. 3 GG die Berücksichtigung der Gewährleistungen der EMRK und der Entscheidungen des EGMR „im Rahmen methodisch vertretbarer Gesetzesauslegung" gehöre. Dabei könne „sowohl die fehlende Auseinandersetzung mit einer Entscheidung des Gerichtshofs als auch deren gegen vorrangiges Recht verstoßende schematische „Vollstreckung" (...) gegen Grundrechte in Verbindung mit dem Rechtsstaatsprinzip verstoßen". Bei der Berücksichtigung der Entscheidungen des EGMR durch nationale Gerichte müssten die möglichen Auswirkungen auf die nationale Rechtsanwendung insbesondere dann beachtet werden, „wenn es sich um ein in seinen Rechtsfolgen ausbalanciertes Teilsystem des innerstaatlichen Rechts handelt, das verschiedene Grundrechtspositionen miteinander zum Ausgleich bringen will".

Daraus folgt für das vorliegende Forschungsprojekt, dass eine umfassende Analyse der Religionsfreiheit für Muslime in Deutschland die Bedeutung der EMRK, insbesondere die von Art. 9 EMRK, nicht außer Acht lassen kann. Umfang und Grenzen der Freiheitsgarantie des Art. 9 EMRK müssen hier berücksichtigt werden. Voraussetzung dafür ist zunächst eine genaue Darstellung des materiellen Inhalts von Art. 9 EMRK und seine Ausgestaltung durch die Rechtsprechung des Europäischen Gerichtshofs für Menschenrechte, soweit sie für die durch den Islam auftretenden Rechtsprobleme relevant ist. Damit wird auch eine Mahnung *Scheuners* aufgegriffen, der bereits 1967 kritisierte, dass die Beschäftigung mit der Religionsfreiheit im deutschen Verfassungsrecht „unter dem mangelnden Ausblick auf die internationale Diskussion"[42] leide.

3. Das Verhältnis von Art. 4 GG und Art. 9 EMRK

In seiner Rechtsprechung zu Art. 4 GG hat das Bundesverfassungsgericht bisher noch nicht ausführlich auf Art. 9 EMRK Bezug genommen. Auch in der Literatur wird festgestellt, dass Art. 9 EMRK praktisch keine Bedeutung zukommt[43] und im Gewährleistungsumfang hinter dem des Art. 4 GG zurückbleibt[44]. Dies wird vor

---

41 BVerfG, Beschluss vom 14. 10. 2004, BVerfGE 111, 307 (Görgülü); dazu *Papier,* Umsetzung und Wirkung der Entscheidungen des Europäischen Gerichtshofs für Menschenrechte aus der Perspektive der nationalen deutschen Gerichte, EuGRZ 2006, 1 ff.; *Meyer-Ladewig,* Die Bindung deutscher Gerichte an Urteile des EGMR, NJW 2005, 15.

42 *Scheuner,* DÖV 1967, 585 (587); vgl. auch das Plädoyer von *A. Peters,* Einführung in die EMRK, S. 192 für europäische, transnationale Strategien zur Bewältigung der Multikulturalität, die rechtsvergleichende Analysen voraussetzten.

43 *Morlok,* in: Dreier (Hrsg.), GG, 2. Auflage 2004, Art. 4 Rn. 32.

44 *Blum,* Die Gedanken-, Gewissens- und Religionsfreiheit nach Art. 9 der EMRK, 1990, S. 108; *Herzog,* AöR 86 (1961), 194.

allem mit dem ausdrücklichen Schrankenvorbehalt in Art. 9 Abs. 2 EMRK begründet. Dieser Ansicht liegt das Verständnis zugrunde, dass Art. 4 GG vorbehaltlos gewährleistet sei und damit allein verfassungsimmanenten Schranken unterliege[45].

Versteht man dagegen mit der zutreffenden und inzwischen weit verbreiteten Meinung Art. 140 GG i.V.m. Art. 136 Abs. 1 WRV als Gesetzesvorbehalt der Grundrechte aus Art. 4 Abs. 1 und 2 GG[46], so lässt sich die These von der praktischen Bedeutungslosigkeit des Art. 9 EMRK nicht aufrecht erhalten. Es ist keineswegs der Fall, dass eine staatliche Beschränkung der religiösen Freiheit in jedem Fall leichter vor Art. 9 EMRK als vor Art. 4 Abs. 1 und 2 GG zu rechtfertigen ist. Vielmehr müssen in jedem einzelnen Fall Schutzbereich und Schranken beider Freiheitsgarantien beachtet werden. Die wachsende Bedeutung des europäischen Grundrechtsschutzes auch im Bereich der Religionsfreiheit wird auch von der Rechtsprechung zunehmend anerkannt. So sah sich das Bundesverwaltungsgericht in seinem Urteil vom 27. 11. 2002[47], mit dem die Klage gegen das Verbot der verfassungsfeindlichen Organisation[48] „Kalifatsstaat" abgewiesen wurde, zu der Feststellung veranlasst, dass das Verbot im Hinblick auf den Gesetzesvorbehalt in Art. 9 Abs. 2 EMRK nicht im Widerspruch zur Gewährleistung der Religionsfreiheit des Art. 9 EMRK stehe[49]. Auf Ausführungen zum Stellenwert dieser Garantie und ihrer Bedeutung im deutschen Recht verzichtete das Gericht allerdings.

Das VG Lüneburg weist in seiner Entscheidung zum Tragen eines Kopftuchs im Unterricht durch eine Lehrerin immerhin auf Art. 9 EMRK hin[50].

Es ist zu betonen, dass die Rechtsprechungsorgane der EMRK bisher – soweit ersichtlich – in keinem Fall eine Verletzung von Art. 9 EMRK durch Deutschland festgestellt haben. Dies kann durchaus als Indiz dafür gedeutet werden, dass ein staatskirchenrechtliches System wie das des Grundgesetzes, das von einem Kooperationsverhältnis, einer religionsfreundlichen Form des Trennungsprinzips und einer positiven Neutralität des Staates gegenüber den Religionsgesellschaften aus-

---

45 Aus jüngerer Zeit *Fischer/Groß,* DÖV 2003, 932 (937); *Heinig/Morlok,* JZ 2003, 777 (780 f.); *Maurer,* ZevKR 49 (2004), S. 311 (316 ff.).

46 BVerwGE 112, 227 (231); *Muckel,* in: Friauf/Höfling (Hrsg.), Berliner Kommentar, Art. 4 Rn. 48; *v. Campenhausen,* in: von Mangoldt/Klein/Starck, Grundgesetz Bd. III, 4. Auflage 2001, Art. 136 WRV Rn. 6; *Starck,* in ders. (Hrsg.), Grundgesetz, Band 1, 5. Auflage 2005, Art. 4, Rn. 92; *Heckel,* Religionsfreiheit, in: Gesammelte Schriften, Bd. IV, 1997, S. 647 ff.; *Kästner,* JZ 1998, 974 (982); *Hillgruber,* JZ 1999, 538 (543), jeweils m. w. N.

47 BVerwG, NVwZ 2003, 986.

48 Das BVerwG hat ohne nähere Begründung und ohne Ausführungen zu den Voraussetzungen festgestellt, dass es sich bei dem „Kalifatstaat" (=„Verband der islamischen Vereine und Gemeinden") um eine Religionsgemeinschaft handelt (NVwZ 2003, 987 unter 2.a). Dies dürfte, gemessen an den Voraussetzungen an den Begriff der Religionsgemeinschaft in seinem gängigen Verständnis (vgl. dazu *Muckel,* Wann ist eine Gemeinschaft Religionsgemeinschaft?; in: Wilhelm Rees [Hrsg.], Recht in Kirche und Staat. Joseph Listl zum 75. Geburtstag, 2004, S. 715, 727 ff. m. w. N.) zweifelhaft sein.

49 BVerwG, NVwZ 2003, 987 (988).

50 VG Lüneburg, NJW 2001, 767 (768).

geht[51], in der Lage ist, auch die individuelle Religionsfreiheit weitaus effektiver zu gewährleisten, als dies Systeme einer Staatskirche oder einer radikalen Trennung von Kirche und Staat können.

Vor dem Hintergrund des oben erläuterten Einflusses der EMRK auf die Auslegung der Grundrechte nach dem GG wird man davon ausgehen können, dass das Bundesverfassungsgericht sich dem EGMR anschließen würde, wenn dieser in einem konkreten Fall eine Verletzung der Religionsfreiheit eines Muslims feststellen würde. Damit würde das Gericht sicherstellen, dass der materielle Gehalt der religiösen Freiheiten nach Art. 4 Abs. 1 und 2 GG nicht hinter der Garantie nach Art. 9 EMRK zurück bleibt. Dies gilt zumindest für den Fall eines zweipoligen Verhältnisses Staat – Muslim, bei dem allein die Religionsfreiheit des Muslim betroffen ist und die Judikatur des EGMR problemlos bei der Auslegung der Grundrechte nach dem Grundgesetz durch deutsche Gerichte beachtet werden kann. Weitaus schwieriger wird die Koordination zwischen EMRK und GG, zwischen der Rechtsprechung des EGMR und des Bundesverfassungsgerichts in einer Konstellation, bei der Grund- und Menschenrechte mehrerer Privater betroffen wären. Gerade solche Situationen treten aber typischerweise im hier interessierenden Zusammenhang einer multireligiösen Gesellschaft auf.

So werden etwa im Streit um das Recht einer muslimischen Lehrerin im Unterricht an staatlichen Schulen ein Kopftuch zu tragen – neben anderen Grundrechten – einerseits die (positive) Religionsausübungsfreiheit der Lehrerin, andererseits die negative Religionsfreiheit der betroffenen Schüler angeführt. Hier könnte die Situation entstehen, dass der EGMR judiziert, das Tragen des Kopftuches im staatlichen Schulunterricht verletze die negative Religionsfreiheit der Schüler und sei daher unzulässig. Das Bundesverfassungsgericht könnte zu einem anderen Ergebnis kommen, und zwar nicht, weil es die Religionsfreiheit restriktiver auslegt, sondern gerade einen anderen Aspekt, nämlich die positive Religionsfreiheit der Lehrerin, höher bewertet.

Auch wenn die bisherige Rechtsprechung von EGMR und BVerfG zum „Kopftuch-Streit“ nicht zu diesem Problem geführt hat, kann das Beispiel illustrieren, welche komplizierten Fragen die scheinbar selbstverständliche Forderung aufwerfen kann, der Grundrechtsschutz von Muslimen nach Art. 4 GG dürfe nicht hinter dem des Art. 9 EMRK zurückbleiben. Es kann beim Verhältnis zwischen Art. 4 GG und Art. 9 EMRK nicht um ein schlichtes „mehr oder weniger“ an Religionsfreiheit für Muslime oder andere Gläubige gehen. In solchen Konfliktfällen, bei denen mehrere Grundrechtsberechtigte betroffen sind, hilft auch der Hinweis auf das Günstigkeitsprinzip nach Art. 53 EMRK nicht weiter. Danach müssen sich die Gerichte bei einer Abweichung von EMRK und innerstaatlichen Grundrechten an

---

[51] *Schlaich,* Neutralität als verfassungsrechtliches Prinzip, S. 135 ff., 215 ff.; *Jeand'Heur/ Korioth,* Grundzüge des Staatskirchenrechts, 2000, Rn. 167; *Heckel,* Zur Ordnungsproblematik des Staatskirchenrechts im säkularen Kultur- und Sozialstaat, JZ 1994, 425 (428); *Mückl,* Europäisierung des Staatskirchenrechts, 2005, S. 227 ff.

die für den Bürger günstigere Regelung halten[52]. Es wäre jedenfalls keine befriedigende Lösung, wenn sich jeweils diejenige Rechtsposition durchsetzt, deren Inhaber zuerst klagt und damit zeitlich vorrangig in den Genuss der „günstigeren" Regelung kommt.

III. Ausgewählte Rechtsprechung des EGMR zu Art. 9 EMRK im Hinblick auf den Islam

1. Metropolitenkirche von Bessarabien ./. Moldawien

Die Regierung von Moldawien hatte der Metropolitenkirche die staatliche Anerkennung verweigert, da diese nur eine Abspaltung der bereits anerkannten christlich-orthodoxen Kirche sei. Der EGMR[53] stellt fest, dass diese Verweigerung der staatlichen Anerkennung in das Grundrecht der Kirche aus Art. 9 EMRK eingreife. Damit anerkennt das Gericht zugleich einen korporativen Aspekt der Religionsfreiheit nach Art. 9 EMRK. Die Nichtanerkennung ist ein unverhältnismäßiger Eingriff in das Recht der Religionsgemeinschaft aus Art. 9 EMRK, da sie in einer demokratischen Gesellschaft nicht notwendig ist.

Aus diesem Urteil des EGMR dürfen keine falschen Schlüsse für die Diskussion um die Anerkennung einer muslimischen Religionsgemeinschaft als Körperschaft des öffentlichen Rechts nach Art. 140 GG i.V.m. Art. 137 Abs. 5 S. 2 WRV gezogen werden[54]. Folgen der fehlenden staatlichen Anerkennung der Metropolitenkirche waren nämlich, dass diese mangels Rechtsfähigkeit kein Vermögen haben konnte und ihre Priester keine Gottesdienste abhalten durften. Diese Anerkennung ist also mit der Anerkennung als Körperschaft des öffentlichen Rechts nicht einmal ansatzweise vergleichbar. Muslimische Religionsgemeinschaften in Deutschland, denen die Verleihung des Status der Körperschaft des öffentlichen Rechts nach Art. 140 GG i.V.m. Art. 137 Abs. 5 WRV verweigert wird, genießen in uneingeschränkter Weise die Religionsfreiheit nach Art. 4 GG und in Vermögensangelegenheiten den besonderen Schutz nach Art. 140 GG i.V.m. Art. 138 Abs. 2 WRV.

Die Rechtslage nach Art. 140 GG i.V.m. Art. 137 Abs. 5 WRV ist daher mit der Konvention vereinbar. Sofern man die Verleihung des Status der Körperschaft des

---

52 *A. Peters,* Einführung in die EMRK, S. 10.

53 EGMR, Urt. v. 13. 12. 2001, appl. no. 45701/99.

54 Dazu *Muckel,* Muslimische Gemeinschaften als Körperschaften des öffentlichen Rechts, DÖV 1995, S. 311 ff.; *Mückl,* Europäisierung des Staatskirchenrechts, 2005, S. 250 f.; *A. Albrecht,* Die Verleihung der Körperschaftsrechte an islamische Vereinigungen, KuR 1995, S. 25 ff. = 210, 1 ff.; *Lindner,* Körperschaftsstatus für Muslime?, ZevKR 48 (2003), S. 178 ff.; *H. Weber,* Muslimische Gemeinschaften als Körperschaften des öffentlichen Rechts unter dem Grundgesetz, in: Oebbecke (Hrsg.), Muslimische Gemeinschaften im deutschen Recht, 2003, S. 85 ff.

öffentlichen Rechts überhaupt als Ausdruck und Verstärkung der Religionsfreiheit sieht[55], wären die geforderten Verleihungsvoraussetzungen jedenfalls als Eingriff nach Art. 9 Abs. 2 EMRK gerechtfertigt.

Eine muslimische Religionsgemeinschaft kann also aus Art. 9 EMRK nicht die Verleihung des Status einer Körperschaft des öffentlichen Rechts verlangen. Nach dem Recht der EMRK unzulässig wäre lediglich nach Art. 14 EMRK eine diskriminierende Vergabe dieses Status, die für muslimische Religionsgemeinschaften besondere Voraussetzungen erfordern würde, die von anderen Religionsgemeinschaften nicht verlangt werden.

2. Hasan ./. Bulgarien – Zur staatlichen Einflussnahme auf interne Streitigkeiten um die Führung einer muslimischen Religionsgemeinschaft

In der Entscheidung zur Sache *Hasan* und *Chaush* gegen Bulgarien[56] setzte sich der EGMR mit der Frage auseinander, inwieweit Art. 9 EMRK der staatlichen Einmischung in innerreligiöse Auseinandersetzungen Grenzen setzt.

Der Beschwerdeführer *Sali Hasan* war seit 1992 oberster Mufti („Chief Mufti") der Muslime in Bulgarien. Bereits im Vorfeld seiner Wahl war es zu Auseinandersetzungen unter den muslimischen Gläubigen gekommen. Die Anhänger des unterlegenen Kandidaten *Gendzhev* veranstalteten daraufhin 1994 eine nationale Konferenz, auf der sie sich zu legitimen Repräsentanten der bulgarischen Muslime ernannten, *Gendzhev* zum „President of the Supreme Holy Council" wählten und eine Satzung verabschiedeten. Anfang 1995 wurde diese rivalisierende muslimische Organisation von den bulgarischen Behörden anerkannt und ihre Führung als neue Führung der Gemeinschaft bulgarischer Muslime registriert. *Gendzhev* und seine Anhänger waren damit berechtigt, die Liegenschaften des „Chief Mufti's Office" in Sofia zu besetzen und über die dazu gehörenden Konten zu verfügen. Hintergrund ist das Verständnis der bulgarischen Behörden, dass der Islam in Bulgarien nur eine einzige Führung und ein einziges gültiges Statut haben könne. Trotz eines Urteils des bulgarischen Obersten Gerichts, das feststellte, dass die Verweigerung, die von *Hasan* geführte Gruppierung als religiöse Denomination anzuerkennen, eine rechtswidrige Intervention in die interne Organisation einer

55 BVerfGE 102, 370 (386 ff.); zustimmend *Heinig*, Öffentlich-rechtliche Religionsgesellschaften, S. 265; *Magen*, Zum Verhältnis von Körperschaftsstatus und Religionsfreiheit, NVwZ 2001, 888 f.; *H. Weber*, Der Körperschaftsstatus der Religionsgemeinschaften in der Bundesrepublik Deutschland nach dem „Zeugen-Jehovas-Urteil" des Bundesverfassungsgerichts, Religion – Staat – Gesellschaft 2 (2001), S. 47 (71 ff.); kritisch dazu *Muckel*, Auf dem Weg zu einem grundrechtlich geprägten Staatskirchenrecht?, Stimmen der Zeit 219 (2001), S. 463 ff.; *ders.*, Körperschaftsrechte für die Zeugen Jehovas?, Jura 2001, 456 (461); *Hillgruber*, Der Körperschaftsstatus von Religionsgemeinschaften, NVwZ 2001, 1347 ff.

56 EGMR, Appl. no. 30985/96 v. 26. 10. 2000.

religiöse Gemeinschaft sei, gewährte der Ministerrat *Hasan* auch weiterhin keine Registrierung als religiöser Führer. In den folgenden Jahren kam es zu weiteren Auseinandersetzungen zwischen den beiden rivalisierenden muslimischen Gruppierungen[57].

Für das Verständnis dieses Falles ist ein kurzer Blick auf die religions(verfassungs-)rechtliche Situation in Bulgarien notwendig. Artikel 13 Abs. 2 der bulgarischen Verfassung von 1991[58] legt fest, dass religiöse Institutionen vom Staat getrennt sein sollen. Eine besondere Bedeutung wird dem orthodoxen Christentum zugeteilt, das nach Artikel 13 Abs. 3 als traditionelle Religion in Bulgarien betrachtet wird.

Nach § 6 Abs. 1 des Gesetzes über religiöse Denominationen von 1949[59] wird einer Religionsgemeinschaft erst nach staatlicher Anerkennung der Status einer juristischen Person zuteil. Nach § 9 Abs. 1 muss jede religiöse Denomination „eine" Führung haben, die dem Staat gegenüber verantwortlich ist. Dies wurde von der bulgarischen Regierung dahin gehend interpretiert, dass jede Religion (auch „der Islam") nur von einer einheitlichen religiösen Führung repräsentiert werden könne.

In seinem Urteil betont der EGMR die Bedeutung religiöser Organisationen für die Religionsausübung der einzelnen Gläubigen. Im Zusammenhang mit der Organisation einer religiösen Gemeinschaft müsse Artikel 9 EMRK im Lichte des Art. 11 EMRK (Versammlungs- und Vereinigungsfreiheit) ausgelegt werden. Die autonome Existenz religiöser Gemeinschaften sei unentbehrlich für den Pluralismus einer demokratischen Gesellschaft und gehöre damit zum Kern („at the very heart") des von Art. 9 EMRK gewährleisteten Schutzes. Die interne Organisation einer religiösen Vereinigung wird ausdrücklich in den Schutzbereich von Art. 9 EMRK einbezogen[60]. Die Verweigerung der Registrierung einer Religionsgemeinschaft durch die Verwaltung sei jedenfalls dann ein Eingriff in das Recht aus Art. 9 EMRK, wenn daraus schwerwiegende rechtliche und tatsächliche Konsequenzen folgten, wie dies für die Gruppe von Muslimen um den Beschwerdeführer der Fall war. Staatliche Handlungen, mit denen eine Führungspersönlichkeit einer geteilten religiösen Gemeinschaft gezielt unterstützt wird, um die gesamte Gemeinschaft dazu zu zwingen, sich gegen ihren Willen unter einer einzigen Führung zu vereinigen, verletzten Art. 9 EMRK[61]. Es sei in einer demokratischen Gesellschaft nicht notwendig, dass der Staat Maßnahmen ergreife, um konkurrierende Gemeinschaften einer Religion unter einer einheitlichen Führung zu vereinigen.

---

57 EGMR, Appl. no. 30985/96 v. 26. 10. 2000, Rn. 39 ff.

58 Zitiert nach EGMR, Appl. no. 30985/96 v. 26. 10. 2000, Rn. 46.

59 Zitiert nach EGMR, Appl. no. 30985/96 v. 26. 10. 2000, Rn. 48.

60 EGMR, Appl. no. 30985/96 v. 26. 10. 2000, Rn. 62.

61 EGMR, Appl. no. 30985/96 v. 26. 10. 2000, Rn. 78.

Im konkreten Fall komme erschwerend hinzu, dass das staatliche Eingreifen zu Gunsten einer Fraktion der gesamten muslimischen Gemeinschaft den vollständigen Ausschluss der bisherigen Führung nach sich zog, der jede Möglichkeit entzogen worden sei, zumindest einen Teil der muslimischen Gläubigen zu repräsentieren und religiöse Angelegenheiten nach ihrem Willen zu organisieren[62].

Eine mögliche Rechtfertigung dieses Eingriffs scheitere schon daran, dass der Eingriff nicht gesetzlich vorgesehen war. Die herangezogenen Vorschriften wiesen nämlich nicht das erforderliche Maß an Klarheit und Vorhersehbarkeit aus[63]. Schließlich wies der EGMR darauf hin, dass die wiederholte Weigerung der Regierung, die Urteile des „Supreme Court" umzusetzen, ein schwerwiegender Verstoß gegen das fundamentale Prinzip des „rule of law" darstelle[64].

3. Dahlab ./. Schweiz – Kopftuch-Streit I

Die Konflikte, die sich aus dem Tragen des islamischen Kopftuchs ergeben, haben auch den Europäischen Gerichtshof für Menschenrechte beschäftigt.

Einer Entscheidung vom 15. 2. 2001 in der Sache „Dahlab. / .Schweiz"[65] liegt folgender Sachverhalt zugrunde:

Die Beschwerdeführerin *Lucia Dahlab* ist Schweizer Bürgerin und seit dem Jahre 1990 Lehrerin an einer Genfer Schule. Im März 1991 konvertierte sie vom katholischen Glauben zum Islam und heiratete im Oktober 1991 einen algerischen Staatsangehörigen, den Vater ihrer drei Kinder. Zum Ende des Schuljahres 1990/1991 trug sie erstmals ein Kopftuch während des Unterrichts unter Berufung auf eine Vorschrift aus dem Koran. Im Juli 1996 entschied die Schulaufsicht, dass das Tragen des Kopftuches gegen Art. 6 des Gesetzes über das öffentliche Schulwesen verstoße („loi sur l'instruction publique") und untersagte der Beschwerdeführerin, das Kopftuch während des Unterrichts zu tragen. Eine Beschwerde der Lehrerin vor dem Genfer Staatsrat („Conseil d'État") wurde zurückgewiesen und auch das Schweizer Bundesgericht bestätigte die Entscheidung der Schulverwaltung. Daraufhin erhob *Dahlab* Beschwerde vor dem Europäischen Gerichtshof für Menschenrechte und machte eine Verletzung ihrer Rechte aus Art. 9 EMRK (Religionsfreiheit) und Art. 14 EMRK (Diskriminierungsverbot) geltend.

In seinen Ausführung zu Art. 9 EMRK hebt der EGMR zunächst die besondere Bedeutung der Religionsfreiheit für die Identität und die Lebensanschauung der Gläubigen hervor, betont aber zugleich, dass diese auch wertvoll für Atheisten, Agnostiker und Gleichgültige sei. Der Gerichtshof bejaht ohne große Ausführun-

---

62 EGMR, Appl. no. 30985/96 v. 26. 10. 2000, Rn. 82.

63 EGMR, Appl. no. 30985/96 v. 26. 10. 2000, Rn. 86.

64 EGMR, Appl. no. 30985/96 v. 26. 10. 2000, Rn. 87.

65 EGMR, Appl. no. 42393/98 v. 15. 2. 2001; teilweise abgedruckt in NJW 2001, 2871 (Übersetzung Meyer-Ladewig/Petzold); EuGRZ 2003, 595.

gen die Einschlägigkeit des Art. 9 EMRK und setzt sich ausführlich mit der Frage auseinander, ob die Einschränkung gerechtfertigt ist. Die Voraussetzung, dass eine Einschränkung „gesetzlich vorgesehen“ sein muss, sieht das Gericht als erfüllt an, da die Vorschriften des einschlägigen schweizerischen Schulgesetzes insoweit ausreichend bestimmt waren. Bei der Beurteilung, unter welchen Umständen eine Einschränkung „notwendig in einer demokratischen Gesellschaft“ im Sinne von Art. 9 Abs. 2 EMRK ist, greift das Gericht auf seine ständige Rechtsprechung zurück, die den Vertragsstaaten einen Beurteilungsspielraum bei der Beurteilung dieser Frage zubilligt.

Der Gerichtshof benennt die verschiedenen Rechtspositionen, die bei dieser Problematik gegeneinander abgewogen werden müssen, insbesondere die Verletzung der religiösen Gefühle der Schüler und Eltern und das Gebot der religiösen Neutralität in der Schule, das seinen Niederschlag auch in Art. 27 Abs. 3 der Schweizer Bundesverfassung gefunden hat. Ausdrücklich wird darauf hingewiesen, dass die Beschwerdeführerin nach ihrer Konversion etwa drei Jahre lang das Kopftuch getragen hat, ohne dass die Schulaufsicht eingegriffen hätte oder es Beschwerden von Seiten der Eltern gegeben hätte. Sodann räumt der Gerichtshof ein, dass es schwierig sei, die Wirkung eines sichtbaren Zeichens wie des Kopftuches auf die Gewissens- und Religionsfreiheit der Schülerinnen und Schüler zu ermessen, zumal die Beschwerdeführerin Kinder im Alter zwischen vier und acht Jahren unterrichtete.

Schließlich kommt der Gerichtshof zu dem Ergebnis, dass man eine „bekehrende Wirkung“, die vom Tragen des Kopftuchs ausgehe, nicht von vornherein verneinen könne, und betont dabei, dass die Vorschrift des Koran, auf den sich die Beschwerdeführerin beruft, nicht mit dem Grundsatz der Gleichheit von Mann und Frau und dem Gebot der Toleranz vereinbar sei, Prinzipien, die eine Lehrerin in einer Demokratie vermitteln solle. Daher sei die Entscheidung der Genfer Behörden und des schweizerischen Bundesgerichts nicht unverhältnismäßig und die getroffene Maßnahme erweise sich als notwendig in einer demokratischen Gesellschaft zum Schutz der Rechte und Freiheiten anderer.

Sodann setzt sich der Gerichtshof noch mit der Vereinbarkeit des Verbots, das Kopftuch im Unterricht zu tragen, mit dem Diskriminierungsverbot des Art. 14 EMRK auseinander. Danach ist der Genuss der in der EMRK anerkannten Rechte ohne Diskriminierung wegen des Geschlechts zu gewährleisten. Unter Bezugnahme auf seine frühere Rechtsprechung stellt der Gerichtshof klar, dass eine unterschiedliche Behandlung dann eine Diskriminierung im Sinne von Art. 14 EMRK darstellt, wenn sie entweder kein anerkennenswertes Ziel verfolgt oder das Mittel zu dem verfolgten Ziel nicht in einem angemessenen Verhältnis steht, wobei auch bei dieser Frage die Vertragsstaaten einen Beurteilungsspielraum besitzen.

Im konkreten Fall will der Gerichtshof keine Diskriminierung erkennen, da sich das Kopftuch-Verbot gegen die Lehrerin nicht auf die Zugehörigkeit zum weiblichen Geschlecht bezieht, sondern zu dem Zweck erlassen wurde, die religiöse

Neutralität des öffentlichen Schulwesens sicher zu stellen. Das Verbot könne ebenso einen Mann treffen, der deutlich sichtbare Kleidungsstücke als religiöses Bekenntnis trägt. Somit sah der Gerichtshof die Garantie des Art. 14 EMRK nicht verletzt.

Die Beschwerde wurde daher als offensichtlich unbegründet im Sinne von Art. 35 Abs. 3 EMRK gemäß Art. 35 Abs. 4 EMRK zurückgewiesen.

Mit dieser Entscheidung macht der Europäische Gerichtshof für Menschenrechte noch einmal deutlich, dass er bereit ist, den Konventionsstaaten bei der Frage der Notwendigkeit eines Grundrechtseingriffs in einer demokratischen Gesellschaft, einen weiten Beurteilungsspielraum einzuräumen und die speziellen innerstaatlichen Verhältnisse weitgehend zu berücksichtigen. So übernimmt der EGMR in weiten Teilen der Entscheidungsbegründung schlicht die Argumentation des schweizerischen Bundesgerichts ohne diese näher zu hinterfragen. Dies ist grundsätzlich zu begrüßen, ist doch gerade die Auslegung der Religionsfreiheit im Einzelfall nur unter Berücksichtigung des jeweiligen (nationalen) religionsverfassungsrechtlichen Hintergrundes überzeugend zu begründen, der in den einzelnen Konventionsstaaten erheblich divergiert. Dies gilt insbesondere für Konflikte wie den „Kopftuch-Fall", in denen nicht allein die Rechte eines einzelnen Grundrechtsträgers mit den Befugnisse des Staates abgewogen werden müssen, sondern sich vielfältige grundrechtlich geschützte Interessen von Lehrern, Eltern und Schülern gegenüber stehen. Hier verbietet es sich, dass über die Vorschrift des Art. 9 EMRK und die Auslegung durch den EGMR ein bestimmtes Modell der Religionsfreiheit europaweit verbindlich gemacht wird[66]. Eine gewissen Zurückhaltung in der richterlichen Prüfungsdichte und die Zubilligung eines Beurteilungsspielraums (*„margin of appreciation")* ist daher angebracht[67].

Dennoch hätte sich der Gerichtshof an der einen oder anderen Stelle durchaus etwas kritischer mit der Begründung der schweizerischen Staatsorgane auseinandersetzen können. So wird etwa ausdrücklich darauf hingewiesen, dass die Beschwerdeführerin das islamische Kopftuch bereits drei Jahre unbeanstandet getragen hatte, ohne dass es von Seiten der Schulverwaltung, der Eltern oder der Schüler irgendwelche Einwendungen oder Beschwerden gegeben hätte, und es wird sogar weiter ausgeführt, dass dies darauf hindeute, dass es hinsichtlich Inhalt oder Qualität des erteilten Unterrichts nichts zu beanstanden gebe. Allerdings verwendet der Gerichtshof keinen Gedanken darauf, ob daraus möglicherweise ein Vertrauenstatbestand der Lehrerin entstehen könnte oder aber sich zumindest ein höherer Begründungsaufwand für ein staatliches Verbot ergeben könnte.

Angreifbar erscheint auch die schlichte Feststellung des Gerichtshofs, es erscheine schwierig, das Tragen des islamischen Kopftuchs mit der Botschaft der

---

66 *Goerlich,* Religionspolitische Distanz und kulturelle Vielfalt unter dem Regime des Art. 9 EMRK, NJW 2001, 2862.

67 *Schöbener,* JURA 2003, 186 (189).

Toleranz, dem Respekt vor den anderen und der Gleichberechtigung zu vereinbaren[68]. Es lässt sich nämlich ebenso gut argumentieren, dass gerade im Bereich der kultur- und leistungsstaatlichen Aktivitäten der Staat religiöse Phänomene in ihrer ganzen Pluralität nicht zu ignorieren habe. In der Schule lassen sich die Grundsätze von Toleranz und gegenseitigem Respekt gerade dadurch besonders erfolgreich vermitteln, dass die Schülerinnen und Schüler nicht vor der Konfrontation mit ihnen (möglicherweise) fremden religiösen Symbolen und Ausdrucksweisen ferngehalten werden, sondern sie durch die Auseinandersetzung mit religiöser Vielfalt lernen, in einer für eine demokratische Gesellschaft angemessenen Weise mit der religiösen und kulturellen Pluralität umzugehen[69]. Solange es – wie in dem konkreten Fall – keinerlei Hinweise darauf gibt, dass der Schulfrieden durch das Tragen religiöser Symbole gefährdet oder gestört wird, erscheint ein Verbot der Ausübung unterschiedlicher Bekenntnisse keineswegs als der überzeugende Weg, Toleranz und gegenseitigen Respekt zu vermitteln.

Überzeugend sind die Ausführungen des Gerichtshofs zu der behaupteten Verletzung des Diskriminierungsverbots gemäß Art. 14 EMRK i.V.m. Art. 9 EMRK. Nach dieser Vorschrift ist eine unterschiedliche Behandlung dann diskriminierend, wenn sie kein berechtigtes Ziel verfolgt oder wenn kein angemessenes Verhältnis zwischen den angewendeten Mitteln und dem verfolgten Ziel besteht. In diesem Fall fehlt es aber bereits an der notwendigen Anknüpfung des staatlichen Verbots an der Zugehörigkeit zum weiblichen Geschlecht. Einem männlichen Lehrer wäre das Kopftuch ebenso verboten. Die staatliche Regelung knüpft nicht an der Geschlechterzugehörigkeit an, die unterschiedliche Betroffenheit ergibt sich allein daraus, dass das religiöse Gebot, dem sich die Beschwerdeführerin verpflichtet sieht, sich nur an Frauen richtet. In einem solchen Fall kann aber nicht von einer staatlichen Diskriminierung im Sinne von Art. 14 EMRK gesprochen werden. Dagegen könnte man einwenden, die Diskriminierung ergebe sich mittelbar aus der Tatsache, dass von dem religiösen Gebot allein Frauen betroffen sein können, Männer von vornherein nicht in den Anwendungsbereich des religiösen Gebotes und damit auch der staatlichen Vorschrift fallen. Dieser Einwand verfängt jedoch nicht, da ein solches Verbot gleichermaßen einen Mann treffen würde, wenn er unter denselben Umständen ein Kleidungsstück – beispielsweise einen Turban – deutlich zur Schau trägt, das einem bestimmten Bekenntnis zuzuordnen ist, und mit dem Verbot der religiöse Frieden an der Schule sowie der Grundsatz der religiösen Neutralität im Schulbereich gesichert werden müsste.

---

68 So auch *Schinkele,* öarr 2002, 310 (319), die zutreffend darauf hinweist, dass nicht das Tragen des Kopftuchs, sondern dessen Verbot schwierig mit der Botschaft der Toleranz, dem Respekt und der Gleichheit zu vereinbaren sei.

69 *Wittinger,* VBlBW 2001, 425 (429).

4. Sahin ./. Türkei – Kopftuch-Streit II

In einem weiteren Verfahren musste sich der Europäische Gerichtshof für Menschenrechte mit einer Beschwerde gegen das Verbot des Kopftuchs an türkischen Universitäten auseinander setzen[70].

Die Beschwerdeführerin wurde 1973 geboren und stammt aus einer Familie, die den traditionellen Islam praktiziert. Sie sieht es als ihre religiöse Pflicht an, das islamische Kopftuch zu tragen. Während ihres Studiums an der Medizinischen Fakultät der Universität Istanbul, wurde von der Universitätsverwaltung eine Richtlinie über den Zugang zum Campus der Universität erlassen. Darin wurde Studentinnen, die das islamische Kopftuch tragen, ebenso wie Studenten mit Bärten die Zulassung zu Vorlesungen, Kursen und Tutorien untersagt und disziplinarische Maßnahmen für den Fall des Zuwiderhandelns angekündigt. Unter Berufung auf diese Richtlinie wurde der Beschwerdeführerin von März bis Juni 1998 wiederholt der Zugang zu schriftlichen Examen und Vorlesungen verweigert, da sie ein islamisches Kopftuch trug. In der Folgezeit wurde sie von der Fakultät verwarnt und schließlich für ein Semester von der Universität ausgeschlossen.

Nachdem ihre Beschwerden vor dem Verwaltungsgericht Istanbul und dem Obersten Verwaltungsgericht erfolglos blieben, wandte sich Leyla Sahin an den EGMR.

In den Entscheidungsgründen legt der EGMR zunächst die Bedeutung des Prinzips des Laizismus in der Türkischen Republik dar, wie es seit 1937 in der Verfassung (aktuell in Art. 2 der türkischen Verfassung von 1982) verankert ist. Besonders hinzuweisen ist dabei auf zwei Entscheidungen des türkischen Verfassungsgerichts aus den Jahren 1989 und 1990.

1989 entschied das türkische Verfassungsgericht, dass eine Vorschrift des Gesetzes über weiterführende Bildung (Gesetz Nr. 2547), nach der in den Räumen weiterführender Bildungsinstitutionen ein Kopftuch oder ein Schleier aus religiösen Gründen getragen werden dürfe, nicht mit dem verfassungsmäßigen Prinzip der Laizität gemäß Artikel 2 der türkischen Verfassung, der Gleichheit gemäß Artikel 10 und der Religionsfreiheit gemäß Artikel 24 der türkischen Verfassung vereinbar sei.

Ein Jahr später stellte das türkische Verfassungsgericht noch einmal fest, dass es den Prinzipien des Laizismus und der Gleichheit widerspreche, wenn in Einrichtungen der höheren Bildung Nacken und Haare aus religiösen Gründen mit einem Schleier oder einem Kopftuch bedeckt werden.

Der Europäische Gerichtshof belässt es bei der Frage, inwiefern überhaupt ein Eingriff in den Schutzbereich des Art. 9 EMRK vorliegt – was die türkische Regierung bestreitet – bei allgemeinen Ausführungen zum Schutzbereich der Religions-

70 EGMR, Appl. no. 44774/98 v. 29. 6. 2004 (Leyla Sahin v. Türkei).

freiheit der EMRK und zum Vorliegen eines Eingriffs. Hinsichtlich des Schutzbereichs führt der EGMR aus, dass Art. 9 EMRK in erster Linie das individuelle Gewissen betreffe, daneben aber auch die Freiheit umfasse, die Religion auszuüben, und zwar allein und privat oder in Gemeinschaft mit anderen, in der Öffentlichkeit und im Kreis Gleichgesinnter. Zugleich wird betont, dass Artikel 9 EMRK nicht jede Handlung schütze, die durch eine Religion oder einen Glauben motiviert ist („does not protect every act motivated or inspired by a religion or belief") und nicht in allen Fällen das Recht garantiere, sich in der Öffentlichkeit in einer Weise zu verhalten, wie es vom Glauben vorgegeben ist[71]. Ohne diese abstrakten Maßstäbe nun auf den vorliegenden Einzelfall anzuwenden, setzt der Gerichtshof seine Prüfung fort unter der Annahme, dass die angegriffene Richtlinie der Universität einen Eingriff in die Religionsfreiheit der Beschwerdeführerin konstituiere[72].

Anschließend begründet der Gerichtshof, dass der Eingriff „gesetzlich vorgesehen" war, wie es Art. 9 Abs. 2 EMRK zur Rechtfertigung verlange. Im Einzelnen bedeute dies, dass die angegriffene staatliche Maßnahme eine gesetzliche Grundlage habe und dieses Gesetz zugänglich und im Hinblick auf die Folgen vorhersehbar, also hinreichend bestimmt sein müsse[73]. Dies bejaht der Gerichtshof mit dem im Einzelnen begründeten Hinweis, dass der Beschwerdeführerin seit ihrer Immatrikulation an der Universität klar sein musste, dass es dort Richtlinien über das Tragen des islamischen Kopftuchs gab und dass ihr der Zugang zu den Vorlesungen verweigert würde, wenn sie dieses weiterhin trage.

Als legitimes Ziel dieser Einschränkung erkennt der Gerichtshof den Schutz der Rechte und Freiheiten anderer an, wie er in Art. 9 Abs. 2 EMRK ausdrücklich erwähnt ist[74].

Die entscheidende Frage liegt in der Beurteilung, ob das Kopftuchverbot „in einer demokratischen Gesellschaft" notwendig ist.

Dabei führt der Gerichtshof zunächst allgemein aus, was dies im Hinblick auf die Religionsfreiheit gemäß Artikel 9 EMRK bedeutet. In demokratischen Gesellschaften, so der EGMR, in denen mehrere Religionen nebeneinander existieren, könne es sich als notwendig erweisen, die Ausübung der Religion Einschränkungen zu unterwerfen, um die Interessen der verschiedenen Gruppen miteinander zu vereinbaren und sicherzustellen, dass jedermanns Glaube respektiert werde[75]. Das Prinzip des Laizismus sei in der Türkei zweifellos eines der grundlegenden Staatsprinzipien und stehe als solches im Einklang mit dem Schutz der Menschenrechte. Damit macht der Gerichtshof deutlich, dass das Prinzip des Laizismus grundsätzlich mit der EMRK vereinbar sei, sich aus dieser also keine bestimmten staatskir-

---

71 EGMR, Appl. no. 44774/98 v. 29. 6. 2004, Rn. 66.

72 EGMR, Appl. no. 44774/98 v. 29. 6. 2004, Rn. 71.

73 EGMR, Appl. no. 44774/98 v. 29. 6. 2004, Rn. 74, 81.

74 EGMR, Appl. no. 44774/98 v. 29. 6. 2004, Rn. 84.

75 EGMR, Appl. no. 44774/98 v. 29. 6. 2004, Rn. 97.

chenrechtlichen Vorgaben ableiten lassen und sich das Gericht auf eine völkerrechtliche Letztkontrolle der Einhaltung der Menschenrechte[76] beschränkt.

Staatliche Universitäten könnten die Ausübung von Riten regulieren und das Tragen von religiösen Symbolen beschränken, um damit eine friedliche Koexistenz zwischen Studenten verschiedener Glaubensrichtungen sicherzustellen und damit die öffentliche Ordnung und die Glaubensvorstellungen anderer zu schützen[77]. Weiterhin weist der EGMR auf seine ständige Rechtsprechung hin, nach der die nationalen Behörden prinzipiell besser geeignet seien, die lokalen Gegebenheiten und Bedingungen zu beurteilen als ein internationales Gericht. Es sei zunächst Sache der nationalen Behörden, die „Notwendigkeit" einer Einschränkung zu beurteilen. Bei Fragen des Verhältnisses zwischen Staat und Religion komme der nationalen Entscheidungsfindung eine besondere Bedeutung („special importance") zu. Dies begründet der EGMR mit den auch in demokratischen Staaten erheblich voneinander abweichenden Auffassungen über das Verhältnis von Staat und Religion[78]. Allerdings dürfe durch staatliche Eingriffe niemals das Prinzip des Pluralismus verletzt oder die Religionsfreiheit völlig aufgehoben werden.

Mit diesen Ausführungen, in denen der Gerichtshof seine Überprüfungskompetenz sehr zurückhaltend beschreibt, ist die Entscheidung im konkreten Fall vorgezeichnet. Dabei hebt der Gerichtshof besonders die Tatsache hervor, dass es in der Türkei extremistische politische Bewegungen gibt, die anstreben, ihre religiösen Symbole und ihre gesellschaftlichen Vorstellungen der gesamten Gesellschaft aufzuzwingen. Das Kopftuchverbot für Studentinnen an Universitäten müsse in diesem Zusammenhang gesehen werden und stelle eine Maßnahme mit dem Ziel dar, die Rechte anderer zu schützen und damit den Pluralismus an der Universität zu bewahren. Daher sei es verständlich, dass die zuständigen Behörden es als unvereinbar mit der Förderung der Werte des Pluralismus, des Respekts vor den Rechten anderer und vor allem der Gleichheit von Mann und Frau ansehen, dass Studentinnen auf dem Gelände der Universität ihre Köpfe mit Kopftüchern bedecken[79]. Somit erweise sich das Verbot, an der Universität ein islamisches Kopftuch zu tragen, als gerechtfertigt und könne als „notwendig in einer demokratischen Gesellschaft" anerkannt werden. Eine Verletzung der Rechte nach Art. 9 EMRK konnte der EGMR nicht feststellen.

Mit dieser Entscheidung bleibt der EGMR seiner Linie treu, indem er die Bedeutung des Beurteilungsspielraums („margin of appreciation") betont, der den Konventionsstaaten bei der Beachtung der Konventionsrechte zusteht, und damit seine eigene Entscheidungskompetenz zurücknimmt. Ganz offenbar war es dem Gerichtshof ein Anliegen, die rechtlichen Möglichkeiten der türkischen Regierung zu stärken, Maßnahmen gegen islamistische Bestrebungen zu ergreifen und durch-

---

[76] *K. Pabel,* Islamisches Kopftuch und Prinzip des Laizismus, EuGRZ 2005, 12 (14).

[77] EGMR, Appl. no. 44774/98 v. 29. 6. 2004, Rn. 99.

[78] EGMR, Appl. no. 44774/98 v. 29. 6. 2004, Rn. 100 f.

[79] EGMR, Appl. no. 44774/98 v. 29. 6. 2004, Rn. 110.

zusetzen. Wenn der EGMR daher zu dem Ergebnis kommt, das Kopftuchverbot für Studentinnen an öffentlichen Universitäten in der Türkei sei „notwendig in einer demokratischen Gesellschaft“, darf dies nicht so verstanden werden, dass ein solcher Eingriff in die Freiheit der Studentinnen, ihre Religion auszuüben, zum Schutze der Rechte anderer zwingend erforderlich ist. Hinter dem Begriff der Notwendigkeit verbirgt sich vielmehr der Grundsatz der Verhältnismäßigkeit, den der EGMR in der Sache schon seit längerem anlegt und dies in jüngerer Zeit auch ausdrücklich benennt[80].

Aus der Zulässigkeit des Kopftuchverbots zum Schutz der Rechte Dritter kann jedoch nicht geschlossen werden, dass ein nicht existierendes Kopftuchverbot in anderen Ländern zwingend die Religionsfreiheit gemäß Artikel 9 EMRK derjenigen Studenten beeinträchtigt, die sich möglicherweise durch das Tragen eines Kopftuchs an der Universität in ihren religiösen Gefühlen und Vorstellungen verletzt fühlen.

IV. Art. 2 des 1. Zusatzprotokolls zur EMRK

Von Bedeutung für die Religionsfreiheit der Muslime ist auch Art. 2 des 1. Zusatzprotokolls zur EMRK[81]:

> „Recht auf Bildung. Niemandem darf das Recht auf Bildung verwehrt werden. Der Staat hat bei Ausübung der von ihm auf dem Gebiet der Erziehung und des Unterrichts übernommenen Aufgaben das Recht der Eltern zu achten, die Erziehung und den Unterricht entsprechend ihren eigenen religiösen und weltanschaulichen Überzeugungen sicherzustellen.“

Aus dem systematischen Zusammenspiel dieser Vorschrift mit Art. 9 EMRK folgt, dass die Garantie des Art. 9 EMRK sich nicht auf den staatlichen Unterricht bezieht, wenn dort das Recht gewährleistet wird, „seine Religion oder Weltanschauung ... durch ... Unterricht ... zu bekennen“. Art. 9 EMRK verleiht also kein Recht auf staatlichen Religionsunterricht. Mit Unterricht i. S. d. Art. 9 EMRK ist vielmehr der private Religionsunterricht, wie er in Deutschland etwa von Moscheegemeinden in Form von Korankursen veranstaltet wird[82].

Art. 2 des 1. ZP betrifft dagegen das staatliche Schulwesen, dessen Existenz vorausgesetzt wird. Zum Inhalt dieser Gewährleistung nahm der EGMR erstmals im Fall *Kjeldsen u. a. ./. Dänemark* Stellung[83]. Dänische Eltern machten den integrierten Sexualkundeunterricht in dänischen Schulen zum Gegenstand einer Beschwerde. Die dänische Regierung war der Ansicht, dass Art. 2 des 1. ZP erfüllt

80 Vgl. dazu *Grabenwarter,* EMRK, 2. Auflage 2005, S. 110 f., m. w. N.

81 Für Deutschland in Kraft getreten am 13. 2. 1957, BGBl. 1957 II S. 226.

82 Dazu *Spuler-Stegemann,* Muslime in Deutschland, 2002, S. 247 f.

83 EGMR v. 7. 12. 1976, EuGRZ 1976, 478 ff.; dazu *Frowein/Peukert,* EMRK, 2. Auflage 1996, Art. 2 1.ZP, Rn. 7 f.

sei, wenn der Staat die Möglichkeit gewähre, Privatschulen zu gründen. Sofern dies geschehe, könnten die Eltern keine Beachtung ihrer religiösen Vorstellungen in den staatlichen Schulen verlangen. In den staatlichen Schulen müsse lediglich das Recht auf Befreiung vom Religionsunterricht gewährt werden. Diese Auffassung wurde vom EGMR (und zuvor von der Europäischen Kommission für Menschenrechte) abgelehnt. Allein durch die Erlaubnis von Privatschulen könne ein Staat seine Verpflichtung aus Art. 2 des 1. ZP nicht erfüllen. Entscheidend sei, dass in Art. 2 des 1. ZP das Recht der Eltern auf Achtung ihrer religiösen Überzeugungen im gesamten staatlichen Schulwesen verankert sei. Dieses Recht müsse bei allen staatlichen Aufgaben im Bildungswesen beachtet werden. Jede Art von Indoktrinierung müsse vermieden werden, es müsse in einer objektiven, kritischen und pluralistischen Weise vorgegangen werden. Im Ergebnis billigte der EGMR aber das System des integrierten Sexualkundeunterrichts in den dänischen Schulen, da es diese Voraussetzungen erfülle.

Aus der Formulierung des EGMR, die Verpflichtung aus Art. 2 des 1. ZP gehe über das von der dänischen Regierung vorgebrachte Argument, der Artikel gewähre lediglich ein Recht zur Gründung von Privatschulen, hinaus, kann abgeleitet werden, dass der EGMR ein solches Recht aus Art. 2 des 1. ZP anerkennt[84]. Grundsätzlich ist Deutschland daher durch die EMRK rechtlich verpflichtet, Muslimen ein Recht auf Gründung von Privatschulen[85] zu gewähren, wie dies auch in Art. 7 Abs. 4 GG vorgesehen ist. Aus der genannten Entscheidung folgen allerdings keine weiterführenden Vorgaben, unter welchen Voraussetzungen dies geschehen muss und welchen Einschränkungen dieses Recht unterworfen werden kann. Eine Pflicht zur Subventionierung privater Schulen durch den Staat kann jedenfalls aus Art. 2 des 1. ZP nicht abgeleitet werden[86]. Deutschland hat dies durch eine Erklärung bei der Hinterlegung der Ratifikationsurkunde klargestellt[87]:

> „Die Bundesrepublik Deutschland macht sich die Auffassung zu eigen, dass Art. 2 Satz 2 des Zusatzprotokolls keine Verpflichtung des Staates begründet, Schulen religiösen oder weltanschaulichen Charakters zu finanzieren oder sich an ihrer Finanzierung zu beteiligen, da diese Frage nach der übereinstimmenden Erklärung des Rechtsausschusses der Beratenden Versammlung und des Generalsekretärs des Europarats außerhalb des Rahmens der Konvention über Menschenrechte und Grundfreiheiten sowie des Zusatzprotokolls liegt."

---

84 *Frowein/Peukert,* EMRK, 2. Auflage 1996, Art. 2 1.ZP, Rn. 9; *Mückl,* Europäisierung des Staatskirchenrechts, 2005, S. 436.

85 Aufzählung der islamischen Schulen in Deutschland bei *Spuler-Stegemann,* Muslime in Deutschland, 2002, S. 242 f.; zu privaten islamischen Bekenntnisschulen *Isensee,* in: Muckel (Hrsg.), FS Rüfner 2003, S. 355; näher unten im 7. Kapitel, F.

86 *Frowein/Peukert,* EMRK, 2. Auflage 1996, Art. 2 1.ZP, Rn. 9; *Meyer-Ladewig,* Handkommentar – EMRK, 2003, ZP, Art. 2, Rn. 9.

87 BGBl. 1957 II, S. 226.

Daraus folgt für die rechtliche Bewertung der Gründung von islamischen Privatschulen, dass Art. 2 1. ZP keine weitergehenden Rechte gewährt, als sie in Art. 7 Abs. 4 und 5 GG vorgesehen und näher konkretisiert sind.

Aus Art. 2 1. ZP kann kein Recht auf staatlichen Religionsunterricht abgeleitet werden. Die Vorschrift beinhaltet nämlich kein Recht auf Einrichtung eines Schulunterrichts nach den Überzeugungen der Eltern. Der Staat muss lediglich die religiösen Überzeugungen dadurch angemessen berücksichtigen, dass er die Befreiung vom Religionsunterricht gestattet. Muslime erhalten also durch Art. 2 1. ZP kein Recht auf Einrichtung islamischen Religionsunterrichts an staatlichen Schulen. Sollte jedoch in Zukunft regulärer islamischer Religionsunterricht i.S. von Art. 7 Abs. 3 GG angeboten werden[88], so hätten muslimische Eltern – neben Art. 7 Abs. 2 GG – auch aus Art. 2 1. ZP ein Recht darauf, ihre Kinder von diesem Religionsunterricht zu befreien.

Eine weitere Frage, bei der Art. 2 1. ZP zu berücksichtigen ist, betrifft die Weigerung muslimischer Schülerinnen am koedukativen Sportunterricht oder an Klassenfahrten[89] teilzunehmen. Auch hier hat der Staat die Pflicht, bei der Gestaltung des Schulwesens die religiösen Überzeugungen der Eltern „zu achten“. Dieser Vorschrift kann aber kein grundsätzlicher Vorrang der elterlichen Überzeugungen vor den staatlichen Schulgesetzen entnommen werden. Ebenso wie das deutsche Grundgesetz steht auch die Gewährleistung der EMRK in einem Spannungsfeld zwischen der Achtung vor den religiösen Überzeugungen und dem Erziehungsrecht der Eltern einerseits und der staatlichen Schulhoheit, die Art. 2 1. ZP voraussetzt, andererseits.

V. Religionsfreiheit im Recht der Europäischen Gemeinschaften

Die Europäische Union hat noch keinen vollgültigen eigenen kodifizierten Grundrechtskatalog. Der Europäische Gerichtshof (EuGH) hat freilich schon früh eine umfängliche Grundrechtsrechtsprechung entwickelt[90]. Danach speist sich der Grundrechtsschutz in der EU aus den gemeinsamen Verfassungsüberlieferungen der Mitgliedstaaten und aus internationalen Verträgen zum Schutz der Menschenrechte, hierbei insbesondere aus der EMRK. Diese Rechtsprechung des EuGH wurde in Artikel 6 (ex Artikel F) Absatz 2 EUV im Jahre 1992 ausdrücklich bestätigt. Danach achtet die EU die Grundrechte, wie sie sich aus der EMRK und aus den gemeinsamen Verfassungsüberlieferungen der Mitgliedstaaten „als allgemeine Grundsätze des Gemeinschaftsrechts“ ergeben.

---

[88] Zu den Voraussetzungen *Muckel,* JZ 2001, 58 ff.

[89] Näher dazu unten im 7. Kapitel, C. III. und IV.

[90] Ausgangspunkt waren die Urteile, EuGH Slg. 1969, 425 – Stauder; EuGH, Slg. 1970, 1125 – Internationale Handelsgesellschaft; EuGH, Slg. 1974, 491, Rn. 13 – Nold.

Auch die Religionsfreiheit gehört zu den im Recht der EU geschützten Grundrechten[91]. Sie umfasst grundsätzlich sowohl die individuelle wie auch die kollektive Religionsfreiheit. Der europarechtliche Schutz der Religionsfreiheit wurde vom Europäischen Gerichtshof (EuGH) erstmals in Fall *Prais*[92] angedeutet. Anlass war, dass die Klägerin, eine Bewerberin für eine Beamtenstelle im Rat, aufgrund ihres jüdischen Glaubens den auf einen jüdischen Feiertag fallenden Termin für eine schriftliche Prüfung nicht wahrnehmen konnte. Der EuGH lehnte unter Verweis auf das Gleichbehandlungsgebot einen gesonderten Termin für die Bewerberin jüdischen Glaubens ab. Er befand aber, wenn ein Bewerber der Antragsstellungsbehörde mitteile, dass er durch ein religiöses Gebot daran gehindert sei, sich an bestimmten Tagen zu den Prüfungen einzufinden, müsse die Behörde dem Rechnung tragen und alle sachgerechten Maßnahmen ergreifen, um religiöse Konflikte zu vermeiden. Grundlage für die Entscheidung war allerdings weniger die individuelle Religionsfreiheit als vielmehr das Verbot der Diskriminierung aus religiösen Gründen. Obwohl der EuGH hier nicht ausdrücklich vom Recht auf Religionsfreiheit spricht, so macht er doch klar, dass auch religiöse Bedürfnisse gemeinschaftsrechtlich zu wahrende Interessen darstellen.

Allerdings fehlt der Religionsfreiheit auf der Ebene der Europäischen Union noch eine nähere Konturierung durch eine Rechtsprechung des EuGH. Es gibt zwar noch einige weitere Urteile des EuGH, in denen der zugrunde liegende Sachverhalt von religiösen Fakten geprägt war[93], der EuGH hat aber in seiner bisherigen Rechtsprechung auf detailliertere Ausführungen zu religionsrechtlichen Fragestellungen verzichtet, ihm wurde daher bereits eine gewisse „Scheu" vor der Religionsfreiheit attestiert[94]. Mit den spezifischen Rechtsfragen, die die Existenz muslimischer Minderheiten in Europa aufwirft, musste sich der EuGH bislang noch nicht auseinander setzen.

Ein eigenständiger Einfluss des EuGH auf Fragen der Religionsfreiheit von Muslimen, ähnlich dem des EGMR, ist damit vorerst nicht zu erwarten. Vielmehr wird sich die Ausgestaltung der Religionsfreiheit als Gemeinschaftsgrundrecht gem. Art. 6 Abs. 2 EUV aus dem Verständnis von Art. 9 EMRK[95] – maßgeblich in der Auslegung durch den EGMR – sowie aus den Verfassungsüberlieferungen der Mitgliedsstaaten ergeben[96].

---

91 *Mückl,* Europäisierung des Staatskirchenrechts, 2005, S. 428; *H. Weber,* ZevKR 47 (2002), S. 265 (277 ff.).

92 EuGH, Slg. 1976, 1589 ff.; Anmerkung von *Pernice,* JZ 1977, 777.

93 Vgl. *M. Vachek,* Das Religionsrecht der Europäischen Union im Spannungsfeld zwischen mitgliedstaatlichen Kompetenzreservaten und Art. 9 EMRK, 2000, S. 88 ff.; *W. Bausback,* Religions- und Weltanschauungsfreiheit als Gemeinschaftsgrundrecht, EuR 2000, 261 (269 ff.).

94 *De Wall,* ZevKR 45 (2000), S. 157 (167).

95 Nach der Prognose von *Mückl,* Europäisierung des Staatskirchenrechts, 2005, S. 439 f., wird das Gemeinschaftsgrundrecht „das konturierte Schutzbereichsverständnis aus dem Regime der Menschenrechtskonvention rezipieren", auf der „Ebene der Schranken" müsse sich jedoch eine Modifizierung der zu Art. 9 EMRK entwickelten Praxis ergeben.

VI. Die Charta der Grundrechte der Europäischen Union

Mit der Umsetzung der „Charta der Grundrechte der Europäischen Union“ – sei es allein oder als Teil II des bislang nicht ratifizierten „Vertrags über eine Verfassung für Europa“ – enthielte das Recht der Europäischen Union erstmals einen rechtlich verbindlichen Grundrechtskatalog. Allerdings ist die Zukunft der Charta, die bislang lediglich „feierlich proklamiert“ wurde und damit allenfalls eine beschränkte rechtliche Wirkung beanspruchen kann[97], nach den ablehnenden Verfassungs-Referenden in Frankreich und den Niederlanden ungewiss.

Die Garantie der Religionsfreiheit, Art. 10 EU-GRCh, bzw. Art. II-70 EUVerfV hat folgenden Wortlaut:

> „Jeder Mensch hat das Recht auf Gedanken-, Gewissens- und Religionsfreiheit. Dieses Recht umfasst die Freiheit, seine Religion oder Weltanschauung zu wechseln, und die Freiheit, seine Religion oder Weltanschauung einzeln oder gemeinsam mit anderen öffentlich oder privat durch Gottesdienst, Unterricht, Bräuche und Riten zu bekennen.“

Damit lehnt sich die Garantie bewusst an den Wortlaut des Art. 9 Abs. 1 EMRK an. Besondere Bedeutung für die Auslegung der Vorschrift wird die Rechtsprechung des Europäischen Gerichtshofes für Menschenrechte erlangen[98]. Daher wird vielfach prognostiziert, dass aus der Gewährleistung in der Grundrechte-Charta im Hinblick auf den individuellen Aspekt der Religionsfreiheit nicht „sehr viel Neues“ zu erwarten sein dürfte[99].

Selbstverständlich steht dieses Freiheitsgrundrecht auch Muslimen in allen seinen Ausprägungen zu. Sofern der Wortlaut der Garantie christlich geprägt ist – wie bei dem Begriff „Gottesdienst“ – bedarf er einer extensiven Auslegung. Geschützt sind nicht allein die traditionellen christlichen Gottesdienste, sondern auch die religiösen Versammlungen der Muslime, z. B. zum Freitagsgebet. Der Gebetsruf des Muezzin ist vom Schutzbereich des Art. 10 GRCh genauso erfasst wie der Bau von Moscheen einschließlich Minaretten.

Art. 14 Abs. 3 EUGRCh garantiert die Freiheit zur Gründung von Lehranstalten unter Achtung der demokratischen Grundsätze sowie das Recht der Eltern, die Er-

96 Zum Ganzen auch *Muckel,* DÖV 2005, 191 ff.

97 *Grabenwarter,* DVBl. 2001, 1 (11).

98 Erste Kommentierungen des Art. 10 EUGRCh von *Bernsdorff,* in: J. Meyer (Hrsg.), Kommentar zur Charta der Grundrechte der Europäischen Union, 2003, S. 173 ff.; *Muckel,* in: Tettinger / Stern (Hrsg.), Kölner Gemeinschaftskommentar zur Europäischen Grundrechte-Charta, Art. 10 GRCh, 2006; siehe auch *Rüfner,* Religion und Kirchen vor der Europäischen Verfassung, in: Brömer / Bieber / Calliess / Langenfeld / Weber / Wolf (Hrsg.), Festschrift für Georg Ress zum 70. Geburtstag, 2005, S. 757 ff.; *Hobe,* Die Verbürgung der Religionsfreiheit in der EU-Grundrechtecharta, in: Muckel (Hrsg.), Festschrift W. Rüfner, 2003, S. 317 ff.

99 *Robbers,* Religionsrechtliche Gehalte der Europäischen Grundrechtecharta, in: Geis / Lorenz (Hrsg.), Staat – Kirche – Verwaltung, FS Maurer, 2001, S. 425 (426).

ziehung und den Unterricht ihrer Kinder entsprechend ihren eigenen religiösen und weltanschaulichen Überzeugungen sicherzustellen. Damit wird die Garantie des Art. 2 1. ZP EMRK übernommen, die die Freiheit zur Gründung von Lehranstalten ausdrücklich gewährt. Da jedoch die Regelungen des Schul- und Bildungswesens in den Mitgliedstaaten ganz erheblich voneinander abweichen, wird dieses Recht allein „nach den einzelstaatlichen Gesetzen geachtet, welche ihre Ausübung regeln". Durch diese Formulierung wird sichergestellt, dass die Ausgestaltung dieses Grundrechts im Einzelnen den Mitgliedstaaten überlassen wird und wohl allenfalls evidente Freiheitsbeschränkungen, die dieses Recht vollkommen leer laufen ließen, als Verstoß gegen Art. 14 EUGRCh anerkannt werden könnten.

Hinzuweisen ist schließlich auf Art. 21 EUGRCh. Danach ist eine Diskriminierung wegen der Religion oder der Weltanschauung verboten. Allerdings fehlt hier bisher ebenso eine genauere Auslegung des religiösen Diskriminierungsverbotes. Sicher dürfte sein, dass eine unterschiedliche Behandlung von Muslimen und Angehörigen anderer Religionen durch den Staat, die allein an der theologischen oder religionsphilosophischen Wahrheit oder Richtigkeit eines Glaubens anknüpft, einen Verstoß gegen das Diskriminierungsverbot beinhaltet. Dagegen werden die Mitgliedstaaten auch unter der Geltung der EUGRCh im Bereich der Leistungsverwaltung Unterschiede zwischen den Religionsgemeinschaften vornehmen dürfen, die sich etwa an der äußeren Größe und Verbreitung einer Religionsgesellschaft, dem Grad ihrer öffentlichen Wirksamkeit oder ihrer kultur- und sozialpolitischen Stellung in der Gesellschaft[100] orientieren.

Daraus ergibt sich zusammenfassend: Die Religionsfreiheit der Muslime ist auch auf der Ebene des EU-Rechts grundrechtlich geschützt. Allerdings sind Umfang, Inhalt und Begrenzung dieser Freiheitsgarantie derzeit noch weitgehend ungeklärt. Es gibt bislang keinen Hinweis darauf, dass sich aus der gemeinschaftsrechtlichen Religionsfreiheit strikte rechtliche Vorgaben interpretieren lassen, durch die sich in den konkreten Problemfällen (Kopftuch, Schächten, Bau von Moscheen, Ruf des Muezzin) andere Ergebnisse erzielen lassen als bei einer rechtlichen Prüfung der Sachverhalte an der Grundrechtsgarantie des Art. 4 Abs. 1 und 2 GG.

Sowohl der Europäische Gerichtshof für Menschenrechte als auch der EuGH waren bisher sehr zurückhaltend mit der Feststellung, eine staatliche Maßnahme verletze die Religionsfreiheit. Daher ist zu prophezeien, dass auf absehbare Zeit die religionsrechtlichen Grundrechtsgarantien in Art. 3 Abs. 3, Art. 4 Abs. 1 und 2, Art. 33 Abs. 2 GG sowie Art. 140 GG i.V.m. Art. 136, Art. 137 Abs. 2 und 3 WRV die praktisch bedeutsamen Normen bleiben werden, an denen sich die Regulierung der islamischen Religionsausübung in Deutschland messen lassen muss.

---

100 Diese zulässigen Unterscheidungskriterien nennt BVerwGE 87, 115 im Hinblick auf Art. 3 Abs. 3 GG; ausführlich zum Ganzen *Heckel,* Gleichheit oder Privilegien?, 1993.

5. Kapitel

Aufenthalts- und Asylrecht

Von *Katie Baldschun*

Einleitung

Der Islam wirft auch im Bereich des Aufenthalts- und Asylrechts spezifische Fragen auf. Sie können sich aus Sachverhalten ergeben, von denen typischerweise Muslime betroffen sind. Zum Teil müssen zudem Antworten auf Fragen mit Bezug zum Islam aus einer grundlegenden rechtlichen Würdigung insbesondere der religiösen Aspekte entwickelt werden. Sowohl im Ausländer- als auch im Asylrecht existieren unterschiedliche europarechtliche Vorgaben des Primär- und Sekundärrechts, die für das deutsche Recht von Bedeutung sind und die deshalb angemessen berücksichtigt werden. In einem Exkurs wird zudem das Staatsangehörigkeitsrecht beleuchtet.

A. Aufenthaltsrechtliche Probleme

Das Recht zu Fragen von Einreise und Aufenthalt von Ausländern in der Bundesrepublik Deutschland regelt das Gesetz über den Aufenthalt, die Erwerbstätigkeit und die Integration von Ausländern im Bundesgebiet (Aufenthaltsgesetz) von 2004[1]. Dieser Satz gilt im Grundsatz. Wesentliche Einschränkungen erfährt er aber durch das Recht der Europäischen Union, das durch primärrechtliche und sekundärrechtliche Vorgaben die nationalen Bestimmungen beeinflusst und teilweise überlagert. Das zeigt sich zum einen, soweit Bürger der EU von ausländerrechtlichen Fragestellungen betroffen sind. Hier gilt die Aussage des Europäischen Gerichtshofs, der mit Verweis auf die Grundfreiheiten des EG-Vertrags sowie einschlägige Verordnungen und Richtlinien betont, die Beseitigung von Hindernissen für den freien Personenverkehr zwischen den Mitgliedstaaten sei fundamentaler

1 Art. 1 des Gesetzes zur Steuerung und Begrenzung der Zuwanderung und zur Regelung des Aufenthalts und der Integration von Unionsbürgern und Ausländern vom 30. 7. 2004, BGBl. I, S. 1950. Die erste größere Reform stand im Jahr 2007 an, vgl. Gesetz zur Umsetzung aufenthalts- und asylrechtlicher Richtlinien der Europäischen Union vom 19. 8. 2007, BGBl. I, 1970 .

Grundsatz der Gemeinschaft[2]. Diesem Gedanken wird in § 1 Abs. 2 Nr. 1 AufenthG Rechnung getragen, indem Unionsbürger vom Anwendungsbereich des AufenthG im Grundsatz ausgenommen sind. Darüber hinaus profitieren auch Angehörige von Drittstaaten von den weitgehenden Freizügigkeitsrechten des EG-Vertrags und dem sie konkretisierenden Sekundärrecht, wenn sie als Verwandte des EU-Bürgers (in erster Linie als Ehegatte oder Kind) in den Genuss eines abgeleiteten Freizügigkeitsrechts kommen, das ebenfalls dazu geeignet ist, nationale Vorschriften zu verdrängen[3]. Nicht zuletzt ist der Gemeinschaft eine weitreichende Kompetenz zum Erlass von Maßnahmen im Bereich Visa, Asyl und Einwanderung zugestanden. Die Zusammenarbeit in den Bereichen Justiz und Inneres wurde durch den Vertrag von Amsterdam in die sogenannte Erste Säule der Europäischen Union verlagert, vgl. Art. 61 ff. EG. Ziel ist der Aufbau eines Raums der Freiheit, der Sicherheit und des Rechts (Art. 61 EG). Inwieweit hiervon Gebrauch gemacht werden wird und wie weitgehend die Vorgaben an die Mitgliedstaaten sein werden, ist derzeit nicht abzusehen. Wohl aber zeichnet sich ab, dass der Bereich nach wie vor als sensibel zu bezeichnen ist, was das Beispiel der langen und zähen Verhandlungen um die Richtlinie des Rates betreffend das Recht auf Familienzusammenführung 2003 / 86 / EG zeigt[4].

Ausländerrechtliche Sachverhalte mit Bezug zum Islam können auf verschiedene Arten einen Europarechtsbezug (dazu a und b) haben. Ferner könnte – bei türkischen Staatsangehörigen – Assoziationsrecht eingreifen (dazu c). Das AufenthG (dazu unter Punkt d) findet auf Staatsangehörige der EU-Mitgliedstaaten und ihre Familienangehörigen keine Anwendung, ihr Recht auf Einreise und Aufenthalt regelt das Gesetz über die allgemeine Freizügigkeit von Unionsbürgern vom 30. 7. 2004, allerdings geht das europäische Gemeinschaftsrecht den nationalen Regelungen im Kollisionsfall vor.

I. Aufenthaltsrechte für muslimische EU-Bürger und muslimische Familienangehörige von EU-Bürgern nach europäischem Recht

1. Umsetzung des EU-Ausländerrechts durch das Freizügigkeitsgesetz / EU

Das Gesetz über die allgemeine Freizügigkeit von Unionsbürgern vom 30. 7. 2004[5] (FreizügG / EU) löst die bisherigen Regelungen im Aufenthaltsgesetz / EWG

---

2 EuGH NJW 1976, 2067 (Watson und Belmann).

3 EuGH NVwZ 1993, 261 (Singh); *Harms,* NordÖR 2002, 271, 273.

4 Vom 3. 10. 2003, Abl. L 251 S. 12 ff.; Darstellung bei http: //europa.eu.int/prelex; dazu auch unten 1b).

5 BGBl. I, 1950; im folgenden FreizügG / EU.

vom 31. 1. 1980[6] und in der Freizügigkeitsverordnung / EG vom 17. 7. 1997[7] ab, die ihrerseits die in verschiedenen Verordnungen und Richtlinien geregelten europarechtlichen Vorgaben zu Einreise und Aufenthalt von EU-Bürgern in innerstaatliches Recht umgesetzt hatten. Auf europäischer Ebene hat die Richtlinie des Rates über das Recht der Unionsbürger und ihrer Familienangehörigen, sich im Hoheitsgebiet der Mitgliedstaaten frei zu bewegen und aufzuhalten 2004 / 38 / EG[8] die Vorgaben zu Einreise und Aufenthalt vereinheitlicht. Das FreizügG / EU hat die Richtlinie zunächst nicht vollständig umgesetzt, wurde jedoch durch die Reform 2007 an wesentlichen Stellen ergänzt[9]. Es verzichtet aber nach wie vor etwa auf Definitionen gemeinschaftsrechtlicher Begriffe, um zukünftigen Entwicklungen Rechnung zu tragen[10].

Gemäß § 2 Abs. 1 FreizügG / EU haben freizügigkeitsberechtigte Unionsbürger und ihre Familienangehörigen ein Recht auf Einreise und Aufenthalt im Bundesgebiet. Der Begriff des Unionsbürgers verweist auf § 17 EU-Vertrag. Wer freizügigkeitsberechtigt ist, stellt § 2 Abs. 2 FreizügG / EU deklaratorisch[11] fest, § 3 Abs. 2 FreizügG / EU enthält eine Definition des Begriffs Familienangehörige auf Grundlage der Richtlinienvorgaben. Neu und ebenfalls der Umsetzungspflicht geschuldet ist die Abschaffung einer Aufenthaltserlaubnis für Unionsbürger. Auch die Aufenthaltserlaubnis-EG nach § 1 Abs. 4 AufenthG / EWG hatte zwar nur deklaratorische Wirkung, nunmehr wird gemäß § 5 Abs. 1 FreizügG / EU nur noch eine Bescheinigung über das Aufenthaltsrecht ausgestellt. Gemäß § 5 Abs. 2 FreizügG / EU erhalten lediglich Familienangehörige, die nicht EU-Bürger sind, eine Bescheinigung über ihr Aufenthaltsrecht. Regelungen zum Daueraufenthaltsrecht von Unionsbürgern werden in einem neuen § 4a zusammengefasst[12].

Die Möglichkeit, das Freizügigkeitsrecht aus Gründen der öffentlichen Ordnung, Sicherheit und Gesundheit zu beschränken, ergibt sich bereits aus dem Primärrecht selbst (Art. 39 Abs. 3, 46 Abs. 1, 55 EG). Die deutsche Ausgestaltung findet sich in § 6 FreizügG / EU, der die innerstaatliche Rechtsgrundlage bildet, aber das Freizügigkeitsrecht nicht stärker einschneiden kann, als gemeinschaftsrechtlich vorgesehen. Wegen des Vorrangs des Gemeinschaftsrechts ist es insgesamt zweckmäßig, aufenthaltsrechtliche Probleme innerhalb der Ausführungen zum Primär-

---

6 BGBl. I, 116.

7 BGBl. I, 1810.

8 Vom 29. 4. 2004, Abl. L 158, S. 77 ff.

9 Vgl. Gesetz zur Umsetzung aufenthalts- und asylrechtlicher Richtlinien der Europäischen Union (Fn. 1).

10 *Zimmermann-Kreher,* in: Storr u. a., Kommentar zum Zuwanderungsgestz, § 1 FreizügG / EU Rn. 2, 5.

11 Wegen des grundsätzlichen Vorrang des Gemeinschaftsrechts vor dem nationalen Recht (dazu etwa *Hobe,* Europarecht, 2. Auflage 2004, Rn. 170 ff.) sind konstitutiv für die Gewährung des Rechts auf Freizügigkeit von EU-Bürgern die europarechtlichen Regelungen.

12 Gesetzes zur Umsetzung aufenthalts- und asylrechtlicher Richtlinien der Europäischen Union (Fn. 1).

und Sekundärrecht der Europäischen Gemeinschaft zu behandeln einschließlich der damit verbundenen innerstaatlichen Konkretisierungen.

2. Freizügigkeitsrecht eines Unionsbürgers und seines Ehegatten

Durch den Vertrag von Maastricht 1992 wurde die Unionsbürgerschaft geschaffen, die nunmehr in Art. 2 EU geregelt ist. Die weitere Ausgestaltung findet sich (seit dem Amsterdamer Vertrag) in Art. 17 bis 22 EG, so dass deren Vorgaben durch den Europäischen Gerichtshof überprüfbar sind[13]. Unionsbürger ist gemäß Art. 17 Abs. 1 Satz 2 EG, wer Staatsbürger eines Mitgliedstaates ist. Aufenthaltsrechtliche Probleme mit islamischem Bezug können sich also nur insoweit unmittelbar mit Verweis auf die Unionsbürgerschaft lösen, als der betreffende Muslim Angehöriger eines EU-Mitgliedstaates ist. In Art. 18 Abs. 1 EG wird jedem Unionsbürger ein allgemeines Aufenthaltsrecht im Hoheitsgebiet eines Mitgliedstaates gewährt. Die Bedeutung des Art. 18 Abs. 1 EG ist ebenso umstritten wie die Frage nach seiner unmittelbaren Anwendbarkeit. Sie wird teilweise abgelehnt; Art. 18 Abs. 1 EG wiederhole Rechte nur deklaratorisch, Freizügigkeit und Aufenthaltsrecht bestünden nur nach Maßgabe des Sekundärrechts, was insbesondere aus dem Wortlaut des Art. 18 Abs. 2 EG hervor gehe[14]. Eine rein „symbolische Bedeutung“[15] des Art. 18 Abs. 1 EG kann man aber mit guten Gründen ablehnen, denn durch die Hereinnahme dieser Vorschrift wurden die zuvor nur sekundärrechtlich garantierten Rechte auf Freizügigkeit und Aufenthalt auf eine vertragliche Grundlage gestellt. Der Wortlaut des Art. 18 Abs. 1 EG setzt ein bestehendes subjektives Recht voraus[16], auch Sinn und Zweck der Vertragsnorm war es gerade, primärrechtliche, zuvor rein wirtschaftliche Aufenthaltsrechte auszudehnen[17]. Art. 18 Abs. 2 EG ist zu entnehmen, dass das Sekundärrecht Bedingungen und Beschränkungen vorgibt und nicht selbst die Rechtsposition gewährt[18]. Die besseren Argumente sprechen also für eine unmittelbare Anwendung in dem Sinne, dass Art. 18 EG jedem Unionsbürger ein Freizügigkeitsrecht unabhängig von der Erwerbstätigkeit gewährt[19]. Vom Europäischen

---

13 *Fischer,* Europarecht, 3. Aufl. 2001, § 14 Rn. 4.

14 *Degen,* DÖV 1993, S. 749, 752; *Kaufmann-Bühler,* in: Lenz, EG-Kommentar, 2. Aufl. 1999, Art. 18, Rn. 1.

15 *Haag,* in: v.d.Groeben / Thiesing / Ehlermann, Kommentar zum EG- / EU-Vertrag, Art. 8a, Rn. 4 zum wortgleichen Art. 8a EG aF.

16 *Haag,* in: v.d.Groeben / Thiesing / Ehlermann, Kommentar zum EG- / EU-Vertrag, Art. 8a, Rn. 4.

17 *Kluth,* in: Calliess / Ruffert, Kommentar zu EUV und EGV, Art. 18, Rn. 9.

18 Anders zwar *Kaufmann-Bühler* (Fn. 16), die aber formuliert, Art. 18 wolle dem „Personenkreis der nicht erwerbstätigen Personen das Aufenthaltsrecht geben“, somit setzt auch diese Ansicht ein eigenständiges, nicht durch Sekundärrecht abgeleitetes Recht voraus.

Gerichtshof ist die Frage noch nicht entschieden worden. Das Bundesverwaltungsgericht[20] schreibt der Norm konstitutive und unmittelbare Wirkung zu. Nach dieser Sichtweise ist durch Art. 18 Abs. 1 EG ein eng mit der Unionsbürgerschaft verknüpftes Freiheitsrecht geschaffen worden, das wegen des Ablaufs der Frist aus Art. 14 Abs. 1 EG (Verwirklichung des Binnenmarkts zum 31. 12. 1992) in den Mitgliedstaaten unmittelbar wirkt. Dieses Recht unterliegt allen bei seiner Einführung bestehenden Beschränkungen und Bedingungen[21], etwa derjenigen aus Gründen der öffentlichen Ordnung (sog. ordre public-Vorbehalt). Einem EU-Bürger islamischen Glaubens steht nach Art. 18 Abs. 1 EG ein umfassendes Freizügigkeitsrecht in den Mitgliedstaaten zu, das in keiner Weise von der Religionszugehörigkeit abhängig ist, weshalb auch in diesem Zusammenhang keine speziellen Probleme bestehen.

Anders verhält es sich unter Umständen mit dem abgeleiteten Freizügigkeitsrecht für Familienangehörige von Unionsbürgern. Hier kann die Frage auftauchen, ob etwa auch mehrere Ehefrauen vom umfassenden Freizügigkeitsrecht des Unionsbürgers profitieren. Schon aus dem Aufenthaltsrecht des Unionsbürgers gemäß Art. 18 Abs. 1 EG und dem Grundsatz der Achtung des Familienlebens aus Art. 8 Abs. 1 EMRK bzw. Art. 7 der Charta der Grundrechte der Europäischen Union (GRC) in Verbindung mit Art. Art. 6 Abs. 2 EUV ergibt sich ein abgeleitetes Aufenthaltsrecht für Familienangehörige aus Drittstaaten, jedenfalls sofern ein grenzüberschreitender Bezug gegeben ist[22]. Das bestätigt auch die nun geltende Freizügigkeitsrichtlinie 2004 / 38 / EG[23], aus der sich nunmehr Bedingungen im Sinne des Art. 18 Abs. 1 EG ergeben. Familienangehörige sind gemäß Art. 3 Abs. 1, Art. 2 Nr. 2 der Richtlinie vom Aufenthaltsrecht eines EU-Bürgers begünstigt, dazu gehört ausdrücklich gemäß Art. 2 Nr. 2 Buchst. a der Ehegatte. Nach welchen rechtlichen Kriterien oder weltanschaulichen Leitbildern der Begriff des Ehegatten zu verstehen ist, ergibt sich aus den genannten Vorschriften nicht. Sie bringt indes keine wesentlichen Änderungen im Vergleich zu den vorherigen Regelungen der ungültig gewordenen Richtlinien mit sich, so dass insoweit auch die bisher entwickelten Grundsätze weiterhin herangezogen werden können[24]. Bei der Frage, ob etwa die Ehefrau aus einer nach islamischem Recht geschlossenen Zweitehe am Aufenthaltsrecht ihres Ehemanns partizipieren könnte, ist allerdings rein praktisch zu überlegen, ob und unter welchen Voraussetzungen es überhaupt zum Fall eines EU-Bürgers in polygyner Ehe kommen mag. Da in keinem EU-Mitgliedstaat die Mehrehe nach innerstaatlichem zivilem Recht zugelassen ist[25], sind drei Konstella-

---

19 *Fischer,* Europarecht, 3. Aufl. 2001, § 14 Rn. 9; *Harms,* NordÖR 2002, 271, 273; *Hailbronner,* Asyl- und Ausländerrecht, Rn. 474; wohl auch *Hobe,* Europarecht, 2. Auflage 2004, Rn. 235.

20 BVerwGE 110, 40, 53.

21 EuGH Slg. 2001, I-6193, Tz. 120 f. (Grzelczyk).

22 *Welte,* ZAR 2003, 273, 278.

23 Fn. 8.

24 *Hailbronner,* ZAR 2004, 259, 263.

tionen denkbar: Die Zweitehe müsste nach islamischem Ritus geschlossen worden sein, und zwar entweder im Mitgliedstaat oder im Ausland, oder die zweite Ehe müsste vor einer Einbürgerung des Muslims in einen Mitgliedstaat in einem islamischen Staat geschlossen worden sein.

Im ersten Fall fehlt der nur in religiöser Form im Inland geschlossenen Ehe in Staaten wie Deutschland[26], Frankreich[27] und den Niederlanden[28] bereits die zivilrechtliche Wirksamkeit. Spanien hingegen lässt zwar islamische Formen der Eheschließung zu: Gemäß Art. 59 Codigo civil kann die Eheschließung in der Form bekundet werden, die eine eingetragene religiöse Glaubensgemeinschaft vorsieht[29]. Nach Art. 60 Codigo civil hat die Eheschließung dann auch zivile Wirkungen, jedoch bedarf es der Eintragung in das spanische Zivilregister, die abgelehnt wird, wenn die Eheschließung nicht den im Gesetz näher bestimmten Gültigkeitsvoraussetzungen entspricht. Eine Voraussetzung bestimmt Art. 46 Nr. 2 Codigo civil, gemäß dem eine Ehe nicht eingehen können „die durch Eheband gebundenen Personen". In England gibt es mittlerweile die Möglichkeit für Moscheen, staatlich legitimiert Ehen zu registrieren[30]. Hier fällt die Doppelehe allerdings unter den Begriff des „void", der absoluten Nichtigkeit. Komplex sind die Regelungen auf Zypern, das zum 1. Mai 2004 Mitglied der Europäischen Union wurde. Anknüpfung für das anzuwendende Recht ist die Zugehörigkeit zu einer auf Zypern vertretenen Volksgruppe. Die Muslime sind als solche anerkannt, angewendet wird für sie dann türkisches Familienrecht[31]. Da in der Türkei die Zivilehe obligatorisch ist[32], kann es auch hier nicht zur staatlich legitimierten Mehrehe kommen.

Im zweiten Fall ist vorab fest zu stellen, dass es nach den deutschen Vorschriften des Internationalen Privatrechts für einen Deutschen grundsätzlich möglich ist, eine Ehe im Ausland unter islamischem Ritus zu schließen. Gemäß Art. 11 Abs. 1 EGBGB ist ein Rechtsgeschäft formgültig, wenn es die Formerfordernisse des Rechts des Staates erfüllt, in dem es vorgenommen wird (Ortsform). Eine nach

25 Vgl. Begründung des Kommissionsentwurfs zur Richtlinie 2003/86/EG: „Mehrehen lassen sich generell nicht mit den wesentlichen Grundsätzen der Rechtsordnung der Mitgliedstaaten vereinbaren."; KOM (1999) 638 endg, S. 17.

26 § 1310 Abs. 1 Satz1 BGB, Art. 13 Abs. 3 Satz 2 EGBGB.

27 *Bergmann/Ferid/Henrich,* Internationales Ehe- und Kindschaftsrecht, Frankreich Stand 1. 3. 2000, S. 40a.

28 *Bergmann/Ferid/Henrich,* Internationales Ehe- und Kindschaftsrecht, Niederlande Stand 1. 1. 2001, S. 50.

29 Hierzu existiert ein Abkommen mit der islamischen Kommission in Spanien, siehe *Bergmann/Ferid/Henrich,* Internationales Ehe- und Kindschaftsrecht, Spanien Stand 31. 7. 1997, S. 24 Fn. 6.

30 *Rohe,* FS Link, 409, 414.

31 *Bergmann/Ferid/Henrich,* Internationales Ehe- und Kindschaftsrecht, Zypern Stand 31. Mai 1981, S. 22.

32 *Bergman/Ferid/Henrich,* Internationales Ehe- und Kindschaftsrecht, Türkei Stand 30. 6. 2003, S. 25.

islamischem Recht geschlossene Ehe mit Beteiligung eines Deutschen ist also dann gültig, wenn am Ort der Eheschließung islamisches Recht gilt[33]. Bei Eheschließungen mit internationalem Bezug bestimmt aber Art. 13 Abs. 1 EGBGB, dass die Voraussetzungen zur Eheschließung für jeden Verlobten dem Recht des Staates unterliegen, dem er angehört. Würde ein deutscher Staatsangehöriger also bei bestehender erster Ehe eine zweite Frau heiraten wollen, stünde § 1306 BGB dem entgegen, die Ehe wäre nach deutschem Recht nichtig.

Anders liegt es im dritten Fall, wenn eine zweite Ehe schon vor Einbürgerung bestand. Zwar zeigt sich die Tendenz, dass rechtsgültig im Ausland geschlossene polygame Ehen unter Ausländern in weitem Umfang anerkannt werden[34]. Entscheidend ist aber, ob der einzelne Mitgliedstaat überhaupt Personen einbürgert, die polygam leben, denn anders kann der Betroffene nicht in den Status des Unionsbürgers gelangen. Regelmäßig steht aber in Deutschland die Mehrehe der Einordnung in deutsche Lebensverhältnisse entgegen, so dass aus diesem Grund der Antrag auf Einbürgerung abgelehnt würde[35].

Grundlegend stellt sich die Frage, wie die Mehrehe verfassungsrechtlich zu würdigen ist. Umstritten ist schon, ob sie in den grundrechtlichen Schutzbereich des Art. 4 GG fällt[36]. Nach vorzugswüdiger Ansicht[37] sind die in Art. 4 Abs. 1 und 2 GG genannten Betätigungsformen von Religion und Weltanschauung geschützt, so dass die Schutzbereiche differenzierend zu betrachten sind. Das religiös motivierte Leben in Mehrehe kann allenfalls zum Schutzbereich der Religionsausübungsfreiheit aus Art. 4 Abs. 2 GG gehören, da die Wahl einer bestimmten familiären Lebensform eine Handlung darstellt, die über bloßes Glauben hinausgeht, ohne jedoch bekenntnishaften Charakter zu haben. Im islamischen Recht wird die Mehrehe als erlaubt, nicht etwa als geboten[38] eingeordnet. Sie gehört zur Rechtsmaterie der mu'amalat, die die Rechtsbeziehungen der Menschen untereinander regelt. Die hierin formulierten Regeln gelten etwa beim Aufenthalt eines Muslims in einem nicht-islamischem Staat nicht als zwingend. Ist aber ein religiöses Gebot notwendig, um ein Verhalten als von Art. 4 Abs. 2 GG geschützt anzusehen, fällt die Mehrehe nicht in den Schutzbereich[39]. Auch wenn man kein nachweisliches Gebot

33 Zur Gültigkeit einer solchen Ehe zwischen einer Deutschen und einem Ägypter OLG Celle FamRZ 1958, 30.

34 *Rohe,* FS Link, 409, 413; LG Frankfurt/Main, FamRZ 1976, 217; LG Osnabrück NJW-RR 1998, 582; AG Bremen StAZ 1991, 232; BFH NJW 1986, 2209; *Staudinger/v. Bar/Mankowski,* BGB (EGBGB, IPR), Art. 13 EGBGB Rn. 251.

35 Dazu im Einzelnen unten 3.

36 Ablehnend ohne Begründung und nähere Auseinandersetzung mit den einzelnen Schutzbereichen *Rohe,* StAZ 2000, 161, 163.

37 Vgl. nur *Muckel,* in: Friauf/Höfling, Berliner Kommentar zum Grundgesetz, Art. 4, Rn. 4 f.

38 Zum Unterschied vgl. 1. Kapitel, B.

39 So ausdrücklich *Morlok,* in: Dreier, Grundgesetz Kommentar, 1. Aufl. 1996, Art. 4, Rn. 96; in der 2. Auflage 2004 (Rn. 120) abschwächend, das Verbot der Mehrehe sei „jedenfalls gerechtfertigt".

einer Religion(sgemeinschaft) fordert, sondern vielmehr an das auf Plausibilität überprüfbare religiöse Selbstverständnis anknüpft, das seinerseits nicht völlig losgelöst von Vorstellungen einer Religionsgemeinschaft messbar ist[40], wird es für einen Muslim schwer sein, das Eingehen einer zweiten gleichzeitigen Ehe als religiöse Verpflichtung darzutun. Gelingt dies, ist der Schutzbereich der Religionsausübungsfreiheit aus Art. 4 Abs. 2 GG eröffnet. Die staatliche Beschränkung auf die Einehe stellt dann einen Eingriff dar. Allerdings sind die familienrechtlichen Vorschriften zur Ehe allgemeine Gesetze, unter deren Vorbehalt Grundrechte des Art. 4 Abs. 1 und 2 GG gemäß Art. 140 GG in Verbindung mit Art. 136 Abs. 1 WRV gestellt sind[41]. Regelmäßig wird der Eingriff – unter Beachtung des Grundsatzes der Verhältnismäßigkeit, insbesondere der Regeln praktischer Konkordanz – gerechtfertigt sein.

3. Arbeitnehmerfreizügigkeit gemäß Art. 39 EG

Europarechtlicher Ausgangspunkt für sämtliche ausländerrechtlich wirkenden Maßstäbe ist die Freiheit des Personenverkehrs. Sie ist neben den Freiheiten des Waren- und Geldverkehrs Pfeiler des europäischen Binnenmarktes. Zum Personenverkehr im engeren Sinne gehören die Arbeitnehmerfreizügigkeit gemäß Art. 39 EG und die Niederlassungsfreiheit gemäß Art. 43 EG (dazu unter dd), während der Begriff der Dienstleistungsfreiheit gemäß Art. 49 EG nicht unbedingt eine Grenzüberschreitung von Personen voraussetzt[42]. Als spezielles Recht bleiben die Freizügigkeitsrechte vom allgemeineren Aufenthaltsrecht der Unionsbürger gemäß Art. 18 EG unberührt. Vorausschickend ist zu betonen, dass sich das Aufenthaltsrecht aller freizügigkeitsberechtigten EU-Ausländer allein nach Gemeinschaftsrecht, nicht nach nationalem Recht bestimmt. Der persönliche Anwendungsbereich der Personenverkehrsfreiheit ist eröffnet für (Staats-)Angehörige eines Mitgliedstaates. Art. 39 Abs. 1 EG formuliert dies nicht ausdrücklich, sondern begünstigt im Wortlaut Arbeitnehmer allgemein, die Beschränkung auf Angehörige der Mitgliedstaaten ergibt aber der Schluss aus Absatz 2[43]. Angehörige anderer Staaten können von den Freizügigkeitsrechten des EG-Vertrages jedenfalls nicht unmittelbar profitieren. Die Arbeitnehmerfreizügigkeit aus Art. 39 EG gilt als wichtigste Grundfreiheit des Titels III mit wirtschaftlicher und sozialer Bedeutung, sie gewährt ein Grundrecht auf Mobilität[44].

---

40 *Muckel,* in: Friauf / Höfling, Berliner Kommentar zum Grundgesetz, Art. 4, Rn. 29.

41 *Muckel,* in: Friauf / Höfling, Berliner Kommentar zum Grundgesetz, Art. 4, Rn. 47 ff. mwN.

42 Nämlich dann nicht, wenn nur die Dienstleistung grenzüberschreitend erbracht wird, ohne dass Erbringer oder Empfänger der Dienstleistung die Grenze überqueren, sog. Korrespondenzdienstleistung, vgl. *Fischer,* Europarecht, 3. Aufl., § 17 Rn. 2.

43 *Geiger,* EUV / EG, Art. 39 EGV Rn. 8.

44 *Oppermann,* Europarecht, Rn. 1502; *Nettesheim,* NVwZ 1996, 342 ff.

Fragestellungen mit Bezug zum Islam ergeben sich in mehrfacher Hinsicht: Zu klären ist, ob ein für eine islamische Religionsgemeinschaft Tätiger Arbeitnehmer im Sinne des Art. 39 EG ist (dazu α), ob etwa das in einigen Bundesländern nunmehr gesetzlich geregelte Kopftuchverbot für Lehrer und teilweise auch für andere Beschäftigte im öffentlichen Dienst eine unzulässige Einschränkung der Arbeitnehmerfreizügigkeit darstellt (dazu unter β) und wie sich eine Tätigkeit für beziehungsweise die Mitgliedschaft in einer verbotenen / unerwünschten Vereinigung auf die Freizügigkeit auswirkt (dazu unter δ und ε).

a) Tätigkeit für eine Religionsgemeinschaft als Teil des Wirtschaftslebens

Der persönliche Anwendungsbereich des Art. 39 ergibt sich aus dem Begriff des Arbeitnehmers. Dieser ist gemeinschaftsrechtlich nicht definiert, auch in der Freizügigkeitsrichtlinie 2004 / 38 / EG wird er in Art. 7 Abs. 1 Buchst. a lediglich erwähnt, nicht aber begrifflich bestimmt. Der Europäische Gerichtshof hat die Konkretisierung übernommen: Arbeitnehmer ist, wer während einer bestimmten Zeit für einen anderen nach dessen Weisung Leistungen erbringt, für die er als Gegenleistung eine Vergütung erhält[45]. Dabei ist wegen der Maxime der gemeinschaftsrechtlich-autonomen Auslegung unerheblich, wie der Begriff des Arbeitnehmers im einzelnen Mitgliedstaat definiert wird[46]. Wegen der anerkannt weiten Auslegung des Begriffs aufgrund der fundamentalen Bedeutung der Arbeitnehmerfreizügigkeit[47] ist es ebenfalls unerheblich, in welchem Bereich die Tätigkeit angesiedelt ist. Deshalb ist grundsätzlich unumstritten, dass auch Tätigkeiten für Kirchen und religiöse Gruppen dem Schutz des Art. 39 EG unterfallen, sofern sie entgeltlich sind[48]. Leitend hierfür war das Urteil des Europäischen Gerichtshofs in der Rechtssache Steymann[49]. Der deutsche Staatsangehörige Steymann ließ sich in den Niederlanden nieder und wurde Mitglied einer sogenannten Bhagwan-Vereinigung, für die er auch Klempnerarbeiten am Gebäude der Vereinigung und sonstige Hausarbeiten übernahm, und beteiligte sich an den sonstigen gewerblichen Unternehmungen der Vereinigung. Diese kam unabhängig von Art und Umfang der Tätigkeit für seinen Lebensunterhalt auf. Streitpunkt im Verfahren war vor allem die Frage, ob die Tätigkeiten für die Vereinigung als bloße Teilnahme am Leben der Religionsgemeinschaft oder als Teil des Wirtschaftslebens im Sinne des Art. 2 EG einzuordnen waren. Geprüft wurde mithin die Entgeltlichkeit der Tätigkeit, wobei die Möglichkeit, dass Arbeitgeber auch eine Religionsgemeinschaft sein kann, unterstellt wurde.

---

45 EuGH Slg. 1986, 2121 (Lawrie-Blum).

46 *Fischer,* Europarecht, 3. Auflage, § 14 Rn. 4.

47 EuGH NJW 1983, 1249 (Levin).

48 *Scheuer,* in Lenz (Hrsg.), EG-Vertrag, Art. 39, Rn. 4; Brechmann, in: Calliess / Ruffert, Kommentar zu EUV und EGV, Art. 39, Rn. 17.

49 EuGH Slg. 1988, 6159 (Steymann).

Demnach müsste jede entgeltliche Tätigkeit für eine islamische Gemeinde vom Schutzbereich des Art. 39 EG erfasst sein. Dabei kommt es zum einen nicht auf die Organisationsform der Gemeinde an, sofern sie in irgendeiner Form Arbeitgeberfunktion übernimmt, also weisungsberechtigte Empfängerin der Arbeitsleistung ist und die Gegenleistung erbringt. Zum anderen ist auch die Höhe der Entlohnung bis zu einem gewissen Grad unerheblich und kann auch unter dem in einem Mitgliedstaat definierten Existenzminimum liegen[50].

Allerdings ist fraglich, ob alle Tätigkeiten für eine religiöse Gruppe vom Schutz der Arbeitnehmerfreizügigkeit erfasst werden. So kann man überlegen, ob etwa die Tätigkeit eines Imams oder eines Religionslehrers, der an einer privaten Islamschule unterrichten möchte, als Tätigkeit im Wirtschaftsleben im Sinne des Art. 2 EG einzuordnen ist. Denn der EuGH hebt in der Urteilsbegründung zur Rechtssache Steymann ab auf „Tätigkeiten ..., die ... als Teil der gewerblichen Tätigkeit dieser Vereinigung verrichtet werden" und nennt weiter als relevant „... Arbeiten, mit denen der Bhagwan-Vereinigung die wirtschaftliche Unabhängigkeit gesichert werden soll"[51]. Wäre daraus aber der Schluss zu ziehen, dass der Arbeitgeber wirtschaftlich bzw. gewerblich tätig sein muss, damit auch die Tätigkeit seiner Arbeitnehmer als Teil des Wirtschaftslebens im Sinne des EG-Vertrages qualifiziert werden, würde der Schutzbereich der Arbeitnehmerfreizügigkeit erheblich verkürzt. Arbeitnehmer, die etwa für gemeinnützige Einrichtungen oder staatliche Stellen[52] tätig werden möchten, könnten sich dann nicht auf sie berufen. Die Literatur stellt auf gewerbliche Tätigkeiten bzw. die Entgeltlichkeit der Betätigung[53] ab und qualifiziert damit die Tätigkeit selbst, nicht das Wirkungsfeld des Arbeitgebers. Der notwendige Bezug zum Wirtschaftsleben ist dann gegeben, wenn die Merkmale eines Arbeitsverhältnisses erfüllt sind. Demnach ist derjenige EU-Bürger, der für eine islamische Religionsgemeinschaft tätig werden möchte, vom Schutzbereich der Arbeitnehmerfreizügigkeit gemäß Art. 39 EG erfasst, wenn er an Weisungen seines Arbeitgebers gebunden Leistungen erbringt und dafür eine Vergütung erhält, wenn auch an die Höhe der Vergütung keine hohen Maßstäbe gelegt werden, so dass auch etwa „Kost und Logis" als Gegenleistung ausreichen. Auch der Europäische Gerichtshof hat im Urteil in der Rechtssache Steymann lediglich mittelbare Gegenleistungen ausreichen lassen[54]. Insgesamt sind also die Anforderungen an Leistung und Gegenleistung und ihren kausalen Zusammenhang gering. Als Mindestanforderung muss es sich um eine „tatsächliche und echte" Tätigkeit handeln, was nicht der Fall ist bei so geringem Umfang, dass sie sich als völlig untergeordnet und unwesentlich darstellt[55]. Allenfalls solche Tätigkeiten, die sich im deut-

---

50 EuGH NJW 1983, 1249, 1250 (Levin).

51 EuGH Slg. 1988, 6159.

52 EuGH Slg. 1998, I-47 (Schöning-Kougebetepoulou); Slg. 1974, 153 (Sotgiu); Slg. 1986, 2121 (Lawrie-Blum).

53 *Renner,* Ausländerrecht, § 2 Rn. 10; *Hobe,* Europarecht, 2. Aufl. 2004, Rn. 274.

54 EuGH Slg. 1988, 6149 Rn. 11.

55 EuGH EuZW 1992, 315 (Raulin).

schen Rechtsraum üblicherweise unter dem Begriff Gefälligkeiten des täglichen Lebens zusammen fassen lassen – also etwa ganz unregelmäßige und nur im Bedarfsfall übernommene Tätigkeiten, wie sie insbesondere in Religionsgemeinschaften von Gemeindemitgliedern ehrenamtlich übernommen werden (etwa das Zubereiten von Speisen für ein Gemeindefest o.ä.) –, fallen nicht unter die Definition des Arbeitsverhältnisses.

b) Kopftuchverbot als Eingriff in die Freizügigkeit aus Art. 39 EG

Art. 39 EG garantiert Freizügigkeit der Arbeitnehmer innerhalb der Gemeinschaft in einem umfassenden Sinne. Beschränkungen liegen immer dann vor, wenn ein Angehöriger eines Mitgliedstaates an der Aufnahme einer Tätigkeit in einem anderen Mitgliedstaat gehindert wird[56]. Auch mittelbare Beschränkungen können als Eingriff gelten. Das kann etwa dann der Fall sein, wenn eine EU-Bürgerin religiös motiviert ein Kopftuch trägt, aus diesem Grund aber die angestrebte Tätigkeit in einem anderen Mitgliedstaat nicht aufnehmen darf. Ein Verbot, mit Kopftuch zu arbeiten, könnte daher eine Verletzung der Arbeitnehmerfreizügigkeit darstellen. Zu unterscheiden ist dabei zunächst die Beschäftigung in der öffentlichen Verwaltung und diejenige bei einem privaten Arbeitgeber.

Für die öffentlichen Verwaltung normiert Art. 39 Abs. 4 EG eine Ausnahme. Danach findet die Garantie der Arbeitnehmerfreizügigkeit für diesen Bereich keine Anwendung. Allerdings sind davon nach allgemeiner Ansicht nur im engen Sinne hoheitliche Tätigkeiten und nicht etwa der Unterricht an öffentlichen Schulen oder Hochschulen[57] umfasst. Regelungen und Entscheidungen zum Tragen eines Kopftuchs im öffentlichen Dienst sind nach dem Urteil des Bundesverfassungsgerichts zu dieser Frage[58] bislang vor allem im Zusammenhang mit der Lehrtätigkeit an staatlichen Schulen[59] ergangen, so dass für diese Fragestellungen durchaus der Schutzbereich des Art. 39 EG eröffnet ist. Eingriffe im Sinne des Art. 39 Abs. 2 EG sind Zugangsbeschränkungen, die in diskriminierender Weise erfolgen. Das gegen eine Lehrerin gerichtete Verbot, im Unterricht ein Kopftuch zu tragen, kann dann als Zugangsbeschränkung in diesem Sinne wirken, wenn eine Bewerberin aus einem anderen Mitgliedstaat aufgrund dieses Verbotes von einer Bewerbung um eine Lehrtätigkeit absieht oder wenn nach erfolgter Bewerbung eine Lehrerin wegen ihres offengelegten Wunsches, im Unterricht aus religiösen Gründen ein Kopf-

---

56 *Streinz*, Europarecht, Rn. 671 ff.

57 EuGH Slg. 1989, 1591 (Allué und Coonan).

58 BVerfGE 108, 282.

59 § 38 Abs. 2 SchulG BW in der Fassung vom 1. August 1983 (GBL. S. 397; K.u.U. S. 584), zuletzt geändert durch Änderungsgesetz vom 11. Oktober 2005 (GBl. S. 669); § 86 Abs. 3 SchulG Hessen in der Fassung vom 2. August 2002 (GVBl. I S. 466), zuletzt geändert durch Gesetz vom 21. März 2005 (GVBl. I S. 218); § 51 Abs. 3 Nieders. SchulG vom 29. 4. 2004 (Nds. GVBl. S. 140).

tuch zu tragen, nicht eingestellt wird. Das Verbot der Zugangsbeschränkungen aus Art. 39 Abs. 2 EG gilt jedoch nicht für bloße Modalitäten der Beschäftigung[60]. Gewährleistet durch die Arbeitnehmerfreizügigkeit ist die Mobilität, nicht jedoch die Schaffung von Zuständen in den Mitgliedsstaaten, die diese Mobilität fördern, so dass ein Eingriff in den Schutzbereich nur vorliegt, wenn eine Regelung in spezifischer Weise die grenzüberschreitende Wirtschaftstätigkeit beschränkt[61]. Das gegen Lehrerinnen gerichtete Verbot, an staatlichen Schulen mit Kopftuch zu unterrichten, ist zunächst als bloße Modalität der Berufsausübung einzuordnen. Daraus kann zwar, wie geschildert, eine Zugangsbeschränkung erwachsen. Dieser fehlt es dann aber an dem spezifisch grenzüberschreitenden Anknüpfungspunkt. Insbesondere wirkt das Verbot nicht diskriminierend, da Adressatinnen unterschiedslos Lehrerinnen ohne Ansehung der Staatsangehörigkeit sind. Auch eine mittelbare oder verdeckte Diskriminierung ist in dieser Regelung nicht ersichtlich, da nicht etwa trotz neutraler Formulierung überwiegend oder typischerweise Angehörige von Mitgliedstaaten betroffen sind. In jüngerer Zeit wurde zur Qualifizierung eines Eingriffs das Kriterium der Kausalität entwickelt[62]. Ungewisse und indirekt wirkende Beeinträchtigungen haben hiernach keinen Eingriffscharakter, wobei eine Beeinträchtigung ungewiss sein soll, wenn in ihr keine adäquate Ausrichtung auf die Arbeitnehmerfreizügigkeit zu sehen ist. Indirekt ist eine Beeinträchtigung, die keinen hinreichenden Zusammenhang zum Schutzzweck der Norm aufweist[63]. Vorschriften über das religiös motivierte Tragen eines Kopftuches zielen auf die innere Organisation der staatlichen Schule ab und insbesondere auf die – zumindest in ihrem äußeren Erscheinungsbild – neutrale Wahrnehmung der Aufgabe „Lehrer" bzw. „Lehrerin" als nach inländischem Verständnis staatliche Funktion. Dadurch ist eine Ausrichtung auf die gemeinschaftsrechtlich gewährleistete Freizügigkeit der Arbeitnehmer weder angestrebt noch bei Erlass vorhersehbar. Auch der Schutzzweck des Art. 39 EG ist nicht betroffen: Regelungen zur Bekleidung innerhalb staatlicher Schulen beschränken generell die persönliche Gestaltungsfreiheit des Einzelnen oder, im speziellen Fall der religiös motivierten Bekleidung, die Ausübung von Religion. Beides ist nicht vom Schutzzweck des Art. 39 EG erfasst, der im Gesamtgefüge der Grundfreiheiten personalisiert auf Arbeitnehmer den freien Wirtschaftsverkehr innerhalb der Gemeinschaft sichern und fördern will.

Das „Kopftuch-Verbot" gegenüber Lehrerinnen an staatlichen Schulen, zunächst als Exekutivakt, mittlerweile in vielen Bundesländern gesetzlich normiert, stellt mithin keinen Eingriff in die durch Art. 39 EG gewährleistete Arbeitnehmerfreizügigkeit dar.

---

60 *Fischer,* Europarecht, 3. Aufl., § 15 Rn. 15; *Brechmann,* in: Callies / Rufert, Kommentar zu EUV und EGV, Art. 39 EGV Rn. 50.

61 *Streinz,* Europarecht, Rn. 681.

62 EuGH JZ 2001, 87, 88 (Graf / Filzmoser).

63 *Deckert / Schroeder,* JZ 2001, 88, 90.

Davon abzugrenzen sind aber die Fälle, in denen Beschäftigungsverhältnisse bei privaten Arbeitgebern wegen des religiös motivierten Kopftuchs Beschränkungen unterliegen. Auch in diesen Fällen kann die Arbeitnehmerfreizügigkeit betroffen sein. Grundsätzlich ist zu klären, ob Art. 39 EG auch Private bindet. Zwar richten sich die Grundfreiheiten des EG-Vertrags in erster Linie und unmittelbar nur an die Mitgliedstaaten. Die Drittwirkung der Freizügigkeit erstreckt sich jedoch auch auf kollektive Regelungen im Arbeits- und Dienstleistungsbereich etwa für Sportverbände[64]. Im Urteil in der Sache Angonese[65] erkennt der Europäische Gerichtshof ausdrücklich die horizontale Direktwirkung von Art. 39 EG für Privatrechtsverhältnisse an[66]. Somit eröffnet sich auch in privatrechtlichen Arbeitsverhältnissen die Möglichkeit der Überprüfung, ob Sanktionen seitens des Arbeitgebers gegenüber Arbeitnehmerinnen mit Kopftuch eine Verletzung der Arbeitnehmerfreizügigkeit darstellen. Typischerweise und so auch in den bisher entschiedenen Fällen zum Tragen eines Kopftuchs am Arbeitsplatz[67] ist aber insofern kein Zusammenhang mit der Staatsangehörigkeit ersichtlich. Somit gelten die Erwägungen zum Kopftuchverbot im Schuldienst auch für Beschränkungen in privaten Arbeitsverhältnissen.

c) *Tätigkeit für eine unerwünschte oder verbotene Vereinigung*

Nachdem das sogenannte Religionsprivileg des § 2 Abs. 2 Nr. 3 VereinsG im Dezember 2001 abgeschafft wurde[68] und seither auch Religionsgemeinschaften und solche Vereinigungen, deren Ziel die gemeinsame Pflege einer Weltanschauung ist, als Vereine im Sinne des VereinsG gelten, kam es mehrfach zu Verboten solcher Vereine. Prominentes Beispiel ist das Verbot der islamischen Vereinigung „Kalifatsstaat" durch den Bundesinnenminister, höchstrichterlich bestätigt durch das Bundesverwaltungsgericht[69] und den Nichtannahmebeschluss des Bundesverfassungsgerichts[70]. Verboten wurde weiterhin die „Partei der islamischen Befreiung" (Hisb el Tahrin el Islami)[71]. Nach einem Vereinsverbot ergibt sich gegenüber ausländischen Mitarbeitern des Vereins die Möglichkeit aufenthaltsbeendender Maßnahmen. Auch eine Tätigkeit für eine zwar (noch) nicht verbotene, aber als extremistisch eingestufte und unter Beobachtung stehende Vereinigung kann auf-

64 EuGH NJW 1996, 505 (Bosman).

65 EuGH EuZW 2000, 468.

66 Zu weitgehend nach *Streinz/Leible,* EuZW 2000, 468.

67 Zur Unzulässigkeit einer Kündigung aus diesem Grund BAG NJW 2003, 1685; BVerfG NJW 2003, 2815.

68 Aufgehoben durch Art. 1 des Gesetzes vom 4. 12. 2001, BGBl. I, 3319.

69 BVerwG NVwZ 2003, 986.

70 BVerfG NJW 2004, 47.

71 Pressemitteilung des Bundesinnenministers vom 15. 1. 2003, abrufbar unter http://www.bmi.bund.de/nn_165140/Internet/Content/Nachrichten/Pressemitteilungen/2003/01/Schily__verbietet__die__islamisch__Id__91334__de.html.

enthaltsrechtliche Konsequenzen haben, etwa die Einreiseverweigerung oder Ausweisung und Abschiebung. Unter Beobachtung stehen in Deutschland beispielsweise die „Islamische Gemeinschaft Milli Görüs“[72] und auch die König-Fahad-Akademie in Bonn[73], deren Schließung im Jahr 2003 wegen des Verdachts der Verbreitung radikal-islamischer Lehrinhalte schon bevorstand. Werden aufgrund einer geplanten oder bestehenden Tätigkeit für eine solche Vereinigung aufenthaltsrechtliche Konsequenzen gezogen und ist dadurch ein Angehöriger eines EG-Mitgliedsstaates betroffen, so stellt sich die Frage, ob dies eine Verletzung des Art. 39 EG darstellt.

Die Anforderungen an die Art der Beschäftigung im Rahmen des Freizügigkeitsrechts sind wie gezeigt gering. Somit ist die Tätigkeit eines EU-Bürgers bei einer unerwünschten islamischen oder islamistischen Vereinigung grundsätzlich vom Schutzbereich des Art. 39 EG erfasst. Ob dies auch für Tätigkeiten bei verbotenen Vereinigungen gilt, ist schwieriger zu beantworten. Ob rechtswidrige Tätigkeiten von der Arbeitnehmerfreizügigkeit gedeckt sind, ist zwar unklar[74]. Eine Beschäftigung etwa als Bürokraft in der Geschäftsführung eines Vereins ist aber ohnehin nicht per se rechtswidrig. Ist oder wird dieser Verein verboten, so sind die Auswirkungen auf das Arbeitsverhältnis richtigerweise auf der Eingriffs- bzw. Rechtfertigungsebene zu bewerten. Dies ist auch bei Sachverhalten mit aufenthaltsrechtlichem Hintergrund die methodisch richtige Prüfung. Ergehen wegen der Tätigkeit für eine unerwünschte oder verbotene Vereinigung Maßnahmen, die das Aufenthaltsrecht des Angehörigen eines Mitgliedstaates verkürzen, so sind sie als Beschränkungen der Arbeitnehmerfreizügigkeit gemäß Art. 39 EG rechtfertigungsbedürftig. Ihr Eingriffscharakter ist deswegen offenkundig, weil sich aufenthaltsrechtliche Maßnahmen naturgemäß nicht gegen Inländer richten und ihnen daher diskriminierende Wirkung im Sinne von Art. 39 Abs. 2 EG zukommt.

Anders als die Vorgängernorm § 12 Abs. 1 AufenthG/EWG listen die nunmehr gültigen §§ 6 und 7 FreizügG/EU nicht mehr im Detail Maßnahmen auf, die in das Freizügigkeitsrecht eingreifen. Statt dessen verweist § 6 Abs. 1 explizit auf die primärrechtlichen Vorgaben, unter denen ein Unionsbürger das Recht auf Einreise und Aufenthalt verlieren kann. Beschränkungen der Arbeitnehmerfreizügigkeit sind nach der primärrechtlichen Vorgabe nur aus Gründen der öffentlichen Ordnung, Sicherheit und Gesundheit zulässig. Der Begriff öffentliche Ordnung und Sicherheit ist gemeinschaftsrechtlich nicht definiert. Nach der Rechtsprechung des Europäischen Gerichtshofs können die Mitgliedstaaten im Wesentlichen frei nach ihren nationalen Begriffen bestimmen, was die öffentliche Ordnung verlangt. Voraussetzung ist aber, dass eine tatsächliche und hinreichend schwerwiegende

---

72 F.A.Z. v. 8. 8. 2001, Nr. 209, S. 4.

73 Träger der Akademie ist kein Verein, sondern eine gemeinnützige GmbH, vgl. den Eintrag ins Handelsregister auf http://ibn.ihk-bonn.de/de/firmen/fdb_46959248845.htm. Vorsitzender des Aufsichtsrats ist der Botschafter des Königreichs Saudi-Arabien, vgl. *Spuler-Stegemann,* Muslime in Deutschland, S. 247.

74 *Harms,* NordÖR 2002, 271, 277.

Gefährdung der öffentlichen Ordnung vorliegt, die ein Grundinteresse der Gesellschaft berührt[75]. Grenzen für beschränkende Maßnahmen bestimmt nunmehr die Freizügigkeits-Richtlinie 2004/38/EG in Art. 27.

Bei der Rechtfertigung einer Beschränkung der Freizügigkeit ist zwischen der Tätigkeit für eine verbotene und derjenigen für eine bislang lediglich unerwünschte Vereinigung zu unterscheiden. Ein Vereinsverbot ist nur unter der Voraussetzung möglich, dass Vereinszweck oder -tätigkeit den Strafgesetzen zuwiderlaufen oder sich gegen die verfassungsmäßige Ordnung oder den Gedanken der Völkerverständigung richten, vgl. Art. 9 Abs. 2 GG, § 3 Abs. 1 VereinsG. Durch § 14 Abs. 1 Satz 1 VereinsG werden die Möglichkeiten des Verbots sogenannter Ausländervereine ausgeweitet auf Verletzung oder Gefährdung der inneren und äußeren Sicherheit, der öffentlichen Ordnung oder sonstiger erheblicher Belange der Bundesrepublik. Da diese Anforderungen an ein Vereinsverbot und auch ihre Handhabung in der bisherigen Verwaltungspraxis und Rechtsprechung vergleichsweise hohe Hürden darstellen, wird bei einem (zulässigen) Vereinsverbot auch regelmäßig eine tatsächliche und hinreichend schwere Gefährdung vorliegen, die ein Grundinteresse der Gesellschaft berührt. Der Rückgriff auf den Vorbehalt der öffentlichen Ordnung ist dann grundsätzlich möglich. Sekundärrechtlich normiert darüber hinaus Art. 27 Abs. 2 der Richtlinie 2004/38/EG, umgesetzt durch § 6 Abs. 2 FreizügG/EU, dass ausschließlich das persönliche Verhalten des Ausländers Anlass zu aufenthaltsrechtlichen Maßnahmen geben darf. Der Zweck dieser Vorschrift wird gerade durch die hier beschriebenen Sachverhalte deutlich: Liegt eine Voraussetzung für ein Vereinsverbot vor, so ist grundsätzlich auch durch alle Tätigkeiten für den Verein die öffentliche Ordnung im Sinne des Art. 39 Abs. 3 EG betroffen, da die Summe der Tätigkeiten das Funktionieren eines Vereins auf eine bestimmte Weise garantieren.

Freizügigkeitsbeschränkende Maßnahmen richten sich aber nicht wie ein Verbot gegen den Verein als ganzes, sondern gegen einzelne, denen ihrerseits ein Verhalten vorzuwerfen ist, das eine Gefahr für die öffentliche Ordnung darstellt. So trägt zwar etwa ein Hausmeister oder Handwerker, der sich um die Räumlichkeiten eines Vereins kümmert, mit dazu bei, dass der Verein auf eine funktionierende Infrastruktur zurückgreifen kann. Handelt er aber in Unkenntnis von den verbotsbegründenden Tätigkeiten des Vereins, lässt sich in seinem persönlichen Verhalten kein Anknüpfungspunkt für Maßnahmen nach § 7 FreizügG/EU finden. Eine Ausreiseverfügung stellt dann eine unzulässige generalpräventive Maßnahme dar[76]. So sind aufenthaltsrechtsverkürzende Maßnahmen gegenüber EU-Bürgern, die für einen verbotenen islamischen Verein tätig sind oder eine solche Tätigkeit anstreben, vom Vorbehalt der öffentlichen Ordnung des Art. 39 Abs. 3 EG gedeckt, wenn der

---

75 EuGH Slg. 1975, 1219, 1220 (Rutili) und EuGH Slg. 1977, 1999, 2000 (Bouchereau); Formel so übernommen in § 27 Abs. 2 Richtlinie 2004/38/EG und in § 6 Abs. 2 FreizügG/EU.

76 EuGH Slg. 1975, 297 (Bonsignore).

Betroffene durch seine Tätigkeit selbst Voraussetzungen des Vereinsverbots schafft oder wenigstens in Kenntnis solcher Strukturen tätig wird. Immer ist das Verhalten der betroffenen Einzelperson zu überprüfen[77].

Problematischer sind diejenigen Fälle, in denen ein Verein nicht verboten ist, aber wegen seiner Tätigkeiten schon als extremistisch, gefährlich oder ungenauer „unerwünscht" eingestuft wurde. Die Voraussetzungen eines Vereinsverbots liegen gerade noch nicht vor, so dass eine Gefährdung der öffentlichen Sicherheit und Ordnung nicht per se gegeben ist. In einer frühen Entscheidung hat der Europäische Gerichtshof im Zusammenhang mit der Tätigkeit für eine Einrichtung der „Church of Scientology" zu diesem Problem Stellung genommen[78]. Einer niederländischen Staatsangehörigen, die eine Tätigkeit als Sekretärin in einer Scientology-Einrichtung aufnehmen wollte, wurde die Einreise nach Großbritannien verweigert mit der Begründung, die Einreise von Personen in Diensten von Scientology sei unerwünscht. Der Europäische Gerichtshof betonte in seiner Entscheidung zwar einmal mehr, dass der Begriff der öffentlichen Ordnung eng zu interpretieren sei. Die besonderen Umstände, die eine Berufung auf die öffentliche Ordnung rechtfertigen, könnten aber von Land zu Land und im zeitlichen Wechsel unterschiedlich sein. Daraus erwachse den mitgliedstaatlichen Behörden ein Beurteilungsspielraum innerhalb der Grenzen des EG-Vertrages. Im konkreten Fall hatten nach Ansicht des EuGH die britischen Behörden in der Öffentlichkeit hinreichend deutlich gemacht, dass Scientology eine Gefahr für die Gesellschaft darstelle. Zu einem Verbot der Vereinigung war das Vereinigte Königreich nicht verpflichtet und konnte sich dennoch auf den Vorbehalt der öffentlichen Ordnung berufen. Problematisch war an dieser Entscheidung, dass allein nach diesen Kriterien Maßnahmen mit diskriminierender Wirkung möglich wären, da aufenthaltsrechtliche Maßnahmen ihrer Natur nach nur Ausländer treffen können. Der EuGH sah dies aber als zulässig an mit Verweis auf den völkerrechtlichen Grundsatz, dass ein Staat nicht seinen eigenen Staatsangehörigen Einreise oder Aufenthalt verweigern kann. Diese Sichtweise hat der EuGH in der Entscheidung Adoui und Cornuaille gegen Belgien[79] korrigiert. Dem Urteil lag ein Sachverhalt zugrunde, in dem gegenüber zwei französischen Frauen durch die belgischen Behörden Ausreiseverfügungen ergingen, da die Frauen in einer Bar beschäftigt waren, in der auch der Prostitution nachgegangen wurde. Die Prostitution war gewissen staatlichen Beschränkungen unterworfen, aber in Belgien nicht insgesamt verboten. In seinem Urteil erneuerte der Gerichtshof die Formel, für einen Rückgriff auf den Vorbehalt der öffentlichen Ordnung sei eine tatsächliche und hinreichend schwere Gefährdung Voraussetzung, die ein Grundinteresse der Gesellschaft berührt. Darüber hinaus konkretisierte er diese Voraussetzung insofern, als ein Verhalten jedenfalls dann nicht hinreichend gefährlich sei, um Aufenthaltsbeschränkungen zu rechtfertigen, wenn

---

77 EuGH Slg. 1975, 297, 307.

78 EuGH Slg. 1974, 1337 (van Duyn).

79 EuGH Slg. 1982, 1665; bestätigt etwa durch EuGH Slg. 1989, 1263, 1292 (Kommission / Deutschland).

bei dem gleichen Verhalten eines Staatsangehörigen des handelnden Mitgliedstaates keine Zwangsmaßnahmen oder solche, die das Verhalten tatsächlich und effektiv bekämpfen, ergriffen werden. Durch die nationale Rechtsordnung muss also das in Rede stehende Verhalten insgesamt als unerwünscht beurteilt werden, wobei dies nicht nur und nicht allein[80] durch die Belegung mit strafrechtlichen Sanktionen möglich ist[81].

Es fragt sich, ob diese Voraussetzung bei den in Deutschland als unerwünscht geltenden, jedenfalls aber unter Beobachtung stehenden Vereinigungen erfüllt ist. Die Beobachtung durch den Verfassungsschutz selbst ist schwerlich als Zwangsmaßnahme oder auch nur solche mit vergleichbar effektiver Wirkung einzustufen. Die handelnde Behörde verfügt über keine Eingriffsbefugnisse, § 8 Abs. 3 BVerfSchG, sondern erhebt Informationen entweder aus öffentlichen Quellen (§ 8 Abs. 1 BVerfSchG) oder durch heimliche Maßnahmen (§ 8 Abs. 2 BVerfSchG). Beide Formen sind nur durch solche Mittel zulässig, die ohne rechtliche oder faktische Zwangswirkung eingesetzt werden[82]. Generell ist die Beschaffung von Informationen lediglich vorbereitende Handlung für eventuell später zu verhängende Maßnahmen.

Anders ist unter Umständen die Veröffentlichung eines nachteiligen Verfassungsschutzberichtes und die damit eventuell verknüpfte Warnung vor der Vereinigung zu beurteilen. Staatlichen Warnungen dieser Art kann anerkanntermaßen Eingriffswirkung zukommen, wenn dadurch nachteilige Wirkungen für den Bestand und die Tätigkeit des Vereins entstehen[83]. Aber auch wenn eine Warnung mitunter einer effektiven Maßnahme im Sinne der EuGH-Rechtsprechung entspricht, so ist Adressatin und Betroffene der Maßnahme die Vereinigung und gerade nicht ein einzelnes (inländisches) Mitglied. Sie kann also nicht Äquivalent für Maßnahmen sein, die die Freizügigkeit eines für die Vereinigung tätigen Angehörigen eines anderen Mitgliedstaats beschränken. Der Rückgriff auf den Vorbehalt der öffentlichen Ordnung ist daher nicht möglich.

Zusammengefasst lässt sich sagen: Maßnahmen, die das Aufenthaltsrecht eines bei einer verbotenen Vereinigung beschäftigten Unionsbürgers beschränken, sind als Eingriff in Art. 39 EG durch Gründe der öffentlichen Ordnung nur dann gerechtfertigt, wenn das Verhalten des Unionsbürgers selbst Voraussetzungen für das Vereinsverbot schafft oder der Betreffende wenigstens in Kenntnis solcher Voraussetzungen tätig ist. Aufenthaltsbeschränkende Maßnahmen gegenüber Unionsbürgern, die bei einer lediglich unerwünschten Vereinigung tätig sind, können wegen diskriminierender Wirkung nicht durch den Vorbehalt der öffentlichen Ordnung gerechtfertigt werden.

---

80 Vgl. Art. 27 Abs. 2 Richtlinie 2004/38/EG.

81 *Schneider,* Die öffentliche Ordnung als Schranke der Grundfreiheiten im EG-Vertrag, 1998, S. 132.

82 *Engelmann,* BayVbl. 1998, 358, 362.

83 *Murswiek,* DVBl. 1997, 1021; am Beispiel Scientology *Albert,* DÖV 1997, 810, 816.

d) Mitgliedschaft in einer unerwünschten oder verbotenen Vereinigung

Von der Tätigkeit für eine verbotene oder unerwünschte Vereinigung zu unterscheiden ist die Mitgliedschaft in einer solchen Vereinigung. Ein Zusammenhang zur Arbeitnehmerfreizügigkeit gemäß Art. 39 EG kann sich nur insofern ergeben, als die Mitgliedschaft ein persönliches Verhalten im Sinne des Art. 27 Abs. 2 Richtlinie 2004/38/EG darstellen könnte, das den Rückgriff auf den Vorbehalt der öffentlichen Ordnung ermöglicht, um freizügigkeitsbeschränkende Maßnahmen zu rechtfertigen. Gemeint sind etwa Fälle, in denen einem Angehörigen eines Mitgliedstaates, der eine Beschäftigung gleich welcher Art in Deutschland aufzunehmen plant, die Einreise verweigert wird mit der Begründung, er sei Mitglied in einer verbotenen / unerwünschten Vereinigung. Auch hierzu hatte sich der Europäische Gerichtshof im Urteil van Duyn geäußert. Danach muss differenziert werden nach Zeit und Dauer der Mitgliedschaft. Eine bestehende Mitgliedschaft, die die Beteiligung an den Tätigkeiten sowie die Identifikation mit den Zielen des Vereins umfasst, sei freiwilliges Tun und damit persönliches Verhalten im Sinne der Richtlinie[84]. Nach diesem Ansatz kann die Mitgliedschaft in einer verbotenen Vereinigung die Begründung dafür liefern, dass einem Angehörigen eines EU-Mitgliedstaats das Freizügigkeitsrecht beschränkt wird. Ist die Vereinigung lediglich unerwünscht, kann die Mitgliedschaft allein aber keine beschränkende Maßnahmen rechtfertigen, da sie immer eine weniger ausgeprägte Gefahr für die öffentliche Ordnung darstellen wird als die – den Vereinszweck unterstützende – Tätigkeit für einen Verein. Kann also schon die Tätigkeit für einen unerwünschten Verein keine das Aufenthaltsrecht beschränkenden Maßnahmen rechtfertigen[85], so ist dies bei bloßer Mitgliedschaft, auch bei geschäftsführender Position, nicht anders.

4. Niederlassungsfreiheit gemäß Art. 43 EG

Wirkungen auf das nationale Ausländerrecht hat auch die Niederlassungsfreiheit gemäß Art. 43 EG. Sie gewährleistet allen EU-Bürgern das Recht, sich in den Mitgliedstaaten zur dauerhaften Ausübung einer selbstständigen Tätigkeit niederzulassen. Wie bei der Gewährleistung der Arbeitnehmerfreizügigkeit sind in erster Linie diskriminierende Maßnahmen unzulässig, also solche, die final oder auch nur faktisch ausschließlich oder überwiegend gegenüber Nicht-Inländern wirken. Geschützt sind natürliche Personen wie etwa der muslimische Metzger, der in einem anderen Mitgliedsstaat einen Betrieb eröffnen möchte (unter α), und juristische Personen, also unter Umständen auch die sogenannten Islamgesellschaften (unter β).

---

84 EuGH Slg. 1974, 1337, 1344.

85 Oben I.3.c).

a) Schächtverbot als Beschränkung des Art. 43 EG

Voraussetzung für die Eröffnung des Schutzbereichs von Art. 43 EG ist die tatsächliche Ausübung einer wirtschaftlichen Tätigkeit mittels einer festen Einrichtung in einem anderen Mitgliedstaat auf unbestimmte Zeit[86]. Möchte etwa ein Muslim mit französischer Staatsangehörigkeit in Deutschland einen Betrieb eröffnen, in dem er nach islamischem Ritus selbst geschlachtetes Fleisch zum Verkauf anbietet, so ist er unstreitig von der Niederlassungsfreiheit geschützt. Die Grundfreiheit des Art. 43 EG ist als an die Mitgliedstaaten gerichtete Verbotsvorschrift gestaltet, die Beschränkungen der freien Niederlassung nur unter den engen Voraussetzungen der Art. 44 ff. EG zulässt. Das Verbot des betäubungslosen Tötens von Tieren gemäß § 4a Abs. 1 TierSchG könnte eine Beschränkung der Niederlassungsfreiheit darstellen und dadurch dem Behinderungsverbot zuwiderlaufen[87]. Der Begriff der Beschränkung ist auch im Zusammenhang mit der Niederlassungsfreiheit weit zu verstehen. Darunter fallen alle Maßnahmen oder Regelungen, die einen Angehörigen eines Mitgliedstaats daran hindern, von seinem Niederlassungsrecht Gebrauch zu machen[88]. § 4a Abs. 1 TierSchG verbietet grundsätzlich das betäubungslose Schlachten von Tieren. Nach den islamischen Speisevorschriften ist Muslimen der Verzehr von nicht derart geschlachteten (geschächteten) Tieren untersagt[89]. Für einen Metzger, der sich auf das Schächten spezialisiert hat, um dadurch einen muslimischen Kundenstamm zu gewinnen und zu bedienen, stellt das Verbot des § 4a Abs. 1 TierSchG deshalb ein Hindernis zur Aufnahme dieser Tätigkeit dar. Bei grenzüberschreitendem Bezug kann also grundsätzlich eine Beschränkung der Niederlassungsfreiheit vorliegen. Art. 43 EG wird jedoch in erster Linie als Gebot zur Inländergleichbehandlung verstanden[90]. Das Schächtverbot richtet sich gegen das betäubungslose Schlachten insgesamt, wobei unerheblich ist, welche Staatsangehörigkeit der Metzger hat; betroffen sind also in- und ausländische Metzger gleichermaßen. Eine diskriminierende Wirkung geht von dieser Vorschrift demnach nicht aus. Der Europäische Gerichtshof hat jedoch das komplette Verbot der Ausübung einer bestimmten Tätigkeit generell auch ohne Diskriminierung als Beschränkung der Niederlassungsfreiheit angesehen[91]. Es ist aber zweifelhaft, ob das Verbot des betäubungslosen Schlachtens einem solchen Verbot gleich kommt, da nicht eine ganze Tätigkeit im Sinne eines Berufs, sondern vielmehr eine bestimmte Ausführungsweise untersagt ist. Das Bundesverfassungsgericht hat ein (fiktives) ausnahmsloses Schächtverbot als schwerwiegenden Eingriff in die Berufsfreiheit muslimischer Metzger (aus Art. 2 Abs. 1 GG, sofern diese nicht Deut-

---

86 *Scheuer,* in Lenz (Hrsg.), EG-Vertrag Kommentar, Art. 43, Rn. 2.

87 Zum Begriff und dem (erledigten) Streit darum *Scheuer,* in Lenz (Hrsg.), EG-Vertrag Kommentar, Art. 43, Rn. 7 ff. mwN.

88 *Fischer*, Europarecht, S. 304 f.

89 So die Äußerung des Zentralrats der Muslime in Deutschland, BVerfGE 104, 337, 344 f.

90 *Scheuer* in: Lenz (Hrsg.), EG-Vertrag Kommentar, Art. 43, Rn. 4.

91 EuGH Slg. 1994, I-1039 (Schindler).

sche sind) gewertet. Inhaber muslimischer Schlachtbetriebe wären dadurch gezwungen, den Beruf des Schlachters nicht mehr auszuüben[92]. Im Hinblick auf die Niederlassungsfreiheit müssen insoweit vergleichbare Argumente zählen. Zwar gibt es zu dieser konkreten Fallgestaltung noch keine Stellungnahme des EuGH. Der Europäische Gerichtshofs für Menschenrechte hat in der Rechtssache Cha'are Shalom Ve Tsedek zu einem Fall Stellung genommen, in dem einer jüdischen Gemeinde in Frankreich das Schächten untersagt worden war[93]. Einen Eingriff in durch die EMRK geschützte Rechte hat er indes verneint, da das französische Recht Ausnahmevorschriften von dem Verbot vorsieht. Geprüft hatte der EGMR eine Verletzung der Religionsfreiheit gemäß Art. 9 EMRK, so dass Rückschlüsse für die Niederlassungsfreiheit gemäß Art. 43 EG aus dogmatischen Gründen nicht möglich sind, da die Schutzbereiche völlig unterschiedlich sind.

Entscheidend ist aber auch für die Gewährleistung der Niederlassungsfreiheit, dass § 4a Abs. 2 Nr. 2 TierSchG die Möglichkeit der Erteilung einer Ausnahmegenehmigung vorsieht. Dadurch ist das Schlachten nach islamischem Ritus als eigenes Tätigkeitsfeld nicht insgesamt verboten, sondern steht lediglich unter dem Vorbehalt einer Genehmigung. Die Voraussetzungen zur Erteilung dieser Genehmigung widersprechen nicht dem Gebot der Inländergleichbehandlung. Zwar kann auch eine unterschiedslos anwendbare Regelung eine indirekte oder mittelbare Diskriminierung darstellen, wenn der Nicht-Inländer faktisch höhere Hürden zu bewältigen hat, etwa wenn er Anforderungen entsprechen muss, denen er im Herkunftsstaat bereits nachgekommen ist[94] oder wenn zusätzliche Kosten entstehen, die Inländer nicht bestreiten müssen[95]. Die Voraussetzungen zur Erteilung einer Ausnahmegenehmigung nach § 4a Abs. 2 Nr. 2 TierSchG knüpfen aber nicht an Kriterien an, die in der Person des Antragstellers begründet liegen, sondern vielmehr an das Vorliegen zwingender Vorschriften einer bestimmten Religionsgemeinschaft, innerstaatliche Umstände mithin, die außerhalb der Einflussnahme des Antragstellers stehen und folglich für In- und Ausländer gleichermaßen im Einzelfall zu überprüfen sind. Durch die extensive Auslegung des Merkmals „zwingende Vorschriften" durch das Bundesverfassungsgericht[96] und das weite Verständnis des Begriffs „Religionsgemeinschaft"[97] ist der Weg für eine großzügigere Erteilung von Ausnahmegenehmigungen[98] geebnet. In der Regelung des § 4a TierSchG einschließlich ihrer behördlichen Anwendung ist demnach kein absolutes Verbot einer Tätigkeit zu sehen, so dass sie keine relevante Behinderung der Niederlassungsfreiheit gemäß Art. 43 EG darstellt.

92 BVerfGE 104, 337, 350.

93 Urteil vom 27. Juni 2000, ECHR 2000-VII (amtl. Sammlung); ÖJZ 2001, 774.

94 EuGH Slg. 1997, I-2471 (Futura); Slg. 1996, I-703 (Inasti / Kemmler).

95 *Scheuer,* in: Lenz, EG-Vertrag, Art. 43 Rn. 9.

96 BVerfGE 104, 337, 355 f.

97 BVerwGE 112, 227, 234 ff.; BVerfGE 104, 337, 354.

98 Auch für ebenfalls durch Art. 43 EG geschützte juristische Personen, BVerfG NJW 2002, 1485.

Selbst wenn aber das Verbot des betäubungslosen Tötens von Tieren bzw. das Erfordernis einer Ausnahmegenehmigung einen Eingriff in Art. 43 EG darstellte, wäre dieser durch zwingende Gründe des Allgemeininteresses gerechtfertigt und auch geeignet, das verfolgte Ziel zu verwirklichen, ohne über das Erforderliche hinaus zu gehen[99]. Ziel der Vorschrift ist der Schutz von Schlachttieren. Der Tierschutz genießt mittlerweile durch die Aufnahme in Art. 20a GG Verfassungsrang und entspricht auch den Wertentscheidungen der Europäischen Union[100]. Die Konstruktion des § 4a TierSchG als Verbot mit Genehmigungsvorbehalt schließlich vermag dieses Ziel in Bezug auf Schlachttiere zu erreichen, ohne dass ein milderes Mittel ersichtlich wäre.

Während das so gestaltete Verbot des betäubungslosen Schlachtens mit Ausnahmevorbehalt keine Verletzung der Niederlassungsfreiheit darstellt, ist problematisch aber die Frage, ob sich auch auf Art. 43 EG berufen kann, wer ohne Ausnahmegenehmigung schächtet, also verbotswidrig handelt. Ob Tätigkeiten, die ein Mitgliedstaat als rechts- oder sittenwidrig ansieht, zum Wirtschaftsleben im Sinne des Art. EG gehören, ist bisher nicht abschließend geklärt[101]. Es spricht indes einiges dafür, im konkreten Fall den Rückgriff auf Art. 43 EG zu ermöglichen. Verboten ist nach dem nationalen Recht nicht die Tätigkeit des Metzgers als solche, sondern eine bestimmte Modalität der Ausübung, nämlich das Schlachten ohne Betäubung der Tiere. Dies wiederum ist nicht absolut verboten, sondern unter gewissen Umständen erlaubnisfähig. Die Tätigkeit ist also nicht schlechthin rechtswidrig, so dass der Schutzbereich der Niederlassungsfreiheit zunächst eröffnet sein muss. Staatliche Maßnahmen, die das daraus resultierende Aufenthaltsrecht mit Verweis auf das verbotswidrige Handeln beschränken, müssten sich dann am Vorbehalt der öffentlichen Ordnung gemäß Art. 46 Abs. 1 EG bzw. § 6 FreizügG / EU, Art. 27 Abs. 1 der Richtlinie 2004 / 38 / EG messen lassen[102]. Auch hier müsste etwa für eine Ausweisung eine tatsächliche und hinreichend schwerwiegende Gefährdung der öffentlichen Ordnung vorliegen, die ein Grundinteresse der Gesellschaft berührt. Um ein Verhalten als derart gefährdend einzuordnen, muss die nationale Rechtsordnung Zwangsmaßnahmen oder ähnlich effektive Mittel gegenüber In- wie Ausländern gleichermaßen ergreifen. Gemäß § 18 Abs. 1 Nr. 6 TierSchG stellt das betäubungslose Schlachten ohne Ausnahmegenehmigung lediglich eine Ordnungswidrigkeit dar. Zwar kann nicht allein eine strafrechtliche Norm ein unerwünschtes Verhalten sanktionieren[103]. Allerdings ist fraglich, ob der

99 Zu den Anforderungen an die Rechtfertigung: EuZW 1996, 92 (Gebhard); EuGH Slg. 1997, I-2471 (Futura).

100 Sekundärrechtlich ausgestaltet etwa durch die Richtlinie 93 / 119 / EG über den Schutz von Tieren zum Zeitpunkt der Schlachtung und Tötung.

101 *Harms,* NordÖR 2002, 271, 277 mwN.; für die Einbeziehung der Tätigkeit einer selbstständigen Prostituierten EuGH Slg. 2001 I-8657 (Jany).

102 Dazu im Einzelnen oben I.3.c).

103 *Schneider,* Die öffentliche Ordnung als Schranke der Grundfreiheiten im EG-Vertrag, 1998, S. 132.

Gesetzgeber durch Einstufung als Ordnungswidrigkeit hinreichend deutlich macht, dass er im Verhalten eine schwere Gefährdung der öffentlichen Ordnung sieht. Letztendlich wird es auf eine Entscheidung im Einzelfall ankommen, ob ein dauerhafter Verstoß gegen § 4a Abs. 1 TierSchG aufenthaltsbeschränkende Maßnahmen rechtfertigen kann. Entscheidend sind dabei die Natur des Gesetzesverstoßes und die Prognose im Hinblick auf eine zukünftige Gefährdung als Kriterien für das persönliche Verhalten desjenigen, demgegenüber aufenthaltsbeschränkende Maßnahmen ergehen sollen[104].

b) Gründung muslimischer Unternehmen

Art. 43 EG schützt diejenigen Angehörigen von Mitgliedstaaten, die eine (Haupt-)Niederlassung in einem anderen Mitgliedstaat errichten möchten[105], auch hieraus resultiert ein Recht zu Einreise und Aufenthalt. Dies gilt auch bei der Errichtung eines muslimischen Unternehmens[106]. Unter diesen Begriff sind solche Wirtschaftsunternehmen zu verstehen, die sich an islamkonformen Prinzipien ausrichten. Im Islam ist umstritten, welchen konkreten Anforderungen eine wirtschaftliche Betätigung unterliegt[107]. Von Bedeutung ist das Zinsverbot (riba) als einzige konkrete Aussage des Koran zu wirtschaftlichen Fragen. Es herrscht Uneinigkeit darüber, ob es sich tatsächlich um ein Verbot jedweder Zinsnahme oder lediglich um ein Wucherverbot handelt. Die religiösen Vorschriften, die sich aus dem Zinsverbot ergeben, haben Auswirkungen auf die wirtschaftliche Tätigkeit der Muslime, etwa die Ablehnung von Bankgeschäften gegen Zins oder von risikofreier Gewinnbeteiligung an Unternehmen. Darauf aufbauend, haben sich unterschiedliche wirtschaftliche Modelle entwickelt, die den verschiedenen Auslegungsmöglichkeiten entsprechen. Auch in Europa sind in den vergangenen Jahren Banken und Unternehmen entstanden und Anlageformen entwickelt worden, die den Vorstellungen einer islamkonformen wirtschaftlichen Betätigung Rechnung tragen[108]. Darüber hinaus entwickeln sich ganze Wirtschaftszweige, die ein Angebot für religiös bestimmte Nachfrage schaffen. Dazu gehören Lebensmittelmärkte, die Fleisch von geschächteten Tieren bereit halten, ebenso wie Fachgeschäfte für Kleidung oder spezielle Friseurgeschäfte, die Leistungen insbesondere für muslimische Frauen den religiösen Vorschriften entsprechend anbieten[109]. Einige auch größere Betriebe dieser Wirtschaftszweige gehören den größeren religiösen Vereinigungen wie dem Verband der Islamischen Kulturzentren (VIKZ) der Islamischen Gemein-

---

104 *Scheuer,* in: Lenz (Hrsg.), EG-Vertrag, Art. 39, Rn. 75.

105 *Scheuer,* in: Lenz (Hrsg.) EG-Vertrag, Art. 43, Rn. 3.

106 Zu diesem Problemkreis ausführlich unten 8. Kapitel, C.

107 *Yassari,* ZVglRWiss 103 (2004), 103, 117 f.

108 *Sen/Aydin,* Islam in Deutschland, S. 91 f.

109 Beispiele anhand der Inserate in Deutschland erscheinender Zeitungen bei *Spuler-Stegemann*, Muslime in Deutschland, S. 295 ff.

schaft Milli Görüs (IGMG), wobei sich die Zugehörigkeit nicht immer transparent gestaltet[110].

Gemäß Art. 48 EG partizipieren auch solche Gesellschaften an der Niederlassungsfreiheit, die nach den Rechtsvorschriften eines Mitgliedstaates gegründet wurden und ihren satzungsmäßigen Sitz, ihre Hauptverwaltung oder ihre Hauptniederlassung innerhalb der EU haben. Voraussetzung ist die Verfolgung eines Erwerbszwecks, der vergleichbar mit der Erwerbstätigkeit gemäß Art. 43 EG weit zu verstehen ist. Die Absicht, Gewinn zu erzielen oder zu maximieren, ist nicht erforderlich[111], so dass folglich auch solche Unternehmen, die sich streng an islamkonformen Prinzipien orientieren, Gesellschaften im Sinne des Art. 48 EG sein können. Auch auf die Staatsangehörigkeit der Eigentümer oder Betreiber der Gesellschaften kommt es nicht an[112]. Wurde also ein „muslimisches" Unternehmen nach dem Recht eines Mitgliedstaates gegründet und hält auch Sitz, Hauptverwaltung oder Hauptniederlassung in der EU, so kann es sich in jedem anderen Mitgliedstaat niederlassen und mit ihm die Eigentümer und Betreiber der Gesellschaft. Somit ergibt sich daher auch für Drittstaatenangehörige eine Möglichkeit, sich auf die Niederlassungsfreiheit zu berufen[113].

5. Einreise- und Aufenthaltsrecht der Familienangehörigen

Ein abgeleitetes Recht können Familienangehörige[114] in dem Sinne haben, dass sie vom Freizügigkeitsrecht eines EU-Bürgers profitieren[115]. Sekundärrechtlich geht dies explizit hervor aus Art. 5 Abs. 1, 6 Abs. 2, 7 Abs. 2 der Richtlinie über das Recht der Unionsbürger und ihrer Familienangehörigen, sich im Hoheitsgebiet der Mitgliedstaaten frei zu bewegen und aufzuhalten 2004/38/EG[116]. Der Europäische Gerichtshof hatte dies schon früh unter anderem in der Rechtssache Singh[117] eindeutig festgestellt. Der Anspruch auf Achtung des Familienlebens ist zudem gemeinschaftsrechtliches Grundrecht[118]. Umgesetzt werden die Richtlinienvorgaben mittlerweile durch §§ 2–4 FreizügG/EU. Fragen zu denkbaren Konstellationen mit islamischem Hintergrund, so zur Mehrehe (α) und zum Nachzugsrecht der Kinder (β), lassen sich hierüber beantworten.

---

110 *Spuler-Stegemann,* Muslime in Deutschland, S. 292 f.

111 *Scheuer,* in: Lenz (Hrsg.) EG-Vertrag, Art. 48, Rn. 2.

112 *Streinz,* Europarecht, Rn. 661.

113 *Scheuer,* in: Lenz (Hrsg.) EG-Vertrag, Art. 48, Rn. 2.

114 Mehr zum Familienbegriff: *Hailbronner,* Freizügigkeit, in: Dauses, Handbuch des EU-Wirtschaftsrechts DI, Rn. 42 ff.

115 EuGH NJW 1985, 2087, 2088 (Diatta).

116 Vom 29. 4. 2004, Abl. L 158, S. 77 ff.

117 EuGH NVwZ 1993, 261.

118 EuGH NvWZ 1989, 745 (Kommission/Deutschland).

a) Einreise- und Aufenthaltsrecht der drittstaatenangehörigen Ehegattin bei polygamer Ehe gemäß § 3 Abs. 2 Nr. 1 FreizügG / EU

Von den Freizügigkeitsrechten des EG-Vertrags begünstigt sind nicht nur Arbeitnehmer und Selbstständige. Um das Ziel der bestmöglichen Gewährleistung der Freizügigkeit zu erreichen, kommen auch die Familienangehörigen in den Genuss aufenthaltsrechtlicher Privilegien. Schon aus Art. 39 EG selbst lässt sich ableiten, dass zu einer effektiven Verwirklichung der Freizügigkeit auch die Achtung des Familienlebens gehört[119]. Das Recht auf Achtung des Familienlebens gemäß Art. 8 Abs. 1 EMRK ist als allgemeiner Rechtsgrundsatz des Gemeinschaftsrechts anerkannt[120]. Diese Grundsätze werden konkretisiert in der Freizügigkeitsrichtlinie 2004 / 38 / EG, die näher bestimmten Familienangehörigen das Recht zu Einreise und Aufenthalt gibt. Dieses abgeleitete Recht gilt unabhängig von der Staatsangehörigkeit der Familienangehörigen. Familienangehöriger ist gemäß Art. 2 Nr. 2 Buchst. a der Richtlinie 2004 / 38 / EG der Ehegatte. Das gilt in einem umfassenden Sinne, solange nicht eine bloße Scheinehe vorliegt[121]. Der Begriff ist in der Vorschrift selbst nicht näher definiert, so dass sich die Frage stellt, ob bei polygamer Ehe mehr als ein Ehegatte (in der islamischen Lebenswirklichkeit: mehr als eine Ehegattin) nachzugsberechtigt ist. Antworten des Europäischen Gerichtshofes gibt es hierzu – auch in der Rechtsprechung zum früher geltenden und für die Auslegung heranziehbaren[122] Art. 10 Abs. 1 Buchst. a VO 1612 / 68 – bisher nicht. Auch Ansätze in der Literatur, der Begriff des Ehegatten sei formal auszulegen[123] oder es komme auf eine bestehende Ehe an[124], helfen insoweit nicht. Der Wortlaut der Vorschrift könnte gegen eine Einbeziehung mehrerer Ehegatten sprechen, weil er den Ehegatten in der Einzahl benennt im Gegensatz zu den „Verwandten“ in derselben Vorschrift. Diese Auslegung ist aber dann nicht die einzig mögliche, wenn die Ehen für sich betrachtet werden und die einzelnen Ehegatten ihr Recht nacheinander in Anspruch nehmen. Aus der Entstehungsgeschichte der Vorschrift lässt sich zur Klärung des Begriffs nichts ableiten. Gegen eine beabsichtigte Einbeziehung von Ehegatten aus polygamer Ehe könnte sprechen, dass die Mehrehe im Widerspruch steht zur Gleichberechtigung von Mann und Frau als Wertentscheidung des Gemeinschaftsrechts, wie sie etwa aus Art. 2, 13, 14 EG hervor geht. Eine explizite Aussage auf der Ebene des Gemeinschaftsrechts zu dieser Frage gibt es im Zusammenhang mit der Richtlinie des Rates betreffend das Recht auf Familienzusammenführung (2003 / 86)[125]. Die Richtlinie regelt die Familien-

---

119 EuGH NVwZ 1993, 261, 262 (Singh).

120 EuGH, Slg. 1989, 1263 (Kommission / Deutschland).

121 EuGH v. 23. 9. 2003, Rs. C-109 / 01 (Hacene Akrich / Secratary of State).

122 *Hailbronner,* ZAR 2004, 259, 263.

123 *Haller,* Das Aufenthaltsrecht der Unionsbürger in Deutschland, S. 38; EuGH Slg. 1986, 1283, 1300 f. (Reed).

124 *Fischer,* Europarecht, 3. Aufl., § 14 Rn. 38.

zusammenführung von Drittstaatenangehörigen und kann daher höchstens Indizwirkung entfalten. Gemäß Art. 4 Abs. 4 ist der Nachzug eines zweiten Ehegatten bei bestehender Mehrehe unzulässig, wenn bereits ein Ehegatte mit dem Zusammenführenden im Zielland lebt[126]. Es bleibt aber die Frage offen, ob diese Wertung auch auf Art. 2 Nr. 2 Buchst. a der Freizügigkeitsrichtlinie zu übertragen ist, der ja gerade für Angehörige von Unionsbürgern gilt. Diese sind in ihrer aufenthaltsrechtlichen Stellung im Gemeinschaftsrecht im Vergleich zu Angehörigen dritter Staaten privilegiert (etwa durch eine höhere Altersgrenze beim Einreise- und Aufenthaltsrecht der Kinder und durch Einbeziehung von Verwandten in aufsteigender Linie, denen Unterhalt gewährt wird, vgl. Art. 2 Nr. 2 Buchst. c und d der Freizügigkeitsrichtlinie), so dass auch eine Privilegierung für das Nachzugsrecht mehrerer Ehegatten bei polygamer Ehe nicht von vornherein auszuschließen ist. Auch Stimmen in der Literatur sehen die Zweitehe als vom Nachzugsrecht erfasst an[127]. Freizügigkeit der Unionsbürger ist wesentlicher Pfeiler der Europäischen Union. Der Verwirklichung dieser Grundfreiheit kommt hohe Bedeutung zu. Bezieht man zudem den umfassenden Schutz von Ehe und Familie auf europäischer Ebene mit ein, muss man zu dem Ergebnis kommen, dass auch dem zweiten Gatten bei bestehender Mehrehe ein Nachzugsrecht zustehen wird. Hier aber lässt sich die rein praktische Überlegung anführen, dass – wie bereits dargestellt[128] – eine rechtsgültige Mehrehe mit Beteiligung eines Unionsbürgers nicht denkbar ist.

b) Nachzugsrecht der Kinder und sonstiger Familienangehöriger gemäß § 3 Abs. 2 Nr. 2 FreizügG/EU

Wesentlich weniger problematisch stellt sich das abgeleitete Aufenthaltsrecht von Kindern aus polygamer Ehe eines Unionsbürgers dar. Gemäß § 3 Abs. 2 Nr. 2 FreizügG/EU sind freizügigkeitsberechtigt alle Verwandten in aufsteigender oder absteigender Linie, denen Unterhalt gewährt wird. Eine Einschränkung auf Kinder aus nur einer Ehe lässt sich auch Art. 2 Nr. 2 Buchst. c der Freizügigkeitsrichtlinie nicht entnehmen, da in einer sehr weiten Formulierung alle Verwandten in absteigender Linie, die jünger als 21 Jahre sind, Familienangehörige im Sinne der Richtlinie sind. Das Nachzugsrecht steht allen Kindern des freizügigkeitsberechtigten Unionsbürgers zu. Unter der Voraussetzung, dass Unterhalt gewährt wird, dürfen auch ältere Kinder einreisen und Aufenthalt nehmen, ebenso Verwandte des Wanderarbeitnehmers oder des Ehegatten in aufsteigernder Linie. Dies stellt eine erhebliche Ausweitung des Freizügigkeitsrechts dar, denn nach allgemeiner Meinung kommt es bei der Unterhaltsgewährung lediglich auf die tatsächliche Leistung an, ohne dass diese auf einem Rechtsanspruch beruhen muss[129]. Insofern ist zur Über-

---

125 Vom 22. 9. 2003, Abl. L 251, S. 12 ff.

126 Dazu im Einzelnen unter A.I.1.

127 *Randelzhofer/Forsthoff* in: Grabitz/Hilf, EU-Komm, Art. 39, Rn. 76.

128 Oben unter A.I.2.

129 EuGH EZAR 814 Nr. 1; *Harms*, NordÖR 2002, 271, 291.

prüfung dieser Voraussetzung eine kollisionsrechtliche Würdigung von Unterhaltsregelungen im islamischen Recht nicht notwendig. Aus den Regelungen im islamischen Recht würde sich aber eine weit gefasste Pflicht zur Unterhaltsgewährung ergeben. Koran 4, 36 „Und behandelt die Eltern gut und die Verwandten..." lässt sich zwar keine konkrete Angabe entnehmen, hieraus resultiert aber ein Anspruch auf respektvolle Behandlung und erforderlichenfalls finanzielle Unterstützung. Unterhaltspflicht besteht insbesondere gegenüber alten und behinderten Angehörigen, was sich aus der Struktur der Großfamilie erklären lässt[130]. Diese weit gefasste und positivrechtlich nicht konkretisierte Unterhaltspflicht des islamischen Rechts stößt im Freizügigkeitsrecht der EU auf keine Hemmnisse, denn dort ist allein die faktische Unterhaltsgewährung entscheidend, aus der ein Einreise- und Aufenthaltsrecht resultiert.

II. Aufenthaltsrechte für muslimische Drittstaatenangehörige nach europäischem Recht

Das Gemeinschaftsrecht wirkt sich auf das nationale Ausländerrecht nicht nur für Unionsbürger aus. Durch Primär- und Sekundärrecht kann auch das Aufenthaltsrecht von Drittstaatenangehörigen im Vergleich zu den (ursprünglichen) nationalen Vorschriften modifiziert werden. Auszuklammern sind hier die bereits besprochenen[131] abgeleiteten Rechte der Familienangehörigen von Unionsbürgern, auf deren Staatsangehörigkeit es nicht ankommt. Für alle anderen Drittstaatenangehörigen kann die Gemeinschaft auf Grundlage der Art. 61 ff. EG Vorschriften erlassen. Der Bereich Visa, Asyl, Einwanderung und andere Politiken betreffend den freien Personenverkehr ist als wesentlicher Teil der früheren Dritten Säule der EU, Zusammenarbeit in den Bereichen Justiz und Inneres, durch den Vertrag von Amsterdam in die Erste Säule überführt worden[132]. Die sich daraus ergebende Ermächtigung wurde aber jedenfalls im Bereich des längerfristigen Aufenthalts bisher nur in geringem Umfang genutzt[133]. In Kraft getreten ist im Jahr 2003 die Richtlinie betreffend das Recht auf Familienzusammenführung 2003/86/EG[134], die allein schon auf eine Entstehungsgeschichte von fast vier Jahren zurückblicken kann. In der Bilanz ist festzustellen, dass die ursprünglichen ehrgeizigen Kommissionsvorschläge im langen Verhandlungsweg zuungunsten der Rechtspositionen von Familien aus Drittstaaten aufgeweicht wurden[135]. Der Ausschuss der Regionen etwa stellte im Verfahrensgang „mit Sorge fest, dass der geänderte Vorschlag eine Abkehr von einem Rechtsanspruch auf Familienzusammenführung hin zu einem

130 *Breuer,* Familienleben im Islam, S. 114.

131 Oben unter A.I.5.

132 *Streinz,* Europarecht, Rn. 54 c.

133 *Harms,* NordÖR 2002, 271, 284.

134 Amtsblatt L 251 vom 3. 10. 2003, S. 12 ff.

135 Zu den Schwierigkeiten vgl. *Hailbronner,* Asyl- und Ausländerrecht, Rn. 36.

verfahrensorientierten Ansatz vollzieht und bedauert die Tatsache, dass das ursprüngliche Ziel des ‚Rechts auf Familienzusammenführung' (...) abgeschwächt wurde, um zu einer minimalen gemeinsamen Grundlage zu kommen"[136].

Die Richtlinie ist durch §§ 27 ff. AufenthG in nationales Recht umgesetzt worden. Ihre Vorgaben bleiben freilich für die zukünftige Anwendung des innerstaatlichen Rechts von Bedeutung. Systematisch werden in der Richtlinie drei nach dem Grad der familiären Beziehungen zu unterscheidende Kategorien von Familienangehörigen bestimmt, die einen Anspruch auf Familienzusammenführung geltend machen können: Ehegatte und die minderjährigen Kinder als Kernfamilie, die Verwandten in direkter aufsteigender Linie und die volljährigen Kinder sowie die unverheirateten Lebenspartner. Der Kernfamilie muss, den beiden anderen Gruppen kann durch die Mitgliedstaaten ein Recht auf Zusammenführung gewährt werden[137].

1. Ausschluss der Zusammenführung eines zweiten Ehegatten im Falle der Mehrehe

Kernfamilie sind Ehegatte und die minderjährigen Kinder. Gemäß Art. 4 Abs. 1 lit. a) der Richtlinie 2003/86/EG werden dem Ehegatten des Zusammenführenden[138] Einreise und Aufenthalt gestattet. Zum aufenthaltsrechtlichen Problem der Mehrehe äußert sich die Richtlinie ausdrücklich. Vermieden wurde dabei eine Aussage zur Gültigkeit oder Anerkennung von Mehrehen durch EG-Staaten, gewählt wurde statt dessen ein Weg, der ohne Wertung allein faktische Gegebenheiten als Grundlage nimmt: Gemäß Art. 4 Abs. 4 der Richtlinie 2003/86/EG ist im Falle der Mehrehe die Zusammenführung eines zweiten Ehegatten mit dem Ehegatten in einen Mitgliedstaat ausgeschlossen, wenn dieser bereits mit einem anderen Ehegatten im Aufnahmestaat lebt. Durch diese Formulierung ist unter anderem unerheblich, welche Ehe zuerst geschlossen wurde. Wohl aber in die Begründung flossen Wertungsgesichtspunkte ein: Im ersten Kommissionsvorschlages wird hierzu angeführt, die Mehrehe ließe sich generell nicht mit den wesentlichen Grundsätzen der Rechtsordnungen in den Mitgliedstaaten vereinbaren[139]. Zum anderen, so die Erwägung in der endgültigen Fassung der Richtlinie, diene diese Regelung der Achtung der Rechte der Frauen, daher sei ein restriktives Vorgehen bei dem Antrag auf Familienzusammenführung im Falle von Mehrehen gerechtfertigt[140]. Die

136 Abl. C 2003/73/17.

137 Vgl. Stellungnahme des Rates, PRES/2001/334.

138 Legaldefinition des Begriffs Zusammenführender gemäß Art. 2 Buchst. c) der Richtlinie: der sich rechtmäßig in einem Mitgliedstaat aufhaltende Drittstaatenangehörige, der oder dessen Familienangehörige einen Antrag auf Familienzusammenführung mit ihm stellt bzw. stellen.

139 KOM (1999) 638 endg., S. 17.

140 Richtlinie 2003/86, Gründe, Erwägung (11), Amtsblatt L 251 vom 3. 10. 2003, S. 13.

zweite Erwägung ist in ihrer Eignung in der Praxis zumindest zweifelhaft, da eine rechtliche Beschränkung des Nachzugsrechts in die Europäische Union nichts an faktisch bestehenden Mehrehen, seien sie auch aus europäischer Sicht nicht wünschenswert, zu ändern vermag. Die Rechte einer Zweitehefrau werden dadurch nicht verändert, denn auf ihren Status im Heimatland hat eine solche Regelung keinen Einfluss. Dieser kann sich unter Umständen gar verschlechtern, wenn sie ohne Ehemann allein im Heimatland verbleibt. Es ist also mehr als zweifelhaft, ob durch die Richtlinie tatsächlich die Achtung der Rechte der Frauen als Ziel verwirklicht wird. In das Aufenthaltsgesetz von 2004 wurde diese Regelung noch nicht übernommen, jedoch wurde durch die Reform des Jahres 2007 das Gesetz dahingehend angepasst[141]. Dies wird sich auf die Rechtsprechungspraxis auswirken. Bisher waren auch Zweitehefrauen mitunter Aufenthaltsrechte zugestanden worden. Zuletzt hatte das OVG Rheinland-Pfalz der Zweitehefrau eines Irakers, dessen beide, gleichzeitig bestehenden Ehen durch das Standesamt anerkannt waren, eine Aufenthaltsbefugnis nach altem Recht zuerkannt[142]. Das OVG hatte in seinem Urteil allerdings betont, dass sich die Zweitehefrau nicht auf das Ehegattenprivileg berufen könne. Zudem war es um ein Bleiberecht, nicht um einen Nachzug ins Bundesgebiet gegangen, was auch in der Begründung betont wurde. § 27 Abs. 1 AufenthG verweist bei der Formulierung des Grundsatzes des Familiennachzugs auf den Schutz von Ehe und Familie gemäß Art. 6 GG. In der Rechtsprechung des Bundesverwaltungsgerichts wurde schon früher das Aufenthaltsrecht einer Zweitehefrau mit dem Schutz der Familie begründet für Fälle, in denen Kinder aus der zweiten Ehe hervorgegangen waren[143]. Insofern ist nicht auszuschließen, dass auch weiterhin in Einzelfällen Zweitehefrauen in Abweichung von Richtlinienvorgabe und Gesetzesreform ein Aufenthaltsrecht gewährt wird.

2. Einschränkung der Zusammenführung bei Kindern aus einer Zweitehe

Gemäß Art. 4 Abs. 1 Buchst. c) der Richtlinie wird minderjährigen Kindern eines rechtmäßig in einem EU-Staat lebenden Drittstaatenangehörigen Einreise und Aufenthalt in den betreffenden Mitgliedstaat gewährt. Auch dies entspricht der Zielvorgabe Schutz der Kernfamilie. Hiervon enthält der zweite Teil des Art. 4 Abs. 4 der Richtlinie[144] eine Ausnahme. Er ermöglicht es den Mitgliedstaaten, den

141 Neuer § 30 Abs. 4 AufenthG durch das Gesetz zur Umsetzung aufenthalts- und asylrechtlicher Richtlinien der Europäischen Union, Fn. 1.

142 OVG Rheinland-Pfalz, InfAuslR 2004, 294.

143 BVerwG NJW 1985, 2097, 2098.

144 „In Abweichung von Absatz 1 Buchstabe c) können die Mitgliedstaaten die Familienzusammenführung minderjähriger Kinder eines weiteren Ehegatten und des Zusammenführenden einschränken.“

Nachzug von Kindern aus einer zweiten gleichzeitigen Ehe zu begrenzen. Die Begründungserwägung 11 zu dieser Vorschrift lautet:

> „Die Wahrnehmung des Rechts auf Familienzusammenführung sollte unter der erforderlichen Achtung der von den Mitgliedstaaten anerkannten Werte und Grundsätze, insbesondere der Achtung der Rechte von Frauen und Kindern erfolgen. Diese Achtung rechtfertigt ein restriktives Vorgehen bei Anträgen auf Familienzusammenführung im Falle von Mehrehen."[145]

Dieser durchaus pauschale Verweis auf die Achtung der Rechte von Frauen und Kindern ist gerade im Hinblick auf Kinder rechtspolitisch fragwürdig. Es ist nicht ersichtlich, inwieweit eine Beschränkung des Rechts auf Familienzusammenführung Rechte der Betroffenen zu schützen vermag, zumal Kinder aus Mehrehen keinerlei Einfluss auf diesen Status nehmen konnten und können. Den Mitgliedstaaten ist es aber freigestellt, den Zuzug von Kindern aus Mehrehen zu gestatten[146]. Für Deutschland gilt ein unbeschränktes Nachzugsrecht für Kinder bis 18 bzw. 16 Jahre, § 32 AufenthG. Ein Ausschluss dieses Rechts für Kinder aus einer Zweitehe wäre als Verstoß gegen Art. 6 Abs. 1 GG zu werten. Zwar resultiert aus dem Grundrecht auf Schutz der Familie kein originärer Anspruch auf Aufenthalt im Bundesgebiet[147]. Geschützt ist aber die Familie als „umfassende Gemeinschaft von Eltern und Kindern"[148], in die eheliche wie nichteheliche, minderjährige und erwachsene, adoptierte und in Pflege genommene Kinder und auch aus Mehrehen hervorgegangene[149] einbezogen sind. Wird einfachgesetzlich Kindern ein Recht auf Aufenthalt gewährt, so kommt das Recht Kindern in diesem umfassenden Sinne zu.

3. Einschränkung der Zusammenführung im Falle einer Zwangsehe

Gemäß Art. 4 Abs. 5 der Richtlinie besteht für die Mitgliedstaaten die Möglichkeit, auch bei der Zusammenführung von Ehegatten ein Mindestalter von höchstens 21 Jahren vorzuschreiben, bevor der Ehegatte nachreisen darf. Diese Regelung soll nach ihrem Wortlaut Zwecken der Integration und der Vermeidung von Zwangsehen[150] dienen. Zwangsehen oder jedenfalls arrangierte Eheschließungen

---

145 Richtlinie 2003/86, Gründe, Erwägung (11), Amtsblatt L 251 vom 3. 10. 2003, S. 13.

146 Vgl. Begründungserwägung 10: „Es ist Sache der Mitgliedstaaten zu entscheiden, ob sie die Familienzusammenführung (...) im Falle einer Mehrehe der minderjährigen Kindern des weiteren Ehegatten und des Zusammenführenden zulassen möchten." Zugleich wird festgestellt, dass daraus kein Aufenthaltsrecht in Mitgliedstaaten folgt, die von der Ausschlussmöglichkeit Gebrauch gemacht haben, Amtsblatt L 251 vom 3. 10. 2003, S. 12.

147 BVerfGE 76, 1, 47 f.

148 BVerfGE 10, 59, 66.

149 BVerwGE 71, 228, 231 f.

150 Siehe auch Begründung in KOM (2002) 225, S. 7.

mit Beteiligung von minderjährigen Frauen und Mädchen sind in Teilen der islamischen Welt durchaus gängig. Aber auch hier dürften Zweifel berechtigt sein, ob eine Begrenzung des Nachzugsrechts dazu geeignet ist, die Schließung von erzwungenen Ehen mit Minderjährigen in einem Drittland zu vermeiden. Ein entsprechendes Gesetz in Dänemark[151] ist auf harte Kritik des Menschenrechtskommissars des Europarats gestoßen[152]. Gleichwohl sieht auch die Reform des Aufenthaltsgesetzes[153] eine ensprechende Verengung des Nachzugsrechts der Ehegatten vor: Im neuen § 30 Abs. 1 AufenthG wird der Anspruch auf Erteilung einer Aufenthaltserlaubnis unter anderem daran gekoppelt, dass der nachreisende Ehegatte eines Ausländers sich zumindest auf einfache Art in deutscher Sprache verständigen kann und beide Ehegatten das 18. Lebensjahr vollendet haben. Beide Voraussetzungen sollen vor Zwangsehen und den Wirkungen solcher Ehen schützen[154], stoßen aber als Eingriff in Art. 6 Abs. 1 GG insbesondere im Hinblick auf ihre Verhältnismäßigkeit auf die vorgetragenen verfassungsrechtlichen Bedenken[155].

4. Nachzugsrecht der minderjährigen Kinder von getrennt lebenden Eltern

Das Nachzugsrecht der minderjährigen Kinder regelt Art. 4 Abs. 1 lit. b – d:

„Vorbehaltlich der in Kapitel IV sowie in Artikel 16 genannten Bedingungen gestatten die Mitgliedstaaten gemäß dieser Richtlinie folgenden Familienangehörigen die Einreise und den Aufenthalt: (...)

b) den minderjährigen Kindern des Zusammenführenden und seines Ehegatten, einschließlich der Kinder, die gemäß einem Beschluss der zuständigen Behörde des betreffenden Mitgliedstaats oder einem aufgrund der internationalen Verpflichtungen dieses Mitgliedstaats automatisch vollstreckbaren oder anzuerkennenden Beschluss adoptiert wurden;

c) den minderjährigen Kindern, einschließlich der adoptierten Kinder des Zusammenführenden, wenn der Zusammenführende das Sorgerecht besitzt und für den Unterhalt der Kinder aufkommt. Die Mitgliedstaaten können die Zusammenführung in Bezug auf Kinder gestatten, für die ein geteiltes Sorgerecht besteht, sofern der andere Elternteil seine Zustimmung erteilt;

---

151 Die Richtlinie ist allerdings für Dänemark nicht verbindlich, vgl. Begründungserwägung 18: „Gemäß den Artikeln 1 und 2 des dem Vertrag über die Europäische Union und dem Vertrag zur Gründung der Europäischen Gemeinschaft beigefügten Protokolls über die Position Dänemarks beteiligt sich Dänemark nicht an der Annahme dieser Verordnung, die für Dänemark nicht bindend oder anwendbar ist.“, Amtsblatt L 251 vom 3. 10. 2003, S. 13.

152 taz v. 12. 7. 2004, S. 10.

153 Vgl. Gesetz zur Umsetzung aufenthalts- und asylrechtlicher Richtlinien der Europäischen Union, Fn. 1.

154 Vgl. Gesetzesbegründung zum Gesetz zur Umsetzung aufenthalts- und asylrechtlicher Richtlinien der Europäischen Union (Fn. 1), BR-Drs. 224/07, S. 296 ff.

155 *Kingreen,* Verfassungsfragen des Ehegatten- und Familiennachzugs im Aufenthaltsrecht, ZAR 2007, S. 13, 15 ff.

d) den minderjährigen Kindern, einschließlich der adoptierten Kinder des Ehegatten, wenn der Ehegatte das Sorgerecht besitzt und für den Unterhalt der Kinder aufkommt. Die Mitgliedstaaten können die Zusammenführung in Bezug auf Kinder gestatten, für die ein geteiltes Sorgerecht besteht, sofern der andere Elternteil seine Zustimmung erteilt.

Die minderjährigen Kinder im Sinne dieses Artikels dürfen das nach den Rechtsvorschriften des betreffenden Mitgliedstaats geltende Volljährigkeitsalter noch nicht erreicht haben und dürfen nicht verheiratet sein. Abweichend davon kann ein Mitgliedstaat bei einem Kind über 12 Jahre, das unabhängig vom Rest seiner Familie ankommt, prüfen, ob es ein zum Zeitpunkt der Umsetzung dieser Richtlinie in den nationalen Rechtsvorschriften dieses Mitgliedstaats vorgesehenes Integrationskriterium erfüllt, bevor er ihm die Einreise und den Aufenthalt gemäß dieser Richtlinie gestattet."

Unproblematisch ist dabei die Konstellation, nach der für minderjährige Kinder ein Recht auf Familienzusammenführung besteht, wenn beide Elternteile sich bereits rechtmäßig im Zielland aufhalten (Buchst. b). Ein Nachzugsrecht besteht auch für Kinder, von denen nur ein Elternteil im Zielland lebt (Buchst. c), und für Kinder vom Ehegatten des Zusammenführenden (Buchst. d). In beiden Fällen ist Voraussetzung, dass dem Elternteil im Zielland das Sorgerecht zusteht oder, im Falle geteilten Sorgerechts, der andere Elternteil seine Zustimmung erteilt. Durch diese Voraussetzung soll vermieden werden, dass durch die Möglichkeit der Familienzusammenführung ein bestehendes Sorgerecht faktisch außer Kraft gesetzt wird[156]. Nach islamischem Recht steht das Sorgerecht für gemeinsame Kinder im Falle einer Eheauflösung regelmäßig dem Vater zu[157], so dass in Fällen mit Beteiligung muslimischer Drittstaatenangehöriger die Familienzusammenführung faktisch nur über den Vater möglich ist.

5. Nachzugsrecht der Verwandten

Art. 4 Abs. 2 Buchst. a der Richtlinie 2003 / 86 / EG eröffnet den Mitgliedstaaten die Möglichkeit, auch den Verwandten in aufsteigender Linie ersten Grades ein Recht auf Einreise und Aufenthalt zu gewähren, sofern der Zusammenführende oder sein Ehegatte ihnen Unterhalt gewährt. Auch hier gilt, dass es auf tatsächliche Unterhaltszahlung ankommt, ohne dass das Unterhaltsrecht des Herkunftsstaates zu prüfen ist, somit ist auch das komplexe islamische Familienrecht für diese Frage nicht von Belang[158]. Dadurch wäre einer Zusammenführung von Verwandten breiter Raum zugemessen, die Richtlinie fordert jedoch noch die Erfüllung einer zweiten Voraussetzung, nach der für den Betroffenen keine familiären Bindungen im Herkunftsstaat bestehen dürfen. Wie diese Bindungen ausgestaltet sein müssen, wird nicht spezifiziert. Das deutsche Recht hebt in § 36 AufenthG bei sonstigen Familienangehörigen auf das Vorliegen einer außergewöhnlichen Härte ab. Damit

---

156 KOM (1999) 638, S. 16.

157 *Breuer,* Familienleben im Islam, S. 99.

158 Dazu oben I.5.

ist bei Zuerkennen eines Rechts auf Einreise und Aufenthalt einerseits ein größerer Spielraum zur Einzelfallbetrachtung eröffnet. Andererseits sind die Anforderungen an das Vorliegen einer außergewöhnlichen Härte hoch und nur mit Blick auf das Schutzgebot des Art. 6 Abs. 1 GG zu begründen[159].

6. Sonstiges Sekundärrecht mit aufenthaltsrechtlichem Bezug

Von der Ermächtigung des Art. 63 EG wird erst in jüngerer Zeit umfangreicher Gebrauch gemacht. Durch die Richtlinie 2003/109/EG betreffend die Rechtsstellung der langfristig aufenthaltsberechtigten Drittstaatsangehörigen[160] werden einheitliche Bedingungen festgelegt, unter denen Angehörigen von Nicht-Mitgliedstaaten das Recht zum langfristigen Aufenthalt gewährt oder entzogen werden kann, sowie die mit dem langfristigen Aufenthalt verbundenen Rechte einschließlich der Möglichkeit des Aufenthalts in anderen EU-Staaten (Art. 1 der Richtlinie). Die Richtlinie sieht etwa vor, dass langfristig Aufenthaltsberechtigte in bestimmten Bereichen so zu behandeln sind wie Staatsangehörige, unter anderem im Hinblick auf den Zugang zur Beschäftigung, Bildung und Ausbildungsförderung, soziale Sicherung und steuerliche Vergünstigungen, vgl. Art. 11 der Richtlinie. Familienangehörigen steht gemäß Art. 16 Abs. 1 der Richtlinie das Recht zu, den langfristig Aufenthaltsberechtigten zu begleiten, wenn dieser von seinem Aufenthaltsrecht in einem anderen Mitgliedstaat gemäß Art. 14 der Richtlinie Gebrauch macht. Zur Bestimmung des Begriffs Familienangehöriger wird in Art. 2 Buchst. e) auf die Richtlinie 2003/86/EG verwiesen. Fragen zum Begleit- oder Nachreiserecht von Familienangehörigen, die aufgrund ihrer Angehörigkeit zum islamischen Glauben spezifische Sachverhalte darstellen, können daher mit den oben stehenden Ausführungen beantwortet werden. Eine Ausweisung kann gegen einen langfristig Aufenthaltsberechtigten nur unter der Voraussetzung des Art. 12 Abs. 1 der Richtlinie verfügt werden: Notwendig ist eine gegenwärtige, hinreichend schwere Gefahr für die öffentliche Sicherheit oder die öffentliche Ordnung[161], deren Vorliegen wegen der Vergleichbarkeit der Formeln nach den Kriterien des EuGH überprüft wird. Voraussetzung ist also, dass eine tatsächliche und hinreichende schwerwiegende Gefährdung der öffentlichen Ordnung vorliegt, die ein Grundinteresse der Gesellschaft berührt und im persönlichen Verhalten des Betroffenen begründet liegt[162].

---

159 *Renner,* Ausländerrecht, § 22 AuslG, Rn. 4.

160 Abl. L 016 vom 23. 1. 2004, S. 44 ff.

161 Weitere Voraussetzungen in Abs. 2 und 3; siehe aber auch Art. 9 Abs. 3 der Richtlinie, nach dem die Rechtsstellung erleichtert aberkannt werden kann.

162 Oben unter I.3.d).

III. Aufenthaltsrechte für türkische Arbeitnehmer nach gemeinschaftsrechtlichem Assoziationsrecht

Für türkische Staatsangehörige können sich aufenthaltsrechtliche Privilegien aus dem Assoziationsabkommen EWG / Türkei[163], dem Zusatzprotokoll[164] und den Beschlüssen des Assoziationsrates ergeben. Im Assoziationsabkommen EWG / Türkei selbst ist die aufenthaltsrechtliche Stellung von türkischen Staatsangehörigen allerdings nur unzureichend geregelt. Bei diesem Abkommen handelt es sich um ein sogenanntes gemischtes Abkommen, da Vertragspartner auf der einen Seite die Türkei, auf der anderen Seite – und dies ist die Besonderheit – die damalige EWG und deren Mitgliedstaaten sind[165]. Hintergrund des Abkommens war die schrittweise Annäherung der Vertragspartner mit dem Ziel des späteren Beitritts der Türkei zur EWG. Sowohl das Assoziationsabkommen selbst als auch das später formulierte Zusatzprotokoll erklären die Herstellung der Freizügigkeit der Arbeitnehmer zum Ziel; Art. 36 Satz1 Zusatzprotokoll gibt hierfür gar eine Frist bis ins Jahr 1986 vor. Durch diesen Auftrag an die Abkommenspartner lässt sich folgern, dass aus Assoziationsabkommen und Zusatzprotokoll kein unmittelbarer Anspruch auf Arbeitserlaubnis oder Aufenthaltserlaubnis für den Einzelnen erwächst[166]. Im Übrigen haben die Vertragspartner die Frist bisher ungenutzt verstreichen lassen[167].

Unmittelbar anwendbar sind aber nach der Rechtsprechung des Europäischen Gerichtshofs[168] die sogenannten Verfestigungsregeln gemäß Art. 6 Abs. 1 Assoziationsratsbeschluss (ARB) 1 / 80[169], die sich in drei Stufen vollziehen und dem türkischen Arbeitnehmer Bindungen an Arbeitgeber, Branche und zuletzt Mitgliedstaat auferlegen[170]. Zwar regelt Art. 6 Abs. 1 ARB 1 / 80 dem Wortlaut nach die beschäftigungsrechtliche Stellung der türkischen Arbeitnehmer. Sowohl der Überschrift des Abschnitts („Fragen betreffend die Beschäftigung und die Freizügigkeit der Arbeitnehmer") als auch die Vorschrift des Art. 13 ARB 1 / 80, die den Begriff „Aufenthalt" enthält, lassen aber den Schluss zu, dass auch die aufenthaltsrechtliche Stellung der türkischen Arbeitnehmer betroffen ist[171]. Die Wirkungslosigkeit des einen ohne das andere betont auch der EuGH[172], was insbesondere auch im

163 Gesetz vom 13. Mai 1964, BGBl. II S. 509.

164 Gesetz vom 19. Mai 1972, BGBl. II S. 385.

165 Dies war wohl den Unsicherheiten über die Kompetenzen zum Abschluss eines solchen Abkommens geschuldet, vgl. Gotzen, VR 1997, 372, 373.

166 EuGH EZAR 811 Nr. 8.

167 *Renner*, Ausländerrecht, § 2 Rn. 19.

168 EuGH NVwZ 1991, 255 (Sevince).

169 Beschluss Nr. 1 / 80 des Assoziationsrats EWG / Türkei über die Entwicklung der Assoziation vom 19. September 1980, abgedruckt in InfAuslR 1982, 33.

170 *Renner,* Ausländerrecht, § 2 Rn. 25 ff.

171 *Gotzen,* VR 1997, 372, 376.

172 EuGH NVwZ 1991, 255 (Sevince).

Hinblick auf die im deutschen Recht gesetzlich fixierte Abhängigkeit der Arbeitserlaubnis von der Aufenthaltserlaubnis gilt[173]. Während die unmittelbare Anwendbarkeit des Art. 6 ARB 1 / 80 mittlerweile als gefestigte Rechtsprechung des EuGH gelten kann und auch die aufenthaltsrechtliche Bedeutung der Vorschrift weithin unwidersprochen ist[174], ist aber zumindest fraglich, ob darüber hinaus türkischen Arbeitnehmern eine den Gemeinschaftsinländern vergleichbare aufenthaltsrechtliche Stellung zuzuerkennen ist[175]. Die allerdings im Vergleich zu anderen Drittstaatenangehörigen privilegierte Stellung türkischer Arbeitnehmer unterliegt aber jedenfalls gewissen Beschränkungen. Begünstigt sind zum einen (nur) Arbeitnehmer, wobei der Begriff ähnlich auszulegen ist wie nach Gemeinschaftsrecht[176]. Für die Einordnung einer Beschäftigung bei einer muslimischen Organisation gilt folglich das zu Art. 39 EG Gesagte[177]. Der türkische Arbeitnehmer muss zudem zum regulären Arbeitsmarkt gehören (vgl. Art. 6 und 7 ARB 1 / 80). Der Begriff des regulären Arbeitsmarkts ist gesetzlich nicht definiert, er ist aber so auszulegen, dass Sonderarbeitsverhältnisse, also solche, die keine Konkurrenz auf dem Arbeitsmarkt für Unionsbürger darstellen, von den Regelungen ausgenommen sind[178]. Dadurch gehören etwa Imame, die als Religionsbeauftragte der Republik Türkei in islamischen Gemeinden tätig sind, nicht zu Arbeitnehmern im Sinne des ARB 1 / 80[179]. § 4 Abs. 5 AufenthG stellt klar, dass ein aus Assoziationsrecht resultierendes Aufenthaltsrecht durch eine Aufenthaltserlaubnis nachzuweisen ist. Besteht ein solches Recht, besteht auch ein Anspruch auf Erteilung der Aufenthaltserlaubnis.

Die Voraussetzungen des Familiennachzugs sind nicht durch Assoziationsrecht geregelt, sondern verbleiben in mitgliedstaatlicher Kompetenz. Art. 7 ARB 1 / 80 gewährt Familienangehörigen türkischer Arbeitnehmer bestimmte Rechte den Zugang zum Arbeitsmarkt betreffend. Voraussetzung dafür ist nach Satz 1, dass es sich um Familienangehörigen eines dem regulären Arbeitsmarkt eines Mitgliedstaats angehörenden türkischen Arbeitnehmers handelt, die die Genehmigung erhalten haben, zu ihm zu ziehen. Für die zweite Voraussetzung hat der Europäische Gerichtshof in ständiger Rechtsprechung festgestellt, dass beim gegenwärtigen Stand des Gemeinschaftsrechts die Befugnis der Mitgliedstaaten unberührt bleibt, Vorschriften über die Einreise türkischer Staatsangehöriger in ihr Hoheitsgebiet und über die Voraussetzungen für deren erste Beschäftigung zu erlassen, so dass die erstmalige Zulassung der Einreise solcher Staatsangehörigen in einen Mitglied-

---

173 *Gotzen,* VR 1997, 372, 376.

174 *Renner,* Ausländerrecht, § 2 Rn. 20.

175 So *Huber,* NvWZ 1991, 242, 243; *Rittstieg,* InfAuslR 1991, 1.

176 *Renner,* Ausländerrecht, Kommentar, § 2 AuslG Rn. 22.

177 Anders *Rumpf,* RIW 1993, 214, 216: Türkische Imame kämen nicht in den Genuss der Rechte aus dem ARB, was er insbesondere mit der EuGH-Rechtsprechung in der Sache Steymann (EuGH Slg. 1988, 6159) begründet. Dazu aber ausführlich oben, I.3.a).

178 *Renner,* Ausländerrecht, Kommentar, § 2 AuslG Rn. 22.

179 OVG Münster, InfAuslR 1999, 102.

staat im Grundsatz ausschließlich dem Recht dieses Staates unterliegt[180]. Die Voraussetzungen für eine rechtmäßige Einreise eines Familienangehörigen in die Bundesrepublik Deutschland richten sich also nach dem Aufenthaltsgesetz. Damit dem Angehörigen auch die weitergehenden Rechte aus Art. 7 ARB 1/80 zustehen, muss es sich um einen Familienangehörigen handeln. Dieser Begriff ist im Assoziationsrecht nicht definiert, muss aber nach Ansicht des Europäischen Gerichtshofs auf Gemeinschaftsebene einheitlich ausgelegt werden, damit er in den Mitgliedstaaten homogene Anwendung findet[181]. Bei der Bestimmung der Bedeutung des Begriffes „Familienangehöriger“ in Artikel 7 Satz 1 des Beschlusses Nr. 1/80 sei auf die dem gleichen Begriff im Bereich der Freizügigkeit der Arbeitnehmer aus den Mitgliedstaaten der Gemeinschaft gegebene Auslegung abzustellen[182]. Dies schließt der EuGH aus dem Wortlaut der Artikel 12 des Assoziierungsabkommens und 36 des Zusatzprotokolls sowie aus dem Zweck des Beschlusses Nr. 1/80, der auf die schrittweise Herstellung der Freizügigkeit der Arbeitnehmer in Anlehnung an die Artikel 48 EG-Vertrag, 49 EG-Vertrag (nach Änderung jetzt Artikel 40 EG) und 50 EG-Vertrag (jetzt Artikel 41 EG) gerichtet sei. Die dazu entwickelten Grundsätze seien daher auch auf türkische Arbeitnehmer, soweit sie die assoziationsrechtlichen Privilegien besitzen, anzuwenden[183]. Somit ist zur Bestimmung des Begriffs Familienangehöriger nicht etwa auf die Richtlinie betreffend das Recht auf Familienzusammenführung 2003/86/EG abzustellen. Diese gilt gerade nicht für Unionsbürger, für die eigene, privilegierte Kriterien angelegt werden, an die sich die Behandlung von türkischen Arbeitnehmern anlehnen. Jüngst entschieden hat der Europäische Gerichtshof nach Vorlage des Verwaltungsgerichts Stuttgart, dass ein Stiefsohn unter 21 Jahren Familienangehöriger im Sinne des Art. 7 Satz1 ARB 1/80 ist, es ergäben sich keine Anhaltspunkte dafür, dass der Begriff auf Blutsverwandte zu beschränken sei[184].

Wenn insgesamt zur Beurteilung der assoziationsrechtlichen Stellung von Familienangehörigen türkischer Arbeitnehmer die Maßstäbe für die Arbeitnehmerfreizügigkeit der EU-Bürger heran zu ziehen sind, so stellt sich auch hier das – im übrigen auch praktisch relevantere – Problem des Nachzugsrechts der Zweitehefrau[185].

Auch für Beendigung von Beschäftigung und Aufenthalt gelten bekannte Erwägungen: Gemäß Art. 14 Abs. 1 ARB 1/80 sind Beschränkungen der Rechte aus den Kooperationsabkommen aus Gründen der öffentlichen Ordnung, Sicherheit und Gesundheit gerechtfertigt. Wegen der mit entsprechenden Einschränkungen im EG-Vertrag übereinstimmenden Formulierung wird überwiegend auch auf die An-

---

180 EuGH InfAuslR 2004, 416 (Ayaz).

181 EuGH InfAuslR 2004, 416.

182 Vgl. EuGH Abl. C 273, 1 (Kommission/Österreich).

183 EuGH Slg. 1995, I-1475 (Bozkurt), Randnrn. 14, 19 und 20.

184 EuGH InfAuslR 2004, 416.

185 Dazu bereits oben, I.5.a).

wendbarkeit der dazu entwickelten Grundsätze geschlossen[186]. Für die Voraussetzungen der Ausweisung hat das Bundesverwaltungsgericht in Abkehr von seiner bisherigen Rechtsprechung festgestellt, dass wie bei Unionsbürgern nur noch eine Ermessensentscheidung als Grundlage für eine Ausweisung von türkischen Staatsbürgern, die ein Aufenthaltsrecht nach dem ARB 1 / 80 haben, in Frage kommt[187]. Das Gericht verweist in seiner Begründung auf die Rechtsprechung des Europäischen Gerichtshofs, nach der der ARB 1 / 80 einen integrierenden Bestandteil des Gemeinschaftsrechts bildet, dessen Vorschriften eine weitere Stufe bei der Herstellung der Freizügigkeit der Arbeitnehmer im Geiste der Art. 39 ff. EG darstellen. Die im Rahmen der Art. 39 ff. EG geltenden Grundsätze müssten daher soweit wie möglich auf türkische Arbeitnehmer, die Rechte aus dem ARB 1 / 80 ableiten können, übertragen werden. Dazu gehört, dass bei Anwendung der Beschränkungsmöglichkeiten aus Art. 14 Abs. 1 ARB 1 / 80 dieser genau so ausgelegt wird wie die vergleichbare Vorschrift des Art. 39 Abs. 3 EG für Unionsbürger[188]. An eine Ausweisung von Unionsbürgern stellt das Gemeinschaftsrecht seit der Entscheidung des EuGH in den Rechtssachen Orfanopoulos und Oliveri[189] veränderte Anforderungen: Nach den einschlägigen gemeinschaftsrechtlichen Grundsätzen dürfen Ausweisungen nur aufgrund einer ausländerbehördlichen Ermessensentscheidung vorgenommen werden, die zwingende Ausweisung und die Regelausweisung des deutschen Rechts scheiden als Rechtsgrundlage für die Ausweisung aus[190]. In die Ermessensentscheidung nach § 55 AufenthG (§§ 45, 46 AuslG 1990) muss demnach auch bei einem türkischen Staatsangehörigen, sofern er ein Aufenthaltsrecht aus dem ARB 1 / 80 besitzt, eine einzelfallbezogene Prüfung ausgehend vom persönlichen Verhalten des Betroffenen eingestellt werden. Die Gefahrenprognose muss sich auf spezialpräventive Gesichtspunkte beschränken und darf sich nicht allein an einer strafgerichtlichen Verurteilung orientieren. Insbesondere kann eine Verurteilung zu einer mehrjährigen Freiheitsstrafe nicht dazu führen, dass ein türkischer Staatsangehöriger die ihm bereits zuerkannten Rechte aus Art. 7 Abs. 1 ARB 1 / 80 verliert, weil er wegen der Freiheitsstrafe keine Beschäftigung ausüben kann[191]. Besondere Bedeutung hat darüber hinaus der gemeinschaftsrechtliche Grundsatz der Verhältnismäßigkeit bei der Abwägung zwischen dem öffentlichen Interesse am Schutz der öffentlichen Ordnung und dem privaten Interesse des assoziationsrechtlich begünstigten türkischen Staatsangehörigen am Verbleib im Bundesgebiet. Das öffentliche Interesse muss deutlich überwiegen.

---

186 Etwa *Huber,* NVwZ 1991, 242, 243 mit Verweise auf die Richtlinie 64 / 221 / EWG und § 12 AufenthG / EWG; *Renner,* Ausländerrecht, § 2 AuslG, Rn. 40.

187 BVerwGE 121, 315.

188 Zuletzt EuGH InfAuslR 2000, 161, 164.

189 EuGH DVBl. 2004, 876.

190 BVerwGE 121, 297 mit detaillierter Begründung im Falle eines portugiesischen Staatsbürgers sowie BVerwGE 121, 315 (Urteil vom selben Tag) zur Übertragung dieser Rechtsprechung auf türkische Staatsangehörige.

191 EuGH DVBl. 2006, 567.

IV. Aufenthaltsrechte für Muslime nach dem AufenthaltsG

Der Begriff Ausländerrecht umfasst nach nationalem Verständnis die Gesamtheit der Normen, die die Eigenschaft einer Person als Nicht-Deutscher als Tatbestandsmerkmal verwenden[192]. Diesem Begriff unterfallen sehr viele unterschiedliche Sachverhalte. Einen großen Komplex nimmt dabei das Recht zu Einreise und Aufenthalt ein, das in seinen Grundlagen seit dem 1. Januar 2005 im Aufenthaltsgesetz (Gesetz über den Aufenthalt, die Erwerbstätigkeit und die Integration von Ausländern im Bundesgebiet, Aufenthaltsgesetz – AufenthG)[193] geregelt ist. Für die Einreise ins Bundesgebiet und den Aufenthalt hier ist für Ausländer ein Aufenthaltstitel zwingendes Erfordernis, der einschlägige § 4 Abs. 1 AufenthG ist gestaltet als präventives Verbot mit Erlaubnisvorbehalt. Ausländer im Sinne des AufenthG sind alle Nicht-Deutschen, wobei EU-Bürger einschließlich der EWR-Bürger klarstellend durch § 1 Abs. 2 Nr. 1 AufenthG dem Anwendungsbereich entzogen sind.

Das AufenthG regelt im Einzelnen Voraussetzungen für die Genehmigungserteilung und Gründe für die Versagung, unterscheidet einzelne Aufenthaltstitel mit unterschiedlichen Voraussetzungen und Rechtsfolgen und regelt die einzelnen Wirkungen und Schranken des Aufenthaltstitels bis hin zur Möglichkeit der Ausweisung bzw. Abschiebung bei nicht (mehr) bestehender Genehmigung. Zudem finden sich in §§ 43 ff. AufenthG Bestimmungen zur Integration: Zum Mittel der Wahl wurde der Integrationskurs, durch den Ausländer in ihren Eingliederungsbemühungen unterstützt werden sollen. Unter bestimmten Voraussetzungen haben Ausländer eine Berechtigung oder auch eine sanktionierte Verpflichtung zur Teilnahme. Frühere Überlegungen, Integrationspolitik breiter auch im Gesetz zu verankern und etwa im Bereich Religion einen regulären islamischen Religionsunterricht einzuführen, fanden im endgültigen Aufenthaltsgesetz keinen Niederschlag[194]. Durch die Reform des Zuwanderungsgesetzes[195] werden die Regelungen zur Integration zum Teil verschärft, etwa wird gemäß § 43 Abs. 1 AufenthG die Integration nicht mehr nur gefördert, sondern explizit auch gefordert.

Gemäß § 4 AufenthG gibt es bislang drei Arten des Aufenthaltstitels: Das Visum, die befristete Aufenthaltserlaubnis und die Niederlassungserlaubnis. Durch die Reform des Aufenthaltsgesetzes im Jahr 2007 werden die Aufenthaltstitel um die Erlaubnis zum Daueraufenthalt-EG ergänzt[196]. § 5 AufenthG regelt allgemeine Erteilungsvoraussetzungen wie das Vorliegen eines gesicherten Lebensunterhalts und das Nichtvorliegen eines Ausweisungsgrundes. Das Visum als Aufenthaltstitel

---

192 *Harms,* NordÖR 2002, 271.

193 Gesetz v. 30. 7. 2004, BGBl. I S. 1950.

194 *Hailbronner,* Asyl- und Ausländerrecht, Rn. 58 f.

195 Vgl. Gesetz zur Umsetzung aufenthalts- und asylrechtlicher Richtlinien der Europäischen Union (Fn. 1).

196 Als § 4 Abs. 1 Satz 2 Nr. 4 AufenthG im Entwurf eines Gesetzes zur Umsetzung aufenthalts- und asylrechtlicher Richtlinien der Europäischen Union (Fn. 1).

gemäß § 6 AufenthG meint das sogenannte Schengen-Visum für kurzfristige Aufenthalte oder solche zur Durchreise. Die Aufenthaltserlaubnis gemäß § 7 AufenthG wird zu einem der im Gesetz genannten Zwecke erteilt, an den auch die Befristung gekoppelt wird. Die Niederlassungserlaubnis gemäß § 9 AufenthG berechtigt zur Ausübung einer Erwerbstätigkeit und ist zeitlich und räumlich unbeschränkt und von Nebenbestimmungen frei. § 9 Abs. 2 AufenthG regelt die Voraussetzungen zur Erteilung, die kumulativ erfüllt sein müssen, darunter etwa den fünfjährigen Besitz einer Aufenthaltserlaubnis, die Sicherung des Lebensunterhalts, mindestens fünf Beitragsjahre in der gesetzlichen Rentenversicherung, Kenntnisse der deutschen Sprache und der Rechts- und Gesellschaftsordnung. In den neuen §§ 9a bis 9c[197] wird die Daueraufenthalt-EG geregelt, die unbefristeter Aufenthaltstitel und der Niederlassungserlaubnis grundsätzlich gleichgestellt ist. Die Reform des Zuwanderungsrechts 2007 wird zudem dazu genutzt, die Frage einer Altfallregelung für langjährig geduldete Ausländer zu lösen: Nach den neuen §§ 104a und 104b AufenthG[198] soll einem bisher geduldeten Ausländer eine Aufenthaltserlaubnis erteilt werden, wenn er sich zum Stichtag am 1. Juli 2007 seit acht oder – wenn er mit einem minderjährigen Kind in häuslicher Gemeinschaft lebt – sechs Jahren geduldet, gestattet oder mit einer Aufenthaltserlaubnis aus humanitären Gründen aufgehalten hat. Das Bleiberecht wird an weitere Voraussetzungen, etwa den Nachweis hinreichender mündlicher Deutschkenntnisse, geknüpft und grundsätzlich zunächst bis zum 31. Dezember 2009 befristet. Eine Verlängerung als Aufenthaltserlaubnis nach § 23 Abs. 1 AufenthG hängt davon ab, ob der Ausländer seinen Lebensunterhalt überwiegend eigenständig durch Erwerbstätigkeit sichert und dies auch zukünftig zu erwarten ist. Kinder von geduldeten Ausländern können gemäß § 104b AufenthG ein eigenständiges Bleiberecht haben. Sachverhalte, in denen gerade der Bezug zum Islam besondere Fragen aufwirft, sind in allen Regelungsbereichen denkbar und mitunter bereits Fälle für die Rechtsprechung – wenn auch noch unter der Geltung des Ausländergesetzes vom 9. Juli 1990 – geworden.

1. Aufenthalt von Geistlichen zum Zweck der Erwerbstätigkeit

Ein Zweck, zu dem eine Aufenthaltserlaubnis erteilt wird, ist der Aufenthalt zur Arbeitsaufnahme. Dieser wird schon seit 1973 restriktiv gehandhabt, seit dieser Zeit gilt ein Anwerbestopp für arbeitsuchende Ausländer aus Nicht-EG-Staaten[199], der erst im Jahre 2000 im Zusammenhang mit der „Green-Card-Debatte" zumindest für Hochqualifizierte und für den eingegrenzten Bereich der Informationstech-

197 Vgl. Gesetz zur Umsetzung aufenthalts- und asylrechtlicher Richtlinien der Europäischen Union (Fn. 1).

198 Vgl. Gesetz zur Umsetzung aufenthalts- und asylrechtlicher Richtlinien der Europäischen Union (Fn. 1).

199 *Renner,* Ausländerrecht, § 10 AuslG, Rn. 2.

nologie gelockert wurde[200]. In diesen Regelungszusammenhang fällt die Frage nach einem Aufenthaltsrecht für einen Imam oder Hodja, der in Deutschland in einer muslimischen Gemeinde tätig werden will. Bis zur Neuregelung war für diese Fälle § 10 AuslG 1991 in Verbindung mit § 5 Arbeitsaufenthalteverordnung (AAV)[201] einschlägig. Die Vorschriften sind durch das Zuwanderungsgesetz außer Kraft getreten (Art. 15 Abs. 3 Nr. 7 ZuwG).

Die Neuregelungen der Aufenthaltsgenehmigungen zur Beschäftigung durch das Zuwanderungsgesetz haben zumindest in verfahrensrechtlicher Hinsicht eine wesentliche Reformierung erfahren. Nach altem Recht wurde eine Aufenthaltsgenehmigung für einen Ausländer, der eine unselbstständige Tätigkeit in Deutschland ausüben wollte, nur nach Maßgabe des § 10 AuslG 1991 erteilt, der seinerseits auf die Voraussetzungen der AAV verwies. Erforderlich waren nach diesem Regelungszusammenhang zum einen eine Arbeitserlaubnis auf der Grundlage verschiedener Verordnungen[202] und zum anderen eine Aufenthaltsgenehmigung (als Erlaubnis oder Bewilligung) nach den engen Fallgruppen der AAV. Die Erteilung einer Aufenthaltserlaubnis zum Zweck unselbstständiger Erwerbstätigkeit richtet sich nunmehr allein nach § 18 in Verbindung mit § 39 AufenthG. Zwar ist gemäß § 18 Abs. 2 AufenthG verwaltungsintern die Zustimmung der Bundesagentur für Arbeit notwendig, nach außen handelt jedoch nur noch die Ausländerbehörde in einem eingleisigen Verfahren, die die Genehmigung der Beschäftigung und des Aufenthalts in einem Akt erteilt[203]. Unverändert geblieben ist indes die generelle Ausgestaltung der Beschäftigungsmöglichkeit von Ausländern in Deutschland als präventives Verbot mit Erlaubnisvorbehalt zu dem Zweck, das Tätigwerden von Ausländern auf dem deutschen Arbeitsmarkt zu kontrollieren[204]. Festgehalten wird am generellen Anwerbestopp für Nicht- und Geringqualifizierte[205], während Hochqualifizierte in besonderen Fällen sogleich eine (unbefristete) Niederlassungserlaubnis nach Maßgabe des § 19 AufenthG erhalten. Bei der Erteilung einer Aufenthaltserlaubnis zur Ausübung einer Beschäftigung sind gemäß § 18 Abs. 1 AufenthG maßgeblich die Erfordernisse des Wirtschaftsstandortes Deutschland unter Berücksichtigung der Verhältnisse auf dem Arbeitsmarkt und dem Erfordernis, die

---

200 *Kissrow-Maaßen,* Ausländerrecht, 2004, S. 3.

201 Rechtsverordnung auf Grundlage der Ermächtigung in § 10 Abs. 2 AuslG, vom 18. 12. 1990 (BGBl. I, S. 1354).

202 Arbeitsgenehmigungsverordnung (ArGV) vom 17. 9. 1998, BGBl. I S. 2899; Verordnung über Ausnahmeregelunen für die Erteilung einer Arbeitserlaubnis an neueinreisende ausländische Arbeitnehmer (ASAV) vom 17. 9. 1998, BGBl. I S. 2893; Verordnung über die Arbeitsgenehmigung für hoch qualifizierte ausländische Fachkräfte der Informations- und Kommunikationstechnologie (IT-ArGV) vom 11. 7. 2000, BGBl. 2000 S. 1146; Verordnung über Aufenthaltserlaubnisse für hoch qualifizierte ausländische Fachkräfte der Informations- und Kommunikationstechnologie (IT-AV) vom 11. 7. 2000, BGBl. 2000 S. 1176, alle jeweils mit späteren Änderungen.

203 *Marschner,* DB 2005, 499.

204 *Marschner,* DB 2005, 499.

205 *Storr/Albrecht,* Das neue Zuwanderungsrecht, 2005, S. 6.

Arbeitslosigkeit wirksam zu bekämpfen. Daran hat sich gemäß § 39 AufenthG die Bundesagentur innerhalb des Zustimmungsverfahrens zu orientieren. Die Zustimmung ist nicht erforderlich, wenn eine Verordnung auf der Grundlage des § 42 AufenthG bestimmte Beschäftigungen oder Berufsgruppen zulässt. Für andere Beschäftigungen können durch Verordnung Voraussetzungen für die Zustimmung durch die Bundesagentur normiert werden. Von dieser Ermächtigung hat das Bundesministerium für Wirtschaft und Arbeit bereits Gebrauch gemacht durch die Verordnung über die Zulassung von neueinreisenden Ausländern zur Ausübung einer Beschäftigung (Beschäftigungsverordnung – BeschV) vom 22. 11. 2004[206] und die Verordnung über das Verfahren und die Zulassung von im Inland lebenden Ausländern zur Ausübung einer Beschäftigung (Beschäftigungsverfahrensverordnung – BeschVerfV) vom 22. 11. 2004[207]. Insgesamt kommt es auch durch die Neugestaltung des Zuwanderungsrechts nicht zu einer generellen Öffnung für Einwanderer, vielmehr orientiert sich insbesondere die Arbeitskräftezuwanderung weiterhin an Arbeitsmarkterfordernissen[208].

In § 5 Nr. 6 AAV waren noch ausdrücklich Seelsorger genannt, für die eine Aufenthaltserlaubnis[209] erteilt werden konnte bei Nachweis der fachlichen Qualifikation und der Befähigung zur Leitung von Religionsunterricht und Gottesdiensten, wenn sie in der Seelsorge für ausländische Arbeitnehmer beschäftigt werden und dafür ein örtliches Bedürfnis besteht. Auf diese Vorschrift konnten sich Imame und Hodjas grundsätzlich berufen[210], diskutiert wurde in diesem Zusammenhang, welcher Nachweis für die fachliche Qualifikation erforderlich sein sollte[211].

Insbesondere musste eine deutsche Behörde auf Schwierigkeiten stoßen, wenn es darum ging festzustellen, ob der antragstellende Imam fachliche Qualifikation und die „Befähigung" aufweist, Religionsunterricht zu geben und Gottesdienste zu leiten. Wenn türkische Staatsangehörige einen Antrag auf Aufenthaltserlaubnis als muslimischer Seelsorger stellten, umgingen deutsche Verwaltungsbehörden die Klippen eigener Prüfung, indem sie Ausbildungsdiplome dann als ausreichend im Sinne des § 5 AAV anerkannten, wenn sie vom türkischen Präsidium für Religionsangelegenheiten bestätigt worden waren[212]. Diese Praxis stieß auf Kritik, die insbesondere an das laizistische Staatsmodell der Türkei anknüpfte. Es stehe in gewissem Widerspruch zur Benennung muslimischer Geistlicher für Deutschland, die Bundesrepublik werde umgekehrt zum „Handlanger" der türkischen Religionspoli-

---

206 BGBl. I S. 2937.

207 BGBl. I S. 2934.

208 *Hailbronner,* Asyl- und Ausländerrecht, Rn. 54.

209 Eine Arbeitserlaubnis konnte gemäß § 5 Nr. 6 ASAV unter denselben Voraussetzungen erteilt werden.

210 Als Erwerbstätigkeit galt die Tätigkeit eines Imams bereits vor Erlass der AAV, BVerwG EZAR 101 Nr. 1, S. 2.

211 Etwa *Blumenwitz,* Aufenthaltsgenehmigung für Imame in Deutschland 1985.

212 *Blumenwitz,* Aufenthaltsgenehmigung für Imame in Deutschland 1985, S. 3, 6 f.

tik[213]. Im Falle der Türkisch-islamischen Union der Anstalt für Religion (DİTİB), des mitgliederstärksten türkisch-islamischen Einzelverbands in Deutschland, werden Religionsbeauftragte vom türkischen Staat selbst entsendet, die die Aufgabe der Imame in den einzelnen Gemeinden übernehmen[214]. Die pragmatische Vorgehensweise der deutschen Behörden ist indes in der Rechtsprechung und im juristischen Schrifttum – soweit überhaupt thematisiert – akzeptiert. Das Bundesverwaltungsgericht hat (allerdings vor Inkrafttreten der AAV) pauschal festgestellt, eine deutsche Behörde dürfe im Rahmen ihrer Ermessensentscheidung auf die Empfehlung einer sachkundigen türkischen Behörde Wert legen[215]. Auch Blumenwitz[216] kommt in seiner Prüfung zu dem Ergebnis, dass insbesondere Grundrechte des Imams oder der anfordernden islamischen Gemeinde nicht verletzt werden.

Rechtsgrundlage für die Erteilung einer Aufenthaltserlaubnis konnte jedoch unter der Geltung des Ausländergesetzes auch bzw. alternativ § 6 AAV sein. Danach stand die Erteilung einer Aufenthaltsgenehmigung für Ausländer, die eine genehmigungsfreie Tätigkeit anstrebten, im Ermessen der Ausländerbehörde, jedoch ohne die engen Voraussetzungen der fachlichen Qualifikation und des örtlichen Bedürfnisses. Vom Erfordernis der Arbeitsgenehmigung befreit waren gemäß § 9 Nr. 1 ArGV i.V.m. § 5 Abs. 2 Nr. 4 Betriebsverfassungsgesetz Tätigkeiten, die überwiegend karitativen oder religiösen Zwecken dienten. In der Praxis wurde nach anfänglicher Unsicherheit zuletzt die günstigere Regelung des § 6 AAV angewendet, so dass der Streit um die fachliche Qualifikation obsolet war[217].

Nach neuem Recht kann die Tätigkeit eines islamischen Geistlichen gemäß §§ 18 Abs. 2, 42 AufenthG in Verbindung mit § 9 Nr. 2 BeschVO zustimmungsfrei sein: Für „vorwiegend aus karitativen oder religiösen Gründen Beschäftigte" muss keine Zustimmung der Bundesagentur eingeholt werden. Zwar steht diese Ausnahmeregelung unter der Überschrift „Beschäftigungen, die nicht in erster Linie dem Erwerb dienen", so dass sich die Frage ergeben könnte, ob der Erwerbszweck tatsächlich nur nachrangig sein darf. Die Regelung will von ihrem Zweck her aber die besonderen Zielsetzungen solcher Beschäftigungen berücksichtigen, für die aus diesem Grund eine alternative Vermittlung von bevorrechtigten Arbeitsuchenden im Allgemeinen ausscheidet und daher die Zustimmung allein aus arbeitsmarktpolitischen Gründen verzichtbar ist[218].

---

213 *Blumenwitz,* Aufenthaltsgenehmigung für Imame in Deutschland 1985, S. 7.

214 *Şen/Aydin,* Islam in Deutschland 2002, S. 51.

215 BVerwG InfAuslR 1984, 71, 72. Aus der Entscheidung wird allerdings nicht deutlich, ob es sich um die fachliche Befähigung oder das persönliche Verhalten handelt, für das die türkische Behörde die Empfehlung abgibt.

216 *Blumenwitz,* Aufenthaltsgenehmigung für Imame in Deutschland 1985.

217 *Spallek,* ZAR 2000, 103, 106; vgl. auch die Begründung zur Beschäftigungsverordnung, BR-Drucks. 727/04, S. 32, die dies für die bis dahin herrschende arbeitsgenehmigungsrechtliche Praxis ausdrücklich betont.

218 Begründung zum (wortgleichen) § 9 der ursprünglich vorgelegten Beschäftigungsverordnung, BR-Drucks. 727/04, S. 32.

Insgesamt lässt sich festhalten, dass der Antrag eines muslimischen Geistlichen auf Aufenthaltserlaubnis jedenfalls nicht am Zweck des Aufenthalts zur Ausübung einer Beschäftigung scheitern wird. Die Tätigkeit als Geistlicher lässt jedoch nicht die Notwendigkeit eines Aufenthaltstitels entfallen. Noch zur Geltung des AuslG 1965 hatte das Bundesverwaltungsgericht[219] grundsätzlich festgestellt, dass die Freiheiten aus Art. 4 Abs. 1 und 2 GG nicht dazu bestimmt sind, Ausländern sonst nicht bestehende Rechte auf Einreise und Aufenthalt zu gewährleisten. Ausländer sind auch in Fällen mit Bezug zu den religiösen Freiheitsrechten auf den vom Gesetz vorgesehenen Weg verwiesen, eine Aufenthaltserlaubnis einzuholen.

Innerhalb der Entscheidung darüber kann aber das Interesse von Religionsgemeinschaften und religiösen Vereinen an geistlicher Betreuung im Lichte der Bedeutung der grundrechtlichen Freiheiten aus Art. 4 Abs. 1 und 2 GG eine Rolle spielen. Auch die Religionsgemeinschaft selbst kann nach einem Urteil des OVG Koblenz[220] in einem Rechtsstreit um das Aufenthaltsrecht ihres religiösen Oberhauptes grundsätzlich klagebefugt sein. Bei der Ermessensentscheidung der Ausländerbehörde müssen auch ihre Interessen berücksichtigt werden. Allerdings, so stellte das OVG heraus, räume Art. 4 Abs. 1 und 2 GG einer Religionsgemeinschaft nicht ein sonst nicht bestehendes Recht auf Einreise und Aufenthalt ihres ausländischen religiösen Oberhaupts zur geistlichen Betreuung ihrer Angehörigen ein. In dem Fall ging es um eine sich zur Mun-Sekte zählenden Gemeinde. Die Grundsätze lassen sich aber problemlos auf islamische Gemeinden übertragen.

2. Nachzugsrecht des Ehegatten

Eine Aufenthaltserlaubnis erhalten unter den Voraussetzungen der §§ 27 ff. AufenthG Familienangehörige. Zu unterscheiden ist hier der Familiennachzug zu Ausländern insbesondere gemäß §§ 29 ff. AufenthG vom Anspruch auf Erteilung einer Aufenthaltserlaubnis für Familienangehörige deutscher Staatsangehöriger gemäß § 28 AufenthG. Das Aufenthaltsrecht des ausländischen Ehegatten eines Deutschen oder eines aufenthaltsberechtigten Ausländers ist zweckgebunden und akzessorisch[221]. Zweckgebunden ist es insofern, als Hintergrund des Nachzugsrechts der Schutz der Ehe und Familie gemäß Art. 6 Abs. 1 GG ist. Abgeleitet ist das Recht von den bestehenden Rechten des Deutschen bzw. schon zuvor aufenthaltsberechtigten Ausländers. Während ausländische Ehegatten von Deutschen gemäß § 28 Abs. 1 Nr. 1 AufenthG einen Anspruch auf Erteilung einer Aufenthaltserlaubnis bisher[222] schon dann haben, wenn der deutsche Ehegatte seinen gewöhnlichen

219 BVerwG DÖV 1983, 773.

220 OVG Koblenz EzAR 620 Nr. 10.

221 *Hailbronner,* Asyl- und Ausländerrecht, Rn. 215.

222 Das Gesetz zur Umsetzung aufenthalts- und asylrechtlicher Richtlinien der Europäischen Union (Fn. 1) enthält eine Änderung des § 28 AufenthG dahingehend, dass einige Voraussetzungen für das Aufenthaltsrechts des Ehegatten eines Ausländers auch für das

Aufenthalt im Bundesgebiet hat, stellen §§ 29, 30 AufenthG den Rechtsanspruch für den Ehegatten eines Ausländers unter differenzierte Voraussetzungen. In beiden Fällen kommt es jedoch gleichermaßen auf das Bestehen der Ehe an. Sachverhalte, die wegen ihres Bezugs zum Islam von Interesse für die Untersuchung sind, werfen vor allem im Hinblick auf die Wirksamkeit der Ehe oder die Akzeptanz der Eheform Fragen auf, so dass der Anknüpfungspunkt für beide Ansprüche derselbe ist. Schwierigkeiten bereiten insbesondere die sogenannte Imamehe (dazu a) und die Mehrehe (dazu b).

a) Ehegattennachzug bei lediglich nach islamischem Recht geschlossener Ehe (Imamehe)

Unter Ehe ist grundsätzlich die bürgerlich-rechtliche Einehe zu verstehen[223]. In Deutschland gilt darüber hinaus das Prinzip der obligatorischen Zivilehe, eine Ehe kommt gemäß § 1310 Abs. 1 Satz 1 BGB nur bei Eheschließung vor einem Standesbeamten zustande. Gemäß § 67 PStG begeht eine Ordnungswidrigkeit, wer die religiöse Feierlichkeit einer Eheschließung vornimmt, ohne zuvor vor dem Standesamt erklärt zu haben, die Ehe eingehen zu wollen[224]. Fraglich ist daher, ob eine lediglich nach islamischem Ritus vor einem Imam geschlossene Ehe Wirkungen für das Aufenthaltsrecht zeitigt. Bei einer im Inland geschlossenen Ehe ist Art. 13 Abs. 3 Satz 1 EGBGB einschlägig, die zivilrechtliche Form muss eingehalten werden. Eine Ausnahme besteht, wenn kein Beteiligter die deutsche Staatsangehörigkeit hat, dann ist gemäß Art. 13 Abs. 3 Satz 2 EGBGB die Eheschließung in anderer, von der Rechtsordnung des Staates, dem ein Beteiligter angehört, vorgeschriebener Form möglich. Bei einer im Ausland geschlossenen Ehe gilt Art. 11 Abs. 1 EGBGB: In diesem Fall müssen die Formerfordernisse des Staates eingehalten werden, in dem die Ehe geschlossen wird. Da in diesen Fällen die derart geschlossenen Ehen schon zivilrechtliche Wirksamkeit entfalten, müssen sie auch aufenthaltsrechtliche Konsequenzen haben. Eine nach den Anforderungen des deutschen internationalen Privatrechts formgültig geschlossene Ehe ist Ehe im Sinne der §§ 28, 30 AufenthG. Auch das Bundesverfassungsgericht hat Art. 6 Abs. 1 GG als Schutznorm für Ehen zwischen Ausländern herangezogen, ohne zu klären, ob die Ehe nach deutschem Recht oder nach dem Heimatrecht eines Beteiligten geschlossen wurde[225]. Ein Nachzugsrecht für einen Ausländer zu seinem (ausländischen) Ehegatten in Deutschland besteht also im Falle einer nach islamischem Ritus geschlossenen Ehe dann, wenn das islamische Familienrecht die im Heimatland relevante Rechtsgrundlage bildet. Nicht unter den Schutz von Art. 6 Abs. 1 GG fällt

---

Nachzugsrecht zu einem Deutschen gelten, so unter anderem das Mindestalter von 18 Jahren und das Vorliegen einfacher Sprachkenntnisse.

223 BVerfGE 87, 234.

224 Zur Unvereinbarkeit dieser Regelung mit dem Grundgesetz *Tillmanns,* NVwZ 2003, 43 ff.

225 BVerfGE 35, 382, 407 f.; 51, 386, 396.

hingegen z. B. die Ehe zwischen einem Algerier und einer Französin, die auf deutschem Boden nach islamischem Ritus geschlossen wurde, weil weder die algerische noch die französische Rechtsordnung diese Form akzeptiert[226]. Genausowenig liegt eine gültige Ehe vor, die in der Türkei nur nach religiösem Ritus geschlossen wurde[227].

Anders kann die Bewertung aussehen, wenn ein deutscher Staatsangehöriger beteiligt ist. Nach einer Entscheidung des Bundesverfassungsgerichts gilt die zwischen einem Deutschen und einem Ausländer im Inland unter Missachtung der vorgeschriebenen Form geschlossene Ehe als Nicht-Ehe oder hinkende Ehe, die grundsätzlich auch dem Schutz des Art. 6 Abs. 1 GG unterliegt[228]. Allerdings ging es im zugrundeliegenden Sachverhalt um sozialversicherungsrechtliche Ansprüche der deutschen Ehefrau. Ob die vom Bundesverfassungsgericht vorgenommene Wertung auf aufenthaltsrechtliche Tatbestände zu übertragen ist, hat zuletzt das OVG Saarlouis ausdrücklich offen gelassen[229]. Dafür könnte sprechen, dass ausländische Ehegatten von Deutschen gegenüber denjenigen von Ausländern im System des AuslG privilegiert sind[230]. Da in bestimmten Fällen die nach islamischem Recht unter Ausländern geschlossene Ehe ein Aufenthaltsrecht begründet, könnte man im Sinne eines Erst-recht-Schlusses dies auch für eine solche Ehe mit Beteiligung eines Deutschen anerkennen. Dies wäre jedoch voreilig. Eine solche Schlussfolgerung würde insbesondere der Bedeutung des Grundsatzes der obligatorischen Zivilehe nicht gerecht. Ihr wohnt ein besonderes „Ordnungselement" inne, wie der Bundesgerichtshof betont. Durch die erforderliche Mitwirkung eines Standesbeamten werde die Mitwirkung des Staates an der Eheschließung sichergestellt, um sie dadurch gerade von anderen Tatbeständen abzugrenzen[231]. Eine Heilung – mit der Folge der zivilrechtlichen Wirksamkeit – sei nur unter den abschließenden Voraussetzungen des § 1310 Abs. 3 BGB möglich. Problematisch bleibt auch bei dieser Argumentation, dass es im zugrundeliegenden Sachverhalt um die zivilrechtliche Wirksamkeit ging. Entscheidend für die Frage nach der Aufenthaltserlaubnis nach § 28 AufenthG muss der Schutzzweck der Norm sein: Deutschen Staatsangehörigen soll die Wahrnehmung ihres grundrechtlich geschützten Rechts auf Herstellung der Ehe ermöglicht werden, dies umso dringender auf Bundesgebiet, als ihnen in der Regel kein Aufenthaltsrecht im Ausland zusteht, auf das sie zur Herstellung der ehelichen Lebensgemeinschaft zurückgreifen könnten[232]. Zu bedenken ist des weiteren, dass wegen Art. 11 Abs. 1 EGBGB eine Ehe zwischen einem Deutschen und einem Ausländer nach islamischem Familienrecht im

[226] OVG Saarlouis NVwZ-Beilage I 7/2001 (in Bd 2002), 77.

[227] OVG Koblenz, NVwZ 1994, 514, 515.

[228] BVerfGE 62, 323, 331.

[229] OVG Saarlouis NVwZ-Beilage I 7/2001 (in Bd 2002), 77.

[230] *Renner,* Ausländerrecht, § 23 AuslG, Rn. 2.

[231] BGH NJW-RR 2003, 850, 851.

[232] *Hailbronner,* in: Achterberg/Püttner/Würtenberger, Besonderes Verwaltungsrecht II, § 22 Ausländerrecht, Rn. 75.

Herkunftsland des ausländischen Beteiligten wirksam geschlossen werden kann, wenn dort diese Form der Eheschließung die gültige ist. Ein Aufenthaltsrecht nach § 28 AufenthG besteht dann unstreitig. Verwehrte man dieses Recht einem Ehepaar, nur weil es die Ehe nicht im Ausland geschlossen hat, wäre dies als Eingriff in Art. 6 Abs. 1 GG zu werten, denn formungültige, „hinkende" Ehen sind von dessen Schutzbereich erfasst[233]. Ein solcher Eingriff allein zu dem Zweck, die Bedeutung des Ordnungselements der obligatorischen Zivilehe zu schützen, wäre nicht verhältnismäßig und mithin nicht gerechtfertigt[234].

Davon zu unterscheiden ist allerdings der Fall, in dem die Ehe nicht einmal „hinkend" im Sinne der Rechtsprechung ist, sondern die allein religiöse Form der Eheschließung auch nach dem Heimatrecht des beteiligten Ausländers formunwirksam ist. Eine solche Verbindung fällt nicht in den Schutzbereich des Art. 6 Abs. 1 GG und führt nicht zu einem Aufenthaltsrecht als Ehegatte[235].

b) Nachzugsrecht der Zweitfrau bei bestehender Mehrehe

Die Frage, ob einer zweiten Ehefrau bei bestehender Mehrehe ein Nachzugsrecht zusteht, ist ausschließlich im Hinblick auf § 30 AufenthG von Belang – bei deutschen Staatsangehörigen ist die Wirksamkeit einer Mehrehe in keiner Konstellation denkbar[236], auch die Begründung eines Aufenthaltsrechts über Art. 6 Abs. 1 GG wird nicht möglich sein. Das liegt vor allem daran, dass die Rechtsprechung zur Institutsgarantie des Art. 6 Abs. 1 als gefestigt gelten darf und auch in der Literatur nicht bestritten wird: Der Grundsatz der Einehe zählt zu den Wesensmerkmalen der verfassungsrechtlich geschützten Ehe[237]. Uneinigkeit herrscht indes, ob und inwieweit die Mehrehe unter Ausländern wenigstens einen „Teilschutz" [238] aus Art. 6 Abs. 1 GG genießen kann. Nach Ansicht des Bundesverfassungsgerichts fällt eine Mehrehe jedenfalls nicht „ohne weiteres" unter den Schutz des Art. 6 Abs. 1[239]. Für das Nachzugsrecht eines zweiten Ehegatten – in der Praxis: einer zweiten Ehefrau – aus § 30 AufenthG musste bisher die Entscheidung des Bundesverwaltungsgerichts vom 30. April 1985 noch zu § 2 Abs. 1 AuslG

233 OVG Lüneburg InfAuslR 2001, 387, das daraus einen Anspruch auf Erteilung einer Duldung ableitete.

234 AA für im Inland geschlossene hinkende Ehen wohl OVG Lüneburg NJW 2005, 1739, 1740.

235 OVG Lüneburg NJW 2005, 1739, 1740.

236 Oben unter A.I.2.

237 BVerfGE 31, 58, 69; 29, 166, 176; *Jarass*, in: Jarass / Pieroth, GG-Komm, Art. 6 Rn. 2.

238 Unter Verwendung dieses Begriffs mit kurzer Darstellung des Diskussionstands in den unterschiedlichen Rechtsgebieten *Coester-Waltjen* in: v. Münch / Kunig, GG-Kommentar, Art. 6 Rn. 8; näher *Rübsaamen*, Der Ehegatten- und Familiennachzug im Ausländerrecht der Bundesrepublik Deutschland und der verfassungsrechtliche Schutz von Ehe und Familie, 1985.

239 BVerfGE 76, 1.

1965 herangezogen werden[240]: Das Gericht hatte im Fall einer Jordanierin, die den Nachzug zu ihrem jordanischen Ehemann, den gemeinsamen Kindern und der bereits in Deutschland lebenden ersten Ehefrau begehrte, die ablehnende Behörde zur Neubescheidung über die Erteilung der Aufenthaltserlaubnis verpflichtet. Zwar sei der deutsche Gesetzgeber an das Prinzip der Einehe gebunden und eine Klage auf Herstellung der polygamen Lebensgemeinschaft vor einem deutschen Gericht wegen des ordre public nach Art. 30 EGBGB a.F. (jetzt: Art. 6 EGBGB) abzuweisen. Zivilrechtlich werde aber die nach ausländischem Recht wirksam geschlossene Mehrehe in Deutschland weitgehend anerkannt, so dass ein Zusammenleben in Mehrehe nicht die Belange der Bundesrepublik beeinträchtige und die nach § 2 Abs. 1 Satz 2 AuslG a.F.[241] gesetzte Negativschranke nicht eingreife. Ob die Mehrehe durch Art. 6 Abs. 1 GG geschützt wird, ließ jedoch auch das Bundesverwaltungsgericht ausdrücklich offen: Geschützt werde über Art. 6 Abs. 1 GG auch die Familie, das Verhältnis der Zweitehefrau zu den gemeinsamen Kindern sei ein Familienverhältnis und diese Gemeinschaft auch aufenthaltsrechtlich zu schützen[242]. Später erkannte das Bundesverwaltungsgericht in einem Beschluss vom 4. April 1986 mit Verweis auf den Grundsatz der Einehe gleichwohl die Möglichkeit an, aus integrationspolitischen Bedenken dem Nachzug mehrerer Ehefrauen innerhalb der Ermessensentscheidung entgegenzuwirken[243]. In einem neueren Urteil verweigerte auch das OVG Rheinland-Pfalz[244] einer Zweitehefrau das Ehegattenprivileg zur Begründung eines Aufenthaltsrechts. Gleichwohl erkannte es ihr eine Aufenthaltsbefugnis zu mit der Begründung, ein Herauslösen aus der seit Jahren bestehenden Lebensgemeinschaft im Bundesgebiet sei unzumutbar.

Folgern ließ sich aus den genannten Judikaten jedenfalls bislang, dass Zweitehefrauen dann einen Anspruch auf Erteilung einer Aufenthaltserlaubnis – freilich immer nach Maßgabe auch der übrigen Voraussetzungen der §§ 29, 30 AufenthG – haben, wenn schon Ehemann und gemeinsame Kinder sich in Deutschland aufhalten. Hier greift der Schutz des Art. 6 Abs. 1 GG, auf dem § 27 Abs. 1 AufenthG ausdrücklich fußt. Besteht keine Familie im Sinne des Art. 6 Abs. 1 GG, die es zu schützen gilt, wird es auf eine Entscheidung im Einzelfall hinauslaufen, die aber, das zeigte das OVG Rheinland-Pfalz, durchaus wohlwollend ausfallen kann[245]. Ob die Bezugnahme auf Art. 6 Abs. 1 GG den Willen des Gesetzgebers widerspiegelt, Familienangehörigen aus Mehrehen kein Nachzugsrecht zu gewähren[246], darf aber

---

240 BVerwGE 71, 228.

241 § 2 Abs. 1 S. 1 und 2 AuslG 1965: „Ausländer, die in den Geltungsbereich dieses Gesetzes einreisen und sich darin aufhalten wollen, bedürfen einer Aufenthaltserlaubnis. Die Aufenthaltserlaubnis darf erteilt werden, wenn die Anwesenheit des Ausländers Belange der Bundesrepublik Deutschland nicht beeinträchtigt."

242 BVerwGE 71, 228, 231 f.

243 BVerwG Buchholz 402.24 § 2 AuslG Nr. 76.

244 OVG Rheinland-Pfalz, InfAuslR 2004, 294.

245 Obgleich es hervorhob, dass nicht über den Nachzug, sondern lediglich über den rechtmäßigen Verbleib zu entscheiden war.

bezweifelt werden. Insgesamt Einigkeit besteht darüber, dass sich aus Art. 8 EMRK keine Rechte herleiten lassen, die über diejenigen des Art. 6 Abs. 1 GG hinausgehen[247]. Im reformierten Aufenthaltsgesetz[248] wird gemäß § 30 Abs. 4 keinem weiteren Ehegatten eine Aufenthaltserlaubnis erteilt werden, wenn der Ausländer bereits gemeinsam mit einem Ehegatten im Bundesgebiet lebt. Damit wird zwar die bisherige Praxis, Zweitehegatten nicht ohne weiteres ein Aufenthaltsrecht zu gewähren, auf sichere gesetzliche Grundlage gestellt. Es bleibt jedoch insbesondere mit Blick auf die Rechtsprechung zum Schutz der Familie zweifelhaft, ob ein zwingender Ausschluss haltbar ist, wenn dadurch das Zusammenleben einer Familie gefährdet ist.

3. Eigenständiges Aufenthaltsrecht für eine geschiedene Muslima wegen außergewöhnlicher Härte im Heimatstaat

§ 31 AufenthG gewährt dem Ehegatten eines Ausländers nach Aufhebung der ehelichen Lebensgemeinschaft unter bestimmten Voraussetzung ein Aufenthaltsrecht, das mit dem Grundsatz der Akzessorietät bricht. Interessant bei Beteiligung von Muslimen kann Absatz 2 sein: Dem Ehegatten ist demnach ein weiterer Aufenthalt zu ermöglichen, wenn es zur Vermeidung einer besonderen Härte erforderlich ist. Eine besondere Härte liegt dann vor, wenn dem Ehegatten wegen der aus der Auflösung der ehelichen Lebensgemeinschaft erwachsenden Rückkehrverpflichtung eine erhebliche Beeinträchtigung seiner schutzwürdigen Belange droht. Zu berücksichtigen sind dabei die Folgen, die die Eheauflösung im Heimatstaat zeitigen kann, eine Beschränkung auf Unzumutbarkeit wäre dabei zu eng[249]. In Betracht kommen können auch schwerwiegende gesellschaftliche Nachteile für Frauen aus Rechts- und Kulturkreisen, in denen die Eheauflösung den Männern vorbehalten ist; die Nachteile können sowohl vom Staat selbst ausgehen (durch Bestrafungen etwa) oder durch private Bedrohungen, gegen die der Staat nicht ausreichend zu schützen vermag[250]. Zwar liegen die Ursachen derartiger Nachteile weitgehend im Gesellschaftssystem des Heimatlands begründet, dennoch kann es unvertretbar sein, eine Frau in eine nach deutschen Wertmaßstäben unerträgliche Lebenssituation zu schicken[251].

Das Vorliegen der außergewöhnlichen Härte unterliegt der vollen verwaltungsgerichtlichen Überprüfbarkeit. Der Verwaltungsgerichtshof Baden-Württemberg

246 So *Eberle,* in: Storr u. a., Kommentar zum Zuwanderungsgesetz, § 27 AufenthG Rn. 8, jedoch mit Verweis auf die Gesetzesbegründung zum Entwurf des AuslG 1990.

247 BVerwGNJW 1984, 2775; Bath, NVwZ 1998, 1031, 1034.

248 Vgl. Gesetz zur Umsetzung aufenthalts- und asylrechtlicher Richtlinien der Europäischen Union, Fn. 1.

249 VG München EZAR 023 Nr. 14.

250 *Renner,* Ausländerrecht, § 19 AuslG Rn. 8.

251 *Kloesel/Christ/Häußer,* Deutsches Ausländerrecht, 3. Aufl. 1999, § 19 AuslG Rn. 17a.

bestätigte in einer Entscheidung im Jahr 2003 ein weites Verständnis des so konkretisierten Begriffs der schwerwiegenden Nachteile[252]. Zu entscheiden war über einen Antrag nach § 19 AuslG 1991 einer geschiedenen Türkin. Sie war Mutter einer Tochter und gab an, bei ihrer Rückführung in ihr türkisches Heimatdorf als geschiedene Mutter dort als „Hure" gebrandmarkt zu werden. Dagegen hatte die handelnde Behörde angeführt, dass in der laizistischen Türkei die Scheidung seit langem als Beendigungstatbestand bekannt und familienrechtlich anerkannt sei. Gleichwohl zu befürchtenden gesellschaftlichen Sanktionen könne die Antragstellerin aus dem Weg gehen, in dem sie sich in einer der (aufgeklärteren) Großstädte im Westen der Türkei niederlasse. Der Verwaltungsgerichtshof ließ diese Argumente nicht gelten und ordnete insbesondere den Verweis auf den Laizismus in der türkischen Republik als unerheblich ein. Die drohenden schweren Nachteile müssten gerade nicht unbedingt vom Staat selbst ausgehen. Damit knüpfte er an die Rechtsprechung des Verwaltungsgerichts Berlin[253] zu § 19 AuslG an, das ausgeführt hatte, es sei „in der Regel" davon auszugehen, dass gerade Frauen aus ländlichen Gebieten der Türkei einen Fall besonderer Härte geltend machen könnten.

Erst recht wird man davon ausgehen können, dass Frauen in Staaten, in denen das islamische Familienrecht angewendet wird, schwerwiegenden Nachteilen ausgesetzt sind. Nach islamischem Recht wird die Ehe in der Regel durch den Mann beendet, der allein durch Aussprache der Formel „Du bist geschieden" die Ehe auflösen kann. Umgekehrt hat die Frau kein Recht, ihren Mann zu verstoßen. Sie kann lediglich die richterliche Scheidung beantragen, die nur bei Vorliegen eines von wenigen, im einzelnen umstrittenen Gründen durch den Richter durchgeführt wird. Akzeptiert werden als Gründe etwa die Verletzung der Unterhaltspflicht, grausame Behandlung, eine schwere geistige oder körperliche Krankheit des Mannes, die der Frau bei der Heirat nicht bekannt war, dauerhafte Impotenz oder Enthaltsamkeit, Inhaftierung und längere grundlose Abwesenheit von zu Hause[254]. Während die Scheidung durch die Frau im islamischen Rechtskreis zwar rechtlich möglich, aber deshalb noch nicht zugleich gesellschaftlich akzeptiert ist, geht in der Praxis wegen seines uneingeschränkten Rechts zur Eheauflösung die Beendigung vom Mann aus[255]. Aber auch dann ist die gesellschaftliche Stellung der Frau nicht besser ausgestaltet, denn sie gilt als Verstoßene, die ihren sozialen Status einbüßt[256]. Frauen, die wegen Beendigung der Ehe in einen islamischen Staat zurückkehren sollen, wird daher auch in der Regel der Nachweis einer außergewöhnlichen Härte im Sinne des § 31 Abs. 2 AufenthG gelingen.

---

252 VGH Baden-Württemberg InfAuslR 2003, 190.

253 VG Berlin InfAuslR 1995, 410.

254 *Breuer,* Familienleben im Islam, 2. Aufl. 1998, S. 95 ff.

255 Das einseitige Verstoßungsrecht wurde mit Ausnahme von Tunesien und der ehemaligen Volksrepublik Südjemen noch in keinem arabischen Staat angetastet, vgl. *Würth,* Frauenrechte in der arabischen Welt, 2004, S. 23.

256 *Breuer,* Familienleben im Islam, 2. Aufl. 1998, S. 96.

4. Nachzugsrecht der Kinder gemäß §§ 29, 32, 33 AufenthG

Minderjährige ledige Kinder haben unter den Voraussetzungen der §§ 29, 32 AufenthG ein akzessorisches Nachzugsrecht ins Bundesgebiet. Während gemäß § 32 Abs. 1 Ziff. 1 AufenthG der Nachzug zu einem Asylberechtigten oder zu einem Ausländer, der gemäß § 60 Abs. 1 AufenthG einem Abschiebungsverbot unterliegt, schon dann möglich ist, wenn sich nur ein Elternteil in Deutschland aufhält, muss für einen Nachzug zu sonstigen Ausländern gemäß § 32 Abs. 1 Ziff. 2 AufenthG auch der andere Elternteil eine Aufenthalts- oder Niederlassungserlaubnis besitzen oder aber der eine Elternteil allein personensorgeberechtigt sein. In allen Fällen gilt im übrigen grundsätzlich die Altersgrenze von 16 Jahren; gemäß § 32 Abs. 2 AufenthG erhalten minderjährige Kinder über 16 Jahren eine Aufenthaltserlaubnis nur, wenn sie zusätzlich die deutsche Sprache beherrschen oder die Einfügung in die Lebensverhältnisse der Bundesrepublik gewährleistet erscheint. Beim Nachzug zu beiden Elternteilen war jedenfalls nach alter Rechtslage gemäß § 20 Abs. 2 AuslG 1991 ein Zusammenleben der Eltern in ehelicher Lebensgemeinschaft nicht Voraussetzung[257], daher war auch das Bestehen einer Mehrehe, aus der das Kind hervorgegangen sein kann, für dessen Anspruch unschädlich. Gemäß § 32 Abs. 1 Ziff. 2 AufenthG muss das Kind zwar seinen Lebensmittelpunkt gemeinsam mit den Eltern in das Bundesgebiet verlegen, aber auch innerhalb dieser Neuregelung ergibt sich kein Anhaltspunkt dafür, dass es auf die Form des Zusammenlebens der Eltern ankäme.

Problematisch ist indes das Nachzugsrecht gemäß § 32 Abs. 1 Ziff. 2 AufenthG zu nur einem Elternteil, der allein personensorgeberechtigt ist. Während der Geltung des § 20 Abs. 3 S. 1 AuslG 1991 war bei geschiedener Ehe das Kindeswohl zu berücksichtigen, wobei das Personensorgerecht nicht ausdrücklich zu berücksichtigen war, aber durchaus eine Rolle spielen konnte[258]. Allerdings konnte die tatsächliche Verwirklichung des Kindeswohls wichtiger sein als die rechtliche Befugnis, insbesondere dann, wenn die Übertragung des Sorgerechts dem deutschen ordre public zuwider lief. Das kann etwa bei der Sorgerechtsregelung im islamischen Recht der Fall sein: Die juristische Vormundschaft über ein Kind steht nach islamischem Familienrecht immer dem Vater oder einem männlichen Verwandten zu, lediglich die Inobhutnahme und das Aufziehen übernimmt die Frau im Fall einer Scheidung bis zum Erreichen gewisser Altersgrenzen der Kinder[259]. Diese pauschale Zuordnung des Sorgerechts widerspricht der deutschen Rechtsvorstellung einer am Kindeswohl orientierten Entscheidung über das Sorgerecht. Nach alter Rechtslage war also eine genaue Abwägung aller Umstände des Einzelfalls möglich und nötig. Diese Möglichkeit besteht für den Anspruch des Kindes aus § 32 Abs. 1 Ziff. 2 AufenthG nicht, denn hierfür ist das alleinige Personensor-

---

257 *Renner,* Ausländerrecht, § 20 AuslG, Rn. 7.

258 *Renner,* Ausländerrecht, § 20 AuslG, Rn. 11.

259 *Breuer,* Familienleben im Islam, 2. Aufl. 1998, S. 99.

gerecht desjenigen Elternteils notwendig, zu dem das Kind nachziehen möchte. Hintergrund für diese starre Regelung ist die Überlegung, dass der Nachzug eines Kindes weg vom bisher erziehenden zum anderen Elternteil nachteilige Auswirkungen auf die Entwicklung des Kindes und somit auf die Integration haben könne[260]. Es kann bezweifelt werden, ob diese pauschale Annahme den unterschiedlichen Fällen des Kindernachzugs gerecht wird. Eine am Kindeswohl orientierte Abwägung ist jedoch nach wie vor innerhalb der Ermessensentscheidung gemäß § 32 Abs. 4 AufenthG vorgesehen. Hierdurch soll insbesondere den sich aus Art. 6 Abs. 1 GG ergebenden Schutzwirkungen in jedem Einzelfall hinreichend Rechnung getragen werden[261].

Für in Deutschland geborene Kinder sieht § 33 Satz 1 AufenthG bislang die Erteilung einer Aufenthaltserlaubnis ohne weitere Voraussetzungen von Amts wegen vor, wenn die Mutter eine Aufenthalts- oder Niederlassungserlaubnis besitzt. Diese Vorschrift hat das Bundesverfassungsgericht mit Beschluss aus dem Jahr 2005[262] für mit Art. 3 Abs. 3 Satz 1 GG unvereinbar erklärt, soweit danach ein Anspruch auf Erteilung einer Aufenthaltserlaubnis in Anknüpfung an den Vater ausgeschlossen ist. Das Gericht gab damit einer Verfassungsbeschwerde einer Türkin statt, die in Deutschland geboren war und bei ihrem allein sorgeberechtigten Vater lebte, der eine Aufenthaltserlaubnis aber nicht erteilt wurde, weil die Mutter nur geduldet war. Beim gebundenen Anspruch des § 33 Satz 1 AufenthG (im Verfahren ging es noch um den insoweit gleichen § 21 Abs. 1 Satz 1 AuslG) allein an die Mütter anzuknüpfen, stelle eine Bevorzugung des Geschlechts dar, die nicht gerechtfertigt sei, befand das Gericht. Sie sei auch insbesondere nicht zur Lösung von Problemen, die ihrer Natur nach nur bei Männern oder bei Frauen auftreten können, zwingend erforderlich. Die Vorschrift habe nicht etwa den Schutz einer besonderen Mutter-Kind-Beziehung zum Ziel. Zudem könne eine solche Beziehung auch nicht eine generelle und auf Dauer gerichtete Benachteiligung des Vaters rechtfertigen, zumal die tatsächlichen Lebensverhältnisse in Familien häufig von gemeinsamer Sorge und auch häufiger als früher von der alleinigen Sorge des Vaters geprägt seien. Den vom Bundesverfassungsgericht an den Gesetzgeber gerichteten Auftrag, den Gleichheitsverstoß zu beheben, erfüllt die Reform des Aufenthaltsgesetzes[263] durch den neuformulierten § 33, in dem der Begriff Mutter durch den des Elternteils ersetzt wird.

---

260 So die Begründung, BT-Drs. 15/420, S. 83.

261 So die Begründung, BR-Drs. 22/03, S. 189.

262 BVerfG ZAR 2005, 417.

263 Gesetz zur Umsetzung aufenthalts- und asylrechtlicher Richtlinien der Europäischen Union (Fn. 1).

V. Wirkungen und Schranken der Aufenthaltsrechte nach dem AufenthG

Im Aufenthaltsgesetz grundlegend geregelt sind auch die Pflichten eines Ausländers, die mit der Erteilung einer Aufenthaltsgenehmigung verbunden sind, sowie Beschränkungen, denen der Aufenthalt von Ausländern im Bundesgebiet eventuell unterliegt. Besonderheiten aufgrund der Zugehörigkeit des Ausländers zum Islam können sich ergeben im Zusammenhang mit der politischen und/oder religiösen Betätigung des Muslims (dazu 1.) oder durch seine Mitwirkungspflicht bei der Erstellung von Reisedokumenten mit Passbild (dazu 2.).

1. Beschränkung der politischen Betätigung gemäß § 47 AufenthG

§ 47 AufenthG[264] stellt die gesetzliche Grundlage zur Einschränkung der politischen Betätigung von Ausländern dar. Während Abs. 1 vier alternative Voraussetzungen nennt, nach denen die Beschränkung oder Untersagung im Ermessen der Behörde liegt, handelt es sich bei Abs. 2 um konkrete Verbote, die bei einem Verstoß zu einer zwingenden Untersagung führen. Lediglich bei der Feststellung, ob eine der auslegungsbedürftigen Tatbestandsvoraussetzung wie etwa „Sicherheit der Bundesrepublik Deutschland" vorliegt, bedarf es einer am Grundsatz der Verhältnismäßigkeit orientierten Prüfung[265]. Die politische Betätigung von Ausländern ist sowohl durch die Verfassung (vor allem durch Art. 5 Abs. 1 GG) als auch einfachgesetzlich (etwa im Versammlungsgesetz und im Vereinsgesetz) geschützt. § 47 AufenthG stellt folglich eine Beschränkung dieser – teils auch durch Völkerrecht, etwa in Art. 10, 11 EMRK – gewährten Rechte dar, was insoweit unproblematisch ist, als einfachgesetzliche Rechte beschnitten werden. Auch gegen die Einschränkung der Meinungsfreiheit aus Art. 5 Abs. 1 GG bestehen insgesamt keine Bedenken, da § 47 AufenthG ein allgemeines Gesetz im Sinne des Art. 5 Abs. 2 GG darstellt[266]. Denkbar ist jedoch, dass bei der als politisch eingeordneten Betätigung eines Ausländers auch religiöse Motive, Hintergründe und Tatbestände eine Rolle spielen. Potenziell betroffen wäre die Religionsfreiheit gemäß Art. 4 Abs. 1 und 2 GG, die auch das Recht des Äußerns und Handelns umfasst[267]. Durch § 47 AufenthG kann ausdrücklich nur die politische Betätigung beschränkt oder untersagt werden. Politische Betätigung bedeutet nach einer Formel des Bundesverwaltungsgerichts[268] jedes Tun und Handeln, das auf die Erringung, Änderung oder Bewah-

---

[264] Entspricht wortgetreu dem vormals geltenden § 37 AuslG 1991.

[265] *Renner,* Ausländerrecht, § 37 AuslG, Rn. 15.

[266] *Hailbronner,* § 37 AuslG, Rn. 7 ff.; *Renner,* Ausländerrecht, § 37 AuslG, Rn. 5; differenzierter zum früheren § 6 AuslG 1965 *Wölker,* Zu Freiheit und Grenzen der politischen Betätigung von Ausländern, 1987, S. 6 ff.

[267] *Pieroth/Schlink,* Grundrechte Staatsrecht II, Rn. 508.

rung von Macht und Einfluss auf die Gestaltung staatlicher oder gesellschaftlicher Einrichtungen und Daseinsformen gerichtet ist. Nach dieser Definition kann aber auch das religiös motivierte Handeln politisches sein, wenn es auf die genannten Ziele gerichtet ist. Insofern kann sich die Frage stellen, ob Betätigungen, die jedenfalls auch religiösen Charakter haben, auf der Grundlage des § 47 AufenthG beschränkt werden können, oder ob dies eine Verletzung der Religionsfreiheit aus Art. 4 Abs. 1 und 2 GG darstellen würde.

Als Anhaltspunkt kann für die Prüfung unter Umständen die Wertung des Bundesverwaltungsgerichts im Zusammenhang mit dem Verbot des Vereins „Kalifatsstaat" dienen[269]. Das Gericht hatte in seinem Urteil vom 27. 11. 2002 zu prüfen, ob das Verbot des unter anderem Namen im Vereinsregister eingetragenen „Kalifatsstaats" durch das Bundesministerium des Innern rechtmäßig war. Dass dieser eine Religionsgemeinschaft war, unterstellte das Bundesverwaltungsgericht begründungslos[270]. Auch der Eingriff in die Religionsfreiheit aus Art. 4 Abs. 1 und 2 GG, insbesondere in die Vereinigungsfreiheit als Ausfluss der Freiheit der religiösen Betätigung aus Art. 4 Abs. 2 GG[271] durch ein Verbot des Vereins wurde als schwerwiegend erkannt, zugleich aber die Möglichkeit der Beschränkung zur Abwehr von Gefahren für die verfassungsmäßige Ordnung betont. Eine Rechtfertigung des Eingriffs sei aber wegen des Gewichts der Freiheit des religiösen Bekenntnisses nur möglich, wenn er bei der Abwägung der kollidierenden Verfassungsgüter nach dem Grundsatz eines schonenden Ausgleichs unerlässlich sei[272]. Das sei in der Regel der Fall, wenn sich die Vereinigung gegen die in Art. 79 Abs. 3 GG genannten Verfassungsgrundsätze richte. Für den zugrundeliegenden Fall konnte das Bundesverwaltungsgericht dies bejahen, es ließ aber offen, ob Verbote religiöser Vereinigungen auch unter anderen Voraussetzungen zulässig sein können und vermied insbesondere eine Aussage zur Herleitung der Schranken der religiösen Vereinigungsfreiheit aus Art. 4 GG[273].

Auch eine Beschränkung der politischen Betätigung eines Ausländers auf der Grundlage von § 47 AufenthG wird dann an Art. 4 Abs. 1 und 2 GG zu messen sein, wenn sie eng mit der Religion des Ausländers verknüpft ist. Ist die politische Betätigung zumindest auch Verkünden einer religiösen Überzeugung oder das Reden über sie[274], fällt sie in den Schutzbereich der Bekenntnisfreiheit; jedwedes andere Verhalten, dessen religiöse Motivation plausibel zu belegen ist, wird von der Religionsausübungsfreiheit aus Art. 4 Abs. 2 GG geschützt[275]. Bei aller Diskussion

268 BVerwGE 57, 29.

269 BVerwG NVwZ 2003, 986.

270 BVerwG NVwZ 2003, 986, 987.

271 Anders zu den Grundlagen der religiösen Vereinigungsfreiheit *Muckel* in: Friauf / Höfling, Berliner Kommentar zum Grundgesetz, Art. 4 Rn. 40.

272 BVerwG NVwZ 2003, 986, 987; BVerwGE 37, 344, 365 f.

273 Kritisch dazu *Radtke,* ZevKR 2005, 95, 99 ff.

274 *Muckel* in: Friauf / Höfling, Berliner Kommentar zum Grundgesetz, Art. 4 Rn. 22.

um die Schrankengewinnung[276] besteht Einigkeit dahingehend, dass die Religionsfreiheit auch in ihrer Ausprägung als Bekenntnis- und Ausübungsfreiheit jedenfalls ihre Schranken in kollidierendem Verfassungsrecht findet. Insofern sind die vom Bundesverwaltungsgericht für das Verbot der Religionsgemeinschaft entwickelten Wertungen zur verfassungsrechtlichen Rechtfertigung auch auf die Beschränkung der politischen Betätigung von Ausländern, die zumindest auch religiös motiviert ist, übertragbar. Jedoch liegt freilich nicht bei allen Tatbeständen des § 47 AufenthG auch ein Angriff auf die in Art. 79 Abs. 3 GG niedergelegten Verfassungsgrundsätze vor. Beispielhaft genannt sei die Vorschrift des § 47 Abs. 1 Ziff. 1 AufenthG, nach der schon eine Gefährdung der öffentlichen Sicherheit und Ordnung ausreicht, wobei diese Klausel im Sinn des allgemeinen Polizeirechts zu verstehen ist[277] und gerade kein kollidierendes Verfassungsrecht darstellt. Mit guten Gründen lässt sich jedoch eine Schranke der Religionsfreiheit aus dem Vorbehalt des allgemeinen Gesetzes aus Art. 140 GG in Verbindung mit Art. 136 Abs. 1 WRV gewinnen[278]. § 47 AufenthG stellt ein allgemeines Gesetz in diesem Sinne dar, weil es gerade kein Sonderrecht gegen die Religionsfreiheit normiert, sondern diese (wie geschildert) nur unter Umständen und nicht typischerweise betroffen ist. Gleichwohl besteht auch bei diesem Schrankenverständnis das Erfordernis, im Wege praktischer Konkordanz die gegenläufigen Rechtsgüter in einen möglichst schonenden Ausgleich zu bringen. § 47 Abs. 2 AufenthG nennt in den Ziffern 1 bis 3 Gründe, bei deren Vorliegen die politische Betätigung von Ausländern zwingend zu versagen ist. Geschützt werden in diesen Fällen Rechtsgüter wie die freiheitliche demokratische Grundordnung oder die Sicherheit der Bundesrepublik Deutschland, die kodifizierten Normen des Völkerrechts und das staatliche Gewaltmonopol, mithin überragend wichtige Rechtsgüter, die bei der Anwendung praktischer Konkordanz stets geeignet sind, die Bekenntnisfreiheit und Religionsausübungsfreiheit aus Art. 4 Abs. 1 und 2 GG zu begrenzen. Hingegen besteht bei Vorliegen von Gründen, wie sie § 47 Abs. 1 AufenthG nennt, die Möglichkeit und Notwendigkeit der Abwägung für die handelnde Behörde im Rahmen einer Ermessensentscheidung. Betroffene Rechtsgüter sind hier etwa die politische Willensbildung, die außenpolitischen Interessen Deutschlands oder die bereits erwähnte polizeirechtliche Generalklausel der öffentlichen Sicherheit und Ordnung. Diese Schutzgüter sind nicht per se wichtiger als die Religionsfreiheit des Einzelnen, daher kann nur eine einzelfallbezogene Abwägung die kollidierenden Rechtsgüter in einen schonenden Ausgleich bringen, um den Anforderungen an die verfassungsrechtliche Rechtfertigung zu genügen.

---

275 *Muckel* in: Friauf / Höfling, Berliner Kommentar zum Grundgesetz, Art. 4 Rn. 29; abweichend Kästner, JZ 1999, 974, 980.

276 *Muckel* in: Friauf / Höfling, Berliner Kommentar zum Grundgesetz, Art. 4 Rn. 40 ff.

277 Zur wortgleichen Vorschrift des AuslG 1991 *Renner*, Ausländerrecht, § 37 AuslG, Rn. 10.

278 Siehe nur *Muckel* in: Friauf / Höfling, Berliner Kommentar zum Grundgesetz, Art. 4, Rn. 47 mwN.

2. Die Mitwirkungspflicht des Ausländers gemäß §§ 48 Abs. 3 AufenthG, 60 AufenthVO insbesondere bei Erstellung eines Passes bzw. Ausweisersatzes und der Konflikt mit Kopftuch und Schleier

Ebenfalls an Art. 4 GG zu messen ist die Mitwirkungspflicht von Ausländerinnen an der Erstellung von Reisedokumenten, wenn sie unter Androhung von Zwangsmitteln zum Anlegen eines Kopftuchs für die Anfertigung eines Passfotos angewiesen werden. Für Gesprächsstoff sorgte in diesem Zusammenhang der Fall zweier Iranerinnen, die deshalb für das Passbild ein Kopftuch anlegen sollten, weil der Iran, in den sie abgeschoben werden sollten, für Ausweise von Frauen keine Lichtbilder ohne Kopftuch akzeptiert. Die Mitwirkungspflicht von Ausländern an der Ausstellung eines geeigneten Ausreisedokuments ergibt sich nunmehr aus § 48 Abs. 3 AufenthG, § 60 AufenthVO[279]. Die Frauen hatten sich mit Verweis auf ihre negative Religionsfreiheit gegen die Anordnung gewehrt[280]. Der Bayerische VGH wies die Klage ab und begründete dies vor allem damit, dass der Schutzbereich der negativen Religionsfreiheit aus Art. 4 GG schon gar nicht eröffnet sei. Zum einen habe das Kopftuch keine ausschließlich religiöse Bedeutung, das Anlegen sei daher kein Bekenntnisakt. Darüber hinaus sei auch deshalb die negative Religionsfreiheit nicht betroffen, weil die Iranerinnen nicht etwa geltend gemacht hätten, sich zu einer Religion zu erkennen, die das Tragen des Kopftuchs verbiete. Vielmehr lehnten sie als Muslime das Kopftuch allein aus weltanschaulichen Gründen ab, die jedoch auch nicht hinreichend substantiiert vorgetragen seien[281]. Das Urteil ist berechtigterweise auf Kritik gestoßen[282]. Insbesondere der Versuch des VGH, dem Kopftuch „bei objektiver Betrachtungsweise" den religiösen Gehalt zu nehmen, geht fehl.

Tatsächlich begegnet aber der Versuch, die Weigerung gegen das zwangsweise Anlegen eines Kopftuchs einer der (negativen) religiösen Freiheiten zuzuordnen, gewissen Schwierigkeiten. Die negative Glaubensfreiheit aus Art. 4 Abs. 1 GG schützt das Recht, einen Glauben nicht bilden zu müssen[283]. Die negative Seite des Rechts auf Religionsausübungsfreiheit ist in Art. 140 GG in Verbindung mit Art. 136 Abs. 4 WRV eigens gewährleistet und tatbestandlich klar abgegrenzt auf die dort beschriebenen Handlungen[284]. Durch das zwangsweise Anlegen des Kopftuches muss weder ein Glaube gebildet werden, noch handelt es sich um einen Tat-

---

279 Der zitierte Fall indes noch unter der Geltung von § 40 Abs. 1 AuslG 1991 und § 25 Nr. 2 DVAuslG.

280 Bayerischer VGH NVwZ 2000, 952. Das Verfahren vor dem BVerfG wurde wegen Ausreise der Frauen eingestellt, Beschluss vom 4. 4. 2001, Az.: 2 BvR 713/00.

281 Bayerischer VGH NVwZ 2000, 952, 953 f.

282 *Breuer,* NVwZ 2002, 950; *Janz/Rademacher,* JuS 2001, 440.

283 *Muckel* in: Friauf/Höfling, Berliner Kommentar zum Grundgesetz, Art. 4 Rn. 19 mwN.

284 *Muckel* in: Friauf/Höfling, Berliner Kommentar zum Grundgesetz, Art. 4 Rn. 37.

bestand des Art. 136 Abs. 4 WRV. In Betracht kommt daher allein die negative Bekenntnisfreiheit aus Art. 140 GG in Verbindung mit Art. 136 Abs. 3 WRV. Durch sie wird das Recht geschützt, eigene religiöse oder weltanschauliche Überzeugungen nicht offenbaren zu müssen[285]. Wer für ein Lichtbild ein Kopftuch anlegen muss, ist jedoch nicht zwangsläufig genötigt, eine religiöse Überzeugung preiszugeben. Die im vorliegenden Fall betroffenen Iranerinnen lehnten vielmehr „das durch die Religion bzw. eine bestimmte Interpretation der Religion auferlegte Gebot, ein Kopftuch zu tragen, ab“[286]. Betroffen ist damit also nicht die Freiheit, ein – tatsächlich vorhandenes – religiöses Bekenntnis nicht offenbaren zu müssen, sondern ein mögliches Recht, nicht ein Bekenntnis abgeben zu müssen, das der eigenen (religiösen oder weltanschaulichen) Überzeugung widerspricht oder zumindest nicht entspricht. Fraglich ist, ob ein solches Recht grundrechtlich von der negativen Bekenntnisfreiheit aus Art. 140 GG in Verbindung mit Art. 136 Abs. 3 WRV geschützt ist und ferner, ob bejahendenfalls dieses Recht im Fall verletzt ist.

Gegen die negative Bekenntnisfreiheit verstößt nach der Rechtsprechung des Bundesverfassungsgerichts[287] ein obligatorisches Schulgebet, wenn der einzelne Schüler diesem Gebet nicht fernbleiben kann. Notwendig ist die „Garantie der Freiwilligkeit der Teilnahme“[288]. Auch hier ist ein Tatbestand beschrieben, bei dem ein „fremdes“ Bekenntnis nicht abgegeben werden muss. Dabei muss unerheblich sein, ob der betreffende Schüler eine widersprechende religiöse Überzeugung hat, eine indifferente oder gar eine ähnliche. Eine andere Wertung kann sich jedenfalls dann nicht für das zwangsweise Anlegen eines Kopftuches ergeben, wenn das Tragen des Kopftuches eine vergleichbare religiöse Dimension hat. Das Kopftuch ist jedenfalls positiv dann durch das Grundrecht der Bekenntnisfreiheit geschützt, wenn es zum Zecke des Bekenntnisses im Sinne einer religiösen Meinungsäußerung geschieht; entscheidend ist insofern das Selbstverständnis des Grundrechtsträgers[289]. Problematisch ist jedoch vorliegend, dass die Grundrechtsschutzsuchenden gerade kein Bekenntnis abgeben, sondern sich gegen ein aufgezwungenes wehren wollen. Gleichwohl ist für sie das Tragen des Kopftuchs ein religiös auferlegtes Gebot, das sie ablehnen[290]. Der Bezug zur Religion müsste jedoch einer Plausibilitätsprüfung standhalten, damit das Grundrecht vor allzu subjektivistischer Interpretation[291] geschützt wird. Dazu müssen andere Kriterien herangezogen werden als allein das Selbstverständnis der Betroffenen. Ganz eindeutig liegt in der Anordnung der Behörde, ein Kopftuch zu tragen, und in der

285 *Muckel* in: Friauf / Höfling, Berliner Kommentar zum Grundgesetz, Art. 4 Rn. 25.

286 Bayerischer VGH NVwZ 2000, 952, 954.

287 BVerfGE 52, 223 ff.

288 BVerfGE 52, 223, 241.

289 *Muckel* in: Friauf / Höfling, Berliner Kommentar zum GG, Art. 4 Rn. 23.

290 Bayerischer VGH, NVwZ 2000, 952, 954.

291 *Breuer,* NVwZ 2002, 950, 951.

Androhung der zwangsweisen Durchsetzung unmittelbar kein religiöses Element im Sinne eines Zwangs zu einem Bekenntnis. Aus Sicht der handelnden Behörde ist das Anlegen des Kopftuches lediglich notwendiger und religionsneutraler Teil eines Verfahrensschritts – nämlich der Beschaffung eines Passes oder Passersatzes –, um die Rückkehr von Iranerinnen in ihren Heimatstaat durchzusetzen, der seinerseits nur Lichtbilder von Frauen mit Kopftuch für Reisedokumente zulässt. Letztlich ist das Anlegen des Kopftuchs also durch iranische Vorschriften veranlasst, so dass es allenfalls auf das iranische Verständnis von der Bekenntnisfunktion des Kopftuchs ankommt. Nach Ansicht des Bayerischen Verwaltungsgerichtshofs hat das Tragen eines Kopftuchs im Iran keine ausschließlich religiöse Bedeutung. Es handele sich vielmehr um eine Verhaltensmaßregel, „ein auf der im iranischen Staat herrschenden sittlichen Betrachtungsweise beruhendes ordnungsrechtliches Regelwerk“, die Bekleidungsvorschriften stellten keine religiösen Regelungen dar, sondern seien allenfalls „Ausdruck einer bestimmten religiösen Auffassung der geistlichen Führer des Landes“[292]. Es begründet seine Ansicht zudem damit, dass das Kopftuch nicht zu den fünf Pfeilern des Islam gehöre und darüber hinaus in seiner Symbolbedeutung nicht mit der des christlichen Kreuzes vergleichbar sei.

Die vom Gericht vorgetragenen Argumente sind fragwürdig. Der iranische Staat bekennt sich in seiner Verfassung und in seiner Rechtspraxis zum Islam[293]. Die Pflicht von Frauen, sich in der Öffentlichkeit und auf für Ausweisdokumente notwendigen Fotos mit einem Kopftuch zu bedecken, ist im Iran religiös begründet und motiviert[294]. Dabei ist unerheblich, ob das Tragen eines Kopftuches tatsächlich auch nach unumstrittener oder wenigstens überwiegender Meinung der islamischen Rechtsgelehrten insgesamt zu den Pflichten oder Geboten des Islam gehört, da dies jedenfalls nach iranischem Verständnis vom Islam der Fall ist. Dies wiegt umso schwerer, als diese Pflicht durch Staatsgewalt angeordnet und durchgesetzt wird. Der iranische Staat verlangt von Frauen, sich zu dieser religiösen Vorstellung zu bekennen; er verlangt dies auch von Frauen mit anderer Religions- und Staatsangehörigkeit. Durch das zwangsweise Tragen eines Kopftuches werden gerade alle Frauen verpflichtet, sich zur Gültigkeit der religiösen Vorschriften im Iran zu bekennen. In diesem Kontext hat also das Tragen des Kopftuches eindeutig bekenntnishaften Charakter. Dadurch, dass es sich im besprochenen Sachverhalt nur um den „kurzen Moment der Anfertigung eines Passfotos“ handelt, ergibt sich keine andere Wertung, denn zum einen wird der zeitlich begrenzte Vorgang des Fotografierens eben durch das Foto perpetuiert. Zum anderen wird gerade durch

---

[292] Bayerischer VGH, NVwZ 2000, 952, 953.

[293] Art. 4 Verfassung der Islamischen Republik Iran von 1979; *Heldmann,* ZAR 1990, 137, 141 f.

[294] So wird im Iran selbst von „islamischer Kleiderordnung“ gesprochen, vgl. Zitate bei *Mees,* InfAuslR 1990, 348, 349; die Tazir-Strafen des iranischen Strafgesetzbuchs sind solche bei „sündigem Verhalten“, wozu auch der Verstoß gegen Bekleidungsvorschriften gehört, vgl. *Heldmann,* ZAR 1990, 137, 143.

die Verwendung für Dokumente des iranischen Staates und aufgrund iranischer Vorschriften das Foto in den aufgezeigten religiösen Zusammenhang gestellt. Zwar ist es nicht Aufgabe des deutschen Aufenthaltsrechts, die Grundrechtsordnung der Bundesrepublik Deutschland in anderen Staaten durchzusetzen[295]. Doch, so das Bundesverfassungsgericht, „die Grundrechte binden in ihrem sachlichen Geltungsumfang die deutsche Gewalt auch, soweit Wirkungen ihrer Betätigung außerhalb des Hoheitsbereichs der Bundesrepublik Deutschland eintreten“[296]. Das ist hier der Fall: Durch die behördliche Anordnung und die Androhung der Durchsetzung mit Zwang, sich dem durch den iranischen Staat vorgegebenen Bekenntnis anzuschließen, wird in die negative Bekenntnisfreiheit der betroffenen Frauen eingegriffen, denn es besteht für sie keine Möglichkeit, sich dem zu entziehen. Hier liegt insbesondere auch der Unterschied etwa zu nicht-muslimischen Europäerinnen begründet, die ebenfalls ein Kopftuch anlegen müssen, um ein Visum für den Iran zu erlangen. Hierbei handelt es sich um einen notwendigen Schritt innerhalb des Visumsverfahrens, den die Antragstellerinnen freiwillig beschreiten. Das Erfordernis, ein Kopftuch anzulegen, ergib sich aus dem Entschluss, ein Visum zu beantragen. Dieser gründet jedoch auf freiwilliger Entscheidung und nicht auf staatlichem Zwang. Insoweit trägt der Verweis auf diese Sachverhalte als Argument nicht[297].

Zu untersuchen ist dann aber, ob der Eingriff gerechtfertigt ist. In der Literatur wurde versucht, eine Rechtfertigung über verfassungsimmanente Schranken zu begründen. Kollidierendes Verfassungsrecht sei die Funktionsfähigkeit der Rechtsordnung, die sich unter anderem als staatliches Interesse an der Durchführung einer bestandskräftigen Abschiebung auswirken soll[298]. Ob die Funktionsfähigkeit der Rechtsordnung als Ausprägung des Rechtsstaatsprinzips für sich genommen ein Gut von Verfassungsrang darstellt, ist mit Fug in Zweifel zu ziehen[299]. Die Mitwirkungspflichten des Ausländers, die sich aus dem AufenthG und der AufenthVO ergeben, beruhen aber auf allgemeinen Gesetzen im Sinne von Art. 140 GG in Verbindung mit Art. 136 Abs. 1 WRV, da sie für sich religionsneutrale Regelungen darstellen. Sie können also die negative Bekenntnisfreiheit grundsätzlich beschränken. Die auf diesen Ermächtigungen beruhende behördliche Maßnahme muss aber, wenn sie – wie auch im dargestellten Fall – Religionsbezug hat, im Einzelfall nach dem Grundsatz der Verhältnismäßigkeit insbesondere unter dem Gesichtspunkt praktischer Konkordanz zu rechtfertigen sein. Im Fall des mit Zwangsmitteln angedrohten Anlegens eines Kopftuchs ist die Verfassungsmäßigkeit erheblich in Zweifel gestellt. Es ist höchst fraglich, ob das Interesse an einem einwandfreien und zügigen Abschiebeverfahren ein der-

---

295 BVerwGE 74, 31, 37.

296 BVerfGE 57, 9, 23.

297 Anders VG Düsseldorf, InfAuslR 2003, 63, 65; Bayerischer VGH, NVwZ 2000, 952, 953.

298 *Janz/Rademacher,* JuS 2001, 440, 443 f.

299 *Breuer,* NVwZ 2002, 950, 952.

gestalt wichtiger Belang ist, dass er den schwerwiegenden Eingriff[300] in die negative Bekenntnisfreiheit rechtfertigt.

VI. Einreiseverweigerung gemäß § 15 AufenthG

§ 15 AufenthG ermächtigt die zuständige Behörde dazu, einen Ausländer an der Grenze zurückzuweisen. Während bei Verstößen gegen die formelle Berechtigung zur Einreise gemäß Abs. 1 die Zurückweisung zwingend vorgeschrieben ist, besteht nach Abs. 2 und 3 ein Ermessensspielraum zugunsten der Behörde. Innerhalb der Ermessensausübung hat das Bundesverwaltungsgericht auch den Interessen einer Religionsgemeinschaft Bedeutung eingeräumt, wenn es um die Einreise eines geistlichen Oberhauptes geht[301]. Zwar komme den ausländerrechtlichen Bestimmungen, die die Einreise und den Aufenthalt von Ausländern regeln, einfachgesetzlich in der Regel keine Schutzwirkung zugunsten Dritter zu. Eröffne das Gesetz aber der Behörde einen Ermessensspielraum, so sind bei Ausübung dieses Ermessens auch verfassungsrechtliche Wertentscheidungen und Grundrechte Dritter zu berücksichtigen, wenn und soweit sie durch die ausländerrechtliche Entscheidung berührt sind. Mit dieser Pflicht korrespondiere grundsätzlich auch ein subjektives Recht des betroffenen Grundrechtsträgers mit der Folge, dass die das Ermessen eröffnende Norm im Lichte der Grundrechte auch Schutzwirkung zu seinen Gunsten entfaltet. Das Gericht übertrug diese in anderem Zusammenhang entwickelten Grundsätze damit ausdrücklich auf Art. 4 GG zugunsten von Religionsgemeinschaften. Aus diesem Urteil muss daher insgesamt gefolgert werden, dass im Rahmen von aufenthaltsrechtlichen Ermessensentscheidungen immer auch betroffene Interessen von Religionsgemeinschaften als Belang einzustellen sind. Diese sind freilich im Einzelfall nachvollziehbar darzulegen.

VII. Beendigung des Aufenthalts

Unter den verschiedenen Vorschriften, aufgrund derer gemäß § 51 AufenthG ein Aufenthaltsrecht in Deutschland beendet werden kann, ist in der Praxis die Ausweisung gemäß §§ 53 ff. AufenthG eine der wichtigsten. Durch das Terrorismusbekämpfungsgesetz vom 9. 1. 2002[302] hatten bereits die alten Regelungen zur Ausweisung im AuslG Änderungen erfahren, durch das AufenthG wird die Systematik der Vorschriften zur Ausweisung nur geringfügig modifiziert. Es existieren nach wie vor drei Stufen der Ausweisung, die in der Neufassung indes in anderer Rei-

---

300 Zur Völkerrechtswidrigkeit *Breuer,* NVwZ 2002, 950, 953. Im übrigen besteht nach Breuer ein milderes Mittel, weil die Bundesrepublik auf den Iran einwirken könnte, Passfotos ohne Kopftuch zuzulassen.

301 BVerwGE 114, 356, 362; im Anschluss an OVG Koblenz (oben Fn. 220).

302 BGBl. I, 361.

henfolge sortiert sind. § 53 AufenthG normiert die Voraussetzungen der zwingenden Ausweisung, § 54 AufenthG diejenigen der Ausweisung im Regelfall, der dann eintritt, wenn keine besonderen entlastenden Umstände vorliegen[303], und § 54 AufenthG schließlich regelt die Ermessensausweisung.

Eine wesentliche Änderung hat bereits das Terrorismusbekämpfungsgesetz für den Tatbestand der Gefährdung der freiheitlichen demokratischen Grundordnung und der Sicherheit der Bundesrepublik Deutschland bzw. der Verfolgung politischer Ziele mit Gewalt bewirkt: Er wurde durch das Gesetz von der vormaligen Ermessensausweisung (§ 46 Nr. 1 AuslG 1990) zu einer Regelausweisung (§ 54 Nr. 5a AufenthG bzw. §§ 47 Abs. 2 Nr. 4 i.V.m. 8 Abs. 1 Nr. 5 AuslG 1991) heraufgestuft. Dadurch hat sich zwar für die Praxis an der Prüfung der Tatbestandsvoraussetzungen nichts geändert, die Rechtsfolge ist aber verschärft worden[304]. In diesem Zusammenhang waren diejenigen Fälle interessant, in denen die Frage aufgeworfen wird, ob die Mitgliedschaft oder Mitarbeit in einer verbotenen Vereinigung schon als tatbestandlich anzusehen ist. Eindeutig bejaht wurde dies etwa für einen Gebietsemir des verbotenen Kalifatsstaats vor allem deshalb, weil er eine innere und äußere Abkehr von den durch den Kalifatsstaat verfolgten Zielen nicht nach außen glaubhaft und überzeugend deutlich gemacht hat[305]. Für Leiter eines Vereins, der unanfechtbar verboten wurde, weil seine Zwecke oder seine Tätigkeit den Strafgesetzen zuwiderlaufen oder er sich gegen die verfassungsmäßige Ordnung oder den Gedanken der Völkerverständigung richtet, sieht mittlerweile § 54 Nr. 7 AufenthG die Regelausweisung vor.

Hinsichtlich der Definition der Schutzgüter ist in Rechtsprechung und Literatur als gefestigt anzusehen: Die freiheitliche demokratische Grundordnung betrifft die Grundprinzipien der Staatsgestaltung, die das Grundgesetz als unantastbar anerkennt[306], während der Begriff Sicherheit der Bundesrepublik Deutschland die innere und äußere Sicherheit des Staates meint und somit enger zu verstehen ist als der polizeirechtliche Begriff der öffentlichen Sicherheit und Ordnung[307]. Die Schutzgüter müssen gefährdet sein. Aus dieser Voraussetzung ergibt sich, dass der Ausländer selbst eine Gefahr für das jeweilige Schutzgut darstellen muss[308] oder anders ausgedrückt muss sich die Gefährdung gerade aus der Anwesenheit des Ausländers auf Bundesgebiet ergeben, um einen Ausweisungsgrund liefern zu können. Die bloße Zugehörigkeit zu einer Vereinigung, die ihrerseits wegen Gefährdung der inneren Sicherheit verboten werden kann, reichte bisher nach Ansicht des Bundesverwaltungsgerichts[309] für sich genommen noch nicht aus, vielmehr musste

---

303 *Kissrow/Maaßen,* Ausländerrecht 2004, Einf., S. 27.

304 *Huber,* NVwZ 2002, 787, 790.

305 VGH Baden-Württemberg VBlBW 2003, 477.

306 BVerwGE 75, 86, 93 f.

307 BVerwGE 96, 86, 91; *Renner,* Ausländerrecht Kommentar, § 46 AuslG Rn. 4.

308 VGH Baden-Württemberg EZAR 277 Nr. 10.

309 BVerwGE 96, 86, 92.

sich der Verbotsgrund in der Person des Ausländers konkretisieren. Durch das Zuwanderungsgesetz neu aufgenommen in die Vorschrift zur Regelausweisung wurde aber gemäß § 54 Nr. 5 AufenthG der Tatbestand der Zugehörigkeit zu einer Vereinigung, die den Terrorismus unterstützt, bzw. der Unterstützung einer solchen Vereinigung und auch zurückliegende Mitgliedschaften und Handlungen, sofern diese eine gegenwärtige Gefährlichkeit begründen. Aufgrund dieser Ermächtigung wurde etwa bereits ein Funktionär der islamistischen Hisbollah ausgewiesen[310].

Zu beachten ist jedoch die Rechtsprechung des Bundesverwaltungsgericht zur privilegierten Stellung von Unionsbürgern[311] und türkischen Staatsangehörigen mit Aufenthaltsrecht aus ARB 1 / 80[312]: Zwingende Ausweisung und Regelausweisung können für diese Personengruppen nicht als Grundlage dafür dienen, den Aufenthalt zu beenden, da sie keine einzelfallbezogene Prüfung im Rahmen einer Ermessensentscheidung vorsehen[313]. Zukünftige Ausweisungen in Fällen, die ähnlich gelagert sind wie die des Gebietsemirs des verbotenen Kalifatsstaats oder des Hisbollah-Funktionärs und türkische Staatsangehörige mit einem Aufenthaltsrecht aus dem ARB 1 / 80[314] oder EU-Bürger betreffen, sind daher nur noch auf der Grundlage des § 55 AufenthG zulässig. Bedeutsam ist insoweit aber, dass der ARB 1 / 80 nur solchen Arbeitnehmern ein Aufenthaltsrecht gewährt, die zum regulären Arbeitsmarkt im Sinne des Art. 6 Abs. 1 ARB 1 / 80 gehören. Sonderarbeitsverhältnisse für bestimmte Personengruppen, die nicht in Konkurrenz zu arbeitsuchenden EU-Bürgern stehen, gehören nicht dazu[315].

Neu aufgenommen ist zudem die Ermessensausweisung von sogenannten „geistigen Brandstiftern“ gemäß § 55 Abs. 2 Nr. 8 Buchst. a und b AufenthG. Auf diese Ermächtigungsgrundlage könnte sich die Ausweisung eines Imams einer türkischen Moschee stützen, über die das VG Berlin im Eilverfahren zu entscheiden hatte[316]. Gegen den Geistlichen war eine Ausweisungsverfügung unter Anordnung des sofortigen Vollzugs ergangen, weil er bei einer Kundgebung in Berlin die Selbstmordanschläge im Irak und in Israel glorifiziert und an anderer Stelle Deutsche als nutzlos bezeichnet habe. Dagegen klagte der betroffene Imam. Bundesweit handelt es sich um den ersten Fall dieser Art. Die Ausweisungsverfügung Ende 2004 hatte sich auf den Tatbestand der Gefährdung der inneren Sicherheit gestützt, also auf den seinerzeit noch geltenden § 47 Abs. 2 Nr. 4 in Verbindung mit § 8 Abs. 1 Nr. 5 AuslG 1991. Die zweite Instanz hatte nach Inkrafttreten des AufenthG die Ermächtigungsgrundlage des § 55 Abs. 2 Nr. 8 Buchst. a AufenthG herangezogen und dem Imam ebenfalls einstweiligen Rechtsschutz versagt[317]. Diese Be-

---

310 VG Düsseldorf v. 4. 1. 2005, Az.: 24 L 3189 / 04.

311 BVerwGE 121, 297.

312 BVerwGE 121, 315.

313 Vgl. oben III.

314 Fn. 169.

315 OVG Münster, InfAuslR 1999, 102 für Imam.

316 VG Berlin InfAuslR 2005, 189.

schlüsse hob das Bundesverfassungsgericht auf[318], da wegen der schwerwiegenden Folgen der Ausweisung auch schon im Eilverfahren hinreichend belastbare Feststellungen erforderlich seien, das gebiete das Grundrecht des effektiven Rechtsschutzes aus Art. 19 Abs. 4 GG. Der Sofortvollzug sei nur ausnahmsweise und nur dann zu rechtfertigen, wenn hinreichend festgestellte staatliche Sicherheitsinteressen von erheblichem Gewicht dargelegt würden. In anderem Zusammenhang hatte zudem der Europäische Gerichtshof geurteilt, dass bei aufenthaltsbeendenden Maßnahmen gegenüber EU-Bürgern und türkischen Arbeitnehmern mit Rechten aus dem ARB 1/80 den Betroffenen Rechtsmittel mit aufschiebender Wirkung zur Verfügung stehen müssen[319]. Für den vorliegenden Fall ist dies indes bedeutungslos, da der betroffene Ausländer als Imam nicht zum regulären Arbeitsmarkt gehört und daher nicht durch die Rechte aus dem ARB 1/80 privilegiert ist[320]. Die Schwierigkeit im Verfahren um den Kreuzberger Imam liegt vor allem in der schwer festzustellenden Tatsachenlage begründet. Über die genaue Bedeutung seiner in türkischer und arabischer Sprache gehaltenen Gebete besteht Uneinigkeit, unter anderem wird von Sachverständigen die staatsfeindliche Ausrichtung eines Gedichtes in Zweifel gezogen. Für das Bundesverfassungsgericht erschließt sich deshalb die Rechtmäßigkeit der Ausweisung „nicht ohne weiteres“[321]. Nicht nur für die Anordnung der sofortigen Vollziehbarkeit, sondern auch für die Ausweisung auf der Grundlage des § 55 Abs. 2 Nr. 8 Buchst. a) oder b) AufenthG ist also jedenfalls eine sichere tatsächliche Würdigung des Verhaltens erforderlich, auf das sich die Ausweisung gründet.

In diesem Zusammenhang lässt sich zudem aufzeigen, aus welchen Gründen die durch das Zuwanderungsgesetz neu aufgenommene Ermächtigungsgrundlage der Abschiebungsanordnung gemäß § 58a AufenthG kritikwürdig ist: Die Abschiebungsanordnung eröffnet der obersten Landesbehörde (oder bei besonderem Interesse dem Bundesinnenministerium, § 58a Abs. 2 AufenthG) die Möglichkeit, gegen einen Ausländer ohne vorherige Ausweisung eine Abschiebungsanordnung zu erlassen. Diese ist sofort vollziehbar und bedarf nicht der Androhung, Rechtsschutz ist nur in einer Instanz vor dem Bundesverwaltungsgericht eröffnet. Das sonst mehrstufige Verfahren zur Aufenthaltsbeendigung und somit auch die Rechtsschutzgewähr des betroffenen Ausländers werden mit dieser Vorschrift erheblich verkürzt. Tatbestandliche Voraussetzungen für die Abschiebungsanordnung ist gemäß § 58a Abs. 1 AufenthG das Vorliegen einer vom Ausländer ausgehenden besonderen Gefahr für die Sicherheit der Bundesrepublik Deutschland oder einer terroristischen Gefahr, für die jeweils eine auf Tatsachen gestützte Prognose ausreichend ist. Die terroristische Gefahr umfasst im Gegensatz zur ers-

---

317 OVG Berlin Urteil vom 22. 3. 2005, Az.: OVG 3 S 17/05.

318 BVerfG NJW 2005, 3275.

319 EuGH 2. 6. 2005, Az C-136/03 (Ünal).

320 OVG Münster, InfAuslR 1999, 102.

321 BVerfG NJW 2005, 3275.

ten Voraussetzung auch solche Aktivitäten, die sich nicht unmittelbar gegen die Bundesrepublik Deutschland richten. Der Begriff der terroristischen Gefahr[322] begegnet mangels Legaldefinition im Hinblick auf das Bestimmtheitsgebot verfassungsrechtlichen Bedenken. Im Hinblick auf den Begriff der tatsachengestützten Prognose kann bisher nur auf die sonstigen für Verwaltung und Rechtsprechung geltenden Grundsätzen verwiesen werden: Die Überzeugungsbildung muss auf tatsächliche Anhaltspunkte gestützt sein, die eine Vorhersage der in dem Tatbestand festgelegten Gefahren oder Gefährdungen erlauben[323]. Die Tatsachen selbst müssen hinreichend zuverlässig und eindeutig sein, ein Verdacht reicht nicht aus[324]. Auch aus der Entscheidung des Bundesverfassungsgerichts zum Kreuzberger Imam[325] lässt sich für die Abschiebungsanordnung insbesondere wegen des verkürzten Rechtsschutzes folgern, dass an die Tatsachenwürdigung ebenso hohe Anforderungen zu stellen sind wie an die darauf aufbauende Gefahrenprognose.

B. Asylrechtliche Probleme

Rechtsgrundlage für das Asylrecht in Deutschland ist Art. 16a Abs. 1 GG. Politisch Verfolgte genießen Asylrecht, heißt es dort, womit im Zuge der Grundgesetzänderung im Jahr 1993 der Wortlaut des gestrichenen Art. 16 Abs. 2 Satz 2 GG übernommen wurde. Die wesentlichen Neuerungen seinerzeit stellten die Absätze 2 bis 4 des Art. 16a GG dar. Gemäß Abs. 2 kann sich auf das Asylrecht nicht berufen, wer aus einem sogenannten sicheren Drittstaat einreist (vgl. auch § 26a AsylVfG). Personen, die über einen sicheren Drittstaat einreisen, sind nach der Rechtsprechung des Bundesverfassungsgerichts[326] nicht vom persönlichen Schutzbereich des Art. 16a Abs. 1 GG erfasst.

Neben dem grundgesetzlich geschützten Asylrecht, dessen Anwendungsbereich durch die Drittstaatenregelung verengt wurde, existiert einfachgesetzlich das sogenannte kleine Asyl. Hierbei handelt es sich um den Abschiebungsschutz nach § 60 Abs. 1 AufenthG in Verbindung mit § 3 AsylVfG, durch den auch die Rechtsstellung sonstiger politisch Verfolgter – also derjenigen, die sich nicht auf Art. 16a Abs. 1 GG berufen können – geregelt ist. In der Praxis wird mittlerweile nach diesen Vorschriften ein Großteil der Flüchtlinge in ihrer aufenthaltsrechtlichen Stellung behandelt[327]. Gemäß § 60 Abs. 1 AufenthG darf ein Ausländer nicht in einen Staat abgeschoben werden, in dem sein Leben oder seine Freiheit wegen

322 Zum Begriff *Marx,* ZAR 2004, 275 ff.

323 *Renner,* ZAR 2004, 266, 272.

324 *Marx,* ZAR 2004, 275, 277.

325 BVerfG NJW 2005, 3275.

326 BVerfG NVwZ 1996, 700, 702.

327 *Groß,* ZAR 2005, 61.

seiner Rasse, Religion, Staatsangehörigkeit, seiner Zugehörigkeit zu einer bestimmten sozialen Gruppe oder wegen seiner politischen Überzeugung bedroht ist. § 60 Abs. 1 AufenthG stellt die einfachgesetzliche Umsetzung der deutschen Verpflichtung aus der Genfer Flüchtlingskonvention (Abkommen über die Rechtsstellung der Flüchtlinge vom 28. Juli 1952[328] – GFK) dar, die insbesondere nicht den verfassungsrechtlichen Einschränkungen (Drittstaatenregel) aus Art. 16a GG unterliegt. Eine materiell-rechtliche Erweiterung im Tatbestand, der zum „kleinen Asyl“ berechtigt, bilden § 60 Abs. 1 S. 3 und 4 Buchst. c AufenthG: Eine Verfolgung kann nun zum einen auch an das Geschlecht anknüpfen, zum anderen auch von nichtstaatlichen Akteuren ausgehen. In § 60 Abs. 2 bis 6 AufenthG werden Abschiebungsverbote bei Gefahr inakzeptabler staatlicher Verhaltensweisen im Zielstaat, in § 60 Abs. 7 AufenthG bei sonstiger konkreter und individueller Gefahr für Leib, Leben und Freiheit normiert.

Einen Anspruch auf eine Aufenthaltserlaubnis haben unanfechtbar als Asylberechtigte anerkannte Ausländer gemäß § 25 Abs. 1 AufenthG und Ausländer, bei denen die Voraussetzungen des Abschiebungsverbotes unanfechtbar festgestellt worden sind (Abs. 2). Grundrecht auf Asyl und „kleines Asyl“ sind also nach Unanfechtbarkeit in ihrem aufenthaltsrechtlichen Status gleichgestellt. Bei beiden Fallgruppen sind Konstellationen mit spezifisch islamischem Hintergrund denkbar.

I. Der Verfolgtenbegriff in den maßgeblichen Rechtsquellen

Anknüpfungspunkt für das Grundrecht auf Asyl ist der Begriff des politisch Verfolgten, der weder im Grundgesetz selbst noch in den Vorschriften des einfachen Rechts definiert ist[329]. Als Bezugsquellen für eine Definition können die Genfer Flüchtlingskonvention und Europarecht dienen.

1. Genfer Flüchtlingskonvention

Gemäß Art. 1 A Nr. 2 GFK ist Flüchtling jede Person, die aus der begründeten Furcht vor Verfolgung wegen ihrer Rasse, Religion, Nationalität, Zugehörigkeit zu einer bestimmten sozialen Gruppe oder wegen ihrer politischen Überzeugung sich außerhalb des Landes befindet, dessen Staatsangehörigkeit sie besitzt, und den Schutz dieses Landes nicht in Anspruch nehmen kann oder wegen dieser Befürchtungen nicht in Anspruch nehmen will. Dasselbe gilt für Staatenlose mit Bezug auf

328 Gesetz vom 1. September 1953, BGBl. II S. 559.

329 § 60 Abs. 1 AufenthG ist gerade nicht die Umsetzung von Art. 16a Abs. 1 GG; *Wenger*, in: Storr u. a., Zuwanderungsgesetz Kommentar, § 60 Rn. 4.

das Land, in dem diese ihren gewöhnlichen Aufenthalt haben. Hervorzuheben ist, dass durch die Formel der begründeten Furcht die GFK eine eher subjektive Anknüpfung gewählt hat[330]. Die der GFK unterliegenden Staaten haben bei Flüchtlingen, die dieser Definition entsprechen, das sogenannte Refoulement-Verbot gemäß Art. 33 GFK zu beachten, das Ausweisungen und Zurückweisungen untersagt, wenn Verfolgungsgefahr droht.

2. EU-Recht

Nachdem der Bereich Visa, Asyl und Einwanderung durch den Vertrag von Amsterdam in die sogenannte erste Säule der Europäischen Union überführt wurde und nunmehr die Gemeinschaft für diesen Politikbereich zuständig ist (Art. 61 ff. EG), hat der Rat insbesondere in jüngster Zeit wegweisende Richtlinien erlassen. Dazu gehören die Richtlinie des Rates vom 27. Januar 2003 zur Festlegung von Mindestnormen für die Aufnahme von Asylbewerbern in den Mitgliedstaaten 2003/9/EG[331] und die Richtlinie des Rates vom 29. April 2004 über Mindestnormen für die Anerkennung und den Status von Drittstaatsangehörigen oder Staatenlosen als Flüchtlinge oder als Personen, die anderweitig internationalen Schutz benötigen, und über den Inhalt des zu gewährenden Schutzes 2004/83/EG (im folgenden Qualifikationsrichtlinie)[332]. In beiden bezieht sich der Rat wie in Art. 63 Nr. 1 EG vorgesehen ausdrücklich auf die Genfer Flüchtlingskonvention. Flüchtling ist gemäß Art. 2 Buchst. e) der Richtlinie 2003/9/EG eine Person, die die Voraussetzungen des Artikels 1 Abschnitt A der Genfer Flüchtlingskonvention erfüllt. Art. 2 Buchst. c) der Qualifikationsrichtlinie definiert den Flüchtling als:

> „einen Drittstaatsangehörigen, der aus der begründeten Furcht vor Verfolgung wegen seiner Rasse, Religion, Staatsangehörigkeit, politischen Überzeugung oder Zugehörigkeit zu einer bestimmten sozialen Gruppe sich außerhalb des Landes befindet, dessen Staatsangehörigkeit er besitzt, und den Schutz dieses Landes nicht in Anspruch nehmen kann oder wegen dieser Furcht nicht in Anspruch nehmen will, oder einen Staatenlosen, der sich aus denselben vorgenannten Gründen außerhalb des Landes seines vorherigen gewöhnlichen Aufenthalts befindet und nicht dorthin zurückkehren kann oder wegen dieser Furcht nicht dorthin zurückkehren will (entspr. Art. 1 Nr. 2 GFK)."

Grundsätzlich kann, soweit sich aus einzelnen Vorgaben insbesondere der Qualifikationsrichtlinie und aus der zukünftigen Rechtsprechung des Europäischen Gerichtshof nichts anderes ergibt, das Konventionsverständnis zum Flüchtlingsbegriff angelegt werden.

---

330 *Renner,* Ausländerrecht, Kommentar, § 51 AuslG Rn. 4.

331 Amtsblatt L 31 vom 6. 2. 2003, S. 18 ff.

332 Amtsblatt L 304 vom 30. 9. 2004, S. 12 ff.

3. Art. 16a Abs. 1 GG

Das Grundgesetz verwendet nicht den Ausdruck Flüchtling. Der Begriff des politisch Verfolgten aus Art. 16 a Abs. 1 GG ist maßgeblich geprägt durch die Rechtsprechung des Bundesverfassungsgerichts einschließlich derjenigen zu Art. 16 Abs. 2 Satz 2 GG a.F. Dabei kennzeichnet das Merkmal „politisch" die Verfolgung als das Verhalten einer organisierten Herrschaftsmacht[333], nach ständiger Rechtsprechung ist politische Verfolgung also grundsätzlich staatliche Verfolgung[334]. Der Begriff des politisch Verfolgten zudem sei, so das Bundesverfassungsgericht, allein nach dem lapidaren Wortlaut der Bestimmung nicht näher zu begrenzen, vielmehr sei festzustellen, was insgesamt Sinn und Zweck der normativen Festlegung ist, insbesondere nach Regelungstradition und Entstehungsgeschichte; dabei hebt das Gericht insbesondere auf die Achtung der Unverletzlichkeit der Menschenwürde ab: Kein Staat habe das Recht, Leib, Leben oder die persönliche Freiheit des Einzelnen aus Gründen zu gefährden oder zu verletzen, die allein in seiner politischen Überzeugung, seiner religiösen Grundentscheidung oder in für ihn unverfügbaren Merkmalen liegen, die sein Anderssein prägen[335]. Die Achtung der Menschenwürde ist demnach auch das relevante Kriterium, wenn es um Verfolgung geht, die an die Religionsausübung anknüpft.

4. § 60 Abs. 1 AufenthG

§ 60 Abs. 1 AufenthG stellt die Umsetzung der deutschen Verpflichtungen aus der Genfer Flüchtlingskonvention sicher. Die Vorschrift verbietet Abschiebungen unter folgenden Voraussetzungen: Dem betroffenen Ausländer muss bei einer Abschiebung in den Zielstaat als Träger eines der in Satz 1 und 3 genannten Merkmals und gerade deswegen durch eine in Satz 4 genannte Institution mit beachtlicher Wahrscheinlichkeit eine konkrete Gefahr für Leben, Gesundheit oder Freiheit drohen, ohne dass ihm dort eine Fluchtalternative in einem anderen Landesteil eröffnet ist[336]. Ausdrücklich genannt ist in § 60 Abs. 1 Satz 1 das Merkmal Religion, betroffen sein muss Leben oder Freiheit. Die Vorschrift ist in ihrem ersten Satz nahezu wortgleich mit der Vorgänger-Regelung in § 51 Abs. 1 AuslG 1990. Neu hinzugenommen wurde aber der explizite Bezug auf die Genfer Konvention, so dass auch für die Frage nach den Kriterien für an die Religion anknüpfende Verfolgung – insbesondere nach Inhalt und Schwere – die Grundsätze des Art. 33 GFK und die hierzu ergangene Rechtsprechung heranzuziehen ist[337]. Schon § 51

---

333 *Hailbronner,* Asyl- und Ausländerrecht, Rn. 439.

334 BVerwGE 95, 42; BVerfGE 80, 315, 333.

335 BVerfGE 80, 315, 333.

336 *Wenger,* in: Storr u. a., Kommentar zum Zuwanderungsgesetz, § 60 AufenthG Rn. 5.

337 Zuletzt BVerwG v. 8. 2. 2005, Az.: 1 C 29.03; zur Kritik des UNHCR an der Rechtsprechungspraxis des BVerwG *Pfaff,* AnwBl. 2000, 490, 492.

Abs. 1 AuslG 1990 hatte, auch ohne den expliziten Bezug, nach einem Urteil des Bundesverwaltungsgerichts[338] so ausgelegt und angewendet werden müssen, dass er mit dem Flüchtlingsbegriff des Art. 1 A Nr. 2 GFK übereinstimmte.

II. Asylberechtigung aus Art. 16a GG bzw. § 60 Abs. 1 AufenthG: Asylgründe mit religiösem (islamischem) Hintergrund

1. Allgemeine Beschränkungen der Religionsfreiheit im Herkunftsstaat

Beschränkungen der Religionsfreiheit im Herkunftsland sind nur unter klar umrissenen Voraussetzungen asylrelevant. Soweit sich aus Maßnahmen, die an die Religion anknüpfen, keine unmittelbare Gefahr für Leib, Leben oder persönliche Freiheit ergibt, müssen Rechtsbeeinträchtigungen nach Intensität und Schwere über das hinausgehen, was Bewohner des Heimatstaats auf Grund des dort herrschenden Systems allgemein hinzunehmen haben[339]. Grundlegend wird im asylrechtlichen Zusammenhang für die Religionsausübung unterschieden nach forum internum, dem asylrechtlich grundsätzlich geschützten Bereich, in dem man sich nach Treu und Glauben unter sich wissen darf, und forum externum, dem Bereich der in die Öffentlichkeit ausstrahlenden Religionsausübung, in den Staat zur Aufrechterhaltung der öffentlichen Ordnung eingreifen darf, ohne damit unveräußerliche Menschenrechte zu verletzen. Staatliche Verbots- oder Strafnormen sind dann asylrechtlich relevant, wenn sie einen Eingriff in den von der Menschenwürde geforderten Mindeststandard der Religionsfreiheit und damit Diskriminierung bestimmter religiöser Anschauungen und Bekenntnisse im Sinne einer politischen Verfolgung darstellen. Maßgeblich ist eine objektive Sichtweise: Die Verfolgungstendenz kann nicht dadurch überspielt werden, dass eine Maßnahme formal auf Erhalt von Ruhe und Ordnung im Lande abzielt. Entscheidend ist, ob nach objektivem Gehalt einer Maßnahme eine bestimmte religiöse Gruppe oder einzelne Mitglieder in ihren Anschauungen oder Verhaltensweisen diskriminiert werden[340].

2. Gruppenverfolgung

Sich auf politische Verfolgung im Sinne des Art. 16a GG bzw. des § 60 Abs. 1 AufenthG zu berufen, setzt eine individuelle Verfolgungsgefahr im Sinne einer Selbstbetroffenheit voraus. Selbstbetroffenheit kann auch vorliegen bei Verfolgung

338 BVerwGE 89, 296.

339 BVerfGE 54, 341, 357.

340 BVerfGE 76, 143, 160; Kammerbeschluss vom 9. 11. 1988 InfAuslR 1989, 63, 64.

einer Gruppe von Personen. Nach einem Urteil des Bundesverfassungsgerichts kann sich die Gefahr eigener politischer Verfolgung auch aus gegen Dritte gerichteten Maßnahmen ergeben, wenn diese Dritten wegen eines asylerheblichen Merkmals verfolgt werden, das der Asylbewerber mit ihnen teilt, und er sich mit ihnen in einer nach Ort, Zeit und Wiederholungsträchtigkeit vergleichbaren Lage befindet und deshalb seine eigene bisherige Verschonung von ausgrenzenden Rechtsgutbeeinträchtigungen als eher zufällig anzusehen ist[341]. Die Verfolgung einer Gruppe ist dann asylrechtlich relevant, wenn eine Gefährdung aktuell und nicht nur latent oder potenziell vorliegt[342] und eine gewisse Verfolgungsdichte gegeben ist. Das Erfordernis der Verfolgungsdichte wurde vom Bundesverwaltungsgericht entwickelt und stellt strenge Anforderungen an die Annahme einer Gruppenverfolgung: Verfolgungshandlungen müssen sich demnach quantitativ und qualitativ so ausgeweitet haben, dass für jeden Gruppenangehörigen die aktuelle Gefahr eigener Betroffenheit besteht[343]. Im Fall eines Muslims etwa, der sich als Staatsangehöriger der Elfenbeinküste auf Gruppenverfolgung beruft, ist daher zu überprüfen, ob eine systematische Verfolgung der muslimischen Volksstämme zu bejahen ist. Das VG Oldenburg stellte indes fest, dass es in der ethnisch und religiös zweigeteilten Elfenbeinküste zwar vermehrt zu Übergriffen auf Muslime komme. Diese träten jedoch nicht permanent, sondern infolge von Einzelereignissen und nur in lokal abgegrenzten Bereichen auf, zudem seien häufig Gastarbeiter und nicht ivorische Staatsangehörige muslimischen Glaubens betroffen[344]. Die erforderliche Verfolgungsdichte liegt deshalb vor allem in quantitativer Hinsicht in der Elfenbeinküste gerade nicht vor. Mehr noch trägt die Feststellung, dass Übergriffe, die unter Umständen dem Begriff der Verfolgung genügen könnten, nicht systematisch an die Religions-, sondern allenfalls an die Staatsangehörigkeit anknüpfen. Muslim zu sein allein, führt daher in der Elfenbeinküste nicht schon zu einer aktuellen Gefahr eigener Betroffenheit.

Eine Gruppenverfolgung wird auch regelmäßig für Aleviten in der Türkei ausgeschlossen. Freie Religionsausübung ist ihnen durch Art. 24 der türkischen Verfassung und auch weitgehend in der Praxis garantiert. Bürokratische Hemmnisse im Vergleich zum die Mehrheit stellenden sunnitischen Islam – insbesondere die fehlende eigene Rechtspersönlichkeit der Gemeinschaft – stellen nach dem bisher Dargestellten keine asylrechtlich relevanten staatlichen Maßnahmen dar. Allerdings kam es in der Vergangenheit durchaus zu Übergriffen auf Aleviten, diese begründen jedoch nicht per se eine asylrechtliche relevante Gruppenverfolgung. Zum einen ist schwer festzustellen, ob die Übergriffe religiös oder politisch motiviert sind. Türkische Aleviten fordern eine strikte Trennung von Staat und Religion und werden auch wegen ihrer traditionellen Zugehörigkeit zum liberalen bis linken

---

341 BVerfGE 83, 216, 231.

342 *Hailbronner,* in: Achterberg / Püttner / Würtenberger, Besonderes Verwaltungsrecht II, 2000, § 22, Rn. 180.

343 BVerwG NVwZ 1995, 175, 176; NVwZ 1996, 1110, 1111.

344 VG Oldenburg, 29. 09. 2003, Az.: 7A 3898 / 01.

politischen Spektrum teilweise als staatsfeindlich angesehen[345]. Da in den bekannt gewordenen Fällen gezielt alevitische Gruppen Opfer von Übergriffen waren, liegt aber eine Anknüpfung mindestens auch an religiöse Merkmale vor. Zur Gewaltanwendung kam es indes nicht durch staatliche Stellen, sondern durch radikale, teils sunnitische Gruppen. Durch § 60 Abs. 1 Buchst. c) AufenthG ist mittlerweile auch Verfolgung durch nichtstaatliche Akteure ausdrücklich für das Abschiebungsverbot („kleines Asyl") relevant unter der Voraussetzung, dass die Staatsgewalt erwiesenermaßen nicht in der Lage oder willens ist, Schutz vor der Verfolgung zu bieten. Unter diesen Voraussetzungen erkennt indes die Rechtsprechung mittelbare staatliche Verfolgung schon lange als asylrelevant an. In den bekannt gewordenen Vorfällen gegen türkische Aleviten in den Jahren 1967 und 1993 lag mittelbare Verfolgung vor. Gleichwohl wurde eine Gruppenverfolgung der Aleviten jüngst abgelehnt: Die Vorfälle hätten sich in der Folge nicht wiederholt und hätten zudem in Ausmaß und Häufigkeit nicht zu der Annahme führen müssen, dass die alevitische Bevölkerungsgruppe insgesamt mit beachtlicher Wahrscheinlichkeit asylerheblicher Verfolgung ausgesetzt sei[346]. Auch in diesem Fall kam es also entscheidend darauf ab, ob durch eine gewisse Verfolgungsdichte gegenüber einer Gruppe allein die Zugehörigkeit zur Gruppe eine konkrete Verfolgungsgefahr begründet. Für Aleviten ist dies in der Türkei nach derzeitiger Lage abzulehnen. Auch die Gruppe der syrisch-orthodoxen Christen gilt als nicht verfolgt, da sich die politische Lage in der fraglichen Region im Südosten der Türkei zuletzt stabilisiert habe[347].

Allerdings hat das Bundesverfassungsgericht in einem Grundsatzurteil zur mittelbaren politischen Verfolgung der jezidischen Minderheit in der Türkei entschieden, dass politische Verfolgung insbesondere im Hinblick auf Gruppenverfolgung und individuelle Verfolgungsmaßnahmen ein „durch fließende Übergänge gekennzeichnetes Erscheinungsbild" aufweise. Auch Fälle im Übergangsbereich zwischen anlassgeprägter Einzelverfolgung und gruppengerichteter Kollektivverfolgung müsse Rechnung getragen werden; tatsächlich bestehende Gefährdungslagen dürften nicht in einer den Gewährleistungsgehalt des Grundrechts verkürzenden Weise unberücksichtigt bleiben[348]. Die Voraussetzung der gewissen Verfolgungsdichte für die Annahme einer Gruppenverfolgung hat das Gericht zwar akzeptiert. In Fällen, denen diese Dichte jedoch nicht nachgewiesen werden können, kann sich trotzdem auch aus dem Schicksal einer Gruppe oder bestimmter Gruppenmitglieder eine gegenwärtige Gefahr politischer Verfolgung für einen nicht schon individuell asylerheblich betroffenen Angehörigen dieser Gruppe eine gegenwärtige Verfolgungsgefahr ergeben. So ist der vom Bundesverwaltungsgericht geprägte Begriff der Einzelverfolgung wegen Gruppenzugehörigkeit[349] zu verstehen.

---

345 OVG NW, Städte- und Gemeinderat 2005, Nr. 7 – 8, 37.

346 OVG NW, Städte- und Gemeinderat 2005, Nr. 7 – 8, 37.

347 VGH Kassel, Urteil vom 22. 02. 2006, Az.: 6 UE 2268 / 04.A; 6 UE 2269 / 04.A.

348 BVerfGE 83, 216, 233.

Zwar verbleibt den Fachgerichten ein Wertungsrahmen, die Forderungen an das Vorliegen politischer Verfolgung und deren Nachweis dürfen aber nicht überspannt werden. Sollte Gruppenverfolgung unter den aufgezeigten Voraussetzungen (noch) nicht vorliegen und sind auch unmittelbar gegen den Asylsuchenden gerichtete Verfolgungsmaßnahmen nicht ersichtlich, so kann sich gleichwohl aus der allgemeinen Gefahrenlage die Verfolgung ergeben. In einem der der Verfassungsbeschwerde zugrunde liegenden Fälle hatten die verwaltungsgerichtlichen Instanzen die politische Verfolgung eines türkischen Staatsbürgers jezidischen Glaubens verneint, da es sowohl eine individuelle Verfolgung mangels individueller Übergriffe als auch eine Gruppenverfolgung der Jeziden im fraglichen Gebiet der Türkei ablehnte, da es nicht zu Pogromen und insgesamt selten zu Übergriffen gekommen sei. Gleichwohl erkannte es „gezielte Maßnahmen gegen eine verachtete kleine religiöse Minderheit zum Zwecke der Verdrängung". Nach den Vorgaben des Bundesverfassungsgerichts hätte davon ausgehend weiter geprüft werden müssen, ob sich aus diesen verdrängenden Maßnahmen die berechtigte Annahme des Asylsuchenden hätte ergeben können, in einer ausweglosen Lage zu sein. Hier schließt die Rechtsprechung an das subjektive Moment des Sichverfolgtfühlens an.

Mittlerweile ist weitgehend anerkannt, dass Jeziden in der Türkei einer Gruppenverfolgung ausgesetzt sind[350]. Die Verfolgung knüpft – zumindest auch[351] – an das asylerhebliche Merkmal der Religion an, die jezidische Religion wird vom Islam anders als Christentum und Judentum nicht toleriert, sondern als heidnisch gebrandmarkt, da die im jezidischen Glauben praktizierte Verehrung des Melek Taus (oder Engel Pfaus) gegen das Hauptgebot des Islam, die Einzigkeit Gottes, verstößt . Die Verfolgung in den betroffenen Gebieten ist mittelbar staatlich, da Übergriffe von nicht-staatlichen Akteuren weder staatlich geahndet werden, noch stellt der türkische Staat ausreichend Schutz für die jezidische Minderheit zur Verfügung. Der Begriff der mittelbaren Verfolgung war für Fälle fehlenden staatlichen Schutzes entwickelt worden, um Verfolgungsmaßnahmen dem Staat zurechnen zu können[352]. Mittlerweile ist in § 60 Abs. 1 Satz 4 Buchst. c) AufenthG ausdrücklich festgelegt, dass politische Verfolgung auch von nicht-staatlichen Akteuren ausgehen kann, wenn der Staat nicht in der Lage oder nicht willens ist, Schutz zu bieten. Da sich politische Verfolgung gegen die Gruppe der Jeziden auf deren ursprüngliche Siedlungsgebiete im Südosten der Türkei begrenzt, stellt sich die Frage, ob ihnen eine inländische Fluchtalternative zur Verfügung steht. Diese schließt ein Asylrecht bzw. ein Abschiebungsverbot gemäß § 60 Abs. 1 AufenthG aus: Politische Verfolgung ist erst dann asylrelevant, wenn der Betroffene dadurch

---

349 BVerwGE 70, 232, 233 f.

350 BVerwG v. 8. 2. 205, Az.: 1 C 29.03; vorgehend OVG NW 23. 7. 2003, Az.: 8 A 2119/02.A; BVerwG v. 24. 11. 2000, Az.: 8 A 4/99.A.

351 Daneben gibt es auch einen asylrechtlich nur ausnahmsweise erheblichen wirtschaftlichen Hintergrund, vgl. die Ausführungen des VG Stuttgart, InfAuslR 1989, 250 f.

352 BVerfGE 83, 216, 235; BVerfGE 80, 315, 336.

landesweit in eine ausweglose Lage versetzt wird[353]. Eine mögliche Zuflucht im gleichen Land gilt aber nur dann als inländische Fluchtalternative, wenn sie zumutbar ist, was sich zumindest auch nach den Verfolgungsgründen richtet. Bei Verfolgung, die an die Religion anknüpft, reicht es nicht aus, wenn die Verfolgten an anderer Stelle im Land lediglich unbehelligt blieben. Auch dort muss ihnen das religiöse Existenzminimum gewährt sein, also Religionsausübung im häuslich-privaten Bereich und das Zusammenleben in einer Religionsfamile, wenn auch abseits der Öffentlichkeit[354]. Anhand dieser Kriterien ist zu überprüfen, ob sich eine inländische Fluchtalternative dergestalt eröffnet, dass die Betroffenen dann vor erneuter Verfolgung hinreichend sicher wären[355].

3. Verfolgung wegen Apostasie

Auf politische Verfolgung, die an die Religionsausübung anknüpft, beriefen sich in den zurück liegenden Jahren mehrfach pakistanische Staatsangehörige, die der Glaubensgemeinschaft der Ahmadiyya angehören[356]. Diese gelten in Pakistan als Apostaten, da sie sich abweichend vom in Pakistan vorherrschenden sunnitischen Islam zu Mirza Ghulam Ahmad als Propheten und Messias bekennen. Im pakistanischen Strafgesetzbuch werden bestimmte religiöse Verhaltensweisen der Ahmadis unter Strafe gestellt, etwa die Benutzung von Beinamen des Propheten oder generell das Ausgeben als Moslems, die sie von Verfassungs wegen nicht sind. Das Pakistanische Strafrecht sieht bei Verstößen gegen diese Vorschriften Bestrafungen bis hin zur Todesstrafe vor. Bei der Prüfung, ob für Ahmadis in Pakistan eine asylrelevante Verfolgung vorliegt, stellte das Bundesverwaltungsgericht in einem Urteil vom 26. 10. 1993[357] auf verschiedene Kriterien ab. Zum einen soll nicht allein die Geltung von Strafnormen eine Verfolgung begründen können, sondern deren Handhabung in der staatlichen Rechtspraxis. Diese muss zu einer das forum internum betreffenden Zwangslage des Asylsuchenden führen. Zum anderen sind an den Nachweis einer bestehenden Zwangslage unterschiedliche Anforderungen zu stellen, je nachdem, ob der Betroffene verfolgt oder unverfolgt ausgereist ist.

Das erste Kriterium dient der Überprüfung, ob eine politische Verfolgung vorliegt, die an die Religion anknüpft. Politische Verfolgung ist zu bejahen, wenn dem betroffenen Ausländer in seinem Heimatstaat eine Gefahr für Leib oder Leben droht oder er Beschränkungen seiner persönlichen Freiheit ausgesetzt ist oder solche Maßnahmen begründet befürchtet, wobei bei der Prüfung der Verfolgungsgefahr eine objektive Beurteilung geboten ist und die Rechtsgutbeeinträchtigung

---

353 BVerfGE 80, 315, 342.

354 *Kimminich,* Der Staat 29 (1990), 565, 572 f.

355 BVerfGE 80, 315, 345.

356 Vgl. etwa die das Asylrecht prägenden Entscheidungen des BVerfG „Ahmadiyya I" (BVerfGE 54, 34) und „Ahmadiyya II" (BVerfGE 74, 31).

357 BVerwG NVwZ 1994, 500.

von gewisser Intensität sein muss[358]. Dies ist ohne Zweifel der Fall, wenn Leib und Leben und die unmittelbare (körperliche) Freiheit verletzt werden. Wird aber etwa die persönliche Freiheit nur mittelbar verletzt oder sind andere Rechtsgüter betroffen, so sind diese Beeinträchtigungen nur dann als Verfolgung anzusehen, wenn sie die Menschenwürde des Betroffenen verletzen. Da das pakistanische Strafrecht Normen enthält, die bestimmte öffentlich präsentierte religiöse Verhaltensweisen unter Strafe bis hin zur Todesstrafe stellen, sind Leben und Freiheit unmittelbar betroffen. Trotzdem bestehen Zweifel an einer Verfolgungsgefahr. Zum einen hat sich durch die bloße Existenz von Rechtsnormen noch keine Beeinträchtigung oder auch nur Gefahr konkretisiert. Zum anderen ist fraglich, ob auch die öffentliche Religionsausübung ein Schutzgut innerhalb der politischen Verfolgung darstellt. Dies hat das Bundesverfassungsgericht verneint: Für den Bereich der in die Öffentlichkeit ausstrahlenden Religionsausübung hat es festgestellt, dass der Staat zur Aufrechterhaltung der öffentlichen Ordnung eingreifen darf, ohne damit unveräußerliche Menschenrechte zu verletzen. In einem Staat, der sich – wie Pakistan – in seiner Verfassung für eine bestimmte, klar umrissene Religion entschieden hat, kann es zur näheren Definition, zur Abgrenzung und zum Schutz der Staatsreligion im Interesse des Staates liegen, durch ordnungs- oder strafrechtliche Vorschriften nur bestimmte religiöse Verhaltensweisen zuzulassen[359]. Eine Beschränkung des sogenannten forums externum für Andersgläubige stellt deshalb noch keinen Eingriff dar, der eine politische Verfolgung begründen würde. Womöglich kann sich etwas anderes durch die Schwere der angedrohten Sanktionen ergeben. Doch für den Fall der Ahmadis in Pakistan wurde festgestellt, dass die Normen des pakistanischen Strafrechts, die die Todesstrafe vorsehen, in der Praxis keine Anwendung finden[360]. Verfolgung im Sinne von Art. 16a GG bzw. Art. 1 A Nr. 2 GFK liegt für den Bereich der öffentlichen Religionsausübung nicht vor.

Staatliche Verbots- oder Strafnormen sind jedoch dann asylrechtlich relevant, wenn sie einen Eingriff in den von der Menschenwürde geforderten Mindeststandard der Religionsfreiheit darstellen. Das ist der Fall, wenn Angehörige einer Religion sich durch die Verbots- oder Strafnormen zu einem Verzicht genötigt sehen, ihre Religion auch nur im privaten Bereich oder in ihrer Glaubensgemeinschaft auszuüben[361]. Dieser Bereich, das forum internum, bildet das asylrechtlich geschützte religiöse Existenzminimun, dessen Gewährleistung sich unmittelbar aus der Menschenwürde ableitet. Richten sich die Strafverfolgung oder sonstige Repressalien gegen den Bereich der privaten Religionsausübung, wobei privat auch die innergemeinschaftliche Religionsausübung einschließt, so liegt politische Verfolgung vor.

---

358 *Pieroth,* in: Jarass / Pieroth, Grundgesetz für die Bundesrepublik Deutschland, Kommentar, Art. 16a, Rn. 2 f.

359 BVerfGE 76, 143, 159.

360 BVerwG NVwZ 1994, 500, 502.

361 BVerwG NVwZ 1994, 500, 501.

Im 1994 vom Bundesverwaltungsgericht entschiedenen Fall[362] beriefen sich die Ahmadis auf eine Verfolgung in diesem Sinne. Ob sich ein Angehöriger einer Religionsgemeinschaft in einer zum Verzicht nötigenden Zwangslage befindet, hängt dann entscheidend von einer schon konkret eingetretenen Gefährdung des geschützten Rechtsguts bzw. die tatsächliche Rechtspraxis im Heimatstaat ab. Allein die Geltung von Verbots- und Strafnormen, die jedoch nicht zur praktischen Anwendung gelangen, kann keine Zwangslage begründen[363]. Allgemein wird auch in der jüngeren Rechtsprechung die Gefahr politischer Verfolgung von Angehörigen der Ahmadiyya-Glaubensgemeinschaft in Pakistan verneint[364].

In dieser Argumentationslinie konsequent bleibt das Bundesverwaltungsgericht[365] auch bei iranischen Staatsangehörigen, die aufgrund ihrer Konversion vom Islam zum Christentum Asyl beantragen. Apostasie an sich begründet im Iran noch keine Verfolgung. Sie ist im kodifizierten iranischen Strafrecht nicht unter Strafe gestellt. Zwar existiert eine ungeschriebene religiös-gesetzliche Strafbarkeit, die sich insbesondere aus der islamischen Vorstellung der Einheit von Staat und Glaubensgemeinschaft begründet, so dass dem Abfall vom Glauben die Bedeutung des Hoch- oder Landesverrats zukommt. Zu ahnden ist Apostasie nach religiöser Auffassung im Iran unter Umständen mit Hinrichtung, jedoch nicht auf der Grundlage staatlicher Gesetze, sondern aufgrund eines Rechtsgutachtens, das ein hochrangiger Mullah verfasst haben muss[366]. Hierin sind staatliche Behörden regelmäßig nicht eingebunden, so dass es schon an der Zurechenbarkeit an den iranischen Staat fehlt. Überdies richten sich in der Praxis private Maßnahmen allenfalls gegen in der Öffentlichkeit wirkende missionierende Konvertiten, wobei auch diese Fälle nicht mehr aktuell bekannt sind. Der bloße Übertritt zu einer anderen Religion begründet daher im Iran noch keine asylerhebliche Verfolgung. In einem nächsten Schritt wird regelmäßig überprüft, ob konvertierten Christen im Iran das religiöse Existenzminimum gewährt wird. Dazu gehöre nicht die Möglichkeit, öffentliche oder offizielle Gottesdienste der im Iran existierenden christlichen Gemeinden zu besuchen, da das forum internum nur die Religionsausübung im häuslich-privaten Bereich sowie das gemeinsame Gebet und gemeinsame Gottesdienste mit Gleichgesinnten abseits der Öffentlichkeit, da wo man sich nach Treu und Glauben unter sich wissen darf, umfasst[367]. Falls Eingriffe in diesen Bereich im Heimatstaat zu bejahen sind, muss darüber hinaus die

362 BVerwG NVwZ 1994, 500, 501.

363 Für die Anforderungen an das Bestehen einer Zwangslage unterschied das BVerwG danach, ob die Betroffenen das Land verfolgt oder unverfolgt verlassen haben.

364 Thüringer OVG NVwZ 1999, Beil. Nr. 3, 19; Bayerischer VGH Urt. v. 26. 11. 1992, Az.: 21 B 88.31024; OVG NW Urt. v. 18. 9. 2992, Az.: 19 A 10063/90; anders jedoch Hessischer VGH, ESVGH 43, 239.

365 BVerwG NVwZ 2004, 1000.

366 OVG Lüneburg v. 26. 10. 1999, Az.: 5 L 3180/99 nach Informationen des Deutschen Orient-Instituts und des Auswärtigen Amtes.

367 BVerwG NVwZ 2004, 1000, 1001.

betroffene Form der Glaubensausübung – etwa gemeinsame Gottesdienste mit anderen Christen – zum unverzichtbaren Bestandteil des religiösen Lebens gehören. Abzustellen ist hierbei einerseits auf das Selbstverständnis der jeweiligen Religionsgemeinschaft, andererseits auf die religiös-personale Identität des Asylsuchenden, da das religiöse Existenzminimum je nach Grad der praktizierten religiösen Betätigung unterschiedlich zu bestimmen sei[368]. Verfolgung wegen einer ausgeübten anderen Religion liegt mithin nur dann vor, wenn im Heimatstaat in den Bereich des forum internum eingegriffen wird und das derart betroffene Verhalten gerade für den Asylsuchenden das individuelle religiöse Existenzminimum darstellt. Die Konversion zum Christentum allein hat in der asylrechtlichen Praxis der letzten Jahre nicht zur Anerkennung iranischer Staatsangehöriger als Asylberechtigte geführt[369], da eine Gefährdung nicht für beachtlich wahrscheinlich[370] gehalten wird. Glaubensbetätigung in der Öffentlichkeit und Missionierung gehören wiederum nicht zum asylrechtlich geschützten Bereich des religiösen Existenzminimums[371], so dass das diesbezügliche rigorose Verbot im Iran dann keine Asylrelevanz hat, wenn der Asylsuchende unverfolgt ausgereist ist, da ihm nach seiner Rückkehr zuzumuten ist, sich wie vor seiner Ausreise auf eine Religionsausübung, die nicht über das religiöse Existenzminimum hinaus geht, zu beschränken.

Anders ist unter Umständen die Gefährdungslage bei (konvertierten) Christen zu bewerten, die schon vor ihrer Ausreise im Iran missionierend und in der Öffentlichkeit wirkend tätig waren. Missionierende Aktivitäten verstoßen gegen den iranischen ordre public und unterliegen einem entsprechenden Verbot. Mit staatlichen Repressalien gegen Kirchenführer und vergleichbare Personengruppen ist mithin auch nach einer Rückkehr zu rechnen[372]. Asylrechtlicher Schutz wird zudem umso häufiger gewährt, wenn der Betroffene schon vor seiner Ausreise Verfolgungsmaßnahmen ausgesetzt war, da für vorverfolgt Ausgereiste ein herabgesetzter Wahrscheinlichkeitsmaßstab für den Nachweis einer Gefährdungslage gilt. Asyl gemäß Art. 16a Abs. 1 GG soll nach der Rechtsprechung des Bundesverwaltungsgerichts grundsätzlich nur genießen können, wer schon verfolgt ist, da es eines Kausalzusammenhangs zwischen Verfolgung und Flucht bedarf. Ein Abschiebungsverbot greife hingegen auch dann, wenn politische Verfolgung wegen eines Nachfluchtgrundes drohe[373].

---

368 BVerwG NVwZ 2004, 1000, 1002.

369 VG Darmstadt, NVwZ-RR 2004, 615, 617; OVG Hamburg NordÖR 2004, 132; OVG Lüneburg v. 26. 10. 1999, Az.: 5 L 3180/99.

370 Zum Prognosemaßstab der beachtlichen Wahrscheinlichkeit für die Beurteilung der Bedrohungslage vgl. BVerwGE 91, 150, 154.

371 BVerwG Buchholz 402.25 § 1 AsylVfG Nr. 286; OVG Düsseldorf, NVwZ 2002, Beil. Nr. I 1, 10.

372 VG Düsseldorf v. 10. 12. 2003, Az.: 5 K 8876/02.A.

373 BVerwG DVBl. 1992, 843; zur Kritik *Masing,* in: Dreier, Grundgesetz-Kommentar, Art. 16a, Rn. 68 f.; *Bonk,* in: Sachs, Grundgesetz, Art. 16a Rn. 32.

Die Behandlung von Nachfluchtgründen im Asylrecht ist auch im Zusammenhang mit religiösen Fragen von Belang. Nachfluchtgründe liegen vor, wenn erst nach Ausreise eines Ausländers aus seinem Heimatstaat Ereignisse eintreten, die die Gefahr einer politischen Verfolgung bei Rückkehr begründen. Asylrechtlich beachtlich sind objektive Nachfluchtgründe, also solche Ereignisse, die der Asylsuchende nicht selbst beeinflussen kann. Dazu zählt etwa das Hereinwachsen eines türkischen Christen in die Wehrpflicht, der bei Eintritt in die Armee eine asylerhebliche Zwangsbeschneidung zu befürchten hat[374], oder das staatliche Verbot einer Glaubensgemeinschaft, durch das einem Angehörigen dieser Gemeinschaft das religiöse Existenzminimum in seinem Heimatstaat verwehrt wird[375].

Subjektive Nachfluchtgründe hat ein Asylsuchender nach Ausreise selbst geschaffen. Sie sind nach der Rechtsprechung des Bundesverfassungsgerichts beachtlich, wenn sie Ausdruck und Fortführung einer schon im Heimatstaat vorhandenen und erkennbar betätigten festen Überzeugung sind und als solche notwendige Konsequenz einer dauernden, die eigene Identität prägenden und nach außen kundgegebenen Lebenshaltung[376]. Diese Kriterien sind etwa in Fällen relevant, in denen schon vor der Ausreise konvertierte Christen erst im Ausland an herausgehobener Stelle missionarisch aktiv sind und dadurch einer Verfolgungsbedrohung im islamischen Heimatstaat ausgesetzt sind. Allerdings hat das Bundesverfassungsgericht selbst bei der Entwicklung dieser Voraussetzung von allgemeinen, nicht notwendig abschließenden Leitlinien gesprochen. Eine eher zurückhaltende Anerkennung von subjektiven Nachfluchtgründen ist der Erwägung geschuldet, dass ein unverfolgt ausgereister Ausländer nicht durch eine risikolose Verfolgungsprovokation vom gesicherten Ort aus ein Aufenthaltsrecht erzwingen können soll[377]. Diese Gedanken tragen indes nicht für alle Fälle der subjektiven Nachfluchtgründe, wie etwa das Bundesverwaltungsgericht in weiterentwickelnder Rechtsprechung festgestellt hat. Befürchtet ein iranischer Staatsangehöriger, der nach seiner Ausreise eine polnische Christin geheiratet hat und die Erziehung der gemeinsamen Kinder im christlichen Sinne zulässt, im Falle seiner Rückkehr in den Iran Verfolgung als Abtrünniger, so kann er sich schwerlich auf eine schon früher bestehende Überzeugung oder Lebenshaltung berufen. Auch der Verdacht, jemand wähle einen Ehepartner aus, um seinen Heimatstaat zu provozieren, „liegt typischerweise gänzlich fern“[378]. Grundlegend für die Gewährleistung von Asyl seien der Schutz der Menschenwürde, ihre Unverletzlichkeit und die humanitäre Intention. Eingriffe in die Menschenwürde und die persönliche Freiheit durch den Heimatstaat können daher – wie im Falle faktischer oder rechtlicher Heiratsverbote – in besonders schwerer Weise vorliegen und daher auch dann asylrelevant sein,

---

374 BVerwG NVwZ 1992, 582.

375 BVerwGE 80, 321, 327 f.

376 BVerfGE 74, 51.

377 BVerfGE 74, 51, 64 ff.

378 BVerwGE 90, 127, 132.

wenn die verfolgungsbegründende Tatsache erst nach seiner Ausreise selbst geschaffen wird. So wird regelmäßig bei Asylsuchenden, die nach ihrer Ausreise zu einem anderen als dem islamischen Glauben konvertiert sind und sich auf Verfolgung wegen Apostasie berufen, nicht überprüft, ob hierin Ausdruck oder Fortführung einer schon früher bestehenden Überzeugung liegt, sondern einzig, ob sie im Heimatstaat Eingriffen in das durch die Menschenwürde garantierte religiöse Existenzminimum ausgesetzt sind. Ruft hingegen etwa eine erst nach Ausreise unternommene Missionierungsaktivität eines Apostaten, also der nicht vom religiösen Existenzminimum geschützte Bereich des forum externum, die Gefahr einer politischen Verfolgung hervor, so ist dies allenfalls dann asylerheblich, wenn die Missionierung Konsequenz einer die eigene Identität schon früher prägenden Lebenshaltung ist. Eine Verfolgungsgefahr konnte jüngst auch ein als „Hassprediger" ausgewiesener Afghane nicht glaubhaft machen: Der ehemalige Imam hatte gegen seine Ausweisung Abschiebungshindernisse eingewandt, die insbesondere in seinen Bemühungen im christlich-muslimischen Dialog sowie Kontakten zu katholischen Würdenträgern und amerikanischen Diplomaten bestünden, durch die er bei seiner Rückkehr nach Afghanistan Verfolgung ausgesetzt sei. Dem schloss sich das VG Frankfurt a.M.[379] nicht an, es sah auch keine sonstigen konkreten Gefährdungen für Leib und Leben des Klägers und seiner Familie gegeben, da der Konsolidierungsprozess in Afghanistan voranschreite und die fragile Sicherheits- und Versorgungslage alle Rückkehrer und nicht geflüchtete gleichermaßen treffe.

Unklar ist bislang, ob sich durch die Qualifikationsrichtlinie 2004/83/EG[380] der Schutz bei Verfolgung, die an die Religion anknüpft, ausweiten wird. Insbesondere die deutsche Rechtspraxis, Missionierung und auch allgemeine Religionsausübung in der Öffentlichkeit als zum forum externum gehörend nicht als asylrelevant einzuordnen, wird unter Umständen nicht aufrecht zu erhalten sein. In Art 10 Abs. 1 Buchst b) definiert die Qualifikationsrichtlinie:

> „Der Begriff der Religion umfasst insbesondere theistische, nichttheistische und atheistische Glaubensüberzeugungen, die Teilnahme bzw. Nichtteilnahme an religiösen Riten im privaten oder öffentlichen Bereich, allein oder in Gemeinschaft mit anderen, sonstige religiöse Betätigungen oder Meinungsäußerungen und Verhaltensweisen Einzelner oder der Gemeinschaft, die sich auf eine religiöse Überzeugung stützen oder nach dieser vorgeschrieben sind."

Wenn die Teilnahme an religiösen Riten im öffentlichen Bereich als Bestandteil des Verfolgungsgrundes Religion zu gelten hat, so ist der Widerspruch zur bisherigen Rechtsprechung, die nur den Bereich des forum internum als asylerheblich akzeptiert, offenkundig. Ob und welche Missionierungstätigkeiten dem Begriff der sonstigen religiösen Betätigungen und Verhaltensweisen unterfallen, ist noch offen. Missionierung generell aus dem asylerheblichen Bereich auszuschließen, scheint

379 Urteil vom 26. 01. 2006, Az.: 5 E 5870/04.A.

380 Fn. 331.

indes nicht möglich zu sein, da die Grenze zur geschützten Meinungsäußerung im Einzelfall schwer zu ziehen sein wird. Die deutsche Rechtsprechung hat diese Frage bis zur Umsetzung der Richtlinie durch den deutschen Gesetzgeber offen gelassen. Der Baden-Württembergische VGH hielt im Falle eines Iraners, der zum Christentum konvertierte und als Angehöriger der baptistischen evangelisch-freikirchlichen Gemeinde, zu deren Selbstverständnis die Mission gehöre, sich bei Rückkehr in den Iran Verfolgungsgefahr ausgesetzt sah, am religiösen Existenzminimum als asylerhebliches Kriterium fest. Der Iraner hatte im Antrag auf Zulassung der Berufung angeführt, das geltende Asylrecht verstoße gegen die Qualifikationsrichtlinie. Der VGH lehnte eine Vorwirkung der Richtlinie, zu deren Umsetzung den Mitgliedstaaten Frist bis zum 10. Oktober 2006 eingeräumt war, im Einklang mit der Rechtsprechung auch des Europäischen Gerichtshofs ab. Zunächst müsse der Gesetzgeber prüfen, ob eine Änderung des Aufenthaltsgesetzes erforderlich sei. Bis dahin könne auch offen bleiben, ob nicht nur etwa die Teilnahme an öffentlichen Gottesdiensten, sondern tatsächlich auch Missionierungsaktivitäten im Sinne von Art. 10 Abs. 1 b der Richtlinie unter „religiöse Riten" im öffentlichen Bereich zu subsumieren sind. Als „öffentlicher Bereich" könne insoweit möglicherweise nur das religiöse Bekenntnis im nachbarschaftlich-kommunikativen Bereich im Sinne der Rechtsprechung des Bundesverfassungsgerichts zum religiösen Existenzminimum verstanden werden. Missionierungsaktivitäten könnten alternativ unter den Begriff der „sonstigen religiösen Betätigungen oder Meinungsäußerungen und Verhaltensweisen Einzelner oder der Gemeinschaft, die sich auf eine religiöse Überzeugung stützen oder nach dieser vorgeschrieben sind", zu fassen seien. Solche Betätigungen dürften unter Umständen auf den privaten Bereich beschränkt werden, weil diesbezüglich der öffentliche Bereich in der Qualifikationsrichtlinie nicht mehr explizit genannt werde[381]. Seit der Reform 2007 wird in § 60 Abs. 1 AufenthG ausdrücklich Bezug auf die Richtlinie genommen.

4. Zwangsbekehrung und Zwangsbeschneidung

Asylrelevant ist grundsätzlich staatliches Verhalten oder dem Staat zurechenbares Verhalten privater Akteure, das die religiöse Identität des Einzelnen antastet oder anzutasten versucht. Dazu gehören auch Maßnahmen, die in letzter Konsequenz auf Bekehrung zur Staatsreligion oder der im neutralen oder laizistischen Staat bei der Bevölkerungsmehrheit vorherrschenden Religion gerichtet sind. Asyl steht deshalb allgemein solchen Ausländern zu, die in Bezug auf ihre religiöse Überzeugung und Betätigung mit einer zwangsweisen Umerziehung, mit Zwangsassimilation oder mit einer auf Unterwerfung ausgerichteten, gezielten Disziplinierung zu rechnen haben[382]. Entscheidend für die Abgrenzung zum nicht asylrelevanten langfristigen und allmählichen Anpassungsprozess in einer sich verändern-

381 VGH Mannheim AuAS 2005, 163, 166.

382 BVerwGE 62, 123, 125.

den Umwelt ist die feindliche Einstellung der andersgläubigen Mehrheit, die durch aktives und unrechtmäßiges Handeln die Glaubensminderheit daran hindert, das religiöse Existenzminimum zu wahren. Diese Grenze zur politischen Verfolgung ist nicht überschritten bei christlichen Kindern, die in der Türkei am islamischen Religionsunterricht teilnehmen müssen[383] oder die in ein staatliches Waisenhaus eingewiesen werden[384]. Durch die Pflicht zur Teilnahme am islamischen Religionsunterricht wird von den christlichen Schülern kein Bekenntnis zum Islam verlangt. In einem auf laizistische Grundsätze verpflichteten öffentlichen Waisenhaus kann zwar ein von muslimischen Kindern oder gläubigen muslimischen Erziehern ausgehender gewisser Assimilationsdruck vorliegen, dieser überschreitet indes nicht die Schwelle zur Umerziehung und Indoktrination[385]. In beiden Fällen liegt mithin kein Eingriff in das asylrechtlich geschützte Existenzminimum vor.

Unter dem Stichwort Zwangsbekehrung werden gemeinhin diejenigen Fälle behandelt, in denen andersgläubige Frauen und Mädchen Opfer von Entführungen und Verschleppungen durch muslimische Männer werden. Die betroffenen Frauen werden zum einen Opfer sexueller Gewalt und zum anderen häufig durch Zwangsheirat in die muslimische Familie des Entführers integriert, was mit dem Verlust des eigenen Glaubens gleichbedeutend ist. Betroffen waren von diesen Übergriffen in der Vergangenheit christliche und jezidische Frauen in bestimmten türkischen Gebieten. Unzweifelhaft ist in diesen Fällen, dass die Übergriffe die Qualität politischer Verfolgung haben, da sie jedenfalls auch an das Merkmal Religion anknüpfen[386]. Problematischer ist hingegen die Frage, ob diese Übergriffe durch Private dem (in den Fällen: türkischen) Staat zuzurechnen ist. Dazu müsste der Staat die Übergriffe wenigstens tatenlos hinnehmen. Nach der Rechtsprechung des Bundesverwaltungsgerichts liegt eine tatenlose Hinnahme nicht schon dann vor, wenn die Bemühungen zur Unterbindung von politisch motivierten Übergriffen mit unterschiedlicher Effektivität greifen; es soll vielmehr darauf ankommen, ob der Staat mit den ihm zur Verfügung stehenden Mitteln im großen und ganzen Schutz gewährt[387]. Im zugrunde liegenden Fall einer syrisch-orthodoxen Christin hatte das Gericht, anders als die Vorinstanz[388], dies mit Blick auf die Verhältnisse in Istanbul bejaht. Allerdings sind die derart offen gehaltenen Kriterien des Bundesverwaltungsgerichts durchaus kritisch zu sehen. Die Vorgabe, Schutz müsse „im großen und ganzen" gewährleistet sein, ist stark ausfüllungsbedürftig und gibt wenig Praktikables für die Bewertung der tatsächlichen Feststellungen an die Hand.

---

383 BVerwG Buchholz 402.25 § 1 AsylVfG Nr. 67.

384 BVerwGE 85, 12.

385 In diesen Fällen fehlt es zudem an der Zurechenbarkeit an den türkischen Staat, vgl. BVerwGE 85, 12, 24.

386 BVerwGE 85, 12, 19; Hessischer VGH, InfAuslR 1989, 253, 254; VG Stuttgart, InfAuslR 1989, 250, 251; zum Ganzen *Mees-Asadollah*, Streit 1998, 139, 144 ff., die neben der Religion auch das Geschlecht als möglichen Anknüpfungspunkt untersucht.

387 BVerwGE 85, 12, 20.

388 Hessischer VGH, InfAuslR 1989, 253, 255.

Wenn zudem der Staat die ihm zur Verfügung stehenden Mittel einzusetzen hat, so sind als solche auch präventive Maßnahmen denkbar, ohne dass damit ein – nicht erreichbarer – „lückenloser Schutz" gefordert wäre[389].

Dagegen können Zwangsbeschneidungen christlicher türkischer Wehrpflichtiger in der Armee dem türkischen Staat unstrittig zugerechnet werden[390]. Die Beschneidung von Christen[391] durch ihre Mitrekruten im Wehrdienst stellt politische Verfolgung dar. Sie beruht auf Zwang, da entweder körperliche Gewalt ausgeübt oder unter einer nur vorgeblich notwendigen Narkose die Beschneidung durchgeführt wird, zum Teil beugen sich die Betroffenen, um sich Misshandlungen zu entziehen. Der Eingriff ist seiner Intensität nach asylerheblich, da er in die physische und psychische Integrität des Betroffenen eingreift, der unter Missachtung seines religiösen und körperlichen Selbstbestimmungsrechts zum bloßen Objekt erniedrigt wird, und erfolgt in der Absicht, ihn in seiner religiösen Überzeugung zu treffen: Er „soll (...) jedenfalls äußerlich zum Moslem gemacht werden"[392]. Der Staat ist dafür asylrechtlich verantwortlich, denn innerhalb der auf Befehl und Gehorsam ausgerichteten Streitkräfte hat er eine Garantenstellung gegenüber der christlichen Minderheit. Allerdings ist für jeden Fall gesondert zu prüfen, ob eine individuelle Verfolgungsgefahr christlicher Wehrpflichtiger vorliegt. Eine Gruppenverfolgung liegt nicht vor, weil es an einem gruppenspezifischen Merkmal fehlt, an das die Verfolgung anknüpft. Gemeinsames Merkmal der Betroffenen, die eine Untergruppe der Gruppe der syrisch-orthodoxen Christen darstellt, ist die Wehrpflichtigkeit, die ihrerseits jedoch nicht Grund für die Verfolgung ist.

Einen aufenthaltsrechtlich besonders umstrittenen Komplex stellt die zuweilen auch unter den Begriff Zwangsbeschneidung gestellte Genitalverstümmelung von Frauen und Mädchen dar[393]. Im asylrechtlichen Zusammenhang geht es insbesondere um die Fragen, ob die Genitalverstümmelung politische Verfolgung ist, also an ein asylerhebliches Merkmal anknüpft und zumindest als mittelbar staatliche Verfolgung zu qualifizieren ist. Wird politische Verfolgung verneint, kommt Frauen und Mädchen in Deutschland nur der Abschiebungsschutz gemäß § 60 Abs. 5 oder Abs. 7 AufenthG zugute. Die Fälle der Genitalverstümmelung sind indes in einen nicht vergleichbaren Kontext gebettet. Weder liegt Verfolgung wegen der Religion der Betroffenen vor, noch liegen religiöse Motive der Verfolger den Übergriffen zugrunde. Genitalverstümmelung ist allenfalls rituell motiviert, nicht aber religiös, jedenfalls nicht durch den Islam zu begründen[394].

---

389 Präventivmaßnahmen als staatliche Mittel fordert der Hessische VGH, Urteil v. 27. 2. 1989, Az.: 12 UE 838/85, ablehnend BVerwG, Urteil v. 31. 3. 1992, Az.: 9 C 135/90.

390 BVerwG NVwZ 1992, 582 ff.

391 Für türkische Staatsangehörige jezidischen Glaubens vgl. VG Stuttgart InfAuslR 1989, 250, 251.

392 BVerwG NVwZ 1992, 582, 583.

393 Zum Thema insgesamt *Bumke*, NVwZ 2002, 423 ff.

394 Der Ägyptische Conseil d'Etat hat etwa das Verbot der Verstümmelung für mit Scharia und Verfassung vereinbar erklärt, EuGRZ 1998, 24.

5. Bestrafung wegen Missachtung von Bekleidungsvorschriften

Gemäß Art. 1 A Nr. 2 GFK kann Anknüpfungspunkt für politische Verfolgung die Zugehörigkeit zu einer sozialen Gruppe sein. Das Bundesverfassungsgericht formuliert für die Gewährleistung von Asyl aus Art. 16a GG enger als die GFK, kein Staat habe das Recht, Leib, Leben oder die persönliche Freiheit des Einzelnen aus Gründen zu gefährden oder zu verletzen, die allein in seiner politischen Überzeugung, seiner religiösen Grundentscheidung oder in für ihn unverfügbaren Merkmalen liegen, die sein Anderssein prägen[395]. Sowohl vom Begriff der sozialen Gruppe als auch durch die unverfügbaren Merkmale des Bundesverfassungsgerichts kann auch das Geschlecht erfasst sein. Dies ist in Rechtsprechung und Literatur zwar umstritten[396]. Für das sogenannte kleine Asyl bestimmt § 60 Abs. 1 Satz 3 AufenthG aber nunmehr ausdrücklich, dass eine Verfolgung wegen der Zugehörigkeit zu einer sozialen Gruppe auch dann vorliegen kann, wenn die Bedrohung des Lebens, der körperlichen Unversehrtheit oder der Freiheit allein an das Geschlecht anknüpft. Damit geht die deutsche Regelung auf den ersten Blick über europäisches Gemeinschaftsrecht hinaus. In Art. 10 Abs. 1 Buchst. d) der Qualifikationsrichtlinie 2004 / 83 / EG[397] heißt es:

> „Geschlechterbezogene Aspekte können berücksichtigt werden, rechtfertigen aber für sich allein genommen noch nicht die Annahme, dass dieser Artikel anwendbar ist."

Der Verweis auf das Geschlecht allein soll nicht implizieren, dass der Verfolgungsgrund auf jeden Fall geltend gemacht werden kann; ob er als Verfolgungsgrund Anwendung findet, richtet sich nach den jeweiligen Umständen und der Situation im Herkunftsland sowie den Merkmalen der Verfolgung und des Verfolgten[398]. Ob der Ansatz der Richtlinie und der des § 60 Abs. 1 AufenthG im Grunde das gleiche Verständnis vom Begriff „Geschlecht" heranziehen[399], mag offen bleiben. Denn jedenfalls darf die Richtlinie nicht zu einer restriktiven Auslegung des – womöglich weiteren – § 60 Abs. 1 Satz 3 AufenthG herangezogen werden[400]. Ob die Zugehörigkeit zu einem Geschlecht ein relevantes Merkmal für die Gewährung von („großem" oder „kleinem") Asyl darstellt, ist insbesondere erheblich für die Fälle, in denen Frauen von drastischen Sanktionen bedroht sind, wenn sie religiöse oder kulturelle Normen verletzen. Als Beispiel mag die Missachtung von Bekleidungsvorschriften für Frauen gelten, die etwa nach dem iranischen Strafgesetzbuch mit Körperstrafen geahndet werden oder zu Zeiten des Taliban-Regimes in Afghanistan ebenfalls mit Misshandlungen bestraft wurden. Nicht bestritten wurde in bisher verhandelten Fällen, dass in diesen Strafen eine unmenschliche und ernied-

---

395 BVerfGE 80, 315, 333.

396 *Masing,* in: Dreier, Grundgesetz-Kommentar, Art. 16a, Rn. 40, 44.

397 Fn. 331.

398 Begründung im Kommissionsentwurf vom 12. 9. 2001, BR-Drs. 1017 / 01, S. 24.

399 *Marx,* ZAR 2005, 177, 182.

400 Hessischer VGH, EZAR NF 62 Nr. 2.

rigende, eine menschenunwürdige Behandlung zu sehen ist. Während das Verwaltungsgericht Karlsruhe daraus immerhin ein Abschiebungshindernis aus § 53 Abs. 4 AuslG 1990 i.V.m. Art. 3 EMRK ableitete[401], versagte das OVG Koblenz jeden Schutz mit der Begründung, die Betroffene könne einer Bestrafung durch eigenes gesetzeskonformes Verhalten entgehen[402]. Methodisch korrekt stellte das OVG nicht auf die Art der Bestrafung ab[403], sondern auf die Frage, ob die derart sanktionierte Verpflichtung ihrerseits asylrelevant ist. Allerdings überprüfte es die Bekleidungsvorschriften allein auf Zumutbarkeit und nicht darauf, ob in ihnen politische Verfolgung zu sehen ist. Schwierigkeiten scheint den Gerichten das asylerhebliche Merkmal zu bereiten. So erkannte zwar der baden-württembergische VGH eine „latente Gefährdungslage“ wegen eines Verstoßes gegen die Bekleidungsvorschriften durch eine Iranerin. Als Anknüpfungspunkt der politischen Verfolgung stellte der Gerichtshof indes auf die politische Überzeugung der Asylsuchenden ab, da im Iran allgemein behauptet und auch in der Presse dargestellt werde, dass Personen, die gegen die Bekleidungsvorschriften verstoßen, gegen die politische Ordnung des Iran eingestellt seien[404]. Im zugrunde liegenden Fall war es indes eine Kombination aus Verstößen gegen die Bekleidungsvorschriften, einem längeren Aufenthalt im westlichen Ausland und die Stellung des Asylantrags, die die Gefahr der politischen Verfolgung begründeten.

Nicht immer muss bei Frauen, die Bekleidungsvorschriften nicht beachten, eine religiöse oder politische Überzeugung zugrunde liegen. Umgekehrt wird auch der verfolgende Staat nicht zwangsläufig auf eine solche Überzeugung schließen. Für die Lösung dieser Fälle, in denen Religion oder politische Überzeugung als Anknüpfungspunkt nicht infrage kommen, ist also entscheidend, ob die Bekleidungsvorschriften an die Zugehörigkeit zur sozialen Gruppe „Frauen“ in asylerheblicher Weise anknüpfen und ihrerseits einen Eingriff in die durch das Asylrecht geschützten Rechtsgüter darstellen. Schon bei Änderung des Grundgesetzes war ausdrücklich die Möglichkeit erkannt worden, dass Verfolgung auf geschlechtsspezifischen Merkmalen beruhen kann[405]. Gemäß § 60 Abs. 1 Satz 3 AufenthG kann nunmehr politische Verfolgung wegen Zugehörigkeit zu einer bestimmten Sozialen Gruppe auch bei Anknüpfung an das Geschlecht vorliegen. Aus dieser Formulierung ergibt sich auch keine Ermessensentscheidung der Behörde. Im Sinne einer Rechtsentscheidung[406] werden hier die GFK-Vorgaben und die des Verfassungsgebers umgesetzt. Das Bundesverwaltungsgericht hat bereits zur Geltung des Art. 16 Abs. 2

401 VG Karlsruhe, Streit 1998, 178, 180.

402 OVG Koblenz, NVwZ-Beil. I 9/2002, 100 f.; kritisch *Sachs,* JuS 2003, 88.

403 Die Bestrafung kann Verfolgungshandlung sein, vgl. Art. 9 Abs. 2 der Qulifikationsrichtlinie 2004/83/EG: „Als Verfolgungen können unter anderem die folgenden Handlungen gelten: ... Buchst. c): unverhältnismäßige oder diskriminierende Strafverfolgung und Bestrafung.“

404 Baden-württembergisches VGH, InfAuslR 1990, 346.

405 BT-Drs. 12/4984, S. 48 zu 1.e).

406 *Marx,* ZAR 2005, 177, 183.

Satz 2 GG a.F. festgestellt, dass das Asylrecht ebenso vom Toleranzgebot getragen ist wie Art. 3 Abs. 3 GG, und die dort genannten Merkmale (darunter das Geschlecht) auch als für das Asylrecht relevant befunden[407]. Die Schwierigkeit kann also weniger darin bestehen, ob das Geschlecht überhaupt ein asylerhebliches Merkmal darstellt, sondern darin, dass in Anknüpfung an solche Merkmale Verhaltenspflichten statuiert werden und erst deren Nichtbeachtung zu Verfolgungsmaßnahmen führt. Problematisch ist mithin, welche Verhaltenspflichten als ausgrenzend anzusehen sind[408]. Nach einer Ansicht in der Literatur sind die Überlegungen zur Verfolgung wegen Religion auf die frauenspezifische Verfolgung zu übertragen. Abzustellen sei darauf, ob für Frauen ein Minimum an menschenwürdiger Entfaltung noch möglich ist oder ob aufgrund der gesellschaftlichen und staatlichen Verhaltensweisen eine solche Existenz nicht mehr möglich ist. Allgemeine Unterdrückungsmaßnahmen und Benachteiligungen, die Frauen in einer patriarchalisch geprägten Gesellschaft zu erdulden haben, begründeten noch keine Verfolgung; „gesellschaftliche Ächtung bis hin zum Risiko von leichteren Sanktionen" bei einem Verstoß gegen die islamischen Bekleidungsvorschriften sei daher im allgemeinen noch nicht als hinreichend für die Gefahr einer Verfolgung anzusehen[409].

Schon der Ansatz, für Frauen, allein weil sie Frauen sind, nur ein Minimum an menschenwürdiger Entfaltung zu fordern, ist fragwürdig. Die Bekleidungsvorschriften selbst können jedoch durchaus einen Eingriff in die Menschenwürde darstellen, da sie Frauen zur weitgehenden Verhüllung ihres eigenen Körpers zwingen und auf diese Weise jeden Ausdruck von (auch weiblicher) Individualität unmöglich machen. Dieser Eingriff knüpft an ein asylerhebliches Merkmal an. Zwar existieren in islamischen Staaten auch Bekleidungsvorschriften für Männer, doch diese sind in Ausmaß und Sanktion wesentlich weniger streng ausgestaltet[410]. Daher trägt in diesen Fällen auch der Verweis auf die verfassungsgerichtliche Rechtsprechung nicht, nach der Verfolgungsmaßnahmen nur dann asylerheblich sind, wenn sie nach Intensität und Schwere die Menschenwürde verletzten und über das hinaus gehen, was die Bewohner des Verfolgerstaates auf Grund des dort herrschenden Systems allgemein hinzunehmen haben[411]: Eine an Frauen gerichtete Vorschrift, sich nur nach strikten Vorgaben zu kleiden, die darauf gerichtet sind, einen nicht geringen Teil des äußeren Erscheinungsbildes und damit auch der weiblichen Individualität aus der Öffentlichkeit fernzuhalten, degradiert Frauen wenigstens teilweise zu Objekten bestimmter Moral- oder Glaubensvorstellungen des Staates. Diesen Eingriff in die Menschenwürde haben gerade nicht alle Bewohner des Staates hinzunehmen, sondern nur die Gruppe der Frauen. Die Sanktionen

[407] BVerwG InfAuslR 1983, 228, 229 f.

[408] *Masing,* in: Dreier, Grundgesetz-Kommentar, Art. 16a, Rn. 40, 44 (ohne Problementscheidung).

[409] *Hailbronner,* ZAR 1998, 152, 157.

[410] *Mees,* InfAuslR 1990, 348, 349 f.

[411] BVerfGE 80, 315, 333 ff.

selbst stellen die Verfolgungshandlungen dar, die im Falle derart ausgestalteter Strafrechtsnormen unmittelbar vom Staat selbst ausgehen. Bei außergewöhnlich harten Strafen, insbesondere Körperstrafen, gegen Frauen, die Bekleidungsvorschriften missachten, liegt mithin politische Verfolgung wegen des Geschlechts vor. Bei individueller Verfolgungsgefahr (etwa schon rechtskräftiger Verurteilung) resultiert daraus ein Anspruch auf Asyl für die betroffene Frau.

6. Verfolgung wegen eines vom Koran pönalisierten Verhaltens

Während im Einzelnen streitig ist, ob Bekleidungsvorschriften in islamischen Staaten tatsächlich einem islamischen Gebot entsprechen, enthalten die (Straf-) Rechtsordnungen islamischer Länder auch Verbote, die dem islamischen Recht entnommen werden[412]. Hadd-Straftatbestände sind Gottesrecht und gelten als solches absolut, darunter fallen beispielsweise nach dem iranischen Strafgesetzbuch etwa Unzucht, Alkoholtrinken, Diebstahl und Wegelagerei[413], nach dem Strafrecht des Sudan Ehebruch, bewaffnete Raubüberfälle, Rauschgiftdelikte, Schwarzmarktgeschäfte, Währungsvergehen, Korruption, Unterschlagung, Aufwiegelung gegen die Regierung und Organisation eines Streiks bzw. der Aufruf dazu[414]. Andere auch aus religiösen Gründen bestehende Straftatbestände unterliegen den weniger bestimmten Züchtigungs-Strafen (ta'zir). Die asylrechtliche Bewertung solchen Strafrechts hängt vom Ausmaß der verhängten Sanktionen ab und von der Anknüpfung an ein asylerhebliches Merkmal.

Wegweisend für das gesamte Asylrecht war insofern die Rechtsprechung des Bundesverwaltungsgerichts zur politischen Verfolgung im Iran aufgrund irreversibler Homosexualität[415]. Politische Verfolgung kann sich danach auch aus einer Verfolgung wegen sexueller Prägung ergeben, wenn hierdurch auch die bestehende Veranlagung als solche getroffen werden soll. In seiner Entscheidung hatte das Bundesverwaltungsgericht zwar angezweifelt, ob Homosexuelle zu einer sozialen Gruppe im Sinne von Art. 1 A Nr. 2 GFK gehören[416]. Das deutsche Asylgrundrecht lehne sich indes an den Flüchtlingsbegriff der Genfer Flüchtlingskonvention lediglich an. Auch andere Merkmale könnten als asylbegründend anzusehen sein, wenn sie zum Anknüpfungs- und Bezugspunkt für Verfolgungsmaßnahmen würden. Als solche könnten in Betracht kommen Eigenschaften und Verhaltensweisen, die den stets erheblichen Merkmalen wie Rasse, Nationalität, Religion oder politi-

---

412 Ob einzelne Vorschriften womöglich „Koran-konform" auszulegen sind, obliegt nicht der Beurteilung des Auswärtigen Amtes, BVerfG DVBl. 1996, 196, 197.

413 *Heldmann*, ZAR 1990, 137, 142.

414 *Thüringer* OVG, Urteil vom 4. 5. 1999, Az.: 3 KO 262 / 98.

415 BVerwGE 79, 143.

416 Anders nunmehr Art. 10 Abs. 1 Buchst. d) Qulifikationsrichtlinie 2004 / 83 / EG: „Je nach den Gegebenheiten im Herkunftsland kann als eine soziale Gruppe auch eine Gruppe gelten, die sich auf das gemeinsame Merkmal der sexuellen Ausrichtung gründet."

sche Überzeugung vergleichbar seien, mithin Eigenschaften, „die den Betroffenen ohne eigenes Zutun, sozusagen schicksalhaft zufallen“[417]. Eine unveränderliche Eigenschaft stellt die homosexuelle Veranlagung im Sinne einer irreversiblen Prägung dar. Wenn die Homosexualität Anknüpfungspunkt für politische Verfolgung sein kann, bedarf es für die Gewährung von Asyl einer Verfolgungshandlung, die aufgrund dieser Eigenschaft erfolgt. Im Iran unterliegen homosexuelle Handlungen in einem weitestmöglichen Verständnis einem strengen Strafregime[418]. Allerdings wird durch diese Normen nicht die homosexuelle Veranlagung, sondern nur ihre Betätigung unter Strafe gestellt. Dies allein soll nach Ansicht des Bundesverwaltungsgerichts, das insoweit auch auf die bis ins Jahr 1969 in Deutschland bestehende Verbotslage verweist, noch keinen Eingriff in asylerheblicher Weise darstellen, wenn Verbotsnormen dem Schutz der im Heimatstaat herrschenden öffentlichen Moral dienen. Die Grenze zur Asylerheblichkeit wird jedoch überschritten, wenn durch Verbotsnormen und strafrechtliche Verfolgung die homosexuelle Veranlagung als solche getroffen und sanktioniert werden soll. Indizien dafür sind Strafen, die „offensichtlich unerträglich hart und unter jedem denkbaren Gesichtspunkt schlechthin unangemessen zur Ahndung eines Verstoßes gegen die öffentliche Moral“[419] sind, also jedenfalls die verhängte und auch praktizierte Todesstrafe. Weitere Hinweise können prozessuale Besonderheiten und der Charakter des Staates sein. Vorliegend hatte das Gericht insbesondere auf das Beweismittel „eigenes Wissen“ des Richters abgehoben, das im iranischen Strafprozessrecht speziell für homosexuelles Verhalten eingeführt wurde. Die islamische Republik Iran sei insgesamt ein religiös-totalitärer Staat, dessen hauptsächlicher Zweck in der rigorosen Durchsetzung islamischer Ordnungs- und Moralvorstellungen bestehe, die die Beseitigung und Ausrottung von Menschen, die sich mit diesen Vorstellungen nicht in Einklang bringen lassen, einschließe[420]. In neueren Urteilen wird die Rechtslage und Rechtspraxis im Iran in dieser Hinsicht als unverändert eingeschätzt, wenngleich es keine „konsequente Politik der Verfolgung Homosexueller“ gebe[421]. Durch die internationale Presse ging noch im Sommer 2005 die Meldung über die öffentliche Hinrichtung zweier Jugendlicher wegen homosexueller Betätigung[422].

Wenn Maßnahmen des Staates oder solche, die ihm zuzurechnen sind, an das Merkmal Homosexualität anknüpfen und zudem die Veranlagung als solche getroffen werden soll, handelt es sich um politische Verfolgung im Sinne von Art. 16a Abs. 1 GG bzw. § 60 Abs. 1 AufenthG. Für den Einzelfall ist sodann immer der Nachweis einer individuellen Verfolgungsgefahr zu erbringen. Dabei sind die all-

---

417 BVerwGE 79, 143, 146.

418 Ausführlich Sächsisches OVG, Urteil v. 5. 2. 2004, Az.: 2 B 145 / 03.

419 BVerwGE 79, 143, 153.

420 BVerwGE 79, 143, 153.

421 Sächsisches OVG, Urteil v. 5. 2. 2004, Az.: 2 B 145 / 03.

422 Stuttgarter Zeitung v. 27.Juli 2005, S. 4.

gemeinen Maßstäben anzuwenden. Politische Verfolgung muss mit beachtlicher Wahrscheinlichkeit drohen, bei vorverfolgt Ausgereisten ist von einem herabgesetzten Wahrscheinlichkeitsmaßstab auszugehen.

Die zu subjektiven Nachfluchtgründen entwickelten Kriterien begegnen in der Anwendung auf diese Fälle hingegen Schwierigkeiten. Irreversible Homosexualität selbst schließt schon begrifflich ein Selbstschaffen aus[423]. Problematischer war der Fall, in dem ein unverfolgt ausgereister Iraner erst in Deutschland ein offensives Outing in der auch internationalen Öffentlichkeit betrieb und deshalb bei seiner Rückkehr einem gesteigerten Beobachtungs- und Verfolgungsinteresse durch die iranischen Behörden und somit der Gefahr politischer Verfolgung unterlegen hätte. Das Sächsische Oberverwaltungsgericht erblickte im massiven Outing des Iraners vor allem ein Indiz für die Irreversibilität der homosexuellen Veranlagung und im gesteigerten Beobachtungs- und Verfolgungsinteresse eine beachtliche Wahrscheinlichkeit für die Verfolgungsgefahr, ohne auf das Problem der Nachfluchtgründe einzugehen[424]. Dem ist im Ergebnis zuzustimmen, denn durch sein Verhalten nach der Ausreise schuf der Iraner nicht etwa Gründe für eine politische Verfolgung. Sein Verhalten war lediglich (mit-)ursächlich für die Annahme, dass die iranischen Behörden in Kenntnis seiner Homosexualität nach seiner Rückkehr seine homosexuellen Aktivitäten verstärkt beobachten und in der Folge sanktionieren würden. Verfolgt werden homosexuell Aktive im Iran jedoch, wie gezeigt, grundsätzlich und auch dann, wenn sie sich nicht in der Öffentlichkeit als solche zeigen, sofern die Behörden davon Kenntnis erlangen. Selbstgeschaffen war mithin im konkreten Fällen die erhöhte Wahrscheinlichkeit der Verfolgung, nicht jedoch der Verfolgungsgrund selbst.

Fraglich ist aber, ob einem Asylsuchenden, der sich vor seiner Ausreise und auch im Ausland unauffällig und daher unbehelligt homosexuell betätigt hat, auch nach seiner Rückkehr unauffälliges Ausleben seiner Homosexualität zugemutet werden kann, und ob ihn diese Unauffälligkeit vor Verfolgung hinreichend sichert. Während die erste Frage zu bejahen ist, weil durch das Asylrecht nicht sämtliche Verhaltensweisen geschützt werden sollen, die in einem Staat mit freiheitlich-demokratischer Grundordnung möglich sind, in einem repressiveren System jedoch nicht (also etwa ein offensives Coming-Out in der Öffentlichkeit), lässt sich die zweite Frage nicht generell beantworten. Hierzu ist eine tatsächliche Würdigung der aktuellen Situation im Heimatstaat notwendig, insbesondere der Rechtslage und Rechtspraxis bei der Strafverfolgung Homosexueller einschließlich der verhängten und durchgeführten Strafen. Keine Verfolgung droht etwa einem Iraner, der sich vor seiner Ausreise unauffällig homosexuell betätigt hat und der bei seiner Rückkehr nach eigenen Angaben aus Altersgründen nicht mehr aktiv sein werde[425].

---

423 Auch das BVerwG ging davon aus, dass die „schicksalhafte Festlegung" auf Homosexualitöt spätestens mit dem 18. Lebensjahr abschlossen ist, BVerwGE 79, 143, 152.

424 Sächsisches OVG, Urteil v. 5. 2. 2004, Az.: 2 B 145/03.

425 Hessischer VGH, Urteil v. 24. 9. 2002, Az.: 11 UE 4260/97.A.

Keine politische Verfolgung stellt die Bestrafung wegen Ehebruchs dar. Außerehelicher Geschlechtsverkehr fällt unter den Unzucht-Begriff der hadd-Vorschriften und wird etwa im iranische Strafrecht mit Peitschenhieben oder Steinigung oder – unter erleichterten Beweisanforderungen – mit Auspeitschungen und mitunter Freiheitsentzug bestraft (tazir- oder Ta'azirat-Vorschriften[426]). Zwar sind außergewöhnlich harte Strafen ein Indiz für eine asylerhebliche Verfolgung. Die Bestrafung wegen Ehebruchs knüpft jedoch nicht an ein asylerhebliches Merkmal an. Eheliche Treue oder Untreue stellen keine unverfügbare, schicksalhaft zugefallene Eigenschaft dar. Aus drohenden Körperstrafen wegen Ehebruchs ergibt sich daher kein Anspruch auf Asyl aus Art. 16a Abs. 1 GG oder auf die Feststellung des kleinen Asyls aus § 60 Abs. 1 AufenthG. Stattdessen ist subsidiärer Schutz im Sinne von § 60 Abs. 2 bis 7 AufenthG zu gewähren. Die vorgesehenen Strafen wegen Ehebruchs stellen eine menschenrechtswidrige und erniedrigende Bestrafung im Sinne von Art. 3 EMRK dar. In diesen Fällen ist gemäß § 60 Abs. 5 AufenthG die Abschiebung verboten[427].

Politische Verfolgung könnte indes dann vorliegen, wenn eine Bestrafung wegen Unzucht oder Ehebruchs an das Geschlecht anknüpfen und dadurch zielgerichtet etwa nur die Frauen treffen würde[428]. Nach geltender Rechtslage ist dies im Iran nicht der Fall, da die relevanten Vorschriften Frauen und Männer gleichermaßen betreffen[429]. Aus der Rechtspraxis kann sich etwas anderes ergeben, wenn Männer seltener oder nachlässiger verfolgt oder weniger hart bestraft werden. Dies festzustellen, obliegt der tatrichterlichen Würdigung aufgrund der aktuellen Situation im betreffenden Staat. Bekannt sind durchaus auch in der Rechtsprechung Fälle, in denen iranische Männer wegen Unzucht mit Körperstrafen bedroht sind[430].

Politische Verfolgung von Frauen wurde indes unter der Voraussetzung angenommen, dass neben dem Tatbestand des außerehelichen Geschlechtsverkehrs zudem nichteheliche Kinder Grund für Übergriffe oder Sanktionen gegen Frauen waren: In Afghanistan sei nach Ansicht des Verwaltungsgerichts Franfurt a. M.[431] eine Mutter zweier nichtehelicher Kinder auch nach dem Sturz des Taliban-Regimes Verfolgung ausgesetzt. Wegen eines Verstoßes gegen die moralische Vorstellungen der Bevölkerung und gegen die islamische Sitten- und Moralvorstellungen sei sie staatlichen Maßnahmen wie einer Inhaftierung wegen sogenannter Sexualdelikte ebenso ausgesetzt wie Gewalttaten und Verschleppungen durch nichtstaatliche Akteure. Diese Übergriffe knüpften an das Merkmal Zugehörigkeit

---

426 *Heldmann,* ZAR 1990, 137, 143.

427 BVerfG DVBl. 1996, 196; VG Darmstadt, NVwZ-RR 2004, 615 (beide noch zu § 53 Abs. 4 AuslG 1990); Bayerischer VGH Streit 1994, 85.

428 Vgl. ausführlich oben unter B.II.5.

429 VG Darmstadt, NVwZ-RR 2004, 615, 617.

430 BVerwG InfAuslR 1989, 216 zum Fall eines Iraners, der zu 100 Peitschenhieben verurteilt wurde, weil er sich mit seiner Freundin in der Öffentlichkeit zeigte.

431 VG Frankfurt a.M. InfAuslR 2004, 458, 459 ff.

zur sozialen Gruppe der alleinstehenden Frauen mit nichtehelichen Kindern an. Auch die Übergriffe von privater Seite seien dem Staat zuzurechnen, da die Regierung Karsai nicht in der Lage sei, solche Frauen zu schützen. Eine inländische Fluchtalternative bestehe nicht, zwar seien die Provinzen besonders betroffen, aber auch Kabul sei nicht ausreichend sicher. Das Merkmal „alleinstehende Frau mit nichtehelichem Kind“ als soziale Gruppe und somit asylerheblichen Anknüpfungspunkt zu wählen, begegnet keinen Bedenken. In Art. 10 Abs. 1 Buchst. d) der Qualifikationsrichtlinie 2004/83/EG[432] wird das Merkmal der sozialen Gruppe aus Art. 1 A Nr. 2 GFK augenommen:

Eine Gruppe gilt insbesondere als eine bestimmte soziale Gruppe, wenn

- die Mitglieder dieser Gruppe angeborene Merkmale oder einen Hintergrund, der nicht verändert werden kann, gemein haben, oder Merkmale oder eine Glaubensüberzeugung teilen, die so bedeutsam für die Identität oder das Gewissen sind, dass der Betreffende nicht gezwungen werden sollte, auf sie zu verzichten, und
- die Gruppe in dem betreffenden Land eine deutlich abgegrenzte Identität hat, da sie von der sie umgebenden Gesellschaft als andersartig betrachtet wird.

Der Begriff der sozialen Gruppe ist entwicklungsoffen. Einigkeit besteht, dass eine soziale Gruppe eine Gruppe von Personen darstellt, die ein gemeinsames Merkmal kennzeichnet, das sie aus der Gesellschaft ausgrenzt, aber nicht die Personen miteinander verbinden muss[433]. Gemeinsames Merkmal dieser Frauen ist ihr Mutterschaftsverhältnis zu einem nichtehelichen Kind, dessen Bedeutung für die Identität unbezweifelbar ist. Durch dieses Merkmal werden die betroffenen Frauen in islamisch geprägten Ländern unter den herrschenden Moralvorstellungen als andersartig, unmoralisch bis sündig angesehen, so dass diese Gruppe auch durch die Andersartigkeit ihre Identität erhält. Jedenfalls durch diesen Punkt lässt sich auch die Rechtsprechung des Bundesverwaltungsgerichts auf diese Fallgruppe übertragen. Dagegen scheint es begrifflich schwierig, nichteheliche Kinder als einer Mutter „schicksalhaft zugefallen“[434] zu verstehen. Hinter dem Begriff der unabänderlich anhaftenden persönlichen Merkmale steckt jedoch der Gedanke, dass für das Merkmal keine freie Entscheidung des Trägers verantwortlich ist („ohne eigenes Zutun“). Mutter eines nichtehelichen Kindes zu werden, kann zwar einem freiwilligen Entschluss entspringen oder jedenfalls in Kauf genommen sein. Die Alleinverantwortlichkeit für ein nichteheliches Kind[435] und auch der damit je nach Gesellschaftsanordnung dadurch anhaftende moralische Makel, die typischerweise und insbesondere in Fällen ungewollter Schwangerschaften der Mutter zukommen,

---

432 Fn. 331.

433 *Marx,* ZAR 2005, 177, 178.

434 BVerwGE 79, 143, 146.

435 Nach iranischem Zivilrecht wird ein nichteheliches Kind als den Eltern insgesamt nicht zugehörig angesehen, seine Betreuung obliegt grundsätzlich der Gemeinschaft; *Bergmann / Ferid,* Internationales Ehe- und Kindschaftsrecht, Iran, S. 72, 79.

sind jedoch zumindest auch biologisch begründet und damit ebenfalls unabänderlich. Schließlich stellt auch das Bundesverwaltungsgericht darauf ab, dass Merkmale deshalb asylrelevant sein können, wenn sie deren Träger aus Sicht des Verfolgers als andersartig in einem negativen Sinne klassifizieren, die Betroffenen mithin anders sind, als sie es nach Ansicht des Verfolgers zu sein haben[436].

In der Praxis wurden durchaus Mütter nichtehelicher Kinder aus islamischen Staaten als politisch Verfolgte anerkannt[437]. In anderen Fällen wurde die Existenz eines nichtehelichen Kindes lediglich als Beweis für den außerehelichen Geschlechtsverkehr in einem strafrechtlichen Verfahren wegen Unzuchts gewertet, ohne dass eine eventuell bestehende besondere Verfolgungsgefahr eben wegen des Kindes untersucht worden wäre[438]. Dies zu prüfen, ist jedoch nach den aufgezeigten Kriterien im Einzelfall angezeigt, da dadurch schon die schutzeröffnende Frage nach dem asylerheblichen Merkmal anders zu beantworten ist.

Je nach Rechtspraxis steht in Staaten mit islamisch geprägtem Strafrecht auch der Alkoholgenuss als vom Koran pönalisiertes Verhalten unter mitunter harten Körperstrafen. Die (drohende) Verurteilung zu einer solchen Strafe kann jedoch keine politische Verfolgung begründen, da kein asylerhebliches Merkmal ersichtlich ist, an das die Maßnahme anknüpfen könnte. In Betracht kommt allenfalls der subsidiäre Abschiebungsschutz aus Art. 3 EMRK in Verbindung mit § 60 Abs. 5 AufenthG wegen drohender menschensrechtswidriger und erniedrigender Bestrafung. Es reicht für den Abschiebungsschutz nach dieser Vorschrift aber nicht aus, wenn unverfolgt Ausgereiste angeben, sie würden nach ihrer Rückkehr erneut gesetzeswidrig Alkohol trinken und deshalb von der Gefahr schwerer Körperstrafen bedroht sein. Ein solches Verhalten beruht auf einem in der Zukunft liegenden freien Willensentschluss des Schutzsuchenden und ist daher unbeachtlich[439].

III. Familienasyl und Familiennachzug

Im Asylrecht genießen die Angehörigen eines Asylberechtigten unter bestimmten Voraussetzungen abgeleitete Rechte. Durch das in § 26 AsylVfG geregelte Familienasyl erhalten sie die Möglichkeit, in unmittelbarem zeitlichen Zusammenhang ihrerseits einen Asylantrag zu stellen. Der Familiennachzug gemäß §§ 27 ff. AufenthG räumt Familienangehörigen von Asylberechtigten oder Flüchtlingen ein eigenes Aufenthaltsrecht ein und schafft insbesondere die Grundlage für eine zeitlich spätere Zusammenführung der Familie. Beide Regelungsbereiche dienen dem Schutz der (Kern-)Familie und der Wahrung des Familienverbands.

---

436 BVerwGE 79, 143, 146.

437 VG Frankfurt a.M., InfAuslR 2004, 458, 459 ff.; Bescheid des Bundesamtes für die Anerkennung ausländischer Flüchtlinge v. 4. 8. 1987, zitiert nach *Heldmann,* ZAR 1990, 137, 143.

438 BVerfG DVBl. 1996, 196, 197; VG Darmstadt, NVwZ-RR 204, 615, 617.

439 Hamburgisches OVG, Beschluss vom 28. 9. 1994, Az.: Bs V 126/94.

1. Familienasyl gemäß § 26 AsylVfG

Ist ein Ausländer unanfechtbar als asylberechtigt anerkannt oder sind für ihn die Voraussetzungen des § 60 Abs. 1 AufenthG erfüllt, so sind gemäß § 26 AsylVfG auch Ehegatte und minderjährige Kinder auf Antrag als asylberechtigt anzuerkennen. Das Familienasyl dient einerseits dem Schutz vor Verfolgung der nahen Angehörigen eines politisch Verfolgten, deren Gefährdung sich aus dem familiären Näheverhältnis ergibt, und andererseits der Achtung und Wahrung des Familienverbands[440]. Der Anspruch des Ehegatten setzt gemäß § 26 Abs. 1 Nr. 2 u. 3 AsylVfG voraus, dass die Ehe schon im Staat der politischen Verfolgung bestanden hat und der Antrag vor oder gleichzeitig mit dem Asylberechtigten oder unverzüglich danach gestellt wird. Kinder sind gemäß § 26 Abs. 2 AsylVfG asylberechtigt, wenn sie minderjährig und ledig sind. Die Voraussetzungen entsprechen weitgehend der Begriffsbestimmung gemäß Art. 2 Buchst. h) der Qualifikationsrichtlinie 2004/83/EG[441]: So bezeichnet der Begriff

> „Familienangehörige“ die nachstehenden Mitglieder der Familie der Person, der die Flüchtlingseigenschaft oder der subsidiäre Schutzstatus gewährt worden ist, die sich im Zusammenhang mit dem Antrag auf internationalen Schutz in demselben Mitgliedstaat aufhalten, sofern die Familie bereits im Herkunftsland bestanden hat:
>
> – der Ehegatte der Person, der die Flüchtlingseigenschaft oder der subsidiäre Schutzstatus gewährt worden ist, oder ihr unverheirateter Partner, der mit ihr eine dauerhafte Beziehung führt, soweit in den Rechtsvorschriften oder in der Praxis des betreffenden Mitgliedstaats unverheiratete Paare nach dem Ausländerrecht auf vergleichbare Weise behandelt werden wie verheiratete Paare;
>
> – die minderjährigen Kinder des Paares nach dem ersten Gedankenstrich oder der Person, der die Flüchtlingseigenschaft oder der subsidiäre Schutzstatus gewährt worden ist, sofern diese ledig und unterhaltsberechtigt sind, unabhängig davon, ob es sich dabei um eheliche, nicht eheliche oder im Sinne des nationalen Rechts adoptierte Kinder handelt.

Zum Teil stellt das AsylVfG günstigere Regeln auf. So müssen die Kinder nicht unterhaltsberechtigt und nicht bereits vor Antragstellung geboren sein, denn gemäß § 26 Abs. 1 Nr. 2 AsylVfG muss nur die Ehe schon im Herkunftsland bestanden haben, nicht jedoch die ganze Familie.

a) Eheschließung nach islamischem Recht bzw. Ritus

Da das AsylVfG auf eine bestehende Ehe abstellt und unverheiratete Paare nicht – wie nach der Qualifikationsrichtlinie[442] zwar möglich, jedoch nicht zwingend vorgesehen – gleichbehandelt, ergeben sich im Hinblick auf Eheschließungen nach islamischen Regeln besondere Fallkonstellationen. Zweifelhaft kann insbesondere

---

[440] Vgl. auch Art. 23 der Qualifikationsrichtlinie 2004/83/EG, Fn. 331.

[441] Fn. 331.

[442] Fn. 331.

sein, ob polygyne Ehen und lediglich nach religiösem Ritus geschlossene Ehen den Anspruch auf Familienasyl begründen.

Für die sogenannte Imam-Ehe ist diese Frage unstrittig beantwortet. Aus völkerrechtlichen Vorgaben erschließt sich, dass sich das Personalstatut eines Flüchtlings nach dem Recht seines Wohnsitzstaates richtet, vgl. Art. 12 GFK. Auch die Gültigkeit der Eheschließung hängt folglich vom Recht des Heimatstaates ab, sie wird vom Familienasyl geachtet[443]. Um also ein Recht auf Familienasyl zu begründen, muss die Ehe staatlich anerkannt sein[444]. Ist also im Herkunftsstaat des Antragstellers die religiöse Form der Eheschließung die gültige und staatlich anerkannte, so genügt dies den Anforderungen des § 26 Abs. 1 Nr. 2 AsylVfG. Umgekehrt eröffnet eine nur nach religiösem Ritus geschlossene Ehe nicht die Schutzwirkung des Familienasyls, wenn im Heimatstaat wie etwa die Türkei, obwohl mit muslimischer Bevölkerungsmehrheit, die obligatorische Zivilehe gilt[445]. Familienasyl ist selbst dann ausgeschlossen, wenn ein Staat nur eine bestimmte Form religiöser Eheschließung ausschließt und davon nur eine bestimmte Religionsgemeinschaft betroffen ist, deren Angehörigen zudem der Zugang zur staatlich anerkannten Eheschließung versperrt ist[446]. Müssen Angehörige einer derart diskriminierten Religionsgemeinschaft vor staatlichen Stellen ihren Glauben verleugnen und einen anderen vortäuschen, um heiraten zu können, so liegt ein Eingriff in den asylrechtlich geschützten Bereich der Religionsfreiheit vor. Daraus kann sich ein originärer Anerkennungsanspruch wegen politischer Verfolgung ergeben.

Die Gefahr eigener politischer Verfolgung kann zudem für Partner aus staatlich nicht anerkannten Ehen bestehen, wenn der Verfolger den Partner dessen ungeachtet als Ehegatten ansieht und ihn auf der Grundlage der sogenannten Sippenhaft verfolgt[447]. Als Sippenhaft werden Maßnahmen bezeichnet, durch die besonders nahestehende Personen, in der Regel Angehörige, eines politisch Verfolgten betroffen sind, um mittelbar Verfolgungsdruck auf den eigentlich Verfolgten auszuüben. Übergriffe auf Familienangehörige dienen etwa dazu, den Aufenthaltsort des Verfolgten herauszufinden oder ihn zum Geständnis und / oder Verzicht seiner oppositionellen Aktivitäten zu nötigen. Wird von staatlichen Stellen Sippenhaft praktiziert oder ist dem Staat eine solche Praxis zuzurechnen, begründet dies eine Regelvermutung für die eigene politische Verfolgung der Angehörigen[448]. Hintergrund dieser Regelvermutung ist eine besondere potenzielle Gefährdungslage, die ins-

---

443 *Koisser/Nicolaus,* ZAR 1991, 31, 34, die „nicht allein" auf das Recht des Herkunftslandes abstellen wollen, sondern etwa auch vor Behörden von Befreiungsorganisationen geschlossene für gültig im Sinne des AsylVfG halten.

444 Zuletzt diese Rechtsprechung bestätigend BVerwG vom 22. 2. 2005, Az.: 1 C 17/03 nach OVG Lüneburg IPRspr. 2002, Nr. 71, 154.

445 Rheinland-Pfälzisches OVG, NVwZ 1994, 514, 515 ff.

446 BVerwG vom 22. 2. 2005, Az.: 1 C 17/03 zum Fall einer staatenlosen Kurdin jezidischen Glaubens aus Syrien.

447 Rheinland-Pfälzisches OVG, NVwZ 1994, 514, 516 f.

448 BVerwG 75, 304, 312; BVerwGE 79, 244, 246.

besondere in traditionell-religiös geprägten Gebieten auch für Partner aus Imam-Ehen gilt. Die hinter praktizierter Sippenhaft stehenden Motive und Absichten stehen nämlich in keinem Zusammenhang zur staatlichen Anerkennung der Partnerschaft.

b) Mehrehe

Familienasyl wird allen Ehefrauen eines Asylberechtigten gewährt, wenn die Mehrehe nach dem Recht des Staates, in dem die Ehe geschlossen wurde, anerkannt wird, auch wenn das deutsche Recht die polygame Ehe nicht anerkennt[449]. Auch hier ist die Begründung im Wortlaut zu suchen: § 26 Abs. 1 Nr. 2 AsylVfG fordert, dass die Ehe schon im Herkunftsstaat bestanden hat. Das Bestehen einer Ehe richtet sich, wie gezeigt, nach dem Recht des Herkunftsstaates selbst. Daher können mehrere Ehegatten eines Asylberechtigten Familienasyl beantragen, wenn es sich um formgültige Ehen handelt. Das ist auch nicht durch Art. 4 Abs. 4 der Richtlinie über das Recht auf Familienzusammenführung 2003/86 EG[450] ausgeschlossen. Eine Familienzusammenführung eines Ausländers mit mehr als einem Ehegatten verbietet die Richtlinie zwar. Gemäß Art. 9 Abs. 3 der Richtlinie bleiben aber Vorschriften, nach denen einem Familienangehörigen die Flüchtlingseigenschaft zuerkannt wird, unberührt. Das Familienasyl nach dem AsylVfG wird also nicht betroffen.

Ist eine Mehrehe auch nach der Rechtsordnung des Heimatstaates nicht zulässig, ist gleichwohl nicht ausgeschlossen, dass die Zweitfrau in eigener Person politisch verfolgt ist oder die Gefahr politischer Verfolgung mit beachtlicher Wahrscheinlichkeit vorliegt, wenn etwa der Herkunftsstaat Sippenhaft praktiziert. Insofern kann ein eigenständiger Asylanspruch bestehen, der jedoch nach den üblichen Kriterien, insbesondere im Hinblick auf die individuelle Verfolgungsgefahr für den Einzelfall zu prüfen ist.

c) Kinder

Für das Familienasyl des minderjährigen Kindes ist es unerheblich, ob das Kind ehelich oder nichtehelich ist. Auch ein adoptiertes Kind partizipiert vom Familienasyl, wenn die Adoption nach dem Recht des Heimatstaates rechtmäßig ist. Besondere Schwierigkeiten im Hinblick auf islamisches Recht ergeben sich dadurch nicht. Zwar ist die Adoption unter Muslimen unüblich, in Staaten wie Marokko[451] oder Sudan[452] ist sie daher auch nicht vorgesehen. Im Iran existiert hingegen ein

---

449 *Marx,* AsylVfG, § 26 Rn. 22 ff.; VG Darmstadt, NVwZ-Beil. I 3/2003, 23.

450 Fn. 134.

451 *Bergmann/Ferid,* Internationales Ehe- und Kindschaftsrecht, Marokko Stand 30. 11. 1995, S. 20.

Adoptionsgesetz, was insofern ungewöhnlich ist, als es den strengen Grundsatz des § 1167 des iranischen Zivilgesetzbuches aufbricht, nach dem nichteheliche Kinder nicht den Eltern zugehörig, sondern vom Staat zu betreuen und versorgen sind[453]. Dies hat indes keine Auswirkung auf den Schutz des nichtehelichen Kindes durch das Familienasyl, da es insofern nur auf die leibliche Abstammung ankommt, die tatsächlich-biologisch begründet ist. Lediglich bei einem normativ geprägten Personalstatut wie der Adoption kann es auf das Recht des jeweiligen Staates ankommen. Für den Antrag auf Familienasyl ist die Fiktion der gleichzeitigen Antragstellung der Kinder unter 16 Jahren gemäß § 14a AsylVfG zu beachten.

2. Familiennachzug gem. §§ 27 ff. AufenthG

Ein Familiennachzug zu einem Ausländer ist gemäß § 29 Abs. 1 Nr. 1 AufenthG möglich, wenn dieser eine Aufenthaltserlaubnis besitzt. Auf eine Aufenthaltserlaubnis haben unanfechtbar anerkannte Asylberechtigte und endgültig über § 60 Abs. 1 AufenthG Geschützte einen Anspruch (§ 25 Abs. 1 und 2 AufenthG), subsidiär nach § 60 Abs. 2 bis 7 AufenthG Geschützte haben einen Regelanspruch (§ 25 Abs. 3 AufenthG). Im Vergleich zu anderen aufenthaltsberechtigten Ausländern sind Asylberechtigte und Flüchtlinge im Hinblick auf den Familiennachzug besser gestellt, da bei ihnen gemäß § 29 Abs. 2 AufenthG auf die Voraussetzungen des gesicherten Lebensunterhalts und des ausreichenden Wohnraums verzichtet werden. Ansonsten gelten jedoch die gleichen Grundsätze, die insbesondere durch Rechtsprechung und europarechtliche Vorgaben für den ausländerrechtlichen Familiennachzug insgesamt entwickelt wurden[454].

IV. Verfahrensrechtliche Besonderheiten

Bis zum Abschluss des Asylverfahrens und zum Teil auch nach bestandskräftiger Anerkennung unterliegen Asylbewerber und anderweitig Schutzsuchende in ihrem Rechtsstatus Beschränkungen und Vorgaben, die sich im einzelnen aus dem Asylverfahrensgesetz ergeben. Dazu gehören etwa solche Vorschriften, die ihren Aufenthalt nach der Einreise betreffen. Hier ist den persönlichen Verhältnissen, familiären Bedürfnissen und auch religiösen Belangen Rechnung zu tragen.

---

452 *Bergmann/Ferid,* Internationales Ehe- und Kindschaftsrecht, Sudan Stand 31. 10. 1992, S. 39 (nur für Muslime).

453 *Bergmann/Ferid,* Internationales Ehe- und Kindschaftsrecht, Iran Stand 1. 10. 2002, S. 88 f.

454 Vgl. zur Richtlinie 2003/86/EG oben unter A.II. und zu den §§ 25 ff. AufenthG oben unter A.IV.2.

1. Zuweisung in einen Landkreis gemäß § 50 AsylVfG

Gemäß § 47 Abs. 1 AsylVfG sind Asylsuchende nach der Antragstellung zunächst verpflichtet, in einer Aufnahmeeinrichtung zu wohnen. Endet diese Verpflichtung oder liegt eine Mitteilung des Bundesamtes im Sinne von § 50 Abs. 1 AsylVfG vor, so werden die Asylsuchenden innerhalb des Landes verteilt, in dem sie zunächst aufgenommen werden. Über die Zuweisung zu einem bestimmten Bezirk entscheidet die Landesbehörde nach Ermessen, allerdings ist weder eine Begründung noch eine Anhörung des Betroffenen erforderlich, § 50 Abs. 4 AsylVfG. Grundlage für die Entscheidung ist vor allem das öffentliche Interesse an einer gleichmäßigen Verteilung der Asylbewerber, das grundsätzlich den Vorrang vor den Belangen des Asylbewerbers verdient[455]. Gebunden ist das Ermessen aber gemäß § 50 Abs. 4 Satz 5 AsylVfG insoweit, als es die Haushaltsgemeinschaft von Ehegatten und ihren Kindern zu berücksichtigen hat. Geschützt ist die Haushaltsgemeinschaft der Kernfamilie[456]. Daher soll nach einem Urteil des VG Darmstadt[457] eine Zweitehefrau, die einen Asylberechtigten erst nach Einreise nach islamischem Ritus geheiratet hat, keinen Anspruch auf Zuteilung zu dem Landkreis haben, in dem auch ihr Ehemann lebt. Zunächst sei die Ehe nicht formgültig geschlossen, die Voraussetzung einer Eheschließung nach anderem als dem deutschen Recht gemäß § 13 Abs. 2 EGBGB lägen nicht vor. Darüber hinaus entfalte auch Art. 6 Abs. 1 GG in diesem Fall keinen weitergehenden Schutz für Mehrehen. Das sei nur anders, wenn eine solche Ehe schon im Heimatstaat wirksam geschlossen worden sei, im Geltungsbereich des Grundgesetzes dagegen könnten solche Ehen nicht geschlossen werden. Die Argumentation des Gerichts kann trotz ihrer Kürze überzeugen. Hintergrund dafür, dass die Haushaltsgemeinschaft von Ehegatten und Kindern bei der Zuweisung nach § 50 AsylVfG zu berücksichtigen ist, ist der Schutz von Ehe und Familie nach Art. 6 Abs. 1 GG, der in einer persönlichen Ausnahmesituation wie nach einer Flucht besonders wichtig ist[458]. Auch der Hinweis des VG Darmstadt, Art. 6 Abs. 1 GG gehe von der verweltlichten bürgerlichrechtlichen Einehe aus und eine analoge Anwendung auch des § 50 Abs. 4 Satz 5 AsylVfG auf eheähnliche Partnerschaften sei ausgeschlossen, entspricht der herrschenden Auffassung vom Schutzbereich des Art. 6 Abs. 1 GG. In diesem Zusammenhang sei aber auf die Rechtsprechung des Bundesverwaltungsgerichts[459] zur Mehrehe hingewiesen: Existieren gemeinsame Kinder, gebietet der verfassungsrechtlich garantierte Schutz der Familie, dass auch die Mutter trotz bestehender Mehrehe in aufenthaltsrechtlicher Hinsicht begünstigt sein muss, wenn anderenfalls die Familie nicht zusammenleben kann. Für diese Fälle bestehen also gute Gründe, auch für eine Zweitehefrau den Aspekt der gemeinsamen Haushaltsfüh-

---

455 *Renner*, Ausländerrecht, Kommentar, § 50 AsylVfG Rn. 20.

456 *Renner*, Ausländerrecht, Kommentar, § 50 AsylVfG Rn. 23.

457 VG Darmstadt, NVwZ-Beil. I 3/2003, 23.

458 *Renner*, Ausländerrecht, Kommentar, § 50 AsylVfG Rn. 23.

459 BVerwGE 71, 228, 231 f.

rung in die Ermessensentscheidung einzustellen. Das öffentliche Interesse einer gleichmäßigen Verteilung wird diesen – wenigen – Einzelfällen nicht absolut entgegenstehen.

Eine Ausnahme von der strengen Begrenzung auf die Kernfamilie ließ auch das VG Göttingen[460] zu. Es gewährte einer Pakistanin, die der Glaubensgemeinschaft der Ahmadiyya angehörte, einen Anspruch auf Zuweisung zum Landkreis, in dem Verwandte von ihr lebten, die jedoch nicht die Kernfamilie bildeten. Im ursprünglich zugewiesenen Landkreis hatte sie isoliert gelebt. Das Gericht begründete den Anspruch neben den negativen psychischen Auswirkungen der Isolation auch mit der Religionsausübung der Betroffenen. Diese hatte angegeben, als nach islamischem Recht Verheiratete nicht allein leben zu dürfen und bei Abwesenheit des Mannes auf die Familie angewiesen zu sein. Nach Ansicht des Gerichts war daher das Ermessen der Behörde auf Null reduziert. Mit dieser Entscheidung ging das Gericht über den klaren Wortlaut des § 50 Abs. 4 Satz 5 AsylVfG hinaus, denn dieser nennt überhaupt nur die Haushaltsgemeinschaft von Ehegatten und Kindern als in die Ermessensentscheidung einzustellenden Belang, nicht jedoch andere Interessen. Zu helfen vermag aber der Verweis auf eine verfassungskonforme Auslegung der Vorschrift, da ein Versagen des Anspruchs einen Eingriff in die Freiheit der Religionsausübung aus Art. 4 Abs. 2 GG bedeutet hätte: Der Asylbewerberin wäre verwehrt worden, sich einem eindeutigen und für sie selbst maßgeblichen Gebot ihrer Religion entsprechend zu verhalten. Diesem vom Schutzbereich des Art. 4 Abs. 2 GG umfassten Interesse lässt sich zwar grundsätzlich das öffentliche Interesse an einer gleichmäßigen Verteilung der Asylbewerber entgegenhalten. Im konkreten Fall wäre es jedoch auch in Anbetracht der psychischen Verfassung der Frau unverhältnismäßig, diesem Interesse mehr Gewicht beizumessen als jenem.

2. Örtliche Beschränkung des Aufenthalts gemäß §§ 56 ff. AsylVfG

Während des Asylverfahrens ist der Aufenthalt im Bundesgebiet durch die Aufenthaltsgestattung legitimiert, auf die der Ausländer gemäß § 55 Abs. 1 AsylVfG einen Anspruch hat. Die Aufenthaltsgestattung ist räumlich gemäß § 56 Abs. 1 AsylVfG auf den Bezirk beschränkt, in dem die für die Aufnahme des Ausländers zuständige Aufnahmeeinrichtung liegt. Im Zusammenhang mit der räumlichen Beschränkung ist unter Aufenthalt das tatsächliche Sich-Befinden zu verstehen, so dass selbst das vorübergehende Verlassen des Aufenthaltsbezirks nicht gestattet ist[461]. Um den Bezirk verlassen zu können, benötigt der Asylbewerber eine Erlaubnis, die unter den Voraussetzungen der §§ 57, 58 AsylVfG erteilt wird bzw. werden kann. Ein Grund für die Erlaubnis kann darin bestehen, dass der Asylbewerber

---

460 VG Göttingen, Streit 2000, 132.

461 *Hailbronner*, Ausländerrecht, Kommentar, § 56 AsylVfG Rn. 3.

Termine bei Hilfsorganisationen oder Anwälten wahrnehmen möchte; um behördliche Termine wahr zu nehmen, bei denen das persönliche Erscheinen erforderlich ist, bedarf es darüber hinaus keiner Erlaubnis. Persönliche Motive und insbesondere solche, die nicht im Zusammenhang mit dem eigentlichen Asylverfahren stehen, können nach § 57 Abs. 1 AsylVfG die Erlaubnis begründen: Die Erlaubnis kann erteilt werden, wenn zwingende Gründe es erfordern. Der zwingende Grund ist ein unbestimmter Rechtsbegriff, unter den nur solche Gründe fallen, die von erheblichem Gewicht sind und deren Anerkennung bei gehöriger Abwägung weder dem Zweck der Aufenthaltsgestattung (i.e. Durchführung des Asylverfahrens) noch dem Sinn und Zweck der aufenthaltsbeschränkenden Vorschriften entgegenstehen. Zwingende Gründe können grundsätzlich familiärer, religiöser, gesundheitlicher oder politischer Art sein[462]. So kann etwa die Teilnahme an einer Demonstration im Einzelfall einen zwingenden Grund darstellen[463], die Arbeitsaufnahme in einem anderen Bezirk jedoch nicht, weil den Asylbewerber grundsätzlich zuzumuten ist, im zugewiesenen Aufenthaltsbezirk tätig zu sein[464]. Dieser Gesichtspunkt ergibt sich aus dem Wortlaut des Gesetzes, denn zwingende Gründ müssen das Verlassen gerade erfordern. Maßgeblich ist also, ob den Gründen nicht anderweitig, also im zugewiesenen Bezirk Rechnung getragen werden kann[465]. Wenn etwa ein muslimischer Asylbewerber eine Moschee besuchen möchte, so kann er grundsätzlich auf eine im zugewiesenen Bezirk ansässige verwiesen werden. Anders jedoch, wenn im zugewiesenen Bezirk keine Gemeinschaft von Gläubigen der Religion des Asylbewerbers existiert. Besteht jedoch ein Gemeinschaftsleben mit religiösen Veranstaltungen etwa von Jeziden in einem benachbarten Bezirk, so liegt in dem Wunsch, daran teilzuhaben, ein zwingender Grund, der ein Verlassen erfordert[466]. Die Abwägung mit dem öffentlichen Interesse kann jedoch ergeben, dass eine Erlaubnis nur für nachgewiesene örtlich und zeitlich bestimmte religiöse Veranstaltungen erteilt wird[467] Ein zwingender Grund liegt auch vor, wenn der Antragsteller eine Funktion in einer Gemeinde innehat, die außerhalb des zugewiesenen Bezirks besteht. Anders als etwa die Arbeitsaufnahme ist dieser Grund durch Art. 4 Abs. 1 und 2 GG geschützt. Der ehrenamtlichen Priester einer Sikh-Gemeinde, der für diese Tätigkeit wiederholt seinen Aufenthaltsbereich verließ, konnte sich über das Grundrecht der Religionsausübungsfreiheit auf den Entschuldigungsgrund des übergesetzlichen entschuldigenden Notstand berufen, so dass er nicht gemäß § 85 Abs. 1 Nr. 2 AsylVfG (Zuwiderhandlung gegen die Aufenthaltsbeschränkung) strafbar war[468]. Auch eine Eheschließung nach islamischem Ritus

---

462 *Hailbronner,* Ausländerrecht, Kommentar, § 57 AsylVfG Rn. 9.

463 Hessischer VGH, InfAuslR 1985, 157.

464 BVerfG ZfSH / SGB 1984, 235.

465 *Hailbronner,* Ausländerrecht, Kommentar, § 57 AsylVfG Rn. 13.

466 Dass die Existenz einer den religiösen Identitätsvorstellungen entsprechenden Glaubensgemeinschaft schon bei der Zuweisung zu einem Bezirk zu berücksichtigen sein kann, betonte das OVG Berlin, NVwZ 1993, 296.

467 BVerwG ZfSH / SGB 1984, 560.

kann das Verlassen des Aufenthaltsbezirks erfordern, insbesondere dann, wenn die Verlobten in verschiedenen Bezirken zu wohnen verpflichtet sind oder ein Imam oder Quadi, der den religiösen Vorstellungen der Heiratenden entspricht, nur außerhalb des Bezirkes zu finden ist. Auch diese Belange sind grundrechtlich durch Art. 6 Abs. 1 GG und / oder Art. 4 Abs. 1 und 2 GG geschützt.

Durch § 58 AsylVfG werden diejenigen Asylbewerber begünstigt, die nicht oder nicht mehr verpflichtet sind, in einer Aufnahmeeinrichtung zu wohnen. Zum einen handelt es sich bei der Erlaubniserteilung aus zwingendem Grund um eine gebundene Entscheidung der Behörde. Zum anderen sind die tatbestandlichen Voraussetzungen um den Grund der unbilligen Härte bei Versagung der Erlaubnis erweitert. Eine unbillige Härte stellen Beeinträchtigungen dar, die im Vergleich zu den betroffenen öffentlichen Interessen und im Hinblick auf den vom Gesetz vorausgesetzten Zweck der Aufenthaltsbeschränkung als unangemessen schwer anzusehen sind; der Begriff ist insgesamt weiter zu verstehen als der der zwingenden Gründe[469]. Darunter können sämtliche persönliche Interessen fallen, etwa der Wunsch des Asylbewerbers, sich mit Verwandten zu treffen, während dies nur dann als zwingender Grund anzuerkennen ist, wenn ein solches Treffen im zugewiesenen Bezirk nicht möglich ist und womöglich noch weitere Gründe hinzukommen (Heirat, Krankheit etc.).

V. Widerruf und Rücknahme der Anerkennung als Asylberechtigter

Ist ein Ausländer unanfechtbar als asylberechtigt anerkannt oder ist das Vorliegen der Voraussetzungen des 60 Abs. 1 AufenthG unanfechtbar festgestellt worden, so ergibt sich dadurch zwar ein Anspruch auf Erteilung einer Aufenthaltserlaubnis gemäß § 25 Abs. 1 und 2 AufenthG. Gleichwohl bedeutet aber weder die Bestandskraft der Anerkennung noch die Aufenthaltserlaubnis, dass der Status als Asylberechtigter unabänderlich festgeschrieben ist. Einschlägige Vorschrift für Widerruf und Rücknahme der Anerkennung als Asylberechtigter ist § 73 AsylVfG. Gemäß Abs. 1 ist er unverzüglich zu widerrufen, wenn die Voraussetzungen nicht mehr vorliegen. Dies verweist – jedenfalls für das kleine Asyl – implizit auf § 60 Abs. 8 AufenthG. Wie die Vorgängervorschrift des § 51 Abs. 3 AuslG 1990 schließt diese Norm das kleine Asyl aus, wenn der Ausländer aus schwerwiegenden Gründen als eine Gefahr für die Sicherheit der Bundesrepublik Deutschland anzusehen ist oder eine Gefahr für die Allgemeinheit bedeutet, weil er wegen eines Verbrechens oder besonders schweren Vergehens rechtskräftig zu einer Freiheitsstrafe von mindestens drei Jahren verurteilt worden ist. Neu ist § 60 Abs. 8 S. 2 AufenthG, der die Ablehnungsgründe erweitert auf begangene Verbrechen gegen

468 AG Heinsberg, Urt. v. 4. 7. 1995, Az.: 5 Cs 40 Js 40 / 96, AuAS 1996, 272.

469 *Hailbronner,* Ausländerrecht, Kommentar, § 58 AsylVfG Rn. 6.

den Frieden, Kriegsverbrechen und Verbrechen gegen die Menschlichkeit sowie auf begangene schwere nichtpolitische Verbrechen außerhalb des Bundesgebiets und Handlungen, die den Zielen und Grundsätzen der Nato zuwiderlaufen. Umstritten und von verfassungsrechtlichem – aber auch praktischem – Interesse ist die Frage, ob § 73 Abs. 1 AsylVfG i.V.m. § 60 Abs. 8 AufenthG das Grundrecht aus Art. 16a Abs. 1 GG konkretisieren und im Ergebnis beschränken können oder ob die Anwendung dieser Normen auch auf politisch Verfolgte im Sinne des Art. 16a Abs. 1 GG verfassungswidrig ist, da das Grundrecht auf Asyl keinen verfassungsimmanenten Schranken unterliegt[470]. Aktuelle Bedeutung erlangte diese Frage durch die Verfassungsbeschwerde von Metin Kaplan. Der als „Kalif von Köln" bekannt gewordenen Gründer des sogenannten Kalifatsstaat war wegen öffentlicher Aufforderung zu Straftaten zu einer vierjährigen Freiheitsstrafe verurteilt worden, daraufhin wurde die Asylanerkennung widerrufen, Kaplan ausgewiesen und schließlich in seinen Heimatstaat, die Türkei, zurückgeführt. Die verwaltungsgerichtlichen Instanzen bestätigten sämtliche Schritte als rechtmäßig, dem Bundesverfassungsgericht liegt nunmehr die Frage vor, ob der Asylwiderruf Kaplan in seinen Grundrechten verletzt[471]. Allgemein wird eine Klarstellung zur eingangs gezeichneten Fragestellung, insbesondere zur Verfassungsmäßigkeit von § 73 Abs. 1 AsylVfG erwartet[472]. Hier muss indes der Hinweis auf das anhängige Verfahren und seine Hintergründe genügen. Zwar wurde der „Fall Kaplan" wohl auch wegen seines islamischen Hintergrundes zu einem Schwerpunkt medialer und öffentlicher Aufmerksamkeit. Für die rechtliche Bewertung der ausländer- und asylrechtlichen Hürden indes spielten und spielen religiöse Aspekte keine Rolle.

C. Exkurs: Staatsangehörigkeitsrecht

§ 3 StAG nennt die Tatbestände, durch die die deutsche Staatsangehörigkeit erworben wird. Durch Einbürgerung kann auch ein Ausländer die deutsche Staatsangehörigkeit erlangen, § 3 Nr. 5 StAG. Die Voraussetzungen der Einbürgerung regeln die §§ 8 ff. StAG. Bis zum Inkrafttreten des Zuwanderungsgesetzes am 1. Januar 2005 enthielt auch das Ausländergesetz Vorschriften über den Erwerb der deutschen Staatsangehörigkeit. Die Regelungen über den Einbürgerungsanspruch von Ausländern mit längerem Inlandsaufenthalt der §§ 85 ff. AuslG 1990 wurden von Beginn ihrer Existenz an als Fremdkörper im Ausländergesetz empfunden[473] und schließlich in angepasster Form als §§ 10 bis 12b ins Staatsangehörigkeitsgesetz (StAG) übernommen. Zwar lässt sich grundsätzlich festhalten und auch be-

---

470 So etwa *Renner,* Ausländerrecht, Kommentar, § 51 AuslG Rn. 21.

471 Az.: 1 C 14/04.

472 Zum Ganzen ausführlich *Bergmann,* ZAR 2005, 137 ff.

473 *Renner,* ZAR 2004, 176, 180,

tonen, dass die bloße Zugehörigkeit zu einer (nichtchristlichen) Religion keine Auswirkung auf die Einbürgerung eines Ausländers hat[474]. Gleichwohl können sich einzelne Fallgestaltungen mit islamischem Hintergrund auf die Möglichkeit einer Einbürgerung auswirken.

So normiert § 9 StAG die Voraussetzungen einer Einbürgerung der Ehegatten Deutscher, die auf Antrag nach Ermessen vorgenommen wird. Regelmäßig gilt, dass das Leben in Polygamie der Einordnung in die deutschen Lebensverhältnisse entgegensteht[475]. Die Einordnung in deutsche Lebensverhältnisse ist zwar nur in § 9 StAG explizit als Voraussetzung für die Einbürgerung von Ehegatten Deutscher normiert. Das Kriterium wird jedoch auch bei der Ermessensausübung der Behörde beim Antrag auf Einbürgerung nach § 8 StAG angewendet, wie sich aus den Verwaltungsvorschriften zum Staatsangehörigkeitsrecht ergibt[476]. Das den Einbürgerungsbehörden eingeräumte Ermessen ist weit, so dass die Zugrundelegung des Kriteriums Einordnung in deutsche Lebensverhältnisse keinen Bedenken begegnet. Auch das Einbürgerungsbegehren eines in Polygamie lebenden Ausländers nach § 8 StAG scheitert daher an der bestehenden Mehrehe.

Anders ist es im Falle des § 10 StAG. Dem Antrag eines langfristig im Bundesgebiet lebenden Ausländers auf Einbürgerung ist unter den genannten Voraussetzungen im Wege der gebundenen Entscheidung zu entsprechen. Mangels Ermessens kann also auch nicht die Einordnung in deutsche Lebensverhältnisse in die Entscheidung eingestellt werden. Auch ein Ausschlussgrund gemäß § 11 StAG ist in einer bestehenden Mehrehe nicht zu sehen. Allein zu überlegen ist, ob das Leben in Mehrehe dem Bekenntnis zur freiheitlichen demokratischen Grundordnung zuwiderlaufen könnte. Schon zweifelhaft ist indes, ob das Prinzip der Einehe überhaupt ein Bestandteil der freiheitlichen demokratischen Grundordnung verstanden als unverzichtbare Grundprinzipien des Staates ist oder ob umgekehrt die individuelle Ablehnung dieser Lebensform einen Angriff auf die freiheitliche demokratische Grundordnung darstellen kann. Das ist sicher zu verneinen. Zwar geht nach herrschender Auffassung das Grundgesetz in Art. 6 Abs. 1 GG von der bürgerlich-rechtlichen Einehe aus. Aus der Institutsgarantie des Grundrechts ergibt sich jedoch kein Verbot anderer Lebensformen, sondern lediglich der besondere staatliche Schutz des gewählten Instituts. Individuell eine andere Lebensform zu wählen, stellt daher keine Absage an die Wertentscheidungen des Grundgesetzes und erst recht nicht an die – enger zu verstehende – freiheitliche demokratische Grundordnung dar. Darüber hinaus fordert § 10 Abs. 1 Nr. 1 StAG eine Loyalitätserklärung, die eine subjektive Aussage zur Einstellung des Ausländers enthält, während für tatsächlich bestehende, gleichsam objektive Hindernisse die Ausschlussgründe des § 11 StAG ausschlaggebend sind[477]. Unter diese lässt sich das

---

474 *Renner,* ZAR 2004, 130, 133 ff.

475 OVG Münster, NVwZ-RR 1997, 742, 743.

476 *Renner,* Nachtrag Staatsangehörigkeit zum Ausländerrecht, § 85, Rn. 4.

477 Noch zum AuslG 1991 *Renner,* Nachtrag „Staatsangehörigkeitsrecht", § 87 AuslG Rn. 22.

Leben in Mehrehe aber nicht subsumieren. Im Ergebnis kann das Bestehen einer Mehrehe den Anspruch eines seit acht Jahren in Deutschland lebenden Ausländers auf Einbürgerung nicht ausschließen.

Verweigert wurde die Einbürgerung einem seit 1975 in Deutschland lebenden Türken wegen seiner Mitgliedschaft und Funktionärstätigkeit bei der Islamischen Gemeinschaft Mili Görüs. Dies begegnet insofern Bedenken, als es sich bei der IGMG nicht um einen verbotenen Verein handelt, so dass dem einzelnen Mitglied die Voraussetzungen eines Ausschlussgrundes personenbezogen und konkret nachgewiesen werden müssen[478] und sich nicht schon allein aus einer Mitgliedschaft ergeben. Selbst wenn erwiesen ist, dass der Verein in Staaten, in denen Muslime leben, etwa in Deutschland, eine islamische Ordnung auf der Grundlage der Scharia anstrebt und sich daraus eine mit den Prinzipien des Grundgesetzes unvereinbare ideologische Ausrichtung ergibt[479], müssen tatsächliche Anhaltspunkte die Annahme rechtfertigen, dass der Ausländer (in eigener Person) Bestrebungen verfolgt oder unterstützt oder verfolgt oder unterstützt hat, die gegen die freiheitliche demokratische Grundordnung, den Bestand oder die Sicherheit des Bundes oder eines Landes gerichtet sind. Hierfür reicht eine bloße Mitgliedschaft in einem nicht einmal verbotenen Verein wohl nicht aus. Eine Funktionärstätigkeit kann dagegen einen Ausschlussgrund darstellen, zumal in Fällen, in denen gerade der antragstellende Ausländer in seiner Vereinsfunktion eine verfassungsfeindliche Tendenz des Vereins geprägt hat.

---

478 *Renner,* ZAR 2004, 130, 134.

479 OVG Koblenz, Urteil vom 24. 5. 2005, Az.: 7 A 10953/04.OVG.

6. Kapitel

Islam und Sozialrecht

Von *Peter Janßen*

A. Einleitung

Der nachfolgende Beitrag befasst sich mit der Frage, wie sich Vorgaben der islamischen Glaubens- und Rechtslehre für die in Deutschland lebenden Muslime im Hinblick auf das Sozialrecht auswirken. Das Sozialrecht stellt in der alltäglichen Rechtspraxis eine typische Querschnittsmaterie dar. So bestehen zahlreiche Berührungspunkte zu anderen Rechtsgebieten. Von besonderer praktischer Bedeutung sind hierbei die Beziehungen zum Arbeitsrecht und zum Familienrecht. Gerade die Bereiche Arbeit und Familie sind jedoch auch für die in Deutschland lebenden Muslime die zentralen Punkte im Alltagsleben. Die hier lebenden Muslime geraten somit, wie alle Bürger, in erheblichem Umfange in Kontakt mit sozialrechtlichen Vorschriften. Dabei kann es durchaus zu Konflikten kommen, wenn sich Muslime auf ihren islamischen Glauben berufen und sich so möglicherweise in Widerspruch zu sozialrechtlichen Vorgaben setzen.[1] In solchen Fällen drängt sich naturgemäß die Frage auf, wie diese Konfliktfälle rechtlich zu bewerten sind. Nachfolgend soll der Versuch unternommen werden, mögliche sozialrechtliche Konfliktfelder auszumachen und dem potentiellen Rechtsanwender ein grobes Raster für die Lösung solcher Konflikte an die Hand zu geben.

B. Das „Sozialrecht“ – gegenständliche Abgrenzung

Bevor man sich daran macht, Konfliktfelder zwischen islamtypischer Religionsausübung und deutschem Sozialrecht auszumachen, bedarf es einer gegenständlichen Festlegung dessen, was nachfolgend unter „Sozialrecht“ verstanden wird. Das Sozialgesetzbuch definiert den Begriff „Sozialrecht“ nicht. Man unterscheidet in diesem Zusammenhang herkömmlich zwischen dem sog. „formellen“ Sozial-

---

1 Ausgeklammert bleiben nachfolgend zwischenstaatliche Regelungen mit islamischen Staaten und sonstiges rein staatliches Recht, sofern es dabei nicht speziell um die Kollision mit islamtypischer Religionsausübung im eigentlichen Sinne geht, sondern lediglich die Harmonisierung der beiden staatlichen Sozialversicherungssysteme erreicht werden soll.

rechtsbegriff auf der einen sowie dem „materiellen“ Sozialrechtsbegriff auf der anderen Seite. Es ist hier nicht der Ort für eine diesbezügliche dogmatische Klärung. Hierzu sei auf die umfangreiche Literatur zum Sozialrecht verwiesen.[2] Für den hier maßgeblichen Zweck wird auf den sog. „formellen“ Sozialrechtsbegriff abgestellt.[3] Danach umfasst das Sozialrecht diejenigen Rechtssätze, die der Gesetzgeber unabhängig von ihrem Inhalt rein formal dem Sozialrecht zugewiesen hat.[4] Dies hat zumindest den Vorteil, dass eine eindeutige gegenständliche Abgrenzung des Sozialrechts zu anderen Rechtsgebieten möglich wird.[5] Das Sozialrecht wird danach vor allem festgemacht an der formalen Zugehörigkeit zum Sozialgesetzbuch (SGB). Demnach gehören nach derzeitigem Stand folgende Gesetze zum Sozialrecht:

- Sozialgesetzbuch (SGB) Erstes Buch (I) – Allgemeiner Teil –,
- Sozialgesetzbuch (SGB) Zweites Buch (II) – Grundsicherung für Arbeitssuchende –,
- Sozialgesetzbuch (SGB) Drittes Buch (III) – Arbeitsförderung – ,
- Sozialgesetzbuch (SGB) Viertes Buch (IV) – Gemeinsame Vorschriften für die Sozialversicherung –,
- Sozialgesetzbuch (SGB) Fünftes Buch (V) – Gesetzliche Krankenversicherung –,
- Sozialgesetzbuch (SGB) Sechstes Buch (VI) – Gesetzliche Rentenversicherung –,
- Sozialgesetzbuch (SGB) Siebtes Buch (VII) – Gesetzliche Unfallversicherung –,
- Sozialgesetzbuch (SGB) Achtes Buch (VIII) – Kinder- und Jugendhilfe –,
- Sozialgesetzbuch (SGB) Neuntes Buch (IX) – Rehabilitation und Teilhabe behinderter Menschen –,
- Sozialgesetzbuch (SGB) Zehntes Buch (X) – Sozialverwaltungsverfahren und Sozialdatenschutz –,
- Sozialgesetzbuch (SGB) Elftes Buch (XI) – Soziale Pflegeversicherung –,
- Sozialgesetzbuch (SGB) Zwölftes Buch (XII) – Sozialhilfe –.

Neben diesen bereits in das Sozialgesetzbuch aufgenommenen Gesetzen bestimmt § 68 SGB I, dass folgende Gesetze bis zu ihrer Einordnung in das SGB mit den zu ihrer Ergänzung und Änderung erlassenen Gesetzen als besondere Teile des SGB gelten:

- das Bundesausbildungsförderungsgesetz,
- die Reichsversicherungsordnung,
- das Gesetz über die Alterssicherung der Landwirte,
- das Gesetz über die Krankenversicherung der Landwirte,
- das Zweite Gesetz über die Krankenversicherung der Landwirte,

---

2 Vgl. die Literaturverweise bei: *Muckel,* Sozialrecht, 2003, § 3 Rn. 6.

3 Zu dem sog. „materiellen“ Sozialrechtsbegriff näher: *Muckel,* Sozialrecht, 2003, § 3 Rn. 3–5.

4 *Muckel,* Sozialrecht, 2003, § 3 Rn. 2.

5 *Gitter,* Sozialrecht, 4. Aufl. 1996, § 1.

- das Bundesversorgungsgesetz, auch soweit andere Gesetze die entsprechende Anwendung der Leistungsvorschriften des Bundesversorgungsgesetzes vorsehen,
- das Gesetz über das Verwaltungsverfahren der Kriegsopferversorgung,
- das Bundeskindergeldgesetz,
- das Wohngeldgesetz,
- das Adoptionsvermittlungsgesetz,
- das Unterhaltsvorschussgesetz,
- der Erstes Abschnitt (§§ 1 – 14) des Bundeserziehungsgeldgesetzes,
- das Altersteilzeitgesetz,
- das Gesetz zur Hilfe für Frauen bei Schwangerschaftsabbrüchen in besonderen Fällen,
- das Gesetz über eine bedarfsorientierte Grundsicherung im Alter und bei Erwerbsminderung.

Die nachfolgenden Ausführungen orientieren sich damit an den durch die genannten Gesetze geregelten Bereichen.

C. Verfassungsrechtliche und islamische Rahmenbedingungen

Kommt es im Hinblick auf die staatlichen Vorschriften des Sozialrechts bzw. den auf diese Vorschriften gestützten Maßnahmen der Sozialbehörden und den verbindlichen Vorgaben des Islam für die Muslime zu einem Konflikt, so steht regelmäßig die von der Verfassung garantierte Religions- und Gewissensfreiheit in Rede. Der korrekte Umgang mit der Religions- und Gewissensfreiheit ist daher grundlegend für eine sachgerechte Lösung möglicher Konfliktfälle. Nachfolgend (unter C. I.) soll daher zunächst in aller Kürze ein Überblick über die staatlich gewährte Religions- und Gewissensfreiheit gegeben werden, denn hierbei handelt es sich praktisch um das Handwerkszeug zur Lösung von Konfliktfällen (vgl. hierzu dann Abschnitt D.). Der fachgerechte Umgang mit der Religions- und Gewissensfreiheit setzt bei den Rechtsanwendern, d. h. den Sozialbehörden und Gerichten, allerdings auch voraus, dass man sich dort mit dem Islam als Religion inhaltlich beschäftigt. Geschieht dies nicht, so laufen die genannten Stellen Gefahr, islamtypische Vorgaben und damit entsprechende Verhaltensweisen der Muslime im Hinblick auf die verfassungsrechtliche Religions- und Gewissensfreiheit fehlerhaft zu beurteilen. Daher soll später (unter C. II.) auch ein kurzer Einblick in den Islam als Religion gegeben werden. Konkrete Ausgestaltungen islamtypischer Verhaltensweisen erfolgen dann im Zusammenhang mit der Darstellung konkreter Konfliktbereiche (vgl. Abschnitt D.).

I. Die Religions- und Gewissensfreiheit nach dem Grundgesetz (GG)

1. Der Schutzbereich der Religions- und Gewissensfreiheit

Die zentrale Vorschrift über die Religions- und Gewissensfreiheit ist Art. 4 Abs. 1 und 2 GG. Danach gilt:

„Die Freiheit des Glaubens, des Gewissens und die Freiheit des religiösen und weltanschaulichen Bekenntnisses sind unverletzlich“ (Art. 4 Abs. 1 GG).

„Die ungestörte Religionsausübung wird gewährleistet“ (Art. 4 Abs. 2 GG).

Dass der Islam als solcher eine Religion[6] im Sinne des Art. 4 GG darstellt, darüber besteht kein erkennbarer Dissens. Die Frage wird hier daher auch nicht weiter problematisiert.[7] Nicht so eindeutig ist die Einschlägigkeit der in Art. 4 Abs. 1 und 2 GG genannten Gewährleistungen im Hinblick auf einzelne islamisch motivierte Verhaltensweisen. In Art. 4 Abs. 1 und Abs. 2 GG werden verschiedene Freiheitsgarantien formuliert. Der Wortlaut der Vorschrift unterscheidet die Freiheit des Glaubens, die Freiheit des Gewissens, die Freiheit des religiösen (und weltanschaulichen) Bekenntnisses sowie die ungestörte Religionsausübung. Nicht zuletzt wegen der im Einzelfall schwierigen Abgrenzung dieser Gewährleistungen versteht das Bundesverfassungsgericht die einzelnen Bereiche des Art. 4 Abs. 1 und 2 GG als einheitliches Grundrecht der Religionsfreiheit.[8] Lediglich die Gewissensfreiheit wird daneben als eigenständiges Grundrecht angesehen.[9] Demgegenüber differenzieren Teile in der wissenschaftlichen Literatur sehr genau zwischen den einzelnen Gewährleistungen.[10] Danach sind die Freiheit des Glaubens, des Bekenntnisses und der Religionsausübung, wenngleich begrifflich regelmäßig zusammengefasst unter der Bezeichnung Religionsfreiheit, neben der Gewissensfreiheit als selbständige Grundrechte gewährleistet.[11] Auf diesen dogmatischen Streit soll aber an dieser Stelle nicht weiter eingegangen werden. Man ist sich jedenfalls insoweit einig, dass die Glaubensfreiheit die innere religiöse Überzeugung, also das

---

6 Art 4 GG betrifft thematisch den Glauben (Religion) und die Weltanschauung. Die Abgrenzung ist nicht ganz eindeutig. Man wird wohl davon ausgehen dürfen, dass der Unterschied im sog. Transzendenzbezug liegt. Religion betrifft die transzendente Beziehung des Menschen zu einer übermenschlichen Wirklichkeit (Gott), während sich die Weltanschauung auf innerweltliche (immanente) Bezüge beschränkt (so: *Jeand'Heur/Korioth,* Grundzüge des Staatskirchenrechts, 2000, Rn. 76). Da der Islam danach eindeutig als Religion zu qualifizieren ist, soll nachfolgend nur noch von Religionsfreiheit gesprochen werden.

7 Vgl. *Rohe,* Der Islam – Alltagskonflikte und Lösungen, 2. Aufl. 2001, S. 87.

8 BVerfGE 24, S. 236 (245); 32, S. 98 (106); 33, S. 23 (28); *Jeand'Heur/Korioth,* Grundzüge des Staatskirchenrechts, 2000, Rn. 74.

9 *v. Campenhausen/de Wall,* Staatskirchenrecht, 2006, S. 51.

10 Vor allem: *Muckel,* Religiöse Freiheit und staatliche Letztentscheidung, 1997, S. 125 ff.

11 *Muckel,* Religiöse Freiheit und staatliche Letztentscheidung, 1997, S. 125 ff.; *Tillmanns,* Die Religionsfreiheit, JURA 2004, S. 619 – 627 (620).

Erwerben und Haben einer religiösen Überzeugung schützt, während die Freiheit des religiösen Bekenntnisses die äußere Kundgabe dieser religiösen Überzeugung garantiert. Die Religionsausübungsfreiheit schließlich schützt das von der jeweiligen religiösen Überzeugung geleitete Verhalten.[12] Geschützt wird also zunächst die innere Freiheit, einen Glauben zu bilden, zu haben und zu wechseln. Daneben wird auch die äußere Freiheit geschützt, diesen Glauben nach außen hin kundzutun, zu verschweigen und zu verbreiten.[13] Jeder kann dabei sein gesamtes Leben an der eigenen religiösen Überzeugung ausrichten und seiner diesbezüglichen inneren Überzeugung gemäß handeln.[14] Geschützt sind hierbei nach h. M. nicht nur kultische Handlungen bzw. religiöse Gebräuche, sondern jedes religiös motivierte Verhalten, selbst wenn es rein äußerlich religionsneutral ist, wie beispielsweise das Sammeln von Lumpen.[15] Nur dann, wenn ein bestimmtes Verhalten lediglich in äußerem Zusammenhang mit religiösen Handlungen erfolgt, selbst aber nicht religiös motiviert ist, ist der Schutzbereich des Art. 4 GG nicht eröffnet.[16] Neben der Religionsfreiheit, die sich aus der Glaubens-, Bekenntnis- und Religionsausübungsfreiheit zusammensetzt, kann in religiösen Konfliktfällen auch die ebenfalls in Art 4 Abs. 1 GG garantierte Gewissensfreiheit tangiert sein. Gewissensentscheidung im Sinne von Art. 4 Abs. 1 GG ist nach der ständigen Rechtsprechung des Bundesverfassungsgerichts jede ernste sittliche, an den Kategorien von „Gut" und „Böse" orientierte Entscheidung, die der einzelne Mensch in einer bestimmten Lage als für sich bindend und unbedingt verpflichtend erfährt, so dass er gegen sie nicht ohne ernste Gewissensnot handeln könnte.[17] Es geht um moralische Entscheidungen des Betroffenen in einer bestimmten Lebenslage.[18] Insoweit kommt naturgemäß der Einschätzung des Einzelnen entscheidende Bedeutung zu.[19] Soweit eine solche Gewissensentscheidung religiös motiviert ist, kann sich die Gewissensfreiheit mit der Religionsfreiheit thematisch überschneiden.[20] Bei solchen religiösen Gewissensentscheidungen wird die Gewissensfreiheit nicht von der Religionsfreiheit verdrängt, sondern sie bleibt eigenständig neben dieser bestehen.[21] Die Gewissensfreiheit schützt die Bildung und das Haben eines Gewissens

---

[12] *Tillmanns,* Die Religionsfreiheit, JURA 2004, S. 619 – 627 (620) m.w.N in Fn. 24.

[13] Hierzu: BVerfG, in: NJW 2003, S. 3111 (3112); BVerfGE 24, S. 236 (245); *Tillmanns,* Die Religionsfreiheit, JURA 2004, S. 619 – 627 (622).

[14] BVerfG, NJW 2003, S. 3111 (3112); BVerfGE 32, S. 98 (106).

[15] Leitentscheidung: BVerfGE 24, S. 236 ff. (245) – Aktion Rumpelkammer.

[16] *Jeand'Heur,* Grundzüge des Staatskirchenrechts, 2000, Rn. 86; *Tillmanns,* Die Religionsfreiheit, JURA 2004, S. 619 – 627 (622).

[17] BVerfGE 12, S. 45 ff. (55); näher: *Muckel,* Die Grenzen der Gewissensfreiheit, NJW 2000, S. 689 – 692; Tillmanns, Die Religionsfreiheit, JURA 2004, S. 619 – 627 (623).

[18] *Jeand'Heur/Korioth,* Grundzüge des Staatskirchenrechts, 2000, Rn. 78.

[19] *Muckel,* Die Grenzen der Gewissensfreiheit, NJW 2000, S. 689 – 692 (689).

[20] Hierzu: *Tillmanns,* Die Religionsfreiheit, JURA 2004, S. 619 – 627 (621).

[21] *Muckel,* Religiöse Freiheit und staatliche Letztentscheidung, 1997, S. 155 f. m.w.N in Fn. 211; *Tillmanns,* Die Religionsfreiheit, JURA 2004, S. 619 – 627 (621) m.w.N auch zur

(forum internum) sowie die Freiheit, nach dieser Gewissensüberzeugung zu handeln (forum externum).[22] Durch die Gewissensausübungsfreiheit wird die Freiheit geschützt, „von der öffentlichen Gewalt nicht verpflichtet zu werden, gegen Gebote und Verbote des Gewissens zu handeln".[23] Die Gewissensfreiheit hat daher negatorische Funktion. Sie gibt dem Einzelnen nur ein Recht zur Verweigerung aufgezwungener staatlicher Befehle, wenn bei ihm ernsthafte moralische Bedenken bezüglich dieser Befehle aufkommen.[24] Nicht gewährleistet ist das Recht, sein gesamtes Leben an dem Gewissen auszurichten.[25]

Die Beurteilung der Frage, ob ein bestimmtes Verhalten tatsächlich auch religiös motiviert ist, ist im Einzelfall oft schwer zu treffen. Mangels gesetzgeberischer Vorgaben beurteilt sich dies in erster Linie nach dem Selbstverständnis der Grundrechtsträger, die sich auf Art. 4 GG berufen, denn der religiös neutrale Staat hat nicht die religiösen Ansichten der Menschen zu bewerten.[26] Dieses Abstellen auf das Selbstverständnis des Grundrechtsträgers birgt allerdings die Gefahr des Missbrauchs in sich. Daher reicht die bloße Behauptung der religiösen Motivation allein nicht aus.[27] Derjenige, der sich auf die religiöse Motivation seines Verhaltens beruft, hat diese Motivation vielmehr auch plausibel darzutun. Ihn trifft insoweit die volle Darlegungslast.[28] Hierzu kann er beispielsweise auf authentische Quellen seiner Religion verweisen, im Islam also etwa auf Koran, Sunna oder Ansichten der Rechtsschulen. Um sich auf die Religions- bzw. Gewissensfreiheit berufen zu können, ist man allerdings nicht gezwungen, in allen Belangen mit den offiziellen Lehren seiner Religion konform zu gehen.[29] Je weiter man sich allerdings von diesen offiziellen Lehren entfernt, desto schwieriger wird im Einzelfall dem Betroffenen der Nachweis der religiösen Motivation fallen.[30] Zweifel sind insoweit etwa angebracht, wenn der betroffene Muslim sich bei seiner Berufung auf islamische Vorgaben in Widerspruch zu seinem sonstigen Alltagsleben setzt. Wer als Muslim beispielsweise in seiner Freizeit nachweislich die islamischen Pflichtgebete oder Speisevorschriften ständig ignoriert, wird sich fragen lassen müssen, warum er sich

---

gegenteiligen Ansicht, wonach in solchen Fällen die Gewissensfreiheit durch die Glaubensfreiheit verdrängt werden soll.

22 *Tillmanns,* Die Religionsfreiheit, JURA 2004, S. 619–627 (623).

23 BVerfGE 78, S. 391 ff. (395); BVerfG, NJW 1993, S. 455.

24 *Muckel,* Grenzen der Gewissensfreiheit, NJW 2000, S. 698–692 (689).

25 *Tillmanns,* Die Religionsfreiheit, JURA 2004, S. 619–627 (625).

26 *Tillmanns,* Die Religionsfreiheit, JURA 2004, S. 619–627 (622) unter Verweis auf BVerfGE 24, S. 236 ff. (247 f.).

27 *von Campenhausen/de Wall,* Staatskirchenrecht, 2006, S. 55 f.

28 BVerfG, NJW 2003, S. 3111 (3112); *Muckel,* Religiöse Freiheit und staatliche Letztentscheidung, 1997, S. 125 ff.

29 BVerfGE 33, S. 23 ff. (28 f.); BVerfG, NJW 2003, S. 3111 (3112); *Jeand'Heur/Korioth,* Grundzüge des Staatskirchenrechts, 2000, Rn. 86; *Tillmanns,* Die Religionsfreiheit, JURA 2004, S. 619–627 (622).

30 *Tillmanns,* Die Religionsfreiheit, JURA 2004, S. 619–627 (622).

im Hinblick auf eine ihm von der Agentur für Arbeit angebotene Arbeitsstelle plötzlich auf die korrekte Einhaltung genau dieser Pflichten beruft. Hier bestehen in der Tat Zweifel, ob für diesen Muslim die Berufung auf die Einhaltung der religiösen Pflichten tatsächlich auch religiös motiviert ist oder letztlich nur als Alibi herhalten muss, damit er die angebotene Stelle nicht antreten muss. Der Schutzbereich der Religions- bzw. Gewissensfreiheit wäre in einem solchen Fall jedenfalls nicht eröffnet. Dem Muslim kommt daher in derartigen Fällen eine erhöhte Darlegungslast hinsichtlich seiner religiösen Motivation zu. Ausgehend von dieser Darlegung entscheiden die Sozialbehörden und im Konfliktfall die Gerichte, ob ein bestimmtes Verhalten im Einzelfall tatsächlich vom Schutzbereich der Religions- und Gewissensfreiheit erfasst ist, denn es geht um die Anwendung staatlichen Rechts. Daran zeigt sich, wie wichtig auch die Beschäftigung des Rechtsanwenders mit dem Islam als Religion und seinen Vorschriften ist. Ohne eine solche inhaltliche Auseinandersetzung mit den islamischen Vorschriften wäre eine Beurteilung der Plausibilität der religiösen Motivation für ein bestimmtes Verhalten überhaupt nicht nachprüfbar. Behörden und Gerichte können daher weder ihr eigenes religiöses Verständnis noch den Vortrag des betroffenen Muslim isoliert und ungeprüft ihrer Entscheidung zugrundelegen.

2. Der Eingriff in den Schutzbereich der Religionsfreiheit und seine Rechtfertigung

Hat der betroffene Muslim in plausibler Weise vorgetragen, dass sein sozialrechtswidriges Verhalten religiös motiviert ist und damit der Schutzbereich der Religions- bzw. Gewissensfreiheit eröffnet ist, so hilft ihm dies nach der herrschenden Grundrechtsdogmatik nur weiter, wenn die entgegenstehenden sozialrechtlichen Vorschriften bzw. die Maßnahmen der Sozialbehörden oder Gerichte auch einen Eingriff[31] in die Religions- bzw. Gewissensfreiheit darstellen. Weder der Gesetzgeber noch das Bundesverfassungsgericht haben allerdings bislang eine Definition für den Eingriff in Grundrechte entwickelt.[32] Ein Eingriff in den Schutzbereich der Grundrechte ist nach vorherrschender Ansicht dann zu bejahen, wenn das hoheitliche Handeln die vom Schutzbereich umfasste Freiheit mehr als nur unerheblich verkürzt, mit anderen Worten das Verhalten, das vom Schutzbereich des Grundrechts erfasst wird, ganz oder teilweise unmöglich macht.[33] Dabei kommt es nicht darauf an, ob die Beeinträchtigung zielgerichtet oder nur mittelbar erfolgt.[34] Von Bedeutung ist in diesem Zusammenhang das Vorliegen von zumutbaren Hand-

---

31 Näher zum Eingriff: *von Campenhausen/de Wall,* Staatskirchenrecht, 2006, S. 63 mit Beispielen; *Jeand'Heur,* Grundzüge des Staatskirchenrechts, 2000, Rn. 112, 113.

32 *von Campenhausen/de Wall,* Staatskirchenrecht, 2006, S. 64.

33 *Jeand'Heur,* Grundzüge des Staatskirchenrechts, 2000, Rn. 113.

34 *Tillmanns,* Die Religionsfreiheit, JURA 2004, S. 619–627 (625); *von Campenhausen/de Wall,* Staatskirchenrecht, 2006, S. 63.

lungsalternativen für den Muslim.[35] Ergibt sich aus den konkreten Umständen, auch unter Berücksichtigung zumutbarer Handlungsalternativen, dass der betroffene Muslim, würde er der sozialrechtlichen Vorgabe Folge leisten, seine religiös motivierte Verhaltensweise ganz oder zumindest teilweise nicht verwirklichen kann, dann ist ein Eingriff in das Grundrecht zu bejahen.

Der Eingriff in die in Art. 4 Abs. 1 und Abs. 2 GG geschützte Religions- bzw. Gewissensfreiheit kann jedoch verfassungsmäßig gerechtfertigt sein. Dies ist dann der Fall, wenn er durch eine verfassungsmäßige Schranke gedeckt ist.[36] Art. 4 GG enthält seinem unmittelbaren Wortlaut nach allerdings keinen ausdrücklichen Gesetzesvorbehalt. Das Bundesverfassungsgericht beschränkt danach in ständiger Rechtsprechung die Berufung auf Art. 4 GG lediglich durch kollidierende Grundrechte und andere mit Verfassungsrang ausgestattete Güter (sog. verfassungsimmanente Schranken).[37] Demgegenüber erkennt die mittlerweile wohl herrschende Ansicht in der wissenschaftlichen Literatur und zuletzt auch das Bundesverwaltungsgericht in Art. 140 GG i.V.m. Art. 136 Abs. 1 WRV einen einfachen Gesetzesvorbehalt für die Religionsfreiheit.[38] Nach Art. 136 Abs. 1 WRV, der über Art. 140 GG als vollgültige Verfassungsnorm anzusehen ist[39], werden die bürgerlichen und staatsbürgerlichen Rechte und Pflichten durch die Ausübung der Religionsfreiheit weder bedingt noch beschränkt. Nach dieser Ansicht kann die Religionsfreiheit durch einfache Gesetze beschränkt werden. Es soll an dieser Stelle keine Diskussion dieses Streits erfolgen[40], zumal im Ergebnis die Unterschiede nicht gravierend sind.[41] Im Ergebnis stimmt der Verfasser der herrschenden Lehrmeinung zu, da ansonsten Art. 136 Abs. 1 WRV praktisch obsolet würde, was seiner Stellung als vollgültiges Verfassungsrecht nicht entspräche.[42] Nachfolgend wird also davon ausgegangen, dass über die Regelung des Art. 140 GG i.V.m. Art. 136 Abs. 1 WRV die Religionsfreiheit, d. h. die Glaubensfreiheit, die Bekenntnisfreiheit und die Religionsausübungsfreiheit unter einem einfachen Gesetzesvorbehalt stehen. Der beschriebene einfachgesetzliche Vorbehalt gilt nicht für die Gewissensfrei-

---

35 Hierzu: *Tillmanns,* Die Religionsfreiheit, JURA 2004, S. 619–627 (621, 622).

36 *Tillmanns,* Die Religionsfreiheit, JURA 2004, 619–627 (626).

37 Zuletzt BVerfG, NJW 2003, S. 3111 (3112); so auch: *von Campenhausen/de Wall,* Staatskirchenrecht, 2006, S. 67 ff.; *Jeand'Heur/Korioth,* Grundzüge des Staatskirchenrechts, 2000, Rn. 126.

38 *Muckel,* Religiöse Freiheit und staatliche Letztentscheidung, 1997, S. 224 ff. m. w. N. in Fn. 6; BVerwGE 112, S. 227 ff. (231).

39 BVerfGE 53, S. 366 ff. (400); 66, S. 1 ff. (22); 70, S. 138 ff. (167).

40 Hierzu sei verwiesen auf *Muckel,* Religiöse Freiheit und staatliche Letztentscheidung, 1997, S. 224 ff.; *Jeand'Heur/Korioth,* Grundzüge des Staatskirchenrechts, 2000, Rn. 125 ff.

41 Vgl. hierzu: *Jeand'Heur,* Grundzüge des Staatskirchenrechts, 2000, Rn. 126. Das Bundesverfassungsgericht prüft, wenn es denn eine verfassungsimmanente Schranke aufgetan hat, ebenfalls im Rahmen einer einzelfallbezogenen Abwägung der widerstreitenden Interessen nach dem Prinzip praktischer Konkordanz (vgl. BVerfGE 93, S. 1 ff. [21]; *Jeand'Heur,* Grundzüge des Staatskirchenrechts, 2000, Rn. 127).

42 So auch: *Tillmanns,* Die Religionsfreiheit, JURA 2004, S. 619–627 (626).

heit.[43] Beschränkende einfache Gesetze sind allerdings nur solche, die sich nicht gegen Glauben, Bekenntnis oder Religionsausübung als solche wenden, die also nicht die Ausübung eines der Grundrechte aus Art. 4 Abs. 1 und Abs. 2 GG gezielt unterdrücken.[44] Die Normen des Sozialrechts sind danach geeignete Schranken für die Religionsfreiheit.

Das einfache Gesetz bietet aber auch nach dieser Lehrmeinung nur dann eine wirksame Grundrechtsschranke, wenn es seinerseits verfassungsgemäß ist bzw. angewendet wird. Es muss dabei stets im Lichte der wertsetzenden Bedeutung des beschränkten Grundrechts gesehen werden.[45] Insbesondere darf das Ziel, welches mit dem einschränkenden Gesetz verfolgt wird, nicht außer Verhältnis zur Intensität des Eingriffs in das Grundrecht stehen.[46] In der Praxis steht somit die einzelfallbezogene Verhältnismäßigkeitsprüfung im Vordergrund, innerhalb derer zunächst zwischen der Religions- bzw. Gewissensfreiheit und dem gegenläufigen Rechtsgut praktische Konkordanz herzustellen ist.[47] Danach sind alle betroffenen Rechtspositionen nach dem Prinzip des schonendsten Ausgleichs möglichst optimal zur Geltung zu bringen. Es handelt sich also praktisch um eine Kompromisslösung. Einerseits darf die schwächere Rechtsposition nur soweit zurückgedrängt werden, als dies zwingend geboten ist, andererseits ist der hohe Stellenwert der Religions- und Gewissensfreiheit zu berücksichtigen.[48] Lässt sich praktische Konkordanz nicht herstellen, so muss in der Rechtsgüterabwägung entschieden werden, welchem der sich widerstreitenden Interessen im konkreten Fall der Vorzug zu geben ist.[49]

II. Der Islam – Rahmeninformationen

Es kann nachfolgend natürlich keine umfassende Abhandlung der Glaubens– und Lebensordnung des Islam erfolgen.[50] Dennoch sollen vorab einige grundsätz-

---

43 *Muckel,* Die Grenzen der Gewissensfreiheit, NJW 2000, S. 689–692 (690); *Tillmanns,* Die Religionsfreiheit, JURA 2004, S. 619–627 (626). Art. 136 Abs. 1 WRV spricht seinem Wortlaut nach nur von der Religionsfreiheit.

44 *Muckel,* Religiöse Freiheit und staatliche Letztentscheidung, 1997, S. 231 f.

45 *Zippelius,* in: BK, Art. 4 Rn. 89; ähnlich *Muckel,* Religiöse Freiheit und staatliche Letztentscheidung, 1997, S. 224 ff.

46 *Schwertfeger,* Öffentliches Recht in der Fallbearbeitung, 2004, Rn. 465 ff.

47 Dies gilt entsprechend bei der Prüfung der verfassungsimmanenten Schranken (vgl. *Schwertfeger,* Öffentliches Recht in der Fallbearbeitung, 2004, Rn. 479 ff. m. w. N.).

48 *Tillmanns,* Die Religionsfreiheit, JURA 2004, S. 619–627 (626).

49 BVerfGE, 35, S. 202 ff. (225).

50 Hierzu sei auf die inzwischen äußerst umfangreiche Fachliteratur verwiesen. Die Ausführungen zum Islam und seiner Lehre in diesem Beitrag orientieren sich vornehmlich an folgenden Werken: Christen und Muslime in Deutschland, hrsg. vom Sekretariat der deutschen Bischofskonferenz, Arbeitshilfe Nr. 172, 23. 09. 2003; *Ahmad A. Reidegeld,* Handbuch des Islam. Die Glaubens- und Rechtslehre der Muslime, 2005. Hinsichtlich des Wortlauts des Korans wird auf die Übersetzung von Adel Theodor Khoury, 3. Aufl. 2001, zurückgegriffen.

liche Anmerkungen zum Islam, wenngleich stark vereinfacht, erfolgen. Konkrete Ausprägungen islamischer Glaubensvorgaben erfolgen dann im Zusammenhang mit der Erörterung sozialrechtlicher Konfliktfelder (vgl. Abschnitt D.).

1. Meinungspluralismus innerhalb des Islam

Von besonderer Wichtigkeit ist zunächst, dass es „den“ Islam als solchen nicht gibt. Der Islam ist vielmehr durch eine außerordentliche Vielfalt geprägt. Man denke nur an die Aufspaltung in Sunniten und Schiiten. Daneben existieren weitere islamische Sondergruppen, wie z. B. die Aleviten. Zwischen diesen einzelnen Gruppierungen bestehen einerseits zwar gewisse Gemeinsamkeiten, andererseits weichen sie bezüglich der verbindlichen Vorgaben für das Verhalten der Muslime z. T. erheblich voneinander ab.[51] Aber auch innerhalb der einzelnen Gruppen selbst besteht bei Weitem keine Einigkeit. Man denke nur an die unterschiedlichen Ansichten der verschiedenen Rechtsschulen innerhalb des sunnitischen Islams. Auf die Unterschiede kann hier nicht weiter eingegangen werden. Nachfolgend können daher nur einige Facetten aufgezeigt werden, von denen man annehmen kann, dass die meisten in Deutschland lebenden Muslime sie weitgehend übereinstimmend für sich in Anspruch nehmen. Was die Situation in Deutschland anbetrifft, so liegt der Anteil der Sunniten bei ca. 75% bis 80% der hier lebenden Muslime. Die zweitgrößte Gruppe sind die Aleviten mit ca. 20%, während die Schiiten lediglich mit maximal 4% bis 5% geschätzt werden.[52] Der hohe Anteil der Sunniten und Aleviten resultiert aus der hohen Anzahl türkischer Muslime.[53]

2. Islam als Glaube und Lebensordnung

„Islam“ heißt der arabischen Wortbedeutung nach „Unterwerfung unter Gott“, wobei diese Unterwerfung umfassend zu verstehen ist, also die innere Glaubensüberzeugung, die religiöse Praxis, aber auch die gesamte Lebensführung beinhaltet.[54] Für den Muslim ist damit der Gehorsam im Glauben, d. h. die Übereinstimmung des Handelns mit dem Willen Gottes entscheidend. „Muslim“ heißt dabei soviel wie „der sich an Gott völlig ergeben hat bzw. ergibt“.[55] Die islamischen

---

[51] *Sekretariat der deutschen Bischofskonferenz* (Hrsg.), Christen und Muslime in Deutschland, 2003, Arbeitshilfe Nr. 172, S. 14–31.

[52] Zahlenangaben nach: *Sekretariat der deutschen Bischofskonferenz* (Hrsg.), Christen und Muslime in Deutschland, 2003, Arbeitshilfe Nr. 172, S. 19.

[53] *Sekretariat der deutschen Bischofskonferenz* (Hrsg.), Christen und Muslime in Deutschland, 2003, Arbeitshilfe Nr. 172, S. 21–23, 27–28.

[54] *Rohe*, Islam – Alltagskonflikte und Lösungen, 2. Aufl. 2001, S. 21.

[55] *Sekretariat der deutschen Bischofskonferenz* (Hrsg.), Christen und Muslime in Deutschland, 2003, Arbeithilfe Nr. 172, S. 61.

Vorgaben für das Handeln (Gebote und Verbote) der Muslime ergeben sich, jedenfalls für die hier ansässigen Sunniten und Schiiten, aus der Scharia. „Scharia" bedeutet die Art zu leben, die Gott den Muslimen vorgezeichnet hat, die er für die Muslime wünscht.[56] Sie umfasst alles, was kennzeichnend für den Muslim ist und ihn geistig und äußerlich von Nichtmuslimen unterscheidet.[57] Die Scharia basiert auf dem Koran, der Sunna sowie in erheblichem Maße auf den Ansichten der einzelnen Rechtschulen. Umfasst ist das innere Verhalten gegenüber Gott, d. h. das rituelle gottesdienstliche Verhalten sowie das äußere Verhalten gegenüber Gott und den anderen Menschen.[58] Religiöses und Profanes wird nicht getrennt, so dass die Religion im Alltag des gläubigen Muslims eine zentrale Rolle spielt. Das gesamte Verhalten eines gläubigen Muslims hat sich am Gehorsam gegenüber Gott zu orientieren. Lediglich die Aleviten, die von den Sunniten und Schiiten nicht als zum Islam gehörend angesehen werden, sehen die Scharia nicht als verbindlich an, was umgekehrt natürlich nicht bedeutet, dass es bei den Aleviten keine islamisch geprägten Glaubensvorgaben gibt.[59]

3. Quellen der Scharia

Das Fundament des Islam und damit erste Quelle der Scharia ist der Koran.[60] Nach sunnitischer und schiitischer Auffassung[61] vermittelt der Koran als unmittelbares und mit letztverbindlicher Autorität ausgestattetes Wort Gottes „... ein das ganze Leben des Menschen umfassendes und bestimmendes Gefüge religiöser Traditionen, gesellschaftlicher Ordnungen und politischer Bindungen. Er ist für die Muslime die Urnorm des Gesetzes, die primäre Wirklichkeit des Islams".[62] Der Koran ist dabei nach muslimischer Auffassung frei von Irrtum.[63] Insofern hat der gläubige Muslim ihm unbedingten Gehorsam entgegenzubringen. Der Koran er-

---

56 *Reidegeld,* Handbuch Islam, 2005, S. 105, 822.

57 *Reidegeld,* Handbuch Islam, 2005, S. 105.

58 *Hoevels,* Islam und Arbeitsrecht, 2003, S. 123.

59 *Hoevels,* Islam und Arbeitsrecht, 2003, S. 130. Näher zu den Aleviten: *Sekretariat der deutschen Bischofskonferenz* (Hrsg.), Christen und Muslime in Deutschland, 2003, Arbeitshilfe Nr. 172, S. 26–28.

60 *Sekretariat der deutschen Bischofskonferenz* (Hrsg.), Christen und Muslime in Deutschland, 2003, Arbeitshilfe Nr. 172, S. 61.

61 Anders die Aleviten, die mit Ausnahme des Glaubensbekenntnisses die in Koran und Sunna begründeten religiös-rituellen Pflichten und auch das übrige von den Rechtsschulen aus Koran und Sunna entwickelte islamische Recht ablehnen. Für sie ist der Koran vor allen Dingen nicht göttlichen Ursprungs (so: *Sekretariat der deutschen Bischofskonferenz* [Hrsg.], Christen und Muslime in Deutschland, 2003, Arbeitshilfe Nr. 172, S. 26).

62 *Muhammad Salim Abdullah,* Der Koran – Gottes Wort im Leben der Gemeinde, in: Der Koran, Übersetzung von Adel Theodor Khoury, 3. Auf. 2001, S. XVII, XIX, XXVIII. Soweit nachfolgend auf Koranverse verwiesen wird, wird der genannten Übersetzung von Khoury gefolgt.

63 Sure 4, 84.

hebt dabei zwar den Anspruch, auf alle Fragen des Lebens konkret handhabbare Antworten zu geben.[64] Tatsächlich sind seine Verse allerdings meist stark interpretationsbedürftig. Für die wenigsten Fälle des täglichen Lebens ist dem Koran ohne entsprechende Auslegung eine eindeutige Antwort zu entnehmen.[65] Schon seit frühester Zeit ist es somit notwendig, die Koranverse im Hinblick auf Alltagsfragen zu deuten. Als authentische Quelle der Interpretation des Korans wird zunächst die „Sunna“ des Propheten Mohammed herangezogen, d. h. der verbindliche Weg, den der Prophet in der Führung der islamischen Frühgemeinde in Medina aufgezeigt hat.[66] Demnach hat ein Muslim in all den Fällen, die Mohammed entschieden hat, keine eigene Entscheidungs- und Handlungsfreiheit mehr, denn der Prophet gilt als authentischer Interpret des Korans.[67] Die Sunna basiert auf den Erzählungen (Hadith) von diversen Gewährsmännern. Die Hadithe[68] sind in Sammlungen zusammengefasst und gelten als zweite Hauptquelle der Scharia.[69] Aber auch unter Heranziehung von Koran und Sunna blieben und bleiben viele Zweifelsfragen. Es kam schon sehr früh zu unterschiedlichen Meinungen im Hinblick auf Deutung und Anwendung von Koran und Sunna. So bildeten sich die sog. Rechtsschulen[70] heraus, deren Gelehrte mit unterschiedlichen Methoden und Ansichten die beiden Hauptquellen deuteten und im Laufe der Zeit eine strenge und kaum überschaubare Kasuistik im Hinblick auf die Gebote und Verbote der Scharia ausarbeiteten.[71] Wenngleich bei einigen Reformern im Islam eine Abkehr von den Ansichten der Rechtschulen auszumachen ist, gilt die Zugehörigkeit zu einer bestimmten Rechtsschule und damit die Akzeptanz der entsprechenden Ansichten vielen Muslimen als Teil ihrer Identität.[72] Die Berufung auf eine solche Rechtsschule spielt daher in der Praxis eine große Rolle, wenn es um den plausiblen Nachweis von religiös motiviertem Verhalten geht. Im sunnitischen Islam existieren heute noch vier, im schiitischen Islam eine Rechtsschule. Der Islam kennt dabei kein der katholischen Kirche vergleichbares Priestertum, welches zwischen Gott und den Menschen ver-

---

64 Vgl. Sure 6, 38: „... Wir haben in diesem Buch nichts übergangen ...“.

65 *Hoevels,* Islam und Arbeitsrecht, 2003, S. 125; *Rohe,* Islam – Alltagskonflikte und Lösungen, 2. Aufl. 2001, S. 23.

66 *Khoury,* Einleitung: Sunna und Hadith, in: Der Koran, Übersetzung von Adel Theodor Khoury, 3. Aufl. 2001, S. 488.

67 Vgl. Sure 33, 36 : „Ein Gläubiger oder eine Gläubige darf, wenn Gott und sein Gesandter eine Angelegenheit entschieden haben, nicht die Möglichkeit haben, in ihrer Angelegenheit frei zu wählen. Und wer gegen Gott und seinen Gesandten ungehorsam ist, der befindet sich in einem offenkundigen Irrtum.“

68 Über die Echtheit einzelner Hadithe besteht auch in der islamischen Welt keine durchgehende Einigkeit.

69 Vgl. Sure 8, 1, 46; 3, 32.

70 Zu den Rechtsschulen: *Heine,* Halbmond über deutschen Dächern, 1997, S. 41 ff.; Reidegeld, Handbuch Islam, 2005, S. 114 ff.

71 Zu den sunnitischen Rechtsschulen: *Reidegeld,* Handbuch Islam, 2005, S. 114 ff.

72 *Sekretariat der deutschen Bischofskonferenz* (Hrsg.), Christen und Muslime in Deutschland, 2003, Arbeitshilfe Nr. 172, S. 23.

mittelt. Insofern fehlt es auch an einem höchsten und letztverbindlichen (menschlichen) Lehramt.[73]

D. Islamtypische Konfliktfelder in der sozialrechtlichen Praxis

Nachfolgend sollen nun einige in der Alltagspraxis denkbare Konfliktfelder dargestellt werden. Es muss jedoch bereits an dieser Stelle betont werden, dass Konflikte dieser Art bislang nur äußerst selten Gegenstand gerichtlicher Entscheidungen und wissenschaftlicher Beiträge waren. Offen zu Tage tretende Konflikte zwischen islamtypischen Verhaltensweisen und deutschem Sozialrecht sind in der Alltagspraxis also eher selten. Dies liegt möglicherweise daran, dass viele Muslime in Deutschland entweder selbst nicht streng religiös sind oder zumindest Konflikte scheuen. Ein weiterer Grund ist wahrscheinlich darin zu erblicken, dass, wie noch aufzuzeigen ist, in den allermeisten potentiellen Konfliktfeldern naheliegende und praktisch gut handhabbare Verhaltensoptionen bestehen, die einen tatsächlichen Konflikt erst gar nicht aufkommen lassen. Nur in seltenen Ausnahmesituationen kommt es daher in der Praxis zu Auseinandersetzungen, die schließlich durch die Gerichte entschieden werden müssen. Nachfolgend sollen nun einige potentielle Problemfelder aufgezeigt werden, die nach Ansicht des Verfassers durchaus in der Praxis Relevanz erlangen könnten.

I. Arbeitsaufgabe und Arbeitsablehnung wegen Kollision der Arbeitspflicht mit islamtypischer Religionsausübung

Ein erster Bereich, in dem es zu Konflikten zwischen sozialrechtlichen Vorschriften und islamtypischer Religionsausübung kommen kann, ist die religiös motivierte Aufgabe einer Arbeitsstelle bzw. die Ablehnung einer von der Sozialbehörde angebotenen Arbeitsstelle, wodurch der betroffene Muslim seine Arbeitslosigkeit verursacht.

---

73 Bei den Sunniten gilt dies uneingeschränkt. Die Sunniten haben sich daher vornehmlich an den Vorgaben der Rechtsschulen zu orientieren. Näher hierzu und zur Möglichkeit des einzelnen sunnitischen Muslim zur eigenen Entscheidungsfindung: Reidegeld, Handbuch Islam, 2005, S. 114 ff. Die Schiiten haben, zumindest im Bereich der sog. „Zwölferschiiten", die Auffassung entwickelt, dass die jeweils führenden Religionsgelehrten die Glaubensgemeinschaft autoritativ und unfehlbar leiten und sogar in die Politik aktiv eingreifen können (vgl. *Sekretariat der deutschen Bischofskonferenz* [Hrsg.], Christen und Muslime in Deutschland, 2003, Arbeitshilfe Nr. 172, S. 18). Damit besteht bei den Schiiten praktisch ein mit Unfehlbarkeit ausgestatteter Klerus, dessen Ansicht zur Quelle für die Bestimmung religiöser Gebote und Verbote wird.

1. Sozialrechtlich relevante Tatbestände

Praktische Bedeutung haben, soweit erkennbar, die Sperrzeiten nach SGB III sowie Leistungseinschränkungen nach SGB II und SGB XII.[74] Der Muslim beruft sich dabei im Einzelfall auf seine Rechte aus Art. 4 GG und verursacht dadurch seine Arbeitslosigkeit bzw. verhindert die Beendigung derselben. Es stellt sich die Frage, ob und inwieweit deshalb Sozialleistungen reduziert werden können. Ein erster Konfliktbereich eröffnet sich im Zusammenhang mit Sperrzeiten nach § 144 Abs. 1 SBG III. Danach ruht der Anspruch auf Arbeitslosengeld für die Dauer einer Sperrzeit, wenn sich der Arbeitnehmer versicherungswidrig verhalten hat, ohne dafür einen wichtigen Grund zu haben. Versicherungswidriges Verhalten liegt vor, wenn

- der Arbeitslose das Beschäftigungsverhältnis gelöst oder durch ein arbeitsvertragswidriges Verhalten Anlass für die Lösung des Beschäftigungsverhältnisses gegeben und dadurch vorsätzlich oder grob fahrlässig die Arbeitslosigkeit herbeigeführt hat (Nr. 1: Sperrzeit wegen Arbeitsaufgabe),
- der bei der Agentur für Arbeit als arbeitssuchend gemeldete Arbeitnehmer (§ 37b) oder der Arbeitslose trotz Belehrung über die Rechtsfolgen eine von der Agentur für Arbeit unter Benennung des Arbeitgebers und der Art der Tätigkeit angebotene Beschäftigung nicht annimmt oder nicht antritt oder die Anbahnung eines solchen Beschäftigungsverhältnisses, insbesondere das Zustandekommen eines Vorstellungsgesprächs, durch sein Verhalten verhindert (Nr. 2: Sperrzeit wegen Arbeitsablehnung),
- der Arbeitslose trotz Belehrung über die Rechtsfolgen die von der Agentur für Arbeit geforderten Eigenbemühungen nicht nachweist (Nr. 3: Sperrzeit wegen unzureichenden Eigenbemühungen),
- der Arbeitslose sich weigert, trotz Belehrung über die Rechtsfolgen an einer Maßnahme der Eignungsfeststellung, einer Trainingsmaßnahme oder einer Maßnahme zur beruflichen Ausbildung oder Weiterbildung oder einer Maßnahme zur Teilhabe am Arbeitsleben teilzunehmen (Nr. 4: Sperrzeit bei Ablehnung einer beruflichen Eingliederungsmaßnahme),
- der Arbeitslose die Teilnahme an einer in Nummer 4 genannten Maßnahme abbricht oder durch maßnahmewidriges Verhalten Anlass für den Ausschluss aus einer dieser Maßnahmen gibt (Nr. 5: Sperrzeit bei Abbruch einer beruflichen Eingliederungsmaßnahme),
- der Arbeitslose einer Aufforderung der Agentur für Arbeit, sich zu melden oder zu einem ärztlichen oder psychologischen Untersuchungstermin zu erscheinen (§ 309), trotz Belehrung über die Rechtsfolgen nicht nachkommt (Nr. 6: Sperrzeit bei Meldeversäumnis).

Auch im Bereich des SGB II kann die Aufgabe bzw. die Ablehnung von zumutbarer Arbeit zu Sanktionen führen. Nach § 31 Abs. 1 Satz 1 SGB II gilt:

> „Das Arbeitslosengeld II wird unter Wegfall des Zuschlages nach § 24 in einer ersten Stufe um 30 vom Hundert der für den erwerbsfähigen Hilfebedürftigen nach § 20 maßgebenden Regelleistung abgesenkt, wenn

---

[74] Eine gleichlaufende Problematik ergibt sich insofern auch bei Leistungen nach § 5 Asylbewerberleistungsgesetz (AsylbLG), welches allerdings nicht vom formellen Sozialrechtsbegriff umfasst wird.

1. der erwerbsfähige Hilfebedürftige sich trotz Belehrung über die Rechtsfolgen weigert,
   a) eine ihm angebotene Eingliederungsvereinbarung abzuschließen,
   b) in der Eingliederungsvereinbarung festgelegte Pflichten zu erfüllen, insbesondere in ausreichendem Umfang Eigenbemühungen nachzuweisen,
   c) eine zumutbare Arbeit, Ausbildung oder Arbeitsangelegenheit aufzunehmen oder fortzuführen, oder
   d) zumutbare Arbeit nach § 16 Abs. 3 Satz 2 auszuführen,
2. der erwerbsfähige Hilfebedürftige trotz Belehrung über die Rechtsfolgen eine zumutbare Maßnahme zur Eingliederung in Arbeit abgebrochen oder Anlass für den Abbruch gegeben hat.

Dies gilt nicht, wenn der erwerbsfähige Hilfebedürftige einen wichtigen Grund für sein Verhalten nachweist."

Zudem gilt nach § 31 Abs. 2 SGB II:

„Kommt der erwerbsfähige Hilfebedürftige trotz schriftlicher Belehrung über die Rechtsfolgen einer Aufforderung des zuständigen Trägers, sich bei ihr zu melden oder bei einem ärztlichen oder psychologischen Untersuchungstermin zu erscheinen, nicht nach und weist er keinen wichtigen Grund für sein Verhalten nach, so wird das Arbeitslosengeld II unter Wegfall des Zuschlages nach § 24 in einer ersten Stufe um 10 vom Hundert der für den erwerbsfähigen Hilfebedürftigen nach § 20 maßgebenden Regelleistung abgesenkt."

Bei wiederholter Pflichtverletzung nach den Absätzen 1 und 2 sind weitere Kürzungen möglich (vgl. § 31 Abs. 3 SGB III). Die Absätze 1 bis 3 gelten u. a. entsprechend,

„bei einem erwerbsfähigen Hilfebedürftigen,

a) dessen Anspruch auf Arbeitslosengeld ruht oder erloschen ist, weil die Agentur für Arbeit den Eintritt einer Sperrzeit oder das Erlöschen des Anspruchs nach den Vorschriften des Dritten Buches festgestellt hat oder
b) der die in dem Dritten Buch genannten Voraussetzungen für den Eintritt einer Sperrzeit erfüllt, die das Ruhen oder Erlöschen eines Anspruchs auf Arbeitslosengeld begründen."

Teilweise gelten über § 32 SGB II diese Regelungen auch für die Bezieher von Sozialgeld. Auch in der Sozialhilfe gibt es ähnliche Sanktionsvorschriften. Gemäß § 11 Abs. 3 Satz 4 SGB XII sind Leistungsberechtigte verpflichtet, durch Aufnahme einer zumutbaren Tätigkeit Einkommen zu erzielen bzw. an erforderlichen Vorbereitungsmaßnahmen teilzunehmen. Nach § 39 Abs. 2 SGB XII gilt:

„Lehnen Leistungsberechtigte entgegen ihrer Verpflichtung die Aufnahme einer Tätigkeit oder die Teilnahme an einer erforderlichen Vorbereitung ab, vermindert sich der maßgebende Regelsatz in einer ersten Stufe um bis zu 25 vom Hundert, bei wiederholter Ablehnung in weiteren Stufen um jeweils bis zu 25 vom Hundert. Die Leistungsberechtigten sind vorher entsprechend zu belehren."

Nach § 11 Abs. 4 Satz 1 Nr. 3 SGB XII gilt insoweit allerdings, dass dem Leistungsberechtigten eine Tätigkeit nicht zugemutet werden darf, wenn der Tätigkeit ein wichtiger Grund entgegensteht.

2. Der „wichtige Grund“ für die Arbeitsaufgabe bzw. Arbeitsablehnung

Die aufgezeigten Sanktionstatbestände weisen eine durchgehende Gemeinsamkeit auf. Sie greifen nicht, wenn der betroffene Muslim sich im konkreten Einzelfall auf einen „wichtigen Grund“ für sein Verhalten berufen kann. Unbestritten ist, dass bei der Auslegung und Anwendung des Begriffs des „wichtigen Grundes“ Bestand und Reichweite der in Art. 4 Abs. 1 und 2 GG verbürgten Freiheiten hinreichend zu berücksichtigen sind.[75] Beruft sich der Muslim also im konkreten Fall berechtigt auf die Religions- bzw. Gewissensfreiheit, so bedeutet dies zugleich, dass ein wichtiger Grund für das sanktionsauslösende Verhalten des Muslim bestand. Der betroffene Muslim hat den „wichtigen Grund“ im Zweifel (non-liquet-Situation) darzulegen und zu beweisen, wenngleich es nicht erforderlich ist, dass er einen objektiv vorliegenden wichtigen Grund als solchen erkannt und sein Verhalten danach ausgerichtet hat.[76]

3. Die Schranken der Religions- und Gewissensfreiheit bei Arbeitsaufgabe bzw. Arbeitsablehnung

Nach der hier vertretenen Auffassung kann zumindest die Religionsfreiheit durch einfache Gesetze beschränkt werden. Lediglich bei einem Eingriff in die Gewissensfreiheit ist man zwingend auf verfassungsimmanente Schranken angewiesen. Solche verfassungsimmanenten Schranken sind im Bereich sozialrechtlicher Sanktionen der hier beschriebenen Art allerdings nur schwer auszumachen. Das Bundessozialgericht hat in zwei Entscheidungen, in denen eine sperrzeitauslösende Arbeitsablehnung zur Debatte stand[77], eine solche verfassungsimmanente Schranke im Gemeinschaftsinteresse der Versicherten an einer funktionsfähigen und finanzierbaren Arbeitslosenversicherung gesehen.[78] Dies gilt offensichtlich auch noch für die heutige gerichtliche Praxis.[79] Die argumentative Herleitung erfolgt dabei aus dem Sozialstaatsprinzip. Dem folgte auch das Bundesverfas-

---

[75] BSG, Urteil vom 10. 12. 1980, NJW 1981, S. 1526; BSG, Urteil vom 23. 6. 1982, NJW 1983, S. 701 ff.; Niesel, in: Niesel (Hrsg.), Sozialgesetzbuch Arbeitsförderung – SGB III –, 3. Aufl. 2005, § 144 Rn. 89 (Gewissensgründe, Religionsausübung); *Berlit,* in: Münder (Hrsg.), Sozialgesetzbuch II –Grundsicherung für Arbeitssuchende –, Lehr- und Praxiskommentar, § 31 Rn. 59.

[76] Vgl. etwa §§ 31 Abs. 1 Satz 2 ; Abs. 2 SGB II; *Berlit,* in: Münder (Hrsg.), Sozialgesetzbuch II – Grundsicherung für Arbeitssuchende, § 31 Rn. 58; *Niesel,* in: Niesel (Hrsg.), Sozialgesetzbuch Arbeitsförderung – SGB III –, 3. Aufl. 2005, § 144 Rn. 78.

[77] Grundlage war § 119 Abs. 1 Arbeitsförderungsgesetz (AFG).

[78] BSG, Urteil vom 10. 12. 1980, NJW 1981, S. 1526 f.; BSG, Urteil vom 23. 6. 1982, NJW 1983, S. 701 ff.

[79] Vgl. zuletzt noch die Entscheidung des LSG Rheinland-Pfalz vom 30. 03. 2006 – L 1 AL 162/05 –, Pressemitteilung des LSG Rheinland-Pfalz vom 09. 05. 2006.

sungsgericht in seinem Beschluss vom 13. 06. 1983.[80] Danach sei es ein sozialstaatliches Gebot, die Funktionsfähigkeit der Arbeitslosenversicherung zu gewährleisten, deren finanzielle Grundlage auf den Beiträgen aller Versicherten beruhe. Insofern sei zwischen Art. 4 GG und dem aus Art. 3 Abs. 1 GG resultierenden Gebot der Gleichbehandlung aller Versicherten abzuwägen.[81] Hiergegen werden z. T. Bedenken erhoben und zwar sowohl im Hinblick auf die Ableitung aus dem Sozialstaatsprinzip als auch im Hinblick auf den Rückgriff auf Art. 3 Abs. 1 GG.[82] Leichter und nachvollziehbarer lassen sich in solchen Fällen jedenfalls die Probleme erfassen, wenn man, wie hier vertreten, die Sozialrechtsnormen als einfachgesetzliche Schranken zulässt. Man ist insofern nicht darauf angewiesen, Schranken aus der Verfassung mühsam und fragwürdig ableiten zu müssen.[83] Dies hilft nur dann nicht weiter, wenn ein Eingriff in die Gewissensfreiheit vorliegt. Hier wird die Frage, ob das Gemeinschaftsinteresse an der Funktionsfähigkeit der sozialen Leistungsverwaltung als verfassungsimmanente Schranke der Gewissensfreiheit anzuerkennen ist, wieder bedeutsam.

In jedem Fall kommt es für die spätere Güterabwägung, in welcher die Interessen des Muslims an der korrekten Einhaltung seiner religiösen Pflichten und das Interesse der Gemeinschaft an der Verhinderung von Arbeitslosigkeit gegenüberstehen, ganz entscheidend auf Art und Reichweite des Eingriffs in die Rechte aus Art. 4 GG an. Je intensiver der Eingriff den Kernbereich der Religions- bzw. Gewissensfreiheit betrifft, desto mehr überwiegen seine Interessen.[84] Auch das Bundessozialgericht[85] und das Bundesverfassungsgericht[86] stellen der Sache nach bei der Güterabwägung darauf ab, ob die Rechte aus Art. 4 GG nur am Rande oder im Kern betroffen ist (Frage der Intensität des Eingriffs).

4. Beispiele für Konfliktsituationen

Nachfolgend sollen nun beispielhaft einige Konfliktsituationen aufgezeigt werden, die im Zusammenhang mit islamisch motivierter Arbeitsaufgabe und Arbeits-

---

80 BVerfG vom 13. 06. 1983, NJW 1984, S. 912.

81 BVerfG vom 13. 06. 1983, NJW 1984, S. 912; vgl. hierzu auch: *Pitschas,* Mittelbare Wehrdienstverweigerung und Arbeitsförderungsrecht, NJW 1984, S. 889–896 (893).

82 Kritisch zur Begrenzung des Art. 4 GG aus dem Sozialstaatsprinzip: *Zöbeley,* Zur Bedeutung der Glaubens- und Gewissensfreiheit für die Anordnung einer Sperrzeit nach § 119 AFG, SGb 1984, S. 97–101 (100); *Hoevels,* Islam und Arbeitsrecht, 2003, S. 116; *Mayer,* Arbeits- und sozialrechtliche Probleme der Gewissensfreiheit, ArbuR 1985, S. 105–113 (110 ff.).

83 So stellt sich im Hinblick auf Leistungen nach dem SGB II und dem SGB XII die Frage, ob etwa das Gemeinschaftsinteresse der Steuerzahler Verfassungsrang hat. Leistungen nach SGB II und XII sind keine Versicherungsleistungen.

84 Vgl. hierzu auch *Jeand'Heur,* Grundzüge des Staatskirchenrecht, 2000, Rn. 127.

85 BSG vom 10. 12. 1980, NJW 1981, S. 1526 f.

86 BVerfG vom 13. 09. 1983, NJW 1984, S. 912.

ablehnung in der Alltagspraxis relevant werden könnten. Eine erschöpfende Darstellung aller denkbaren Fallkonstellationen ist angesichts der Meinungsvielfalt im Islam allerdings nicht möglich. Angesichts dieser erheblichen Meinungsvielfalt ist auch immer zu bedenken, dass letztlich immer die konkreten Umstände des Einzelfalls entscheiden, wobei es vor allem auf die Einlassung des konkret betroffenen Muslims ankommt. Dies gilt zunächst für die Frage, ob sein Verhalten überhaupt religiös motiviert oder nur vorgeschoben ist. Aber auch die Frage des Eingriffs in die Rechte aus Art. 4 GG und die Gewichtung innerhalb einer etwa notwendigen Verhältnismäßigkeitsprüfung hängen entscheidend vom konkreten Vortrag des Muslims im Einzelfall ab. Gerade im Rahmen der Verhältnismäßigkeitsprüfung, wo die betroffenen Rechtsgüter gegeneinender abgewogen werden, kommt es entscheidend darauf an, welche individuelle Bedeutung die Einhaltung einer bestimmten religiösen Pflicht für den betroffenen Muslim tatsächlich hat. Ob also eine Verletzung der Rechte des Muslims aus Art. 4 GG tatsächlich vorliegt und damit auch ein wichtigen Grund im Sinne der sozialrechtlichen Sanktionsnormen gegeben ist, kann nur im ganz konkreten Einzelfall bestimmt werden. In den nachfolgenden Ausführungen können daher naturgemäß nur allgemeine Hinweise zu möglichen Problemfeldern und Lösungsansätzen gegeben werden.

a) Die „fünf Säulen" des Islams

Zum Kernbestand der Scharia gehören die sog. „Fünf Säulen (Pfeiler)". Hierzu gehören das Glaubensbekenntnis, die Pflichtabgabe, das (Pflicht-)Gebet, das Fasten und die Pilgerfahrt nach Mekka.[87] Diese Säulen sind für jeden Muslim absolute Pflicht, zumal sie die Beziehung zwischen Gott und dem Menschen regeln.[88] Diese Pflichten sind von der Scharia bis ins kleinste Detail geregelt.

aa) Die Einhaltung des Pflichtgebets

Konfliktträchtig sind in diesem Zusammenhang zunächst die Fälle, in denen die Beachtung der dem Muslim vorgeschriebenen Pflichtgebete zur Debatte steht. Hierzu zählen das tägliche Pflichtgebet und das Freitagsgebet.[89] Das tägliche Pflichtgebet und das Freitagsgebet sind absolute Pflicht.[90] Dies ist im Koran selbst festgelegt.[91] Die Unterlassung und Missachtung der Pflichtgebete ist verboten und wird bestraft.[92] Die islamischen Rechtsschulen haben im Laufe der Zeit eine kaum

---

87 Vgl. Suren 2, 177; 2, 183 f.; 2, 196.

88 *Hoevels,* Islam und Arbeitsrecht, 2003, S. 130.

89 *Hoevels,* Islam und Arbeitsrecht, 2003, S. 177.

90 *Reidegeld,* Handbuch Islam, 2005, S. 243, 244.

91 Vgl. Sure 4, 103: „... Das Gebet ist für die Gläubigen eine für bestimmte Zeiten festgesetzte Vorschrift."

92 *Hoevels,* Islam und Arbeitsrecht, 2003, S. 185 mit Verweis auf Sure 19, 59 und Sure 107, 4 u. 5.

überschaubare Kasuistik im Hinblick auf die Voraussetzungen und die Durchführung der Gebete ausgearbeitet, die hier nicht annähernd dargestellt werden kann.[93] Das tägliche Pflichtgebet muss fünfmal täglich zu ganz bestimmten Zeiten verrichtet werden.[94] Das Freitagsgebet ist ein gemeinschaftliches Gebet, welches am Freitagmittag in der Moschee stattfindet.[95] Voraussetzung für die Gültigkeit der Gebete sind vor allem die korrekte Einhaltung der Gebetszeiten, die vorangehende rituelle Waschung sowie die rituelle Reinheit des Gebetsplatzes.[96]

Die korrekte Einhaltung dieser islamischen Gebetsvorschriften kann im Einzelfall zu erheblichen Problemen im Betriebsablauf beim Arbeitsgeber führen. Man denke hier beispielsweise an Fließbandarbeiter oder Busfahrer, die mehrfach am Tage ihre Arbeit unterbrechen müssten. In der Vergangenheit waren die Arbeitsgerichte häufiger mit Konflikten aus diesem Bereich befasst.[97] Hierbei ging es um die Abwägung der Interessen des muslimischen Arbeitnehmers an der korrekten Einhaltung der Gebetsvorschriften und dem Interesse des Arbeitgebers am ungestörten Ablauf seines Betriebes. Entscheidungen im Hinblick auf sozialrechtliche Tatbestände sind nicht bekannt. Die Ergebnisse der Arbeitsgerichte haben jedoch keine präjudizielle Bedeutung für die sozialrechtliche Beurteilung, zumal die Grundrechte im privatrechtlichen Verhältnis von Arbeitgeber und Arbeitsnehmer nur mittelbare Anwendung finden.[98] Die arbeitsrechtlich rechtmäßige Kündigung eines muslimischen Mitarbeiters wegen Arbeitsverweigerung bedeutet daher nicht automatisch, dass ihm auch Sperrzeiten drohen. Die sozialrechtliche Beurteilung hat eigenständige Bedeutung. Insofern kommt es zunächst darauf an, dass der betroffene Muslim nachvollziehbar darlegt, dass ihm an dem bisherigen bzw. nunmehr angebotenen Arbeitsplatz die korrekte Ausführung seiner Pflichtgebete ganz oder teilweise unmöglich ist und er dadurch in einen Glaubens- bzw. Gewissenskonflikt gerät. Hierbei sind vor allem auch zumutbare Handlungsalternativen zu berücksichtigen. Gelingt dem Muslim insofern keine plausible Darlegung, so fehlt es, soweit überhaupt der Schutzbereich eröffnet ist, in jedem Fall bereits an einem Eingriff in seine Rechte aus Art. 4 GG und damit im Ergebnis an einem wichtigen Grund für sein Verhalten. Dies ist beispielsweise der Fall, wenn der Arbeitgeber bereit ist bzw. gewesen wäre, den Betrieb in Hinblick auf die korrekte Einhaltung der Gebetsvorschriften entsprechend zu organisieren. Hat der Muslim im Einzelfall gestalterische Möglichkeiten, z. B. flexible Arbeitszeiten oder unbezahlte Freistellung, so muss er diese Möglichkeiten ausschöpfen, auch wenn dies im Einzelfall zu für ihn unbequemen Verlagerungen der Arbeitszeit

93 Ausführlich zum Gebet im Islam: *Reidegeld,* Handbuch Islam, 2005, S. 243 – 521 (Buch über das Gebet).

94 Näher hierzu: *Reidegeld,* Handbuch Islam, 2005, S. 246 ff.

95 Näher hierzu: *Reidegeld,* Handbuch Islam, 2005, S. 247; 393 ff.

96 *Reidegeld,* Handbuch Islam, 2005, S. 271.

97 Hierzu: *Hoevels,* Islam und Arbeitsrecht, S. 177 ff.

98 Problem der mittelbaren Drittwirkung von Grundrechten.

führt.[99] Er hat aber nun einmal für einen Eingriff in seine Rechte aus Art. 4 GG nachzuweisen, dass an der in Frage stehenden Arbeitsstelle die Ausübung seiner Gebetspflichten ganz oder zumindest teilweise unmöglich ist. Das ist aber gerade nicht der Fall, wenn er seine Arbeitszeiten diesbezüglich gestalten kann. Dem Muslim ist auch zuzumuten, mit (potentiellen) Arbeitgebern die Einhaltung der Gebetspflichten zu besprechen und so einen Konflikt von vornherein zu vermeiden.[100] Verweigert der betroffene Muslim aber ohne jeglichen Rücksprácheversuch mit dem (potentiellen) Arbeitgeber die Arbeit, so muss ihm mangelndes Eigenbemühen unterstellt werden, welches zumindest die widerlegbare Vermutung nahe legt, die Berufung auf die Religions- bzw. Gewissensfreiheit sei hier nur vorgeschoben. Erst wenn alle gestalterischen Optionen sowie der Versuch einer einvernehmlichen Lösung mit dem Arbeitgeber nicht erfolgreich sind bzw. von Anfang an aussichtslos waren und der Muslim im Betrieb demnach tatsächlich keine Möglichkeit hat, die Gebetsvorschriften korrekt einzuhalten, ist von einem Eingriff in seine Rechte auszugehen. Das Interesse des Muslim an der korrekten Einhaltung der Gebetsvorschriften und dem Interesse der Gemeinschaft an der Vermeidung von Arbeitslosigkeit ist sodann im Rahmen der Verhältnismäßigkeitsprüfung zu praktischer Konkordanz zu bringen. Dies ist und bleibt jedoch immer eine Frage des konkreten Einzelfalls. Zu berücksichtigen ist dabei, dass die korrekte Einhaltung der Gebetspflichten für den gläubigen Muslim absolute und zentrale Pflicht ist, von der nur in wenigen Ausnahmesituationen suspendiert werden kann.[101] Zudem handelt es sich um eine tägliche Pflicht, die ein (potentielles) Arbeitsverhältnis nicht nur punktuell, sondern ständig belasten würde. Dem Muslim kann auch nicht abverlangt werden, dass er eine ihm angebotene Arbeitstelle erst einmal antritt, um dann erst mit dem Arbeitgeber auszuhandeln, welche Arbeiten er verweigern darf bzw. zu welchen Zeiten er zu arbeiten hat. Hier würde man den Muslim u.U. sogar Schadensersatzansprüchen des Arbeitgebers aussetzen.[102] Dies ist aber alles immer eine Frage des konkreten Einzelfalles und kann deshalb hier nicht weiter verfolgt werden.

Probleme im Hinblick auf die korrekte Einhaltung der Gebetszeiten dürften um so weniger bestehen, je größer die Flexibilität bei der zeitlichen Gestaltung der in Frage kommenden Arbeitsstelle ist. Hier sind alle Parteien, d. h. Arbeitgeber, Sozi-

---

99 *Niesel,* in: Niesel (Hrsg.), Sozialgesetzbuch Arbeitsförderung – SGB III –, 3. Aufl. 2005, § 144 Rn. 79; *Berlit,* in: Münder (Hrsg.), Sozialgesetzbuch II – Grundsicherung für Arbeitssuchende –, Lehr- und Praxiskommentar, § 31 Rn. 60.

100 *Niesel,* in: Niesel (Hrsg.), Sozialgesetzbuch Arbeitsförderung – SGB III –, 3. Aufl. 2005, § 144 Rn. 79.

101 *Reidegeld,* Handbuch Islam, 2005, S. 243, 270, 442 ff. Abweichungen vom festgelegten Ritus der Gebete sind auf Ausnahmefälle beschränkt und dürfen nicht zur Gewohnheit werden (Hoevels, Islam und Arbeitsrecht, 2003, S. 187). Der Verweis auf das Nachholen bzw. das Zusammenfassen kann daher nur in bestimmten Situationen erfolgen, bildet aber wohl keine dauerhafte Lösung.

102 So auch: *Zöbeley,* Zur Bedeutung der Glaubens- und Gewissensfreiheit für die Anordnung einer Sperrzeit nach § 119 AFG, SGb 1984, S. 97 – 101 (98).

albehörde und der betroffene Muslim aufgefordert, zwecks Vermeidung von Konflikten entsprechende Gestaltungsoptionen abzusprechen.

bb) Fasten und Pilgerfahrt

Wenig Praxisrelevanz dürften Fälle im Hinblick auf das religiös vorgeschriebene Fasten sowie die Pilgerfahrt nach Mekka haben. Hier wird es im Normalfall auch bereits an einem Eingriff in die Rechte aus Art. 4 GG und damit an einem wichtigen Grund im Sinne der sozialrechtlichen Sanktionsnormen fehlen.

Das Fasten im Monat Ramadan gehört zu den „Säulen" des Islams und ist daher für jeden Muslim absolut verpflichtend, es sei denn, dieser hat anerkannte Entschuldigungsgründe.[103] Verpflichtend ist auch ein außerhalb des Ramadan gelobtes Fasten.[104] Der gläubige Muslim ist verpflichtet, sich von der Dämmerung bis zum Sonnenuntergang aller Dinge zu enthalten, die ein Brechen des Fastens bedeuten würden.[105] Hierzu gehört vor allem, dass in dieser Zeit nichts gegessen und getrunken werden darf.[106] Probleme ergeben sich daher für Berufe, die zwingend solche fastenbrechenden Handlungen erfordern, wie z. B. Köche oder Teetester. Das Problem tritt aber auch auf, wenn die Betroffenen darauf verweisen, dass sie während der Fastenzeit ohne Essen und Trinken ihre Arbeit, beispielsweise wegen der hohen körperlichen Belastung, nicht bewältigen können. Dem Muslim ist abzuverlangen, Möglichkeiten der Gestaltung der Arbeit, die ihm zur Verfügung stehen, insbesondere also den Einsatz von Urlaub, die unbezahlte Freistellung von der Arbeit und flexible Arbeitszeiten, auszuschöpfen. Ein Eingriff in die Rechte aus Art. 4 GG liegt nämlich erst dann vor, wenn es aufgrund der konkreten Gegebenheiten im Betrieb unter keinen Umständen möglich ist, dass der Muslim seiner Fastenpflicht nachkommen kann. Dies ist praktisch nur dann denkbar, wenn der Arbeitsgeber es dem Muslim dauerhaft unmöglich macht, seine Arbeitszeiten bzw. seine Urlaubsplanung an der Fastenzeit zu orientieren. Dabei ist insbesondere die Norm des § 7 Abs. 1 BUrlG von Bedeutung.[107] Demnach dürfte es in der Praxis im Hinblick auf die Fastenpflicht nur in Ausnahmefällen zu einem Eingriff in die Religions- bzw. Gewissensfreiheit kommen.

Die Pilgerfahrt nach Mekka ist ebenfalls eine Säule des Islam und daher auch absolute Pflicht.[108] Sie ist, soweit es dem Muslim möglich ist, mindestens einmal

---

103 *Reidegeld,* Handbuch Islam, 2005, S. 550.

104 *Reidegeld,* Handbuch Islam, 2005, S. 550. Zu Entschuldigungsgründen, die das Fasten verbieten bzw. das Fastenbrechen erlauben: *Reidegeld,* Handbuch Islam, 2005, S. 569 f.

105 *Reidegeld,* Handbuch Islam, 2005, S. 549, 571 ff.

106 *Hoevels,* Islam und Arbeitsrecht, 2003, S. 194.

107 Danach muss der Arbeitgeber bei der zeitlichen Festlegung des Urlaubs die Wünsche des Arbeitnehmers berücksichtigen, es sei denn, dringende betriebliche Belange oder die Urlaubswünsche anderer Arbeitnehmer, die unter sozialen Gesichtspunkten den Vorrang verdienen, stehen dem entgegen.

im Leben durchzuführen.[109] Die Dauer beläuft sich auf inklusive An- und Abreise ca. zwei Wochen.[110] Dem Muslim ist die Wahl des Jahres, in der die Pilgerfahrt stattfinden soll, freigestellt, weshalb viele Muslime auch damit bis zum Rentenalter warten.[111] Auch hier wird der Muslim im Regelfall auf die Absprache mit dem (potentiellen) Arbeitgeber hinsichtlich der Verschiebung der Arbeitszeiten bzw. Inanspruchnahme von Urlaub verwiesen werden müssen. Es gilt das zum Fasten Gesagte entsprechend.

cc) Glaubensbekenntnis und Pflichtabgabe

Im Zusammenhang mit Arbeitsaufgabe und Arbeitsablehnung bestehen im Hinblick auf das Glaubensbekenntnis[112] und die Pflichtabgabe[113] keine Probleme, da eine Kollision mit der Arbeitpflicht in der Praxis regelmäßig nicht erkennbar ist. Der Muslim dürfte aber eine Arbeitsstelle aufgeben bzw. eine angebotene Stelle ablehnen, wenn ihm dort etwa untersagt würde, sich zu seinem islamischen Glauben zu bekennen. Denkbar wäre dies in der Praxis wohl allenfalls bei einer Tätigkeit für andere Religionsgesellschaften. Insgesamt entscheidet letztlich aber hier wie immer der konkrete Einzelfall.

b) Weitere mögliche Konfliktbereiche

Neben den Säulen des Islams sind noch einige andere Bereiche konfliktrelevant. In diesen Bereichen ist aber im Gegensatz zu den Säulen nicht immer unumstritten, ob es sich auch um absolute Pflichten handelt. Gerade hier kommt also dem konkreten Sachvortrag des betroffenen Muslims entscheidende Bedeutung zu.

aa) Islamische Feiertage

Der Islam kennt eine Reihe von Festen.[114] Es gibt jedoch nur zwei verpflichtende Festtage im Islam, nämlich das „Fest des Fastenbrechens" sowie das „Opfer-

---

108 Hier steht nur die „große Pilgerfahrt" (Hajj) zur Debatte. Nur diese ist nach Ansicht aller Rechtsschulen absolute Pflicht. Die sog. „kleine Pilgerfahrt" (Umra) ist nach Ansicht der meisten Rechtsschulen nur empfohlen. Nur die Schafi'iten betrachten auch die „umra" als absolute Pflicht (vgl. *Reidegeld,* Handbuch Islam, 2005, S. 589).

109 Näher zum Ganzen: *Reidegeld,* Handbuch Islam, 2005, S. 589 ff.

110 Vgl. die Darstellung des Ablaufs bei: *Reidegeld,* Handbuch Islam, 2005, S. 591–592.

111 *Sekretariat der deutschen Bischofskonferenz* (Hrsg.), Christen und Muslime in Deutschland, 2003, Arbeitshilfe Nr. 172, S. 121.

112 Zum Glaubensbekenntnis: *Reidegeld,* Handbuch Islam, 2005, S. 32 ff.

113 Zur Pflichtabgabe: *Reidegeld,* Handbuch Islam, 2005, S. 525 ff.

114 Hierzu näher: *Miehl,* in: Lemmen/Miehl, Islamisches Alltagsleben in Deutschland, Friederich-Ebert-Stiftung (Hrsg.), 2001, S. 76 ff.

fest".[115] Beide Feste sind für die Muslime verpflichtend und gebieten Arbeitsruhe.[116] Das Fest des Fastenbrechens findet am Ende des Fastenmonats Ramadan statt, das Opferfest während der Zeit der Pilgerfahrt. Aufgrund der Verpflichtung zur Teilnahme kann es für den gläubigen Muslim zum Konflikt kommen, wenn er zu diesem Zeitpunkt eigentlich arbeiten müsste. Die beiden Festtage sind nicht durch die Feiertagsgesetze der Länder geschützt. Freistellungen sind daher nur über die Berufung auf die Religions- bzw. Gewissensfreiheit zu erreichen. Aber auch hier gilt, was bereits zu den Gebetszeiten, dem Fasten und der Pilgerfahrt gesagt wurde. Der Muslim muss zunächst alle ihm zur Verfügung stehenden Gestaltungsmöglichkeiten ausschöpfen, um einen Konfliktfall zu vermeiden. Hier ist insbesondere der Einsatz von Erholungsurlaub und unbezahlte Freistellung zu nennen, soweit nicht schon die Möglichkeit zur flexiblen Arbeitszeitgestaltung besteht. Erst wenn ihm alle diesbezüglichen Optionen misslingen, kann von einem Eingriff in die Religions- bzw. Gewissensfreiheit ausgegangen werden und eine einzelfallbezogene Verhältnismäßigkeitsprüfung erforderlich werden.

bb) Bekleidungsvorschriften

Der Islam kennt sowohl für Männer als auch für Frauen Vorschriften bezüglich der Bekleidung.[117] Dabei sind die Vorgaben für die Kleidung der Männer nicht gravierend und unterscheiden sich kaum von westlichen Gewohnheiten.[118] Für die Frauen wird diesbezüglich auf die Suren 24 (Vers 31 f.) und 33 (Verse 53 und 59) verwiesen, wobei die Interpretationen der Rechtsschulen durchaus variieren.[119] Kollisionen mit der Arbeitspflicht entstehen im Hinblick auf islamische Bekleidungsvorschriften grundsätzlich nur, wenn bestimmte Berufsbekleidung getragen werden muss bzw. wenn bei publikumsorientierten Tätigkeiten Kunden an der islamtypischen Bekleidung Anstoß nehmen. Im Mittelpunkt der Diskussion stand bis zuletzt die Frage des islamischen Kopftuches.[120] Spätestens nach der Entscheidung des Bundesverfassungsgerichts vom 24. 09. 2003[121] steht fest, dass das Tragen des Kopftuchs zumindest auch religiösen Charakter haben kann, wenngleich nicht haben muss. Die religiöse Motivation muss plausibel vorgetragen werden. Dies war in einem vom Verwaltungsgericht Mainz zu entscheidenden Fall nicht gegeben.[122] Dort trug eine Sozialhilfeempfängerin muslimischen Glaubens Vollverschleierung. Damit war sie faktisch für den Arbeitsmarkt nicht vermittelbar.

---

115 *Reidegeld,* Handbuch Islam, 2005, S. 248.

116 *Hoevels,* Islam und Arbeitsrecht, 2003, S. 202.

117 *Reidegeld,* Handbuch Islam, 2005, S. 685.

118 Vgl. Sure 24,30; *Hoevels,* Islam und Arbeitsrecht, 2003, S. 216; *Reidegeld,* Handbuch Islam, 2005, S. 685.

119 *Rohe,* Islam- Alltagskonflikte und Lösungen, 2. Aufl. 2001, S. 144 f.

120 BVerfG, NJW 2003, 3111 f.

121 Abgedruckt in: NJW 2003, S. 3111 f.

122 VG Mainz vom 26. 03. 2003 (Az: 1 L 98 / 03.MZ).

Das Sozialamt versagte ihr die Sozialhilfe. Zur Begründung führte das Sozialamt an, die Betroffene habe ihre Hilfebedürftigkeit durch die Vollverschleierung und die damit verbundene Unvermittelbarkeit auf dem Arbeitsmarkt selbst verursacht. Das Gericht stimmte dem Sozialamt im Ergebnis richtigerweise zu. Dabei ging es allerdings nicht um die Frage, ob das Tragen einer Vollverschleierung grundsätzlich religiösen Charakter haben kann.[123] Vielmehr hatte die Betroffene die religiöse Motivation für ihre Weigerungshaltung nicht plausibel machen können. Sie hatte sich zunächst nicht dazu geäußert, warum sie einen Termin zur Vorsprache bei einer Putzstelle nicht wahrgenommen hatte. Zudem hatte sie Eigenbemühungen hinsichtlich einer Arbeitsstelle nicht nachgewiesen. Schließlich bezweifelte das Gericht überhaupt die Bereitschaft der Betroffenen, sich in Arbeit vermitteln zu lassen. Die Betroffene hatte nämlich nichts dazu gesagt, warum sie mittlerweile Vollverschleierung trage. In der Vergangenheit war sie nämlich stets unverschleiert aufgetreten, hatte eine Lehre begonnen und eine versicherungspflichtige Tätigkeit ausgeübt. Der Fall zeigt nochmals einerseits die Bedeutung des plausiblen Vortrages bezüglich der religiösen Motivation und umgekehrt die Bedeutung der staatlichen Plausibilitätskontrolle. Dies gilt insbesondere, wenn es um ein Verhalten geht, dass in der Mehrheitsdoktrin des Islams entweder allgemein als nicht verpflichtend angesehen wird oder doch zumindest unterschiedlich beurteilt wird. Für einen Eingriff in die Religions- bzw. Gewissensfreiheit muss zudem in jedem Falle dargelegt sein, dass trotz Ausschöpfung aller Gestaltungsoptionen das Tragen der islamischen Kleidung am Arbeitsplatz ganz oder teilweise unmöglich ist.

cc) Speisegebote

Die Scharia kennt eine Reihe von Speiseregeln, die, da sie von Gott selbst kommen, absolut verpflichtend sind.[124] Nachdrücklich zum Verzehr verboten sind Schweinefleisch, Hunde, bestimmte Arten von Raubtieren, nicht korrekt geschlachtete Tiere bzw. ohne Schlachtung und ohne korrekte Jagd zu Tode gekommene Tiere (Aas, Erwürgtes, Erschlagenes etc.).[125] Konfliktsituationen können vor allem entstehen, wenn der betroffene Muslim im Hotel- oder Gaststättengewerbe und dort wiederum im Küchen- bzw. Servicebereich eingesetzt ist bzw. werden soll. Probleme entstehen auch, wenn er mit dem Verkauf solcher Sachen betraut wird.[126] Teilweise differenzieren die Rechtsschulen zwischen dem Konsum und der Zubereitung bzw. dem Servieren und beziehen das Verbot nur auf den Konsum.[127] Das hindert aber einen Muslim nicht, für sich eine strenge Handhabung des Verbots in Anspruch zu nehmen, nach dem jeglicher unmittelbare und mittel-

---

123 Dies ist spätestens seit der Entscheidung des Bundesverfassungsgerichts vom 24. 09. 2003 (NJW 2003, S. 3111 f.) kaum in Zweifel zu ziehen.

124 Hierzu: *Reidegeld,* Handbuch Islam, 2005, S. 675, 676.

125 Zu den näheren Einzelheiten: *Reidegeld,* Handbuch Islam, 2005, S. 677 – 679.

126 *Hoevels,* Islam und Arbeitsrecht, 2003, S. 237.

127 *Hoevels,* Islam und Arbeitsrecht, 2003, S. 238 m. w. N.

bare Kontakt erfasst ist.[128] Gelingt hier der plausible Vortrag religiöser Motivation und besteht im Betrieb keine Möglichkeit, den Kontakt mit den verbotenen Speisen zu vermeiden, so liegt regelmäßig ein Eingriff in die Religions- bzw. Gewissensfreiheit vor, so dass im Rahmen der folgenden Verhältnismäßigkeitsprüfung im Einzelfall geklärt werden muss, ob auch tatsächlich eine Verletzung der Rechte des Muslims vorliegt.

dd) Zinsverbot

Das islamische Recht verbietet das „Zinsnehmen" (riba)[129] und Spekulations- bzw. Risikogeschäfte (gharar)[130].[131] Darüber, wie genau die Begriffe „riba" und „gharar" zu verstehen sind und was inhaltlich alles davon erfasst wird, bestehen bei den Rechtsschulen unterschiedliche Ansichten. Hierauf soll an dieser Stelle auch nicht weiter eingegangen werden. Für Arbeitnehmer entsteht jedenfalls in den Bereichen ein Konflikt, in denen Kapital mit Zinsen angelegt bzw. beliehen werden und in denen Risikogeschäfte getätigt werden. Betroffen sind also Banken, Versicherungen aber auch die Buchhaltung eines Unternehmens.[132] Bei strenger Auslegung kann ein Muslim solche Tätigkeiten möglicherweise nicht übernehmen. Es hängt entscheidend vom Vortrag des Muslims ab, ob im Einzelfall ein Eingriff in seine Rechte aus Art. 4 GG angenommen werden und wie im Rahmen der Verhältnismäßigkeit gewichtet werden muss.

ee) Frauen und Arbeitsmarkt

Ein Problem stellt sich auch im Hinblick auf die generelle Möglichkeit von Frauen, aktiv am Arbeitsleben teilzunehmen, was letztlich mit der grundsätzlichen Stellung der Frau[133] im Islam in Zusammenhang steht.[134] So wäre beispielsweise der Fall denkbar, dass sich eine muslimische Frau darauf beruft, ohne Genehmigung ihres Ehemannes das Haus nicht verlassen und einer Tätigkeit außer Haus nicht nachgehen zu dürfen. Es stellt sich hier allerdings bereits die Frage, ob der Islam ein solches Verhalten überhaupt vorschreibt.[135] Der betreffen-

---

128 *Hoevels,* Islam und Arbeitsrecht, 2003, S. 238.

129 Sure 2, 275–280.

130 Sure 2, 119.

131 *Rohe,* Islam – Alltagskonflikte und Lösungen, 2. Auf. 2001, S. 99 ff.; *Reidegeld,* Handbuch Islam, 2005, S. 709 ff.

132 *Hoevels,* Islam und Arbeitsrecht, 2003, S. 242, 243.

133 Hierzu: *Rohe,* Islam – Alltagskonflikte und Lösungen, 2. Aufl. 2001, S. 53 ff.

134 Hierzu: *Hoevels,* Islam und Arbeitsrecht, 2003, S. 213 ff.

135 *Rohe,* Islam – Alltagskonflikte und Lösungen, 2. Aufl. 2001, S. 197, 59–60. Rohe verweist hier auf eine Entscheidung des ägyptischen Verfassungsgerichtshof vom 03. 05. 1997, wonach eine Frau ihren ehelichen Unterhaltsanspruch nicht verliert, wenn sie entgegen der Aufforderung ihres Ehemannes berufstätig bleibt.

den muslimische Frau wird es im Regelfall wohl schwer werden, hier eine religiöse Motivation plausibel darzulegen. Ausgeschlossen ist das angesichts auch streng konservativer Strömungen im Islam allerdings nicht. Es entscheidet der konkrete Vortrag der betroffenen Frau. Es sei hier an den oben im Zusammenhang mit den Bekleidungsvorschriften geschilderten Fall des Verwaltungsgerichts Mainz hingewiesen.

II. Sozialrechtliche Konflikte im Zusammenhang mit islamischem Familien- und Erbrecht

1. Familienrecht und Erbrecht als Vorfrage zum Sozialrecht

Die einzelnen Sozialgesetze enthalten in sehr großem Umfange und in unterschiedlichster Form Tatbestandsmerkmale, die an familienrechtliche und erbrechtliche Rechtsverhältnisse anknüpfen. Eine auch nur annähernde Zusammenstellung würde hier den Rahmen sprengen. Praxisrelevant für das Sozialrecht sind vor allem die Bereiche Ehe, Scheidung, Unterhaltspflicht, Kindschaft, Betreuungen und Erbfolge. Als Beispiele seien hier nur genannt: die Familienversicherung nach § 10 SGB V für „Ehegatten“ und „Kinder“ sowie die Leistungen an „Witwer“ und „Witwen“ in der Unfall- und Rentenversicherung sowie im Recht der sozialen Entschädigung (§§ 46 ff. SGB VI; 63 ff. SGB VII; 38 ff. BVG). Auch erbrechtliche Vorfragen stehen im Raum, so z. B. beim Kostenersatz des Erben bei der Sozialhilfe (§ 102 SGB XII). Die größte praktische Bedeutung hat aber der Bereich der Inanspruchnahme von Sozialleistungen im Sinne der §§ 18 ff. SGB I.[136] Bevor also über eine sozialrechtliche Frage, wie etwa die Gewährung einer Leistung oder die Anrechnung von Einkommen, entschieden werden kann, muss zivilrechtlich geklärt werden, ob die entsprechenden familien- bzw. erbrechtlichen Tatbestandsmerkmale tatsächlich erfüllt sind. Hierzu wird auf die einschlägigen Regelungen des deutschen Familien- und Erbrechts zurückgegriffen, wie sie vor allem im Bürgerlichen Gesetzbuch (BGB) niedergelegt sind. Diese werden vom Sozialrecht übernommen, es sein denn, das Sozialrecht enthält eigene abweichende Regelungen.[137] In Fällen mit Auslandsbezug muss dabei geklärt werden, ob die deutsche oder etwa eine bestimmte ausländische Zivilrechtsordnung Anwendung findet. Dies wird gemäß den Vorschriften des Internationalen Privatrechts (IPR) ermittelt (vgl. Art. 3 Abs. 1 EGBGB), soweit nicht zwischenstaatliche Vereinbarungen bestehen (vgl. Art. 3 Abs. 2 EGBGB). Auslandsbezug liegt etwa dann vor, wenn ein oder mehrere Beteiligte, z. B. Eheleute, eine ausländische Staatsangehörigkeit besitzen oder im Ausland wohnen bzw. dort ihren gewöhnlichen Aufenthalt haben.[138] Für den Bereich des Familienrechts sind dabei die Art. 13 bis 24 EGBGB und für

---

[136] *Mrozynski,* Sozialgesetzbuch – Allgemeiner Teil – (SGB I), 3. Aufl. 2003, § 34 Rn. 9.

[137] *Fastabend,* in: Hauck / Noftz, SGB I, K § 34 Rn. 1.

[138] *Fastabend,* in: Hauck / Noftz; SGB I, K § 34 Rn. 10.

das Erbrecht die Art. 25 und 26 EGBGB einschlägig. Hierbei wird, je nach Anknüpfungspunkt, häufig auf eine ausländische Rechtsordnung[139] verwiesen, die dann im Einzelfall auch von deutschen Behörden und Gerichten zu beachten und anzuwenden ist. Zu beachten ist weiter, dass das IPR nur zur Anwendung kommt, wenn „staatliches" ausländisches Recht in Frage steht.[140] Rein religiöses Recht, wie etwa die Regelungen der Scharia, ist vom IPR nicht umfasst. Dies ist erst dann der Fall, wenn die religiösen Regelungen auch in die jeweilige staatliche Rechtsordnung übernommen wurden. Nur unter dieser Voraussetzung sind auch die religiösen Regelungen zivil- und ggfs. sozialrechtlich zu beachten.[141]

Die Scharia beinhaltet in recht großem Maße Regelungen zum Familien- und Erbrecht, zumal diese Bereiche in Koran und Sunna, also den beiden Hauptquellen der Scharia, recht ausführlich geregelt sind.[142] Dies hat dazu geführt, dass in den allermeisten islamisch geprägten Staaten die diesbezüglichen Regelungen der Scharia auch in die dortige staatliche Rechtsordnung übernommen wurden.[143] Dabei zeigt sich bei den verschiedenen islamisch geprägten Staaten allerdings ein sehr unterschiedliches Bild. Nur im staatlichen Recht der Türkei gelten die familien- und erbrechtlichen Regelungen der Scharia vollumfänglich nicht.[144] Die Regelungen der Scharia im Bereich des Familien- und Erbrechts weisen viele und z. T. gravierende Unterschiede zum deutschen Recht auf.[145] Nur Beispiele hierfür sind religiös begründete Ehehindernisse (muslimische Frau darf keinen Nichtmuslimen heiraten), die Ehe auf Zeit (Genussehe), die Brautgabe, die Erlaubnis der Polygynie, die Scheidungsmöglichkeit des Mannes durch „Verstoßen" der Frau, die rechtliche Unfähigkeit einer nichtmuslimischen Ehefrau, ihren Ehemann zu beerben.[146]

Zum sozialrechtlichen Konflikt kommt es dabei beispielsweise, wenn Muslime Sozialleistungen beantragen, die ein bestimmtes familienrechtliches Verhältnis

---

139 Hierzu gehört auch das fremde IPR, welches seinerseits wieder auf deutsches Recht zurückverweisen kann (vgl. Art 4 Abs. 1 EGBGB).

140 *Scholz,* Islam-rechtliche Eheschließung und deutscher ordre public, StAZ 2002, S. 321–334 (322).

141 *Scholz,* Islam-rechtliche Eheschließung und deutscher ordre public, StAZ 2002, S. 321–334 (322).

142 *Rohe,* Islam – Alltagskonflikte und Lösungen, 2. Aufl. 2001, S. 112.

143 *Scholz,* Islam-rechtliche Eheschließung und deutscher ordre public, StAZ 2002, S. 321–334 (322). Scholz zeigt dort auch auf, auf welche Weise in den islamischen Staaten die Scharia zu staatlichen recht geworden ist.

144 *Rohe,* Rechtsfragen bei Eheschließungen mit muslimischen Beteiligten, StAZ 2000, S. 161–169 (164, 165). Die Türkei hat im Jahre 1926 das Schweizer Zivilgesetzbuch übernommen und sich somit von der islam-rechtlichen Tradition abgewandt.

145 Siehe hierzu: *Heldrich,* in: Palandt, § 6 EGBGB Rn. 17 ff.

146 Näher zur islamischen Ehe: *Reidegeld,* Handbuch Islam, 2005, S. 755 ff.; *Sekretariat der deutschen Bischofkonferenz* (Hrsg.), Christen und Muslime in Deutschland, 2003, Arbeitshilfe Nr. 172, S. 186 ff.; *Prader/Reinhardt,* Das kirchliche Eherecht in der seelsorgerischen Praxis, 4. Aufl. 2001, S. 210 ff.

bzw. Institut voraussetzen, dieses aber nach den religiösen Regelungen der Scharia zustande gekommen und ausgestaltet ist. Es ist dann nämlich zu prüfen, ob dieses konkrete schariakonform gestaltete familienrechtliche Verhältnis bzw. Institut als ein solches im Sinne der jeweiligen Sozialrechtsnorm anzuerkennen ist. Als Beispiel möge die in § 46 ff. SGB VI geregelte Witwen- bzw. Witwerrente dienen. Nach § 46 Abs. 1 und 2 SGB VI haben Witwen oder Witwer, die nicht wieder geheiratet haben, unter bestimmten weiteren Voraussetzungen Anspruch auf Gewährung einer kleinen bzw. großen Witwen- oder Witwerrente. Tatbestandsvoraussetzung ist also zunächst, dass der oder die Leistungsbegehrende „Witwe" bzw. „Witwer" ist. Witwe bzw. Witwer ist, wer mit der in der gesetzlichen Rentenversicherung versicherten Person bis zu deren Tod rechtsgültig verheiratet war.[147] Hier stellt sich im Falle einer nach den Regeln der Scharia geschlossenen Ehe die Frage, ob auf dieser Grundlage der oder die Leistungsbegehrende mit dem oder der Verstorbenen als rechtsgültig verheiratet galt, das geforderte Tatbestandsmerkmal „Witwe" bzw. „Witwer" also somit erfüllt ist. Die zunächst einschlägigen Regelungen des BGB führen in solchen Fällen nicht weiter, da die hier in Rede stehende Ehe nicht nach den Regelungen des BGB zustande gekommen und ausgestaltet ist. Liegt aber, wie regelmäßig in solchen Fällen, Auslandsbezug vor und sind die Regelungen der Scharia in der ausländischen Rechtsordnung, auf die verwiesen wird, staatliches Recht, so findet über das IPR je nach Fallgestaltung auch die eigentlich religiöse Schariaregelung Beachtung (vgl. Art 13 EGBGB). Dabei ist Art. 6 EGBGB (ordre public) von zentraler Bedeutung. Danach ist eine Rechtsnorm eines anderen Staates nicht anzuwenden, wenn ihre Anwendung zu einem Ergebnis führt, das mit wesentlichen Grundsätzen des deutschen Rechts offensichtlich unvereinbar ist. Das ausländische Recht ist insbesondere nicht anzuwenden, wenn die Anwendung mit den Grundrechten unvereinbar ist. In der Vergangenheit waren die Zivilgerichte wiederholt mit der Vereinbarkeit von islamrechtlichen Vorgaben und Art. 6 EGBGB befasst. Bei islamgeprägtem Familienrecht waren häufig die Grundrechte aus Art. 3 Abs. 2 und 3, Art. 4 Abs. 1 und 2 und Art. 6 GG Gegenstand der Prüfung.[148] Auf die einzelnen Ergebnisse kann an dieser Stelle nicht eingegangen werden.[149] Festzuhalten bleibt aber, dass, wenn eine Unvereinbarkeit mit Art. 6 EGBGB vorliegt, die ausländische (schariakonforme) Rechtsnorm nicht angewendet werden darf und insofern ausschließlich deutsches Recht der sozialrechtlichen Prüfung zugrunde gelegt wird. Ist schon das IPR als solches nicht anzuwenden, etwa weil der Auslandsbezug nicht gegeben ist oder keine „staatliche" ausländische Rechtsnorm in Frage steht, so hat die Sozialbehörde alleine das deutsche Recht zugrunde zu legen. Die Scharia-Ehe würde in diesem Fall nicht als Ehe anerkannt. Das hätte zur Folge, dass die betroffenen Personen als nicht verheiratet

---

147 *Kamprad,* in: Hauck / Noftz, SGB VI, K § 46 Rn. 5.

148 *Scholz,* Islam-rechtliche Eheschließung und deutscher ordre public, StAZ 2002, S. 321 – 334 (323).

149 Vgl. hierzu die detaillierte Auflistung bei: *Heldrich,* in: Palandt, Art. 6 EGBGB, Rn. 17 ff.

gelten und somit auch nicht als Witwe oder Witwer im Sinne von § 46 SGB VI anzusehen sind. Die beantragte Leistung müsste versagt werden. In einem solchen Fall bliebe dem Betroffenen bei negativer Entscheidung lediglich noch die Möglichkeit des Versuchs, sich gegen die Leistungsverweigerung unter Berufung auf die Rechte aus Art. 4 Abs. 1 und 2 GG oder Art. 6 Abs. 1 GG zu wehren, etwa durch Widerspruch, Klage oder ggfs. sogar Verfassungsbeschwerde.[150] Bei einer Vereinbarkeit der ausländischen (schariakonformen) Rechtsnorm mit dem ordre public ist umgekehrt diese ausländische Rechtsnorm als zivilrechtliche Vorbedingung der sozialrechtlichen Norm zugrunde zu legen. Damit wären etwa die betroffenen Personen als verheiratet und damit nach dem Tod des versicherten Ehepartners auch als Witwe bzw. Witwer im Sinne des § 46 SGB VI anzusehen.

Ein Sonderfall im Hinblick auf die Regelungen des IPR als Vorfrage zum Sozialrecht besteht hinsichtlich der sog. hinkenden Ehen.[151] Dies sind Ehen, die in Deutschland nicht standesamtlich, sondern nach einer Eheschließungsform, die nur nach ausländischem Recht, nicht aber über inländisches IPR auch in Deutschland anerkannt wird, geschlossen werden (vgl. Art. 13 Abs. 3 EGBGB).[152] Das Bundesverfassungsgericht hat im Hinblick auf Art 6 Abs. 1 GG die Anwendbarkeit einer solchen „hinkenden Ehe“ auf das Sozialrecht, hier Witwenrente, trotzdem bejaht.[153] Damit folgt das Sozialrecht im Fall der hinkenden Ehe ausnahmsweise nicht dem eigentlich einschlägigen IPR.

Es zeigt sich also, dass die Sozialbehörden und Sozialgerichte im Einzelfall schon bei der Ermittlung der zivilrechtlichen Vorfragen gehalten sind, sich auf der Grundlage von BGB und IPR auch mit komplexen Fragen der Scharia auseinander zu setzen.[154]

2. Das Problem der „Entsprechung“ nach § 34 Abs. 1 SGB I

Die bisherigen Ausführungen haben sich mit der Klärung der rein zivilrechtlichen Vorfrage befasst, ob ein Tatbestandsmerkmal einer Sozialrechtsnorm, welches familien- bzw. erbrechtlich ausgefüllt werden muss, aus zivilrechtlicher Sicht

150 Zur Prüfung von Art. 4 GG siehe oben unter C. Da bei der Prüfung von Art. 6 EGBGB regelmäßig die Vereinbarkeit der fremden Rechtsnorm mit den Grundrechten, insbesondere Art. 4 GG und Art. 6 GG in Rede steht, können die in der Vergangenheit schon ergangenen zivilgerichtlichen Entscheidungen zu Art. 6 EGBGB als Indiz für ein mögliches Ergebnis einer solchen Prüfung dienen. Scharia-Regelungen waren schon häufiger Gegenstand zivilgerichtlicher Entscheidungen (vgl. *Heldrich,* in: Palandt, Art. 6 EGBGB, Rn. 17 ff.).

151 BVerfG vom 30. 11. 1982, NJW 1983, S. 511 – 512.

152 Hierzu: *Kamprad,* in: Hauck / Noftz, SGB VI, K § 46 Rn. 7; *Gürtner,* in: Kasseler Kommentar, § 46 SGB VI, Rn. 6.

153 BVerfG vom 30. 11. 1982, NJW 1983, S. 511 – 512.

154 So auch: *Behn,* Die Neuregelung des Internationalen Privatrechts und das Sozialrecht zu § 34 SGB I n.F, Die Rentenversicherung 1986, S. 213 – 222 (215).

auch tatsächlich gegeben und damit bei der Prüfung der einschlägigen Sozialrechtsnorm zu beachten ist. Kam man diesbezüglich nur über das IPR zur Bejahung des Tatbestandmerkmals, so ist zusätzlich noch § 34 Abs. 1 SGB I zu berücksichtigen. Dies wird in der Praxis wohl auch das eigentliche Problem darstellen. Danach gilt:

„Soweit Rechte und Pflichten nach diesem Gesetzbuch ein familienrechtliches Rechtsverhältnis voraussetzen, reicht ein Rechtsverhältnis, das gemäß Internationalem Privatrecht dem Recht eines anderen Staates unterliegt und nach diesem Recht besteht, nur aus, wenn es dem Rechtsverhältnis im Geltungsbereich dieses Gesetzbuches entspricht."

Die Regelung gilt für alle Sozialleistungsbereiche einschließlich des Verwaltungsverfahrensrechts.[155] Die über das IPR begründete zivilrechtliche Anerkennung der ausländischen Norm wird demgemäß nicht automatisch auch im Sozialrecht anerkannt. In der Gesetzesbegründung heißt es:

„Die Vorschriften des Sozialgesetzbuchs knüpfen häufig an familienrechtliche Begriffe (z. B. Ehe, Annahme als Kind) an, die nach Internationalem Privatrecht durch das Recht eines anderen Staates ausgefüllt werden. Da den Vorschriften des Sozialgesetzbuchs die Begriffsinhalte des deutschen bürgerlichen Rechts zugrunde liegen, muss ausgeschlossen werden, dass das Sozialrecht dadurch ungewollt verändert wird, insbesondere Leistungsansprüche für neue Personenkreise begründet werden. Absatz 1 bestimmt daher, dass in diesen Fällen auf den sozialrechtlichen Anknüpfungspunkt der jeweiligen Vorschrift des Sozialgesetzbuchs (z. B. die Verpflichtung zum – gegenseitigen – Unterhalt) zurückgegriffen und geprüft werden muss, ob das Recht des anderen Staates mit einer familienrechtlichen Stellung auch den jeweils sozialrechtlichen erheblichen Inhalt verbindet. Damit soll sichergestellt werden, dass z. B. Pflegekinder oder an Bruders Statt angenommene Kinder, auch wenn sie im Rahmen des Artikels 1 Nr. 7 des Entwurfs (Artikel 22 EGBGB-E) in Anlehnung an die Kollisionsnormen für Adoptivkinder behandelt werden, damit nicht ohne weiteres auch als Adoptionskinder im Sinn der Vorschriften des Sozialgesetzbuchs anzusehen sind, zumal diese zwischen Adoptivkindern und Pflegekindern streng unterscheiden."

§ 34 Abs. 1 SGB I bezweckt also, durch die Anwendung ausländischer Rechtsordnungen bedingte unerwünschte Ausweitungen sozialrechtlicher Ansprüche zu verhindern.[156] Praktisch geht es darum, das über IPR zivilrechtlich anerkannte ausländische Familienrechtsverhältnis darauf zu überprüfen, ob es im Hinblick auf seine Funktion innerhalb des Sozialrechts dem deutschen entspricht.[157] Anknüpfungspunkt ist dabei immer die einschlägige sozialrechtliche Norm.[158] So ist bei-

---

155 *Fastabend,* in: Hauck / Noftz, SGB I, K § 34 Rn. 3.

156 *Fastabend,* in: Hauck / Noftz, SGB I, K § 34 Rn. 1.

157 *Mrozynski,* Sozialgesetzbuch – Allgemeiner Teil – (SGB I), 3. Aufl. 2003, § 34 Rn. 10; *Behn,* Die Neuregelung des Internationalen Privatrechts und das Sozialrecht, Die Rentenversicherung 1986, S. 213–222 (217, 218).

158 Vgl. die Gesetzesbegründung: „... ob das Recht des anderen Staates mit einer bestimmten familienrechtlichen Stellung auch den jeweils sozialrechtlich erheblichen Inhalt verbindet".

spielsweise die Witwenrente nach §§ 46 SGB VI eine Leistung mit Unterhaltsersatzfunktion und setzt eine Ehe zum Todeszeitpunkt voraus.[159] Insofern ist die Rente praktisch eine Art Fortführung der ehemaligen Unterhaltsverpflichtung aus der Ehe. Eine über das IPR nach ausländischem Recht zu beurteilende Ehe ist für den sozialrechtlichen Anspruch aus § 46 SGB VI dabei wegen § 34 Abs. 1 SGB I nur dann zu beachten, wenn diese Ehe dem Wesen nach wie auch die nach deutschem Recht zu beurteilende Ehe Unterhaltsverpflichtungen der Ehegatten (vgl. § 1360 BGB) untereinander beinhaltet. Nur dann kann der Sinn und Zweck der sozialrechtlichen Norm, hier also die Unterhaltsersatzfunktion der Witwen- bzw. Witwerrente, tatsächlich auch erfüllt werden. Dabei ist allerdings nicht erforderlich, dass die ausländische „Ehe" in allen Punkten inhaltsgleich mit der deutschen Ehe ist. Es reicht die gleiche Wirkung in den entscheidenden Punkten.[160] Für den Bereich islamisch geprägter Rechtsordnungen muss beispielsweise die – schariakonforme – ausländische Regelung der Ehe mit der „deutschen" Ehe daraufhin abgeglichen werden, ob sie im Hinblick auf die konkrete sozialrechtliche Funktion in etwa gleiche Wirkungen entfaltet, also beispielsweise im Zusammenhang mit den Witwenrenten die Unterhaltspflicht für den Ehegatten. Damit stellt sich für den Rechtsanwender erneut das Problem, religiös geprägtes ausländisches Recht bewerten zu müssen. Zunächst musste die zivilrechtliche Vorfrage, d. h. die Vereinbarkeit mit dem deutschen ordre public (Art. 6 EGBGB) geklärt werden. War dies zu bejahen, so steht die „Entsprechung" im Sinne von § 34 Abs. 1 SGB I zur Debatte. In beide Richtungen ist also das schariakonforme ausländische Recht zu werten.

3. Die Polygynie im Islam

a) Polygynie und § 34 Abs. 2 SGB I

Ein Sonderproblem besteht hinsichtlich der im Islam grundsätzlich zulässigen Polygynie, also der Ehe eines Mannes mit mehreren Frauen. Der Koran erlaubt dabei die Ehe mit bis zu vier Frauen.[161] Eine religiöse Pflicht zur Mehrehe besteht aber nicht. Mit Ausnahme der Türkei und Tunesien ist die Polygynie in den islamisch geprägten Ländern nach wie vor auch nach staatlichem Recht erlaubt, wenngleich sie in vielen Ländern an bestimmte Beschränkungen geknüpft ist.[162] Demgegenüber orientiert sich das deutsche Familienrecht ausschließlich an der Einehe (vgl. § 1306 BGB). Das Verbot der Mehrehe wird dabei nach allgemeiner Ansicht

159 Zum Prinzip des Unterhaltsersatzes bei der Witwenrente nach den §§ 46 ff. SGB VI: *Muckel,* Sozialrecht, 2003, § 11 Rn. 108.

160 *Fastabend,* in: Hauch / Noftz, SGB I, K § 34 Rn. 12 m. w. N.

161 Vgl. Sure 4, 3: „Und wenn ihr fürchtet, gegenüber den Waisen nicht gerecht zu sein, dann heiratet, was euch an Frauen beliebt, zwei, drei und vier."

162 Näher: *Scholz,* Islam-rechtliche Eheschließung und deutscher ordre public, StAZ 2002, S. 321 – 334 (332).

zu den wesentlichen Grundsätzen deutschen Rechts i.S.v. Art 6 Abs. 1 GG gezählt.[163] Somit wird die Polygynie im Ergebnis grundsätzlich nicht durch die Religionsfreiheit geschützt, zumal die Polygynie vom Islam auch nicht gefordert wird, sondern lediglich erlaubt ist.[164]

Fast einhellig ist allerdings für den Bereich des Zivilrechts unter Beachtung des IPR die im Ausland wirksam geschlossene polygyne Ehe von Ausländern anerkannt. Dies gilt jedoch nicht für die in Deutschland geschlossene polygyne Ehe.[165] Von praktischer Bedeutung für das Sozialrecht sind daher lediglich polygyne Ehen von Ausländern, die in ihren Heimatländern nach den dort geltenden staatlichen Gesetzen eine solche Ehe wirksam geschlossen haben und nunmehr in Deutschland leben.[166] Damit wird eine solche polygyne Ehe, da sie über das IPR zivilrechtlich ausnahmsweise anerkannt ist, grundsätzlich vom Regelungsbereich des § 34 Abs. 1 SGB I erfasst.[167] Folglich wäre die in Frage stehende polygyne Ehe mit der deutschen monogamen Ehe im Hinblick auf den konkret zur Debatte stehenden sozialrechtlichen Anknüpfungspunkt auf ihre Entsprechung hin zu überprüfen. Im Hinblick auf solche polygyne Ehen hat der Gesetzgeber in § 34 Abs. 2 SGB I eine Sonderregelung geschaffen. Danach gilt:

„Ansprüche mehrerer Ehegatten auf Witwenrente oder Witwerrente werden anteilig und endgültig aufgeteilt."

In der Gesetzesbegründung heißt es hierzu:[168]

„Absatz 2 begrenzt aus den gleichen Erwägungen die Ansprüche mehrerer verwitweter Ehegatten auf Hinterbliebenenrente insgesamt auf den für einen verwitweten Ehegatten vorgesehenen Umfang. Die Regelung geht davon aus, dass in diesen Fällen eine anteilige Austeilung unter Berücksichtigung des Rechtsgedankens des § 1268 Abs. 4 RVO (Ehedauer) erfolgt. Die einmal geschehene Aufteilung ist endgültig in dem Sinn, dass der Tod eines überlebenden Ehegatten nicht zu einer Rentenanwachsung auf seiten des oder der anderen Überlebenden führt. Damit wird nach dem Vorbild des am 25. März 1981 unterzeichneten deutsch-marokkanischen Sozialversicherungsabkommens sowohl dem Recht des betroffenen Kulturkreises als auch der in diesen Fällen in der Regel verlängerten Rentenlaufzeit Rechnung getragen. Die §§ 44 ff. des zehnten Buches Sozialgesetzbuch bleiben im übrigen unberührt."

§ 34 Abs. 2 SGB I regelt einen ganz speziellen Fall, nämlich den der Verteilung der Hinterbliebenenrente im Falle des Versterbens eines Ehemanns oder einer Ehe-

---

163 *Scholz,* Islam-rechtliche Eheschließung und deutscher ordre public, StAZ 2002, S. 321 – 334 (332) m. w. N.

164 *Rohe,* Rechtsfragen bei der Eheschließung mit muslimischen Beteiligten, StAZ 2000, S. 161 – 169 (162, 163).

165 *Rohe,* Rechtsfragen bei der Eheschließung mit muslimischen Beteiligten, StAZ 2000, S. 161 – 169 (166) m. w. N.

166 *Rohe,* Islam – Alltagskonflikte und Lösungen, 2. Aufl. 2001, S. 117.

167 *Behn,* Die Neuregelung des Internationalen Privatrechts und das Sozialrecht zu § 34 SGB I n.F., Die Rentenversicherung 1987, 1 – 6 (1).

168 BT-Drucksache 10/504, S. 97.

frau, der mehrere Witwen bzw. Witwer hinterlässt. Im Falle einer schariakonformen polygynen Ehe umfasst § 34 Abs. 2 SGB I also nur den Fall, dass ein rentenversicherter muslimischer Mann verstirbt und mehrere Ehefrauen hinterlässt.[169] Eine unmittelbare Geltung von § 34 Abs. 2 SGB I für alle sonstigen sozialrechtlichen Bereiche ist der Vorschrift nicht zu entnehmen, insbesondere nicht eine pauschale und allgemeingültige Anerkennung der Polygynie im deutschen Sozialrecht.[170] Allerdings ist eine Beschränkung auf eine Witwenrente speziell nach SGB VI dem Wortlaut, der lediglich von Hinterbliebenenrenten spricht, und der Begründung nicht zu entnehmen, so dass die Regelung für alle Arten von Witwenrenten, also etwa auch nach SGB VII und BVG einschlägig ist.[171] Alle sonstigen Bereiche sind daher grundsätzlich gemäß § 34 Abs. 1 SGB I zu behandeln.

Im Ergebnis ist die Witwenrente nach § 34 Abs. 2 SGB I anteilig auf die bis zu vier Witwen zu verteilen und dabei insgesamt auf die Höhe einer Rente begrenzt. Grundsätzlich soll bei der Verteilung die jeweilige Ehedauer im Sinne des § 1268 Abs. 4 RVO a.F.[172] der einzelnen Ehen berücksichtigt werden.[173] Zwingend ist dies aber nicht, da im Gesetzeswortlaut und in der Gesetzesbegründung eine klare Regelung fehlt.[174] Das in der Gesetzesbegründung bereits genannte deutsch-marokkanische Sozialversicherungsabkommen[175] sieht demgegenüber eine Aufteilung zu gleichen Teilen vor. Als zwischenstaatliche Regelung geht sie im Rahmen ihres Geltungsbereichs[176] gemäß § 30 Abs. 2 SGB I dem § 34 Abs. 2 SGB I vor. Soweit es also um marokkanische Staatsangehörige geht, ist das Sozialversicherungsabkommen und nicht § 34 Abs. 2 SGB I einschlägig. „Endgültig" im Sinne des § 34 Abs. 2 SGB I bedeutet nach der Gesetzesbegründung, dass bei Tod einer der überlebenden Frauen keine Rentenanwachsung erfolgt. Allerdings bleiben die §§ 44 ff. SGB X anwendbar, so dass durchaus nachträgliche Änderungen eintreten können. So beispielsweise, wenn zunächst nur eine Ehefrau Rente beantragte und die zweite Frau erst nach Bewilligung der vollen Rente für die erste Frau mit ihrem Antrag folgt.[177]

---

169 Nur dem Mann ist es nämlich erlaubt, bis zu vier Ehefrauen gleichzeitig zu haben (vgl. Sure 4, 3). Umgekehrt ist es der muslimischen Frau nicht erlaubt, mehrere Ehemänner zu haben.

170 Wie hier im Ergebnis auch: *Gürtner,* in: Kasseler Kommentar, § 46 SGB VI, Rn. 8; *Fastabend,* in: Hauck / Noftz, SGB I, K § 34 Rn. 16; *Mrozynski,* Sozialgesetzbuch – Allgemeiner Teil – (SGB I), anders wohl: *Behn,* Die Neuregelung des Internationalen Privatrechts und das Sozialrecht, Die Rentenversicherung 1987, S. 1 – 6 (3).

171 *Behn,* Die Neuregelung des Internationalen Privatrechts und das Sozialrecht, Die Rentenversicherung 1987, S. 1 – 6 (2).

172 Dem entspricht heute § 91 Satz 1 SGB VI.

173 Vgl. den Wortlaut der Gesetzesbegründung.

174 So auch: *Fastabend,* in: Hauck / Noftz, SGB I, K § 34 Rn. 17.

175 BGBl. 1986 II, S. 552; in Kraft getreten am 01. 08. 1986 (Bekanntmachung BGBl. 1986 II, S. 772).

176 Das Abkommen betrifft vor allem nur die gesetzliche Rentenversicherung.

177 BSG vom 30. 08. 2000, NZS 2001, S. 426 ff.

b) Polygynie außerhalb von § 34 Abs. 2 SGB I

Nach der hier vertretenen Ansicht ist also § 34 Abs. 2 SGB I lediglich auf den dort expressis verbis genannten Fall begrenzt. Darüber hinaus gehende Fälle sind allein nach der Grundsatznorm des § 34 Abs. 1 SGB I zu behandeln. Folgende Fallkonstruktionen sind dabei denkbar:

- Der Ehemann überlebt eine oder mehrere seiner Frauen. Steht ihm dann bezüglich einer jeden Frau eine volle Witwenrente zu? Für den muslimischen Mann könnte dies theoretisch zu vier vollen Witwerrenten führen.
- Daneben stellt sich die Frage, wie die polygyne Ehe in anderen Sozialleistungsbereichen, wie z. B. in der Familienversicherung nach § 10 SGB V zu behandeln sind.

aa) Mehrere Renten für einen Witwer?

Die erste Fallkonstellation hat in der Vergangenheit die Sozialgerichtsbarkeit beschäftigt. Das Sozialgericht Düsseldorf hatte in seiner Entscheidung vom 13. 11. 1995[178] über die Klage eines marokkanischen Ehemannes zu befinden. Dieser war nach marokkanischem Recht wirksam mit zwei Frauen verheiratet. Nach dem Tod der zweiten Frau beantragt er bei der LVA Witwerrente, die ihm auch zunächst bewilligt wurde. Nachdem aber die LVA Kenntnis davon erhielt, dass der Kläger noch mit seiner ersten Frau verheiratet war, hob sie den Bewilligungsbescheid auf und stellte die Zahlung der Rente ein. Das Sozialgericht gab dem Kläger Recht. Es stellte zunächst fest, dass diese Fallkonstellation weder vom deutsch-marokkanischen Sozialversicherungsabkommen noch von § 34 Abs. 2 SGB I erfasst sei. Demnach wendete das Gericht § 34 Abs. 1 SGB I an und kam zu der maßgeblichen Frage, ob die polygyne Ehe des Klägers im Hinblick auf die begehrte Witwerrente und die darin bezweckte Unterhaltsersatzfunktion der monogamen deutschen Ehe entspreche. Dies bejahte das Gericht mit der auch für die polygyne Ehe erkennbaren gegenseitigen Unterhaltspflicht. Da der Kläger im Übrigen den „Witwerbegriff" erfüllte, also zum Zeitpunkt des Todes der zweiten Frau mit dieser wirksam verheiratet war und nicht neu geheiratet hatte, sah das Gericht die Voraussetzungen für die Gewährung der Witwerrente als gegeben an, obwohl der Kläger noch mit der ersten Frau wirksam verheiratet war. Die von der LVA hiergegen zum Landesozialgericht Nordrhein-Westfalen eingelegte Berufung hatte Erfolg.[179] Das Landessozialgericht sah die Voraussetzungen für die Gewährung der Rente als nicht gegeben an, da der Kläger nicht als „Witwer" anzusehen sei. Er sei beim Tode der zweiten Frau ja noch mit der ersten Frau verheiratet gewesen. Das deutsche Recht kenne keine polygamen Ehen und daher sei der Kläger nicht schutzwürdig. Darüber hinaus könne sich der Muslim auf diese Weise mehrere Witwerrenten verschaffen, was dem Ehebild im deutschen bürgerlichen und Sozialrecht

---

178 SG Düsseldorf vom 13. 11. 1995, in: InfAuslR 1996, S. 127 ff. m. w. N.

179 LSG NRW vom 17. 11. 1997 (Az: L 4 J 19/96).

zuwiderliefe.[180] Er sei somit besser gestellt als ein monogamer Ehemann, der nach dem Tode wieder geheiratet hat.

Das Landessozialgericht Hessen hatte in seiner Entscheidung vom 29. 06. 2004 eine vergleichbare Fallkonstellation zu entscheiden.[181] Wieder ging es um einen marokkanischen Staatsbürger, der nach seinem Heimatrecht wirksam mit zwei Frauen verheiratet war. Die Heirat mit der zweiten Frau fand kurz vor dem Tod der ersten Frau statt. Die zunächst nach der verstorbenen ersten Ehefrau bewilligte Witwerrente wurde nach Kenntniserlangung des zuständigen Leistungsträgers von der Existenz der zweiten Frau von diesem wieder aufgehoben. Das Landessozialgericht wies die Berufung des klagenden Ehemannes, der in erster Instanz vor dem Sozialgericht Frankfurt a.M. unterlegen war, zurück. Dem Anspruch stehe die Tatsache entgegen, dass der Kläger noch mit der Zweitfrau verheiratet sei. Dieser Fall sei von § 46 SGB VI nicht erfasst. § 46 SGB VI habe Unterhaltsersatzfunktion und diese Funktion entfalle im Falle der Wiederheirat unabhängig von der tatsächlichen Sicherung. Die Tatsache, dass vorliegend zwar nicht wieder geheiratet wurde, aber dennoch eine zweite Frau vorhanden sei, lasse ebenfalls die Unterhaltsersatzfunktion entfallen. Die zweite Ehe, die vor dem Tod der ersten Frau erfolgte, stehe daher einer Wiederheirat gleich und schließe den Witwerrentenanspruch aus.

Die beiden Landessozialgerichte kommen also zu dem Ergebnis, dass einem in Polygynie lebenden Mann solange keine Witwernrente zusteht, wie noch eine seiner versicherungspflichtigen Frauen lebt. Eine höchstrichterliche Entscheidung liegt bis zum heutigen Tage, soweit erkennbar, nicht vor. Richtig ist zunächst, dass die Lösung des Problems sich weder aus § 34 Abs. 2 SGB I noch, da es sich um marokkanische Staatsangehörige handelte, aus dem deutsch-marokkanischen Soziaversicherungsabkommen ergibt. Nach der geltenden Gesetzessystematik bleibt daher nur der Weg über § 34 Abs. 1 SGB I. Die im Ausland nach der dort geltenden Rechtsordnung gültige polygyne Ehe wird über das IPR auch in Deutschland zivilrechtlich anerkannt. Damit kommt es aber im Ergebnis entscheidend darauf an, ob im Hinblick auf die konkrete Sozialrechtsnorm die polygyne Ehe mit der deutschen Ehe vergleichbar ist. Hintergrund der Witwer- bzw. Witwenrente ist die Unterhaltsersatzfunktion.[182] Sie knüpft also an den Ausfall des familienrechtlich geschuldeten Unterhalts (vgl. § 1360 BGB) an. Danach wäre die konkret in Frage stehende islamische Ehe darauf zu prüfen, ob auch die jeweils verstorbene Frau ihrem Ehemann nach dem ausländischen Recht zu Lebzeiten Unterhalt geschuldet hat, der nunmehr durch ihren Tod ausgefallen ist. Nur in einem solchen Fall liegt

---

180 Die hiergegen eingelegte Revision des Klägers zum BSG war im Ergebnis erfolgreich. Allerdings basierte die Entscheidung des BSG auf verfahrensrechtlichen Gründen. Zur der hier interessierenden Frage bezüglich der Behandlung der Polygynie äußerte sich das BSG nicht explizit (vgl. BSG vom 07. 07. 1998, SozR 3 – 1300 § 45 Nr. 38 inklusive der Begründungen der Vorinstanzen).

181 LSG Hessen (Darmstadt) vom 29. 06. 2004 (Az: L 2 RA 429/03 – red. Leitsatz in: IPRax 2005, S. 43).

182 *Muckel,* Sozialrecht, 2003, § 11 Rn. 108.

im Hinblick auf die Regelung des § 46 SGB VI eine Entsprechung vor. Dies muss aber innerhalb einer polygynen Ehe für jede Ehefrau gesondert geprüft werden. Dem besonderen Umstand, dass ausnahmsweise auch in Deutschland bis zu vier Ehefrauen zivilrechtlich anerkannt sind, muss auch im Rahmen des § 46 SGB VI Rechnung getragen werden, wenn nach der ausländischen Rechtsordnung alle vier Ehefrauen dem einen Ehegatten Unterhalt schulden. Jedes Versterben einer Ehefrau bedeutet danach den Ausfall des von ihr dem Ehemann geschuldeten Unterhalts. Diesen Ausfall will die Regelung des § 46 SGB VI kompensieren. Dies ergibt sich aus dem Umstand, dass sich die Hinterbliebenenrente aus der Versicherung der Verstorbenen ableitet. Eine Beschränkung der Höhe nach ist dem § 46 SGB VI nicht zu entnehmen. Auch setzt die Gewährung einer Rente nach § 46 SGB VI nicht voraus, dass der Empfänger tatsächlich auf diese Rente angewiesen ist. Lediglich, wenn an die Stelle der verstorbenen Ehefrau durch Heirat eine neue Frau tritt, entfällt der Anspruch in Bezug auf die verstorbene Frau, da er insofern einen neuen Unterhaltsschuldner bekommt.[183] Daher kann man nicht, wie die beiden Landessozialgerichte, pauschal darauf verweisen, das Vorhandensein einer zweiten Frau stehe einer Wiederheirat gleich oder der Muslim stünde sich einem monogamen deutschen Hinterbliebenen gegenüber ungerechtfertigt besser. Hierdurch führt man praktisch einen vom Gesetzgeber gerade nicht vorgesehenen sozialrechtlichen Ehebegriff ein und umgeht die eigentlich für solche Fälle vorgesehene Regelung des § 34 Abs. 1 SGB I. Anhaltspunkte für eine Gesetzeslücke sind nicht erkennbar. Von daher ist im Ergebnis wohl der Vorgehensweise des Sozialgerichts Düsseldorf der Vorzug zu geben. Die sich daraus ergebenden Ergebnisse, z. B. bis zu vier Renten für der Witwer, sind nach derzeitiger Gesetzeslage zu tragen. Hier ist der Gesetzgeber gefordert.[184]

bb) Sonstige Sozialleistungsbereiche

Soweit andere Sozialleistungen als Witwen- bzw. Witwerrenten in Rede stehen, so bleibt es nach der hier vertretenen Meinung bei der strikten Anwendung des § 34 Abs. 1 SGB I. Eine Überprüfung sämtlicher in Betracht kommender Fallkonstellationen würden hier den Rahmen sprengen.[185] Es entscheiden in jedem Fall die konkreten Umstände des Einzelfalls. Gerichtliche Entscheidungen sind hier, soweit für den Verfasser erkennbar, noch nicht ergangen.

---

183 Hierzu: *Muckel,* Sozialrecht, 2003, § 11 Rn. 108.

184 So auch: *Rohe,* Islam – Alltagskonflikte und Lösungen, 2. Aufl. 2001, S. 197.

185 Hierzu: *Behn,* Die Neuregelung des Internationalen Privatrechts und das Sozialrecht zu § 34 SGB I n.F., Die Rentenversicherung 1987, S. 1 ff. (3). Im Hinblick auf die in § 10 Abs. 1 SGB V geregelte Familienversicherung, wonach ein Ehegatte des Mitglieds einer gesetzlichen Krankenkasse unter bestimmten Voraussetzungen ohne eigene Beitragsleistung in der Kasse versichert ist und somit Leistungen beanspruchen kann, wird vertreten, dass Ehegatten einer polygamen Ehen den Begriff „Ehegatte" im Sinne des § 10 Abs. 1 SGB V erfüllen können (vgl. *Baier,* in: Krauskopf, Gesetzliche Krankenversicherung Pflegeversicherung, § 10 Rn. 21; *Muckel,* Sozialrecht, 2003, § 8 Rn. 58).

III. Kostenerstattung für islamtypische Verhaltensweisen

In den nachfolgenden Fallkonstellationen geht es darum, ob der Sozialleistungsträger im Einzelfall verpflichtet ist, Kosten zu übernehmen, die dem Muslim bei der Beachtung religiöser Gebote entstanden sind. Soweit erkennbar, haben in der gerichtlichen Praxis solche Fragen bislang nur im Rahmen der Sozialhilfe eine Rolle gespielt, nämlich im Zusammenhang mit der Übernahme der Kosten für ein Begräbnis nach muslimischen Grundsätzen und der Kosten für eine rituelle Beschneidung.

Das Verwaltungsgericht Berlin hatte in seiner Entscheidung vom 03. 11. 1992, damals noch auf der Grundlage des Bundessozialhilfegesetzes (BSHG), darüber zu befinden, ob ein Anspruch von sozialhilfebedürftigen Angehörigen muslimischen Glaubens auf Übernahme der Kosten für eine rituelle Waschung bestehe.[186] Grundlage der Entscheidung war § 15 BSHG, der inhaltlich dem heute geltenden § 74 SGB XII entspricht. Danach sind die erforderlichen Kosten einer Bestattung zu übernehmen, soweit dem hierzu Verpflichteten nicht zugemutet werden kann, die Kosten zu tragen.

Ein islamischen Vorschriften entsprechendes Begräbnis verlangt die sorgfältige Waschung des Toten, die Verrichtung des Totengebets und die Bestattung möglichst noch am Todestag, wobei letzteres wohl nicht als verpflichtendes Gebot gilt. Zwingend vorgeschrieben ist jedoch die sarglose Erdbestattung und das Verbot der Feuerbestattung. Zu beachten ist auch, dass nach islamischer Tradition ein Grab nur einmal belegt werden darf.[187]

Das Verwaltungsgericht Berlin hatte nun im Hinblick auf die Kosten der rituellen Waschung die Frage zu klären, ob solche Kosten, die im Zusammenhang mit der Religionsausübung stehen, zu übernehmen seien.[188] Dabei kam es auf das Kriterium der „Erforderlichkeit" im Sinne des § 15 BSHG (§ 74 SGB XII)[189] an. Das Gericht sah das Kriterium als gegeben an, denn das Maß des Erforderlichen sei unter Berücksichtigung der jeweils herrschenden Lebensgewohnheiten zu bestimmen. In Deutschland seien religiös motivierte Beerdigungszeremonien allgemein üblich. Es wurde ein Sachverständigengutachten zur Religiösität der rituellen Waschung eingeholt. In der rituellen Waschung sah das Gericht dann eine Entsprechung zur christlichen Trauerfeier. Daher wurde das Sozialamt zur Kostenübernahme verpflichtet.

---

186 VG Berlin vom 03. 11. 1992, NVwZ 1994, S. 617–618.

187 Vgl. hierzu die Informationen bei: *Sekretariat der deutschen Bischofskonferenz* (Hrsg.), Christen und Muslime in Deutschland, 2003, Arbeitshilfe Nr. 172, S. 177 ff.; *Rohe,* Islam – Alltagskonflikte und Lösungen, 2. Aufl. 2001, S. 193 ff.

188 Dies hatte das zuständige Sozialamt zuvor verneint.

189 § 74 SGB XII lautet: „Die erforderlichen Kosten einer Bestattung werden übernommen, soweit den hierzu Verpflichteten nicht zugemutet werden kann, diese Kosten zu tragen."

Das Oberverwaltungsgericht Hamburg hatte sich in seiner Entscheidung vom 21. 02. 1992 u. a. mit dem Problem zu befassen, ob Kosten für die Überführung eines verstorbenen Muslim in sein Heimatland zu übernehmen seien.[190] Wieder stand die in § 15 BSHG geforderte Erforderlichkeit zur Debatte. Zunächst stellte das Gericht klar, dass es im Rahmen des § 15 BSHG immer auf die tatsächlich angefallenen Kosten ankäme, der Berechtigte also nicht auf Pauschalen verwiesen werden könne. Die Erforderlichkeit in § 15 BSHG sei dahin zu verstehen, dass eine würdige Bestattung ermöglicht werden soll. Zu übernehmen seien daher die Kosten für ein ortsübliches, angemessenes Begräbnis. Hierzu zählten die Kosten einer Überführung an den vorgesehenen Bestattungsort allerdings nur dann, wenn die Überführung nach den Besonderheiten des Einzelfalls (vgl. § 3 Abs. 1 BSHG)[191] erforderlich sei. Da vorliegend tatsächlich die Möglichkeit bestand, den Verstorbenen vor Ort nach islamischen Brauchtum zu bestatten, versagte das Gericht im Ergebnis die Erstattung der Überführungskosten. Der Wunsch (vgl. § 3 BSHG)[192], den Verstorbenen in der Heimat beerdigen zu lassen, reiche alleine wegen dadurch entstehender unverhältnismäßiger Kosten nicht aus (vgl. § 3 Abs. 2 Satz 3 BSHG).[193]

Das Oberverwaltungsgericht Lüneburg befasste sich in seiner Entscheidung vom 22. 09. 1993 mit der Frage, ob das Sozialamt die Kosten für eine Feier aus Anlass der Beschneidung nach islamischen Glauben zu übernehmen habe.[194] Die Beschneidung ist im Koran nicht erwähnt. Dennoch gilt sie unter Muslimen unter Berufung auf verschiedene Aussprüche des Propheten Mohammed traditionell als „sunna", welche die Gläubigen zu beachten haben.[195] Dabei wird der Tag der Beschneidung regelmäßig feierlich begangen. Das Gericht zog in seiner Entscheidung eine Parallele zur christlichen Tauffeier. Für diese war vom Bundesverwaltungsgericht in einer Entscheidung vom 18. 02. 1993[196] bereits festgestellt worden,

---

190 OVG Hamburg vom 21. 02. 1992, NJW 1992, S. 3118–3119.

191 § 3 Abs. 1 BSHG schrieb vor, dass Art, Form und Maß der Sozialhilfe sich nach der Besonderheit des Einzelfalls, vor allem nach der Person des Hilfeempfängers zu richten hat. Dem entspricht heute weitgehend der § 9 Abs. 1 SGB XII. Danach gilt: „Die Leistungen richten sich nach der Besonderheit des Einzelfalles, insbesondere nach der Art des Bedarfs, den örtlichen Verhältnissen, den eigenen Kräften und Mitteln der Person oder des Haushalts bei der Hilfe zum Lebensunterhalt.

192 Nach dem heute geltenden § 9 Abs. 2 Satz 1 SGB XII gilt: „Wünschen der Leistungsberechtigten, die sich auf die Gestaltung der Leistung richten, soll entsprochen werden, soweit sie angemessen sind."

193 Nach § 3 Abs. 2 BSHG sollte nach Möglichkeit den Wünschen des Hilfeempfängers Rechnung getragen werden, was allerdings ausgeschlossen wurde, wenn der Wunsch zu unverhältnismäßigen Mehrkosten führen würde. Dem § 3 Abs. 2 BSHG entspricht heute § 9 Abs. 2 SGB XII. Nach § 9 Abs. 2 Satz 3 SGB XII gilt: „Der Träger der Sozialhilfe soll in der Regel Wünschen nicht entsprechen, deren Erfüllung mit unverhältnismäßigen Mehrkosten verbunden wäre."

194 OVG Lüneburg vom 22. 09. 1993, FEVS 44, S. 465 ff.

195 Hierzu: *Sekretariat der deutschen Bischofskonferenz* (Hrsg.), Christen und Muslime in Deutschland, 2003, Arbeitshilfe Nr. 172, S. 171 ff.

dass der damit verbundene finanzielle Aufwand nicht von den Regelsätzen (§ 21 Abs. 1 und 2 BSHG) gedeckt sei, sondern durch einmalige Beihilfen, hier § 21 Abs. 1a Nr. 7 BSHG (für besondere Anlässe), zu decken sei. Dem schloss sich das Gericht an und sah dem Grunde nach einen Anspruch auf Kostenübernahme für die Aufwendungen als gegeben an. Dennoch wurde letztlich dem Begehren des Hilfeempfängers nicht entsprochen, weil zwischen der Vornahme der Beschneidung und der Feierlichkeit ein Zeitraum von 22 Monaten lag. Aus einem vom Gericht eingeholten Sachverständigengutachten ergab sich, dass zwischen Beschneidung und Feier nach islamischem Glauben ein enger zeitlicher Zusammenhang bestehen muss. Beschneidung und Feier müssten innerhalb von drei Tagen erfolgen. Wegen des großen Zeitraumes zwischen Beschneidung und Feier sah das Gericht keinen inneren religiösen Zusammenhang mehr und verneinte damit die Voraussetzungen der einmaligen Beihilfe für besondere Fälle. Das Oberverwaltungsgericht Lüneburg mit seiner Entscheidung vom 23. 07. 2002 sprach einem hilfebedürftigen Kind muslimischen Glaubens, ebenfalls auf der Grundlage des § 21 Abs. 1a Nr. 7 BSHG, die Übernahme der Arztkosten[197] für die Beschneidung durch das Sozialamt zu.[198] Im Rahmen der rituellen Beschneidung war also grundsätzlich der Aufwand für Feierlichkeit und Arztkosten durch das Sozialamt zu übernehmen.

Durch die Abschaffung des BSHG, an dessen Stelle jetzt SGB II und SGB XII getreten sind, ergeben sich nach heutiger Rechtslage Verschiebungen. Insgesamt ist im Rahmen dieser Gesetze insgesamt nach wie vor vieles im Fluss. Korrekturen durch Gesetzgeber und Rechtsprechung bleiben abzuwarten.[199] Was die Bestattungskosten betrifft, so ist nun auf den inhaltsgleichen § 74 SGB XII zu verweisen, der einen sozialrechtlichen Anspruch eigener Art darstellt und außerhalb der Regelsätze liegt.[200] Insofern kann die Rechtsprechung zu § 15 BSHG übernommen werden. Zur Übernahme von Bestattungskosten im Sinne von § 74 SGB XII sind vor allem die Erben verpflichtet. GGfs. muss über das IPR geklärt werden, wer nach den Regeln der Scharia Erbe ist. Den Erben ist die Tragung der Kosten unzumutbar, wenn sie aus ihrem Einkommen und Vermögen nach den Grundsätzen der Hilfebedürftigkeit nach SGB XII nicht in der Lage sind, diese Kosten zu tragen.[201]

---

196 BVerwG vom 18. 02. 1993, FEVS 44, S. 149 ff.

197 Das OVG stellte explizit fest, dass es sich bei der Beschneidung nicht um eine medizinische Behandlung im Sinne des § 37 BSHG (Krankenhilfe) handele, da es an einer medizinische Indikation fehlt. Insofern dürfte auch eine Kostenübernahme durch die Krankenkasse im Rahmen der gesetzlichen Krankenversicherung regelmäßig ausgeschlossen sein (vgl. § 11 SGB V).

198 OVG Lüneburg vom 23. 07. 2002, NJW 2003, S. 3290.

199 Zu den verfassungsrechtlichen Bedenken vgl. *Brünner,* in: Münder (Hrsg.), Sozialgesetzbuch II – Grundsicherung für Arbeitssuchende, Lehr- und Praxiskommentar, § 20 Rn. 18 ff.; *Lang,* in: Eicher / Spellbrink (Hrsg.), SGB II Grundsicherung für Arbeitssuchende, 2005, § 23 Rn. 63 ff.

200 *Brühl / Sauter,* Mein Recht auf Sozialleistungen, 19. Aufl. 2005, S. 189.

201 *Brühl / Sauter,* Mein Recht auf Sozialleistungen, 19. Aufl. 2005, S. 189.

Im SGB II findet sich keine entsprechende Vorschrift mehr. Nach § 5 Abs. 1 Satz 1 SGB II sind für ALG II-Bezieher allerdings nur Leistungen nach dem Dritten Kapitel des SGB XII (§§ 27–40) ausgeschlossen. Zu prüfen wäre daher die Frage, ob nicht auch einem ALG II-Empfänger Leistungen nach § 74 SGB XII gewährt werden können. Hierauf soll an dieser Stelle nicht weiter eingegangen werden.[202] Einmalige Beihilfen im Sinne von § 21 Abs. 1a BSHG sind im Rahmen des SGB II vom Regelsatz umfasst.[203] Soweit im Einzelfall der Regesatz nicht ausreicht, greift § 23 SGB II. Die Agentur für Arbeit kann insofern lediglich mit Darlehen helfen.[204] Hiergegen werden teilweise verfassungsrechtliche Bedenken geäußert, denen an dieser Stelle jedoch nicht weiter nachgegangen werden soll.[205] Soweit das SGB XII eingreift, besteht im Einzelfall bei der Hilfe zum Lebensunterhalt die Möglichkeit, den Regelsatz zu erhöhen (§ 28 Abs. 1 Satz 2 SGB XII) bzw. nach § 37 SGB XII ergänzende Darlehen zu gewähren.

Ob es in der Praxis hierbei tatsächlich im Hinblick auf die Gewährung religiös bedingter Kosten zu Verschiebungen kommen wird, bleibt abzuwarten. Einschlägige Rechtsprechung liegt, soweit erkennbar, noch nicht vor.

E. Zusammenfassung

Es konnten hier nur einige Bereiche angesprochen werden, in denen Konflikte zwischen islamtypischen Sitten und Gebräuchen und den Vorschriften des Sozialrechts auftreten können. Im Zentrum stehen dabei, entsprechend dem Alltagsleben, die Bereiche Beruf und Familie. Darüber hinaus sind Konflikte nur in Einzelfällen auszumachen. Was nun den Bereich Arbeit und Beruf angeht, steht sozialrechtlich die Frage im Mittelpunkt, ob der Muslim unter Berufung auf seine religiösen Gebote und Verbote seine Arbeitsstelle aufgeben bzw. ihm von der Agentur für Arbeit oder anderen Trägern angebotene Stellen oder Maßnahmen verweigern darf, ohne mit Leistungsbeschränkungen rechnen zu müssen. Hier kollidiert regelmäßig die auch sozialrechtlich geforderte Arbeitspflicht mit der in Art. 4 GG geregelten Religions- und Gewissensfreiheit. In der Praxis wird es hierbei im Hinblick auf Schutzbereich, Eingriff und spätere Güterabwägung entscheidend auf den Vortrag des Muslims über Art und Intensität seiner Beeinträchtigung ankommen. Dies gilt es im konkreten Einzelfall zu überprüfen. Der Bereich Familie ist sozialrechtlich

---

202 Hierzu unter Verweis auf einen Beschluss des Sozialgerichts Hannover vom 07. 02. 2005 (S 52 SO 37/05 ER), Arbeitslosenprojekt TuWas (Hrsg.), Leitfaden zum Arbeitslosengeld II, 1. Aufl. 2005, S. 110.

203 *Brünner,* in: Münder (Hrsg.), Sozialgesetzbuch II – Grundsicherung für Arbeitssuchende, Lehr- und Praxiskommentar, § 20 Rn. 4.

204 *Brühl/Sauter,* Mein Recht auf Sozialleistungen, 19. Aufl. 2005, S. 62.

205 *Arbeitslosenprojekt TuWas* (Hrsg.), Leitfaden zum Arbeitslosengeld II, 2005, S. 102; *Lang,* in: Eicher/Spellbrink (Hrsg.), SGB II Grundsicherung für Arbeitssuchende, 2005, § 23 Rn. 63 ff.

dadurch relevant, weil eine Vielzahl sozialrechtlicher Tatbestände an familien- und erbrechtliche Begriffe anknüpfen. Die zivilrechtlichen und islamischen Vorstellungen von einem bestimmten familienrechtlichen Begriff können aber unterschiedlich sein. Zum Problemfall kommt es regelmäßig dann, wenn über das IPR islamtypische Gestaltungen auch in Deutschland grundsätzliche Beachtung finden. Für diesen Fall hat der Gesetzgeber in § 34 SGB I ein Korrektiv geschaffen. Wird sowohl die Hürde des IPR (Art. 6 EGBGB – ordre public -) als auch die Hürde des § 34 SGB I genommen, so muss letztlich die islamische Regelung auch vom Sozialrecht akzeptiert werden. Nur der Gesetzgeber könnte dann noch eingreifen. Ansprüche auf Erstattung von Aufwendungen, die im Zusammenhang mit religiösen Verhaltensweisen verbunden sind, sind bislang nur in Einzelfällen im Bereich der Sozialhilfe aufgetreten und wahrscheinlich auch nur in diesem Bereich praxisrelevant. Hier wird sich in Zukunft zeigen müssen, ob die bisherigen Entscheidungen zum BSHG auch im Bereich SGB II und SGB XII Bestand haben werden. Insgesamt lässt sich feststellen, dass alle genannten Konfliktbereiche die Sozialgerichte bislang noch recht selten beschäftigt haben. Über die Gründe kann hier nur spekuliert werden, so dass darauf an dieser Stelle auch nicht weiter eingegangen werden soll. Es bleibt abzuwarten, ob sich in Zukunft ein anderes Bild ergeben wird.

7. Kapitel

Islam und Schule[1]

Von *Nina Coumont*

A. Einleitung

Muslime und Musliminnen möchten oftmals auch in der Schule ihren Glauben in umfassender Weise praktizieren. Dies gilt für muslimische Lehrkräfte in gleichem Maße wie für muslimische Schüler und Schülerinnen[2]. Eine in allen Belangen an den Lehren des Islam ausgerichtete Lebensart muslimischer Lehrkräfte, Schüler und Schülerinnen kann indes in der Schule auf Schwierigkeiten stoßen, die sich aus der Anwendung des deutschen (Schul-) Rechts ergeben. Ein erstes Konfliktfeld eröffnet sich bezüglich des Islam in der Schule hinsichtlich der Einhaltung der islamischen Bekleidungsvorschriften für Frauen. Es stellt sich die Frage, ob muslimischen Lehrerinnen und Schülerinnen das Tragen eines Kopftuchs bzw. eines gesichtsverhüllenden Schleiers in der Schule rechtmäßig verboten werden kann. Des Weiteren ist im Zusammenhang mit dem Islam in der Schule fraglich, ob muslimische Schüler und Schülerinnen trotz entgegenstehender Glaubensvorstellungen (häufig auch der Eltern) zur Teilnahme am Unterricht verpflichten werden dürfen oder ob sie von der Verpflichtung zur Teilnahme am Unterricht zu dispensieren sind. Im Hinblick auf den Islam in der Schule ist ferner problematisch, ob an deutschen öffentlichen Schulen ein regulärer islamischer Religionsunterricht eingerichtet werden kann und ob die gegenwärtig in einigen Bundesländern angebotene Unterrichtung muslimischer Schüler und Schülerinnen religiösen Inhalts, bei der verschiedene Formen islamischer Unterweisungen erprobt werden, verfassungsrechtlichen Grundsätzen entspricht. Letztlich wird betreffs des Islam in der

---

[1] Ein großer Teil der in diesem Abschnitt behandelten Fragestellungen werden von der Verfasserin in weit umfangreicherer Weise in ihrer Dissertation untersucht, die wie der vorliegende Text aus dem von der Deutschen Forschungsgemeinschaft unterstützten Forschungsprojekt „Der Islam im öffentlichen Recht des säkularen Verfassungsstaates" hervorgegangen ist. Die Dissertation trägt den Titel „Muslimische Schüler und Schülerinnen in der öffentlichen Schule". Soweit die in dieser Bearbeitung gemachten Ausführungen einen Bezug zu Themen der Dissertation aufweisen, wird zur genaueren Begründung auf die Dissertation der Verfasserin verwiesen.

[2] Inzwischen ist ca. jedes 17. Schulkind in Deutschland muslimischen Glaubens, vgl. *Spuler-Stegemann,* Muslime in Deutschland, S. 242.

Schule zu thematisieren sein, ob ein Anspruch auf Errichtung privater islamischer Ersatzschulen besteht.

B. Das Kopftuch muslimischer Lehramtsanwärterinnen bzw. Lehrerinnen

Die Frage nach der Rechtmäßigkeit eines Kopftuchverbots für muslimische Lehrerinnen, hat in Deutschland schon mehrfach die Gerichte beschäftigt.[3] Seinen vorläufigen Höhepunkt fand die Diskussion mit dem Urteil des BVerfG vom 24. 09. 2003.[4] Eine eindeutige Entscheidung, wie mit dem Kopftuch muslimischer Lehrerinnen umzugehen ist, hat das BVerfG jedoch nicht getroffen. Es hat vielmehr zunächst festgestellt, dass jedenfalls die bis dato geltende beamten- und schulrechtliche Gesetzeslage nicht ausreiche, um Lehrerinnen das Kopftuchtragen rechtmäßig zu untersagen.[5] Nach Ansicht des BVerfG stehe es dem zuständigen Landesgesetzgeber aber frei, die fehlende Regelung zu schaffen, etwa indem er im Rahmen verfassungsrechtlicher Vorgaben das zulässige Maß religiöser Bezüge in der Schule neu bestimme. [6]

Ob eine Regelung, die Lehrkräften in der Schule optisch sichtbare Glaubensbekundungen untersagt, in die Schulgesetze der Länder aufgenommen wird, überlässt das BVerfG damit der Gestaltungsfreiheit des Landesgesetzgebers. Diese umfasse auch die weltanschaulich-religiöse Ausprägung der öffentlichen Schulen.[7] Das BVerfG hat den Ländern damit erst einmal einen beträchtlichen Handlungsfreiraum für den Umgang mit religiösen Lebensäußerungen von Lehrkräften eingeräumt.[8] Das ist der Grund, warum die einzelnen Bundesländer auf die Vorgaben des BVerfG unterschiedlich reagiert haben. Während einige Bundesländer, darunter auch Nordrhein-Westfalen[9], dazu übergegangen sind Verbotsregelungen zu erlassen, sehen andere Länder keinen Handlungsbedarf.[10] Die regulatorischen Möglichkeiten, die sich aus dem den Ländern vom BVerfG zugestandenen weiten Hand-

---

[3] VG Lüneburg, NVwZ-RR 2000, 373; VG Stuttgart, DÖV 2000, 560 ff.; VG Lüneburg, NJW 2001, 767 ff.; VGH Mannheim, NJW 2001, 2899 ff.; OVG Lüneburg, NVwZ-RR 2002, 658 ff.; BVerwGE 116, 395 ff. = DÖV 2002, 997 ff.; BVerfGE 108, 282 ff.; BVerwGE 121, 140 ff.

[4] BVerfGE 108, 282 ff.

[5] BVerfGE 108, 282, 306 ff.

[6] Vgl. BVerfGE 108, 282, 309.

[7] BVerfGE 108, 282, 302.

[8] Vgl. *Stock,* RdJB 2005, 94, 103.

[9] § 57 Abs. 4 SchulG NRW in der Form vom 13. 06. 2006 (GV. NRW. 2006 S. 270 Nr. 15). I. Ü. ist der Bearbeitung das SchulG Nordrhein-Westfalen vom 15. 02. 2005, GVBl. NRW 2005, S. 101 ff. zu Grunde gelegt.

[10] Eine Länderübersicht findet sich unter www.uni-trier.de/~ievr/kopftuch/kopftuchrechts.htm (letztmals am 03. 07. 2006 auf Aktualität hin überprüft) und bei *v. Campenhausen/de Wall,* Staatskirchenrecht, S. 73 Fn. 119.

lungsfreiraum ergeben, sind zahlreich und eine endgültige Entscheidung des BVerfG über deren Rechtmäßigkeit steht noch aus. Demgegenüber hatte das BVerwG[11] bereits am 26. 04. 2004 über die Rechtmäßigkeit der Baden-Württembergischen Regelung zum Verbot äußerlicher religiöser Bekundungen von Lehrkräften im Rahmen der Frage zu entscheiden, ob einer Lehramtsanwärterin der Zugang zum Lehramt wegen des beabsichtigten Tragens des Kopftuchs rechtmäßig verwehrt werden darf. Nach Ansicht des BVerwG[12] ist das in § 38 Abs. 2 S. 1 des Baden-Württembergischen Schulgesetzes[13] geregelte Verbot, in der Schule politische, religiöse, weltanschauliche oder ähnliche Bekundungen abzugeben, die geeignet sind, den politischen, religiösen oder weltanschaulichen Schulfrieden zu gefährden oder zu stören, grundsätzlich verfassungsgemäß. Diese Meinung wird auch vom VG Stuttgart[14] geteilt. Allerdings stellt nach Ansicht des VG Stuttgart[15] ein Verbot äußerer Bekundungen des Glaubens, wenn es allein beim islamischen Kopftuch durchgesetzt, beim Nonnenhabit oder der jüdischen Kippa aber darüber hinweggesehen wird, eine gleichheitswidrige Diskriminierung dar, die ein Vorgehen allein gegen muslimische Lehrerinnen rechtswidrig macht.[16]

Das Konfliktpotential im Zusammenhang mit dem Kopftuch muslimischer Lehrerinnen ist mit den jüngsten Entscheidungen des BVerfG, des BVerwG und des VG Stuttgart bezüglich äußerer Glaubensbekundungen von Lehrkräften noch keinesfalls beseitigt. Es ist vielmehr damit zu rechnen, dass einige der neuen Landesgesetze, früher oder später selbst Gegenstand einer Verfassungsbeschwerde werden.[17] Die Meinungen darüber, ob ein generelles Kopftuchverbot für Lehrkräfte verfassungsrechtlichen Vorgaben tatsächlich entspricht und wie ein Gesetz, welches Lehrkräften die äußere Bekundung ihrer Glaubensüberzeugung verbietet, ausgestaltet sein muss, gehen weit auseinander.[18]

---

11 BVerwGE 121, 140 ff. = BVerwG, JZ 2004, 1178 ff. = NJW 2004, 3581 ff. = NWVBl. 2004, 476 ff.

12 BVerwGE 121, 140, 148 ff.

13 In der Form des Gesetzes vom 01. 04. 2004 (GBl. S. 178).

14 VG Stuttgart, Urteil vom 07. 07. 2006, 18 K 3562/05, Nr. 28, JURIS, Dok.-Nr.: MWRE060000500.

15 VG Stuttgart, Urteil vom 07. 07. 2006, 18 K 3562/05, Nr. 31, JURIS, Dok.-Nr.: MWRE060000500.

16 Vgl. auch *Dörries*, Süddeutsche Zeitung v. 08./09. 07. 2006, S. 1 und 4; FAZ v. 08. 07. 2006, S. 1.

17 Vgl. *Kubelka/Schian*, Causa Kopftuch, S. 22; Stock, RdJB 2005, 94, 103 f.

18 Aus der umfangreichen Literatur zum Kopftuch einer Lehrerin: *Kästner*, in: FS Heckel zum 70. Geburtstag, S. 359 ff.; *Pofalla*, NJW 2004, 1218 ff.; *Janz/Radermacher*, NVwZ 1999, 706 ff.; *Halfmann*, NVwZ 2000, 862 ff.; *Anger*, Islam in der Schule, S. 246 ff.; *Baer/Wrase*, JuS 2003, 1162 ff.; *dies.*, DÖV 2005, 243 ff.; *Bertrams*, DVBl. 2003, 1225 ff.; *Britz*, KJ 2003, 95 ff.; *Ipsen*, NVwZ 2003, 1210 ff.; *Morlok*, RdJB 2003, 381 ff.; *Sacksofsky*, NJW 2003, 3297 ff.; *Bader*, NJW 2004, 3092 ff., *Battis/Bultmann*, JZ 2004, 581 ff., *Röper*, VBlBW 2005, 81 ff.; *Czermak*, NVwZ 2004, 943 ff.; *Langenfeld*, RdJB 2004, 4 ff.; *Böcken-*

I. Freiheitsgrundrechte muslimischer Lehrerinnen

Bezüglich der Rechtmäßigkeit eines Verbots des Kopftuchs stellt sich zunächst die Frage, wie dieses mit den Freiheitsgrundrechten muslimischer Lehrerinnen in Einklang zu bringen ist. Lehrkräfte können auch in ihrer Eigenschaft als Beamte eine Verletzung ihrer Grundrechte geltend machen. Die gegenteilige Ansicht[19], die Lehrkräften die Berufung auf ihre Grundrechte verwehrt, weil sie Beamte als Organe des Staatshandelns und somit als Grundrechtsverpflichtete betrachtet, verkennt, dass Staatsbedienstete zugleich grundrechtsberechtigt, als auch grundrechtsverpflichtet sind.[20] Lediglich soweit Beamte als Amtsperson in Ausführung ihrer Befugnisse handeln, sind sie nicht grundrechtsberechtigt.[21] Den Lehrkräften ist die Berufung auf ihre Grundrechte demnach verwehrt, wenn es um den Bereich der spezifischen Amtshandlungen geht. Betrifft die Amtshandlung aber die persönliche Rechtsstellung der Beamten, steht es ihnen zu, sich auf ihre Grundrechte zu berufen.[22] Dass auch der Lehrer und die Lehrerin in der Schule als Grundrechtssubjekt anerkannt werden, wird zudem gerade im Kontext der Religionsfreiheit durch die explizite Schutzvorschrift des Art. 7 Abs. 3 S. 3 GG deutlich.[23] Ein „besonderes Gewaltverhältnis“[24] derart, dass sich aus ihm selbst schon Rechte gegenüber Lehrern und Lehrerinnen ergäben, kennt auch das Beamtenrecht nicht mehr.

1. Eröffnung des Schutzbereichs der Religionsausübungsfreiheit

Die Wahl der Bekleidung berührt die persönliche Rechtsstellung des Beamten. Die Lehrerinnen, die im Dienst ein muslimisches Kopftuch tragen möchten, treffen diese Entscheidung aus persönlichen Gründen.[25] Selbst wenn allein dem Amt zu-

---

förde, NJW 2001, 723 ff.; *Stock,* RdJB 2005, 94, 101 ff.; *Körper,* KuR 110, 255, 259 f. (= 2005, 1, 5 f.); *Debus,* NVwZ 2001, 1355 ff.; *Morlok/Krüper,* NJW 2003, 1020 f.; *Muckel,* in: FS Link zum 70. Geburtstag, S. 331 ff.

19 Vgl. BVerfGE 108, 282, 314 ff. Die Ausführungen des Sondervotums sind insgesamt dahingehend zu verstehen, dass ein Eingriff in Grundrechte überhaupt nicht gegeben ist, vgl. dazu ausführlich *Sachs,* NWVBl. 2004, 209, 212. Gegen die Grundrechtsberechtigung von Lehrkräften vgl. auch *Hillgruber,* JZ 1999, 538, 543 f.

20 *Battis/Bultmann,* JZ 2004, 581, 582 f.

21 *Halfmann,* NVwZ 2000, 862, 863, auch zum Folgenden; *Stern,* in: Das Staatsrecht der Bundesrepublik Deutschland III/1, S. 1386.

22 Vgl. *Battis,* in: Sachs, GG, Art. 33, Rn. 75 f. m. w. N.

23 *Sachs,* NWVBl. 2004, 209, 213.

24 Zum Abschied vom „besonderen Gewaltverhältnis“ und zur Geltung der Grundrechte auch im Beamten-, Richter-, Soldaten-, Schul- und Strafvollzugsverhältnis und anderen besonderen Verdichtungen der staatlichen Gewalt siehe: BVerfGE 33, 1 ff.; 41, 251, 259 ff.; 58, 257, 268 ff.; BVerwGE 56, 155, 157 ff.; BVerwG, DVBl. 1995, 1243, 1243; *Stern,* in: Das Staatsrecht der Bundesrepublik Deutschland III/2, S. 1212; *ders.* in: Das Staatsrecht der Bundesrepublik Deutschland III/1, S. 1377 ff.; *Sachs,* NWVBl. 2004, 209 ff.; *Clemens,* NVwZ 1984, 65, 66 ff.

zuordnende Handlungen der Beamten und Beamtinnen tatbestandlich aus dem Schutz der Grundrechte herausgenommen werden müssen, können sich muslimische Lehrerinnen für die Wahl ihrer religiösen Bekleidung[26], bei entsprechendem Selbstverständnis[27] und hinreichend plausibler Darlegung, jedenfalls auf den Schutz der Religionsausübungsfreiheit aus Art. 4 Abs. 2 GG[28] berufen.[29]

---

25 Vgl. BVerfG, NJW 1991, 1477, 1477 f. m.w.N; *Michael*, JZ 2003, 256, 256, *Sachs*, NWVBl. 2004, 209, 210.

26 Zu den islamischen Bekleidungsgeboten wird ausführlich in der Dissertation der Verfasserin (siehe Fn. 1) Stellung genommen.

27 Weil eine islamische Religionsgemeinschaft, an deren Vorgaben das Selbstverständnis muslimischer Lehrerinnen im Hinblick auf das Kopftuch gemessen werden könnte (vgl. BVerfGE 108, 282, 298 f.; 24, 236, 247 f.; OVG NRW, NVwZ 1992, 77, 78; *Muckel*, in: FS Listl zum 70. Geburtstag, S. 248; *Kahl*, JuS 1995, 904, 905; *v. Campenhausen*,, in: HStR VI, § 136 Rn. 69; *Mahrenholz*, RdJB 1998, 287, 292 m. w. N.), in Deutschland (noch) nicht besteht (siehe dazu BVerwG, NJW 2005, 2101, 2105; OVG NRW, NWVBl. 2004, 224, 225; VG Düsseldorf, NWVBl. 2002, 196 ff.; VG Wiesbaden, Urteil v. 15. 06. 2004 – 6E 2394/01(V); VG Lüneburg, NJW 2001, 767, 771), ist für die Eröffnung des Schutzbereichs der Religionsausübungsfreiheit aus Art. 4 Abs. 2 GG für das Tragen des Kopftuchs allein das Selbstverständnis der Grundrechtsträgerinnen maßgeblich, vgl. *Muckel*, in: Berliner Kommentar zum GG, Band I, Art. 4 Rn. 29; *Janz/Rademacher*, NVwZ 1999, 706, 710; *Baer/Wrase*, JuS 2003, 1162, 1163. Mithin kommt es für die Eröffnung des Schutzbereichs der Religionsausübungsfreiheit aus Art. 4 Abs. 2 GG im Hinblick auf das Kopftuch weder darauf an, dass dem Kopftuch unterschiedliche Bedeutungsgehalte zugemessen werden können (zu den unterschiedlichen Bedeutungsgehalten des Kopftuchs siehe nur BVerfGE 108, 283, 304 f.), noch ist maßgeblich, dass nicht alle Musliminnen das Tragen des Kopftuchs als ein unbedingt verpflichtendes Glaubensgebot betrachten und deshalb viele Musliminnen kein Kopftuch tragen (siehe dazu BVerfGE 108, 282, 298; *Halfmann*, NVwZ 2000, 862, 863; *Kästner*, in: FS Heckel zum 70. Geburtstag, S. 360 f.; *Langenfeld*, Integration und kulturelle Identität zugewanderter Minderheiten, S. 417; *Mahrenholz*, RdJB 1998, 287, 292; *Bertrams*, DVBl. 2003, 1225, 1231).

28 Es wird der Meinung gefolgt, die in Art. 4 Abs. 1 und 2 GG kein einheitliches Grundrecht der Religionsfreiheit sieht. Demnach stehen die einzelnen Gewährleistungsinhalte des Art. 4 Abs. 1 und 2 GG als selbstständige Grundrechte nebeneinander, vgl. dazu *Muckel*, in: Berliner Kommentar zum GG, Band I, Art. 4 Rn. 3 ff.; *ders.* Religiöse Freiheit, S. 125 ff.; *Kästner*, JZ 1998, 974, 979 f.

29 Vgl. BVerfGE 108, 282, 297; *Muckel*, in: FS Link zum 70. Geburtstag, S. 344. A.A.: *Hillgruber*, JZ 1999, 538, 543 f. Auf den Schutzbereich der Gewissensfreiheit aus Art. 4 Abs. 1 GG können sich muslimische Lehrerinnen für das Tragen des Kopftuchs nicht berufen. Es wäre für die muslimischen Lehrerinnen, die freiwillig in das Beamtenverhältnis eintreten, vermeidbar, dass die von ihrer Religion geforderte Handlung im Widerspruch zu ihren dienstlichen Pflichten tritt, vgl. dazu *Anger*, Islam in der Schule, S. 256 f.; *Langenfeld*, RdJB 2000, 303, 307 Fn. 19. Zu dem Erfordernis eines aufgezwungenen Gewissenskonflikts für die Eröffnung des Schutzbereichs der Gewissensfreiheit siehe auch noch unten C. I. 1. a) bb). Der Schutzbereich der Bekenntnisfreiheit aus Art. 4 Abs. 1 GG könnte für das Tragen des Kopftuchs bei entsprechendem Selbstverständnis und hinreichend plausibler Darlegung indes eröffnet sein, wenn das Tragen des Kopftuchs gerade zum Zwecke des Bekenntnisses bzw. einer religiösen Meinungsäußerung geschieht, vgl. *Muckel*, in: Berliner Kommentar zum GG, Band I, Art. 4 Rn. 23; *Zippelius*, in: Bonner Kommentar zum GG, Art. 4 Rn. 95; *Kästner*, in: FS Heckel zum 70. Geburtstag, S. 360. Weil der religiöse Sinn der islamischen Bekleidungsvorschriften für Frauen aber im Bedecken der Reize der Frau liegt, werden sich muslimische

Die Verpflichtung zum Tragen eines Kopftuchs wird von islamischer Seite aus Sure 24, Vers 31 und Sure 33, Vers 59 des Koran[30] abgeleitet.[31] Über diesen formalen Verweis auf den Koran hinaus bedarf es für den Plausibilitätsnachweis der tatsächlichen Feststellung des Gerichts, dass die Musliminnen die entsprechende Bekleidungsvorschrift des Koran, in ihrer eigenen Auslegung, in ihrem alltäglichen Leben konsequent beachten und für sich bindend anerkennen.[32] Zur Kontrolle der Plausibilität des Vorbringens sind die sonstigen Lebensumstände der muslimischen Lehrerinnen, also ihr Verhalten sowohl innerhalb als auch außerhalb des Unterrichts, heranzuziehen.[33] Ergibt sich aus den sonstigen Lebensumständen der muslimischen Lehrerinnen, dass diese das Tragen des Kopftuchs als unbedingt verpflichtendes religiöses Verhaltensgebot begreifen, ist der Schutzbereich der Religionsausübungsfreiheit aus Art. 4 Abs. 2 GG für das Tragen des Kopftuchs eröffnet.

2. Eingriff

Ein Eingriff in ein Grundrecht ist nach inzwischen gängiger Definition bei jeder hoheitlichen Maßnahme gegeben, die dem Einzelnen ein Verhalten, das in den Schutzbereich eines Grundrechts fällt, unmöglich macht oder erschwert, gleichgültig, ob diese Wirkung final oder beabsichtigt, unmittelbar oder mittelbar, rechtlich oder tatsächlich, mit oder ohne Befehl und Zwang, erfolgt (sog. weiter Eingriffs-

---

Lehrerinnen bei einem Verbot des Kopftuchs zumeist auf die Religionsausübungsfreiheit aus Art. 4 Abs. 2 GG berufen, vgl. *Anger,* Islam in der Schule, S. 171. Deshalb bleibt das Grundrecht der Bekenntnisfreiheit für die weitere Bearbeitung außer Betracht.

30 Die entsprechenden Stellen aus dem Koran lauten insoweit: (Sure 24, Vers 30) „Sprich zu den gläubigen Männern, sie sollen ihre Blicke senken und ihre Scham bewahren. Das ist lauterer für sie. Gott hat Kenntnis von dem, was sie machen." (Sure 24, Vers 31) „Und sprich zu den gläubigen Frauen, sie sollen ihre Blicke senken und ihre Scham bewahren, ihren Schmuck nicht offen zeigen, mit Ausnahme dessen, was sonst sichtbar ist. Sie sollen ihren Schleier auf den Kleiderausschnitt schlagen und ihren Schmuck nicht offen zeigen, es sei denn ihren Ehegatten, ihren Vätern, den Vätern ihrer Ehegatten, ihren Söhnen, den Söhnen ihrer Ehegatten, ihren Brüdern, den Söhnen ihrer Brüder und den Söhnen ihrer Schwestern, ihren Frauen, denen, die ihre rechte Hand besitzt, den männlichen Gefolgsleuten, die keinen Trieb mehr haben, den Kindern, die die Blöße der Frauen nicht beachten." (Sure 33, Vers 59) „O Prophet, sag deinen Gattinnen und deinen Töchtern und den Frauen der Gläubigen, sie sollen etwas von ihrem Überwurf über sich herunterziehen. Das bewirkt eher, daß sie erkannt werden und daß sie nicht belästigt werden." (zit. nach: *Khoury/Abdullah,* Der Koran, S. 267 und 323 f.).

31 Zur Ableitung des Kopftuchverbots aus dem Koran vgl. *Heine* in: Khoury/Hagemann/Heine, Islam-Lexikon III, S. 667 f.; *Spuler-Stegemann,* Muslime in Deutschland, S. 200 f.; *Breuer,* Familienleben im Islam (2. Aufl., 1998), S. 81 f.; *Esposito,* Von Kopftuch bis Scharia, S. 119.

32 Vgl. BVerfGE 108, 282, 298; BVerwGE 94, 82, 87; VG Hamburg, NVwZ-RR 2006, 121, 121 f.

33 *Anger,* Islam in der Schule, S. 112.

begriff).[34] Ein Eingriff in ein Grundrecht ist demnach dann anzunehmen, wenn der Einzelne in einem Umfang, der über den einer Bagatelle hinausgeht[35], in seinen Grundrechten staatlicherseits beeinträchtigt wird.[36] Ein an muslimische Lehrerinnen gerichtetes Verbot des Tragen des Kopftuchs in der Schule und während des Unterrichts, stellt unzweifelhaft einen Eingriff in die Religionsausübungsfreiheit der muslimischen Lehrerinnen aus Art. 4 Abs. 2 GG dar.[37]

3. Verfassungsrechtliche Rechtfertigung

a) Schranke der Religionsausübungsfreiheit

Die Garantien der religiösen Freiheiten aus Art. 4 Abs. 1 und 2 GG stehen unter dem Gesetzesvorbehalt des Art. 140 GG i.V.m. Art 136 Abs. 1 WRV und somit unter dem Vorbehalt der allgemeinen Gesetze.[38] Auch dies ist bekanntlich nicht unumstritten[39], soll aber hier zugrunde gelegt werden. Die neu erlassenen landesrechtlichen Regelungen, die Lehrkräften äußere Bekundungen ihres Glaubens verbieten, könnten allgemeine Gesetze im Sinne des Art. 140 GG i.V.m. Art. 136 Abs. 1 GG darstellen und so zur Beschränkung der Religionsausübungsfreiheit muslimischer Lehrerinnen aus Art. 4 Abs. 2 GG herangezogen werden.[40]

---

34 Zum heute geltenden weiten Eingriffsbegriff vgl. *Lerche,* in: HStR V, § 121 Rn. 45 ff.; *Sachs,* in: Das Staatsrecht der Bundesrepublik Deutschland III/2, S. 82 ff., 128 ff.; *Jestaedt,* in: FS Listl zum 70. Geburtstag, S. 275; *Geis,* RdJB 1995, 373, 377 f.; *Tillmanns,* Jura 2004, 619, 625; *Zacharias,* in: FS Rüfner zum 70. Geburtstag, S. 995 m. w. N.

35 Das ist nicht unumstritten. Gegen die sog. Bagatellgrenze *Sachs,* in: Das Staatsrecht der Bundesrepublik Deutschland, III/2, S. 204 ff.

36 *H. H. Klein,* in: Handbuch der Grundrechte, Band I, § 6 Rn. 58 m. w. N.

37 Siehe auch BVerfGE 108, 282, 297.

38 Aus der Rspr.: BVerwGE 112, 227, 231 f. Aus der Literatur: *Muckel,* in: Berliner Kommentar zum GG, Band I, Art. 4 Rn. 47 ff. m. w. N.; *ders.,* Religiöse Freiheit, S. 224 ff. m. w. N.; *Starck,* in: v. Mangoldt/Klein/Starck, Das Bonner GG, Band I, Art. 4 Abs. 1, 2 Rn. 87 ff.; *ders.,* Essener Gespräche zum Thema Staat und Kirche 20 (1986), 189, 190; *Preuß,* in: AK-GG, Band I, Art. 4 Abs. 1, 2 Rn. 30; *Kästner,* JZ 1998, 974, 982; *Zippelius,* in: Bonner Kommentar zum GG, Art. 4 Rn. 89; *Herdegen,* Gewissensfreiheit und Normativität des positiven Rechts, S. 288; *Ehlers,* in: Sachs, GG, Art. 140/Art. 136 WRV Rn. 4; *Tillmanns,* Jura 2004, 619, 626 m. w. N.; *Zacharias,* KuR 110, 171, 182 (= 2002, 115, 126) m. w. N.; *Bock,* AöR 123 (1998), 444, 462 ff.; *Anger,* Islam in der Schule, S. 132 ff.; *Hillgruber,* JZ 1999, 538, 543.

39 Das BVerfG betrachtet die religiösen Freiheitsrechte als vorbehaltlos gewährleistete Grundrechte, die lediglich durch verfassungsimmanente, also im Grundgesetz angelegte Schranken, begrenzt werden können, BVerfGE 41, 29, 44; 108, 282, 303; zustimmend etwa *Heinig/Morlok,* JZ 2003, 777, 781; *Pieroth/Schlink,* Grundrechte, Staatsrecht II, Rn 535 f.; 544 f.; *Halfmann,* NVwZ 2000, 862, 863; *Fischer/Groß,* DÖV 2003, 932, 934 ff.

40 Beispielhaft sei hier § 38 Abs. 2 des baden-württembergischen Schulgesetzes genannt.

aa) Anknüpfung an ein religiöses Verhalten in seiner generalisierten Form

Wird in den Gesetzen an ein religiöses Verhalten in seiner generalisierten Form (äußere Glaubensbekundungen) angeknüpft, ergibt sich dies aus der Anwendung der Wesentlichkeitslehre[41], die dem Grundrechtsschutz zu dienen bestimmt ist und die auch im Beamtenverhältnis Anwendung findet.[42] Der Wesentlichkeitslehre genügt eine Regelung, die muslimischen Lehrerinnen das Tragen des Kopftuchs verbietet, im Hinblick auf das Erfordernis hinreichender Bestimmtheit nur dann, wenn sie gerade den Fall der Befolgung religiöser Verhaltensweisen von Lehrkräften in der Schule regelt.[43] Nur wenn eine derartige Klarstellung erfolgt, ist für die muslimischen Lehrerinnen ersichtlich, welche Auswirkungen sich bei Anwendung der gesetzlichen Regelungen in Bezug auf ihre Grundrechte ergeben.

Eine Regelung die an ein religiöses Verhalten in seiner generalisierten Form anknüpft, ist mit dem Erfordernis sachlicher Allgemeinheit im Sinne des Art. 140 GG i.V.m. Art. 136 Abs. 1 WRV vereinbar.[44] Der zur Beschränkung der religiösen

---

41 Weil die muslimischen Lehrerinnen selbst Trägerinnen von Grundrechten sind (siehe dazu oben B. I.) findet auch der Vorbehalt des Gesetzes ihnen gegenüber Anwendung. Die für die Grundrechtsausübung wesentlichen Fragen müssen vom Parlament selbst geregelt werden, BVerfGE 95, 267, 307; 83, 130, 152; 98, 218, 251; 108, 282, 311 f.; BVerwGE 109, 29, 37. Der Vorbehalt des Gesetzes verlangt eine hinreichend bestimmte, formell-gesetzliche Grundlage für alle wesentlichen Grundrechtseingriffe, vgl. *Jarass,* in: Jarass / Pieroth, GG, Art. 20, Rn. 54 m. w. N. Zur Feststellung der Wesentlichkeit einer staatlichen Maßnahme und des erforderlichen Bestimmtheitsgrads kann insbesondere auf die Intensität der Grundrechtsberührung abgestellt werden, BVerfGE 98, 218, 252; 108, 282, 312; *Niehues,* Schul- und Prüfungsrecht, Rn. 102 und 323; *Pieroth / Schlink,* Grundrechte, Staatsrecht II, Rn. 266; *Bosse,* DÖV 1975, 350, 351. Ist die Intensität des Eingriffs groß, handelt es sich um eine wesentliche Maßnahme, die einer hinreichend bestimmten Ermächtigungsgrundlage bedarf. Die Intensität des Eingriffs in die Religionsausübungsfreiheit aus Art. 4 Abs. 2 GG ist groß, wenn der oder die Einzelne das in Frage stehende Verhalten als unbedingt verpflichtend begreift, *Anger,* Islam in der Schule, S. 202; *Borowski,* Die Glaubens- und Gewissensfreiheit des Grundgesetzes, S. 288. In der islamischen Welt wird das Tragen des Kopftuchs zumeist als unbedingt verpflichtend empfundene Glaubensregel begriffen, siehe dazu *Heine,* Halbmond über deutschen Dächern, S. 167 f.; *Zentralrat der Muslime in Deutschland e.V.,* Das Kopftuch, S. 1; *IRH,* Stellungnahme, S. 18 f. Daher ist die von einem Verbot des Kopftuchs ausgehende Intensität des Eingriffs in die Religionsausübungsfreiheit muslimischer Lehrerinnen in der Regel als groß zu bewerten, vgl. BVerfGE 108, 282, 312 f. Demnach muss die für ein Verbot des Kopftuchs für muslimische Lehrerinnen herangezogene Regelung hinreichend bestimmt sein.

42 Vgl. *Anger,* Islam in der Schule, S. 203, auch zum Folgenden.

43 Die landesrechtlichen Vorschriften über die Eignung und die allgemeinen Dienstpflichten von Beamten (vgl. für Nordrhein-Westfalen §§ 7 Abs. 1, 55 ff. LBG) stellen zwar allgemeine Gesetze im Sinne des Art. 140 GG i.V.m. Art. 136 Abs. 1 WRV dar, siehe *Muckel,* in: Berliner Kommentar zum GG, Band I, Art. 4 Rn. 50. Sie sind aber in Bezug auf ein Verbot äußerer Glaubensbekundungen für Lehrkräfte nicht hinreichend bestimmt (vgl. auch BVerfGE 108, 282, 307 ff.) und können mithin hnsichtlich des Kopftuchverbots nicht als Schranke für die Religionsausübungsfreiheit muslimischer Lehrerinnen aus Art. 4 Abs. 2 GG bei einem Verbot des Kopftuchs herangezogen werden.

Freiheitsrechte herangezogene allgemeine Gesetzesvorbehalt des Art. 140 GG i.V.m. Art. 136 Abs. 1 GG soll verhindern, dass staatliche Organe zu Maßnahmen berechtigt sind, die sich gezielt und ohne sachlichen Grund gegen bestimmte Religionen und Glaubensinhalte richten.[45] Diesem Zweck darf ein Gesetz nicht widersprechen, um den Anforderungen des Art. 140 GG i.V.m. Art. 136 Abs. 1 WRV zu genügen. Das Merkmal der Allgemeinheit der Regelung im Sinne des Art. 140 GG i.V.m. Art. 136 Abs. 1 WRV ist so auszulegen, dass es nicht Ziel der Regelung sein darf, ein religiöses Verhalten seiner selbst Willen, ohne sachlichen Grund, zu untersagen. Dieser Interpretation widerspricht es nicht, wenn ein aus allgemeinen Gründen zu beschränkendes religiöses Verhalten im Wortlaut der Norm Erwähnung findet, wie es von der Wesentlichkeitslehre unter Umständen gefordert wird.[46] Solange eine Regelung die religiösen Freiheitsrechte nicht zum Zwecke der Unterdrückung des religiösen Inhalts einer Überzeugung, sondern nur aus allgemeinen, nicht gegen den Gedankeninhalt als solchen gerichteten Gründen beschränkt[47] (also z. B. zur Wahrung des Schulfriedens) und dies im Wortlaut der Norm zum Ausdruck kommt, ist ein Verstoß gegen das Erfordernis sachlicher Allgemeinheit nicht anzunehmen, selbst dann, wenn auf Grund der Anwendung der Wesentlichkeitslehre ein glaubensgeleitetes Verhalten in seiner generalisierten Form verboten wird und die Regelung gegen eine bestimmte Form der Religionsausübung (äußere Glaubensbekundungen) gerichtet ist.[48] Eine Regelung, die an ein religiöses Verhalten in seiner generalisierten Form anknüpft, ist mit dem Erfordernis sachlicher Allgemeinheit der Regelung im Sinne des Art. 140 GG i.V.m. Art. 136 Abs. 1 WRV daher vereinbar, solange das Verhalten aus allgemeinen Gründen verboten werden soll und dies in der Regelung erkenntlich gemacht wird.

bb) Die Darstellung christlicher und abendländischer Kulturwerte

Des Weiteren widerspricht eine Regelung, in der die Klarstellung getroffen wird, dass die Darstellung christlicher und abendländischer Kulturwerte gestattet ist, weder gegen die von Art. 140 GG i.V.m. Art. 136 Abs. 1 WRV geforderte Allgemeinheit der Regelung, noch gegen den Gedanken der Parität[49]. Eine derartige Klarstel-

---

[44] Vgl. *Anger,* Islam in der Schule, S. 203 f.

[45] Siehe *Anger,* Islam in der Schule, S. 147.

[46] Zur Rechtmäßigkeit einer Regelung, die allein gegen das Tragen des Kopftuchs gerichtet ist siehe noch unten B. I. 3. a) ee).

[47] Vgl. *Muckel,* Religiöse Freiheit, S. 232.

[48] Vgl. *Anger,* Islam in der Schule, S. 203 f.

[49] Der Gedanke der Parität ist in Art. 3 Abs. 1 GG verankert, siehe *Heckel,* in: Listl / Pirson, HdbStKirchR^2 I, S. 589 f.; *Weiß,* KritV 2000, 104, 106. Unter Parität ist der Grundsatz der Gleichbehandlung der verschiedenen Religionen zu verstehen (*Zippelius,* in: Bonner Kommentar zum GG, Art. 4 Rn. 26; *Herzog,* in: Maunz / Dürig, GG, Art. 4 Rn. 22), also die rechtliche Gleichordnung und Gleichbehandlung aller Staatsbürger ohne Rücksicht auf ihr weltanschauliches oder religiöses Bekenntnis (*Jeand'Heur / Korioth,* Grundzüge des Staats-

lung begründet keine unzulässige Bevorzugung der christlichen Konfession.[50] „Die Darstellung christlicher und abendländischer Bildungs- und Kulturwerte von neutraler Warte ist etwas anderes als die Bekundung eines individuellen Bekenntnisses."[51] Sie bezieht sich auf die Anerkennung des prägenden Kultur- und Bildungsfaktors, wie er sich in der abendländischen Geschichte herausgebildet hat.[52] Der Begriff des „Christlichen" bezeichnet – ungeachtet seiner Herkunft aus dem religiösen Bereich – eine von Glaubensinhalten losgelöste, aus der Tradition der christlich-abendländischen Kultur hervorgegangenen Wertewelt, die erkennbar auch dem Grundgesetz zu Grunde liegt und unabhängig von der Fundierung Geltung beansprucht.[53] Zu dieser Wertewelt gehört etwa die Auffassung von der unverfügbaren und unantastbaren Menschenwürde (Art. 1 GG), von der allgemeinen Handlungsfreiheit (Art. 2 GG), von der Gleichheit aller Menschen und Geschlechter (Art. 3 GG) und von der Religionsfreiheit einschließlich der negativen Glaubensfreiheit (Art. 4 GG). Die Weitergabe christlicher Bildungs- und Kulturwerte umfasst des Weiteren humane Werte wie Hilfsbereitschaft, Sorge für und allgemeine Rücksichtnahme auf den nächsten sowie Solidarität mit den Schwächeren. Bei der Darstellung christlicher und abendländischer Bildungs- und Kulturwerte geht es daher nicht um missionarisches Werben für ein bestimmtes Bekenntnis, das Christentum, welches von einem Verbot ausgenommen werden soll. Wird in dem zur Beschränkung der Religionsausübungsfreiheit muslimischer Lehrerinnen aus Art. 4 Abs. 2 GG herangezogenen Gesetz die Darstellung christlicher und abendländischer Bildungs- und Kulturwerte als zulässig erachtet, so bedeutet dies nicht, dass das Christentum als Konfession bevorzugt wird oder dass Lehrkräften das Tragen christlicher Symbole erlaubt ist. Vielmehr will der Gesetzgeber durch einen derartigen Passus klären, dass es sich bei der Darstellung christlicher und abendländischer Bildungs- und Kulturwerte nicht um eine im Sinne der Vorschrift verbotene Glaubensbekundung von Lehrkräften handelt, sondern um den Schülern und Schülerinnen innerhalb des Unterrichts zu vermittelnde von Glaubensinhalten losgelöste Werte. Die Klarstellung grenzt den Auftrag der Schule zur Weitergabe christlicher und abendländischer Bildungs- und Kulturwerte von den verbotenen Glaubensbekundungen von Lehrkräften ab und ist nicht darauf angelegt, ein bestimmtes Bekenntnis zu privilegieren.[54] Jedenfalls in dieser Auslegung verstößt

kirchenrechts, Rn. 168). Einschlägig ist das Paritätsgebot, wenn wesentlich Gleiches ungleich oder wesentlich Ungleiches gleichbehandelt wird, vgl. *Jeand'Heur/Korioth,* Grundzüge des Staatskirchenrechts, Rn. 169. Der Staat ist also im Ergebnis zur Gleichbehandlung religiöser Phänomene verpflichtet, vgl. BVerwGE 121, 140, 150; *Anger,* Islam in der Schule, S. 54 f.; *Morlok,* in: Dreier, GG, Band I, Art. 4 Rn. 148.

50 BVerwGE 121, 140, 150 f.; VG Stuttgart, Urteil vom 07. 07. 2006, 18 K 3562/05, Nr. 33 f., JURIS, Dok.-Nr.: MWRE060000500.

51 BVerwGE 121, 140, 147.

52 Vgl. BVerfGE 41, 29, 52.

53 BVerwGE 121, 140, 150, auch zum Folgenden.

54 Zum Christentum als Bildungs- und Kulturfaktor vgl. auch noch unten B. I. 3. a) dd) (1) (d) und (3) (b) (dd).

ein Gesetz, welches die Darstellung christlicher und abendländischer Bildungs- und Kulturwerte ausdrücklich erlaubt, nicht gegen das Erfordernis sachlicher Allgemeinheit und den Grundsatz der Parität.[55] Ferner wird durch eine derartige Regelung auch das Bestimmtheitserfordernis der Regelung nicht in Frage gestellt.[56] Die Klarstellung, dass die Darstellung christlicher und abendländischer Kulturwerte erlaubt ist, ist wie bereits angemerkt so zu verstehen, dass in der Regelung präzisiert wird, was nicht mit „Bekundung“ gemeint ist. Ein Gesetz, das die Darstellung christlicher und abendländischer Bildungs- und Kulturwerte erlaubt, Lehrkräften jeglicher Bekenntnisse demgegenüber das Tragen äußerer Glaubensbekundungen aus allgemeinen Gründen verbietet, ist daher weder unklar noch widersprüchlich und genügt, neben dem Erfordernis sachlicher Allgemeinheit und dem Grundsatz der Parität, auch den Anforderungen hinreichender Bestimmtheit.

cc) Beschränkung des Verbots auf das Kopftuch

Indes könnte eine zur Einschränkung der Religionsausübungsfreiheit muslimischer Lehrerinnen aus Art. 4 Abs. 2 GG herangezogene Regelung problematisch sein, die sich allein gegen das Kopftuch muslimischer Lehrerinnen wendet bzw. Glaubensbekundungen anderer Bekenntnisse von einem Verbot ausnimmt. Ein derartiges Gesetz könnte sowohl gegen den Grundsatz der Parität[57], als auch gegen das Erfordernis sachlicher Allgemeinheit im Sinne des Art. 140 GG i.V.m. Art. 136 Abs. 1 WRV verstoßen. Dies wird jedoch nur dann anzunehmen sein, wenn für die unterschiedliche Behandlung[58] muslimischer Lehrerinnen einerseits und Lehrkräften anderer Bekenntnisse andererseits, kein sachlicher Grund gegeben ist.[59] Nur in diesem Fall widerspricht eine Regelung, die muslimischen Lehrerinnen das Tragen des Kopftuchs verbietet, Lehrkräften anderer Bekenntnisse äußere Bekundungen

55 Vgl. auch VG Stuttgart, Urteil vom 07. 07. 2006, 18 K 3562/05, Nr. 33, JURIS, Dok.-Nr.: MWRE060000500, das auf die Notwendigkeit einer verfassungskonformen Auslegung verweist.

56 BVerwGE 121, 140, 147, auch zum Folgenden.

57 Eine Regelung, die allein muslimischen Lehrerinnen das Tragen des Kopftuchs verbietet, Lehrkräften anderer Bekenntnisse äußere Bekundungen des Glaubens hingegen gestattet, begründet eine personenbezogene Ungleichbehandlung im Sinne des Art. 3 Abs. 1 GG (zur Unterscheidung zwischen personen- und sachbezogenen Ungleichbehandlungen allgemein, vgl. *Epping,* Grundrechte, Rn. 686 ff.).

58 Die unterschiedliche Behandlung besteht darin, dass muslimische Lehrerinnen auf äußere Bekundungen ihres Glaubens (das Tragen des Kopftuchs) zu verzichten haben, hingegen Lehrkräften anderer Bekenntnisse äußerlich sichtbare Glaubensbekundungen (z. B. das Tragen eines Kreuzes an der Kette) weiterhin erlaubt werden.

59 Im Hinblick auf den Gedanken der Parität siehe *Jeand'Heur/Korioth,* Grundzüge des Staatskirchenrechts, Rn. 169 („Das Paritätsgebot schließt Ungleichbehandlungen bestimmter Religionsgemeinschaften oder Bekenntnisse aus, die nicht durch tatsächliche Ungleichheit geboten oder durch sachliche Gründe gerechtfertigt ist.“).

des Glaubens hingegen erlaubt, gegen den Grundsatz sachlicher Allgemeinheit der Regelung im Sinne des Art. 140 GG i.V.m. Art. 136 Abs. 1 WRV und den Gedanken der Parität und kann nicht zur Beschränkung der Religionsausübungsfreiheit muslimischer Lehrerinnen aus Art. 4 Abs. 2 GG bei einem Verbot des Kopftuchs herangezogen werden.

Ob ein sachlicher Grund gegeben ist, der eine Beschränkung des Verbots äußerer Glaubensbekundungen von Lehrkräften auf das Kopftuch muslimischer Lehrerinnen rechtfertigt, hängt davon ab, aus welchen Gründen muslimischen Lehrerinnen das Tragen des Kopftuchs verboten werden soll. Die Frage, ob ein sachlicher Grund für eine unterschiedliche Behandlung des Kopftuchs muslimischer Lehrerinnen und nicht-islamischer äußerer Bekundungen des Glaubens von Lehrkräften gegeben ist und ein auf das Kopftuch muslimischer Lehrerinnen beschränktes Verbot insofern dem Erfordernis sachlicher Allgemeinheit im Sinne des Art. 140 GG i.V.m. Art. 136 Abs. 1 WRV und dem Gedanken der Parität genügt, kann demnach erst dann beantwortet werden, wenn feststeht, aus welchen allgemeinen Gründen ein Verbot des Kopftuchs ergehen soll.[60]

dd) Dem Kopftuch muslimischer Lehrerinnen widerstreitende allgemeine Interessen

Es muss geklärt werden, mit welchen allgemeinen Interessen das Kopftuch muslimischer Lehrerinnen in Konflikt treten könnte, welche allgemeinen Gründe mithin ein Verbot des Kopftuchs und somit gleichzeitig eine Dienstpflicht muslimischer Lehrerinnen, während des Unterrichts und in der Schule auf das Tragen des Kopftuchs zu verzichten, tatsächlich rechtfertigen könnten.

(1) Der staatliche Bildungs- und Erziehungsauftrag

Gemäß Art. 7 Abs. 1 GG steht das gesamte Schulwesen unter der Aufsicht des Staates. „Aufsicht" im Sinne des Art. 7 Abs. 1 GG meint die „Gesamtheit der staatlichen Befugnisse zur Organisation, Leitung, Planung und Beaufsichtigung des Schulwesens".[61] Art. 7 Abs. 1 GG ist als ein „Vollrecht" des Staates über die Schulen zu verstehen.[62] Dieses „Vollrecht" des Staates beinhaltet die äußere Organisation des Schulwesens und zugleich den eigenen Bildungs- und Erziehungsauftrag des Staates[63], der die Vermittlung von Fachwissen[64] enthält und das Recht

60 Siehe dazu unten B. I. 3. a) ee).

61 BVerfGE 26, 228, 238; BVerwGE 47, 201, 204.

62 Siehe nur *Schmitt-Kammler,* in: Sachs, GG, Art. 7 Rn. 17 m. w. N.

63 H. M.: siehe nur BVerfGE 34, 165, 182 f.; 41, 29, 44; *Schmitt-Kammler,* in: Sachs, GG, Art. 7 Rn. 22; *Avenarius/Heckel,* Schulrechtskunde, S. 62; *Dittmann,* VVDStRL 54 (1995), 47, 51 f.; *Pieroth,* in: Jarass/Pieroth, GG, Art. 7 Rn. 1; *Thiel,* Der Erziehungsauftrag des Staates in der Schule, S. 85.

umfasst, die Persönlichkeitsentwicklung des Kindes umfassend zu fördern[65]. Der Staat darf in der Schule eigene Erziehungsziele formulieren und diesen entsprechend die Schüler und Schülerinnen erziehen.[66] Erziehungsziele sind Finalnormen, die ein möglichst zu erreichendes Ziel beschreiben, ohne dass sie aber dessen Erreichen verbindlich vorschreiben.[67] Erziehungsziele lassen sich den Grundrechten, den verfassungsrechtlichen Sinnprinzipien und den Staatszielbestimmungen entnehmen.[68] Staatliche Erziehungsziele sind etwa die Erziehung zu Toleranz und Achtung vor dem Anderen[69], zur Achtung der Menschenwürde (Art. 1 Abs. 1 GG)[70], zu Demokratie (Art. 20 Abs. 1 GG)[71], zu individueller Selbstbestimmung (Art. 2 Abs. 1, Art. 1 Abs. 1 GG)[72] und zu Gleichberechtigung von Mann und Frau (Art. 3 Abs. 2 S. 1 GG)[73].[74] Der Staat ist gemäß seines eigenständigen Bildungs- und Erziehungsauftrags dazu berechtigt, den Versuch zu unternehmen, die Schüler und Schülerinnen auf die grundlegenden Wertentscheidungen der Verfassung festzulegen, die Schüler und Schülerinnen also zu einer positiven Einstellung gegenüber den wesentlichen Wertentscheidungen der Verfassung zu erziehen.[75] Seine Legimitation findet der eigenständige staatliche Erziehungsauftrag mit der Integrationsaufgabe des Staates in der pluralistischen Gesellschaft.[76] Damit staatliche Bil-

64 Vgl. BVerfGE 47, 46, 72; *Mahrenholz,* RdJB 1998, 287, 296; *Avenarius/Heckel,* Schulrechtskunde, S. 62.

65 Vgl. BVerfGE 93, 1, 20.

66 BVerfGE 34, 165, 182; 47, 46, 71 f.; 52, 223, 236; BVerfG, Beschluss v. 31. 05. 2006, 2 BvR 1693/04, Nr. 16, abgerufen am 03. 07. 2006 unter http://www.bundesverfassungsgericht.de/entscheidungen/rk20060531_2bvr169304.html; OVG NRW, NVwZ 1992, 77, 78; vgl. auch *Kahl,* JuS 1995, 904, 906.

67 *Pieroth,* DVBl. 1994, 949, 954; *Gröschner,* in: Dreier, GG, Band I, Art. 7 Rn. 43.

68 Vgl. auch *Anger,* Islam in der Schule, S. 179 f.

69 Vgl. für NRW Art. 7 Abs. 2, Art. 12 Abs. 6 S. 1 LVerf; § 2 Abs. 4 Nr. 4 SchulG. Siehe auch *Niehues,* Schul- und Prüfungsrecht, Rn. 531.

70 Vgl. für NRW Art. 7 Abs. 1 LVerf.

71 Vgl. für NRW Art. 7 Abs. 1 LVerf; § 2 Abs. 4 Nr. 5 SchulG.

72 Vgl. für NRW Art. 7 Abs. 1 und 2 LVerf; § 2 Abs. 3 und Abs. 4 Nr. 1 SchulG.

73 Vgl. für NRW Art. 7 Abs. 1 LVerf; § 2 Abs. 5 SchulG.

74 Vgl. *Anger,* Islam in der Schule, S. 179 f.; *Niehues,* Schul- und Prüfungsrecht, Rn. 527; *Bothe,* VVDStRL 54 (1995), 7, 31 ff.; *Mahrenholz,* RdJB 1998, 287, 295.

75 Vgl. *Niehues,* Schul- und Prüfungsrecht, Rn. 527; *Jestaedt,* JZ 1989, 140, 142; *Evers,* Die Befugnis des Staates zur Festlegung von Erziehungszielen in der pluralistischen Gesellschaft, S. 110 f.; *Rux,* RdJB 2002, 423, 434; *ders.*, Der Staat 35 (1996), 523, 548 Fn. 110; *Thiel,* Der Erziehungsauftrag des Staates in der Schule, S. 115; *Huber,* BayVBl. 1994, 545, 551; *Loschelder,* in: FS Listl zum 70. Geburtstag, S. 355; *Anger,* Islam in der Schule, S. 235; *Schmitt-Kammler,* in: Sachs, GG, Art. 7 Rn. 28; *Langenfeld,* Integration und kulturelle Identität zugewanderter Minderheiten, S. 419 f. Siehe zur Berechtigung des Staates, die Schüler und Schülerinnen zur Bejahung der wesentlichen Wertentscheidungen der Verfassung zu erziehen auch die Ausführungen in der Dissertation der Verfasserin (vgl. Fn. 1) und noch unten C. III. 2. a).

76 Vgl. *Pieroth,* DVBl. 1994, 949, 951; *Huster,* Neutralität, S. 301; *Rux,* RdJB 2002, 423, 432 f.

dung und Erziehung überhaupt möglich sind, gewährleistet Art. 7 Abs. 1 GG des Weiteren die Funktionsbedingungen eines geordneten Unterrichts.[77]

Das Kopftuch muslimischer Lehrerinnen könnte den staatlichen Bildungs- und Erziehungsauftrag aus Art. 7 Abs. 1 GG beeinträchtigen.

(a) Keine Beeinträchtigung der pädagogischen Interaktionen

Das Tragen eines Kopftuchs ist von dem Tragen eines gesichtsverhüllenden Schleiers zu unterscheiden. Zwar wäre auch das Tragen eines gesichtsverhüllenden Schleiers bei hinreichend plausibler Darlegung vom Schutzbereich der Religionsausübungsfreiheit aus Art. 4 Abs. 2 GG erfasst[78], jedoch könnten Lehrerinnen mit einem derartigen Schleier ihre pädagogischen Aufgaben nicht mehr sinnvoll wahrnehmen. Die Kommunikation zwischen Schülern bzw. Schülerinnen und den Lehrerinnen müsste im Falle des Schleiertragens ohne das wichtige Merkmal der Mimik der Lehrerinnen erfolgen, welches aber für den Lernerfolg, die Konzentrationsfähigkeit und das Verständnis der Schüler und Schülerinnen unerlässlich ist.[79] Die Verhüllung des Gesichts führt dazu, dass die Lehrerinnen nicht mehr ordnungsgemäß unterrichten können.[80] Der gesichtsverhüllende Schleier beeinträchtigt die pädagogischen Interaktionen und stellt demnach ein objektives Unterrichtshindernis und aus diesem Grunde eine Beeinträchtigung des staatlichen Bildungs- und Erziehungsauftrags aus Art. 7 Abs. 1 GG dar.[81]

Das Kopftuch hingegen vermag muslimische Lehrerinnen bei der Ausübung ihrer beruflichen Tätigkeit ebenso wenig einzuschränken, wie z. B. lange Haare, ein Haarteil, ein Toupet, eine Perücke oder ein Haarnetz.[82] Das Kopftuch hindert die Erziehungstätigkeit der muslimischen Lehrerinnen im Hinblick auf die pädagogische Interaktion nicht. Lehrerinnen die ein Kopftuch tragen sind genauso, wie Lehrerinnen ohne Kopftuch in der Lage, den Unterricht abzuhalten. Den muslimischen Lehrerinnen bleibt es unbenommen, mit den Schülern und Schülerinnen zu kommunizieren. Mimik und Gestik werden durch das Kopftuch nicht eingeschränkt. Das Kopftuch muslimischer Lehrerinnen beeinträchtigt den staatlichen Bildungs- und Erziehungsauftrag aus Art. 7 Abs. 1 GG daher bezüglich der pädagogischen Interaktionen nicht. Insofern scheidet der staatliche Bildungs- und Erziehungsauf-

---

77 Vgl. *Mahrenholz,* RdJB 1998, 287, 295 f.; *Langenfeld,* Staatlicher Bildungsauftrag und religiöse Selbstbestimmung, S. 347 Fn. 100 und S. 348; *Thiel,* Der Erziehungsauftrag des Staates in der Schule. S. 195.

78 Vgl. dazu C. II. 1.

79 So auch *Zacharias,* KuR 110, 171, 181 f. (= 2002, 115, 124 f.).

80 *S. Mann,* Das Kopftuch der muslimischen Lehramtsanwärterin, S. 140.

81 Der gesichtsverhüllende Schleier kann muslimischen Lehrerinnen verboten werden, siehe *S. Mann*, Das Kopftuch der muslimischen Lehramtsanwärterin, S. 140 f.

82 Vgl. *Muckel* in: FS Link zum 70. Geburtstag, S. 339; *Zacharias,* KuR 110, 171, 180 (= 2002, 115, 124).

trag aus Art. 7 Abs. 1 GG als allgemeines Interesse und mithin zur Begründung eines Kopftuchverbots für muslimische Lehrerinnen aus.

(b) Das Erziehungsziel der Gleichberechtigung der Geschlechter

Das Kopftuch könnte die muslimischen Lehrerinnen darin beeinträchtigen, den Schülern und Schülerinnen das Erziehungsziel der Gleichberechtigung der Geschlechter ausreichend zu vermitteln. Wäre dies der Fall, könnte dies einen Grund für ein generelles Verbot des Kopftuchs für muslimische Lehrerinnen darstellen. Art. 3 Abs. 2 S. 2 GG verpflichtet den Staat die tatsächliche Durchsetzung der Gleichberechtigung von Mann und Frau zu fördern und auf die Beseitigung bestehender Nachteile hinzuwirken. Art. 3 Abs. 2 S. 2 GG ist auch im schulischen Bereich zu beachten. Die Schüler und Schülerinnen sollen durch die schulische Erziehung zu einer gleichberechtigten Freiheitsausübung befähigt[83] und zu einer positiven Einstellung gegenüber der Gleichberechtigung von Mann und Frau erzogen[84] werden.

Das Erziehungsziel der Gleichberechtigung der Geschlechter könnte dann in Frage gestellt sein, sofern das Kopftuch der Gleichstellung von Mann und Frau widerstreitet.[85] Dem Kopftuch kann eine Bedeutung beigemessen werden, die mit der Gleichberechtigung der Geschlechter nicht in Einklang zu bringen ist. Das Kopftuch wird häufig als Symbol[86] für eine bestimmte untergeordnete gesellschaftliche Stellung der muslimischen Frau interpretiert und als Zeichen einer mangelnden Gleichberechtigung der Frau begriffen.[87] Als Symbol kann dem Kopftuch indes kein objektiver, allgemeingültiger Sinngehalt zu Grunde gelegt werden.[88] Das Kopftuch ist unterschiedlichen Deutungsmöglichkeiten zugänglich. Neben der Möglichkeit, dass das Kopftuch, nach Maßgabe der Trägerinnen, die Abgrenzung zu Werten der westlichen Gesellschaft, insbesondere die Ablehnung der Emanzipation der Frau ausdrückt, kann es auch getragen werden, um an den Traditionen der Herkunftsgesellschaft festzuhalten oder aber um einer als verpflichtend empfundenen, religiös fundierten, Bekleidungsregel zu folgen.[89] Zudem kann das Kopftuch für junge Frauen auch ein frei gewähltes Mittel sein, um ohne Bruch mit der Herkunftskultur ein selbstbestimmtes Leben zu führen.[90]

---

[83] Vgl. *Anger,* Islam in der Schule, S. 215.

[84] Vgl. *Bothe,* VVDStRL 54 (1995), 7, 34.

[85] So *Bader,* VBlBW 1998, 361, 364 f.; vgl. auch *Kästner,* in: FS Heckel zum 70. Geburtstag, S. 369 f.; *Bertrams,* DVBl. 2003, 1225, 1230 ff.

[86] Zum Begriff des Symbols vgl. *S. Mann,* Das Kopftuch der muslimischen Lehramtsanwärterin, S. 13 ff.

[87] Vgl. BVerfGE 108, 282, 332; *Battis/Bultmann,* JZ 2004, 581, 583.

[88] *Wiese,* ZBR 2003, 39, 40.

[89] Vgl. BVerfGE 108, 282, 304.

[90] BVerfGE 108, 282, 305.

Angesichts der Ambivalenz des Kopftuchs kann dessen Deutung nicht auf ein Zeichen gesellschaftlicher Unterdrückung der Frau verkürzt werden.[91] Daraus, dass in vielen islamischen Ländern die Frauen den Männern zumeist untergeordnet sind, ergibt sich nichts anderes. Es kann schon wegen des Fehlens einer in Glaubensfragen für den Islam maßgeblichen Institution nicht beurteilt werden, inwieweit diese Unterordnung vom Koran bindend gefordert bzw. inwieweit politisch-kulturelle Grundeinstellungen dafür ursächlich sind.[92] Somit kann dem Kopftuch generell keine frauendiskriminierende Wirkung zugeschrieben und durch das Kopftuch muslimischer Lehrerinnen das Erziehungsziel der Gleichberechtigung von Mann und Frau nicht als ausnahmslos gefährdet angesehen werden.[93] Die Einstellung der muslimischen Lehrerinnen zur Gleichberechtigung von Mann und Frau ist auf der Grundlage ihrer eigenen Persönlichkeit zu bewerten.[94]

Für die Bestimmung des Bedeutungsgehalts des Kopftuchs ist daher auf das objektiv beurteilbare Verhalten[95] der muslimischen Lehrerinnen und diejenigen Bedeutungsgehalte abzustellen, die sie ihrer Kleidung selbst geben.[96] Maßgeblich sind das Selbstverständnis der einzelnen Trägerinnen und ihr sonstiges Verhalten.[97] Den muslimischen Lehrerinnen muss im Rahmen der Bestimmung des Symbolgehalts des Kopftuchs die Chance eröffnet werden, ihre persönlichen Einstellungen und ihre persönlichen Motivationen für das Tragen des Kopftuchs offen zu legen.[98] Auf der Grundlage dessen, kann aus objektiver Sichtweise bestimmt werden, welcher Bedeutungsgehalt dem Kopftuch der einzelnen muslimischen Lehrerinnen beizumessen ist.

Geben die Lehrerinnen dem Kopftuch einen unter Gleichberechtigungsgesichtspunkten unbedenklichen Sinngehalt und spricht ihr sonstiges Verhalten nicht gegen die Gleichberechtigung von Mann und Frau, ist nicht davon auszugehen, dass die muslimischen Lehrerinnen, die ein Kopftuch tragen, das Erziehungsziel der

---

91 BVerfGE 108, 282, 305; *Anger,* Islam in der Schule, S. 181.

92 VG Lüneburg, NJW 2001, 767, 771.

93 Siehe BVerfGE 108, 282, 305.

94 Vgl. VG Lüneburg, NJW 2001, 767, 771.

95 Die Grundsätze zur Auslegung empfangsbedürftiger Willenserklärungen lassen sich zur Feststellung des Bedeutungsgehalts eines mehrdeutigen Symbols entsprechend heranziehen, siehe dazu *Anger,* Islam in der Schule, S. 181; vgl. auch *Oebbecke,* in: Khoury / Heine / Oebbecke, Handbuch Recht und Kultur des Islams in der deutschen Gesellschaft, S. 313. Vgl. auch BVerfGE 93, 266, 295: „Da unter diesen Umständen schon auf der Deutungsebene Vorentscheidungen über die Zulässigkeit oder Unzulässigkeit von Äußerungen fallen, ergeben sich aus Art. 5 Abs. 1 Satz 1 GG nicht nur Anforderungen an die Auslegung und Anwendung grundrechtseinschränkender Gesetze, sondern auch an die Deutung umstrittener Äußerungen." Bei empfangsbedürftigen Willenserklärungen ist der objektive Erklärungswert der Willensentscheidung entscheidend, siehe BGHZ 36, 30, 33.

96 *Anger,* Islam in der Schule, S. 181 f.

97 Vgl. BVerfGE 108, 282, 304.

98 Vgl. *S. Mann,* Das Kopftuch der muslimischen Lehramtsanwärterin, S. 31.

Gleichberechtigung der Geschlechter nicht erfüllen können.[99] Auch speziell im Hinblick auf muslimische Schüler und Schülerinnen ist nicht anzunehmen, dass die Lehrerinnen allein dadurch, dass sie ein Kopftuch tragen, die Entwicklung eines den Wertevorstellungen des Grundgesetzes entsprechenden Frauenbildes oder dessen Umsetzung im eigenen Leben erschweren würden.[100] Als Lehrerinnen und somit als selbstständige und selbstbewusste Frauen können Musliminnen unabhängig von ihrem Kopftuch jedem Mädchen Mut machen, sich zu emanzipieren[101] und jedem Jungen zu verstehen geben, dass Frauen und Männer gleichberechtigt sind.

Allein das Tragen des Kopftuchs hindert muslimische Lehrerinnen demnach nicht daran, die Schüler und Schülerinnen zur Gleichberechtigung der Geschlechter zu erziehen. Erst bei einem über das Tragen des Kopftuchs hinausgehenden Verhalten der Lehrerinnen kann das Erziehungsziel in Frage gestellt sein.[102] Demnach ist das Erziehungsziel der Gleichberechtigung der Geschlechter nicht als allgemeiner Anlass für die Begründung eines generellen Kopftuchverbots für muslimische Lehrerinnen heranzuziehen.

(c) Das Erziehungsziel der Toleranz

Das Kopftuch muslimischer Lehrerinnen könnte im Widerspruch zum Erziehungsziel der Toleranz stehen und ein generelles Kopftuchverbot insoweit begründen. Jungen Menschen soll im Rahmen ihrer schulischen Erziehung eine tolerante Geisteshaltung vermittelt und sie sollen zu einem toleranten Sozialverhalten angeleitet werden.[103] Ausgehend von der eigenen Position sollen Schüler und Schülerinnen lernen, im Rahmen des (verfassungs-)rechtlich Zulässigen auf andere Rücksicht zu nehmen und im sozialen Verhalten ausgleichsfähig zu sein. Mit Toleranz ist die Duldung und Achtung von Überzeugungen und Verhaltensweisen, die mit den eigenen Ansichten nicht konform gehen, gemeint.[104]

Den muslimischen Lehrerinnen, die ein Kopftuch tragen, kann indes nicht unterstellt werden, dass sie mit ihrem Kopftuch bewusst und gezielt Intoleranz ausstrahlen (wollen). Weder nach islamischem Selbstverständnis noch aus der Sicht von außen ist die Deutung des Kopftuchs als Symbol für Intoleranz verbindlich.[105] Auch bezüglich der Einstellung der muslimischen Lehrerinnen zu Toleranz ist dem Kopftuch kein objektiver, allgemeingültiger Symbolgehalt beizulegen.[106] Das

---

99 So auch VG Lüneburg, NJW 2001, 767, 771; *Anger,* Islam in der Schule, S. 262.

100 BVerfGE 108, 282, 305.

101 Vgl. VG Lüneburg, NJW 2001, 767, 771.

102 Vgl. VG Lüneburg, NJW 2001, 767, 771; *Böckenförde,* NJW 2001, 723, 727.

103 *Niehues,* Schul- und Prüfungsrecht, Rn. 531, auch zum Folgenden.

104 AG Bonn, RdJB 1993, 116, 117; *Huster,* Neutralität, S. 342 f.

105 *Gromitsaris,* SächsVBl. 1997, 93, 94.

106 Vgl. *Zuck,* NJW 1999, 2948, 2949, auch zum Folgenden.

Kopftuch kann nicht pauschal auf ein Symbol für den politischen Islam und damit für religiöse Intoleranz reduziert werden. Selbst wenn in dem Kopftuch in jüngster Zeit verstärkt ein politisches Symbol des islamischen Fundamentalismus gesehen wird, das die Ablehnung von Werten der westlichen Gesellschaft ausdrückt, so ist ihm ein derartiger Bedeutungsgehalt zumindest nicht generell zu unterstellen. Daher sind das Selbstverständnis und das sonstige Verhalten der jeweiligen muslimischen Lehrerinnen zur Bestimmung des Symbolgehalts des Kopftuchs maßgeblich. Dem Kopftuch der muslimischen Lehrerinnen kann demnach kein allgemeingültiger Inhalt beigemessen werden, der dem Erziehungsziel der Toleranz widerspricht.

Ferner kann nicht davon ausgegangen werden, dass gegenüber den Schülern und Schülerinnen dennoch die dem Geist der Toleranz widersprechende Symbolwirkung des Kopftuchs eintritt und das Erziehungsziel der Toleranz insofern als gefährdet anzusehen ist. Die Schüler und Schülerinnen erleben das Kopftuch der muslimischen Lehrerinnen nicht losgelöst von der Person der Trägerinnen, sondern haben die Musliminnen stets in Verbindung mit ihrem konkreten Verhalten vor Augen.

Lehrerinnen, die ein Kopftuch tragen, sind daher in der Lage, das Erziehungsziel der Toleranz den Schülern und Schülerinnen zu vermitteln.[107] Davon geht offensichtlich auch das BVerfG aus. In seiner Entscheidung zum Kopftuch[108] führt es aus, dass sich gute Gründe dafür anführen ließen, die zunehmende religiöse Vielfalt (davon inbegriffen ist auch das Kopftuch muslimischer Lehrerinnen) in der Schule aufzunehmen und als Mittel für die Einübung von gegenseitiger Toleranz zu nutzen, um so einen Beitrag in dem Bemühen um Integration zu leisten. Werden die Schüler und Schülerinnen von einer kopftuchtragenden Lehrerin unterrichtet, können sie zur Kenntnis nehmen, dass ihre Lehrerin eine (andere) Religion verfolgt, ohne dass eine Anpassung an diese verlangt wird[109] und haben somit die Möglichkeit, eine tolerante Geisteshaltung und tolerantes Sozialverhalten zu erlernen. Auch wenn die Kinder bei den Lehrerinnen, die ein Kopftuch tragen, Erkundigungen über deren Religion einholen, widerspricht eine sachliche Information nicht dem staatlichen Bildungs- und Erziehungsauftrag aus Art. 7 Abs. 1 GG, der vielmehr im Rahmen der Erziehung zur Toleranz voraussetzt, dass auf verschiedene religiöse Auffassungen hingewiesen wird.[110] Es handelt sich dann um reine Wissensvermittlung und nicht um Indoktrination. Das Bekannt werden mit anderen Glaubensrichtungen und damit auch der Kontakt mit muslimischen Lehrerinnen mit Kopftuch, ist angesichts heutiger Lebenswirklichkeit ein Weg, die Achtung vor anderen Überzeugungen, Toleranz und Akzeptanz im Umgang miteinander einzuüben.[111] Dies soll den Bildungszielen der Schule gemäß nicht erst im Erwachsenenalter beginnen.[112]

---

107 A.A.: *Rademacher,* Das Kreuz mit dem Kopftuch, S. 30.

108 BVerfGE 108, 282, 310.

109 Vgl. *Anger,* Islam in der Schule S. 287.

110 Vgl. *Anger,* Islam in der Schule, S. 286 f.

Spricht das übrige Verhalten der muslimischen Lehrerinnen objektiv gesehen nicht gegen ihre Fähigkeit, einen an dem Erziehungsziel der Toleranz ausgerichteten Unterricht abzuhalten, so ist demnach auch insoweit der staatliche Bildungs- und Erziehungsauftrag aus Art. 7 Abs. 1 GG durch muslimische Lehrerinnen, die ein Kopftuch tragen, nicht beeinträchtigt. Erst dann, wenn die Lehrerinnen durch ihr konkretes, vom Tragen des Kopftuchs losgelöstes Verhalten dem Erziehungsziel der Toleranz widersprechen würden, könnte eine Beeinträchtigung des staatlichen Bildungs- und Erziehungsauftrags aus Art. 7 Abs. 1 GG angenommen werden. Allein das Tragen des Kopftuchs ist aber nicht geeignet, das Erziehungsziel der Toleranz zu gefährden. Vielmehr kann es zu seiner Verwirklichung beitragen. Auch bezüglich des Erziehungsziels der Toleranz rechtfertigt sich demnach kein generelles Kopftuchverbot für muslimische Lehrerinnen.

(d) Das Christentum als Bildungs- und Kulturfaktor

Es könnte an der Fähigkeit muslimischer Lehrerinnen mit Kopftuch gezweifelt werden, den Schülern und Schülerinnen das Christentum als Bildungs- und Kulturfaktor zu vermitteln.[113] Diesbezüglich könnte ein generelles Verbot des Kopftuchs für muslimische Lehrerinnen in Betracht kommen. Die Vermittlung kulturchristlicher Traditionen beinhaltet jedoch nicht die innerliche Bejahung von christlichen Glaubensinhalten. Die Darstellung christlicher und abendländischer Bildungs- und Kulturwerte von neutraler Warte ist von der Bekundung eines individuellen Bekenntnisses zu unterscheiden, weil es bei der Darstellung der christlichen Bildungs- und Kulturwerte nicht um persönliche innere Verbindlichkeiten geht, die der Darstellende für sich anerkennen muss.[114] Die Anerkennung der christlichen Bildungs- und Kulturwerte als prägende Grundlage bezieht sich auf die Anerkennung als prägende Kultur- und Bildungsfaktoren, wie sie sich in der abendländischen Geschichte herausgebildet haben, nicht auf Glaubenswahrheiten.[115] Der Auftrag zur Weitergabe christlicher Bildungs- und Kulturwerte verpflichtet oder berechtigt die Schule keineswegs zur Vermittlung bestimmter Glaubensinhalte, sondern betrifft vielmehr Werte, denen jeder bzw. jede grundgesetztreue Beamte bzw. Beamtin unabhängig von seiner bzw. ihrer religiösen Überzeugung vorbehaltlos zustimmen kann.[116] Es geht bei der Darstellung christlicher und abendländischer Kulturwerte nicht um missionarisches Werben für das Christentum als Konfession. Ein derartiges Erziehungsziel könnte mit dem Gebot religiös-weltanschaulicher Neutralität des Staates[117] auch gar nicht in Einklang gebracht werden.

---

111 *Böckenförde,* NJW 2001, 723, 727.

112 *Böckenförde,* NJW 2001, 723, 727.

113 Siehe zur inhaltlichen Bedeutung des Christentums als Bildungs- und Kulturfaktor bereits oben B. I. 3. a) bb).

114 BVerwGE 121, 140, 147.

115 *Ernst,* in: SchulG NRW, § 26 Rn. 2.2.

116 BVerwGE 121, 140, 151.

Es kommt mithin für die Vermittlung der christlichen Bildungs- und Kulturwerte nicht darauf an, ob die Lehrkraft sich zum christlichen Glauben bekennt. Von daher besteht ein Unterschied zum Religionsunterricht im Sinne des Art. 7 Abs. 3 GG. Die Religionslehrer und Religionslehrerinnen sollen die Inhalte der von ihnen vertretenen Religionen bzw. Konfessionen innerlich bejahen.[118] Einzig im Rahmen des Religionsunterrichts ist das Bekenntnis der Lehrkraft für die Vermittlung der Bildungs- und Erziehungsziele entscheidend.

Kopftuchtragende Lehrerinnen sind somit grundsätzlich, wie konfessionslose Lehrer und Lehrerinnen auch, in der Lage, das Christentum als Bildungs- und Kulturfaktor in ihre Erziehungstätigkeit aufzunehmen. Dies könnte letztlich nur dann nicht angenommen werden, wenn in dem Kopftuch die Ablehnung kulturchristlicher Werte von sich aus zum Ausdruck käme. In diesem Fall würde das Kopftuch die Glaubhaftigkeit der Lehrkräfte im Hinblick auf das Erziehungsziel in Frage stellen. Von einer kulturchristliche Werte ablehnenden Bedeutung des Kopftuchs kann indes nicht ausgegangen werden, weil dem Kopftuch ein eindeutiger Sinngehalt insoweit nicht zugeschrieben werden kann.[119] Maßgeblich für den Bedeutungsgehalt des Kopftuchs ist das Selbstverständnis der muslimischen Lehrerinnen und ihr sonstiges, objektiv zu beurteilendes Verhalten. Messen die muslimischen Lehrerinnen dem Kopftuch eine im Hinblick auf die kulturchristlichen Werte unbedenkliche Bedeutung zu und kommt in ihrem sonstigen Verhalten nichts gegenteiliges zum Ausdruck, kann nicht davon ausgegangen werden, dass die muslimischen Lehrerinnen nicht in der Lage sind, den Schülern und Schülerinnen das Christentum als prägenden Bildungs- und Kulturfaktor zu vermitteln. Demnach rechtfertigt sich ein generelles Kopftuchverbot für muslimische Lehrerinnen auch im Hinblick auf das Erziehungsziel, den Schülern und Schülerinnen das Christentum als Bildungs- und Kulturfaktor zu vermitteln, nicht.

(e) Die Erziehung zu Demokratie

Nach teilweise vertretender Ansicht in der islamischen Welt ist die Demokratie aus Glaubensgründen mit dem Islam nicht in Einklang zu bringen.[120] Es gibt demnach Muslime und Musliminnen, die die Demokratie religiös bedingt ablehnen. Könnte in dem Kopftuch muslimischer Lehrerinnen ein Symbol für die Ablehnung der Demokratie gesehen werden, könnte an der Fähigkeit muslimischer Lehrerinnen gezweifelt werden, die Schüler und Schülerinnen zu einer positiven Einstel-

---

117 Zum Gebot religiös-weltanschaulicher Neutralität des Staates siehe noch unten B. I. 3. a) dd) (3).

118 *Anger*, Islam in der Schule, S. 263.

119 Vgl. zur Mehrdeutigkeit des Kopftuchs als Symbol und die sich anschließenden Folgen für die Deutung des Kopftuchs oben B. I. 3. a) dd) (1) (b).

120 Vgl. *Spriewald*, Rechtsfragen im Zusammenhang mit der Einführung von islamischem Religionsunterricht als ordentliches Lehrfach an deutschen Schulen, S. 24; *Esposito*, Von Kopftuch bis Scharia, S. 194; *G. Krämer*, Gottes Staat als Republik, S. 43 und 79.

lung gegenüber der Demokratie zu erziehen. Die Erziehung zu Demokratie ist Teil des staatlichen Bildungs- und Erziehungsauftrags aus Art. 7 Abs. 1 GG.[121] Das Kopftuch muslimischer Lehrerinnen hat jedoch keine eindeutig festlegbare Bedeutung.[122] Diese ist vielmehr abhängig von dem Verständnis der Trägerinnen und ihrem sonstigen Verhalten. Daher kann muslimischen Lehrerinnen allein deshalb, weil sie ein Kopftuch tragen, nicht unterstellt werden, dass sie das staatliche Erziehungsziel, die Schüler und Schülerinnen zu Demokratie zu erziehen, nicht erfüllen können. Ein generelles Verbot des Kopftuchs kommt daher auch insoweit nicht in Betracht.

(f) Der Schulfrieden

Das Kopftuch muslimischer Lehrerinnen könnte den vom staatlichen Bildungs- und Erziehungsauftrag aus Art. 7 Abs. 1 GG gewährleisteten Schulfrieden beeinträchtigen.[123] Als allgemeiner Grund für ein generelles Kopftuchverbot für Lehrerinnen könnte demnach der Schulfrieden in Betracht kommen. Der Schulfrieden stellt eine Funktionsbedingung des geordneten Unterrichts dar. Für den pädagogischen Erfolg der Unterrichtung und Erziehung in der Schule ist ein vertrauensvolles Zusammenwirken aller Angehörigen der Schule notwendig.[124] Der Schulfrieden soll Gegenreaktionen, Unruhen und Pressionen in der Schulgemeinschaft unterbinden, die durch Verhaltensweisen von Schülern, Schülerinnen, Eltern, Lehrern und Lehrerinnen verursacht werden können.[125] Mit Schulfrieden ist ein friedvolles und harmonisches Miteinander der Schulgemeinschaft gemeint.[126] Nur dann, wenn alle am Schulleben Beteiligten vertrauensvoll zusammenarbeiten, ist die Aufgabe der Schule zu verwirklichen.[127] Eine Störung des Schulfriedens kann angenommen werden, wenn in dem Verhalten der am Schulleben Beteiligten Ablehnung und Widerspruch zum Ausdruck kommt und dadurch das harmonische Miteinander, das vertrauensvolle und gedeihliche Zusammenwirken in der Schule behindert wird.[128] Der staatliche Bildungs- und Erziehungsauftrag aus Art. 7 Abs. 1 GG kollidiert demnach mit solchen Formen selbstbezogener Religionsausübung von Lehrkräften, die den Schulfrieden und damit den Unterrichtsbetrieb beeinträchtigen.[129]

---

121 *Niehues,* Schul- und Prüfungsrecht, Rn. 578, 581 f. und 527.

122 Siehe zur Bestimmung des Bedeutungsgehalts des Kopftuchs oben B. I. 3. a) dd) (1) (b).

123 Vgl. *Anger,* Islam in der Schule, S. 295 f.; *Böckenförde,* NJW 2001, 723, 728; *Langenfeld,* Integration und kulturelle Identität zugewanderter Minderheiten, S. 551; *Niehues,* Schul- und Prüfungsrecht, Rn. 512.

124 Vgl. *Falckenberg/Schiedermair/Amberg,* Bayerisches Gesetz über das Erziehungs- und Unterrichtswesen, S. 286 f.

125 Vgl. *Suhr,* NJW 1982, 1065, 1069.

126 *Anger,* KritV 2005, 52, 52.

127 *Wenger,* Schulrechtliche und organisatorische Grundlagen des Schullebens, S. 11.

128 Vgl. *Anger,* KritV 2005, 52, 60; *ders.,* Islam in der Schule, S. 294.

Das BVerfG hat in seinem Urteil vom 24. 09. 2003 die Möglichkeit bejaht, dass es in Zukunft durch kopftuchtragende muslimische Lehrerinnen zu Störungen des Schulfriedens in der Schule kommen kann.[130] Vom BVerfG wird der Fall, dass Lehrkräfte in der Schule religiös motivierte Kleidung tragen, die als Kundgabe einer Glaubensüberzeugung zu interpretieren ist, ausdrücklich als eine abstrakte Gefahr[131] für die Wahrung des Schulfriedens betrachtet.[132] Auch das an das Urteil des BVerfG anknüpfende zweite Kopftuchurteil des BVerwG vom 24. 06. 2004[133] geht von einer abstrakten Gefährdung des Schulfriedens durch das Kopftuch einer muslimischen Lehrerin, das als Kundgabe einer Glaubensüberzeugung zu interpretieren ist, aus.[134] Neben dem BVerfG und dem BVerwG nimmt ferner das VG Stuttgart[135] in seinem Urteil vom 07. 07. 2006 an, dass in dem Tragen des Kopftuchs eine abstrakte Gefahr für den Schulfrieden zu sehen ist.[136] Das BVerfG und das BVerwG halten nicht erst das Hinzutreten oder Dominantwerden einer politischen Wahrnehmung und Deutung des Kopftuchs, sondern bereits die in dem Kopftuch liegende explizite Kundgabe einer Glaubensüberzeugung dazu geeignet, in dem Kopftuch muslimischer Lehrerinnen eine abstrakte Gefahr für den Schulfrieden zu sehen.[137]

Religiöse Lebensäußerungen von Lehrkräften können demnach das gedeihliche Zusammenleben im engen Klassenverband beeinträchtigen. Die Schule eröffnet einen Raum, in dem unterschiedliche religiöse Auffassungen unabwendbar aufeinander treffen und wo sich diese Koexistenz verschiedener Glaubensrichtungen in besonders empfindlicher Weise auswirkt.[138] Der enge Kontakt unterschiedlicher oder sogar gegensätzlicher Ansichten zur Religion im Bereich der Schule kann Unruhen und Gegenreaktionen in der Schüler-, Schülerinnen- und Elternschaft auslösen. Das Kopftuch muslimischer Lehrerinnen kann Anlass zu Diskussionen und Auseinandersetzungen zwischen Schülern bzw. Schülerinnen sowie Eltern und den

---

129 Vgl. *Anger,* Islam in der Schule, S. 294; *Niehues,* Schul- und Prüfungsrecht, Rn. 512.

130 BVerfGE 108, 282, 303, 307 und 310.

131 Eine abstrakte Gefahr liegt vor, wenn eine generell-abstrakte Betrachtung für bestimmte Arten von Verhaltensweisen oder Zuständen zu dem Ergebnis führt, dass mit hinreichender Wahrscheinlichkeit ein Schaden im Einzelfall einzutreten pflegt und daher Anlass besteht, diese abstrakte Gefahr mit generell-abstrakten Mitteln, also einem Rechtssatz zu bekämpfen; das hat zur Folge, dass auf den Nachweis der Gefahr eines Schadenseintritts im Einzelfall verzichtet werden kann, siehe BVerwGE 116, 347, 351 f.

132 BVerfGE 108, 282, 303.

133 BVerwGE 121, 140 ff.

134 BVerwGE 121, 140, 146.

135 VG Stuttgart, Urteil v. 07. 07. 2006, 18 K 3562/05, Nr. 27, JURIS, Dok.-Nr.: MWRE060000500.

136 Siehe auch FAZ v. 08. 07. 2006, S. 1 und 2; *Dörries,* Süddeutsche Zeitung v. 08. 07. 2006, S. 1.

137 BVerfGE 108, 282, 303; BVerwGE 121, 140, 146; vgl. auch *Böckenförde,* JZ 2004, 1181, 1182.

138 BVerfGE 108, 282, 310.

muslimischen Lehrerinnen sein und den ordnungsgemäßen Ablauf des Unterrichts behindern bzw. unmöglich machen. Es besteht zumindest die Möglichkeit, dass es durch das Kopftuch muslimischer Lehrerinnen nicht bei einem dem Erziehungsziel der Toleranz förderlichen Austausch zwischen den verschiedenen religiösen oder areligiösen Ansichten in der Schule bleibt, sondern, dass durch Ablehnung, Unverständnis oder Ängsten von Seiten der Schüler und Schülerinnen bzw. Eltern Unruhen in der Klassengemeinschaft heraufbeschworen werden, die der Unterrichtung abträglich sind. Auch dann also, wenn die muslimischen Lehrerinnen das Kopftuch allein aus dem Wunsch heraus tragen, eine als verpflichtend empfundene, religiös fundierte Bekleidungsregel einzuhalten und dem Kopftuch keine Bedeutung beigemessen werden kann, die etwaigen Erziehungszielen widerspricht, ist das Kopftuch muslimischer Lehrerinnen als eine abstrakte Gefahr für den Schulfrieden zu begreifen.

Das Kopftuch muslimischer Lehrerinnen beeinträchtigt daher wegen der in ihm liegenden abstrakten Gefahr für den Schulfrieden den staatlichen Bildungs- und Erziehungsauftrag aus Art. 7 Abs. 1 GG.[139] Um den Schulfrieden und damit den staatlichen Bildungs- und Erziehungsauftrag aus Art. 7 Abs. 1 GG uneingeschränkt zu schützen, müsste der Staat muslimischen Lehrerinnen das Tragen des Kopftuchs verbieten, d. h. in die Religionsausübungsfreiheit der muslimischen Lehrerinnen aus Art. 4 Abs. 2 GG eingreifen. Denn es besteht jederzeit die Gefahr, dass die durch das Kopftuch ausgelöste abstrakte Gefahr für den Schulfrieden in eine konkrete Gefahr bzw. Störung umschlagen könnte.

(g) Zwischenergebnis

Das Kopftuch muslimischer Lehrerinnen widerspricht dem staatlichen Bildungs- und Erziehungsauftrag aus Art. 7 Abs. 1 GG, weil es eine abstrakte Gefahr für den Schulfrieden begründet. Der Schulfrieden bzw. der staatliche Bildungs- und Erziehungsauftrag aus Art. 7 Abs. 1 GG stellt mithin ein allgemeines Interesse dar, das (vorbehaltlich der Verhältnismäßigkeit[140]) ein generelles, an muslimische Lehrerinnen gerichtetes Verbot des Kopftuchs rechtfertigen könnte.

---

139 Um in Art. 7 Abs. 1 GG kollidierendes Verfassungsrecht zu widerstreitenden Grundrechten der muslimischen Lehrerinnen zu sehen, ist das Vorliegen einer abstrakten Gefahrenlage für den Schulfrieden als ausreichend zu erachten (vgl. entsprechend das OVG Lüneburg, DÖV 1973, 57, 57 im Hinblick auf das Recht des Staates bereits die Gefahr einer gesundheitlichen Beeinträchtigung von Schülern und Schülerinnen im Zusammenhang mit dem Haschisch-Konsum abzuwehren. I.Ü. sei auf die Dissertation der Verfasserin (siehe Fn. 1) verwiesen.). Davon geht wohl auch das BVerwG aus. Es hält ein Verbot des Kopftuchs bei Lehrkräften bereits bei einer abstrakten Gefährdung des Schulfriedens für angemessen (BVerwGE 121, 140, 152) bzw. sieht den Grundsatz praktischer Konkordanz bei einem Verbot des Kopftuchs für Lehrerinnen nicht verletzt (BVerwGE 121, 140, 148). Um zu der vom BVerwG durchgeführten Verhältnismäßigkeitsprüfung zu gelangen bzw. den Grundsatz praktischer Konkordanz nicht verletzt zu sehen, bedarf es jedenfalls den Grundrechten der Lehrerinnen kollidierendes Verfassungsrecht. A.A. wohl *Mahrenholz,* Kopftuch, Religion und Grundgesetz, S. 12.

(2) Grundrechte der Schüler, Schülerinnen und Eltern

Als allgemeine Interessen für ein generelles Verbot des Kopftuchs für muslimische Lehrerinnen kommen des Weiteren Grundrechte der Schüler, Schülerinnen sowie Eltern in Betracht.

(a) Grundrechte der Schüler und Schülerinnen

Der Anblick des Kopftuchs muslimischer Lehrerinnen könnte die negative Religionsausübungs-, Bekenntnis- oder Glaubensfreiheit der Schüler und Schülerinnen beeinträchtigen.

Die *negative Religionsausübungsfreiheit* ist in Art. 140 GG i.V.m. Art. 136 Abs. 4 WRV gewährleistet.[141] Sie zielt darauf ab, dass niemand zu einer religiösen Betätigung gezwungen werden darf.[142] Allein der Anblick des Kopftuchs muslimischer Lehrerinnen zwingt die Schüler und Schülerinnen aber nicht an einer religiösen Betätigung teilzunehmen bzw. eine derartige selbst vorzunehmen. Weil die negative Religionsausübungsfreiheit den Einzelnen keinen Anspruch darauf gewährleistet, andere von der religiös-weltanschaulichen Einflussnahme auf ihr Leben auszuschließen[143], berührt der Anblick des Kopftuchs muslimischer Lehrerinnen den Schutzbereich der negativen Religionsausübungsfreiheit der Schüler und Schülerinnen folglich nicht. Die negative Religionsausübungsfreiheit der Schüler und Schülerinnen steht dem Wunsch muslimischer Lehrerinnen, ein Kopftuch zu tragen, nicht entgegen.

Das Kopftuch muslimischer Lehrerinnen stellt auch keine Beeinträchtigung der *negativen Bekenntnisfreiheit* der Schüler und Schülerinnen dar. Die negative Bekenntnisfreiheit wird von Art. 140 GG i.V.m. Art. 136 Abs. 3 WRV garantiert[144] und gewährleistet das Recht, die eigene religiöse oder weltanschauliche Überzeugung nicht offenbaren zu müssen.[145] Durch den bloßen Anblick des Kopftuchs muslimischer Lehrerinnen wird kein Schüler und keine Schülerin dazu genötigt, seinen bzw. ihren Glauben oder seine bzw. ihre Weltanschauung zu offenbaren.[146] Der Anblick des Kopftuchs allein fordert keine für andere wahrnehmbare Reaktion, weder Übereinstimmung, noch Ablehnung oder Gleichgültigkeit.[147] Anders

---

140 Zur Verhältnismäßigkeit eines Verbots des Kopftuchs für muslimische Lehrerinnen siehe noch unten B. I. 3. c).

141 *Muckel,* in: Berliner Kommentar zum GG, Band I, Art. 4 Rn. 37. A.A.: *Morlok,* in: Dreier, GG, Band III, Art. 140 GG / Art. 136 WRV Rn. 21.

142 Vgl. *Muckel,* Berliner Kommentar zum GG, Band I, Art. 4 Rn. 37.

143 *Zacharias,* in: FS Rüfner zum 70. Geburtstag, S. 1005.

144 *Zacharias,* in: FS Rüfner zum 70. Geburtstag, S. 1000; a.A.: *Mager,* in: v. Münch / Kunig, GG, Band I, Art. 4 Rn. 38; *Herzog,* in: Maunz / Dürig, GG, Art. 4 Rn. 98.

145 *Muckel,* in: Berliner Kommentar zum GG, Band I, Art. 4 Rn. 25.

146 Vgl. *Spies,* NVwZ 1993, 637, 638 im Zusammenhang mit dem Kopftuch muslimischer Schülerinnen.

als die Teilnahme an einem gemeinsamen Schulgebet[148] versetzt das Kopftuch muslimischer Lehrerinnen die Schüler und Schülerinnen nicht in eine Lage, in der „jedes Schweigen beredt wird und Bekenntnischarakter gewinnt".[149] Somit kann auch die negative Bekenntnisfreiheit der Schüler und Schülerinnen nicht zur Rechtfertigung eines Kopftuchverbots für muslimische Lehrerinnen herangezogen werden.

Fraglich ist, ob der Anblick des Kopftuchs die *negative Glaubensfreiheit* der Schüler und Schülerinnen aus Art. 4 Abs. 1 GG beeinträchtigt.

(aa) Keine Missionierung auf Grund des Anblicks des Kopftuchs

Dann müsste die negative Glaubensfreiheit der Schüler und Schülerinnen durch das Kopftuch der muslimischen Lehrerinnen zunächst einmal *berührt* sein. Die negative Glaubensfreiheit aus Art. 4 Abs. 1 GG schützt das Recht, einen Glauben nicht bilden zu müssen.[150] Sie gewährleistet jedoch grundsätzlich keinen gegen den Staat gerichteten Anspruch darauf, dass andere ihren Glauben nicht bekennen, ihre Religion nicht ausüben oder sonst nicht erkennbar werden lassen.[151] Die negative Glaubensfreiheit schützt die Selbstbestimmung in Glaubensfragen[152] und dies unabhängig davon, ob sich der oder die Einzelne in staatlichen Räumen oder im privaten Bereich mit der Religionsausübung anderer konfrontiert sieht.[153] Die Reichweite der gewährleisteten Freiheit ist objektiv vorgegeben.[154] Als von der negativen Glaubensfreiheit geschütztes Verhalten bzw. Rechtsgut kann daher nur die im forum internum sich vollziehende Entscheidung der Einzelnen für oder gegen einen Glauben in Betracht kommen.[155] Der Schutzbereich der negativen Glaubensfreiheit der Schüler und Schülerinnen wird durch den Anblick des Kopftuchs muslimischer Lehrerinnen demnach nur dann berührt, wenn der Anblick des Kopftuchs überhaupt dazu geeignet ist, die Entscheidung der Schüler und Schülerinnen für oder gegen den Islam zu beeinflussen. Dies kann angenommen werden. Die Begegnung mit dem Kopftuch muslimischer Lehrerinnen kann die den Schülern und Schülerinnen durch die negative Glaubensfreiheit verbürgte innere Freiheit zu glauben zumindest berühren.[156]

---

147 *Jestaedt,* in: FS Listl zum 70. Geburtstag, S. 270 f., auch zum Folgenden; vgl. entsprechend für das Vorhandensein eines Kreuzes im Gerichtssaal BVerfGE 35, 366, 375.

148 Vgl. zum Schulgebet *v. Campenhausen,* in: HStR VI, § 136 Rn. 97.

149 Vgl. *S. Mann,* Das Kopftuch der muslimischen Lehramtsanwärterin, S. 95.

150 *Muckel,* in: Berliner Kommentar zum Grundgesetz, Band I, Art. 4 Rn. 19 m. w. N.

151 Vgl. *Jeand'Heur/Korioth,* Grundzüge des Staatskirchenrechts, Rn. 124.

152 Vgl. *Jestaedt,* in: FS Listl zum 70. Geburtstag, S. 273.

153 Vgl. *Kästner,* in: FS Heckel zum 70. Geburtstag, S. 366; *Jestaedt,* in: FS Listl zum 70. Geburtstag, S. 273; *Zacharias,* KuR 110, 171, 185 f. (= 2002, 115, 129 f.); *Muckel,* Religiöse Freiheit, S. 177. A.A.: BVerfGE 108, 282, 301 f.

154 *S. Mann,* Das Kopftuch der muslimischen Lehramtsanwärterin, S. 97.

155 *Jestaedt,* in: FS Listl zum 70. Geburtstag, S. 274.

Fraglich ist jedoch, ob die Konfrontation mit dem Kopftuch muslimischer Lehrerinnen die negative Glaubensfreiheit der Schüler und Schülerinnen auch *beeinträchtigt*. Unter welchen Umständen eine grundrechtsrelevante Beeinträchtigung der negativen Glaubensfreiheit anzunehmen ist, muss mit Blick auf die von Art. 4 Abs. 1 GG geschützte Selbstbestimmung in Glaubensfragen beantwortet werden. Die negative Glaubensfreiheit will die Grundrechtsberechtigten vor solchen Einflüssen bewahren, die die freie Willensbetätigung und damit den von der negativen Glaubensfreiheit aus Art. 4 Abs. 1 GG gewährleisteten Selbstbestimmungsschutz in Frage stellen.[157] Setzt das Kopftuch der muslimischen Lehrerinnen allein einen Impuls, der zu einer innerlichen Verarbeitung des Gesehenen führt, so liegt darin keine Beeinträchtigung.[158] Vielmehr ist zu fordern, dass die Entscheidung für oder gegen einen Glauben nicht mehr autonom erfolgen kann und die Selbstbestimmungsfähigkeit der Schüler und Schülerinnen durch den Anblick des Kopftuchs in Frage gestellt ist. Eine Beeinträchtigung der negativen Glaubensfreiheit ist daher nur dann anzunehmen, wenn der innere Prozess der Verarbeitung eines glaubensrelevanten Einflusses nicht mehr frei erfolgen kann, also Denkvorgänge, die Teil dieses Prozesses sind, fremdbestimmt sind.[159]

Die von dem Kopftuch der muslimischen Lehrerinnen ausgehenden Impulse sind regelmäßig nicht von einem solchen Gewicht, dass jede kritische Auseinandersetzung mit dem optisch Wahrgenommenen unmöglich gemacht oder zumindest erschwert wird, oder das Kopftuch einen subliminal in das Unterbewusstsein des Betrachters eindringenden Befehl aussendet, eine bestimmte Glaubensüberzeugung zu bilden.[160] Allgemein werden die Schüler und Schülerinnen durch den Anblick des Kopftuchs muslimischer Lehrerinnen nicht zu reizüberforderten Individuen.[161] Kritik- und Kontrollfähigkeit und damit die Selbstbestimmungsfähigkeit werden durch die Konfrontation mit dem Kopftuch grundsätzlich nicht herabgesetzt. Der Anblick des Kopftuchs ist generell nicht dazu geeignet, gegen den Willen des Grundrechtsberechtigten in dessen religiös-weltanschauliches forum internum einzudringen. Prinzipiell obliegt es dem freien Willen jedes Schülers und jeder Schülerin, sich mit dem Kopftuch auseinanderzusetzen oder es zu ignorieren.[162]

---

156 Vgl. *Jestaedt,* in: FS Listl zum 70. Geburtstag, S. 274; a.A.: *S. Mann,* Das Kopftuch der muslimischen Lehramtsanwärterin, S. 96 f., die davon ausgeht, dass der Schutzbereich der negativen Glaubensfreiheit durch den Anblick religiöser Symbole nicht berührt ist.

157 Würde die negative Glaubensfreiheit bereits vor dem Anblick des Kopftuchs und nicht erst vor einer Beeinträchtigung der Selbstbestimmung in Glaubensfragen schützen, wäre in der Konfrontation mit dem Kopftuch unzweifelhaft eine Beeinträchtigung der Glaubensfreiheit zu sehen. Zur Frage, wann von einer grundrechtsrelevanten Beeinträchtigung der negativen Glaubensfreiheit aus Art. 4 Abs. 1 GG ausgegangen werden kann, kann auf die Dissertation der Verfasserin (siehe Fn. 1) verwiesen werden.

158 Vgl. *Zacharias,* in: FS Rüfner zum 70. Geburtstag, S. 999.

159 Vgl. *Zacharias,* in: FS Rüfner zum 70. Geburtstag, S. 998; *Jestaedt,* in: FS Listl zum 70. Geburtstag, S. 277.

160 *Zacharias,* KuR 110, 171, 187 (= 2002, 115, 131).

161 Vgl. *Jestaedt,* in: FS Listl zum 70. Geburtstag, S. 277 f., auch zum Folgenden.

Es ist indes zu beachten, dass Lehrkräfte den Schülern und Schülerinnen tagtäglich als Vorbild in Erscheinung treten. Jedenfalls bezüglich nicht-muslimischer Jungen und Mädchen dürfte aber auch diese Vorbildwirkung grundsätzlich nicht dazu führen, dass die Schüler und Schülerinnen nicht mehr Herr ihrer Willensbildungsprozesse sind. Anders könnte die Situation jedoch zu beurteilen sein, wenn das Kopftuch muslimischer Lehrerinnen im Hinblick auf schwach integrierte Teile der muslimischen Schülerschaft betrachtet wird. Insbesondere hinsichtlich wenig eingegliederter muslimischer Mädchen erscheint das Kopftuch muslimischer Lehrerinnen, was eine unterschwellige Indoktrination anbelangt, nicht unproblematisch. Es könnte sein, dass Lehrerinnen mit Kopftuch den (elterlichen) Druck auf muslimische Mädchen, ein Kopftuch zu tragen, verstärken und damit die von der negativen Glaubensfreiheit geschützte freie Selbstbestimmung in Glaubensfragen durch das Kopftuch muslimischer Lehrerinnen insoweit beeinträchtigt wird.[163] Von dem Kopftuch muslimischer Lehrerinnen könnten, wenn auch nur subkutane, von der Intention der jeweiligen Trägerin unabhängige missionarische Effekte in bestimmten dafür anfälligen, ohnehin schwach integrierten Teilen der Schülerschaft ausgehen. Dem wird zwar teilweise entgegengehalten, dass vielleicht kopftuchtragende Lehrerinnen islamischen Mädchen den Wert der Bildung und die Entscheidung für ein selbstständiges Leben gerade auch für sie selber besser vermitteln könnten, als Lehrerinnen ohne Kopftuch.[164] Kopftuchtragende Lehrerinnen hätten eventuell die Chance, auf die schwach integrierten muslimischen Schülerinnen besser einzugehen und ihnen zu beweisen, dass sich der Islam mit einem selbständigen Leben verbinden lässt.[165] Dieses Vorbringen entkräftet jedoch nicht die gegen das Kopftuch muslimischer Lehrerinnen im Hinblick auf weniger integrierte muslimische Mädchen vorgebrachten Bedenken. Das den muslimischen Schülerinnen von muslimischen Lehrerinnen mit Kopftuch vermittelte Bild, ihr Leben mit Kopftuch selbstständig bestimmen zu können, könnte ohnehin schwach integrierten muslimischen Mädchen suggerieren, ein selbständiges Leben und ihre Religion ließen sich nur mit Kopftuch vereinbaren. Dies aber würde ja gerade die von Art. 4 Abs. 1 GG geschützte Selbstbestimmung in Glaubensfragen beeinträchtigen.

Demnach ist festzuhalten, dass das Kopftuch muslimischer Lehrerinnen im Hinblick auf schwach integrierte muslimische Mädchen jedenfalls eine Gefahr bergen könnte. Eine Beeinträchtigung der negativen Glaubensfreiheit der entsprechenden muslimischen Schülerinnen kann indes nur dann angenommen werden, wenn feststeht, dass das Kopftuch muslimischer Lehrerinnen zumindest eine abstrakte Gefahr begründet.[166] Ein Gefahrenverdacht bzw. ein „Besorgnispotential“, also eine

---

162 Vgl. *Rux,* Der Staat 35 (1996), 523, 539.

163 Vgl. *Hufen,* NVwZ 2004, 575, 576; *Sacksofsky,* NJW 2003, 3297, 3299; *Stock,* RdJB 2005, 94, 102.

164 *Sacksofsky,* NJW 2003, 3297, 3299.

165 Vgl. VG Lüneburg, NJW 2001, 767, 771.

Schadensmöglichkeit, die sich deshalb nicht ausschließen lässt, weil nach derzeitigem Wissensstand bestimmte Ursachenzusammenhänge weder bejaht noch verneint werden können, reicht nicht aus, um eine grundrechtsrelevante Beeinträchtigung der negativen Glaubensfreiheit der Schüler und Schülerinnen zu begründen.[167] In der tatsächlichen Grundlage der Gefahrenprognose dürfen keine Ungewissheiten bestehen. Unsicherheiten in der Sachverhaltsaufklärung dürfen jedenfalls nicht zu Lasten der muslimischen Lehrerinnen gehen.[168] Die Möglichkeit, dass das Kopftuch muslimischer Lehrerinnen die von der negativen Glaubensfreiheit geschützte Selbstbestimmung in Glaubensfragen bei schwach integrierten muslimischen Schülerinnen beeinträchtigen kann, muss daher tatsächlich feststellbar sein. Der Sachverhalt muss insoweit vollständig aufgeklärt sein.

Ob das Kopftuch muslimischer Lehrerinnen tatsächlich eine indoktrinierende Wirkung auf schwach integrierte Teile der Schülerbelegschaft hat, ist jedoch, soweit ersichtlich, unklar und wissenschaftlich nicht belegt. Es kann genauso gut möglich sein, dass das Kopftuch muslimischer Lehrerinnen auf die religiöse Orientierung der muslimischen Schülerinnen überhaupt keinen Einfluss hat. So wurde auch in dem vom BVerfG zu entscheidenden „Kopftuchfall" von Sachverständigen lediglich festgestellt, dass für eine Beeinflussung der Kinder auf Grund des Kopftuchs noch keine gesicherten Kenntnisse vorliegen.[169]

Da die Möglichkeit einer (wenn auch von den Trägerinnen ungewollten) Missionierung durch den Anblick des Kopftuchs muslimischer Lehrerinnen bislang, soweit ersichtlich, nicht belegt ist, muss zum jetzigen Zeitpunkt davon ausgegangen werden, dass das Kopftuch muslimischer Lehrerinnen nicht dazu geeignet ist, die Selbstbestimmung der Schüler und Schülerinnen in Glaubensfragen zu beeinträchtigen. Auch im Hinblick auf schwach integrierte Teile der muslimischen Schülerschaft kann mithin (jedenfalls zum jetzigen Zeitpunkt) nicht angenommen werden, dass der von der Glaubensfreiheit geschützte Selbstbestimmungsaspekt durch das Kopftuch muslimischer Lehrerinnen in Frage gestellt wird. Dem Kopftuch muslimischer Lehrerinnen kann daher (derzeit) insgesamt keine missionierende Wirkung auf die Schüler und Schülerinnen zugeschrieben werden. Demnach begründet die Konfrontation mit dem Kopftuch muslimischer Lehrerinnen grundsätzlich keine Beeinträchtigung der negativen Glaubensfreiheit der Schüler und Schülerinnen.

---

166 Vgl. BVerfGE 108, 282, 306: „Eine derart ungesicherte Erkenntnislage reicht als Grundlage einer behördlichen Anwendung des unbestimmten Rechtsbegriffs der Eignung, die erheblich in das Grundrecht der Beschwerdeführerin aus Art. 4 Abs. 1 und 2 GG eingreift, nicht aus." Siehe auch *S. Mann,* Das Kopftuch der muslimischen Lehramtsanwärterin, S. 101 ff.

167 Vgl. zum Gefahrenverdacht bzw. zum „Besorgnispotential": BVerwGE 116, 347, 350 f.

168 Vgl. *S. Mann,* Das Kopftuch der muslimischen Lehramtsanwärterin, S. 102 f.

169 So auch BVerfGE 108, 282, 306.

(bb) Keine Differenzierung nach dem Alter der Schüler und Schülerinnen

Teilweise wird jedoch bei der Frage einer Beeinträchtigung der negativen Glaubensfreiheit der Schüler und Schülerinnen durch den Anblick des Kopftuchs muslimischer Lehrerinnen eine Differenzierung nach dem Alter der Kinder vorgenommen.[170] Insoweit wird geltend gemacht, dass Jungen und Mädchen im jüngeren Alter mental leichter beeinflussbar seien.[171] Dies führe dazu, dass ein an sich unter der Schwelle einer grundrechtsrelevanten Beeinträchtigung liegendes Verhalten ausnahmsweise, auf Grund des jungen Alters der Kinder, als Beeinträchtigung zu werten ist.

Dem ist jedoch entgegenzuhalten, dass gerade junge Kinder bis ca. zum zehnten Lebensjahr noch nicht zu formalen Denkoperationen befähigt sind, mithin auch nicht zur Reflexion.[172] Durch den Anblick des Kopftuchs können die Kinder den Hintergrund des Kopftuchs nicht in dem Ausmaß hinterfragen, dass sich ihnen der religiöse Kontext erschließt. Kommt es zu Nachahmungen, wird jedenfalls nicht der religiöse Zusammenhang des Kopftuchs im Mittelpunkt stehen.[173] Eine religiöse Missionierung durch das Kopftuch scheidet dann aber aus. Eine Differenzierung auf Grund des Alters ist mithin nicht vorzunehmen.[174]

(cc) Zwischenergebnis

Es ist festzuhalten, dass (zum jetzigen Zeitpunkt davon auszugehen ist, dass) durch den Anblick Kopftuch tragender Lehrerinnen keine Beeinträchtigung der Grundrechte von Schülern und Schülerinnen erfolgt.[175] Problematisch hinsichtlich der Grundrechte von Schülern und Schülerinnen könnte (derzeit) nur eine Indoktrinierungsgefahr durch ein über das Kopftuchtragen hinausgehendes religiöses Verhalten der Lehrkräfte sein.[176]

---

170 Vgl. BVerwG, NJW 2002, 3344, 3345; *Mager,* in: v. Münch / Kunig, GG, Band I, Art. 4 Rn. 65; *Oebbecke,* in: Khoury / Heine / Oebbecke, Handbuch Recht und Kultur des Islams in der deutschen Gesellschaft, S. 314; *Langenfeld,* RdJB 2000, 303, 309.

171 Vgl. VGH Mannheim, NJW 2001, 2899, 2904.

172 *S. Mann,* Das Kopftuch der muslimischen Lehramtsanwärterin, S. 101, auch zum Folgenden.

173 Vgl. *Anger,* Islam in der Schule, S. 271.

174 Siehe auch *Jestaedt,* in: FS Listl zum 70. Geburtstag, S. 279 ff.

175 Vgl. *Kästner,* in: FS Heckel zum 70. Geburtstag, S. 366; *Muckel,* in: FS Link zum 70. Geburtstag, S. 343; *Anger,* Islam in der Schule, S. 265 ff.; *S. Mann,* Das Kopftuch der muslimischen Lehramtsanwärterin, S. 98 ff.

176 Vgl. *S. Mann,* Das Kopftuch der muslimischen Lehramtsanwärterin, S. 100.

(b) Grundrechte der Eltern

Das Kopftuch muslimischer Lehrerinnen könnte die Religionsausübungsfreiheit der Eltern aus Art. 4 Abs. 2 GG und das elterliche Erziehungsrecht aus Art. 6 Abs. 2 S. 1 GG beeinträchtigen.

(aa) Die Religionsausübungsfreiheit

Die Religionsausübungsfreiheit aus Art. 4 Abs. 2 GG gewährleistet den Eltern das Recht, „ihren Kindern diejenigen Überzeugungen in Glaubens- und Weltanschauungsfragen zu vermitteln", die sie selbst für richtig erachten.[177] Durch eine Konfrontation mit dem Kopftuch muslimischer Lehrerinnen wird jedoch die Möglichkeit der Eltern keinesfalls berührt, ihre Kinder im Sinne ihrer religiösen und weltanschaulichen Dogmen zu erziehen.[178] Der Anblick des Kopftuchs muslimischer Lehrerinnen hindert die religiöse Erziehung des Kindes durch seine Eltern nicht; ihnen bleibt es unbenommen, den Kindern diejenigen Auffassungen des Islam und des muslimischen Kopftuchs nahe zu bringen, die aus ihrer Sicht die richtige ist. Denn das Kopftuch der muslimischen Lehrerinnen hat keine (zum jetzigen Zeitpunkt feststellbare) missionarische Wirkung auf die Schüler und Schülerinnen und beeinträchtigt insoweit auch nicht die elterliche Erziehung. Die Religionsausübungsfreiheit aus Art. 4 Abs. 2 GG räumt den Eltern nicht das Recht ein, die Kinder von Glaubensüberzeugungen fern zu halten, die den Eltern falsch oder schädlich erscheinen.[179] Denn dies würde voraussetzen, dass Art. 4 Abs. 2 GG den Eltern die Rechtsmacht gewährt, andere von der Erziehung ihres Kindes auszuschließen.[180] Eine derartige Drittbestimmungsmacht ist jedoch einzig dem elterlichen Erziehungsrecht aus Art. 6 Abs. 2 S. 1 GG inhärent. Gewährleistet von der Religionsausübungsfreiheit aus Art. 4 Abs. 2 GG wird den Eltern die Befugnis, über die eigenen Erziehungsvorstellungen zu bestimmen, nicht aber ein Recht, über andere zu bestimmen.[181] Die Religionsausübungsfreiheit aus Art. 4 Abs. 2 GG schützt die religiöse Erziehung, allerdings ohne das Recht zur Fremdbestimmung des Kindes und zur Ausschließung anderer von der Einwirkung auf das Kind.[182] Daher wird die Religionsausübungsfreiheit der Eltern aus Art. 4 Abs. 2 GG durch das Kopftuch muslimischer Lehrerinnen nicht beeinträchtigt.[183]

---

177 BVerfGE 41, 29, 47 f.; 93, 1, 17; 52, 223, 236; 108, 282, 301; *Zacharias,* KuR 110, 171, 187 (= 2002, 115, 131); *Jestaedt,* in: FS Listl zum 70. Geburtstag, S. 293 m. w. N.; insoweit wird jeweils auf Art. 4 Abs. 1 Alt. 1 und 3 GG (Glaubens- und Bekenntnisfreiheit) abgestellt.

178 *Jestaedt,* in: FS Listl zum 70. Geburtstag, S. 293; *S. Mann,* Das Kopftuch der muslimischen Lehramtsanwärterin, S. 108.

179 A.A.: BVerfGE 93, 1, 17; 108, 282, 301.

180 Vgl. *Jestaedt,* in: FS Listl zum 70. Geburtstag, S. 294, auch zum Folgenden.

181 *Jestaedt,* in: FS Listl zum 70. Geburtstag, S. 294.

182 Vgl. *Jestaedt,* in: Listl / Pirson, HdbStKirchR^2 II, S. 385; *ders.*, in: Bonner Kommentar zum GG, Art. 6 Abs. 2 und 3 Rn. 264.

(bb) Das elterliche Erziehungsrecht

Art. 6 Abs. 2 S. 1 GG bestimmt, dass Pflege und Erziehung das natürliche Recht der Eltern und die ihnen zuvörderst obliegende Pflicht sind.[184] Das elterliche Erziehungsrecht aus Art. 6 Abs. 2 S. 1 GG umfasst auch die religiöse Erziehung des Kindes.[185] Es enthält demnach ebenfalls das Recht der Eltern, ihren Kindern (zumindest bis zu deren Religionsmündigkeit[186]) diejenigen Überzeugungen in Glaubens- und Weltanschauungsfragen zu vermitteln, die sie für richtig halten.[187] Zusätzlich gewährt Art. 6 Abs. 2 S. 1 GG den Eltern das Recht, Dritte von der Erziehung ihrer Kinder auszuschließen.[188] Art. 6 Abs. 2 S. 1 GG sichert den Eltern bis zum Eintritt der Religionsmündigkeit des Kindes eine einseitige unmittelbare Bestimmungsmöglichkeit über das Kind im Hinblick auf seine Persönlichkeitsentfaltung.[189] Im Gegensatz zu dem aus der Religionsausübungsfreiheit aus Art. 4 Abs. 2 GG abgeleiteten Recht der Eltern, ihre Kinder gemäß den eigenen religiösen Vorstellungen zu erziehen, umfasst das aus Art. 6 Abs. 2 S. 1 GG abgeleitete Recht der Eltern eine umfangreiche Dritt-Bestimmungsmacht. Die Elternverantwortung äußert sich bei Art. 6 Abs. 2 S. 1 GG sowohl im Handeln gegenüber dem Kinde, als auch im Handeln für das Kind mit Ausschlusswirkung gegenüber Dritten.[190] Diese von Art. 6 Abs. 2 S. 1 GG gewährleistete Bestimmungsmacht könnte es rechtfertigen, den Eltern einen Anspruch darauf zuzuerkennen, ihre Kinder von Glaubensüberzeugungen fern zu halten, die den Eltern als falsch oder schädlich erscheinen.[191] Insoweit könnte Eltern aus Art. 6 Abs. 2 S. 1 GG ein Anspruch dahingehend zustehen, ihre Kinder dem Anblick von Lehrerinnen mit Kopftuch nicht auszusetzen. Ob sich die Eltern diesbezüglich auf Art. 6 Abs. 2 S. 1 GG aber tat-

---

183 Vgl. auch *Muckel,* in: FS Link zum 70. Geburtstag, S. 343; *Jestaedt,* in: FS Listl zum 70. Geburtstag, S. 294 f.; *S. Mann,* Das Kopftuch der muslimischen Lehramtsanwärterin, S. 109.

184 Das elterliche Erziehungsrecht aus Art. 6 Abs. 2 S. 1 GG ist auch im Schulbereich von Bedeutung, vgl. *Jestaedt,* DVBl. 1997, 693, 695; ausführlich: *Thiel,* Der Erziehungsauftrag des Staates in der Schule, S. 139 ff.; *Anger,* Islam in der Schule, S. 185 ff.; *S. Mann,* Das Kopftuch der muslimischen Lehramtsanwärterin, S. 109 ff.

185 BVerfGE 108, 282, 301; 52, 223, 235 f.; 41, 29, 44; *Robbers,* in: v. Mangoldt / Klein / Starck, Das Bonner GG, Band I, Art. 6 Abs. 2 Rn. 204; *Jestaedt,* in: FS Listl zum 70. Geburtstag, S. 295; *Zacharias,* KuR 110, 171, 188 (= 2002, 115, 132).

186 Die Religionsmündigkeit des Kindes wird in verfassungsrechtlich zulässiger Weise durch das Gesetz über die religiöse Kindeserziehung vom 15. 07. 1921 (RGBl. S. 939 = BGBl. III 404 – 9) konkretisiert.

187 BVerfGE 108, 282, 301 m. w. N.

188 Vgl. *Zacharias,* KuR 110, 171, 188 (= 2002, 115, 132).

189 *Böckenförde,* Essener Gespräche zum Thema Staat und Kirche 14 (1980), 54, 59 f.; *Thiel,* Der Erziehungsauftrag des Staates in der Schule, S. 138 f. Zum Schutzbereich des elterlichen Erziehungsrechts aus Art. 6 Abs. 2 S. 1 GG nach Eintritt der Religionsmündigkeit des Kindes siehe unten C. I. 1. b) aa).

190 *Jestaedt,* in: FS Listl zum 70. Geburtstag, S. 295.

191 So *Jestaedt,* in: FS Listl zum 70. Geburtstag, S. 295 f.

sächlich berufen können, hängt maßgeblich von Sinn und Zweck des elterlichen Erziehungsrechts aus Art. 6 Abs. 2 S. 1 GG ab.

Bei dem elterlichen Erziehungsrecht aus Art. 6 Abs. 2 S. 1 GG handelt es sich um ein im Kindeswohl begründetes Recht,[192] eine treuhänderische Freiheit[193], und nicht um ein Recht um der Selbstverwirklichung der Eltern Willen[194]. Die Eltern müssen dem Kind dabei helfen, zu einer selbstständigen und eigenverantwortlichen Person innerhalb der Gesellschaft heranzureifen.[195] Diese Aufgabe der Eltern begrenzt den Schutzbereich des elterlichen Erziehungsrechts aus Art. 6 Abs. 2 S. 1 GG von vornherein.[196] Nicht vom elterlichen Erziehungsrecht aus Art. 6 Abs. 2 S. 1 GG geschützt werden Verhaltensweisen, die das Ziel elterlicher Erziehung, das Kind zu einer mündigen Person heranreifen zu lassen, beeinträchtigen.[197]

Die Gemeinschaft, die heute in Deutschland existiert, ist eine pluralistisch geprägte Gesellschaft, in der die vielfältigen kulturellen Unterschiede deutlich in Erscheinung treten. Dazu gehört auch das islamische Kopftuch, mit dem die Schüler und Schülerinnen sowohl in der Schule (durch muslimische Mitschülerinnen[198]), als auch außerhalb der Schule ständig konfrontiert werden. Es erschiene dann aber lebensfremd, pluralistische Tendenzen, wie sie innerhalb einer offenen Gemeinschaft zu Tage treten, von dem Kind fernhalten zu wollen.[199] Die Verfassung will und kann Einflüsse auf das Kind, die sich aus seiner sich entwickelnden Gemeinschaftsbezogenheit ergeben, nicht von ihm fernhalten. Im pluralistischen Staat vermögen daher selbstverständliche optische Wahrnehmungen (zu denen die Kleidung des Lehrpersonals jedenfalls so lange zählt, wie sie sich – wie das Kopftuch – im Rahmen gesellschaftlich verbreiteter Üblichkeit hält) den Grundrechts-

---

192 BVerfGE 59, 360, 376 f.; 61, 358, 371 f.; 72, 155, 171 f.; *Stern,* in: Das Staatsrecht der Bundesrepublik Deutschland IV/1, S. 505; *Jestaedt,* in: Listl/Pirson, HdbStKirchR^2 II, S. 377; *Hebeler/Schmidt,* NVwZ 2005, 1368, 1370; *Böckenförde,* Essener Gespräche zum Thema Staat und Kirche 14 (1980), 54, 67.

193 Vgl. BVerfGE 59, 360, 377; 61, 358, 371 f.; *Robbers,* in: v. Mangoldt/Klein/Starck, Das Bonner GG, Band I, Art. 6 Abs. 2 Rn. 145; *Pieroth,* in: Jarass/Pieroth, GG, Art. 6 Rn. 31; *Coester-Waltjen,* in: v. Münch/Kunig, GG, Band I, Art. 6 Rn. 77. Kritisch gegenüber der Bezeichnung des Art. 6 Abs. 2 S. 1 GG als treuhänderisches Recht: *Fehnemann,* AöR 105 (1980), 529, 533 f.; *dies.*, DÖV 1982, 353, 356 ff.; siehe auch *Gröschner,* in: Dreier, GG, Band I, Art. 6 Rn. 99.

194 *Hebeler/Schmidt,* NVwZ 2005, 1368, 1370.

195 Vgl. BVerfGE 24, 119, 144; 56, 363, 384; *Böckenförde,* Essener Gespräche zum Thema Staat und Kirche 14 (1980), 54, 65; *Gröschner,* in: Dreier, GG, Band I, Art. 6 Rn. 110; *Jestaedt,* in: Listl/Pirson, HdbStKirchR^2 II , S. 380; *Coester-Waltjen,* in: v. Münch/Kunig, GG, Band I, Art. 6 Rn. 81; *Muckel,* in: FS Link zum 70.Geburtstag, S. 343; *Zacharias,* KuR 110, 171, 188 (= 2002, 115, 132).

196 Vgl. Zacharias, KuR 110, 171, 188 (= 2002, 115, 132).

197 *Böckenförde,* Essener Gespräche zum Thema Staat und Kirche 14 (1980), 54, 65.

198 Siehe zum Kopftuch muslimischer Schülerinnen unten C. I.

199 *Muckel,* in: FS Link zum 70. Geburtstag, S. 343, auch zum Folgenden.

schutz des Art. 6 Abs. 2 GG schon auf der Ebene des Schutzbereichs nicht zu aktivieren.[200]

Selbst wenn aber der Schutzbereich des Art. 6 Abs. 2 GG durch das Kopftuch muslimischer Lehrerinnen berührt und eine Beeinträchtigung des elterlichen Erziehungsrechts aus Art. 6 Abs. 2 S. 1 GG anzunehmen wäre (die dann aber allenfalls auf „homöopathischem Niveau“[201] stattfände[202]), wäre diese jedenfalls verfassungsrechtlich gerechtfertig.[203] Stünden sich die Religionsausübungsfreiheit der muslimischen Lehrerinnen aus Art. 4 Abs. 2 GG und das elterliche Erziehungsrecht aus Art. 6 Abs. 2 GG gegenüber, hätte sich die Auflösung des insoweit gegebenen Konflikts an der Richtschnur praktischer Konkordanz zu orientieren.[204] Die damit erforderliche Abwägung hätte den schonendsten Ausgleich der widerstreitenden Positionen zum Ziel. Im Ergebnis würde dies dazu führen, dass sich die Lehrerinnen auf ein dezentes Kopftuch zu beschränken und jedwede Missionierungsversuche zu unterlassen hätten.[205] Ein vollständiger Verzicht auf das Kopftuch wäre den Lehrerinnen im Hinblick auf die nur geringe Beeinträchtigung des elterlichen Erziehungsrechts jedenfalls unzumutbar. Nur dann, wenn dem Kopftuch der muslimischen Lehrerinnen eine missionierende Wirkung zugesprochen werden könnte, würde das elterliche Erziehungsrecht aus Art. 6 Abs. 2 S. 1 GG die Religionsausübungsfreiheit der muslimischen Lehrerinnen aus Art. 4 Abs. 2 GG überwiegen. Dies ist indes nicht der Fall.

(cc) Zwischenergebnis

Das Kopftuch muslimischer Lehrerinnen begründet keine Beeinträchtigung der Grundrechte der Eltern.

(c) Zwischenergebnis

Grundrechte Dritter kommen als allgemeine Interessen für ein generelles Verbot des Kopftuchs für muslimische Lehrerinnen nicht in Betracht.

---

200 *Anger,* Islam in der Schule, S. 275 ff.; *S. Mann,* Das Kopftuch der muslimischen Lehramtsanwärterin, S. 111 f.; a.A. *Jestaedt,* in: FS Listl zum 70. Geburtstag, S. 295 f.; a.A. offenbar auch BVerfGE 108, 282, 301, jedoch mit dem Hinweis, dass das Elternrecht keinen ausschließlichen Erziehungsanspruch begründet.

201 *Jestaedt,* in: FS Listl zum 70. Geburtstag, S. 296.

202 *Muckel,* in: FS Link zum 70. Geburtstag, S. 343. Zweifel an der Eingriffsqualität äußert *S. Mann,* Das Kopftuch der muslimischen Lehramtsanwärterin, S. 112 f.

203 A.A.: *Jestaedt,* in: FS Listl zum 70. Geburtstag, S. 295 ff.

204 *S. Mann,* Das Kopftuch der muslimischen Lehramtsanwärterin, S. 113 m. w. N.; *Muckel,* in: FS Link zum 70. Geburtstag, S. 344.

205 Vgl. *Muckel,* in: FS Link zum 70. Geburtstag, S. 344.

(3) Das Gebot religiös-weltanschaulicher Neutralität des Staates

Das Kopftuch muslimischer Lehrerinnen könnte gegen das Gebot religiös-weltanschaulicher Neutralität verstoßen.[206] Das Gebot religiös-weltanschaulicher Neutralität ist an den Staat gerichtet und verpflichtet ihn, bei der Gestaltung des Schulwesens und schulischer Veranstaltungen dieses verfassungsrechtliche Prinzip zu befolgen.[207] Das Gebot religiös-weltanschaulicher Neutralität ist auch für Lehrer und Lehrerinnen verbindlich.[208] Über die beamtenrechtlichen Pflichten reicht der Staat seine ihm obliegende Verpflichtung zur Wahrung der Neutralität in der Schule an die Lehrkräfte weiter.[209]

Die Pflicht zu weltanschaulich-religiöser Neutralität wird für den Staat als „Heimstatt aller Staatsbürger" in Art. 4 Abs. 1, Art. 3 Abs. 3 S. 1, Art. 33 Abs. 3 sowie durch Art. 136 Abs. 1 und 4 und Art. 137 Abs. 1 WRV i.V.m. Art. 140 GG begründet.[210] Für den Bereich der Schule ist zudem Art. 7 Abs. 1 GG heranzuziehen, der das Schulwesen unter die Aufsicht des Staates stellt.[211] Der Gedanke der religiös-weltanschaulichen Neutralität des Staates ist nicht als einheitliches Verfassungsprinzip zu begreifen.[212] Der Inhalt des Gebots religiös-weltanschaulicher Neutralität des Staates ist abhängig von den unterschiedlichen staatlichen Bereichen. Das Gebot religiös-weltanschaulicher Neutralität des Staates kann im Bereich der Schule mit anderem Inhalt wirksam werden als in sonstigen Gebieten staatlichen Handelns.[213] Der Inhalt des Gebots religiös-weltanschaulicher Neutralität des Staates ist aus einer ex-post-Zusammenfassung und Schlussfolgerung der für den jeweiligen Bereich einschlägigen Verbürgungen der Verfassung zu ermitteln.[214]

Wie sich aus der Gewährleistung des Religionsunterrichts an öffentlichen Schulen (Art. 7 Abs. 3 GG) und des Rechts zur Begründung öffentlicher Bekenntnis-

---

206 Oftmals findet sich im Zusammenhang mit dem Gebot religiös-weltanschaulicher Neutralität des Staates das Gebot zur religiösen Toleranz. Dieses stellt jedoch kein eigenständiges Verfassungsprinzip dar (zur genaueren Begründung kann auf die Dissertation der Verfasserin (vgl. Fn. 1) verwiesen werden). Abgesehen davon, dass sich bereits die Definition des Toleranzbegriffs als problematisch erweist, ist der Toleranzgedanke bereits in den Grundrechten, dem Gebot der praktischen Konkordanz (*Bäumlin,* VVDStRL 28, 3, 31) und dem Verhältnismäßigkeitsgrundsatz (*Werner,* Recht und Toleranz, B 13) enthalten und bedarf somit keiner eigenständigen Berücksichtigung mehr, vgl. dazu *Muckel,* Religiöse Freiheit, S. 116 ff.; *S. Mann,* Das Kopftuch der muslimischen Lehramtsanwärterin, S. 73 ff.

207 *Groh,* RdJB 1985, 301, 302, auch zum Folgenden.

208 Vgl. BVerfGE 108, 282, 299; *Muckel,* in: FS Link zum 70. Geburtstag, S. 341.

209 *Anger,* Islam in der Schule, S. 279 f.

210 BVerfGE 108, 282, 299.

211 *S. Mann,* Das Kopftuch der muslimischen Lehramtsanwärterin, S. 64.

212 *Muckel,* Religiöse Freiheit, S. 72; *Böckenförde,* NJW 2001, 723, 726.

213 Dazu ausführlich, *Anger,* Islam in der Schule, S. 282 f.

214 *Böckenförde,* NJW 2001, 723, 726.

schulen (Art. 7 Abs. 5 GG) ergibt, ist die staatliche Befassung mit konfessionellen Inhalten nicht in allen Bereichen der Erziehung und Bildung untersagt.[215] Religiös-weltanschauliche Neutralität im Bereich der Schule meint nicht, dass bei der Erfüllung des staatlichen Bildungs- und Erziehungsauftrags aus Art. 7 Abs. 1 GG auf religiös-weltanschauliche Bezüge vollständig verzichtet werden muss.[216] Indifferenz oder Laizismus ist dem Staat (auch in der Schule) nicht aufgegeben.[217] Staatliche Neutralität im Bereich der Schule ist daher nicht absolut zu begreifen.[218] Dies schließt es indes nicht aus, dass das Kopftuch muslimischer Lehrerinnen dem Gebot religiös-weltanschaulicher Neutralität des Staates im Bereich der Schule widerspricht. Äußere Glaubensbekundungen von Lehrkräften könnten die Grenze zulässiger religiös-weltanschaulicher Betätigung des Staates in der Schule überschreiten. Aus dem Gebot religiös-weltanschaulicher Neutralität des Staates könnte sich für Lehrer und Lehrerinnen die Pflicht ergeben, während des Unterrichts bzw. in der Schule auf das Tragen religiöser Erkennungsmerkmale zu verzichten. Fraglich ist demnach, mit welchem *Inhalt* das Gebot religiös-weltanschaulicher Neutralität des Staates im Bereich der Schule wirksam wird.

(a) Das Gebot der staatlichen Nichtidentifikation

Unproblematisch ist jedenfalls, dass das Gebot der Nichtidentifikation zum gesicherten Bestand religiös-weltanschaulicher Neutralität des Staates zu rechnen ist.[219] Dem Staat ist es demnach verboten, in Wahrheitsfragen zwischen den Religionen, Konfessionen und Weltanschauungen Partei zu ergreifen.[220] Dies gilt auch im Bereich der Schule. In einer Identifizierung des Staates mit dem Kopftuch muslimischer Lehrerinnen wäre unzweifelhaft ein Verstoß gegen das Gebot religiös-weltanschaulicher Neutralität des Staates zu sehen. Eine Identifizierung des Staates mit dem Kopftuch muslimischer Lehrerinnen könnte angenommen werden, wenn sich der Staat die in dem Kopftuch zum Ausdruck kommende religiöse Überzeugung der Lehrerinnen zurechnen lassen müsste.[221] Dies ist indes nicht anzunehmen. Auch im staatlichen Bereich sind muslimische Lehrerinnen Trägerinnen von Grundrechten.[222] Sie können sich für das Tragen des Kopftuchs

---

215 *Niehues,* Schul- und Prüfungsrecht, Rn. 180.

216 Vgl. *Muckel,* in: FS Link zum 70. Geburtstag, S. 340.

217 *Link,* in: Listl / Pirson, HdbStKirchR^2 II, S. 507. Vgl. auch *Muckel,* in: FS Link zum 70. Geburtstag, S. 340; *v. Campenhausen / de Wall,* Staatskirchenrecht, S. 92 ff.; *Jeand'Heur / Korioth,* Grundzüge des Staatskirchenrechts, Rn. 161 ff.

218 *Niehues,* Schul- und Prüfungsrecht, Rn. 180.

219 Vgl. *Schlaich,* Neutralität als Verfassungsrechtliches Prinzip, S. 187, 236 ff.; *Link,* in: Listl / Pirson, HdbStKirchR^2 II, S. 507; *Morlok,* in: Dreier, GG, Band III, Art. 140 Rn. 35; *Muckel,* in: FS Link zum 70. Geburtstag, S. 339 f.

220 *Muckel,* in: FS Link zum 70. Geburtstag, S. 339 f.; *ders.*, Religiöse Freiheit, S. 76; *Morlok,* in: Dreier, GG, Band III, Art. 140 Rn. 35; *ders.*, RdJB 2003, 381, 388 f.

221 Vgl. *Morlok,* RdJB 2003, 381, 389.

auf ihre Religionsausübungsfreiheit aus Art. 4 Abs. 2 GG berufen. Die muslimischen Lehrerinnen entscheiden sich für das Tragen des Kopftuchs auf Grund eines autonomen Entschlusses. Das Tragen des Kopftuchs wird den muslimischen Lehrerinnen vom Staat nicht vorgegeben. Es ist das Kopftuch der muslimischen Lehrerinnen und nicht das Kopftuch des Staates.[223] Dies ist auch für die Schüler und Schülerinnen erkennbar.[224] Es ist grundsätzlich davon auszugehen, dass die Schüler und Schülerinnen begreifen, dass die muslimischen Lehrerinnen staatlicherseits nicht dazu verpflichtet sind, ein Kopftuch zu tragen bzw. dass dies den muslimischen Lehrerinnen auch nicht von der Schule nahe gelegt wird, sondern dass das Tragen des Kopftuchs als Konsequenz einer persönlichen Überzeugung der Lehrerinnen von der Schule allenfalls toleriert wird.[225] Das Kopftuch muslimischer Lehrerinnen ist, im Gegensatz zum staatlicherseits verordneten Kreuz an der Wand, nicht der Selbstdarstellung der Schule zuzurechnen.[226] Mit dem eigens vom Staat verfügten Aufhängen des Kreuzes im Klassenzimmer identifiziert sich der Staat mit dem Aussagegehalt des Symbols und verstößt folglich gegen das Gebot religiös-weltanschaulicher Neutralität des Staates.[227] Demgegenüber ist die Zurechnung des Kopftuchs zur Person der Lehrerin offensichtlich, jedenfalls aber sinnfälliger als zur Schule und zum organisierenden Staat.[228] Die Schüler und Schülerinnen werden durch kopftuchtragende Lehrerinnen nicht zu der Annahme verleitet, dass ihnen im Kopftuch der „Staatsglaube" entgegentritt.[229] Dieses Ergebnis wird durch den Aussagegehalt der Art. 33 Abs. 3 GG und Art. 140 GG i.V.m Art. 136 Abs. 2 WRV unterstützt.[230] Die Zulassung zum Amt erfolgt nach diesen Regelungen unabhängig von dem Bekenntnis. Der Staat ist also dazu berechtigt bzw. verpflichtet, religiöse Beamte zum öffentlichen Amt zuzulassen. Durch die Einstellung eines religiösen Beamten erfolgt demnach kein Verstoß gegen das Gebot der Nichtidentifikation. Ebenso wenig kann dann aber ein Verstoß gegen das Gebot der Nichtidentifikation angenommen werden, wenn die Zugehörigkeit zu einem bestimmten Bekenntnis durch Kleidung etc. für Dritte erkennbar ist.

Eine Identifizierung des Staates mit dem religiösen Inhalt des Kopftuchs muslimischer Lehrerinnen ist demnach nicht anzunehmen.[231] Insoweit liegt in dem Tra-

---

222 Vgl. BVerfGE 108, 282, 298; *Muckel,* in: FS Link zum 70. Geburtstag, S. 340. Vgl. zur Grundrechtsgeltung im Sonderstatusverhältnis bereits die Ausführungen unter B. I.

223 *Huster,* in: FS Tsatsos, S. 220 f.

224 Jedenfalls solange nicht sämtliche Lehrerinnen an der Schule ein Kopftuch tragen. Dass alle Lehrerinnen an einer staatlichen Schule ein Kopftuch tragen, wird indes wohl kaum einmal der Fall sein.

225 *Huster,* in: FS Tsatsos, S. 220; vgl. auch *Böckenförde,* NJW 2001, 723, 726 f.

226 *S. Mann,* Das Kopftuch der muslimischen Lehramtsanwärterin, S. 71.

227 Siehe nur *Muckel,* KuR 110, 21, 33 (= 1996, 65, 77).

228 *Morlok,* RdJB 2003, 381, 389.

229 *Britz,* KJ 2003, 95, 96.

230 Vgl. *Anger,* Islam in der Schule, S. 284, auch zum Folgenden.

gen des Kopftuchs kein Verstoß muslimischer Lehrerinnen gegen das Gebot religiös-weltanschaulicher Neutralität des Staates.

(b) Konkretisierung des Gebots religiös-weltanschaulicher Neutralität des Staates für den Bereich der Schule

Das für den Schulbereich zu konkretisierende Gebot religiös-weltanschaulicher Neutralität des Staates könnte dem Kopftuchtragen muslimischer Lehrerinnen aus anderen Gründen keinen Raum lassen. Welcher Inhalt dem Gebot religiös-weltanschaulicher Neutralität des Staates im Bereich der Schule über das Gebot der Nichtidentifikation hinaus zukommt, ist anhand einer Verfassungsauslegung zu ermitteln.[232] Als Anknüpfungspunkt kommt insoweit der staatliche Bildungs- und Erziehungsauftrag aus Art. 7 Abs. 1 GG im Hinblick auf das Erziehungsziel der Toleranz sowie den Schulfrieden in Betracht.[233] Fraglich ist, welche Rückschlüsse sich aus dem Erziehungsziel der Toleranz und dem Schulfrieden bezüglich des äußeren Erscheinungsbildes von Lehrkräften in religiöser Hinsicht ableiten lassen.

(aa) Das Erziehungsziel der Toleranz

In Bezug auf das Erziehungsziel der Toleranz ließen sich gute Gründe dafür anführen, muslimischen Lehrerinnen das Tragen eines Kopftuchs zu gestatten.[234] Das Kopftuch könnte dabei helfen, das Erziehungsziel der Toleranz zu verwirklichen und damit einen Beitrag in dem staatlichen Bemühen um Integration leisten.[235] Wird zur Konkretisierung des Gebots religiös-weltanschaulicher Neutralität des Staates an dem Erziehungsziel der Toleranz angeknüpft, streitet dies für ein offenes Verständnis von Neutralität, welches Lehrkräften äußere Bekundungen des Glaubens in der Schule gestattet.

(bb) Der Schulfrieden

Wie bereits weiter oben dargelegt, begründen äußere Glaubensbekundungen von Lehrkräften auf Grund der zunehmenden Pluralität in der Gesellschaft und dem damit verbundenen gesellschaftlichen Wandel eine abstrakte Gefahr für den

---

231 *Huster,* in: FS Tsatsos, S. 220 f. A.A.: *Kästner,* JZ 2003, 1178, 1180; *ders.* in: FS Heckel zum 70. Geburtstag, S. 368 f.; *Halfmann,* NVwZ 2000, 862, 866.

232 Vgl. *Mahrenholz,* Kopftuch, Religion und Grundgesetz, S. 15, auch zum Folgenden.

233 Zum Erziehungsziel der Toleranz siehe oben B. I. 3. a) dd) (1) (c). Zum Schulfrieden vgl. B. I. 3. a) dd) (1) (f). Grundrechte Dritter können für eine Konkretisierung des Gebots religiös-weltanschaulicher Neutralität des Staates im Bereich der Schule nicht herangezogen werden. Allein durch den Anblick des Kopftuchs werden weder die Grundrechte der Schüler und Schülerinnen, noch die der Eltern beeinträchtigt, siehe dazu bereits B. I. 3. a) dd) (2).

234 Vgl. BVerfGE 108, 282, 310.

235 Vgl. BVerfGE 108, 282, 310.

Schulfrieden.[236] Dieser Umstand kann Grundlage zu einer Neubestimmung des zulässigen Ausmaßes religiöser Bezüge von Lehrkräften in der Schule sein.[237] Die zunehmende religiöse Vielfalt in der Schule und das damit verbundene Potential möglicher Spannungen spricht dafür, der staatlichen Verpflichtung zu religiös-weltanschaulicher Neutralität im schulischen Bereich eine mehr als bisher distanzierende Bedeutung zuzuschreiben und demzufolge auch in Form von Kleidung etc. sichtbar gemachte äußere Glaubensbekundungen von Lehrkräften, von den Schülern und Schülerinnen grundsätzlich fern zu halten.[238] Nach einem derartigen Verständnis von Neutralität kann von Seiten der Lehrer und Lehrerinnen verlangt werden, dass sie sich von äußeren religiösen Glaubensbekundungen in der Schule vollständig distanzieren.[239]

(cc) Zwei Neutralitätsverständnisse für den Bereich der Schule

Das Grundgesetz legt das Verständnis religiös-weltanschaulicher Neutralität des Staates nicht fest.[240] Der zunehmende religiöse Pluralismus in der Gesellschaft kann Grundlage für eine verstärkte staatliche Neutralität in religiös-weltanschaulicher Hinsicht sein oder Anlass für eine Einbeziehung unterschiedlicher äußerer Glaubensbekundungen von Lehrkräften in die Schule zum Zwecke der Wahrnehmung von Unterschiedlichkeit und für das Erlernen von Toleranz ihr gegenüber.[241] In diesem Sinne bestehen im Bereich der Schule zwei verschiedene Modelle von religiös-weltanschaulicher Neutralität des Staates, die beide möglich und begründbar sind.[242] Über die Wahl des jeweiligen Neutralitätsmodells hat der Landesgesetzgeber zu entscheiden. Allein er kann beurteilen, wie auf die gewandelten Verhältnisse in der Gesellschaft zu reagieren ist, weil nur der Landesgesetzgeber über eine Einschätzungsprärogative verfügt, ob Werte von Verfassungsrang es

---

236 Siehe dazu bereits oben B. I. 3. a) dd) (1) (f).

237 BVerfGE 108, 282, 310. Dass bislang dem Gebot religiös-weltanschaulicher Neutralität des Staates eher ein offenes Verständnis beigemessen wurde (vgl. etwa VG Lüneburg, NJW 2001, 767, 769; *Böckenförde,* NJW 2001, 723, 725; *Muckel,* in: FS Link zum 70. Geburtstag, S. 339 ff.; *Morlok/Krüper,* NJW 2003, 1020, 1021; *Niehues,* Schul- und Prüfungsrecht, Rn. 532; *Robbers,* RdJB 2003, 11, 19) steht einer Konkretisierung des Gebots religiös-weltanschaulicher Neutralität des Staates hin zu einem distanzierenden Verständnis nicht entgegen. Das Gebot religiös-weltanschaulicher Neutralität des Staates als Verfassungsbegriff hat, vor allem weil der Begriff sich im Grundgesetz selbst nicht findet, keinen statischen Inhalt, sondern unterliegt der Entwicklung der Verhältnisse, siehe *Mahrenholz,* Kopftuch, Religion und Grundgesetz, S. 15.

238 Vgl. BVerfGE 108, 282, 310.

239 Vgl. *Baer/Wrase,* JuS 2003, 1162, 1165.

240 Vgl. *Heinig/Morlok,* JZ 2003, 777, 784; *Wiese,* ZBR 2003, 39, 41 hält eine strikte Neutralitätspflicht gegen alle religiösen Symbole in der Schule für durch die Verfassung nicht zugelassen.

241 *Morlok,* RdJB 2003, 381, 392.

242 In diesem Sinne verstehen die Ausführungen des BVerfG etwa auch *Mahrenholz,* Kopftuch, Religion und Grundgesetz, S. 15 und *Battis/Bultmann,* JZ 2004, 581, 584 f.

rechtfertigen, Lehrkräfte aller Bekenntnisse zur äußersten Zurückhaltung zu verpflichten.[243] Dass dem Landesgesetzgeber die Wahl zwischen zwei verschiedenen Neutralitätsmodellen offen steht, ist Ausdruck legitimer föderaler Rechtsvielfalt.[244] Zwischen einem distanzierenden und einem offenen Verständnis von Neutralität kann sich der Landesgesetzgeber bei Wahrung der Gleichheit, Systemgerechtigkeit und Verhältnismäßigkeit frei entscheiden[245], weil weder das Grundgesetz selbst darauf hindeutet, noch sonstige Gründe dafür ersichtlich sind, dass nur eine Ausgestaltung religiös-weltanschaulicher Neutralität des Staates im Bereich der Schule sich als verfassungskonform erweist.[246]

(dd) Differenzierendes Verständnis religiös-weltanschaulicher Neutralität des Staates in der Schule

Fraglich ist, ob ein nach Religionen differenzierendes Verständnis religiös-weltanschaulicher Neutralität begründet werden kann, das beinhaltet, dass nur das Kopftuch muslimischer Lehrerinnen als Verstoß gegen das Gebot religiös-weltanschaulicher Neutralität zu werten ist, wohingegen äußere Glaubensbekundungen nicht-muslimischer Lehrerinnen (z. B. ein Kreuz an der Kette, die Ordenstracht von Nonnen oder die Kippa) als mit dem Gebot religiös-weltanschaulicher Neutralität des Staates vereinbar zu betrachten sind. Ein derartiges Verständnis religiös-weltanschaulicher Neutralität ließe sich unter Umständen dann begründen, wenn von äußeren Glaubensbekundungen nicht-muslimischer Lehrkräfte keine abstrakte Gefahr für den Schulfrieden ausginge. Dies ist indes wie bereits weiter oben angemerkt nicht der Fall.[247] Äußere Glaubensbekundungen von Lehrkräften jeglicher Glaubensüberzeugung sind allein wegen der in der Glaubensbekundung zum Ausdruck kommenden Zugehörigkeit zu einem Bekenntnis dazu geeignet, den Schulfrieden zu stören und stellen eine abstrakte Gefahr für den Schulfrieden dar.[248] Dass selbst christliche Symbole in der Bundesrepublik Deutschland dazu geeignet sind, Spannungen in der Schule hervorzurufen, wurde insbesondere durch den Kruzifixstreit[249] deutlich.[250] Insofern kann demnach kein nach Religionen differenzierendes Verständnis von religiös-weltanschaulicher Neutralität begründet

243 BVerfGE 108, 282, 310 f.; BVerwGE 121, 140, 148 f.

244 Vgl. *Sachs,* NWVBl. 2004, 209, 214; *Huster,* in: FS Tsatsos, S. 226 f.; *Morlok,* RdJB 2003, 381, 392, insoweit zustimmend *Sacksofsky,* NJW 2003, 3297, 3301.

245 BVerwGE 121, 140, 149.

246 Vgl. *Heinig/Morlok,* JZ 2003, 777, 784.

247 Siehe B. I. 3. a) dd) (1) (f).

248 BVerfGE 108, 282, 303. Auch bei der Ordenstracht von Nonnen handelt es sich nicht lediglich um eine Berufskleidung, sondern um eine eindeutig religiös motivierte Kleidung, vgl. VG Stuttgart, Urteil vom 07. 07. 2006, 18 K 3562/05, Nr. 31, JURIS, Dok.-Nr.: MWRE060000500. Damit stellt auch die Ordenstracht von Nonnen eine abstrakte Gefahr für den Schulfrieden dar.

249 Zum Kruzifixstreit siehe BVerfGE 93, 1 ff.

250 Vgl. *Traulsen,* RdJB 2006, 116, 126.

werden. Dieses ließe sich aber eventuell dann rechtfertigen, wenn dem Kopftuch muslimischer Lehrerinnen im Vergleich zu sonstigen Glaubenssymbolen ein deutlich höheres Konfliktpotential hinsichtlich des Schulfriedens beizumessen wäre.[251] Es müsste dann abzusehen sein, dass es durch das Kopftuch muslimischer Lehrerinnen in deutlich mehr Fällen zu Störungen des Schulfriedens kommen wird, als durch äußere Glaubensbekundungen nicht-muslimischer Lehrkräfte. Wird das im Hinblick auf den Schulfrieden größere Konfliktpotential des Kopftuchs muslimischer Lehrerinnen als Grund für ein nach Religionen differenzierendes Verständnis religiös-weltanschaulicher Neutralität des Staates angeführt, bedarf es jedoch einer empirischen Absicherung, dass das Kopftuch muslimischer Lehrerinnen den Schulfrieden weit öfter gefährden oder stören wird, als nicht-islamische äußere Glaubensbekundungen.[252] Bei einem nach Religionen differenzierenden Verständnis von religiös-weltanschaulicher Neutralität des Staates werden Personengruppen hinsichtlich ihrer sich aus dem Amtsverhältnis ergebenden Pflichten unterschiedlich behandelt, wobei sich die Differenzierung dem Merkmal des Glaubens in Art. 3 Abs. 3 GG annähert.[253] Von daher sind, will der Gesetzgeber hinsichtlich der Verpflichtung von Lehrkräften zur Wahrung der religiös-weltanschaulichen Neutralität des Staates unterschiedliche Maßstäbe gemäß des Bekenntnisses der Lehrkräfte aufstellen, an den Differenzierungsgrund erhöhte Anforderungen zu stellen. Bis zum jetzigen Zeitpunkt ist empirisch nicht belegt worden, dass das Kopftuch muslimischer Lehrerinnen bezüglich des Schulfriedens ein höheres Konfliktpotential trägt.[254] Da dieser Nachweis bis zum jetzigen Zeitpunkt nicht erbracht wurde, rechtfertigt sich jedenfalls auch insoweit kein nach Religionen differenzierendes Verständnis religiös-weltanschaulicher Neutralität des Staates.

Des Weiteren begründet auch die christliche Prägung des Grundgesetzes keine Besserstellung christlicher Symbole, Zeichen und Ähnliches.[255] Aus dem Umstand, dass das Christentum die Konzeption des Grundgesetzes mit beeinflusst hat und es zudem als prägender Bildungs- und Kulturfaktor anerkannt ist[256], kann nicht die Schlussfolgerung gezogen werden, christliche religiöse Lebensäußerungen im staatlichen Bereich unter erleichterten Voraussetzungen zu gestatten und hinsichtlich nichtchristlicher Religionen einen strengeren Gradmesser anzulegen.[257] Ausgeschlossen ist erst recht die Annahme eines christlichen Kulturvorbehaltes, welcher darauf gestützt wird, dass „letztlich nur das Christentum den Verfassungsstaat westlicher Prägung als Ergebnis einer jahrhundertelangen abendlän-

---

251 Vgl. *Engelken,* DVBl. 2003, 1539, 1540; *ders.* BayVBl. 2004, 97, 99 ff.

252 Vgl. *Anger,* KritV 2005, 52, 65.

253 Vgl. *Anger,* KritV 2005, 52, 64, auch zum Folgenden.

254 Vgl. *Anger,* KritV 2005, 52, 64 f.

255 A.A.: *Adenau,* NWVBl. 2004, 289, 290 f.; *Bader,* VBlBW 1998, 361, 365; in der Tendenz ebenso VG Stuttgart, DÖV 2000, 560, 562.

256 BVerfGE 41, 29, 52; 41, 65, 78; *Stock,* RdJB 2005, 94, 96 f.

257 So aber VG Stuttgart, NVwZ 2000, 959, 961; *Bader,* VBlBW 1998, 361, 365.

dischen Kulturentwicklung zu tragen vermag".[258] Im Zusammenhang mit dem Christentum als Bildungsfaktor geht es allein um die Vermittlung kulturchristlicher Ansichten durch die Schule und nicht um die Vermittlung des Christentums als Religion.[259] Zur Vermittlung kulturchristlicher Ansichten sind muslimische Lehrerinnen mit Kopftuch aber ebenso geeignet, wie christliche oder etwa bekenntnislose Lehrkräfte. Daher führt auch die christliche Prägung des Grundgesetzes nicht zu einem nach Religionen differenzierenden Verständnis religiös-weltanschaulicher Neutralität.

Ein nach Religionen differenzierendes Verständnis religiös-weltanschaulicher Neutralität des Staates kann, soweit ersichtlich, nicht begründet werden.[260] Entschließt sich der Gesetzgeber für ein distanzierendes Verständnis religiös-weltanschaulicher Neutralität des Staates, verstoßen äußere Glaubensbekundungen von Lehrkräften, unabhängig von ihrem Bekenntnis, gegen das Gebot religiös-weltanschaulicher Neutralität des Staates.[261]

(c) Zwischenergebnis

Folgt man einem distanzierenden Verständnis von Neutralität, beeinträchtigt das Kopftuch muslimischer Lehrerinnen das Gebot religiös-weltanschaulicher Neutralität des Staates. Das so verstandene Gebot religiös-weltanschaulicher Neutralität des Staates stellt demnach, neben dem staatlichen Bildungs- und Erziehungsauftrag aus Art. 7 Abs. 1 GG (vorbehaltlich der Verhältnismäßigkeit[262]), ein allgemeines Interesse dar, das ein Verbot des Kopftuchs rechtfertigen könnte. Für die weitere Bearbeitung wird einem distanzierenden Verständnis von Neutralität gefolgt.

(4) Verfassungsgemäßes Handeln der Lehrerinnen mit Kopftuch

Lehrkräfte an einer öffentlichen Schule müssen die Gewähr dafür bieten, dass sie verfassungsgemäß handeln.[263] Probleme diesbezüglich könnten sich bei muslimischen Lehrerinnen mit Kopftuch nur dann ergeben, wenn dem Kopftuch generell eine Deutung zu entnehmen wäre, die mit einem verfassungsgemäßen Handeln der Lehrerinnen nicht in Einklang zu bringen ist. Die Deutung des Kopftuchs kann aber angesichts der Vielfalt der Motive, die für das Tragen des Kopftuchs von muslimischen Frauen angeführt werden, nicht auf ein Zeichen radikalislamischer Hal-

---

258 So *Hillgruber,* JZ 1999, 538, 547.

259 Siehe zum Christentum als Bildungs- und Kulturfaktor bereits oben B. I. 3. a) bb) und dd) (1) (d), auch zum Folgenden.

260 Vgl. *Heinig/Morlok,* JZ 2003, 777, 784.

261 Siehe auch BVerfGE 108, 282, 309 f. und 313.

262 Zur Verhältnismäßigkeit eines Kopftuchverbots für muslimische Lehrerinnen im Hinblick auf deren Religionsausübungsfreiheit aus Art. 4 Abs. 2 GG siehe noch unten B. I. 3. c).

263 *Battis,* in: Sachs, GG, Art. 33 Rn. 32 ff.; *ders./Bultmann,* JZ 2004, 581, 582.

tung verkürzt werden, die mit der geltenden Verfassung nicht in Einklang zu bringen ist.[264] Dies wurde bereits an anderer Stelle deutlich.[265] Dem Kopftuch kommt kein eindeutiger Aussagegehalt zu. Für die Bedeutung des Kopftuchs sind vielmehr das Selbstverständnis und das sonstige Verhalten der muslimischen Lehrerinnen maßgeblich. Damit aber ist allein der Umstand, dass muslimische Lehrerinnen ein Kopftuch tragen nicht dazu geeignet, den muslimischen Lehrerinnen vorzuwerfen, dass sie keinen an der Verfassung ausgerichteten Unterricht abhalten können.[266] Ein allgemeiner Grund für ein generelles Verbot des Kopftuchs besteht daher insoweit nicht.

(5) Zwischenergebnis

Allgemeine Interessen, die ein gesetzliches Verbot des Kopftuchs rechtfertigen könnten, stellen der staatliche Bildungs- und Erziehungsauftrag aus Art. 7 Abs. 1 GG und das Gebot religiös-weltanschaulicher Neutralität des Staates dar. Beide Rechtsgüter sind unter dem Aspekt einer abstrakten Gefährdung des Schulfriedens betroffen.

Andere Gründe als die Wahrung des Schulfriedens bzw. der religiös-weltanschaulichen Neutralität des Staates kommen zur Rechtfertigung eines Verbots des Kopftuchs nicht in Betracht. Den Lehrerinnen kann auf Grund des Kopftuchs insbesondere nicht unterstellt werden, dass sie keinen an den Erziehungszielen orientierten Unterricht abhalten können und der verfassungsmäßigen Ordnung ablehnend gegenüber stehen. Bei der Frage nach der Bedeutung des Kopftuchs ist maßgeblich auf die Sicht der Lehrerinnen und auf ihr sonstiges Verhalten abzustellen.

Eine Zweifelslage hinsichtlich einer Beeinträchtigung der Grundrechte von Schülern und Schülerinnen genügt nicht, um in den Grundrechten der Schüler und Schülerinnen der Religionsausübungsfreiheit der muslimischen Lehrerinnen aus Art. 4 Abs. 2 GG widerstreitende Interessen zu sehen. Es müssten insoweit zumindest hinreichend sichere Anhaltspunkte bestehen, um die Grundrechte der Schüler und Schülerinnen zur Rechtfertigung eines Kopftuchverbots für Lehrkräfte heranzuziehen. Dass das Kopftuch der muslimischen Lehrerin eine Gefahr für widerstreitende Grundrechte begründet, muss zumindest als Tatsache bewiesen sein. Insofern erscheint § 51 Abs. 3 S. 1 des Niedersächsischen Schulgesetzes[267], der an eine Zweifelslage für ein Verbot des Kopftuchs anknüpft, nicht unproblematisch.

---

264 A.A.: *Pofalla,* NJW 2004, 1218, 1220.

265 Zur Bestimmung des Bedeutungsgehalts des Kopftuchs siehe oben B. I. 3. a) dd) (1) (b).

266 Siehe auch BVerfGE 108, 282, 308.

267 In der Form des Gesetzes vom 29. 04. 2004 (GVBl. S. 140).

ee) Beschränkung des Verbots auf das Kopftuch

Steht fest, dass der Schulfrieden und das Gebot religiös-weltanschaulicher Neutralität des Staates allgemeine Gründe für ein Verbot des Kopftuchs für muslimische Lehrerinnen darstellen könnten, stellt sich wie bereits weiter oben angesprochen[268] die Frage, ob zur Beschränkung der Religionsausübungsfreiheit der muslimischen Lehrerinnen aus Art. 4 Abs. 2 GG ein Gesetz herangezogen werden kann, dass ein Verbot äußerer Glaubensbekundungen für Lehrkräfte auf das Kopftuch muslimischer Lehrerinnen beschränkt bzw. äußere Glaubensbekundungen nicht-muslimischer Lehrkräften von einem Verbot ausnimmt. Wenn der Gesetzgeber Dienstpflichten begründen will, die in die religiösen Freiheitsrechte von Amtsinhabern und Bewerbern um öffentliche Ämter eingreifen, hat er das Gebot strikter Gleichbehandlung der verschiedenen Glaubensrichtungen sowohl in der Begründung, als auch in der Durchsetzung zu beachten.[269] Eine Ungleichbehandlung kann nur dann gerechtfertigt werden, wenn Gründe von solcher Art und solchem Gewicht ersichtlich sind, die die ungleichen Rechtsfolgen der Ungleichbehandlung rechtfertigen.[270]

Möchte der Gesetzgeber wegen einer durch äußere Glaubensbekundungen von Lehrkräften ausgelösten abstrakten Gefährdung des Schulfriedens bzw. wegen eines Verstoßes gegen das Gebot religiös-weltanschaulicher Neutralität des Staates, allein das Kopftuch muslimischer Lehrerinnen verbieten, liegt darin eine personenbezogene Ungleichbehandlung im Sinne des Art. 3 Abs. 1 GG.[271] Es bedarf daher im Hinblick auf den Grundsatz der Parität und im Hinblick auf das Erfordernis eines allgemeinen Gesetzes im Sinne des Art. 140 GG i.V.m. Art. 136 Abs. 1 WRV (das zur Beschränkung der Religionsausübungsfreiheit der muslimischen Lehrerinnen aus Art. 4 Abs. 2 GG nach der hier vertretenen Ansicht[272] erforderlich ist) eines sachlichen Grundes für die unterschiedliche Behandlung des Kopftuchs muslimischer Lehrerinnen und sonstiger, nicht-islamischer äußerer Glaubensbekundungen von Lehrkräften.[273] Ein derartiger sachlicher Grund ist indes, soweit ersichtlich, nicht gegeben. Äußere Bekundungen des Glaubens nicht-muslimischer Lehrkräfte stellen, ebenso wie das Kopftuch muslimischer Lehrerinnen eine abstrakte Gefahr für den Schulfrieden dar und widersprechen dem Gebot religiös-weltanschaulicher Neutralität des Staates. Dem Kopftuch muslimischer Lehrerinnen kann (jedenfalls zum jetzigen Zeitpunkt) kein höheres Konfliktpotential als religiösen Glaubensbekundungen nicht-muslimischer Lehrerinnen zugemessen werden und letztlich stellt auch die christliche Prägung des Grundgesetzes keinen

---

268 Siehe oben B. I. 3. a) cc).

269 BVerfGE 108, 282, 298; BVerwGE 121, 140, 150 f.; *Böckenförde,* JZ 2004, 1181, 1183; vgl. auch *Morlok,* RdJB 2003, 381, 391.

270 BVerfGE 88, 87, 97.

271 Siehe bereits oben B. I. 3. a) cc).

272 Siehe dazu die Nachweise in Fn. 38.

273 Siehe oben B. I. 3. a) cc).

sachlichen Grund für ein auf das Kopftuch muslimischer Lehrerinnen beschränktes Verbot äußerer Bekundungen des Glaubens dar[274]. Zur genaueren Begründung sei im Einzelnen auf die Ausführungen zur Vereinbarkeit des Kopftuchs muslimischer Lehrerinnen mit dem Gebot religiös- weltanschaulicher Neutralität des Staates verwiesen.[275] Es besteht demnach kein sachlicher Grund, der eine Beschränkung des an Lehrkräfte gerichteten Verbots äußerer Bekundungen des Glaubens auf das Kopftuch muslimischer Lehrerinnen rechtfertigt. Mithin verstößt eine Regelung, die allein muslimischen Lehrerinnen das Tragen des Kopftuchs verbietet bzw. Lehrkräften anderer Bekenntnisse die äußere Bekundung des Glaubens weiterhin erlaubt, gegen den Grundsatz der Parität[276] und das Erfordernis sachlicher Allgemeinheit im Sinne des Art. 140 GG i.V.m. Art. 136 Abs. 1 WRV und kann zur Beschränkung der Religionsausübungsfreiheit muslimischer Lehrerinnen aus Art. 4 Abs. 2 GG nicht herangezogen werden. Basiert ein Verbot des Kopftuchs für muslimische Lehrerinnen dennoch auf einer derartigen Regelung, ist das entsprechende Verbot bereits aus diesem Grunde als rechtswidrig zu betrachten.

b) Zwischenergebnis

Zur Beschränkung der Religionsausübungsfreiheit muslimischer Lehrerinnen aus Art. 4 Abs. 2 GG ist in etwa eine Regelung erforderlich, die Lehrkräften jeglicher Bekenntnisse äußere Bekundungen des Glaubens, die geeignet sind den Schulfrieden oder die religiös-weltanschauliche Neutralität des Staates zu gefährden oder zu stören, untersagt. Eine derartige Regelung soll für die weitere Bearbeitung unterstellt werden.

c) Verhältnismäßigkeit des Eingriffs

Das präventive Kopftuchverbot für muslimische Lehrerinnen müsste verhältnismäßig sein, um rechtmäßig ergehen zu können.[277] Das staatliche Anliegen, kon-

---

274 VG Stuttgart, Urteil vom 07. 07. 2006, 18 K 3562/05, Nr. 33, JURIS, Dok.-Nr.: MWRE060000500.

275 Siehe oben B. I. 3. a) dd) (3) (b) (dd).

276 BVerwGE 121, 140, 150.

277 Dem verfassungsrechtlichen Verhältnismäßigkeitsgrundsatz genügt das Verbot des Kopftuchs nur dann, wenn es einen legitimen Zweck verfolgt und zur Erreichung dieses Zwecks geeignet erforderlich und angemessen ist. Der Zweck eines Gesetzes ist erst dann verfehlt, wenn die Erwägungen des Gesetzgebers vernünftigerweise keine Grundlage für gesetzgeberische Maßnahmen abgeben, vgl. BVerfGE 77, 84, 106. Geeignet ist eine gesetzliche grundrechtseinschränkende Norm dann, wenn sie überhaupt in der Lage ist, das gefährdete Rechtsgut wirksam zu schützen, siehe *Starck,* in: v. Mangoldt / Klein / Starck, Das Bonner GG, Band I, Art. 1 Abs. 3 Rn. 278 m. w. N. Erforderlich ist ein Gesetz, wenn es kein milderes Mittel gibt, welches den gleichen Erfolg mit der gleichen Sicherheit und einem vergleichbaren Aufwand herbeiführen würde, vgl. *R. Schmidt,* Grundrechte, Rn. 176; *Jarass,* in: Jarass / Pieroth, GG, Art. 20 Rn. 85. Angemessen ist die gesetzliche Regelung, wenn das mit

kreten, durch das Kopftuch muslimischer Lehrerinnen hervorgerufenen Störungen des Schulfriedens bereits im Voraus zu begegnen bzw. die religiös-weltanschauliche Neutralität des Staates zu wahren, muss einen generellen Eingriff in die Religionsausübungsfreiheit der muslimischen Lehrerin aus Art. 4 Abs. 2 GG rechtfertigen.

Ein Gesetz, das für ein Verbot äußerer Bekundungen des Glaubens an den Schulfrieden bzw. die Neutralität des Staates anknüpft, verfolgt *legitime Zwecke*. Durch das Verbot des Kopftuchs wird von vornherein die Möglichkeit von Konflikten, die zu einer Störung des Schulfriedens bzw. einer Beeinträchtigung der Neutralität des Staates führen können, für die Zukunft ausgeschlossen. Das Verbot des Kopftuchs ist damit für die angestrebten Ziele ein *geeignetes Mittel*. Es ist zudem *erforderlich*.[278] Nur durch ein präventives Kopftuchverbot lassen sich Konflikte im Zusammenhang mit dem Kopftuch gänzlich ausschließen. Ein milderes, gleich geeignetes Mittel, das denselben Erfolg mit einem vergleichbaren Aufwand sichert, ist nicht vorhanden.

Eine Regelung, die Lehrkräften jeglicher Bekenntnisse äußere Bekundungen des Glaubens untersagt, die geeignet sind den Schulfrieden und die Neutralität des Landes zu gefährden oder zu stören, müsste im Hinblick auf die Religionsausübungsfreiheit muslimischer Lehrerinnen aus Art. 4 Abs. 2 GG *angemessen* sein. Die widerstreitenden Interessen sind mit dem Ziel eines möglichst schonenden Ausgleichs zu praktischer Konkordanz zu bringen.[279] Die gegensätzlichen Rechtsgüter sind dabei nach dem Prinzip des schonendsten Ausgleichs einander so zuzuordnen, dass beide zur optimalen Wirksamkeit gelangen können.[280] Die dienstrechtliche Pflichtenbestimmung (das Verbot des Tragens äußerer Glaubensbekundungen) ist mit dem prinzipiellen Grundrechtsschutz der muslimischen Lehrerinnen den Erfordernissen des Dienstverhältnisses entsprechend abzustimmen.[281] Die grundrechtlich verbürgte Religionsausübungsfreiheit muslimischer Lehrerinnen aus Art. 4 Abs. 2 GG darf auch in einem freiwillig begründeten Gewaltverhältnis gegen den Willen der Betroffenen nur in dem Maße beschränkt werden, in dem konfligierende Interessen ein Zurücktreten erfordern. Der Eingriff in die Grundrechte muslimischer Lehrerinnen darf seiner Intensität nach nicht außer Verhältnis zur Bedeutung der Sache und den vom Bürger hinzunehmenden Einbußen stehen.[282]

Der durch ein Verbot des Kopftuchs erfolgende Eingriff in die Religionsausübungsfreiheit muslimischer Lehrerinnen aus Art. 4 Abs. 2 GG ist von großer In-

---

ihr verfolgte Ziel in seiner Wertigkeit gegenüber der Intensität des Eingriffs nicht unverhältnismäßig ist, vgl. *R. Schmidt,* Grundrechte, Rn. 179.

278 A.A.: *S. Mann,* Das Kopftuch der muslimischen Lehramtsanwärterin, S. 118.

279 *Hesse,* Grundzüge des Verfassungsrechts der Bundesrepublik Deutschland, Rn. 72.

280 *Tillmanns,* Jura 2004, 619, 626; *Muckel,* in: Berliner Kommentar zum GG, Band I, Art. 4 Rn. 53; *v. Münch,* in: v. Münch / Kunig, GG, Band I, Vorb. Art. 1 – 19 Rn. 47.

281 *Groh,* RdJB 1985, 301, 302, auch zum Folgenden.

282 BVerfGE 65, 1, 54; 80, 297, 312; *Jarass,* in: Jarass / Pieroth, GG, Art. 20 Rn. 86.

tensität, wenn die muslimischen Lehrerinnen (wovon in dieser Bearbeitung ausgegangen wird) das Tragen des Kopftuchs als unbedingt verpflichtende Verhaltensregel betrachten.[283] Angesichts dessen ist fraglich, ob ein präventives Verbot des Kopftuchs für muslimische Lehrerinnen angemessen ist. Zweifel drängen sich vor allem deshalb auf, weil die muslimischen Lehrerinnen bei einem präventiven Verbot des Kopftuchs auf das Tragen desselben ohne zusätzlich missionarische Aktivität und ohne, dass Eltern, Schüler oder Schülerinnen an dem Verhalten der Lehrperson konkret Anstoß genommen haben, zu verzichten haben. Auf der anderen Seite ist aber zu beachten, dass die Umsetzung des staatlichen Bildungs- und Erziehungsauftrags die oberste Dienstpflicht einer Lehrkraft ist.[284] Aus keinem anderen Grund wird sie in das Beamtenverhältnis aufgenommen. Den Bildungs- und Erziehungsauftrag des Staates kann die Lehrkraft aber nur dann erfüllen, wenn der Schulfrieden gesichert ist. Dem Staat muss deswegen die Gelegenheit zukommen, zur Wahrung des Schulfriedens, denkbaren, aus seinem Zurechnungsbereich resultierenden Konflikten, präventiv zu begegnen. Der Schulfrieden (zu dessen Sicherung auch von einem distanzierenden Verständnis von Neutralität ausgegangen werden kann) ist ein Schutzzweck von herausragender Bedeutung.[285] Der pädagogische Erfolg der Erziehung und Unterrichtung ist auf ein harmonisches Miteinander in der Klassengemeinschaft angewiesen. Die Schule hat daher ein großes Interesse daran, allein Lehrkräfte unterrichten zu lassen, bei denen nicht von vornherein die Gefahr besteht, dass es durch ihr Verhalten zu einer Störung des Schulfriedens kommt.[286] Im Hinblick auf die Angemessenheit eines präventiven Verbots des Kopftuchs für muslimische Lehrerinnen zur Sicherung des Schulfriedens und der staatlichen Neutralität, macht sich die im Vergleich zu anderen Grundrechtsträgern und Grundrechtsträgerinnen (etwa muslimischen Schülerinnen[287]) verstärkte rechtliche Bindung der Beamtinnen bemerkbar. Der Grundrechtsschutz der Lehrerinnen im innerdienstlichen Bereich reicht regelmäßig nicht soweit, dass zu seinen Gunsten die staatliche Aufgabenerfüllung, und hierfür ist in der Schule auch

---

283 Vgl. BVerfGE 108, 282, 312.

284 *Anger,* Islam in der Schule, S. 261; *Avenarius/Heckel,* Schulrechtskunde, S. 369.

285 BVerwGE 121, 140, 152. Das BVerwG sieht bei einem Verbot des Kopftuchs weder einen Verstoß gegen das Prinzip praktischer Konkordanz (vgl. BVerwGE 121, 140, 148), noch einen Verstoß gegen den Verhältnismäßigkeitsgrundsatz an sich (vgl. BVerwGE 121, 140, 152). Auch daraus lässt sich entnehmen, dass dem Schulfrieden vom BVerwG ein großes Gewicht beigemessen wird.

286 Auch die Ausführungen des BVerfG sprechen für ein großes Gewicht des Interesses des Staates, durch das Kopftuch muslimischer Lehrerinnen hervorgerufene Störungen des Schulfriedens von vornherein zu unterbinden. In dem Urteil des BVerfG heißt es: „Insoweit sind unter Beachtung der verfassungsrechtlichen Vorgaben auch gesetzliche Einschränkungen der Glaubensfreiheit denkbar" (BVerfGE 108, 282, 309). Dass dem Schulfrieden ein großes Gewicht beikommt, wird auch dadurch deutlich, dass das BVerfG die Möglichkeit anerkennt, „durch das äußere Erscheinungsbild einer Lehrkraft vermittelte religiöse Bezüge von den Schülern grundsätzlich fern zu halten, um Konflikte mit Schülern, Eltern oder anderen Lehrkräften von vornherein zu vermeiden" (BVerfGE 108, 282, 310).

287 Zum Verbot des Kopftuchs für muslimische Schülerinnen siehe unten C. I.

die Wahrung des Schulfriedens Voraussetzung, geopfert oder (abstrakt) gefährdet werden müsste.[288] Die freiheitssichernde Wirkung der Grundrechte von Lehrern und Lehrerinnen steht unter dem Funktionsvorbehalt des öffentlichen Dienstes.[289] Die Grundrechte der Lehrkräfte können demnach nur so weit Beachtung finden, wie es die Funktionsfähigkeit eines geordneten Unterrichtsablaufs erlaubt. Das der Lehrkraft obliegende Amt setzt ihrem Verhalten Grenzen. Der Staat kann nicht dazu verpflichtet werden, Lehrkräfte einzustellen bzw. zu beschäftigen, die eine potentielle Gefahr für den Schulfrieden und damit für die Erfüllung des staatlichen Bildungs- und Erziehungsauftrags aus Art. 7 Abs. 1 GG bedeuten. Ihm kann im Hinblick auf die ihm obliegende Erfüllung des staatlichen Bildungs- und Erziehungsauftrags aus Art. 7 Abs. 1 GG nicht zugemutet werden, abzuwarten, bis sich die aus dem Kopftuch muslimischer Lehrerinnen resultierende abstrakte Gefahr für den Schulfrieden zu einer konkreten Gefahr oder Störung verdichtet hat, um dann zu versuchen, durch ein Gespräch mit den Schülern, Schülerinnen bzw. Eltern den Konflikt zu beheben oder, wenn dies erfolglos bleibt, eine Umsetzung der Lehrerinnen in Betracht zu ziehen bzw. im Wege einer differenzierten Lösung als ultima ratio Disziplinarmaßnahmen[290] bis zur Entlassung[291] vorzusehen.[292] Bis der Konflikt behoben wäre, würde zudem viel Zeit verstreichen, in der die Umsetzung des staatlichen Bildungs- und Erziehungsauftrags erheblich beeinträchtigt wäre. Dies ginge vor allem zu Lasten der an dem Konflikt unbeteiligten Schüler und Schülerinnen.

Auch die Tatsache, dass sich muslimische Lehrerinnen durch das Tragen des Kopftuchs selbst nicht intolerant verhalten, sondern es vielmehr die Schüler, Schülerinnen und Eltern wären, die sich an dem Anblick des Kopftuchs stören und sich damit mangelnde Toleranz entgegenhalten lassen müssten[293], ändert an der Angemessenheit eines Verbots des Kopftuchs für muslimische Lehrerinnen nichts. Das Kopftuch muslimischer Lehrerinnen bildet die Quelle für etwaige Beeinträchtigungen des Schulfriedens, denen der Staat, auch wenn es für eine Störung des Schulfriedens noch des (intoleranten) Verhaltens der Schüler, Schülerinnen bzw. Eltern

---

288 So *Anger,* Islam in der Schule, S. 298, der allerdings das Tragen des Kopftuchs erst bei einer konkreten Gefährdung des Schulfriedens, der nicht anders als durch ein Verbot des Kopftuchs abgeholfen werden kann, untersagen will. Ähnlich *Niehues,* Schul- und Prüfungsrecht, Rn. 512.

289 Vgl. *Pofalla,* NJW 2004, 1218, 1219; *Morlok,* RdJB 2003, 381, 386; *Rademacher,* Das Kreuz mit dem Kopftuch, S. 11.

290 Vgl. §§ 45 BRRG, 77 BBG jeweils i.V.m. dem Bundesdisziplinargesetz.

291 Vgl. § 10 BBG.

292 Vgl. *Rademacher,* Das Kreuz mit dem Kopftuch, S. 28. Eine Umsetzung würde bereits wegen des in öffentlichen Schulen vorherrschenden Klassenlehrerprinzips fraglich erscheinen, vgl. insoweit auch *Langenfeld,* RdJB 2000, 303, 313 und *S. Mann,* Das Kopftuch der muslimischen Lehramtsanwärterin, S. 119. A.A.: *Mahrenholz,* Kopftuch, Religion und Grundgesetz, S. 13; *Anger,* Islam in der Schule, S. 297 f.; *Böckenförde,* NJW 2001, 723, 728.

293 Vgl. *Anger,* KritV 2005, 52, 56 im Zusammenhang mit dem Kopftuch muslimischer Schülerinnen.

bedarf, zur Sicherung des staatlichen Bildungs- und Erziehungsauftrags zu begegnen berechtigt sein muss. Dass der Staat nicht in erster Linie dazu verpflichtet werden kann, abzuwarten, bis sich die abstrakte Gefahr zu einer konkreten Gefahr verdichtet hat und vor einem Verbot des Kopftuchs im Falle einer konkreten Gefährdung bzw. Störung des Schulfriedens durch das Kopftuch muslimischer Lehrerinnen zum Schutze deren Religionsausübungsfreiheit aus Art. 4 Abs. 2 GG gegen die störenden Schüler und Schülerinnen vorzugehen, ergibt sich wiederum aus der erhöhten Pflichtenstellung der Beamtinnen. Ein grundrechtlich geschütztes Verhalten von Lehrkräften hat der Staat nur dann zu dulden, wenn es die Umsetzung des staatlichen Bildungs- und Erziehungsauftrags aus Art. 7 Abs. 1 GG nicht gefährdet oder stört.

Ein Verbot des Kopftuchs für muslimische Lehrerinnen widerspricht auch nicht der Integrationsaufgabe der Schule, die eine Erziehung zu Toleranz beinhaltet. Zwar mag das Kopftuch muslimischer Lehrerinnen für das Erziehungsziel der Toleranz förderlich sein.[294] Zur Einübung von Toleranz ist es aber nicht zwingend erforderlich, dass auch muslimischen Lehrerinnen das Tragen des Kopftuchs erlaubt wird. Die religiöse Vielfalt in der Gesellschaft wird ausreichend durch die Schüler und Schülerinnen in die Schule aufgenommen und kann als Mittel zur Einübung von Toleranz genutzt werden. Auch damit wird den Schülern und Schülerinnen die Chance zur Erkenntnis und Festigung des eigenen Standpunktes und zu einer gegenseitigen Toleranz, die nicht als nivellierender Ausgleich zu verstehen ist, geboten. Das Erziehungsziel der Toleranz lässt sich daher auch ohne Lehrerinnen mit Kopftuch verwirklichen.[295] Das Erziehungsziel der Toleranz bzw. die Integrationsaufgabe des Staates wird durch das an muslimische Lehrerrinnen gerichtete Verbot des Kopftuchs nicht (wesentlich) beeinträchtigt.

Ein Verzicht auf das Kopftuch ist muslimischen Lehrerinnen i. Ü. auch deshalb zumutbar, weil sie freiwillig in den Staatsdienst eintreten.[296] Sie werden (anders als Schüler und Schülerinnen, die am Unterricht teilnehmen müssen[297]) nicht gezwungen, an der Schule zu unterrichten. Möchten muslimische Lehrerinnen auf die Einhaltung ihrer religiösen Glaubensregeln nicht verzichten, weil sie diese als unbedingt verpflichtende religiöse Verhaltensregel begreifen, so steht es ihnen außerdem frei, als Lehrerinnen in einer Privatschule tätig zu sein.[298] Das Verbot des Kopftuchs regelt schließlich nur das Verhalten in der Schule, sieht also davon ab, das Verhalten der Beamtinnen auch außerhalb des Dienstes vorzuschreiben.

---

294 Siehe dazu oben B. I. 3. a) dd) (1) (c).

295 *Rademacher* (Das Kreuz mit dem Kopftuch, S. 30) sieht bezüglich des Erziehungsziels der Toleranz sogar die Notwendigkeit, dass muslimische Lehrerinnen auf das Kopftuch zu verzichten haben.

296 Vgl. insoweit das abweichende Sondervotum BVerfGE 108, 282, 316.

297 Für schulpflichtige Kinder gilt die allgemeine Schulpflicht, vgl. für NRW § 34 SchulG.

298 Vgl. BVerwGE 121, 140, 152, auch zum Folgenden.

Das Interesse des Staates an der Wahrung des Schulfriedens bzw. der staatlichen Neutralität überwiegt das Interesse muslimischer Lehrerinnen, an der Schule mit Kopftuch zu unterrichten. Der Schulfrieden ist ein Schutzzweck von herausragender Bedeutung, der das Verbot des Kopftuchs für Lehrerinnen schon bei einer abstrakten Gefahr für den Schulfrieden zu rechtfertigen vermag.[299] Die muslimischen Lehrerinnen werden durch ein Verbot des Kopftuchs zur Wahrung des Schulfriedens bzw. der staatlichen Neutralität nicht übermäßig betroffen. Sie treten freiwillig in das Beamtenverhältnis ein, um den staatlichen Bildungs- und Erziehungsauftrag zu erfüllen und können dann nicht auf ein Verhalten bestehen, welches eine abstrakte Gefahr für den Schulfrieden und damit für den von ihnen umzusetzenden Bildungs- und Erziehungsauftrag begründet. Ein Verbot des Kopftuchs zur Wahrung des Schulfriedens bzw. der religiös-weltanschaulichen Neutralität des Staates ist daher im Hinblick auf die Religionsausübungsfreiheit der muslimischen Lehrerinnen aus Art. 4 Abs. 2 GG verhältnismäßig.[300]

4. Zwischenergebnis

Im Hinblick auf die Religionsausübungsfreiheit muslimischer Lehrerinnen aus Art. 4 Abs. 2 GG lässt sich ein präventives Verbot des Kopftuchs bei Vorliegen einer hinreichend bestimmten allgemeinen Regelung verfassungsrechtlich rechtfertigen. Das zur Einschränkung der Religionsausübungsfreiheit der muslimischen Lehrerinnen herangezogene Gesetz muss in etwa enthalten, dass Lehrkräften jeglicher Bekenntnisse äußere Bekundung des Glaubens, die geeignet sind, den Schulfrieden oder die Neutralität des Staates zu gefährden bzw. zu stören, verboten sind.

299 BVerwGE 121, 140, 152. Zweifel äußert *Böckenförde,* JZ 2004, 1181, 1182 f.; a.A. wohl *Anger,* KritV 2005, 52, 66; ablehnend auch *Sacksofsky,* NJW 2003, 3297, 3300; *Langenfeld,* RdJB 2000, 303, 312; *Wiese,* ZBR 2003, 39, 41; *S. Mann,* Das Kopftuch der muslimischen Lehramtsanwärterin, S. 118 f.

300 Wenn das BVerfG ausführt, dass es angesichts der zunehmenden religiösen Vielfalt in der Gesellschaft und des damit verbundenen größeren Potentials möglicher Konflikte auch gute Gründe dafür geben möge, der staatlichen Neutralitätspflicht eine mehr als bisher distanzierende Bedeutung beizumessen und demgemäß auch durch das äußere Erscheinungsbild einer Lehrkraft vermittelte religiöse Bezüge von den Schülern und Schülerinnen grundsätzlich fern zu halten (vgl. BVerfGE 108, 282, 310), scheint es ein generelles Kopftuchverbot mit den verfassungsrechtlichen Vorgaben für vereinbar zu halten, so auch *Böckenförde,* JZ 2004, 1181, 1183.

II. Gleichheitsgrundrechte der muslimischen Lehramtsanwärterin bzw. bereits verbeamteten Lehrerin – das Recht auf Zulassung zu jedem öffentlichen Amt unabhängig von dem Bekenntnis

Es fragt sich, ob ein Verbot des Kopftuchs mit dem Recht muslimischer Lehramtsanwärterinnen bzw. bereits verbeamteter Lehrerinnen auf Zulassung zu jedem öffentlichen Amt unabhängig von dem Bekenntnis aus Art. 33 Abs. 3 GG vereinbar ist. Art. 33 Abs. 2 und 3 GG gewährt einen Anspruch auf gleichen Zugang zu jedem öffentlichen Amt, unabhängig von dem Bekenntnis.[301] Bei dem Recht auf gleichen Zugang zu jedem öffentlichen Amt handelt es sich um ein subjektiv-öffentliches Recht auf Teilhabe an bestimmten Leistungen, die nur der Staat zu vergeben hat, nach Maßgabe des Gleichheitssatzes, wobei Abs. 2 mit der Eignung, der Befähigung und der fachlichen Leistung drei positive Differenzierungskriterien und Abs. 3 mit dem religiösen bzw. weltanschaulichen Bekenntnis ein negatives Differenzierungskriterium festschreibt.[302] Als Zugang[303] im Sinne des Art. 33 Abs. 2 und 3 GG ist nicht allein die erstmalige Aufnahme in ein Amt zu verstehen, auch der Entzug als actus contrarius ist erfasst.[304]

Die Zurückweisung einer Lehramtsanwärterin bzw. der Entzug des Amtes gegenüber einer bereits verbeamteten Lehrerin auf Grund des Kopftuchs könnte das Benachteiligungsverbot aus Art. 33 Abs. 3 GG verletzen. Dies setzt zunächst aber voraus, dass das Benachteiligungsverbot des Art. 33 Abs. 3 GG bezüglich des Tragens des Kopftuchs überhaupt anwendbar ist. Erst wenn dies der Fall ist, stellt sich die Frage, ob ein Verstoß gegen das Benachteiligungsverbot des Art. 33 Abs. 3 GG geben ist.

1. Anwendbarkeit des Art. 33 Abs. 3 GG

a) Das Tragen des Kopftuchs als „religiöses Bekenntnis"

Voraussetzung für die Anwendbarkeit des Art. 33 Abs. 3 GG ist, dass das Tragen des Kopftuchs überhaupt einen hinreichenden Bezug zum religiösen Bekenntnis

---

301 Die in Art. 33 Abs. 3 GG enthaltene Regelung, nach der die Zulassung zu öffentlichen Ämtern unabhängig von dem Bekenntnis ist, findet sich auch in Art. 140 GG i.V.m. 136 Abs. 2 WRV.

302 *Zacharias,* KuR 110, 171, 173 f. (= 2002, 115, 117 f.).

303 Die Begriffe Zugang in Art. 33 Abs. 2 GG und Zulassung in Art. 33 Abs. 3 S. 1 GG haben einen identischen Aussagegehalt, vgl. *Höfling,* in: Bonner Kommentar zum GG, Art. 33 Abs. 1 bis 3, Rn. 319; ähnlich *Battis,* in: Sachs, GG, Art. 33 Rn. 43; *Anger,* Islam in der Schule, S. 250.

304 Vgl. *Jarass,* in: Jarass / Pieroth, GG, Art. 33 Rn. 10 m. w. N.; diff. *Höfling,* in: Bonner Kommentar zum GG, Art. 33 Abs. 1 bis 3 Rn. 98.

aufweist. Dafür reicht es zunächst nicht aus, wenn das Tragen des Kopftuchs von der Grundrechtsträgerin z. B. lediglich als Ausdruck eines Brauchtums verstanden wird.[305] Dem Tragen des Kopftuchs muss eindeutig ein religiöses Motiv zu Grunde liegen. Entscheidend für die Frage, ob es sich bei dem Tragen des Kopftuchs um eine religiös fundierte Verhaltensanforderung handelt, ist das religiöse Selbstverständnis der Grundrechtsträgerin.[306] Die Lehramtsbewerberinnen bzw. die bereits verbeamteten Lehrerinnen müssen plausibel darlegen können, dass sie sich persönlich auf Grund ihres religiösen Glaubens dafür entschieden haben, ein Kopftuch zu tragen, mithin religiös motiviert und nicht aus sonstigen Beweggründen handeln.[307]

Wird der religiöse Bezug hinreichend plausibel dargelegt, stellt sich weiterhin die Frage, ob dieser eng genug ist, um die Anwendbarkeit des Art. 33 Abs. 3 GG zu begründen. Problematisch erscheint der Begriff der „Zugehörigkeit“ zu einem Bekenntnis. Es wird die Ansicht vertreten, dass Maßnahmen, die an das Tragen des Kopftuchs anknüpfen, nicht auf der Zugehörigkeit der Lehrerinnen zum Islam beruhen, sondern nur darauf, dass sie im Unterricht ein Kopftuch tragen wollen.[308] Es wird demnach differenziert zwischen der Anknüpfung an die Religion einerseits und die Anknüpfung an ein bestimmtes Verhalten andererseits. Benachteiligungen, die nicht an der formalen Religionszugehörigkeit als solcher anschließen, sondern nur an dem aus der Religionszugehörigkeit folgenden Verhalten, sollen demnach von Art. 33 Abs. 3 GG nicht erfasst werden.[309] Wenn dies der Fall wäre, ließe sich argumentieren, Art. 33 Abs. 3 GG sei bei der Verweigerung des Zugangs bzw. dem Entzug des Amtes wegen des Tragens eines Kopftuchs im Unterricht nicht berührt, weil die Maßnahmen nicht auf der Zugehörigkeit der Bewerberinnen bzw. der Beamtinnen zum Islam beruhten, sondern nur darauf, dass sie im Unterricht ein Kopftuch tragen wollen. Ein Verstoß gegen das Benachteiligungsverbot des Art. 33 Abs. 3 GG läge dann nicht vor.

Ein derartiges Verständnis von Art. 33 Abs. 3 GG kann jedoch nicht angenommen werden.[310] Zunächst wohnt dem „Bekennen“ im Unterschied zum „Glauben“ bereits ein nach außen gerichteter, demonstrativer Akt inne.[311] Art. 33 Abs. 3 GG verlangt daher auch nicht zwingend die Zugehörigkeit zu einer Religionsgemeinschaft.[312] Es genügt vielmehr schon ein individuelles Bekenntnis nach eigener Glaubens- und Gewissensentscheidung.[313]

---

305 Zu den unterschiedlichen Deutungsmöglichkeiten des Kopftuchs vgl. B. I. 3. a) dd) (1) (b).

306 Vgl. *Muckel,* in: FS Link zum 70. Geburtstag, S. 334.

307 Vgl. zur Plausibilität des Vorbringens vgl. B. I. 1.

308 VGH BW, NJW 2001, 2899, 2900; *Goerlich,* NJW 1999, 2929, 2930.

309 Vgl. *Kunig,* in: v. Münch / Kunig, GG, Band II, Art. 33 Rn. 35.

310 Vgl. auch *Jarass,* in: Jarass / Pieroth, GG, Art. 33 Rn. 27; *Alberts,* NVwZ 1985, 92, 94; *Muckel,* in: FS Link zum 70. Geburtstag, S. 337; *Halfmann,* NVwZ 2000, 862, 867.

311 Vgl. *Halfmann,* NVwZ 2000, 862, 867; *Muckel* in: FS Link zum 70. Geburtstag, S. 337.

312 Vgl. *Böckenförde,* NJW 2001, 723, 724.

Gemäß Art. 33 Abs. 3 GG hat die in Rede stehende Zulassung zu öffentlichen Ämtern des Weiteren „unabhängig von dem religiösen Bekenntnis" zu erfolgen. Damit wird zum Ausdruck gebracht, dass zwischen der Zulassung zu einem öffentlichen Amt bzw. dem Entzug des Amtes und dem religiösen Bekenntnis keinerlei Zusammenhang hergestellt werden darf.[314] Art. 33 Abs. 3 GG stellt keine besonderen Anforderungen an den Konnex zwischen negativer Zulassungsentscheidung bzw. Entzug des Amtes und religiösem Bekenntnis. Jegliche Anknüpfung an das verpönte Merkmal des religiösen Bekenntnisses ist verboten.[315] Um Konflikte zu vermeiden, bei denen sich der Beamte in einer Zwangslage sieht, entweder seinem Glauben auch in der Ausübung treu zu bleiben und damit einen Konflikt zwischen ihm und dem Dienstherrn zu riskieren, der letztlich zur Auflösung des Dienstverhältnisses führen könnte, oder seinem Dienstherrn zu gehorchen und sich damit in einen schweren Gegensatz zu seiner Religion zu bringen, die gerade von ihm auch äußere Verhaltensweisen fordert, muss man zu der „Zugehörigkeit" im Sinne von Art. 33 Abs. 3 S. 2 GG auch die Religionsausübung rechnen.[316] Über den rein kommunikativen Akt der Glaubenskundgabe hinaus wird man bei Art. 33 Abs. 3 GG daher jede sonstige, von Art 4 Abs. 2 GG geschützte Religionsausübung einbeziehen müssen, denn es ist nicht ersichtlich, was dafür sprechen könnte, das Reden über die Religion hier stärker zu schützen, als das Leben nach religiösen Regeln.[317] Eine Differenzierung zwischen einem Nachteil auf Grund des religiösen Bekenntnisses und auf Grund des konkreten Verhaltens wird von Art. 33 Abs. 3 GG demnach nicht vorgesehen. Daher erfasst Art. 33 Abs. 3 GG nicht nur die Zugehörigkeit zu einem Bekenntnis, sondern darüber hinaus auch die sich aus dem Bekenntnis ergebenden Verhaltensanforderungen.

Vorbehaltlich eines Anwendungsausschlusses des Art. 33 Abs. 3 S. 3 GG durch den Art. 33 Abs. 2 GG können sich muslimische Lehramtsanwärterinnen, denen der Zugang zum Lehramt wegen des beabsichtigten Tragens des Kopftuchs versagt wird, bzw. bereits verbeamtete Lehrerinnen, denen das Amt wegen des Tragens des Kopftuchs entzogen wird, auf das Recht auf Zulassung zu jedem öffentlichen Amt unabhängig von dem Bekenntnis aus Art. 33 Abs. 3 GG berufen.

---

313 *Lecheler,* in: Friauf / Höfling, Berliner Kommentar zum GG, Band II, Art. 33 Rn. 32.

314 *Muckel* in: FS Link zum 70. Geburtstag, S. 338 f. m. w. N.

315 Vgl. *Sachs,* ZBR 1994, 133, 135; *Höfling,* in: Bonner Kommentar zum GG, Art. 33 Abs. 1 bis 3 Rn. 322; *Zacharias,* KuR 110, 171, 176 (= 2002, 115, 120).

316 Vgl. BVerfGE 79, 69, 75 f.; *Maunz,* in: Maunz / Dürig, GG, Art. 33 Rn. 25; *Alberts,* NVwZ 1985, 92, 94; *Sachs,* ZBR 1994, 133, 135; *Battis / Bultmann,* JZ 2004, 581, 582.

317 *Zacharias,* KuR 110, 171, 176 (= 2002, 115, 120); vgl. auch *S. Mann,* Das Kopftuch der muslimischen Lehramtsanwärterin, S. 51.

b) Kein Anwendungsausschluss des Art. 33 Abs. 3 GG durch den Art. 33 Abs. 2 GG

Fraglich ist aber, ob die Anwendbarkeit des Art. 33 Abs. 3 GG aus einem anderen Grund ausgeschlossen ist. Die Negativvoraussetzung des religiösen Bekenntnisses in Art. 33 Abs. 3 GG könnte durch die Positivanforderung der Eignung in Art. 33 Abs. 2 GG verdrängt bzw. überlagert werden. Art. 33 Abs. 2 GG enthält nicht bloß ein grundrechtsgleiches Recht auf gleichen Zugang zu jedem öffentlichen Amt, sondern darüber hinaus eine objektive Wertentscheidung[318], die das Interesse der Allgemeinheit zum Ausdruck bringt, möglichst qualifizierte Bewerber in die öffentlichen Ämter zu berufen.[319] Lehrer und Lehrkräfte müssen daher die für das Amt erforderliche Eignung aufweisen.[320] Zweifel an der Eignung könnte das von muslimischen Lehramtsanwärterinnen bzw. bereits verbeamteten Lehrerinnen getragene, religiös motivierte Kopftuch begründen. Sind muslimische Lehrerinnen wegen des Kopftuchs ungeeignet für das Amt, könnte die Negativvoraussetzung des religiösen Bekenntnisses in Art. 33 Abs. 3 GG durch die Positivanforderung der Eignung in Art. 33 Abs. 2 GG verdrängt oder überlagert sein und damit einer Berufung auf Art. 33 Abs. 3 GG entgegen stehen.

Teilweise wird die Ansicht vertreten, dass bei Vorliegen eines Eignungsmangels im Sinne des Art. 33 Abs. 2 GG die Negativvoraussetzung des religiösen Bekenntnisses in Art. 33 Abs. 3 GG überhaupt nicht mehr zur Anwendung kommt.[321] Eine derartige Sichtweise verkennt jedoch, dass die Positivkriterien des Art. 33 Abs. 2 GG und die Negativkriterien des Art. 33 Abs. 3 GG nicht in einem Verhältnis im Sinne einer festen Vorrangregel stehen, sondern sich in der Weise ergänzen, dass religiöse Aspekte zumindest nicht ohne weiteres die Eignung des Bewerbers beeinflussen.[322] Ansonsten liefe die Vorschrift des Art. 33 Abs. 3 GG weitgehend leer. Der Sinn der Vorschrift, in der sich die leidvollen Diskriminierungserfahrungen im Dritten Reich widerspiegeln, ist darin begründet, auch dem Beamten die religiösen Freiheitsrechte zu sichern.[323] Es besteht daher gerade kein genereller Vorrang des Art. 33 Abs. 2 GG vor dem Art. 33 Abs. 3 GG. Positive und negative Differenzierungskriterien sind vielmehr in Ausgleich zu bringen. Sie ergänzen sich in der Weise, dass das religiöse Bekenntnis nicht ohne weiteres eine Rolle bei der Feststel-

---

318 *Höfling,* in: BK-GG, Art. 33 Abs. 1 bis 3 Rn. 54 ff.

319 Vgl. *Jarass,* in: Jarass / Pieroth, GG, Art. 33 Rn. 7 m. w. N.

320 Vgl. zum Begriff der Eignung statt vieler *Höfling,* in: Bonner Kommentar zum GG, Art. 33 Abs. 1 bis 3 Rn. 115 ff. Das Erfordernis der Eignung ergibt sich auch aus §§ 8 Abs. 1 S. 2 BBG, 7 BRRG, und für NRW vgl. § 7 Abs. 1 LBG.

321 Vgl. *Jeand'Heur / Korioth,* Grundzüge des Staatskirchenrecht, Rn. 130; *Kästner,* in: FS Heckel zum 70. Geburtstag, S. 370.

322 Vgl. *Muckel* in: FS Link zum 70. Geburtstag, S. 338; *Höfling,* in: Bonner Kommentar zum GG, Art. 33 Abs. 1 bis 3 Rn. 133, 218.

323 Vgl. *Alberts,* NVwZ 1985, 92, 94. Beamte und Beamtinnen können sich grundsätzlich auf ihre Grundrechte berufen, vgl. B. I.

lung der Eignung eines Bewerbers spielen darf.[324] Nur wenn die betreffende Verhaltensweise ohne Berücksichtigung ihrer religiösen Basis dazu führt, dass Beamte und Beamtinnen ihre dienstlichen Aufgaben nicht ordnungsgemäß erfüllen können, hat die Positivanforderung der Eignung in Art. 33 Abs. 2 GG Vorrang vor der Negativvoraussetzung des religiösen Bekenntnisses in Art. 33 Abs. 3 GG.[325] Das Verhältnis der beiden Absätze kann demnach nicht in einer festen apriorischen Vorrangregel bestimmt werden.[326]

Es stellt sich mithin die Frage, ob das Tragen des Kopftuchs ohne seinen religiösen Bezug einen Mangel an Eignung zu begründen in der Lage ist. Wäre dies zu bejahen, würde sich die Positivanforderung der Eignung in Art. 33 Abs. 2 GG gegenüber der Negativvoraussetzung des religiösen Bekenntnisses in Art. 33 Abs. 3 GG durchsetzen und einer Berufung auf Art. 33 Abs. 3 GG entgegenstehen. „Geeignet" ist eine Lehrkraft nur dann, wenn nach einer konkreten einzelfallbezogenen Würdigung ihrer gesamten Persönlichkeit die begründete Aussicht besteht, die Betroffene werde alle dienstlichen und außerdienstlichen Pflichten aus dem Beamtenverhältnis erfüllen.[327] Die Eignung fehlt, wenn zu erwarten ist, dass die vorgeschriebenen Dienstpflichten nicht erfüllt werden. Ein Eignungsmangel, der den Art. 33 Abs. 3 GG überlagere, wäre demnach dann anzunehmen, wenn das Kopftuch ohne seinen religiösen Bezug die muslimischen Lehrerinnen an der Ausübung des staatlichen Bildungs- und Erziehungsauftrags hindern würde. In diesem Fall wären Lehrerinnen mit Kopftuch ungeeignet für das Lehramt, weil sie ihre dienstlichen Pflichten, zu denen an vorderster Stelle die Umsetzung des staatlichen Erziehungsauftrags aus Art. 7 Abs. 1 GG zählt[328], nicht erfüllen könnten. Das Kopftuch muslimischer Lehrerinnen ohne seinen religiösen Bezug begründet indes kein objektives Unterrichtshindernis.[329] Es behindert die Lehrkraft insoweit in der Ausübung ihrer Lehrtätigkeit ebenso wenig wie lange Haare, eine Perücke und Ähnliches. Lässt man die religiöse Basis des Kopftuchs außer Betracht, so ergeben sich keine Anhaltspunkte dafür, dass muslimische Lehrerinnen mit Kopftuch ihre dienstlichen Aufgaben nicht ordnungsgemäß erfüllen können. Daher wird die Negativvoraussetzung des religiösen Bekenntnisses in Art. 33 Abs. 3 GG durch die Positivanforderung der Eignung in Art. 33 Abs. 2 GG nicht überlagert.

---

324 *Zacharias,* KuR 110, 171, 180 (= 2002, 115, 124).

325 *Muckel* in: FS Link zum 70. Geburtstag, S. 339.

326 *Muckel* in: FS Link zum 70. Geburtstag, S. 338.

327 Vgl. BVerfGE 108, 282, 296; *Battis,* in: Sachs, GG, Art. 33 Rn. 28 m. w. N.; *ders./ Bultmann,* JZ 2004, 581, 582.

328 Vgl. *Anger,* Islam in der Schule, S. 261; *Avenarius/Heckel,* Schulrechtskunde, S. 369.

329 Siehe dazu B. I. 3. a) dd) (1) (a).

c) Zwischenergebnis

Muslimischen Lehramtsanwärterinnen bzw. bereits verbeamteten Lehrerinnen steht für den Wunsch, ein religiös motiviertes Kopftuch auch in der Schule und im Unterricht zu tragen, die Berufung auf das Recht auf Zulassung zu jedem öffentlichen Amt unabhängig von dem Bekenntnis aus Art. 33 Abs. 3 GG frei.

2. Verletzung des Art. 33 Abs. 3 GG

Es stellt sich nun die Frage, ob das Recht muslimischer Lehramtsanwärterinnen bzw. bereits verbeamteter Lehrerinnen aus Art. 33 Abs. 3 GG bei einem Verbot des Kopftuchs verletzt ist. Die Prüfung des Art. 33 Abs. 3 GG als besonderen Gleichheitssatz hat zweistufig zu erfolgen. Es muss zunächst geklärt werden, ob eine Ungleichbehandlung im Sinne des Art. 33 Abs. 3 GG anzunehmen ist. Diese ist gegeben, wenn die Zurückweisung bzw. der Entzug des Amtes im Widerspruch zum Tatbestand des Art. 33 Abs. 3 GG steht.[330] Stellt sich heraus, dass eine Ungleichbehandlung vorliegt, ist weiterhin zu prüfen, ob diese verfassungsrechtlich gerechtfertigt werden kann.

a) Ungleichbehandlung

Den muslimischen Lehramtsbewerberinnen bzw. bereits verbeamteten Lehrerinnen entsteht daraus, dass sie sich nach den Geboten ihres Glaubens verpflichtet fühlen, in der Öffentlichkeit ein Kopftuch zu tragen, der Nachteil gegenüber anderen Bewerbern, nicht zum Schuldienst zugelassen zu werden bzw. dass ihnen das Amt entzogen wird.[331] Die Nichtzulassung zum Lehramt bzw. der Entzug des Amtes wegen des Kopftuchs steht daher im Widerspruch zum Benachteiligungsverbot des Art. 33 Abs. 3 GG.

b) Verfassungsrechtliche Rechtfertigung einer Ungleichbehandlung

In einem zweiten Schritt stellt sich die Frage, ob sich die Ungleichbehandlung verfassungsrechtlich rechtfertigen lässt. Beeinträchtigungen des Rechts auf Zugang zu jedem öffentlichen Amt unabhängig von dem Bekenntnis können durch kollidierendes Verfassungsrecht[332] gerechtfertigt sein.[333]

---

330 Vgl. *Muckel,* in: FS Link zum 70. Geburtstag, S. 334.

331 Vgl. *Muckel,* in: FS Link zum 70. Geburtstag, S. 334; *Zacharias,* KuR 110, 171, 174 (= 2002, 115, 118).

332 Kollidierendes Verfassungsrecht ist nur dann gegeben, wenn zwei gegenläufige Verpflichtungen des Staates bestehen, vgl. *Epping,* Grundrechte, Rn. 74, auch zum Folgenden.

aa) Entgegenstehendes kollidierendes Verfassungsrecht

Wie sich aus den Ausführungen zur Religionsausübungsfreiheit muslimischer Lehrerinnen aus Art. 4 Abs. 2 GG hinsichtlich eines Verbots des Kopftuchs ergibt, begründet das Kopftuch muslimischer Lehrerinnen eine abstrakte Gefahr für den Schulfrieden und beeinträchtigt demnach den staatlichen Bildungs- und Erziehungsauftrag aus Art. 7 Abs. 1 GG.[334] Des Weiteren steht das Tragen des Kopftuchs im Widerspruch zum Gebot religiös-weltanschaulicher Neutralität des Staates.[335] Daher bilden der staatliche Bildungs- und Erziehungsauftrag aus Art. 7 Abs. 1 GG und das Gebot religiös-weltanschaulicher Neutralität des Staates dem Recht der muslimischen Lehrerinnen aus Art. 33 Abs. 3 GG kollidierendes Verfassungsrecht.[336] Der Staat kann den Schulfrieden und das Gebot religiös-weltanschaulicher Neutralität des Staates nur dann umfassend sichern, wenn er in das Recht der muslimischen Lehrerinnen aus Art. 33 Abs. 3 GG eingreift.

bb) Verhältnismäßigkeit einer Ungleichbehandlung

Die Ungleichbehandlung der muslimischen Lehramtsanwärterinnen bzw. Lehrerinnen müsste verhältnismäßig sein, damit ein Verbot des Kopftuchs rechtmäßig ergehen kann. Auf der einen Seite stehen die von Art. 33 Abs. 3 GG geschützten Rechte der Lehramtsanwärterinnen bzw. Lehrerinnen, ungeachtet ihres Wunsches, das Kopftuch auch während des Unterrichts zu tragen, zum Lehramt zugelassen zu werden und/oder es ausüben zu dürfen, auf der anderen Seite der Schulfrieden und das Gebot religiös-weltanschaulicher Neutralität des Staates. Grundsätzlich überwiegen die Interessen des Staates das Interesse der muslimischen Lehramtsanwärterinnen bzw. bereits verbeamteten Lehrerinnen, auch während des Unterrichts ein Kopftuch zu tragen. Zur genaueren Begründung kann auf die Abwägung im Rahmen der Religionsausübungsfreiheit muslimischer Lehrerinnen aus Art. 4 Abs. 2 GG verwiesen werden.[337] Ein Verbot des Kopftuchs wäre demnach prinzipiell auch im Hinblick auf das Recht muslimischer Lehramtsanwärterinnen bzw. bereits verbeamteten Lehrerinnen aus Art. 33 Abs. 3 GG verhältnismäßig. Unverhältnismäßig wäre die Ungleichbehandlung der muslimischen Lehramtsanwärte-

---

Im Hinblick auf das vorbehaltlose Recht der muslimischen Lehrerinnen aus Art. 33 Abs. 3 GG besteht grundsätzlich die Verpflichtung des Staates, jeden Grundrechtseingriff zu unterlassen. Um eine Kollisionslage zum Recht der muslimischen Lehrerinnen aus Art. 33 Abs. 3 GG zu begründen, muss diesem Grundrecht eine Pflicht des Staates zum Handeln durch Grundrechtseingriff entgegenstehen.

333 *Muckel,* in: FS Link zum 70. Geburtstag, S. 342; *Jachmann,* in: v. Mangoldt/Klein/Starck, Das Bonner GG, Band II, Art. 33 Abs. 3 Rn. 26 m. w. N.

334 Siehe oben B. I. 3. a) dd) (1) (f).

335 Dies jedoch nur dann, wenn man einem distanzierenden Verständnis religiös-weltanschaulicher Neutralität des Staates folgt, siehe dazu B. I. 3. a) dd) (3) (b).

336 I.Ü. ist kein kollidierendes Verfassungsrecht ersichtlich, siehe dazu B. I. 3. a) dd).

337 Siehe oben B. I. 3. c).

rinnen bzw. bereits verbeamteten Lehrerinnen indes dann, wenn allein muslimische Lehrerinnen in der Schule auf äußere Bekundungen ihres Glaubens zu verzichten hätten.[338] Das Gebot religiös-weltanschaulicher Neutralität des Staates (in seinem distanzierenden Verständnis) und der Schulfrieden werden durch Glaubensbekundungen von Lehrkräften jeglicher Bekenntnisse beeinträchtigt. Es ist kein sachlicher Grund ersichtlich, der allein das Tragen des Kopftuchs in der Schule als problematisch erscheinen ließe.[339] Insoweit mangelt es an einem tauglichen Differenzierungskriterium für eine Ausnahme etwa christlicher oder jüdischer Symbole von einem Verbot. Die Ungleichbehandlung muslimischer Lehramtsanwärterin bzw. bereits verbeamteter Lehrerinnen ist daher nur dann verhältnismäßig, wenn allen Lehrkräften die äußere Bekundung ihres Glaubens unabhängig von ihrem Bekenntnis verboten wird. [340]

cc) Erforderlichkeit einer hinreichend bestimmten Ermächtigungsgrundlage

Steht fest, dass ein Verbot des Kopftuchs im Hinblick auf das Recht der muslimischen Lehramtsanwärterinnen bzw. Lehrerinnen aus Art. 33 Abs. 3 GG verhältnismäßig ist, wenn Lehrkräften jeglicher Bekenntnisse die äußere Bekundung ihres Glaubens zur Sicherung des Schulfriedens bzw. der staatlichen Neutralität verboten wird, bedarf es für die verfassungsrechtliche Rechtfertigung der Ungleichbehandlung im Sinne des Art. 33 Abs. 3 GG nach dem Vorbehalt des Gesetzes[341] des Weiteren einer hinreichend bestimmten einfach-gesetzlichen Ermächtigungsgrundlage.[342] Demnach kann eine Ungleichbehandlung im Sinne des Art. 33 Abs. 3 GG nur dann verfassungsrechtlich gerechtfertigt werden, wenn in den Gesetzen der Länder eine Regelung vorhanden ist, aus der sich ableiten lässt, dass Lehrkräften die äußere Bekundung ihres Glaubens, die geeignet ist, den Schulfrieden oder die religiös-weltanschauliche Neutralität des Staates zu gefährden oder zu stören, verboten ist. Eine derartige Regelung genügt den Anforderungen hinreichender Bestimmtheit.[343] Sie darf sich aber wegen des Grundsatzes der Parität nicht allein gegen das Kopftuch muslimischer Lehrerinnen richten oder Symbole und Zeichen anderer Bekenntnisse bevorzugen.[344]

---

338 Vgl. VG Stuttgart, Urteil vom 07. 07. 2006, 18 K 3562/05, Nr. 28 ff., JURIS, Dok.-Nr.: MWRE060000500.

339 Siehe dazu oben B. I. 3. a) dd) (3) (b) (dd) und ee).

340 Vgl. BVerfGE 108, 282, 313.

341 Zum Vorbehalt des Gesetzes vgl. oben Fn. 41.

342 BVerfGE 108, 282, 311 ff.

343 Siehe dazu oben B. I. 3. a) aa).

344 Zur genaueren Begründung kann auf die unter B. I. 3. a) cc). bzw. ee gemachten Ausführungen verwiesen werden.

3. Zwischenergebnis

Ist eine hinreichend bestimmte Regelung vorhanden, die Lehrkräften jeglicher Bekenntnisse äußere Bekundungen des Glaubens, die geeignet sind, den Schulfrieden oder die staatliche Neutralität zu gefährden bzw. zu stören, untersagt, kann muslimischen Lehramtsanwärterinnen, die darauf bestehen, dass Kopftuch auch in der Schule zu tragen, der Zugang zum Lehramt rechtmäßig verwehrt werden. Bereits verbeamteten Lehrerinnen kann das Amt entzogen werden, wenn sie sich weigern, auf das Tragen des Kopftuchs zu verzichten. Das Kopftuch stellt dann einen Eignungsmangel im Sinne des Art. 33 Abs. 2 GG dar, weil die muslimische Lehramtsanwärterinnen bzw. bereits verbeamtete Lehrerinnen nicht die Gewähr dafür bieten, in ihrer gesamten voraussichtlichen Dienstzeit das Verbot, in der Schule religiöse Bekundungen abzugeben, die geeignet sind die Neutralität des Staates bzw. den Schulfrieden zu gefährden bzw. zu stören, einzuhalten. Ein Verstoß gegen das Benachteilungsverbot des Art. 33 Abs. 3 GG ist insofern nicht gegeben.[345]

III. Konsequenz für die von den Ländern erlassenen Regelungen

Eine Regelung, die Lehrkräften jeglicher Bekenntnisse äußere Bekundungen ihres Glaubens untersagt, die geeignet sind, den Schulfrieden bzw. die Neutralität des Staates zu gefährden bzw. zu stören, ist verhältnismäßig. Da das BVerfG selbst diese Art des Verbots vorgesehen hat, ist davon auszugehen, dass auch die vom BVerwG[346] vorgenommene Auslegung des Baden-Württembergischen Gesetzes zur Neuregelung des zulässigen Ausmaßes religiöser Bezüge in der Schule vor dem BVerfG Bestand haben wird.[347] Demnach könnten auch die übrigen von den Landesgesetzgebern erlassenen Gesetze, die an einer abstrakten Gefährdung des Schulfriedens durch äußerlich sichtbare Glaubensbekundungen von Lehrkräften bzw. an einem Vorstoß gegen die religiös-weltanschauliche Neutralität des Staates anknüpfen, vor dem BVerfG Bestand haben, wenn sie sich an Lehrkräfte jeglicher Bekenntnisse richten. Dies gilt auch dann, wenn in den Gesetzen die Klarstellung getroffen wird, dass die Darstellung christlicher und abendländischer Bildungs- und Kulturwerte erlaubt ist. Insoweit ist allerdings eine verfassungskonforme Auslegung dieser Bestimmung im Sinne einer strikten Gleichbehandlung der Religionsgemeinschaften, wie sie vom BVerwG[348] in seinem Urteil vom 24. 06. 2004 vorgenommen wurde, notwendig.[349] Auch der in Nordrhein-Westfalen neu in den

---

345 A.A.: *Muckel,* in: FS Link zum 70. Geburtstag, S. 331 ff.; *S. Mann,* Das Kopftuch der muslimischen Lehramtsanwärterin, S. 126 f.

346 BVerwGE 121, 140 ff.

347 So auch *Oestreich,* Der Kopftuch-Streit, S. 202; vgl. auch *Böckenförde,* JZ 2004, 1181, 1183.

348 BVerwGE 121, 140 ff.

§ 57 SchulG eingefügte Absatz 4, der Lehrerinnen und Lehrern verbietet, in der Schule politische, religiöse, weltanschauliche oder ähnliche äußere Bekundungen abzugeben, die geeignet sind, die Neutralität des Landes (...) oder den religiösen oder weltanschaulichen Schulfrieden zu gefährden oder zu stören, gleichzeitig aber die Klarstellung trifft, dass die Darstellung christlicher und abendländischer Bildungs- und Kulturwerte oder Traditionen nicht dem soeben genannten Verhaltensgebot widerspricht, steht demnach im Einklang mit den verfassungsrechtlichen Vorgaben.

Hingegen ist ein Gesetz, welches sich allein gegen das Kopftuch muslimischer Lehrerinnen richtet, bzw. die Durchsetzung eines Verbots des Kopftuchs, wenn der Staat auf der anderen Seite Lehrkräften anderer Bekenntnisse (z. B. Nonnen) äußere Bekundungen des Glaubens weiterhin erlaubt, verfassungsrechtlich nicht zu rechtfertigen.[350] Das Gleichbehandlungsgebot der verschiedenen Bekenntnisse ist sowohl in der Begründung von Dienstpflichten als auch in der Durchsetzung derselben zu beachten.[351] Aus anderen Gründen als zur Wahrung des Schulfriedens bzw. der religiös-weltanschaulichen Neutralität des Staates lässt sich ein Verbot des Kopftuchs (zumindest derzeit) nicht rechtfertigen.

IV. Ergebnis zum religiös motivierten Kopftuch der muslimischen Lehramtsanwärterin bzw. bereits verbeamteten Lehrerin

Ein Verbot des Kopftuchs für muslimische Lehrerinnen lässt sich zur Sicherung des Schulfriedens und der religiös-weltanschaulichen Neutralität des Staates bei Wahrung der Gleichheit und bei Vorliegen einer hinreichend bestimmten Ermächtigungsgrundlage verfassungsrechtlich rechtfertigen. Entscheidet sich der Gesetzgeber für eine verdrängende Regelung, die Lehrkräften jeglicher Bekenntnisse die äußerliche Bekundung ihres Glaubens verbietet, hat er sich für den Bereich der öffentlichen Schule für ein mehr als bisher distanzierendes Verständnis von Neutralität entschieden. Ein Verbot für Lehrkräfte, während des Unterrichts religiöse Erkennungsmerkmale zu tragen, ist jedoch nicht zwingend erforderlich. Der Landesgesetzgeber kann auch davon absehen, Lehrkräften äußere Bekundungen ihres

---

349 VG Stuttgart, Urteil vom 07. 07. 2006, 18 K 3562/05, Nr. 33, JURIS, Dok.-Nr.: MWRE060000500.

350 Vgl. VG Stuttgart, Urteil vom 07. 07. 2006, 18 K 3562/05, Nr. 28 ff., JURIS, Dok.-Nr.: MWRE060000500.

351 BVerfGE 108, 282, 298; BVerwGE 121, 140, 150 f. Zudem würde es sich bei einem allein an muslimische Lehrerinnen gerichteten Verbot äußerer Glaubensbekundungen nicht mehr um ein allgemeines Gesetz im Sinne des Art. 140 GG i.V.m. Art. 136 Abs. 1 WRV handeln. Ein solches Gesetz wäre aber für die Einschränkung der Religionsausübungsfreiheit der muslimischen Lehrerinnen bzw. Lehramtsanwärterinnen aus Art. 4 Abs. 2 GG erforderlich, siehe dazu die Nachweise in Fn. 38.

Glaubens zu verbieten und somit die religiöse Vielfalt auch in die Lehrerschaft aufnehmen und als Mittel für die Einübung von gegenseitiger Toleranz nutzen, um so einen Beitrag in dem Bemühen um Integration zu leisten. Wie auf die gewandelten Verhältnisse zu reagieren ist und welche Verhaltensregeln in Bezug auf Kleidung und sonstiges Auftreten für Lehrer und Lehrerinnen zur näheren Konkretisierung ihrer allgemeinen beamtenrechtlichen Pflichten und zur Wahrung des Schulfriedens in der Schule aufgestellt werden sollen und demnach zur Eignung für ein Lehramt gehören, obliegt der Einschätzungsprärogative des Landesgesetzgebers.[352]

C. Muslimische Schüler und Schülerinnen in der öffentlichen Schule[353]

Im Zusammenhang mit dem Islam in der öffentlichen Schule könnten Konflikte entstehen, wenn muslimische Schüler und Schülerinnen während des Unterrichts auf die Einhaltung islamischer Glaubensvorschriften bestehen oder die Eltern muslimischer Kinder darauf beharren, dass ihren Kinder die Einhaltung der islamischen Glaubensvorschriften gewährt wird.

I. Das Kopftuch muslimischer Schülerinnen

In diesem Zusammenhang problematisch ist zunächst das Kopftuch muslimischer Schülerinnen. Es stellt sich die Frage, ob die Schule muslimischen Schülerinnen das Tragen eines Kopftuchs ebenso verbieten darf, wie muslimischen Lehrerinnen. Dies ist nur dann der Fall, wenn durch ein Verbot des Kopftuchs die Grundrechte der muslimischen Schülerinnen und Eltern nicht verletzt werden.

1. Eröffnung des Schutzbereichs

a) Grundrechte der muslimischen Schülerinnen

Schülern und Schülerinnen steht es nach mittlerweile gängiger Ansicht[354] frei, sich auch im Schulverhältnis auf ihre Grundrechte zu berufen.[355]

---

352 BVerfGE 108, 282, 310.

353 Dieser Teil der Bearbeitung wird von der Verfasserin in weit größerem Umfang in ihrer Dissertation (vgl. Fn. 1) behandelt.

354 Vgl. BVerfGE 41, 251, 259 ff.; 58, 257, 268 ff.; *Stern,* in: Das Staatsrecht der Bundesrepublik Deutschland III/2, S. 1212; *Loschelder,* in: HStR V, § 123; *Robbers,* in: v. Mangoldt/Klein/Starck, Das Bonner GG, Band I, Art. 7 Rn. 13 f.; *Anger,* Islam in der Schule, S. 169.

aa) Die Religionsausübungsfreiheit

Unabhängig von dem Alter der Schüler und Schülerinnen sind diese selber Träger der religiösen Freiheitsrechte aus Art. 4 Abs. 1 und 2 GG. Daran ändert auch der Umstand nichts, dass die Eltern entsprechend ihrer religiösen Vorstellung die religiösen Freiheitsrechte ihrer Kinder bis zum Eintritt deren Religionsmündigkeit[356] inhaltlich determinieren.[357] Für den Wunsch, ein Kopftuch zu tragen, können sich muslimische Schülerinnen bei entsprechendem Selbstverständnis und hinreichend plausibler Darlegung[358] im gleichen Maße auf die Religionsausübungsfreiheit aus Art. 4 Abs. 2 GG berufen wie muslimische Lehrerinnen.[359]

---

355 Insofern findet auch der Vorbehalt des Gesetzes im Schulverhältnis Anwendung, vgl. *Mahrenholz,* RdJB 1998, 287, 300 m. w. N. Siehe zum Vorbehalt des Gesetzes oben Fn. 41.

356 Siehe Fn. 186.

357 Vgl. *Anger,* Islam in der Schule, 169; *Starck,* in: v. Mangoldt / Klein / Starck, Das Bonner GG, Band I, Art. 4 Abs. 1, 2 Rn. 71; *Jestaedt,* in: Listl / Pirson, HdbStKirchR[2] II, S. 383; *Mahrenholz,* RdJB 1998, 287, 291 Fn. 13.

358 Zur Plausibilität des Vorbringens vgl. oben B. I. 1. Berufen sich noch sehr junge muslimische Schülerinnen (im Grundschulalter) für das Tragen des Kopftuchs auf die Religionsausübungsfreiheit aus Art. 4 Abs. 2 GG müssen sie hinreichend plausibel darlegen, dass nach ihrem Selbstverständnis das religiöse Verhaltensgebot gerade auch für junge Mädchen Geltung beansprucht. Grundsätzlich wird in der islamischen Welt das Tragen des Kopftuchs von Mädchen erst ab der Geschlechtsreife bzw. Pubertät, die nach islamischem Verständnis die Volljährigkeit markiert, gefordert, vgl. VG Hamburg, NVwZ-RR 2006, 121, 122; *Heine,* in: Khoury / Hagemann / Heine, Islam-Lexikon III, S. 665; *Breuer,* Familienleben im Islam (2. Aufl., 1998), S. 84. Je nach islamischer Lehrmeinung tritt die Volljährigkeit mit neun bis dreizehn Jahren bei Mädchen und mit elf bis fünfzehn Jahren bei Jungen ein, siehe *Breuer,* Familienleben im Islam (2. Aufl., 1998), S. 68. Wenn sich noch sehr junge muslimische Schülerinnen für das Tragen des Kopftuchs auf die Religionsausübungsfreiheit aus Art. 4 Abs. 2 GG berufen möchten, muss die Darlegung der Mädchen erkennbar zwischen Kindern und Jugendlichen differenzieren und nachvollziehbar offen legen, dass entgegen der allgemeinen islamischen Ansicht das Tragen des Kopftuchs bereits zu einem früheren Zeitpunkt verpflichtend ist. Dass nach dem Selbstverständnis der Grundrechtsträgerinnen ein strengeres Verständnis der Bekleidungsvorschriften maßgeblich ist, muss sich aus ihrem Vortrag unzweifelhaft ergeben, siehe BVerwGE 112, 227, 236; VG Hamburg, NVwZ-RR 2006, 121, 122. Berufen sich religionsmündige Schülerinnen für das Tragen des Kopftuchs auf die Religionsausübungsfreiheit aus Art. 4 Abs. 2 GG, muss hinsichtlich der Plausibilität des Vorbringens feststellbar sein, dass tatsächlich die muslimischen Schülerinnen das religiöse Gebot für sich selber bindend begreifen. Die Darlegung muss erkennen lassen, dass sich die Schülerinnen nicht nur dem Willen der Eltern und deren religiösen Geboten fügen, sondern dass die Schülerinnen aus eigenem Entschluss nach dem religiösen Gebot leben möchten, vgl. *Rux,* Das Kopftuch, der Sportunterricht und die Glaubensfreiheit, S. 6. Wäre letzteres nicht der Fall, wäre der Schutzbereich der Religionsausübungsfreiheit aus Art. 4 Abs. 2 GG als nicht eröffnet anzusehen.

359 Siehe zur Religionsausübungsfreiheit muslimischer Lehrerinnen aus Art. 4 Abs. 2 GG im Hinblick auf das Tragen des Kopftuchs oben B. I. 1.

bb) Die Gewissensfreiheit

Für das Tragen des Kopftuchs könnte des Weiteren der Schutzbereich der Gewissensfreiheit der muslimischen Schülerinnen aus Art. 4 Abs. 1 GG eröffnet sein.[360] Träger der Gewissensfreiheit aus Art. 4 Abs. 1 GG sind auch Kinder und Jugendliche.[361] Es ist indes davon auszugehen, dass die Bestimmungen des Gesetzes über die religiöse Kindererziehung[362] auch die Grundrechtsmündigkeit im Bereich der Gewissensfreiheit konkretisieren, soweit diese im Zusammenhang mit der Einhaltung religiöser Verhaltensvorschriften steht.[363] Dies verhindert, dass zwischen den religiösen Freiheitsrechten einerseits und der Gewissensfreiheit andererseits ein Widerspruch hinsichtlich der Bestimmungsmacht der Eltern in religiösen Fragen entsteht.[364] Die Bestimmung des Inhalts der Gewissensfreiheit noch nicht religionsmündiger Kinder erfolgt demnach durch die Eltern, soweit die Berufung auf die Gewissensfreiheit im Zusammenhang mit der Einhaltung religiöser Vorschriften steht.

Für die Eröffnung des Schutzbereichs der Gewissensfreiheit aus Art. 4 Abs. 1 GG ist zunächst maßgeblich, dass das in Frage stehende Verhalten auf einer Gewissensentscheidung beruht. Unter einer Gewissensentscheidung im Sinne des Art. 4 Abs. 1 GG ist jede ernste sittliche, d. h. an den Kategorien von „Gut“ und „Böse“ orientierte Entscheidung zu verstehen, welche der Grundrechtsträger bzw. die Grundrechtsträgerin als für sich bindend und unbedingt verpflichtend innerlich erfährt, so dass gegen sie nicht ohne ernste Gewissensnot gehandelt werden könnte.[365] Solange die Gewissensentscheidung nicht in irgendeiner Form nach außen umgesetzt oder geäußert wird, ist sie vom forum internum der Gewissenfreiheit aus Art. 4 Abs. 1 GG erfasst.[366] Von der Gewissensfreiheit aus Art. 4 Abs. 1 GG gewährleistet wird demnach jedenfalls die Bildung und das Haben eines Gewissens.[367]

Die Umsetzung der Gewissensentscheidung nach außen, ihre Äußerung und andere Formen der Verwirklichung (forum externum), sind vom Schutzbereich der

---

360 Die Gewissensfreiheit aus Art. 4 Abs. 1 GG ist ein eigenständiges Grundrecht, vgl. *Muckel,* in: Berliner Kommentar zum GG, Band I, Art. 4 Rn. 57; *Starck,* in: v. Mangoldt / Klein / Starck, Das Bonner GG, Band I, Art. 4 Abs. 1, 2 Rn. 63.

361 *Zippelius,* in: Bonner Kommentar zum GG, Art. 4 Rn. 67; *Starck,* in: v. Mangoldt / Klein / Starck, Das Bonner GG, Band I, Art. 4 Abs. 1, 2 Rn. 71.

362 Siehe Fn. 186.

363 Vgl. *Anger,* Islam in der Schule, S. 172 f.

364 Zur Bestimmungsmacht der Eltern aus Art. 6 Abs. 2 S. 1 GG siehe bereits oben B. I. 3. a) dd) (2) (b) (bb) und noch unten C. I. 1. b) aa).

365 Vgl. BVerfGE 12, 45, 55; 23, 191, 205; BVerwGE 79, 24, 26; *Muckel,* in: Berliner Kommentar zum GG, Band I, Art. 4 Rn. 57 m. w. N.

366 Vgl. *Anger,* Islam in der Schule, S. 103; zum forum internum *Kokott,* in: Sachs, GG, Art. 4 Rn. 73.

367 *Muckel,* in: Berliner Kommentar zum GG, Band I, Art. 4 Rn. 57; *ders.* Religiöse Freiheit, S. 154; *Kokott,* in: Sachs, GG, Art. 4 Rn. 73; *Morlok,* in: Dreier, GG, Band I, Art. 4 Rn. 58.

Gewissensfreiheit aus Art. 4 Abs. 1 GG erfasst, als der bzw. die Einzelne Gewissenkonflikte abwehren muss, die ihm bzw. ihr staatlicherseits aufgezwungen werden.[368] Ein Gewissenskonflikt setzt voraus, dass dem oder der Einzelnen ein Verhalten abverlangt wird, das er bzw. sie auf Grund einer als unbedingt verpflichtend empfundenen Überzeugung in einen existenziellen, die Identität der Persönlichkeit bedrohenden Konflikt stürzt.[369] Begeben sich die Grundrechtsträger und Grundrechtsträgerinnen aus freiem Entschluss in einen Widerspruch zu staatlichen Anordnungen, ist der Schutzbereich der Gewissensfreiheit aus Art. 4 Abs. 1 GG im Hinblick auf das forum externum als nicht eröffnet anzusehen.[370] Die Gewissensfreiheit will dem Bürger bzw. der Bürgerin nach zutreffender, wenngleich nicht unumstrittener[371] Meinung dabei helfen, in nicht selbst herbeigeführten Situationen, dem Gewissen folgen zu können, nicht aber die uneingeschränkte Möglichkeit eröffnen, seine oder ihre Umwelt nach eigener Maßgabe zu bestimmen.[372]

Damit sich muslimische Schülerinnen bei einem Verbot des Kopftuchs auf die Gewissensfreiheit aus Art. 4 Abs. 1 GG berufen können, müssen sie demnach darlegen, dass ihnen ein Gewissenskonflikt staatlicherseits aufgedrängt wird. Dafür, dass die muslimischen Schülerinnen durch verbindliche Ge- oder Verbote ihres Glaubens daran gehindert sind, der staatlichen Anordnung, dem Verbot des Kopftuchs, zu genügen, tragen die muslimischen Schülerinnen die Darlegungslast.[373] Sie müssen ernstliche, einsehbare Erwägungen, d. h. wenigstens ansatzweise objektiv nachvollziehbare Anhaltspunkte für ihre Gewissensnot vortragen.[374] Es ist insofern vor allem auf die bisherige Lebensführung und das sonstige Verhalten der muslimischen Schülerinnen abzustellen.[375] Sollten die muslimischen Mädchen etwa außerhalb der Schule von dem Tragen des Kopftuchs absehen, ist das Vorbringen als unplausibel zu bewerten. Gelingt den muslimischen Schülerinnen demgegenüber der Nachweis der Plausibilität, können sie sich bei einem Verbot des Kopftuchs auf die Gewissensfreiheit aus Art. 4 Abs. 1 GG im Bereich des forum externum berufen. Für die (in Deutschland lebenden[376]) muslimischen Schülerin-

---

368 Vgl. *Muckel,* in: Berliner Kommentar zum GG, Band I, Art. 4 Rn. 58 f.; *ders.,* Religiöse Freiheit, 158 f.; ders. NJW 2000, 689, 689; *Tillmanns,* Jura 2004, 619, 623, 625; *Arndt,* NJW 1966, 2204, 2205 f.; *Preuß,* in: AK-GG, Band I, Art. 4 Abs. 1, 2 Rn. 42.

369 Vgl. *Muckel,* in: FS Listl zum 70. Geburtstag, S. 247; *ders.*, Religiöse Freiheit, S. 156 m. w. N.

370 Dies ist z. B. bei muslimischen Lehrerinnen hinsichtlich des Tragens des Kopftuchs der Fall, siehe oben Fn. 29.

371 Siehe *Freihalter,* Gewissensfreiheit, S. 153; *Mock,* Gewissen und Gewissensfreiheit, S. 148.

372 Vgl. *Preuß,* in: AK-GG, Band I, Art. 4 Abs. 1, 2 Rn. 42.

373 Vgl. BVerwGE 94, 82, 87; *Kahl,* JuS 1995, 904, 905 f. Zur Plausibilität vgl. auch *Pieroth/Schlink,* Grundrechte, Staatsrecht II, Rn. 524. Zweifel an der Plausibilität des Vorbringens könnten aber auch in diesem Zusammenhang etwa auf Grund des Alters der muslimischen Schülerin bestehen, vgl. insoweit oben Fn. 358.

374 Vgl. BVerwGE 41, 261, 268; *Muckel* JA 1994, 109, 111.

375 Vgl. *Borowski,* Die Glaubens- und Gewissensfreiheit des Grundgesetzes, S. 559.

nen gilt die allgemeine Schulpflicht.[377] Die muslimischen Schülerinnen sind daher verpflichtet, am Unterricht regelmäßig teilzunehmen. Entscheiden sich die muslimischen Schülerinnen für das Tragen des Kopftuchs aus einer ernsten, sittlichen Entscheidung heraus und empfinden sie diese Entscheidung als für sich bindend und unbedingt verpflichtend, so dass sie nicht ohne innere Not von ihr abweichen können, ist bei einem Verbot des Kopftuchs ein staatlicherseits aufgedrängter Gewissenskonflikt zwischen dem Tragen des Kopftuchs und der Verpflichtung zur Teilnahme am Unterricht ohne Kopftuch gegeben.[378]

b) Grundrechte der Eltern

aa) Das elterliche Erziehungsrecht

Begreifen die Eltern das Kopftuch als Teil der religiösen Erziehung gegenüber ihren Töchtern, können sich die Eltern, solange es sich bei den muslimischen Schülerinnen um noch nicht religionsmündige[379] Kinder handelt, uneingeschränkt auf das elterliche Erziehungsrecht aus Art. 6 Abs. 2 S. 1 GG[380] berufen.[381] Mit Eintritt der Religionsmündigkeit der muslimischen Schülerinnen steht den Eltern (nur noch) ein aus Art. 6 Abs. 2 S. 1 GG ableitbares Recht auf Unterstützung und Beistandsleistung ohne inhaltliche Bestimmungsmacht zu.[382] Die Eltern können insoweit aus Art. 6 Abs. 2 S. 1 GG die Befugnis ableiten, Rechte, die das Kind in religiösen Belangen selbst durchsetzen möchte, im Wege der Klage auch im eige-

---

376 Die Schulpflicht gilt für alle bildungsfähigen Kinder und Jugendlichen, die in einem Bundesland ihren Wohnsitz oder ihren gewöhnlichen Aufenthalt haben und somit auch für Ausländer und Staatenlose, siehe *Niehues,* Schul- und Prüfungsrecht, Rn. 332; *Fartmann-Bischoff,* RdJB 1986, 300, 302 f. Die Schulpflicht besteht unabhängig von der Religionszugehörigkeit, vgl. *Avenarius/Heckel,* Schulrechtskunde, S. 453.

377 Die allgemeine Schulpflicht in Deutschland findet ihre verfassungsrechtliche Grundlage in Art. 7 Abs. 1 GG und den entsprechenden Regelungen der Landesverfassungen und ist regelmäßig einfach-gesetzlich normiert, vgl. *Kluth,* in: FS Rüfner zum 70. Geburtstag, S. 463 Fn. 20; *Schmahl,* RdJB 2004, 23, 23; *Ipsen,* Staatsrecht II, Rn. 336. Vgl. für NRW Art. 8 Abs. 2 LVerf i.V.m. § 34 f. SchulG. Allgemein zur Schulpflicht: *Avenarius/Heckel,* Schulrechtskunde, S. 448 ff.; *Niehues,* Schul- und Prüfungsrecht, Rn. 308 ff.

378 Vgl. *Anger,* Islam in der Schule, S. 173.

379 § 5 S. 1 RKEG (siehe oben Fn. 186) stellt klar, dass nach der Vollendung des 14. Lebensjahres dem Kind die Entscheidung darüber zusteht, zu welchem religiösen Bekenntnis es sich halten will.

380 Siehe zum elterlichen Erziehungsrecht aus Art. 6 Abs. 2 S. 1 GG bereits oben B. I. 3. a) dd) (2) (b) (bb).

381 Der Schutzbereich des elterlichen Erziehungsrechts aus Art. 6 Abs. 2 S. 1 GG ist aber auch dann eröffnet, wenn die Eltern eine entsprechende Erziehung nicht als Gebot ihres Glaubens empfinden, vgl. *Rux,* Der Staat 35 (1996), 523, 530. Das elterliche Erziehungsrecht aus Art. 6 Abs. 2 S. 1 GG umfasst die ganzheitliche Erziehung des Kindes.

382 Vgl. BVerwGE 68, 16, 19; OVG Lüneburg, NVwZ 1992, 79, 79; *Rux,* Der Staat 35 (1996), 523, 532; *Jestaedt,* in: Listl/Pirson, HdbStKirchR^2 II, S. 410; *Anger,* Islam in der Schule, S. 193.

nen Namen geltend zu machen.[383] Handelt es sich bei den muslimischen Schülerinnen um religionsmündige Mädchen, gewährt Art. 6 Abs. 2 S. 1 GG den Eltern mithin ein im eigenen Namen durchsetzbares, jedoch vom Willen der noch nicht volljährigen Schülerinnen abhängiges Recht, diese bei einem Verbot des Kopftuchs zu unterstützen und ihnen Beistand zu leisten.

Bei Vorliegen der jeweiligen Voraussetzungen können sich die Eltern bezüglich des Kopftuchs ihrer Töchter mithin auf das elterliche Erziehungsrecht aus Art. 6 Abs. 2 S. 1 GG berufen.

bb) Die Religionsausübungsfreiheit

Muslimische Eltern können sich im Hinblick auf das Kopftuch ihrer Töchter des Weiteren auf die Religionsausübungsfreiheit aus Art. 4 Abs. 2 GG[384] berufen, wenn sie hinreichend plausibel darlegen können[385], dass es sich nach ihrem Selbstverständnis bei dem Tragen des Kopftuchs um ein religiöses Verhaltensgebot handelt und das Kopftuch deshalb Teil der religiösen Erziehung gegenüber ihren Kindern ist.[386]

cc) Die Gewissensfreiheit

Hinsichtlich des Kopftuchs muslimischer Schülerinnen können sich die Eltern ferner auf ihre Gewissensfreiheit aus Art. 4 Abs. 1 GG[387] berufen, wenn sie darlegen können, dass für sie die Verpflichtung der Töchter zur Teilnahme am Unterricht ohne Kopftuch einen Gewissenskonflikt begründet. Die Eltern müssen insofern nachweisen, dass nach ihrem Selbstverständnis das Tragen des Kopftuchs eine unbedingt verpflichtende religiöse Verhaltensvorschrift darstellt und sie aus diesem Grunde von der Erziehung ihrer Töchter zur Beachtung der religiösen Bekleidungsregel nicht ohne innere Not abweichen können. Die Erziehung der Töchter zur Beachtung des Gebots, ein Kopftuch zu tragen, müssen die Eltern als Gewissensentscheidung begreifen. Ist eine Gewissensentscheidung der Eltern in diesem Sinne gegeben, wird den Eltern ein Gewissenskonflikt staatlicherseits aufgedrängt[388]. Denn die Eltern sind gemäß § 41 Abs. 1 S. 2 SchulG NRW dazu verpflichtet, dafür Sorge zu tragen, dass ihre Kinder regelmäßig am Unterricht teil-

---

383 Vgl. BVerwGE 68, 16, 19; OVG Lüneburg, NVwZ 1992, 79, 79; *Rux,* Der Staat 35, (1996), 523, 532.

384 Zum Recht der Eltern aus Art. 4 Abs. 2 GG siehe oben B. I. 3. a) dd) (2) (b) (aa).

385 Zur Plausibilität des Vorbringens vgl. oben B. I. 1. und Fn. 358.

386 Vgl. auch Mahrenholz, RdJB 1998, 287, 293.

387 Zum Schutzbereich der Gewissensfreiheit aus Art. 4 Abs. 1 GG siehe oben C. I. 1. a) bb).

388 Zum Erfordernis eines aufgedrängten Gewissenskonflikts siehe die Nachweise in Fn. 368.

nehmen.[389] Diese Aufgabe können die Eltern, wenn sie die Erziehung ihrer Töchter als Gewissensentscheidung begreifen, bei einem Verbot des Kopftuchs nicht erfüllen, ohne sich dadurch in einen Widerspruch zu ihrem Gewissen zu setzen. Insoweit ist daher bezüglich des Kopftuchs muslimischer Schülerinnen der Schutzbereich der Gewissensfreiheit der Eltern aus Art. 4 Abs. 1 GG eröffnet.

2. Eingriff

Ein Verbot des Kopftuchs stellt bei Eröffnung des Schutzbereichs unzweifelhaft einen Eingriff[390] in die Religionsausübungsfreiheit aus Art. 4 Abs. 2 GG und die Gewissensfreiheit aus Art. 4 Abs. 1 GG der muslimischen Schülerinnen und Eltern sowie das elterliche Erziehungsrecht aus Art. 6 Abs. 2 S. 1 GG dar.

3. Verfassungsrechtliche Rechtfertigung

Ein Eingriff in die Religionsausübungsfreiheit der muslimischen Schülerinnen und Eltern aus Art. 4 Abs. 2 GG, die Gewissensfreiheit der muslimischen Schülerinnen und Eltern aus Art. 4 Abs. 1 GG und das elterliche Erziehungsrecht aus Art. 6 Abs. 2 S. 1 GG ist gerechtfertigt, wenn er durch eine verfassungsgemäße Schranke der Grundrechte gedeckt ist.

a) Schranke der Religionsausübungsfreiheit

Für die Einschränkung der Religionsausübungsfreiheit der muslimischen Schülerinnen und Eltern aus Art. 4 Abs. 2 GG bedarf es nach der hier vertretenen Ansicht[391] eines allgemeinen Gesetzes im Sinne des Art. 140 GG i.V.m. Art. 136 Abs. 1 WRV, auf das sich ein Verbot des Kopftuchs stützen lässt. Als allgemeines Gesetz könnte insofern § 53 Abs. 1 S. 2 SchulG NRW in Betracht kommen.[392] Gemäß § 53 Abs. 1 S. 2 SchulG NRW können erzieherische Einwirkungen angewendet werden, wenn ein Schüler oder eine Schülerin Pflichten verletzt.[393] Auch ein Verbot des Kopftuchs könnte als erzieherische Einwirkung im Sinne der Vorschrift zu werten sein. Will man § 53 Abs. 1 S. 2 SchulG NRW zur Beschränkung

---

389 Vgl. allgemein dazu *Avenarius/Heckel,* Schulrechtskunde, S. 451.

390 Zum Eingriffsbegriff siehe oben B. I. 2.

391 Siehe zur Erforderlichkeit eines allgemeinen Gesetzes im Sinne des Art. 140 GG i.V.m. Art. 136 Abs. 1 WRV zur Einschränkung der religiösen Freiheitsrechte aus Art. 4 Abs. 1 und 2 GG die Nachweise in Fn. 38.

392 Vgl. *Spies,* NVwZ 1993, 637, 640 und *Mahrenholz,* RdJB 1998, 287, 301 (im Zusammenhang mit dem Verbot eines gesichtsverhüllenden Schleiers).

393 Ausführlich zu den erzieherischen Einwirkungen *Avenarius/Heckel,* Schulrechtskunde, S. 558 ff.

der Religionsausübungsfreiheit der muslimischen Schülerinnen und Eltern aus Art. 4 Abs. 2 GG heranziehen, ist jedoch zu beachten, dass die Intensität des Eingriffs in die Grundrechte der muslimischen Schülerinnen und Eltern, wenn diese das Tragen des Kopftuchs als unbedingt verpflichtendes religiöses Verhaltensgebot begreifen, als groß zu bewerten ist.[394] Ein Verbot des Kopftuchs stellt daher eine wesentliche, die Religionsausübungsfreiheit der muslimischen Schülerinnen und Eltern aus Art. 4 Abs. 2 GG betreffende Maßnahme dar.[395] Deshalb bedarf es zur Rechtfertigung eines Verbots des Kopftuchs einer speziellen gesetzlichen Regelung, aus der sich für die muslimischen Schülerinnen und Eltern unzweifelhaft ableiten lässt, dass muslimischen Schülerinnen das Tragen des Kopftuchs innerhalb der Schule aus bestimmten Gründen verboten werden darf.[396] Eine generalklauselartige Bestimmung wie § 53 Abs. 1 S. 2 SchulG NRW genügt dieser Anforderung nicht.[397] In ihr ist nicht ausdrücklich normiert, dass und warum den muslimischen Schülerinnen das Tragen des Kopftuchs verboten darf bzw. welche Pflichten durch das Tragen des Kopftuchs verletzt werden sollen. Auch ist i. Ü. in den Gesetzen der Länder, soweit ersichtlich, keine Vorschrift enthalten, auf der ein Verbot des Kopftuchs für muslimische Schülerinnen ergehen könnte. Demnach mangelt es zur Beschränkung der Religionsausübungsfreiheit der muslimischen Schülerinnen und Eltern aus Art. 4 Abs. 2 GG an einer hinreichend bestimmten Ermächtigungsgrundlage.[398] Ein Verbot des Kopftuchs kann daher zum jetzigen Zeitpunkt bereits aus diesem Grunde nicht rechtmäßig ergehen.[399]

b) Schranke der Gewissensfreiheit und des elterlichen Erziehungsrechts

Fraglich ist, ob sich ein generelles Verbot des Kopftuchs für muslimische Schülerinnen im Hinblick auf die Gewissensfreiheit der muslimischen Schülerinnen

394 Siehe zur Bestimmung der Intensität des Eingriffs oben Fn. 41.

395 Vgl. *Anger,* Islam in der Schule, S. 202; *Mahrenholz,* RdJB 1998, 287, 299 ff.; *Langenfeld,* Staatlicher Bildungsauftrag und religiöse Selbstbestimmung, S. 348.

396 Vgl. *Anger,* Islam in der Schule, S. 202 f.; *Mahrenholz,* RdJB 1998, 287, 301; *Oebbecke,* in: Khoury / Heine / Oebbecke, Handbuch Recht und Kultur des Islams in der deutschen Gesellschaft, S. 309; *Niehues,* Schul- und Prüfungsrecht, Rn. 326 und Rn. 444. Siehe auch oben Fn. 41.

397 Vgl. *Anger,* Islam in der Schule, S. 203; *Mahrenholz,* RdJB 1998, 287, 300 ff.; *Langenfeld,* Staatlicher Bildungsauftrag und religiöse Selbstbestimmung, S. 348 f. A.A.: *Reuter,* RdJB 1999, 26, 40.

398 So auch *Gartner,* Der Islam im religionsneutralen Staat, S. 165. Siehe zu den Anforderungen an eine Regelung, die zur Beschränkung der Religionsausübungsfreiheit aus Art. 4 Abs. 2 GG herangezogen werden kann auch noch unten C. I. 3. b) ee) und c).

399 Zur Verhältnismäßigkeit eines Verbots des Kopftuchs für muslimische Schülerinnen im Hinblick auf die Religionsausübungsfreiheit der muslimischen Schülerinnen und Eltern aus Art. 4 Abs. 2 GG bei Vorliegen eines hinreichend bestimmten allgemeinen Gesetzes vgl. noch unten C. I. 3. d).

und Eltern aus Art. 4 Abs. 1 GG und das elterliche Erziehungsrecht aus Art. 6 Abs. 2 S. 1 GG rechtfertigen lässt. Die Gewissensfreiheit aus Art. 4 Abs. 1 GG[400] und (prinzipiell auch[401]) das elterliche Erziehungsrecht aus Art. 6 Abs. 2 S. 1 GG unterliegen keinem grundrechtlichen Gesetzesvorbehalt. Vorbehaltlos gewährleistete Grundrechte finden ihre Schranken aber in kollidierenden Grundrechten Dritter[402] und anderen mit Verfassungsrang ausgestatteten Rechtswerten.[403] Fraglich ist demnach, ob der Gewissensfreiheit der muslimischen Schülerinnen und Eltern aus Art. 4 Abs. 1 GG bzw. dem elterlichen Erziehungsrecht aus Art. 6 Abs. 2 S. 1 GG kollidierendes Verfassungsrecht entgegensteht.

aa) Die negativen religiösen Freiheitsrechte der Mitschüler und Mitschülerinnen

Die negative Seite der religiösen Freiheitsrechte der Mitschüler und Mitschülerinnen kann bei einem Verbot des Kopftuchs nicht als der Gewissensfreiheit der muslimischen Schülerinnen und Eltern aus Art. 4 Abs. 1 GG bzw. dem elterlichen Erziehungsrecht aus Art. 6 Abs. 2 S. 1 GG kollidierendes Verfassungsrecht herangezogen werden. Der Schutzbereich der negativen Bekenntnisfreiheit und der negativen Religionsausübungsfreiheit der Mitschüler und Mitschülerinnen wird durch den Anblick des Kopftuchs der muslimischen Schülerin gar nicht erst berührt. Im Hinblick auf die negative Glaubensfreiheit der Mitschüler und Mitschülerinnen kann zwar davon ausgegangen werden, dass der Anblick des Kopftuchs dazu geeignet ist, den Schutzbereich der negativen Glaubensfreiheit zu berühren. Indes wird der von der negativen Glaubensfreiheit gewährleistete Selbstbestimmungsschutz in Glaubensfragen durch den Anblick des Kopftuchs der musli-

---

400 Vgl. *Starck,* in: v. Mangoldt / Klein / Starck, Das Bonner GG, Band I, Art. 4 Abs. 1, 2 Rn. 94; *Anger,* Islam in der Schule, S. 141 ff.; *Muckel,* NJW 2000, 689, 690; *ders.*, in: Berliner Kommentar zum GG, Band I, Art. 4 Rn. 64 m. w. N. A.A.: *Herzog,* in: Maunz / Dürig, GG, Art. 4 Rn. 154: „Grundgedanke des Art. 2 Abs. 1 GG"; *Herdegen,* in: Listl / Pirson, HdbStKirchR^2 I, S. 496: „Rechtsgedanke des Art. 136 Abs. 1 WRV".

401 Gemäß Art. 6 Abs. 2 S. 2 GG wacht über die Erziehung des Kindes die staatliche Gemeinschaft (staatliches Wächteramt, siehe dazu *Robbers,* in: v. Mangoldt / Klein / Starck, Das Bonner GG, Band I, Art. 6 Abs. 2 Rn. 238 ff.). Das staatliche Wächteramt beschränkt das Recht der Eltern aus Art. 6 Abs. 2 S. 1 GG. Es unterliegt indes engen Grenzen. In Bezug auf das Kopftuch muslimischer Schülerinnen könnte das staatliche Wächteramt zur Beschränkung des elterlichen Erziehungsrechts aus Art. 6 Abs. 2 S. 1 GG nur dann herangezogen werden, wenn durch das Tragen des Kopftuchs das Kindeswohl der muslimischen Schülerinnen gefährdet wäre, siehe *Anger,* Islam in der Schule, S. 196. Dies könnte z. B. ausnahmsweise dann der Fall sein, wenn die muslimischen Schülerinnen wegen des Kopftuchs von ihren Mitschülern und Mitschülerinnen nicht akzeptiert würden und dadurch ernsthaft erkranken, vgl. *Anger,* Islam in der Schule, S. 196. I. Ü. ist das elterliche Erziehungsrecht aus Art. 6 Abs. 2 S. 1 GG vorbehaltlos gewährleistet.

402 BVerfGE 28, 243, 261; 47, 46, 47; 67, 213, 228; 84, 212, 228.

403 BVerfGE 28, 342, 261; *Erichsen,* Jura 1992, 142, 143 ff.; *Bethge,* in: HStR VI, § 137 Rn. 26 ff. m. w. N.; *Muckel,* NJW 2000, 689, 690. Für das elterliche Erziehungsrecht siehe auch *Jestaedt,* in: FS Listl zum 70. Geburtstag, S. 296.

mischen Schülerinnen nicht beeinträchtigt. Zur genaueren Begründung kann auf die Ausführungen verwiesen werden, die hinsichtlich der negativen Seite der religiösen Freiheitsrechte im Rahmen des Kopftuchs muslimischer Lehrerinnen gemacht wurden.[404] Die negativen religiösen Freiheitsrechte der Mitschüler und Mitschülerinnen bilden bei einem Verbot des Kopftuchs keine Schranke für die Gewissensfreiheit der muslimischen Schülerinnen und Eltern aus Art. 4 Abs. 1 GG und das elterlichen Erziehungsrecht aus Art. 6 Abs. 2 S. 1 GG.

bb) Der staatliche Bildungs- und Erziehungsauftrag

Als Schranke für die Gewissensfreiheit der muslimischen Schülerinnen und Eltern aus Art. 4 Abs. 1 GG und das elterliche Erziehungsrecht aus Art. 6 Abs. 2 S. 1 GG könnte der staatliche Bildungs- und Erziehungsauftrag aus Art. 7 Abs. 1 GG in Betracht kommen.[405]

(1) Die Erziehung zur Gleichberechtigung von Mann und Frau

Wenn das Kopftuch muslimischer Schülerinnen als Symbol für eine untergeordnete Stellung der Frau gegenüber dem Mann gewertet werden könnte, stünde das Kopftuch muslimischer Schülerinnen im Widerspruch zum Erziehungsziel, die Schüler und Schülerinnen zur Gleichberechtigung von Mann und Frau zu erziehen.[406] Ein derartiger allgemeingültiger objektiver Sinngehalt ist dem Kopftuch indes nicht eigen, weil es sich bei dem Kopftuch um ein mehrdeutiges Symbol handelt, für dessen Bedeutungsbestimmung das Selbstverständnis der Trägerinnen und ihr sonstiges Verhalten ausschlaggebend sind.[407] Selbst dann aber, wenn das Verhalten der muslimischen Schülerinnen im Einzelfall auf eine dem Erziehungsziel der Gleichberechtigung von Mann und Frau widersprechende Bedeutung des Kopftuchs schließen lässt, wird der staatliche Bildungs- und Erziehungsauftrag aus Art. 7 Abs. 1 GG durch das Kopftuch muslimischer Schülerinnen im Hinblick auf die Erziehung zur Gleichberechtigung von Mann und Frau nicht beeinträchtigt. Bei den Erziehungszielen handelt es sich um Finalnormen, die ein möglichst zu erreichendes Ziel beschreiben, ohne dass sie einen erfolgreichen Abschluss bei jedem einzelnen Kind verbindlich voraussetzen.[408] Nur wenn das Kopftuch muslimischer Schülerinnen die Erziehungsarbeit der Lehrkraft unmöglich mache, kollidiere das Kopftuch im Hinblick auf die Verwirklichung des Erziehungsziels der

---

404 Siehe oben B. I. 3. a) dd) (2) (a) (aa).

405 Zum staatlichen Bildungs- und Erziehungsauftrag aus Art. 7 Abs. 1 GG siehe bereits oben B. I. 3. a) dd) (1).

406 Vgl. *Spies,* NVwZ 1993, 637, 639. Zum Erziehungsziel der Gleichberechtigung von Mann und Frau vgl. oben B. I. 3. a) dd) (1) (b).

407 Zur Bestimmung des Bedeutungsgehalts des Kopftuchs siehe oben B. I. 3. a) dd) (1) (b).

408 Vgl. zum Finalnormcharakter der Erziehungsziele oben unter B. I. 3. a) dd) (1).

Gleichberechtigung von Mann und Frau mit dem staatlichen Bildungs- und Erziehungsauftrag aus Art. 7 Abs. 1 GG. Zur Verwirklichung des Erziehungsziels der Gleichberechtigung von Mann und Frau gegenüber muslimischen Schülerinnen mit Kopftuch und ihren Mitschülern und Mitschülerinnen ist die Bedeutung des Kopftuchs indes unbeachtlich, weil die innere Einstellung der Kinder zur Gleichberechtigung von Mann und Frau unabhängig von dem Kopftuch muslimischer Schülerinnen Gegenstand staatlicher Erziehungsbemühungen sein kann.[409] Selbst wenn dem Kopftuch von muslimischen Schülerinnen eine Bedeutung beigemessen wird, die im Widerspruch zum Erziehungsziel der Gleichberechtigung steht, kann das Erziehungsziel der Gleichberechtigung der Geschlechter ihr und ihren Mitschülern und Mitschülerinnen gegenüber erfüllt werden. Im Hinblick auf das von der Schule zu verfolgenden Erziehungsziel der Gleichberechtigung von Mann und Frau stellt der staatliche Bildungs- und Erziehungsauftrag aus Art. 7 Abs. 1 GG daher kein mit der Gewissensfreiheit muslimischer Schülerinnen und Eltern aus Art. 4 Abs. 1 GG und dem elterlichen Erziehungsrechts aus Art. 6 Abs. 2 S. 1 GG kollidierendes Verfassungsrecht dar. Insoweit kann der staatliche Bildungs- und Erziehungsauftrag aus Art. 7 Abs. 1 GG nicht als Schranke für die genannten Grundrechte herangezogen werden.

(2) Das Erziehungsziel der Toleranz

Das Kopftuch muslimischer Schülerinnen könnte die Schule an der Verwirklichung des Erziehungsziels der Toleranz hindern.[410] Insofern käme der staatliche Bildungs- und Erziehungsauftrag aus Art. 7 Abs. 1 GG als Schranke für die Gewissensfreiheit der muslimischen Schülerinnen und Eltern aus Art. 4 Abs. 1 GG und das elterliche Erziehungsrechts aus Art. 6 Abs. 2 S. 1 GG in Betracht. Das Erziehungsziel der Toleranz könnte durch das Kopftuch muslimischer Schülerinnen gefährdet sein, wenn das Kopftuch muslimischer Schülerinnen mit gezielter Provokation Intoleranz ausstrahlen und mit einseitiger missionarischer Tendenz die Mitschüler und Mitschülerinnen zur Intoleranz verleiten würde.[411] Generell ist dem Kopftuch muslimischer Schülerinnen aber kein dem Erziehungsziel der Toleranz widersprechender Bedeutungsgehalt zu entnehmen.[412] Daher kann den muslimischen Schülerinnen nicht von vornherein unterstellt werden, dass sie das Kopftuch als Zeichen der Intoleranz tragen. Dies schließt zwar des Weiteren nicht aus, dass sich die Mitschüler und Mitschülerinnen durch das Kopftuch muslimischer Schülerinnen dennoch provoziert fühlen können. Jedoch wäre selbst in diesem Fall das Erziehungsziel der Toleranz wegen des Finalnormcharakters der Erziehungsziele nicht beeinträchtigt. Die Mitschüler und Mitschülerinnen werden durch das

409 *Anger,* Islam in der Schule, S. 182.

410 Zum Erziehungsziel der Toleranz siehe bereits oben B. I. 3. a) dd) (1) (c).

411 Vgl. *Niehues,* Schul- und Prüfungsrecht, Rn. 442.

412 Siehe dazu bereits oben B. I. 3. a) dd) (1) (b) und (c).

Kopftuch der muslimischen Schülerinnen für eine Erziehung zu Toleranz nicht unempfänglich. Fühlen sich die Mitschüler und Mitschülerinnen allein durch den Anblick des Kopftuchs muslimischer Schülerinnen provoziert, muss diese Einstellung für die Schule Anlass sein, die Mitschüler und Mitschülerinnen zu mehr Toleranz zu erziehen.[413] Das Verhalten der Mitschüler und Mitschülerinnen weist deutliche Schwächen im Umgang mit abweichenden Meinungen auf und ist als intolerant zu bewerten.[414] An dieser Haltung hat die schulische Erziehung anzuknüpfen. Die Schule muss versuchen, die Mitschüler und Mitschülerinnen an eine tolerantere Geisteshaltung heranzuführen und so das Erziehungsziel der Toleranz verwirklichen. Das Kopftuch muslimischer Schülerinnen ist als eine Chance zur Erkenntnis und Festigung des eigenen Standpunktes der Schüler und Schülerinnen und als Mittel zur Einübung gegenseitiger Toleranz, die sich nicht als nivellierender Ausgleich versteht, anzusehen.[415] Die Fähigkeit aller Schüler und Schülerinnen zu tolerantem Verhalten als einer Grundvoraussetzung demokratischer Willensbildungsprozesse kann durch das Vorhandensein eines breiten Spektrums von Überzeugungen in einer Klassengemeinschaft besonders gut gefördert werden.[416] Das Kopftuch muslimischer Schülerinnen beeinträchtigt das Erziehungsziel der Toleranz mithin selbst dann nicht, wenn sich Mitschüler und Mitschülerinnen durch den Anblick des Kopftuchs zu eigener Intoleranz herausgefordert fühlen. Der staatliche Bildungs- und Erziehungsauftrag aus Art. 7 Abs. 1 GG kommt insofern nicht als Schranke der Gewissensfreiheit der muslimischen Schülerinnen und Eltern aus Art. 4 Abs. 1 GG und des elterlichen Erziehungsrechts aus Art. 6 Abs. 2 S. 1 GG in Betracht.

(3) Der Schulfrieden

Das Kopftuch muslimischer Schülerinnen könnte den vom staatlichen Bildungs- und Erziehungsauftrag aus Art. 7 Abs. 1 GG erfassten Schulfrieden beeinträchtigen.[417] Wäre dies der Fall, würde der staatliche Bildungs- und Erziehungsauftrag

413 Vgl. *Huster,* Neutralität, S. 387.

414 Vgl. *Anger,* KritV 2005, 52, 56.

415 Vgl. BVerfGE 108, 282, 310 im Zusammenhang mit dem Kopftuch einer muslimischen Lehrerin.

416 BVerfG, Beschluss v. 31. 05. 2006, 2 BvR 1693/04, Nr. 18, abgerufen am 03. 07. 2006 unter http://www.bundesverfassungsgericht.de/entscheidungen/rk20060531_2bvr169304.html.

417 Zum Schulfrieden siehe bereits oben B. I. 3. a) dd) (1) (f). Zuletzt wurde eine Störung des Schulfriedens wegen des Tragens äußerer Glaubensbekundungen in der Schule durch das Erscheinen zweier Schülerinnen mit einem gesichtsverhüllenden Schleier beobachtet, vgl. dazu FAZ v. 29. 04. 2006, Nr. 100, S. 4, Schulverbot wegen Burka-Schleier; KStA v. 29./30. 04. 2006, Nr. 100, S. 1, Verständnis für Ausschluss muslimischer Schülerinnen; *Agthe/Geisen,* KStA v. 29./30. 04. 2006, Nr. 100, S. 3; *Frank,* KStA v. 29./30. 04. 2006, Nr. 100, S. 4; FAZ v. 10. 05. 2006, Nr. 108, S. 2, Streit um verhüllte Schülerinnen beigelegt; Süddeutsche Zeitung v. 10. 05. 2006, Nr. 107, S. 6, Schülerin verzichtet auf ihre Burka; KStA

aus Art. 7 Abs. 1 GG der Gewissensfreiheit der muslimischen Schülerinnen und Eltern aus Art. 4 Abs. 1 GG bzw. dem elterlichen Erziehungsrecht aus Art. 6 Abs. 2 S. 1 GG kollidierendes Verfassungsrecht bilden und somit bei einem Verbot des Kopftuchs als Schranke der genannten Grundrechte in Betracht kommen.

Die unterschiedlichen religiösen Auffassungen treffen in der Schule unausweichlich aufeinander und können sich dort in besonders empfindlicher Weise auswirken.[418] Es besteht zumindest die Möglichkeit, dass das Kopftuch muslimischer Schülerinnen Gegenreaktionen und Unruhen in der Klassengemeinschaft hervorruft, die den Schulfrieden beeinträchtigen können.[419] Das Kopftuch muslimischer Schülerinnen begründet zumindest eine abstrakte Gefahr für den Schulfrieden. Insofern unterscheidet sich die Situation nicht von derjenigen im Zusammenhang mit dem Kopftuch muslimischer Lehrerinnen. Auf Grund des Kopftuchs muslimischer Schülerinnen kann es zu Konflikten in der Klassengemeinschaft kommen, die einen ordnungsgemäßen Unterricht ausschließen.[420] Insofern kann davon ausgegangen werden, dass das Kopftuch muslimischer Schülerinnen auf Grund der in dem Kopftuch liegenden abstrakten Gefahr für den Schulfrieden den staatlichen Bildungs- und Erziehungsauftrag aus Art. 7 Abs. 1 GG beeinträchtigt.[421] Der staatliche Bildungs- und Erziehungsauftrag aus Art. 7 Abs. 1 GG kollidiert demnach im Hinblick auf den Schulfrieden mit der Gewissensfreiheit der muslimischen Schülerinnen und Eltern aus Art. 4 Abs. 1 GG und dem elterlichen Erziehungsrecht aus Art. 6 Abs. 2 S. 1 GG und kann daher als Schranke dieser Grundrechte herangezogen werden.

(4) Zwischenergebnis

Bezüglich des Schulfriedens bildet der staatliche Bildungs- und Erziehungsauftrag aus Art. 7 Abs. 1 GG die Schranke für die Gewissensfreiheit der muslimischen Schülerinnen und Eltern aus Art. 4 Abs. 1 GG und das elterliche Erziehungsrecht aus Art. 6 Abs. 2 S. 1 GG bei einem Verbot des Kopftuchs. I. Ü. wird der staatliche Bildungs- und Erziehungsauftrag aus Art. 7 Abs. 1 GG durch das Kopftuch muslimischer Schülerinnen grundsätzlich nicht beeinträchtigt. Das Kopftuch muslimischer Schülerinnen führt insbesondere nicht dazu, dass die für den Unterricht notwendige Interaktion zwischen Lehrkraft und Schülerinnen nicht mehr möglich ist oder die Schülerinnen nicht mehr zweifelsfrei identifiziert werden können, wie

---

v. 10. 05. 2006, Nr. 108, S. 1, Streit um Burka an Bonner Schule beigelegt; *Agthe,* KStA v. 10. 05. 2006, Nr. 108, S. 8.

[418] BVerfGE 108, 282, 310; BVerwGE, 121, 140, 146.

[419] Vgl. *Langenfeld,* Staatlicher Bildungsauftrag und religiöse Selbstbestimmung, S. 348; *Anger,* KritV 2005, 52, 55 ff.; *ders.*, Islam in der Schule, S. 295; *Spies,* NVwZ 1993, 637, 640.

[420] Vgl. auch *Schmahl,* RdJB 2004, 23, 32 Fn. 56.

[421] Eine abstrakte Gefahr für den Schulfrieden genügt für die Annahme einer Beeinträchtigung des staatlichen Bildungs- und Erziehungsauftrags, siehe dazu oben Fn. 139.

dies z. B. bei einem gesichtsverhüllenden Schleier der Fall sein könnte.[422] Auf die Frage allerdings, wie sich das Kopftuch muslimischer Schülerinnen mit der Teilnahme am Sport- und Schwimmunterricht verträgt, soll erst an späterer Stelle eingegangen werden.[423]

cc) Das Gebot religiös-weltanschaulicher Neutralität des Staates

Das Gebot religiös-weltanschaulicher Neutralität des Staates könnte als Schranke der Gewissensfreiheit der muslimischen Schülerinnen und Eltern aus Art. 4 Abs. 1 GG und des elterlichen Erziehungsrechts aus Art. 6 Abs. 2 S. 1 GG dienen, wenn das Kopftuch muslimischer Schülerinnen mit diesem Gebot kollidiert.[424] Allerdings kann der Staat die ihm obliegende Verpflichtung zu religiös-weltanschaulicher Neutralität nicht an die Schüler und Schülerinnen weiterleiten.[425] Schüler und Schülerinnen sind, anders als Beamte, nicht zur Wahrung der staatlichen Neutralität verpflichtet.[426] Ein durch das Kopftuch muslimischer Schülerinnen begründeter Verstoß gegen die Verpflichtung des Staates zu religiös-weltanschaulicher Neutralität könnte aber dennoch im Hinblick auf das Gebot staatlicher Nichtidentifikation anzunehmen sein. Dem Staat ist es nach dem Gebot der Nichtidentifikation verboten, eine eigene Verbundenheit mit einer Kirche, Religions- oder Weltanschauungsgemeinschaft bzw. einem bestimmten Glauben oder einer Weltanschauung zum Ausdruck zu bringen.[427] Wenn aber schon bezüglich des Kopftuchs muslimischer Lehrerinnen kein Verstoß gegen das Gebot staatlicher Nichtidentifikation anzunehmen ist[428], so gilt dies erst Recht im Hinblick auf das Kopftuch muslimischer Schülerinnen. Das Kopftuch muslimischer Schülerinnen ist Ausdruck ihrer persönlichen Einstellung in Fragen des Glaubens. Eine Identifikation des Staates mit den Ansichten der muslimischen Schülerinnen erfolgt nicht.[429] Daher begründet das Kopftuch muslimischer Schülerinnen keinen Verstoß gegen das Gebot religiös-weltanschaulicher Neutralität des Staates. Dieses kann mithin nicht als Schranke der Gewissensfreiheit der muslimischen Schülerinnen und Eltern aus Art. 4 Abs. 1 GG und des elterlichen Erziehungsrechts aus Art. 6 Abs. 2 S. 1 GG bei einem Verbot des Kopftuchs herangezogen werden.

---

422 Zum gesichtsverhüllenden Schleier vgl. noch unten. C. II.

423 Siehe dazu unten C. III. 1.

424 Zur Verpflichtung des Staates zur Wahrung der religiös-weltanschaulichen Neutralität siehe bereits oben B. I. 3. a) dd) (3).

425 Vgl. *Gromitsaris,* AöR 121 (1996), 359, 365.

426 Vgl. *Gartner,* Der Islam im religionsneutralen Staat, S. 162. Siehe zur Verpflichtung von Lehrkräften zur Wahrung der religiös-weltanschaulichen Neutralität oben B. I. 3. a) dd) (3). Zur unterschiedlichen Ausgangssituation bei Schulkindern und Lehrkräften vgl. auch *Rademacher,* Das Kreuz mit dem Kopftuch, S. 29.

427 *Muckel,* in: FS Link zum 70. Geburtstag, S. 340.

428 Siehe dazu oben B. I. 3. a) dd) (3) (a).

429 Vgl. *Mahrenholz,* RdJB 1998, 287, 298.

dd) Zwischenergebnis

Der staatliche Bildungs- und Erziehungsauftrag aus Art. 7 Abs. 1 GG dient im Hinblick auf eine durch das Kopftuch muslimischer Schülerinnen begründete abstrakte Gefährdung des Schulfriedens bei einem Verbot des Kopftuchs als Schranke der Gewissensfreiheit der muslimischen Schülerinnen und Eltern aus Art. 4 Abs. 1 GG und des elterlichen Erziehungsrechts aus Art. 6 Abs. 2 S. 1 GG.

ee) Erforderlichkeit einer hinreichend bestimmten Ermächtigungsgrundlage

Für die rechtmäßige Einschränkung der Gewissensfreiheit der muslimischen Schülerinnen und Eltern aus Art. 4 Abs. 1 GG und des elterlichen Erziehungsrechts aus Art. 6 Abs. 2 S. 1 GG bedarf es neben dem Vorhandensein kollidierenden Verfassungsrechts des Weiteren einer hinreichend bestimmten gesetzlichen Grundlage für ein Verbot des Kopftuchs. Dieses Erfordernis ergibt sich aus dem Grundsatz des Parlamentsvorbehalts.[430] Ein Verbot des Kopftuchs stellt eine wesentliche Entscheidung des Gesetzgebers dar, weil es in schwerwiegender Weise in die Gewissensfreiheit der muslimischen Schülerinnen und Eltern aus Art. 4 Abs. 1 GG und das elterliche Erziehungsrecht aus Art. 6 Abs. 2 S. 1 GG eingreift.[431] Eine Regelung, auf der ein Verbot des Kopftuchs ergehen soll, muss demnach offen legen, dass und warum den muslimischen Schülerinnen das Tragen des Kopftuchs verboten werden soll. Insofern müsste ein Gesetz existieren, dass muslimischen Schülerinnen das Tragen des Kopftuchs wegen einer abstrakten Gefahr für den Schulfrieden ausdrücklich verbietet. Eine derartige Regelung ist indes, soweit ersichtlich, in den Gesetzen der Länder derzeit nicht vorhanden.[432] Zur rechtmäßigen Einschränkung der Gewissensfreiheit muslimischer Schülerinnen und Eltern aus Art. 4 Abs. 1 GG und des elterlichen Erziehungsrechts aus Art. 6 Abs. 2 S. 1 GG müsste demnach zunächst eine hinreichend bestimmte Regelung geschaffen werden. Ein Verbot des Kopftuchs für muslimische Schülerinnen lässt sich daher auch im Hinblick auf die Gewissensfreiheit muslimischer Schülerinnen und Eltern aus Art. 4 Abs. 1 GG und das elterliche Erziehungsrecht aus Art. 6 Abs. 2 S. 1 GG zum jetzigen Zeitpunkt verfassungsrechtlich nicht rechtfertigen.

c) Zwischenergebnis

Für die rechtmäßige Beschränkung der Religionsausübungsfreiheit der muslimischen Schülerinnen und Eltern aus Art. 4 Abs. 2 GG, der Gewissensfreiheit der

---

430 Vgl. *Tillmanns,* Jura 2004, 619, 626 m. w. N. Zum Vorbehalt des Gesetzes vgl. Fn. 41.

431 Vgl. dazu bereits oben Fn. 41.

432 Wie bereits ausgeführt genügt insbesondere § 53 Abs. 1 S. 2 SchulG NRW dem Erfordernis hinreichender Bestimmtheit nicht, siehe dazu oben C. I. 3. a).

muslimischen Schülerinnen und Eltern aus Art. 4 Abs. 1 GG und des elterlichen Erziehungsrechts aus Art. 6 Abs. 2 S. 1 GG im Hinblick auf ein Verbot des Kopftuchs fehlt es augenblicklich, soweit ersichtlich, an einer hinreichend bestimmten Ermächtigungsgrundlage. Soll eine hinreichend bestimmte Ermächtigungsgrundlage geschaffen werden, nach der die Schule dazu befugt ist, muslimischen Schülerinnen das Tragen des Kopftuchs wegen einer abstrakten Gefahr für den Schulfrieden zu verbieten, müsste weiterhin beachtet werden, dass sich die Regelung nicht allein gegen das Kopftuch muslimischer Schülerinnen richten dürfte. Dies ergibt sich aus dem Grundsatz der Parität und bezüglich der Einschränkung der Religionsausübungsfreiheit der muslimischen Schülerinnen und Eltern aus Art. 4 Abs. 2 GG auch aus dem Erfordernis sachlicher Allgemeinheit der Regelung im Sinne des Art. 140 GG i.V.m. Art. 136 Abs. 1 WRV.[433] Wird an ein religiöses Verhalten in seiner generalisierten Form angeknüpft, ist dies i. Ü. mit dem Erfordernis sachlicher Allgemeinheit der Regelung im Sinne des Art. 140 GG i.V.m. Art. 136 Abs. 1 WRV vereinbar.[434] Eine Ermächtigungsgrundlage für ein Verbot des Kopftuchs muslimischer Schülerinnen könnte in etwa lauten: „Schülern und Schülerinnen jeglicher Bekenntnisse können in der Schule äußere Bekundungen des Glaubens, die geeignet sind, den Schulfriedens zu gefährden oder zu stören, verboten werden.“ Für die weitere Bearbeitung soll von der Existenz einer derartigen Regelung ausgegangen werden.

d) Verhältnismäßigkeit des Eingriffs

Ein an muslimische Schülerinnen gerichtetes Verbot des Kopftuchs müsste des Weiteren verhältnismäßig sein, um rechtmäßig ergehen zu können.[435] Soll muslimischen Schülerinnen das Kopftuch wegen einer abstrakten Gefahr für den Schulfrieden verboten werden, bestehen bezüglich des *legitimen Zwecks,* der *Geeignetheit* und der *Erforderlichkeit* des Verbots keine Bedenken.[436] Fraglich ist indes die *Angemessenheit* eines Verbots des Kopftuchs für muslimische Schülerinnen. Dass sich ein Verbot des Kopftuchs für muslimische Lehrerinnen im Hinblick auf deren Grundrechte als verhältnismäßig erweist[437], bedeutet nicht automatisch, dass der durch ein Verbot des Kopftuchs erfolgende Eingriff in die Grundrechte der muslimischen Schülerinnen und Eltern verhältnismäßig ist. Zunächst ist zu beachten, dass muslimische Schülerinnen, anders als muslimische Lehrerinnen[438], nicht in einer besonderen beamtenrechtlichen Pflichtenstellung

---

433 Siehe dazu oben B. I. 3. a) cc) und ee). Die dort gemachten Ausführungen sind auf ein Verbot des Kopftuchs für muslimische Schülerinnen übertragbar.

434 Zum Spannungsverhältnis zwischen dem Erfordernis sachlicher Allgemeinheit und dem Bestimmtheitsgrundsatz vgl. B. I. 3. a) aa).

435 Zum verfassungsrechtlichen Verhältnismäßigkeitsgrundsatz siehe Fn. 277.

436 Siehe dazu B. I. 3. c).

437 Siehe oben B. I. 3. c) und II. 2. b) bb).

stehen. Des Weiteren treten muslimische Schülerinnen im Gegensatz zu muslimischen Lehrerinnen nicht freiwillig in das Schulverhältnis ein, sondern sind auf Grund der allgemeinen Schulpflicht[439] dazu verpflichtet, am Unterricht teilzunehmen. Muslimische Schülerinnen können sich einem Verbot des Kopftuchs nicht entziehen. Ein Verbot des Kopftuchs für muslimische Schülerinnen wegen einer abstrakten Gefahr für den Schulfrieden, also ohne dass es zuvor wenigstens zu konkreten Gefährdungen bzw. Störungen gekommen ist, ist mangels besonderer Pflichtenstellung der Schülerinnen und des Umstandes, dass die Schülerinnen der Schulpflicht unterliegen sowie der großen Intensität des Eingriffs in die Grundrechte der muslimischen Mädchen und Eltern, als unverhältnismäßig zu betrachten. Muslimischen Schülerinnen kann das Tragen eines Kopftuchs während des Unterrichts demnach nicht generell verboten werden. Zumutbar ist der Schule das Zurückstehen ihrer Interessen insbesondere deshalb, weil sie im Rahmen einer Erziehung zu Toleranz die Möglichkeit und die Aufgabe hat, die Mitschüler und Mitschülerinnen zu einem duldsamen Umgang mit dem Kopftuch muslimischer Schülerinnen zu erziehen.[440]

Das Ergebnis der Abwägung zwischen den Grundrechten der muslimischen Schülerinnen und Eltern und dem staatlichen Bildungs- und Erziehungsauftrag aus Art. 7 Abs. 1 GG könnte jedoch dann anders ausfallen, wenn der Schulfrieden durch das Kopftuch muslimischer Schülerinnen konkret gefährdet oder bereits gestört ist. Soll muslimischen Schülerinnen das Tragen des Kopftuchs in einer derartigen Situation verboten werden[441], ist bezüglich der Angemessenheit des

---

438 Die Grundrechtsausübung der muslimischen Lehrerinnen steht unter dem Funktionsvorbehalt des öffentlichen Amtes, siehe oben B. I. 3. c).

439 Vgl. für NRW § 34 SchulG.

440 Vgl. zum Erziehungsziel der Toleranz oben B. I. 3. a) dd) (1) (c) und C. I. 3. b) bb) (2).

441 Auch bei einer konkreten Gefährdung bzw. Störung des Schulfriedens bedarf es wegen des Vorbehalts des Gesetzes einer hinreichend bestimmten und im Hinblick auf die Religionsausübungsfreiheit der muslimischen Schülerinnen und Eltern aus Art. 4 Abs. 2 GG zudem den Anforderungen sachlicher Allgemeinheit im Sinne des Art. 140 GG i.V.m. Art. 136 Abs. 1 WRV genügenden Ermächtigungsgrundlage, die die Schule zu einem Verbot des Kopftuchs ermächtigt (siehe zum Vorbehalt des Gesetzes Fn. 41). Ein solches Gesetz ist aber derzeit in den Gesetzen der Länder nicht vorhanden. Auch ein Verbot des Kopftuchs für muslimische Schülerinnen wegen einer konkreten Gefährdung bzw. Störung des Schulfriedens ist demnach zum jetzigen Zeitpunkt mangels hinreichend bestimmter Ermächtigungsgrundlage verfassungsrechtlich nicht zu rechtfertigen. Will die Schule muslimischen Schülerinnen das Tragen des Kopftuchs in derartigen Situationen verbieten, muss eine Regelung geschaffen werden, die erkennen lässt, dass muslimischen Schülerinnen das Tragen des Kopftuchs wegen einer konkreten Gefährdung bzw. Störung des Schulfriedens verboten werden kann. Wegen des Grundsatzes der Parität und dem Erfordernis sachlicher Allgemeinheit im Sinne des Art. 140 GG i.V.m. Art. 136 Abs. 1 WRV dürfte sich das Gesetz nicht ausschließlich an muslimische Schülerinnen richten, vgl. dazu oben B. I. 3. a) cc) und ee). Für die weitere Prüfung der Verhältnismäßigkeit soll aber davon ausgegangen werden, dass eine hinreichend bestimmte, dem Erfordernis sachlicher Allgemeinheit und dem Gedanken der Parität genügende Vorschrift für ein Verbot des Kopftuchs für muslimische Schülerinnen bei einer konkreten Gefährdung bzw. Störung des Schulfriedens in den Gesetzen der Länder existiert.

Verbots zu beachten, dass das Verhalten der muslimischen Schülerin allein nicht ausreicht, um den staatlichen Bildungs- und Erziehungsauftrag aus Art. 7 Abs. 1 GG zu beeinträchtigen. Vielmehr ist das Vorliegen einer konkreten Gefährdung bzw. Störung des Schulfriedens durch das Kopftuch muslimischer Schülerinnen nicht nur vom Verhalten der muslimischen Schülerinnen, sondern auch vom Verhalten der Mitschüler und Mitschülerinnen abhängig. Dies darf nicht außer Betracht gelassen werden, wenn muslimischen Schülerinnen das Tragen des Kopftuchs verboten werden soll.[442] Insbesondere gilt es zu beachten, dass das Verhalten der Mitschüler und Mitschülerinnen im Gegensatz zum Verhalten der muslimischen Schülerinnen als intolerant zu bewerten ist.[443] Bevor die Schule muslimischen Schülerinnen das Tragen des Kopftuchs wegen einer konkreten Gefährdung oder Störung des Schulfriedens verbietet, hat sie deshalb zunächst zu versuchen, die Beeinträchtigung des staatlichen Bildungs- und Erziehungsauftrags aus Art. 7 Abs. 1 GG durch ein Handeln gegenüber den Mitschülern und Mitschülerinnen zu beheben.[444] Muslimischen Schülerinnen, die sich selbst nicht unduldsam verhalten, ist ein Verbot des Kopftuchs mangels besonderer Pflichtenstellung jedenfalls dann unzumutbar, wenn nicht vorher von der Schule versucht wurde, gegen die intoleranten Mitschüler und Mitschülerinnen vorzugehen.[445] Des Weiteren ist bei einer konkreten Gefährdung oder Störung des Schulfriedens durch das Kopftuch muslimischer Schülerinnen die Möglichkeit in Betracht zu ziehen, die muslimischen Schülerinnen in eine parallele Klasse oder in die Klasse einer nahe gelegenen Schule zu versetzen.[446] Ist der Schulfriede in der Klasse durch das Kopftuch muslimischer Schülerinnen allerdings nachhaltig gestört und kann dieser Situation weder durch ein Vorgehen gegen die Mitschüler und Mitschülerinnen noch durch eine Umsetzung der muslimischen Schülerin abgeholfen werden, ist ein an die muslimischen Schülerinnen gerichtetes Verbot des Kopftuchs letztlich angemessen.[447] Damit der Staat seinen ihm obliegenden Bildungs- und Erziehungsauftrag erfüllen kann, darf er in letzter Konsequenz nicht daran gehindert werden, muslimischen Schülerinnen das Tragen des Kopftuchs während des Unterrichts bzw. in der Schule zu verbieten.[448] Insoweit muss die Schule indes den

---

442 Vgl. *Muckel,* DÖV 1998, 18, 23, der darauf verweist, dass der Verhältnismäßigkeitsgrundsatz eine vergleichende Betrachtung aller Personen, die mit ihrem Verhalten zu der Gefahr oder Störung beigetragen haben, erfordert.

443 Vgl. *Anger,* KritV 2005, 52, 56.

444 Die Schule kann versuchen, durch erzieherische Einwirkungen und Ordnungsmaßnahmen (vgl. für NRW § 53 SchulG) die Mitschüler und Mitschülerinnen von ihrem störenden Verhalten abzubringen, vgl. *Langenfeld,* Integration und kulturelle Identität zugewanderter Minderheiten, S. 540; *dies.,* Staatlicher Bildungsauftrag und religiöse Selbstbestimmung, S. 348; *Spies,* NVwZ 1993, 637, 640.

445 Im Ergebnis ebenfalls *Langenfeld,* Integration und kulturelle Identität zugewanderter Minderheiten, S. 540, *Spies,* NVwZ 1993, 637, 640; im Zusammenhang mit einem gesichtsverhüllenden Schleier *Gromitsaris,* SächsVBl. 1997, 93, 94.

446 Vgl. *Spies,* NVwZ 1993, 637, 640; *Avenarius/Heckel,* Schulrechtskunde, S. 545.

447 Im Ergebnis wohl ebenso *Niehues,* Schul- und Prüfungsrecht, Rn. 442.

Nachweis erbringen, dass der Beeinträchtigung des staatlichen Bildungs- und Erziehungsauftrags aus Art. 7 Abs. 1 GG bzw. einer Störung des Schulfriedens weder durch ein Handeln gegenüber den Mitschülern und Mitschülerinnen noch durch eine Umsetzung der muslimischen Schülerin in eine andere Klasse abgeholfen werden kann.

4. Ergebnis zum Kopftuch muslimischer Schülerinnen

Ein generelles Verbot des Kopftuchs für muslimische Schülerinnen ist im Hinblick auf die Freiheitsgrundrechte der muslimischen Schülerinnen und Eltern verfassungsrechtlich nicht zu rechtfertigen.[449] In (wohl verschwindend geringen) Fällen durch das Kopftuch muslimischer Schülerinnen ausgelöster nachhaltiger Störungen des Schulfriedens, denen anders als durch ein Verbot des Kopftuchs nicht abgeholfen werden kann, haben die Grundrechte der muslimischen Schülerinnen und Eltern indes im Rahmen der Abwägung hinter dem staatlichen Bildungs- und Erziehungsauftrag aus Art. 7 Abs. 1 GG zurückzutreten. Ein Verbot des Kopftuchs ließe sich aber insoweit nur dann verfassungsrechtlich rechtfertigen, wenn eine hinreichend bestimmte, dem Erfordernis sachlicher Allgemeinheit im Sinne des Art. 140 GG i.V.m. Art. 136 Abs. 1 WRV und dem Gedanken der Parität genügende Ermächtigungsgrundlage geschaffen würde[450], die in etwa lauten könnte: Schülern und Schülerinnen jeglicher Bekenntnisse können äußere Bekundungen des Glaubens bei einer nachhaltigen Störung des Schulfriedens verboten werden.[451]

---

448 Vgl. *Spies,* NVwZ 1993, 637, 640; *Langenfeld,* Staatlicher Bildungsauftrag und religiöse Selbstbestimmung, S. 348.

449 Die Frage, ob das Kopftuch muslimischer Schülerinnen durch eine ausnahmslose Schulunifompflicht aus der Schule verbannt werden könnte, wird in der Dissertation der Verfasserin (siehe Fn. 1) umfassend untersucht.

450 Siehe Fn. 441.

451 Ein an alle Schüler und Schülerinnen gerichtetes Verbot äußerer Bekundungen des Glaubens bei nachhaltigen Störungen des Schulfriedens, denen nicht anders abgeholfen werden kann, wäre i. Ü. auch mit dem Gleichheitsrecht der muslimischen Schülerinnen aus Art. 3 Abs. 3 S. 1 GG vereinbar (Art. 3 Abs. 3 S. 1 GG untersagt unter anderem die Benachteiligungen wegen des Glaubens und der religiösen Anschauungen). Zwar würde ein an alle Schüler und Schülerinnen gerichtetes Verbot äußerer Bekundungen des Glaubens eine mittelbare Benachteiligung der muslimischen Schülerinnen im Sinne des Art. 3 Abs. 3 S. 1 GG darstellen (Art. 3 Abs. 3 S. 1 GG ist auch in Fällen mittelbarer Benachteiligungen anwendbar, vgl. BVerfG, NJW 2004, 50, 50; BVerfGE 97, 35, 43; 104, 373, 393; *Epping,* Grundrechte, Rn. 717; *Jarass,* in: Jarass/Pieroth, GG, Art. 3 Rn. 119; *Gubelt,* in: v. Münch/Kunig, GG, Band I, Art. 3 Rn. 103; siehe auch *Osterloh,* in: Sachs, GG, Art. 3 Rn. 256; *Heckel,* in: Listl/Pirson, HdbStKirchR^2 I, S. 641 f. mit Fn. 52; *ders.*, Gleichheit oder Privilegien?, S. 96 mit Fn. 70. A.A.: *Sachs,* in: HStR V, § 126 Rn. 88 f.; *Rüfner,* in: Bonner Kommentar zum GG, Art. 3 Abs. 2 und 3 Rn. 563 ff.; *Anger,* Islam in der Schule, S. 223 f.; *Britz,* JZ 2000, 1127, 1130 f.), weil das Verbot äußerer Bekundungen des Glaubens den religiösen Vorstellungen der muslimischen Schülerinnen widerspricht, wohingegen die meisten Mitschüler und Mit-

II. Der gesichtsverhüllende Schleier muslimischer Schülerinnen

Es ist bereits vorgekommen, dass muslimische Schülerinnen mit einem gesichtsverhüllenden Schleier[452] am Unterricht teilgenommen haben.[453] In derartigen Fällen stellt sich die Frage, ob die Schule den muslimischen Schülerinnen das Tragen des gesichtsverhüllenden Schleiers rechtmäßig verbieten darf.

1. Eingriff in den Schutzbereich

Für das Tragen des gesichtsverhüllenden Schleiers können sich muslimische Schülerinnen bei entsprechendem Selbstverständnis und hineichend plausibler Darlegung[454] auf die Religionsausübungsfreiheit aus Art. 4 Abs. 2 GG und die Gewissensfreiheit aus Art. 4 Abs. 1 GG berufen.[455] Die Eltern muslimischer Schü-

schülerinnen der muslimischen Schülerinnen kein religiöses Gebot kennen werden, das ihnen das Tragen bestimmter Kleidung vorschreibt, siehe auch *Bothe,* VVDStRL 54 (1995), 7, 37, *Anger,* Islam in der Schule, S. 225 Fn. 337. Die mittelbare Benachteiligung der muslimischen Schülerinnen könnte indes mit dem staatlichen Bildungs- und Erziehungsauftrag aus Art. 7 Abs. 1 GG gerechtfertigt werden (eine indirekte Benachteiligung im Sinne des Art. 3 Abs. 3 S. 1 GG kann durch sachlich überzeugende Differenzierungsgründe gerechtfertigt werden, siehe *Gubelt,* in: v. Münch / Kunig, GG, Band I, Art. 3 Rn. 104 i.V.m. 91; vgl. auch *Jarass,* in: Jarass / Pieroth, GG, Art. 3 Rn. 96 für die Rechtfertigung einer indirekten Ungleichbehandlung wegen des Geschlechts). Insoweit würde sich die freiheitsrechtlich Argumentation wiederholen, siehe daher oben C. I. 3. d).

452 Die Verschleierung des Gesichts begreifen einige Musliminnen als religiöses Verhaltensgebot, vgl. *Breuer,* Familienleben im Islam (2. Aufl., 1998), S. 83; *C. Schirrmacher,* Der Islam, S. 89; *Mahrenholz,* RdJB 1998, 287, 292 f.

453 Vor einiger Zeit sind zwei 18 Jahre alte muslimische Schülerinnen einer Bonner Gesamtschule im Unterricht mit einem gesichtsverhüllenden Schleier, dem sog. Niqab erschienen, vgl. FAZ v. 29. 04. 2006, Nr. 100, S. 4, Schulverbot wegen Burka-Schleier; KStA v. 29. / 30. 04. 2006, Nr. 100, S. 1, Verständnis für Ausschluss muslimischer Schülerinnen; *Agthe / Geisen,* KStA v. 29. / 30. 04. 2006, Nr. 100, S. 3; *Frank,* KStA v. 29. / 30. 04. 2006, Nr. 100, S. 4. Während eine der beiden muslimischen Schülerinnen in der Folgezeit verkündete, sie werde unverhüllt zum Unterricht in einer anderen öffentlichen Schule erscheinen, habe sich die andere zum Ende des Schuljahres abgemeldet und für den Rest des laufenden Schuljahres einen Antrag auf Befreiung vom Unterricht gestellt, FAZ v. 10. 05. 2006, Nr. 108, S. 2, Streit um verhüllte Schülerinnen beigelegt; Süddeutsche Zeitung v. 10. 05. 2006 Nr. 107, S. 6, Schülerin verzichtet auf ihre Burka; KStA v. 10. 05. 2006, Nr. 108, S. 1, Streit um Burka an Bonner Schule beigelegt; *Agthe,* KStA v. 10. 05. 2006, Nr. 108, S. 8.

454 Die Notwendigkeit der Verschleierung des Gesichts lässt sich aus der Sure 24, Vers 30 f. und Sure 33, Vers 59 des Koran (siehe oben Fn. 30) herleiten. Bei einer entsprechend engen Auslegung der genannten Koranverse kann zu den zu bedeckenden Reizen auch das Gesicht gezählt werden, siehe *Heine,* in: Khoury / Hagemann / Heine, Islam-Lexikon III, S. 667 f.; *Breuer,* Familienleben im Islam (2. Aufl., 1998), S. 83; *C. Schirrmacher,* Der Islam, S. 91.

455 Es kann insoweit entsprechend auf die Ausführungen zum Kopftuch muslimischer Schülerinnen verwiesen werden, siehe oben C. I. 1. a).

lerinnen können sich im Hinblick auf den gesichtsverhüllenden Schleier ihrer Töchter bei entsprechendem Selbstverständnis und hinreichend plausibler Darlegung auf das elterliche Erziehungsrecht aus Art. 6 Abs. 2 S. 1 GG, die Religionsausübungsfreiheit aus Art. 4 Abs. 2 GG und die Gewissensfreiheit aus Art. 4 Abs. 1 GG stützen.[456] Verbietet die Schule den muslimischen Schülerinnen das Tragen des gesichtsverhüllenden Schleiers, stellt dies einen Eingriff[457] in die genannten Grundrechte dar.

2. Verfassungsrechtliche Rechtfertigung

Das Verbot des gesichtsverhüllenden Schleiers müsste auf einer verfassungsgemäßen Schranke beruhen.

a) Keine Schranke für den Eingriff in die Religionsausübungsfreiheit vorhanden

Um den Eingriff in die Religionsausübungsfreiheit der muslimischen Schülerinnen und Eltern aus Art. 4 Abs. 2 GG zu rechtfertigen, bedürfte es nach der dieser Bearbeitung zu Grunde gelegten Ansicht[458] eines allgemeinen Gesetzes, das im Hinblick auf das Verbot des gesichtsverhüllenden Schleiers zudem hinreichend bestimmt[459] sein müsste. Ein hinreichend bestimmtes Gesetz für ein Verbot des gesichtsverhüllenden Schleiers ist in den Gesetzen der Länder, soweit ersichtlich, aber nicht vorhanden.[460] Bezüglich der Religionsausübungsfreiheit der muslimischen Schülerinnen und Eltern aus Art. 4 Abs. 2 GG lässt sich ein Verbot des gesichtsverhüllenden Schleiers demnach augenblicklich verfassungsrechtlich nicht rechtfertigen.[461]

---

456 Siehe dazu entsprechend C. I. 1. b).

457 Zum Eingriffsbegriff vgl. B. I. 2.

458 Siehe die Nachweise in Fn. 38.

459 Auch ein Verbot des gesichtsverhüllenden Schleiers stellt einen wesentlichen Eingriff in die Grundrechte der muslimischen Schülerinnen und Eltern dar, wenn das Tragen des Schleiers von den Grundrechtsberechtigten als unbedingt verpflichtend empfunden wird und bedarf daher eine hinreichend bestimmten Ermächtigungsgrundlage, siehe dazu Fn. 41.

460 Vgl. *Mahrenholz,* RdJB 1998, 287, 299 ff.; *Anger,* Islam in der Schule, S. 201 ff. Insbesondere genügt § 53 Abs. 1 SchulG NRW den Anforderungen hinreichender Bestimmtheit nicht, siehe dazu oben C. I. 3. a).

461 Zur Verhältnismäßigkeit eines Verbots des Schleiers bei Vorliegen einer hinreichend bestimmten Ermächtigungsgrundlage siehe unten C. II. 2. c).

b) Schranke der Gewissensfreiheit und des elterlichen Erziehungsrechts

Für die Beschränkung der Gewissensfreiheit der muslimischen Schülerinnen und Eltern aus Art. 4 Abs. 1 GG und des elterlichen Erziehungsrechts aus Art. 6 Abs. 2 S. 1 GG bedarf es kollidierenden Verfassungsrechts.[462] Als der Gewissensfreiheit der muslimischen Schülerinnen und Eltern aus Art. 4 Abs. 1 GG und dem elterlichen Erziehungsrechts aus Art. 6 Abs. 2 S. 1 GG kollidierendes Verfassungsrecht kommt im Hinblick auf den gesichtsverhüllenden Schleier muslimischer Schülerinnen der staatliche Bildungs- und Erziehungsauftrag aus Art. 7 Abs. 1 GG in Betracht.[463]

Zunächst verhindert der gesichtsverhüllende Schleier, wenn er allenfalls einen Sehschlitz im Augenbereich vorsieht, dass die muslimischen Schülerinnen hinreichend *identifiziert* werden können.[464] Bei schulischen Prüfungen[465] aber auch im sonstigen Unterricht wäre nicht zweifelsfrei, ob die muslimischen Schülerinnen anwesend sind und ihrer Schulpflicht genügen, oder ob sich jemand anderes unter dem Schleier befindet. Bereits insofern stellt der gesichtsverhüllende Schleier ein objektives Unterrichtshindernis dar und steht demnach im Widerspruch zum staatlichen Bildungs- und Erziehungsauftrag aus Art. 7 Abs. 1 GG.[466]

Des Weiteren beeinträchtigt der gesichtsverhüllende Schleier die *pädagogischen Interaktionen* der Lehrkraft.[467] Der gesichtsverhüllende Schleier verhindert, dass die Lehrer und Lehrerinnen die in den Gesichtern der muslimischen Schülerinnen zum Ausdruck kommenden Regungen nachvollziehen können, welche für den Unterrichtserfolg von wesentlicher Bedeutung sind.[468] Ein erfolgreicher Unterricht lässt sich nur dann durchführen, wenn die Reaktionen der Schüler und Schülerinnen auf das Unterrichtsgeschehen für die Lehrkraft erkennbar sind.[469] Dies gilt im besonderen Maße für die Erziehung zu sozialem Verhalten[470].[471]

Durch den gesichtsverhüllenden Schleier werden daher die Funktionsbedingungen des geordneten Unterrichts in Frage gestellt.[472] Der staatliche Bildungs- und

---

462 Siehe dazu oben C. I. 3. b).

463 Zum staatlichen Bildungs- und Erziehungsauftrag siehe oben B. I. 3. a) dd) (1).

464 Vgl. FAZ vom 10. Mai 2006, Nr. 108, S. 2 („Schulfriede gestört").

465 Vgl. FAZ vom 10. Mai 2006, Nr. 108, S. 2 („Schulfriede gestört").

466 Vgl. *Heine,* Halbmond über deutschen Dächern, S. 168 f.

467 Siehe *Mahrenholz,* RdJB 1998, 287, 288 und 297.

468 Vgl. *Anger,* Islam in der Schule, S. 200.

469 Vgl. *Oebbecke,* in: Khoury / Heine / Oebbecke, Handbuch Recht und Kultur des Islams in der deutschen Gesellschaft, S. 309; *Niehues,* Schul- und Prüfungsrecht, Rn. 443.

470 Der Staat hat die Persönlichkeitsentwicklung der Schüler und Schülerinnen umfassend zu fördern und daher insbesondere auch auf das Sozialverhalten der Jungen und Mädchen einzuwirken, vgl. BVerfGE 93, 1, 20. Siehe auch *Niehues,* Schul- und Prüfungsrecht, Rn. 582.

471 Vgl. Anger, Islam in der Schule, S. 200 f.

Erziehungsauftrag aus Art. 7 Abs. 1 GG bildet der Gewissensfreiheit der muslimischen Schülerinnen und Eltern aus Art. 4 Abs. 1 GG und dem elterlichen Erziehungsrecht aus Art. 6 Abs. 2 S. 1 GG widerstreitendes Verfassungsrecht und kann demnach zur Beschränkung der Grundrechte herangezogen werden.[473]

Für die verfassungsrechtliche Rechtfertigung des Eingriffs in die Gewissensfreiheit der muslimischen Schülerinnen und Eltern aus Art. 4 Abs. 1 GG und das elterliche Erziehungsrecht aus Art. 6 Abs. 2 S. 1 GG steht jedoch zurzeit keine hinreichend bestimmte gesetzliche Ermächtigungsgrundlage zur Verfügung.[474] Demnach ist ein Verbot des gesichtsverhüllenden Schleiers zum jetzigen Zeitpunkt auch im Hinblick auf die Gewissensfreiheit der muslimischen Schülerinnen und Eltern aus Art. 4 Abs. 1 GG und das elterliche Erziehungsrecht aus Art. 6 Abs. 2 S. 1 GG rechtswidrig.

c) Verhältnismäßigkeit des Eingriffs

Würde eine hinreichend bestimmte Ermächtigungsgrundlage geschaffen[475], wäre ein Verbot des gesichtsverhüllenden Schleiers weiterhin nur dann rechtmäßig, wenn es sich im Hinblick auf die Grundrechte der muslimischen Schülerinnen und Eltern als verhältnismäßig[476] darstelle.

Das Verbot des gesichtsverhüllenden Schleiers verfolgt mit der Sicherung der Funktionsbedingungen des staatlichen Bildungs- und Erziehungsauftrags einen *legitimen Zweck* und ist, damit dieses Ziel erreicht werden kann, *geeignet* und *erforderlich.* Das Verbot des gesichtsverhüllenden Schleiers ist des Weiteren *angemessen.* Der Schule ist es nicht zuzumuten, den muslimischen Schülerinnen das Tragen des gesichtsverhüllenden Schleiers zu erlauben. Die Beeinträchtigung der pädagogischen Interaktionen durch den gesichtsverhüllenden Schleier und die fehlende Möglichkeit der Schule, die muslimischen Schülerinnen mit einem gesichtsverhüllenden Schleier zu identifizieren, ist für die Schule im Hinblick auf die hinter den staatlichen Bildungs- und Erziehungsbemühungen stehenden Ziele nicht hinnehm-

---

472 Vgl. *Oebbecke,* in: Khoury / Heine / Oebbecke, Handbuch Recht und Kultur des Islams in der deutschen Gesellschaft, S. 309.

473 Daneben stellt der gesichtsverhüllende Schleier wie das Kopftuch muslimischer Schülerinnen eine abstrakte Gefahr für den Schulfrieden dar, vgl. C. I. 3. b) bb) (3). Dies rechtfertigt indes kein generelles Schleierverbot für muslimische Schülerinnen. Insoweit kann entsprechend auf die Ausführungen zum Kopftuch muslimischer Schülerinnen verwiesen werden, siehe C. I. 3. d).

474 Zu deren Erforderlichkeit vgl. oben C. I. 3. b) ee). Zur mangelnden Bestimmtheit der vorhandenen gesetzlichen Grundlagen siehe die Nachweise in Fn. 460.

475 Diese könnte in etwa lauten: „Schülern und Schülerinnen jeglicher Bekenntnisse können äußere Bekundungen des Glaubens, die geeignet sind den staatlichen Bildungs- und Erziehungsauftrag zu beeinträchtigen, verboten werden." Siehe auch *Mahrenholz,* RdJB 1998, 287, 302.

476 Zum verfassungsrechtlichen Verhältnismäßigkeitsgrundsatz vgl. Fn. 277.

bar.[477] Die staatlichen Bildungs- und Erziehungsziele dienen der Persönlichkeitsentwicklung der Schüler und Schülerinnen[478] und den Belangen des Gemeinwohls[479].[480] Für die Persönlichkeitsentwicklung der Schüler und Schülerinnen[481] vor allem aber für das Gemeinwohl, ist besonders die Erziehung zu sozialem Verhalten, die durch den gesichtsverhüllenden Schleier beeinträchtigt wird, von großem Gewicht.[482] Die Erziehung zu sozialem Verhalten leistet einen Beitrag zur gesamtgesellschaftlichen Integration.[483] Es besteht ein berechtigtes Interesse der Allgemeinheit, dass die Schüler und Schülerinnen lernen, sich gemeinverträglich und gemeinschaftsbezogen zu verhalten.[484] Der durch ein Verbot des gesichtsverhüllenden Schleiers erfolgende Eingriff in die Grundrechte der muslimischen Schülerinnen und Eltern ist insgesamt als verhältnismäßig zu betrachten.[485] Die muslimischen Schülerinnen haben am Unterricht in einer Art und Weise teilzunehmen, die eine Erziehung überhaupt möglich macht.[486]

3. Ergebnis zum gesichtsverhüllenden Schleier

Zum jetzigen Zeitpunkt wäre ein Verbot des gesichtsverhüllenden Schleiers mangels hinreichend bestimmter Ermächtigungsgrundlage verfassungsrechtlich nicht zu rechtfertigen. Demgegenüber wäre ein Verbot des gesichtsverhüllenden Schleiers verfassungsrechtlich gerechtfertigt, wenn eine hinreichend bestimmte Ermächtigungsgrundlage für ein Verbot des gesichtsverhüllenden Schleiers geschaffen würde.[487]

---

477 Vgl. *Mahrenholz,* RdJB 1998, 287, 297 ff. insbesondere 301.

478 Vgl. *Anger,* Islam in der Schule, S. 212; *Dittmann,* VVDStRL 54 (1995), 47, 57; *Rux,* RdJB 2002, 423, 430.

479 Siehe *Huster,* Neutralität, S. 285; *Rux,* RdJB 2002, 423, 432 f.; vgl. auch *Langenfeld,* Integration und kulturelle Identität zugewanderter Minderheiten, S. 370.

480 *Huster,* Neutralität, S. 284 und S. 301.

481 Vgl. *Thiel,* Der Erziehungsauftrag des Staates in der Schule, S. 120, *Ernst,* in: SchulG NRW, § 2 Rn. 1.1.

482 Siehe Rux, RdJB 2002, 423, 434 mit Fn. 56.

483 Vgl. *Huster,* Neutralität, S. 309, auch zum Folgenden.

484 Vgl. auch *Niehues,* Schul- und Prüfungsrecht, Rn. 439 Fn. 200.

485 Siehe auch *Mahrenholz* RdJB 1998, 287, 301; *Niehues,* Schul- und Prüfungsrecht, Rn. 443; *Oebbecke,* in: Khoury / Heine / Oebbecke, Handbuch Recht und Kultur des Islams in der deutschen Gesellschaft, S. 309. A.A. wohl *Avenarius / Heckel,* Schulrechtskunde, S. 545.

486 Vgl. *Mahrenholz,* RdJB 1998, 287, 295.

487 Ein Verbot des gesichtsverhüllenden Schleiers würde insoweit auch nicht gegen Art. 3 Abs. 3 S. 1 GG verstoßen. Die mittelbare Benachteiligung ließe sich durch den staatlichen Bildungs- und Erziehungsauftrag (Ungleichbehandlungen im Sinne des Art. 3 Abs. 3 S. 1 GG können durch sachlich überzeugende Differenzierungsgründe gerechtfertigt werden, siehe die Nachweise in Fn. 451) im gleichem Maße verfassungsrechtlich rechtfertigen, wie ein Eingriff in die Freiheitsgrundrechte der muslimischen Schülerinnen und Eltern.

III. Unterrichtsbefreiungen für einzelne Fächer

Die Einhaltung islamischer Glaubensvorschriften motiviert immer wieder einige muslimische Schüler, Schülerinnen bzw. Eltern dazu, Unterrichtsbefreiungen von einzelnen Fächern anzustreben.[488] Die Befreiung von Schulveranstaltungen erfolgt „aus wichtigem Grund".[489] Ein solcher ist im Zusammenhang mit einer Befreiung muslimischer Schüler und Schülerinnen von der Teilnahme am Unterricht insbesondere dann anzunehmen, wenn durch die Verpflichtung zur Teilnahme am Unterricht Grundrechte der Schüler und Schülerinnen bzw. Eltern verletzt werden.[490]

1. Der koedukative Sport- und Schwimmunterricht

Schon des Öfteren wurde von muslimischen Schülern, Schülerinnen oder Eltern eine Befreiung von der Verpflichtung zur Teilnahme am koedukativen Sport- und Schwimmunterricht begehrt.[491] Fraglich ist, ob die Verpflichtung muslimischer Schüler und Schülerinnen zur Teilnahme am koedukativen Sport- und Schwimmunterricht Grundrechte der Schüler, Schülerinnen oder Eltern verletzt.

---

488 Für religiös motivierte Dispenswünsche muslimischer Schüler, Schülerinnen und Eltern von einer Verpflichtung zur Teilnahme am Unterricht ist grundsätzlich der Weg über die Befreiungsregeln zu wählen, vgl. für NRW § 43 Abs. 3 SchulG. Zur Schulversäumnis siehe noch unten C. III. 1. c).

489 Vgl. für NRW § 43 Abs. 3 SchulG; *Niehues,* Schul- und Prüfungsrecht, Rn. 347. Muslimische Schüler, Schülerinnen und Eltern haben keinen Anspruch auf eine generelle Befreiung von der allgemeinen Schulpflicht (§ 34 Abs. 5 SchulG NRW) aus religiösen Gründen, siehe BVerfG, Beschluss v. 31. 05. 2006, 2 BvR 1693/04, Nr. 15 ff., abgerufen am 03. 07. 2006 unter http://www.bundesverfassungsgericht.de/entscheidungen/rk20060531_2bvr169304.html; *Avenarius/Heckel,* Schulrechtskunde, S. 453; *v. Campenhausen/de Wall,* Staatskirchenrecht, S. 71. Durch Bildung und Erziehung an deutschen öffentlichen Schulen sollen die Schüler und Schülerinnen auf ein Leben im hiesigen Kulturraum vorbereitet werden, siehe VG Koblenz, Beschluss v. 30. 07. 2004 – 7 L 2025/04.KO, S. 3. Die Allgemeinheit hat ein berechtigtes Interesse daran, Minderheiten in die gesellschaftlichen Verhältnisse zu integrieren, siehe BVerfG, NVwZ 2003, 1113, 1113; OVG Koblenz, NVwZ-RR 2005, 116, 116. Gerade für ausländische, in Deutschland lebende Kinder ist es wichtig, auf ein Leben im hiesigen Kulturraum vorbereitet zu werden, vgl. OVG Koblenz, NVwZ-RR 2005, 116, 116. Daher ist es verfassungsrechtlich gerechtfertigt, muslimischen Schülern und Schülerinnen eine generelle Befreiung von der allgemeinen Schulpflicht aus religiösen Gründen zu versagen.

490 Vgl. OVG NRW, NWVBl. 1992, 136, 137.

491 Vgl. BVerwGE 94, 82 ff.; BVerwG, KirchE 31, 341 ff.; OVG NRW, NWVBl. 1992, 136 ff.; OVG Bremen, RdJB 1992, 412 ff.; VGH Kassel, NVwZ 1988, 951 ff.; OVG Lüneburg, NVwZ 1992, 79 ff.; VG Freiburg, InfAuslR 1994, 297 ff.; VG Hamburg, NVwZ-RR 2006, 121 ff.; VG Düsseldorf, NWVBl. 2006, 68 ff.

a) Eingriff in den Schutzbereich

Die Verpflichtung muslimischer Schüler und Schülerinnen zur Teilnahme am koedukativen Sport- und Schwimmunterricht stellt einen Eingriff[492] in die Religionsausübungsfreiheit der muslimischen Schüler, Schülerinnen und Eltern aus Art. 4 Abs. 2 GG[493], die Gewissensfreiheit der muslimischen Schüler, Schülerinnen und Eltern aus Art. 4 Abs. 1 GG[494] und das elterliche Erziehungsrecht aus Art. 6 Abs. 2 S. 1 GG[495] dar, wenn von den Grundrechtsberechtigten hinreichend plausibel dargelegt werden kann, dass die Teilnahme am koedukativen Sport- und Schwimmunterricht unbedingt verpflichtend empfundenen Glaubensvorschriften widerspricht.

Gegen die Teilnahme muslimischer Schüler und Schülerinnen am koedukativen Sport- und Schwimmunterricht wird von islamischer Seite zum einen geltend gemacht, dass die koedukative Erteilung die Jungen und Mädchen an der Einhaltung der islamischen Bekleidungsgebote[496] hindere und sie zudem dem Anblick ihrer leicht bekleideten Mitschüler sowie Mitschülerinnen ausgesetzt wären[497] so-

---

492 Zum Eingriffsbegriff siehe oben B. I. 2.

493 Zum religiösen Erziehungsrecht der Eltern aus Art. 4 Abs. 2 GG siehe oben B. I. 3. a) dd) (2) (b) (aa) und C. I. 1. b) bb).

494 Zum Schutzbereich der Gewissensfreiheit aus Art. 4 Abs. 1 GG vgl. oben C. I. 1. a) bb). Zum Recht der Eltern auf eine ihrem Gewissen entsprechende Erziehung siehe C. I. 1. b) cc).

495 Zum elterlichen Erziehungsrecht aus Art. 6 Abs. 2 S. 1 GG siehe B. I. 3. a) dd) (2) (b) (bb) und C. I. 1. b) aa).

496 Vgl. BVerwGE 94, 82, 88; VG Düsseldorf, NWVBl. 2006, 68, 68; VG Hamburg, NVwZ-RR 2006, 121, 121; *Rohe,* Der Islam. S. 152 f. Viele muslimische Mädchen sehen sich verpflichtet, ein Kopftuch zu tragen, vgl. die Nachweise in Fn. 41. Des Weiteren müssen muslimische Männer und Frauen nach teilweise vertretener Ansicht in der islamischen Welt aus religiösen Gründen jede Art von Kleidung vermeiden, die auf das andere Geschlecht aufreizend wirken könnte, siehe *Heine,* Halbmond über deutschen Dächern, S. 176; *ders.* in: Khoury / Heine / Oebbecke, Handbuch Recht und Kultur des Islams in der deutschen Gesellschaft, S. 195; *Mertek,* Der Islam, S. 192; *IRH,* Stellungnahme, S. 19. Die Bekleidung von Mann und Frau müsse dezent, züchtig, undurchsichtig und so weit sein, dass keine Körperkonturen zu erkennen sind, vgl. BVerwGE 94, 82, 87 f.; *IRH,* Stellungnahme, S. 19; *Breuer,* Familienleben im Islam (2. Aufl., 1998), S. 83; *Heine,* in: Khoury / Heine / Oebbecke, Handbuch Recht und Kultur des Islams in der deutschen Gesellschaft, S. 193 und 195. Einige muslimische Rechtsgelehrte sind der Meinung, dass Sportkleidung auch bei Männern aufreizend und damit als mit dem Islam nicht vereinbar ist, siehe *Heine,* Halbmond über deutschen Dächern, S. 176.

497 Manche Muslime und Musliminnen leiten für sich aus ihrem Glauben das Gebot die Blicke zu senken (vgl. *Mertek,* Der Islam, S. 192; *al-Qaradawi,* Erlaubtes und Verbotenes im Islam, S. 133 f.) und das Gebot die 'Aurah eines anderen Menschen nicht anzuschauen (siehe BVerwGE 94, 81, 84; VG Hamburg, NordÖR 2004, 412, 412; *al-Qaradawi,* Erlaubtes und Verbotenes im Islam, S. 134) ab. Nach überwiegender Ansicht in der islamischen Welt gehört zur 'Aurah des Mannes der Bereich zwischen Hüfte und Knien, siehe *Breuer,* Familienleben im Islam (2. Aufl., 1998), S. 82; *C. Schirrmacher,* Der Islam, S. 91. Zur 'Aurah der Frau wird je nach Lehrmeinung der gesamte Körper mit oder ohne Ausnahme des Gesichts, der Hände

wie mit dem anderen Geschlecht in Berührung kommen könnten[498].[499] Im Grundsatz stelle sich der koedukative Sport- und Schwimmunterricht deshalb als problematisch dar, weil die an sich erlaubte sportliche Betätigung in Gegenwart des anderen Geschlechts erfolge.[500] Demgegenüber berufen sich andere Muslime und Musliminnen darauf, dass der Islam es den Gläubigen generell verbiete, Sport zu treiben.[501] Die sportliche Aktivität als solche ist nach dieser Meinung unabhängig davon, ob sie in Gegenwart des anderen Geschlechts oder in einem nach den Geschlechtern getrennten Bereich stattfindet, mit dem Islam nicht vereinbar.

Die soeben aufgeführten Glaubensvorstellungen können von islamischer Seite gegen die Teilnahme muslimischer Schüler und Schülerinnen am koedukativen Sport- und Schwimmunterricht vorgebracht werden. Bezüglich der Plausibilität des Vorbringens ist aber in jedem Einzelfall zu überprüfen, ob die Glaubensvorschrift auch im sonstigen Leben der Schüler, Schülerinnen bzw. Eltern Beachtung findet[502] und inwieweit ihr dort Folge geleistet wird.[503]

b) Verfassungsrechtliche Rechtfertigung

Der durch eine Verpflichtung zur Teilnahme am koedukativen Sport- und Schwimmunterricht erfolgende Eingriff in die Grundrechte der muslimischen Schüler, Schülerinnen und Eltern ist nur dann rechtmäßig, wenn er verfassungsrechtlich gerechtfertigt werden kann.

---

und der Füße gezählt, siehe *IRH,* Stellungnahme S. 19; *Breuer,* Familienleben im Islam (2. Aufl., 1998), S. 83; *C. Schirrmacher,* Der Islam, S. 91; *Heine,* in: Khoury / Heine / Oebbecke, Handbuch Recht und Kultur des Islams in der deutschen Gesellschaft, S. 186.

498 Nach teilweise vertretener Ansicht in der islamischen Welt dürfen sich nicht verwandte Männer und Frauen aus religiösen Gründen nicht körperlich berühren, vgl. *al-Qaradawi,* Erlaubtes und Verbotenes im Islam, S. 143; *Esposito,* Von Kopftuch bis Scharia, S. 135; siehe auch *Rohe,* Der Islam, S. 152.

499 Vgl. BVerwGE 94, 82, 88; VG Düsseldorf, NWVBl. 2006, 68, 68; VG Hamburg, NVwZ-RR 2006, 121, 121; *Oebbecke,* in: Khoury / Heine / Oebbecke, Handbuch Recht und Kultur des Islams in der deutschen Gesellschaft, S. 309; *Rohe,* Der Islam, S. 152 f.

500 Vgl. BVerwGE 94, 82, 88; VG Düsseldorf, NWVBl. 2006, 68, 68; VG Hamburg, NVwZ-RR 2006, 121, 121; *Heine,* in: Khoury / Heine / Oebbecke, Handbuch Recht und Kultur des Islams in der deutschen Gesellschaft, S. 196.

501 Vgl. VG Freiburg, InfAuslR 1994, 297, 298, *Tellenbach,* InfAuslR 1994, 300.

502 Siehe zur Plausibilität des Vorbringens im Hinblick auf die islamischen Bekleidungsvorschriften oben B. I. 1. und Fn. 358.

503 Siehe VG Düsseldorf, NWVBl. 2006, 68, 69 f. Als unplausibel wird das Vorbringen z. B. dann zu betrachten sein, wenn muslimische Schüler und Schülerinnen sich wegen des Gebots, das andere Geschlecht nicht zu berühren, zur Teilnahme am koedukativen Sport- und Schwimmunterricht außerstande sehen, demgegenüber aber etwa problemlos mit einem (überfüllten) Schulbus fahren können.

aa) Schranke der Grundrechte

Erfolgt durch eine Verpflichtung zur Teilnahme an Unterrichtsveranstaltungen ein Eingriff in die religiösen Freiheitsrechte muslimischer Schüler, Schülerinnen und Eltern, können zur Beschränkung[504] die allgemeinen Regeln über die Schulpflicht[505] herangezogen werden. Es handelt sich bei diesen Vorschriften um allgemeine Gesetze im Sinne des Art. 140 GG i.V.m. Art. 136 Abs. 1 WRV.[506] Im Hinblick auf eine Verpflichtung zur Teilnahme am Unterricht trotz entgegenstehender religiöser Glaubensvorstellungen sind die allgemeinen Regelungen über die Schulpflicht als hinreichend bestimmt zu betrachten.[507] Zur Beschränkung der Gewissensfreiheit muslimischer Schüler, Schülerinnen und Eltern aus Art. 4 Abs. 1 GG und des elterlichen Erziehungsrechts aus Art. 6 Abs. 2 S. 1 GG kann bei einer Verpflichtung muslimischer Schüler und Schülerinnen zur Teilnahme am Unterricht trotz entgegenstehender Glaubensvorstellungen auf den staatlichen Bildungs- und Erziehungsauftrag aus Art. 7 Abs. 1 GG zurückgegriffen werden, der insoweit als kollidierendes Verfassungsrecht[508] heranzuziehen ist. Die auf Grund des Rechtsstaats- und des Demokratieprinzips für die Beschränkung der Gewissensfreiheit aus Art. 4 Abs. 1 GG und des elterlichen Erziehungsrechts aus Art. 6 Abs. 2 S. 1 GG notwendige hinreichend bestimmte Ermächtigungsgrundlage[509], findet sich wiederum in den landesrechtlichen Vorschriften über die allgemeine Schulpflicht.

bb) Verhältnismäßigkeit des Eingriffs

Fraglich ist, ob die Verpflichtung muslimischer Schüler und Schülerinnen zur Teilnahme am koedukativen Sport- und Schwimmunterricht verhältnismäßig ist.[510] Der koedukative Sport- und Schwimmunterricht verfolgt mit der Förderung der Gesamtentwicklung des Organismus und der Vermittlung sportlicher und sozialer Erfahrungen und Fähigkeiten *legitime Zwecke*.[511] Auch die Koedukation im Sport-

---

504 Für die Beschränkung der religiösen Freiheitsrechte findet nach hier vertretener Ansicht der allgemeine Gesetzesvorbehalt des Art. 140 GG i.V.m. Art. 136 Abs. 1 WRV Anwendung, siehe dazu die Nachweise in Fn. 38.

505 Vgl. für NRW § 34 SchulG.

506 Vgl. *Muckel,* in: Berliner Kommentar zum GG, Band I, Art. 4 Rn. 49.

507 Vgl. *Oebbecke,* in: Khoury / Heine / Oebbecke, Handbuch Recht und Kultur des Islams in der deutschen Gesellschaft, S. 309.

508 Die Gewissensfreiheit aus Art. 4 Abs. 1 GG und das elterliche Erziehungsrecht aus Art. 6 Abs. 2 S. 1 GG finden ihre Schranken in kollidierendem Verfassungsrecht, siehe dazu oben C. I. 3. b).

509 Zur Erforderlichkeit einer hinreichend bestimmten Ermächtigungsgrundlage für die Einschränkung der Gewissensfreiheit aus Art. 4 Abs. 1 GG und des elterlichen Erziehungsrechts aus Art. 6 Abs. 2 S. 1 GG bei einem Verbot des Kopftuchs siehe C. I. 3. b) ee).

510 Zum verfassungsrechtlichen Verhältnismäßigkeitsgrundsatz siehe Fn. 277.

511 OVG NRW, NVwZ 1992, 77, 79; *Anger,* Islam in der Schule, S. 209.

und Schwimmunterricht ist auf einen *legitimen Zweck* gerichtet. Sie ist darauf angelegt, die Kinder in einen respektvollen und natürlichen Umgang zwischen den Geschlechtern einzuüben[512] und so das Staatsziel des Art. 3 Abs. 2 GG, das über Art. 7 Abs. 1 GG im schulischen Bereich Geltung erlangt, zu verwirklichen.[513] Die Verpflichtung muslimischer Schüler und Schülerinnen zur Teilnahme am koedukativen Sport- und Schwimmunterricht ist sowohl *geeignet* als aus *erforderlich,* um die mit dem koedukativen Sport- und Schwimmunterricht angestrebten Bildungs- und Erziehungsziele zu realisieren. Insbesondere würde die Einführung eines nach den Geschlechtern getrennten Sport- und Schwimmunterrichts kein milderes, sondern ein anderes Mittel zur Verwirklichung des staatlichen Bildungs- und Erziehungsauftrags aus Art. 7 Abs. 1 GG darstellen und wäre demnach nicht gleich geeignet.[514] Bezüglich der *Angemessenheit* der Verpflichtung muslimischer Schüler und Schülerinnen zur Teilnahme am koedukativen Sport- und Schwimmunterricht stellt sich die Frage, ob zwischen den Grundrechten der muslimischen Schüler, Schülerinnen und Eltern sowie dem staatlichen Bildungs- und Erziehungsauftrag aus Art. 7 Abs. 1 GG ein schonender Ausgleich gefunden werden kann. Ein schonender Ausgleich könnte darin zu sehen sein, dass der *Sport- und Schwimmunterricht nach den Geschlechtern getrennt* durchgeführt wird.[515] Die Ziele des Sport- und Schwimmunterrichts selbst lassen sich auch ohne die Koedukation verwirklichen, so dass der staatliche Bildungs- und Erziehungsauftrag aus Art. 7 Abs. 1 GG durch einen nach den Geschlechtern getrennten Sport- und Schwimmunterricht insoweit nicht in Frage gestellt wird.[516] Ob der Schule ein Verzicht auf die Koedukation im Sport- und Schwimmunterricht zumutbar ist, hängt demnach davon ab, wie das Interesse des Staates gerade an der koedukativen Durchführung des Sport- und Schwimmunterrichts zu bewerten ist. Grundsätzlich ist der Koedukation ein großes Gewicht beizumessen.[517] Die Koedukation ist ein wesentlicher Beitrag zur Erfüllung der staatlichen Aufgabe (Art. 3 Abs. 2 GG), die Schüler und Schülerinnen zu einer positiven Einstellung gegenüber der Gleichberechtigung von Mann und Frau zu erziehen und die Gleichberechtigung von Mann und Frau tatsächlich durchzusetzen. Es ist aber zu beachten, dass gerade der koedukative Sport- und

---

512 *Rohe,* Der Islam, S. 150.

513 Vgl. *Avenarius/Heckel,* Schulrechtskunde, S. 88 f.; *Rohe,* Der Islam, S. 150. Siehe zum Erziehungsziel der Gleichberechtigung der Geschlechter i.Ü. oben. B. I. 3. a) dd) (1) (b).

514 Vgl. *Anger,* Islam in der Schule, S. 211.

515 Schonender ist dieser Ausgleich jedenfalls im Hinblick auf die Grundrechte derjenigen Schüler, Schülerinnen und Eltern, die allein die koedukative Erteilung des Sport- und Schwimmunterrichts mit ihren Glaubensgeboten als unvereinbar betrachten, das Sport treiben an sich aber als erlaubt ansehen. Eine Teilnahme muslimischer Schülerinnen am koedukativen Sport- und Schwimmunterricht in einer dem Glauben entsprechenden Kleidung kann nicht als schonender Ausgleich zwischen den widerstreitenden Belangen angesehen werden, vgl. *Kunig/Mager,* Jura 1992, 364, 367.

516 Vgl. BVerwGE 94, 82, 88 f.; *Anger,* Islam in der Schule, S. 219.

517 Vgl. *Rohe,* Der Islam, S. 150.

Schwimmunterricht nur dann als möglich betrachtet wird, wenn er pädagogisch, sportfachlich und schulorganisatorisch vertretbar ist.[518] Voraussetzungslos wird der koedukative Sport- und Schwimmunterricht nicht für durchführbar oder empfehlenswert gehalten.[519] Die Vorbehalte gegen die Koedukation im Sport- und Schwimmunterricht erklären sich aus der unterschiedlichen körperlichen Konstitution, die Männern und Frauen zu Eigen ist. Grundsätzlich führen die biologischen Unterschiede zwischen den Geschlechtern ab einem gewissen Alter[520] zu einer ungleichen sportlichen Leistungsfähigkeit von Mann und Frau. Aus diesem Grunde wird es gerade für die Persönlichkeitsentwicklung von älteren Schülerinnen sogar als vorteilhafter angesehen, an einem nach den Geschlechtern getrennten Sport- und Schwimmunterricht teilzunehmen.[521] Der Koedukation im Sport- und Schwimmunterricht für ältere Schüler und Schülerinnen wird insgesamt ein nicht so großes Gewicht beigemessen.[522] Dies führt dazu, dass ein nach den Geschlechtern getrennter Sport- und Schwimmunterricht in höheren Klassenstufen allenfalls eine geringe Beeinträchtigung der staatlichen Interessen bedeutet, wohingegen die Belastung der muslimischen Schüler, Schülerinnen und Eltern bei einer Verpflichtung der muslimischen Mädchen und Jungen zur Teilnahme am koedukativen Sport- und Schwimmunterricht hoch wäre. Ein schonender Ausgleich zwischen den widerstreitenden Interessen kann demnach dadurch gefunden werden, dass die Schule in höheren Klassenstufen einen nach den Geschlechtern getrennten Sport- und Schwimmunterrichts einrichtet.[523] Wenn die Schule dieser Verpflichtung nicht nachkommt, sind muslimische Schüler und Schülerinnen höherer Alterstufen, die plausibel darlegen können, dass gerade die koedukative Erteilung des Sport- und Schwimmunterrichts gegen ihre Glaubensvorstellungen verstößt, vom koedukativen Sport- und Schwimmunterricht zu befreien.[524] Die Verpflichtung zur Teilnahme am koedukativen Sport- und Schwimmunterricht in höheren Klassen verletzt, da die Möglichkeit besteht, einen schonenden Ausgleich der widerstreitenden

---

518 *Kultusministerkonferenz,* Zweites Aktionsprogramm für den Schulsport, S. 4.

519 Vgl. BVerwGE 94, 82, 86.

520 Etwa ab der Pubertät, weil wohl erst ab dann die körperlichen Unterschiede zwischen Mann und Frau zum Tragen kommen werden, vgl. VG Hamburg, NVwZ-RR 2006, 121, 123.

521 Vgl. Learn:line, Schulsportpraxis, Reflexive Koedukation im Sportunterricht, abgerufen am 03. 07. 2006 unter http: //www.learn-line.nrw.de/angebote/schulsport/info/03_fortbildung/jumaedschulsport/Jungmaedchen.html.

522 Vgl. VG Hamburg, NVwZ-RR 2006, 121, 123; *Anger,* Islam in der Schule, S. 215. A.A. wohl *Laskowski,* NordÖR 2004, 415, 416 f.

523 Ein Anspruch auf Befreiung von koedukativ erteiltem Unterricht ist jedoch nur im Fach Sport anzunehmen, BVerwGE 94, 82, 93. Siehe auch noch unten C. III. 2. b).

524 BVerwGE 94, 82, 83 f. Kritisch zur Befreiung muslimischer Schülerinnen von der Teilnahme am koedukativen Sportunterricht *Bothe,* VVDStRL 54 (1995), 7, 38: „Die Sportentscheidung des BVerwG liegt an der Grenze des angesichts des hohen Werts der Gleichberechtigung [...] noch zu Akzeptierenden". Zweifel an einer Befreiung muslimischer Mädchen vom koedukativen Sportunterricht hat wohl auch *Wesel,* NJW 1994, 1389, 1389 f.; ablehnend *Laskowski,* NordÖR 2004, 415 ff.; *Schefold,* RdJB 1996, 309, 317 f.

Interessen herzustellen, die Grundrechte der muslimischen Schüler, Schülerinnen und Eltern.[525] Insoweit besteht ein Anspruch muslimischer Schüler, Schülerinnen und Eltern auf eine Befreiung von der Verpflichtung zur Teilnahme am koedukativ erteilten Sport- und Schwimmunterricht.[526]

Es stellt sich nun aber die Frage, ob von muslimischen Schülern, Schülerinnen und Eltern darüber hinaus ein Anspruch auf eine generelle Befreiung von der Verpflichtung zur Teilnahme am Sport- und Schwimmunterricht, also eine Befreiung unabhängig davon, ob der Sport- und Schwimmunterricht koedukativ oder nach den Geschlechtern getrennt durchgeführt wird, geltend gemacht werden kann. Geht es muslimischen Schülern, Schülerinnen bzw. Eltern darum, eine generelle Befreiung von der Verpflichtung zur Teilnahme am Sport- und Schwimmunterricht zu erhalten, kann kein schonender Ausgleich zwischen den widerstreitenden Interessen gefunden werden. Es muss daher eine Vorrangentscheidung getroffen werden. Zu den Hauptaufgaben der Schule gehört die Schaffung von Wahlmöglichkeiten, damit die Schüler und Schülerinnen die Chance erhalten, ihre Persönlichkeit frei entfalten zu können.[527] Diese Chance ist beeinträchtigt, wenn Schülern und Schülerinnen bereits das Erlernen bestimmter Fähigkeiten vorenthalten wird.[528] Ein vollständiger Verzicht auf Sport- und Schwimmunterricht

---

525 Siehe BVerwG, NVwZ 1994, 578, 579; Gartner, Der Islam im religionsneutralen Staat, S. 180.

526 Ein Anspruch auf Befreiung muslimischer Schüler und Schülerinnen im Grundschulalter von der Verpflichtung zur Teilnahme am koedukativen Sport- und Schwimmunterricht besteht demgegenüber nicht, siehe VG Hamburg, NVwZ-RR 2006, 121, 123; vgl. auch *Rohe,* Der Islam, S. 153. In diesem Alter ist der Koedukation im Sport- und Scheimmunterricht ein großes Gewicht beizumessen. Die biologischen Unterschiede, die eine unterschiedliche Leistungsentwicklung von Schülern und Schülerinnen und damit ein geringeres Gewicht der Koedukation im Sport- und Schwimmunterricht in höheren Klassenstufen begründen, kommen in diesem Alter noch nicht zum Tragen. Es ist vielmehr zu erwarten, dass im Grundschulalter, auch bei dem Besuch der dritten und vierten Klasse, Jungen und Mädchen auf Grund ihrer körperlichen und konditionellen Fähigkeiten prinzipiell noch zu einer gleichberechtigten Leistungsentwicklung in der Lage sind, VG Hamburg, NVwZ-RR 2006, 121, 123. Der Schule ist es auf Grund des großen Gewichts, das der Koedukation im Sport- und Schwimmunterricht insoweit zukommt, nicht zuzumuten, für Schüler und Schülerinnen im Grundschulalter einen nach den Geschlechtern getrennten Sport- und Schwimmunterricht einzurichten. Daher kann kein schonender Ausgleich zwischen den Grundrechten der grundschulpflichtigen muslimischen Schüler, Schülerinnen und Eltern sowie dem staatlichen Bildungs- und Erziehungsauftrag aus Art. 7 Abs. 1 GG gefunden werden. Hinsichtlich einer Teilnahme muslimischer Schüler und Schülerinnen am koedukativen Sport- und Schwimmunterricht setzt sich das Interesse des Staates wegen der hinter dem koedukativen Sport- und Schwimmunterricht stehenden Bildungs- und Erziehungsziele im Rahmen der Abwägung gegenüber den Grundrechten der muslimischen Schüler, Schülerinnen und Eltern durch. Die Verpflichtung muslimischer Kinder im Grundschulalter zur Teilnahme am koedukativen Sport- und Schwimmunterricht verletzt mithin die Grundrechte der muslimischen Schüler, Schülerinnen und Eltern nicht, siehe VG Hamburg, NVwZ-RR 2006, 121, 123; *Rohe,* Der Islam, S. 153.

527 Siehe VG Hamburg, NVwZ-RR 2006, 121, 123; *Anger,* Islam in der Schule, S. 221; *Laskowski,* NordÖR 2004, 415, 416.

würde die Möglichkeit der Jungen und Mädchen gefährden, sich später für ein Leben zu entscheiden, in dem auch der Sport eine Rolle spielt.[529] Zudem leistet der Sport- und Schwimmunterricht einen wichtigen Beitrag zur Aufgabe der Schule, die Schüler und Schülerinnen zu sozialem Verhalten anzuleiten.[530] Wegen der besonders persönlichkeitsbildenden Funktion des Sport- und Schwimmunterrichts stellt eine gänzliche Befreiung muslimischer Schüler und Schülerinnen von der Verpflichtung zur Teilnahme am Sport- und Schwimmunterricht eine nachhaltige Beeinträchtigung des staatlichen Bildungs- und Erziehungsauftrags dar.[531] Dies kann und muss von der Schule nicht hingenommen werden. Den hinter dem Sport- und Schwimmunterricht stehenden Bildungs- und Erziehungszielen kommt in der Abwägung, im Gegensatz zur Koedukation im Sport- und Schwimmunterricht in höheren Klassen, ein großes Gewicht zu.[532] Das große Gewicht der hinter

528 Vgl. VG Hamburg, NVwZ-RR 2006, 121, 123; siehe auch *Anger,* Islam in der Schule, S. 221. Auch im Rahmen des Musikunterrichts kann es zu Befreiungswünschen muslimischer Schüler, Schülerinnen und Eltern kommen. Musik wird von einigen Muslimen und Musliminnen aus Glaubensgründen abgelehnt, vgl. *Rohe,* Der Islam, S. 154; *H.-P. Seidel,* in: Kreiser/Wielandt, Lexikon der Islamischen Welt, S. 202; *Esposito,* Von Kopftuch bis Scharia, S. 142. Wird von muslimischen Schülern, Schülerinnen und Eltern ein für sie geltendes islamisches Musikverbot hinreichend plausibel dargelegt, können sie sich ihrem Selbstverständnis entsprechend bei einer Verpflichtung der muslimischen Schüler und Schülerinnen zur Teilnahme am Musikunterricht auf die selben Grundrechte berufen, wie bei einer Verpflichtung muslimischer Jungen und Mädchen zur Teilnahme am Sport- und Schwimmunterricht. Der durch die Verpflichtung zur Teilnahme am Musikunterricht erfolgende Eingriff in die Grundrechte wäre indes verhältnismäßig. Der Verzicht muslimischer Schüler und Schülerinnen auf die Teilnahme am Musikunterricht würde die Schüler und Schülerinnen in nicht hinnehmbarer Weise darin beeinträchtigen, sich in ihrem späteren Leben für ein Leben mit der Musik zu entscheiden und ihnen so die Möglichkeit nehmen, ihre Persönlichkeit in diese Richtung frei zu entfalten. Zudem befähigt der Musikunterricht die Schüler und Schülerinnen in besonderer Weise zu sozialem Verhalten (*Kultusministerkonferenz,* Zur Situation des Unterrichts im Fach Musik an den allgemeinbildenden Schulen in der Bundesrepublik Deutschland, S. 151), so dass dem Interesse des Staates an der Verpflichtung der muslimischen Schüler und Schülerinnen zur Teilnahme am Musikunterricht auch aus diesem Grunde ein die Grundrechte der muslimischen Schüler, Schülerinnen und Eltern überragendes Gewicht zukommt. Als Teil der ästhetischen Bildung und Erziehung wird der Musikunterricht im deutschen Schulwesen als unverzichtbar für eine zeitgemäße Erziehung des jungen Menschen angesehen, vgl. *Kultusministerkonferenz,* Zur Situation des Unterrichts im Fach Musik an den allgemeinbildenden Schulen in der Bundesrepublik Deutschland, S. 11. Es handelt sich beim Musikunterricht nicht bloß um ein Ausgleichs- oder Kompensationsfach gegenüber einem vorwiegend rational angelegten Lernen in anderen Fächern, vgl. *Kultusministerkonferenz,* Zur Situation des Unterrichts im Fach Musik an den allgemeinbildenden Schulen in der Bundesrepublik Deutschland, S. 12. Ausführlicher wird auf den Wunsch muslimischer Schüler, Schülerinnen bzw. Eltern nach einer Befreiung von der Verpflichtung zur Teilnahme am Musikunterricht wegen entgegenstehender Glaubensgründe in der Dissertation der Verfasserin (siehe Fn. 1) eingegangen.

529 *Anger,* Islam in der Schule, S. 220 f.

530 Zum Bestreben der Schule, die Schüler und Schülerinnen zu sozialem Verhalten anzuleiten siehe auch oben C. II. 2. c).

531 *Huber,* BayVBl. 1994, 545, 549.

dem Sport- und Schwimmunterricht stehenden Bildungs- und Erziehungsziele rechtfertigt es, diejenigen muslimischen Schüler und Schülerinnen, denen das Sport treiben generell aus Glaubensgründen verboten ist, also unabhängig davon, ob das andere Geschlecht anwesend ist oder nicht, zur Teilnahme am Sport- und Schwimmunterricht zu verpflichten.[533] Letztlich darf nicht vergessen werden, dass der Sport- und Schwimmunterricht vor allem in heutiger Zeit, in der Kinder immer häufiger unter Bewegungsdefiziten leiden, einen wichtigen Beitrag für die gesundheitliche Entwicklung der Jungen und Mädchen leistet[534] und auch aus diesem Grunde ein vollständiger Verzicht muslimischer Schüler und Schülerinnen auf sportliche Betätigung im Rahmen des Schulunterrichts von der Schule grundsätzlich nicht hingenommen werden kann. Bezüglich einer generellen Befreiung muslimischer Schüler und Schülerinnen vom Sport- und Schwimmunterricht setzen sich daher die staatlichen Interessen gegenüber den Grundrechten der muslimischen Schüler, Schülerinnen und Eltern durch.[535] Die Verpflichtung muslimischer Schüler und Schülerinnen zur Teilnahme am Sport- und Schwimmunterricht erweist sich insofern als verhältnismäßig.

c) Ergebnis zum koedukativen Sport- und Schwimmunterricht

Muslimische Schüler und Schülerinnen höherer Klassenstufen sind gemäß § 43 Abs. 3 S. 1 HS. 2 SchulG NRW auf Antrag vom koedukativen Sport- und Schwimmunterricht zu befreien, wenn die Jungen bzw. Mädchen oder die Eltern hinreichend plausibel darlegen können, dass die koedukative Erteilung des Sport- und Schwimmunterrichts gegen ihre Glaubensvorstellungen verstößt. Für muslimische Jungen und Mädchen im Grundschulalter kann ein derartiger Anspruch nicht geltend gemacht werden.[536] Auch für eine generelle Befreiung muslimischer Schüler und Schülerinnen von der Verpflichtung zur Teilnahme am Sport- und Schwimm-

---

532 Vgl. VG Düsseldorf, NWVBl. 2006, 68, 70; *Anger,* Islam in der Schule, S. 216; *Kultusministerkonferenz,* Die Bedeutung des Schulsports für lebenslanges Sporttreiben, S. 1; *Kultusministerkonferenz,* Perspektiven des Schulsports vor dem Hintergrund der allgemeinen Schulentwicklung, S. 3; *Rittstieg,* InfAuslR 1994, 65.

533 *Anger,* Islam in der Schule, S. 220 f. A.A. wohl VG Freiburg, InfAuslR 1994, 297 ff.

534 Vgl. VG Düsseldorf, NWVBl. 2006, 68, 70; *Rittstieg,* InfAuslR 1994, 65; *Anger,* Islam in der Schule, S. 216; Siehe auch *Kultusministerkonferenz,* Perspektiven des Schulsports vor dem Hintergrund der allgemeinen Schulentwicklung, S. 3.

535 Vgl. *Anger,* Islam in der Schule, S. 220 f.

536 In der Verpflichtung muslimischer Schüler und Schülerinnen im Grundschulalter zur Teilnahme am koedukativen Sport- und Schwimmunterricht liegt auch kein Verstoß gegen Art. 3 Abs. 3 S. 1 GG (siehe zu Art. 3 Abs. 3 S. 1 GG oben Fn. 451). In der Gleichbehandlung der Gruppe der muslimischen Schüler und Schülerinnen, für die Glaubensvorschriften bestehen, die einer Verpflichtung zur Teilnahme am koedukativen Sport- und Schwimmunterricht entgegenstehen und der Gruppe der Mitschüler und Mitschülerinnen, die derartige Glaubensgebote nicht kennen, liegt zwar eine mittelbare Benachteiligung im Sinne des Art. 3 Abs. 3 S. 1 GG, vgl. *Bothe,* VVDStRL 54 (1995), 7, 37. Diese wäre indes durch den staatlichen Bildungs- und Erziehungsauftrag aus Art. 7 Abs. 1 GG gerechtfertigt.

unterricht besteht kein wichtiger Grund im Sinne des § 43 Abs. 3 S. 1 HS. 2 SchulG NRW.[537]

In den beiden letztgenannten Fällen kommt allerdings ein Dispens von der Verpflichtung zur Teilnahme am Sport- und Schwimmunterricht im Einzelfall in Betracht, wenn ein Fall der Schulversäumnis (vgl. § 43 Abs. 2 S. 1 SchulG NRW) gegeben ist. Ein Fall der Schulversäumnis kann gemäß § 43 Abs. 2 S. 1 SchulG NRW dann angenommen werden, wenn der Schüler oder die Schülerin durch Krankheit am Schulbesuch verhindert ist.[538] Sollten die muslimischen Schüler und Schülerinnen durch die Verpflichtung zur Teilnahme am Sport- und Schwimmunterricht psychischen Belastungen ausgesetzt sein, die für sich genommen bereits Krankheitswert besitzen, kommt daher ein Dispens von der Verpflichtung zur Teilnahme am Sport- und Schwimmunterricht nach den Regeln der Schulversäumnis in Betracht. Dass muslimische Schüler und Schülerinnen durch eine Verpflichtung zur Teilnahme am Unterricht psychischen Belastungen ausgesetzt sind, die für sich genommen bereits Krankheitswert besitzen, wird indes regelmäßig nicht anzunehmen sein, so dass auch ein Dispens von der Verpflichtung zur Teilnahme am Sport- und Schwimmunterricht über die Schulversäumnis nur in seltenen Ausnahmen begründet werden kann. [539]

2. Befreiung muslimischer Schüler und Schülerinnen vom Sexualkundeunterricht

Islamische Glaubensvorschriften können auch im Rahmen des Sexualkundeunterrichts zu Konflikten zwischen muslimischen Schülern, Schülerinnen bzw. Eltern und der Schule führen. Insoweit kann sich zum einen die inhaltliche Ausgestaltung des Sexualkundeunterrichts als problematisch erweisen. Des Weiteren können auch die Koedukation im Sexualkundeunterricht und die Verwendung bestimmter Unterrichtsmaterialien Auseinandersetzungen zwischen muslimischen Schülern, Schülerinnen bzw. Eltern und der Schule hervorrufen. Wird durch die Verpflichtung muslimischer Schüler und Schülerinnen zur Teilnahme am Sexualkundeunterricht in unverhältnismäßiger Weise in Grundrechte der muslimischen Jungen bzw. Mädchen oder Eltern eingegriffen, stellt dies einen wichtigen Grund für eine Befreiung im Sinne des § 43 Abs. 3 S. 1 HS. 2 SchulG dar.[540]

---

537 Auch insoweit ist Art. 3 Abs. 3 S. 1 GG nicht verletzt, weil die mittelbare Benachteiligung der muslimischen Schüler und Schülerinnen durch den staatlichen Bildungs- und Erziehungsauftrag aus Art. 7 Abs. 1 GG verfassungsrechtlich gerechtfertigt wäre, siehe dazu Fn. 451.

538 Zur Schulversäumnis siehe auch *Rixen,* NJW 2003, 1712, 1713 f.

539 Vgl. dazu ausführlich *Rixen,* NJW 2003, 1712 ff.

540 Vgl. OVG NRW, NVwZ 1992, 77, 77 f.; VG Aachen, NJW 2002, 3191, 3191.

a) Unterrichtsinhalte als Verstoß gegen Glaubensgebote

aa) Eingriff in den Schutzbereich

Werden im Sexualkundeunterricht Unterrichtsinhalte vermittelt, die mit den Glaubensvorstellungen muslimischer Schüler, Schülerinnen und Eltern nicht in Einklang stehen, könnte die Verpflichtung zur Teilnahme am Sexualkundeunterricht einen Eingriff[541] in die Glaubensfreiheit der muslimischen Schüler und Schülerinnen aus Art. 4 Abs. 1 GG[542], die Gewissensfreiheit der muslimischen Schüler, Schülerinnen und Eltern aus Art. 4 Abs. 1 GG[543], die Religionsausübungsfreiheit der Eltern aus Art. 4 Abs. 2 GG[544] und das elterliche Erziehungsrecht aus Art. 6 Abs. 2 S. 1 GG[545] darstellen. Im Rahmen des Sexualkundeunterrichts sollen die Schüler und Schülerinnen über Empfängnisverhütung und Geschlechtskrankheiten aufgeklärt werden.[546] Dies kann im Hinblick auf islamische Glaubensvorstellungen muslimischer Schüler, Schülerinnen und Eltern deshalb problematisch sein, weil der Islam nach von Muslimen und Musliminnen teilweise vertretener Ansicht den Gebrauch von Empfängnisverhütungsmitteln nicht gestattet[547] und außerehelichen Geschlechtsverkehr verbietet[548]. Die staatliche Aufklärung über Empfängnisverhütung und Geschlechtskrankheiten bezieht indes keine Position zu Gunsten der Legitimität von Empfängnisverhütungsmitteln und des Eingehens außerehelichen Geschlechtsverkehrs, wenn der Unterricht mit der vom BVerfG[549] gebotenen Toleranz abgehalten wird.[550] Solange sich die Schule einer Bewertung der religiösen Legitimität der Empfängnisverhütung und des außerehelichen Ge-

---

541 Zum Eingriffsbegriff siehe oben B. I. 2.

542 Die Glaubensfreiheit schützt die Freiheit der inneren Überzeugung, der Gedanken in Fragen des Glaubens, also das forum internum, siehe *Muckel,* in: Berliner Kommentar zum GG, Band I, Art. 4 Rn. 18 m. w. N.

543 Zum Schutzbereich der Gewissensfreiheit siehe oben C. I. 1. a) bb). Zum Recht der Eltern auf eine ihrem Gewissen entsprechende Erziehung siehe C. I. 1. b) cc).

544 Zum religiösen Erziehungsrecht aus Art. 4 Abs. 2 GG siehe oben B. I. 3. a) dd) (2) (b) (aa) und C. I. 1. b) bb).

545 Zum Schutzbereich des elterlichen Erziehungsrechts aus Art. 6 Abs. 2 S. 1 GG siehe oben B. I. 3. a) dd) (2) (b) (bb) und C. I. 1. b) aa).

546 *Ministerium für Schule und Weiterbildung, Wissenschaft und Forschung des Landes Nordrhein-Westfalen,* Richtlinien für die Sexualerziehung in Nordrhein-Westfalen, S. 15 und S. 17.

547 Vgl. *M. Tworuschka,* Grundwissen Islam, S. 125; *Breuer,* Familienleben im Islam (2. Aufl., 1998), S. 46.

548 Sexualität findet im Islam nur im Rahmen der Ehe statt, siehe *Breuer,* Familienleben im Islam (2. Aufl., 1998), S. 43; *Khoury,* in: Khoury / Hagemann / Heine, Islam-Lexikon III, S. 672 f. In der Aufklärung über Empfängnisverhütung und Geschlechtskrankheiten wird von einigen Muslimen und Musliminnen die Gefahr gesehen, dass dieses Wissen das Eingehen vorehelichen Geschlechtsverkehrs erleichtere, siehe *Rohe,* Der Islam, S. 151.

549 BVerfGE 47, 46, 77.

550 Siehe *Anger,* Islam in der Schule, S. 233.

schlechtsverkehrs enthält, wird die von der Glaubensfreiheit der muslimischen Schüler und Schülerinnen aus Art. 4 Abs. 1 GG geschützte Selbstbestimmung in Glaubensfragen und das von der Gewissensfreiheit der muslimischen Schüler und Schülerinnen aus Art. 4 Abs. 1 GG geschützte forum internum in Bezug auf das religiöse Verbot von Empfängnisverhütungsmitteln und außerehelichen Geschlechtsverkehrs durch die Aufklärung über Verhütungsmittel und Geschlechtskrankheiten nicht beeinträchtigt.[551] Der Tatsachenstoff, zu dem die Aufklärung über Empfängnisverhütung und Geschlechtskrankheiten zu zählen ist, ist für sich genommen ohne spezifischen religiösen oder weltanschaulichen Gehalt.[552] Muslimischen Schülern und Schülerinnen wird daher insoweit von der Schule kein gegen ihren Glauben widersprechendes Verhalten vorgegeben. Die Aufklärung über Empfängnisverhütung und Geschlechtskrankheiten schließt die Selbstbestimmung der Schüler und Schülerinnen bezüglich des Gebrauchs von Empfängnisverhütung und des Eingehens außerehelichen Geschlechtsverkehrs nicht aus. Die sich auf die Wissensvermittlung beschränkende Aufklärung über Verhütungsmittel und Geschlechtskrankheiten bzw. Hepatitis B und Aids berührt daher auch nicht den Schutzbereich der Religionsausübungsfreiheit der Eltern aus Art. 4 Abs. 2 GG[553], der Gewissensfreiheit der Eltern aus Art. 4 Abs. 1 GG[554] und des elterlichen Erziehungsrechts aus Art. 6 Abs. 2 S. 1 GG[555].[556] Ohne dass die Schule zusätzlichen missionarischen Zwang auf die Schüler und Schülerinnen ausübt und diese dadurch in ihrer Selbstbestimmung in Glaubensfragen tangiert werden, können die Eltern unter Berufung auf ihre Grundrechte nicht verlangen, dass ihr Kind schon von bestimmten Informationen fern gehalten wird. Die im Rahmen des Sexualkundeunterrichts erfolgende Aufklärung über Empfängnisverhütung und Geschlechts-

---

551 Vgl. BVerfG, Beschluss v. 31. 05. 2006, 2 BvR 1693/04, Nr. 21, abgerufen am 03. 07. 2006 unter http://www.bundesverfassungsgericht.de/entscheidungen/rk20060531_2bvr169304.html; *Rux*, Der Staat 35 (1996), 523, 548.

552 Vgl. BVerfG, Beschluss v. 31. 05. 2006, 2 BvR 1693/04, Nr. 21, abgerufen am 03. 07. 2006 unter http://www.bundesverfassungsgericht.de/entscheidungen/rk20060531_2bvr169304.html; VG Hamburg, NordÖR 2004, 412, 413; *Schmitt-Kammler*, in: Sachs, GG, Art. 7 Rn. 29; *Rux*, Der Staat 35 (1996), 523, 548. A.A.: *Böckenförde*, Essener Gespräche zum Thema Staat und Kirche 14 (1980), 54, 89 f., der eine Abgrenzung zwischen auf Fakten/Geschehensabläufe bezogene Wissensvermittlung und wertbezogener Sinndeutung der Sexualität im Sexualkundeunterricht nicht für möglich hält. Kritisch auch *Avenarius/Heckel*, Schulrechtskunde, S. 527 Fn. 35.

553 Zum religiösen Erziehungsrecht der Eltern aus Art. 4 Abs. 2 GG siehe oben B. I. 3. a) dd) (2) (b) (aa) und C. I. 1. b) bb).

554 Zum Recht der Eltern auf eine ihrem Gewissen entsprechende Erziehung vgl. oben C. I. 1. b) cc).

555 Zum elterlichen Erziehungsrecht aus Art. 6 Abs. 2 S. 1 GG siehe oben B. I. 3. a) dd) (2) (b) (bb) und C. I. 1. b) aa).

556 Vgl. *Schmitt-Kammler*, in: Sachs, GG, Art. 7 Rn. 29. Auch *Anger* (Islam in der Schule, S. 235) scheint davon auszugehen, dass der Schutzbereich der Grundrechte der Eltern bei der Aufklärung über Empfängnisverhütung und Geschlechtskrankheiten sowie Hepatitis B und Aids nicht eröffnet ist.

krankheiten begründet keinen Eingriff in die Glaubensfreiheit muslimischer Schüler und Schülerinnen aus Art. 4 Abs. 1 GG, die Gewissensfreiheit muslimischer Schüler, Schülerinnen und Eltern aus Art. 4 Abs. 1 GG, die Religionsausübungsfreiheit der Eltern aus Art. 4 Abs. 2 GG und das elterliche Erziehungsrecht aus Art. 6 Abs. 2 S. 1 GG.[557]

Ein Eingriff in die genannten Grundrechte kann nur dann angenommen werden, wenn der Unterricht gegen eine Glaubensvorstellung der muslimischen Schüler, Schülerinnen oder Eltern eine eindeutige Position bezieht.[558] Problematisch hinsichtlich der inhaltlichen Ausgestaltung des Sexualkundeunterrichts könnte es insofern sein, wenn die Schule den Schülern und Schülerinnen innerhalb des Sexualkundeunterrichts vermittelt, dass Männer und Frauen sexuell gleichberechtigt sind.[559] Einige Muslime und Musliminnen sind der Ansicht, dass Männer und Frauen aus religiösen Gründen (auch) im sexuellen Bereich nicht die gleichen Rechte zukommen.[560] Bezieht die Schule innerhalb des Sexualkundeunterrichts zur Gleichberechtigung von Mann und Frau im sexuellen Bereich eine eindeutige, gegen die Ansichten der muslimischen Schüler, Schülerinnen bzw. Eltern gerichtete Position und versucht die Schüler und Schülerinnen auf diese Ansicht festzulegen, stellt dies eine gewichtige Einflussnahme auf die geistige Freiheit der Schüler und Schülerinnen dar.[561] Wird von muslimischen Schülern, Schülerinnen bzw. Eltern daher hinreichend plausibel dargelegt, dass sie die Gleichberechtigung der Geschlechter im sexuellen Bereich aus religiösen Gründen ablehnen, begründet die Verpflichtung der muslimischen Schüler und Schülerinnen zur Teilnahme am Sexualkundeunterricht insoweit einen Eingriff in die Glaubensfreiheit der muslimischen Schüler und Schülerinnen aus Art. 4 Abs. 1 GG, die Gewissensfreiheit der muslimischen Schüler, Schülerinnen und Eltern aus Art. 4 Abs. 1 GG, die Religionsausübungsfreiheit der Eltern aus Art. 4 Abs. 2 GG und das elterliche Erziehungsrecht aus Art. 6 Abs. 2 S. 1 GG.

---

557 Siehe auch *Anger,* Islam in der Schule, S. 233.

558 Vgl. *Anger,* Islam in der Schule, S. 232 ff.

559 Die Schule ist bei der Wahrnehmung ihres staatlichen Erziehungsauftrag dazu verpflichtet, auf die tatsächliche Gleichberechtigung der Geschlechter hinzuwirken, siehe VG Lüneburg, NJW 2001, 767, 771; VG Hamburg, NVwZ-RR 2006, 121, 123. Die Schule hat die Schüler und Schülerinnen wegen Art. 3 Abs. 2 GG zu einer positiven Einstellung gegenüber der Gleichberechtigung von Mann und Frau zu bewegen, vgl. *Bothe,* VVDStRL 54 (1995), 7, 34.

560 Vgl. *Anger,* Islam in der Schule, S. 233 m. w. N. Siehe auch *M. Tworuschka,* Grundwissen Islam, S. 124 f. Zur unterschiedlichen Rollenverteilung zwischen den Geschlechtern im Islam siehe auch die Ausführungen in der Dissertation der Verfasserin (vgl. Fn. 1).

561 Vgl. *Evers,* Die Befugnis des Staates zur Festlegung von Erziehungszielen in der pluralistischen Gesellschaft, S. 107.

bb) Verfassungsrechtliche Rechtfertigung

Als *Schranke*[562] für die Glaubensfreiheit der muslimischen Schüler und Schülerinnen aus Art. 4 Abs. 1 GG und die Religionsausübungsfreiheit der Eltern aus Art. 4 Abs. 2 GG kommen bei einer Verpflichtung muslimischer Schüler und Schülerinnen zur Teilnahme am Sexualkundeunterricht als allgemeine Gesetze im Sinne des Art. 140 GG i.V.m. Art. 136 Abs. 1 WRV die landesrechtlichen Vorschriften über die Schulpflicht i.V.m. den speziellen landesrechtlichen Bestimmungen über die Sexualerziehung[563] in Betracht.[564] Die Gewissensfreiheit der muslimischen Schüler, Schülerinnen und Eltern aus Art. 4 Abs. 1 GG und das elterliche Erziehungsrecht aus Art. 6 Abs. 2 S. 1 GG können hinsichtlich der Verpflichtung der muslimischen Mädchen und Jungen zur Teilnahme am Sexualkundeunterricht durch den staatlichen Bildungs- und Erziehungsauftrag aus Art. 7 Abs. 1 GG *beschränkt* werden.[565] Fraglich ist, ob der Eingriff in die Grundrechte der muslimischen Schüler, Schülerinnen und Eltern *angemessen*[566] ist. Die Gleichberechtigung von Mann und Frau in jeglichen Bereichen ist eine wesentliche Wertentscheidung der Verfassung[567], die die individuelle Freiheitsausübung der Bürger und Bürgerinnen überhaupt erst möglich macht und mit deren Vermittlung der Staat die Voraussetzungen individueller Freiheit und die Voraussetzungen seiner eigenen Existenz sichert.[568] Die Schule hat in einem fortwährenden Prozess die Gemeinschaftsbildung, die staatliche Integration zu fördern und zu sichern und daher den Schülern und Schülerinnen die grundlegenden Wertentscheidungen der Verfassung zu vermitteln.[569] Im Rahmen der öffentlichen Schule darf der Staat den Versuch unternehmen, den Schülern und Schülerinnen eine positive Einstellung gegenüber denjenigen Grundwerten zu vermitteln, auf denen die Verfassungsordnung beruht.[570] Der Erziehung zur Anerkennung der wesentlichen Wertentscheidungen der Verfassung, zu denen auch die (sexuelle) Gleichberechtigung von Mann und Frau gehört, kommt in der Abwägung eine überragende Bedeutung zu,

---

562 Die religiösen Freiheitsrechte können durch allgemeine Gesetze beschränkt werden, vgl. die Nachweise in Fn. 38.

563 Zu deren Erforderlichkeit siehe *Avenarius/Heckel,* Schulrechtskunde, S. 527. Vgl. für NRW § 33 SchulG.

564 Siehe oben C. III. 1. b) aa).

565 Siehe oben C. III. 1. b) aa).

566 Bezüglich der legitimen Zwecksetzung, der Geeignetheit sowie der Erforderlichkeit bestehen keine Bedenken. Zum verfassungsrechtlichen Verhältnismäßigkeitsgrundsatz allgemein siehe Fn. 277.

567 Vgl. VG Stuttgart, NVwZ-RR 2004, 580, 582.

568 *Anger,* Islam in der Schule, S. 235. Siehe auch *Evers,* Die Befugnis des Staates zur Festlegung von Erziehungszielen in der pluralistischen Gesellschaft, S. 110 f.

569 *Loschelder,* in: FS Listl zum 70. Geburtstag, S. 355.

570 Vgl. *Evers,* Die Befugnis des Staates zur Festlegung von Erziehungszielen in der pluralistischen Gesellschaft, S. 110 f.; *Rux,* RdJB 2002, 423, 434; *Thiel,* Der Erziehungsauftrag des Staates in der Schule, S. 115 f. Siehe auch die Nachweise in Fn. 75.

die die Grundrechte der muslimischen Schüler, Schülerinnen und Eltern überwiegt.[571] Der verfassungsrechtliche Grundsatz der Gleichberechtigung von Mann und Frau und die sich aus diesem ergebenden Konsequenzen für die Rechte der Frau in der Gesellschaft sind integrierende Bestandteile der geltenden Rechtsordnung.[572] Der Eingriff in die Grundrechte der muslimischen Schüler, Schülerinnen und Eltern ist mithin angemessen und somit verhältnismäßig.

cc) Zwischenergebnis

Durch die inhaltliche Ausgestaltung des Sexualkundeunterrichts werden keine Grundrechte der muslimischen Schüler, Schülerinnen und Eltern verletzt. Es besteht mithin bezüglich der inhaltlichen Ausgestaltung des Sexualkundeunterrichts kein Anspruch muslimischer Schüler, Schülerinnen und Eltern auf eine Befreiung von der Verpflichtung zur Teilnahme am Sexualkundeunterricht aus wichtigem Grund gemäß § 43 Abs. 3 S. 1 HS. 2 SchulG NRW. Dies gilt selbst dann, wenn die Schule hinsichtlich der sexuellen Gleichberechtigung von Mann und Frau innerhalb des Sexualkundeunterrichts eine von den Glaubensvorstellungen der muslimischen Schüler, Schülerinnen und Eltern abweichende Position bezieht und versucht, die muslimischen Schüler und Schülerinnen zur Gleichberechtigung von Mann und Frau zu erziehen.[573]

---

571 Vgl. BVerwGE 107, 75, 84; *Anger,* Islam in der Schule, S. 235. Konflikte zwischen muslimischen Schülern, Schülerinnen bzw. Eltern und der Schule hinsichtlich einer auf die wesentlichen Wertentscheidungen der Verfassung gerichteten Erziehung könnten auch im Rahmen des Politikunterrichts auftreten, bei dem versucht wird, den Schülern und Schülerinnen eine positive Grundeinstellung zur Demokratie zu vermitteln, vgl. *Niehues,* Schul- und Prüfungsrecht, Rn. 578, 581 f. und 527. Die Staatsform der Demokratie wird von Teilen der Muslime und Musliminnen aus Glaubensgründen abgelehnt, siehe bereits oben B. I. 3. a) dd) (1) (e). Muslimische Schüler, Schülerinnen und Eltern haben indes auch insoweit keinen Anspruch auf eine Befreiung (§ 43 Abs. 3 S. 1 HS. 2 SchulG NRW) von der Verpflichtung zur Teilnahme am Politikunterricht wegen entgegenstehender Glaubensgründe. Es ist kein wichtiger Grund im Sinne des § 43 Abs. 3 S. 1 HS. 2 SchulG NRW gegeben. Grundrechte der muslimischen Schüler, Schülerinnen und Eltern werden nicht verletzt. Auch wenn die Verpflichtung der muslimischen Schüler und Schülerinnen zur Teilnahme am Politikunterricht einen Eingriff in die Grundrechte der muslimischen Schüler, Schülerinnen (die Glaubensfreiheit aus Art. 4 Abs. 1 GG und die Gewissensfreiheit aus Art. 4 Abs. 1 GG) und Eltern (die Religionsausübungsfreiheit aus Art. 4 Abs. 2 GG, die Gewissensfreiheit aus Art. 4 Abs. 1 GG und das elterliche Erziehungsrecht aus Art. 6 Abs. 2 S. 1 GG) begründet, überwiegt das Interesse des Staates an der Erziehung der Schüler und Schülerinnen zur Bejahung der Demokratie die Grundrechte der muslimischen Schüler, Schülerinnen und Eltern in der Abwägung, siehe *Langenfeld,* Integration und kulturelle Identifikation zugewanderter Minderheiten, S. 419 und die ausführliche Behandlung dieses Themas in der Dissertation der Verfasserin (siehe Fn. 1).

572 *Kästner,* in: FS Heckel zum 70. Geburtstag, S. 369 f.

573 Zur Schulversäumnis siehe oben C. III. 1. c).

b) Die Koedukation im Sexualkundeunterricht

Von Muslimen und Musliminnen wird der Sexualkundeunterricht auch deshalb abgelehnt, weil die koedukative Erteilung gegen das religiös begründete Schamgefühl verstoße.[574] Dieses lasse eine gemeinsame Unterrichtung von Jungen und Mädchen in sexuellen Belangen nicht zu.[575]

Gelingt muslimischen Schülern, Schülerinnen bzw. Eltern der Nachweis[576], dass Jungen und Mädchen die gemeinsame Thematisierung der menschlichen Sexualität aus Gründen des Glaubens unbedingt verboten ist, stellt die Verpflichtung der muslimischen Jungen und Mädchen zur Teilnahme am koedukativen Sexualkundeunterricht bei entsprechendem Selbstverständnis einen *Eingriff*[577] in die Religionsausübungsfreiheit der muslimischen Schüler, Schülerinnen und Eltern aus Art. 4 Abs. 2 GG[578], die Gewissensfreiheit der muslimischen Schüler, Schülerinnen und Eltern aus Art. 4 Abs. 1 GG[579] und das elterliche Erziehungsrecht aus Art. 6 Abs. 2 S. 1 GG[580] dar. Als *Schranke* für die Religionsausübungsfreiheit der muslimischen Schüler, Schülerinnen und Eltern aus Art. 4 Abs. 2 GG sind bei einer Verpflichtung der muslimischen Schüler und Schülerinnen zur Teilnahme am koedukativen Sexualkundeunterricht die landesrechtlichen Bestimmungen über die allgemeine Schulpflicht i.V.m. den speziellen landesrechtlichen Bestimmungen über die Sexualerziehung[581] als allgemeine Gesetze im Sinne des Art. 140 GG i.V.m. Art. 136 Abs. 1 WRV[582] heranzuziehen.[583] Die Gewissensfreiheit der musli-

---

574 Vgl. VG Hannover, KirchE 30, 248, 249; *Heine,* Halbmond über deutschen Dächern, S. 182. Zum religiös begründeten Schamgefühl siehe die dazu gemachten Ausführungen in der Dissertation der Verfasserin (vgl. Fn. 1).

575 Vgl. *Anger,* Islam in der Schule, S. 236.

576 *Evers* (Die Befugnis des Staates zur Festlegung von Erziehungszielen in der pluralistischen Gesellschaft, S. 113) schließt es nicht aus, dass es Gebote der Keuschheit oder Schamhaftigkeit gibt, die die unbefangene und öffentliche Erörterung biologischer Fakten aus dem sexuellen Bereich verwehren. Nicht ganz eindeutig *Anger,* Islam in der Schule, S. 236 und S. 230 Fn. 358. Jedenfalls steht das Schamgefühl mit den religiösen und weltanschaulichen Überzeugungen in einem engen Zusammenhang, siehe *Niehues,* Schul- und Prüfungsrecht, Rn. 576; *Avenarius/Heckel,* Schulrechtskunde, S. 529 Fn. 47.

577 Zum Eingriffsbegriff siehe oben B. I. 2.

578 Zum religiösen Erziehungsrecht aus Art. 4 Abs. 2 GG siehe oben B. I. 3. a) dd) (2) (b) (aa) und C. I. 1. b) bb).

579 Zum Schutzbereich der Gewissensfreiheit siehe oben C. I. 1. a) bb). Zum Recht der Eltern auf eine ihrem Gewissen entsprechende Erziehung siehe C. I. 1. b) cc).

580 Zum Schutzbereich des elterlichen Erziehungsrechts aus Art. 6 Abs. 2 S. 1 GG siehe oben B. I. 3. a) dd) (2) (b) (bb) und C. I. 1. b) aa).

581 Zu deren Erforderlichkeit siehe *Avenarius/Heckel,* Schulrechtskunde, S. 527. Vgl. für NRW § 33 SchulG.

582 Die religiösen Freiheitsrechte können nach der hier vertretenen Ansicht durch den allgemeinen Gesetzesvorbehalt des Art. 140 GG i.V.m. Art. 136 Abs. 1 WRV beschränkt werden, siehe die Nachweise in Fn. 38.

583 Siehe oben C. III. 1. b) aa).

mischen Schüler, Schülerinnen und Eltern aus Art. 4 Abs. 1 GG und das elterliche Erziehungsrecht aus Art. 6 Abs. 2 S. 1 GG finden ihre *Schranke* im staatlichen Bildungs- und Erziehungsauftrag aus Art. 7 Abs. 1 GG.[584] Der durch die Verpflichtung der muslimischen Schüler und Schülerinnen zur Teilnahme am koedukativen Sexualkundeunterricht erfolgende Eingriff müsste *verhältnismäßig*[585] sein. Während hinsichtlich der legitimen Zwecksetzung der Verpflichtung der muslimischen Schüler und Schülerinnen zur Teilnahme am koedukativen Sexualkundeunterricht[586] sowie der Geeignetheit als auch der Erforderlichkeit[587] des Eingriffs keine Zweifel bestehen, könnte die Angemessenheit fraglich sein. Im Wege der praktischen Konkordanz ist ein schonender Ausgleich zwischen den widerstreitenden Interessen zu suchen. Ein schonender Ausgleich könnte entsprechend zum koedukativen Sport- und Schwimmunterricht in höheren Klassen darin gefunden werden, dass der Sexualkundeunterricht nach den Geschlechtern getrennt durchgeführt wird. Indes ist der Schule im Rahmen des Sexualkundeunterrichts der Verzicht auf die Koedukation nicht zumutbar. Der Koedukation im Sexualkundeunterricht kommt, anders als der Koedukation im Sport- und Schwimmunterricht in höheren Klassen[588], ein großes Gewicht zu. Koedukativer Sexualkundeunterricht ist im Hinblick auf die Aufgabe der Schule, die Schüler und Schülerinnen zu Gleichberechtigung der Geschlechter zu erziehen, besonders förderlich.[589] Die biologischen Unterschiede zwischen Mann und Frau, die im Rahmen des Sport- und Schwimmunterricht ab einem gewissen Alter der Schüler und Schülerinnen zumeist zu einer unterschiedlichen Leistungsentwicklung und damit zu einer Abnahme des Gewichts der Koedukation im Sport- und Schwimmunterricht für ältere Schüler und Schülerinnen führen, sind für eine gleichberechtigte Leistungsentwicklung der Schüler und Schülerinnen im Rahmen des Sexualkundeunterrichts nicht ausschlaggebend. Im Sexualkundeunterricht (wie auch im sonstigen Unterricht mit Ausnahme des Sport- und Schwimmunterrichts in höheren Klassen) sind die Schüler und Schülerinnen unabhängig von ihrem Geschlecht bzw. ihrer unterschiedlichen körperlichen Konstitution grundsätzlich zu gleichen Leistungen befähigt. Die vom Staat hinzunehmenden Einbußen wären demnach bei einem Verzicht auf die Koedukation im Sexualkundeunterricht wegen des großen Gewichts, das der Koedukation im Sexualkundeunterricht zukommt, nicht nur von geringem Stellenwert. Ein schonender Ausgleich zwischen dem Interesse des Staates an der Verpflichtung der muslimischen Schüler und Schülerinnen zur Teilnahme am koedukativen Sexu-

---

584 Siehe oben C. III. 1. b) aa).

585 Zum verfassungsrechtlichen Verhältnismäßigkeitsgrundsatz siehe Fn. 277.

586 Zum legitimen Zweck der Koedukation allgemein siehe oben C. III. 1. b) bb).

587 Ein nach den Geschlechtern getrennter Sexualkundeunterricht würde kein gleich geeignetes, sondern ein anderes Mittel darstellen, siehe auch dazu bereits oben C. III. 1. b) bb).

588 Zur Bedeutung Koedukation im Sport- und Schwimmunterricht in höheren Klassen siehe oben C. III. 1. b) bb).

589 So auch *Anger*, Islam in der Schule, S. 236 f. Zum Erziehungsziel der Gleichberechtigung der Geschlechter siehe auch oben B. I. 3. a) dd) (1) (b).

alkundeunterricht und den Grundrechten der muslimischen Schüler, Schülerinnen bzw. Eltern kann mithin nicht gefunden werden.[590] Angesichts dessen muss bestimmt werden, welches Interesse überwiegt. Diese Entscheidung erfolgt zu Gunsten der staatlichen Belange. In Anbetracht der Wertigkeit der hinter der Koedukation und dem Sexualkundeunterricht stehenden Erziehungs- und Bildungsziele haben die Grundrechte der muslimischen Schüler, Schülerinnen und Eltern hinter den staatlichen Interessen zurückzutreten.[591] Demnach ist die Verpflichtung muslimischer Schüler und Schülerinnen zur Teilnahme am koedukativen Sexualkundeunterricht als angemessen zu bewerten, selbst wenn die koedukative Erteilung des Sexualkundeunterrichts nach dem Selbstverständnis der Grundrechtsträger und Grundrechtsträgerinnen gegen das religiöse Schamgefühl verstößt. Es besteht insoweit kein wichtiger Grund für eine Befreiung von der Verpflichtung zur Teilnahme am koedukativen Sexualkundeunterricht im Sinne des § 43 Abs. 3 S. 1 HS. 2 SchulG NRW.[592]

c) Die Verwendung von Abbildungen mit nackten Menschen

Im Rahmen des Sexualkundeunterrichts verwendete Abbildungen mit nackten Menschen werden von einigen Muslimen und Musliminnen deshalb als problematisch angesehen, weil das Betrachten einen Verstoß gegen das islamische Bilderverbot[593] bzw. das Verbot, die 'Aurah des anderen Geschlechts anzuschauen[594], begründe.[595] Muslimische Schüler, Schülerinnen und Eltern haben im Hinblick auf die Verwendung von Bildern mit nackten Menschen gemäß § 43 Abs. 3 S. 1 HS. 2 SchulG NRW einen Anspruch auf Befreiung von der Verpflichtung zur Teilnahme am Sexualkundeunterricht aus wichtigem Grund, wenn durch die Verpflichtung Grundrechte der muslimischen Schüler, Schülerinnen und Eltern verletzt werden.[596]

---

590 Der Einführung eines nach den Geschlechtern getrennten Sexualkundeunterrichts stünden des Weiteren erhebliche organisatorische Schwierigkeiten entgegen, da mit der Sexualerziehung nicht ein ganzes Unterrichtsfach sondern nur ein einzelnes Unterrichtsthema betroffen ist, siehe *Anger,* Islam in der Schule, S. 237.

591 Siehe VG Hamburg, NordÖR 2004, 412 ff.; VG Hannover, KirchE 30, 248 ff. Vgl. auch *Laskowski,* NordÖR 2004, 415, 416.

592 Zur Schulversäumnis siehe oben C. III. 1. c).

593 Zum Bilderverbot vgl. *Heine,* Halbmond über deutschen Dächern, S. 181; *ders.,* in: Khoury / Heine / Oebbecke, Handbuch Recht und Kultur des Islams in der deutschen Gesellschaft, S. 197 f.; *ders.,* in: Khoury / Hagemann / Heine, Islam-Lexikon I, S. 127 f.; *Kreiser,* in: Kreiser / Wieland, Lexikon der islamischen Welt, S. 58 ff.

594 Siehe zum Verbot die 'Aurah des anderen Geschlechts zu betrachten oben Fn. 497.

595 Vgl. VG Berlin, Beschluss v. 29. 04. 1997 – VG 3 A 142.97; VG Hamburg, NordÖR 2004, 412, 412; *Anger,* Islam in der Schule, S, 237; *Heine,* Halbmond über deutschen Dächern, S. 182; *Langenfeld,* Staatlicher Bildungsauftrag und religiöse Selbstbestimmung, S. 321 Fn. 30.

596 Vgl. OVG NRW, NVwZ 1992, 77, 77 f.; VG Aachen, NJW 2002, 3191, 3191.

Die Verpflichtung muslimischer Schüler und Schülerinnen zur Teilnahme am Sexualkundeunterricht, bei dem Bilder mit nackten Menschen verwendet werden, stellt bei entsprechendem Selbstverständnis und hinreichend plausibler Darlegung, aus der sich ergeben muss, dass das Betrachten nackter Menschen für die Grundrechtsträger aus religiösen Gründen streng verboten ist, einen *Eingriff*[597] in die Religionsausübungsfreiheit der muslimischen Schüler, Schülerinnen und Eltern aus Art. 4 Abs. 2 GG[598], die Gewissensfreiheit der muslimischen Schüler, Schülerinnen und Eltern aus Art. 4 Abs. 1 GG[599] und das elterliche Erziehungsrecht aus Art. 6 Abs. 2 S. 1 GG[600] dar. Die Religionsausübungsfreiheit der muslimischen Schüler, Schülerinnen und Eltern aus Art. 4 Abs. 2 GG kann bei einer Verpflichtung der muslimischen Schüler und Schülerinnen zur Teilnahme am Sexualkundeunterricht, bei dem Bilder nackter Menschen verwendet werden, durch die landesrechtlichen Bestimmungen über die allgemeine Schulpflicht i.V.m. den speziellen landesrechtlichen Bestimmungen über die Sexualerziehung[601] *beschränkt* werden.[602] Die Gewissensfreiheit der muslimischen Schüler, Schülerinnen und Eltern aus Art. 4 Abs. 1 GG und das elterliche Erziehungsrecht aus Art. 6 Abs. 2 S. 1 GG finden ihre *Schranke* insoweit im staatlichen Bildungs- und Erziehungsauftrag aus Art. 7 Abs. 1 GG.[603] Die Verpflichtung muslimischer Schüler und Schülerinnen zur Teilnahme am Sexualkundeunterricht, bei dem Bilder mit nackten Menschen verwendet werden, ist nur dann rechtmäßig, wenn sie sich im Hinblick auf die Grundrechte der muslimischen Jungen, Mädchen und Eltern als *verhältnismäßig*[604] erweist. Die Verwendung von Abbildungen mit nackten Menschen innerhalb des Sexualkundeunterrichts dient der Vermittlung der Lehrinhalte des Sexualkundeunterrichts. Unterrichtsmedien stellen wichtige Erkenntnismittel im Bereich der Sexualerziehung dar[605], die den Schülern und Schülerinnen Informationen vermitteln, die diese nach ihren Bedürfnissen und ihrem Wissensstand aufnehmen und individuell verarbeiten können.[606] Sexualpädagogische Medien dienen des Wei-

597 Zum Eingriffsbegriff siehe oben B. I. 2.

598 Zum religiösen Erziehungsrecht aus Art. 4 Abs. 2 GG siehe oben B. I. 3. a) dd) (2) (b) (aa) und C. I. 1. b) bb).

599 Zum Schutzbereich der Gewissensfreiheit aus Art. 4 Abs. 1 GG siehe C. I. 1. a) bb). Zum Recht der Eltern aus Art. 4 Abs. 1 GG auf eine ihrem Gewissen entsprechende Erziehung siehe oben C. I. 1. b) cc).

600 Zum Schutzbereich des elterlichen Erziehungsrechts aus Art. 6 Abs. 2 S. 1 GG vgl. B. I. 3. a) dd) (2) (b) (bb) und C. I. 1. b) aa).

601 Zu deren Erforderlichkeit siehe *Avenarius/Heckel,* Schulrechtskunde, S. 527. Vgl. für NRW § 33 SchulG.

602 Siehe dazu oben C. III. 1. b) aa). Die Religionsausübungsfreiheit aus Art. 4 Abs. 2 GG steht nach der hier vertretenen Ansicht unter dem allgemeinem Gesetzesvorbehalt des Art. 140 GG i.V.m. Art. 136 Abs. 1 WRV, vgl. dazu die Nachweise in Fn. 38.

603 Siehe oben C. III. 1. b) aa).

604 Zum verfassungsrechtlichen Verhältnismäßigkeitsgrundsatz siehe Fn. 277.

605 *Ministerium für Schule und Weiterbildung, Wissenschaft und Forschung des Landes Nordrhein-Westfalen,* Richtlinien für die Sexualerziehung in Nordrhein-Westfalen, S. 17.

teren dazu, die Interaktion zwischen Lehrkraft und Schülern bzw. Schülerinnen zu erleichtern.[607] Die Verwendung von Bildern mit nackten Menschen verfolgt demnach *legitime Zwecke* und ist *geeignet,* diese Zwecke zu erreichen. Zur Vermittlung der Lehrinhalte des Sexualkundeunterrichts ist es aber nicht *erforderlich,* dass Fotografien mit nackten Menschen benutzt werden. Als milderes Mittel kann insoweit vielmehr auf naturidentische Bilder unbekleideter Menschen bzw. auf Abbildungen mit stilisierten Inhalten zurückgegriffen werden.[608] Werden im Sexualkundeunterricht demgegenüber Fotografien von nackten Menschen verwendet, stellt sich die Verpflichtung der muslimischen Schüler und Schülerinnen zur Teilnahme als unverhältnismäßig dar.

Die Verwendung von naturidentischen Abbildungen nackter Menschen ist indes sowohl erforderlich[609], um die Lehrinhalte des Sexualkundeunterrichts zu vermitteln, als auch *angemessen.* Der Sexualkundeunterricht soll den Schülern und Schülerinnen die Chance eröffnen, auch auf dem Gebiet der Sexualität eine eigenverantwortlich denkende und handelnde Person zu werden.[610] Das Kind soll des Weiteren vor sexuellen Gefahren, wie etwa sexuellem Missbrauch, Exhibitionismus, ungewollten Schwangerschaften und Geschlechtskrankheiten geschützt werden, indem dem Schüler bzw. der Schülerin das dafür erforderliche Wissen vermittelt wird.[611] Nur wenn die Schüler und Schülerinnen wissen, was Geschlechtsverkehr ist und wie dieser funktioniert, können sie sich zu eigenverantwortlich handelnden Menschen auf dem Gebiet der Sexualität heranbilden, die dazu in der Lage sind, Gefahren zu erkennen und diesen zu begegnen. Ein in diesem Sinne hinreichendes Wissen kann den Schülern und Schülerinnen nur mit Hilfe des Einsatzes von optischem Bildmaterial vermittelt werden. Ein Unterricht, der sich allein auf die Theorie beschränkt, kann, soweit ersichtlich, die gewichtigen Bildungs- und Erziehungsinhalte des Sexualkundeunterrichts nicht ausreichend vermitteln. Vor allem für Schüler und Schülerinnen, denen von ihren Eltern sexuelle Fakten vorenthalten werden und denen überhaupt keine Aufklärung zu Teil wird (etwa, weil es einer Aufklärung nicht bedürfe, weil Sexualität nach religiösen Vorstellungen nur im Rahmen der Ehe erlaubt sei und eine Aufklärung daher erst zu diesem Zeitpunkt erfolgen müsse[612]), erscheint die Verwendung von Abbildungen mit naturidentischen nackten Menschen innerhalb des Sexualkundeunterrichts besonders wichtig,

---

606 *Ministerium für Schule und Weiterbildung, Wissenschaft und Forschung des Landes Nordrhein-Westfalen,* Richtlinien für die Sexualerziehung in Nordrhein-Westfalen, S. 18.

607 *Ministerium für Schule und Weiterbildung, Wissenschaft und Forschung des Landes Nordrhein-Westfalen,* Richtlinien für die Sexualerziehung in Nordrhein-Westfalen, S. 17.

608 So auch *Hessisches Islamforum,* Muslimische Kinder in der Schule, Sexualerziehung (Publikation im Internet, siehe Literaturverzeichnis).

609 A.A.: *Anger,* Islam in der Schule, S. 238.

610 VG Hamburg, NordÖR 2004, 412, 414.

611 BVerfGE 47, 46, 67; vgl. auch VG Hamburg, NordÖR 2004, 412, 413; *Niehues,* Schul- und Prüfungsrecht, Rn. 575.

612 Siehe nur VG Hamburg, NordÖR 2004, 412, 414.

weil die Kinder womöglich überhaupt keine Vorstellungen vom eigenen Körper bzw. vom Körper des jeweils anderen Geschlechts besitzen. Jedenfalls in diesem Fall werden die Schüler und Schülerinnen nicht in der Lage sein, den Unterrichtsstoff des Sexualkundeunterrichts ohne Abbildungen mit naturidentischen nackten Menschen in adäquater Weise umzusetzen. Die Verwendung naturidentischer Abbildungen nackter Menschen innerhalb des Sexualkundeunterrichts ist demnach verhältnismäßig.[613]

Greift die Schule innerhalb des Sexualkundeunterrichts auf naturidentische Bilder nackter Menschen zurück, werden durch die Verpflichtung der muslimischen Schüler und Schülerinnen zur Teilnahme am Sexualkundeunterricht keine Grundrechte der Schüler, Schülerinnen bzw. Eltern verletzt. Es besteht daher insoweit kein Anspruch auf Befreiung von der Verpflichtung zur Teilnahme am Unterricht aus wichtigem Grund, § 43 Abs. 3 S. 1 HS. 2 SchulG NRW. Zur Vermittlung der Unterrichtsinhalte des Sexualkundeunterrichts ist es indes nicht erforderlich, dass die Schule Fotografien nackter Menschen verwendet. Werden derartige Bilder im Unterricht dennoch gebraucht, ist die Verpflichtung der muslimischen Schüler und Schülerinnen zur Teilnahme am Unterricht unverhältnismäßig und verletzt ihre Grundrechte und die der Eltern. Insofern besteht gemäß § 43 Abs. 3 S. 1 HS. 2 SchulG NRW ein wichtiger Grund für eine Befreiung von der Verpflichtung zur Teilnahme an denjenigen Unterrichtsstunden des Sexualkundeunterrichts, bei denen Fotografien nackter Menschen verwendet werden.

d) Ergebnis zum Sexualkundeunterricht

Grundsätzlich haben muslimische Schüler, Schülerinnen und Eltern keinen Anspruch auf eine Befreiung von der Verpflichtung zur Teilnahme am Sexualkundeunterricht nach § 43 Abs. 3 S. 1 HS. 2 SchulG NRW.[614] Ausnahmsweise besteht ein derartiger Anspruch aber dann, wenn im Unterricht anstatt auf Abbildungen mit naturidentischen nackten Menschen auf Fotografien mit derartigem Inhalt zurückgegriffen wird.

IV. Befreiung von Klassenfahrten

Klassenfahrten[615] stellen ein weiteres Problemfeld hinsichtlich des Islam in der Schule dar. Es gibt Muslime und Musliminnen, die der Ansicht sind, dass muslimische Jungen und Mädchen an Klassenfahrten wegen entgegenstehender religiö-

---

613 Vgl. auch *Rux,* Der Staat 35 (1996), 523, 548 Fn. 113.

614 Zur Schulversäumnis siehe oben C. III. 1. c).

615 Jedenfalls in NRW sind Klassenfahrten von der Schulpflicht erfasst, vgl. VG Aachen, NJW 2002, 3191, 3191; *Avenarius/Heckel,* Schulrechtskunde, S. 538 mit Verweis auf S. 536 Fn. 71. Siehe auch *Niehues,* Schul- und Prüfungsrecht, Rn. 346.

ser Glaubensvorschriften nicht mitfahren dürfen. Es wird darauf verwiesen, dass Schüler und Schülerinnen auf Klassenfahrten die islamischen Speise-[616] und Bekleidungsvorschriften[617] sowie die Gebete[618] mitsamt den rituellen Waschungen[619] nicht einhalten können.[620] Des Weiteren bestehe bei einer mit Jungen und Mädchen gemischten Klasse die Gefahr, dass gegen das islamische Verbot außerehelichen Geschlechtsverkehrs verstoßen werde.[621] In der islamischen Welt wird zudem die Ansicht vertreten, dass es muslimischen Frauen generell verboten ist, eine Reise ohne Begleitung eines Mahram[622] anzutreten.[623] Fraglich ist, ob ein Anspruch muslimischer Schüler, Schülerinnen bzw. Eltern auf Befreiung von der Verpflichtung zur Teilnahme an Klassenfahrten aus wichtigem Grund gemäß § 43 Abs. 3 S. 1 HS. 2 SchulG NRW gegeben ist. Davon kann ausgegangen werden, wenn durch die Verpflichtung muslimischer Schüler und Schülerinnen zur Teilnahme an der Klassenfahrt die Grundrechte der muslimischen Schüler bzw. Schülerinnen oder die Grundrechte der Eltern verletzt werden.[624]

Die Verpflichtung muslimischer Schüler und Schülerinnen zur Teilnahme an Klassenfahrten, die selbst oder deren Eltern hinreichend plausibel darlegen können, dass der Teilnahme an der Klassenfahrt unbedingt verpflichtende religiöse Glaubensvorstellungen entgegenstehen, stellt bei entsprechendem Selbstverständnis einen *Eingriff*[625] in die Religionsausübungsfreiheit der muslimischen Schüler, Schülerinnen und Eltern aus Art. 4 Abs. 2 GG[626], die Gewissensfreiheit der musli-

---

616 Vgl. insoweit Sure 2, Vers 173 des Koran: „Verboten hat Er euch nur Verendetes, Blut, Schweinefleisch und das, worüber ein anderer Gott angerufenen worden ist." (zit. nach: *Khoury/Abdullah,* Der Koran, S. 19 f.). Zu den islamischen Speisevorschriften vgl. *Heine,* in: Khoury / Hagemann / Heine, Islam-Lexikon III, S. 679 f.

617 Vgl. Fn. 496.

618 Es gibt zahlreiche Stellen im Koran, die darauf hinweisen, dass der gläubige Muslim bzw. die gläubige Muslimin das Gebet zu verrichten hat, vgl. z. B. Sure 14, Vers 31 des Koran: „Sag zu meinen Dienern, die glauben, sie sollen das Gebet verrichten und von dem, was Wir ihnen beschert haben, geheim und offen spenden, bevor ein Tag kommt, an dem es weder Handel noch Freundschaft gibt." Siehe auch Sure 2, Vers 110 des Koran: „Verrichtet das Gebet und entrichtet die Abgabe." (zit. nach: *Khoury/Abdullah,* Der Koran, S. 13). Zum Gebet allgemein vgl. *Khoury,* in: Khoury / Hagemann / Heine, Islam-Lexikon II, S. 280 f.

619 Ausführlich zu den rituellen Waschungen siehe *Khoury,* in: Khoury / Hagemann / Heine, Islam-Lexikon II, S. 281 f.

620 Vgl. OVG NRW, NJW 2003, 1754, 1755.

621 *Heine,* Halbmond über deutschen Dächern, S. 179.

622 Der Mahram einer Frau ist ihr Gatte und jeder andere männliche Verwandte, den sie nicht heiraten darf, wie der Vater, Großvater, Sohn, Bruder, Onkel oder Neffe, vgl. OVG NRW, NJW 2003, 1754, 1754; VG Aachen, NJW 2002, 3191, 3191.

623 Vgl. VG Aachen, NJW 2002, 3191 f.

624 Ein wichtiger Grund für eine Befreiung besteht, wenn in unverhältnismäßiger Weise in Grundrechte eingegriffen wird, vgl. OVG NRW, NVwZ 1992, 77, 77 f.; VG Aachen, NJW 2002, 3191, 3191.

625 Zum Eingriffsbegriff siehe oben B. I. 2.

mischen Schüler, Schülerinnen und Eltern aus Art. 4 Abs. 1 GG[627] und das elterliche Erziehungsrecht aus Art. 6 Abs. 2 S. 1 GG[628] dar. Die einzige islamische Vorschrift, die, soweit ersichtlich, einer Teilnahme an der Klassenfahrt aber tatsächlich entgegenstehen könnte, stellt das Verbot für Frauen ohne Begleitung eines Mahram zu reisen dar. I. Ü. ist nicht anzunehmen, dass die Schüler und Schülerinnen durch die Verpflichtung zur Teilnahme an der Klassenfahrt an der Einhaltung unbedingt verpflichtender Glaubensvorschriften gehindert werden.[629] Dies gilt für die islamischen Speise- und Bekleidungsvorschriften im gleichen Maß, wie für die Gebete mitsamt den rituellen Waschungen. Die Schule ist indes dazu verpflichtet, sicherzustellen, dass die Schüler und Schülerinnen ihren religiösen Glaubensvorschriften auch tatsächlich Folge leisten können. Die Schule muss daher z. B. für eine angemessene, den islamischen Speisevorschriften genügende, Verpflegung der muslimischen Schüler und Schülerinnen sorgen. Bezüglich des Verbots außerehelichen Geschlechtsverkehrs hat die Schule, wenn Bedenken von den Eltern angemeldet werden, ihre Beaufsichtigung unter Umständen zu verschärfen, was aber, wenn eine diesbezügliche Gefahr bestünde, nicht nur im Interesse der muslimischen, sondern auch im Interesse anderer Eltern liegen dürfte.

Fraglich ist, ob die Verpflichtung muslimischer Schülerinnen zur Teilnahme an der Klassenfahrt ohne Mahram *verfassungsrechtlich gerechtfertigt* werden kann, wenn die muslimischen Schülerinnen bzw. Eltern der Ansicht sind, dass Frauen eine Reise ohne Mahram verboten ist. Die Religionsausübungsfreiheit der muslimischen Schülerinnen und Eltern aus Art. 4 Abs. 2 GG kann bei einer Verpflichtung der muslimischen Schülerinnen zur Teilnahme an der Klassenfahrt ohne Mahram durch die Vorschriften über die allgemeine Schulpflicht *beschränkt* werden, die allgemeine Gesetze im Sinne des Art. 140 GG i.V.m. Art. 136 Abs. 1 WRV[630] darstellen.[631] Als *Schranke* der Gewissensfreiheit der muslimischen Schülerinnen und Eltern aus Art. 4 Abs. 1 GG und des elterlichen Erziehungsrechts aus Art. 6 Abs. 2 S. 1 GG lässt sich insoweit der staatliche Bildungs- und Erziehungsauftrag aus Art. 7 Abs. 1 GG heranziehen.[632] Verfassungsrechtlich gerechtfertigt ist der Eingriff in die Grundrechte der muslimischen Schülerinnen und Eltern aber nur

---

626 Zum religiösen Erziehungsrecht der Eltern aus Art. 4 Abs. 2 GG siehe oben B. I. 3. a) dd) (2) (b) (aa) und C. I. 1. b) bb).

627 Zum Schutzbereich der Gewissensfreiheit aus Art. 4 Abs. 1 GG vgl. C. I. 1. a) bb). Zum Recht der Eltern auf eine ihrem Gewissen entsprechende Erziehung aus Art. 4 Abs. 1 GG siehe C. I. 1. b) cc).

628 Zum Schutzbereich des elterlichen Erziehungsrechts siehe B. I. 3. a) dd) (2) (b) (bb) und C. I. 1. b) aa).

629 Vgl. auch *Heine,* Halbmond über deutschen Dächern, S. 180.

630 Die religiösen Freiheitsrechte aus Art. 4 Abs. 1 und 2 GG stehen nach der hier vertretenen Ansicht unter dem allgemeinen Gesetzesvorbehalt des Art. 140 GG i.V.m. Art. 136 Abs. 1 WRV, siehe dazu die Nachweise in Fn. 38.

631 Siehe oben C. III. 1. b) aa).

632 Siehe oben C. III. 1. b) aa).

dann, wenn er sich als *verhältnismäßig*[633] erweist. Insoweit stellt sich die Frage, ob zwischen den widerstreitenden Interessen ein schonender Ausgleich dadurch gefunden werden kann, dass die Schule muslimischen Schülerinnen erlaubt, sich auf der Klassenfahrt durch einen Mahram begleiten zu lassen. Dies erscheint der Schule indes nicht zumutbar. Zu beachten ist, dass die in Frage stehende islamische Glaubensvorschrift im Widerspruch zum staatlichen Erziehungsziel der Gleichberechtigung von Mann und Frau steht. Erlaubt die Schule muslimischen Schülerinnen sich auf einer schulischen Veranstaltung durch einen Mahram begleiten zu lassen, widerspricht sie damit ihrer Erziehungsaufgabe, die Schülerinnen zu einem gleichberechtigten Freiheitsgebrauch anzuleiten. Wie die Schule die muslimischen Schülerinnen widerspruchsfrei zu einem gleichberechtigten Freiheitsgebrauch erziehen soll, wenn sie ihnen gleichzeitig gestattet, im Bereich der Schule einer religiösen Glaubensvorschrift Folge zu leisten, die eindeutig gegen das Erziehungsziel gerichtet ist, ist nicht ersichtlich. Des Weiteren könnte eine entsprechende Erlaubnis bei allen Schülern und Schülerinnen, die an der Klassenfahrt teilnehmen, den Eindruck hervorrufen, dass der Staat es selbst als mit den Grundwerten der Verfassung für vereinbar hält, dass Frauen nur in Begleitung eines Mannes reisen dürfen. Außerdem werden Klassenfahrten als im besonderen Maße gemeinschaftsbildend und geeignet für die Verwirklichung der Gesamterziehung des jungen Menschen, insbesondere der Erziehung zu sozialem Verhalten[634], angesehen.[635] Klassenfahrten sollen den Gemeinschaftssinn zwischen den Schülern und Schülerinnen aufbauen.[636] Der Mahram könnte jedoch sowohl verhindern, dass die Lehrkraft auf der Klassenfahrt auf das Sozialverhalten der muslimischen Schülerinnen Einfluss nehmen kann, weil diese sich unter ständiger Beobachtung wissen, als auch den Effekt der Klassenfahrt hemmen, dass sich unter den Schülern und Schülerinnen der gewünschte Gemeinschaftssinn einstellt. Die den muslimischen Schülerinnen zugeteilte Begleitperson könnte bei den Mitschülern und Mitschülerinnen Vorbehalte gegenüber den muslimischen Schülerinnen hervorrufen. Dies könnte ferner die dauerhafte Integration der muslimischen Schülerinnen in die Gesellschaft der Bundesrepublik Deutschland erschweren. Der Schule ist es daher insgesamt nicht zuzumuten, muslimischen Schülerinnen die Erlaubnis zu erteilen, sich durch einen Mahram begleiten zu lassen.[637] Ein schonender Ausgleich zwischen den Grundrechten der muslimischen Schülerinnen bzw. Eltern und den staatlichen Interessen kann daher nicht gefunden werden. Mithin muss eine Vorrangentscheidung getroffen werden. Diese erfolgt zu Gunsten der staatlichen Interessen. Eine vollständige

---

633 Zum verfassungsrechtlichen Verhältnismäßigkeitsgrundsatz siehe oben Fn. 277.

634 Vgl. *Kultusministerkonferenz,* Richtlinien zur Durchführung von Schulwanderungen und Schulfahrten an den öffentlichen Schulen, S. 1.

635 Vgl. VG Aachen, NJW 1986, 1949, 1949.

636 Vgl. *Kultusministerkonferenz,* Richtlinien zur Durchführung von Schulwanderungen und Schulfahrten an den öffentlichen Schulen, S. 2; *Avenarius/Heckel,* Schulrechtskunde, S. 535.

637 A.A.: VG Aachen, NJW 2002, 3191, 3191 f.

Befreiung muslimischer Schülerinnen von der Verpflichtung zur Teilnahme an der Klassenfahrt kommt wegen den hinter der Klassenfahrt stehenden Bildungs- und Erziehungszielen nicht in Betracht. Das Interesse des Staates, durch Klassenfahrten die freie Entfaltung der Persönlichkeit der muslimischen Schülerinnen[638] und den Gemeinschaftssinn zu fördern sowie die muslimischen Schülerinnen in ihrem Sozialverhalten zu beeinflussen und sie zu selbstbestimmten und verantwortlichen Mitgliedern der Gesellschaft heran zu bilden, überwiegt das Interesse der muslimischen Schülerinnen und Eltern an einer Befreiung von der Verpflichtung zur Teilnahme an der Klassenfahrt. Mit der Klassenfahrt werden gewichtige Erziehungsziele verfolgt, die den Eingriff in die Grundrechte der muslimischen Schülerinnen und Eltern nicht außer Verhältnis zur Intensität des Eingriffs stehen lassen. Die Verpflichtung muslimischer Schülerinnen zur Teilnahme an der Klassenfahrt ohne Mahram ist daher verhältnismäßig.

Muslimische Schüler, Schülerinnen und Eltern haben keinen Anspruch auf eine Befreiung von der Verpflichtung zur Teilnahme an der Klassenfahrt (ohne Mahram). Ein wichtiger Grund für eine Befreiung gemäß § 43 Abs. 3 S. 1 HS. 2 SchulG NRW ist, da durch die Verpflichtung zur Teilnahme an der Klassenfahrt weder Grundrechte der muslimischen Schüler bzw. Schülerinnen noch Grundrechte der Eltern verletzt werden, nicht gegeben.[639]

V. Beurlaubung muslimischer Schüler und Schülerinnen vom Unterricht auf Grund religiöser Feiertage

Der Islam kennt zwei große religiöse Festtage. Das viertägige Opferfest Id al-Adha sowie das dreitägige Fest des Fastenbrechens Id al-Fitr.[640] Des Weiteren wird auch der Freitag, an dem volljährige[641] männliche Muslime zum Freitagsgebet in die Moschee müssen, als Feiertag betrachtet.[642] Für die Teilnahme an den religiösen Festtagen könnte muslimischen Schülern bzw. Schülerinnen oder den Eltern ein Anspruch auf Beurlaubung aus wichtigem Grund gemäß § 43 Abs. 3 S. 1 HS. 1 SchulG NRW zustehen. Auch im Rahmen der Beurlaubung als Dispensanlass ist ein wichtiger Grund dann anzunehmen, wenn durch die Verpflichtung zur Teilnahme am Unterricht in unverhältnismäßiger Weise in Grundrechte der Schüler und Schülerinnen bzw. Eltern eingegriffen wird.[643]

---

638 Vgl. VG Aachen, NJW 1986, 1949, 1949.

639 Zur Schulversäumnis siehe oben C. III. 1. c).

640 Vgl. *Heine,* in: Khoury / Hagemann / Heine, Islam-Lexikon I, S. 248; *Spuler-Stegemann,* Muslime in Deutschland, S. 171.

641 Zur Volljährigkeit im islamischen Sinne vgl. Fn. 358.

642 Vgl. *Heine,* in: Khoury / Hagemann / Heine, Islam-Lexikon I, S. 258.

643 Vgl. OVG NRW, NVwZ 1992, 77, 77 f.; VG Aachen, NJW 2002, 3191, 3191.

1. Das Freitagsgebet

Die Verpflichtung (nach islamischem Verständnis volljähriger) muslimischer Schüler zur Teilnahme am Unterricht während des Freitagsgebets stellt, bei entsprechendem Selbstverständnis und hinreichend plausibler Darlegung einen *Eingriff*[644] in die Religionsausübungsfreiheit der muslimischen Schüler und Eltern aus Art. 4 Abs. 2 GG[645], die Gewissensfreiheit der muslimischen Schüler und Eltern aus Art. 4 Abs. 1 GG[646] und das elterliche Erziehungsrecht aus Art. 6 Abs. 2 S. 1 GG[647] dar. Als *Schranke* für die Religionsausübungsfreiheit der muslimischen Schüler und Eltern aus Art. 4 Abs. 2 GG sind bei einer Verpflichtung der muslimischen Schüler zur Teilnahme am Unterricht während des Freitagsgebets die landesrechtlichen Vorschriften über die Schulpflicht, die allgemeine Gesetze im Sinne des Art. 140 GG i.V.m. Art. 136 Abs. 1 WRV[648] darstellen, heranzuziehen.[649] Die Gewissensfreiheit der muslimischen Schüler und Eltern aus Art. 4 Abs. 1 GG und das elterliche Erziehungsrecht aus Art. 6 Abs. 2 S. 1 GG können in diesem Fall durch den staatlichen Bildungs- und Erziehungsauftrag aus Art. 7 Abs. 1 GG *beschränkt* werden.[650] Fraglich ist die *Angemessenheit*[651] der Verpflichtung muslimischer Schüler zur Teilnahme am Unterricht während des Freitagsgebets. Begreifen die muslimischen Schüler bzw. Eltern die Teilnahme am Freitagsgebet als unbedingt verpflichtend für männliche Muslime, ist die Intensität des Eingriffs in die Grundrechte des muslimischen Schülers und der Eltern als groß zu bewerten.[652] Demgegenüber ist aber zu beachten, dass eine wöchentliche Beurlaubung muslimischer Schüler deren Integration gefährden könnte.[653] Davon abgesehen beeinträchtigt die wöchentliche Beurlaubung muslimischer Schüler von der Verpflichtung zur Teilnahme am Unterricht an Freitagen den staatlichen Bildungs- und Erziehungsauftrag aus Art. 7 Abs. 1 GG in erheblichem Maße. Dies gilt nicht bloß im Hinblick auf die Verwirklichung der Bildungs- und Erziehungsziele gegenüber den muslimischen Schülern selbst, sondern auch im Hinblick auf die Erfüllung des

---

644 Zum Eingriffsbegriff siehe oben B. I. 2.

645 Zum religiösen Erziehungsrecht der Eltern aus Art. 4 Abs. 2 GG siehe oben B. I. 3. a) dd) (2) (b) (aa) und C. I. 1. b) bb).

646 Zum Schutzbereich der Gewissensfreiheit aus Art. 4 Abs. 1 GG vgl. C. I. 1. a) bb). Zum Recht der Eltern aus Art. 4 Abs. 1 GG auf eine ihrem Gewissen entsprechende Erziehung siehe oben C. I. 1. b) cc).

647 Zum Schutzbereich des elterlichen Erziehungsrechts aus Art. 6 Abs. 2 S. 1 GG vgl. B. I. 3. a) dd) (2) (b) (bb) und C. I. 1. b) aa).

648 Die religiösen Freiheitsrechte aus Art. 4 Abs. 1 und 2 GG stehen nach der hier vertretenen Ansicht unter dem Vorbehalt der allgemeinen Gesetze (Art. 140 GG i.V.m. Art. 136 Abs. 1 WRV), siehe dazu die Nachweise in Fn. 38.

649 Siehe oben C. III. 1. b) aa).

650 Siehe oben C. III. 1. b) aa).

651 Zum verfassungsrechtlichen Verhältnismäßigkeitsgrundsatz siehe Fn. 277.

652 Siehe zur Bestimmung der Intensität des Eingriffs Fn. 41.

653 *Kloepfer,* DÖV 2006, 45, 52.

staatlichen Bildungs- und Erziehungsauftrags gegenüber den Mitschülern und Mitschülerinnen.[654] In fast allen Fächern des Unterrichtskanons baut der Unterricht regelmäßig auf den Ergebnissen der vorangegangenen Unterrichtsstunden auf.[655] Eine wöchentliche Beurlaubung muslimischer Schüler von der Verpflichtung zur Teilnahme am Unterricht an Freitagen ist daher mit den Funktionsbedingungen eines geordneten Unterrichts nicht zu vereinbaren. Die Institution Schule setzt der unbeschränkten Anerkennung freier Wochentage Grenzen.[656] Gemeinsamer Unterricht muss mindestens an fünf Tagen der Woche, also von Montags bis Freitags, möglich sein, damit die Schule ihren Bildungs- und Erziehungsauftrag gegenüber den Schülern und Schülerinnen erfüllen kann.[657] In Anbetracht dessen, erweist sich die Verpflichtung muslimischer Schüler zur Teilnahme am Unterricht während des Freitagsgebets im Hinblick auf die Religionsausübungsfreiheit der muslimischen Schüler und Eltern aus Art. 4 Abs. 2 GG, die Gewissensfreiheit der muslimischen Schüler und Eltern aus Art. 4 Abs. 1 GG und das elterliche Erziehungsrecht aus Art. 6 Abs. 2 S. 1 GG als angemessen und mithin verhältnismäßig.[658] Die Verpflichtung muslimischer Schüler zur Teilnahme am Unterricht während des Freitagsgebets verletzt die Grundrechte der muslimischen Schüler und Eltern nicht. Deshalb besteht kein Anspruch auf eine wöchentliche Beurlaubung für den Freitag aus wichtigem Grund.[659]

---

654 Vgl. BVerwGE 42, 128, 130; *Hemmrich,* in: v. Münch / Kunig GG, Band I, Art. 7 Rn. 18.

655 BVerwGE 42, 128, 130; *Hemmrich,* in: v. Münch / Kunig, GG, Band I, Art. 7 Rn. 18.

656 *Langenfeld,* Integration und kulturelle Identität zugewanderter Minderheiten, S. 422; *Starck,* in: v. Mangoldt / Klein / Starck, Das Bonner GG, Band I, Art. 4 Abs. 1, 2 Rn. 111.

657 Vgl. *Starck,* in: v. Mangoldt / Klein / Starck, Das Bonner GG, Band I, Art. 4 Abs. 1, 2 Rn. 111.

658 Siehe auch *Langenfeld,* Integration und kulturelle Identität zugewanderter Minderheiten, S. 422 f. *Jehkul* (in: SchulG NRW § 43 Rn. 3.2) verweist demgegenüber darauf, dass bei nachvollziehbarer Darlegung eines Glaubenskonflikts eine Beurlaubung für den Freitag nicht ausgeschlossen werden sollte.

659 Zur Schulversäumnis siehe oben C. III. 1. c). Die Verpflichtung muslimischer Schüler zur Teilnahme am Unterricht während des Freitagsgebets verletzt auch nicht deren Gleichheitsrechte. Dies gilt auch dann, wenn Schülern und Schülerinnen anderer Bekenntnisse, etwa für den Samstag, ein Anspruch auf Beurlaubung gewährt wird (vgl. BVerwGE 42, 128 ff.) und muslimische Schüler dennoch am Unterricht am Freitag teilnehmen müssen. In dieser ungleichen Behandlung ist zwar eine direkte Benachteiligung der muslimischen Schüler wegen des Glaubens bzw. der religiösen Anschauung im Sinne des Art. 3 Abs. 3 S. 1 GG zu sehen, vgl. *Langenfeld,* Integration und kulturelle Identität zugewanderter Minderheiten, S. 423. Diese Benachteiligung ließe sich aber im Hinblick auf die Funktionsfähigkeit der Institution Schule durch kollidierendes Verfassungsrecht (vgl. BVerfGE 92, 91, 109; BVerfG, NVwZ 1999, 756, 756; *Jarass,* in: Jarass / Pieroth, GG, Art. 3 Rn. 134), nämlich durch den staatlichen Bildungs- und Erziehungsauftrag aus Art. 7 Abs. 1 GG, verfassungsrechtlich rechtfertigen, siehe *Langenfeld,* Integration und kulturelle Identität zugewanderter Minderheiten, S. 423; vgl. auch *Anger,* Islam in der Schule, S. 242 mit Fn. 402. A.A. wohl *Heckel,* Gleichheit oder Privilegien?, S. 95 f.

2. Das Fest des Fastenbrechens und das Opferfest

Werden muslimische Schüler und Schülerinnen an den jährlich wiederkehrenden religiösen Feiertagen zur Teilnahme am Unterricht verpflichtet, stellt dies bei entsprechendem Selbstverständnis und hinreichend plausibler Darlegung einen *Eingriff*[660] in die Religionsausübungsfreiheit der muslimischen Schüler, Schülerinnen und Eltern aus Art. 4 Abs. 2 GG[661], die Gewissensfreiheit der muslimischen Schüler, Schülerinnen und Eltern aus Art. 4 Abs. 1 GG[662] und das elterliche Erziehungsrecht aus Art. 6 Abs. 2 S. 1 GG[663] dar. Dieser lässt sich verfassungsrechtlich nicht rechtfertigen.[664] Anders als die Verpflichtung muslimischer Schüler zur Teilnahme am Unterricht während des Freitagsgebets erweist sich die Verpflichtung muslimischer Schüler und Schülerinnen zur Teilnahme am Unterricht während der jährlich wiederkehrenden religiösen Feiertage als *unangemessen*[665].[666] Bei einer jährlich wiederkehrenden Beurlaubung für einzelne Tage ist davon auszugehen, dass der versäumte Unterricht ohne größere Probleme von den muslimischen Schülern und Schülerinnen nachgearbeitet werden kann. Jedenfalls ist davon auszugehen, dass der staatliche Bildungs- und Erziehungsauftrag aus Art. 7 Abs. 1 GG durch die Beurlaubung der muslimischen Schüler und Schülerinnen an den jährlich wiederkehrenden religiösen Feiertagen grundsätzlich nicht in so schwerwiegender Weise beeinträchtigt wird, dass die muslimischen Jungen und Mädchen auch während der religiösen Feiertage zur Teilnahme am Unterricht verpflichtet werden müssen. Daher werden durch eine ausnahmslose Durchsetzung der Schulpflicht gegenüber den muslimischen Schülern und Schülerinnen an den jährlich wiederkehrenden islamischen Feiertagen die Grundrechte der muslimischen Schüler, Eltern, Schülerinnen und verletzt. Muslimische Schüler, Schülerinnen und Eltern haben gemäß § 43 Abs. 3 S. 1 HS. 1 SchulG NRW einen Anspruch auf Beurlaubung für die Teilnahme an den jährlich wiederkehrenden Festtagen (begrenzt auf einen Tag pro Festlichkeit[667]).

---

660 Zum Eingriffsbegriff siehe oben B. I. 2.

661 Zum religiösen Erziehungsrecht der Eltern aus Art. 4 Abs. 2 GG siehe oben B. I. 3. a) dd) (2) (b) (aa) und C. I. 1. b) bb).

662 Zum Schutzbereich der Gewissensfreiheit aus Art. 4 Abs. 1 GG siehe oben C. I. 1. a) bb). Zum Recht der Eltern aus Art. 4 Abs. 1 GG auf eine ihrem Gewissen entsprechende Erziehung siehe oben C. I. 1. b) cc).

663 Zum Schutzbereich des elterlichen Erziehungsrechts aus Art. 6 Abs. 2 S. 1 GG siehe oben B. I. 3. a) dd) (2) (b) (bb) und C. I. 1. b) aa).

664 Hinsichtlich der Bestimmung der Schranken der Grundrechte der muslimischen Schüler, Schülerinnen und Eltern bei einer Verpflichtung zur Teilnahme am Unterricht während der religiösen Feiertage sei auf die weiter oben bereits gemachten Ausführungen verwiesen siehe C. III. 1. b) aa).

665 Zum verfassungsrechtlichen Verhältnismäßigkeitgrundsatz siehe Fn. 277.

666 Vgl. *Starck* in: v. Mangoldt / Klein / Starck, Das Bonner GG, Band I, Art. 4 Abs. 1, 2 Rn. 111; *Anger,* Islam in der Schule, S. 240

667 Zur Herstellung praktischer Konkordanz genügt es, wenn die Schule die muslimischen Schüler und Schülerinnen für einen Tag pro Feierlichkeit von der Verpflichtung zur Teil-

3. Ergebnis zu den Beurlaubungswünschen

Für die Teilnahme am Freitagsgebet steht muslimischen Schülern und Eltern kein Anspruch auf Beurlaubung zu. Demgegenüber haben muslimische Schüler, Schülerinnen und Eltern einen Anspruch auf Beurlaubung für die Teilnahme an den islamischen Festtagen (begrenzt auf einen Tag pro Feierlichkeit).

D. Islamischer Religionsunterricht

Zu den derzeit noch ungelösten rechtlichen Problemen zählt auch das des Religionsunterrichts für muslimische Schüler und Schülerinnen an öffentlichen Schulen in Deutschland.[668] Nach Art. 7 Abs. 3 S. 1 GG ist der Religionsunterricht an den öffentlichen Schulen mit Ausnahme der bekenntnisfreien Schulen ordentliches Lehrfach.[669] Gemäß Art. 7 Abs. 3 S. 2 GG wird der Religionsunterricht unbeschadet des staatlichen Aufsichtsrechts in Übereinstimmung mit den Grundsätzen der Religionsgemeinschaft erteilt. Fraglich ist, ob islamischer Religionsunterricht verfassungsrechtlichen Vorgaben entspricht.

---

nahme am Unterricht beurlaubt, vgl. *Anger,* Islam in der Schule, S. 241. Dies erklärt sich aus der gewachsenen religiösen Pluralität in der Gesellschaft. Die gewachsene religiöse Vielfalt in der Gesellschaft macht es mit Blick auf die Funktionsfähigkeit der Institution Schule unmöglich, dass jeder in Deutschland bestehenden religiösen Gruppierung mehrtägige Beurlaubungsansprüche zuerkannt werden. Nicht ganz eindeutig *Schmahl,* RdJB 2004, 23, 32.

668 In Baden-Württemberg allerdings soll an zwölf Standorten vom Schuljahr 2006/2007 an bekenntnisgebundener Religionsunterricht für muslimische Kinder erteilt, vgl. *v. Campenhausen/de Wall,* Staatskirchenrecht, S. 88. Die Versuchsphase ist auf vier Jahre angelegt und startet mit 235 Kindern, vgl. KStA v. 06. 09. 2006, Nr. 207, S. 7. In deutscher Sprache soll zweistündig an zehn Schulen der Islam sunnitischer Prägung und an zwei Schulen die alevitische Glaubensrichtung von Lehrkräften des jeweiligen Bekenntnisses vermittelt werden, siehe KStA v. 06. 09. 2006, Nr. 207, S. 7.

669 Die Länder Berlin und Bremen bilden eine verfassungsrechtliche Ausnahme, weil die Länder durch Art. 141 GG von der Geltung des Art. 7 Abs. 3 S. 1 GG ausgenommen sind, vgl. *Pieroth,* in: Jarass/Pieroth, GG, Art. 141 Rn. 1; *Ogorek,* Geltung und Fortbestand der Verfassungsgarantie staatlichen Religionsunterrichts in den neuen Bundesländern, S. 5 ff.; *Anger,* Islam in der Schule, S. 396. Der an Berliner und Bremer Schulen stattfindende Religionsunterricht ist kein ordentliches Lehrfach im Sinne der Bestimmung; vgl. *Anger,* Islam in der Schule, S. 299; *Emenet,* Verfassungsrechtliche Probleme einer islamischen Religionskunde an öffentlichen Schulen, S. 42 und 47.

I. Verfassungsrechtliche Rahmenbedingungen eines verfassungsgemäßen Religionsunterrichts

1. Inhalt des Religionsunterrichts

Im Religionsunterricht werden nicht bloß Informationen weitergegeben, sondern der Unterricht wird aus dem Glauben heraus gestaltet. Der Religionsunterricht hat zur Aufgabe, die Glaubenssätze der jeweiligen Religionsgemeinschaft als bestehende Wahrheit zu vermitteln.[670] Nach Ansicht des BVerfG ist Religionsunterricht keine überkonfessionelle, vergleichende Betrachtung religiöser Lehren, nicht bloß Morallehre, Sittenunterricht, historisierend und relativierende Religionskunde, Religions- oder Bibelgeschichte. Sein Gegenstand ist vielmehr der Bekenntnisinhalt, nämlich die Glaubenssätze der Religionsgemeinschaft. Gegenstand des Unterrichts ist daher nur eine bestimmte Religion, ein bestimmtes Bekenntnis.[671] Bei dem von der Verfassung vorgesehenen Religionsunterricht handelt es sich mithin um konfessionellen Unterricht und nicht lediglich um eine Religionskunde, Religionskritik oder eine die konfessionellen Unterschiede überspielende und deshalb inhaltlich fragwürdige Lehre von dem Christentum oder dem Islam.[672] Religiöse Bildung ist die Bildung einer eigenen religiösen Überzeugung und nicht die Aufzählung und Darstellung dessen, was andere Menschen und Kulturen an religiösen Überzeugungen besitzen.[673]

2. Das Recht des Staates, Religionsunterricht (ohne inhaltliche Bestimmungsmacht) an öffentlichen Schulen abzuhalten

Religionsunterricht dient der umfassenden Persönlichkeitsentwicklung der Schüler und Schülerinnen, zu der auch die Entfaltung in religiöser Hinsicht gehört und auf welche die Schule hin zu wirken hat.[674] Daher darf die religiöse Dimension menschlicher Existenz in der Schule nicht ausklammert werden.[675]

Die Verfassung weist durch Art. 7 Abs. 1 GG die umfassende Bildung und Erziehung der Jugend dem Staat zu. Den religiösen Sektor hat die Verfassung nicht

---

670 BVerfGE 74, 244, 252, auch zum Folgenden.

671 Vgl. *Muckel,* in: FS Listl zum 75. Geburtstag, S. 718.

672 *Muckel,* in: FS Listl zum 75. Geburtstag, S. 718 f.; vgl. auch *Kästner,* in: FS Link zum 70. Geburtstag, S. 303 f.; *Schmitt-Kammler,* in: Sachs, GG, Art. 7 Rn. 39; *Link,* in: Listl/Pirson, HdbStKirchR^2 II, S. 491.

673 *Robbers,* in: v. Mangoldt/Klein/Starck, Das Bonner GG, Band I, Art. 7 Abs. 3 Rn. 117.

674 Zum staatlichen Erziehungsauftrag siehe auch oben B. I. 3. a) dd) (1).

675 Vgl. *Robbers,* in: v. Mangoldt/Klein/Starck, Das Bonner GG, Band I, Art. 7 Abs. 3 Rn. 115; statt vieler auch *Link,* in: Listl/Pirson, HdbStKirchR^2 II, S. 507 f.

aus der staatlichen Bildung und Erziehung getilgt, aber aus Gründen der Neutralität[676] einer speziellen Regelung unterworfen, die den staatlichen Gestaltungsspielraum bei der religiösen Erziehung durch Respektierung des Glaubens der Religionsgemeinschaften entscheidend begrenzt.[677] Wegen des Gebots religiös-weltanschaulicher Neutralität des Staates ist es dem Staat selbst nicht erlaubt, die Inhalte des Religionsunterrichts zu bestimmen. Der Staat darf weder eine eigene Verbundenheit mit einer Kirche, Religionsgemeinschaften oder Weltanschauungsgemeinschaft noch einem bestimmten Glauben oder einer Weltanschauung zum Ausdruck bringen.[678] Daher hat er gemäß Art. 7 Abs. 3 S. 2 GG den Religionsunterricht in Übereinstimmung mit den Grundsätzen der Religionsgemeinschaften zu erteilen. Die Gewährleistung in Art. 7 Abs. 3 GG verbindet den aus Art. 7 Abs. 1 GG folgenden allgemeinen und eigenständigen staatlichen Bildungs- und Erziehungsauftrag mit den Erfordernissen staatlicher Neutralität in Religions- und Weltanschauungsfragen.[679] Der Staat steht wegen seiner umfassenden Erziehungsaufgabe in der Pflicht, die äußerlichen Rahmenbedingungen für einen Religionsunterricht zu schaffen.[680] Die Erteilung des Religionsunterrichts in den öffentlichen Schulen in Zusammenarbeit mit den Religionsgemeinschaften ist daher konsequenter Ausdruck der Trennung von Staat und Kirche.[681] Auch in Bezug auf regulären islamischen Religionsunterrichts kann der freiheitliche, religiös neutrale Staat deshalb nach Art. 7 Abs. 3 GG nicht kraft eigener Autorität entscheiden, was die Muslime als die „wahren" oder verfälschten, als die „richtigen" oder häretischen, als die „gemeinsamen" oder davon abweichenden Bekenntnisinhalte des Islam anzusehen haben.[682]

3. Kein Bedeutungswandel der normativen Vorgaben des Art. 7 Abs. 3 S. 2 GG

Die auf die Konfessionalität des Religionsunterrichts bezogene normative Forderung nach Übereinstimmung der Inhalte des Fachs mit den Grundsätzen der Religionsgemeinschaft in Art. 7 Abs. 3 S. 2 GG steht auch nicht zur Disposition der zuständigen staatlichen Stellen oder der Kirchen und Religionsgemeinschaften.[683] Ein Bedeutungswandel der normativen Vorgaben aus Art. 7 Abs. 3 S. 2 GG

---

676 Zum Gebot religiös-weltanschaulicher Neutralität siehe oben B. I. 3. a) dd) (3).

677 *Heckel,* RdJB 2004, 39, 44.

678 *Muckel,* Religiöse Freiheit, S. 76.

679 *Robbers,* in: v. Mangoldt / Klein / Starck, Das Bonner GG, Band I, Art. 7 Abs. 3 Rn. 115.

680 Vgl. *Mückl,* AöR 122 (1997), 513, 520; *Oebbecke,* DVBl. 1996, 336, 340 f.; *Bock,* RdJB 2001, 330, 335.

681 *Robbers,* in: v. Mangoldt / Klein / Starck, Das Bonner GG, Band I, Art. 7 Abs. 3 Rn. 115.

682 *Heckel,* RdJB 2004, 39, 45 m. w. N.

lässt sich insbesondere nicht durch Veränderungen in den gesellschaftlichen Verhältnissen, insbesondere im Hinblick auf den Islam, ableiten.[684] Auch für Muslime und Musliminnen ist die Bildung einer Religionsgemeinschaft geeignet und zumutbar.[685] Dem widerspricht auch nicht, dass eine eigene religionsgesellschaftliche Organisationsform in der Tradition der Muslime auf Grund des Fehlens des für alle christlich geprägten abendländischen Staaten typischen Nebeneinanders von Staat und religiöser Institution unbekannt war.[686] Auch wenn der Islam grundsätzlich keine den Religionsgemeinschaften vergleichbaren Strukturen aufweist, so ist die Forderung nach Schaffung dieser Strukturen Folge des Eintritts in die multireligiöse Gesellschaft und Staatlichkeit. Die Rechtsform der Religionsgesellschaft ist keine Kreation der christlichen Ekklesiologie, sondern der Aufklärung. „Sie sollte und soll Konfessionskonflikte neutralisieren und überwinden. Sie stellt eine offene weltliche Rahmenform des säkularen Staates dar, die allen Religionsgemeinschaften gleichermaßen zur jeweils unterschiedlichen religiösen Ausgestaltung und Handhabung nach ihren eigenen theologischen Leitvorstellungen zur Verfügung steht – das garantiert ihnen Art. 140 GG / 137 III WRV als ‚eigene Angelegenheiten'." Wird das Recht, Religionsunterricht an öffentlichen Schulen einzuführen, von dem Vorhandensein einer Religionsgemeinschaft (Art. 7 Abs. 3 S. 2 GG) abhängig gemacht, so folgt dies aus dem geltenden Recht. Den Muslimen werden keine Rechte abgesprochen. Es sind vielmehr eigene, aber keineswegs unlösbare Probleme, die dem Gebrauch des Rechts auf Einführung von Religionsunterricht entgegenstehen.

II. Das Recht der Religionsgemeinschaften, Schüler, Schülerinnen und Eltern auf Einrichtung eines Religionsunterrichts

Bei Art. 7 Abs. 3 GG handelt es sich um eine so genannte institutionelle Garantie.[687] Art. 7 Abs. 3 GG enthält ein Grundrecht der Religionsgemeinschaften.[688] Daneben haben auch Schüler, Schülerinnen und Eltern ein subjektives Recht auf Religionsunterricht.[689] Dafür spricht zunächst die systematische Stellung des Reli-

683 *Muckel,* in: FS Listl zum 75. Geburtstag, S. 719; *Kästner,* in: FS Link zum 70. Geburtstag, S. 307 m. w. N.

684 Vgl. dazu eingehend: *Muckel,* in: FS Listl zum 75. Geburtstag, S. 719 – 722.

685 *Heckel,* RdJB 2004, 39, 52 f., auch zum Folgenden.

686 Vgl. *v. Campenhausen / de Wall,* Staatskirchenrecht, S. 86 f.

687 *Emenet,* NWVBl. 2004, 214, 215; *Ogorek,* Geltung und Fortbestand der Verfassungsgarantie staatlichen Religionsunterrichts in den neuen Bundesländern, S. 48 ff.

688 Ausführlich: *Ogorek,* Geltung und Fortbestand der Verfassungsgarantie staatlichen Religionsunterrichts in den neuen Bundesländern, S. 48 ff.

689 *Robbers,* in: v. Mangoldt / Klein / Starck, Das Bonner GG, Band I, Art. 7 Abs. 3 Rn. 123.

gionsunterrichts innerhalb des Grundrechtskatalogs. Insbesondere aber soll die institutionelle Garantie des Religionsunterrichts den religiösen Freiheitsrechten von Schülern, Schülerinnen und Eltern dienen und muss daher auch von diesen als subjektives Recht in Anspruch genommen werden können.[690] Nach Systemzusammenhang, Sinn und Ziel der Verfassungsgarantie des Art. 7 Abs. 3 GG haben demnach auch Schüler, Schülerinnen und Eltern ein Recht auf Einrichtung eines Religionsunterrichts durch das jeweilige Land.[691]

Dagegen spricht auch nicht, dass die Einrichtung eines Religionsunterrichts von der Kooperation mit einer Religionsgemeinschaft abhängig ist, es sich mithin um ein bedingtes subjektives Recht handelt.[692] Dem Grundgesetz ist die bedingte Durchsetzung von Grundrechte nicht fremd.[693] Auch die Verwirklichung der Vereinigungs- und Versammlungsfreiheit etwa ist davon abhängig, dass sich auch Dritte zur Vereinigung oder Versammlung bereit erklären.[694]

Religionsgemeinschaften, muslimische Schüler, Schülerinnen und Eltern haben folglich grundsätzlich das Recht auf Einrichtung eines islamischen Religionsunterrichts, der mit den Grundsätzen der Religionsgemeinschaft übereinstimmt.[695] Um diesem Wunsch nachkommen zu können, ist jedoch zunächst erforderlich, dass eine islamische Religionsgemeinschaft überhaupt existiert. Voraussetzung für einen islamischen Religionsunterricht an öffentlichen Schulen ist demnach, dass eine islamische Religionsgemeinschaft vorhanden ist, nach deren Grundsätzen der Unterricht erteilt werden kann.

III. Der Begriff der Religionsgemeinschaften

Steht somit fest, dass es für die Einrichtung von Religionsunterrichts nach Art. 7 Abs. 3 S. 2 GG einer Religionsgemeinschaften bedarf, stellt sich die Frage, wie der Begriff der Religionsgemeinschaft in Art. 7 Abs. 3 S. 2 GG auszulegen ist. Dabei

---

690 *Heckel,* JZ 1999, 741, 750.

691 Vgl. *Maunz,* in: Maunz / Dürig, GG, Art. 7 Rn. 47; *de Wall,* NVwZ 1997, 465, 466; *Link,* in: Listl / Pirson, HdbStKirchR^2 II, S. 496, *Mückl,* AöR 122 (1997), 513, 521; *Rohe,* ZRP 2000, 207, 208; *Çavdar,* RdJB 1993, 265, 266; *Emenet,* Verfassungsrechtliche Probleme einer islamischen Religionskunde an öffentlichen Schulen, S. 115 ff.

692 So aber mit unterschiedlicher Begründung *Schmitt-Kammler,* in: Sachs, GG, Art. 7 Rn. 44; *Renck,* DÖV 1994, 27, 31; *ders.* NVwZ 1992, 1171, 1171; *Korioth,* NVwZ 1997, 1041, 1045 f.

693 Vgl. *Emenet,* Verfassungsrechtliche Probleme einer islamischen Religionskunde an öffentlichen Schulen, S. 118 f.

694 Vgl. *de Wall,* NVwZ 1997, 465, 466.

695 Das Recht auf Religionsunterricht ist aber nicht unbegrenzt gewährleistet. Als Leistungsrecht steht es nach den allgemeinen, vom BVerfG entwickelten Grundsätzen unter dem Vorbehalt des Möglichen, das heißt, es besteht lediglich im Rahmen dessen, was der Bürger vernünftigerweise vom Staat fordern kann, vgl. dazu *Robbers,* in: v. Mangoldt / Klein / Starck, Das Bonner GG, Band I, Art. 7 Abs. 3 Rn. 125 m. w. N.

ist zunächst festzuhalten, dass Art. 7 Abs. 3 S. 2 GG mit Religionsgemeinschaften keinesfalls nur solche mit öffentlich-rechtlichem Körperschaftsstatus im Sinne von Art. 140 GG i.V.m. Art. 137 Abs. 5 S. 2 WRV meint.[696] Dies wäre mit Wortlaut und Systematik der in Art. 7 Abs. 3 S. 2 GG und Art. 137 Abs. 5 S. 2 WRV getroffenen Regelung offensichtlich unvereinbar.[697] Wenn der Staat hier besondere Maßgaben in der konkreten Verfasstheit der Religionsgemeinschaft über Mindestanforderungen hinaus verlangen würde, würde er diesen Religionsgemeinschaften entgegen seiner Neutralitätspflicht und entgegen dem Sinn der grundgesetzlichen Regelung des Religionsunterrichts über das erforderliche Mindestmaß hinaus bestimmte Strukturen aufzwingen.[698] Religionsunterricht wird im Grundsatz allen Religionsgemeinschaften zugänglich gemacht, und zwar unabhängig davon, in welcher Rechtsform sie organisiert sind.[699] Es kann daher auch nicht darauf ankommen, dass die Religionsgemeinschaft materiell die Voraussetzungen für die Verleihung der Körperschaftsrechte erfüllt.[700]

1. Bedeutung des Selbstverständnisses

Die staatlichen Stellen haben bei der Entscheidung darüber, ob eine Gemeinschaft sich zu einer Religion bekennt und deshalb eine Religionsgemeinschaft ist, keine freie Bestimmungsmacht.[701] Insoweit ist auf das religiöse Selbstverständnis der betreffenden Gemeinschaft und ihrer Mitglieder maßgeblich abzustellen. Dies betrifft jedoch nur die Frage, ob eine Gesellschaft überhaupt eine Religion vertritt und nicht, ob es sich um eine Religionsgemeinschaft handelt. Eine Vereinigung wird nicht durch ein entsprechendes Selbstverständnis zur Religionsgemeinschaft im Sinne des Verfassungsrechts.[702] Das Gegenüber von säkularem Staat und Religionsgemeinschaft fordert, dass die Religionsgemeinschaft für den Staat definierbar sein muss.[703]

---

696 BVerfGE 102, 370, 396; VG Düsseldorf, NWVBl. 2001, 110, 112; *Link,* in: Listl/Pirson, HdbStKirchR^2 II, S. 500; *Hollerbach,* in: HStR VI, § 140 Rn. 41; *Schmahl,* RdJB 2004, 23, 34; *Muckel,* in: FS Listl zum 75. Geburtstag, S. 725 m. w. N.; a.A.: *Korioth,* NVwZ 1997, 1041, 1046 f.; *Jeand'Heur/Korioth,* Grundzüge des Staatskirchenrechts, Rn. 324.

697 BVerwG, NJW 2005, 2101, 2107.

698 *Robbers,* in: v. Mangoldt/Klein/Starck, Das Bonner GG, Band I, Art. 7 Abs. 3 Rn. 151.

699 BVerwG, NJW 2005, 2101, 2107.

700 *Muckel,* in: FS Listl zum 75. Geburtstag, S. 726; vgl. *Anger,* Islam in der Schule, S. 371 f. A.A.: *Mückl,* AöR 122 (1997), 511, 552; *Loschelder,* Essener Gespräche zum Thema Staat und Kirche 20 (1986), 149, 171; *Link,* in: Listl/Pirson, HdbStKirchR^2 II, S. 500.

701 Vgl. *Muckel,* in: FS Listl zum 75. Geburtstag, S. 726 f.

702 BVerwG, NJW 2005, 2101, 2102; OVG NRW, NWVBl. 2004, 224, 226; VG Wiesbaden, Urteil vom 15. 06. 2004 – 6E 23 94/01(V), S. 37; *Poscher,* Der Staat 39 (2000), 49, 51.

703 *Muckel,* in: FS Listl zum 75. Geburtstag, S. 727; *Poscher,* Der Staat 39 (2000), 49, 56 m. w. N.

2. Voraussetzungen einer Religionsgemeinschaft im Sinne von Art. 7 Abs. 3 S. 2 GG

Gerhard Anschütz hat für den Begriff der Religionsgemeinschaft eine Definition entwickelt, der sich sowohl die Rechtsprechung als auch die Literatur angeschlossen haben.[704] Demnach handelt es sich bei einer Religionsgemeinschaft um einen Verband, der die Angehörigen eines und desselben Glaubensbekenntnisses – oder mehrerer verwandter Glaubensbekenntnisse – für ein Gebiet zu allseitiger Erfüllung der durch das gemeinsame Bekenntnis gestellten Aufgabe zusammenfasst.[705]

a) Religiöser Konsens

Durch die Bezugnahme auf das gemeinsame religiöse Bekenntnis in der Definition von Anschütz kommt zum Ausdruck, dass es zunächst eines religiösen Konsens bzw. einer „Homogenität des Bekenntnisses"[706] bedarf.[707] Demzufolge müssen sich alle Mitglieder zu den religiösen Überzeugungen bekennen, auf denen die Gemeinschaft gründet.[708] Nicht erforderlich ist aber die Einigkeit in allen einzelnen Glaubensfragen.[709]

b) Umfassende Pflege der Religion

Weiterhin bedarf es für die Annahme einer Religionsgemeinschaft der Pflege der Religion nicht nur in einzelnen Aspekten, sondern der Pflege in ihrer „Totalität"[710].[711] Dies unterscheidet die Religionsgemeinschaft vom religiösen Verein, welcher hinsichtlich der Pflege des religiösen Lebens nur partielle Zielsetzungen wahrnimmt.[712] Positiv-rechtlicher Anknüpfungspunkt hierfür ist Art. 138 Abs. 2 WRV, der ausdrücklich zwischen Religionsgesellschaften und religiösen Vereinen unterscheidet.[713] Auch bei denjenigen religiösen Vereinen, die sich allein zu dem

---

704 Vgl. *Muckel,* in: FS Listl zum 75. Geburtstag, S. 727.

705 *Anschütz,* Die Verfassung des Deutschen Reiches vom 11. August 1919, Art. 137 Anm. 2 (S. 633). Zum Begriff der Religionsgemeinschaft bzw. Religionsgesellschaft vgl. auch BVerwG, NJW 2005, 2101, 2102; *v. Campenhausen,* in: v. Mangoldt / Klein / Starck, Das Bonner GG, Band III, Art. 137 WRV Rn. 19 f.; *Bock,* RdJB 2001, 330, 336.

706 *Poscher,* Der Staat 39 (2000), 49, 59 f.

707 *Muckel,* in: FS Listl zum 75. Geburtstag, S. 728, auch zum Folgenden.

708 Vgl. *Anger,* Islam in der Schule, S. 356.

709 Vgl. BVerwG, NJW 2005, 2101, 2105; *Poscher,* Der Staat 39 (2000), 49, 60 f.

710 *Poscher,* Der Staat 39 (2000), 49, 59.

711 *Muckel,* in: FS Listl zum 75. Geburtstag, S. 729.

712 Vgl. BVerwG, NJW 2005, 2101, 2102; OVG NRW, NWVBl. 2004, 224, 228; *Anger,* Islam in der Schule S. 362.

713 BVerwG, NJW 2005, 2101, 2102.

Zweck gegründet haben, religiöse Schulen zu betreiben und Religionsunterricht an öffentlichen Schulen anzubieten, handelt es sich entsprechend der nur partiellen Zielsetzung der Vereinigung – trotz eines mitunter abweichenden Selbstverständnisses – um religiöse Vereine, nicht um Religionsgemeinschaften.[714]

Die in der Literatur[715] neuerdings vertretene Ansicht, der Begriff der Religionsgemeinschaft sei als „Religionsunterrichtsgemeinschaft" zu verstehen, der auch religiöse Vereine erfasse, setzt sich jedenfalls über den insoweit eindeutigen Wortlaut des Art. 7 Abs. 3 S. 2 GG hinweg.[716] Religiöse Vereine können nicht die Grundsätze bestimmen, nach denen Religionsunterricht an öffentlichen Schulen erteilt werden soll. Sie haben kein Recht auf Einführung von Religionsunterricht.

Für den Zentralrat der Muslime in Deutschland e.V.[717] und den Islamrat für die Bundesrepublik Deutschland / Islamischer Weltkongress Deutschland e.V.[718] konnte bislang noch nicht festgestellt werden, dass ihre Zielsetzung die umfassende Pflege der Religion ist.[719] Auch die Islamische Religionsgemeinschaft Hessen e.V. vermag diese Anforderung nicht zu erfüllen.[720]

c) Religion als zentraler Gegenstand

Für das Vorliegen einer Religionsgemeinschaft ist es weiterhin Voraussetzung, dass das Religiöse im Zentrum aller Aktivitäten steht.[721] Die Pflege der Religion darf nicht nur ein Zweck unter anderen darstellen und auch nicht einem anderen weltlichen Zweck dienen.[722] Die als Religionsgemeinschaft klassifizierte Vereinigung muss auf eine umfassende Erfüllung der aus dem Bekenntnis folgenden Aufgaben und Forderungen gerichtet sein.[723] Entspricht die Vereinigung diesen Voraussetzungen, ändert auch eine gesellschaftliche oder politische Betätigung nichts am rechtlichen Charakter einer Religionsgemeinschaft.[724] Das sonstige wirtschaft-

---

714 *Muckel,* in: FS Listl zum 75. Geburtstag, S. 729.

715 Vgl. *Heimann,* DÖV 2003, 238, 242.

716 *Muckel,* in: FS Listl zum 75. Geburtstag, S. 730.

717 www.zentralrat.de.

718 www.islamrat.de. Der Islamrat für die Bundesrepublik Deutschland wird nach Expertenauskunft von der vom Verfassungsschutz beobachteten Islamischen Gemeinschaft Milli Görüs dominiert, vgl. *Stock,* NWVBl. 2005, 285, 287. Zur Auswirkung des Verhältnisses der Religionsgemeinschaften zur staatlichen Rechtsordnung auf das Recht, Religionsunterricht abzuhalten siehe noch unten D. V.

719 Vgl. *Stock,* NWVBl. 2005, 285, 288 f.

720 VG Wiesbaden, Urteil vom 15. 06. 2004 – 6E 2394/01(V), S. 41.

721 *Poscher,* Der Staat 39 (2000), 49, 63 f.

722 *Spriewald,* Rechtsfragen im Zusammenhang mit der Einführung von islamischem Religionsunterricht als ordentliches Lehrfach an deutschen Schulen, S. 113.

723 *Jurina,* in: HbdStKichR^2 I, S. 693, m. w. N.

724 *Spriewald,* Rechtsfragen im Zusammenhang mit der Einführung von islamischem Religionsunterricht als ordentliches Lehrfach an deutschen Schulen, S. 113.

liche, politische oder kulturelle Engagement muss der religiösen Bekenntnispflege aber in der Weise dienen, dass ein Zusammenhang mit der religiösen Zielsetzung erkennbar ist, die das Endziel jeglichen Handelns der Gemeinschaft sein muss.[725] Gefordert wird die „Zentralität des Bekenntnisses“[726], welche bei Organisationen regelmäßig nicht vorhanden ist, die sich dem sog. politischen Islam verschrieben haben und eine Änderung der politischen Verhältnisse im In- und Ausland anstreben.[727]

d) Klare Regelung der Mitgliedschaft

Religionsunterricht ist gemäß Art. 7 Abs. 3 GG[728] an öffentlichen Schulen mit Ausnahme der bekenntnisfreien Schulen ordentliches Lehrfach und unterliegt demnach der Schulpflicht.[729] Es handelt sich um ein Pflichtfach, für das grundsätzlich eine Pflicht zur Teilnahme besteht.[730] Anknüpfungspunkt für die Teilnahme am Religionsunterricht ist die Mitgliedschaft in der betreffenden Religionsgemeinschaft.[731] Wer am Unterricht teilzunehmen hat, bestimmt sich demnach danach, ob er oder sie überhaupt einer Religionsgemeinschaft anhängt. Dies lässt sich nur ermitteln, wenn über die Mitgliedschaft in der Religionsgemeinschaft Klarheit besteht. Der Staat muss erkennen können, ob und gegebenenfalls welcher Religionsgemeinschaft einzelne Schüler und Schülerinnen angehören. Die Religionsgemeinschaft muss daher über ein exaktes Regelwerk bezüglich der Mitgliedschaft verfügen, welches Aufschluss darüber gibt, welche Schüler und Schülerinnen – vorbehaltlich der Befreiungsmöglichkeit aus Art. 7 Abs. 2 GG – verpflichtet sind, am Religionsunterricht teilzunehmen.[732]

---

725 *Muckel,* in: FS Listl zum 75. Geburtstag, S. 731; *Anger,* Islam in der Schule S. 363; *Poscher,* Der Staat 39 (2000), 49, 62 f.

726 *Poscher,* Der Staat 39 (2000), 49, 64.

727 *Muckel,* in: FS Listl zum 75. Geburtstag, S. 731 m. w. N.

728 Vgl. für NRW auch Art. 14 Abs. 1 S. 1 LVerf.

729 Vgl. *Avenarius/Heckel,* Schulrechtskunde S. 68.

730 Als ordentliches Lehrfach ist der Religionsunterricht nicht lediglich Wahlfach, sondern Pflichtfach mit verfassungsrechtlich verbürgter Befreiungsmöglichkeit (Art. 7 Abs. 2 GG) zur Wahrung der durch Art. 4 Abs. 1 und 2 GG gewährleisteten religiösen Freiheitsrechte für Schüler und Schülerinnen des betreffenden Bekenntnisses; siehe dazu: BVerfGE 74, 244, 251; *Robbers,* in: v. Mangoldt/Klein/Starck, Das Bonner GG, Band I, Art. 7 Abs. 3 Rn. 136.

731 *Muckel,* JZ 2001, 58, 61.

732 *Muckel,* in: FS Listl zum 75. Geburtstag, S. 732; vgl. *Heckel,* JZ 1999, 741, 753; *Anger,* Islam in der Schule, S. 375 f. Diese Voraussetzung gehört nach hier vertretener Ansicht bereits zu den Anforderungen die an eine Religionsgemeinschaft zu stellen sind; dazu ausführlich: *Muckel,* in: FS Listl zum 75. Geburtstag, S. 733.

e) Kooperationsbereitschaft und Ansprechpartner des Staates

Die Religionsgemeinschaft muss zur Kooperation mit dem Staat bereit und in der Lage sein.[733] Ein geordneter Schulbetrieb setzt darüber hinaus voraus, dass die Zusammenarbeit mit der Religionsgemeinschaft organisatorisch abgesichert ist.[734] Die Religionsgemeinschaft muss so organisiert sein, dass sie über eine Institution verfügt, die für den Staat als Ansprechpartner dient und befugt ist, für die Gemeinschaft verbindliche Erklärungen abzugeben und Aufgaben wahrzunehmen.[735]

f) Natürliche Personen als Mitglieder – Dachverbände als Religionsgemeinschaften

Nach der Definition von Anschütz handelt es sich bei Religionsgemeinschaften um Zusammenschlüsse natürlicher Personen. Zurückzuführen ist dieses Verständnis auf die sog. Kollegialtheorie[736], die auf der Grundlage des rationalen Naturrechts der Aufklärung die Kirche wie auch andere Verbände auch als Gesellschaft von Menschen, also als Religionsgesellschaft, verstand.[737] Dieses Verständnis hat sich trotz der terminologischen Verschiebung auf den Begriff der „Religionsgemeinschaft" bis heute nicht grundlegend gewandelt, so dass nach heute herrschender Ansicht prinzipiell ein Zusammenschluss von natürlichen Personen für eine „Religionsgemeinschaft" erforderlich ist.[738] Für das Vorliegen einer Religionsgemeinschaft bedarf es daher jedenfalls eines „gewissen persönlichen Substrats"[739].[740] Auf die Größe der Gemeinschaft kommt es hingegen nicht an, so dass ein Zusammenschluss von mindestens zwei natürlichen Personen genügt.[741]

In diesem Zusammenhang fraglich ist die Qualifizierung von Dachverbänden als Religionsgemeinschaften. Dabei soll nicht von vornherein ausgeschlossen wer-

---

733 Vgl. BVerfGE 74, 244, 251; OVG NRW, NWVBl. 2004, 224, 225; VG Wiesbaden, Urteil vom 15. 06. 2004 – 6E 2394/01(V), S. 36; *Muckel,* in: FS Listl zum 75. Geburtstag, S. 735; *Heckel,* RdJB 2004, 39, 51; *Anger,* Islam in der Schule, S. 373.

734 *Emenet,* Verfassungsrechtliche Probleme einer islamischen Religionskunde an öffentlichen Schulen, S. 213 f.

735 *Muckel,* in: FS Listl zum 75. Geburtstag, S. 735, *ders.,* JZ 2001, 58, 61; *Emenet,* Verfassungsrechtliche Probleme einer islamischen Religionskunde an öffentlichen Schulen, S. 214, *Schmahl,* RdJB 2004, 23, 34.

736 Siehe dazu *v. Campenhausen/de Wall,* Staatskirchenrecht, S. 18 f.

737 *Muckel,* in: FS Listl zum 75. Geburtstag, S. 736.

738 *Spriewald,* Rechtsfragen im Zusammenhang mit der Einführung von islamischem Religionsunterricht als ordentliches Lehrfach an deutschen Schulen, S. 107 f.; *Jurina,* in: Listl/Pirson, HdbStKirchR^2 I, S. 690; *Hillgruber,* JZ 1999, 538, 545.

739 *H. Weber,* ZevKR 34 (1989), 337, 347.

740 *Muckel,* in: FS Listl zum 75. Geburtstag, S. 736.

741 *Tillmanns,* RdJB 1999, 471, 476; *Jurina,* in: Listl/Pirson, HdbStKirchR^2 I, S. 690; *Müller-Volbehr,* JZ 1981, 41, 42; *H. Weber,* ZevKR 34 (1989), 337, 347.

den, dass auch die Organisation von Dachverbänden eine Religionsgemeinschaft darzustellen vermag.[742] Auch das BVerwG schließt es nicht aus, eine Religionsgemeinschaft auch in einem mehrstufigen Verband (Dachverbandsorganisation) zu erblicken.[743] Die Verfassung setzt in Art. 140 GG i.V.m. Art. 137 Abs. 5 S. 3 WRV voraus, dass ein Dachverband, der aus Religionsgemeinschaften besteht, selbst Körperschaft des öffentlichen Rechts werden kann, also Rechte erhält, die nur Religionsgemeinschaften zustehen und rechtlich zumindest wie eine Religionsgemeinschaft behandelt wird.[744] Auch sonst ergeben sich keine Anhaltspunkte aus der Verfassung, die dafür sprechen, Dachverbände per se nicht als Religionsgemeinschaften zu behandeln. Zu fordern ist jedoch, dass sich das Mitgliedschaftswesen auf die natürliche Person erstreckt.[745]

Mithin kann der Ansicht[746], die muslimische Dachverbände generell als Religionsgemeinschaften im Sinne von Art. 7 Abs. 3 GG ansieht, nicht gefolgt werden.[747] Eine derartige Sichtweise ist mit dem vom Grundgesetz geprägten Verständnis der Religionsgemeinschaften nicht vereinbar. Auch unter Hinweis auf das Selbstbestimmungsrecht der Religionsgemeinschaften aus Art. 140 GG i.V.m. Art. 137 Abs. 3 WRV lässt sich eine gegenteilige Auffassung nicht rechtfertigen.[748] Damit das Selbstbestimmungsrecht überhaupt zur Anwendung gelangt, müssen die Voraussetzungen des Art. 140 GG i.V.m. Art. 137 Abs. 3 WRV, die auch das Vorliegen einer Religionsgemeinschaft beinhalten, zunächst erfüllt sein.[749]

Um einen Dachverband als Religionsgemeinschaft anzuerkennen, muss daher gefordert werden, dass der Dachverband nicht nur aus juristischen Personen, sondern auch aus natürlichen Personen besteht. Zu klären bleibt demnach, unter welchen Umständen Dachverbände, die nicht nur aus juristischen, sondern auch aus natürlichen Personen bestehen, Religionsgemeinschaften werden können. Ins-

---

742 A.A. OVG NRW, NWVBl. 2004, 224, 226 ff. (unter unrichtiger Bezugnahme auf Muckel: Muckel stellt lediglich fest, dass Dachverbände, denen nur juristische Personen beitreten können, keine Religionsgemeinschaften darstellen können. Dies schließt es jedoch nicht von vornherein aus, Dachverbände, die auch aus natürlichen Personen bestehen, als Religionsgemeinschaften anzuerkennen (vgl. dazu die folgenden Ausführungen); VG Düsseldorf, NWVBl. 2002, 196, 200; VG Wiesbaden, Urteil vom 15. 06. 2004 – 6E 2394/01(V), S. 38 (ebenfalls unter unrichtiger Bezugnahme auf Muckel).

743 BVerwG, NJW 2005, 2101 ff.

744 *Muckel,* in: FS Listl zum 75. Geburtstag, S. 738.

745 *Emenet,* Verfassungsrechtliche Probleme einer islamischen Religionskunde an öffentlichen Schulen, S. 174.

746 Vgl. *Heckel,* JZ 1999, 741, 752; vgl. auch: *ders.,* RdJB 2004, 39, 53; *Anger,* Islam in der Schule, S. 360 f.; *Eiselt,* DÖV 1981, 205, 206.

747 *Muckel,* in: FS Listl zum 75. Geburtstag, S. 738 f.; *Tillmanns,* RdJB 1999, 471, 476; *Schmahl,* RdJB 2004, 23, 34.

748 A.A.: *Pieroth/Görisch,* JuS 2002, 937, 941.

749 *Muckel,* in: FS Listl zum 75. Geburtstag, S. 739.

besondere ist in diesem Zusammenhang auf die Konstellation zu achten, dass nach der Satzung des Dachverbandes die natürlichen Personen, die Mitglieder der Unterverbände sind, auch Mitglieder des Dachverbandes sind.[750] Für diese Dachverbände ist zu prüfen, ob sie den Erfordernissen einer Religionsgemeinschaft gerecht werden können.

Neben einer Satzung, aus der die Mitgliedschaft natürlicher Personen hervorgeht, bedarf es dem Erfordernis einer gelebten Gemeinschaft der natürlichen Personen, und zwar auf der Ebene des Dachverbandes.[751] Es genügt nicht, dass sich das religiöse Leben allein in den untergeordneten Vereinen abspielt. Der Dachverband muss, um als Religionsgemeinschaft anerkannt zu werden, selbst über ein „gewisses persönliches Substrat“[752] verfügen.[753] Bei einer bloß formalen Mitgliedschaft natürlicher Personen wird diesem Erfordernis nicht genüge getan.[754] Welche Anforderungen jedoch an das Gemeinschaftsleben im Dachverband zu stellen sind, bedarf einer differenzierten Betrachtungsweise. Es kommt darauf an, inwieweit die einzelnen Mitgliedsverbände homogen sind.[755] Handelt es sich um wenig homogene Mitgliedsvereine im Dachverband, dürfen, je intensiver die religiöse Gemeinschaft in den angeschlossenen Vereinen gepflegt wird, umso höhere Anforderungen an das Gemeinschaftsleben im Dachverband gestellt werden. Bleibt das religiöse Leben weit hinter dem religiösen Leben in den Vereinen zurück, liegt die Vermutung nahe, dass die natürlichen Personen ihre religiöse Heimat ausschließlich in den Vereinen sehen. Ist dies der Fall, fehlt es an dem Erfordernis einer gelebten Gemeinschaft auf Dachverbandsebene. Damit der Gesamtverband noch als Einheit erscheint, wird man daher erhöhte Anforderungen an das verbindende gemeinsame Leben im Dachverband stellen müssen.

Liegt dagegen weitgehend Homogenität zwischen den einzelnen, dem Dachverband untergeordneten Vereinen vor, sind geringere Anforderungen an die gelebte Gemeinschaft innerhalb des Dachverbandes zu stellen.[756] Sind die Mitgliedsverbände überwiegend homogen, bedarf es keiner besonderen Anforderung an die gelebte Gemeinschaft in den Dachverbänden, da sich das religiöse Leben in den einzelnen Vereinen dann nicht maßgeblich von dem religiösen Leben auf der Ebene des Dachverbandes unterscheiden kann.[757] Ein Dachverband hätte in die-

---

750 *Muckel,* in: FS Listl zum 75. Geburtstag, S. 740, auch zum Folgenden.

751 *Schmahl,* RdJB 2004, 23, 34.

752 *H. Weber,* ZevKR 34 (1989), 337, 347.

753 Siehe auch BVerwG, NJW 2005, 2101, 2103.

754 *Emenet,* Verfassungsrechtliche Probleme einer islamischen Religionskunde an öffentlichen Schulen, S. 174; *Muckel,* JZ 2001, 58, 60; *Spriewald,* Rechtsfragen im Zusammenhang mit der Einführung von islamischem Religionsunterricht als ordentliches Lehrfach an deutschen Schulen, S. 108 f.

755 Vgl. zum Folgenden *Muckel,* in: FS Listl zum 75. Geburtstag, S. 740 f.; *ders.* JZ 2001, 58, 61.

756 So auch *Spriewald,* Rechtsfragen im Zusammenhang mit der Einführung von islamischem Religionsunterricht als ordentliches Lehrfach an deutschen Schulen, S. 116.

sem Fall nur formale rechtlich-organisatorische Bedeutung oder den Zweck, einen mitgliedstarken Verband zu bilden.[758] Bei weitgehender Homogenität bedarf es demnach jedenfalls keines intensiven religiösen Lebens auf der Ebene des Dachverbandes, um den Gesamtverband als Einheit erscheinen zu lassen.

Ausschlaggebend für die Bestimmung der Anforderungen an die Intensität der gelebten Gemeinschaft ist demnach die religiöse Homogenität der Mitgliedsverbände. Ist jedoch anzunehmen, dass auf der Ebene des Dachverbandes den Anforderungen an die gelebte Gemeinschaft genüge getan ist, spricht nichts dagegen, auch Dachverbänden, denen auch natürliche Personen angehören, den Status der Religionsgemeinschaft zukommen zu lassen.

Als interessierte muslimische Dachverbände, die in Nordrhein-Westfalen – bisher vergebens – einen Religionsunterricht in eigener curricularer Regie auf dem Verwaltungsrechtsweg durchzusetzen versuchen, sind der Islamrat für die Bundesrepublik Deutschland und der Zentralrat der Muslime in Deutschland zu nennen.[759] Die derzeitig bestehenden islamischen Dachverbände können das erforderliche „persönliches Substrat"[760] auf Dachverbandsebene aber noch nicht aufweisen.[761] Eine den Anforderungen des Art. 7 Abs. 3 GG genügende islamische Religionsgemeinschaft ist, soweit ersichtlich, (zurzeit) nicht vorhanden.[762]

IV. Keine den Anforderungen des Art. 7 Abs. 3 GG genügende islamische Religionsgemeinschaft vorhanden

Dem Wunsch muslimischer Schüler, Schülerinnen und Eltern, nach Einrichtung eines islamischen Religionsunterrichts an öffentlichen Schulen, kann bisher, wegen des Fehlens einer den Anforderungen des Art. 7 Abs. 3 S. 2 GG entsprechenden islamischen Religionsgemeinschaft, nicht nachgekommen werden. Vorausgesetzt jedoch, es besteht eine den Anforderungen des Art. 7 Abs. 3 S. 2 GG entsprechende islamische Religionsgemeinschaft, ist fraglich, welche Anforderungen noch erfüllt seien müssen, damit ein islamischer Religionsunterricht an deutschen Schulen eingerichtet und abgehalten werden kann.

---

757 Demgegenüber stellt das BVerwG, NJW 2005, 2101, 2103 ohne einen Hinweis auf eine weitgehende Homogenität der einzelnen Vereine fest, dass es keiner gelebten Gemeinschaft auf der Ebene des Dachverbandes bedürfe.

758 Vgl. auch *Emenet,* Verfassungsrechtliche Probleme einer islamischen Religionskunde an öffentlichen Schulen, S. 175. Auch kleinere Einheiten können aber durchaus Religionsgemeinschaften sein, vgl. dazu *Muckel,* in: FS Listl zum 75. Geburtstag, S. 742 und bereits oben in diesem Abschnitt.

759 Vgl. für den Zentralrat Fn. 717 und für den Islamrat Fn. 718.

760 *H. Weber,* ZevKR 34 (1989), 337, 347.

761 Vgl. *Muckel,* in: FS Listl zum 75. Geburtstag, S. 741.

762 Vgl. *Heckel,* RdJB 2004, 39, 53.

V. Verhältnis der Religionsgemeinschaft zur staatlichen Rechtsordnung und Dauer ihres Bestandes

Das Verhältnis der Religionsgemeinschaften zur Rechtsordnung und die Dauer ihres Bestandes[763] sind keine Merkmale, die den Begriff der Religionsgemeinschaft prägen. Vielmehr setzen beide Problemkreise das Bestehen einer Religionsgemeinschaft bereits voraus. Erst dann kann es im Rahmen der Abwägung möglicherweise dazu kommen, dass das Recht auf Einführung von Religionsunterricht hinter diesen Anforderungen zurück zu treten hat. Sollten in Zukunft islamische Vereinigungen den Rang einer Religionsgemeinschaft erhalten, so wird vor der Einführung eines islamischen Religionsunterrichts die Verfassungstreue der Religionsgemeinschaft und die Gewähr einer zu erwartenden längeren Existenz der Religionsgemeinschaft zu prüfen sein.

VI. Grenzen des inhaltlichen Bestimmungsrechts der Religionsgemeinschaften

Der inhaltlichen Ausgestaltung des Religionsunterrichts[764] sind jedenfalls Grenzen gezogen, die sich aus der Verfassung selbst ergeben. Insoweit überschneidet sich die Überprüfung der Inhalte des Religionsunterrichts mit der Prüfung der Verfassungstreue der Religionsgemeinschaft. Ein Religionsunterricht, der inhaltlich nicht der Verfassung genügt, lässt darauf schließen, dass die Religionsgemeinschaft insgesamt dem Erfordernis der Verfassungstreue nicht gerecht wird. Der islamische Religionsunterricht muss mit den staatlichen Bildungs- und Erziehungszielen vereinbar sein.[765] Der Staat hat im Rahmen der ihm obliegenden Aufsicht (vgl. Art. 7 Abs. 3 S. 2 GG) darauf zu achten, dass die Grundsätze, nach denen der Religionsunterricht als staatliche Veranstaltung erteilt wird, nicht gegen geltendes Recht verstoßen. Bei der Formulierung ihrer Grundsätze sind die Religionsgemeinschaften daher an das Erfordernis der Rechtstreue gebunden. Die Inhalte des Religionsunterrichts dürfen nicht zu den Grundlagen der staatlichen Ordnung in einem prinzipiellen Widerspruch stehen. Der Inhalt des Unterrichts darf daher nicht gegen die religiös-weltanschauliche Neutralität, die Säkularität des Staates, das staatliche Gewaltmonopol, die Menschenwürdegarantie und das Verbot geschlechtsspezifischer Diskriminierung verstoßen.

---

763 Vgl. dazu auch *Anger,* Islam in der Schule, S. 374 f.

764 Vgl. dazu *Stempel,* Zwischen Koran und Grundgesetz, S. 375 ff.; *Heckel,* RdJB 2004, 39, 55; *Çavdar,* RdJB 1993, 265, 272.

765 Vgl. im Einzelnen *Muckel,* JZ 2001, 58, 62 f., auch zum Folgenden.

VII. Die Ausbildung islamischer Religionslehrer bzw. -lehrerinnen

Besteht eine islamische Religionsgemeinschaft, die den Anforderungen an die Verfassungstreue gerecht wird und die auch die Gewähr einer längeren Existenz bietet, müssen für die Abhaltung des islamischen Religionsunterrichts an öffentlichen Schulen Lehrkräfte bereitstehen. Es bedarf daher der Ausbildung islamischer Religionslehrer und Religionslehrerinnen.[766] Religionsunterricht an öffentlichen Schulen ist ordentliches Lehrfach. Daher obliegt die Bereitstellung der personellen Ressourcen dem Staat. Um im Rahmen des Religionsunterrichts zu einer inländischen universitären Lehrerausbildung gelangen, wurde bereits 2004 an der Universität Münster ein Zentrum für Religiöse Studien (CRS) eröffnet, das der religionswissenschaftlichen Forschung und Lehre dienen und einen Lehramtsstudiengang für Islamunterricht an deutschen Schulen entwickeln und betreuen soll.[767]

VIII. Ergebnis zum islamischen Religionsunterricht

Zurzeit gibt es noch keine muslimische Gemeinschaft, die den Anforderungen an eine Religionsgemeinschaft im Sinne des Art. 7 Abs. 3 GG genügt. Auch das Streben der an einem regulären islamischen Religionsunterricht interessierten islamischen Vereine Islamrat für die Bundesrepublik Deutschland und Zentralrat der Muslime in Deutschland war bislang nicht erfolgreich. Es ist aber davon auszugehen, dass sich eine Reihe von muslimischen Gemeinschaften weiterhin darum bemühen wird, in Zukunft den Rechtsstatus einer Religionsgemeinschaft zu erlangen, um Religionsunterricht an öffentlichen Schulen abhalten zu können.[768]

E. Islamische Unterweisung

Da es bislang, trotz zahlreicher Bemühungen noch nicht gelungen ist, einen regulären islamischen Religionsunterricht an deutschen Schulen einzuführen[769],

---

766 Vgl. dazu *Stempel,* Zwischen Koran und Grundgesetz, S. 409 ff. Zur Schaffung eines Studienganges für muslimische Religionslehrer siehe auch *Heckel,* JZ 1999, 741, 755.

767 Näheres unter www.uni-münster.de/ReligioeseStudien/das_crs.htm (letztmals am 07. 09. 2006 auf Aktualität hin überprüft) und bei *Stock,* NWVBl. 2005, 285, 287. Das Land Baden-Württemberg hat seit dem Schuljahr 2006/2007 regulären islamischen Religionsunterricht versuchsweise eingeführt, vgl. *v. Campenhausen/de Wall,* Staatskirchenrecht, S. 88.

768 Ein Islamunterricht für zahlenmäßig kleine Gruppen wird nur bei einem gewissen örtlichen Mindestbedarf in Betracht kommen, siehe *Rohe,* ZRP 2000, 207, 210; *Robbers,* in: v. Mangoldt / Klein / Starck, GG, Das Bonner GG, Band I, Art. 7 Abs. 3 Rn. 144.

769 Siehe aber Fn. 668.

bieten die Bundesländer Bayern, Hamburg, Niedersachsen, Nordrhein-Westfalen und Rheinland-Pfalz für muslimische Schüler und Schülerinnen einen Unterricht religiösen Inhalts an, in denen verschiedene Formen islamischer Unterweisungen erprobt werden.[770] Dieser soll das Fehlen eines im Zusammenhang mit den Religionsgemeinschaften durchgeführten Religionsunterrichts kompensieren. In Nordrhein-Westfalen beispielsweise wurde im Schuljahr 1999/2000 der Schulversuch „Islamische Unterweisung" als eigenständiges, versetzungsrelevantes Pflichtfach in deutscher Sprache eingeführt.[771] Ziele, Inhalte sowie die didaktische Konzeption der islamischen Unterweisungen in den verschiedenen Ländern sind sich sehr ähnlich.[772]

Da bislang noch keine den Anforderungen des Art. 7 Abs. 3 S. 2 GG entsprechende islamische Religionsgemeinschaft besteht[773], hält das islamische Bekenntnis nach wie vor im Wege von Modellprojekten und Schulversuchen Einzug in das öffentliche Schulwesen.[774] Es stellt sich aber die Frage, ob die im Folgenden unter den Oberbegriff „Islamische Unterweisung" zu fassenden, in den einzelnen Ländern durchgeführten Schulversuche, in denen verschiedene Formen islamischer Unterweisung erprobt werden, verfassungsrechtlichen Vorgaben entsprechen. Dafür entscheidend ist, ob es sich bei der Islamischen Unterweisung materiell um Religionsunterricht oder bloß um Religionskunde handelt. Dieser Frage soll am Beispiel der in Nordrhein–Westfalen durchgeführten Islamischen Unterweisung nachgegangen werden.

I. Religionskunde oder Religionsunterricht?

Religionskunde beschränkt sich auf die Vermittlung von Informationen über die Religionen, ihr Kulturgut und ihrer soziale Auswirkungen.[775] Dagegen befasst sich konfessioneller Religionsunterricht mit der Vermittlung von Glaubenswahrheiten.[776] „Die Grenze von der bloßen Information zur Glaubensverkündung wird überschritten, sobald ein Wahrhaftigkeitsanspruch erhoben wird und konkrete Handlungsweisen für ein Leben nach den Regeln der Religion unterbreitet werden."[777] Wo überzeugt werden soll, dass die Antwort einer bestimmten Religion richtig ist, handelt es sich um Religionsunterricht im Sinne des Grundgesetzes, der

---

770 Vgl. *Emenet,* NWVBl. 2004, 214, 214.

771 Grundlage des Schulversuchs ist der Runderlass des Ministeriums für Schule und Weiterbildung, Wissenschaft und Forschung vom 28. 05. 1999 (ABl. NRW. 1 S. 96).

772 Vgl. dazu *Anger,* Islam in der Schule, S. 309 ff.

773 Vgl. dazu D. III.

774 Vgl. *Emenet,* NWVBl. 2004, 214, 214.

775 *Muckel,* JZ 2001, 58, 59.

776 Vgl. dazu D. I. 1.

777 *Emenet,* NWVBl. 2004, 214, 215.

den besonderen verfassungsrechtlichen Vorgaben des Art. 7 Abs. 3 GG entsprechen muss. Wo hingegen ohne eigene Stellungnahme zur Richtigkeit bloß darüber informiert werden soll, welche Antworten die Religionen und Weltanschauungen auf die Grundfragen geben, handelt es sich um Religionskunde, die verfassungsrechtlich ein Fach wie jedes andere ist und keine gesonderten Voraussetzungen, insbesondere nicht das Vorliegen einer Religionsgemeinschaft im Sinne des Art. 7 Abs. 3 S. 2 GG verlangt.[778]

Die Frage, ob es sich bei der in Nordrhein-Westfalen durchgeführten Islamischen Unterweisung materiell um konfessionellen Religionsunterricht handelt, muss mit Blick auf die Zielsetzung, der Wahl der Unterrichtsthemen einschließlich der didaktischen Konzeption bejaht werden.[779] Es bestehen deutliche Unterschiede von einem bloß informierenden religionskundlichen Unterricht, welcher seinerseits durch einen distanzierenden Zugang zur Religion gekennzeichnet wäre.[780] Vielmehr wird versucht, den Alltag der muslimischen Schüler und Schülerinnen mit den Grundlagen des Islam zu verknüpfen. So wird etwa in Abschnitt II Nr. 5 S. 1 i.V.m. Abschnitt I Nr. 4 S. 1 des Runderlasses[781] das Ziel benannt, den muslimischen Schülern und Schülerinnen die islamische Religion als Element ihrer Tradition zu vermitteln. Der Unterricht setzt demnach ein islamisches Bekenntnis voraus und baut auf dessen Glaubenstradition auf.[782] Er fordert Akzeptanz und ist damit geeignet, den bereits vorhandenen Glauben zu festigen. Er richtet sich zudem allein an die Angehörigen des islamischen Bekenntnisses und bestärkt die Schüler und Schülerinnen durch das Ziel, die Grundlagen der islamischen Religion als Grundlage ihrer Tradition zu begreifen, in ihrem Glauben. Bereits aus diesem Grund kann nicht angenommen werden, dass es sich bei der Islamischen Unterweisung um Religionskunde handelt, sondern vielmehr um Religionsunterricht im Sinne von Art. 7 Abs. 3 GG.

Weiterhin soll nach Abschnitt II Nr. 5 S. 1 i.V.m. Abschnitt I Nr. 4 S. 2 des Runderlasses[783] die Islamische Unterweisung den Schülern und Schülerinnen helfen, in einem säkularisierten, von christlicher Kultur geprägten Land als Muslime zu Leben.[784] Der Unterricht hat demnach zur Aufgabe, den Schülern und Schülerinnen Verhaltensanweisungen für das Leben als gläubiger Muslim zu geben. Der Unterricht beschränkt sich demnach nicht auf bloße Wissensvermittlung, sondern

---

778 *Oebbecke,* DVBl. 1996, 336, 341.

779 Vgl. dazu ausführlich *Anger,* Islam in der Schule, S. 333 ff.; des Weiteren *Emenet,* Verfassungsrechtliche Probleme einer islamischen Religionskunde an öffentlichen Schulen, S. 77 ff., 101; *ders.,* NWVBl. 2004, 214, 215.

780 Vgl. *Anger,* Islam in der Schule, S. 343.

781 Vgl. Fn. 771.

782 *Emenet,* NWVBl. 2004, 214, 215; *ders.*, Verfassungsrechtliche Probleme einer islamischen Religionskunde an öffentlichen Schulen, S, 78 ff., auch zum Folgenden.

783 Vgl. Fn. 771.

784 *Emenet,* NWVBl. 2004, 214, 215, auch zum Folgenden.

bietet den Schülern und Schülerinnen konkrete Lebenshilfe und Handlungsanleitung zur Befolgung religiöser Gebote und Gebräuche in Bezug auf ihre Religion an. Es wird demnach vorausgesetzt, dass sich die Schüler und Schülerinnen mit dem Islam identifizieren und demgemäß zur Befolgung der vorgeschriebenen religiösen Verhaltensregeln angehalten werden müssen. Dies stellt sich jedoch als Hilfe zu einem Leben im Glauben dar und ist daher ein essentieller Bestandteil des konfessionellen Religionsunterrichts und nicht einer Religionskunde. Die Islamische Unterweisung stellt daher im materiellen Sinne islamischen Religionsunterricht gemäß des Art. 7 Abs. 3 GG dar.

II. Verfassungswidrigkeit der Islamischen Unterweisung

Handelt es sich bei der in Nordrhein-Westfalen durchgeführten Islamischen Unterweisung der Sache nach um Religionsunterricht, müssen für die verfassungsrechtliche Rechtmäßigkeit eines derartigen Unterrichtsangebots die für den Religionsunterricht geltenden besonderen verfassungsrechtlichen Vorgaben berücksichtigt werden. Es bedürfte gemäß Art. 7 Abs. 3 S. 2 GG der Erteilung des Unterrichts in Übereinstimmung mit den Grundsätzen der Religionsgemeinschaft. Eine den Anforderungen an eine Religionsgemeinschaft im Sinne des Art. 7 Abs. 3 S. 2 GG genügende islamische Vereinigung existiert jedoch zurzeit (noch) nicht.[785] Somit wird die materiell als Religionsunterricht ausgestaltete Islamische Unterweisung nicht in Übereinstimmung mit den Grundsätzen der Religionsgemeinschaft erteilt. Dem Übereinstimmungsgebot wird weder in inhaltlicher, personeller oder organisatorischer Hinsicht genügt.[786] Die Islamische Unterweisung steht daher im Widerspruch zu Art. 7 Abs. 3 S. 2 GG. Gleichzeitig liegt ein Verstoß gegen das Gebot religiös-weltanschaulicher Neutralität des Staates vor.[787] Beschließt der Staat die Inhalte der Islamischen Unterweisung, so ist dies mit dem Verbot des Staates, sich mit einer bestimmten Religion oder einer bestimmten Richtung innerhalb einer Religion zu identifizieren und für sie Partei zu ergreifen, nicht in Einklang zu bringen.

III. Konsequenzen der Verfassungswidrigkeit der Islamischen Unterweisung – übergangsweise Tolerierung

Steht fest, dass die in Nordrhein-Westfalen durchgeführte Islamische Unterweisung im Widerspruch zu den verfassungsrechtlichen Vorgaben des Art. 7 Abs. 3 S. 2 GG und dem Gebot religiös-weltanschaulicher Neutralität des Staates steht,

785 Siehe dazu D. III.

786 Vgl. *Emenet,* NWVBl. 2004, 214, 217.

787 Vgl. dazu D. I. 2.

fragt sich jedoch, ob die Islamische Unterweisung ungeachtet der Verfassungswidrigkeit übergangsweise zu tolerieren ist. In diesem Zusammenhang könnte auf die sog. Übergangsrechsprechung des BVerfG Bezug genommen werden. Demnach ist bei Fehlen einer gesetzlichen Grundlage für staatliches Handeln das Handeln des Staates übergangsweise zu tolerieren, weil eine sofortige Kassation des betreffenden Staatshandelns der verfassungsmäßigen Ordnung noch ferner stehe, als der gegebene Zustand, mithin der verfassungswidrige Zustand bei einer Gesamtbetrachtung jedenfalls der verfassungsnähere Zustand sei, der es rechtfertige, das staatliche Handeln zu tolerieren.[788] Stützen lässt sich diese sog. Übergangsrechtsprechung vor allem auf das Verständnis der Verfassung als Einheit; allen betroffenen Belangen ist insoweit Rechnung zu tragen.[789] Eine isolierte Betrachtung einzelner verfassungsrechtlicher Belange ist demnach nicht vorzunehmen.[790]

Damit die Islamische Unterweisung übergangsweise toleriert werden kann, müsste ihre Abhaltung einen verfassungsnäheren Zustand begründen als ihr Verzicht. Der Verzicht auf die Islamische Unterweisung hätte zur Folge, dass muslimischen Schülern und Schülerinnen religiöse Bildung in der Schule überhaupt nicht zu Teil käme. Dies aber widerspricht zunächst einmal der durch die Verfassung vorgegebenen Wertung des Art. 7 Abs. 3 GG, der die religiöse Bildung der Schüler und Schülerinnen vom Erziehungsauftrag erfasst ansieht.[791] Die Verfassung bekennt sich im Hinblick auf Art. 7 Abs. 3 GG eindeutig zu der Abhaltung von Religionsunterricht als ordentlichem Lehrfach. Das Religiöse bildet einen wichtigen Bestandteil der Persönlichkeitsentwicklung der Schüler und Schülerinnen, deren umfassende Entfaltung dem Staat gemäß seinem Erziehungsauftrag aus Art. 7 Abs. 1 GG zu fördern obliegt. Würde man die übergangsweise Tolerierung der Islamischen Unterweisung nicht billigen, müssten die Kinder, um religiöse Bildung außerhalb des Elternhauses zu erhalten, auf die außerschulischen Angebote der Koranschulen ausweichen.[792] Dies entspricht aber zum einen nicht den durch die Verfassung vorgegebenen Wertungen und stellt sich zudem mit Blick auf die zum Teil obskuren Koranschulen[793] und den von diesen vermittelten Inhalten äußerst fragwürdig dar. Im Hinblick auf den staatlichen Erziehungsauftrag aus Art. 7 Abs. 1 GG stellt sich das Festhalten an der Islamischen Unterweisung jedenfalls als verfassungsnäherer Zustand als der Verzicht auf religiöse Erziehung insgesamt dar.

Weiterhin können als Argument für die Tolerierung der Islamischen Unterweisung Grundrechte der Schüler und Schülerinnen und das elterliche Erziehungsrecht

---

788 Vgl. BVerfGE 85, 264, 326; 83, 130, 154, 48, 29, 37 f.; 41, 251, 266 f.; ähnlich BVerfGE 100, 59, 101 f.; 101, 158, 160; BVerwGE 56, 155, 161 f.

789 Vgl. *Schmahl,* RdJB 2004, 23, 37 m. w. N.

790 *Emenet,* NWVBl. 2004, 214, 219.

791 Siehe dazu auch D. I. 1., auch zum Folgenden.

792 Vgl. *Muckel,* JZ 2001, 58, 64; *Emenet,* Verfassungsrechtliche Probleme einer islamischen Religionskunde an öffentlichen Schulen, S. 321.

793 *Muckel,* JZ 2001, 58, 64.

aus Art. 6 Abs. 2 S. 1 GG herangezogen werden. Die Schüler und Schülerinnen können aus ihren religiösen Freiheitsrechten das Recht ableiten, sich in öffentlichen Schulen mit dem Islam zu beschäftigen.[794] Den Eltern vermittelt das elterliche Erziehungsrecht aus Art. 6 Abs. 2 S. 1 GG den Anspruch, dass der Staat im Rahmen der schulischen Bildung den Wünschen der Eltern nach einer religiösen Erziehung Rechnung trägt.[795] Gerade auch im Hinblick auf die Grundrechte der muslimischen Schüler und Schülerinnen und Eltern stellt sich die Islamische Unterweisung mithin als der verfassungsnäherer Zustand dar.

Bei einer Gesamtbetrachtung sprechen daher gute Gründe dafür, die Islamische Unterweisung trotz ihrer Verfassungswidrigkeit für eine Übergangszeit zu tolerieren.[796] Im Zusammenhang mit den Bemühungen islamischer Vereinigungen, den Status einer Religionsgemeinschaft zu erreichen, besteht die begründete Hoffnung, dass die Muslime es im Laufe der Zeit schaffen werden, den Voraussetzungen des Art. 7 Abs. 3 GG gerecht zu werden und es sich daher tatsächlich nur um eine übergangsweise Tolerierung der Islamischen Unterweisung handelt.[797] Die Erwartung, dass es die muslimischen Vereinigungen schaffen werden, den Status einer Religionsgemeinschaft zu erhalten, ist nicht unberechtigt. Dies zeigt sich insbesondere mit Blick auf den für die Ausbildung von muslimischen Lehrkräften eigens eingerichteten Lehrstuhl[798] an der Universität Münster. Übergangsweise ist die Islamische Unterweisung an öffentlichen Schulen daher zu tolerieren.

F. Bildung privater islamischer Bekenntnisschulen in Deutschland

Die Vorschriften in Art. 7 Abs. 4 und 5 GG gewährleisten jedermann das Recht, Privatschulen – unter näher normierten Voraussetzungen – zu errichten.[799] Als Privatschulen gelten alle Schulen, die nicht von einem Träger öffentlicher Gewalt betrieben werden.[800] Unterschieden werden muss dabei zwischen der Errichtung von Ersatz- und Ergänzungsschulen. Mit Ersatzschulen sind Privatschulen ge-

---

794 *Emenet,* Verfassungsrechtliche Probleme einer islamischen Religionskunde an öffentlichen Schulen, S. 321, auch zum Folgenden.

795 Vgl. *Muckel,* JZ 2001, 58, 64; *Schmahl,* RdJB 2004, 23, 37.

796 So auch *Muckel,* JZ 2001, 58, 64; *Emenet,* Verfassungsrechtliche Probleme einer islamischen Religionskunde an öffentlichen Schulen, S. 319 ff.; *ders.,* NWVBl. 2004, 214, 219; *Heckel,* JZ 1999, 741, 754; *ders.,* RdJB 2004, 38, 54; *Robbers,* in: v. Mangoldt / Klein / Starck, Das Bonner GG, Band I, Art. 7 Abs. 3 Rn. 161; *Bock,* RdJB 2001, 330, 341 f.; *Rohe,* ZRP 2000, 207, 211; a.A.: *Anger,* Islam in der Schule, S. 346 ff.

797 *Muckel,* JZ 2001, 58, 64.

798 Siehe dazu D. VII.

799 *Pieroth,* in: Jarass / Pieroth, GG, Art. 7 Rn. 18.

800 *Pieroth,* in: Jarass / Pieroth, GG, Art. 7 Rn. 19.

meint, die nach dem mit ihrer Errichtung verfolgten Gesamtzweck als Ersatz für eine in dem Land vorhandene oder grundsätzlich vorgesehene öffentliche Schule dienen sollen.[801] Im Gegensatz zu den Ergänzungsschulen kann bei einem Besuch einer Ersatzschule der allgemeinen Schulpflicht genügt werden.[802] Die Schulpflicht wird zwar regelmäßig auf einer öffentlichen Schule erfüllt, es steht den Eltern aber frei, ihr Kind auf einer privaten Ersatzschule unterrichten zu lassen.[803] Dadurch wird vor allem im Hinblick auf die religiösen Freiheitsrechte aus Art. 4 Abs. 1 und 2 GG und die Gewissensfreiheit aus Art. 4 Abs. 1 GG sichergestellt, dass Eltern nicht in einen schwerwiegenden Konflikt mit ihren Glaubensvorstellungen geraten, wenn sie für ihre Kinder eine religiöse Erziehung wünschen, die von den staatlichen Schulen nicht geboten werden kann.[804]

Für die Genehmigung von Ersatzschulen muss eine Unterscheidung zwischen privaten Volksschulen und sonstigen Ersatzschulen gemacht werden. Allgemeine Voraussetzungen für die Errichtung privater Ersatzschulen sind in Art. 7 Abs. 4 S. 3 und 4 GG geregelt. Private Volksschulen, damit sind heute im Wesentlichen Grundschulen gemeint[805], sind nur unter den zusätzlich aufgeführten Voraussetzungen in Art. 7 Abs. 5 GG zuzulassen. Mit den in Art. 7 Abs. 4 S. 3 und 4, Abs. 5 GG aufgeführten Genehmigungsvoraussetzungen soll insgesamt gewährleistet werden, dass ein gewisser Mindeststandard der privaten Ersatzschule gewährleistet wird, weil mit dem Besuch einer derartigen Schule immerhin die Schulpflicht erfüllt wird.[806] Fraglich ist, wie mit dem Wunsch muslimischer Organisationen umgegangen werden soll, islamische Schulen in der Form privater Schulen zu bilden. Ob muslimische Organisationen das Recht haben, islamische Schulen zu gründen, hängt davon ab, ob die Vorraussetzungen für die Errichtung privater Schulen erfüllt sind.

---

801 *Gröschner,* in: Dreier, GG, Band I, Art. 7 Rn. 97.

802 Vgl. *Gröschner,* in: Dreier, GG, Band I, Art. 7 Rn. 97. Zur Ausnahme der anerkannten Ergänzungsschule vgl. *Poscher/Neupert,* RdJB 2005, 244, 250 ff.

803 Vgl. § 34 Abs. 2 S. 2 SchulG NRW; *Avenarius/Heckel,* Schulrechtskunde, S. 451 f.

804 BVerwG, NVwZ 1992, 370, 370; *Poscher/Neupert,* RdJB 2005, 244, 245.

805 Vgl. VG Stuttgart, NVwZ-RR 2004, 580, 580; *Niehues,* Schul- und Prüfungsrecht, Rn. 258; *R. Seidel,* Die Anerkennung der privaten Ersatzschule, S. 23 m. w. N. Teilweise wird auch die Hauptschule als Volksschule betrachtet, vgl. dazu: *Robbers,* in: v. Mangoldt / Klein / Starck, Das Bonner GG, Band I, Art. 7 Abs. 5 Rn. 227 m. w. N.

806 *R. Seidel,* Die Anerkennung der privaten Ersatzschule, S. 16. Genehmigung und Anerkennung einer privaten Ersatzschule sind grundsätzlich zu trennen. Zur Wirkung der erteilten Prüfung bzw. deren Verbindlichkeit im Verhältnis zu Dritten vgl. *R. Seidel,* Die Anerkennung der privaten Ersatzschule, S. 46 ff.

I. Die für die Errichtung islamischer Volksschulen gemäß Art. 7 Abs. 5 GG erforderlichen besonderen Voraussetzungen

1. Sinn und Zweck des Art. 7 Abs. 5 GG

Schüler aller Gesellschaftsgruppen sollen grundsätzlich gemeinsam in einer Institution unterrichtet werden.[807] Gemäß Art. 7 Abs. 5 GG ist eine private Volksschule nur zuzulassen, wenn die Unterrichtsverwaltung ein besonderes pädagogisches Interesse anerkennt, oder auf Antrag von Erziehungsberechtigten, wenn sie als Gemeinschaftsschule, als Bekenntnisschule- oder Weltanschauungsschule errichtet werden soll und eine öffentliche Volksschule dieser Art in der Gemeinde nicht besteht.[808]

Private Volksschulen werden demnach nur zugelassen, wenn der Vorrang der öffentlichen Schule aus besonderen Gründen zurücktreten muss.[809] Der Genehmigungsvorbehalt wird als Ausdruck der staatlichen Schutzpflicht gegenüber Kindern und Jugendlichen gedeutet.[810] Überdies dient der Genehmigungsvorbehalt der Wahrung der grundgesetzlich strukturierten Bildungsziele sowie der Integrationsfunktion des Schulwesens für die Gemeinschaft.[811] Insbesondere im jungen Alter muss versucht werden, die Kinder auf ein Leben in der hiesigen Gesellschaft vorzubereiten. Denn was die Kinder nicht im jungen Alter als selbstverständlich begreifen, wird ihnen umso schwerer in späteren Jahren zu vermitteln sein. Die Grenzen die in Art. 7 Abs. 5 GG der privaten Volksschule gesteckt sind, bestimmen a priori die tatbestandliche Reichweite der Privatschulfreiheit.[812]

2. Art. 7 Abs. 5 Alt. 2 GG als einschlägiger Ausnahmetatbestand

Ein besonderes pädagogisches Interesse[813] ist gegeben, wenn das Angebot als sinnvolle Alternative, als Bereicherung der pädagogischen Erfahrung und als Förderung der Entwicklung des Schulsystems angesehen werden kann.[814] Ein beson-

---

807 Vgl. *Robbers,* in: v. Mangoldt / Klein / Starck, Das Bonner GG, Band I, Art. 7 Abs. 5 Rn. 223.

808 Vgl. für NRW auch § 101 Abs. 4 SchulG.

809 BVerfGE 88, 40, 49 f.; BVerwGE 75, 275, 278; 90, 1, 8.

810 *Isensee,* in: FS Rüfner zum 70. Geburtstag, S. 364.

811 *Isensee,* in: FS Rüfner zum 70. Geburtstag, S. 364; *Robbers,* in: v. Mangoldt / Klein / Starck, Das Bonner GG, Band I, Art. 7 Abs. 4 Rn. 185.

812 *Isensee,* in: FS Rüfner zum 70. Geburtstag, S. 365.

813 Zum besonderen pädagogischen Interesse siehe auch BVerwG, NJW 2000, 1280, 1281 f.

deres pädagogisches Interesse besteht z. B. darin, dass einzelne Schülergruppen besser betreut werden können, als dies in den öffentlichen Schulen der Fall ist, etwa solche mit Behinderungen oder mit negativen sozialen Auffälligkeiten. Es kommt jedoch für die Einschlägigkeit des ersten Ausnahmetatbestandes auf das pädagogische Konzept selbst an und nicht darauf, dass die Betreuung inhaltlich den Interessen der Schüler und Schülerinnen besser gerecht wird. Eine Bekenntnisschule vermag sich jedenfalls nicht durch ihre besondere pädagogische Gangart auszuzeichnen.[815]

Auf ein besonderes pädagogisches Interesse für die Errichtung privater Bekenntnisschulen kommt es jedoch auch gar nicht an. Der erste Ausnahmetatbestand in Art. 7 Abs. 5 GG, das „besondere pädagogische Interesse", scheidet von vornherein dann aus, wenn die Schule sich einem bestimmten Bekenntnis oder einer bestimmten Weltanschauung widmet.[816] Das Interesse an einer konfessionell oder weltanschaulich geprägten Volksschule schließt das besondere pädagogische Interesse im Sinne von Art. 7 Abs. 5 Alt. 1 GG daher aus.[817] Es tritt ein weltanschauliches an die Stelle eines besonderen pädagogischen Interesses. Für die Errichtung privater Bekenntnisschulen als Volksschule ist daher auf den zweiten Ausnahmetatbestand des Art. 7 Abs. 5 Alt. 2 GG zurückzugreifen. Dieser weist drei allgemeine Merkmale auf.

a) Antrag des Erziehungsberechtigten

Für die Errichtung einer privaten Bekenntnisschule bedarf es zunächst eines Antrags von Erziehungsberechtigten.[818] Allein das Bedürfnis der Eltern nach einer ihren Glaubensvorstellungen entsprechenden religiösen Erziehung ihrer Kinder kann die Grundlage dafür bilden, dass die Kinder nicht an einer allgemeinen öffentlichen Schule unterrichtet werden. Nur die von den Eltern getragene bekenntnismäßige Prägung rechtfertigt die Genehmigung einer privaten Bekenntnisschule.[819] Jedoch schließt dies nicht aus, dass der Antrag selbst von einem Trägerverein gestellt wird.[820] Es bedarf aber dann jedenfalls des Nachweises, dass hinter dem Antrag auf Errichtung einer privaten Bekenntnisschule die betroffenen Erzie-

---

814 *Robbers,* in: v. Mangoldt / Klein / Starck, Das Bonner GG, Band I, Art. 7 Abs. 5 Rn. 229.

815 Der „Deutsch-Islamischen Schule" in München wurde demgegenüber ein besonderes pädagogischen Interesse zugesprochen, vgl. *Isensee* in: FS Rüfner zum 70. Geburtstag, S. 354 Fn. 1 und S. 365 Fn. 57.

816 Vgl. *Robbers,* in: v. Mangoldt / Klein / Starck, Das Bonner GG, Band I, Art. 7 Abs. 5 Rn. 235.

817 *Isensee,* in: FS Rüfner zum 70. Geburtstag, S. 358.

818 BayVGH, KirchE 29, 261, 266.

819 VG Stuttgart, NVwZ-RR 2004, 580, 581, auch zum Folgenden.

820 BVerwGE 90, 1, 6; BayVGH, KirchE 29, 261, 266 f.; OVG Hamburg, KirchE 28, 328, 337.

hungsberechtigten stehen und das Gesuch ihnen zugerechnet werden kann.[821] Daher reicht es zur Antragstellung aus, wenn ein Schulträgerverein gebildet wird, zu dessen Gunsten interessierte Erziehungsberechtigte den Antrag stellen oder dass der Trägerverein den Antrag stellt, mit dem Nachweis, dass Erziehungsberechtigte diesen mittragen.[822]

b) Prägung der Bekenntnisschule durch ein Bekenntnis

Bekenntnisschulen sind nur solche Schulen, in denen ein Bekenntnis die Schule sowie ihren gesamten Unterricht prägt.[823] Auch der Islam kommt als religiöses Bekenntnis im Sinne von Art. 7 Abs. 5 GG in Betracht.[824] Der Kreis der in Erwägung zu ziehenden Religionen beschränkt sich nicht auf christliche oder jüdische Religionsverständnisse.[825] Eine gegenteilige Ansicht lässt sich auch nicht mit Blick auf den Weimarer Schulkompromiss begründen.[826] Zwar mag der Begriff des Bekenntnisses eine Schöpfung des christlichen Religionsverständnisses sein. Die religiösen Freiheitsrechte aus Art. 4 Abs. 1 und 2 GG schützen jedoch die Freiheit der Religion allgemein und sind nicht auf bestimmte Religionen beschränkt. Der besondere Schutz der religiösen Erziehung in Art. 7 Abs. 5 GG ist im Sinne der religiösen Freiheitsrechte aus Art. 4 Abs. 1 und 2 GG auszulegen. Daher sind auch Bekenntnisschulen nicht auf christliche und jüdische beschränkt.[827]

Die Prägung des Unterrichts durch das Bekenntnis setzt voraus, dass Erziehungsziele und Unterrichtsinhalte an den bekenntnismäßigen Grundsätzen auszurichten sind[828]; die Schulerziehung insgesamt, nicht nur der Religionsunterricht, muss bekenntnismäßigen Charakter haben.[829] Es bedarf daher einer gewissen Homogenität des Bekenntnisses von Eltern, Schülern und Lehrern, das die Schule und den Unterricht prägt.[830] Dies schließt es jedoch nicht aus, eine Minderheit von

---

821 BVerwGE 90, 1, 6.

822 *Isensee,* in: FS Rüfner zum 70. Geburtstag, S. 366. Den Anforderungen an die Antragsberechtigung wird z. B. nicht genüge getan, wenn ein Trägerverein eine Liste vorlegt, die mit der Erklärung unterschrieben ist: „Ich möchte mein Kind in die Grundschule des ... schicken und auch finanziell unterstützen", der Name, Adresse und Unterschrift von 25 männlichen Personen beigefügt ist. Wer der eigentliche Antragssteller ist, wem also die Schule zugerechnet werden kann bzw. dass die Eltern die eigentlichen Antragsteller der Bekenntnisschule sind, lässt sich nicht erkennen, vgl. VG Stuttgart, NVwZ-RR 2004, 580, 581.

823 BVerwGE 17, 267, 269; *Pieroth,* in: Jarass/Pieroth, GG, Art. 7 Rn. 26; *Maunz,* in: Maunz/Dürig, GG, Art. 7 Rn. 12 d; *Niehues,* Schul- und Prüfungsrecht, Rn. 270.

824 VG Stuttgart, NVwZ-RR 2004, 580, 580.

825 So aber *Richter/Groh,* RdJB 1989, 276, 295.

826 Zum Folgenden *Poscher/Neupert,* RdJB 2005, 244, 247.

827 *Pieroth,* RdJB 1990, 448, 449.

828 OVG NRW, KirchE 29, 43, 51; BVerwGE 89, 368, 372.

829 *Isensee,* in: FS Rüfner zum 70. Geburtstag, S. 367.

Schülern eines anderen Bekenntnisses oder ohne Bekenntnis aufzunehmen.[831] Der Homogenität des Bekenntnisses wird indes nicht genügt, wenn eine präzise Vorstellung von Unterrichtsinhalten und Unterrichtsmethodik allein für den Religionsunterricht besteht und außerhalb des Religionsunterrichts keine besondere Bekenntnisprägung abgeleitet werden kann.[832] Dass etwa neben der deutschen Sprache auch die arabische Sprache gelehrt wird und das interkulturelle Verständnis gefördert werden soll, hat keinen unmittelbaren Bezug zu dem islamischen Bekenntnis und kann daher für die Anerkennung einer islamischen Bekenntnisschule nicht ausreichen.

c) Organisationsgrad des Bekenntnisses

Fraglich erscheint bei den Anforderungen die an das Bekenntnis im Sinne von Art. 7 Abs. 5 GG zu stellen sind, ob es einer besonderen formalen Struktur der Organisation bedarf, die das Bekenntnis trägt. Der bloße Verweis auf eine Religion oder Weltanschauung genügt für Art. 7 Abs. 5 GG nicht. Unzweifelhaft ist für die Genehmigung einer privaten Bekenntnisschule eine auch in Zukunft vorhandene Anhängerschaft erforderlich, die ein Mindestmaß an Organisation aufweist.[833] Da der Sinn der Zulassung privater Volksschulen in der Achtung des Elternrechts liegt, kann nur ein Bekenntnis einer privaten Volksschule zu Grunde gelegt werden, das von einer auf voraussichtliche Dauer bestehenden Anhängerschaft getragen wird, die erwarten lässt, dass auf absehbare Zeit Kinder für eine entsprechende Bekenntnisschule zur Verfügung stehen.[834]

Fraglich ist in diesem Zusammenhang jedoch, ob das Bekenntnis, das der Grundschule ein Fundament geben soll, über diese organisatorischen Mindestvoraussetzungen hinaus einer (fest gefügten) Religionsgemeinschaft im Sinne des Art. 7 Abs. 3 S. 2 GG bedarf.[835] Für das Erfordernis des Vorliegens einer Religionsgemeinschaft könnten die in den verschiedenen Landesverfassungen enthaltenen Regelungen, die den Begriff der Bekenntnisschule umschreiben, sprechen. Diese enthalten Aussagen dahingehend, dass in Bekenntnisschulen „Kinder einer Religionsgemeinschaft" nach den Grundsätzen des betreffenden Bekenntnisses unterrichtet und erzogen werden.[836] Es fragt sich aber, ob diese Bestimmungen zur Konkretisierung des Bekenntnisbegriffes in Art. 7 Abs. 5 GG mit dem Ergebnis heranzuziehen sind, dass das Vorliegen einer Religionsgemeinschaft für die

---

830 Vgl. BVerwGE 90, 1, 1; *Niehues,* Schul- und Prüfungsrecht, Rn. 270.

831 BVerwGE 90, 1, 5; OVG Hamburg, KirchE 28, 328, 337.

832 VG Stuttgart, NVwZ-RR 2004, 580, 581, auch zum Folgenden.

833 Vgl. *Pieroth,* in: Jarass / Pieroth, GG, Art. 7 Rn. 26.

834 BayVGH, KirchE 29, 261, 274.

835 So *Isensee,* in: FS Rüfner zum 70. Geburtstag, S. 369 ff.; vgl. auch *Poscher/Neupert,* RdJB 2005, 244, 247 f.

836 Vgl. für NRW Art. 12 Abs. 6 S. 2 LVerf.

Errichtung von Bekenntnisschulen zwingend erforderlich ist. Dies erscheint zweifelhaft.

Art. 7 Abs. 5 GG beinhaltet für die Errichtung von privaten Volksschulen gegenüber Art. 7 Abs. 4 GG ausdrücklich spezielle Anforderungen. Wenn aber vorgesehen wäre, die Errichtung privater Bekenntnisschulen von dem Vorliegen einer Religionsgemeinschaft abhängig zu machen, dann hätte diese Voraussetzung im Wortlaut des Art. 7 Abs. 5 GG ebenso wie bei Art. 7 Abs. 3 S. 2 GG eine Stütze finden müssen.[837] Aus dem Begriff des Bekenntnisses in Art. 7 Abs. 5 GG lässt sich das Erfordernis des Vorliegens einer Religionsgemeinschaft im Sinne des Art. 7 Abs. 3 S. 2 GG für die Errichtung von Bekenntnisschulen nicht entnehmen. Denn der Begriff des Bekenntnisses setzt nicht das Vorliegen einer Religionsgemeinschaft voraus. Ansonsten würde es sich bei dem Islam bereits gar nicht um ein Bekenntnis im Sinne des Art. 7 Abs. 5 GG handeln. Der Islam stellt jedoch unzweifelhaft ein Bekenntnis dar. Daher findet die Voraussetzung des Vorliegens einer Religionsgemeinschaft für die Errichtung privater Bekenntnisschulen im Wortlaut des Art. 7 Abs. 5 GG keinen Halt. Aus dem Wortlaut des Art. 7 Abs. 5 GG lässt sich das Erfordernis einer Religionsgemeinschaft für die Errichtung privater Bekenntnisschulen mithin nicht ableiten.

Des Weiteren ist die Forderung einer Religionsgemeinschaft für die Errichtung privater Bekenntnisschulen auch im Hinblick auf die den Bekenntnisschulen gleichgestellten Weltanschauungschulen fraglich. So findet sich in den Landesverfassungen kein Anhaltspunkt dafür, welche formale Organisationsform der Weltanschauungsschule zu Grunde liegen muss. In Art. 12 Abs. 6 S. 3 LVerf NRW z. B. heißt es lediglich: „In Weltanschauungschulen, [...] werden Kinder nach den Grundsätzen der betreffenden Weltanschauung unterrichtet und erzogen". Unstreitig bedarf es auch bei den Weltanschauungsschulen, ebenso wie bei den Bekenntnisschulen eines Minimums an Organisationsgrad.[838] Eine Bekenntnisgemeinschaft (bzw. Weltanschauungsgemeinschaft) wird hingegen von der Landesverfassung für die Errichtung einer Weltanschauungsschule nicht verlangt. Auch das BVerwG führt dazu aus, dass ein Minimum an Organisationsgrad einer wie auch immer organisierten Weltanschauungsvereinigung unvermeidlich und daher vorauszusetzen ist, mehr aber nicht zu fordern sei. Weiter heißt es dort, es erweise sich daher als unbedenklich, dass „grundsätzlich" das Vorhandensein einer Weltanschauungsvereinigung als Bekenntnisgemeinschaft vorausgesetzt wird. Jedoch ist daraus keineswegs zu folgern, dass das Vorliegen einer Weltanschauungsvereinigung als Bekenntnisgemeinschaft zwingend Voraussetzung für die Errichtung einer Weltanschauungsschule ist. Vielmehr lässt sich daraus nur schließen, dass jedenfalls die Organisationsform einer Weltanschauungsvereinigung den Voraussetzungen an die Anforderungen des Organisationsgrads entspricht. Nichts anderes

---

837 Die Erteilung von Religionsunterricht wird gemäß Art. 7 Abs. 3 GG ausdrücklich von dem Vorliegen einer Religionsgemeinschaft abhängig gemacht, vgl. dazu D. I. 2.

838 BVerwGE 89, 368, 373, auch zum Folgenden.

kann für Errichtung einer Bekenntnisschule, die der Weltanschauungsschule grundsätzlich gleichzustellen ist, gelten. Bei der Bekenntnisschule kann es nicht darauf ankommen, dass das religiöse Bekenntnis einer Bekenntnisschule von einer Religionsgemeinschaft getragen wird. Es bedarf auch hier lediglich eines Mindestgrundbestandes an Organisation. Davon geht offensichtlich auch das OVG Hamburg aus, wenn es im Zusammenhang mit der Trägerschaft bei einer privaten Bekenntnisschule darauf verweist, dass für die Errichtung einer privaten Bekenntnisschule von Eltern gegründete Vereine ebenso in Betracht kommen wie Kirchen oder Religionsgemeinschaften.[839]

I. Ü. vermag auch ein Vergleich mit dem Erfordernis der Erteilung des Religionsunterrichts in Übereinstimmung mit den Grundsätzen der Religionsgemeinschaften gemäß Art. 7 Abs. 3 S. 2 GG dieses Ergebnis zu bestätigen und nicht etwa zu widerlegen[840]. Der Religionsunterricht ist ordentliches Lehrfach und wird vom Staat abgehalten. Der Staat ist für die Durchführung des Unterrichts auf die Mitwirkung einer Religionsgemeinschaft angewiesen.[841] Im Gegensatz dazu steht die private Bekenntnisschule unter der Trägerschaft der Eltern. Der Staat führt hier den Unterricht nicht durch, sondern übt lediglich die Schulaufsicht aus (vgl. Art. 7 Abs. 1 GG). Er legt die Erziehungsaufgabe in die Hände eines anderen Schulträgers. Sowohl für die Erteilung der Genehmigung einer Bekenntnisschule als auch für die Ausübung des Aufsichtsrechts ist der Staat aber nicht auf das Vorliegen einer Religionsgemeinschaft angewiesen.

Für die religiöse Gemeinschaft „hinter der Schule" ist daher keine staatskirchenrechtliche Rechtsgrundlage zu verlangen. Es ergeben sich keine Anhaltspunkte dafür, dass ausschließlich Religionsgemeinschaften die Errichtung privater Bekenntnisschulen zusteht. Es bedarf jedoch ungeachtet dessen eines Mindestmaßes an organisatorischer Verfestigung und der Gewähr von einiger Dauer. Von muslimischen Eltern gegründete Vereine, die diesen Anforderungen entsprechen, kommen als geeignete Träger einer Bekenntnisschule daher ebenso in Betracht, wie Religionsgemeinschaften und Kirchen.[842]

d) Voraussetzungen für den Begriff der Bekenntnisschule im Sinne des Art. 7 Abs. 5 GG

Im Ergebnis ist daher für den Begriff des Bekenntnisses zu verlangen, dass das Bekenntnis eine ganzheitliche Weltsicht bietet und von einer voraussichtlich auf Dauer bestehenden Anhängerschaft getragen wird, die ein Mindestmaß an organi-

---

839 Vgl. OVG Hamburg, KirchE 28, 328, 337.

840 A.A.: *Isensee,* in: FS Rüfner zum 70. Geburtstag, S. 372 f.

841 Siehe dazu D. I. 2.

842 A.A.: VG Stuttgart, NVwZ-RR 2004, 580, 581; *Isensee,* in: FS Rüfner zum 70. Geburtstag, S. 372 f.; *Poscher/Neupert,* RdJB 2005, 244, 247 f.

satorischer Verfestigung bietet und die erwarten lässt, dass auf absehbare Zeit Kinder für eine entsprechende Bekenntnisschule zur Verfügung stehen werden.

II. Allgemeine Anforderungen an die Genehmigung von islamischen Ersatzschulen gemäß Art. 7 Abs. 4 S. 3 und 4 GG

Sowohl für die Genehmigung sonstiger islamischer Ersatzschulen als auch für die Genehmigung privater islamischer Volksschulen sind zudem die in Art. 7 Abs. 4 S. 3 und 4 GG normierten Voraussetzungen zu beachten. Erstreben religiöse Minderheiten für die Bildung einer Ersatzschule eine Genehmigung, ist diese nur dann zu erteilen, wenn die Bildung und Erziehung auf die Vermittlung der Grundwerte der Verfassung und der in den Landesverfassungen und Schulgesetzen im Einzelnen aufgeführten Erziehungsziele gerichtet sind.[843] Eine Ersatzschule setzt daher die Orientierung der Lehrinhalte an der Verfassung voraus. Eine private islamische Bekenntnisschulen, in der Unterrichtsinhalte vermittelt werden, die gegen Grundwerte der Verfassung verstoßen, ist bereits begrifflich ausgeschlossen.

Zu den wesentlichen Wertentscheidungen der Verfassung gehört insbesondere die Gleichberechtigung von Männern und Frauen aus Art. 3 Abs. 2 S. 1 GG.[844] Auch insofern müssen die Lernziele einer Bekenntnisschule den Lehrzielen der öffentlichen Schulen gleichwertig sein. Es darf demnach kein Verständnis vermittelt werden, welches der Gleichheit der Geschlechter widerspricht. Vielmehr muss auch in einer islamischen Bekenntnisschule aktiv auf die Vermittlung der Gleichberechtigung der Geschlechter hingewirkt werden. Dies muss sich aus den Lehrplänen eindeutig ergeben.

Die Lehrinhalte der islamischen Ersatzschule müssen jedoch nicht gegenüber staatlichen Schulen gleichartig sein bzw. die sich aus dem Bekenntnis ergebenden Besonderheiten unberücksichtigt lassen.[845] Sie bedürfen aber einer so substanziierten Darlegung, dass sie für die Schulverwaltung einer Prüfung der Gleichwertigkeit ermöglichen. Der Missbrauch einer islamischen Bekenntnisschule für religiöse und politische Indoktrination ist daher rechtlich ausgeschlossen.[846]

Neben dem Erfordernis der Gleichwertigkeit der Lernziele im Sinne von Art. 7 Abs. 4 S. 2 GG darf eine private islamische Bekenntnisschule auch in der wissen-

843 *Poscher/Neupert,* RdJB 2005, 244, 246, auch zum Folgenden.

844 Vgl. VG Stuttgart, NVwZ-RR 2004, 580, 582. Vgl. zu diesem Erziehungsziel auch oben B. I. 3. a) dd) (1) (b) und C. III. 2. a) bb).

845 VG Stuttgart, NVwZ 2004, 580, 581.

846 *Hillgruber,* JZ 1999, 538, 545. Er verweist auch darauf, dass sich bei der als Ersatzschule genehmigten islamischen Grundschule, das 1989 in Berlin eröffnete Islam Kolleg Berlin e.V. etwaige Bedenken, dass die Vorgaben der Berliner Schulverwaltung vom Schulträger, der Islamischen Föderation, unterlaufen würden und statt dessen die Scharia gepredigt werde, bisher nicht bestätigt haben sollen.

schaftlichen Ausbildung ihrer Lehrkräfte nicht hinter den öffentlichen Schulen zurückstehen (Art. 7 Abs. 4 S. 3 GG). Weiterhin darf gemäß Art. 7 Abs. 4 S. 3 GG eine Sonderung der Schüler nach den Besitzverhältnissen der Eltern nicht gefördert werden. Schließlich muss die wirtschaftliche und rechtliche Stellung der Lehrkräfte gemäß Art. 7 Abs. 4 S. 4 GG genügend gesichert sein.

Die Ausgestaltung und Konkretisierung dieser allgemeinen grundgesetzlichen Voraussetzungen für die Genehmigung einer Ersatzschule ist Sache des Landesgesetzgebers, welchem die ausschließliche Gesetzgebungskompetenz für das Schulwesen zukommt (vgl. z. B. für NRW § 101 SchulG NW).

III. Zulässigkeit islamischer Bekenntnisschulen

Bei Vorliegen der Voraussetzungen des Art. 7 Abs. 4 und 5 GG ist die Genehmigung für eine islamische Bekenntnisschule grundsätzlich zu erteilen. Das Recht, eine Privatschule zu beantragen und zu betreiben, steht insofern den Anhängern einer jeden Religion zu.

Die Separierung muslimischer Schulkinder in einer islamischen Bekenntnisschule erscheint integrationspolitisch dennoch nicht sinnvoll; sie widerspricht jedenfalls der im grundsätzlichen Vorrang der öffentlichen Schulen liegenden Absage des Grundgesetzes an die Einteilung der Schüler und Schülerinnen nach Klassen, Ständen und sonstigen Schichtungen.[847] Die Befürchtungen, islamische Bekenntnisschulen würden im Ergebnis zur Pflege der nationalen und kulturellen Herkunftsidentität und zur planmäßigen Abschottung von Staat und Gesellschaft des Aufenthaltsstaates führen[848], mögen nicht ohne weiteres von der Hand zu weisen sein, führen jedoch nicht dazu, dass den Anhängern des Islam das Recht zur Errichtung von privaten Bekenntnisschulen nach der derzeitigen Gesetzeslage generell abgesprochen werden kann. Gerade religiösen Minderheiten steht eben jenes Recht zu, private Bekenntnisschulen unter den Voraussetzungen des Art. 7 Abs. 4 und 5 GG zu errichten.

Anders als bei dem Besuch ausländischer Ergänzungsschulen[849] kann bei dem Besuch einer islamischen Ersatzschule auch durchaus auf ein Leben in der hiesigen Gesellschaft vorbereitet werden. Gerade dadurch, dass die privaten Schulen gemäß Art. 7 Abs. 4 S. 3 GG in ihren Lehrzielen nicht hinter den öffentlichen Schulen zurückstehen dürfen, kann dem ausreichend Rechnung getragen werden. Es ist zwar das Bekenntnis, welches den Unterricht und die Schule prägt, jedoch dürfen durch diese Prägung die staatlicherseits zwingend vorgegebenen Lehrziele nicht außer Acht gelassen werden. Bietet eine islamische Bekenntnisschule dafür nicht

847 *Hillgruber,* JZ 1999, 538, 545.

848 Vgl. *Isensee,* in: FS Rüfner zum 70. Geburtstag, S. 379.

849 Zu dem Sonderfall der anerkannten ausländischen und internationalen Bekenntnisschulen (vgl. § 118 Abs. 3 SchulG NRW) siehe *Poscher/Neupert,* RdJB 2005, 244, 250.

ausreichend Gewähr, sind die Voraussetzungen des Art. 7 Abs. 4 S. 3 GG nicht erfüllt. Eine Genehmigung ist dann nicht zu erteilen. Aus Art. 7 Abs. 1 GG folgen zudem Aufsichtsbefugnisse für die Schulaufsichtsbehörde, mit denen die Verfassungs- und Gesetzmäßigkeit der Privatschule im Rahmen des Art. 7 Abs. 4 und 5 GG kontrolliert werden kann.[850] Die Genehmigung kann jederzeit zurückgenommen werden, wenn sich Tatsachen ergeben, die eine Versagung der Genehmigung rechtfertigen würden.[851]

Die Entscheidung über die Genehmigung einer Bekenntnisschule liegt bei Vorliegen der Voraussetzungen des Art. 7 Abs. 4 und 5 GG nicht im Ermessen der Genehmigungsbehörden.[852] Das Recht, private islamische Bekenntnisschulen zu errichten, kann jedoch auch dann, wenn grundsätzlich ein Anspruch auf Errichtung besteht, im Wege des kollidierenden Verfassungsrechts eingeschränkt werden.[853] Die Genehmigung ist daher letztlich auch nur demjenigen zu erteilen, der die Gewähr dafür bietet, dass er nicht gegen die verfassungsmäßige Ordnung verstößt und die erforderliche persönliche Zuverlässigkeit besitzt.[854]

Wird an einer islamischen Bekenntnisschule den verfassungsmäßigen Grundsätzen Rechnung getragen und sind sowohl die Anforderungen, die Art. 7 Abs. 4 GG als auch Art. 7 Abs. 5 GG an die Errichtung von privaten Bekenntnisschulen stellen, erfüllt, so muss die Genehmigung erteilt werden. Die Gefahr, dass islamische (i. Ü. auch andere) private Bekenntnisschulen zu Segregation führen, kann insbesondere nicht durch das zusätzliche Erfordernis einer dem Bekenntnis zu Grunde zu legenden Religionsgemeinschaft abgeholfen werden. Um die Ausbreitung privater Bekenntnisschulen rechtlich zu vermeiden, müsste die Verfassung geändert und der Privatschulfreiheit im religiösen und weltanschaulichen Bereich eine Absage erteilt werden.[855]

G. Zusammenfassung

Zusammenfassend kann folgendes festgehalten werden:

I. Muslimischen Lehrerinnen kann das Tragen eines Kopftuchs in der Schule grundsätzlich verboten werden, wenn in den Gesetzen der Länder eine Regelung enthalten ist, welche Lehrkräften jeglicher Bekenntnisse äußere Bekundungen des Glaubens, die geeignet sind den Schulfrieden bzw. die Neutralität des Staates zu

850 *R. Seidel,* Die Anerkennung der privaten Ersatzschule, S. 29; vgl. zur Schulaufsicht bei privaten Ergänzungsschulen *Stempel,* Zwischen Koran und Grundgesetz, S. 234 ff.

851 Vgl. für NRW § 101 Abs. 6 SchulG.

852 *Hillgruber,* JZ 1999, 538, 545.

853 Vgl. *R. Seidel,* Die Anerkennung der privaten Ersatzschule, S. 29.

854 Vgl. für NRW § 101 Abs. 5 SchulG.

855 Vgl. *Pieroth,* RdJB 1990, 448, 451.

gefährden oder zu stören, untersagt. Rechtmäßig ist das konkrete Verbot des Kopftuchs indes nur dann, wenn das Gesetz tatsächlich gegenüber Lehrkräften jeglicher Bekenntnisse durchgesetzt wird. Ein allein an muslimische Lehrerinnen gerichtetes Verbot äußerer Glaubensbekundungen lässt sich verfassungsrechtlich nicht rechtfertigen.

II. Muslimischen Schülerinnen kann das Tragen des Kopftuchs nicht verboten werden. Das Tragen eines gesichtsverhüllenden Schleiers darf die Schule muslimischen Schülerinnen bei Vorhandensein einer hinreichend bestimmten Ermächtigungsgrundlage allerdings untersagen. Derzeit ist jedoch keine entsprechende Regelung in den Gesetzen der Länder vorhanden, die für ein Verbot des gesichtsverhüllenden Schleiers herangezogen werden könnte.

Eine Befreiung muslimischer Schüler und Schülerinnen von der Verpflichtung zur Teilnahme am Unterricht wegen entgegenstehender religiöser Vorschriften kommt grundsätzlich nicht in Betracht. In der Regel überwiegt der staatliche Bildungs- und Erziehungsauftrag aus Art. 7 Abs. 1 GG die Grundrechte der muslimischen Schüler, Schülerinnen und Eltern, so dass kein wichtiger Grund im Sinne des § 43 Abs. 3 HS. 2 SchulG NRW gegeben ist. Eine Ausnahme gilt für den koedukativen Sport- und Schwimmunterricht. Muslimische Schüler und Schülerinnen höherer Klassen sind, wenn die Darlegung erfolgt, dass ihnen das gemeinsame Sporttreiben aus religiösen Gründen verboten ist, vom koedukativen Sport- und Schwimmunterricht zu befreien. Wird im Sexualkundeunterricht anstatt auf naturidentische Bilder mit unbekleideten Menschen auf Fotografien mit nackten Menschen zurückgegriffen, haben muslimische Schüler, Schülerinnen und Eltern des Weiteren einen Anspruch auf Befreiung (ihrer Kinder) von der Verpflichtung zur Teilnahme an denjenigen Unterrichtsstunden, bei denen die entsprechenden Bilder verwendet werden, wenn hinreichend plausibel dargelegt wird, dass das Betrachten nackter Menschen einen Verstoß gegen die eigenen Glaubensvorstellungen darstellt. Führt die Verpflichtung zur Teilnahme am Unterricht dazu, dass die muslimischen Schüler und Schülerinnen psychischen Belastungen ausgesetzt sind, die für sich genommen Krankheitswert besitzen, kommt unabhängig vom jeweiligen Fach ein Dispens über die Regeln der Schulversäumnis in Betracht.

III. Eine islamische Religionsgemeinschaft, nach deren Vorgaben ein verfassungsgemäßer islamischer Religionsunterricht an öffentlichen Schulen abgehalten werden könnte, besteht derzeit noch nicht.

IV. Der Schulversuch islamische Unterweisung ist verfassungswidrig. Bei der Islamischen Unterweisung handelt es sich materiell um Religionsunterricht, der nicht in Übereinstimmung mit den Grundsätzen einer Religionsgemeinschaft erteilt wird. Übergangsweise ist der durch die Islamische Unterweisung begründete verfassungswidrige Zustand aber dennoch zu tolerieren.

V. Bei Vorliegen der Voraussetzungen des Art. 7 Abs. 4 und 5 GG ist die Genehmigung für die Errichtung einer privaten islamischen Bekenntnisschule zu erteilen.

8. Kapitel

Islamische Religionsausübung und Öffentliches Wirtschaftsrecht

Von *Thomas Traub*

A. Einführung – Rechtstatsächlicher Überblick

Die Entstehung der islamischen Präsenz in Deutschland hat vorwiegend wirtschaftliche Gründe. Erst durch die Anwerbung ausländischer Arbeiter muslimischen Glaubens in den 60er Jahren des 20. Jahrhunderts ist die Zahl der in Deutschland lebenden Muslime sprunghaft gestiegen[1]. Grundlage dafür waren die Anwerbevereinbarungen Deutschlands mit Staaten mit einer mehrheitlich muslimischen Bevölkerung, nämlich mit der Türkei (1961), Marokko (1963), Tunesien (1965) und Jugoslawien (1968)[2]. Auch nach dem Anwerbestopp im Jahre 1973 stieg die Zahl der Muslime in Deutschland durch den Ehegatten- und Familiennachzug weiter an. Mit einer geschätzten Zahl von inzwischen 3,2 Millionen Muslimen in Deutschland[3] stellt diese Gruppe einen wichtigen Wirtschaftsfaktor dar, der fester Bestandteil des deutschen Wirtschaftssystems geworden ist. Nach Angaben des Essener Zentrums für Türkeistudien erwirtschafteten türkische Unternehmer bereits im Jahr 2000 einen Umsatz von 55, 7 Mrd. DM (= 28,6 Mrd. €). Sie stellten dabei 327.000 Arbeitsplätze zur Verfügung[4]. Wirtschaftliche Aktivitäten von Muslimen lassen sich in allen Branchen finden, wobei ein Schwerpunkt in den Bereichen Handel und Gastronomie liegt.

Bemerkenswert sind außerdem diejenigen Unternehmen, die ausschließlich oder vorwiegend Geschäfte tätigen, die die religiösen Bedürfnissen der in Deutschland lebenden Muslime befriedigen. Dazu sind etwa Schlachtereien mit der Erlaubnis zum rituellen Schächten zu zählen oder Restaurants, die sich auf den Verkauf von Fleisch, das *„halal"* ist, konzentrieren[5].

---

1 Zur früheren muslimischen Präsenz in Deutschland *Lemmen,* Muslime in Deutschland, 2001, S. 17–35, der dabei zu dem Schluss kommt, dass der Islam „bis in die Jahre der Arbeitsmigration hinein eine Randerscheinung im gesellschaftlichen Leben Deutschlands" blieb; *Spuler-Stegemann,* Muslime in Deutschland, 3. Auflage 2002, S. 18 ff.

2 *Spuler-Stegemann,* Muslime in Deutschland, 3. Auflage 2002, S. 22.

3 *Spuler-Stegemann,* Muslime in Deutschland, 3. Auflage 2002, S. 28 f., auch zu den Schwierigkeiten einer exakten Ermittlung aufgrund der vorliegenden statistischen Daten.

4 Zitiert nach *Spuler-Stegemann,* Muslime in Deutschland, 3. Auflage 2002, S. 282.

Weiterhin gibt es Bestattungsunternehmen, die sich darauf spezialisiert haben, verstorbene Muslime zur Beisetzung in ihre Heimatländer zu überführen[6].

Schließlich ist die islamische Bankwirtschaft zu erwähnen, bei der die Geldanlage auf besonderen Konstruktionen beruht, um islamische Vorschriften, insbesondere das sog. Zinsverbot zu erfüllen.

B. Wirtschaftsverfassungsrechtliche Grundlagen

Der Grundrechtsschutz wirtschaftlicher Tätigkeit wird nach dem Grundgesetz vor allem durch die Berufsfreiheit nach Art. 12 Abs. 1 GG und die Eigentumsgarantie gemäß Art. 14 Abs. 1 GG gewährleistet.

I. Berufsfreiheit – Art. 12 GG

1. Sachlicher Schutzbereich – Anwendungsfall: Beschneidung von Mädchen

Nach Art. 12 GG haben alle Deutschen das Recht, Beruf, Arbeitsplatz und Ausbildungsstätte frei zu wählen[7]. Dieses Grundrecht garantiert nach den Worten des Bundesverfassungsgerichts „die Freiheit des Bürgers, jede Tätigkeit, für die er sich geeignet glaubt, als Beruf zu ergreifen, das heißt zur Grundlage seiner Lebensführung zu machen und damit seinen Beitrag zur gesellschaftlichen Gesamtleistung selbst zu bestimmen“[8], gesichert wird die „Freiheit der individuellen Erwerbs- und Leistungstätigkeit“. Der Begriff Beruf wird verbreitet definiert als jede Tätigkeit, die auf Dauer angelegt ist und der Schaffung und Erhaltung einer Lebensgrundlage dient[9]. Grundrechtsdogmatisch umstritten ist die Ergänzung dieser Definition um das Merkmal des Erlaubtseins der Tätigkeit, das teilweise verlangt wird[10]. Unab-

---

5 Vgl. „Wo das Hackfleisch „halal“ ist“, Handelsblatt v. 19. 8. 2005, Nr. 160, S. 14.

6 Dazu *Lemmen,* Islamische Bestattungen in Deutschland, 2. Auflage 1999, S. 29 f.

7 Allgemein zu Art. 12 GG etwa *P. J. Tettinger,* Das Grundrecht der Berufsfreiheit in der Rechtsprechung des Bundesverfassungsgerichts, AöR 108 (1983), S. 92 ff.; *P. Badura,* Das Berufsrecht in der Rechtsprechung des Bundesverwaltungsgerichts, in: Festgabe 50 Jahre Bundesverwaltungsgericht, 2003, S. 785 ff.

8 BVerfGE 30, 292 (334).

9 BVerfGE 7, 377 (397); *J. Ipsen,* Staatsrecht II, Rn. 596; *Gubelt,* in: v.Münch / Kunig, GG Band 1, Art. 12 Rn. 8; *Tettinger,* in: Sachs, GG, Art. 12 Rn. 29.

10 BVerfGE 14, 19 (22) spricht von „. . . jede sinnvolle, erlaubte Tätigkeit“; vgl. auch BVerfGE 102, 197 (213) zum Betrieb einer öffentlichen Spielbank; *Tettinger,* in: Sachs, GG, Art. 12 Rn. 3, nimmt Tätigkeiten vom Schutzbereich aus, die evident dem „Menschenbild des Grundgesetzes“ entgegenstehen; nach *Manssen,* Staatsrecht II, Rn. 560, fallen nur „offensichtlich sozialschädliche Tätigkeiten (z. B. (. . .) Berufskiller, Zuhälter)“ aus dem Berufsbegriff.

hängig von dieser Frage fällt die ganz überwiegende Anzahl der wirtschaftlichen Betätigungen der Muslime in den sachlichen Schutzbereich des Art. 12 Abs. 1 GG, auch insoweit sie keinem herkömmlichen Berufsbegriff entsprechen.

Relevant werden könnte die grundrechtsdogmatische Frage nach der Weite des sachlichen Schutzbereiches allerdings in dem Fall, dass ein Muslim die „Beschneidung“ (Verstümmelung von Klitoris und Schamlippen) von Mädchen ausübt und sich dabei auf das Grundrecht der Berufsfreiheit berufen will[11].

Diese Praxis[12] ist in einigen islamischen Ländern, vor allem in Afrika[13] (Ägypten, Äthiopien, Sudan, Somalia) verbreitet und wird auf religiöse Gründe gestützt. Dagegen wird, auch von vielen islamischen Gelehrten, darauf hingewiesen, dass diese Handlung keine Stütze im Koran findet und vermutlich auf einem Ritual aus vor-islamischer Zeit beruht. Dafür spricht insbesondere auch die Tatsache, dass die Mädchenbeschneidung in den genannten Regionen nicht nur unter Muslimen, sondern auch bei einigen christlichen Sekten und Angehörigen uralter Stammesreligionen praktiziert wird. Der Zentralrat der Muslime in Deutschland hat sich dezidiert gegen jede Art der Frauenbeschneidung ausgesprochen[14].

Einfachrechtlich erfüllt die Beschneidung von Mädchen zumindest den Straftatbestand der Körperverletzung gemäß § 223 Abs. 1 StGB. Auch eine Einwilligung der Eltern kann daran nichts ändern.

Es stellt sich aber die Frage, ob diese Handlung verfassungsrechtlich überhaupt vom Schutzbereich der Berufsfreiheit nach Art. 12 GG erfasst ist und das Verbot der Mädchenbeschneidung damit ein verfassungsrechtlich rechtfertigungsbedürftiger Eingriff ist, der nach den Grundsätzen der Drei-Stufen-Theorie[15] oder dem Prinzip des Übermaßverbots[16] einer Prüfung zu unterziehen wäre.

---

[11] *Bumke,* Zur Problematik frauenspezifischer Fluchtgründe – dargestellt am Beispiel der Genitalverstümmelung, NVwZ 2002, 423, verweist auf Medienberichte, nach denen in Berlin ein praktizierender Gynäkologe bereit gewesen sein soll, die von den Eltern gewünschte Genitalverstümmelung durchzuführen; *Spuler-Stegemann,* Muslime in Deutschland, 3. Auflage 2002, S. 209, berichtet von Anträgen ausländischer Sozialhilfeempfänger auf finanzielle Unterstützung für Beschneidungen von Mädchen in Hessen.

[12] Einzelheiten, auch die verschiedenen Formen, beschreibt *Spuler-Stegemann,* Muslime in Deutschland, 3. Auflage 2002, S. 208.

[13] Zur – mitunter tödlich endenden – Mädchenbeschneidung in Nordafrika, siehe *R. Breuer,* Familienleben im Islam, 2. Auflage 1998, S. 59 ff.; *Waris Dirie,* Wüstenblume, 1999 (Autobiographie).

[14] *Spuler-Stegemann,* Muslime in Deutschland, 3. Auflage 2002, S. 208; dazu auch die Veröffentlichung des Kirchenamts der Evangelischen Kirche in Deutschland (Hrsg.), Genitalverstümmelung von Mädchen und Frauen – Eine kirchliche Stellungnahme, Januar 2000.

[15] Grundlegend BVerfGE 7, 377.

[16] Zur Kritik an der Drei-Stufen-Theorie und der alternativen Anwendung des Übermaßverbots vgl. *J. Ipsen,* „Stufentheorie“ und Übermaßverbot – Zur Dogmatik des Art. 12 GG, JuS 1990, 634 ff.; *Tettinger,* in: Sachs (Hrsg.), GG, Art. 12, Rn. 123 ff.

In diesem Fall verbietet aber die Existenz verfassungsimmanenter Begrenzungen des Schutzbereichs die Annahme, eine solche Handlung würde *prima facie* den Schutz der Berufsfreiheit aus Art. 12 GG genießen, und könne lediglich verfassungsmäßig beschränkt werden. Hier kommt das Gewaltverbot zur Anwendung, das den Umfang der Berufsfreiheit bereits auf Schutzbereichsebene begrenzt[17].

Die Genitalverstümmelung, die sog. Mädchen-Beschneidung als (teilweise verbreitetes) muslimisches Ritual, fällt damit nicht in den sachlichen Schutzbereich der Berufsfreiheit nach Art. 12 GG. Der Arzt oder andere Personen, die eine solche „Behandlung" vornehmen, können sich nicht auf das Grundrecht der Berufsfreiheit berufen.

2. Persönlicher Schutzbereich – Anwendungsfall: Türkischer, muslimischer Metzger

Träger des Grundrechts aus Art. 12 Abs. 1 GG sind nach dem eindeutigen Wortlaut nur Deutsche gemäß Art. 116 GG. Da die Mehrheit der in Deutschland lebenden Muslime eine ausländische Staatsangehörigkeit besitzen – ein Großteil die türkische – stellt sich die Frage nach dem Grundrechtsschutz der Berufsausübung für ausländische Muslime.

Für Bürger aus anderen Mitgliedstaaten der Europäischen Union wird teilweise diskutiert, ob diese trotz des eindeutig gegenteiligen Wortlauts vom Schutzbereich des Art. 12 Abs. 1 GG umfasst seien. Vor dem Hintergrund des europarechtlichen Diskriminierungsverbotes aus Art. 12 Abs. 1 EGV und der Arbeitnehmerfreizügigkeit nach Art. 39 EGV sowie des grundsätzlichen Anwendungsvorrangs[18] des EG-Rechts auch gegenüber Verfassungsrecht müsse, so wird argumentiert, Art. 12 Abs. 1 GG durch eine europarechtskonforme Auslegung auch für Bürger anderer EU-Staaten gelten[19].
Dagegen herrscht Einigkeit darüber, dass sich die übrigen Ausländer nicht auf Art. 12 Abs. 1 GG berufen können. Die Berufsausübung wird für diesen Personenkreis allein durch die allgemeine Handlungsfreiheit aus Art. 2 Abs. 1 GG geschützt.

Diese Grundsätze hat auch das Bundesverfassungsgericht in seinem Urteil zum Schächten bestätigt[20]. Dem Urteil lag die Verfassungsbeschwerde eines türkischen

---

[17] Zur grundrechtsdogmatischen Diskussion über die Weite des Grundrechtsschutzbereichs jetzt ausführlich *Th. Stemmler,* Das „Neminem-laedere-Gebot" – Zur Frage des Begriffs und der Existenz schutzbereichsimmanenter Grenzen der Freiheitsgrundrechte im Unterschied zu den so genannten verfassungsimmanenten Schranken; siehe auch *Muckel,* Begrenzung grundrechtlicher Schutzbereiche durch Elemente außerhalb des Grundrechtstatbestandes, in: Die Macht des Geistes, Festschrift für Schiedermair, 2001, S. 347 ff.; a.A. *Alexy,* Theorie der Grundrechte, 1996; *Sachs,* in: Stern, Staatsrecht III/2, 1994; S. 528 ff. jeweils m. w. N.

[18] Ständige Rspr. des EuGH seit Rs. 6/64, Slg. 1964,1251/1269 (Costa/ENEL).

[19] *Jarass*/Pieroth, GG, Art. 12 Rn. 10.

Staatsangehörigen zu Grunde, der strenggläubiger sunnitischer Muslim war und in Hessen als Metzger arbeitete. Gegen die ablehnenden Gerichtsurteile zur Erteilung einer tierschutzrechtliche Ausnahmeerlaubnis zum rituellen Schächten nach § 4 a Abs. 2 Tierschutzgesetz legte er Verfassungsbeschwerde ein und rügte dabei unter anderem eine Verletzung von Art. 12 Abs. 1 GG. Der Beschwerdeführer sah sich in seiner Berufsfreiheit verletzt. Er verwies auf seine zeitlich wie räumlich unbeschränkte ausländerrechtliche Aufenthaltsberechtigung und sei im Hinblick auf die Dauer seines Aufenthalts in der Bundesrepublik Deutschland hier so weit verwurzelt, dass ihm als „De-facto-Deutschem" nicht nur der Schutz des Art. 2 Abs. 1 GG, sondern ein Grundrechtsschutz zu gewähren sei, der demjenigen des Art. 12 Abs. 1 GG „gleichwertig sei"[21].

Das Bundesverfassungsgericht stellt demgegenüber fest, dass die Tätigkeit, weil der Beschwerdeführer nicht deutscher, sondern türkischer Staatsangehöriger ist, nicht durch Art. 12 Abs. 1 GG geschützt sei. Schutznorm sei vielmehr Art. 2 Abs. 1 GG „in der Ausprägung, die sich aus dem Spezialitätsverhältnis zwischen dem auf Deutsche beschränkten Art. 12 Abs. 1 GG und dem für Ausländer nur subsidiär geltenden Art. 2 Abs. 1 ergibt."[22] Was das Bundesverfassungsgericht exakt mit dieser Beschreibung meint und welche genaue Ausprägung Art. 2 Abs. 1 GG in dieser Konstellation erfährt, bleibt unklar[23].

Möglicherweise will das Bundesverfassungsgericht damit klarstellen, dass bei der Prüfung von Art. 2 Abs. 1 GG am Maßstab des Verhältnismäßigkeitsprinzips eine besonders sorgfältige Abwägung vorgenommen werden muss, da die Berufsausübung des Beschwerdeführers betroffen ist. Für ein solches Verständnis spricht die Tatsache, dass das Bundesverfassungsgericht an späterer Stelle in dem Urteil – innerhalb der Prüfung der Verhältnismäßigkeit im engeren Sinne – etwas unvermittelt von einem „Eingriff in das Grundrecht der Berufsfreiheit" (allerdings ohne Angabe von Art. 12 GG) spricht[24]. Sehr ausführlich wird dargelegt, welche einschneidenden Folgen eine strikte Anwendung des Ausnahmevorbehalts für das Schächten nach dem Tierschutzgesetz für den türkischen Metzger hätte. Es werden „weit reichende Konsequenzen" und eine „völlige berufliche Umorientierung" angesprochen[25].

Aus alledem ist zu folgern:

Das Bundesverfassungsgericht hält ausdrücklich fest, dass das Grundrecht der Berufsfreiheit nach Art. 12 Abs. 1 GG jedenfalls für Nicht-EU-Ausländer nicht

---

20 BVerfGE 104, 337.

21 BVerfGE 104, 337 (343).

22 BVerfGE 104, 337 (346).

23 Kritisch dazu etwa *Höfling,* Kopernikanische Wende rückwärts?, in: Muckel (Hrsg.), FS Rüfner, 2003, S. 329 (330), der von der „Nebulosität freischwebender Grundrechtslyrik" spricht.

24 BVerfGE 104, 337 (350).

25 BVerfGE 104, 337 (350).

anwendbar ist. Sachlich wird die Berufsfreiheit türkischer Staatsbürger, die in Deutschland leben, durch Art. 2 Abs. 1 GG gewährleistet. Dabei ist bei der Abwägung im Rahmen der Verhältnismäßigkeitsprüfung die besondere Bedeutung einer beruflichen Tätigkeit angemessen zu berücksichtigen.

II. Eigentumsgarantie – Art. 14 GG

Für den Grundrechtsschutz wirtschaftlicher Betätigung spielt neben der Berufsfreiheit vor allem die Eigentumsgarantie nach Art. 14 GG eine bedeutende Rolle. Zu ihrer grundlegenden Bedeutung führt das Bundesverfassungsgericht aus: „Die Garantie des Eigentums ist ein elementares Grundrecht, das in engem inneren Zusammenhang mit der persönlichen Freiheit steht. Ihr kommt im Gesamtgefüge der Grundrechte die Aufgabe zu, dem Träger des Grundrechts einen Freiheitsraum im vermögensrechtlichen Bereich zu sichern und ihm dadurch eine eigenverantwortliche Gestaltung seines Lebens zu ermöglichen."[26]

Die Eigentumsgarantie kommt ohne Modifizierung oder besondere Beschränkungen auch dem Eigentum muslimischer Unternehmer zu, egal ob sie die deutsche oder eine andere Staatsangehörigkeit besitzen. Gemäß Art. 19 Abs. 3 GG gelten Grundrechte auch für inländische juristische Personen, soweit sie ihrem Wesen nach auf diese anwendbar sind. Für die wesensmäßige Anwendbarkeit hat das Bundesverfassungsgericht gefordert, dass „die Betätigung [der Grundrechte] Ausdruck der freien Entfaltung der natürlichen Personen [ist], besonders wenn der „Durchgriff" auf die hinter den juristischen Personen stehenden Menschen dies als sinnvoll und erforderlich erscheinen lässt".[27] In der Literatur stößt dieses Kriterium eines personalen Substrats teilweise auf Ablehnung. Entscheidend sei dagegen die „grundrechtstypische Gefährdungslage", also die Frage, ob die Situation der juristischen Person mit der Situation einer natürlichen Person, die den Schutz der Grundrechte genießt, zu vergleichen ist[28]. Für die Eigentumsgarantie nach Art. 14 GG ist jedenfalls allgemein anerkannt, dass sie auf juristische Personen im Sinne von Art. 19 Abs. 3 GG anwendbar ist[29]. Dies ist auch deshalb zutreffend, weil ein Großteil des unternehmerischen „Produktivkapitals" Eigentum juristischer Personen in der Form einer Aktiengesellschaft oder einer Gesellschaft mit beschränkter Haftung ist, und eines effektiven Grundrechtsschutzes nach Art. 14 GG bedarf.

Für die Frage, ob eine juristische Person im Sinne des Art. 19 Abs. 3 GG inländisch ist oder nicht, kommt es nicht auf die Staatsangehörigkeit der Anteilseigner bzw. der zusammengeschlossenen Personen an. Das Qualifikationsmerk-

26 BVerfGE 50, 290 (339) – Mitbestimmung.

27 BVerfGE 21, 362, 369.

28 *V. Mutius,* Bonner Kommentar, Art. 19 Abs. 3 Rn. 114.

29 BVerfGE 105, 252, 265 (Glykolwein); BVerfGE 97, 228 (253).

mal „inländisch" bestimmt sich vielmehr nach dem Sitz der juristischen Person[30].

Ausländische juristische Personen sind dagegen nach dem Wortlaut des Art. 19 Abs. 3 GG und der Rechtsprechung des Bundesverfassungsgerichts nicht Träger des Grundrechts der Eigentumsgarantie aus Art. 14 Abs. 1 GG[31]. Der Eigentumsschutz eines türkischen Unternehmens in der Form einer juristischen Person, das unmittelbar – und nicht vermittelt durch eine Tochtergesellschaft mit Sitz in Deutschland – in Deutschland Eigentum erwirbt, ergibt sich also nicht aus Art. 14 Abs. 1 GG. Subsidiär ist als Auffanggrundrecht Art. 2 Abs. 1 GG heranzuziehen. Für den Rechtsschutz des Eigentums ausländischer juristischer Personen ist aber auch die Eigentumsgarantie des Art. 1 des 1. Zusatzprotokolls zur Konvention zum Schutz der Menschenrechte und Grundfreiheiten zu beachten. Deutschland hat das 1. Zusatzprotokoll im Jahr 1957 ratifiziert[32]. Damit hat das Zusatzprotokoll in Deutschland zumindest den Status des einfachen Rechts[33].

Nach Art. 1 des 1. ZP hat jede natürlich oder juristische Person das Recht auf Achtung ihres Eigentums. Die juristischen Personen werden hier unabhängig von ihrem Sitz ausdrücklich in den Anwendungsbereich der Eigentumsgarantie einbezogen.

Damit ist auch für ausländische Unternehmen, deren Eigentümer Muslime sind, ein effektiver Eigentumsschutz gesichert[34].

Soweit ein Unternehmer islamischen Glaubens in Ausübung seiner Berufs- und Eigentumsfreiheit ein Unternehmen führt, ergeben sich dadurch in den meisten Fällen keine besonderen religionsrechtlichen Probleme. Auch in Wirtschaftszweigen, die vorwiegend auf die besonderen religiösen Bedürfnisse der Muslime ausgerichtet sind, ergeben sich in vielen Fällen keine besonderen rechtlichen Fragestellungen mit religionsrechtlichem Hintergrund. Wenn sich beispielsweise ein

---

30 *J. Ipsen,* Staatsrecht II – Grundrechte, Rn. 52.

31 BVerfGE 21, 362 (369); 23, 229 (236).

32 BGBl. II, 1956, S. 226, 1879 f.

33 Zur Diskussion über den Stellenwert der EMRK in der deutschen Rechtsordnung siehe *Hoffmeister,* Der Staat 40 (2001), 349 (364 ff.); *Langenfeld,* Die Stellung der EMRK im Verfassungsrecht der Bundesrepublik Deutschland, in: Bröhmer (Hrsg.), Der Grundrechtsschutz in Europa, 2002, S. 95 ff.; *Pache,* Die Europäische Menschenrechtskonvention und die deutsche Rechtsordnung, EuR 2004, 393 ff.. Eine heftige Diskussion zu dieser Frage hat der Beschluss des BVerfG vom 14. 10. 2004, NJW 2004, 3407 ff. (Görgülü) angefacht, siehe nur *Grupp / Stelkens,* Zur Berücksichtigung der Gewährleistungen der Europäischen Menschenrechtskonvention bei der Auslegung deutschen Rechts, DVBl. 2005, 133 ff., der auch in den Medien eine große Resonanz gefunden hat, siehe einerseits Der Spiegel Nr. 47 vom 15. 11. 2004, S. 50 ff. (Interview mit dem Präsidenten des Europäischen Gerichtshof für Menschenrechte *Luzius Wildhaber)* andererseits *Papier,* „Straßburg ist kein oberstes Rechtsmittelgericht", FAZ vom 9. 12. 2004, S. 5.

34 Weitergehend zur europa- und völkerrechtlichen Eigentumsgarantie *von Danwitz,* Eigentumsschutz in Europa und im Wirtschaftsvölkerrecht, in: von Danwitz / Depenheuer / Engel (Hrsg.), Bericht zur Lage des Eigentums, 2002, S. 215.

Transportunternehmen auf die Überführung der Leichname von Muslimen in die Türkei spezialisiert, um dem weitverbreiteten Wunsch nachzukommen, seine letzte Ruhestätte im Heimatstaat zu finden, so müssen dabei selbstverständlich die vorhandenen Vorschriften des Transportrechts beachtet werden. Besondere Rechtsfragen aus dem muslimischen Hintergrund der wirtschaftlichen Tätigkeit ergeben sich aber nicht.

III. Wirtschaftsunternehmen als Religionsgemeinschaften?

Sofern muslimische, religiöse Verbände wirtschaftlichen Tätigkeiten nachgehen, stellt sich die Frage, ob sie als Religionsgemeinschaft im verfassungsrechtlichen Sinne anzusehen sind. Dabei treten zum einen die allgemeinen Fragen auf, die sich bei der Definition des Begriffs Religionsgemeinschaft ergeben. Dies sind etwa die Kriterien eines religiösen Konsens[35], der umfassenden Pflege der Religion, einer klaren Regelung der Mitgliedschaft und das Erfordernis der Mitgliedschaft von natürlichen Personen, die insbesondere bei muslimischen Dachverbänden eine Reihe von rechtlichen Fragen aufwerfen[36].

Daneben stellt sich bei wirtschaftlicher Betätigung die zusätzliche Frage nach der Unterscheidung von Religion und Wirtschaft nach dem Grundgesetz. Dieses geht davon aus, dass in Fragen des Grundrechtsschutzes zwischen religiösem und wirtschaftlichem Handeln differenziert werden kann[37]. Allerdings verliert etwa die Katholische Kirche nicht ihren Status einer Religionsgemeinschaft, weil sie auch wirtschaftlich tätig ist. Viele Formen der traditionellen karitativen Arbeit der Kirchen, werden heute als wirtschaftliche Dienstleistung in gesellschaftsrechtlichen Strukturen erbracht[38]. Für muslimische Gemeinschaften kann nichts anderes gelten. Sofern sie die übrigen rechtlichen Voraussetzungen, die an den Begriff der Religionsgemeinschaft zu stellen sind, erfüllen, verlieren sie diesen Status nicht, wenn sie sich auch wirtschaftlich betätigen.

Eine Grenze ist jedoch zu ziehen, wenn die religiöse Betätigung nur als Vorwand für wirtschaftliche Ziele dient, um die es der Gemeinschaft tatsächlich geht[39]. Als Kriterium für die Abgrenzung zieht das Bundesverfassungsgericht das äußere

---

35 Vgl. schon die klassische Definition von *Anschütz,* Die Verfassung des Deutschen Reiches vom 11. August 1919, 14. Auflage 1933, Art. 137 Anm. 2.

36 Ausführlich *Muckel,* Wann ist eine Gemeinschaft Religionsgemeinschaft? – Überlegungen zum Begriff der Religionsgemeinschaft im Sinne von Art. 7 Abs. 3 GG unter besonderer Berücksichtigung muslimischer Dachverbände, in: FS Listl 2004, S. 715 ff., der an dem traditionellen Begriff der Religionsgemeinschaft festhält (S. 739), m. w. N. auch zur Gegenansicht in Fn. 78.

37 *Muckel,* Religiöse Freiheit und staatliche Letztentscheidung, 1997, S. 132.

38 *Th. Bauer,* Die GmbH als Rechtsform karitativer Einrichtungen der Kirche, 2003.

39 BVerwGE 90, 112 (118); *Muckel,* Religiöse Freiheit und staatliche Letztentscheidung, 1997, S. 132.

Erscheindungsbild der Vereinigung[40]. Sofern eine muslimische Vereinigung nach diesem äußeren Erscheinungsbild und dem Schwerpunkt ihrer Aktivitäten ein Wirtschaftsunternehmen ist, und in ihrem Tätigkeitsspektrum religiöse Aspekte nur eine Nebenrolle spielen, ist sie keine Religionsgemeinschaft[41].

C. Islamische Wirtschaftsethik – das Zinsverbot

I. Die Grundlage des Zinsverbots im Koran

Teil der islamischen Wirtschaftsethik ist das Zinsverbot. Es stützt sich auf den Koran, Sure 2, 275 / 278:

> „Die, welche Zins (arab. Riba) verzehren, sollen nicht anders dastehen als einer, den der Satan erfasst und niedergeschlagen hat. Dies, weil sie sagen: „Kauf ist das gleiche wie Zinsnehmen". Allah hat den Kauf erlaubt, aber Zinsnehmen verboten. Wer eine Ermahnung (wie diese) von seinem Herrn erhält und dann (mit Zinsnehmen) aufhört, der darf das Erhaltene behalten. Seine Sache ist bei Allah. Wer es aber von neuem tut – die sind die Bewohner des Feuers und werden ewig darin verweilen (275). ... O ihr, die ihr glaubt! Fürchtet Allah und verzichtet auf den noch ausstehenden Zins, wenn ihr (wirkliche) Gläubige seid" (278)[42].

Daneben gibt es zahlreiche Prophetentraditionen, die den Zins ablehnen, z. B.

> „Gott verflucht denjenigen, der den Zins verzehrt, aber auch denjenigen, der ihn zahlt, denjenigen, der den entsprechenden Vertrag aufsetzt, und die beiden Zeugen, die den Vertrag bezeugen."[43]

Ein streng verstandenes, striktes Zinsverbot würde zu einer Kollision des Islamischen Rechts mit dem in der internationalen Finanzwirtschaft ubiquitär verbreiteten Zinsgeschäft führen, das eine tragende Säule des gesamten Bankenwesens ist. Die genannte Koranstelle hat in der islamischen Theologie eine Vielzahl von Auslegungen erfahren. Eine Fatwa der Muftis aus Ägypten hat im Jahre 1997 festgelegt, dass in nicht-islamischen Ländern, zu denen auch Deutschland zu zählen ist, Geschäfte mit Banken abgeschlossen werden dürfen, die mit Zinsen arbeiten, auch wenn andere vorzuziehen seien[44].

---

40 BVerfGE 83, 341 (353) – Baha'i.

41 So *Muckel,* Religiöse Freiheit und staatliche Letztentscheidung, 1997, S. 133 – allerdings ohne ausdrücklichen Bezug zu muslimischen Vereinigungen, sondern am Beispiel der „Church of Scientology".

42 Nach der Übersetzung von *M. W. Hofmann,* Der Koran: das heilige Buch des Islam, München 1999.

43 Zitiert nach *P. Heine,* Wirtschafts- und Finanzrecht, in: Khoury / Heine / Oebbecke, Handbuch Recht und Kultur des Islams in der deutschen Gesellschaft, 2000, S. 203.

44 *Spuler-Stegemann,* Muslime in Deutschland, 3. Auflage 2002, S. 288 m. w. N.

II. Die Auslegung des Zinsverbots

Entscheidend für die Auslegung[45] des „Zinsverbots" ist die Auslegung des Begriffes „*riba*" als „Zins" oder aber als „Wucherzins"[46]. Seit jeher gibt es eine inner-islamische Debatte darüber, welche Bedeutung der Begriff „*riba*" tatsächlich hat[47]. Die überwiegende Anzahl der Interpreten liest aus der Koranstelle ein grundsätzliches Verbot jeglicher Zinsnahme. Dagegen kommen einige Rechtsgelehrte zu dem Ergebnis, der Koran wolle an dieser Stelle allein Wucherzinsen verbieten[48]. Ein möglicher Ansatzpunkt für dieses weniger restriktive Verständnis ist die historische Erkenntnis, dass das Zinsverbot aus einer Zeit fast reiner Natural- und Tauschwirtschaft ohne ein entwickeltes Geld- und Bankenwesen stammt[49]. Die meisten Menschen mussten nur in persönlichen Notlagen Geld leihen und liefen dann Gefahr durch wirtschaftliche Probleme die Schulden nicht zurückzahlen zu können und durch die auflaufenden Zinsen schließlich in der Sklaverei zu enden. Ganz anders stellt sich die wirtschaftliche Ausgangssituation bei einer Vielzahl heutiger Zinsgeschäfte dar. Soweit die teleologische Begründung des Zinsverbotes darin liegt, das Ausnutzen einer konkreten wirtschaftlichen Notlage des Schuldners zu verhindern, ist diese Gefahr bei einer Vielzahl der heutigen Zinsgeschäfte nicht ersichtlich. Man denke nur an den Bereich der Staatsschulden, soweit sie über Bundesschatzbriefe o.ä. finanziert werden und damit der Staat zum Schuldner gegenüber den Inhabern dieser Rentenpapiere wird, die am Kapitalmarkt von jedermann erworben werden können, der damit zum Zinsgläubiger gegenüber dem Staat wird[50]. Ähnliches gilt für das weitverbreitete Sparbuch, bei dem wirtschaftlich gesehen vermögende Kreditinstitute Schulden auch bei Normal- und Wenigverdienern aufnehmen[51].

---

45 Zu modernen Ansätzen in der Auslegung klassischen islamischen Rechts *Rohe,* Der Islam – Alltagskonflikte und Lösungen, 2. Auflage 2001, S. 33 ff.; *Küng,* Der Islam, 3. Auflage 2004, S. 625 ff.; *P. Scholz,* Scharia in Tradition und Moderne – Eine Einführung in das islamische Recht, JURA 2001, 525 (530 ff.).

46 Eine ähnliche Frage stellt sich bei der Auslegung der Bibelstellen 2. Mose 22, 24; 3. Mose 25, 36 f.; 5. Mose 23, 20 f.; vgl. *Küng,* Der Islam, 3. Auflage 2004, S. 724, mit dem Hinweis auf das rigorose Zinsverbot des spanischen Konzil von Elvira um 306 n.Chr. und darauf, dass auch das lateinische Wort *usura* sowohl im Sinne von Zins als auch von Wucher(-zins) verstanden werden kann.

47 Ausführlich zur Diskussion in islamischen Ländern *Florian Amereller,* Hintergründe des „Islamic Banking". Rechtliche Problematik des *riba*-Verbotes in der Scharia und seine Auswirkungen auf einzelne Rechtsordnungen arabischer Staaten, 1995.

48 *Rohe,* Der Islam – Alltagskonflikte und Lösungen, 2. Auflage 2001, S. 100 m. w. N.

49 *Küng,* Der Islam, 3. Auflage 2004, S. 725.

50 Siehe aber zu den langfristigen Gefahren ausufernder Staatsverschuldung nur *P. Kirchhof,* Die Staatsverschuldung als Ausnahmeinstrument, in: Grupp / Hufeld (Hrsg.), Recht – Kultur – Finanzen, Festschrift für Reinhard Mußgnug zum 70. Geburtstag, Heidelberg 2005.

51 Zur rechtlichen Einordnung des Sparbuchs als Namenspapier mit Inhaberklausel gemäß § 808 Abs. 1 BGB siehe *Brox,* Handelsrecht und Wertpapierrecht, 17. Auflage München 2004, Rn. 676.

Zu ähnlichen Ergebnissen führt ein moderner Interpretationsansatz, der den Zeitwert von Kapital in seine Betrachtungen einbezieht. Dabei wird berücksichtigt, dass gebundenes Kapital durch Inflation und Verwaltungskosten an realem Wert verliert. Sofern die Zinsen alleine dazu dienen, diesen Wertverlust auszugleichen, gilt dies nicht als verbotene *riba*[52]. Ebenso werden Verzugszinsen als rechtmäßiger Schadensersatz akzeptiert[53]. Nach einem Rechtsgutachten des ägyptischen Muftis Tantawi verstößt der Erwerb von Staatsschatzbriefen, die verzinst werden, nicht gegen das *riba*-Verbot[54].

Andererseits gibt es aber weiterhin zahlreiche Anhänger einer strengen Auslegung der Koranstelle, die jegliche Zinsgeschäfte für verboten erklären[55]. Gerade in islamischen Ländern, die nach dem Zweiten Weltkrieg ihre Unabhängigkeit erhalten haben, wurden Forderungen nach einem Finanzsystem nach den Grundsätzen des Sharia-Rechts erhoben[56].

Insgesamt ist festzustellen, dass es über die Auslegung des Zinsverbotes bei den gläubigen Muslimen eine beträchtliche Unsicherheit gibt, was sich auch an einer großen Zahl von – teilweise inhaltlich deutlich divergierenden – Rechtsgutachten islamischer Gelehrter zu Fragen des Wirtschafts- und Finanzrechts zeigt[57].

III. Alternative Finanzierungsmodelle – „Islamic Banking“

Soweit mit einer engen Interpretation von *„riba“* tatsächlich Zinsen grundsätzlich als verboten angesehen werden, wirft ein so verstandenes Zinsverbot in einer modernen Wirtschaft mit funktionierendem Finanz- und Kapitalmarkt große praktische Probleme auf[58]. Um das für Investitionen jeglicher Art dringend benötigte Kapital ohne Verstoß gegen das Zinsverbot auftreiben zu können, wurden mit viel Kreativität verschiedene Finanzierungsmodelle als Umgehungskonstruktionen entwickelt, die wirtschaftlich zu einem vergleichbaren Ergebnis führen. Eine einfache Form davon ist, statt Zinsen schlichtweg Gebühren auszuweisen[59]. Eine andere

---

52 Zu diesem Auslegungsansatz *Rohe,* Der Islam – Alltagskonflikte und Lösungen, 2. Auflage 2001, S. 100.

53 Kassationsgerichtshof Dubai, Urt. No. 321/99 v. 19. 12. 1999, zitiert nach *Rohe,* Der Islam – Alltagskonflikte und Lösungen, 2. Auflage 2001, S. 100.

54 Zitiert nach *Rohe,* Der Islam – Alltagskonflikte und Lösungen, 2. Auflage 2001, S. 100; vgl. auch *Küng,* Der Islam, 3. Auflage 2004, S. 726.

55 Beispiele aus Ägypten und Pakistan bei *Rohe,* Der Islam – Alltagskonflikte und Lösungen, 2. Auflage 2001, S. 101.

56 *Küng,* Der Islam, 3. Auflage 2004, S. 725.

57 *P. Heine,* Wirtschafts- und Finanzrecht, in: Khoury / Heine / Oebbecke, Handbuch Recht und Kultur des Islams in der deutschen Gesellschaft, 2000, S. 202.

58 Zu Problemen mit anderen Finanz- und Versicherungsprodukten *P. Heine,* Wirtschafts- und Finanzrecht, in: Khoury / Heine / Oebbecke, Handbuch Recht und Kultur des Islams in der deutschen Gesellschaft, 2000, S. 207 ff.

Möglichkeit liegt darin, dass Investitionsgüter nicht unmittelbar vom Unternehmer erworben werden (der dazu einen zinspflichtigen Kredit aufnehmen muss), sondern von der finanzierenden Bank – das sog. „Murabahah“[60]. Die Bank verkauft das Investitionsgut anschließend gegen Ratenzahlungen mit einem Preisaufschlag an den Unternehmer weiter. Auf diese Art und Weise werden auch private Immobiliengeschäfte finanziert, ohne dass dabei Zinsen anfallen[61].

Diese Finanzierungsmodelle werden insbesondere von islamischen Banken praktiziert, die auch nach Westeuropa expandieren[62]. So wurde im Jahre 2004 die „Islamic Bank of Britain“ (IBB) als erstes islamisches Bankinstitut in Großbritannien eröffnet, nachdem sie von der Londoner Finanzaufsichtsbehörde „Financial Services Authority“ eine Banklizenz erhalten hatte[63]. Die Bank wendet sich nicht ausschließlich, aber besonders an muslimische Einwanderer und bietet dazu verschiedene Bankprodukte an, die speziell auf die islamische Wirtschaftsethik zugeschnitten ist und die Regeln der Scharia beachtet. Dies wird durch die Aufsicht des „Shariah Supervisory Committee“ sichergestellt, einem Komitee, das aus Scharia-Gelehrten besteht. Diese Finanzprodukte stoßen bei den wirtschaftlich aufstrebenden muslimischen Einwanderern und deren Nachkommen auf große Nachfrage, so dass das Segment des „Islamic Banking“ in den letzten Jahren zweistellige Wachstumsraten erzielen konnte[64].

Ein weiteres weit verbreitetes Finanzierungsmodell ist das sog. „Konya-Modell“. Es entstand Anfang der 90er Jahre in der türkischen Stadt Konya. Dabei wurden Unternehmensanteilsscheine in großer Zahl an die muslimische Bevölkerung verkauft[65]. Statt mit verzinstem Fremdkapital wurden Investitionen also finanziert, indem Eigenkapital von einer großen Zahl von Anlegern eingesammelt wurden. Strukturell ist dies durchaus vergleichbar mit der eingetragenen Genossenschaft nach dem deutschen Genossenschaftsgesetz.

Aufgrund des großen Erfolgs dieses Modell expandierten diese sog. „Islam Holdings“ auch nach Deutschland. Allerdings wurden dabei teilweise den „Teilhabern“ keine rechtlich verbindlichen Ansprüche vermittelt. Vielmehr beruhte der Verkauf der „Anteilsscheine“ auf dem islamischen Ehrenkodex. Die Anleger verließen sich auf die Ehrlichkeit und Zuverlässigkeit des – oft direkt oder über Bekannte persönlich bekannten – Geschäftsmanns und verzichteten auf schriftliche, einklagbare Rechtstitel. Dieses „Konya-Modell“ ist allerdings durch spektakuläre Firmeninsolvenzen in Verruf geraten. Zunächst musste die Jet-Pa AG, die in

59 *Rohe,* Der Islam – Alltagskonflikte und Lösungen, 2. Auflage 2001, S. 102, mit dem wichtigen Hinweis, dass „Puristen ... solches Vorgehen freilich nicht gefällt“.

60 DIE ZEIT Nr. 16, 10. 04. 2003, S. 33.

61 FAZ vom 29. 09. 2004, Nr. 189, S. C 2.

62 Überblick bei *Warde,* Islamic Finance in the Global Economy, Edinburgh 2000.

63 FAZ vom 17. 08. 2004, S. 16.

64 FAZ vom 14. 07. 2004, S. 29; FAZ vom 24. 02. 2006, S. 51.

65 DIE ZEIT Nr. 16, 10. 04. 2003, S. 33.

Europa mehrere hundert Millionen Euro eingesammelt hat, Insolvenz anmelden. Große Aufmerksamkeit in Deutschland hat die Insolvenz der Ymta GmbH, einer Tochter des türkischen Mischkonzerns Yimpas, im Jahr 2002 ausgelöst[66]. Diese Firma, Betreiber von Kaufhäusern und Lebensmittel-Geschäften, konnte größtenteils auf Bankkredite verzichten und ihre Investitionen durch Spargelder von Mitarbeitern und Kunden finanzieren, die auf diese Weise Gelder anlegen konnten, ohne gegen das islamische Zinsverbot zu verstoßen. Durch die Insolvenz, die auch Ermittlungen der Staatsanwaltschaft wegen Anlagebetrug und Insolvenzverschleppung nach sich gezogen hat[67], wurden die Risiken dieses Finanzierungsmodells besonders deutlich.

IV. Islamische Fonds – Islamic Investment

Dem drängenden Wunsch muslimischer Anleger nach religiös einwandfreien Geldanlageprodukten kommen auch spezielle islamische Fonds nach[68]. Sie verzichten nicht nur auf ein Investment in Zinsanlagen, sondern investieren auch nicht in Unternehmen, die mit Schweinefleisch, Tabak oder Alkohol Geschäfte machen. Ebenso ausgeschlossen sind Unternehmen, die ihr Geld mit Kinderarbeit, Glücksspiel oder Prostitution verdienen. Inzwischen existieren auch zwei Aktienindizes, die ausschließlich solche Aktien berücksichtigen, die die ethischen Ansprüchen des islamischen Rechts erfüllen, der *Dow Jones Islamic Market Index* sowie der *FTSE Global Islamic Index*[69]. Ein Beispiel für einen derartigen Investmentfond ist der Islamic Fond „Noriba Global Equity Fund“ der Schweizer Bank UBS[70]. Seine Bindung an das islamische Recht wird im Verkaufsprospekt folgendermaßen formuliert[71]: „In Übereinstimmung mit dem Grundsatz der Risikostreuung und nach Durchsicht und Überwachung durch den Sharia-Board wird das Vermögen des Subfonds in übertragbaren Wertpapieren und sonstigen rechtlich annehmbaren Anlagen festgelegt, die mit den nachstehend aufgeführten Grundsätzen der Sharia übereinstimmen. Der Fonds darf nur in Komponenten des Dow Jones Islamic Market Index (DJIM) investieren. Alle Subfonds können weltweit in Aktien, sonstigen Kapitalanteilen (Genossenschaftsanteilen, Genusscheinen), Anteilsscheinen an Dividendenrechten und sonstigen Beteiligungspapieren und -rechten, die an einer Börse notiert sind oder an einem geregelten Markt gehandelt werden, sowie in sonstigen vom Sharia-Board freigegebenen übertragbaren Wertpapieren anlegen.“

66 DIE ZEIT Nr. 16, 10. 04. 2003, S. 33.

67 DIE ZEIT Nr. 16, 10. 04. 2003, S. 33.

68 Laut *Bälz,* Islamische Aktienfonds in Deutschland?, BKR 2002, 447 (447), wird das Vermögen, das nach islamischen Prinzipien angelegt ist, auf weltweit etwa 200 Mrd. US-Dollar geschätzt.

69 *Bälz,* Islamische Aktienfonds in Deutschland?, BKR 2002, 447 (447).

70 DIE ZEIT Nr. 16, 11. 04. 2002, S. 31; FAZ v. 14. 07. 2004, S. 29.

71 Zitiert nach *Bälz,* Islamische Aktienfonds in Deutschland ?, BKR 2002, 447 (448).

Im März 2000 initiierte die Commerzbank über ihre Tochter Cominvest Asset Management mit dem „Al-Sukoor European Equity Fond“ erstmalig in Deutschland einen Fonds, der den Anspruch erhebt, den Regeln des islamischen Rechts zu entsprechen[72]. Dieser beachtet bei seinen Investitionsentscheidungen die Vorgaben eines Beirates islamischer Scharia-Gelehrter und beschränkt sich auf Investments in – nach islamischer Wirtschaftsethik – unbedenkliche Unternehmen[73]. Zu den fünf größten Beteiligungen dieses Fonds gehört auch der Karstadt-Quelle-Konzern, obwohl von der Karstadt AG Schweinefleisch und von Quelle Erotikartikel verkauft werden. Dennoch gilt der Fonds als ethisches Investment, weil selbst der genannte Rat der Scharia-Gelehrten Investitionen in Unternehmen für religiös vertretbar hält, deren Umsatz nur zu einem kleinen Bruchteil mit verbotenen Produkten erzielt[74]. Daran zeigt sich freilich auch, wie eingeschränkt letztlich eine strenge Auslegung religiöser Vorschriften befolgt werden kann, ohne sich von der Teilhabe an einer hochkomplexen Volkswirtschaft auszuschließen.

Investmentfonds, deren Investitionsentscheidungen sich an den Vorgaben des islamischen Rechts orientieren und in Deutschland zum Vertrieb zugelassen sind, unterliegen den allgemeinen aufsichtsrechtlichen Vorschriften für Investmentfonds. Diese sind im Gesetz über Kapitalanlagegesellschaften (KAGG) und im Auslandsinvestment-Gesetz geregelt[75]. Dabei ergeben sich aus der Anlagepolitik zunächst keine Besonderheiten, der Fonds unterliegt den üblichen Anforderungen des Genehmigungsverfahrens. Gemäß § 15 Abs. 3 lit. a KAGG muss die Investmentgesellschaft definieren, nach welchen Grundsätzen die Auswahl der zu beschaffenden Wertpapiere erfolgt. Es ist grundsätzlich zulässig die Anlageentscheidung nach religiösen Kriterien auszurichten, sofern sie ein Außenstehender aufgrund öffentlich zugänglicher Informationen nachvollziehen kann[76]. Diesem Erfordernis kann allerdings ein allgemein gehaltener Verweis auf die Bestimmungen des islamischen Rechts nicht genügen. Die Vielfalt der Interpretationen und Definitionen „des“ islamischen Rechts ist zu mannigfaltig, als dass ein solcher Verweis eine nachvollziehbare Definition der Anlagegrundsätze erlauben würde, wie es das Gesetz zwingend verlangt.

Um die gesetzlichen Voraussetzungen zu erfüllen, bieten sich zwei Wege an, mit denen die Anlagegrundsätze näher bestimmt werden. Einerseits können im Verkaufsprospekt des Investmentfonds unmittelbar bestimmte ethische Regeln genannt werden, zu deren Einhaltung der Fondsverwalter verpflichtet ist. So können

---

72 DIE ZEIT Nr. 16, 11. 04. 2002, S. 31; FAZ vom 14. 07. 2004, S. 29.

73 DIE ZEIT Nr. 16, 11. 04. 2002, S. 31.

74 DIE ZEIT Nr. 16, 11. 04. 2002, S. 31.

75 Allgemein zum Investmentgeschäft etwa *Kohls,* Bankrecht, 2. Auflage München, Rn. 367 ff.

76 *Bälz,* Shariafonds in Deutschland: Schutz islamischer Werte durch das Kapitalanlagerecht?, in: Ebert, Hans-Georg / Hanstein, Thoralf (Hrsg.), Beiträge zum Islamischen Recht II, 2003, S. 63 (69).

beispielsweise durch eine umfängliche Negativ-Aufzählung solche Anlagen ausgeschlossen werden, die der islamischen Wirtschaftsethik widersprechen[77]. Eine solche Aufzählung enthält in der Regel die Branchen Glücksspiel, Tabak- und Alkoholherstellung und -handel sowie Nachtclubs. Außerdem kann der Ertrag durch Zinsen komplett ausgeschlossen werden, oder aber – realistischer Weise – auf einen bestimmten Anteil beschränkt werden. Mit derartigen Grundsätzen, die bestimmte Aktien von vornherein aus dem Anlagespektrum eines Investmentfonds ausschließen, ist auch eine ausreichend bestimmte Definition der Anlagegrundsätze gegeben.

Ein anderer Weg, um trotz des großen Interpretationsspielraums, was genau unter „islamischem Recht" zu verstehen ist, eine hinreichend bestimmte Definition der Anlagegrundsätze zu gewährleisten, ist es, die Anlageentscheidung von anderen Personen oder Institutionen vornehmen zu lassen, bzw. sich an deren Rechtsauslegungen auszurichten. Ein solches Gremium ist der sog. Sharia-Board, auf den beispielsweise die oben zitierte Klausel im Verkaufsprospekt der UBS verweist. Allerdings ist es nicht zulässig, dass die Investmentgesellschaft die unmittelbare Anlageentscheidung auf ein solches Board überträgt[78]. Eine solche Kompetenzübertragung würde die Anlageentscheidung aus der Investmentgesellschaft auslagern und damit der Aufsicht der Bundesanstalt für Finanzdienstleistungsaufsicht gem. § 6 Kreditwesengesetz (KWG) über die Investmentgesellschaft entziehen, die nach § 1 Abs. 1 Nr. 6 KWG Kreditinstitut im Sinne des KWG ist. Die Investmentgesellschaft muss somit die eigentlichen Anlageentscheidungen selber treffen und kann sie nicht auf einen externen Beirat von Scharia-Gelehrten übertragen.

Allerdings ist es zulässig, dass mehrere islamische Rechtsgelehrte als eine Art Beirat fungieren, der abstrakte Vorgaben macht, in welche Anlageprodukte der Investmentfond investieren kann, ohne damit gegen islamische Rechtsgrundsätze zu verstoßen[79].

Durch diese Konstruktion werden einerseits die deutschen aufsichtsrechtlichen Vorschriften für Investmentfonds erfüllt, andererseits wird sichergestellt, dass die religiösen Vorschriften des Islam – in einer für Außenstehende nachvollziehbaren Art der Interpretation – eingehalten werden. Genau genommen verspricht ein solcher Fonds dann nicht Investmentgrundsätze „des" islamischen Rechts zu beachten, sondern die Auslegung, die das islamische Recht durch ein bestimmtes Gre-

---

77 *Bälz*, Shariafonds in Deutschland: Schutz islamischer Werte durch das Kapitalanlagerecht?, in: Ebert, Hans-Georg / Hanstein, Thoralf (Hrsg.), Beiträge zum Islamischen Recht II, 2003, S. 63 (70).

78 So auch die Rechtsauffassung der Aufsichtsbehörden, Schreiben des Bundesaufsichtsamtes für das Kreditwesen vom 29. 9. 1997, zitiert nach *Bälz*, Shariafonds in Deutschland: Schutz islamischer Werte durch das Kapitalanlagerecht?, in: Ebert, Hans-Georg / Hanstein, Thoralf (Hrsg.), Beiträge zum Islamischen Recht II, 2003, S. 63 (70).

79 So auch *Bälz*, Shariafonds in Deutschland: Schutz islamischer Werte durch das Kapitalanlagerecht?, in: Ebert, Hans-Georg / Hanstein, Thoralf (Hrsg.), Beiträge zum Islamischen Recht II, 2003, S. 63 (70).

mium erfährt. Sofern dieses Verfahren im Verkaufsprospekt des Investmentfonds richtig und vollständig erläutert wird, ist an dieser Konstruktion eines „islamischen Fonds“ rechtlich nichts auszusetzen.

V. Staatsanleihen nach islamischem Recht

Ein weiteres Beispiel für den Einfluss des islamischen Rechts auf das Finanzwesen ist die Emission von Staatsanleihen, die nach islamischem Recht strukturiert sind (Islamic Bonds, arabisch *Sukuk*). Dabei machte das Land Sachsen-Anhalt den Anfang und begab im Juli 2005 als erster öffentlicher Emittent in Europa überhaupt eine solche Anleihe nach islamischem Recht im Nominalbetrag von 100 Millionen Euro mit einer Laufzeit von fünf Jahren[80]. Da bei dieser Anleihe nach einer engen Auslegung des islamischen Rechts keine Zinsen erhoben werden dürfen, wurde eine besondere rechtliche Gestaltung gewählt[81]. Dabei übertrug das Land Sachsen-Anhalt Nutzungsrechte an landeseigenen Immobilien, u. a. 18 Finanzämter gegen eine Einmalzahlung in Höhe von 100 Millionen Euro an eine neu gegründete, landeseigene Stiftung. Deren Sitz liegt aus Gründen des internationalen Steuerrechts in den Niederlanden. Anschließend mietete das Land Sachsen-Anhalt diese Immobilien von der Stiftung wieder an. Gleichzeitig begab die niederländische Stiftung Treuhandzertifikate, die eigentliche Anleihe, die an der Börse in Luxemburg notiert wurde. Die Anleger erhalten nun statt der aus religiösen Gründen unerwünschten Zinseinnahmen am Ende der Laufzeit ihr Kapital sowie anteilige Mieteinnahmen zurück. Die Konstruktion der Anleihe des Landes Sachsen-Anhalt war an die einer Emission des Staates Katar angelehnt.

80 FAZ v. 14. 07. 2004, S. 29; FAZ vom 24. 02. 2006, Nr. 47, S. 51.

81 FAZ vom 14. 07. 2004, Nr. 134, S. 29.

Literaturverzeichnis

Abbott, Nabia: Studies in Arabic Literary Papyri, Bd. 2: Qur'ānic Commentary and Tradition, 1967

Abdullah, Muhammad Salim: Geschichte des Islams in Deutschland, 1981

– (Hrsg.): 70 Jahre Zentralinstitut Islam-Archiv Deutschland, Festschrift, 1997

– Was will der Islam in Deutschland?, 1993

Abdullah, Muhammad Salim / Gieringer, Franz: Die Präsenz des Islam in der Bundesrepublik Deutschland, Bd. 2, CIBEDO-Dokumentation Nr. 9 v. Dezember 1980, hrsgg. v. der Christlich-Islamischen Begegnung (Dokumentationsleitstelle) in Frankfurt a. M.

Adenau, M.: Die Schule im Spannungsfeld zwischen kulturchristlicher Prägung und staatlicher Neutralität am Beispiel des „Kopftuchstreits", NWVBl. 2004, 289

^{c}*Aǧǧāǧ as-Hatīb, Muhammad*: As-sunna qabla t-tadwīn, 1963

Agthe, Thomas: Eine Schülerin legt die Burka ab. Muslimin will trotz Nachgebens nicht an Bonner Gesamtschule zurück, KStA v. 10. 05. 2006, Nr. 108, S. 8

Agthe, Thomas / Geisen, Thomas: In der Burka zum Unterricht. Bonner Schulleiter suspendiert zwei Schülerinnen – Provokation oder religiöses Bekenntnis, KStA v. 29. / 30. 04. 2006, Nr. 100, S. 3

Ahmed, Munir D.: Die Stellung des Koran in der Ahmadiyya-Theologie, in: Wolfgang Voigt (Hrsg.), XIX. Orientalistentag = ZDMG Suppl. III / 1, 1977, S. 319

Alacacioglu, Hasan: Außerschulischer Religionsunterricht für muslimische Kinder u. Jugendliche türkischer Nationalität in NRW, 1998

al-^{c}Ānī, Muhammad Šafīq: Al-fiqh al-islāmī wa mašrū^{c} al-qānūn al-madanī al-muwahhad fī l-bilād al-^{c}arabīya, 1965

Al-Anṣārī, Aš-Šaik̲ al-Murtadā: Farā'id al-uṣūl, 1955

Al-Azm, Sadik Jalal: Wider den fudamentalistischen Ungeist, in: Michael Lüders (Hrsg.), Der Islam im Aufbruch?, 2. Aufl., 1993, S. 246

Albert, Helmut: Beobachtung der Scientology-Organisation durch die Verfassungsschutzbehörden?, DÖV 1997, 810

Alberts, Hans W.: Neue Religionen und Beamtenrecht – Sannyasin als Lehrer?, NVwZ 1985, 92

Albrecht, Alfred: Die Verleihung der Körperschaftsrechte an islamische Vereinigungen, KuR 1995, 25 (= 210, 1)

– Religionspolitische Aufgaben angesichts der Präsenz des Islam in der Bundesrepublik Deutschland, in: Heiner Marré / Johannes Stüting (Hrsg.), Essener Gespräche zum Thema Staat und Kirche 20, 1986, S. 82

Aldeeb Abu-Sahlieh, Sami A.: Muslims in the West, 2002

Alexy, Robert: Die Theorie der Grundrechte, 3. Aufl., 1996

Algar, Hamid: Der Nakşibendi-Orden in der republikanischen Türkei, in: Jochen Blaschke / Martin van Bruinessen (Hrsg.), Islam und Politik in der Türkei, 1989, S. 167

Al-Hakīm, Muhammad Taqī: Al-uṣūl al-ᶜāmma li l-fiqh al-muqārin, 1963

– An-naṣṣ wa l-ijtihād, 1956

Al-Hudarī, Muhammad: Ta'riḫ at-tašrīᶜ al-islāmī, 1920

Al-Hwānsārī, Muhammad Bāqir: Raudāt al-ǧannāt, 2. Aufl., 1948

Ali, Abdullah Yusuf: The Holy Qur-An, 1968

Al-Kāzimī, Muhammad ᶜAlī al-Ḵurāsānī: Fawā'id al-uṣūl, Bd. 3, 1924

Al-Lāhijī, Mullā ᶜAbd ar-Razzāq: Gauhar-i murâd, 1958

ᶜAllāma, Hasan ben Yūsuf al-Hillī: Al-bāb al-hādī ᶜašar – A Treatise on the Principles of Shicite Theology; Übersetzung v. William McElwee Miller, 1958

Al-Muzaffar, Mohammad Ridā: Uṣūl al-fiqh, Bd. 3, 1963

Amereller, Florian: Hintergründe des „Islamic Banking". Rechtliche Problematik des riba-Verbotes in der Scharia und seine Auswirkungen auf einzelne Rechtsordnungen arabischer Staaten, 1995

Anderson, Norman: Law Reform in the Muslim World, 1976

Anger, Thorsten: Islam in der Schule. Rechtliche Wirkungen der Religionsfreiheit und der Gewissensfreiheit sowie des Staatskirchenrechts im öffentlichen Schulwesen, 2003

– Was bedeutet und wie wichtig ist der „Schulfrieden"?, Zur Lösung religiöser Konflikte in der Schule, KritV 2005, 52

Ansari, Zafar Ishaq: The Authenticity of Traditions: A Critique of Joseph Schacht's Argument e silentio, Hamdard Islamicus 7 (1984), 51

Anschütz, Gerhard: Die Verfassung des Deutschen Reiches vom 11. August 1919, 14. Aufl., 1933

Antes, Peter: Ethik und Politik im Islam, in: ders. / Khalid Durán / Tilman Nagel / Wiebke Walther, Der Islam, 1991, S. 58

Arkoun, Mohammed: Der Islam, 1999

Arndt, Adolf: Umwelt und Recht, NJW 1966, 2204

Arndt, Nina / Droege, Michael: Das Schächturteil des BVerfG – Ein „dritter Weg" im Umgang mit der Religionsausübungsfreiheit, ZevKR 48 (2003), 188

– Zur verfassungsrechtlichen Beurteilung des Schächtens durch einen nichtdeutschen muslimischen Metzger, ZAR 2002, 111

Arnold, Thomas / Guillaume, Alfred (Hrsg.): The Legacy of Islam, 1931 (Nachdruck 1968)

Asad, Muhammad: The Principles of State and Government in Islam, 1961

As-Sibāʿī, Mustafā: As-sunna wa-makānatuhā fī t-tašrīʿ al-islāmī, 1961

Avenarius, Hermann / Heckel, Hans: Schulrechtskunde, 7. Aufl., 2000

Az(a)mi, Mohammad Mustafa: On Schacht's Origins of Muhammadan Jurisprudence, 1985

– Studies in Early *Hadīth* Literature: with a Critical Edition of some Early Texts, 1. Aufl., 1968; 2. Aufl., 1978

Bader, Johann: Cuius regio, eius religio – Wessen Land, dessen Religion, NJW 2004, 3092

– Darf eine muslimische Lehrerin in der Schule ein Kopftuch tragen?, VBlBW 1998, 361

Badura, Peter: Das Berufsrecht in der Rechtsprechung des Bundesverwaltungsgerichts, in: Festgabe 50 Jahre Bundesverwaltungsgericht, 2003, S. 785

– Der Schutz von Religion und Weltanschauung durch das Grundgesetz, 1989

Baer, Susanne / Wrase, Michael: Staatliche Neutralität und Toleranz in der „christlich-abendländischen Wertewelt" – Zur aktuellen Entwicklung im Streit um das Kopftuch –, DÖV 2005, 243

– Staatliche Neutralität und Toleranz: Das Kopftuch-Urteil des BVerfG – BVerfG NJW 2003, 3111, JuS 2003, 1162

Baillie, Neil B. E.: A Digest of Moohummudan Law on the Subjects to Which It Is Usually Applied by British Courts of Justice in India, Bd. 2, 1869

Bakhtiar, Laleh: Encyclopedia of Islamic Law: A Compendium of the Views of the Major Schools, 1996

Balić, Smail: Die innerislamische Diskussion zu Säkularismus, Demokratie und Menschenrechten, in: Werner Ende / Udo Steinbach (Hrsg.), Der Islam in der Gegenwart, 4. Aufl., 1996, S. 590

Bälz, Kilian: Islamische Aktienfonds in Deutschland?, Zeitschrift für Bank- und Kapitalmarktrecht 2002, S. 447

– Shariafonds in Deutschland: Schutz islamischer Werte durch das Kapitalanlagerecht?, in: Hans-Georg Ebert / Thoralf Hanstein (Hrsg.), Beiträge zum Islamischen Recht II, Leipziger Beiträge zur Orientforschung, 2003

Baratta, Mario v.: Der Fischer Weltalmanach 2004, 2003

Barker, Ernest: The Crusades, in: Thomas Arnold / Alfred Guillaume (Hrsg.): The Legacy of Islam, 1931 (Nachdruck 1968), S. 40

Bath, Clemens: Aufenthaltsrechtliche Schutzwirkungen aus Art. 8 EMRK in der Rechtsprechung des BVerwG, NVwZ 1998, 1031

Battis, Ulrich / Bultmann, Peter Friedrich: Was folgt für die Gesetzgeber aus dem Kopftuchurteil des BVerfG?, JZ 2004, 581

Bauer, Thomas: Die GmbH als Rechtsform karitativer Einrichtungen der Kirche, 2003

Bäumlin, Richard: Das Grundrecht der Gewissensfreiheit, VVDStRL 28 (1997), 3

Bausback, Winfried: Religions- und Weltanschauungsfreiheit als Gemeinschaftsgrundrecht, EuR 2000, 261

Behrendt, Ethel Leonore: Gott im Grundgesetz. Der vergessene Grundwert „Verantwortung vor Gott“, 1980

Bell, Richard: Introduction to the Qur'ān, 1953

Bergmann, Alexander / Ferid, Murad / Henrich, Dieter (Hrsg.): Internationales Ehe- und Kindschaftsrecht mit Staatsangehörigkeitsrecht, Loseblatt, Stand 153. Lieferung 2003

Bergmann, Jan: Vom Umgang des deutschen Rechtsstaats mit dem Islam, ZAR 2004, 135

Bergsträßer, Gotthelf: Anfänge und Charakter des juristischen Denkens im Islam. Vorläufige Betrachtungen, Der Islam 14 (1925), 76

Bertrams, Michael: Lehrerin mit Kopftuch?, Islamismus und Menschenbild des Grundgesetzes, DVBl. 2003, 1225

Bielefeldt, Heiner: Muslime im säkularen Rechtsstaat – vom Recht der Muslime zur Mitgestaltung der Gesellschaft, in: Thomas Hartmann / Margret Krannich (Hrsg.), Muslime im säkularen Rechtsstaat, 2001, S. 67

– Zwischen laizistischem Kulturkampf und religiösem Integralismus: Der säkulare Rechtsstaat in der modernen Gesellschaft, in: ders. / Wilhelm Heitmeyer (Hrsg.), Politisierte Religion. Ursachen und Erscheinungsformen des modernen Fundamentalismus, 1998, S. 474

Bielefeldt, Heiner / Heitmeyer, Wilhelm (Hrsg.): Politisierte Religion. Ursachen und Erscheinungsformen des modernen Fundamentalismus, 1998

Bierschwale, Ingo: An türkischen Schulen und Universitäten ist das Kopftuch tabu, KuR 2003, 192 (= 980, 434)

Bihl, Wolfdieter: Islam. Historisches Phänomen und politische Herausforderung für das 21. Jahrhundert, 2003

Blachère, Regis: Introduction au Coran, 2. Aufl., 1959

Bleckmann, Albert: Von der individuellen Religionsfreiheit des Art. 9 EMRK zum Selbstbestimmungsrecht der Kirchen – Ansätze zu einem „Europäischen Staatskirchenrecht“, 1995

Blum, Nikolaus: Die Gedanken-, Gewissens- und Religionsfreiheit nach Art. 9 der Europäischen Menschenrechtskonvention, 1990

Blumenwitz, Dieter: Aufenthaltsgenehmigung für Imame in Deutschland, 1985

Bock, Wolfgang: Das für alle geltende Gesetz und die kirchliche Selbstbestimmung, 1996

– Die Religionsfreiheit zwischen Skylla und Charybdis, AöR 123 (1998), 444

– Verfassungsrechtliche Probleme der Einführung islamischen Religionsunterrichts, RdJB 2001, 330

Böckenförde, Ernst-Wolfgang: Anmerkung zu BVerwG, Urteil v. 24. 06. 2004 – 2 C 45.03, JZ 2004, 1181

– Elternrecht – Recht des Kindes – Recht des Staates. Zur Theorie des verfassungsrechtlichen Elternrechts und seiner Auswirkung auf Erziehung und Schule, in: Josef Krautscheidt / Heiner Marré (Hrsg.), Essener Gespräche zum Thema Staat und Kirche 14, 1980, S. 54

– „Kopftuchstreit“ auf dem richtigen Weg?, NJW 2001, 723

– Schutzbereich, Eingriff, Verfassungsimmanente Schranken, Der Staat 42 (2003), S. 165

Bohl, Elke Dorothea: Der öffentlich-rechtliche Körperschaftsstatus der Religionsgemeinschaften, 2001

Bongars, Jacques: Gesta Dei per Francos (1612), in: Oliver J. Thatcher/Edgar Holmes McNeal (Hrsg.), A Source Book for Medieval History, 1905, S. 513

Bonner Kommentar zum Grundgesetz: Kommentar zum Bonner Grundgesetz, Loseblatt, hrsgg. v. Rudolf Dolzer, Klaus Vogel und Karin Graßhof, Stand Juli 2006

Borowski, Martin: Die Glaubens- und Gewissensfreiheit des Grundgesetzes, 2006

Bosse, Wolfgang: Anmerkung zu BVerwG, Urteil v. 15. 11. 1974 – VII C 12.74 –, DÖV 1975, 350

Bothe, Michael: Erziehungsauftrag und Erziehungsmaßstab der Schule im freiheitlichen Verfassungsstaat, VVDStRL 54 (1995), 7

Bousquet, George Henri: Le mystère de la formation et des origines du fiqh, Revue Algérienne, Tunisienne et Marocaine de Législation et de Jurisprudence 63 (1947), 66

Braun, Bernd: Niederlassungsrecht der Bundesrepublik Deutschland. Das Recht der wirtschaftlichen Betätigung ausländischer natürlicher und juristischer Personen in der Bundesrepublik Deutschland, 1973

Braune, Walther: Der islamische Orient zwischen Vergangenheit und Zukunft. Eine geschichtstheoretische Analyse seiner Stellung in der Weltsituation, 1960

Brentjes, Helga: Die Imamatslehren im Islam nach der Darstellung des Asch^carī, 1964

Breuer, Marten: Abschiebung mit Kopftuch – Nachbemerkungen zu einem (un-)erledigten Verfahren, NVwZ 2002, 950

Breuer, Rita: Familienleben im Islam, 4. Aufl., 2002

Britz, Gabriele: Das verfassungsrechtliche Dilemma doppelter Fremdheit: Islamische Bekleidungsvorschriften für Frauen und Grundgesetz, KJ 2003, 95

– Der Einfluß christlicher Tradition auf die Rechtsauslegung als verfassungsrechtliches Gleichheitsproblem?, Zu den praktischen Grenzen religiöser Neutralität im säkularen Staat, JZ 2000, 1127

Britz, Gunther: Der Islam ante portas, ZRP 2003, 219

Brox, Hans: Handelsrecht und Wertpapierrecht, 17. Aufl., 2004

Bruinessen, Martin van: Die Türkische Republik, ein säkularisierter Staat?, in: Jochen Blaschke/Martin van Bruinessen (Hrsg.), Islam und Politik in der Türkei, 1989, S. 13

Brunschvig, Robert: Polémiques médiévales autour du rite de Mālik, al-Andalus 15 (1950), 377

Buckler, Francis W.: Harunu'l-Rashid and Charles the Great, 1931

Bumke, Ulrike: Zur Problematik frauenspezifischer Fluchtgründe – dargestellt am Beispiel der Genitalverstümmelung, NVwZ 2002, 423

Bundesministerium des Innern (Hrsg.): Verfassungsschutzbericht 2002, 2003

Bundesregierung: Islam in Deutschland. Antwort der Bundesregierung auf die Große Anfrage der Abgeordneten Dr. Jürgen Rüttgers, Erwin Marschewski (Recklinghausen), Wolfgang Zeitlmann, weiterer Abgeordneter und der Fraktion der CDU / CSU – Drucksache 14 / 2301, BT-Drucks. 14 / 4530 v. 8. 11. 2000

Bundeszentrale für politische Bildung (Hrsg.): Islam (Arbeitshilfen für die politische Bildung), Politik und Religion im Islam, 2002

Burūjirdī ᶜAbduh, Muhammad: Mabānī-yi huqūq-i islāmī-yi mukٟtalif al uṣūl, 1925

Busse, Heribert: Grundzüge der islamischen Theologie und der Geschichte des islamischen Raumes, in: Werner Ende / Udo Steinbach (Hrsg.), Der Islam in der Gegenwart, 4. Aufl., 1996, S. 19

Büttner, Friedemann: „Der Islam ist Religion und Staat!“, abrufbar unter: www.uni-kassel.de/fb10/frieden/themen/Islam/buettner.html (letztmals am 11. 11. 2003 auf Aktualität hin überprüft)

– Islamischer Fundamentalismus – eine Herausforderung für den Westen?, in: Heiner Marré / Dieter Schümmelfelder / Burkhard Kämper (Hrsg.), Essener Gespräche zum Thema Staat und Kirche 33, 1999, S. 107

Cahen, Claude: Der Islam, Bd. 1, 1968 (= Fischer Weltgeschichte, Bd. 14)

Calliess, Christian / Ruffert, Matthias (Hrsg.): Kommentar zu EU-Vertrag und EG-Vertrag, 2. Aufl., 2002

Campenhausen, Axel Freiherr von: Körperschaftsstatus der Kirchen und Religionsgemeinschaften, ZevKR 46 (2001), 165

– Religionsfreiheit, in: Josef Isensee / Paul Kirchhof (Hrsg.), Handbuch des Staatsrechts der Bundesrepublik Deutschland, Bd. VI, Freiheitsrechte, 2. Aufl., 2001, § 136

Campenhausen, Axel Freiherr von / de Wall, Heinrich: Staatskirchenrecht. Eine systematische Darstellung des Religionsverfassungsrechts in Deutschland und Europa, 4., überarbeitete und ergänzende Aufl., 2006

Caspar, Johannes: Verfassungs- und verwaltungsrechtliche Aspekte des Schächtens, NuR 2002, 402

Çavdar, Ibrahim: Islamischer Religionsunterricht an deutschen Schulen, RdJB 1993, 265

Classen, Claus Dieter: Religionsrecht, 2006

Clemens, Thomas: Grenzen staatlicher Maßnahmen im Schulbereich, NVwZ 1984, 65

Conring, Hans-Tjabert: Korporative Religionsfreiheit in Europa – Eine rechtsvergleichende Betrachtung, 1998

Coulson, Noel J.: A History of Islamic Law, 1964

– Correspondence, Middle Eastern Studies 3 (1967), 195

– European Criticism of Hadīth Literature, in: Alfred F. L. Beeston / Thomas M. Johnstone / Robert B. Serjeant / G. Rex Smith (Hrsg.), Arabic Literature to the End of the Umayyad Period, 1983, S. 317

Coumont, Nina: Muslimische Schüler und Schülerinnen in der öffentlichen Schule. Zur Frage, inwieweit der Staat im schulischen Bereich zur Rücksichtnahme auf Glaubensvorstellungen muslimischer Schüler, Schülerinnen und Eltern verpflichtet ist, Diss. iur. Köln, 2007, Manuskriptfassung, zur Verlagsveröffentlichung vorgesehen

Crone, Patricia: Roman, Provincial and Islamic Law. The Origins of the Islamic Patronate, 1987

Czermak, Gerhard: Kopftuch, Neutralität und Ideologie. Das Kopftuch-Urteil des BVerfG im ideologischen Streit, NVwZ 2004, 943

Daiber, Birgit: Grenzen staatlicher Zuständigkeit, 2006

Danwitz, Thomas v.: Eigentumsschutz in Europa und im Wirtschaftsvölkerrecht, in: Thomas v. Danwitz / Otto Depenheuer / Christoph Engel (Hrsg.), Bericht zur Lage des Eigentums, 2002, S. 215

Dassetto, Felice: in: Silvio Ferrari / Anthony Bradney (Hrsg.), Islam and European Legal Systems, 2000, S. 31

Dauses, Manfred A.: Handbuch des EU-Wirtschaftsrechts, Loseblatt, Stand Dezember 2004

Debus, Anne: Machen Kleider wirklich Leute? – Warum der „Kopftuch-Streit“ so „spannend“ ist, NVwZ 2001, 1355

Deckert, Martine / Schroeder, Werner: Zur Reichweite der Grundfreiheiten, JZ 2001, 88

Degen, Manfred: Die Unionsbürgerschaft nach dem Vertrag über die europäische Union unter besonderer Berücksichtigung des Wahlrechts, DÖV 1993, 749

Delius, Peter (Hrsg.): Weltreligionen, 1997

Dere, Ali: Die Hadīṯanwendung bei Imām Mālik b. Anas, Diss. phil., 1994

Deutsch, Emanuel: Der Islam, 1873

Deutsche Bischofskonferenz und Rat der Evangelischen Kirche in Deutschland: „Für eine Zukunft in Solidarität und Gerechtigkeit“, 1997

Dietrich, Myrian: Islamischer Religionsunterricht. Rechtliche Perspektiven, 2006

Dietz, Andreas: Ausnahmegenehmigungen zum Schächten aufgrund § 4a TierSchG, NuR 2003, 477

Dilger, Konrad: Diskussionsbeitrag, in: Heiner Marré / Johannes Stüting, Essener Gespräche zum Thema Staat und Kirche 20, 1986, S. 195

Dirie, Waris: Wüstenblume, 1999

Dittmann, Armin: Erster Beratungsgegenstand: Erziehungsauftrag und Erziehungsmaßstab der Schule im freiheitlichen Verfassungsstaat, 2. Bericht von Prof. Dr. Armin Dittmann, Stuttgart-Hohenheim, VVDStRL 54 (1995), 47

Dolzer, Rudolf / Vogel, Klaus / Graßhof, Karin (Hrsg.): Bonner Kommentar zum Grundgesetz, Loseblatt, Stand Juli 2006

Donaldson, Dwight M.: The Shi'ite Religion. A History of Islam in Persia and Iraq, 1933

Dörries, Bernd: Kopftuchverbot in Baden-Württemberg gelockert. Richter: Anweisung an muslimische Lehrerin verstößt gegen Gleichheitsgrundsatz und Menschenrechtskonvention, Süddeutsche Zeitung v. 08./09.07.2006, S. 1

Dreier, Horst (Hrsg.): Grundgesetz, Kommentar, Bd. I, 2. Aufl., 2004, Bd. III, 1. Aufl., 2000

Duri, Abdalaziz: Arabische Wirtschaftsgeschichte, aus dem Arabischen übersetzt von Jürgen Jacobi, 1979

Durugönül, Esma: Über die Reislamisierung in der Türkei als sozial-religiöse Bewegung, 1995

Dutton, Yasin: The Origins of Islamic Law. The Qur'an, the *Muwatta'* and Madinan *ᶜAmal*, 1999

Eckert, Hédi: Die Stellung des Islams und des islamischen Rechts in ausgewählten Staaten: Jemen, in: Werner Ende / Udo Steinbach (Hrsg.), Der Islam in der Gegenwart, 4. Aufl., 1996, S. 543

Ehlers, Dirk: Religiöse Freiheit und staatliche Letztentscheidung – zugleich eine Besprechung der gleichnamigen Habilitationsschrift von Stefan Muckel, ZevKR 44 (1999), 533

Eiselt, Gerhard: Islamischer Religionsunterricht an öffentlichen Schulen in der Bundesrepublik Deutschland, DÖV 1981, 205

Elger, Ralf: Islam, 2002

– (Hrsg.): Kleines Islam-Lexikon, 2001

Eliash, Joseph: The Ithnâ ᶜasharī-Shīᶜī juristic theory of political and legal authority, Studia Islamica 29 (1969), 17

Elyas, Nadeem: Integration ist keine Einbahnstraße, in: Kai Hafez / Udo Steinbach (Hrsg.), Juden und Muslime in Deutschland, 1999, S. 16

Emenet, Axel: Verfassungsrechtliche Probleme einer islamischen Religionskunde an öffentlichen Schulen. Dargestellt anhand des nordrhein-westfälischen Schulversuchs „Islamische Unterweisung", 2003

– Verstößt die „Islamische Unterweisung" in Nordrhein-Westfalen gegen die Verfassung?, NWVBl. 2004, 214

Enayati, Hale: Die Garantie der individuellen Religionsfreiheit im Völkerrecht, 2002

Ende, Werner: Der schiitische Islam, in: Werner Ende / Udo Steinbach (Hrsg.), Der Islam in der Gegenwart, 4. Aufl., 1996, S. 70

– Schreckgespenst und reale Bedrohung. Der „Heilige Krieg" der Fundamentalisten, 1996

Ende, Werner / Steinbach, Udo (Hrsg.): Der Islam in der Gegenwart, 4. Aufl., 1996

Endreß, Gerhard: Der Islam. Eine Einführung in seine Geschichte, 3. Aufl., 1997

Engelken, Klaas: Nach dem Kopftuchurteil des Bundesverfassungsgericht – Bindungswirkung des Urteils und Entscheidungsmöglichkeiten der Länder –, BayVBl. 2004, 97

– Religiös motiviertes Kopftuch einer Lehrerin. Anmerkung zu BVerfG, Urteil des Zweiten Senats v. 24. 09. 2003 – 2 BvR 1436 / 02 –, DVBl. 2003, 1539

Engelmann, Jacqueline: Ist die Beobachtung von Scientology durch den Verfassungsschutz zulässig?, BayVBl. 1998, 358

Epping, Volker: Grundrechte, 2. Aufl., 2005

Erdle, Steffen: Tunesien – Autoritarismus versus Modernität, in: Bundeszentrale für politische Bildung (Hrsg.), Afrika II (Informationen zur politischen Bildung), 2001, S. 31

Erdoğan, Recep Tayyip: Dornen im Rosengarten Europa, Süddeutsche Zeitung v. 12. 01. 2004, S. 2

Erichsen, Hans-Uwe: Die Verfassungsbeschwerde (Schluß), Jura 1992, 142

Esposito, John L.: Islam and Secularism in the Twenty-First Century, in: ders. / Azzam Tamimi (Hrsg.), Islam and Secularism in the Middle East, 2000, S. 1

– (Hrsg.): The Oxford Encyclopedia of the Modern Islamic World, 1995

– Von Kopftuch bis Scharia. Was man über den Islam wissen sollte, 3. Aufl., 2004

Evers, Hans-Ulrich: Die Befugnis des Staates zur Festlegung von Erziehungszielen in der pluralistischen Gesellschaft, 1979

Faath, Sigrid / Mattes, Hanspeter: Zunehmende Verhärtung, Herder Korrespondenz 58 (2004), 291

Falaturi, Abdoldjavad: Der Islam im Dialog, 5. Aufl., 1996

– Die Zwölfer-Schia aus der Sicht eines Schiiten: Probleme ihrer Untersuchung, in: Erwin Gräf (Hrsg.), Festschrift Werner Caskel zum siebzigsten Geburtstag, 1968, S. 62

– Wie wandlungsfähig ist der Islam?, Herder Korrespondenz 43 (1989), 221

Falckenberg, Dieter / Schiedermair, Werner / Amberg, Hellmuth: Bayerisches Gesetz über das Erziehungs- und Unterrichtswesen, Kommentar, 1983

Faller, Rico: Schächten als Konkurrenzproblem?, KJ 2002, 227

Fartmann-Bischoff, Sabine: Probleme ausländischer Schüler im deutschen Bildungssystem, RdJB 1986, 300

Fehnemann, Ursula: Die Bedeutung des grundgesetzlichen Elternrechts für die elterliche Mitwirkung in der Schule, AöR 105 (1980), 529

– Zur näheren Bestimmung des grundgesetzlichen Elternrechts, DÖV 1982, 353

Ferrari, Silvio: in: ders. / Anthony Bradney (Hrsg.), Islam and European Legal Systems, 2000, S. 1

Filmer, Fridtjof: Das Gewissen als Argument im Recht, Schriften zum öffentlichen Recht, 1. Aufl., 2000

Fischer, Hans Georg: Europarecht, 3. Aufl., 2001

Fischer, Kristian / Groß, Thomas: Die Schrankendogmatik der Religionsfreiheit, DÖV 2003, 932

Fleischer, Thomas: Der Religionsbegriff des Grundgesetzes. Zugleich ein Beitrag zur Diskussion über die neuen „Jugendreligionen", 1989

Forte, David F.: Islamic Law: The Impact of Joseph Schacht, Loyola of the Los Angeles International and Comparative Law Annual 1 (1978), 1

– Studies in Islamic Law. Classical and Contemporary Application, 1999

Frank, Joachim: Der religiöse Mummenschanz, KStA v. 29./30. 04. 2006, Nr. 100, S. 4

Freihalter, Gerd Ulrich: Gewissensfreiheit. Aspekte eines Grundrechts, Schriften zur Rechtstheorie, Heft 31, 1973

Friauf, Karl Heinrich / Höfling, Wolfram (Hrsg.): Berliner Kommentar zum Grundgesetz, Loseblatt, Stand August 2006, 17. Lieferung (Grundwerk aus dem Jahr 2000)

Fromme, Friedrich Karl: Medien und Bundesverfassungsgericht, Recht und Politik 2005, 26

Frowein, Jochen Abr. / Peukert, Wolfgang: EMRK-Kommentar, 2. Aufl., 1996

Fück, Johann Wilhelm: J. Schacht: The Origins of Muhammadan Jurisprudence, Oxford 1950, Bibliotheca Orientalis 10 (1953), 196

Fyzee, Asaf Ali Asghar: Compendium of Fatimid Law, 1969

Gaedke, Jürgen: Handbuch des Friedhofs- und Bestattungsrechts, 8. Aufl. 2000

Galembert, Claire de: Die öffentliche Islampolitik in Frankreich und Deutschland: Divergenzen und Konvergenzen, in: Alexandre Escudier / Brigitte Sauzay / Rudolf v. Thadden (Hrsg.), Der Islam in Europa, 2003, S. 46

Gartner, Barbara: Der Islam im religionsneutralen Staat. Die Problematik des muslimischen Kopftuchs in der Schule, des koedukativen Sport- und Schwimmunterrichts, des Gebetsrufs des Muezzin, des Schächtens nach islamischen Ritus, des islamischen Religionsunterrichts und des muslimischen Bestattungswesens in Österreich und Deutschland, 2006

Geiger, Rudolf: Vertrag über die Europäische Union und Vertrag zur Gründung der Europäischen Gemeinschaft, 4. Aufl., 2004

Geis, Max-Emanuel: Geheime Offenbarung oder Offenbarungseid?, Anmerkungen zum „Kruzifix-Beschluss“ des Bundesverfassungsgerichts, RdJB 1995, 373

Ghannouchi, Rachid al-: Secularism in the Arab Maghreb, in: John L. Esposito / Azzam Tamimi (Hrsg.), Islam and Secularism in the Middle East, 2000, S. 97

Ghaussy, A. Ghanie: Der islamische Fundamentalismus in der Gegenwart, in: Thomas Meyer (Hrsg.), Fundamentalismus in der modernen Welt, 1989, S. 83

Gibb, Hamilton A. R.: J. Schacht: The Origins of Muhammadan Jurisprudence, Oxford 1950, Journal of Comparative Legislation and International Law 1951, 114

Gleave, Robert: Akhbārī Shīᶜī *uṣūl al-fiqh* and the Juristic Theory of Yūsuf b. Ahmad al-Bahrānī, in: Robert Gleave / Eugenia Kermeli (Hrsg.), Islamic Law. Theory and Practice, 1997 (Nachdruck 2001), S. 24

Goerlich, Helmut: Art. 140 GG, Art. 137 V 2 WRV und Verfahrenseingriffe – eine weitere Begegnung der Zeugen Jehovas mit staatlichem Recht, NVwZ 2001, 1369

– Distanz und Neutralität im Lehrerberuf – zum Kopftuch und anderen religiösen Symbolen, NJW 1999, 2929

– Religionspolitische Distanz und kulturelle Vielfalt unter dem Regime des Art. 9 EMRK, NJW 2001, 2862

Goldziher, Ignaz: Art. „Fikh“, in: M. Th. Houtsma / A. J. Wensinck / W. Heffening / T. W. Arnold / E. Lévi-Provençal (Hrsg.), Enzyklopaedie des Islam. Geographisches, ethnographisches und biographisches Wörterbuch der muhammedanischen Völker, Bd. 2, 1927, S. 106

– Die Richtungen der islamischen Koranauslegung, 1920 (Nachdruck: 1952)

– Die Zâhiriten. Ihr Lehrsystem und ihre Geschichte. Ein Beitrag zur Geschichte der muhammedanischen Theologie, 1884 (zitiert nach dem reprografischen Nachdruck Hildesheim 1967)

– Muhammedanisches Recht in Theorie und Wirklichkeit, Zeitschrift für vergleichende Rechtswissenschaft 8 (1889), 406

– Muhammedanische Studien, Bd. 1, 1889; Bd. 2, 1890

– Vorlesungen über den Islam, 2. Aufl., 1925

Gotzen, Hans-Heiner: Der Beschluß Nr. 1 / 80 des Assoziationsrates EWG / Türkei, VR 1997, 372

Grabenwarter, Christoph: Die Charta der Grundrechte für die Europäische Union, DVBl. 2001, 1

– Die korporative Religionsfreiheit nach der Menschenrechtskonvention, in: Stefan Muckel (Hrsg.), Kirche und Religion im sozialen Rechtsstaat, Festschrift für Wolfgang Rüfner zum 70. Geburtstag, 2003, S. 147

– Europäische Menschenrechtskonvention, 2. Aufl., 2005

Grabitz, Eberhard / Hilf, Meinhard (Hrsg.): Das Recht der Europäischen Union, Loseblatt, Stand März 2005

Gräf, Erwin: Jagdbeute und Schlachttier im islamischen Recht. Eine Untersuchung zur Entwicklung der islamischen Jurisprudenz, 1959

v. der Groeben, Hans / Thiesing, Jochen / Ehlermann, Claus-Dieter: Kommentar zum EG- / EU-Vertrag, 5. Aufl., 1999

v. der Groeben, Hans / Schwarze, Jürgen: Vertrag über die Europäische Union und Vertrag zur Gründung der Europäischen Gemeinschaft, Kommentar, 6. Aufl., 2004

Groh, Bernd Martin: Anmerkung zu OVG Hamburg, Beschluss v. 26. 11. 1984, OVG Bs. I 171 / 84, RdJB 1985, 301

Gromitsaris, A.: Laizität und Neutralität in der Schule. Ein Vergleich der Rechtslage in Frankreich und Deutschland, AöR 121 (1996), 359

– Übungsarbeit im öffentlichen Recht zur Vorbereitung auf die Erste Juristische Staatsprüfung. Lösungsvorschlag zur Aufsichtsarbeit SächsVBl. 1997, 70, SächsVBl. 1997, 93

Groß, Thomas: Zuwanderung aus humanitären Gründen, ZAR 2005, 61

Grupp, Klaus / Stelkens, Ulrich: Zur Berücksichtigung der Gewährleistungen der Europäischen Menschenrechtskonvention bei der Auslegung des deutschen Rechts, DVBl. 2005, 133

Guillaume, Alfred: J. Schacht: The Origins of Muhammadan Jurisprudence, Oxford 1850, Bulletin of the School of Oriental and African Studies 16 (1954), 176

Guntau, Burkhard: Der Ruf des Muezzin in Deutschland – Ausdruck der Religionsfreiheit?, ZevKR 43 (1998), 369

Häberle, Peter: Der Fundamentalismus als Herausforderung des Verfassungsstaates: rechts- bzw. kulturwissenschaftlich betrachtet, in: Eike Schmidt / Hans-Leo Weyers (Hrsg.), Liber Amicorum Josef Esser, 1995, S. 49

Hailbronner, Kay: Asyl- und Ausländerrecht, 2006

– Ausländerrecht, in: Norbert Achterberg / Günter Püttner / Thomas Würtenberger, Besonderes Verwaltungsrecht Bd. II, § 22, 2. Aufl., 2000

– (Hrsg.): Ausländerrecht, Kommentar, Loseblatt, Stand 20. 6. 2005

– Freizügigkeit, in: Manfred A. Dauses, Handbuch des EU-Wirtschaftsrechts, Loseblatt, Stand April 2003

– Geschlechtsspezifische Fluchtgründe, die Genfer Flüchtlingskonvention und das deutsche Asylrecht, ZAR 1998, 152

– Neue Richtlinie zur Freizügigkeit der Unionsbürger, ZAR 2004, 259

Halfmann, Ralf: Der Streit um die „Lehrerin mit Kopftuch". Die Religionsfreiheit von Beamten im Konflikt mit dem religiös-weltanschaulichen Neutralitätsgebot des Staates, NVwZ 2000, 862

Hallaq, Wael B.: A History of Islamic Legal Theories. An Introduction to Sunnī Uṣūl al-Fiqh, 1997

Haller, Jochen: Das Aufenthaltsrecht der Unionsbürger in Deutschland, 2000

Halm, Heinz: Das Reich des Mahdi, 1991

– Der schiitische Islam, 1994

– Die Ausbreitung der šāfiᶜitischen Rechtsschule von den Anfängen bis zum 8. / 14. Jahrhundert, 1974

– Islamisches Rechts- und Staatsverständnis, abrufbar unter: www.uni-tuebingen.de / orient-sem / download / halm.pdf (letztmals am 11. 11. 2003 auf Aktualität hin überprüft)

Hamel, Walter: Glaubens- und Gewissensfreiheit, in: Karl August Bettermann / Hans Carl Nipperdey / Ulrich Scheuner, (Hrsg.), Die Grundrechte, Bd. 4 / 1, 1960, S. 37

Hamidullah, Muhammad: Histoire d'uṣūl al-fiqh chez les Musulmans, Annales de la Faculté de Droit d'Istanbul 1959, 72

– Sahīfat Hammām b. Munabbih, 5. Aufl., 1961

Hamzawy, Amr: Verhältnis von Politik und Religion, in: Bundeszentrale für politische Bildung (Hrsg.), Afrika II (Informationen zur politischen Bildung), 2001, S. 11

Hanf, Theodor: Modernisierung ohne Säkularisierung? Versuch über religiös-politische Ideologien in der Dritten Welt, in: Ulrich Matz (Hrsg.), Die Bedeutung der Ideologien in der heutigen Welt, 1986, S. 129

Harms, Karsten: Das Recht auf Einreise und Aufenthalt im EG-Recht, NordÖR 2002, 271

Hartmann, Richard: Die Religion des Islam, 1944

Hasan, Ahmad: The Early Development of Islamic Jurisprudence, 1970

– The Theory of *Naskh*, Islamic Studies 4 (1965), 181

Hassan, Farooq: The concept of state and law in Islam, 1981

Häußler, Ulf: Grundrechte – Schächtgenehmigung für muslimische Metzger, JA 2002, 548

Haykal, Mohamad Hussein: Al-Siddik Abū Bakr, 11. Aufl., 1990

Hebeler, Timo / Schmidt, Julia: Schulpflicht und elterliches Erziehungsrecht – Neue Aspekte eines alten Themas?, NVwZ 2005, 1368

Heckel, Martin: Der Rechtsstatus des Religionsunterrichts im pluralistischen Verfassungssystem, 2002

– Gleichheit oder Privilegien?, Der Allgemeine und der Besondere Gleichheitssatz im Staatskirchenrecht, 1993

– Kontinuität und Wandlung des deutschen Staatskirchenrechts unter den Herausforderungen der Moderne, ZevKR 44 (1999), 341

– Religionsfreiheit, in: Gesammelte Schriften, Bd. IV, 1997, S. 647

– Religionsunterricht für Muslime?, in: Gesammelte Schriften, Bd. V, 2004, S. 579

– Religionsunterricht für Muslime?, Kulturelle Integration unter Wahrung der religiösen Identität. Ein Beispiel für die komplementäre Natur der Religionsfreiheit, JZ 1999, 741

– Unterricht in Islam an deutschen Schulen – seine Gründe und Formen, Voraussetzungen und Grenzen, RdJB 2004, 39

– Zur Ordnungsproblematik des Staatskirchenrechts im säkularen Kultur- und Sozialstaat, JZ 1994, 425

Heimann, Hans Markus: Alternative Organisationsformen islamischen Religionsunterrichts, DÖV 2003, 238

Heimbach, Marfa: Die Entwicklung der islamischen Gemeinschaft in Deutschland seit 1961, 2001

Heine, Peter: Halbmond über deutschen Dächern, Muslimisches Leben in unserem Land, 1997

– Wirtschafts- und Finanzrecht, in: Adel Theoder Khoury / Peter Heine / Janbernd Oebbecke, Handbuch Recht und Kultur des Islams in der deutschen Gesellschaft: Probleme im Alltag – Hintergründe – Antworten, 2000

Heinig, Hans Michael: Öffentlich-rechtliche Religionsgesellschaften. Studien zur Rechtstellung der nach Art. 137 Abs. 5 WRV korporierten Religionsgesellschaften in Deutschland und in der Europäischen Union, 2003

Heinig, Hans Michael / Morlok, Martin: Von Schafen und Kopftüchern. Das Grundrecht der Religionsfreiheit in Deutschland vor den Herausforderungen religiöser Pluralisierung, JZ 2003, 777

Heinisch, Klaus J.: Kaiser Friedrich II. in Briefen und Berichten seiner Zeit, 1968

Heintschel v. Heinegg, Wolff / Schäfer, Olaf: Der Grundrechtsschutz (neuer) Religionsgemeinschaften und die Grenzen staatlichen Handelns, DVBl. 1991, 1341

Heitmeyer, Wilhelm / Müller, Joachim / Schröder, Helmut: Verlockender Fundamentalismus, 1997

Heldmann, Hans Heinz: Vom Recht der Islamischen Republik Iran und von unserem ordre public – Asyl, Auslieferung und Abschiebung, ZAR 1990, 137

Hellermann, Johannes: Die sogenannte negative Seite der Freiheitsrechte, 1993

Hense, Ansgar: Glockenläuten und Uhrenschlag. Der Gebrauch von Kirchenglocken in der kirchlichen und staatlichen Rechtsordnung, 1998

Herdegen, Matthias: Gewissensfreiheit und Normativität des positiven Rechts, 1989

Hertlein, Katja: Der rechtliche Rahmen für Bestattungen nach islamischen Vorschriften, NVwZ 2001, 890

Hesse, Konrad: Grundzüge des Verfassungsrechts der Bundesrepublik Deutschland, 20. Aufl., 1995

Hessisches Islamforum: Muslimische Kinder in der Schule. Informationen und Empfehlungen. Sexualerziehung, abrufbar unter: http: //www.interkultureller-rat.de/Themen/Islam forum/Muslimische_Kind er%20(1).pdf (letztmals am 03. 07. 2006 auf Aktualität hin überprüft)

Hildebrandt, Uta: Das Grundrecht auf Religionsunterricht. Eine Untersuchung zum subjektiven Rechtsgehalt des Art. 7 Abs. 3 GG, 2000

Hillgruber, Christian: Der deutsche Kulturstaat und der muslimische Kulturimport. Die Antwort des Grundgesetzes auf eine religiöse Herausforderung, JZ 1999, 538

– Der Körperschaftsstatus von Religionsgemeinschaften – Objektives Grundverhältnis oder subjektives Grundrecht, NVwZ 2001, 1347

Hirt, Almuth / Maisack, Christoph / Moritz, Johanna: Tierschutzgesetz, Kommentar, 2003

Hobe, Stephan: Die Verbürgung der Religionsfreiheit in der EU-Grundrechtecharta, in: Stefan Muckel (Hrsg.), Kirche und Religion im sozialen Rechtsstaat, Festschrift für Wolfgang Rüfner zum 70. Geburtstag, 2003, S. 317

– Europarecht, 2. Aufl., 2004

Hobohm, Mohammad Aman Herbert: Muslime in der Diaspora, in: Rainer Isak / Hansjörg Schmid (Hrsg.), Christen und Muslime in Deutschland, 2003, S. 27

Hoffmeister, Frank: Die Europäische Menschenrechtskonvention als Grundrechtsverfassung und ihre Bedeutung in Deutschland, Der Staat 40 (2001), 349

Höfling, Wolfram: Kopernikanische Wende rückwärts?, Zur neueren Grundrechtsjudikatur des Bundesverfassungsgerichts, in: Stefan Muckel (Hrsg.), Kirche und Religion im sozialen Rechtsstaat, Festschrift für Wolfgang Rüfner zum 70. Geburtstag, 2003, S. 329

Hofmann, Murad Wilfried: Islam, 2001

Hollerbach, Alexander: Religions- und Kirchenfreiheit im KSZE-Prozeß, in: Eckart Klein (Hrsg.), Grundrechte, soziale Ordnung und Verfassungsgerichtsbarkeit, Festschrift für Ernst Benda, 1995, S. 117

Hoppe, Werner / Bönker, Christian / Grotefels, Susan: Öffentliches Baurecht – Bauplanungsrecht, Bauordnungsrecht und Grundzüge des Raumordnungsrechts, 2. Aufl., 2002

Horst, Eberhard: Der Sultan von Lucera. Friedrich II. und der Islam, 1997

Hottinger, Arnold: Ideologie und Personenkult. Der Drang zum starken Mann, in: Michael Lüders (Hrsg.), Der Islam im Aufbruch?, 2. Aufl., 1993, S. 45

Huber, Bertold: Das Sevince-Urteil des EuGH – Ein neues EG-Aufenthaltsrecht für türkische Arbeitnehmer, NVwZ 1991, 242

Huber, Peter M.: Erziehungsauftrag und Erziehungsmaßstab der Schule im freiheitlichen Verfassungsstaat, BayVBl. 1994, 545

Hübsch, Hadayatullah: Fanatische Krieger im Namen Allahs, 2001

Hufen, Friedhelm: Der Regelungsspielraum des Landesgesetzgebers im „Kopftuchstreit", NVwZ 2004, 575

Huntington, Samuel P.: Kampf der Kulturen, 2002

Hussein, T.: Les deux patriarches, Bd. 4, 1973

Huster, Stefan: Die ethische Neutralität des Staates. Eine liberale Interpretation der Verfassung, 2002

– Warum die Lehrerin (k)ein Kopftuch tragen darf. Zum Verhältnis von gesellschaftspolitischen Zielen und verfassungsrechtlicher Argumentation, in: Peter Häberle / Martin Morlok / Vassilios Skouris (Hrsg.), Festschrift für Dimitris Th. Tsatsos zum 70. Geburtstag am 5. Mai 2003, 2003, S. 215

Ibn K̲allikān, Abū-l ᶜAbbas Ahmad: Ibn K̲allikān's Biographical Dictionary, übersetzt von B. MacGuckin de Slane, Bd. 1, 1842 (Nachdruck 1961)

Ipsen, Jörn: Karlsruhe locuta, causa non finita. Das BVerfG im so genannten „Kopftuch-Streit", NVwZ 2003, 1210

– Staatsrecht II. Grundrechte, 7. Aufl., 2004,

– „Stufentheorie" und Übermaßverbot – Zur Dogmatik des Art. 12 GG, JuS 1990, 634

Isensee, Josef / Kirchhof, Paul (Hrsg.): Handbuch des Staatsrechts der Bundesrepublik Deutschland, Bd. V, Allgemeine Grundrechtslehren, 2., durchgesehene Aufl., 2000; Bd. VI, Freiheitsrechte, 2., durchgesehene Aufl., 2001

Isensee, Josef: Private islamische Bekenntnisschule. Zur Ausnahme vom Verfassungsprinzip der für alle gemeinsamen Grundschule, in: Stefan Muckel (Hrsg.), Kirche und Religion im sozialen Rechtsstaat, Festschrift für Wolfgang Rüfner zum 70. Geburtstag, 2003, S. 355

Islamische Religionsgemeinschaft Hessen e. V.: Darstellung der Grundlagen des Islam / Satzung der IRH, 1999

– Stellungnahme zum Gesetzesentwurf der CDU – Fraktion im Hessischen Landtag zur Sicherung der staatlichen Neutralität, Mai 2004, abrufbar unter: http: //www.irh-info.de/nachrichten/nachrichten/2004/dok/IRH-Stellungnahme_GesetzesentwurfKopftuchverbot.pdf (letztmals am 03. 07. 2006 auf Aktualität hin überprüft)

Islamrat für die Bundesrepublik Deutschland e. V.: Die Halal-Regeln des islamischen Schlachtens. Stellungnahme vom 18. 3. 2000, abrufbar unter http: //www.islamrat.de/infothek/info/halal-regeln.htm (letztmals am 04. 01. 2007 auf Aktualität hin überprüft)

– Muslime vereinbaren einheitliche Landesstrukturen. Presseerklärung vom 10. 9. 2005, abrufbar unter www.islamrat.de/presse/p2005/strukturen2.htm (letztmals am 04. 01. 2007 auf Aktualität hin überprüft)

Jäggi, Christian J. / Krieger, David J.: Fundamentalismus. Ein Phänomen der Gegenwart, 1991

Janz, Norbert / Rademacher, Sonja: Das Kopftuch als religiöses Symbol oder profaner Bekleidungsgegenstand? – BayVGH, NVwZ 2000, 952 und VG Stuttgart, NVwZ 2000, 959, JuS 2001, 440

– Islam und Religionsfreiheit. Die religiöse und weltanschauliche Neutralität des Staates auf dem Prüfstand, NVwZ 1999, 706

Jarass, Hans Dieter / Pieroth, Bodo: Grundgesetz für die Bundesrepublik Deutschland, Kommentar, 8. Aufl., 2006

Jeand'Heur, Bernd / Korioth, Stefan: Grundzüge des Staatskirchenrechts, Kurzlehrbuch, 2000

Jeffery, Arthur: Materials for the History of the Text of the Qur'ān. The Old Codices, 1937

Jeffery, Arthur / J. Schacht: The Origins of Muhammadan Jurisprudence, Oxford 1950, The Middle East Journal 5 (1951), 392

Jehkul, Winfried / Ernst, Rainer / Budach, Werner / Hebborn, Klaus / Baldus, Manfred / Kumpfert, Volkmar / Wolfering, Janbernd / Arenz, Norbert / Menzel, Matthias: Schulgesetz für das Land Nordrhein-Westfalen (Schulgesetz NRW – SchulG), Kommentar für die Schulpraxis, Erstlieferung, Stand Februar 2006

Jestaedt, Matthias: Anmerkung zu BVerwG, Urteil v. 03. 05. 1988 – 7 C 89 / 86 (OVG Münster), JZ 1989, 140

– Grundrechtsschutz vor staatlich aufgedrängter Ansicht. Das Kopftuch der Lehrerin als Exempel, in: Josef Isensee / Wilhelm Rees / Wolfgang Rüfner (Hrsg.), Dem Staate, was des Staates – der Kirche, was der Kirche ist, Festschrift für Joseph Listl zum 70. Geburtstag, 1999, S. 259

– Staatliche Rollen in der Eltern – Kind – Beziehung, DVBl. 1997, 693

Jochum, Heike: Islam in der staatlichen Schule, in: Andreas Haratsch u. a. (Hrsg.), Religion und Weltanschauung im säkularen Staat. 41. Tagung der wissenschaftlichen Mitarbeiterinnen und Mitarbeiter der Fachrichtung „Öffentliches Recht", 2001, S. 101

Johansen, Baber: Contingency in a Sacred Law. Legal and Ethical Norms in the Muslim Fiqh, 1998

– Coutumes locales et coutumes universelles aux sources des règles juridiques en droit musulman hanafite, Annales Islamologiques 27 / 1993, 29

– Staat, Recht und Religion im sunnitischen Islam – Können Muslime einen religionsneutralen Staat akzeptieren? in: Heiner Marré / Johannes Stüting (Hrsg.), Essener Gespräche zum Thema Staat und Kirche 20, 1986, S. 12

Jokisch, Benjamin: Ijtihād in Ibn Taymiyya's Fatāwā, in: Robert Gleave / Eugenia Kermeli (Hrsg.), Islamic Law. Theory and Practice, 1997 (Nachdruck 2001), S. 119

Jung, Dietrich: Das Primat des Militärs, ZfTS 14 (2001), 69

Juynboll, Gautier H. A.: Muslim Tradition. Studies in Chronology, Provenance and Authorship of Early Hadīth, 1983

Juynboll, Theodor Willem: Handbuch des islamischen Gesetzes nach der Lehre der schāfiᶜitischen Schule, 1910

Kahl, Wolfgang: Der praktische Fall – Öffentliches Recht: Koran und Schulsport, JuS 1995, 904

Karakasoglu, Yasemin: Die Bestattung von Muslimen in der Bundesrepublik aus der Sicht türkisch-islamischer Organisationen, in: Gerhard Höpp / Gerdien Jonker (Hrsg.), In fremder Erde. Zur Geschichte und Gegenwart der islamischen Bestattung in Deutschland, 1996, S. 97

Kästner, Karl Hermann: Anmerkung zu BVerfG, Urteil v. 24. 09. 2003 – 2 BvR 1436 / 02, JZ 2003, 1178

– Das tierschutzrechtliche Verbot des Schächtens aus der Sicht des Bundesverfassungsgerichts, JZ 2002, 491

– Die Konfessionalität des Religionsunterrichts an öffentlichen Schulen zwischen Religionspädagogik und Jurisprudenz, in: Heinrich de Wall / Michael Germann (Hrsg.), Bürgerliche Freiheit und Christliche Verantwortung, Festschrift für Christoph Link zum 70. Geburtstag, 2003, S. 301

– Hypertrophie des Grundrechts auf Religionsfreiheit?, Über das Verhältnis der Religions- und Weltanschauungsfreiheit zum Geltungsanspruch des allgemeinen Rechts, JZ 1998, 974

– Religiös akzentuierte Kleidung des Lehrpersonals staatlicher Schulen. Verfassungsrechtliche Erwägungen zum Wunsch einer Muslimin, den Dienst als Lehrerin an öffentlichen Schulen des Landes Baden-Württemberg aus religiösen Gründen ausschließlich mit Kopftuch zu versehen, in: Karl-Hermann Kästner / Knut Wolfgang Nörr / Klaus Schlaich (Hrsg.), Festschrift für Martin Heckel zum 70. Geburtstag, 1999, S. 359

Käufeler, Heinz: Das anatolische Dilemma, 2002

Kepel, Gilles: Das Schwarzbuch des Dschihad, 2002

Khadduri, Majid: Islamic Jurisprudence. Shafīᶜī's Risāla, 1961

Khalid, Detlev: Reislamisierung und Entwicklungspolitik (Forschungsberichte des Bundesministeriums für wirtschaftliche Zusammenarbeit, Bd. 30), 1982

Khallâf, 'Abd al-Wahhâb: Les fondements du Droit musulman. 'Ilm ouṣoûl al-fiqh, 1997

Khoury, Adel Theodor: Der Islam und die westliche Welt, 2001

– Der Koran, Übersetzung und wissenschaftlicher Kommentar, 1991 – 2001

– Der Umgang mit Sterbenden und Toten in: Adel Theodor Khoury / Peter Heine / Janbernd Oebbecke (Hrsg.), Handbuch Recht und Kultur des Islams in der deutschen Gesellschaft – Probleme im Alltag – Hintergründe – Antworten, 2000, S. 114

– Toleranz im Islam, 1980

– Was sagt der Koran zum Heiligen Krieg?, 1991

Khoury, Adel Theodor / Abdullah, Muhammad Salim: Der Koran, 3. Aufl., 2001

Khoury, Adel Theodor / Heine, Peter / Oebbecke, Janbernd: Handbuch Recht und Kultur des Islams in der deutschen Gesellschaft. Probleme im Alltag – Hintergründe – Antworten, 2000

Khoury, Adel Theodor / Hagemann, Ludwig / Heine, Peter (Hrsg.): Islam-Lexikon, Geschichte – Ideen – Gestalten, Bd. 1, A-F, Bd. 2, G-N, Bd. 3, O-Z, überarbeitete Neuausgabe, 1999

Kimminich, Otto: Klarstellungen im Asylrecht, Der Staat 29 (1990), 565

Kimminich, Otto / Hobe, Stephan: Einführung in das Völkerrecht, 7. Aufl., 2000

Kingreen, Thorsten: Verfassungsfragen des Ehegatten- und Familiennachzugs im Aufenthaltsrecht, ZAR 2007, 13

Kirchhof, Paul: Die Kirchen und Religionsgemeinschaften als Körperschaften des öffentlichen Rechts, in: Joseph Listl / Dietrich Pirson (Hrsg.), Handbuch des Staatskirchenrechts der Bundesrepublik Deutschland, Bd. 1, 2. Aufl. 1994, S. 651

Kissrow, Winfried / Maaßen, Hans G.: Ausländerrecht, 2. Aufl., 2004

Klein, Hans Hugo: Grundrechte am Beginn des 21. Jahrhunderts, in: Handbuch der Grundrechte in Deutschland und Europa, hrsgg. v. Detlef Merten und Hans-Jürgen Papier, Bd. I, 2004, S. 269

Kloepfer, Michael: Der Islam in Deutschland als Verfassungsfrage, DÖV 2006, 45

Kloesel, Arno / Christ, Rudolf / Häußer, Otto: Deutsches Aufenthalts- und Ausländerrecht, Loseblatt, Stand März 2005

Kluge, Hans-Georg: Das Schächten als Testfall des Staatszieles Tierschutz, NVwZ 2006, 650

Kluth, Winfried: Der Preis der Gewissensfreiheit im weltanschaulich pluralen Leistungsstaat. Eine exemplarische Untersuchung im Bereich des Gesundheitswesens, in: Stefan Muckel (Hrsg.), Kirche und Religion im sozialen Rechtsstaat, Festschrift für Wolfgang Rüfner zum 70. Geburtstag, 2003, S. 459

Kohls, Rainer M.: Bankrecht. 2. Aufl., 1997

Koisser, Walte / Nicolaus, Peter: Das Familienasyl des § 7a Abs 3 AsylVfG – Eine Analyse aus der Sicht des UNHCR, ZAR 1991, 31

Korioth, Stefan: Islamischer Religionsunterricht und Art. 7 III GG. Zu den Voraussetzungen religiöser Vielfalt in der öffentlichen Pflichtschule, NVwZ 1997, 1041

Körper, Rudolf: Fragen des Zusammenlebens von Angehörigen verschiedener Religionen in einem Weltanschaulich neutralen Staat. Vortrag des Parlamentarischen Staatssekretärs beim Bundesminister des Inneren, KuR 2005, 1 (= 110, 255)

Krämer, Gudrun: Der Mensch als Treuhänder Gottes auf Erden, in: Bundeszentrale für politische Bildung (Hrsg.), Weltreligion Islam, 2002, S. 55

– Gottes Staat als Republik. Reflexionen zeitgenössischer Muslime zu Islam, Menschenrechte und Demokratie, 1999

– Islam und Islamismus, in: Bundeszentrale für politische Bildung (Hrsg.), Weltreligion Islam, 2002, S. 12

– Kritik und Selbstkritik: Reformistisches Denken im Islam, in: Michael Lüders (Hrsg.), Der Islam im Aufbruch?, 2. Aufl., 1993, S. 209

Kreiser, Klaus / Wielandt, Rotraud: Lexikon der Islamischen Welt, 2. Aufl., 1992

Kremer, Alfred v.: Culturgeschichte des Orients unter den Chalifen, Bd. 1, Wien 1875; Bd. 2, 1877

Krey, August C.: The First Crusade. The Accounts of Eyewitnesses and Participants, 1921

Kubelka, Louise / Schian, Marcus: Causa Kopftuch. Ein europäischer Vergleich, 1. Aufl., 2004

Kultusministerkonferenz: Die Bedeutung des Schulsports für lebenslanges Sporttreiben. Gemeinsame Erklärung der Präsidentin der Kultusministerkonferenz, des Präsidenten des Deutschen Sportbundes und des Vorsitzenden der Sportministerkonferenz vom 12. 12. 2005, abrufbar unter: http: //www.kmk.org/doc/beschl/2005_GemErklaerung_KMK-DSB-SMK-lebenslang.pdf (letztmals am 03. 07. 2006 auf Aktualität hin überprüft)

– Perspektiven des Schulsports vor dem Hintergrund der allgemeinen Schulentwicklung. Beschluss der Kultusministerkonferenz vom 16. 09. 2004, abrufbar unter: http: //www.kmk.org/doc/beschl/Perspektiven%20des%20Schulsports_2004.p df (letztmals am 03. 07. 2006 auf Aktualität hin überprüft)

– Richtlinien zur Durchführung von Schulwanderungen und Schulfahrten an den öffentlichen Schulen. Erlass der Kultusministerkonferenz vom 6. Februar 1997, abrufbar unter: http: //www.bm.mv-regierung.de/_sites/bibo/richtlinien/schule/schulwanderungen.pdf (letztmals am 03. 07. 2006 auf Aktualität hin überprüft)

– Zur Situation des Unterrichts im Fach Musik an den allgemeinbildenden Schulen in der Bundesrepublik Deutschland. Bericht der Kultusministerkonferenz vom 10. 03. 1998, Hrsg.: Sekretariat der Ständigen Konferenz der Kultusminister der Länder in der Bundesrepublik Deutschland, 3., aktualisierte Aufl., 1998

– Zweites Aktionsprogramm für den Schulsport. Der Öffentlichkeit am 17. April 1985 in Bonn auf Grund übereinstimmender Beschlüsse der Ständigen Konferenz der Kultusminister der Länder, des Deutschen Sportbundes und der kommunalen Spitzenverbände übergeben, Sammlung der Beschlüsse der Ständigen Konferenz der Kultusminister, Nr. 80.1, abrufbar unter: http: //www.kmk.org/doc/publ/zwaktprog.pdf (letztmals am 03. 07. 2006 auf Aktualität hin überprüft)

Küng, Hans: Der Islam. Geschichte – Gegenwart – Zukunft, 3. Aufl., 2004

Kunig, Philip / Mager, Ute: Zwischenprüfungsklausur Öffentliches Recht. Schulsport und Islam, Jura 1992, 364

Kurzrock, Ruprecht (Hrsg.): Die islamische Welt, 1984

Langenfeld, Christine: Darf eine muslimische Lehrerin in der Schule ein Kopftuch tragen?, Anmerkung zum Urteil des Verwaltungsgerichts Stuttgart vom 24. März 2000, RdJB 2000, 303

– Die Diskussion um das Kopftuch verkürzt das Problem der Integration, RdJB 2004, 4

– Die Stellung der EMRK im Verfassungsrecht der Bundesrepublik Deutschland, in: Jürgen Bröhmer (Hrsg.), Der Grundrechtsschutz in Europa, 2002, S. 95

– Integration und kulturelle Identität zugewanderter Minderheiten. Eine Untersuchung am Beispiel des allgemeinbildenden Schulwesens in der Bundesrepublik Deutschland, 2001

– Staatlicher Bildungsauftrag und religiöse Selbstbestimmung, in: Religionsfreiheit zwischen individueller Selbstbestimmung, Minderheitenschutz und Staatskirchenrecht – Völker- und verfassungsrechtliche Perspektiven, hrsgg. v. Rainer Grote und Thilo Marauhn, 2001, S. 311

Laoust, Henri: Essai sur les doctrines sociales et politiques de Taki-d-Din Ahmad b. Taimiya, 1939

– Les schismes dans l'Islam. Introduction à une étude de la religion musulmane, 1965

Laskowski, Silke Ruth: Keine Befreiung vom Sexualkundeunterricht aus religiösen Gründen. Anmerkung zu VG Hamburg, Beschluss v. 12. 01. 2004 – 15 VG 5827 / 2003, NordÖR 2004, 415

Lech, Klaus: Geschichte des islamischen Kultus, Bd. 1: Das ramadān-Fasten, 1979

Leggewie, Claus: Alhambra – Der Islam im Westen, 1993

Lemmen, Thomas: Die Sozialarbeit muslimischer Organisationen in Deutschland, in: Klaus D. Hildemann / Klaus Hartmann (Hrsg.), Religion – Kirche – Islam, 2003, S. 191

– Islamische Bestattungen in Deutschland, 2. Aufl., 1999

– Muslime in Deutschland. Eine Herausforderung für Kirche und Gesellschaft, 2001

Lemmen, Thomas / Miehl, Melanie: Islamisches Alltagsleben in Deutschland, hrsgg. vom Wirtschafts- und sozialpolitischen Forschungs- und Beratungszentrum der Friedrich-Ebert-Stiftung, 2. Aufl., 2001

Lenz, Carl O. / Borchardt, Klaus D. (Hrsg.): EU- und EG-Vertrag, Kommentar, 3. Aufl., 2003

Lenz, Sebastian: Schutzbereich und Schranken der Religionsfreiheit, VR 2003, 226

Lerch, Wolfgang Günter: Muhammads Erben, 1999

Leveau, Rémy: Der Islam in Frankreich: Wandel und Kontinuitäten, in: Alexandre Escudier / Brigitte Sauzay / Rudolf v. Thadden (Hrsg.), Der Islam in Europa, 2003, S. 12

Levinger, Israel Meir: Die Jüdische Schlachtmethode, in: Richard Potz / Brigitte Schinkele / Wolfgang Wieshaider (Hrsg.), Schächten. Religionsfreiheit und Tierschutz, 2001, S. 1

Lewis, Bernard: Legal and historical reflections on the position of Muslim populations under non-Muslim rule, in: ders. / Dominique Schnapper (Hrsg.), Muslims in Europe, 1994, S. 1

Lienbacher, Georg: Die rechtliche Anerkennung von Religionsgemeinschaften in Österreich, in: Christoph Grabenwarter / Norbert Lüdecke (Hrsg.), Standpunkte im Kirchen- und Staatskirchenrecht, 2002, S. 154

Linant de Bellefonds, Yvon: Traité de Droit musulman comparé, Bd. 1, 1965

Lindner, Berend: Körperschaftsstatus für Muslime?, ZevKR 48 (2003), 178

Listl, Joseph: Glaubens-, Bekenntnis- und Kirchenfreiheit, in: ders. / Dietrich Pirson, (Hrsg.) Handbuch des Staatskirchenrechts der Bundesrepublik Deutschland, Bd. 1, 2. Aufl. 1994, S. 439

Listl, Joseph / Pirson, Dietrich (Hrsg.): Handbuch des Staatskirchenrechts der Bundesrepublik Deutschland, Bd. 1, 2. Aufl., 1994, Bd. 2, 2. Aufl., 1995

Littmann, Enno: Morgenländische Wörter im Deutschen, 2. Aufl., 1924

Locke, John: Ein Brief über Toleranz (1689), übersetzt, eingeleitet u. mit Anmerkungen erläutert von Julius Ebbinghaus, 1957

Lohlker, Rüdiger: Das islamische Recht im Wandel. Ribā, Zins und Wucher in Vergangenheit und Gegenwart, 1999

Lokotsch, Karl: Etymologisches Wörterbuch der europäischen (germanischen, romanischen und slavischen) Wörter orientalischen Ursprungs, 1927

Lorenz, Dieter: Wissenschaft darf nicht alles! Zur Bedeutung der Rechte anderer als Grenze grundrechtlicher Gewährleistung, in: Peter Badura (Hrsg.), Wege und Verfahren des Verfassungslebens 1993, Festschrift für Peter Lerche zum 65. Geburtstag, 1993, S. 267

Loschelder, Wolfgang: Der Islam und die religionsrechtliche Ordnung des Grundgesetzes, in: Heiner Marré / Johannes Stüting, Essener Gespräche zum Thema Staat und Kirche 20, 1986, S. 149

– Grenzen staatlicher Wertevermittlung in der Schule, in: Joseph Isensee / Wilhelm Rees / Wolfgang Rüfner (Hrsg.), Dem Staate, was des Staates – der Kirche, was der Kirche ist, Festschrift für Joseph Listl zum 70. Geburtstag, 1999, S. 349

Löschner, Harald: Die dogmatischen Grundlagen des šī'itischen Rechts. Eine Untersuchung zur modernen imāmitischen Rechtsquellenlehre, 1971

Lücke, Hanna: ‚Islamischer Fundamentalismus' – Rückfall ins Mittelalter oder Wegbereiter der Moderne?, 1993

MacDonald, Duncan B.: The Development of Muslim Theology, Jurisprudence and Constitutional Theory, 1903

Madelung, Wilhelm: Der Imam al-Qāsim ibn Ibrāhīm und die Glaubenslehre der Zaiditen, 1965

Magen, Stefan: Zum Verhältnis von Körperschaftsstatus und Religionsfreiheit, NVwZ 2001, 888

Mager, Ute: Der Kopftuchstreit vor dem Bundesverfassungsgericht, Religion – Staat – Gesellschaft 2004, 275

Mahmassani, Maher S.: Le Droit musulman et la vocation universelle de l'Islam, in: Sélim Jahel / Adrien-Charles Dana / Serge Guinchard u. a. (Hrsg.), Une certaine idée du Droit. Mélanges André Decocq, Paris 2004, S. 437

Mahrenholz, Ernst Gottfried: Darf die Schulverwaltung einer Schülerin das Tragen eines Schleiers in der Schule verbieten?, RdJB 1998, 287

– Kopftuch, Religion und Grundgesetz, Vortrag gehalten anlässlich der NRW-Migrationsgespräche des Landeszentrums für Zuwanderung NRW, der Auslandsgesellschaft Nordrhein-Westfalen, der Landeszentrale für politische Bildung NRW und des Katholischen Bildungswerkes Köln am 06. 10. 2003 im Rathaus Dortmund, abrufbar unter: http://www.rathaus-bremen.de/de/Kap5/reader_1.pdf (letztmals am 03. 07. 2006 auf Aktualität hin überprüft)

Makdisi, George: The Juridical Theology of Shâfi'î – Origins and Significance of Us,ûl al-Fiqh, Studia Islamica 59 (1984), 5

Mangoldt, Hermann v. (Begr.) / *Klein, Friedrich* / *Starck, Christian* (Hrsg.): Das Bonner Grundgesetz, Kommentar, Bd. I, Bd. II, Bd. III, 5. Aufl., 2005

Mann, Suzanne: Das Kopftuch der muslimischen Lehramtsanwärterin als Eignungsmangel im Beamtenrecht, 2004

Manssen, Gerrit: Staatsrecht II – Grundrechte, 4. Aufl., 2005

Margoliouth, David Samuel: The Early Development of Mohammedanism. Lectures Delivered in the University of London, May / June 1913, Lecture III: The Legal Supplement, 1914

Marré, Heiner: Der Islam in Deutschland – Historische, politische und rechtliche Überlegungen zu einem komplexen Thema, in: Stefan Muckel (Hrsg.), Kirche und Religion im sozialen Rechtsstaat, Festschrift für Wolfgang Rüfner zum 70. Geburtstag, 2003, S. 553

Marschner, Andreas: Das reformierte Recht der Ausländerbeschäftigung – Alter Wein in neuen Schläuchen?, DB 2005, 499

Marx, Reinhard: Furcht vor Verfolgung wegen der Zugehörigkeit zu einer bestimmten sozialen Gruppe (Art. 10 I Bst. d RL 2004 / 83 / EG), ZAR 2005, 177

– Kommentar zum Asylverfahrensgesetz, 6. Aufl., 2005

– Terrorismusvorbehalte des Zuwanderungsgesetzes, ZAR 2004, 275

Maunz, Theodor / Dürig, Günter (Begr.): Grundgesetz, Kommentar, Loseblattsammlung, von Theodor Maunz, Günter Dürig, Peter Badura, Udo di Fabio, Matthias Herdegen, Roman Herzog, Hans H. Klein, Stefan Korioth, Peter Lerche, Hans-Jürgen Papier, Albrecht Randelzhofer, E. Schmidt-Assmann und Rupert Scholz, Stand März 2006

Maurer, Hartmut: Die Schranken der Religionsfreiheit, ZevKR 49 (2004), 311

– Religionsfreiheit in der multikulturellen Gesellschaft, in: Carl-Eugen Eberle / Martin Ibler / Dieter Lorenz (Hrsg.), Der Wandel des Staates vor den Herausforderungen der Gegenwart, Festschrift für Winfried Brohm zum 70. Geburtstag, 2002, S. 455

Mees-Asadollah, Ursula: Frauenspezifische Verfolgung – wird die deutsche Asylpraxis ihr gerecht?, Streit 1998, 139

Meier, Andreas: Der politische Auftrag des Islam, 1994

Meier, Fritz: Über die umstrittene Pflicht des Muslims, bei nichtmuslimischer Besetzung seines Landes auszuwandern, Der Islam 68 (1991), 65

Mertek, Muhammet: Der Islam. Glaube Leben Geschichte, 2., völlig überarbeitete Aufl., 2004

Merten, Detlef: Der „Kruzifix-Beschluß" des Bundesverfassungsgerichts aus grundrechtsdogmatischer Sicht, in: Joachim Burmeister u. a. (Hrsg.), Verfassungsstaatlichkeit, Festschrift für Klaus Stern zum 65. Geburtstag, 1997, S. 987

Mettke, Thomas: Denn Blut ist das Leben, ZLR 2002, 207

Metzger, Albrecht: Islam und Politik (Informationen zur politischen Bildung, hrsgg. v. der Bundeszentrale für politische Bildung), 2002

Meyer-Ladewig, Jens: Die Bindung deutscher Gerichte an Urteile des EGMR, NJW 2005, 15

– Konvention zum Schutz der Menschenrechte und Grundfreiheiten, Handkommentar, 2003

Meyerhof, Max: Science and Medicine, in: Thomas Arnold / Alfred Guillaume (Hrsg.), The Legacy of Islam, 1931 (Nachdruck 1968), S. 311

Michael, Lothar: Anmerkung zu BVerwG, Urteil v. 04. 07. 2002–2 C 21.01, JZ 2003, 256

Miehl, Melanie: 99 Fragen zum Islam, 2001

Milliot, Louis / Blanc, François-Paul: Introduction à l'étude du droit musulman, 2. Aufl., 2001

Ministerium für Schule und Weiterbildung, Wissenschaft und Forschung des Landes Nordrhein-Westfalen: Richtlinien für die Sexualerziehung in Nordrhein-Westfalen, abrufbar unter: http: //www.learn-line.nrw.de/angebote/natsekeins/fortbildung/docs/R LSexualerziehung. pdf (letztmals am 03. 07. 2006 auf Aktualität hin überprüft)

Mock, Erhard: Gewissen und Gewissensfreiheit. Zur Theorie der Normativität im demokratischen Verfassungsstaat, 1983

Morlok, Martin: Der Gesetzgeber ist am Zug: Zum Kopftuchurteil des Bundesverfassungsgerichts, RdJB 2003, 381

Morlok, Martin / Krüper, Julian: Auf dem Weg zum „forum neutrum"? – Die „Kopftuch-Entscheidung" des BVerwG, NJW 2003, 1020

Moser, Brigitte / Weithmann, Michael W.: Die Türkei, 2002

Mossadeqh, Muhammad: Le Testament du Droit musulman (secte chyite) précédé d'une introduction sur les sources du Droit musulman, 1914

Möstl, Markus: Gefahr und Kompetenz. Polizeidogmatische und bundesstaatsrechtliche Konsequenzen der „Kampfhundeentscheidung" des BVerfG, Jura 2005, 48

Motzki, Harald: Das Kopftuch – ein Symbol wofür?, Religion – Staat – Gesellschaft 2004, 175

– Die Anfänge der islamischen Jurisprudenz. Ihre Entwicklung in Mekka bis zur Mitte des 2. / 8. Jahrhunderts, 1991

– The *Muṣannaf* of ᶜAbd al-Razzāq al-Ṣanᶜānī as a Source of Authentic *Ahādīth* of the First Century A. H., Journal of Near Eastern Studies 50 (1991), 1

Moussa, Hassan: Schächten im Islam, in: Richard Potz / Brigitte Schinkele / Wolfgang Wieshaider (Hrsg.), Schächten. Religionsfreiheit und Tierschutz, 2001, S. 16

Muckel, Stefan: Abschied vom Zweckveranlasser – Zur Entbehrlichkeit einer eigenen Zurechnungstheorie im Polizei- und Ordnungsrecht –, DÖV 1998, 18

– Auf dem Weg zu einem grundrechtlich geprägten Staatskirchenrecht?, Anmerkungen zum Zeugen-Jehovas-Urteil des Bundesverfassungsgerichts, Stimmen der Zeit 219 (2001), 463

– Befreiung vom Sportunterricht aus religiösen Gründen, JA 1994, 109

– Begrenzung grundrechtlicher Schutzbereiche durch Elemente außerhalb des Grundrechtstatbestandes, in: Die Macht des Geistes, Festschrift für Schiedermair, 2001, S. 347

– Der Islam im öffentlichen Recht, in: Hans-Georg Ebert / Thoralf Hanstein (Hrsg.), Beiträge zum Islamischen Recht, Bd. 2, 2003, S. 11

– Der Islam unter dem Grundgesetz. Muslime in einer christlich vorgeprägten Rechtsordnung, in: Kirche und Gesellschaft, hrsgg. von der Katholischen Sozialwissenschaftlichen Sozialstelle Mönchengladbach, Nr. 273, 2000

– Die Grenzen der Gewissensfreiheit, NJW 2000, 689

– Die Rechtsstellung der Kirchen und Religionsgemeinschaften nach dem Vertrag über eine Verfassung für Europa, DÖV 2005, 191

– Gleicher Zugang zu jedem öffentlichen Amte – auch für muslimische Lehrerinnen mit Kopftuch?, in: Heinrich de Wall / Michael Germann (Hrsg.), Bürgerliche Freiheit und Christliche Verantwortung, Festschrift für Christoph Link zum 70. Geburtstag, 2003, S. 331

– Islamischer Religionsunterricht und Islamkunde an öffentlichen Schulen in Deutschland, JZ 2001, 58

– Kirchliche Vereine in der staatlichen Rechtsordnung, in: Joseph Listl / Dietrich Pirson (Hrsg.), Handbuch des Staatskirchenrechts der Bundesrepublik Deutschland, Bd. I, 2. Aufl., 1994, S. 827

– Kommentierung zu Art. 4 GG, in: Karl Heinrich Friauf / Wolfram Höfling (Hrsg.), Berliner Kommentar zum Grundgesetz, Loseblatt, Stand der Gesamtkommentierung 2006

– Kommentierung von Art. 10 EU-GRCh, in: Peter J. Tettinger / Klaus Stern (Hrsg.), Kölner Gemeinschaftskommentar zur Europäischen Grundrechte-Charta, 2006

– Körperschaftsrechte für die Zeugen Jehovas?, Jura 2001, 456

– Muslimische Gemeinschaften als Körperschaften des öffentlichen Rechts, DÖV 1995, 311

– Problemkreis der Schulfächer: Religion – Ethik – muslimischer Religionsunterricht, DVBl. 1999, 558

– Religiöse Freiheit und staatliche Letztentscheidung. Die verfassungsrechtlichen Garantien religiöser Freiheit unter veränderten gesellschaftlichen Verhältnissen, 1997

– Religionsfreiheit für Muslime in Deutschland, in: Josef Isensee / Wilhelm Rees / Wolfgang Rüfner (Hrsg.), Dem Staate, was des Staates – der Kirche, was der Kirche ist, Festschrift für Joseph Listl zum 70. Geburtstag, 1999, S. 239

– Streit um den muslimischen Gebetsruf. Der Ruf des Muezzin im Spannungsfeld von Religionsfreiheit und einfachem Recht, NWVBl. 1998, 1

– Überkreuz mit dem Kreuz – Bemerkungen zum „Kruzifix-Beschluss" des BVerfG –, KuR 1996, 65 (= 110, 21)

– Wann ist eine Gemeinschaft Religionsgemeinschaft?, Überlegungen zum Begriff der Religionsgemeinschaft im Sinne von Art. 7 Abs. 3 GG unter besonderer Berücksichtigung muslimischer Dachverbände, in: Wilhelm Rees (Hrsg.), Recht in Kirche und Staat. Joseph Listl zum 75. Geburtstag, 2004, S. 715

Muckel, Stefan / Tillmanns, Reiner: „Lebensgestaltung-Ethik-Religionskunde" statt Religionsunterricht? Zur Geltung des Art. 7 Abs. 3 GG im Bundesland Brandenburg, RdJB 1996, S. 360

– Religiöse Symbole in der öffentlichen Schule – Entwicklungen im deutschen Staatskirchenrecht am Beispiel des islamischen Kopftuchs –, Annwasio DiReCom 2007, 89.

Mückl, Stefan: Europäisierung des Staatskirchenrechts, 2005

– Religionsfreiheit und Sonderstatusverhältnisse – Kopftuchverbot für Lehrerinnen? Der Staat 40 (2001), 96

– Staatskirchenrechtliche Regelungen zum Religionsunterricht, AöR 122 (1997), 513

Mudarris, Muhammad: Raihānat al-adab fī tarājim al-maᶜrūfīn bi l-kunya awi l-laqab yā kunan wa alqāb, Bd. 1, 1916; Bd. 2, 2. Aufl., 1949

Müller, Lorenz: Islam und Menschenrechte, 1996

Müller-Volbehr, Jörg: Das Grundrecht der Religionsfreiheit und seine Schranken, DÖV 1995, 301

– Neue Minderheitenreligionen – aktuelle verfassungsrechtliche Probleme, JZ 1981, 41

Münch, Ingo v. (Begr.) / *Kunig, Philip* (Hrsg.): Grundgesetz-Kommentar, Bd. I, 5. Aufl., 2000, Bd. II, 5. Aufl., 2001

Munro, Dana C.: Urban and the Crusaders. Translations and Reprints from the Original Sources of European History, Bd. 1, 1895

Muranyi, Miklos: Fiqh, in: Helmut Gätje (Hrsg.), Grundriß der Arabischen Philologie, Bd. 2: Literaturwissenschaft, 1987, S. 299

Murswiek, Dietrich: Staatliche Warnungen, Wertungen, Kritik als Grundrechtseingriffe, DVBl. 1997, 1021

Nagel, Tilman: Das islamische Recht. Eine Einführung, 2001

– Politische Theorie im Islam, in: Ruprecht Kurzrock, Die islamische Welt I, 1984, S. 73

– Staat und Glaubensgemeinschaft im Islam, Bd. 1 und 2, 1981

Nallino, Carlo Alfonso: Diritto musulmano, Nuovo Digesto Italiano 4 (1938), 1109

Nettesheim, Martin: Die europarechtlichen Grundrechte auf wirtschaftliche Mobilität (Art 48, 52 EGV), NVwZ 1996, 342

Neumann-Adrian, Michael / Neumann, Christoph K.: Die Türkei, 1990

Neureither, Georg: Besprechung von Arnd Uhle, Staat – Kirche – Kultur, 2004, NVwZ 2006, 1388

– Recht und Freiheit im Staatskirchenrecht. Das Selbstbestimmungsrecht der Religionsgemeinschaften als Grundlage des staatskirchenrechtlichen Systems der Bundesrepublik Deutschland, 2002

– Schächten – BVerfG 104, 337, JuS 2002, 1168

Niehues, Norbert: Schul- und Prüfungsrecht, Bd. 1, Schulrecht, 3. Aufl., 2000

Nöldeke, Theodor / Schwally, Friedrich: Geschichte des Korans, Bd. 2, 2. Aufl., 1919

Noth, Albrecht: Der Islam und die nichtislamischen Minderheiten, in: Werner Ende / Udo Steinbach (Hrsg.), Der Islam in der Gegenwart, 4. Aufl., 1996, S. 684

Oebbecke, Janbernd: Das deutsche Recht und der Islam, in: Adel Theodor Khoury / Peter Heine / Janbernd Oebbecke (Hrsg.), Handbuch Recht und Kultur des Islams in der deutschen Gesellschaft – Probleme im Alltag – Hintergründe – Antworten, Gütersloh 2000, S. 287

– Das „islamische" Kopftuch als Symbol, in: Stefan Muckel (Hrsg.), Kirche und Religion im sozialen Rechtsstaat, Festschrift für Wolfgang Rüfner zum 70. Geburtstag, 2003, S. 593

– Islamisches Schlachten und Tierschutz, NVwZ 2002, 302

Oestreich, Heide: Der Kopftuch-Streit. Das Abendland und ein Quadratmeter Islam, 2. Aufl., 2004

Ogorek, Markus: Geltung und Fortbestand der Verfassungsgarantie staatlichen Religionsunterrichts in den neuen Bundesländern. Ein Beitrag zur Lehre vom sogenannten Verfassungswandel, 2004

Oppermann, Thomas: Europarecht, 3. Aufl., 2005

Pabel, Katharina: Der Grundrechtsschutz für das Schächten, EuGRZ 2002, 220

– Islamisches Kopftuch und Prinzip des Laizismus, EuGRZ 2005, 12

Pache, Eckhard: Die Europäische Menschenrechtskonvention und die deutsche Rechtsordnung, EuR 2004, 393

Panagl, Oswald: Wortschätze des Ostens – Zaungäste und Ansiedler aus dem Lexikon orientalischer Sprachen. Vortrag im Rahmen der 2. interdisziplinären Ringvorlesung der Salzburger Mittelalterstudien „Orient und Okzident im Mittelalter – Kontakte und Konflikte", gehalten am 13. 1. 2003, Begleitblatt, abrufbar unter http: //www.sbg.ac.at/ger/samson/rvws2002 – 03/panagl2002.doc (letztmals am 15. 7. 2003 auf Aktualität hin überprüft)

Papier, Hans-Jürgen: Umsetzung und Wirkung der Entscheidungen des Europäischen Gerichtshofs für Menschenrechte aus der Perspektive der nationalen deutschen Gerichte, EuGRZ 2006, 1

Paret, Rudi: Der Koran, Übersetzung, 8. Aufl., 2001

– Die Lücke in der Überlieferung über den Urislam, in: Fritz Meier (Hrsg.), Westöstliche Abhandlungen. Rudolf Tschudi zum siebzigsten Geburtstag überreicht von Freunden und Schülern, 1954, S. 147

Peters, Anne: Einführung in die Europäische Menschenrechtskonvention, 2003

Peters, Rudolph: Erneuerungsbewegungen im Islam vom 18. bis zum 20. Jahrhundert und die Rolle des Islams in der neueren Geschichte: Antikolonialismus und Nationalismus, in: Werner Ende / Udo Steinbach (Hrsg.), Der Islam in der Gegenwart, 4. Aufl., 1996, S. 90

Petersohn, Alexandra: Der Islam „ante portas" – Sprengstoff für den Staat des Grundgesetzes?, ZRP 2002, 521

– Islamisches Menschenrechtsverständnis unter Berücksichtigung der Vorbehalte muslimischer Staaten zu den UN-Menschenrechtsverträgen, 1999

Petri, Marion: Voraussetzungen für die Anerkennung einer Religionsgemeinschaft als Körperschaft des öffentlichen Rechts. Anmerkung zu BVerfG NJW 2001, 429, JA 2001, 641

Pfaff, Viktor: Das humanitäre Völkervertragsrecht – Deutschlands Verhältnis zur Genfer Flüchtlingskonvention und zur Europäischen Menschenrechtskonvention, AnwBl. 2000, 490

Pieroth, Bodo: Anmerkung zu VG Würzburg, Urteil vom 16. 08. 1990, W 3 K 89. 304, RdJB 1990, 448

– Erziehungsauftrag und Erziehungsmaßstab der Schule im freiheitlichen Verfassungsstaat, DVBl. 1994, 949

Pieroth, Bodo / Görisch, Christoph: Was ist eine „Religionsgemeinschaft"?, JuS 2002, 937

Pieroth, Bodo / Schlink, Bernhard: Grundrechte. Staatsrecht II, 21. Aufl., 2005

Plattner, Hans: Die Türkei, 1999

Pofalla, Ronald: Kopftuch ja – Kruzifix nein?, Zu den Widersprüchen der Rechtsprechung des BVerfG, NJW 2004, 1218

Poscher, Ralf: Totalität – Homogenität – Zentralität – Konsistenz. Zum verfassungsrechtlichen Begriff der Religionsgemeinschaft, Der Staat 39 (2000), 49

– Zur Religionsgemeinschaft, NJ 2001, 364

Poscher, Ralf / Neupert, Michael: Die Rechtsstellung ausländischer und internationaler Schulen unter dem Grundgesetz – Verfassungsrechtliche Anforderungen an die Internationalisierung des Privatschulangebots, RdJB 2005, 244

Potz, Richard: Zur öffentlich-rechtlichen Stellung der Kirchen und Religionsgesellschaften, in: ders. / Reinhard Kohlhofer (Hrsg.), Die „Anerkennung" von Religionsgemeinschaften, 2002, S. 25

Powers, David S.: Studies in Qur'an and *Hadīth*. The Formation of the Islamic Law of Inheritance, 1986

Preuß, Ulrich K.: Kommentierung von Art. 4 Abs. 1 und 2 GG, in: Kommentar zum Grundgesetz für die Bundesrepublik Deutschland, Reihe Alternativkommentar, Bd. 1, Art. 1–37, 2. Aufl., 1989

al-Qaradawi, Jusuf: Erlaubtes und Verbotenes im Islam (Al-halal wa-l-haram fi-l-islam), 1989

Rademacher, Sonja: Das Kreuz mit dem Kopftuch. Wieviel religiöse Symbolik verträgt der neutrale Staat?, in: Veröffentlichungen der Potsdamer Juristischen Gesellschaft, Bd. 8, 2005

Radtke, Bernd: Der sunnitische Islam, in: Werner Ende / Udo Steinbach (Hrsg.), Der Islam in der Gegenwart, 4. Aufl., 1996, S. 54

Rahman, Fazlur: Concepts Sunnah, Ijtihād, and Ijmā^{c} in the Early Period, Islamic Studies 1 (1962), 5

– Islamic Methodology in History, 1965

Ramadan, Tariq: Die europäischen Muslime – Wandlungen und Herausforderungen, in: Thomas Hartmann / Margret Krannich (Hrsg.), Muslime im säkularen Rechtsstaat, 2001, S. 89

Rancillac, Philippe: Des origines du droit musulman à la Risāla d'al Šāfi^{c}ī, Mélanges de l'Institut Dominicain d'Etudes Orientales 13 (1977), 147

Reinhart, Kevin: Introduction, in: Laleh Bakhtiar, Encyclopedia of Islamic Law: A Compendium of the Views of the Major Schools, 1996, S. XXXI

Reissner, Johannes: Saudi-Arabien und die kleineren Golfstaaten, in: Werner Ende / Udo Steinbach (Hrsg.), Der Islam in der Gegenwart, 4. Aufl., 1996, S. 531

– Zur religiös-politischen Entwicklung des Islam in der Gegenwart, in: Ruprecht Kurzrock, Die islamische Welt I, 1984, S. 102

Renck, Ludwig: Rechtsfragen des Religionsunterrichts im bekenntnisneutralen Staat, DÖV 1994, 27

– Zur Grundrechtlichen Bedeutung von Art. 7 III GG, NVwZ 1992, 1171

Renner, Günter: Ausländerrecht, Kommentar, 7. Aufl., 1999

– Das Staatsangehörigkeitsrecht – nach der Reform reformbedürftig?, ZAR 204, 176

– Deutsche Staatsangehörigkeit und Religionszugehörigkeit, ZAR 2004, 130

– Nachtrag Staatsangehörigkeit zum Ausländerrecht, 7. Aufl., 2000

– Vom Ausländerrecht zum Zuwanderungsrecht, ZAR 2004, 266

Richter, Dagmar: Relativierung universeller Menschenrechte durch Religionsfreiheit, in: Rainer Grote / Thilo Marauhn (Hrsg.), Religionsfreiheit zwischen individueller Selbstbestimmung, Minderheitenschutz und Staatskirchenrecht – Völker- und verfassungsrechtliche Perspektiven, 2001

Richter, Ingo / Groh, Bernd-Martin: Privatschulfreiheit und gemeinsame Grundschule, RdJB 1989, 276

Riedel, Sabine: Der Islam als Faktor in der internationalen Politik, abrufbar unter: www.das-parlament.de / 2003 / 37 / Beilage / 003.html (letztmals am 11. 11. 2003 auf Aktualität hin überprüft)

Ritter, Helmut: J. Schacht: The Origins of Muhammadan Jurisprudence, Oxford 1950, Oriens 4 (1951), 308

Rittstieg, Helmut: Anmerkung zu BVerwG, Urteil v. 25. 08. 1993 – BVerwG 6 C 8.91, InfAuslR 1994, 65

– Aufenthaltsrechtliche Bedeutung des Assoziationsratsbeschlusses 1 / 80 für türkische Staatsangehörige, InfAuslR 1991, 1

Rixen, Stephan: Krankheit oder Glaubensfreiheit?, NJW 2003, 1712

Robbers, Gerhard: Religion in der öffentlichen Schule, RdJB 2003, 11

– Religionsrechtliche Gehalte der Europäischen Grundrechtecharta, in: Max-Emanuel Geis / Dieter Lorenz (Hrsg.), Staat – Kirche – Verwaltung, Festschrift für Hartmut Maurer, 2001, S. 425

Robson, James: J. Schacht: The Origins of Muhammadan Jurisprudence, Oxford 1950, The Muslim World 42 (1952), 61

Rödl, Wolfgang: Islam in Deutschland, in: Rainer Isak / Hansjörg Schmid (Hrsg.), Christen und Muslime in Deutschland, 2003, S. 65

Rohe, Mathias: Der Islam – Alltagskonflikte und Lösungen. Rechtliche Perspektiven, 2. Aufl., 2001

– Islam und deutsches Recht – zu den Wechselwirkungen zwischen deutscher Rechtsordnung und Etablierung des Islam in Deutschland, ZfTS 13 (2000), 7

– Rechtliche Perspektiven eines deutschen und europäischen Islam, RabelsZ 64 (2000), 256

– Rechtliche Perspektiven eines islamischen Religionsunterrichts in Deutschland, ZRP 2000, 207

– Rechtsfragen bei Eheschließungen mit muslimischen Beteiligten, StAZ 2000, 161

Rohr, Christian: Kompass, Papier und Schießpulver. Zum Technologietransfer zwischen Orient und Okzident und seinen Auswirkungen auf die abendländische Geschichte des Spätmittelalters. Vortrag im Rahmen der 2. interdisziplinären Ringvorlesung der Salzburger Mittelalterstudien „Orient und Okzident im Mittelalter – Kontakte und Konflikte", gehalten am 20. 1. 2003, abrufbar unter http: //www.sbg.ac.at/ger/samson/rvws2002 – 03/rohr 2002.pdf (letztmals am 15. 7. 2003 auf Aktualität hin überprüft)

Röper, Erich: Frau mit Kopftuch ungeeignet als Lehrerin und Beamte. Das Kopftuch als Teil der islamischen Bekleidungs- und Verhaltensvorschriften, VBlBW 2005, 81

Rosenfelder, Andreas: Post vom Kalifen, F.A.Z. v. 09. 07. 2003, Nr. 156, S. 31

Rotter, Gernot: Die Verfassung von Medina: Mohammed als Prophet und Realpolitiker, in: Bundeszentrale für politische Bildung (Hrsg.), Weltreligion Islam, 2002, S. 28

Rübsaamen, Martina: Der Ehegatten- und Familiennachzug im Ausländerrecht der Bundesrepublik Deutschland und der verfassungsrechtliche Schutz von Ehe und Familie, 1985

Rüfner, Wolfgang: Anmerkung zu VG Düsseldorf, Beschl. v. 18. 7. 2000 – 1 L 1224 / 00, NWVBl. 2001, 110, in: NWVBl. 2001, 114

– Religion und Kirchen vor der Europäischen Verfassung, in: Jürgen Bröhmer / Roland Bieber / Christian Calliess / Christine Langenfeld / Stefan Weber / Joachim Wolf (Hrsg.), Internationale Gemeinschaft und Menschenrechte, Festschrift für Georg Ress zum 70. Geburtstag, 2005, S. 757

Rumpf, Christian: Freizügigkeit der Arbeitnehmer und Assoziation EG-Türkei, RIW 1993, 214

– Laizismus, Fundamentalismus und Religionsfreiheit in der Türkei in Verfassung, Recht und Praxis, VRÜ (Verfassung und Recht in Übersee) 32 (1999), 164

Ruthven, Malise: Der Islam. Eine kurze Einführung, 2000

Rux, Johannes: Das Kopftuch, der Sportunterricht und die Glaubensfreiheit , abrufbar unter: http: //www.staatsrecht.info/pub/religion.pdf (letztmals am 03. 07. 2006 auf Aktualität hin überprüft)

– Die Schulpflicht und der Bildungs- und Erziehungsauftrag des Staates, RdJB 2002, 423

– Positive und negative Bekenntnisfreiheit in der Schule, Der Staat 35 (1996), 523

– Zur Erteilung einer Ausnahmegenehmigung zum Schächten an einen ausländischen muslimischen Metzger, ZAR 2002, 152

Ryckmans, Gonzague: J. Schacht: The Origins of Muhammadan Jurisprudence, 1950, Muséon 65 (1952), 314

Sachau, Eduard: Muhammedanisches Recht nach schafiitischer Lehre, 1897

– Zur ältesten Geschichte des muhammedanischen Rechts, in: Sitzungsberichte der Kaiserlichen Akademie der Wissenschaften in Wien, Phil.-historische Klasse, Bd. 65 (1870), 699

Sachs, Michael: Die verfassungsunmittelbaren Begrenzungen, in: Stern, Das Staatsrecht der Bundesrepublik Deutschland, Bd. III / 2, Allgemeine Lehren der Grundrechte, 1994, § 81, S. 493

– (Hrsg.): Grundgesetz, Kommentar, 3. Aufl., 2003

– Grundrechtsbegrenzungen außerhalb von Gesetzesvorbehalten, JuS 1995, 984

– Körperschaftsstatus von Religionsgemeinschaften -"Zeugen Jehovas", JuS 2001, 496

– Wiederbelebung des besonderen Gewaltverhältnisses?, NWVBl. 2004, 209

– Zur Bedeutung der grundgesetzlichen Gleichheitssätze für das Recht des öffentlichen Dienstes, ZBR 1994, 133

Sackmann, Rosemarie: Türkische Muslime in Deutschland – Zur Bedeutung der Religion, ZfTS 14 (2001), 187

Sacksofsky, Ute: Die Kopftuch-Entscheidung – von der religiösen zur föderalen Vielfalt, NJW 2003, 3297

Šahrastānī, Muhammad ben ᶜAbd al-Karīm: Kitāb al-milal wa n-nihal. Book of Religions and Philosophical Sects, hrsgg. v. William Cureton, 1846

Saint-Blancat, Chantal: in: Alexandre Escudier / Brigitte Sauzay / Rudolf v. Thadden (Hrsg.), Der Islam in Europa, 2003, S. 176

Sangilajī, Muhammad: Dawābit-i muᶜāmalāt wa kullīyāt-i ᶜuqūd wa īqāᶜāt, 1917

de Santillana, David: Instituzione di Diritto Musulmano Malichita con riguardo anche al sistema sciafiita, Bd. 1, 1925

– Law and Society, in: Thomas Arnold / Alfred Guillaume (Hrsg.): The Legacy of Islam, 1931 (Nachdruck 1968), S. 284

Sauer, Martina: Die Lebenssituation und Partizipation türkischer Migranten in Nordrhein-Westfalen, ZfTS 14 (2001), 111

Schacht, Joseph: An Introduction to Islamic Law, 1964

– (Hrsg.): G. Bergsträßer's Grundzüge des Islamischen Rechts, 1935

– Modernism and Traditionalism in a History of Islamic Law, Middle Eastern Studies 1 (1965), 388

– Pre-Islamic Background and Early Developments of Jurisprudence, in: Majid Khadduri / Herbert J. Liebesny (Hrsg.), Law in the Middle East, Bd. 1: Origin and Development of Islamic Law, 1955, S. 28

– The Schools of Law and Later Developments of Jurisprudence, ebenda, S. 57

– The Origins of Muhammadan Jurisprudence, 1950

Schatzschneider, Wolfgang: Rechtsordnung und „destruktive Kulte", BayVBl. 1985, 321

Schefold, Dian: Erziehung als Wertevermittlung im wertpluralistischen Staat, RdJB 1996, 309

Scheuner, Ulrich: Die Religionsfreiheit im Grundgesetz, DÖV 1967, 585

Schirrmacher, Christine: Der Islam, Eine Einführung, 2005

– Der Islam. Geschichte, Lehre, Unterschiede zum Christentum, Bd. 1, 1994

Schlaich, Klaus: Neutralität als verfassungsrechtliches Prinzip vornehmlich im Kulturverfassungs- und Staatskirchenrecht, 1972

Schmahl, Stefanie: Die Beschulung von Kindern und Jugendlichen mit Migrationshintergrund: Eine Bestandsaufnahme des geltenden Rechts, RdJB 2004, 23

Schmidt, Rolf: Grundrechte sowie Grundzüge der Verfassungsbeschwerde, 8. Aufl., 2006

Schmitt Glaeser, Walter: Schwindende Werte, wachsende Zweifel. Über den Minimalkonsens in der offenen Gesellschaft, BayVBl. 1995, 577

Schmucker, Werner: Sekten und Sondergruppen, in: Werner Ende / Udo Steinbach (Hrsg.), Der Islam in der Gegenwart, 4. Aufl., 1996, S. 663

Schneider, Hartmut: Die öffentliche Ordnung als Schranke der Grundfreiheiten im EG-Vertrag, 1998, S. 132

Schöbener, Burkhard: Die „Lehrerin mit dem Kopftuch" – europäisch gewendet!, JURA 2003, 186

Schoch, Friedrich: Die Grundrechtsdogmatik vor den Herausforderungen einer multikonfessionellen Gesellschaft, in: J. Bohnert / Chr. Gramm / U. Kindhäuser / J. Lege / A. Rinken / G. Robbers (Hrsg.), Verfassung – Philosophie – Kirche, Festschrift für Alexander Hollerbach zum 70. Geburtstag, 2001, S. 149

Schoeler, Gregor: Die Frage der schriftlichen oder mündlichen Überlieferung der Wissenschaften im frühen Islam, Der Islam 62 (1985), 201

Scholz, Peter: Scharia in Tradition und Moderne – Eine Einführung in das islamische Recht, Jura 2001, 525

Schulze, Reinhard: Die Politisierung des Islam im 19. Jahrhundert, Die Welt des Islams 22 (1982), 103

– Islam und Herrschaft. Zur politischen Instrumentalisierung einer Religion, in: Michael Lüders (Hrsg.), Der Islam im Aufbruch?, 2. Aufl., 1993, S. 94

Schütt, Peter: Zwei Finger sind weg, aber die Seele bleibt, in: Rheinischer Merkur Nr. 39 v. 29. 9. 1995, S. 19

Seidel, René: Die Anerkennung der privaten Ersatzschule und ihre Auswirkungen auf das Privatschulverhältnis, 2005

Sekretariat der Deutschen Bischofskonferenz (Hrsg.): Christen und Muslime in Deutschland, 2003

Şen, Faruk: Islamischer Fundamentalismus und die türkische Minderheit in der Bundesrepublik Deutschland, in: Thomas Meyer (Hrsg.), Fundamentalismus in der modernen Welt, 1989, S. 296

Şen, Faruk / Aydın, Hayrettin: Islam in Deutschland, 2002

Şen, Faruk / Goldberg, Andreas: Türken in Deutschland. Leben zwischen zwei Kulturen, 1994

Sendler, Horst: Auf jede Stimme kommt es an! – Das BVerfG und der Schutz der Wahlbeteiligungsfreiheit, NJW 2002, 2611

– Glaubensgemeinschaften als Körperschaften des öffentlichen Rechts, DVBl. 2004, 8

Seufert, Günter: Café Istanbul, 2. Aufl., 1999

Sezgin, Fuat: Buhârî'nin kaynakları hakkında araştırmalar, 1956

– Geschichte des arabischen Schrifttums, Bd. 1, 1967

Shehabi, Mahmood: Shi^{c}a, in: Kenneth Morgan (Hrsg.), Islam, the Straight Path, 1958, S. 180

– Taqrīrīt-i uṣūl, Bd. 1 und Bd. 2, 7. Aufl., 1926

Siddīqī, Muhammad Zubayr: Hadīth Literature. Its Origin, Development, Special Features and Criticism, 1961

Smend, Rudolf: Staat und Kirche nach dem Bonner Grundgesetz, ZevKR 1 (1951), 4

Snouck Hurgronje, Christiaan: E. Sachau, Muhammedanisches Recht nach schafiitischer Lehre (1898), in: ders., Verspreide Geschriften, a. a. O., S. 367

– Le droit musulman (1896), in: ders., Verspreide Geschriften, a. a. O., S. 283

– Nieuwe bijdragen tot de kennis van den Islām (1882), in: ders., Verspreide Geschriften, Bd. 2: Geschriften betreffende het mohammedaansche recht, 1923, S. 1

Sönmez, Ergün: Die Türkei von Atatürk bis heute, 1985

Spallek, Ulrich: Aufenthaltsgenehmigung und Arbeitsgenehmigung für ausländische Priester und Ordensleute, ZAR 2000, 103

Spies, Axel: Verschleierte Schülerinnen in Frankreich und Deutschland, NVwZ 1993, 637

Spies, Otto: Schicksale türkischer Kriegsgefangener in Deutschland nach den Türkenkriegen, in: Erwin Gräf (Hrsg.), Festschrift Werner Caskel zum siebzigsten Geburtstag, 1968, S. 316

Spranger, Tade Matthias: Die Figur der „Schutzbereichsverstärkung“, NJW 2002, 2074

Sprenger, Alois: Eine Skizze der Entwicklungsgeschichte des muslimischen Gesetzes, Zeitschrift für vergleichende Rechtswissenschaft 10 (1892), 1

Spriewald, Simone: Rechtsfragen im Zusammenhang mit der Einführung von islamischem Religionsunterricht als ordentliches Lehrfach an deutschen Schulen, 2003

Spuler-Stegemann, Ursula: Muslime in Deutschland, Information und Klärung, 3. Aufl., 2002

– Türkei, in: Werner Ende / Udo Steinbach (Hrsg.), Der Islam in der Gegenwart, 4. Aufl., 1996, S. 232

Starck, Christian: Diskussion über den Vortrag von Prof. Dr. iur. Wolfgang Loschelder, Bochum, in: Heiner Marré / Johannes Stüting, Essener Gespräche zum Thema Staat und Kirche 20, 1986, S. 189

Steinbach, Udo: Die Türkei im 20. Jahrhundert, 1996

– Flucht in die Geschichte? Zur Genesis und Wirkung islamistischer Strömungen, in: Michael Lüders (Hrsg.), Der Islam im Aufbruch?, 2. Aufl., 1993, S. 76

– Islam in der Türkei, in: Bundeszentrale für politische Bildung (Hrsg.), Türkei (Informationen zur politischen Bildung), 2002, S. 25

– Politik im Zeichen der Re-Islamisierung, in: Bundeszentrale für politische Bildung (Hrsg.), Der Islam im Nahen Osten (Informationen zur politischen Bildung), 1993, S. 15

– Stationen der Innenpolitik seit 1945, in: Bundeszentrale für politische Bildung (Hrsg.), Türkei (Informationen zur politischen Bildung), 2002, S. 11

– Vom islamisch-westlichen Kompromiß zum Islamismus, in: Werner Ende / Udo Steinbach (Hrsg.), Der Islam in der Gegenwart, 4. Aufl., 1996, S. 213

Stelzenmüller, Constanze: Schnitt in die Seele, in: Die Zeit Nr. 36 v. 1. 9. 1995, S. 13

Stemmler, Thomas: Das „Neminem-laedere-Gebot“ – Zur Frage des Begriffs und der Existenz schutzbereichsimmanenter Grenzen der Freiheitsgrundrechte im Unterschied zu den so genannten verfassungsimmanenten Schranken, 2005

Stempel, Martin: Zwischen Koran und Grundgesetz. Religiöse Betätigung muslimischer Ausländer in der Bundesrepublik Deutschland, 1986

Stender, Christoph: Öffentlichkeit contra religiöse Symbole, Pastoralblatt 2005, 141

Steppat, Fritz: Islam und Nationalstaat, in: Ruprecht Kurzrock, Die islamische Welt I, 1984, S. 89

Stern, Klaus: Das Staatsrecht der Bundesrepublik Deutschland, Bd. III / 1, Allgemeine Lehren der Grundrechte, 1988, Bd. III / 2, Allgemeine Lehren der Grundrechte, 1994, Bd. IV / 1, Die einzelnen Grundrechte, 2006

Stock, Martin: Einige Schwierigkeiten mit islamischem Religionsunterricht, NVwZ 2004, 1399

– Viele Religionen in der einen öffentlichen Schule: Der Bildungsauftrag als oberster Richtwert, RdJB 2005, 94

Storr, Christian / Albrecht, Rainer: Das neue Zuwanderungsrecht, 2. Aufl., 2005

Storr, Christian / Wenger, Frank / Eberle, Simone / Albrecht, Rainer / Zimmermann-Kreher, Annette: Kommentar zum Zuwanderungsgesetz, 2005

Streinz, Rudolf: Europarecht, 6. Aufl. 2003

Streinz, Rudolf / Leible, Stefan: Die unmittelbare Drittwirkung von Grundfreiheiten, EuZW 2000, 468

Stumpf, Christoph A.: Die Freiheit des Religionswechsels als Herausforderung für das religiöse Recht des Islam und des Christentums, ZevKR 48 (2003), 129

Suhr, Dieter: Ein Schul-Fall zur streitbaren Meinungsfreiheit. Oder: Wer störte wen und was im Regensburger Plaketten-Fall?, NJW 1982, 1065

Sydow, Gernot: Ausnahmegenehmigung für das Schächten, Jura 2002, 615

Tarīhī, Aš-Šaiḵ ad-Dīn: Majma^{c} al-bahrain, Bd. 6, 1961

Tellenbach, Silvia: Anmerkung zu VG Freiburg, Urteil v. 10. 11. 1993 – 2 K 1739 / 92, InfAuslR 1994, 300

Tettinger, Peter J.: Das Grundrecht der Berufsfreiheit in der Rechtsprechung des Bundesverfassungsgerichts, AöR 108 (1983), 92

Thiel, Markus: Der Erziehungsauftrag des Staates in der Schule. Grundlagen und Grenzen staatlicher Erziehungstätigkeit im öffentlichen Schulwesen, 2000

Thomä-Venske: Hanns, Islam und Integration, 1981

Tibi, Bassam: Aufbruch am Bosporus, 1998

– Der Islam und Deutschland. Muslime in Deutschland, 2000

– Die Entwestlichung des Rechts. Das Hudud-Strafrecht der islamischen Scharia und der „Krieg“ der Zivilisationen, in: F.A.Z. Nr. 143 v. 23. 6. 1995, S. 13

– Fundamentalismus im Islam, 2000

– Im Namen Gottes?, Der Islam, die Menschenrechte und die kulturelle Moderne, in: Michael Lüders (Hrsg.), Der Islam im Aufbruch?, 2. Aufl., 1993, S. 144

– Wem der Islam gehört, Süddeutsche Zeitung v. 01. 12. 2003, S. 2

Tillmanns, Reiner: Die Erteilung von Ausnahmegenehmigungen zum betäubungslosen Schlachten nach § 4a Abs. 2 Nr. 2 TierSchG. Zugleich eine Besprechung des Urteils BVerfG v. 15. 1. 2002, NuR 2002, 404, NuR 2002, 578

– Die Religionsfreiheit (Art. 4 I, II GG), Jura 2004, 619

– Die Unvereinbarkeit des § 67 Personenstandsgesetzes mit dem Grundgesetz, NVwZ 2003, 43

– Grundzüge des Staatskirchenrechts in den neuen Bundesländern, in: Peter Neumann / Reiner Tillmanns, Verfassungsrechtliche Probleme bei der Konstituierung der neuen Bundesländer, 1997, S. 161

– Islam in Deutschland. Rechtsfragen, in: Axel Frhr. von Campenhausen / Ilona Riedel-Spangenberger / P. Reinhold Sebott (Hrsg.), Lexikon für Kirchen- und Staatskirchenrecht, Band 2, 2002, S. 323

– Islamischer Religionsunterricht in Berlin, Anmerkung zu einem langjährigen Rechtsstreit, RdJB 1999, 471

– Kirchensteuer kein Mittel zur Entfaltung grundrechtlicher Religionsfreiheit. Zum Verhältnis des Art. 4 GG zu Art. 140 GG i.V.m. Art. 137 Abs. 6 WRV, in: Stefan Muckel (Hrsg.), Kirche und Religion im sozialen Rechtsstaat, Festschrift für Wolfgang Rüfner zum 70. Geburtstag, 2003, S. 919

– Zur Verleihung des Körperschaftsstatus an Religionsgemeinschaften, DÖV, 1999, 441

Tillmanns, Reiner / Muckel, Stefan: siehe unter *Muckel, Stefan / Tillmanns, Reiner*

Traulsen, Christian: Betäubungsloses Schlachten nach islamischem Ritus. Zum Urteil des Bundesverfassungsgerichts vom 15. 1. 2002, ZevKR 48 (2003), 198

– Distanzierende Neutralität an Baden-Württembergs Schule?, RdJB 2006, 116

Tröndle, Dirk: Die Debatte um den Islam und seine Institutionalisierung in der Türkei, ZfTS 14 (2001), 21

Tworuschka, Monika: Grundwissen Islam. Religion, Politik und Gesellschaft, 2002

Tzschaschel, Joachim: Tunesien im Übergang, Europa-Archiv, Folge 8 / 1986, 221

Uhle, Arnd: Staat – Kirche – Kultur, 2004

Vachek, Marcel: Das Religionsrecht der Europäischen Union im Spannungsfeld zwischen mitgliedstaatlichen Kompetenzreservaten und Art. 9 EMRK, 2000

Vandewalle, Dirk: From the new state to the new era. Toward a second republic in Tunisia, The Middle East Journal 42 (1988), 602

Vaux, Baron Carra de: Astronomy and Mathematics, in: Thomas Arnold / Alfred Guillaume (Hrsg.): The Legacy of Islam, 1931 (Nachdruck 1968), S. 376

Vesey-Fitzgerald, Seymour G.: Nature and Sources of the Sharīʿa, in: Majid Khadduri / Herbert J. Liebesny (Hrsg.), Law in the Middle East, Bd. 1: Origin and Development of Islamic Law, 1955, S. 85

Vogel, Frank E.: Islamic Law and Legal System. Studies of Saudi Arabia, 2000

Volkmann, Uwe: Schächterlaubnis für muslimischen Metzger, DVBl. 2002, 332

Vosgerau, Ulrich, Freiheit des Glaubens sind Systematik des Grundgesetzes. Zum Gewährleistungsgehalt schrankenvorbehaltsloser Grundrechte am Beispiel der Glaubens- und Gewissensfreiheit, Berlin 2007.

Wakīlī Qummī, Abū Muhammad: Taškīlāt-i maḏhab-i šīʿa, 1926

Waldhoff, Christian: Inhalt und Grenzen der Religionsfreiheit in Deutschland, in: Otto Depenheuer/Ilyas Dogan/Osman Can (Hrsg.), Zwischen Säkularität und Laizismus, 2005, S. 8

de Wall, Heinrich: Das Grundrecht auf Religionsunterricht: Zur Zulässigkeit der Verfassungsbeschwerde gegen das Brandenburgische Schulgesetz, NVwZ 1997, 465

– Europäisches Staatskirchenrecht, ZevKR 45 (2000), 157

– Religion und Verfassungstreue im deutschen Verfassungsrecht, in: Andreas Weiß/Stefan Ihli (Hrsg.), Flexibilitas Iuris Canonici, Festschrift für Richard Puza zum 60. Geburtstag, 2003, S. 649

– Verfassungsfragen des Ethikunterrichts öffentlicher Schulen, Theologische Literaturzeitung 1994, Sp. 291

Walther, Wiebke: Die Situation von Frauen in islamischen Ländern, in: Werner Ende/Udo Steinbach (Hrsg.), Der Islam in der Gegenwart, 2005

Waltz, Susan: Islamist appeal in Tunisia, The Middle East Journal 40 (1986), 651

Wansbrough, J.: Nabia Abbott: Studies in Arabic Literary Papyri, Vol. 2: Qur'ānic Commentary and Tradition, Chicago 1967, Bulletin of the School of Oriental and African Studies 31 (1968), 613

Warde, Islamic Finance in the Global Economy, 2000

Ware, L. B.: Ben Ali's constitutional coup in Tunisia, The Middle East Journal 42 (1988), 587

Watt, William Montgomery: J. Schacht: The Origins of Muhammadan Jurisprudence, Oxford 1950, Journal of the Royal Asiatic Society 1952, 91

Weber, Hermann: Der Körperschaftsstatus der Religionsgemeinschaften in der Bundesrepublik Deutschland nach dem „Zeugen-Jehovas-Urteil" des Bundesverfassungsgerichts, Religion – Staat – Gesellschaft 2 (2001), 47

– Die Religionsfreiheit im nationalen und internationalen Verständnis, ZevKR 45 (2000), 109

– Die Verleihung der Körperschaft an Religionsgemeinschaften. Grundsätzliche und aktuelle Probleme, ZevKR 34 (1989), 337

– Minderheitenreligionen in der staatlichen Rechtsordnung, in: Gerhard Besier/Erwin K. Scheuch (Hrsg.), Die neuen Inquisitoren. Religionsfreiheit und Glaubensneid, Teil I, 1999, S. 174

– Muslimische Gemeinschaften als Körperschaften des öffentlichen Rechts unter dem Grundgesetz, in: Janbernd Oebbecke (Hrsg.), Muslimische Gemeinschaften im deutschen Recht, 2003, S. 85

Weiß, Wolfgang: Gleichheit oder Privilegien? – Zur Stellung öffentlich-rechtlicher Religionsgemeinschaften, KritV 2000, 104

Welte, Hans-Peter: Der Vorrang des Europäischen Unionsrechts im nationalen Migrationsbereich, ZAR 2003, 273

Wenger, Otto: Schulrechtliche und organisatorische Grundlagen des Schullebens. Aufnahme Übertritt Organisation des inneren Schulbetriebes, 1976

Werbner, Pnina: Islamic radicalism and the Gulf War: lay preachers and political dissent among British Pakistanis, in: Bernard Lewis / Dominique Schnapper (Hrsg.), Muslims in Europe, 1994, S. 98

Werkmeister, Walter: Quellenuntersuchungen zum Kitāb al^{c}-Iqd al-farīd des Andalusiers Ibn ^{c}Abdrabbih (246 / 860 – 328 / 940), 1983

Wermelskirchen, Axel: Die Frauen und Mädchen schützen, F.A.Z. Nr. 263 v. 12. 11. 1998, S. 14

Werner, Fritz: Recht und Toleranz, Verhandlungen des 44. Deutschen Juristentages, Hannover 1962, hrsgg. v. der ständigen Deputation des Deutschen Juristentages , Bd. II, Teil B, 1963

Wesel, Uwe: Turnvater Jahn und der Bart des Propheten, NJW 1994, 1389

Wichard, Johann Christian: Zwischen Markt und Moschee. Wirtschaftliche Bedürfnisse und religiöse Anforderungen im frühen islamischen Vertragsrecht, 1995

Wielandt, Rotraud: Zeitgenössische ägyptische Stimmen zur Säkularisierungsproblematik, Die Welt des Islams 22 (1982), 117

Wiese, Kirsten: Anmerkung zu BVerwG, Urteil v. 04.07 2002 – 2 C 21.01 –, ZBR 2003, 39

Wilms, Heinrich: Glaubensgemeinschaften als Körperschaften des öffentlichen Rechts, NJW 2003, 1083

Wöhlert, Torsten: Alewiten, in: Bundeszentrale für politische Bildung (Hrsg.), Weltreligion Islam, 2002, S. 82

Wolfrum, Rüdiger: Der völkerrechtliche Schutz religiöser Minderheiten und ihrer Mitglieder, in: Rainer Grote / Thilo Marauhn (Hrsg.), Religionsfreiheit zwischen individueller Selbstbestimmung, Minderheitenschutz und Staatskirchenrecht – Völker- und verfassungsrechtliche Perspektiven, 2001, S. 53

Wölker, Ulrich: Zu Freiheit und Grenzen der politischen Betätigung von Ausländern, 1987

Würth, Anna: Frauenrechte in der arabischen Welt, hrsgg. v. der Deutschen Gesellschaft für technische Zusammenarbeit im Auftrag des Bundesministeriums für wirtschaftliche Zusammenarbeit und Entwicklung, 2004

Yassari, Nadjma: Islamisches Recht oder Recht der Muslime – Gedanken zu Recht und Religion im Islam, ZVglRWiss 103 (2004), 103

Yusuf, Selim Muhammad: The Sunnah – Its Transmission, Development, and Revision, Islamic Quarterly 37 (1963), 271

Zacharias, Diana: Der Streit um das Kopftuch, KuR 2002, 115 (= 110, 171)

– Islamisches und deutsches Bestattungsrecht im Widerstreit, ZevKR 48 (2003), 149

– Schutz vor religiösen Symbolen durch Art. 4 GG?, Ein Beitrag zu den negativen religiösen Freiheitsrechten, in: Stefan Muckel (Hrsg.), Kirche und Religion im sozialen Rechtsstaat, Festschrift für Wolfgang Rüfner zum 70. Geburtstag, 2003, S. 987

Zakariya, Fuad: Säkularisierung – eine historische Notwendigkeit, in: Michael Lüders (Hrsg.), Der Islam im Aufbruch?, 2. Aufl., 1993, S. 228

Zentralrat der Muslime in Deutschland e.V.: Das Kopftuch, Pressemitteilung vom 20. Oktober 2003, abrufbar unter: http://www.bpb.de/themen/Z6AZOL,0,0,Das_Kopftuch.html (letztmals am 03. 07. 2006 auf Aktualität hin überprüft)

Zentrum für Türkeistudien: Türken in Deutschland werden immer religiöser (Kurzwiedergabe einer Untersuchung des Zentrums für Türkeistudien), in: Der Spiegel, H. 31 / 2004, S. 17

– Türkische Muslime in Nordrhein-Westfalen (Studie im Auftrag des Ministeriums für Arbeit, Gesundheit und Soziales des Landes Nordrhein-Westfalen), 2. Aufl., 1995

Zippelius, Reinhold: Kommentierung von Art. 4, in: Rudolf Dolzer (Hrsg.), Bonner Kommentar zum Grundgesetz, Loseblatt

Zuck, Rüdiger: Nur ein Kopftuch?, Die Schavan-Ludin-Debatte, NJW 1999, 2948

Sachverzeichnis

Die Zahlen verweisen auf Textseiten. Die kursiv gesetzten Zahlen geben die Hauptfundstellen an.

Verzeichnis der Mitarbeiterinnen und Mitarbeiter

Baldschun, Katie, Dr., Rechtsreferendarin, vormals wissenschaftliche Hilfskraft am Institut für Kirchenrecht und rheinische Kirchenrechtsgeschichte der Universität zu Köln.

Coumont, Nina, Dr., Rechtsreferendarin, vormals wissenschaftliche Hilfskraft am Institut für Kirchenrecht und rheinische Kirchenrechtsgeschichte der Universität zu Köln.

Janßen, Peter, Rechtsanwalt, Bischöfliches Generalvikariat Essen – Dezernat Kirchengemeinden, vormals wissenschaftliche Hilfskraft am Institut für Kirchenrecht und rheinische Kirchenrechtsgeschichte der Universität zu Köln.

Matyssek, Ulf, Dr., Richter am Sozialgericht, vormals wissenschaftliche Hilfskraft am Institut für Kirchenrecht und rheinische Kirchenrechtsgeschichte der Universität zu Köln.

Muckel, Stefan, Dr., Professor für öffentliches Recht und Kirchenrecht an der Rechtswissenschaftlichen Fakultät der Universität zu Köln, Direktor des Instituts für Kirchenrecht und rheinische Kirchenrechtsgeschichte der Universität zu Köln.

Tillmanns, Reiner, Dr., Professor an der Fachhochschule für öffentliche Verwaltung des Landes Nordrhein-Westfalen, vormals wissenschaftlicher Mitarbeiter am Institut für Kirchenrecht und rheinische Kirchenrechtsgeschichte der Universität zu Köln.

Traub, Thomas, Rechtsreferendar, vormals wissenschaftliche Hilfskraft am Institut für Kirchenrecht und rheinische Kirchenrechtsgeschichte der Universität zu Köln.

Zacharias, Diana, Dr., Referentin am Max-Planck-Institut für ausländisches öffentliches Recht und Völkerrecht, vormals wissenschaftliche Mitarbeiterin am Institut für Kirchenrecht und rheinische Kirchenrechtsgeschichte der Universität zu Köln.